| SEITE 40 | **REISEZIELE IN SÜDAFRIKA** | ALLE ZIELE AUF EINEN BLICK Fundierte Einblicke, detaillierte Adressen, Insider-Tipps und mehr |

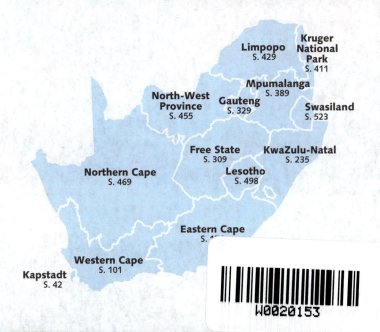

Limpopo S. 429
Kruger National Park S. 411
Mpumalanga S. 389
North-West Province S. 455
Gauteng S. 329
Swasiland S. 523
Free State S. 309
KwaZulu-Natal S. 235
Northern Cape S. 469
Lesotho S. 498
Eastern Cape
Western Cape S. 101
Kapstadt S. 42

| SEITE 619 | **PRAKTISCHE INFORMATIONEN** | SCHNELL NACHGESCHLAGEN Tipps für Unterkünfte, sicheres Reisen, Smalltalk und vieles mehr |

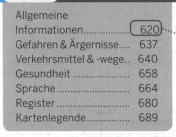

Allgemeine Informationen 620
Gefahren & Ärgernisse 637
Verkehrsmittel & -wege.. 640
Gesundheit 658
Sprache 664
Register 680
Kartenlegende 689

James Bainbridge
Kate Armstrong, Lucy Corne, Michael Grosberg, Alan Murphy, Helen Ranger, Simon Richmond, Tom Spurling

Willkommen in Südafrika, Lesotho & Swasiland

Unterm Regenbogen

Mit all den Bergen, Wüsten und Flüssen sowie den lebendigen Städten und Townships ist Südafrika wahrlich eine Regenbogennation, die eine Fülle von Erlebnissen bereithält. Die Vielfalt dieses schönen, problemgeplagten, aber sich stetig entwickelnden Landes spiegelt sich in den Assoziationen, die es hervorruft: der Tafelberg, Soweto, die Big Five, die Zulu-Kultur, Robben Island, die Drakensberge, Weite und strahlende Gesichter. Man sollte die eigene vorgefasste Meinung über Südafrikas Geschichte und Gesellschaft begraben, ein Fernglas zur Löwenbeobachtung einpacken und sich auf ein Land gefasst machen, das an jeder Ecke für eine Überraschung gut ist.

Afrika light

Südafrika genießt den Ruf, „Afrika light" zu sein, eine zugängliche Ecke des Kontinents, relativ sicher und komfortabel. Tatsächlich präsentiert es sich mit super Unterkünften und tollen Möglichkeiten, mit verschiedenen Stämmen und Kulturen in Kontakt zu treten, sehr besucherfreundlich. Darüber hinaus lockt es mit Natur – vom Buschland bis zur Kalahari, wobei die Preise weit unter denen einiger Nachbarländer liegen – sowie malerischen Fleckchen, an denen man wunderbar entspannen und die *lekker* Aussicht und Gastfreundschaft genießen kann, etwa in den Cape Winelands, den Resorts am Ozean, den Lodges oder den Städten in der Karoo.

Nashörner am Wasser, Township-Kunst, Wolken über dem Tafelberg, die Kalahari, die Drakensberge sowie Swasi- und Zulu-Zeremonien: Das Trio im Süden Afrikas bietet reichlich Abenteuer, Erfahrungen, Kultur und grandiose Kulissen.

(links) Weingut, Franschhoek (S. 111)
(unten) Xhosa-Frau, Lesedi Cultural Village (S. 462)

Kulturelle Erfahrungen

Diverse Völker – Briten, Buren, Zulu und Xhosa – stritten um die Vormachtstellung an der Spitze Afrikas. Daraus resultieren der Multikulti-Mischmasch und die elf Amtssprachen. Hier kann man lernen, ein kapmalaiisches Curry zuzubereiten, eine *shebeen* besuchen, bei Tänzen in Zululand (und Swasiland) zusehen, Kunsthandwerker in den einstigen Homelands besuchen und Samosas in Durban genießen. Bei Begegnungen mit Menschen, die von der Apartheid direkt betroffen waren, hört man Geschichten von Mut und Humor, die ihnen halfen, diese Zeit zu überstehen. Wer die Touristenpfade verlässt, wird mit einer offeneren Sichtweise belohnt.

Natur & Aktivitäten

Die Landschaften sind genauso vielfältig wie die Gesellschaft: Hier findet man einfach alles – von ausgedörrten Regionen der Kalahari und Namakwas über die Gipfel der Drakensberge bis hin zu den Basotho-Ponys, die zwischen den Dörfern und bis nach Lesotho umherwandern. In nur zwei Wochen kann man vom Kruger National Park aus die tropische Ostküste hinunter und über die weite Karoo bis zur grandiosen Mischung aus Bergen, Weingütern und Stränden am Kap reisen. Auch das Aktivitätsangebot lässt keine Wünsche offen: Es reicht vom Käfigtauchen bis zu tollen mehrtägigen Wanderungen und von Weinproben bis zur Walbeobachtung vom Festland aus.

Südafrika, Lesotho & Swasiland

Top-Erlebnisse

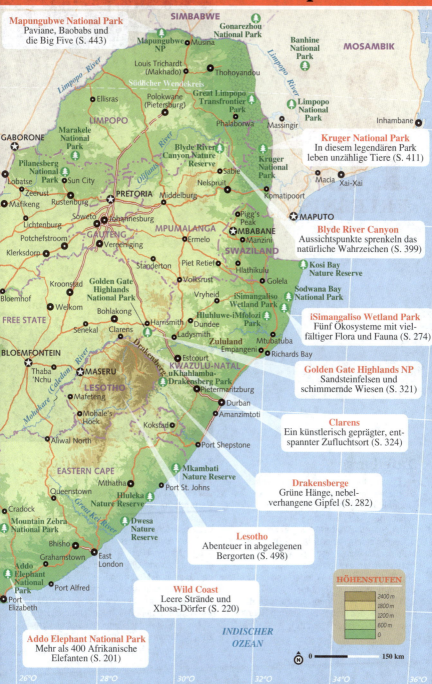

25 TOP ERLEBNISSE

Tafelberg

1 Egal, ob ganz einfach mit einer sich drehender Seilbahn oder selbst per Wadenkraft: Der Weg zum Gipfel des Tafelbergs (S. 51) ist in der Kapregion ein Initiationsritus. Wetterabhängig wird man dabei mit einem Panoramablick über die Halbinsel belohnt – und hat die Chance, den riesigen Artenreichtum des 24 500 ha großen Parks zu erleben. Wanderer sollten viel Zeit mitbringen: Die Routen für alle Fitness- und Ehrgeizlevel reichen vom entspannten Bewundern des *fynbos* bis hin zum Hoerikwaggo Trail (5 Tage/4 Nächte).

Kruger National Park

2 Der größte Nationalpark Südafrikas (S. 411) steht für eines der tollsten Naturerlebnisse des Landes. Ein Trip wird sich tief ins Gedächtnis einbrennen: Erreichbarkeit, Artenvielfalt, Aktivitätenauswahl und die riesigen Dimensionen machen den Kruger National Park so faszinierend wie einzigartig. Vom Wildnis- und Buschwandern bis hin zu Mountainbike-Touren oder einsamen Allradtrails kann man sich hier auf vielerlei Art an der Natur bzw. deren Bewohnern erfreuen. Der Kruger National Park ist landesweit einfach einer der besten Orte zum Beobachten von Groß- und Kleintieren.

Drakensberge

3 Majestätisch, atemberaubend und geheimnisvoll: Berge und Umgebung der Weltkulturerbestätte uKhahlamba-Drakensberg Park (S. 282) gehören zu Südafrikas eindrucksvollsten Landschaften. Drakensberg bedeutet „Drachenberge" auf Afrikaans; die Zulu nennen das Gebiet „Quathlamba" („Wand der aufgestellten Speere"). Die vielen Felskunststätten der San zeugen von jahrtausendelanger Besiedlung. Mit Zulu-Dörfern, Spitzenrestaurants, Wildnisgebieten und -blumen sind die Drakensberge das perfekte Ziel für Fotografen, Wanderer oder abenteuerlustige Traveller. Monk's Cowl (S. 289), uKhahlamba-Drakensberg Park

Genuss in den Winelands

4 Weiße, kapholländische Häuser zieren die ungemein malerische, sanfte Hügellandschaft mit gepflegten Rebenreihen. In dieser Paradegegend der Kapregion (S. 104) ist Weltklasse-Wein die Kirsche auf dem idyllischen Kuchen. Als Heilige Dreifaltigkeit der örtlichen Kelterkunst beheimaten Stellenbosch (S. 104), Franschhoek (S. 111) und Paarl (S. 115) ein paar der ältesten, größten und schönsten Weingüter Afrikas. Die Provinz bietet aber noch mehr gute Tropfen: Tulbagh (S. 133) steht für Sekt, die Route 62 (S. 132) für kräftigen Rot- und Portwein. Oben in den Zederbergen (S. 170) wächst süffiger Sauvignon Blanc. Stellenbosch

Wandern an der Wild Coast

5 Die unvergesslich schöne Wild Coast (S. 220) trägt einen passenden Namen. Mit schroffen Küstenklippen, einsamen Stränden, Xhosa-Dörfern und einer Historie von Schiffswracks ist sie ideal für Erkundungen zu Fuß. Die Küstenwege zwischen Port St. Johns und dem Great Kei River bei East London passieren kahle Hänge oder Schluchten, während der Blick auf Delfine und Südkaper im türkisblauen Meer fällt. Für Erholung sorgen rustikale Bleiben oder Familienübernachtungen in traditionellen *rondavels* (Rundhütten). Silaka Nature Reserve (S. 227), Port St. Johns

Kgalagadi Transfrontier Park

6 Kgalagadi (S. 485) mit seinen ca. 2000 Raubtieren bedeckt fast 40 000 km² raue Kalahari in Botswana und der Provinz Nordkap. Doch Zahlen (obwohl beeindruckend) sagen nur wenig über dieses weite Land der glühenden Sonnenuntergänge, samtschwarzen Nachthimmel und roten Dünenhügel aus. Schwarzmähnige Löwen dösen unter Dornbüschen oder trotten an der Straße entlang. Rund 800 Löwen, Geparden und Leoparden machen den Park zu einem der weltbesten Orte zum Erspähen von Großkatzen. Super: Kgalagadi ist ohne Geländewagen zugänglich.

iSimangaliso Wetland Park

7 Der Name („Wunder") trifft zu: Über 220 km erstreckt sich die 328 000 ha große Welterbestätte iSimangaliso Wetland Park (S. 274) zwischen der Grenze zu Mosambik und Maphelane am Südende des Lake St. Lucia. Von Stränden, Seen, Feuchtgebieten und (Küsten-)Wäldern bis hin zu Riffen im Meer schützt sie fünf verschiedene Ökosysteme. Dieser Naturspielplatz wartet mit Autosafaris, Wanderungen, Radtouren, Bademöglichkeiten und vielen Tieren auf: Unechten Karettschildkröten, Lederschildkröten, Walen, Delfinen, Nashörnern, Antilopen, Zebras und Flusspferden.

Clarens

8 Mitunter genießen internationale Stars in dieser betuchten Stadt (S. 324) eine Dosis Frischluft und verleihen ihr einen gewissen Promi-Vibe. Bei den vielen Galerien, Antiquitäten, Nobelrestaurants und Aktivabenteuern in der Umgebung ist für die meisten Besucher etwas dabei. Doch trotz seines offensichtlichen Reichtums wirkt Clarens entspannt und eignet sich ideal für einen Abendbummel. Mit Kneipen für einen Drink und Buchläden zum Durchstöbern ist es die beste Relax-Adresse in der Provinz Free State.

Mapungubwe National Park

9 Das grenzübergreifende, neue Naturschutzgebiet (S. 443) ist etwas Besonderes unter Südafrikas Nationalparks. Seine kulturellen Verbindungen sind so bedeutend, dass es zur Weltkulturerbestätte erklärt wurde. In der fesselnden Landschaft mit rauem Klima treffen mächtige Flüsse aufeinander. Das trockene, uralte und faltige Terrain grenzt an steile Felshänge mit erhabenen Aussichtspunkten. Neben den Big Five leben hier auch ungewöhnlichere Arten wie Elenantilopen oder Erdmännchen. Trips sind u. U. stressig, aber sehr lohnend.

Addo Elephant National Park

10 Dieser Nationalpark (S. 201) liegt nur 70 km hinter Port Elizabeth auf früherem Farmland. Über 400 Afrikanische Elefanten durchstreifen die niedrigen Büsche, hohen Gräser und entfernten Hügel. Zudem reduzieren freilaufende Importe (Hyänen, Löwen) aus der Kalahari seit 2003 die Bestände von Großen Kudus, Straußen und Warzenschweinen. Auch Erdmännchen lassen sich blicken. Highlight sind aber die Elefanten, wenn sie ohrenwackelnd aus dem Gestrüpp hervorbrechen und andere Tiere zu Zwergen degradieren.

V&A Waterfront

11 Kapstadts Topattraktion in puncto Besucherzahlen ist so ziemlich das, was man daraus macht. Die große, belebte V&A Waterfront (S. 55) liegt spektakulär vor dem Tafelberg. Von schicken Boutiquen bis hin zu Kaufhäusern ist sie eine Schatztruhe an Shoppingmöglichkeiten. Parallel gibt's Kultur- und Bildungserlebnisse wie Führungen, die öffentliche Skulpturen und historische, hervorragend erhaltene Bauten besuchen. Das tolle Two Oceans Aquarium ist ein Familien-Favorit. Und unbedingt eine Hafenrundfahrt unternehmen – am besten bei Sonnenuntergang!

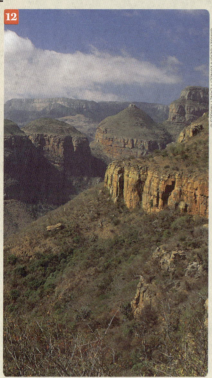

Blyde River Canyon

12 Die drittgrößte und wohl grünste Schlucht der Welt (S. 399) gehört zu Südafrikas ganz großen Sehenswürdigkeiten. Der Mangel an ausländischen Besuchern ist gleichermaßen verblüffend und angenehm für alle, die den Weg hierher finden. Die Aussichtspunkte mit Namen wie „The Three Rondavels" („Die drei Rundhütten") oder „God's Window" („Gottes Fenster") lassen einem an klaren Tagen den Atem stocken. Dieses gewaltige Naturwunder am Nordrand der Provinz Mpumalanga erkundet man am besten zu Fuß.

Golden Gate Highlands National Park

13 Für die Abwesenheit der Big Five entschädigt dieser Park (S. 321) u.a. mit spektakulären Sonnenuntergängen. Das Grasland zwischen den Sandsteinfelsen beherbergt zudem viele Antilopen, Zebras, Schakale und Vögel – super für Wanderungen oder, bei Zeitmangel, für kurze Autotouren. So oder so ist der Blick auf die Drakens- und Malutiberge herrlich. Es wirkt geradezu märchenhaft, wenn der Wind das Gras in Mustern wogen lässt. Falls ein Erkunden Lesothos nicht möglich ist, kann man alternativ das touristische Basotho Cultural Village besuchen.

Lesothos Handelsposten

14 Trips durch Lesotho sind stressig, seit Moshoeshoe I. den Buren sagte, dass sie vor seiner Plateaufestung bei Thaba-Bosiu zu verschwinden hätten. Die pragmatischen Briten gründeten Handelsposten, um kommerzielle bzw. politische Verbindungen zu den isolierten Basotho zu pflegen. Heute profitieren Traveller von diesem Unternehmergeist: Die Ex-Posten erlauben einige der tollsten Abenteuer im Süden Afrikas. In Malealea (S. 518), Ramabanta (S. 509), Semonkong (S. 518) oder Roma (S 509) genießen Wanderer, Trekker, Motorradfahrer und Dorfidyllenfans die Stille beim Gemeinschaftsmahl. *Malealea*

Namakwas Wildblumen

15 Als eine der vergessenen Ecken Südafrikas säumt Namakwa die Westküste in Richtung Namibia. Es ist ganzjährig einfach wunderbar, diese entlegene Region zu durchqueren und nach Hunderten Kilometern auf leeren Straßen schließlich Port Nolloth mit seinem erfrischenden Blick auf den Atlantik zu erreichen. Im Frühling kann man dabei obendrein den kunterbunten, weiten Wildblumenteppich (S. 492) auf Namakwas felsigem Terrain bewundern – theoretisch tagelang und besonders schön an Orten wie dem Namaqua National Park oder der Goegap Nature Reserve.

Wandern & Sternegucken in den Cederbergen

16 Bei Tag bildet der klare blaue Himmel einen fesselnden Kontrast zu den leuchtend orangefarbenen Gipfeln der schroffen Cederberge (S. 170); nachts kann man hier im hellen Schein der Milchstraße schon beinahe lesen. Dies ist das Gelobte Land für Sterngucker, Kletterer, trekkende Fans bizarrer Landschaften und für alle, die einfach stille Nächte schätzen. Der anspruchsvolle Marsch zum Wolfberg Arch, die kürzere Route zum Maltese Cross oder der dreitägige Wupperthal Trail passieren jeweils einsame, vergessene Missionsdörfer. Wolfberg Arch

Venda-Region

17 Diese grüne afrikanische Regionallandschaft (S. 444) mit diesigen Hügeln, staubigen Straßen und Schlammziegelhütten strotzt vor Geheimnissen und uralten Bräuchen. Das frühere, ungemein einnehmende Homeland lohnt eine Erkundungstour: Seine Seen und Wälder haben eine große spirituelle Bedeutung; parallel bestehen urzeitliche Bande zwischen Land und indigener Kultur. Am besten beginnt man mit dem Arts & Crafts Trail – die Gegend ist für viele Werkstätten und Kooperativen bekannt, die tolles authentisches Kunsthandwerk herstellen. Weber in Venda

Hluhluwe iMfolozi National Park

18 Obwohl manchmal im Schatten vom Kruger National Park, zählt Hluhluwe iMfolozi (S. 272) zu Südafrikas bekanntesten und interessantesten Parks. Das unglaublich schöne Landschaftsspektrum reicht von Wildblumenbergen bis hin zur Savanne. Natürlich tummeln sich hier auch die Big Five und viele andere Tiere. Der Hluhluwe iMfolozi National Park lässt sich jederzeit besuchen; irgendetwas gibt's immer zu sehen – z.B. Impalas, Zebras, Gnus, Babygiraffen oder Elefanten. Super Autosafaris, Unterkünfte und Landschaftseindrücke sorgen für ein unvergessliches Erlebnis.

Madikwe Game Reserve

19 Als eines von Südafrikas exklusivsten Schutzgebieten dieser Größe erstreckt sich das Madikwe Game Reserve (S. 463) über 760 km² Buschland, Grassavanne und Flusswald. Besucher haben gute Chancen, ein paar der Big Five zu sehen: Die Guides funken sich gegenseitig an, wenn sie z. B. ein Löwenrudel oder einen Elefantenbullen aufgespürt haben. Die 20 Lodges (von Öko bis fünf Sterne) bieten Komfort in der Wildnis und bereits Erlebnisse an sich. Da alle Trips auf dem All-Inclusive-Prinzip basieren, heißt's nach dem Passieren des Eingangs einfach relaxen.

Garden Route

20 Die anhaltende Popularität dieses grünen Küstenstrichs liegt nicht nur an der zweifellos wunderschönen Landschaft: Die Garden Route (S. 145) ist auch ein Magnet für alle, die auf etwas Outdoor-Kitzel aus sind. Ob Wandern im Knysna Forest, Surfen in der Victoria Bay, Kanutrips auf der Wilderness-Lagune oder auf Tuchfühlung mit Weißen Haien im Wasser der Mossel Bay gehen (S. 146) – die Garden Route garantiert Abenteuer für jeden Geschmack und Geldbeutel. Buckelwal, Mossel Bay

Sani Pass & Sani Top

21 Afrikas höchstgelegene Kneipe (S. 516) ist sehr schwer erreichbar. Von Westen her rollt man endlos über die Schotterpisten des tollen zentralen Hochlands und passiert Riesenstauseen, die ganz Gauteng mit Wasser versorgen. Aus dem Süden Lesothos geht's per Allradantrieb durch die gruseligen Maluti-Berge und das Grasland des Sehlabathebe National Parks. Ab Maseru führt der Weg an Dino-Spuren und verschneiten Bergen vorbei; ab Durban treten Irre aufs Gas. Doch dann heißt es auf dem Gipfel der Welt: „Prost!"

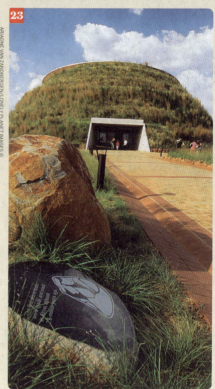

Mkhaya Game Reserve

22 Das großartige private Schutzgebiet (S. 543) ist nach den hiesigen Krokodilbäumen *(mkhaya)* benannt. Dank seines Nashorn-Schutzprogramms sieht man hier eventuell mehr Nashörner als sonstwo in Afrika. Mkhaya hat wohl eines der besten Preis-Leistungs-Verhältnisse des Kontinents: Die Zimmerpreise beinhalten Parkeintritt, Essen, Auto- und Wandersafaris. Apropos Unterkunft: Wo sonst schläft man umgeben von einsamer Wildnis in einer halboffenen, strohgedeckten Luxushütte aus Stein – ergänzt durch eine Toilette mit Buschblick?

Wiege der Menschheit

23 Wie die Chemical Brothers sangen: „It began in Africa" (genauer im Westen Gautengs). Die Cradle of Humankind (Wiege der Menschheit; S. 372) bedeckt heute Hunderte Quadratkilometer herrlichen, grün-braunen Velds. Tief darunter besuchen immer mehr Touristen die versteinerten Überreste ihrer urzeitlichen Vorfahren. Danach kehren sie in Spitzenrestaurants und Day Spas zur Zivilisation zurück. Nur 50 km nordwestlich von Johannesburg kann man auch Wildnis in Form freilaufender Elenantilopen, Giraffen und Gazellen bewundern. Maropeng (S. 372)

Pilanesberg National Park

24 In dem weiten, erloschenen Vulkan (S. 461) bei Sun City streifen die Big Five und Tagesausflügler aus Johannesburg umher. Trotz der Nashörner an den Wasserlöchern wird der unterschätzte Park mit seinen Teerstraßen mitunter wegen „Zahmheit" ignoriert. Für Nahbeobachtungen abseits anderer Autos nimmt man am besten die geschotterten Buschpisten und behält die Wasserlöcher im Blick. Auch geführte Autosafaris und diverse Unterkünfte machen dies zum Hit für Familien oder Traveller mit wenig Zeit.

Geschichtsstunden

25 Die Folgen der Apartheid im heutigen Südafrika sind unmöglich einzuschätzen, da sie einen Großteil des Alltags durchdringen. Dennoch sollten alle Besucher versuchen, die Geschichte der Rassentrennung zu erfassen. Kuratorium und Gestaltung des Apartheid Museum (S. 341) im Süden Johannesburgs schwingen nicht stumpf den moralischen Zeigefinger; vielmehr erinnern sie an die menschliche Fähigkeit, das Elend zu überwinden. Freedom Park (Pretoria; S. 373), Constitution Hill und das Township Soweto sind ebenso lohnenswerte Ziele in Gauteng. *Freedom Park*

Gut zu wissen

Währung
» Südafrikanischer Rand (R)
» Lesothischer Loti (Plural Maloti, M)
» Swasiländischer Lilangeni (Plural Emalangeni, E)

Sprachen
» Zulu
» Xhosa
» Afrikaans
» Englisch
» Sesotho (Lesotho)
» Siswati (Swasiland)

Reisezeit

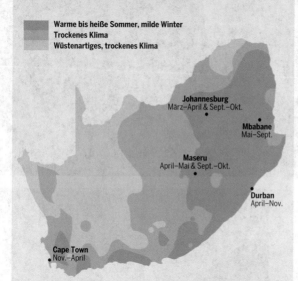

Warme bis heiße Sommer, milde Winter
Trockenes Klima
Wüstenartiges, trockenes Klima

Johannesburg März–April & Sept.–Okt.
Mbabane Mai–Sept.
Maseru April–Mai & Sept.–Okt.
Durban April–Nov.
Cape Town Nov.–April

Hauptsaison
(Dez.–März)
» Spitzenzeiten sind um Weihnachten, Silvester und Ostern.
» Die Preise steigen.
» Unterkünfte in Nationalparks und an der Küste sind Monate im Voraus ausgebucht.
» Touristengebiete und Straßen sind voll.

Zwischensaison
(April–Mai, Okt.–Nov)
» Ende September bis Anfang Oktober sind Schulferien.
» Sonniger Frühling bzw. schönes Herbstwetter in weiten Teilen des Landes.
» Die besten Bedingungen fürs Wildlife-Watching gibt's ab Herbst.

Nebensaison
(Juni–Sept.)
» Der Winter ist ideal fürs Wildlife-Watching.
» Schulferien von Ende Juni bis Mitte Juli.
» In diesen Ferien steigen die Preise teilweise; sonst sind sie niedrig; es gibt Rabatte und Pakete.

Tagesbudget

Günstig – unter
500 R
» Bett in Hostels & Schlafsälen ab 150 R
» Hauptmahlzeit für unter 60 R
» Vier Stunden im Minibus-Taxi 200 R
» Freier Eintritt in viele Museen
» Nicht in Kapstadt hängenbleiben!

Mittleres Budget
750 R
» Doppelzimmer 400–2500 R
» Mittelteure Hauptmahlzeit 60–150 R
» Von Jo'burg nach Kapstadt in der Touristenklasse 430 R
» Safari 250 R

Teuer – mehr als
1200 R
» Doppelzimmer ab 1500 R
» Essen im Spitzenrestaurant über 150 R
» Flug von Jo'burg nach Kapstadt ab 800 R
» Jeeptour 1000 R pro Person und Tag
» Luxusunterkünfte bieten All-inclusive-Pakete

Geld

» In Südafrika sind Geldautomaten verbreitet und Kreditkarten werden weithin akzeptiert. In Lesotho und Swasiland ist beides außerhalb der Hauptstädte selten.

Visa

» Für Aufenthalte bis zu 90 Tage braucht man weder für Südafrika noch für Lesotho oder Swasiland ein Visum.

Handys

» Per Roaming kann man das eigene Handy benutzen. Lokale SIM-Karten funktionieren in entsperrten Telefonen.

Verkehr

» Gefahren wird links, das Lenkrad ist rechts im Auto.

Infos im Internet

» **SouthAfrica.info** (www.southafrica.info) Nachrichten und Infos.

» **South Africa National Parks Forums** (www.sanparks.co.za/forums) Von Rangern.

» **BBC** (www.bbc.co.uk) Länderprofile.

» **Fair Trade in Tourism South Africa** (www.fairtourismsa.org.za)

» **Backpacking Africa** (www.backpackingsouthafrica.co.za) Nützlicher Guide.

» **Lonely Planet** (www.lonelyplanet.com/south-africa) Infos, Buchungsmöglichkeiten, Foren.

Wechselkurse

Eurozone	1 €	11,25 R
	1 R	0,09 €
Schweiz	1 SFr	9,32 R
	1 R	0,11 SFr

Aktuelle Wechselkurse gibt's unter www.oanda.com.

Wichtige Telefonnummern

Man wählt immer die Ortsvorwahl, auch wenn man aus demselben Gebiet anruft.

Landesvorwahl Südafrika	☏ 27
Landesvorwahl Lesotho	☏ 266
Landesvorwahl Swasiland	☏ 268
Vorwahl für internationale Gespräche (alle drei Länder)	☏ 00

Ankunft am …

» **O. R. Tambo International Airport, Jo'burg**
Gautrain – Jo'burg/Pretoria 115/125 R, 25/35 Min., alle 12–30 Min.
Shuttle und Taxi – Jo'burg/Pretoria 350/400 R, 1 Std.
Auto – Mietwagenfirmen am Flughafen, N12/Rte 21 nach Jo'burg/Pretoria

» **International Airport, Kapstadt**
MyCiTi-Bus – 53,50 R, 20–60 Min., alle 20 Min.
Shuttle – 160–180 R
Taxi – 200 R
Auto – Mietwagenfirmen am Flughafen, die N2 entlang

Gefahren & Ärgernisse

Südafrika ist berüchtigt für die Verbrechen, die dort passieren. Aber Traveller können leicht vermeiden, Opfer zu werden. Die meisten Unterkünfte haben einen Sicherheitsdienst, sogar manche Hostels beschäftigen Wachpersonal.

Wer mit dem Auto fährt, ist teilweise vor den Gefahren in den Straßen geschützt. Auf keinen Fall Wertgegenstände sichtbar im Wagen lassen und nicht den Kofferraum öffnen, bevor man den Wagen verlässt, wenn darin Taschen zurückbleiben!

Am wichtigsten ist, was für einen Eindruck man macht. In Städten sollte man Geld und Wertgegenstände nicht offen vorzeigen. Es empfiehlt sich, eine falsche Geldbörse bei sich zu haben. Immer wachsam sein, besonders am Geldautomaten und bei anderen finanziellen Transaktionen!

Das Risiko ist in den verschiedenen Gegenden unterschiedlich – man sollte auf die Einheimischen hören. In Kapstadt nachts in einer beleuchteten Straße zu gehen, ist sicherer, als in Jo'burg im Dunkeln unterwegs zu sein – Letzteres sollte man besser vermeiden!

Wie wär's mit …

Dramatische Landschaften

Von der bunten Mischung aus Küsten und Bergen des Kaps bis zu den Ebenen wie Namakwa, der Kalahari und Karoo gibt es in Südafrika und dem bergigen Lesotho einige der beeindruckendsten Landschaftsformen des Kontinents.

Drakensberge Überwältigende Gipfel und Felsformationen wie im Amphitheater. Der Blick vom Steilhang gilt als einer der schönsten der Welt (S. 282).

Kaphalbinsel Vom Tafelberg bis zum Cape Point erstreckt sich über die Halbinsel eine Bergkette (S. 55).

Wild Coast Der Anblick der grünen Hügel, zerklüfteten Steilhänge und menschenleeren Strände des Indischen Ozeans ist unvergesslich (S. 220).

Augrabies Falls National Park Der sechsthöchste Wasserfall der Welt befindet sich dort, wo der Oranje hinunter in eine Schlucht donnert – ein rauer und urgewaltiger Höhepunkt am wilden Nordkap (S. 490).

Lesothos Hochland Im bergigen Königreich reichen die Gipfel dieses rauen Abschnitts der Drakensberge bis auf über 3000 m hinauf und sind von üppig grünen Tälern und plätschernden Bächen umgeben (S. 498).

Wilde Tiere

Die Parks und Reservate sind abwechslungsreich und leicht zugänglich. Hier wimmelt es nur so vor wilden Tieren. Sie gehören zu den besten Zielen der Welt, um die Big Five und ihre Beute zu beobachten.

Kruger National Park In Südafrikas berühmtem Park gibt es allein schon 5000 Nashörner und die Landschaft reicht vom Wald bis zum Mopaneveld (S. 411).

Kgalagadi Transfrontier Park Tief in der Kalahari verbirgt sich einer der weltweit besten Orte, um Großkatzen zu erspähen: von Geparden bis Löwen mit schwarzen Mähnen (S. 485).

Mkhaya Game Reserve In Swasilands Reservat leben bedrohte Arten wie Leoparden, Büffel, Elefanten und eine Nashornpopulation (S. 543).

Addo Elephant Park Südafrikas drittgrößter Nationalpark ist einer toller Ort, um Elefanten zu sehen. Es gibt auch Spitzmaulnashörner, Afrikanische Büffel und Löwen (S. 201).

Madikwe Game Reserve Das Bushveld-Reservat beherbergt in unterschiedlichen Lebensräumen die Big Five (S. 463).

Elephant Coast KwaZulu-Natals Drehkreuz für wilde Tiere bietet eine tropische Umgebung; zu den Highlights zählt das uMkhuze Game Reserve (S. 281).

Große Weiten

Ganz egal, ob es einen ins Landesinnere zieht oder an die Küste: Die vorwiegend ländlichen Gegenden bieten ein Gefühl der Freiheit.

Namakwa Die felsigen Hügel und Ebenen, die ein Viertel des Landes im Westen bedecken, sind im Frühling von Wildblumen übersät (S. 492).

Vrystaat Goldene Sonnenblumen und Maisfelder überziehen das Inland des Freistaates zwischen dem Gariep-Damm und dem Golden Gate Highlands Natural Park (S. 321).

Kalahari Rote Dünen, so weit das Auge reicht: Der Oranje schlängelt sich durch eine von Grün umgebene Halbwüste (S. 480).

Süd-Lesotho Die bergige Gegend zwischen Malealea und den Drakensbergen besticht durch ihre Täler, Flüsse und abgelegenen Dörfer (S. 518).

Karoo Das halbtrockene Plateau erstreckt sich über drei Provinzen; gleißender Sommer und eisiger Winter, atemberaubende Sonnenuntergänge und tolle Sternennächte (S. 162).

Strände An Südafrikas über 2500 km langer Küste sind ruhige Strände nicht selten – von der West Coast bis zu den weniger beliebten Stränden im Süden wie dem Buffalo Bay (S. 153).

Gepard, Kgalagadi Transfrontier Park (S. 485)

Kunst

Überall, vom Bushveld bis zum Kap, gibt es Kunstwerke zu bestaunen, die Südafrikas dramatische Landschaften und soziale Belange aufgreifen.

Kapstadt In der Welt-Designhauptstadt 2014 gibt es zahllose Privatgalerien. In der Church St und den umliegenden Gassen finden sich Galerien und Antiquitätenhändler, ausgefallenere Läden gibt's in Woodstock (S. 95).

Ost-Karoo Im Owl House in Nieu Bethesda wimmelt es von Eulen und Skulpturen aus Zement. Das architektonisch hübsche Graaff-Reinet hat einige lohnenswerte Galerien und Museumshäuser zu bieten (S. 175).

Kunst-Städtchen Einige kleine Städte haben sich durch ihre einheimische Kunstszene eine gewisse Kultiviertheit verpasst. In Clarens gibt es um die 20 Galerien. Montagu, Kalk Bay, Paternoster, Parys und Dullstroom folgen diesem Beispiel (S. 324).

Venda-Region In Limpopo werden in Werkstätten grobe Holzschnitzereien, Keramiken und gestreifte Batiken und Textilien hergestellt (S. 444).

William Humphreys Art Gallery Die Exponate in Kimberleys Galerie reichen von Arbeiten südafrikanischer Sträflinge bis zu Werken holländischer und flämischer Altmeister (S. 472).

Geschichte

Zahllose Sehenswürdigkeiten erinnern an Südafrikas bewegte Geschichte und in ländlichen Gebieten wie den Winelands und Karoo ist die Vergangenheit oft noch förmlich zu greifen.

Kapstadt In Südafrikas Mutterstadt gibt es neben Sehenswürdigkeiten auch Orte, die weniger bekannte Geschichten erzählen, etwa das Bo-Kaap- und das District Six Museum (S. 46).

Kimberley Eine viktorianische Bergbausiedlung, historische Pubs, Geistertouren, Schlachtfelder des Burenkriegs und eine der ältesten Townships lassen die Vergangenheit der Diamantenstadt aufleben (S. 472).

Liberation Trail An verschiedenen Orten zwischen Robben Island und dem Nelson Mandela Museum wird der Kampf gegen die Apartheid zelebriert (S. 54).

Apartheid Museum Das Museum in Jo'burg, das man durch Tore betritt, die der rassistischen Klassifizierung dienten, versetzt den Besucher in die Zeit der Rassentrennung (S. 341).

Oudtshoorn Oberhalb herrschaftlicher Anwesen führt der Swartberg-Pass aus dem 19. Jh. zur Großen Karoo (S. 142).

Mapungubwe National Park Die Unesco-Welterbestätte beherbergte während der Eisenzeit eine große Zivilisation (S. 443).

Kulturerlebnisse

Wer der komfortablen, an westliche Verhältnisse angepassten Touristenblase entkommt, kann die verschiedenen Traditionen und Glaubensvorstellungen der Region hautnah miterleben.

Townships Anstatt mit einem Bus hindurchzudüsen, sollte man über Nacht bleiben oder an einer interaktiven Themenführung teilnehmen (S. 66).

Umhlanga-Tanz Bei diesem jährlichen Fest tanzen junge Swasi-Frauen und halten dabei Schilf in der Hand (S. 525).

Wild Coast Das ehemalige Homeland bietet mit seinen Xhosa-*Rondavels* Optionen, in gemeindegeführten Unterkünften zu übernachten und bei Projekten mitzuhelfen (S. 220).

Xaus Lodge In der Kalahari-Lodge lesen die Khomani San mit ihren Gästen Fährten. Auch im Madikwe Game Reserve und im Mapuleke Contract Park (S. 488) kann man Kultur und Fauna erleben.

Zululand Um die größte ethnische Gruppe Südafrikas in Dörfern und bei Zeremonien kennenzulernen, macht man sich auf nach Eshowe (S. 267).

Venda-Region Hier trifft man auf die Künstler des ehemaligen Homelands und kann oberhalb des Lake Fundudzi einen heiligen Wald erkunden (S. 444).

Rafting auf dem Senqu (Oranje) (S. 491)

Essen & Trinken

Von kapholländischen Weingütern bis zu Grillständen in Townships: Die *lekker* Erzeugnisse Südafrikas selbst zu probieren, ist die beste Art, ins Herz dieses agrarorientierten Landes vorzudringen.

Koch-Safari In Kapstadts Bo-Kaap lernt man, kapmalaiische Currys zu zaubern (S. 67).

Trauben Wein gibt's nicht nur in Stellenbosch. Auch andere Weinregionen sind es wert, erkundet zu werden, z. B. Swartland, das Tal des Breede River und die Grüne Kalahari (S. 165).

Lebensmittelmärkte Auf Kapstadts Märkten und bei Veranstaltungen auf dem Land gibt's von Feta bis Wein allerlei Leckereien vom Bauern (S. 96).

Bier In Kapstadts Long St, Durbans Florida Rd und Jo'burgs 7th St, Melville, kann man der Hitze mit einem Glas Bier trotzen. Besonders empfehlenswert sind die vielen südafrikanischen Mikrobrauereien (S. 580).

Bush-Braai Zur südafrikanischen Erfahrung schlechthin gehört das Verschlingen von *braaivleis* (Grillfleisch) und *braaibroodjies* (gegrilltes Toast-Sandwich) in schöner Umgebung (S. 582).

Bunny Chow Eine Kreation der Einwohner Durbans: ein ausgehöhltes Brot gefüllt mit Curry (S. 251).

Abenteuer

Egal ob man die weite Wildnis durchqueren, im Bushveld nach Raubtieren Ausschau halten oder nur am Strand liegen möchte: Die drei südlichsten Länder des Kontinents bieten alles.

Garden Route Das beliebte Urlaubsziel, in dem die alten Wälder bis ans Wasser reichen, bietet Surfen, Tauchen, Bootsausflüge, Käfigtauchen mit Haien, Kloofing (Canyoning), Reiten und Wandern (S. 145).

Kalahari Von Rafting und Kanufahren auf dem Oranje (Senqu) bis Safaris, Jeeptouren und Sandboarden: Die Halbwüste ist eine Spielwiese (S. 480).

Wander-Safaris In Wildnisgebieten wie dem Kruger National Park kann man den Busch auch zu Fuß mit bewaffneten Rangern erleben (S. 415).

Ponyreiten Lesothos Hochland lässt sich wunderbar auf dem Rücken eines Basotho-Ponys erkunden (S. 519).

Hands on Harvest Bei diesem Weinfest trinkt man bei einem Picknick am Breede River leckeren Wein (S. 137).

Mehrtägige Wanderungen Bei Wanderungen durch die Wildnis mit Übernachtung kann man seine Ausrüstung selbst tragen oder seine Tasche anderweitig befördern lassen (S. 622).

Ausgefallene Ecken

Südafrikas Provinzstädte und -ortschaften waren unter der Apartheid vom Rest der Welt abgeschnitten und haben sich dadurch, teils schrullig, teils vornehm, ihren Glanz bewahrt.

Matjiesfontein Mitten in der Karoo kann man in einem alten Londonder Bus die einzige Straße dieser viktorianischen Ortschaft erkunden (S. 165).

Wild Coast Strandorte wie Port St. Johns bieten eine nette Mischung aus Xhosa-Einheimischen, Aussteigern mit Dreadlocks, Sand und Hängematten (S. 227).

Darling Evita Bezuidenhout, die Antwort des Komikers Pieter-Dirk Uys auf Dame Edna Everage, gibt ihre Vorstellungen im alten Bahnhof (S. 166).

Hogsback Glaubt man den Einheimischen, so diente dieses umweltbewusste Dorf in den Amathole-Bergen mit seinem Ecoshrine und Feenweg J. R. R. Tolkien als Inspiration (S. 218).

Haenertsburg Ein widersinniges Bergdorf im subtropischen Letaba-Tal in Limpopo mit Pinienplantagen und Pubs (S. 447).

Kaphalbinsel Die „Republik von Hout Bay" und die hippiemäßigen Küstenstädtchen tragen den „Linsenvorhang" (S. 55).

Monat für Monat

Top-Events

1. **Tierbeobachtung**, Juli
2. **Wildblumen im Namakwa**, September
3. **Buganu-(Marula-)Festival**, Februar
4. **Walbeobachtung**, September
5. **Sommermusikfestivals**, November

Januar

Während der Sommerferien (Dez.– Mitte Jan.) bevölkern Südafrikaner die touristischen Gegenden, darunter die Küste und Parks. Unterkünfte und Transportmittel lange im Voraus buchen! Hochsaison ist von Dezember bis März.

Cape Town Minstrel Carnival (Kaapse Klopse)

Die farbenfroheste Straßenparty Kapstadts beginnt am 2. Januar und dauert einen Monat. Mit seinen satin- und paillettengeschmückten Minstrel-Gruppen, den derben Liedern und den Tänzen ist es das Mardi Gras des Kaps (S. 67).

Februar

Der Sommer geht weiter: Gute Laune an den Stränden, die Seilbahnfahrt auf den Tafelberg zum Sonnenuntergang kostet nur die Hälfte und im Norden regnet es. Elefanten knabbern an Marula-Bäumen und in den Parks tummeln sich junge Antilopen, Zebras und Giraffen.

Buganu-(Marula-)Festival

Eines der beliebtesten Erntefestivals feiert den prächtigen Marula-Baum. Zwischen Februar und März machen die Frauen *uganu* (Marula-Wein), die Männer trinken ihn, und alle feiern. Swasilands königliche Familie nimmt an der dreitägigen Zeremonie teil (S. 525).

Erntehelfer

Beim ersten der fünf jährlichen Weinfestivals in Robertson können angehende Winzer bei der Ernte helfen und die Produkte verkosten. Mitmachen können Besucher z. B. beim Traubenpflücken, Sortieren, Traubentreten, Weinmischen und bei Traktorfahrten in den Weingärten (S. 136).

März

Der Sommer geht allmählich in den Herbst über, doch noch sind die Tage sonnig, das Lowfeld schwül und die Landschaft grün. Eine schöne Zeit zum Wandern und um im Westkap am Strand zu relaxen; in Kapstadt und Jo'burg finden Festivals statt.

Cape Argus Cycle Tour

Die Fahrradfahrt rund um die Kaphalbinsel ist das größte Fahrradrennen der Welt mit Zeitmessung. Über 30 000 Teilnehmer, von Rennradsportlern bis zu kostümierten Kapstädtern, nehmen den Tafelberg und den Champman's Peak Drive in Angriff (S. 68).

April

Die zweiwöchigen Schulferien zu Ostern gelten allgemein als Herbstanfang. Es wird kälter, und die Tierbeobachtung im Buschveld wird langsam attraktiver als Wanderungen in den Bergen. Bis Mai ist Zwischensaison und Paarungszeit.

AfrikaBurn

Das afrikanische Event wurde vom amerikanischen Burning Man inspiriert und ist ein Ausbruch der Gegenkultur und eine Herausforderung für Überlebenskünstler. Künstlerische Installationen und Themen-Camps verwandeln eine Ecke der Karoo in ein surreales Paradies (www.afrikaburn.com; S. 496).

Juli

Der Winter bringt Regen zum Kap und Wolken hüllen den Tafelberg ein. Im Norden sind die Tage sonnig und frisch und die Nächte sternenklar. Von Ende Juni bis Mitte Juli sind Schulferien. Ansonsten ist von Juni bis September Nebensaison.

Austernfestival
Die zehntägige Austernorgie in Knysna ist eines von mehreren Events an der südafrikanischen Küste, die den Meeresfrüchten gewidmet sind. Zum Festival gehören Wettbewerbe im Austernessen und Austernlösen, Weinverkostung, Radrennen und der Kynsna Forest Marathon (www.oysterfestival.co.za; S. 155).

Skisaison in Lesotho
Tatsächlich, in Südafrika wird Ski gefahren. Auf den Gipfeln und Pässen Lesothos liegt im Winter Schnee, vor allem rund um Oxbow, wo man auf einer Skipiste den Schnee ausnutzt. Das Skigebiet Afri-Ski hat sogar einen Schneepark für Snowboarder (S. 514).

Wildlifewatching
Das kühlere, trockenere Wetter ist perfekt, um Tiere in freier Wildbahn zu beobachten. Durstige Tiere versammeln sich an Wasserlöchern, und weil das Laub nicht mehr so dicht ist, sind sie leichter zu sehen. Mit den niedrigeren Temperaturen werden warme Gegenden wie das Bushveld und die Kalahari wieder attraktiver (S. 610).

National Arts Festival
Südafrikas kreativer Puls schlägt von Ende Juni bis Anfang Juli auf dem wichtigsten Kunstfestival des Landes im studentischen Grahamstown. Künstler aller Sparten nehmen Locations von Plätzen bis zu Sportfeldern in Beschlag (S. 206).

September

Der Winter macht langsam dem Frühling Platz. Im September und Oktober blühen im östlichen Hochland des Free State die Kirschbäume. Dies sind die trockensten Monate, um Tiere zu beobachten. Von Ende September bis Anfang Oktober sind Schulferien.

Wildblumen in Namakwa
Ende August und Anfang September legt die Natur ein Zauberkunststück hin und breitet einen Teppich von Wildblumen über das karge Gebiet. In der verdörrten Landschaft von Namakwa entstehen unglaubliche Blumenwiesen in allen Regenbogenfarben. Auch in anderen Gegenden im Nordkap und Westkap kommt es zu diesem Schauspiel (S. 491).

Wale beobachten
In der gesamten zweiten Jahreshälfte kann man an der Walker Bay Südkaper beobachten, am besten aber in den Monaten rund um das Hermanus Whale Festival (Sept./Okt.). Dann ist Hermanus weltweit der beste Ort an Land, um Wale zu sehen (S. 123).

Traditionelle Festivals
Swasilands *umhlanga*-Tanz, bei dem Swasi-Frauen mit Schilfrohren tanzen, findet Ende August/Anfang September statt. Etwa zur selben Zeit gibt es ein gleichartiges Zulu-Ereignis vor dem König-Shaka-Tag, an dem der Zulu-Herrscher gefeiert wird. Im Mittelpunkt des Morija-Festivals in Lesotho steht die Kultur der Basotho (S. 270).

Festivals in Jo'burg
Die Festivalsaison in Johannesburg (Ende Aug.–Ende Sept.) beginnt mit dem Joy of Jazz Festival in Newtown, wo auch das Arts Alive Festival stattfindet. Das Soweto Festival und das Soweto Wine Festival werden auf dem Campus der Uni von Johannesburg in der Township veranstaltet (S. 342).

November

Es wird Sommer: Wildblumen in den Drakensbergen, und in KwaZulu-Natal lockt der Strand, ehe die schlimmste Luftfeuchtigkeit einsetzt. Beides gibt es in Kapstadt und in Westkap. Im Lowveld regnet es. Die Zwischensaison endet.

Sommermusikfestivals
Im ganzen Land finden Musikfestivals statt. Allein in Westkap gibt es die Kirstenbosch Summer Sunset Concerts im Botanischen Garten von Kapstadt (Nov./Dez.–April; S. 69), Rocking the Daisies (www.rockingthedaisies.com) und Up the Creek (www.upthecreek.co.za).

Reise-routen

Ob man nun sechs oder 60 Tage Zeit hat – diese Routen bieten eine Orientierungshilfe für eine fantastische Reise. Lust auf weitere Anregungen? Im Internetforum von www.lonelyplanet.de kann man sich mit anderen Travellern austauschen.

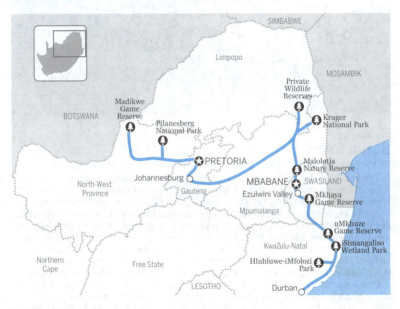

1–2 Wochen
Safari-Special

› Südafrika ist eine der besten Destinationen für Safaris auf dem gesamten Kontinent. Auch wer nur eine oder zwei Wochen Zeit hat, kann die faszinierende Tierwelt des Landes erleben. Von Jo'burg aus geht's nach Mpumalanga und zum Prunkstück der südafrikanischen Safari-Welt, dem **Kruger National Park**. Die Tierwelt hier und in den **privaten Wildtierschutzgebieten** kann Besucher tagelang fesseln. Falls die Zeit knapp ist, empfiehlt sich ein Ausflug ins **Madikwe Game Reserve** oder den **Pilanesberg National Park**. Beide liegen nur maximal vier Autostunden von Jo'burg entfernt.

Vom Kruger bietet es sich an, nach Swasiland ins **Malolotja Nature Reserve** mit seinen 200 km Wanderwegen durch Grasland und Wälder und bis ins **Ezulwini Valley** zu fahren. Dort bewundert man die Waldgebiete und kauft Kunsthandwerk. Nächstes Ziel ist das tierreiche **Mkhaya Game Reserve** mit seinen Spitzmaul- und Breitmaulnashörnern. Nachdem man Swasiland hinter sich gelassen hat, geht's auf der N2 ins **uMkhuze Game Reserve** in KwaZulu-Natal. Nicht weit entfernt befinden sich die Wasserwege und Ökosysteme des 200 km langen **iSimangaliso Wetland Park** und des **Hluhluwe-iMfolozi Park**. Von dort führt die Reise an der Küste entlang gen Süden, wo **Durban** wartet.

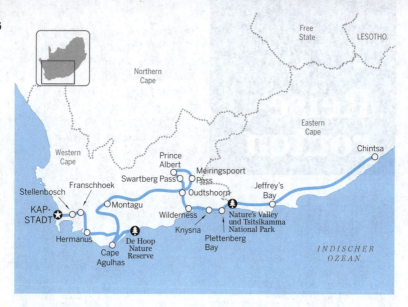

1–3 Wochen
Kap & Küste

Mit seiner Landschaft, der guten Infrastruktur und den vielen Attraktionen prägt dieser Teil Südafrikas das Bild des Landes in den Hochglanzbroschüren. Die Rundreise klappt mit öffentlichen Verkehrsmitteln, mit dem Auto kann man aber Abstecher machen.

Nach einigen Tagen in **Kapstadt** heißt es schweren Herzens Abschied nehmen. Erstes Ziel sind die Winelands. Hier laden die mit Weingütern übersäten Täler um **Stellenbosch** und **Franschhoek** mit Weinproben zu einem Aufenthalt von zwei oder drei Tagen ein.

Wer eine Stippvisite an die Küste macht, kann in **Hermanus** von Juni bis Dezember Südliche Glattwale beobachten, das **Cape Agulhas**, den südlichsten Punkt des Kontinents, besuchen oder die Strände im 34 000 ha großen **De Hoop Nature Reserve** genießen.

Durch das Breede River Valley geht es zu weiteren gastronomischen Freuden der Winelands, nämlich durch einen Steinbogen in den Cogmanskloof Mountains ins Künstlerdorf **Montagu** mit seinen strohgedeckten Hütten und Gourmetrestaurants. Von hier führt die landschaftlich schöne Route 62, eine der längsten Weinrouten der Welt, durch die Little Karoo in Südafrikas Straußenhochburg Nummer eins nach **Oudtshoorn**.

Oudtshoorn ist mit seinen von den „Federbaronen" erbauten Anwesen der perfekte Stopp, bevor man sich über die ungeteerten Straßen des **Swartberg Pass** oder über den **Meiringspoort Pass** mit seinem Wasserfall in die Höhe begibt. Hinter dem Swartberg liegt in der Great Karoo das im 18. Jh. erbaute Städtchen **Prince Albert**. Von hier geht es auf der N1 zurück nach Kapstadt. Alternativ fährt man zurück nach Süden vorbei an Oudtshoorn und auf die Garden Route, wo die Strände und Lagunen von **Wilderness** ein etwas ursprünglicheres Bild abgeben als andere Teile der Küste. Fährt man entlang der Küste nach Osten, passiert man uralte Wälder, die sich über den Urlaubsorten **Knysna** und **Plettenberg Bay** bis in die Berge erstrecken. Beide Orte bieten Wassersport und mehr.

Kurz bevor Eastern Cape erreicht ist, führt ein kleiner Umweg über eine gewundene Straße zum **Nature's Valley**. In dem Strandort können Wanderer nach ihrem Marsch auf dem Otter Trail ihre Wanderstiefel lüften. Es gibt aber auch kürzere Wanderungen, die in die von Regenwald überzogenen Täler des **Tsitsikamma National Park** führen.

Zurück auf der N2 lohnt sich für Surfer ein Stopp in **Jeffrey's Bay**. Für wen das nichts ist, der fährt weiter nach **Chintsa**, das einem einen leicht zugänglichen Einblick in die verträumten Buchten und Xhosa-Dörfer der Wild Coast gewährt.

1 Monat
Die große Rundreise

> Nach einem atemberaubenden Auftakt in **Kapstadt** führt der Weg wie in der Reiseroute „Kap & Küste" auf der Route 62 und der Garden Route nach Osten. Wer die weiten Ebenen der Great Karoo verlockender findet als eine Fahrt an der Küste, der kann vom verschlafenen **De Rust**, nordöstlich von Oudtshoorn gelegen, auf der R341, der N9 und der R329 nach Osten fahren. Eine Fahrt über staubige Nebenstraßen gehört zwar zu den Geheimtipps Südafrikas, doch sollte man vor Ort die Straßenbedingungen prüfen.

Ein kleiner Abstecher über die N9 ins Landesinnere führt nach **Graaff-Reinet**. Die viertälteste von Europäern angelegte Siedlung Südafrikas wartet mit über 220 National Monuments auf. Auch der **Camdeboo National Park** befindet sich in dieser etwas sonderbaren Ecke der Karoo. Hier gibt es Afrikanische Büffel und Ausblick über die Ebenen und das Künstlerdorf **Nieu Bethesda**, wo sich das mit Skulpturen vollgestopfte Owl House befindet. Für einen letzten Blick auf die Karoo bietet sich ein Halt im **Mountain Zebra National Park** an, oder man fährt direkt weiter in den **Addo Elephant National Park**, wo die Big Five, Weiße Haie und Südliche Glattwale beobachtet werden können.

Auf der Fahrt nach Osten lohnt sich ein Halt in **Amathole**, dem ehemaligen Homeland Ciskei, das für die Xhosa eingerichtet wurde. Anschließend folgen zwei Highlights: die zerklüftete **Wild Coast** und die Kneipen der Florida Rd im entspannten **Durban**. Von dort geht es weiter entlang der Midlands Meander zurück landeinwärts und hinein in die Drakensberge, wo ein Abstecher hinauf nach Lesotho über den **Sani Pass** ansteht. Beim Wandern und Ponyreiten in diesem bergigen Königreich wird man auch dem Volk der Basotho mit ihren auffälligen Kegelhüten und gemusterten Wolldecken begegnen.

Die letzte Nacht in Lesotho sollte man nicht in **Maseru**, sondern zwischen den Sandsteinklippen im nahen **Roma** verbringen, einer Missionsstation aus dem 19. Jh., die sich mittlerweile zur Universitätsstadt gemausert hat. Auf der anderen Seite der Grenze bietet sich **Ladybrand** in Free States Eastern Highlands als weiterer netter Stopp an.

Vorbei an den Feldern von Free State geht es nach **Kimberley**, zur Hauptstadt von Northern Cape. Sie war Schauplatz des weltweit größten Diamantenfiebers. Hier liegen die Schlachtfelder der Burenkriege, es werden Geistertouren angeboten, es gibt 150 Jahre alte Kneipen und die Township Galeshewe. Und dann setzt man sich in den **Touristenzug Trans Karoo**, der einen in zwölf Stunden zurück nach Kapstadt (oder nach Jo'burg) bringt.

2–4 Wochen
Der wilde Nordwesten

> Die Reise beginnt in **Kapstadt** und führt dann in nördlicher Richtung weiter in die **Cederberg Wilderness Area** mit ihren Sandsteinformationen, in der es Lodges und Campingplätze gibt. Citrusdal und Clanwilliam bieten sich als Ausgangspunkt für die Erkundung an.

Weiter geht es entweder über den Vanrhyns Pass oder über den ungeteerten Pakhuis Pass bis nach **Calvinia**, einem Außenposten in der Hantam Karoo. Zurück auf der N7 ist das nächste Ziel **Namakwa** im Norden, dessen felsige Landschaft im Frühjahr mit Wildblumen überzogen ist. Fast ganz am Ende der kerzengerade verlaufenden Straßen der Region liegt zwischen dem Atlantik und dem namenlosen Nirgendwo **Port Nolloth**. Wer ein geländegängiges Fahrzeug und Sinn für Abenteuer besitzt, der fährt hier weiter bis in die unwirkliche bergige Wüstenlandschaft des **|Ai-|Ais/Richtersveld Transfrontier Park**.

Zurück auf der Hauptstraße führt die Reise weiter nach Osten zum dramatischen **Augrabies Falls National Park**, der mit Möglichkeiten zum Wandern, Raften und Kanufahren aufwartet. Den Orange River (Oranje) kann man bei einer Bootsfahrt bei Sonnenuntergang in **Upington** von seiner sanfteren Seite kennenlernen, bevor die Fahrt zwischen den roten Dünen der Kalahari weiter direkt nach Norden zum **Kgalagadi Transfrontier Park** führt, einem der weltweit besten Orte, um Großkatzen zu beobachten.

Anschließend geht es entweder zurück nach Upington oder mit dem Jeep nach Südosten und weiter durch die Kalahari zum **Witsand Nature Reserve**, wo der Wind buchstäblich über die Dünen peitscht. Weiter im Osten liegt **Kimberley**, das bekannt für das Diamantenfieber im 19. Jh. ist; südlich davon beginnt die Karoo. Ein möglicher Zwischenstopp an der N1 ist u. a. das historische und perfekt erhaltene **Matjiesfontein**.

2–3 Wochen
Wandern im Osten

> Los geht's mit einer Nacht in **Soweto**, der berühmtesten Township Südafrikas. Wie wär's mit einem Besuch in einer *shebeen* oder in der Straße, in der die Nobelpreisträger Mandela und Tutu lebten?

Quer durch den Free State führt die Reise auf der N3 bis Harrismith und von dort entlang der Panoramastraße R712 vorbei am Sterkfontein Dam nach **Clarens**. Die Umgebung des Künstlerstädtchens mit seinen Galerien und Mikrobrauereien gleicht einer impressionistischen Landschaft. Im nahe gelegenen **Golden Gate Highlands National Park** kann in Chalets am Fluss übernachtet werden, und es locken Wanderungen zwischen Sandsteinkuppen, die als Vorbereitung auf die gigantischen Drakensberge dienen. Um das weltweit bekannte Amphitheater bis hinauf zum Drakensberg Escarpment zu erklimmen, muss der eintägige **Sentinel Hiking Trail** gemeistert werden.

Nach einigen Tagen im **Royal Natal National Park** mit spektakulären Tagesausflügen wie dem in die Tugela Gorge führt die Fahrt weiter nach Südosten. Im **Oribi Gorge Nature Reserve** kann man sich zwischen den Klippen und Wäldern oberhalb des Umzilkulwana River wunderbar von den Strapazen der „Draks" erholen, bevor es weiter an die Wild Coast geht. **Port St. Johns** bietet sich als Ausgangspunkt für die Erkundung der Stammesregion an, in der die *rondavels* (runde Hütten mit Kegeldach) der Xhosa über den grünen Hügel verstreut liegen und Sandstrände den Indischen Ozean säumen.

Anschließend geht es entweder von **East London** aus wieder zurück nach Jo'burg oder Kapstadt oder weiter nach Westen, wo die hier beschriebenen Reiserouten „Kap & Küste" oder „Die große Rundreise" angeschlossen werden können.

1 Woche
Das Kap mal anders

> Von Kapstadt aus geht's nach Norden. Der erste Stopp ist in **Darling**, wo die Comedyshows des Verkleidungskünstlers Pieter-Dirk Uys im Evita se Perron das südafrikanische Leben mal von einer ganz anderen Seite beleuchten. Rund um die Langebaan Lagoon erstreckt sich der **West Coast National Park**, der leicht zugänglich ist und in dem im Frühjahr die Wildblumenblüte von einer südlichen Perspektive aus betrachtet werden kann. Die Nacht verbringt man in **Paternoster**, das zwischen seinen weiß getünchten Häusern auch zahlreiche Kunstgalerien und Restaurants beherbergt. Weiter landeinwärts liegt **Wellington** mit einigen hervorragenden Weingütern im Schatten des Bainskloof Pass. Fährt man noch weiter hinein in die Winelands, ist **Franschhoek** erreicht. Hier wird der besondere europäische Charme der Gegend noch mit einem Schuss des französischen Hugenotten-Erbes – mit Winzereien und Restaurants – verfeinert. Über den Franschhoek Pass geht es in südöstlicher Richtung bis zur N2. Sie führt durch Overberg bis zum entzückenden Städtchen **Greyton**. Das nette, gut erhaltene Dorf bietet strohgedeckte Cottages für Selbstversorger, gute Restaurants, einen schönen Ausblick auf die Berge und gleich nebenan eine Missionsstation der Herrnhuter Brüdergemeinde aus dem 18. Jh. Der 14 km lange **Greyton McGregor Hiking Trail** führt durch die Riviersonderendberge bis nach **McGregor**, einem recht jungen Dorf im Breede River Valley.

Von Greyton geht es über **Hermanus** – den weltweit besten an Land gelegenen Aussichtspunkt für die Walbeobachtung (Juni–Dez.) – zurück nach Kapstadt. Letzte Station der Reise ist die atemberaubende R44, eine Küstenstraße, die am **Cape Hangklip** entlang verläuft und am **Kogelberg Biosphere Reserve** vorbeiführt.

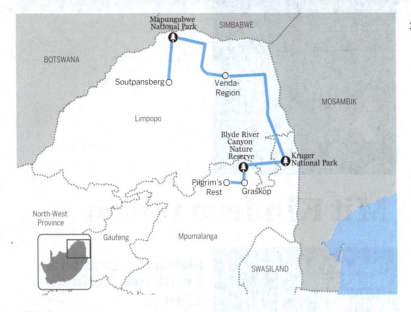

2 Wochen
Die volle Bushveld-Dröhnung

❯ Von Jo'burgs O.R. Tambo International Airport geht's direkt nach Norden. Dort stehen einige Nächte in der Gegend um den von einer großen Artenvielfalt geprägten Gebirgszug **Soutpansberg** an, der sich in Limpopo befindet. Westlich von Louis Trichardt (Makhado) gibt es einige wunderbar abgelegene, mit Kunstwerken der Einheimischen geschmückte Lodges, die über steinige Straßen erreicht werden können. Oben an der Grenze nach Botswana und Simbabwe erstreckt sich über 28 000 vor Hitze flirrende Hektar eines der unbesungenen Highlights Südafrikas: der **Mapungubwe National Park** im Limpopo River Valley.

Auf dem Weg zurück nach Süden ist sogar die Landschaft am Straßenrand spektakulär, denn in den riesigen Affenbrotbäumen flitzen Paviane umher. Für die Erkundung der magischen **Venda-Region**, in der Künstler unverwechselbare Werke schaffen und in dessen See Fundudzi ein Python-Gott leben soll, sollte man sich einen oder zwei Tage Zeit nehmen.

Der **Kruger National Park** wird durch eines der Gates im Norden betreten. Während man sich über mehrere Tage hinweg langsam nach Süden vorarbeitet, steht die Beobachtung der Big Five auf dem Programm. Im Zentrum des Parks angekommen, biegt man nach Westen in Richtung des spektakulären **Blyde River Canyon Nature Reserve** ab, in dem sich der Blyde vom Drakensberg Escarpment hinunter bis ins Lowveld schlängelt.

Bevor es zurück auf die N4 und wieder nach Jo'burg geht, bietet **Graskop** mit seinen sanften Hügeln, seinen verschlafenen Gassen und hübschen Kunsthandwerksläden noch etwas Entspannung. Der Ort ist ein guter Ausgangspunkt für einen Besuch in **Pilgrim's Rest**, einem perfekt erhaltenen Goldgräberstädtchen aus dem 19. Jh., und für Outdoor-Aktivitäten.

Mit Kindern reisen

Die besten Regionen für Kinder

Kapstadt

Der Botanische Garten, ein Aquarium, die Seilbahn hinauf auf den Tafelberg, Strände, der Markt auf dem Greenmarket Square, Hafenrundfahrten, Aktivitäten, gute Einrichtungen und eine entspannte Atmosphäre – all das macht die lebhafte Mutterstadt zu einem hervorragenden Ziel für Familien.

Western Cape

Rund um Kapstadt liegt Western Cape mit einer guten Infrastruktur und atemberaubender Landschaft. Entlang der Garden Route sind Orte wie Mossel Bay besonders gut auf Familien eingestellt und bieten Strände und zahllose Aktivitäten.

KwaZulu-Natal

Durban wartet mit Stränden, einem der größten Aquarien der Welt und einem milden Klima auf. Strandspaß gibt's aber auch an der Küste des umliegenden Indischen Ozeans, mit Aktivitäten von Walbeobachtung bis hin zu Kajaksafaris im iSimangaliso Wetland Park. Im Hinterland locken die atemberaubenden Drakensberge mit Wander- und Campingmöglichkeiten.

Südafrika, Lesotho & Swasiland mit Kindern

Südafrika

Südafrika ist für Reisen mit Kindern besonders gut geeignet. Mit seiner Fülle von Nationalparks, Stränden, Schwimmbädern und Wanderwegen, die von einfach bis schwierig reichen, und mit einer guten Auswahl von Museen und einer Handvoll Vergnügungsparks gibt es hier in sicherer Umgebung für Kinder jedes Alters zahllose Optionen.

Die meisten Südafrikaner sind Kindern gegenüber sehr offen, und es ist sehr wahrscheinlich, dass einem überall Hilfe angeboten wird. Man sollte sich auch mit dem Gedanken anfreunden, dass die Kleinen von einem zum anderen gereicht werden und dabei eine echte Kuriosität sind. Sie werden viel Interesse und Aufmerksamkeit erregen, besonders in den traditionsreicheren Teilen des Landes.

Lesotho

Auch Lesotho ist ein sehr kinderfreundliches Urlaubsziel. Durch die raue Landschaft und die erschwerten Bedingungen ist es allerdings besser für ältere Kinder geeignet, die gerne wandern und reiten. Die meisten Anbieter von Ponyreiten bieten Ausritte erst ab zwölf Jahren an.

Malaria gibt es nicht, es geht hier allerdings allgemein etwas rauer zu als in vielen Teilen Südafrikas. Wer (und wessen Kinder) das Abenteuer nicht scheut, der wird das Reisen hier jedoch ziemlich sicher als unkompliziert und angenehm empfinden.

Swasiland

Swasiland ist sehr kinderfreundlich und entspannt, wodurch es ein besonders gutes Ziel für Familien ist. Der größte Vorbehalt ist allerdings der, dass Malaria hier in niederen Lagen ein echtes Risiko darstellt.

Viele Hotels in Swasiland bieten eine kinderfreundliche Unterbringung, und es gibt Aktivitäten wie Minigolf, um die Kleinen bei Laune zu halten.

Highlights für Kids

Wildtiere

» Geführte Safaris in großen Fahrzeugen sind sehr empfehlenswert. Die Chancen, Tiere zu sehen, sind größer, und es ist immer ein fachkundiger Guide dabei, der Fragen beantworten kann und sich um die Sicherheit kümmert.

» Der Kruger National Park mit den Big Five ist gut zugänglich und hat familienfreundliche Camps.

» Ebenso in der Nähe von Jo'burg liegt der malariafreie Pilanesberg National Park, der speziell auf Familien auf Wochenendausflug ausgerichtet ist. Die Straßen sind geteert.

» Aktivitäten für Kinder werden im Kruger und im Pilanesberg National Park und auch in anderen Parks angeboten.

» Im malariafreien Addo Elephant National Park stehen die Chancen gut, einen der grauen Dickhäuter zu Gesicht zu bekommen.

» Oudtshoorn hat Straußenfarmen, ein Erdmännchen-Schutzprojekt und eine Geparden-Ranch.

Wanderungen

» Das Bezwingen des Tafelbergs ist für ältere Kindern ein gigantisches Erfolgserlebnis.

» Auch Wandern und Campen in den Drakensbergen ist für ältere Kinder und Teenager ein unvergessliches Erlebnis.

Strände

» An einem von Kapstadts Stränden, z. B. dem Clifton No. 4, inmitten von multikulturellen Kapstädtern zu sitzen, ist für die ganze Familie eine interessante Erfahrung.

» In Arniston nahe dem südlichsten Punkt Afrikas gibt's einen geschützten Strand mit Höhlen und Felsenbecken.

» Südafrika bietet für ältere Kinder jede Menge Wassersportmöglichkeiten, bei denen sie sich austoben können, darunter surfen, tauchen, Kanu und Kajak fahren sowie raften.

» Jeffrey's Bay gehört zu den besten Surfspots der Welt.

Reiten

» Ponyreiten ist eine wunderbare Möglichkeit, die bergige Landschaft Lesothos zu erleben.

» Rund um den Waterberg in Limpopo haben mehrere Anbieter Reitsafaris und -ausflüge im Programm.

» Ein Ausritt am Strand von Noordhoek verspricht ein erfrischender Tagesausflug außerhalb Kapstadts zu werden.

Afrikanische Kultur

» Teenager werden von den Touren begeistert sein, deren Themen speziell auf ihre Interessen abgestimmt sind, darunter Führungen zur Kochkunst der Kapmalaien, zum Township-Jazz oder zur Venda-Kunst.

» An der Wild Coast können Teenager mit einem Sinn fürs Abenteuer in von Gemeinden betriebenen Unterkünften wie dem Bulungula Backpackers bei verschiedenen Aktivitäten und Kulturerlebnissen einen Einblick in die Kultur der Xhosa gewinnen.

Reiseplanung

Aktivitäten

» Selbstfahrer-Safaris eignen sich für ältere Kinder, die geduldig genug sind, längere Zeit in einem Auto zu sitzen oder sich zu verstecken; für kleinere Kinder ist das eher nichts.

Einrichtungen

» Wickelräume sind nicht sehr verbreitet, saubere Toiletten findet man aber fast überall. Ein improvisiertes Windelwechseln ist überall dort möglich.

» **Lesotho und Swasiland** Große Hotels haben Toiletten im westlichen Stil, in ländlichen Gegenden gibt es allerdings oft nur Plumpsklos.

Ermäßigungen

» Kinder genießen in Nationalparks, Museen und anderen Sehenswürdigkeiten meist Ermäßigungen (für Babys und Kleinkinder muss oft nichts bezahlt werden, für ältere Kinder und Teenager muss meist ermäßigter Eintritt geblecht werden).

» In vielen Hotels gibt's Rabatt für Kinder.

» Restaurants bieten oft Kindermenüs zu guten Preisen oder billigere kleine Portionen.

Gesundheit

» s. auch S. 658.

» Stillen in der Öffentlichkeit erregt bei Afrikanern allgemein kein großes Aufsehen, in anderen Kreisen sollte man es allerdings besser vermeiden.

REISEPLANUNG MIT KINDERN REISEN

» Im Allgemeinen gibt es nur wenige echte Gesundheitsrisiken, und sollte ein Kind doch einmal krank werden, erhält man in den Städten eine gute medizinische Versorgung.

» **Mediclinic** (www.mediclinic.co.za) betreibt zwischen Kapstadt und Limpopo Privatkliniken.

» Schon Monate vor der Reise sollte man sich beim Arzt über Impfungen informieren. Nicht alle sind auch für Kinder geeignet.

» Wer in ein Malariagebiet reist (z. B. in den Kruger National Park oder das Lowveld), sollte sich unbedingt gezielt über eine Malariaprophylaxe für Kinder informieren.

» Man sollte zweimal überlegen, bevor man mit kleinen Kindern in Malariagebiete reist und in solch einem Fall die Reise am besten im Winter unternehmen, wenn die Gefahr von Mückenstichen geringer ist.

» Unabhängig von Malaria können Insektenstiche oft schmerzhaft sein. Deshalb ist es empfehlenswert, ein Moskitonetz, Insektenschutzmittel und geeignete Kleidung dabeizuhaben.

» In Bächen sollte generell nicht gebadet werden, da das Risiko einer Bilharziose- (Schistosomiasis-) Infektion besteht.

» **Lesotho und Swasiland** In Mbabane und Maseru gibt es angemessene medizinische Einrichtungen, bei ernsthaften Erkrankungen muss man allerdings rüber nach Südafrika. Malaria tritt in den tiefer gelegenen Regionen Swasilands auf.

Infos im Internet

» Die monatlich erscheinende Zeitschrift **Child** (www.childmag.co.za) hat spezielle Auflagen für Jo'burg, Kapstadt und Durban sowie eine hilfreiche Website.

» Lonely Planets *Travel with Children* (englisch) bietet zahlreiche Tipps für das Reisen mit Kindern.

Kinderbetreuung

» Viele gehobenere Hotels und Resorts in Touristenzentren können Kinderbetreuung arrangieren. Auch eine kurzzeitige Tagesbetreuung ist möglich.

» **Lesotho und Swasiland** Kinderbetreuung kann hier formlos organisiert werden; in guten Hotels können auch oft die Angestellten weiterhelfen.

Unterkunft

» Unterkünfte für Familien, z. B. Hotelzimmer mit drei Betten und Cottages für Selbstversorger mit Platz für vier bis sechs Personen, sind in Südafrika überall zu finden.

» Ezemvelo KZN Wildlife in KwaZulu-Natal bietet in seinen Parks Familien- und Gruppenunterkünfte zu guten Preisen an. Allerdings streifen die Tiere in vielen der Lodges frei umher.

» Kinderbetten werden von den meisten Hotels gestellt.

» In vielen Wildlife-Lodges sind Kinder erst ab einem Alter von zwölf Jahren gestattet, sodass in vielen Parks und Reservaten Camping und Selbstversorgung die besten Optionen sind.

Verkehrsmittel und -wege

» Die meisten Autovermietungen bieten auch Kindersitze an, sie müssen aber vorab mitgebucht werden und kosten meist extra.

» Die Entfernungen sind teilweise enorm (die Busfahrt von Kapstadt nach Upington dauert 12 Std.), sodass es ratsam ist, die Reise wann immer möglich in mehrere Etappen aufzuteilen.

» Touristenzüge mit Privatabteilen, z. B. im Trans Karoo von Jo'burg nach Kapstadt, bieten viel Platz und haben auch Speisewagen.

Vorräte

» Windeln, Milchpulver und Babynahrung gibt es, außer in sehr ländlichen Gebieten, überall zu kaufen.

» Außer in den Supermärkten der Großstädte ist es sehr schwierig, Babyfertignahrung ohne Zuckerzusatz zu finden.

» **Merry Pop Ins** (www.merrypopins.co.za) im Zentrum von Kapstadt verkauft gebrauchte Kleidung, Möbel und sonstige Ausrüstung für Kinder bis zehn Jahre. Es gibt auch ein Café, einen Spielbereich, Puppentheater, Vorlesestunden und einen Kinderfriseur.

» **Lesotho und Swasiland** Windeln, Milchpulver und Babynahrung gibt es in Mbabane, Manzini und Maseru; in kleineren Städten ist die Auswahl geringer.

Südafrika, Lesotho & Swasiland im Überblick

Kapstadt und Western Cape sind kultivierte, gut entwickelte Orte, wo Besucher Wein genießen können und deren Strände und Berge verschiedene Aktivitäten zu bieten haben. Wer das etwas rauere Südafrika, die Wildnis und die Naturparks erleben möchte, der ist in Northern Cape und in der North-West Province gut aufgehoben.

Surfer, Wanderer und Liebhaber afrikanischer Kultur werden sich in Eastern Cape wohlfühlen, das an das bergige Königreich Lesotho und den Free State angrenzt. Die goldenen Felder des Letzteren führen zu den Drakensbergen, die sich bis nach KwaZulu-Natal erstrecken, wo nördlich von Durban Strände, Naturparks und Zululand liegen.

Im Nordwesten der Region wartet Swasiland mit hervorragenden Naturschutzgebieten auf, Mpumulanga punktet mit dem Lowveld, den Drakensbergen und verschiedenen Aktivitäten, und in Gauteng schlägt das urbane Herz Südafrikas. Neben der vielfältigen Landschaft und der Venda-Kultur Limpopos im Norden ist der Kruger National Park – der Lebensraum der Big Five – das Highlight Südafrikas.

Kapstadt
Outdoor-Aktivitäten ✓✓✓
Essen ✓✓✓
Shoppen ✓✓✓

Outdoor-Aktivitäten
Durch den bergigen Nationalpark, die Strände und den Ozean ist Kapstadt *der* Ort für alle Arten von Aktivitäten, ob Kitesurfen, Klettern oder Paragliding. In der schönen Landschaft werden das Wandern oder ein einfacher Spaziergang entlang der Promenade von Sea Point zum Vergnügen.

Essen
Durch das multiethnische Erbe Kapstadts finden sich hier viele verschiedene Kochstile wieder. Gekostet werden können z. B. die kapmalaiische Küche oder köstliches Fleisch und schmackhafter Fisch vom *braai* (Grill). Die besten Restaurants der Region gehören zur Weltspitze.

Shoppen
Die Welt-Designhauptstadt von 2014 strotzt nur so vor Kreativität. Ob aus Perlen gefertigte Puppen, Beleuchtungselemente aus recyceltem Plastik oder stylishe Wildleder- oder Lederkissen – Kapstadts Warenhäuser und Kunsthandwerksmärkte bieten es sicher zum Kauf an.

S. 42

Western Cape
Essen & Wein ✓✓✓
Wandern ✓✓✓
Abenteuersport ✓✓

Eastern Cape
Wandern ✓✓✓
Strände ✓✓✓
Wildtiere ✓✓

KwaZulu-Natal
Wildtiere ✓✓✓
Kultur ✓✓
Aktivitäten ✓✓✓

Essen & Wein
Die Winelands bei Stellenbosch und Franschhoek sind nicht umsonst berühmt für ihre Weingüter. Neue Gaumengenüsse erlebt man in aufstrebenden Weinregionen wie Elgin, Wellington und Stanford oder den neuen Mikrobrauereien der Provinz. Als Hauptgang empfehlen sich u. a. Lamm aus der Karoo und Meeresfrüchte von der West Coast.

Wandern
Tolle Wanderungen bieten z. B. der Oystercatcher Trail oder die Whale Route im De Hoop Nature Reserve, kleinere Wanderwege gibt's bei Swellendam, Greyton und McGregor, und Wanderungen in der Wildnis bieten sich in der Cederberg Wilderness Area oder im Swartberg Nature Reserve an.

Abenteuersport
Die Garden Route punktet mit vielen Wassersportarten, Kletteroptionen rund um Montagu, Käfigtauchen mit Haien in Gansbaai und Fallschirmspringen in der Cederberg Wilderness Area – alles ist möglich.

S. 101

Wandern
Die Küste der Provinz und die Amathole Mountains bieten Wandermöglichkeiten, z. B. im Tsitsikamma National Park – die Wanderungen auf Otter Trail und Dolphin Trail gelten als Herausforderung. An der Wild Coast gibt's die Routen Hole in the Wall (mehrere Stunden) und Port St. Johns (mehrere Tage), die in Coffee Bay beginnen/enden. Bei Hogsback führen Waldwege zu tollen Wasserfällen.

Strände
Wer in den Hostels Bulungula, Kraal, Mdumbi und Wild Lubanzi unterkommt, genießt leere Strände und Xhosa-Kultur; Jeffrey's Bay lockt Surfer an, bei Cape St. Francis ist es windig, und oberhalb der Strände im Nature's Valley gibt's dichte Wälder.

Wildtiere
Geparden lassen sich im Mountain Zebra National Park blicken, man sieht Delfine und Wale sowie Elefanten im Elephant National Park und privaten Schutzgebieten.

S. 174

Wildtiere
Wale, Leoparden und Nashörner gibt's im iSimangaliso Wetland Park und in St. Lucia zu sehen. Das uMkhuze Game Reserve eignet sich bestens zur Vogelbeobachtung, im Hluhluwe-iMfolozi Park erspäht man die Big Five und in den Drakensbergen Vögel wie den Bartgeier.

Kultur
Eshowe und Ulundi sind die Hauptstädte der Zulu-Kultur, während in Shakaland vieles eher disneymäßig inszeniert ist. In den Galerien von Durban werden Kunstgegenstände der Zulu verkauft, und Durban Tourism bietet Touren durch die Townships an.

Aktivitäten
In Umkomaas und Scottburgh liegen die Tauchspots Aliwal Shoal und Protea Banks. Das Oribi Gorge Nature Reserve lockt mit einer Zip-Line; um die Drakensberge herum gibt's Baumwipfel-Touren. Durban hat alles Mögliche von Fallschirmspringen bis Surfen zu bieten.

S. 235

Free State
Landschaft ✓✓
Entspannung ✓✓
Wandern ✓✓

Gauteng
Geschichte ✓✓✓
Archäologie ✓✓✓
Kultur ✓✓✓

Mpumalanga
Landschaft ✓✓✓
Abenteuersport ✓✓✓
Historische Städte ✓✓

Landschaft
Dies ist das Land des weiten Himmels, der bis zu den Eastern Highlands reicht. Die R26 zwischen Ladybrand und Clarens, wo sich die Drakensberge erheben und Lesotho liegt, zählt zu den schönsten Straßen des Landes. Kaum lässt man die Bäume von Clarens hinter sich, zeigt sich die Pracht des Golden Gate Highlands National Park.

Entspannung
Hier kann man sich dem unbekümmerten Lebensrhythmus anpassen und seine Angst vor Kriminalität vergessen. Bloemfontein ist eine der sichersten Städte des Landes, und Orte wie Clarens werben damit, dass ihre Straßen auch bei Nacht sicher sind.

Wandern
Die Wanderwege in den Eastern Highlands reichen von Spazierwegen um Clarens bis zum Rhebok Hiking Trail im Golden Gate Highlands National Park. Auf der anderen Seite der Provinz warten bei Parys weitere Möglichkeiten.

S. 309

Geschichte
Die Details des Apartheid Museums sind unübertroffen. Ebenfalls in Jo'burg wird auf dem Constitution Hill die Apartheid beleuchtet – und ein „Bauplan" für Demokratie gezeigt. In Soweto wird Sozialgeschichte geschrieben, und der Freedom Park in Pretoria liegt gegenüber dem Voortrekker Monument.

Archäologie
Die Ursprünge der Menschheit können bis zu den Höhlen der Cradle of Humankind zurückverfolgt werden. Der gesamte Distrikt Maropeng ist eine einzige Fossilienstätte. In der Region gibt es Steilhänge, Täler und ein Kunstprojekt zu besichtigen.

Kultur
Anhand des Nachtlebens von Newtown und Braamfontein zeigt sich Jo'burg von seiner glitzernden Seite. Melville ist der vielleicht am besten integrierte Vorort und hat eine Szene für Neue Medien und Literatur. Auf der 44 Stanley gibt es hiesige Mode-Labels.

S. 329

Landschaft
Hier, zwischen Jo'burg und Mosambik, liegen das Lowveld und die Drakensberge. An der Stelle, an der diese Landschaften aufeinandertreffen, befindet sich der Blyde River Canyon, eines der Naturdenkmäler Südafrikas. Rund um Sabie, Graskop und Pilgrim's Rest prägen Berge das Landschaftsbild.

Abenteuersport
In Graskop gibt es eine der weltweit höchsten Pendelschwungoptionen (Big Swing). Sabie bietet Mountainbiken, Caving bei Kerzenschein, Raften und Schwimmen in Wasserlöchern. In Hazyview locken Fahrten mit dem Heißluftballon, Quadbiking und eine Zip-Line; in Nelspruit gibt's Wanderwege.

Historische Städte
Pilgrim's Rest ist ein gut erhaltenes Goldgräberstädtchen in den Drakensbergen. Lydenburg trumpft mit historischen Gebäuden auf. In Barberton hatte die erste südafrikanische Börse ihren Sitz.

S. 389

Kruger National Park
Wildtiere ✓✓✓
Wildnis ✓✓✓
Spaziergänge ✓✓

Limpopo
Kunsthandwerk ✓✓
Kultur ✓✓✓
Kühles Klima ✓✓

North-West Province
Wildtiere ✓✓✓
Luxus ✓✓✓
Tagesausflüge ✓✓✓

Wildtiere
Die „Bevölkerungsstatistik" spricht für sich: 147 Säugetierarten, darunter etwa 200 000 Löwen, Giraffen, Zebras und Impalas! Diese Zahl ist höher als die Einwohnerzahlen der umliegenden Städte zusammen. Der Park ist einer der eindrucksvollsten Orte in Afrika, um die Big Five bei ihrem täglichen Kampf ums Fressen und Gefressenwerden zu beobachten.

Wildnis
Der Park ist etwa so groß wie Belgien, und das Landschaftsbild reicht von tropischem Regenwald bis zu Mopaneveld. Es heißt, der Park sei überlaufen, aber zu ruhigeren Zeiten (z. B. Ende Jan.–März) ist man bei Buschwanderungen allein mit der Natur.

Spaziergänge
Einen Parkspaziergang der anderen Art kann man im Rahmen einer Exkursion mit bewaffneten Rangern unternehmen – oder bei einer dreitägigen Wildniswanderung den Busch hautnah erleben.

S. 411

Kunsthandwerk
Die Künstler der Venda-Region sind im ganzen Land bekannt für ihre Arbeiten. Bei einem Besuch der Werkstätten kann man eines ihrer Kunstwerke erstehen. Weiter im Süden liegen Kaross, wo Shangaan-Stickereien hergestellt werden, und die Mapusha Weavers Cooperative, wo Frauen in der Township Acornhoek Teppiche knüpfen.

Kultur
Der Mapungubwe National Park wurde zum Welterbe erklärt, weil er eine wichtige Stätte aus der Eisenzeit beherbergt. Die afrikanische Kultur wird in der Venda-Region und Modjadji sehr aktiv gelebt.

Kühles Klima
Durch einen Besuch in Haenertsburg und auf dem Magoebaskloof Pass kann man der Hitze entkommen. Dort bieten Pinienplantagen und Wasserfälle eine Abkühlung von der schwülen Witterung. Im Modjadji Nature Reserve werden die Bolobedu Mountains vom Sommernebel eingehüllt.

S. 429

Wildtiere
Das Madikwe Game Reserve und der Pilanesberg National Park umfassen gemeinsam eine Fläche von 130 000 ha. In diesem Gebiet leben auch die Big Five. Beide Parks sind gute Ziele für Leute, die Orte wie den Kruger National Park schon besucht haben.

Luxus
Die Hotels sind der letzte Schrei in Sachen Glamour à la Las Vegas. Die exklusiven Lodges in Madikwe mit Extras wie Whirlpools bieten die Möglichkeit, den Tieren in der Wildnis nahe zu sein, ohne auf Luxus zu verzichten.

Tagesausflüge
Wer von einem von Jo'burgs Flughäfen abfliegt und den letzten Tag nicht in einer Stadt verbringen will, der findet im Bushveld Alternativen. Sun City und der Pilanesberg National Park bieten eine gute Mischung. Auf dem Weg dorthin passiert man die 120 km langen Magaliesberge mit dem Hartbeespoort Dam und einer Zip-Line.

S. 455

Northern Cape
Wildnis ✓✓✓
Wildtiere ✓✓
Aktivitäten ✓✓

Wildnis
Die größte Provinz des Landes nimmt die ganze raue Wildnis Südafrikas ein. Die Karoo ist in Städtchen wie Sutherland spürbar. Nördlich zeigt die Natur im felsigen Namakwa und in der Kalahari ihre atemberaubende Kraft.

Wildtiere
Der Kgalagadi Transfrontier Park ist ein guter Ort, um Großkatzen zu beobachten. Auch Nationalparks wie Mokala und Augrabies Falls bieten Einblicke. Die Dünen des Witsand Nature Reserve sind der Lebensraum kleinerer Tiere, und in Namakwa gibt es jedes Jahr eine wahre Explosion der Wildblumenblüten.

Aktivitäten
Der Orange River lädt zum Raften oder Kanufahren ein, rund um Riemvasmaak und die grenzübergreifenden Parks lockt eine Abenteuerfahrt im Geländewagen, in der Green Kalahari kann man Sandboarden und Weine kosten. Kimberley wartet mit Geistertouren und dem Big Hole auf.

S. 469

Lesotho
Abenteuer ✓✓✓
Kultur ✓✓✓
Wildnis ✓✓✓

Abenteuer
Die ehemaligen Handelsposten Malealea, Ramabanta und Semonkong sind Durchgangsstationen in bergiger Landschaft – es empfiehlt sich ein Fahrzeug mit Allradantrieb. Die Wandermöglichkeiten sind hervorragend, und vom Rücken eines Basotho-Ponys sieht die Welt gleich schöner aus. Man kann sich am höchsten Wasserfall des südlichen Afrikas abseilen, und im Sommer findet die Roof of Africa Rally statt.

Kultur
Die Basotho haben sich ihre kulturelle Unabhängigkeit bewahrt. In den Kunsthandwerksdörfern im Tiefland werden Basotho-Decken hergestellt. Beim Morija Festival lernt man die Musik und die Literaturgeschichte Lesothos kennen.

Wildnis
Im Sehlathebethebe National Park erwartet den Besucher eine grün-graue Mondlandschaft, während sich der Ts'ehlanyane National Park, üppig grün, zum Aushängeschild entwickelt.

S. 498

Swasiland
Kunsthandwerk ✓✓✓
Aktivitäten ✓✓✓
Kultur ✓✓

Kunsthandwerk
Einkaufsmöglichkeiten gibt es hier en masse, vom Manzini Market, dessen Kunsthandwerk von lokalen Anbietern und mosambikanischen Händlern geliefert wird, bis hin zu den Märkten im Ezulwini und Malkerns Valley. Diese benachbarten Täler sind für ihre Kunsthandwerkszentren bekannt.

Aktivitäten
Das Malolotja Nature Reserve bietet u. a. Baumwipfeltouren, das Mlilwane Wildlife Sanctuary auch Ausritte. Auf dem Great Usutu River ist Rafting möglich. Wer Caving mag, ist in der Gobholo Cave richtig; der gemeindeverwaltete Ngwempisi Hiking Trail ist toll, und für Kletterer gibt's den Sibebe Rock.

Kultur
Zu den afrikanischen Festen gehören auch die Zeremonien in Swasiland, z. B. der *Umhlanga*-(Schilf-)Tanz. Bei einer Übernachtung in einem traditionellen Dorf lernt man den Alltag im heutigen Swasiland kennen.

S. 523

> Sämtliche Empfehlungen wurden von unseren Autoren getroffen, ihre Favoriten werden jeweils als erstes aufgeführt.

> **Empfehlungen von Lonely Planet:**

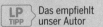 Das empfiehlt unser Autor

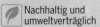 Nachhaltig und umweltverträglich

GRATIS Hier bezahlt man nichts

KAPSTADT..........42

WESTERN CAPE 101

CAPE WINELANDS 104

Stellenbosch & Umgebung..............104

Franschhoek 111

Paarl & Umgebung....... 115

DISTRIKT OVERBERG.... 120

Hermanus 123

Swellendam..............130

ROUTE 62 132

Tulbagh 133

Oudtshoorn..............142

GARDEN ROUTE 145

Mossel Bay 146

Wilderness............... 151

Garden Route National Park............152

Knysna..................153

Plettenberg Bay 159

Robberg Nature & Marine Reserve..........162

ZENTRALE KAROO 162

Prince Albert & Umgebung..............162

Gamkaskloof Nature Reserve (Die Hel)........164

Karoo National Park 164

WESTKÜSTE & SWARTLAND 165

Darling 166

West Coast National Park.. 166

Cederberg Wilderness Area 170

EASTERN CAPE 174

ÖSTLICHE KAROO 175

Graaff-Reinet.............175

Camdeboo National Park.. 181

Mountain Zebra National Park 184

WESTERN REGION 185

Tsitsikamma National Park 186

Cape St. Francis & Umgebung..............189

Jeffrey's Bay 191

Port Elizabeth...........195

ZENTRALES EASTERN CAPE 201

Addo Elephant National Park...........201

Port Alfred............. 209

AMATHOLE 212

East London 212

Hogsback...............218

WILD COAST............220

Coffee Bay..............223

Port St. Johns...........227

NORTH-EASTERN HIGHLANDS 232

Lady Grey 233

KWAZULU-NATAL...235

DURBAN 239

SOUTH COAST..........258

NORTH COAST..........262

Umhlanga Rocks & uMdloti Beach...........262

ZULULAND 265

Mtunzini.................265

Eshowe.................267

Ithala Game Reserve 271

ELEPHANT COAST 271

Hluhluwe & Umgebung...271

Hluhluwe-iMfolozi Park...272

iSimangaliso Wetland Park............274

Lake Sibaya & Küstenwald 279

uMkhuze Game Reserve & Umgebung.............281

DRAKENSBERGE & UKHAHLAMBA-DRAKENSBERG PARK ... 282

Northern Berg..........286

Central Berg 288

Southern Berg 292

DIE MIDLANDS 296

Pietermaritzburg 296

BATTLEFIELDS 301

Ladysmith 303

Isandlwana & Rorke's Drift 306

Blood River & Ncome Monumente............ 308

FREE STATE........ 309

BLOEMFONTEIN 312

DER NORDEN........... 317

Region Parys & Vredefort Dome 318

Kroonstad & Umgebung...............319

ÖSTLICHES HOCHLAND & DER SÜDEN 320

Alle in diesem Reiseführer vorgestellten Reiseziele listet das Register auf.

Reiseziele

Harrismith 320	Sabi Sand Game Reserve 424	Pilanesberg National Park 461
Golden Gate Highlands National Park 321	Manyeleti Game Reserve 425	Madikwe Game Reserve 463
Clarens. 324	Timbavati Private Game Reserve. 425	Mafikeng 465
Ladybrand 327	Thornybush Private Game Reserve. 426	**NORTHERN CAPE. . 469**
GAUTENG 329	Makuleke Contract Park 427	DIE OBERE KAROO 472
JOHANNESBURG 332		Kimberley 472
RUND UM JOHANNESBURG 366	**LIMPOPO. 429**	DIE KALAHARI 480
Soweto 366	CAPRICORN 432	Kgalagadi Transfrontier Park 485
Cradle of Humankind 372	Polokwane (Pietersburg) . .432	Augrabies Falls National Park 490
Der Süden von Gauteng . .373	BUSHVELD 435	NAMAQUA. 491
PRETORIA. 373	Mokopane (Potgietersrus) & Umgebung 435	Springbok & Umgebung. 491
RUND UM PRETORIA 386	Modimolle (Nylstroom). . .437	Port Nolloth. 493
MPUMALANGA 389	Waterberg 438	|Ai-|Ais/Richtersveld Transfrontier Park 494
DRAKENSBERG ESCARPMENT 391	SOUTPANSBERG. 440	
Dullstroom. 391	Louis Trichardt (Makhado) 440	**LESOTHO. 498**
Sabie. 394	Musina (Messina) 442	Maseru 503
Graskop 397	Mapungubwe National Park 443	Der Norden 511
Blyde River Canyon 399	VALLEY OF THE OLIFANTS 447	Nordöstliches & Zentrales Hochland 513
EASTERN LOWVELD. 401	Letaba Valley. 447	Der Süden 518
Hazyview 401	Tzaneen & Umgebung. . . 448	
White River 402	Phalaborwa 451	**SWASILAND 523**
Nelspruit 403	Acornhoek 454	Mbabane 528
Malelane 407		Ezulwini Valley 530
Komatipoort 408	**NORTH-WEST PROVINCE 455**	Malkerns Valley. 535
Barberton 408	Rustenburg 457	Manzini. 536
KRUGER NATIONAL PARK. 411	Sun City 458	Der Norden 538
PRIVATE WILDSCHUTZGEBIETE . . 423		Der Osten 540
		Der Süden 543

Kapstadt

Inhalt »

Sehenswertes 46
Aktivitäten 63
Geführte Touren 66
Feste & Events 67
Schlafen 69
Essen 81
Ausgehen 88
Unterhaltung 91
Shoppen 94
Praktische
Informationen 97
An- & Weiterreise 98
Unterwegs vor Ort 99

Gut essen

» Bizerca Bistro (S. 81)
» Bombay Brasserie (S. 81)
» Dear Me (S. 82)
» Roundhouse (S. 86)
» Kitchen (S. 83)
» Pot Luck Club & The Test Kitchen (S. 83)

Schön übernachten

» Mannabay (S. 71)
» Backpack (S. 71)
» Villa Zest (S. 73)
» POD (S. 73)
» Dutch Manor (S. 70)

Auf nach Kapstadt!

Das wegen seiner historischen Rolle in der Entwicklung des modernen Südafrikas als „Mutter aller Städte" bezeichnete Kapstadt wird vom Tafelberg beherrscht, dessen Gipfel in den Wolken verschwindet, an dessen Hängen eine einzigartige Flora und Weinberge heimisch sind, und dessen Fuß von goldenen Stränden gesäumt ist. Wenige Städte bieten einen so traumhaften Nationalpark mitten im Zentrum oder ein derart großes Spektrum an Freizeitaktivitäten.

Die World Design Capital 2014 benutzt gerade das Medium Design dazu, die Stadt zu verändern und die Lebensqualität zu steigern. Von den leuchtend bunten Fassaden in Bo-Kaap und den Badehäusern von Muizenberg bis zur auffälligen Street Art und Dekor im Afro-Chic in unzähligen Gästehäusern ist Kapstadt eine Metropole, die optisch viel hermacht. Vor allem ist es eine multikulturelle Stadt, in der jeder eine faszinierende, manchmal herzzerreißende Geschichte zu erzählen hat. Wenn es Zeit wird für die Abreise, bricht auch so manchem Besucher das Herz.

Reisezeit

Kapstadt

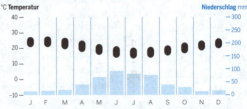

Jan. Hauptsaison, in der auch der Minstrel Carnival stattfindet.

März Jetzt locken Veranstaltungen wie Infecting the City und das International Jazz Festival.

Nov. Im Frühling beginnt die Blütezeit und in Kirstenbosch die Konzerte zum Sonnenuntergang.

Geschichte

1652 richtete die Niederländische Ostindien-Kompanie (Vereinigde Oost-Indische Compagnie; VOC) in der Kapstädter Bucht einen Stützpunkt ein. Doch schon lange vorher wurde die Gegend von den Nomadenstämmen der San und Khoi Khoi besiedelt (die zusammengefasst auch als Khoisan bezeichnet werden).

Um dem chronischen Arbeitskräftemangel Herr zu werden, verschleppten die Niederländer Sklaven aus Madagaskar, Indien, Sri Lanka, Malaysia und Indonesien ans Kap. Absolute Mangelware waren Frauen; deshalb wurden Sklavinnen und Khoi Khoi häufig sexuell missbraucht. Mit der Zeit vermischten sich die Sklaven mit den Khoi Khoi. Die Nachfahren dieser Verbindungen sind heute ein Teil der farbigen Bevölkerung am Kap. So erklärt sich auch der einmalige Charakter der muslimischen Stadtbevölkerung.

Während der 150-jährigen niederländischen Herrschaft boomte Kaapstad, so die niederländische Bezeichnung, als „Taverne der Meere". Der raue Hafen wurde von jedem Schiff angelaufen, das zwischen Europa und Asien unterwegs war. Nach dem britischen Sieg gegen die Niederländer 1806 bei Bloubergstrand (25 km nördlich von Kapstadt) wurde die Kolonie am 13. August 1814 an die britische Krone abgetreten. Der Sklavenhandel wurde 1808, die Sklaverei 1833 abgeschafft, ohne dass Kapstadt deshalb wirtschaftlichen Schaden nahm.

Die Entdeckung und der Abbau von Diamanten und Gold im Herzen von Südafrika veränderten auch Kapstadt nach den 1870er-Jahren grundlegend. So dominierte die Hafenstadt nicht länger das ganze Land, profitierte aber als wichtiger Hafen vom Mineralienreichtum Südafrikas, der die Grundlage für die spätere Industriegesellschaft legte. Derselbe Reichtum inspirierte auch die imperialen Großmachtsträume des englischen Kolonialpolitikers Cecil John Rhodes. Er hatte Millionen als Chef der De Beers Consolidated Mines verdient und wurde 1890 Premierminister der Kapkolonie.

Ein Ausbruch der Beulenpest 1901 wurde den schwarzen afrikanischen Arbeitern angelastet, obwohl die Krankheit in Wirklichkeit aus Argentinien eingeschleppt worden war. Der Vorwurf lieferte der Regierung das Hauptargument zur Einführung der Rassentrennung: Die schwarze Bevölkerung wurde auf zwei Stadtteile abgedrängt. Ein Stadtteil lag am Hafen, der andere bei Ndabeni an der Ostseite des Tafelbergs – beide waren Keimzellen der späteren Townships der Cape Flats.

KAPSTADT IN ...

...zwei Tagen

Mit der Seilbahn geht's hinauf zum **Tafelberg**, dann zurück in die Stadt. Hier wandelt man durch die **Company's Gardens** und macht einen Abstecher zur **South Africa National Gallery**, um die neueste Ausstellung zu besuchen. Danach geht es zur Souvenirjagd zum **Greenmarket Square**, nach der man den Tag bei einem Drink in der **Long Street** ausklingen lässt.

Am zweiten Tag ist die Südspitze der Kaphalbinsel an der Reihe. Los geht's am großartigen **Kap der Guten Hoffnung**. Nächste Stopps sind die Pinguinkolonie von **Boulders**, das charmante Städtchen **Simon's Town** und die Läden und der malerische Fischereihafen in **Kalk Bay**. Schöne Adressen zum Mittagessen sind das **Olympia Café & Deli** und das **Live Bait** am Hafen in Kalk Bay. Anschließend fährt man entlang der Atlantikküste und über den **Chapman's Peak Drive** zurück in die Stadt.

...vier Tagen

Zuerst besucht man das **District Six Museum**, dann geht's mit einer halbtägigen **Township-Tour** weiter. Per Schiff fährt man nachmittags zur **Robben Island** und abends genießt man an der **Waterfront** einen Drink bei Sonnenuntergang.

Am vierten Tag gönnt man sich eine Weinprobe auf dem Weingut **Groot Constantia** und besucht die traumhaften **Kirstenbosch Botanical Gardens**. Dort kann man in der Teestube neben dem **Rhodes Memorial** einen Nachmittagstee trinken und den endlos weiten Blick über die Cape Flats bestaunen. Abgerundet wird der Ausflug mit einem legendären Abendessen im **Roundhouse** oder in der **Bombay Brasserie**.

Highlights

1 Mit dem Schiff zur berühmt-berüchtigten Gefängnisinsel **Robben Island** (S. 53) fahren und dort über die Vergangenheit und die Gegenwart des Landes nachdenken

2 Mit der Seilbahn auf den großartigen **Tafelberg** (S. 51) hinauf gleiten und auf die Stadt hinunter blicken

3 Die **City Bowl** (S. 81) mit ihren Museen, den Company's Gardens und der prächtigen Art-Déco- und viktorianischen Architektur erforschen

4 Ein Ausflug zum **Kap der Guten Hoffnung** (S. 59) mit seinen wilden Tieren, einsamen Stränden und der dramatisch zerklüfteten Spitze der Kaphalbinsel.

❺ Bei einem Spaziergang durch die schönen **Kirstenbosch Botanical Gardens** (S. 58) viel über die Naturschutzgebiete der Region Cape Floral erfahren

❻ Die Läden, Restaurants, Hafenrundfahrten und die lebendige Rummelatmosphäre der **V&A Waterfront** (S. 55) auf sich wirken lassen

❼ Am Strand von **Boulders** (S. 61) Fotos von den zutraulichen Brillenpinguinen machen

Sehenswertes

021 / 3.1 MIO. EW.

Kapstadts Geschäftszentrum, die City Bowl, liegt zwischen dem Tafelberg und den Vierteln Bo-Kaap im Westen, Gardens im Süden und The Fringe, District Six und Woodstock im Osten. Bewegt man sich nach Westen an der Atlantikküste, kommt man zuerst zur Waterfront und nach Green Point, dann nach Sea Point, Camps Bay und Hout Bay.

Die Stadt dehnt sich weiträumig nach Norden und nach Osten über die Cape Flats aus. Im Süden erstrecken sich rund um die östliche Flanke der Berge die grünen, wohlhabenden südlichen Vororte. Neben dem großen Teil des Table Mountain National Park, den das Kap der guten Hoffnung einnimmt, liegen an der Südspitze der Halbinsel außerdem die kleinen Gemeinden Muizenberg, Kalk Bay und Simon's Town.

CITY BOWL & UMGEBUNG

Castle of Good Hope
MUSEUM

(Karte S. 48; www.castleofgoodhope.co.za; Eingang an der Buitenkant St; Erw./Kind 28/12 R, So Erw./Kind 20/5 R; 9–16 Uhr; P; St. George's) Die von den Holländern zwischen 1666 und 1679 erbaute fünfeckige steinerne Festung diente zur Verteidigung der Stadt. Heute beherbergt sie das Hauptquartier des Western-Cape-Militärkommandos. Nach Möglichkeit sollte man den Besuch so legen, dass man an einer der kostenlosen Führungen teilnehmen kann (Mo–Sa 11, 12 & 14 Uhr). Interessant ist das **Military Museum**, ebenso die ausgestellten Antiquitäten und dekorativen Kunstwerke der **William Fehr Collection** im **Castle of Good Hope** (www.iziko.org.za/static/page/william-fehr-collection). Unbedingt auf die Bastionen heraufsteigen, um von oben einen Blick auf den Grundriss der Festung und auf die Grand Parade zu werfen!

Company's Gardens
GÄRTEN

(Karte S. 48; 7–19 Uhr; Dorp) Der schattige grüne Garten diente früher als Gemüsebeet für die Niederländische Ostindien-Kompanie. Hier kann man sich wunderbar entspannen. Im 19. Jh. wurde das Gelände in einen traumhaft schönen Lustgarten umgestaltet und mit Pflanzen aus Südafrika und der ganzen Welt bepflanzt, darunter Frangipani und Afrikanische Tulpenbäume, Aloen und Rosen. Die Eichhörnchen, die den Park bevölkern, wurden von Cecil Rhodes aus Nordamerika nach Kapstadt importiert. Eine **Statue** von ihm steht in der Mitte des Gartens.

District Six Museum
MUSEUM

(Karte S. 48; 021-466 7200; www.districtsix.co.za; 25A Buitenkant St; Erw./Kind 20/5 R, mit Sacks Futeran Building 25/10 R; Mo 9–14, Di–Sa 9–16 Uhr) Dieses bewegende Museum ist den Bewohnern des ehemaligen Viertels District Six und ihrer Geschichte gewidmet. Vor den Zwangsumsiedlungen der 1960er- und 1970er-Jahre lebten hier an die 50 000 Menschen verschiedenster Rassen. Bei vielen Township-Führungen wird hier ein Zwischenstopp eingelegt und die Geschichte der Passgesetze erzählt.

Zu den Exponaten gehört ein Bebauungsplan des District Six, auf dem ehemalige Bewohner markiert haben, wo früher ihre zerstörten Häuser und andere Gebäude des Stadtteils standen; ergänzt wird er durch die Rekonstruktionen von Wohnungseinrichtungen, verblichene Fotos und Tonaufnahmen. Viele der Mitarbeiter – fast alle wurden selbst zwangsumgesiedelt – haben herzzerreißende Geschichten zu erzählen. Das zum Museum gehörende, nahe **Sacks Futeran Building** (15 Buitenkant St) beherbergt gute Dauerausstellungen zur Geschichte des Fußballs in der Kap-Region von ihren Anfängen Ende des 19. Jhs. bis heute.

Bo-Kaap
STADTVIERTEL

(Karte S. 48; Dorp) Mit seinen lebendig bemalten Häusern mit niedrigen Dächern, viele davon historische Bauwerke, an engen kopfsteingepflasterten Gassen, ist Bo-Kaap („Oberes Kap") eine beliebtes Fotomotiv in der Stadt. Mitte des 18. Jhs. diente es ursprünglich als Garnison für Soldaten, nach der Abschaffung des Sklavenhandels ließen sich hier in den 1830er-Jahren in die Freiheit entlassene Sklaven nieder. Wer mehr über die Geschichte des Viertels erfahren möchte, besucht das kleine, aber fesselnde **Bo-Kaap Museum** (www.iziko.org.za/museums/bo-kaap-museum; 71 Wale St, Bo-Kaap; Erw./Kind 10 R/kostenlos; Mo–Sa 10–17 Uhr).

Michaelis Collection at the Old Town House
MUSEUM

(Karte S. 48; http://www.iziko.org.za/museums/michaelis-collection-at-the-old-town-house; Greenmarket Sq; Eintritt 10 R; Mo–Sa 10–17 Uhr; Longmarket) An der Südseite des kopfsteingepflasterten Greenmarket Sq liegt das schön restaurierte Old Town House, ein Kapstadter Rokokogebäude von 1755, das früher als Rathaus diente. Heute beherbergt es die beeindruckende Kunstsammlung von Sir Max Michaelis. Niederländische und flämische Malereien und Radie-

DAS MUSLIMISCHE KAPSTADT

Der Islam kam erstmals mit den Sklaven der Niederländer ans Kap, die sie vom indischen Subkontinent und aus Indonesien mitgebracht hatten (daher auch die Bezeichnung Kapmalaien, obwohl nur wenige tatsächlich aus dem heutigen Malaysia stammten). Unter ihnen waren gebildete politische Dissidenten wie der ins Exil verbannte Islamführer Tuan Guru aus Tidore (Indonesien), der 1780 hier eintraf. Während seiner 13 Haftjahre auf Robben Island schrieb er den Koran sorgfältig aus dem Gedächtnis nieder. 1789 trug er zur Gründung der **Owal Mosque** (43 Dorp St) bei, der ersten Moschee der Stadt im Viertel Bo-Kaap. Durch sie wurde dieser Stadtteil bis heute zum Herzen der islamischen Gemeinde Kapstadts.

Tuan Gurus Grab befindet sich im **Tana Baru Cemetery** von Bo-Kaap am westlichen Ende der Longmarket Street. Tuan Gurus Grab ist eines von etwa 20 *karamats* (Gräber muslimischer Heiliger) rund um Kapstadt, die Gläubige in einer Art Mini-Wallfahrt besuchen. Der Islam ist in der Stadt nach wie vor weit verbreitet, vor allem unter der farbigen Bevölkerung.

rungen aus dem 16. und 17. Jh. (darunter Arbeiten von Rembrandt, Frans Hals und Anthony van Dyck) hängen hier neben zeitgenössischen Gemälden – der Kontrast zwischen Alt und Neu ist faszinierend.

Auf dem **Greenmarket Square**, Kapstadts zweitältestem öffentlichen Platz nach der Grand Parade, findet jeden Tag ein lebhafter und bunter Kunsthandwerks- und Souvenirmarkt statt. Neben dem alten Rathaus stehen hier auch einige Art-Déco-Gebäude.

Long Street STADTVIERTEL
(Karte S. 48; ☐Castle) Ob man durch die Antiquitätenläden, Buchhandlungen oder Boutiquen stöbert oder abends in einer der unzähligen Bars oder Clubs feiert – ein Bummel über die Long St ist ein absolutes Muss. Der interessanteste Teil ist der Abschnitt von der Ecke Buitensingel St Richtung Norden bis Ecke Strand St. Hier ist die Long St von viktorianischen Gebäuden mit schmiedeeisernen Balkonen gesäumt.

Signal Hill & Noon Gun AUSSICHTSPUNKT
Einen wunderbaren Blick hat man vom 350 m hohen Gipfel des Signal Hill, der Sea Point von der City Bowl trennt. Von Montag bis Samstag wird jeweils um 12 Uhr die Kanone **Noon Gun** von den unteren Hängen des Signal Hill abgefeuert. Der Schuss ist in der ganzen Stadt zu hören. Ursprünglich diente er dazu, dass die Bewohner der Stadt ihre Uhren kontrollieren konnten. Ein steiler Weg führt durch Bo-Kaap hier hinauf. Man folgt der Longmarket St bis zu deren Ende; das Tor am Ende des Wegs führt zur Kanone und ist in der Regel gegen 11.30 Uhr geöffnet. Das **Noon Gun Tearoom &**

Restaurant (außerhalb der Karte S. 48) ist ideal für eine erholsame Pause. Fährt man mit dem Auto zum Gipfel, bleibt man von der Stadt kommend auf der Kloof Nek Rd und biegt oben auf dem Hügel bei der ersten Abzweigung nach rechts ab.

Slave Lodge MUSEUM
(Karte S. 48; www.iziko.org.za/museums/slavelodge; 49 Adderley St; Erw./Kind 20/10 R; ⊙Mo–Sa 10–17 Uhr; ☐Dorp) In diesem Museum dreht sich fast alles um die Geschichte und die Erlebnisse der Sklaven und ihrer Nachfahren am Kap. Im ersten Stock sind außerdem Ausstellungsstücke aus dem Alten Ägypten, Griechenland, Rom und dem Fernen Osten zu sehen.

Das Gebäude stammt von 1660 und gehört zu einem der ältesten Südafrikas. Schon die Slave Lodge selbst hat eine faszinierende Geschichte. Bis 1811 hausten hier bis zu 1000 Sklaven in feuchten, verschmutzten und überfüllten Räumlichkeiten. Jedes Jahr starben bis zu 20 % von ihnen. Die Sklaven wurden direkt um die Ecke in der Spin St ge- und verkauft. Die Wände der ursprünglichen Slave Lodge stehen heute im Innenhof, wo man auch die Grabsteine von Jan van Riebeeck, dem Gründer Kapstadts, und seiner Frau Maria de la Queillerie findet. Die Grabsteine wurden von Jakarta hierher gebracht, wo van Riebeeck begraben liegt.

Prestwich Memorial GRATIS
& Park GEDENKSTÄTTE
(Karte S. 48; Ecke Somerset St & Buitengracht St; ⊙Mo–Fr 8–18, Sa & So 8–14 Uhr; ☐Prestwich) In dieser Gedenkstätte ruhen die Gebeine ehemaliger Sklaven und anderer Unglück-

City Bowl, Bo-Kaap & De Waterkant

200 m

FORESHORE

Salazar Sq

Artscape (20 m)

Civic Centre

Hertzog Blvd

Merriman Sq

Fernbusbahnhof

Heerengracht

Pier Pl

Jetty Sq

Tulbagh Sq

Adderley

Table Bay Blvd

Convention Centre

Coen Steytler Ave

Lower Long St

Lower Long St

Lower Loop St

Thibault Sq

Prestwich

Long St

Lower Burg St

Waterkant St

Dock Rd

Hans Strijdom Ave

Alfred St

Port Rd

Helen Suzman Blvd

Merhau St

Bree St

Prestwich St

Buitengracht

Riebeeck St

Lower Bree St

Leije La

Grouse La

Strand St

Waterkant St

Castle

Castle

Hospital St

Jerry St

Chiappini St

Alfred St

Napier St

Trinity (92 m)

Schiebe St

DE WATERKANT

Somerset Rd

Buitengracht St

Prestwich Memorial Park

Castle St

Strand St

Rose St

Hudson St

Dixon St

Vos St

Waterkant St

Chiappini St

Berg St

Hout La

Heritage Sq

De Smit St

Liddle St

Coben St

Jarvis St

Loader St

Table Mountain National Park

Noon-Gun Tearoom & Restaurant (230 m)

Bo-Kaap

Church St

Longmarket St

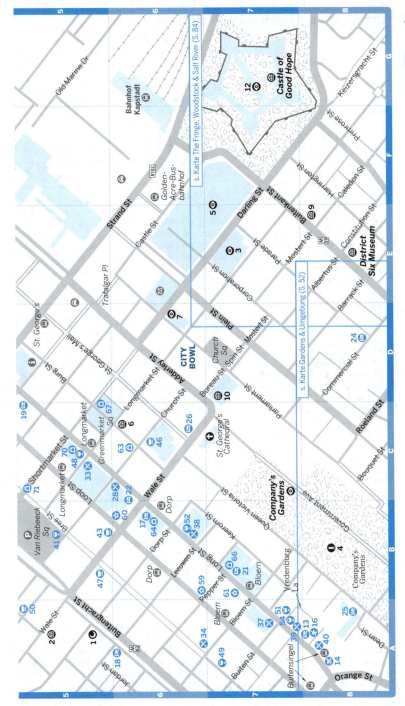

City Bowl, Bo-Kaap & De Waterkant

⊙ Highlights
Bo-Kaap...A4
Castle of Good Hope G7
Company's Gardens C7
District Six Museum.............................E8

◎ Sehenswertes
1 Auwal Mosque.....................................A5
2 Bo-Kaap Museum A5
3 Cape Town City Hall............................E7
4 Cecil Rhodes Statue............................B8
5 Grand Parade E7
6 Michaelis Collection at the Old
   Town House...C6
7 Mutual Heights.....................................D6
8 Prestwich Memorial & Park C3
9 Sacks Futeran Building E8
10 Slave Lodge...D7
11 Tana Baru Cemetery...........................A3
12 William Fehr Collection at the
   Castle of Good Hope G7

⊕ Aktivitäten, Kurse & Touren
13 Abseil Africa A8
14 Long Street Baths A8

⊖ Schlafen
15 Cape Heritage Hotel............................C4
16 Daddy Long Legs Apartments A8
17 Daddy Long Legs Hotel.......................B6
18 Dutch Manor A6
19 Grand Daddy Hotel..............................C5
20 La Rose B&B..B4
21 Long Street Backpackers B7
22 Penthouse on Long C6
23 Rouge on Rose B4
24 Scalabrini Guest House D8
25 St. Martini Gardens A8
26 Taj Cape Town.....................................C6
27 Village & Life..B2

⊗ Essen
28 Addis in Cape C6
29 Africa Café...C4
30 Anatoli C1
31 Beefcakes..B1
32 Bizerca Bistro.......................................F3
   Bombay Brasserie....................(siehe 26)
33 Dear Me C5

34 Jason Bakery A6
35 La Petite Tarte B2
36 Loading Bay B3
37 Lola's..A7
38 Masala Dosa...B6
39 Royale Eatery A7
40 South China Dim Sum Bar....................A8

⊗ Ausgehen
41 &Union B5
42 Alexander Bar & Café D4
43 Bean There B5
44 Bubbles Bar B2
45 Cafe Manhattan B2
   Caveau ....(siehe 15)
46 Deluxe Coffeeworks C6
47 Escape Caffe B5
48 Fork C5
49 French Toast..A7
50 Haas A5
51 Julep Bar A7
52 Neighbourhood.....................................B6
53 Origin & Nigiro B2
   Tjing Tjing.................................(siehe 33)
54 Waiting Room A7

⊕ Unterhaltung
55 Amsterdam Action Bar.........................C1
56 Beaulah Bar B1
   Cape Town City Hall ....(siehe 3)
57 Cape Town International
   Convention Centre...........................F2
58 Crew Bar C1
59 Loop B6
60 Vinyl Digz B6
61 Zula Sound Bar B7

⊖ Shoppen
62 Africa Nova B2
63 African Image.......................................C6
64 African Music Store B6
65 Cape Quarter B2
66 Clarke's Books B7
67 Greenmarket Square............................C5
68 Merchants on Long...............................D4
69 Monkeybiz..B4
70 Pan African Market...............................C5
71 Streetwires C5

---

licher, die 2003 in der Stätte und in ihrem Umkreis gefunden wurden. Es gibt gute Schautafeln, darunter eine Nachbildung des bemerkenswerten 360-Grad-Panora-mas der Table Bay, das Robert Gordon 1778 malte, sowie eine Filiale des Coffee Shops Truth. Im Park sieht man noch alte Stra-ßenbahnschienen – von Pferden gezogene

Straßenbahnen fuhren früher über Somerset und durch Sea Point hinab bis Camps Bay. Außerdem zieren skurrile Skulpturen von Kapstädter Künstlern den Park.

Mutual Heights
ARCHITEKTUR

(Karte S. 48; Ecke Parliament St & Darling St; 🚃 St. George's) Dieses beeindruckende Art-déco-Gebäude war früher nicht nur das höchste Bauwerk Afrikas neben den Pyramiden, sondern auch das teuerste. Es ist mit rosa- und golddurchzogenem schwarzen Marmor verkleidet und mit einem der längsten durchgehenden Steinfriese der Welt verziert. Als 2004 der einstige Büroblock in Apartments umgebaut wurde, spornte dies andere Bauunternehmer an, andere lange vernachlässigte und freistehende Immobilien im Zentrum in ähnlicher Form umzugestalten.

South African National Gallery
GALERIE

(Karte S. 48; www.iziko.org.za/museums/south-african-national-gallery; Government Ave, Gardens; Erw./Kind 20 R/kostenlos; ⏰ Di–So 10–17 Uhr; 🚃 Government Avenue) Die beeindruckende ständige Ausstellung in der führenden Kunstgalerie des Landes stammt aus der Zeit der Niederländer und zeigt einmalige Exponate. Oft sind es allerdings zeitgenössische Werke wie die Skulptur *Butcher Boys* von Jane Alexander, die am eindrucksvollsten sind. Sehr sehenswert ist auch die Teakholztür im Hof mit geschnitzten Szenen der weltweiten Wanderungen der Juden von Herbert Vladimir Meyerowitz. Zur Galerie gehört ein guter Laden mit interessanten Büchern und Geschenken.

Grand Parade
ARCHITEKTUR

(Karte S. 48; Darling St; 🚃 St. George's) Die Grand Parade spielt eine zentrale Rolle in der Geschichte Kapstadts. Hier bauten die Niederländer 1652 ihre erste Festung, wurden Sklaven verkauft und gezüchtigt, versammelten sich Menschenmassen, um Nelson Mandelas erster Rede an die Nation als freier Mann nach 27 Jahren Gefängnis zu lauschen und wurde der offizielle FIFA-Fanpark für die Weltmeisterschaft 2010 eingerichtet. Auf einem Teil des Platzes, der auch als Parkplatz genutzt wird, findet ein Markt statt. Die Stadt hat 7 Mio. Rand für die Renovierung der prächtigen **Cape Town City Hall** aus der Zeit Eduards VII. aufgewendet. Sie steht an der Parade und wird heute gelegentlich für Musik- und Kulturveranstaltungen genutzt.

GARDENS & UMGEBUNG

Seilbahn am Tafelberg
AUSSICHTSPUNKT

(Karte S. 60; 📞 021-424 8181; www.tablemountain.net; Tafelberg Rd; Erw. einfache Strecke/hin & zurück 100/195 R, Kind 50/95 R; ⏰ Febr.–Nov. 8.30–19, Dez. & Jan. 8–22 Uhr) Für die meisten Besucher ist die Hauptsehenswürdigkeit des Table-Mountain-Nationalparks der 1086 m hohe Berg selber. Man erreicht seinen Gipfel mühelos mit einer Seilbahn und wird aus der sich drehenden Kabine und vom Gipfel aus mit einem umwerfenden Blick belohnt. Oben gibt's Souvenirläden, ein gutes Café

VON THE FRINGE NACH SALT RIVER

Östlich der City Bowl liegen einige Arbeiter- und Industrieviertel, die sich im Prozess der Erneuerung und teilweise auch der Gentrifizierung befinden. Dieser Prozess ist schwierig und umstritten, und das schon seit langem. Hier findet man die leeren Landparzellen des District Six, einer einstigen Multikulti-Gegend, die während der Apartheid zerstört wurde.

Das neuerdings The Fringe genannte Gebiet liegt dem Zentrum am nächsten und soll das Aushängeschild für Kapstadts erfolgreiche Bewerbung zur World Design Capital 2014 sein. Nicht verpassen sollte man die grelle Street Art an der **Substation 13** (Karte S. 84; Canterbury St) und das **Land & Liberty** (Karte S. 84; Keizersgracht), ein acht Stockwerke hohes Gemälde des erfolgreichen Straßenkünstlers Faith47 (www.faith47.com). Es zeigt eine Mutter, die ein Baby auf ihren Rücken gebunden hat.

Richtung Osten liegen die aufstrebenden Viertel Woodstock und Salt River. Hier findet man die Woodstock Foundry und die Salt Circle Arcade. Beide stehen an der Albert Rd und gehören zu den neuesten großen Umbaumaßnahmen nach der phänomenalen Old Biscuit Mill. Lohnenswert sind auch die Kunstgalerien **Stevenson** (Karte S. 84; www.stevenson.info; 160 Sir Lowry Rd, Woodstock; ⏰ Mo–Fr 9–17, Sa 10–13 Uhr; 🚃 Woodstock) und **What If the World** (Karte S. 84; www.whatiftheworld.com; 1 Argyle St, Woodstock; ⏰ Di–Fr 10–16.30, Sa 10–15 Uhr; 🚃 Woodstock).

Gardens & Umgebung

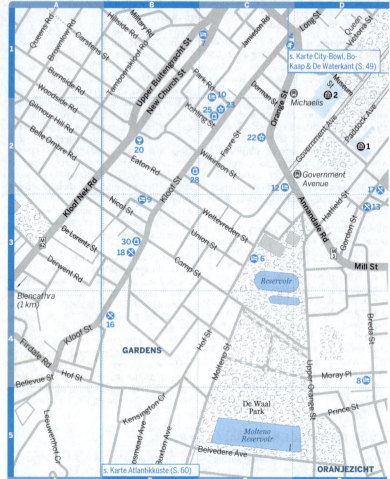

und einfache Wanderwege. Die Seilbahn fährt in der Hauptsaison (Dez.–Feb.) alle 10, in der Nebensaison (Mai–Sept.) alle 20 Minuten. Bei starkem Wind wird der Betrieb eingestellt. Wenn oben alles wolkenverhangen ist, also die berühmte „Tischdecke" über dem Tafelberg liegt, lohnt die Fahrt nicht. Im Vorfeld telefonisch erkundigen, ob die Bahn in Betrieb ist. Die besten Sicht- und Wetterbedingungen herrschen meist frühmorgens und abends.

South African Jewish Museum MUSEUM
(Karte S. 52; www.sajewishmuseum.co.za; 88 Hatfield St, Gardens; Erw./Kind 40 R/frei; ⊙So–Do 10–17, Fr 10–14 Uhr; 🅿; 🚌 Government Avenue) Dieses fantasievoll eingerichtete Museum umfasst die wunderschön restaurierte **Old Synagogue** (1863). In der Dauerausstellung *Hidden Treasures of Japanese Art* werden kunstvolle *netsuke* (Schnitzereien aus Elfenbein und Holz) präsentiert. Auch die Wechselausstellungen sind in der Regel lohnenswert.

Im Eintrittspreis enthalten ist die faszinierende 25-minütige Dokumentation *Nelson Mandela: A Righteous Man*, die im Gebäude auf der anderen Seite des Hofs gegenüber dem Ausgang des Museums gezeigt wird. Im Obergeschoss ist das **Cape Town**

Lion's Head — AUSSICHTSPUNKT

(Signal Hill Rd, Tamboerskloof; P) Am besten zugänglich ist die riesige, an eine Brustwarze erinnernde Felsnase über die Straße, die zum Gipfel des Signal Hill führt und von der Kloof Nek Rd abzweigt. Man kann sie aber auch von der Sea Point zugewandten Seite aus besteigen. Die 2,2 km lange Wanderung von Kloof Nek zum 669 m hohen Gipfel dauert rund 45 Minuten und ist zu Recht beliebt. Viele Menschen machen regelmäßig einen frühen Morgenspaziergang zum Gipfel und in Vollmondnächten ist es ein Ritual, hinaufzusteigen und den Sonnenuntergang zu beobachten. Dank des Vollmonds ist der Abstieg gut zu bewältigen, eine Taschenlampe sollte man jedoch immer im Gepäck haben und nicht allein gehen.

South African Museum — MUSEUM

(Karte S. 52; www.iziko.org.za/museums/south-african-museum; 25 Queen Victoria St, Gardens; Erw./Kind 20/10 R, Sa gegen Spende; ◎10–17 Uhr; 🚌Bloem) Südafrikas ältestes Museum mag sichtbar in die Jahre gekommen sein, doch es präsentiert viele, oft fesselnde Ausstellungen, u.a. zur Naturgeschichte des Landes. Die schönsten Galerien sind die neuen, in denen Kunst und Kultur der ersten Bewohner der Region gezeigt werden, der Khoekhoen (Khoikhoi) und der San. U.a. ist hier der berühmte Linton Panel zu bestaunen, ein faszinierendes Beispiel der Felsritzkunst der San. Sehenswert sind auch die erschreckend echt wirkenden Exponate afrikanischer Menschen in der African Cultures Gallery (die von lebenden Modellen abgeformt wurden), ein Nest des geselligen Webervogels von 2 m Durchmesser in der Wonders of Nature Gallery und der atmosphärische Walbereich, in dem riesige Walskelette und Modelle hängen und man ihren Gesängen lauschen kann.

Neben dem Museum liegt das **Planetarium** (www.iziko.org.za/museums/planetarium; 25 Queen Victoria St, Gardens; Erw./Kind 25/10 R; ◎10–17 Uhr; 🚌Bloem) auf der Webseite stehen die Zeiten der Shows, in denen Bilder gezeigt werden, die mit dem Southern African Large Telescope in der Karoo aufgenommen wurden. Kein Teleskop der Welt hat eine größere Blendenöffnung. Jeden Mittag gibt's eine Vorführung für Kinder.

GREEN POINT & WATERFRONT

Robben Island & Nelson Mandela Gateway — MUSEUM

(Karte S. 56; ☎021-413 4220; www.robben-island.org.za; Erw./Kind 230/120 R; ◎Fähren legen

Holocaust Centre (www.holocaust.org.za; Eintritt frei; ◎So–Do 10–17, Fr 10–14 Uhr) mit vielen sehr emotionalen Ausstellungsstücken. Die Geschichte des Antisemitismus wird im südafrikanischen Kontext und mit Bezügen zum hiesigen Freiheitskampf dokumentiert.

Ebenfalls auf dem Gelände liegt die schön restaurierte **Great Synagogue** (kostenlose Führungen; ◎So–Do 10–16 Uhr), die heute noch genutzt wird. Sie wurde 1905 im neoägyptischen Stil erbaut. Des Weiteren findet man hier einen guten Souvenirladen und das koschere Café Riteve. Um das Gelände betreten zu dürfen, braucht man einen Ausweis mit Lichtbild.

Gardens & Umgebung

⦿ Sehenswertes
	Cape Town Holocaust Centre.....	(siehe 1)
	Great Synagogue	(siehe 1)
	Old Synagogue	(siehe 1)
	Planetarium.................................	(siehe 2)
1	South African Jewish Museum	D2
2	South African Museum	D1
3	South African National Gallery	E2

✈ Aktivitäten, Kurse & Touren
4	Downhill Adventures	C1
5	Mountain Club of South Africa	E2

🛏 Schlafen
6	Ashanti Gardens.................................	C3
7	Backpack..	C1
8	Cactusberry Lodge	D4
9	Cape Cadogan....................................	B3
10	Hippo Boutique Hotel..........................	C1
11	Mannabay...	E5
12	Mount Nelson Hotel	C2

✖ Essen
13	Aubergine..	D3
	Café Riteve	(siehe 1)
14	Dog's Bollocks	E3
	Fat Cactus	(siehe 10)

15 … Shoppen
15	Knead..	F3
	Knead	(siehe 23)
16	Manna Epicure	B4
17	Maria's...	D2
18	Melissa's..	B3

⦿ Ausgehen
19	Perseverance Tavern.............................	F2
	Planet	(siehe 12)
20	Power & The Glory/Black	
	Ram	B2
	Saints	(siehe 30)
21	Truth	F1

⦿ Unterhaltung
22	Labia..	C2
23	Labia on Kloof	C2
24	Mahogany Lounge	F2

🔒 Shoppen
25	Bluecollarwhitecollar	C2
26	Book Lounge...	F1
27	City Bowl Market	E2
28	Fringe Arts	B2
29	Gardens Centre	E3
	Lifestyles on Kloof	(siehe 23)
30	LIM	B3

bei entsprechendem Wetter um 9, 11, 13 & 15 Uhr ab; 🚢Waterfront) Gefängnisinsel seit den frühen Tagen der Niederländischen Ostindien-Kompanie bis 1996, ist Robben Island heute ein Unesco-Weltkulturerbe zum Gedenken an Menschen, die wie Nelson Mandela dort viele Jahre eingekerkert waren.

Ein Besuch auf Robben Island ist äußerst empfehlenswert, hat aber auch Schattenseiten. Erste Hürde ist der Ticketkauf – in der Hauptsaison sind Eintrittskarten oft schon Tage im Voraus ausverkauft. Daher: Rechtzeitig im Voraus per Internet reservieren oder ein Ticket im Rahmen einer Township-Führung besorgen. Viele Tourveranstalter haben dafür Kartenkontingente reserviert, die nicht auf den Markt kommen. Die großen geführten Gruppen dürfen maximal zwei Stunden auf der Insel verweilen (hinzu kommt eine 30-minütige Bootsfahrt pro Weg). Die Führungen werden von ehemaligen Insassen geleitet. Es wirkt wie eine seltsame Art von Folter, diese Menschen hier immer wieder von ihrer schrecklichen Zeit als Gefangene erzählen zu lassen, aber die besten unter ihnen stehen darüber und vermitteln auf ihren Führungen den wahren Geist der Versöhnung.

Für die Standardtouren gibt's feste Abfahrts- und Rückkehrzeiten. Auf dem Programm steht eine Führung durch das alte Gefängnis inklusive obligatorischem Blick in die Zelle von Nelson Mandela. Hinzu kommt noch eine etwa 45-minütige Busfahrt über die Insel mit Erläuterungen zu den Sehenswürdigkeiten. Dazu gehört der Kalksteinbruch, in dem Mandela und viele andere Zwangsarbeit verrichten mussten. Zu sehen ist auch die Kirche aus der Zeit, als die Insel noch eine Leprakolonie war. Mit etwas Glück bekommt man zehn Minuten zugestanden, um alleine herumzulaufen.

Die geführten Touren beginnen am **Nelson Mandela Gateway** (Eintritt frei; ⊙9–20.30 Uhr) neben dem Clock Tower an der Waterfront. Selbst wer die Insel nicht besuchen möchte, sollte einen Blick in das Museum an der Waterfront werfen, das vor allem über den Kampf für die Gleichberechtigung informiert. Die **Jetty 1** (Eintritt frei; ⊙7–21 Uhr) an der Waterfront ist ebenfalls als kleines Museum erhalten worden. Hier legten Boote zur Robben Island ab, als die Insel noch ein Gefängnis war.

V&A Waterfront
STADTVIERTEL

(Karte S. 56; www.waterfront.co.za; P; Waterfront) Kapstadts historischer Hafen besticht mit einer spektakulären Lage. Hier findet man viele touristische Sehenswürdigkeiten und Angebote wie Unmengen von Läden, Restaurants, Bars, Kinos und Hafenrundfahrten. Die Alfred and Victoria Basins stammen aus dem Jahr 1860 und wurden nach Königin Victoria und ihrem Sohn Alfred benannt. Obwohl die Kaianlagen für moderne Container- und Tankschiffe zu klein sind, wird das Victoria Basin noch von Schleppern, Hafenschiffen aller Art und Fischerbooten genutzt. Im Alfred Basin werden Schiffe repariert, und fast immer tummeln sich einige Robben im Wasser oder aalen sich auf den riesigen Reifen entlang der Docks.

Neben dem Nelson Mandela Gateway, von wo aus man zur Robben Island fährt, gibt es an der Waterfront noch folgende interessante Sehenswürdigkeiten:

Two Oceans Aquarium

(Karte S. 56; www.aquarium.co.za; Dock Rd; Erw./Kind 105/50 R; 9.30–18 Uhr) In dem ausgezeichneten Aquarium leben Meeresbewohner aus dem kalten und dem warmen Ozean, die am Kap aufeinander treffen, darunter auch Schildzahnhaie. Seehunde, Pinguine, Schildkröten und ein faszinierender Kelpwald, der unter freiem Himmel wächst. Becken, in denen Meeresbewohner berührt werden dürfen, sind ebenfalls vorhanden. Zertifizierte Taucher dürfen mit den Tieren im Becken auf Tuchfühlung gehen (595 R inkl. Tauchausrüstung). Wer sich am Eingang die Hand stempeln lässt, kann das Aquarium zwischendurch verlassen und dann den ganzen Tag über kostenlos wiederkommen.

Chavonnes Battery Museum

(Karte S. 56; 021-416 6230; www.chavonnesmuseum.co.za; Clock Tower Precinct; Erw./Kind 25/10 R; Mi–So 9–16 Uhr) Neben dem Castle of Good Hope erbauten die Niederländer einige Festungen rund um die Table Bay. Im Chavonnes Battery Museum kann man die Überreste einer Geschützgruppe aus dem frühen 18. Jh. anschauen. Zwar wurde sie teilweise zerstört und beim Bau der Docks in den 1860er-Jahren überbaut, doch eine Ausgrabung brachte 1999 die Überreste ans Tageslicht. Nun kann man die ganze Anlage durchwandern und sich vorstellen, wie es hier früher ausgesehen hat. **Historische Stadtspaziergänge** (021-408 7600; Erw./Kind 50/20 R) entlang der Waterfront starten hier (mind. 4 Teilnehmer).

Nobel Square

Hier kann man sich zusammen mit Desmond Tutu und Nelson Mandela fotografieren lassen. Die überlebensgroßen Statuen der beiden Männer, entworfen von Claudette Schreuders, stehen neben denen zweier weiterer südafrikanischer Nobelpreisträger – Nkosi Albert Luthuli und F.W. de Klerk. Außerdem steht hier die Skulptur *Peace and Democracy* von Noria Mahasa, die an den Beitrag von Frauen und Kindern zum Unabhängigkeitskampf erinnert. In die Skulptur eingearbeitet sind einschlägige Zitate dieser großen Männer, übersetzt in alle wichtigen Landessprachen.

Green Point Urban Park
PARK

(Karte S. 56; Bay Rd, Green Point; 7–19 Uhr; P; Stadium) Einer der schönsten Nebeneffekte der Weltmeisterschaft 2010

ABSTECHER

RHODES MEMORIAL

Hoch oben am Osthang des Tafelbergs, an dem der Bergwerksmagnat und frühere Premierminister gern die Aussicht genoss, steht das gewaltige **Rhodes Memorial** (www.rhodesmemorial.co.za/memorial.aspx; abseits der M3, unterhalb des Devil's Peak, Groote Schuur Estate, Rondebosch; kostenlos; 7–19 Uhr; P). Obwohl Rhodes von hier aus einen phänomenalen Blick über die Cape Flats bis zu den Bergketten am Horizont hat – und damit im übertragenen Sinne ins Herz Afrikas – scheint er eher missmutig dreinzuschauen. Zum Denkmal kommt man über die Abfahrt Princess Anne Avenue an der M3. Hinter dem Denkmal liegt ein nettes **Restaurant mit Teestube** (7–17 Uhr; P). Spezialität des Hauses sind kapmalaiische Gerichte wie *bredies* (Fleisch-, Fisch- oder Gemüseeintöpfe) und *bobotie* (zart gewürztes Straußenfleisch-Curry mit einer Kruste aus gebackenem Eischnee).

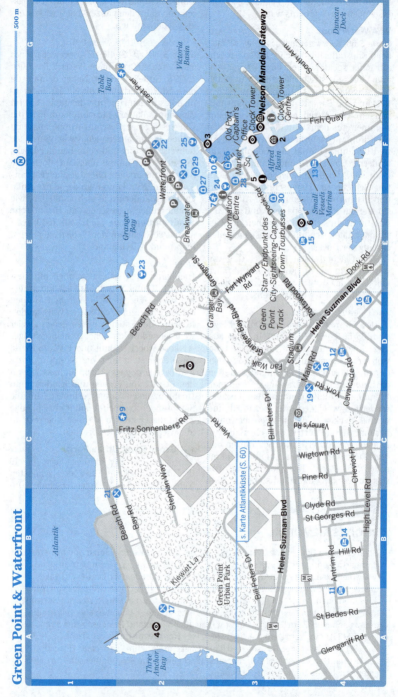

Green Point & Waterfront

◎ Highlights
Nelson Mandela Gateway F3

◎ Sehenswertes
1 Cape Town Stadium D2
2 Chavonnes Battery Museum F3
3 Jetty 1...F2
4 Kinderspielplatz...................................A2
5 Nobel Sq..F3
6 Two Oceans Aquarium...........................E4

◎ Aktivitäten, Kurse & Touren
7 Awol Tours..E3
Hopper ....(siehe 10)
8 Huey Helicopter Co G2
9 Metropolitan Golf Club..........................C2
Table Bay Diving ....(siehe 10)
10 Waterfront Boat Company F3
Yacoob Tourism...........................(siehe 10)

◎ Schlafen
11 Ashanti Green Point A4
12 Atlantic Point Backpackers D4
13 Cape Grace...F4
14 Cape Standard B4
15 One & Only Cape Town E4
16 Villa Zest...D4

◎ Essen
17 Café Neo A2
18 El Burro D4
19 Giovanni's Deli World D4
20 Melissa's F2
21 Wakame...B1
22 Willoughby & Co F2

◎ Ausgehen
Bascule ....(siehe 13)
23 Grand Café & Beach...............................E2
Harbour House ....(siehe 26)
24 Mitchell's Scottish Ale House
& Brewery...F3
25 W Tapas Bar F2

◎ Shoppen
26 Cape Union Mart Adventure
Centre F3
27 Red Shed Craft Workshop F2
28 Vaughan Johnson's Wine &
Cigar Shop..F3
29 Victoria Wharf F2
30 Waterfront Craft Market &
Wellness Centre...................................E3

---

ist dieser Park und Garten mit einer großen Artenvielfalt. Er ist in drei originell
gestaltete Bereiche gegliedert: „People &
Plants", „Wetlands", und „Discovering Biodiversity". Dank der Informationstafeln ist
der Park ein prima Freiluftmuseum. Hier
kann man toll picknicken – mit Traumblick
auf das Stadion, den Signal Hill und den
Lion's Head. Außerdem gibt's zwei Spielplätze – einer für Kleinkinder und einen für
größere Kids. **Geführte Touren** (Erw./Kind
34,20/17,10 R) durch den Park können beim
Cape Town Stadium organisiert werden.

Cape Town Stadium STADION
(Karte S. 56; ☎021-417 0101; Granger Bay Blvd,
Green Point; Führungen Erw./Kind 45,60/17,10 R;
☉Führungen Di–Sa 10, 12 & 14 Uhr; ℗; ⊡Stadi-
um) Das auffälligste Bauwerk zeitgenössischer Architektur der Stadt kostete rund
4,5 Mrd. R und bietet Sitzplätze für 55 000
Gäste. Es ist das Heimatstadion des Fußball-
vereins Ajax Cape Town und wurde schon
von Bands wie U2 und den Eagles für Konzerte benutzt. Einstündige Führungen gewähren Einblicke in die VIP- und Pressebo-
xen sowie in die Umkleideräume der Spieler.

ATLANTIKKÜSTE
Kapstadts Atlantikküste bietet spektakuläre Landschaften und weiche Sandstrände.
Die starken Winde können recht störend
sein. Einige Stände sind zwar vom som-
merlichen Südostwind geschützt, doch das
Wasser, das direkt von der Antarktis hierher strömt, ist überall eiskalt. Von Sea Point
(mit hervorragendem Freiluftbad) aus kann
man nach Clifton und Camps Bay fahren
und von dort aus die Fahrt auf einer atemberaubenden Küstenstraße zum Fischer-
städtchen Hout Bay mit seinem schönen
Strand und einem Hafen für Bootsfahrten
fortsetzen.

Strände in Clifton STRÄNDE
(Karte S. 60) Riesige Granitfelsen unterteilen
die vier aneinandergrenzenden Strände von
Clifton, die über Stufen von der Victoria
Road aus erreicht werden. Da die Strände
fast immer windgeschützt sind, gehören
sie zu den beliebtesten Orten zum Sonnen-
baden. Den Einheimischen zufolge treffen
sich an den Stränden 1 und 2 die Models
und ausgemachten Narzissten, am Strand
Nr. 3 die Schwulen und am naturgemäß

meistbesuchten Strand Nr. 4 die Familien. Händler verkaufen an allen Stränden Getränke und Eis. Für ca. 80 R werden außerdem Liegen und Sonnenschirme vermietet.

Strände in Camps Bay
STRÄNDE

(Karte S. 60) Mit seinem weißen Sand und den eindrucksvollen Twelve Apostles des Tafelbergs als Kulisse ist Camps Bay einer der populärsten Strände Kapstadts, obwohl der Wind hier besonders stark weht. Vor allem am Wochenende kann es sehr voll werden. Es gibt keinen Rettungsdienst und die Brandung ist gewaltig, sodass man beim Schwimmen vorsichtig sein muss. Die schicken Bars und Restaurants sind beliebte Ausflugsziele bei Sonnenuntergang oder um den Tag dort zu verbringen.

Sea Point Promenade
PROMENADE

(Karte S. 60; Beach Rd, Sea Point) Auf der breiten gepflasterten und von Rasen umgebenen Promenade von Kapstadt zu flanieren oder zu joggen ist ein Vergnügen für Kapstädter jeder Couleur – hier kann man toll bei Sonnenuntergang beobachten, wie multikulturell die Stadt ist.

World of Birds
VOGELPARK

(www.worldofbirds.org.za; Valley Rd, Hout Bay; Erw./Kind 75/40 R; ⊙9–17 Uhr; P) Bart- und Webervögel, Flamingos und Strauße sind nur einige der 3000 verschiedenen Vögel (und kleine Säugetiere), die in diesem Vogelpark leben (alles in allem 400 Arten). Es wurde viel Wert darauf gelegt, die Volieren, die die größten Südafrikas sind, durch tropische Bepflanzung so natürlich wie möglich zu gestalten. Im Affendschungel (⊙11.30–13, 14–15.30 Uhr) kann man mit den frechen Totenkopfäffchen spielen.

SÜDLICHE VORORTE

Kirstenbosch Botanical Gardens
BOTANISCHER GARTEN

(www.sanbi.org/gardens/kirstenbosch; Rhodes Dr, Newlands; Erw./Kind 40/10 R; ⊙Sept.–März 8–19, April–Aug. 8–18 Uhr) Dank seiner Lage und der einzigartigen Flora zählt der 36 ha große botanische Garten zu den schönsten weltweit. Am Haupteingang auf der Newland-Seite liegen ein Informationszentrum, ein toller Shop und das Gewächshaus (⊙9–17 Uhr). Ein Stück weiter den Rhodes Dr entlang ist der Eingang am Rycroft Gate. Dieser ist der erste, wenn man aus Richtung Constantia kommt. Informationen zu kostenlosen Führungen gibt's telefonisch, die Alternative ist My Guide (40 R): Über

Kopfhörer erhalten die Besucher Infos zu den verschiedenen Pflanzen entlang dreier ausgeschilderter Rundwege.

Rund 9000 der 22000 endemischen Pflanzenarten Südafrikas wachsen hier. Der Duftgarten wurde sogar etwas erhöht angelegt, damit man den Geruch der Pflanzen besser wahrnehmen kann. Zusätzlich gibt es einen Blindenpfad, einen *kopje* (Hügel) mit Pelargonien und einen Skulpturengarten. Im Heilkräutergarten züchten *sangomas* (traditionelle Heiler) Pflanzen für *muti* (traditionelle Medizin). Auf dem Gelände steht auch ein Teil der Bittermandelhecke, die 1660 von Jan van Riebeeck gepflanzt wurde, um die Grenze des damaligen holländischen Vorpostens zu markieren.

Die Konzerte unter freiem Himmel an den Sonntagnachmittagen zwischen November und März sind eine Institution in Kapstadt. Die Busse von City Sightseeing Cape Town legen einen Stopp am botanischen Garten ein.

Weinroute durch das Constantia Valley
WEINGÜTER

Die Anfänge von Südafrikas Weinbauindustrie liegen im Jahr 1685, als Gouverneur Simon van der Stel 763 ha Land hinter dem Tafelberg zugesprochen wurden. Er taufte seinen Hof Constantia und bereits 1709 produzierten 70000 Weinreben 5630 l Wein. Vier Jahre nach dem Tod van der Stels wurde sein Anwesen 1712 aufgeteilt. Heute führt eine Weinroute (www.constantiavalley. com) über neun Weingüter durch die Region – die wichtigsten davon sind im Folgenden genannt:

Groot Constantia

(www.grootconstantia.co.za; Groot Constantia Rd, Constantia; Weinprobe 33 R, Museum Erw./Kind 20 R/kostenlos, Führungen durch den Weinkeller 45 R; ⊙9–17 Uhr; P) Simon van der Stels Herrenhaus, ein herausragendes Beispiel kapholländischer Architektur, fungiert heute als Museum in Groot Constantia. Oft tummeln sich viele Tourgruppen im Herrenhaus, das auf einem wunderschönen Gelände liegt. Es ist aber so groß, dass man den Menschenmassen entkommen kann. Der große Verkostungsraum ist der erste auf der rechten Seite, wenn man das Gebäude betritt. Ein Stückchen weiter liegt das kostenlose Orientierungszentrum, das einen Überblick über die Geschichte des Anwesens und des schön restaurierten Hofs gibt. Der Cloete Cellar mit seinem schönen Giebel mit Stuckrelief war der ursprüngliche Weinkeller des Guts. Heute sind hier alte Kutschen und Vorratsgefäße untergebracht. Einstündige Führungen durch den modernen Weinkeller beginnen um 14 Uhr.

Steenberg Vineyards
(www.steenberg-vineyards.co.za; Steenberg Rd, Steenberg; ⊙10–18 Uhr; P) An der prächtigen zeitgenössischen Degustationsbar sowie in der Lounge der Steenberg Vineyards kann man köstlichen Merlot, Sauvignon Blanc Reserve, Semillon und den Sekt Méthode Cap Classique probieren. Zu einem Picknick (300 R/2 Pers.) gehört eine Flasche Wein. Das Weingut ist das älteste am Kap. Es wurde 1682 unter dem Namen Swaane-weide (Schwanenweide) gegründet. Die Standardweine kann man kostenlos probieren, für 50 R wird eine größere Auswahl einschließlich der Premiumweine des Hauses bereitgestellt. Ins frühere Herrenhaus ist heute das Fünf-Sterne-Hotel Steenberg Hotel (www.steenberghotel.com) eingezogen, zudem liegen auf dem Gelände das Catharina's Restaurant und ein 18-Loch-Golfplatz.

Buitenverwachting
(http://buitenverwachting.co.za; Klein Constantia Rd, Constantia; ⊙Mo–Fr 9–17, Sa 10–15 Uhr; P) „Buitenwachting" heißt übersetzt „jenseits der Erwartungen". Das Gut ist für die ungewöhnlich guten Arbeits- und Wohnbedingungen seiner Angestellten bekannt. Bei vorheriger Reservierung wird vor dem 1796 erbauten Gutshaus ein köstliches **Mittagspicknick** (☑083 257 6083; 125 R; ⊙Nov.–April Mo–Sa 12–16 Uhr) serviert.

Klein Constantia
(www.kleinconstantia.com; Klein Constantia Rd, Constantia; Weinproben kostenlos; ⊙Weinproben Mo–Fr 9–17, Sa 9–15 Uhr; P) Das Klein Constantia ist Teil des einstigen Anwesens Constantia. Es ist bekannt für seinen Vin de Constance, einen köstlichen süßen Muskateller. Dieser tröstete Napoleon auf St. Helena, und auch eine von Jane Austens Heldinnen empfahl ihn: Er habe „heilende Kräfte für ein enttäuschtes Herz". Das Weingut hat einen schönen Raum für Weinverkostungen mit informativen Auslagen.

SÜDLICHE HALBINSEL

Die Südspitze der Halbinsel hat neben dem Cape Point, der Hauptattraktion, noch viel mehr zu bieten. Muizenberg war im frühen 20. Jh. ein beliebter Ferienort und liegt 25 km südlich der City Bowl. Nach einer Phase des wirtschaftlichen Niedergangs

---

ℹ UNTERWEGS AUF DER SÜDLICHEN HALBINSEL

Wer möglichst viele der verstreuten Sehenswürdigkeiten auf der südlichen Halbinsel besuchen möchte, braucht unbedingt einen Mietwagen. Viele Orte in der False Bay wie Muizenberg, Kalk Bay und Simon's Town sind aber auch mit dem Zug erreichbar. Mit einem Tagesticket für 30 R kann man zwischen 8 und 16.30 Uhr unbegrenzt zwischen Kapstadt und Simon's Town herumreisen und unterwegs nach Belieben ein- und aussteigen.

Das **Mellow Yellow Water Taxi** (☑073-473 7684; www.watertaxi.co.za; einfache Strecke/hin & zurück 100/150 R) pendelt zwischen Kalk Bay und Simon's Town. Es empfiehlt sich, auf dem Hinweg mit dem Zug nach Simon's Town zu fahren und auf dem Rückweg das Wassertaxi zur Kalk Bay zu nehmen und nicht umgekehrt.

---

erlebt der Ort nun eine neue Blütezeit. Der nächste Küstenort ist das charmante Fischerdorf Kalk Bay. Hier gibt's jede Menge interessante Kunsthandwerksläden und Galerien sowie nette Restaurants und Bars. Simon's Town ist seit der Kolonialzeit eine Marinebasis und noch heute der wichtigste Stützpunkt der südafrikanischen Marine.

Kap der Guten Hoffnung NATURSCHUTZGEBIET
(www.sanparks.org/parks/table_mountain; Eintritt Erw./Kind 85/30 R; ⊙Okt.–März 6–18 Uhr, April–Sept. 7–17 Uhr; P) Das allgemein „Cape Point" genannte, 7750 ha große Gebiet des Table Mountain National Park wartet mit einer atemberaubenden Landschaft, fantastischen Spazierwegen und oft menschenleeren Stränden auf. Rund 250 Vogelarten sind hier heimisch, darunter Kormorane und eine Straußenfamilie, die sich rund um das Cape of Good Hope tummeln, den südwestlichsten Punkt des Kontinents.

Viele Besucher kommen im Rahmen einer organisierten Bustour zum Kap. Wer Zeit hat, sollte das Naturschutzgebiet aber besser zu Fuß oder mit dem Fahrrad erkunden. Achtung: Hier gibt es nur wenig Schatten und das Wetter kann schnell umschlagen. Wer an der zweitägigen Wanderung Cape of Good Hope Trail (nicht enthalten sind die 200 R Eintrittsgebühr für den Park) teilnehmen möchte, einem spektakulären 33,8 km

Atlantikküste

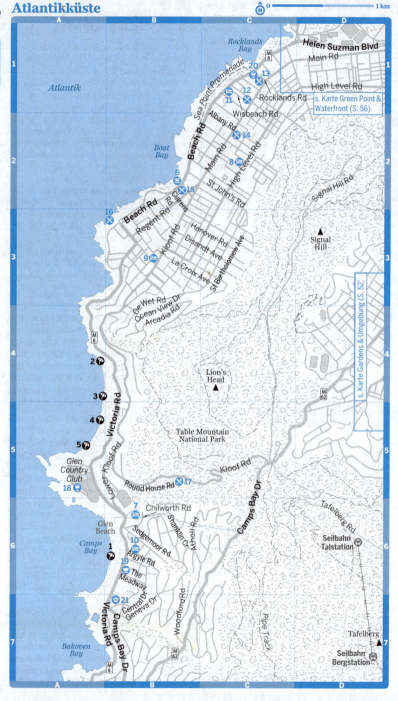

Atlantikküste

◉ Sehenswertes
1	Camps Bay Beach	B6
2	Clifton Beach 1	A4
3	Clifton Beach 2	A4
4	Clifton Beach 3	A5
5	Clifton Beach 4	A5

◉ Aktivitäten, Kurse & Touren
	In the Blue	(siehe 13)
6	Sea Point Pavilion	B2

◉ Schlafen
7	Camps Bay Retreat	B6
8	Glen Boutique Hotel	C2
9	O on Kloof	B3
10	POD	B6
11	Winchester Mansions Hotel	C1

◉ Essen
12	Cedar	C1
13	Hesheng	C1
14	La Boheme	C2
15	La Perla	B2
16	Mussel Bar	B3
17	Roundhouse	B5

◉ Ausgehen
18	Bungalow	A5
19	Café Caprice	B6
20	La Vie	C1

◉ Unterhaltung
21	St. Yves	B7

langen Rundweg mit einer Übernachtung in den einfachen Hütten Protea und Restio, muss sich im Vorraus anmelden. Weitere Details erfährt man im **Buffelfontein Visitors Centre** (☏021-780 9204).

Der Aufstieg ist einfach. Wer seine Kräfte aber schonen möchte, fährt mit der Seilbahn **Flying Dutchman Funicular** (www.capepoint.co.za; einfache Strecke/hin & zurück Erw. 37/47 R, Kind 15/20 R; ☺10–17.30 Uhr). Die Talstation liegt neben dem Restaurant. Die Seilbahn fährt hinauf zum Souvenirstand neben dem alten Leuchtturm von 1860. Von hier aus führt ein 1 km langer Weg zum neuen Leuchtturm. Die Schilder ignorieren: Es dauert keine 30 Minuten, über einen spektakulären Weg am Kamm entlang zu gehen, bis man unten den neuen Leuchtturm und die nackten Felsen sieht, die in die Brandung hineinragen.

Boulders PINGUINKOLONIE
(www.sanparks.org/parks/table_mountain; Erw./Kind 30/10 R; ☺Dez. & Jan. 7–19.30 Uhr, Febr.–Mai & Sept.–Nov. 8–18.30 Uhr, Juni–Aug. 8–17 Uhr) In dieser malerischen Gegend mit zahlreichen riesigen Felsblöcken inmitten sandiger Buchten lebt eine Kolonie von 2800 reizenden Brillenpinguinen. Ein Bohlenweg führt vom Visitor Center am Foxy Beach am Ende des Schutzgebietes (das ebenfalls Teil des Table Mountain National Park ist) zum Boulders Beach, wo man am Strand den Pinguinen noch näher kommen kann. Pinguine sind allerdings keine Streicheltiere! Mit ihren scharfen Schnäbeln können sie ernsthafte Verletzungen verursachen. Das

Meer ist in den Buchten ruhig und flach, sodass Boulders bei Familien sehr beliebt ist. Während der Ferien und an Wochenenden wird es deshalb oft sehr voll.

GRATIS **Casa Labia Cultural Centre** KULTURZENTRUM
(☏021-788 6068; www.casalabia.co.za; 192 Main Rd, Muizenberg; ☺Di–So 10–16 Uhr; ◻Muizenberg) Die prächtige Villa am Meer wurde 1930 als palastähnliches Zuhause für den Grafen Natale Labia und seine südafrikanische Frau gebaut. Labia war damals der italienische Botschafter in Südafrika, so dass das prächtige, von einem venezianischen Inneneinrichter eingerichtete und möblierte Gebäude gleichzeitig als Botschaft und als Wohnsitz diente.

Nach einer wechselvollen Geschichte gingen die Nutzungsrechte am Haus 2008 in die Hände von Labias Sohn über. Seitdem wurde es liebevoll restauriert und erstrahlt in alter Schönheit. Heute finden Konzerte, Lesungen und Veranstaltungen in dem Haus statt. Außerdem werden Werke aus der Kunstsammlung der Familie gezeigt und es gibt regelmäßig wechselnde Ausstellungen zeitgenössischer Kunst. Im Gebäude befinden sich u.a. eine Filiale des Kunsthandwerkladens Africa Nova sowie ein hervorragendes Café.

Muizenberg Beach STRAND
(Beach Rd, Muizenberg; ◻Kalk Bay) Der bei Familien beliebte Surferstrand ist bekannt für seine Reihe knallbunter viktorianischer Badehütten. Surfbretter werden vermietet, Unterricht bieten sowohl der Roxy Surf Club

Observatory

als auch Gary's Surf School an. Schließfächer sind in den Pavillons an der Promenade zu finden. Der Strand fällt leicht ins Wasser ab und das Meer ist generell sicherer als an den anderen Stränden der Halbinsel. Am Ostende der Promenade gibt's eine spaßige **Wasserrutsche** (1 St./Tageskarte 35/65 R; Sa & So 9.30–17.30, in den Schulferien tgl.).

Kalk Bay Harbour HAFEN
(Main Rd, Kalk Bay; Kalk Bay) Am besten besucht man den malerischen Hafen am späten Morgen, wenn die wenigen verbliebenen Fischerboote der Gemeinde zurückkehren und den Startschuss für einen lebendigen Fischmarkt am Kai geben. In der entsprechenden Saison kann man hier gut Wale beobachten. Ganz in der Nähe neben dem Bahnhof von Kalk Bay und der Kneipe Brass Bell gibt's ein paar Gezeitenpools.

Simon's Town Museum MUSEUM
(www.simonstown.com/museum/stm_main.htm; Court Rd; Erw./Kind 5/2 R; Mo-Fr 10–16, Sa 10–13 Uhr; Simon's Town) Das weitläufige Museum von Simon's Town ist in der Residenz des ehemaligen Gouverneurs von 1777 zu finden und erzählt die Geschichte des Ortes Simon's Town. Hier gibt's u.a. eine Ausstellung zu Just Nuisance, der Dänischen Dogge, die im Zweiten Weltkrieg als Maskottchen der Marine diente. Das Grab des Hundes liegt oberhalb der Stadt an der Red Hill Rd. Man erreicht es mit einem schönen langen Spaziergangs vom Hafen aus. Zudem steht eine **Statue von Just Nuisance** am Jubilee Sq nahe des Hafens.

Heritage Museum MUSEUM
(www.simonstown.com/museum/sthm.htm; Almay House, King George Way, Simon's Town; Eintritt 5 R; Di–Do & So 11–16 Uhr; Simon's Town) Simon's Towns Gemeinde von Kapmuslimen zählte 7000 Mitglieder, bis die Apartheid die meisten von ihnen gewaltsam vertrieb, vor allem in den Vorort Ocean's View auf der anderen Seite der Halbinsel an der

Observatory

⊙ Sehenswertes
1 Cape Town Science Centre A3

⊕ Aktivitäten, Kurse & Touren
2 City Rock C2

⊟ Schlafen
3 33 South Boutique
   Backpackers..C3
4 Green Elephant A3

⊗ Essen
5 Café Ganesh C4
6 Hello Sailor...C3

⊕ Unterhaltung
7 Tagore C3

Atlantikküste. Das interessante kleine Museum mit einem schönen Garten ist den Zwangsvertriebenen gewidmet. Es ist im Almay House (von 1858) untergebracht.

🏃 Aktivitäten

Abseilen & Kloofing

Abseil Africa   ABSEILEN
(☏021-424 4760; www.abseilafrica.co.za; Abseilen 595 R) Mit dem 112 m hohe senkrechte Abstieg vom Gipfel des Tafelbergs mit diesem alteingesessenen Veranstalter garantiert einen Adrenalinrausch. Wer nicht absolut schwindelfrei ist, braucht gar nicht erst darüber nachzudenken. Eine geführte Wanderung durch die Platteklip Gorge hinauf kostet 250 R.

Abseil Africa bietet auch Kloofing (Canyoning) rund um Kapstadt an. Bei dieser Sportart geht's mit dem Seil kletternd, wandernd, schwimmend oder springend in sogenannte Kloofs (Klippen oder Schluchten) hinein und wieder hinaus.

Autofahren

Chapman's Peak Drive   AUTOFAHREN
(Karte S. 44; www.chapmanspeakdrive.co.za; Chapman's Peak Dr; Autos/Motorräder 31/20 R; P) Ob man mit dem Auto, dem Fahrrad oder zu Fuß auf dem „Chappies" unterwegs ist – für die 5 km lange Mautstraße zwischen Hout Bay und Noordhoek sollte man sich Zeit nehmen, da sie eine der spektakulärsten Küstenstraßen der Welt ist. Von Picknickstellen aus kann man den Blick genießen. Wer nicht bis ganz nach Noordhoek fahren möchte, kann beim Auffahren an der Hout Bay (bei den Mautstellen) nach einem kostenlosen Tagespass fragen. Mit

diesem kommt man bis zu dem Aussichtspunkt mit Blick über die Bucht.

Fallschirmspringen

Skydive Cape Town   FALLSCHIRMSPRINGEN
(☏082-800 6290; www.skydivecapetown.za.net; R27/West Coast Rd; 1500 R) Dieser erfahrene Anbieter ist 20 km nördlich des Zentrums in Melkbosstrand zu finden. Im Angebot sind Tandem-Fallschirmsprünge mit einem grandiosen Ausblick.

Fliegen & Gleitschirmfliegen
In Kapstadt gibt's viele Arten, sich einen fantastischen Nervenkitzel zu verschaffen.

Cape Town Tandem Paragliding   GLEITSCHIRMFLIEGEN
(☏076-892 2283; www.paraglide.co.za) Wenn man mit dem Gleitschirm vom Lion's Head nahe dem Glen Country Club losfliegt und sich danach einen Cocktail in Camps Bay genehmigt, kann man sich wie James Bond fühlen. Der Anbieter ist einer von mehreren, der für Anfänger Tandemsprünge mit erfahrenen Fliegern anbietet. Umgehend recherchieren, sobald man in Kapstadt ankommt, denn die Wetterbedingungen müssen stimmen!

Hopper   PANORAMAFLUG
(Karte S. 56; ☏021-419 8951; www.thehopper. co.za; Shop 6, Quay 5; 600 R; P; ☐Waterfront) Bei diesem Anbieter von Hubschrauberflügen kann man Einzelbuchungen vornehmen. Die kürzesten Touren über die Sandy Bay oder zu den Twelve Apostles dauern 15 Minuten.

Huey Helicopter Co   PANORAMAFLUG
(☏021-419 4839; www.thehueyhelicopterco. co.za; East Pier Rd, Waterfront; Flüge ab 2200 R; P; ☐Waterfront) Um das Adrenalin noch mehr in Wallung zu bringen, fliegt der Pilot den einstigen Hubschrauber des US-Marineinfanteriekorps aus dem Vietnamkrieg mit offenen Türen, sodass man sich fühlt wie im Film *Apocalypse Now*. Los geht's an der Waterfront. Ein Standardflug dauert 20 Minuten und führt hinab Richtung Hout Bay und wieder zurück, die einzige längere Tour reicht bis hinab zum Cape Point.

Golf
Rund um das Kap gibt es zahlreiche erstklassige Golfplätze. Einige lassen auch Nichtmitglieder spielen (man sollte jedoch reservieren). Die **Western Province Golf Union** (www.wpgu.co.za) liefert Informationen zu Platzgebühren usw.

Metropolitan Golf Club
GOLF
(Karte S. 56; ☏021-430 6011; metropolitangolf club.co.za/index.php; Fritz Sonnenberg Rd, Mouille Point; Ⓟ; ⬚Stadium) Die windgeschützte Lage zwischen dem Cape Town Stadium und dem Green Point Park vor dem Signal Hill ist einmalig.

Mowbray Golf Club
GOLF
(☏021-685 3018; www.mowbraygolfclub.co.za; 1 Raapenberg Rd, Mowbray; Ⓟ) Wird aufgrund seiner ländlichen Lage und seiner großen Vogelvielfalt von manchen als bester Golfplatz der Stadt bezeichnet. Besonders schön ist der Blick auf den Devil's Peak.

Logical Golf Academy
GOLF
(Karte S. 62; ☏021-448 6358; www.logicalgolf. co.za; River Club, Liesbeek Parkway, ⬚Observatory) Hinter dem River Club liegen die Driving Range und die Golfschule, in der man seinen Schwung bis zur Perfektion üben kann. Eine neunzigminütige Unterrichtsstunde kostet 550 R.

Kajakfahren, Surfen & Sandboarden

Tägliche Wetter- und Wellenvorhersagen für Surfer gibt's unter www.wavescape. co.za. Für Wasserscheue bietet sich Sandboarding an – das funktioniert wie Snowboarden, nur eben auf Sanddünen.

Boardroom Adventure Centre
KAJAKFAHREN, SURFEN
(☏021-790 8132; 072-763 4486; www.theboard roomadventures.co.za; 37 Victoria Rd, Hout Bay; Kajak-/Surfstunden ab 350 R) Die Jungs in diesem Surfzubehör-Verleih bieten Kajaktouren zur Duiker Island und durch die Hout Bay sowie mehrere Surftrips an. Fahrräder verleihen sie auch (50/160 R pro Std./Tag).

Sea Kayak Simon's Town
KAJAKFAHREN
(☏082 501 8930; www.kayakcapetown.co.za; 62 St. Georges St, Simon's Town; ⬚Simon's Town) Mit diesem Anbieter in Simon's Town paddelt man zur Kolonie von Brillenpinguinen bei Boulders (250 R) oder macht eine der vielen weiteren angebotenen Touren, z. B. zum Cape Point (950 R), mit.

Sunscene Outdoor Adventures
SANDBOARDEN, SURFEN
(☏021-783 0203, 084 352 4925; http://sunscene. co.za; Cape Farm House, Ecke M65 & M66, Redhill) bietet bei Atlantis Sandboarding-Kurse (395 R) an; die erfahrenen Ausbilder und die Getränke (wichtig!) sind im Preis enthalten. Natürlich wird auch traditioneller Surfunterricht angeboten, dazu kommen viele weitere Adrenalin freisetzende Aktivitäten für Erwachsene und Kinder.

Gary's Surf School
SANDBOARDEN, SURFEN
(☏021-788 9839; www.garysurf.co.za; Surfer's Corner, Beach Rd, Muizenberg; ◷8.30–17 Uhr; ⬚Muizenberg) Interessenten müssen nichts bezahlen, wenn sie es nach dem zweistündigen Unterricht (500 R) beim genialen Surflehrer Gary Kleynhans nicht schaffen, auf dem Surfboard zu stehen. Garys Laden ist der Treffpunkt der Muizenberger Surfszene. Verliehen werden Boards und Neoprenanzüge (100/300 R pro Std./Tag). Auch im Angebot: Sandboarding in den Dünen von Kommetjie (300 R).

Radfahren & Mountainbiken

AWOL and Day-trippers, Anbieter von Stadtrundfahrten, haben auch Radausflüge im Angebot. Fahrradvermietungen s. S. 99.

Downhill Adventures
RADFAHREN & MOUNTAINBIKEN
(Karte S. 52; ☏021-422 0388; www.downhillad ventures.com; Ecke Orange St & Kloof St, Gardens; Aktivitäten ab 595 R; ⬚Buitensingel) Dieser auf Adrenalin freisetzende Aktivitäten spezialisierte Veranstalter bietet zahlreiche Radtouren sowie Sandboarding in Atlantis an. Eine Surfschule gehört auch dazu; u. a. kann man eine aufregende Mountainbikeabfahrt von der Talstation der Seilbahn am Tafelberg abwärts machen, mit dem Mountainbike durch den Tokai Forest fahren oder eine Radtour durch die Weinberge von Constantia und weiter zum Kap der Guten Hoffnung unternehmen.

Reiten

Sleepy Hollow Horse Riding
REITEN
(☏021-789 2341, 083 261 0104; www.sleepyhollow horseriding.co.za; Sleepy Hollow Ln, Noordhoek) Verlässlicher Anbieter, der u. a. Ausritte über den weiten Noordhoek-Sandstrand und durch das bergige Hinterland anbietet.

Schwimmen

In den Felsenbecken bei Sea Point kann man sicher im Meer schwimmen, das Wasser ist jedoch eiskalt. An der Küste von False Bay ist das Wasser normalerweise etwas wärmer als auf der anderen Seite der Halbinsel. Hier bieten sich die Strände und Felsenbecken in Muizenberg, St. James, Kalk Bay oder Buffels Bay am Cape Point an.

Sea Point Pavilion
SCHWIMMEN
(Karte S. 60; Beach Rd, Sea Point; Erw./Kind 16/7,50 R; ◷Okt.–April 7–19, Mai–Sept. 9–17 Uhr)

Der riesige Freibadkomplex mit schönen Art-déco-Elementen ist eine Institution in Sea Point. An Sommertagen wird es sehr voll, was nicht überrascht, da das Meerwasser in den Becken immer mindestens 10 Grad wärmer ist als im beständig kalten Ozean.

Long Street Baths SCHWIMMEN
(Karte S. 48;Ecke Long St & Buitensingle St; Erw./Kind 13/7,50 R; ⊙7–19 Uhr; 🚇Buitensingel) Diese Bäder von 1906 wurden schön restauriert und präsentieren sich mit Wandbildern des Lebens im Stadtzentrum. Sie sind beheizt und sehr beliebt bei den Einheimischen. Das separate türkische Dampfbad (42 R) ist vor allem in den kühleren Monaten ideal, um etwas ins Schwitzen zu geraten. Das türkische Bad hat Frauen- (Mo, Do & Sa 9–18 und Di 9–13 Uhr) und Männertage (Di 13–19, Mi & Fr 8–19, So 8–12 Uhr).

Tauchen

In the Blue (Karte S. 60; 🖉021-434 3358; www.diveschoolcapetown.co.za; 88B Main Rd, Sea Point; PADI-Open-Water-Kurse ab 3450 R, Tauchgänge an der Küste/vom Boot aus 200/300 R,

Leihausrüstung 380 R/Tag) und Table Bay Diving (Karte S. 56; 🖉021-419 8822; www.tablebaydiving.com; Shop 7, Quay 5, Waterfront; P; 🚇Breakwater) bieten hervorragende Tauchgänge vom Ufer und vom Boot aus an.

Wandern & Klettern

Das bergige Rückgrat der Kaphalbinsel ist ein Paradies für Wanderer und Kletterer. Wegen des wechselhaften Wetters ist das Wandern hier nicht ganz gefahrlos. Zahlreiche Bücher und Karten machen Tourvorschläge, darunter auch Mike Lundys Buch *Best Walks in the Cape Peninsula* (www.hikecapetown.co.za). Am meisten hat man jedoch von den Bergen, wenn man einen ortskundigen Wanderführer anheuert.

City Rock KLETTERN
(Karte S. 62; 🖉021-447 1326; www.cityrock.co.za; Ecke Collingwood Rd & Anson Rd, Observatory; ⊙Mo–Do 9–21, Fr 9–18, Sa & So 10–18 Uhr; 🚇Observatory) Eine beliebte Kletterhalle für Indoor-Climbing mit Kletterkursen (ab 190 R). Hier kann Ausrüstung gekauft oder geliehen werden. Die Tageskarte für die Kletterwand kostet 85 R.

WANDERN IM TABLE MOUNTAIN NATIONAL PARK

Der Table Mountain National Park (www.sanparks.org/parks/table_mountain) nimmt rund drei Viertel der Kaphalbinsel ein und erstreckt sich vom flachen Tafelberg bis nach Cape Point. Er ist durchzogen von unzähligen Wanderwegen – von einfachen Spaziergängen bis hin zu extremen Klettertouren. Für manche Teile des Parks wird ein Eintrittsgeld fällig, nämlich für die Abschnitte Boulders, Cape of Good Hope, Ouderkraal, Silvermine und Tokai. Auf allen anderen Wegen kann man kostenlos wandern. Die Beschilderung ist alles andere als lückenlos und sogar mit einer Karte verläuft man sich leicht; am besten befolgt man die Sicherheitshinweise in diesem Buch (S. 66) und denkt über einen Führer nach.

Platteklip Gorge, die direkteste Route, führt rund zwei Stunden steil und ohne Schatten den Berg hinauf. Der Pipe Track ist weniger steil, man braucht aber etwa doppelt so lang. Der Aufstieg auf den Lion's Head und der Spaziergang von der Bergstation der Seilbahn zum Maclear's Beacon, dem höchsten Punkt des Berges, sind mühelos in einer Stunde machbar.

Von den Kirstenbosch Botanical Gardens führen zwei beliebte Routen den Berg hinauf: die durch die Skeleton Gorge (hier müssen einige Passagen gesichert zurückgelegt werden) oder die durch die Nursery Ravine. Beide Routen schaffen mittelmäßig Durchtrainierte in drei Stunden. Die Wege sind gut gekennzeichnet und teilweise steil, doch der Weg von der Seilbahn zum botanischen Garten und anders herum ist nicht beschildert.

Zweitägige Wanderungen mit einer Übernachtung sind z. B. der 33,8 km lange Cape of Good Hope Trail und der fünftägige, 80 km lange Hoerikwaggo Trail mit vier Übernachtungen, der über die komplette Länge der Halbinsel vom Cape Point zur Bergstation der Seilbahn führt. Ersterer muss gebucht werden und beinhaltet eine Übernachtung, letzteren kann man auf eigene Faust angehen. Reservierungen in den schön gestalteten Zeltcamps auf dem Weg kann man montags bis freitags zwischen 7.30 und 16 Uhr telefonisch (🖉021-422 2816) oder online unter www.sanparks.org/parks/table_mountain/tourism/accommodation.php#tented machen.

SICHER WANDERN

» Mit langen Hosen wandern. Ein Großteil des *fynbos* („feines" Gebüsch wie Zuckerbüsche, Heide und Erika) ist hart und kratzig. Wirklich unangenehm ist der sogenannte „Blasenbusch" *Notobubon galbanum*, dessen Blätter aussehen wie Petersilie. Wer die Pflanze berührt, sollte die Stelle sofort abdecken. Wird sie dem Sonnenlicht ausgesetzt, werden die Gifte der Pflanze aktiviert und es bilden sich Blasen auf der Haut, die eventuell über Jahre nicht abheilen.

» Jemanden in Vorfeld informieren, auf welcher Route man unterwegs ist, und eine Karte mitnehmen (oder noch besser einen Führer).

» Auf den stark genutzten Wegen bleiben und sich nicht zu Abkürzungen verleiten lassen.

» Ausreichend Wasser und Proviant einpacken.

» Regenkleidung ist unerlässlich, denn das Wetter kann blitzschnell umschlagen

» Feste Wanderstiefel oder -schuhe und ein Sonnenhut sind ebenfalls notwendig.

» Nach Möglichkeit ein Handy mit vollem Akku mitnehmen.

» Nicht alleine klettern – die Parkleitung empfiehlt Aufstiege in Vierergruppen.

» Keinen Müll auf dem Berg zurücklassen.

» Ein Feuer zu machen ist strengstens verboten.

Mountain Club of South Africa KLETTERN
(Karte S. 52; ☎021-465 3412; http://mcsacape town.co.za; 97 Hatfield St; 🚇Government Avenue) Passionierte Wanderer können sich beim Club melden, um die Namen von erfahrenen Wanderführern zu erhalten. Der Club hat eine eigene Kletterwand (5 R; Öffnungszeiten telefonisch erfragen).

Venture Forth WANDERN
(☎021-554 3225, 086 110 6548; www.venture forth.co.za) Hier stellen begeisterte, clevere Wanderführer hervorragende Wanderungen oder Klettertouren (oft abseits der Hauptrouten) ganz nach den Wünschen der Kunden zusammen (500 R/Pers.).

Walk in Africa WANDERN
(☎021-785 2264; http://walkinafrica.co.za) Steve Bolnick, ein erfahrener und passionierter Safari- und Bergführer, ist der Chef von Walk in Africa. Seine Parade-Wandertour ist der fünftägige Mountain in the Sea Trail (14 000 R/Pers.) mit vier Übernachtungen. Er führt, zum Teil auf dem Hoerikwaggo Trail, von der Platteklip Gorge zum Cape Point.

Wind- & Kitesurfen

Windswept WINDSURFEN, KITESURFEN
(☎082 961 3070; www.windswept.co.za) Philip Bakers Windsurf- und Kitesurfcamps finden an seinem Hauptquartier in Bloubergstrand statt, 25 km nördlich der Stadt. Zweistündiger Gruppenunterricht kostet 495 R (990 R für Einzelunterricht). Wer die Technik beherrscht, kann sich einen Kite und ein Board für 395 R leihen. Es gibt auch Pauschalangebote mit Unterkunft.

👉 Geführte Touren

Cape Town Tourism ist die beste Adresse, um sich über die vielen geführten Touren in und um Kapstadt zu informieren. Folgende Anbieter sind unsere Favoriten:

City Sightseeing Cape Town BUSTOUR
(☎021-511 6000; www.citysightseeing.co.za; Erw./Kind 1-tägig 140/70 R, 2-tägig 250/150 R) Diese Busse, bei denen man beliebig oft ein- und aussteigen kann, sind auf zwei Routen unterwegs. Sie sind toll, um sich einen ersten Überblick über die Stadt zu verschaffen. Audiokommentare gibt's in 16 verschiedenen Sprachen. Die oben offenen Doppeldeckerbusse haben erhöhte Plattformen zum Fotografieren. Zwischen 9 und 16.30 Uhr fahren die Busse etwa alle 30 Minuten, in der Hauptsaison werden zusätzliche eingesetzt. City Sightseeing bietet außerdem eine **Kanalrundfahrt** (20 R) mit fünf Stops zwischen der Waterfront und dem Cape Town International Convention Centre an.

Coffeebeans Routes KULTUREXKURSION
(☎021-424 3572; www.coffeebeansroutes.com; Führungen 650 R) Das Konzept, Besucher an interessante lokale Persönlichkeiten wie Musiker, Künstler und Gärtner heranzuführen, ist fantastisch. Einer der innovativen Programmpunkte ist der freitagabend-

liche Reggae-Safaritrip in die Rastafari-Siedlung Marcus Garvey in Philippi, wo man den Abend verbringt.

Awol Tours
RADTOUR

(☏021 4183803, 083 234 6428; www.awoltours.co.za; Information Centre, Dock Rd, V&A Waterfront) Im Rahmen dieser hervorragenden Fahrradtour durch die Stadt kann man die Radwege von Kapstadt erkunden (300 R, 3 Std., tgl.). Los geht's am Hauptsitz von Awol an der Waterfront. Weitere Radtouren führen in die Weinanbaugebiete, zum Cape Point und in die Township Masiphumelele – eine tolle Alternative zu traditionellen geführten Township-Touren. Auch geführte Wanderungen auf dem Tafelberg (950 R) werden angeboten.

Sex and Slaves in the City
STADTSPAZIERGANG

(☏021-785 2264; www.capetownwalks.com; Führung 150 R) Bei dieser sehr witzigen, von Schauspielern geleiteten zweistündigen Führung durchs Stadtzentrum hört man viel über den Einfluss der Sklaven auf die Geschichte Kapstadts. Dieser Anbieter organisiert auch literarische Stadtspaziergänge durch die Long St mit einem einheimischen Autor sowie Wanderungen auf dem Tafelberg.

Uthando
TOWNSHIP-TOUR

(☏021-683 8523; www.uthandosa.org; 650 R) Die zusätzlichen Kosten dieser Township-Touren entstehen dadurch, dass die Hälfte der Gewinne einer Reihe fantastischer sozialer Aufbauprojekte zugutekommt, die man im Rahmen der Führungen besucht und die auf direkte Unterstützung ausgelegt sind. Normalerweise besucht man vier solcher Projekte in den verschiedensten Bereichen von Bio-Landwirtschaft bis hin zu Zentren für alte Menschen.

Good Hope Adventures
STADTSPAZIERGANG

(☏021-510 7517; http://goodhopeadventures.com; 3- bis 5-stündige Führungen 250–500 R) Diese einzigartigen, faszinierenden Stadtführungen gehen in den Untergrund von Kapstadt: Man erforscht historische Tunnel und Kanäle, die unterhalb der Stadt verlaufen. Nichts für Menschen mit Platzangst; es empfehlen sich alte Kleidung und Schuhe sowie eine Taschenlampe.

Andulela
KULTUREXKURSION

(☏021-790 2592; www.andulela.com) Bietet thematische Führungen in den Bereichen Kultur, Kulinarisches sowie Flora und Fauna.

Hout Bay Harbour Tours
BOOTSFAHRT

(Harbour Rd, Hout Bay) Der Hafen von Hout Bay wird zwar mittlerweile auch viel für den Tourismus genutzt, ist aber dennoch nach wie vor in Betrieb. Der südliche Arm der Bucht ist ein wichtiger Fischereihafen und Fischverarbeitungszentrum. Am besten geht man an Bord eines Ausflugsschiffs zur **Duiker Island** (wegen ihrer großen Population an Kapseebären auch Seal Island genannt, jedoch nicht zu verwechseln mit der offiziellen Seal Island in der False Bay). **Circe Launches** (☏021-790 1040; www.circelaunches.co.za; Erw./Kind 45/18 R), **Drumbeat Charters** (☏021-791 4441; www.drumbeatcharters.co.za; Erw./Kind 65/25 R) und **Nauticat Charters** (☏021-790 7278; www.nauticatcharters.co.za; Erw./Kind 60/30 R) bieten nahezu identische Schiffsausflüge. Sie dauern zwischen 40 und 60 Minuten. In der Regel laufen morgens Schiffe aus.

Simon's Town Boat Company
SCHIFFSTOUREN

(☏021-786 2136; www.boatcompany.co.za; The Town Pier, Simon's Town; Hafenrundfahrt Erw./Kind 40/20 R; ⒮Simon's Town) Dieser Veranstalter bietet die beliebte Rundfahrt auf der *Spirit of Just Nuisance* durch den Hafen von Simon's Town an, außerdem längere Schiffstouren zum Cape Point (Erw./Kind 350/200 R) und zur Seal Island (Erw./Kind 250/150 R). Während der Walbeobachtungszeit werden Bootsfahrten zu den beeindruckenden Meeressäugern angeboten.

Feste & Events

Einen Gesamtüberblick über Feste und Events gibt's bei **Cape Town Tourism** (www.capetown.travel/visitors).

Januar
Cape Town Minstrel Carnival
KULTUR

(www.capetown-minstrels.co.za) Am *Tweede Nuwe Jaar* (2. Jan.) ziehen traditionell in Satin und Pailletten gekleidete Marschgruppen beim Kaapse Klopse (auch Cape Minstrel Festival genannt) von der Keizergracht St über die Adderley St und Wale St Richtung Bo-Kaap. Den ganzen Januar bis in den frühen Februar hinein finden samstags Wettkämpfe zwischen den Gruppen im Athlone Stadium statt.

J&B Met
SPORT

(www.jbmet.co.za) Beim höchstdotierten Pferderennen Südafrikas auf dem Kenilworth Race Course liegt der Jackpot bei 1,5 Mio. R. Nur die Hüte sind noch größer

UNTERWEGS IN DEN CAPE FLATS

Die verwahrlosten farbigen Gemeinden und inoffiziellen Siedlungen (d. h. Hütten) der größtenteils schwarzen Townships wirken nicht gerade wie eine touristische Sehenswürdigkeit. Dennoch kann ein Besuch der Cape Flats im Nachhinein zu einer der schönsten Erinnerungen an Kapstadt werden, vor allem wenn man eine Nacht in einem der dort gelegenen B & Bs verbringt.

Das nahe der Innenstadt gelegene Langa wurde 1927 gegründet und ist die älteste geplante Township Südafrikas mit reichen und armen Gegenden. Genauso sind die beiden anderen großen Townships aufgebaut, Guguletu und Khayelitsha (die größte mit einer Bevölkerung von gut 1,5 Mio. Menschen). Hier herrscht kein eintöniges Elend. Die Infrastruktur der Townships hat sich seit 1994 verbessert (schlimmer hätte sie auch kaum noch werden können). Offensichtlichste Beispiele hierfür sind die Reihen von Betonhäusern, die im Rahmen des Reconstruction and Development Programme (RDP) errichtet wurden.

In Langa sollte man sich auf keinen Fall das wunderschön eingerichtete **Guga S'Thebe Arts & Cultural Centre** (Ecke Washington St & Church St, Langa; ⊙Mo–Fr 8–16.30, Sa & So 8.30–14 Uhr) entgehen lassen. In Guguletu erinnert das **Guguletu Seven Memorial** an der Ecke NY1 und NY111 an sieben junge schwarze Aktivisten, die 1986 an dieser Stelle von Polizisten getötet wurden. In der Nähe steht das **Amy Biehl Memorial** zu Ehren der US-amerikanischen Anti-Apartheidaktivisten, die 1993 unter tragischen Umständen in Guguletu ums Leben kamen. Hier steht auch eine mit Mosaiken verzierte Bank. Sie ist eine von vielen rund um Kapstadt, die von der Künstlerin Rock Girl (www.rockgirlsa.org) im Rahmen eines Projekts zur Schaffung sicherer Räume für Mädchen und Frauen geschaffen wurde.

Wer mit öffentlichen Verkehrsmitteln in die Townships fährt, sollte sich bei der Ankunft von einem Einheimischen dort abholen lassen. Für die meisten Besucher sind Township-Touren bequemer. Hinsichtlich des Ablaufs ähneln sich die Touren weitgehend. Oft beinhalten sie einen Besuch im District Six Museum, bevor es durch einige der größten Townships geht. Die Reiseleiter sind meist flexibel, was die Route angeht, und gehen gern auf die Wünsche der Gruppe ein.

als die Wetteinsätze. Das Rennen findet normalerweise am letzten Samstag im Januar statt.

Februar & März

Design Indaba　　　　　　　　　DESIGN
(www.designindaba.com) Bei dieser kreativen Designmesse stoßen Mode, Architektur, bildende Kunst, Handwerk und Medien aufeinander. Sie findet zwischen Ende Februar und Anfang März statt, in der Regel im Cape Town International Convention Centre.

Infecting the City　　　　　　　　KUNST
(www.infecting-the-city.com) Kapstadts wunderbare Plätze, Brunnen, Museen und Theater verwandeln sich Ende Februar in Schauplätze dieses innovativen Festivals der darstellenden Künste mit Künstlern vom ganzen Kontinent.

Cape Argus Cycle Tour　　　　　　SPORT
(www.cycletour.co.za) Das weltgrößte Fahrradrennen, bei dem die Zeit gemessen wird, findet an einem Samstag Mitte März statt

und lockt mehr als 30 000 Wettkämpfer an. Die Route führt um den Tafelberg herum, dann an der Atlantikküste hinab und entlang des Chapman's Peak Dr.

Cape Town International Jazz Festival　　　　　　　　　　MUSIK
(www.capetownjazzfest.com) Kapstadts größte Jazzveranstaltung zieht Ende März die Stars der Szene aus Südafrika und dem Ausland an. Veranstaltungsort ist normalerweise das Cape Town International Convention Centre. Auf dem Greenmarket Sq. wird ein kostenloses Konzert gegeben.

April

Just Nuisance Great Dane Parade　　　　　　　　　　KULTUR
(www.simonstown.com/tourism/nuisance/nuisance.htm) Am 1. April zieht eine Hundeparade in Gedenken an den Gefreiten Just Nuisance über den Jubilee Sq in Simon's Town. Die Dänische Dogge diente im Zweiten Weltkrieg als Maskottchen der Königlichen Marine.

Old Mutual Two Oceans Marathon SPORT
(www.twooceansmarathon.org.za) Mitte April führt ein 56 km langer Marathon auf der gleichen Route wie die Cape Argus Pick'n'Pay Cycle Tour rund um den Tafelberg. Meist nehmen rund 9000 Wettkämpfer teil.

Juli
Cape Town Fashion Week MODE
(www.afisa.co.za) Modefans versammeln sich an den Catwalks, um die neuesten Kreationen lokaler Designer zu bewundern und die aktuellsten Trends nicht zu verpassen.

September & Oktober
Nando's Comedy Festival COMEDY
(www.comedyfestival.co.za/main_arena.php) Auf diesem Festival bekommt das Publikum einige der größten Comedians Südafrikas zu sehen. Es findet an zahlreichen Orten statt, u. a. im Baxter Theatre.

Outsurance Gun Run SPORT
(www.outsurance.co.za/gunrun) Der beliebte Halbmarathon (21 km) ist die einzige Gelegenheit, zu der die Noon Gun auf dem Signal Hill sonntags abgefeuert wird – die Teilnehmer versuchen, die Strecke zurückzulegen, bevor der Kanonenschuss erfolgt.

November & Dezember
Kirsenbosch Summer Sunset Concerts MUSIK
(www.oldmutual.co.za/music) Zu dieser Zeit beginnt die Reihe von nachmittäglichen Freiluftkonzerten in den Kirstenbosch Botanical Gardens, die bis April andauert. Mit Decken und Picknickkörben ausgerüstet genießen die Zuschauer einen bunten Reigen an Opernarien lokaler Diven bis hin zu funkigen Jazz-Combos. Zu Silvester gibt's ein besonderes Konzert.

Obs Arts Festival KUNST
(http://obsarts.org.za) Südafrikas größtes Straßenfest tobt sich am ersten Dezemberwochenende im Vorort Observatory aus.

Adderely Street Christmas Lights MUSIK
Zehntausende versammeln sich beim Konzert vor dem Bahnhof von Kapstadt, dem ein Umzug durch die festlich beleuchtete Adderley St folgt. Dieselbe Straße wird ca. vom 17. bis 30. Dezember für den Autoverkehr gesperrt und jeden Abend findet ein Nachtmarkt statt, bei dem es ebenfalls Livemusik gibt.

🛏 Schlafen

Lebendige Hostels, Pensionen mit viel Charakter oder unbegrenzter Luxus: Kapstadt bietet einfach alles. Strandliebhaber sollten sich nach einer Bleibe an der Atlantik- oder False-Bay-Küste umsehen. Wer ein eigenes Fahrzeug hat, kann überall hin, aber es ist wichtig, sich beim Buchen nach Parkmöglichkeiten zu erkundigen. Eventuell sind diese auch kostenpflichtig (bei Hotels in der Innenstadt fallen Parkgebühren von 30–70 R pro Tag an).

Reservierungen sind empfehlenswert, besonders von Mitte Dezember bis Ende Januar sowie an Ostern – teilweise werden um diese Zeit doppelt so hohe Preise verlangt, viele Unterkünfte sind komplett ausgebucht. Im Folgenden sind die Preise für die Hauptsaison angegeben, in die auch die Spitzenreisezeit zwischen Weihnachten und Neujahr fällt. Hostels bieten typischerweise

---

HAFENRUNDFAHRTEN

Auf einer Bootsfahrt in der Table Bay kann man den Tafelberg so betrachten, wie es in alten Zeiten die Seeleute taten. An der Waterfront gibt's viele Anbieter, u. a. folgende:

Waterfront Boat Company (Karte S. 56; ☎021-418 5806; www.waterfrontboats.co.za; Shop 5, Quay 5) Zu den angebotenen Ausflügen gehört die sehr empfehlenswerte 1½-stündige Fahrt bei Sonnenuntergang (220 R) auf den schönen Schonern *Spirit of Victoria* und *Esperance* aus Holz und Messing. Eine Fahrt mit dem Schnellboot kostet 500 R pro Stunde.

Yacoob Tourism (Karte S. 56; ☎021-421 0909; www.ytourism.co.za; Shop 8, Quay 5) Dieser Veranstalter bietet mehrere Bootsausflüge an, u. a. *Jolly Roger Pirate Boat* (Erw./ Kind ab 100/50 R) und *Tommy the Tugboat* (Erw./Kind 50/25 R), die sich beide hervorragend für Familien eignen. Spannender für Erwachsene sind eventuell die Schnellboottouren *Adrenalin* oder eine Fahrt auf den Katamaranen *Ameera* oder *Tigress*.

Cape Charters (☎021-418 0782; www.capecharters.co.za) Angelausflüge sowie Luxustouren und kleine Hafenrundfahrten.

kein Frühstück; bei allen anderen Häusern ist das Frühstück, wenn nicht anders angegeben, im Preis inbegriffen. Günstige Unterkünfte verlangen unter 650 R für ein Doppelzimmer, Mittelklassehotels 650–2500 R und Spitzenklassehotels über 2500 R.

Vermietung von Apartments & Häusern

Bei längeren Aufenthalten oder für Selbstversorger lohnt es sich, ein *serviced apartment* oder eine *serviced villa* anzumieten. **Cape Breaks** (☏ 0833834888; http://capebreaks.co.za) vermietet eine Reihe hübsch eingerichteter Studios und Apartments in den **St. Martini Gardens** (Karte S. 48) neben den Company's Gardens. **Cape Stay** (www.capestay.co.za) bietet Unterkünfte auf dem ganzen Kap, **Cape Town Budget Accommodation** (☏ 021-447 4398; www.capetownbudgetaccommodation.co.za) vermietet Einheiten in Woodstock ab 270 R pro Nacht, **In Awe Stays** (☏ 083 658 6975; www.inawestays.co.za) ein paar stylishe Studios und Hütten in Gardens und Fresnaye ab 750 R pro Nacht für ein Doppelzimmer. **Village & Life** (Karte S. 48; ☏ 021-430 4444; www.villagelife.com; 1 Loader St, De Waterkant) vermietet vor allem Unterkünfte in De Waterkant und Camp's Bay.

CITY BOWL & BO-KAAP

LP TIPP

Dutch Manor　　BOUTIQUEHOTEL **$$** (Karte S. 48; ☏ 021-422 4767; www.dutchmanor.co.za; 158 Buitengracht St; EZ/DZ 1200/1700 R; ✳ ☎; ☒ Bloem) Himmelbetten, riesige Schränke und knarrende Dielenböden sorgen in diesem Anwesen mit sechs Zimmern in einem Gebäude von 1812 für eine tolle Atmosphäre. Zwar liegt es mit

Blick auf die befahrene Buitengracht, doch dank moderner Renovierungsarbeiten ist es recht leise.

Cape Heritage Hotel　　BOUTIQUEHOTEL **$$** (Karte S. 48; ☏ 021-424 4646; www.capeheritage.co.za; 90 Bree St; DZ/Suite ab 2260/3020 R, Parken 55 R; ✦ ✳ @; ☒ Longmarket) Jedes Zimmer in diesem eleganten Boutiquehotel, das im Zuge der Neugestaltung von Gebäuden aus dem 18. Jh. am Heritage Square entstand, hat seinen eigenen Charakter. Manche haben Himmelbetten, alle warten mit modernen Annehmlichkeiten wie Satelliten-TV und Kleiderpressen auf.

Taj Cape Town　　LUXUSHOTEL **$$$** (Karte S. 48; ☏ 021-819 2000; www.tajhotels.com; Wale St; EZ/DZ/Suite ab 5500/5700/11000 R; ✦ ✳ @ ☎ ✵; ☒ Dorp) Indiens Luxushotel-Gruppe hat dem alten Board-of-Executors-Gebäude ein prächtiges neues Leben eingehaucht. In einem neuen Hochhaus sind schicke, modern eingerichtete Zimmer untergebracht. Viele bieten einen spektakulären Blick auf den Tafelberg. Der Service und die Einrichtungen, darunter das hervorragende Restaurant Bombay Brasserie, sind Spitzenklasse.

Grand Daddy Hotel　　DESIGNHOTEL **$$** (Karte S. 48; ☏ 021-424 7247; www.granddaddy.co.za; 38 Long St; Zi. oder Trailer 1750 R, Parken 30 R/Tag; ✦ ✳ @ ☎; ☒ Castle) Die Hauptattraktion des Grand Daddy sind die Penthouse-Suiten in Form einer Wohnwagensiedlung auf dem Dach aus sieben Retro-Wohnwagen von Airstream, die von verschiedenen Designern und Künstlern thematisch verrückt eingerichtet wurden.

AUF ZU DEN MERRY MINSTRELS

Das südafrikanische Pendant zu den Karnevalsumzügen von Rio heißt Kaapse Klopse oder Cape Town Minstrel Carnival und ist eine laute, ausgelassene und chaotische Veranstaltung. Am Umzug beteiligen sich Gruppen mit bis zu 1000 Teilnehmern und mehr – die regenbogenbunten Kostüme aus Satin, Pailletten und Glitzer schimmern in allen erdenklichen Varianten.

Die Wurzeln des Karnevals reichen zurück ins frühe 19. Jh., als die Sklaven zu Neujahr einen Tag freibekamen. Die eigentliche Inspirationsquelle des heutigen Karnevals waren dann Ende des 19. Jhs. reisende amerikanische Balladensänger – daher auch die geschminkten Gesichter, die farbenfrohen Kostüme und die derben Gesangs- und Tanzeinlagen. Die meisten Teilnehmer stammen aus der farbigen Bevölkerung.

Zwar ist der Karneval eine feste Institution in Kapstadt, er hat jedoch eine strittige Vergangenheit mit Finanzierungsproblemen und Auseinandersetzungen zwischen rivalisierenden Karnevalsvereinen. Außerdem war er immer eine Art Zurschaustellung der Kraft der schwarzen Gemeinde: in Zeiten der Apartheid riskierten weiße Zuschauer, dass ihre Gesichter mit Schuhcreme schwarz angemalt wurden.

Die regulären Zimmer sind genauso stylish und mit spielerischen Bezügen auf die südafrikanische Kultur versehen.

Daddy Long Legs Hotel BOUTIQUEHOTEL $$

(Karte S. 48; ☏021-422 3074; www.daddylong legs.co.za; 134 Long St; Zi./Apt. ab 735/830 R; ❄@🖢; 🖳Dorp) Ein Aufenthalt in diesem Boutiquehotel mit Kunstinstallationen ist alles andere als langweilig. 13 Künstler durften sich selbst verwirklichen und die Boudoirs ihrer Träume erschaffen. Die Resultate reichen von einer unkonventionellen Mansarde bis hin zu einer Krankenstation. Im Angebot sind auch superstylishe **Apartments** (263 Long St), die ideal sind, wenn man den Luxus einer Hotelsuite genießen und sich zugleich selbst versorgen möchte.

Rouge on Rose BOUTIQUEHOTEL $$

(Karte S. 48; ☏021-426 0298; www.rougeonro se.co.za; 25 Rose St; EZ/DZ 900/1200 R; ❄🖢; 🖳Longmarket) Rustikal-schicke Zimmer, darunter auch Suiten (ohne Aufpreis) mit Küchenzeilen, Lounges und viel Arbeitsplatz. Die lustigen Wandmalereien stammen von einem einheimischen Künstler. Alle Zimmer haben luxuriöse offene Badezimmer mit freistehenden Badewannen.

La Rose B&B B&B $$

(Karte S. 48; ☏021-422 5883; www.larosecape town.com; 32 Rose St; EZ/DZ ab 500/650 R; 🅿❄🖢; 🖳Longmarket) Adheena und Yoann, ein sehr herzliches südafrikanisch-französisches Pärchen, leiten dieses charmante B & B. Es ist schön eingerichtet und hat einen Dachgarten mit einem tollen Blick auf die Gegend.

Scalabrini Guest House HOSTEL $

(Karte S. 48; ☏021-465 6433; www.scalabrini. org.za; 47 Commercial St; B/EZ/DZ oder 2BZ 180/300/480 R; 🖢) Oberhalb einer Suppenküche und einer Wohltätigkeitsorganisation gelegen, bietet dieses schöne Gästehaus 11 makellos saubere Zimmer mit eigenem Bad, dazu eine tolle Küche für Selbstversorger, in der man Satelliten-TV hat.

Long Street Backpackers HOSTEL $

(Karte S. 48; ☏021-423 0615; www.longstreet backpackers.co.za; 209 Long St; B/EZ/DZ 120/220/330 R; 🖢; 🖳Bloem) Dieses Backpacker-Hostel hat sich seit seiner Eröffnung 1993 kaum verändert. Es ist das älteste der vielen Hostels in der Long St. 14 kleine Wohnungen, mit je vier Betten und einem Badezimmer, liegen rund um einen grünen Hof mit verrückten Mosaiken.

Penthouse on Long HOSTEL $

(Karte S. 48; ☏021-424 8356; www.penthouseon long.com; 6. Stock, 112 Long St; DZ 500 R, B/DZ ohne Bad ab 140/450 R; ❄@🖢; 🖳Dorp) Dieses Backpackerquartier hoch über der Long St war einst ein Bürogebäude, das auf spektakuläre Weise umgebaut wurde. Der preiswerteste Schlafsaal hat 22 Betten. Die Einzelzimmer sind farbenfroh thematisch (z. B. Hollywood, Orient oder marokkanische Nächte) eingerichtet. Unter dem Dach liegt eine geräumige Bar mit Lounge.

GARDENS & UMGEBUNG

🔲LP TIPP Mannabay BOUTIQUEHOTEL $$

(Karte S. 52; ☏021-461 1094; www.manna bay.com; 1 Denholm Rd, Oranjezicht; Zi./Suite ab 1425/4000 R; 🅿❄@🖢) Auf diesem prächtigen Luxusanwesen werden sieben Gästezimmer vermietet, die alle verschieden mit unterschiedlichen Themen eingerichtet sind. Es liegt so weit oben am Berg, dass es einen tollen Blick bietet, aber nicht so weit, dass es eine Strafe ist, nach Hause zu laufen.

Backpack HOSTEL $$

(Karte S. 52; ☏021-423 4530; www.backpa ckers.co.za; 74 New Church St, Tamboerskloof; EZ/DZ 550/750 R, B/EZ/DZ ohne Bad 160/500/500 R, Parken 20 R/Tag; 🅿@🖢; 🖳Buitensingel) Dieses „Boutique-Backpackerhostel" lockt mit Style zu einem bezahlbaren Preis, einer lebendigen Atmosphäre und fantastischem Personal. Die Schlafsäle sind vielleicht nicht die günstigsten in Kapstadt, dafür gehören sie zu den schönsten. Die Einzelzimmer sind charmant eingerichtet. Zum Hostel gehören ein schöner Pool mit Mosaikmuster und ein entspannter Garten mit Blick auf den Tafelberg. Im Zimmerpreis ist das Frühstück nicht enthalten.

Mount Nelson Hotel LUXUSHOTEL $$$

(Karte S. 52; ☏021-483 1000; www.mountnel son.co.za; 76 Orange St, Gardens; Zi./Suite ab 3595/5395 R; 🅿❄@🖢; 🖳Government Avenue) Das bonbonrosafarbene „Nellie" lässt mit Chintz-Dekor und Türstehern mit Tropenhelmen Kapstadts Kolonialzeit wiederaufleben. Die kürzlich renovierten Zimmer bestechen mit eleganter silberner und moosgrüner Einrichtung.

Hippo Boutique Hotel BOUTIQUEHOTEL $$

(Karte S. 52; ☏021-423 2500; www.hippotique. co.za; 5–9 Park Rd, Gardens; DZ/Suite 1290/2200 R; 🅿❄@🖢; 🖳Michaelis) Hervorragend gelegenes und ansprechendes Boutiqueanwesen mit geräumigen, stylishen

KAPSTADT MIT KINDERN

Mit seinen Stränden und tollen Sehenswürdigkeiten wie dem **Two Oceans Aquarium** ist Kapstadt hervorragend für einen Familienurlaub geeignet.

Tiere gibt es in der Stadt reichlich zu sehen, u.a. Seehunde an der **Waterfront**, die sich meist hinter dem Aquarium tummeln, Pinguine, die Publikumslieblinge bei **Boulders**, sowie Tausende Vögel und Affen in der **World of Birds**. Kamelritte bietet die **Imhoff Farm** (www.imhofffarm.co.za; Kommetjie Rd, Kommetjie; Eintritt frei; ⊙Di–So 10–17 Uhr; P) an, auf der es auch einen Schlangen- und Reptilienpark gibt.

Im **Planetarium** wird täglich eine Sternenshow für Kinder gezeigt, und auch die vielen Exponate im angrenzenden **South African Museum** fesseln neugierige Kinder.

Nördlich des Zentrums liegt der Freizeitpark **Ratanga Junction** (www.ratanga. co.za; Century Boulevard, Century City; Erw./Kind 152/75 R; ⊙Jan.–März Sa & So 10–17 Uhr, in den Schulferien tgl.; P). Eine lehrreichere, aber nicht minder spaßige Alternative ist das **Cape Town Science Centre** (Karte S. 62; ☎021-300 3200; www.ctsc.org.za; 370B Main Rd, Observatory; Eintritt 40 R; ⊙9–16.30 Uhr; P; 🚉Observatory).

Am Strand sollten Eltern auf die raue Brandung sowie die Unterkühlungsgefahr durch das eiskalte Wasser achten. An einem warmen, ruhigen Tag ist der **Muizenberg Beach** am attraktivsten, ebenso wie das Felsenbecken am benachbarten **St. James**. Der **Sea Point Pavilion** hat einen tollen Familienpool, der deutlich wärmer ist als das Wasser des umliegenden Ozeans.

Zwei einfallsreich gestaltete Spielplätze liegen im **Green Point Park**, dazu gibt es lehrreiche Gärten mit endemischen Pflanzen. Der nahe **Mouille Point** wartet mit einem großen Spielbereich, einem Minizug, einem Labyrinth und einem Golfplatz auf.

Weitere Anregungen, u.a für kinderfreundliche Cafés, Restaurants und Geschäfte, findet man auf der Webseite **Cape Town Kids** (www.capetownkids.co.za).

Zimmern, die alle eine kleine Küche für Selbstversorger haben. Die größeren Suiten mit Schlafzimmern im Zwischengeschoss sind thematisch (Red Bull, Mini Cooper) eingerichtet und den Aufpreis wert.

Ashanti Gardens HOSTEL **$**
(Karte S. 52; ☎021-423 8721; www.ashanti.co.za; 11 Hof St, Gardens; DZ 640 R, B/EZ/DZ ohne Bad 150/320/460 R; P@🛜🏊; 🚉Government Avenue) Eines der schicksten Backpacker-Hostels der Stadt. Treffpunkt sind die lebendige Bar und die Dachterrasse mit Blick auf den Tafelberg. Das schöne alte Haus, neu eingerichtet mit geschmackvoller zeitgenössischer Kunst aus der Region, bietet Schlafsäle und einen Rasen, auf dem man zelten kann (80 R/Pers.). Außerdem gibt es hervorragende Zimmer mit Bad für Selbstversorger in zwei separaten denkmalgeschützten Häusern um die Ecke. Im Zimmerpreis ist kein Frühstück enthalten.

Cape Cadogan BOUTIQUEHOTEL **$$$**
(Karte S. 52; ☎021-480 8080; www.capecadogan.com; 5 Upper Union St, Gardens; EZ/DZ/Apt. ab 1330/2660/2670 R; P@🛜🏊; 🚉Michaelis) Diese unter Denkmalschutz stehende Villa sieht aus wie aus dem Film *Vom Winde verweht*. Sie beherbergt ein sehr stilvolles

Boutiquehotel, dessen Zimmer teilweise zum lauschigen Innenhof hinausgehen. Wer lieber für sich bleibt, kann eines der ansprechenden Ein- oder Zweibett-Apartments für Selbstversorger im Hinterhaus in der nahe gelegenen Nicol St beziehen.

Cactusberry Lodge B&B **$$**
(Karte S. 52; ☎021-461 9787; www.cactusberry lodge.com; 30 Breda St, Oranjezicht; EZ/DZ ab 640/1050 R; P🛜🏊) Die rotweinfarbene Lodge in auffälligem zeitgenössischem Design mit künstlerischen Fotos, afrikanischem Kunsthandwerk und europäischem Stil hat nur sechs Zimmer. Von der Sonnenterrasse aus sieht man den Tafelberg und im winzigen Pool im Hof kann man sich erfrischen.

GREEN POINT & WATERFRONT

Cape Grace LUXUSHOTEL **$$$**
(Karte S. 56; ☎021-410 7100; www.capegra ce.com; West Quay; EZ/DZ oder 2BZ ab 5290/5450 R, Suite EZ/DZ ab 10 680/10 840 R; P❄@🏊; 🚉Breakwater) Eine künstlerische Mischung aus Antiquitäten und Kunsthandwerk – darunter handbemalte Tagesdecken und Gardinen – geben dem prächtigen Luxushotel ein einzigartiges Flair und lassen die Geschichte Kapstadts aufleben.

Es hat auch einen tollen Wellnessbereich und eine Privatyacht, mit der man in die Bucht hinausschippern kann.

Hügel mit Blick auf den Ozean und ist schön dekoriert mit alten Fotos von Kapstadt. Im Zimmerpreis ist kein Frühstück enthalten.

One & Only Cape Town
LUXUSHOTEL **$$$**

(Karte S. 56; ☎021-431 5888; www.oneandonly capetown.com; Dock Rd, V&A Waterfront; Zi./Suite ab 5990/11940 R; P❄@🌐🏊; 🛥Breakwater) Hier hat man die Wahl zwischen riesigen, vornehmen Zimmern im Hauptgebäude (mit Panoramablick auf den Tafelberg) und der noch exklusiven Insel neben dem Pool und dem Wellnessbereich. An der Bar werden originelle Cocktails gemixt. Sie eignet sich hervorragend für einen Aperitif, bevor man sich ein Abendessen in einem der von Starköchen geführten Restaurants Nobu oder Reuben's gönnt.

Villa Zest
BOUTIQUEHOTEL **$$**

(Karte S. 56; ☎021-4331246; www.villazest.co.za; 2 Braemar Rd, Green Point; EZ/DZ 1390/1690 R, Suite EZ/DZ 2290/2590 R; P❄@🏊) Diese Villa im Bauhausstil wurde in ein skurril eingerichtetes Boutiquehotel verwandelt, das auf originelle Art das Klischee dieses Hoteltyps umgeht. Die sieben Gästezimmer haben freche Möbel im Retro-Design, tapezierte Wände, flauschige Kissen und zottelige Teppiche.

Cape Standard
BOUTIQUEHOTEL **$$**

(Karte S. 56; ☎021-430 3060; www.capestandard.co.za; 3 Romney Rd, Green Point; EZ/DZ mit Frühstück 1050/1380 R; P@🌐🏊) Verstecktes Juwel mit weißen Zimmern im Strandhausstil im Untergeschoss und Zimmern im zeitgenössischen Stil im Obergeschoss. Die Duschen in den mit Mosaiken gekachelten Bädern bieten genug Raum zum Tanzen.

Atlantic Point Backpackers
HOSTEL **$$**

(Karte S. 56; ☎021-433 1663; www.atlantic point.co.za; 2 Cavalcade Rd, Green Point; DZ 660 R, B/DZ ohne Bad ab 140/495 R; P@🌐) Dieses kreativ eingerichtete, verspielte und gut geführte Hostel liegt ganz in der Nähe der Hauptstraße von Green Point. Es lockt mit großen Balkonen, einer Bar und einer Lounge mit Teppichrasen im Loft. Im Preis enthalten sind ein schlichtes Frühstück, WLAN und ein Parkplatz – ein hervorragendes Preis-Leistungsverhältnis.

Ashanti Green Point
HOSTEL **$**

(Karte S. 56; ☎021-433 1619; www.ashanti.co.za; 23 Antrim Rd, Three Anchor Bay; DZ 600 R, B/EZ/DZ ohne Bad 130/320/460 R; P@🌐🏊) Das Ashanti ist entspannter als die Hauptniederlassung in Gardens. Es liegt luftig auf einem

ATLANTIKKÜSTE & HOUT BAY

🅛🅟 POD
TIPP

BOUTIQUEHOTEL **$$$**

(Karte S. 60; ☎021-438 8550; www.pod.co.za; 3 Argyle Rd, Camps Bay; Zi./Suite ab 2700/7100 R; P❄@🌐🏊) Wer einfaches, modernes Design mag, wird das mit Schiefer und Holz eingerichtete POD lieben. Von der Bar und dem geräumigen Dachterrassenbereich mit Pool aus blickt man auf das Treiben in der Camps Bay. Die günstigsten Zimmer bieten meist einen Blick auf die Berge statt aufs Meer, die Luxuszimmer haben eigene Pools.

Camps Bay Retreat
BOUTIQUEHOTEL **$$$**

(Karte S. 60; ☎021-437 8300; www.campsbayretreat.com; 7 Chilworth Rd, The Glen; DZ/Suite ab 4380/6700 R; P❄@🌐🏊) In einem abgelegenen Naturschutzgebiet gelegen, bietet das Boutiquehotel 15 Zimmer im Haupthaus von 1929 oder im modernen Deck House, das man über eine Seilbrücke über eine Schlucht erreicht. Drei Pools stehen zur Auswahl – einer davon wird von einem Fluss, der vom Tafelberg kommt, gespeist.

O on Kloof
HOTEL **$$**

(Karte S. 60; ☎021-439 2081; www.oonkloof.co.za; 92 Kloof Rd, Sea Point; DZ/Suite ab 2130/3950 R; P❄@🌐🏊) Über eine Minibrücke überquert man den verzierten Pool und gelangt zu diesem großartigen, modern eingerichteten Gästehaus. Nicht alle der acht geräumigen Zimmer haben kompletten Meerblick, aber die guten Annehmlichkeiten wie ein großer überdachter Pool und ein Fitnessstudio machen dies wieder wett.

Glen Boutique Hotel
HOTEL **$$**

(Karte S. 60; ☎021-439 0086; www.glenhotel.co.za; 3 The Glen, Sea Point; DZ/Suite ab 1450/3250 R; P❄@🌐🏊) Eines der führenden schwulenfreundlichen Boutiquehotels erstreckt sich auf ein elegantes altes Haus und einen neueren Block dahinter. Die geräumigen Zimmer sind in natürlichem Stein und Holz gehalten. In der Mitte gibt's einen traumhaften Pool und einen Wellnessbereich, in dem einmal im Monat samstagnachmittags Poolpartys stattfinden.

Winchester Mansions Hotel
HOTEL **$$**

(Karte S. 60; ☎021-434 2351; www.winchester.co.za; 221 Beach Rd, Sea Point; EZ/DZ ab 1650/2125 R, Suite EZ/DZ ab 2050/2585 R;

(Fortsetzung auf S. 80)

1. Kirstenbosch Botanical Gardens (S. 58)
In dieser Anlage, in der 9000 der 22 000 südafrikanischen Pflanzenarten wachsen, blühen auch die außerirdisch wirkenden Königsproteen.

2. Strände in Clifton (S. 57)
Die bei Sonnenanbetern beliebten vier Clifton Beaches werden durch Häufen aus großen Granitsteinen voneinander getrennt.

3. Bo-Kaap (S. 46)
Nach der Abschaffung der Sklaverei in den 1830er-Jahren ließen sich ehemalige Sklaven in Bo-Kaap nieder, das für seine lebhaft farbigen historischen Häuser bekannt ist.

4. Kap der Guten Hoffnung (S. 59)
Das Kap der Guten Hoffnung mit seiner spektakulären Aussicht und seinen ruhigen Stränden ist ein Paradies für Wanderer und Vogelbeobachter.

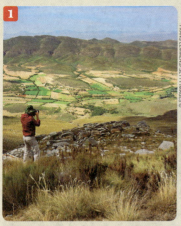

1. Swartberg Pass (S. 144)
Der bemerkenswerte Pass ist ein Wunder der Baukunst und eine knifflige Mountainbike-Route.

2. Muizenberg Beach (S. 61)
An diesem beliebten Familienstrand reiten Kitesurfer auf den Wellen.

3. Wälder von Knysna (S. 153)
In diesen uralten Wäldern kann man auf vielen wundervollen Wegen wandern.

4. Stellenbosch (S. 104)
Auf dem guten Boden gedeihen hervorragende Rotweine, z.B. Cabernet, Merlot und Syrah.

1. Hogsback (S. 218)
Schon Tolkien ließ sich von dieser magischen Landschaft mit ihren grünen Tälern inspirieren.

2. Camdeboo National Park (S. 181)
Im Valley of Desolation erheben sich atemberaubende Gesteinssäulen über der riesigen Weite der Karoo.

3. Xhosa-Frauen
Verheiratete Xhosa-Frauen verteilen oft weißen Ton auf ihren Gesichtern und tragen große, turbanartige Kopfbedeckungen.

4. Jeffrey's Bay (S. 191)
Südafrikas Surfhauptstadt lockt mit ihren legendären Supertubes Abenteuerlustige aus aller Welt an.

(Fortsetzung von S. 73)

P✱@🛜🏊) Das Winchester punktet mit seiner Lage am Meer (für die Zimmer mit Blick auf den Ozean zahlt man einen Aufpreis), altmodischem Stil und Korridoren, die gesäumt sind von Putting-Greens, damit Golfspieler vor Ort schon üben können. Der Pool hat eine anständige Größe und der Hof mit einem Brunnen in der Mitte ist hübsch und eine romantische Kulisse für eine Abendmahlzeit.

Hout Bay Manor HOTEL $$$

(☎021-790 0116; www.houtbaymanor.co.za; Baviaanskloof Rd, Hout Bay; EZ/DZ ab 2100/3200 R; P✱@🛜🏊) Man ist schnell überwältigt beim Anblick des Afro-Chics, mit dem das 1871 erbaute Hout Bay Manor ausgestattet wurde. Die Einrichtung in den Zimmern besteht aus einer Kombination aus Stammesartefakten, bunten Möbeln und Kunsthandwerk, dazu findet man alle elektronischen Annehmlichkeiten, die man braucht.

Chapman's Peak Hotel HOTEL $$$

(☎021-790 1036; www.chapmanspeakhotel. co.za; Chapman's Peak Dr, Hout Bay; EZ/DZ ab 2070/2810 R; P✱@🛜🏊) Hier hat man die Wahl zwischen schicken, modern eingerichteten Zimmern mit Balkon und Traumblick auf die Hout Bay oder die deutlich günstigeren und kleineren Zimmer (660 R für einen Blick auf die Berge, 960 R für einen teilweisen Blick aufs Meer) im Originalgebäude, in dem auch eine lebendige Bar und ein Restaurant untergebracht sind.

OBSERVATORY & SÜDLICHE VORORTE

Vineyard Hotel & Spa HOTEL $$

(☎021-657 4500; www.vineyard.co.za; Colinton Rd, Newlands; EZ/DZ ab 1300/1750 R, EZ/DZ-Suite ab 4500/4950 R; P✱@🏊) Die Zimmer in diesem schönen Hotel wirken modern und sind in beruhigenden Naturtönen eingerichtet. Das Gebäude liegt inmitten eines üppigen Gartens mit Blick auf den Tafelberg. Freundliches Personal, das fabelhafte Angsana Spa, ein tolles Fitnessstudio mit Pool sowie das Gourmetrestaurant Myoga sind die Sahnehäubchen.

Green Elephant HOSTEL $

(Karte S. 62; ☎021-448 6359; www.greenelephant.co.za; 57 Milton Rd, Observatory; EZ/DZ 450/550 R, B/EZ/DZ ohne Bad 140/350/440 R; P@🛜🚉; 🚉Observatory) Ein alteingesessenes Backpacker-Quartier unter neuer

Leitung. Es ist auf drei Häuser verteilt und nach wie vor eine beliebte Alternative zu den Hostels im Zentrum. Man kann zelten (80 R/Zelt) und das Personal organisiert Aufstiege auf den Tafelberg mit qualifizierten Führern (250 R/Pers.). Das Frühstück ist im Preis nicht enthalten, dafür unbegrenzte WLAN-Nutzung.

33 South Boutique Backpackers HOSTEL $

(Karte S. 62; ☎021-447 2423; www.33south backpackers.com; 48 Trill Rd, Observatory; EZ/DZ 350/470, B/EZ/DZ ohne Bad ab 130/300/410 R; @🛜; 🚉Observatory) Dieses gemütliche Backpackerquartier in einem viktorianischen Cottage ist zwar nicht unbedingt ein Boutiqehostel, aber auf jeden Fall kreativ eingerichtet. Die Einrichtung der Zimmer ist durch die verschiedenen Stadtteile Kapstadts inspiriert. Zum Hostel gehören eine nette Gemeinschaftsküche sowie ein schöner Hof. Das Personal bietet kostenlose Führungen durch Observatory an. Im Zimmerpreis ist kein Frühstück enthalten.

SÜDLICHE HALBINSEL
Bella Ev B&B $$

(☎021-788 1293; www.bellaevguesthouse.co.za; 8 Camp Rd, Muizenberg; EZ/DZ 650/1200 R; @; 🚉Muizenberg) Das charmante Gästehaus mit einem tollen Garten im Hof könnte als Kulisse für einen Agatha-Christie-Krimi herhalten, in dem der Hausherr allerlei Schwächen für alles Türkische hat – daher die osmanischen Gästehausschuhe und das optionale Frühstücksbuffet nach türkischer Art.

Chartfield Guest House B&B $

(☎021-788 3793; www.chartfield.co.za; 30 Gatesville Rd, Kalk Bay; EZ/DZ ab 480/550 R; P@🛜🚉; 🚉Kalk Bay) Das weitläufige, mit Holzböden ausgestattete Gästehaus von 1920 ist mit ausgewählten Stücken modernen heimischen Kunsthandwerks eingerichtet. Es gibt eine Vielfalt an Zimmern, die mit frischer Bettwäsche und Regenduschen locken. Das Internetcafé darf auch von Nicht-Gästen benutzt werden, dazu gibt es eine schöne Kaffee-Bar mit Terrasse und Garten mit Blick auf den Hafen.

Boulders Beach Lodge B&B $$

(☎021-786 1758; www.bouldersbeach.co.za; 4 Boulders Pl, Simon's Town; EZ/DZ/Apt. ab 500/900/1875 R; P@🛜; 🚉Simon's Town) Pinguine kommen bis zu den Türen dieses schicken Gästehauses gewatschelt, dessen Zimmer mit Bambus und Holz eingerichtet sind. Dazu gibt es ein paar Einheiten für Selbstversorger, bei denen das Frühstück im Preis inbegriffen ist. Achtung: Pinguine sind nicht gerade die ruhigsten Geschöpfe. Im Zweifelsfall Ohrstöpsel mitbringen.

Simon's Town Backpackers
HOSTEL $

(☎021-786 1964; www.capepax.co.za; 66 St George's St, Simon's Town; B/DZ 150/440 R, DZ mit eigenem Bad 500 R; @; ⓡSimon's Town) Die schiffsförmigen Zimmer in diesem entspannten Backpacker-Hostel sind geräumig. Viele haben Blick auf den Hafen. Für 120 R pro Tag kann man Fahrräder mieten und das Personal hilft bei der Organisation vieler Aktivitäten in der Gegend. Das Frühstück ist im Zimmerpreis nicht enthalten.

CAPE FLATS

Liziwe Guest House
B&B $

(☎021-633 7406; www.sa-venues.com/liziwe; 121 NY111, Guguletu; EZ/DZ 300/600 R; @) Liziwe hat ihre Villa in einen Palast mit vier schönen Zimmern mit Bädern, Satelliten-TV und afrikanischer Einrichtung verwandelt. Früher hatte sie eine Kochsendung auf BBC, sodass das Essen garantiert köstlich ist.

Radebe's B&B
B&B $

(☎021-695 0508, 082-393 3117; www.radebes. co.za; 23 Mama Way, Settlers Pl, Langa; EZ/DZ ohne Bad 280/500 R; Ⓟ @) Das schönste der B&Bs in Langa bietet drei schick eingerichtete Gästezimmer (eines davon mit eigenem Bad). Im netten Aufenthaltsraum gibt's einen Fernseher mit DVD-Player. Beim Essen werden gewaltige Portionen serviert, alternativ kann man sich in der komplett ausgestatteten Küche selbst versorgen.

Kopanong
B&B $

(☎082 476 1278, 021-361 2084; www.kopanong -township.co.za; 329 Velani Cres, Section C, Khayelitsha; EZ/DZ 300/600 R; Ⓟ) „Mama Africa" Thope Lekau leitet dieses hervorragende B&B zusammen mit ihrer ebenso überschwänglichen Tochter Mpho. In dem soliden Ziegelhaus gibt's zwei schicke Gästezimmer, beide mit eigenem Bad. Thope ist Führerin und erfahren in der Entwicklungsarbeit. Sie gibt einen hervorragenden Einblick in das Leben im Township und bereitet außerdem köstliche Abendessen (110 R) zu.

✕ Essen

Ein Abendessen in der Mutter aller Städte ist eine Freude. Hier bekommt man alles von frischen Meeresfrüchten bis zu traditioneller afrikanischer und kapmalaiischer Küche. Für alle Geschmäcker und Geldbeu-

tel ist etwas im Angebot. Besonders groß ist die Auswahl an Cafés und Delikatessenläden, in denen man essen kann. Die meisten Restaurants haben eine Schanklizenz, in anderen darf man seinen eigenen Wein kostenlos oder gegen ein kleines Korkgeld mitbringen. Wie diese Regelung im jeweiligen Restaurant gehandhabt wird, kann man vorher telefonisch erfragen. Viele Bars und Kneipen servieren ebenfalls gutes Essen.

In Kapstadt ist es leicht, sich mit Lebensmitteln für ein Picknick oder für den täglichen Bedarf einzudecken. Die großen Supermarktketten heißen Pick'n'Pay und Woolworths. Ihre Filialen liegen über die ganze Stadt verteilt, meist in den großen Einkaufszentren. Für Delikatessen gibt's einige hervorragende Feinkostläden wie etwa Giovanni's Deli World und Melissa's.

Cafés und Restaurants sind meistens täglich geöffnet. Cafés servieren Essen von 7.30 bis etwa 17 Uhr. Vor allem in der City Bowl haben manche Betriebe sonntags und gelegentlich auch montags geschlossen. Restaurants, die Mittagessen anbieten, öffnen normalerweise von 11.30 bis 15 Uhr. Das Abendessen wird ab ca. 19 Uhr serviert, die Küche schließt gegen 22 Uhr. Weichen die Öffnungszeiten mehr als eine Stunde von der Regel ab, wird dies im Folgenden aufgeführt.

CITY BOWL

In der Upper Long Street bieten viele Lokale preiswertes Essen an, dazu ist das Leben in den Straßen interessant. Im Viertel Bo-Kaap wird in einfachen Lokalen original kapmalaiisches Essen serviert.

LP TIPP Bizerca Bistro
FRANZÖSISCH, MODERN $$

(Karte S. 48; ☎021-418 0001; www.bizer ca.com; 15 Anton Anreith Arcade, Jetty St; Hauptgerichte 110–150 R; ⓡConvention Centre) In diesem fantastischen Bistro herrscht eine moderne und entspannte Atmosphäre. Das hervorragend zubereitete Essen ist extrem lecker. Das Menü wird mit Kreide auf eine Tafel geschrieben und am Tisch von den bewanderten Kellnern erläutert.

Bombay Brasserie
INDISCH $$

(Karte S. 48; ☎021-819 2000; www.tajhotels. com; Wale St; Hauptgerichte 150 R, 4-Gänge-Menü 395 R; ⊙Mo–Sa 18–22.30 Uhr; Ⓟ; ⓡDorp) Welten liegen zwischen dem luxuriös-dunklen Restaurant des Taj und den üblichen Curry-Häusern. Mit seinen glitzernden Kronleuchtern und Spiegeln ist es ein Highlight. Chefkoch Harpreet Kaurs Küche ist kreativ und köstlich, die Gerichte werden ansprechend serviert und der Service ist makellos.

Dear Me
MODERN, FEINKOST $$$

(Karte S. 48; ☏021-422 4920; www.dearme.co.za; 165 Longmarket St; Hauptgerichte 100 R; ⊙Mo–Fr 7–16, Do 19–22 Uhr; ☎; ▣Longmarket) Hochwertige Zutaten, kreativ miteinander kombiniert und von liebenswürdigem Personal in einem schönen verspielten Umfeld serviert, in dem Blumenpötte von der Decke hängen – was will man mehr? Außerdem gibt's einen Delikatessenverkauf und eine Bäckerei. Empfehlenswert ist es, eines der **Gourmet-Abendessen** (3/5 Gänge 210/310 R) am Donnerstagabend zu reservieren.

Africa Café
AFRIKANISCH $$

(Karte S. 48; ☏021-422 0221; www.africacafe.co.za; 108 Shortmarket St; festgelegtes Bankett 245 R; ⊙Café Mo–Fr 8–16, Sa 10–14 Uhr, Restaurant Mo–Sa 18.30–23 Uhr; ▣Longmarket) Zwar touristisch, aber immer noch eine der besten Adressen für afrikanische Küche. Ordentlich Appetit mitbringen: Der Festschmaus besteht aus 15 Gerichten aus dem ganzen Kontinent, von denen man so viel essen kann, wie man möchte. Das neue tagsüber geöffnete Café ist auf weizenfreie Backwaren und zahlreiche „rohe" Speisen wie Salate und Maniok spezialisiert.

Jason Bakery
BÄCKEREI, CAFÉ $

(Karte S. 48; www.jasonbakery.com; 185 Bree St; Hauptgerichte 50 R; ⊙Mo–Sa 7–15.30 Uhr; ▣ Bloem) Viel Glück beim Versuch, in diesem extrem beliebten Café an einer Straßenecke einen Sitzplatz zu ergattern. Im Angebot sind tolle Frühstücke und Sandwiches, guter Kaffee, &Union-Biere sowie Méthode Cap Classique (MCC)-Sekt im Glas und in der Flasche. Zum Glück gibt's einen Schalter für Selbstabholer. Donnerstags- und freitagsabends hat das Café oft länger geöffnet. Dann werden Pizza und Getränke serviert.

Addis in Cape
ÄTHIOPISCH $$

(Karte S. 48; ☏021-424 5722; www.addisincape.co.za; 41 Church St; Hauptgerichte 75–90 R; ⊙Mo–Sa 12–14.30 & 18.30–22.30 Uhr; ☎; ▣Longmarket) Hier nimmt man an einem niedrigen geflochtenen *mesob*-Korbtisch Platz und genießt die leckere äthiopische Küche. Die Gerichte werden traditionell auf tellergroßen *injera* (Sauerteigfladen) serviert, die man mit den Händen zerreißt und anstelle von Besteck verwendet. Toll sind auch der hausgemachte Honigwein *tej* und der authentische äthiopische Kaffee.

Royale Eatery
BURGER $$

(Karte S. 48; www.royaleeatery.com; 279 Long St; Hauptgerichte 60–70 R; ⊙Mo–Sa 12–23.30 Uhr; ▣Bloem) Hier werden köstliche Burger perfekt zubereitet; im Untergeschoss ist es leger und belebt, im Restaurant im Obergeschoss kann man einen Tisch reservieren. Mal etwas Neues probieren und den Straußenburger Big Bird bestellen!

Masala Dosa
INDISCH $

(Karte S. 48; ☏021-424 6772; www.masaladosa.co.za; 167 Long St; Hauptgerichte 40–85 R; ⊙Mo–Sa 12–16.30 & 18–22.30 Uhr; ▣Dorp) Bollywood-Chic herrscht in diesem bunten südindischen Restaurant, in dem man gute *dosas* (Linsenpfannkuchen) und *thalis* (Menüs aus mehreren Currys) bekommt. Schließt man sich mit acht Personen zusammen, bietet der Eigentümer einen Kochkurs (350 R/Pers.) am Wochenende an.

Lola's
INTERNATIONAL $

(Karte S. 48; www.lolas.co.za; 228 Long St; Hauptgerichte 30–40 R; ⊙Mo–Sa 7–21, So 7.30–16 Uhr; ☎; ▣Bloem) Das alte Lola hat seine vegetarische Hippie-Vergangenheit abgelegt und lockt nun mit modernerem Äußeren und einer fleischhaltigen Speisekarte. Die Atmosphäre ist nach wie vor entspannt und das Frühstück, u.a. gibt es Maisplätzchen und Eier Benedikt, ist noch immer prima. Hier kann man es sich mit einem Drink gemütlich machen und den Trubel auf der Long St. beobachten.

South China Dim Sum Bar
CHINESISCH $

(Karte S. 48; 289 Long St; Hauptgerichte 30–50 R; ⊙Di–Fr 12–15, Di–So 18–23 Uhr; ▣Longmarket) Schnörkellose Bar, deren Personal teilweise extrem langsam ist. Aber das Essen – saftige Knödel, herzhafte Nudeln, Frühlingsrollen und hausgemachte Eistees – ist authentisch und die Wartezeit wert. Die Einrichtung, bestehend aus Stühlen aus Packkisten und zerfledderten Bruce-Lee-Postern, hat den derben Charme eines asiatischen Cafés.

BO-KAAP & DE WATERKANT
Noon Gun Tearoom & Restaurant
KAPMALAIISCH $$

(außerhalb der Karte S. 48; 273 Longmarket St; Hauptgerichte 70–100 R; ⊙Mo–Sa 10–16 & 19–22 Uhr; ℗) Hoch oben auf dem Signal Hill bietet das Restaurant eine köstliche Auswahl an kapmalaiischen Gerichten wie *bobotie* (mit Curry gewürzte Hackfleischpastete, die mit Eiercreme überzogen ist),

Currys und *dhaltjies* (frittierte Kichererb-senbällchen mit Kartoffeln, Koriander und Spinat).

Anatoli
TÜRKISCH $$

(Karte S. 48; ☎021-419 2501; www.anatoli.co.za; 24 Napier St; Meze 35–40 R, Hauptgerichte 75–120 R; ◷Mo–Sa 19–22.30 Uhr) Auf dieses atmosphärische kleine türkische Lokal kann man sich immer verlassen – ein Stückchen Istanbul in Kapstadt. Einfach aus den köstlichen warmen und kalten Meze eine Mahlzeit zusammenstellen oder eines der Grillgerichte probieren!

Loading Bay
LIBANESISCH $

(Karte S. 48; ☎021-425 6320; 30 Hudson St; Hauptgerichte 50 R; ◷Mo 7–17, Di–Fr 7–21, Sa 8–16 Uhr) Die Reichen und Schönen der Waterkant treffen sich in diesem unauffälligen „Luxuscafé" nach libanesischer Art bei *manoushe* (Fladenbrot-)Sandwiches und *spedini* (Kebabs). In der dazugehörigen Boutique (für Männer) bekommt man Marken aus dem Ausland. Am Donnerstagabend mit Reservierung zum Burgerabend kommen – die Frikadellen, sowohl die aus hervorragendem Fleisch als auch die vegetarischen, sind Spitzenklasse!

La Petite Tarte
CAFÉ $

(Karte S. 48; Shop A11, Cape Quarter, 72 Waterkant St; Hauptgerichte 30–50 R; ◷Mo–Fr 8.30–16.30, Sa 8.30–14.30 Uhr; P) Ausgefallene Teesorten und köstliche, hausgemachte süße und salzige Tartes nach französischer Art werden in diesem ansprechenden Café am Cape Quarter auf der Seite der Dixon St serviert.

THE FRINGE, WOODSTOCK & OBSERVATORY

Für den samstäglichen Riesenbrunch auf dem Neighbourgoods Market in der Old Biscuit Mill muss man unbedingt ein großes rotes Kreuz in den Kalender machen.

LP TIPP Kitchen
SANDWICHES $

(Karte S. 84; www.karendudley.co.za; 111 Sir Lowry Road, Woodstock; Sandwiches & Salate 50–60 R; ◷Mo–Fr 8.30–16 Uhr; 🚆Woodstock) Bei all den eleganten Restaurants der Stadt entschied sich Michelle Obama für diese charmante kleine Adresse zum Mittagessen. Damit bewies die First Lady mal wieder ihren hervorragenden Geschmack. Auf der Karte stehen mit Liebe gemachte göttliche Salate, herzhafte Sandwiches und süße Köstlichkeiten zum Tee, der aus chinesischen Teekannen serviert wird.

ℹ NOCH MEHR RESTAURANTKRITIKEN

Weitere aktuelle Kritiken der Kapstadter Restaurantszene gibt's hier:

Rossou Restaurants (www.rossouws restaurants.com) Unabhängige Rezensionen und lebhafte Kritiken zur Restaurantszene Kapstadts.

Eat Out (www.eatout.co.za) Onlinekritiken und ein jährlich erscheinendes Printmagazin mit Kritiken zu Kapstadt und Westkap.

Eat Cape Town (http://www.eatcape town.co.za)

Once Bitten (http://oncebitten.co.za)

LP TIPP Pot Luck Club & the Test Kitchen
MODERN $$

(Karte S. 84; ☎021-447 0804; http://thetestkit chen.co.za/info.html; Shop 104A, Old Biscuit Mill, 375 Albert Rd, Woodstock; Hauptgerichte 55–140 R, 3/5 Gänge 375/470 R; ◷Pot Luck Club Di–Sa 18–22 Uhr; Test Kitchen Di–Sa 12.30–14.30 & 19–22 Uhr; P; 🚆Woodstock) Ein Abendessen in einem dieser benachbarten Restaurants unter der Leitung von Spitzenkoch Luke Dale-Roberts muss man rechtzeitig im Voraus reservieren. Das Pot Luck ist das preiswertere der beiden. Hier bekommt man köstliche Teller im Tapas-Stil, die man am besten mit mehreren Personen zusammen bestellt; wie könnte man einem zweiten Teller Rauchfleisch in Trüffel-Milchkaffeesauce widerstehen?

Hello Sailor
BISTRO $

(Karte S. 62; ☎021-448 2420; www.hellosailor bistro.co.za; 86 Lower Main Rd, Observatory; Hauptgerichte 50 R; ◷Mo–Fr 8.30–23, Sa & So 9–23 Uhr; 🖵Klassiker) Schickes, neues Bistro mit Klassikern wie Burgern, Salat und Pasta auf der Speisekarte. Alle Gerichte sind lecker zubereitet und bezahlbar. Die angegebenen Öffnungszeiten beziehen sich auf den Restaurantbetrieb; die Bar hat an Wochenenden teilweise bis 2 Uhr geöffnet.

Charly's Bakery
BÄCKEREI, CAFÉ $

(Karte S. 84; www.charlysbakery.co.za; 38 Canterbury St; Backwaren 12.50–20 R; ◷Di–Fr 8–17, Sa 8.30–14 Uhr; P; 🚌Golden Acre Bus Terminal) Das großartige Frauenteam zaubert göttliche Küchlein und andere Backwaren. In einem denkmalgeschützten Gebäude untergebracht, das so bunt ist wie manche seiner

The Fringe, Woodstock & Salt River

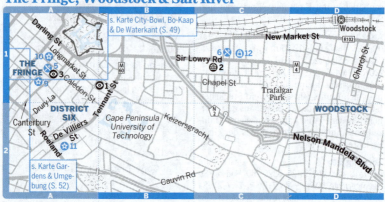

The Fringe, Woodstock & Salt River

Sehenswertes
- 1 Land & Liberty B1
- 2 Stevenson C1
- 3 Substation 13 .... A1
- 4 What If the World E1

Essen
- 5 Charly's Bakery A1
- 6 Kitchen C1
  Pot Luck Club & the Test
  Kitchen .... (siehe 13)

Ausgehen
- 7 Amadoda E1
- 8 Don Pedro E2

Espressolab Microroasters .... (siehe 13)
Shack .... (siehe 11)

Unterhaltung
- 9 Assembly A1
- 10 Fugard A1
- 11 Mercury Live & Lounge A2

Shoppen
- 12 Ashanti C1
  Neighbourgoods Market .... (siehe 13)
- 13 Old Biscuit Mill E1
  South African Print Gallery .... (siehe 6)

Kuchen, führt das Team der Bäckerei seit Kurzem auch einen Laden im Obergeschoss, in dem es von Kuchen inspirierte Shirts, Kissen, Plüschtiere, Schürzen usw. verkauft.

Café Ganesh AFRO-INDISCH $
(Karte S. 62; 38B Trill Rd, Observatory; Hauptgerichte 40–70 R; Mo–Sa 18–23.30 Uhr; Observatory) Pap (Mais-Getreidebrei) mit Gemüse, Antilope vom Grill und Lammcurry finden sich auf der Speisekarte des ungewöhnlichen Cafés. Es liegt in einer Gasse zwischen zwei Gebäuden. Die Einrichtung mit Schrott und Streichholzschachtel-Tapete sorgt für einen Shabby-Chic-Look.

GARDENS & UMGEBUNG
In Gardens findet man die meisten Restaurants in der Kloof St. In den beiden Einkaufszentren Lifestyles on Kloof und Gardens Centre gibt's schöne Cafés.

Maria's GRIECHISCH $$
(Karte S. 52; 021-461 3333; Dunkley Sq, Barnet St, Gardens; Hauptgerichte 50–90 R; Mo–Fr 11–22.30, Sa 5.30–22.30 Uhr; P; Government Avenue) Nur wenige Restaurants sind so romantisch und entspannend wie das Maria's an einem warmen Abend, wenn man klassische griechische Meze und Gerichte wie Moussaka an den rustikalen Tischen unter Bäumen am Platz genießt.

Manna Epicure MODERN, BÄCKEREI $$
(Karte S. 52; 021-426 2413; 151 Kloof St; Hauptgerichte 40–110 R; Di–Sa 9–18, So 9–16 Uhr) Auf der Veranda dieses in Weiß gehaltenen Cafés gibt es köstlich einfaches Frühstück und Mittagessen oder auch einen Cocktail und Tapas am späten Nachmittag. Allein die frisch gebackenen Brote – Kokosnuss, Pekannuss oder Rosine – lohnen den Aufstieg den Hügel hinauf.

Aubergine
MODERN $$$

(Karte S. 52; www.aubergine.co.za; 39 Barnet St, Gardens; Hauptgerichte 200 R, 3/4/5 Gänge 375/455/565 R; ⊙Mi-Fr 12-14, Mo-Sa 17-22 Uhr; ▯Government Avenue) Harald Bresselschmidt ist einer der beständigsten Köche Kapstadts. Seine Gerichte sind kreativ, aber schnörkellos. Der Service und das Ambiente sind gleichermaßen erstklassig. Hier kann man prima vor dem Theater etwas trinken gehen, da von 17 bis 19 Uhr Getränke und eine Auswahl kleinerer Gerichte von der Abendkarte angeboten werden.

Dog's Bollocks
BURGER $

(Karte S. 52; 6 Roodehek St, Gardens; Burger 50 R; ⊙Mo-Sa 17-22 Uhr; ▯Gardens) Im Alleingang brät Nigel Wood nur 30 erstklassige Hamburger pro Abend in seinem Burgerladen in einer Gasse – also früh dort sein, wenn man einen der besten Burger Kapstadts probieren möchte. Die Saucenvielfalt ist groß, und wenn man Glück hat, gibt's eine Schale Nachos und Nigels Wein dazu.

Melissa's
INTERNATIONAL, FEINKOST $

(Karte S. 52; www.melissas.co.za; 94 Kloof St, Gardens; Hauptgerichte 50-70 R; ⊙Mo-Fr 7.30-19, Sa & So 8-19 Uhr) Das köstliche Frühstück und das Mittagsbuffet werden nach Gewicht (17,50/100 g) bezahlt. Dann stöbert man durch die Lebensmittelregale, um sich ein Picknick zusammenzustellen oder Mitbringsel zu finden. Weitere Filialen gibt's in **Newlands** (Ecke Kildare Lane & Main St) und an der **Victoria Wharf** (Karte S. 56; Waterfront).

Fat Cactus
MEXIKANISCH $$

(Karte S. 52; ☎021-422 5022; www.fatcactus.co.za; 5 Park Rd, Gardens; Hauptgerichte 70–100 R; ⊙11-23 Uhr; ▯Michaelis) Dieses äußerst beliebte Restaurant, dessen Hauptsitz in Mowbray noch immer gut läuft, hat leckere Fajitas und Margaritas auf der Speisekarte.

GREEN POINT & WATERFRONT
Von den unzähligen, jeden Tag lange geöffneten Restaurants und Cafés an der Waterfront blickt man auf den Ozean. Allerdings ist die Gegend eine Touristenfalle!

Wakame
SEAFOOD, ASIATISCH $$

(Karte S. 56; ☎021-433 2377; www.wakame.co.za; Ecke Beach Rd & Surrey Pl, Mouille Point; Hauptgerichte 70-120 R; ⊙12-23.30 Uhr) Den Tintenfisch mit Salz und Pfeffer oder eine Sushi-Platte zu genießen, während man den tollen Blick auf die Küste auf sich wirken lässt, ist ein Highlight beim Ausgehen in Kapstadt. Im zweiten Stock bekommt man vor allem chinesische Knödel und Cocktails bei Sonnenuntergang. Dann wird es voll auf der Dachterrasse.

Willoughby & Co
SEAFOOD, JAPANISCH $$

(Karte S. 56; ☎021-418 6115; www.willoughbyand co.co.za; Shop 6132, Victoria Wharf, Breakwater Blvd, Waterfront; Hauptgerichte 60-70 R; ⊙Delikatessenladen 9.30-20.30, Restaurant 12-22.30 Uhr; P; ▯Waterfront) Willoughby gehört zu den besseren Restaurants an der Waterfront – was man an den langen Schlangen sieht. Große Portionen Sushi sind das Markenzeichen der qualitativ hochwertigen, fischlastigen Speisekarte in dem legeren Lokal im Einkaufszentrum.

El Burro
MEXIKANISCH $

(Karte S. 56; ☎021-433 2364; www.elburro.co.za; 81 Main Rd, Green Point; Hauptgerichte 50-70 R; ⊙12-22.30 Uhr; P; ▯Stadium) Im oberen Stockwerk des Exhibition Building mit einem Balkon mit Blick auf das Cape Town Stadium ist das stylishe Burro zu finden. Die Einrichtung ist etwas schicker als sonst beim Mexikaner üblich und die Speisekarte einfallsreicher. Neben den üblichen Tacos und Enchiladas gibt's auch traditionelle Gerichte wie Hähnchen mit *mole poblano*.

Café Neo
GRIECHISCH, CAFÉ $

(Karte S. 56; 129 Beach Rd, Mouille Point; Hauptgerichte 50-70 R; ⊙7-19 Uhr; ▯) Dieses beliebte Café am Meer hat eine entspannte Atmosphäre und eine schöne moderne Einrichtung. Das Menü steht an der großen schwarzen Kreidetafel. Man sitzt am langen Gemeinschaftstisch im Innenbereich oder auf der Dachterrasse mit Blick auf den rot-weißen Leuchtturm.

Giovanni's Deli World
CAFÉ, FEINKOST $

(Karte S. 56; 103 Main Rd, Green Point; Hauptgerichte 20–40 R; ⏰7.30–20.30 Uhr) Das Giovanni's ist voller köstlicher Produkte. Hier bekommt man jedes Sandwich, das man sich nur erträumen kann – ideal zum Mitnehmen an den Strand. Das Café am Bürgersteig ist ein beliebter Treffpunkt.

ATLANTIKKÜSTE

LP TIPP Roundhouse
MODERN $$$

(Karte S. 60; ☎021-438 4347; http://the roundhouserestaurant.com; The Glen, Camps Bay; Restaurant 4-/6-Gänge-Menü 450/595 R, Rumbullion-Hauptgerichte 65–85 R; ⏰Restaurant ganzjährig Di–Sa 18–22 Uhr, Mai–Sept. Mi–Sa 12–16 & So 12–15 Uhr; Rumbullion Okt.–April 9 Uhr–Sonnenuntergang; P) Das elegante Restaurant passt gut in dieses denkmalgeschützte Gebäude aus dem 18. Jh. inmitten des bewaldeten Geländes über Camps Bay. Ist es abends ausgebucht, ist auch ein entspanntes Mittagessen (nur an Wochenenden) oder Frühstück auf der Rumbullion-Freilufterrasse ein Vergnügen.

La Boheme
SPANISCH $$

(Karte S. 60; ☎021-434 8797; www.laboheme bistro.co.za; 341 Main Rd, Sea Point; 2/3 Gänge 95/120 R; ⏰Mo–Sa 8.30–22.30 Uhr; ☎) Mit seinen funkelnden Kerzen und den Picasso-Repliken an der Wand ist diese Weinbar mit Bistro, die ein hervorragendes Preis-Leistungsverhältnis bietet, eine schöne Adresse, fürs Abendessen. Tagsüber wird das La Bruixa betrieben, in dem es Espresso und köstliche Tapas gibt.

Mussel Bar
SEAFOOD $$

(Karte S. 60; http://themusselbar.co.za; 69 Victoria Rd, Camps Bay; Muscheln aus den Camps Bay 75–150 R; ⏰13–23 Uhr) Schlicht und einfach hält es dieses Seafood-Lokal an der Straße. Hier gibt's große, frische Muscheln aus der Saldhana Bay in cremiger Weißweinsauce mit dicken Pommes mit Aioli und Rosmarinsalz. Dazu schmeckt am besten ein süffiges Darling-Slow-Brew-Bier.

La Perla
ITALIENISCH $$

(Karte S. 60; ☎021-439 9538; www.laperla.co.za; Ecke Church Rd & Beach Rd; Hauptgerichte 95–160 R; ⏰10–0 Uhr) Das schon immer stylishe Restaurant mit Kellnern in weißen Jacketts ist seit Jahrzehnten eine feste Institution an der Promenade von Sea Point. Die Pasta-, Fisch- und Fleischgerichte genießt man auf der Terrasse im Schatten unter Palmen oder in der anheimelnden Bar.

Cedar
LIBANESISCH $$

(Karte S. 60; 100 Main Rd, Sea Point; Hauptgerichte 50–80 R; ⏰Mo–Sa 11–13 & 17–21.30 Uhr; ✎) Es ist zwar nichts Spektakuläres, aber dieses Familienunternehmen verdient höchstes Lob für die Auswahl leckerer Meze und nahöstlicher Gerichte wie Falafel, Baba-Ganoush und Hummus.

Hesheng
CHINESISCH $

(Karte S. 60; 70 Main Rd, Sea Point; Hauptgerichte 40–60 R; ⏰Mo & Mi–So 11–23, Di 17–23 Uhr) In Sea Point gibt's jede Menge chinesischer Restaurants, aber dieses unscheinbare kleine Lokal ist eine wahre Schatzgrube, die von einem freundlichen chinesischen Paar betrieben und von vielen ausgewanderten Chinesen besucht wird. Die Knödel und Nudeln sind selbstgemacht.

SÜDLICHE VORORTE

La Colombe
FRANZÖSISCH $$$

(☎021-794 2390; www.constantia-uitsig.com; Constantia Uitsig, Spaanschemat River Rd, Constantia; Hauptgerichte 100–215 R, 6-Gänge-Menü 600 R; ⏰12.30–14.30 & 19.30–21.30 Uhr; P) Der schattige Garten macht das Colombe auf einem Weingut zu einem der schönsten Restaurants in Kapstadt. Der britische Küchenchef Scott Kirkton bereitet mit viel Erfahrung Gerichte wie Forelle *sou vide*, Rote-Beete-Cannelloni und Risotto von geräucherten Tomaten zu.

Bistro Sixteen82
TAPAS, INTERNATIONAL $$

(☎021-713 2211; www.steenberg-vineyards.co.za; Steenberg Vineyard, Tokai; Hauptgerichte 60–100 R; ⏰9–20 Uhr; P) Eine perfekte Ergänzung zur schönen modernen Lounge, in der Weinproben abgehalten werden, ist das ansprechende Bistro des Steenberg. Auf der Karte ist von Sektfrühstück bis hin zum Tapas-Abendessen mit einem Glas süffigen (eigenen) Merlot alles zu finden. An den Tischen innen oder im Freien hat man einen tollen Blick auf den Garten und die Berge.

River Café
INTERNATIONAL $$

(☎021-794 3010; www.constantia-uitsig.com; Constantia Uitsig, Spaanschemat River Rd, Constantia; Hauptgerichte 60–100 R; ⏰8.30–17 Uhr; P) Ist das La Colombe ausgebucht oder zu teuer, geht man einfach in dieses schöne und beliebte Café am Eingang des Anwesens, das allein schon einen Besuch rechtfertigt. Serviert werden zuverlässig große Portionen aus Bio- und Freilandzutaten. Eine Reservierung ist erforderlich, vor allem für den Brunch am Wochenende.

Gardener's Cottage
INTERNATIONAL $

(☎021-689 3158; Montebello Craft Studios, 31 Newlands Ave, Newlands; Hauptgerichte 45–70 R; ⏱Mo–Fr 8–14.30, Sa & So 8.30–15 Uhr) Nach einem Besuch der Künstlerkolonie Montebello kann man in diesem schönen Café und Teegarten auf dem Gelände entspannen. Im Schatten der Bäume werden einfache, herzhafte Mahlzeiten serviert.

Jonkershuis
KAPMALAIISCH $$

(☎021-794 6255; www.jonkershuisconstantia. co.za; Groot Constantia, Groot Constantia Rd, Constantia; Hauptgerichte 50–80 R, 2/3 Gänge 140/160 R; ⏱Mo–Sa 9–22, So 9–17 Uhr; ℗) Dieses legere Restaurant im Brasserie-Stil auf dem Gelände des Groot Constantia hat einen schönen, von Wein beschatteten Hof und Tische mit Blick auf das Herrenhaus. Auf der Speisekarte stehen kapmalaiische Gerichte, darunter ein Probierteller für 128 R, Sülze, zu der man das eine oder andere Glas Wein trinkt, und Desserts für Naschkatzen.

SÜDLICHE HALBINSEL

Casa Labia
INTERNATIONAL $

(☎021-788 6068; www.casalabia.co.za; 192 Main Rd, Muizenberg; Hauptgerichte 45–70 R; ⏱Di–Do 10–16, Fr–So 9–16 Uhr; ℝMuizenberg) Einige der Zutaten, die in diesem überaus schönen Café im prächtigen Kulturzentrum verarbeitet werden, stammen aus dem angrenzenden Garten. Gäste werden mit hausgebackenen Teilchen, köstlichem Frühstück und belegten Broten verwöhnt.

Live Bait
SEAFOOD $$

(☎021-788 5755; www.harbourhouse.co.za; Hafen von Kalk Bay; Hauptgerichte 70–120 R; ⏱12–16 & 18–22 Uhr; ℝKalk Bay) In diesem Fischrestaurant, das man glauben macht, man sei auf einer griechischen Insel, sitzt man nur eine Armlänge von den ans Ufer schlagenden Wellen und dem lebhaften Hafentreiben Kalk Bays entfernt. Eine der besten Adressen für eine entspannte Seafood-Mahlzeit.

Olympia Café & Deli
BÄCKEREI, INTERNATIONAL $$

(☎021-788 6396; 134 Main Rd, Kalk Bay; Hauptgerichte 60–100 R; ⏱7–21 Uhr; ℝKalk Bay) Das Olympia setzt immer noch den Standard für entspannte Cafés am Meer. Die Brote und das Gebäck werden vor Ort selbst gebacken. Auch die mediterranen Mittagsgerichte sind sehr lecker.

Empire Café
INTERNATIONAL $

(www.empirecafe.co.za; 11 York Rd, Muizenberg; Hauptgerichte 40–50 R; ⏱Mo–Sa 7–16, So 8–16

Uhr; ☎; ℝMuizenberg) Das Lieblingscafé der Surfer bietet leckeres herzhaftes Frühstück und Mittagessen wie Ei auf Toast.

Knead
BÄCKEREI, INTERNATIONAL $

(Karte S. 52; http://kneadbakery.co.za; Surfer's Corner, Beach Rd, Muizenberg; Hauptgerichte 30–70 R; ⏱Mo 10–17, Di–So 7–17 Uhr; ℝMuizenberg) Hier gibt's einfach alles, was man aus Teig herstellen kann. Ein Lüster und Spiegel an den Wänden verleihen dieser Einrichtung am Meer etwas Glamouröses, doch auch in den Filialen im Lifestyle Centre und am Wembley Sq, beide in Gardens, wird man bestens bedient.

Meeting Place
INTERNATIONAL $$

(☎021-786 1986; www.themeetingplaceupstairs. co.za; 98 St. George's St, Simon's Town; Hauptgerichte 65–120 R; ⏱Mo–Sa 9–21, So 9–15 Uhr; ℝSimon's Town) Ein Paradies für Gourmets. Im Erdgeschoss befindet sich ein legeres Feinkost-Café, im Obergeschoss ein künstlerisches Restaurant, von dessen Balkon die Gäste auf das Treiben in der Hauptstraße von Simon's Town blicken. Empfehlenswert sind die köstlichen Sandwiches und das hausgemachte Eis.

Sophea Gallery & Tibetan Teahouse
VEGETARISCH $

(www.sopheagallery.com; 2 Harrington Rd, Seaforth; Hauptgerichte 50–70 R; ⏱Di–So 10–17 Uhr) Leckere vegetarische und vegane Speisen nach Rezepten aus Tibet werden in einem Teil dieser bunten Galerie voller Ausstellungsstücke und Schmuck aus dem Osten serviert. Von der erhöhten Veranda aus ist der Blick aufs Meer besonders schön.

CAPE FLATS

Mzoli's
GRILLRESTAURANT $

(☎021-638 1355; 150 NY111, Guguletu; Mahlzeiten 50 R; ⏱9–18 Uhr) Reisende, TV-Stars und Einheimische treffen sich bei diesem vielbesuchten Metzger, um Kapstadts leckerstes Grillfleisch zu genießen. An Wochenenden wird es superhektisch, deshalb rechtzeitig herkommen. Bier und andere Getränke sind bei den Verkäufern in der Nähe erhältlich. Viele Servietten mitbringen, da es kein Besteck gibt.

Lelapa
AFRIKANISCH $$

(☎021-694 2681; 49 Harlem Ave, Langa; Buffets 120 R) Chefin Sheila bereitet in ihrem ausgebauten Wohnhaus mit Restaurant köstliche Buffets nach afrikanischer Art zu. Im Voraus reservieren, da es keine festen Öffnungszeiten gibt.

Nomzamo
GRILLRESTAURANT $

(☏021-695 4250; 15 Washington St, Langa; Gerichte 50 R; ⊙9-19 Uhr) Diese makellos saubere Metzgerei ist Langas Antwort auf das Mzoli's. Hier ist es aber entspannter und friedlicher, da kein Alkohol verkauft wird. Im Voraus anrufen, wenn man zu seinem Fleisch eine Beilage wie Brot, Salat usw. wünscht.

Ausgehen

Die „Seemannskneipe der Sieben Meere" hat mehr als genug Bars, Kneipen und Wirtshäuser; die Bandbreite reicht von der gut sortierten Weinbar bis hin zum Pub der Kleinbrauerei. Die Bars öffnen meist gegen 15 Uhr und schließen nach Mitternacht – zur Party-Zeit freitags und samstags auch viel später. Abweichende Öffnungszeiten sind im Folgenden angegeben.

CITY BOWL

LP TIPP **French Toast** WEINBAR

(Karte S. 48; ☏021-422 4084; www.frenchtoastwine.com; 199 Bree St; ⊙Mo-Sa 12-23 Uhr; 🚌Buitensingel) Über 80 Weine aus der Region und der ganzen Welt werden im Glas ausgeschenkt (auch in Probierportionen), sodass man mehrere Weine bestimmter Richtungen oder Sorten vergleichen kann. Die Bar ist schön auf zwei Etagen mit kleinen und langen Tischen eingerichtet. Die Tapas sind sehr lecker. Es gibt auch süße Varianten wie *churros* (spanisches Schmalzgebäck) und Schokolade.

&Union
BIERHALLE, CAFÉ

(Karte S. 48; www.andunion.com; 110 Bree St; ⊙12-0 Uhr; P🛜; 🚌Longmarket) Dieser coole Treffpunkt hinter der St. Stephen's Church ist auf Importbiere kleiner Brauereien spezialisiert, von denen es sieben Arten in Flaschen gibt. Im Sommer kann man draußen Tischtennis spielen und hin und wieder finden Live-Gigs statt. Das &Union rühmt sich außerdem für sein Fleisch aus ethisch einwandfreien Quellen, das zu leckeren Sandwiches, Hot Dogs und Grillfleisch verarbeitet wird.

Tjing Tjing
BAR

(Karte S. 48; www.tjingtjing.co.za; 165 Longmarket St; ⊙Di-Fr 16-4, Sa 18.30-4 Uhr; 🛜; 🚌Longmarket) Die schicke Bar auf dem Dach oberhalb des Restaurants Dear Me ist ein stylisher Treffpunkt für einen Cocktail oder ein Glas Wein. Der Innenraum wirkt mit seinen freiliegenden Dachbalken wie eine schicke Scheune, die Wand ziert eine Fototapete von Tokio und die Bar ist in Scharlachrot lackiert.

Waiting Room
BAR

(Karte S. 48; 273 Long St; Eintritt Fr & Sa 20 R; ⊙Mo-Sa 18-2 Uhr; 🚌Bloem) Steigt man die enge Treppe neben dem Royale Eatery empor, landet man in dieser total angesagten Bar mit Retro-Möbeln, in der DJs heiße Musik auflegen. Steigt man noch eine Etage höher, kommt man auf die Dachterrasse, von der man nachts einen einmaligen Blick auf die beleuchtete Stadt hat.

Fork
WEINBAR $$

(Karte S. 48; ☏021-424 6334; www.fork-restaurants.co.za; 84 Long St; Tapas 25-55 R; ⊙Mo-Sa 12-23 Uhr; 🚌Longmarket) Egal, ob man nur ein paar Tapas naschen oder eine ganze Mahlzeit zu sich nehmen möchte, in dieser extrem entspannten Weinbar ist man genau richtig. Zu den einfallsreichen Gerichten, nicht immer nach strikt spanischen Rezepten, werden hervorragende Weine serviert, viele davon im Glas.

Julep Bar
COCKTAILBAR

(Karte S. 48; Vredenburg Lane; ⊙Di-Sa 17-2 Uhr; 🚌Bloem) Im Erdgeschoss eines ehemaligen Bordells versteckt sich dieser Geheimtipp. Es ist ein bevorzugtes Refugium der einheimischen Hipster, die sich gern von den Massen in der Long Street abheben.

Neigbourhood
BAR

(Karte S. 48; www.goodinthehood.co.za; 163 Long St; 🚌Dorp) In dieser entspannten Bar mit einem legeren Restaurant im Stil eines britischen Gastropubs treffen farbige auf weiße Besucher. Auf dem langen Balkon kann man sich toll abkühlen oder auf die Long St blicken.

Caveau
WEINBAR

(Karte S. 48; ☏021-422 1367; www.caveau.co.za; Heritage Sq, 92 Bree St; ⊙Mo-Sa 19-23.30 Uhr; 🚌Longmarket) Kapstadt sollte mehr Weinbars wie das hervorragende Caveau am Heritage Sq haben. Es bietet eine gute Auswahl an Weinen aus der Region und sehr gutes Essen aus seinem Restaurant sowie aus seinem Delikatessenladen. Man speist unter freiem Himmel im Hof oder auf der erhöhten Terrasse an der Bree St.

WOODSTOCK

Amadoda
BAR

(Karte S. 84; www.amadoda.co.za; 1-4 Strand St, Woodstock; ⊙Di-Do 17-0, Fr & Sa 12-2, So 13-0 Uhr; 🚌Woodstock) In dieser raffiniert eingerichteten Bar herrscht die Atmosphäre eines Township-Braai (Grills) und einer typischen Kneipe. Sie liegt versteckt in einer Nebenstraße an den Schienen und lockt sowohl farbige als auch weiße Besucher an. Am besten kommt man spätabends am Wochenende her, wenn die Gäste das Tanzbein schwingen.

Don Pedro
BAR

(Karte S. 84; ☎021-447 6125; http://donpedros. co.za; 113 Roodebloem Rd, Woodstock; ⏱Di–Sa 16–0 Uhr) Madame Zingara hat ihre Magie in diesem alten Haus versprüht und ein romantisches Damenzimmer geschaffen, das all der „schönen Gattinnen" des Don würdig ist. Sänger schmettern sentimentale Liebeslieder beim Pianola und die Speisekarte ist gleichermaßen altmodisch. Natürlich ist das Angebot an Don Pedros – Kaffees mit Likör und Speiseeis – noch immer riesig.

GARDENS & UMGEBUNG

Planet
COCKTAILBAR

(Karte S. 52; ☎021-483 1864; Mount Nelson Hotel, 76 Orange St, Gardens; ℗; 🚌Government Avenue) In Nellies alter, mit Silber beschlagener Champagner- und Cocktailbar stehen rund 250 verschiedene Sektsorten und über 50 alkoholische Mischgetränke zur Auswahl.

Power & the Glory/Black Ram
CAFÉ, BAR

(Karte S. 52; 13B Kloof Nek Rd, Tamboerskloof; ⏱Café 8–22, Bar Mo–Sa 17 Uhr–open end) Der Kaffee und das Essen (Brezel-Hot-Dogs, knusprige Pies und andere hausgemachte Leckereien) sind gut, doch was die Hipsters anzieht, ist die verräucherte, gemütliche Bar.

Saints
KLEINBRAUEREI

(Karte S. 52; www.saintsburgerjoint.co.za; 84 Kloof St, Gardens) Neben Gourmet-Burgern (wer bietet die in Kapstadt eigentlich nicht an?) lockt das Saints vor allem mit seiner Auswahl an Bieren der Kleinbrauerei Camelthorn, die man in 100-ml-Probiergläsern (6 R bzw. 4 für 22 R) kosten kann, bevor man ein Pint bestellt. Ein schönes Extra: Auf die Treppen ist der Text von „Stairway to Heaven" gemalt.

Perseverance Tavern
KNEIPE

(Karte S. 52; www.perseverancetavern.co.za; 83 Buitenkant St; ⏱Mo 16–2, Di–Sa 12–2, So 11–20 Uhr) Diese fröhliche denkmalgeschützte Kneipe wird auch liebevoll Persies genannt und besteht seit 1808. Früher war sie die Stammkneipe von Cecil Rhodes. Es gibt

auch Biere vom Fass und anständiges Kneipenessen wie Fish & Chips (55 R).

GREEN POINT & WATERFRONT

Bascule
BAR

(Karte S. 56; ☎021-410 7097; www.capegrace.com; Cape Grace, West Quay Rd, Waterfront; ⏱12–2 Uhr) In dieser eleganten Bar am Cape Grace werden über 450 Whiskeysorten ausgeschenkt, und es ist immer noch etwas vom 50 Jahre alten Glenfiddich übrig (die Flasche kostet „nur" 18 000 R). Man sollte eine der Whiskeyproben reservieren (175 oder 220 R), bei der sechs Whiskeys gereicht werden. Zu dreien davon gibt es etwas zu essen. Die Tische im Freien blicken auf die Marina und sind ein schönes Fleckchen, um etwas zu trinken und leckere Tapas zu genießen.

Harbour House
BAR

(Karte S. 56; ☎021-418 4744; Quay 4, Waterfront ⏱12–22 Uhr; ℗; 🚌Breakwater) Die feste Institution der Kalk Bay gibt ihren Einstand an der Waterfront mit einem guten Restaurant im Erdgeschoss und einer noch besseren Sushi- und Lounge-Bar auf der Terrasse im Obergeschoss – toll, um bei Sonnenuntergang entspannt ein Glas Wein zu trinken.

Grand Café & Beach
BAR

(Karte S. 56; ☎072 586 2052; www.grandafrica. com; Granger Bay Rd, abseits der Beach Rd, Granger Bay; ⏱12–23 Uhr; ℗; 🚌Granger Bay) Um dieser ach so schicken Bar mit Restaurant in einem ehemaligen Lagerhaus Strandflair zu verleihen wurde extra Sand herbei geschafft. Die Einheimischen treffen sich hier gern in entspannter Atmosphäre am Wochenende. Das Essen ist mittelmäßig. Später am Abend legen DJs auf.

W Tapas Bar
CAFÉ, WEINBAR

(Karte S. 56; ☎021-415 3411; Woolworths, Victoria Wharf, Breakwater Blvd, Waterfront; ⏱9–21 Uhr; ℗; 🚌Waterfront) Versteckt in der obersten Etage des Woolworth liegt diese moderne, nicht zu volle Weinbar mit einem fantastischen Blick auf den Hafen. Hier kann man die besten lokalen Tröpfchen aus dem Sortiment des Kaufhauses probieren. Dazu werden Fleischwaren, Seafood und vegetarische Dips in Tapasform gereicht (65–95 R).

Mitchell's Scottish Ale House & Brewery
KNEIPE

(Karte S. 56; www.mitchellsbreweries.co.za; East Pier Rd, Waterfront; ⏱11–2 Uhr; ℗; 🚌Breakwater) Südafrikas älteste Kleinbrauerei (1983 in Knysna gegründet) serviert verschiedene frisch gebraute Ales und dazu anständige Mahlzeiten. Der „Old Wobbly" hat es ganz schön in sich.

ATLANTIKKÜSTE

La Vie
BAR, CAFÉ

(Karte S. 60; 205 Beach Rd; ☻7.30–0 Uhr; ☎) Einer der wenigen Orte, an denen man in Sichtweite der Promenade von Sea Point alles bekommen kann, was man sich wünscht – vom Frühstück bis zum spätabendlichen Cocktail. Auf der Terrasse im Freien kann man entspannen und eine hauchdünne Pizza (40–90 R) auf der Zunge zergehen lassen.

Bungalow
BAR

(Karte S. 60; ☎021-438 2018; www.thebunga low.co.za; Glen Country Club, 1 Victoria Rd, Clifton; ☻12–2 Uhr; ℗) Das schicke Restaurant im europäischen Stil mit einer Loungebar eignet sich toll für ein paar Biere, Cocktails oder eine feuchtfröhliche Mahlzeit, nach

der man sich auf eines der Sofas unter der wogenden weißen Markise fallen lassen oder die Füße im winzigen Pool bei der Bar baumeln lassen kann. Abends sorgt ein DJ für Clubatmosphäre.

Dunes
BAR

(www.dunesrestaurant.co.za; 1 Beach Rd, Hout Bay; ☻Mo–Fr 10–22, Sa & So 8–22 Uhr) Noch dichter an den Strand kommt man nicht – tatsächlich *ist* der vordere Teil des Gartens mit einem sicheren Kinderspielplatz der Strand. Bei anständigem Kneipenessen und Tapas kann man den traumhaften Blick auf die Hout Bay von der Terrasse im Obergeschoss und vom Innenraum des Restaurants auf sich wirken lassen.

Café Caprice
CAFÉ, BAR

(Karte S. 60; ☎021-438 8315; www.cafecaprice. co.za; 37 Victoria Rd; ☻9–2 Uhr) Die Reichen und Schönen treffen sich in dieser Café-Bar, die sowohl wegen ihres Frühstücks als auch

---

DIE LIEBE ZUM KAFFEE

Kapstadt befindet sich mitten in einem Kaffeerausch. Digitale Oden an die geröstete Bohne sind u. a. I Love Coffee (http://ilovecoffee.co.za) und From Coffee With Love (http://fromcoffeewithlove.wordpress.com), ein Blog von Lameen Abdul-Malik, dem englisch-nigerianischen Besitzer des Escape Caffe (Karte S. 48; http://escapecaffe.word press.com; Manhattan Pl, 130 Bree St; ☻Mo–Fr 7–16 Uhr; ▣Dorp). Abdul-Malik stellt alle Kaffeegetränke auf Espressobasis her; für die richtig Koffeinsüchtigen gibt es seinen Sleep Suicide: einen doppelten Espresso zusammen mit einem French-Press-Kaffee.

Toll für Kaffeeliebhaber sind auch folgende Adressen:

Espressolab Microroasters (Karte S. 84; http://espressolabmicroroasters.com; Old Biscuit Mill, 375 Albert Rd, Woodstock; ☻Mo–Fr 8–16, Sa 8–14 Uhr; ℗; ▣Woodstock) Die Kaffeebohnen werden von Farmen, Anwesen und Kooperationen weltweit bezogen und mit Hinweisen zum Geschmack verpackt, wie man sie auf guten Weinen findet.

Bean There (Karte S. 48; www.beanthere.co.za; 58 Wale St; ▣Dorp) In diesem ultraschicken Café bekommt man Kaffeesorten aus fairem Handel aus ganz Afrika sowie ein paar süße Snacks.

Deluxe Coffeeworks (Karte S. 48; 25 Church St; ▣Longmarket) Die tägliche Dosis Koffein gibt's in diesem winzigen Café, an dessen Wand etwas hängt, das wie ein komplettes Vespa-Reparaturset aussieht.

Haas (Karte S. 48; www.haascollective.com; 67 Rose St; ☻Mo–Fr 7–17, Sa & So 8–15 Uhr; ☎; ▣Longmarket) Das Haas fungiert gleichzeitig als Café und als sehr ansprechender, künstlerischer Geschenke- und Inneneinrichtungs-Shop. Die im Haus gerösteten Kaffees sind entweder sortenrein oder gemischt. Außerdem gibt's leckere Backwaren und Mahlzeiten.

Origin & Nigiro (Karte S. 48; www.originroasting.co.za; 28 Hudson St; ☻Mo–Fr 7–17, Sa & So 9–14 Uhr; ☎) Bietet Kurse an, bei denen man lernt, Kaffee und Tee zu beurteilen (200 R). Hinter der koffeinhaltigen Lebendigkeit des Origin liegt die Zen-Ruhe des Teesalons Nigiro. Hier kann man eine Menge verschiedener Teesorten probieren oder an einer traditionellen taiwanesischen Teezeremonie (125 R) teilnehmen.

Truth (Karte S. 84; www.truthcoffee.com; 36 Buitenkant, The Fringe; ☻6–0 Uhr) Die selbsternannte „Steampunk-Rösterei und Kaffeebar" nimmt eine Fläche von 16 000 m² ein.

wegen der abendlichen Drinks beliebt ist. Die Straßentische bieten den besten Blick.

SÜDLICHE VORORTE

Banana Jam
KLEINBRAUEREI

(www.bananajamcafe.co.za; 157 2nd Ave, Harfield Village, Kenilworth; ◷Mo–Sa 11–23, So 17–23 Uhr; P; Kenilworth) Ein Traum für echte Bierfans – das belebte karibische Restaurant mit Bar ist wie ein Göttergeschenk für Fans von Bier vom Fass und aus Flaschen aus lokalen Kleinbrauereien wie Jack Black, Triggerfish, Darling Brew, Camelthorne und Boston Brewery. Das Probierset aus sechs verschiedenen Bieren kostet 45 R.

Forrester's Arms
KNEIPE

(52 Newlands Ave, Newlands; ◷Mo–Sa 11–23, So 10–18 Uhr; P) Das „Forries" ist schon über 100 Jahre alt. Es zieht Gäste mit seiner geselligen Stimmung, guten Kneipengerichten, darunter Pizzas aus dem Holzofen, und einem sehr schönen Biergarten mit Spielplatz für die Kinder an.

O'ways Teacafe
TEEHAUS

(☎021-617 2850; www.oways.co.za; 20 Dreyer St, Claremont; Hauptgerichte 47–150 R; ◷Mo–Fr 7.30–17, Sa 9–14 Uhr; Claremont) Das O'ways (ausgesprochen „Always"), in dem es über 60 offene Teesorten sowie Kaffee gibt, ist stylish und entspannt. Die Speisekarte ist rein vegetarisch und präsentiert leckere Gerichte wie Dim-Sum-Knödel und Portobello-Pilze, gefüllt mit Couscous.

Barristers
KNEIPE

(☎021-674 1792; www.barristersgrill.co.za; Ecke Kildare Rd & Main St; ◷9.30–22.30 Uhr; P) Eine der beliebtesten Kneipen der Einheimischen mit mehreren gemütlichen Räumen, die mit auffälliger Deko im Stil alter Landkneipen eingerichtet sind. Die Auswahl an einfachen Gerichten ist ideal zum Aufwärmen, wenn es am Abend mal kühl wird.

SÜDLICHE HALBINSEL

Brass Bell
BAR

(www.brassbell.co.za; Kalk Bay Train Station, Main Rd, Kalk Bay; ◷11–22 Uhr; Kalk Bay) Um zu dieser Institution in Kalk-Bay mit Blick auf den Fischereihafen zu kommen, geht man durch den Tunnel, der unter den Bahnschienen hindurchläuft. An einem sonnigen Tag gibt's kaum eine schönere Adresse, um am Meer etwas zu essen und zu trinken (Hauptgerichte 50–80 R). Davor oder danach bietet sich ein Bad in einem der angrenzenden Gezeitenpools an.

Polana
BAR

(☎021-788 7162; www.harbourhouse.co.za; Hafen von Kalk Bay; Kalk Bay) Diese schicke Bar direkt über den Felsen am Rand des Hafens ist ein hervorragender Grund, sich länger in Kalk Bay aufzuhalten, statt in die Stadt zurückzufahren. Auf der Speisekarte steht Seafood nach portugiesischer Art – Sardinen, Muscheln und köstliche *peri-peri*-Garnelen. Freitags bis sonntags gibt's oft Livemusik, vor allem Jazz.

☆ Unterhaltung

Die Mutter aller Städte bietet ein beeindruckendes, vielfältiges und kreatives Unterhaltungsprogramm. Ein besonderes Highlight stellen Livemusikkonzerte dar. Tickets für viele Veranstaltungen kann man auf den Webseiten **Webtickets** (www.webtickets.co.za) und **Computicket** (http://online.computicket.com/web) buchen. Letzterer Anbieter betreibt auch Schalter im Haupttourismusbüro von Kapstadt an der Burg St, im Gardens Centre und an der Waterfront.

KINOS

Multiplexkinos gibt's auf der Victoria Wharf an der Waterfront, am Cavendish Sq und am Canal Walk.

Labia
KINO

(Karte S. 52; www.labia.co.za; 68 Orange St; Karten 35 R; Michaelis) Dieses Paradies für Fans von Arthouse-Filmen ist nach dem ehemaligen italienischen Botschafter und lokalen Philantrophen Graf Labia benannt. In Sachen Preis und Programm ist es das beste Kino Kapstadts. Auch das Programm des **Labia on Kloof** mit zwei Kinosälen im Lifestyles on Kloof Center sollte man sich ansehen.

Livemusik

Cape Town City Hall
KLASSISCHE MUSIK

(Karte S. 48; www.creativecapetown.net/cape-town-city-hall; Darling St; P; St. George's) Eines von mehreren Konzerthäusern, in denen das **Cape Philharmonic Orchestra** (www.cpo.org.za), Südafrikas „Orchester für alle Jahreszeiten", Konzerte aufführt. Örtliche Chöre machen sich die sehr gute Akustik des Auditoriums zunutze.

Cape Town International Convention Centre
KONZERTHALLE

(Karte S. 48; CTICC; ☎021-410 5000; www.cticc.co.za; 1 Lower Long St; P; Convention Centre) Im Convention Centre finden zahlreiche Musikveranstaltungen, Ausstellungen,

ONLINE-EVENT-MAGAZINE

What's On! (http://www.whatson.co.za/index.php)

Next 48 Hours (www.48hours.co.za)

Mail & Guardian (www.theguide.co.za)

Tonight (www.iol.co.za/tonight)

Cape Town Magazine (www.capetownmagazine.co.za)

Konferenzen und andere Veranstaltungen wie das Cape Town International Jazz Festival und die Messe Design Indaba statt. Es gibt Pläne, das CTICC in Richtung des Artscape auf beinahe doppelte Größe auszubauen.

Zula Sound Bar LIVEMUSIK, COMEDY
(Karte S. 48; 021-424 2442; www.zulabar.co.za; 98 Long St; Eintritt ab 30 R; Longmarket) Von der Cafébar an der Straße kommt man zu Bühnen im Ober- und Untergeschoss im hinteren Teil des Gebäudes. Hier treten u. a. jeden Montagabend angesagte lokale Bands, DJs und Comedians auf.

Assembly LIVEMUSIK, DJ
(Karte S. 84; www.theassembly.co.za; 61 Harrington St, The Fringe; Eintritt 30–50 R) In dieser alten Möbelfabrik spielen Livebands und legen DJs auf. Das Assembly hat sich inzwischen einen Namen als Bühne für ungewöhnliche Künstler aus dem In- und Ausland gemacht.

Mercury Live & Lounge LIVEMUSIK, DJ
(Karte S. 84; www.mercuryl.co.za; 43 De Villiers St, District Six; Eintritt 20–40 R) Mercury Live ist Kapstadts wichtigstes Podium für Rockkonzerte, hier treten die besten südafrikanischen und ausländischen Bands auf. Die Akustik ist gut. Wer die gerade spielende Band nicht mag, kann zum DJ in der **Mercury Lounge** unten oder in die **Shack**-Bar nebenan wechseln.

Mahogany Lounge JAZZ
(Karte S. 52; 079 679 2697; www.facebook.com/MahoganyRoom; 79 Buitenkant St, Gardens; 1/2 Sets 60/100 R; Mi–Sa 19–2 Uhr) Dieser winzige Jazzclub versucht, die Stimmung des Ronny Scott's in Soho und des Village Vanguard in New York zu erzeugen. Geführt wird er von Hardcore-Jazzfans, die Verbindungen zu erstklassigen Jazzmusikern haben und diese auf ihre Bühne bringen. Die beiden Sets beginnen um 20.30 und 22.30 Uhr. Eine Reservierung ist unbedingt erforderlich.

Tagore LIVEMUSIK
(Karte S. 62; 021-447 8717; 42 Trill Rd, Observatory; 17–0 Uhr; Observatory) Kerzenlicht, gemütliche Ecken und Winkel und Avantgarde-Musik geben in dieser winzigen Café-Bar den Ton an. Sie ist eine der Lieblingsadressen der alternativen Szene von Observatory. Livemusik wird in der Regel mittwochs, freitags und samstags ab 21.30 Uhr kostenlos gespielt.

Nachtclubs

Trinity CLUB
(auserhalb der Karte S. 48; www.trinitycapetown.co.za; 15 Bennett St; Eintritt 50–150 R) Eine Orgel, die aus einer alten Kirche gerettet wurde, ziert einen Teil des in einem riesigen Warenhaus untergebrachte Trinity. Der hochmoderne Tanzclub bietet eines der technisch ausgereiftesten Soundsysteme Südafrikas, mehrere Bars sowie ein Restaurant, das den ganzen Tag über geöffnet hat und Sushi, Pizzen und Burger serviert. Natürlich legen hier hochkarätige DJs auf, doch besonders reizvoll sind Veranstaltungen wie Live-Jazzkonzerte dienstags und die einmal im Monat stattfindenden Konzerte eines Jazzorchesters, das in der Haupthalle auftritt.

Vinyl Digz TANZEN, CLUB
(Karte S. 48; www.facebook.com/VinylDIGZ; 113 Loop St; Eintritt 20 R; 13–1 Uhr; Dorp) Jeden zweiten Samstag findet hier eine Tanzparty auf dem Dach statt. Bei der nachmittäglichen Veranstaltung werden zwanglos Langspielplatten ausgetauscht und dazu wird gegrillt. Ab Sonnenuntergang wird klassischer Soul und R'n'B von den 1960er-Jahren bis heute aufgelegt und das sehr entspannte, gemischte Tanzpublikum macht das Event zu einer der besten Tanzveranstaltungen Kapstadts.

Loop CLUB
(Karte S. 48; www.theloopnightclub.co.za; 161 Loop St; Eintritt 50 R, VIP-Bereich 80 R; Bloem) Außen bunt bemalt, innen geräumig ist dieser Newcomer der hippen Clubszene Kapstadts je nach DJ, der auflegt, einen Besuch wert. Hier gibt's alle Musikstile zu hören.

St Yves CLUB
(Karte S. 60; www.styves.co.za; The Promenade, Victoria Rd, Camps Bay) Der neueste Ableger des schicken Clubs in Camps Bay bietet an den meisten Sonntagen in der Sommersai-

son ein erstklassiges Aufgebot an DJs und Live-Acts, darunter die lokale Berühmtheit Goldfish (Tickets für 110 R sind über das Internet erhältlich).

Sport

Bei Eintrittspreisen von ca. 30 R sind Fußballspiele in Kapstadt nicht nur preiswert, sondern auch sehr unterhaltsam. Die Fans nutzen jede Chance, um mit ihren *vuvuzelas* (Plastiktrompeten) ordentlich Lärm zu machen. Die Saison dauert von August bis Mai. Ajax Cape Town (www.ajaxct.com) spielt im Cape Town Stadium, im Athlone Stadium (Cross Blvd, Athlone) spielt die Mannschaft Santos (www.santosfc.co.za).

SCHWULEN- UND LESBENSZENE IN KAPSTADT

Was der Mütter aller Städte in puncto Größe und Vielfalt der Schwulen- und Lesbenszene fehlt, macht sie spielend durch Freundlichkeit und den umwerfenden Glamour der Kulisse wieder wett. Zunächst gilt es einmal, die Sonnenbräune aufzufrischen und sein Glück am Clifton Beach No. 3 oder an der Sandy Bay zu versuchen. Der Nacktbadestrand liegt dezent bei der Llandudno Bay.

Bei Einbruch der Dunkelheit ist der erste Anlaufhafen das Schwulendorf De Waterkant mit schwulen-freundlichen Gästehäusern, Bars, Clubs und Restaurants. Das alteingesessene Cafe Manhattan (Karte S. 48; ☎021-421 6666; www.manhattan.co.za; 74 Waterkant St, De Waterkant) ist nett, um den Abend einzuläuten und etwas zu essen. Vom breiten Balkon aus hat man einen guten Blick auf die Passanten. Ebenso beliebt ist das Beefcakes (Karte S. 48; ☎021-425 9019; www.beefcakes.co.za; 40 Somerset Rd, De Waterkant; Burger 55–85 R; ☺Mo–Sa 11–22, So 18–22 Uhr; ☏), eine schwule Burgerbar, in der man dienstags „Bitchy Bingo" spielen und mittwochs und donnerstags professionelle Drag-Shows sehen kann. Freitags und samstags werden nur Jungs reingelassen.

Die Amsterdam Action Bar (Karte S. 48; www.amsterdambar.co.za; 10-12 Cobern St, De Waterkant; ☺17–2 Uhr) hat oben Dark Rooms und abgeschlossene kleine Räume, einen Billardtisch im Nichtraucherbereich und einen Balkon an einer Nebenstraße, von dem aus man das Treiben auf der Straße beobachten kann. Später geht's um die Ecke zur Crew Bar (Karte S. 48; www.crewbar.co.za; 30 Napier St, De Waterkant; Fr & Sa Eintritt 20 R; ☺17–4 Uhr) mit ihren ansehnlichen Bartänzern, die nur mit knappen Shorts und Glitter bekleidet sind, oder in die lesbenfreundliche Beaulah Bar (Karte S. 48; www. beaulahbar.co.za; 30 Somerset Rd; Eintritt 20 R; ☺20–4 Uhr). Die „Bei-uhlah" ausgesprochene, lustige Bar und Tanz-Location liegt eine Etage oberhalb der Straße. Hier trifft sich eine treue Schar junger Mädels und Jungs, die immer zum Tanzen bereit ist, wenn der DJ auflegt. Die Diven der florierenden Kapstädter Dragszene und ihre Anhänger versammeln sich in der Bubbles Bar (Karte S. 48; www.facebook.com/pages/Bubbles -Bar; 125A Waterkant St, De Waterkant; ☺19–2 Uhr). Je nach Publikum kann man hier eine Menge Spaß haben. Achtung: Die Karaokeabende, bei denen jeder mitmachen darf, sind eine Qual für die Ohren.

Das spaßige, exzentrische Alexander Bar & Café (Karte S. 48; http://alexanderbar. co.za; 76 Strand St; ☺ Mo–Sa 11–1 Uhr; ☐Castle) am Rand der City Bowl liegt in einem prächtigen denkmalgeschützten Gebäude. Über eines der altertümlichen Telefone auf den Tischen kann man mit anderen Gästen plaudern, eine Bestellung an der Bar aufgeben oder jemandem ein Telegramm schicken, auf den man ein Auge geworfen hat.

Wer es wirklich auf die landestypische Art will, schaut bei einer *gat*-Party vorbei, wo schwule und lesbische Buren ihre favorisierten Standardtänze im „Langarmstil" (mit viel Körperabstand) tanzen. Eine typische Veranstaltung ist die Deon Nagel's gat party (☎082-821 9185; www.facebook.com/groups/117474602037; Theo Marais Park, Koeberg Rd, Milnerton; Eintritt 30 R; ☺1., 2. & letzter Sa im Monat 21–2 Uhr).

Aktuelle Infos zu neuen Locations und Veranstaltungen bieten die jährlich aktualisierte *Pink Map* (www.mapsinfo.co.za), Gaynet Cape Town (www.gaynetcapetown. co.za) und die kostenlose Monatszeitschrift *Pink Tongue* (www.pinktongue.co.za). Und dann sollten im Reisekalender zwei Termine für die beiden wichtigsten Schwulenveranstaltungen der Stadt rot markiert werden – Cape Town Pride (http://capetownpri de.org) Anfang März und das sagenhafte Mother City Queer Project (www.mcqp. co.za), eine jeden Dezember stattfindende Tanzveranstaltung mit Kostümen.

Sahara Park Newlands CRICKET
(021-657 3300, Tickethotline 021-657 2099; www.capecobras.co.za; 146 Campground Rd, Newlands; Newlands) Der offizielle Name ist einem Sponsorenabkommen geschuldet, doch im Volksmund ist das Stadion immer noch als Newlands Cricket Ground bekannt. Es bietet 25 000 Gästen Platz und wird für internationale Spiele genutzt. Die Saison beginnt im September und endet im März. Am beliebtesten sind die eintägigen Spiele. Tickets kosten rund 50 R für Lokalderbys – die Nashua Mobile Cape Cobras spielen hier – und bis zu 200 R für internationale Spiele.

Newlands Rugby Stadium RUGBY
(021-659 4600; www.wprugby.com; 8 Boundary Rd, Newlands; Newlands) Dieser heilige Grund und Boden des südafrikanischen Rugbys ist das Heimatstadion der **Stormers** (www.iamastormer.com). Tickets für Super-12-Spiele kosten ab 50 R aufwärts, für internationale Spiele werden rund 350 R verlangt.

Theater & Comedy

Artscape THEATER
(außerhalb der Karte S. 48; 021-410 9800; www.artscape.co.za; 1-10 DF Malan St; P; Foreshore) Das gigantische Artscape besteht aus drei Auditorien in verschiedenen Größen (darunter das Studio On the Side) und ist der größte Kulturkomplex der Stadt. Ob Theater, klassische Musik, Ballettaufführungen, Oper oder Kabarett – im Artscape bekommt man alles zu sehen. Das zwielichtige Gebiet rund um den Komplex sollte man nachts meiden. Sichere Parkmöglichkeiten gibt's in Hülle und Fülle.

Baxter Theatre THEATER
(021-685 7880; www.baxter.co.za; Main Rd, Rondebosch) Das berühmte Theater in den südlichen Vororten deckt mit seinen drei Sälen das ganze Spektrum von Kindervorführungen bis zum Zulu-Tanz und Koproduktionen mit der Royal Shakespeare Company ab.

Fugard THEATER
(Karte S. 84; 021-461 4554; www.thefugard.com; Caledon St, The Fringe) Das nach Athol Fugard, Südafrikas bekanntestem lebenden Bühnenautor benannte, beeindruckende Kunstzentrum bietet zwei Bühnen. Das größte Theater fungiert auch als „Bioskop", was in diesem Fall ein digitales Kino bezeichnet, in dem internationale Tanz- und Opernaufführungen von Weltklasse gezeigt werden (im Preis ist ein Glas Sekt enthalten).

Jou Ma Se Comedy Club COMEDY
(außerhalb der Karte S. 62; http://www.kurt.co.za/jmscc; River Club, Liesbeek Parkway; Karten 80 R; Do 20.30 Uhr; Observatory) Der Name bedeutet „Die ***** deiner Mutter", aber man muss keinen Afrikaans-Slang verstehen, um über den sehr komischen Witzbold Kurt Schoonraad und seine Freunde lachen zu können. Der Comedyclub ist einer der besten von vielen mit Shows dieser Art in Kapstadt.

Shoppen
Es empfiehlt sich, mit leerem Koffer anzureisen, denn in Kapstadt gibt's vieles zu kaufen, was man sonst nirgendwo findet.

CITY BOWL

African Music Store MUSIK
LP TIPP (Karte S. 48; www.africanmsicstore.co.za; 134 Long St, Dorp) Die Bandbreite afrikanischer Musik, einschließlich aller Spitzenaufnahmen im Bereich Jazz, Kwaito (eine Form von Township-Musik) und Dance- und Tranceaufnahmen ist unübertroffen. Verkauft werden auch DVDs und weitere Souvenirs.

Merchants on Long MODE, GESCHENKE
(Karte S. 48; www.merchantsonlong.com; 34 Long St, City Bowl; Castle) Eine Galerie für erstklassiges modernes Design von Mode und Parfum bis hin zu Schreibwaren aus ganz Afrika. Ein Café gibt es auch.

African Image KUSTHANDWERK
(Karte S. 48; www.african-image.co.za; Ecke Church St & Burg St; Longmarket) Fabelhafte Auswahl an altem und modernem afrikanischen Kunsthandwerk und Kunst zu anständigen Preisen, darunter Kissenbezüge mit knallbunten Mustern und Schürzen von Shine Shine.

Pan African Market KUNSTHANDWERK
(Karte S. 48; www.panafrican.co.za; 76 Long St; Longmarket) Ein Mikrokosmos des Kontinents mit einer atemberaubenden Auswahl an afrikanischem Kunsthandwerk, zudem ein günstiges Café namens **Timbuktu** mit Sitzmöglichkeit auf dem Balkon mit Blick auf die Long St, dazu ein Schneider und ein Musikladen auf insgesamt drei Etagen.

Clarke's Books BÜCHER
(Karte S. 48; www.clarkesbooks.co.za; 199 Long St; Dorp) Bietet die größte Auswahl an

Büchern über Südafrika und den Kontinent und hat eine tolle Abteilung für gebrauchte Bücher.

BO-KAAP & DE WATERKANT

LP TIPP **Streetwires** KUNSTHANDWERK
(Karte S. 48; www.streetwires.co.za; 77 Shortmarket St; Longmarket) Das Motto hier lautet „wir basteln wirklich alles, das man aus Draht basteln kann". Wer das Sozialprojekt besucht, das nachhaltige Arbeitsplätze schaffen soll, und den Drahtskulpturkünstlern bei der Arbeit zusieht, versteht auch, was das bedeutet! Zum verblüffenden Sortiment gehören u.a. funktionsfähige Radios, Kronleuchter und lebensgroße Tiere.

Africa Nova KUNSTHANDWERK
(Karte S. 48; www.africanova.co.za; Cape Quarter, 72 Waterkant St; Mo–Fr 9–17, Sa 10–17, So 10–14 Uhr) Eine der stylishsten und schönsten Geschäfte mit modernen afrikanischen Stoffen und Kunsthandwerk. Eine kleinere Filiale gibt's in der Casa Labia in Muizenberg.

Monkeybiz KUNSTHANDWERK
(Karte S. 48; www.monkeybiz.co.za; 43 Rose St; Mo–Do 9–17, Fr 9–16, Sa 10–13 Uhr; Longmarket) Hier wird mit riesigem Erfolg bunte Glasperlenkunst verkauft, die von Frauen in den Townships hergestellt wird. Die Gewinne aus dem Projekt fließen in Wohltätigkeitsprojekte wie Suppenküchen und eine Beerdigungsstiftung für Künstler und ihre Familien.

Cape Quarter EINKAUFSZENTRUM
(Karte S. 48; www.capequarter.co.za; 27 Somerset Rd; Mo–Fr 9–18, Sa 9–16, So 10–14 Uhr; P) Auf zwei aneinandergrenzende Gebäude verteilt erstreckt sich der neuere, größere Block des Cape Quarter, in dessen Erdgeschoss eine schicke **Spar**-Filiale (Mo–Sa 7–21, So 8–21 Uhr) untergebracht ist – praktisch, wenn man sich in einer der Hütten oder Wohnungen der Gegend selbst versorgt. Jeden Sonntag findet von 10 bis 15 Uhr ein lebendiger Lebensmittel- und Warenmarkt in den oberen Etagen statt.

THE FRINGE, WOODSTOCK & SALT RIVER

LP TIPP **Old Biscuit Mill** EINKAUFSZENTRUM
(Karte S. 84; www.theoldbiscuitmill.co.za; 373-375 Albert Rd, Salt River; P, Salt River) Die einstige Keksfabrik beherbergt heute sehr ansprechende Kunst-, Kunsthandwerks-,

Mode- und Designläden sowie zahlreiche Imbisse. Hier findet jeden Samstag der phänomenal erfolgreiche Neighbourgoods Market statt.

LP TIPP **Book Lounge** BÜCHER
(Karte S. 84; 021-462 2425; www.booklounge.co.za; 71 Roeland St, The Fringe; Mo–Fr 9.30–19.30, Sa 8.30–18, So 10–16 Uhr) Himmlischer Buchladen, der dank seiner großen Auswahl, gemütlicher Stühle, eines einfachen Cafés und zahlreicher Veranstaltungen zum Treffpunkt von Kapstadts Literaturszene avanciert ist. Jede Woche finden bis zu drei Gesprächsrunden oder Buchvorstellungen statt, in der Regel mit kostenlosen Getränken und Snacks. Am Wochenende gibt's Lesungen für Kids.

Ashanti KUNSTHANDWERK
(Karte S. 84; www.ashantidesign.com; 133-135 Sir Lowry Rd, Woodstock; Woodstock) Körbe, Matten, Lampenschirme, Taschen und Kissen sind nur einige der regenbogenfarbenen Produkte aus ganz Afrika, die in diesem tollen Design-Kunsthandwerksladen verkauft werden. Die meisten Objekte sind Unikate.

South African Print Gallery KUNST
(Karte S. 84; www.printgallery.co.za; 109 Sir Lowry Rd, Woodstock; Di–Fr 9.30–16, Sa 10–13 Uhr; Woodstock) Drucke lokaler Künstler, sowohl etablierter als auch aufstrebender, sind die Spezialität dieser Galerie. Hier findet man mit größter Wahrscheinlichkeit Werke, die bezahlbar und so handlich sind, dass man sie auf der Rückreise im Koffer verstauen kann.

GARDENS
Fringe Arts KUNSTHANDWERK
(Karte S. 52; www.thefringearts.co.za; 99B Kloof St, Gardens) In dieser kreativen Boutique sind die Werke von knapp 100 südafrikanischen Künstlern und Designern von Töpferware und Schmuck bis hin zu Drucken und Taschen zu bekommen, sodass man mit Sicherheit ein einzigartiges Mitbringsel oder Souvenir findet.

Bluecollarwhitecollar MODE
(Karte S. 52; www.bluecollarwhitecollar.co.za; Lifestyle on Kloof, 50 Kloof St, Gardens; P; Michaelis) Hier gibt's wunderbar geschneiderte Hemden, sowohl formelle als auch legere. Seit neuestem werden auch T-Shirts und Shorts verkauft. Auf dem samstäglichen Markt an der Old Biscuit Mill ist der Laden mit einem Stand vertreten.

LIM HAUSHALTSWAREN

(Karte S. 52; www.lim.co.za; 86A Kloof St, Gardens) Einfach durch die Räume stöbern und die Vielfalt an Haushaltwaren bewundern, darunter auch Modeaccessoires aus Wildleder.

GREEN POINT & WATERFRONT

Victoria Wharf EINKAUFSZENTRUM

(Karte S. 56; Breakwater Blvd, Waterfront; ◎9–21 Uhr; ℗; 🚇Waterfront) In diesem ansprechenden Einkaufszentrum, das zu den besten Kapstadts gehört, sind alle großen südafrikanischen Namen vertreten: Woolworths, CNA, Pick 'n' Pay, Exclusive Books und Musica, dazu internationale Luxusmarken. Daneben liegt der **Red Shed Craft Workshop**, ein permanenter Markt mit Kunsthandwerk aus der Region, darunter Töpferwaren, Stoffe und Schmuck.

Waterfront Craft Market & Wellness Centre KUNSTHANDWERK

(Karte S. 56; Dock Rd, Waterfront; ◎9.30–18 Uhr; ℗; 🚇Breakwater) Auch als Blue Shed bekannt. Der vielseitige Kunsthandwerksmarkt hat viel zu bieten. Im Bereich des Wellness Centre findet man zahlreiche ganzheitliche Produkte und kann sich massieren lassen.

Vaughan Johnson's Wine & Cigar Shop WEIN

(Karte S. 56; www.vaughanjohnson.co.za; Market Sq, Dock Rd, Waterfront; ◎Mo–Fr 9–18, Sa 9–17, So 10–17 Uhr; ℗; 🚇Breakwater) Hier bekommt man praktisch jede renommierte südafrikanische Weinsorte, die man sucht (sowie andere internationale Weine). Anders als andere Weinhandlungen hat diese auch am Sonntag geöffnet.

Cape Union Mart Adventure Centre OUTDOORZUBEHÖR

(Karte S. 56; www.capeunionmart.co.za; Quay 4, Waterfront; ◎9–21 Uhr; ℗; 🚇Waterfront) In diesem riesigen Laden findet man Rucksäcke, Schuhe, Kleidung und so ziemlich alles andere, was man für Outdoor-Abenteuer von Wandern auf dem Tafelberg bis hin zur Safari vom Kap nach Kairo braucht.

ATLANTIKKÜSTE

Hout Bay Craft Market MARKT

(Baviaanskloof Rd, Hout Bay; hSo 10–17 Uhr) Sonntags kann man sich herrlich über diesen Markt auf der Dorfwiese treiben lassen.

WOCHENMÄRKTE FÜR SELBSTGEMACHTES

Der riesige Erfolg des **Neighbourgoods Market** (www.neighbourgoodsmarket.co.za; 373-375 Albert Rd, Salt River; ◎Sa 9–14 Uhr; ℗; 🚇Salt River) in der Old Biscuit Mill hat zahlreiche Nachahmer in der ganzen Stadt gefunden. Das Original ist immer noch das Beste, wird aber schnell sehr voll, sodass man sehr früh hier sein sollte. Essen und Getränke gibt's im Hauptbereich, in dem man Lebensmittel und Gourmet-Leckereien bekommt oder sich einfach nur umschaut. Im separaten Designergoods-Bereich werden Mode und Accessoires aus der Region verkauft – das sollte man auf keinen Fall verpassen!

Zu den weiteren besonders guten Wochenmärkten gehören u. a.:

City Bowl Market (Karte S. 52; http://citybowlmarket.co.za; 14 Hope St, Gardens; ◎Sa 9–14 Uhr; 🚇Gardens) In einem schönen alten Gebäude mit einer prächtigen Halle und einem Gartenbereich findet samstagmorgens dieser sehr entspannte Markt statt, der schönste in Gardens. Im Untergeschoss gibt's ein Modegeschäft und gelegentlich sind mehrere Modeverkäufer vertreten.

Bay Harbour Market (http://bayharbour.co.za/home.html; 31 Harbour Rd, Hout Bay; ◎Fr 17–22, Sa 9–17, So 10–16 Uhr) Dieser einfallsreich eingerichtete überdachte Markt mit einer großen Auswahl an Geschenken und Kunsthandwerk sowie verlockendem Essen und Getränken und Livemusik liegt am äußersten Westende des Hafens. Der Markt am Freitagabend findet nur von November bis Ende Februar statt, die Öffnungszeiten am Wochenende gelten das ganze Jahr über.

Blue Bird Garage Food & Goods Market (39 Albertyn Rd, Muizenberg; ◎Fr 16–22, Sa 10–15 Uhr; 🚇Valsbaai) Dieser Markt findet in einem Hangar aus den 1940er-Jahren statt, der einstigen Zentrale des ersten Luftpostzustelldiensts der südlichen Halbkugel, der dann in den 1950er-Jahren als Werkstatt diente. Hier kann man toll shoppen und herumstöbern, vor allem freitagabends zu Livemusik.

SÜDLICHE VORORTE

Montebello
KUNSTHANDWERK

(www.montebello.co.za; 31 Newlands Ave; ⊘Mo–Fr 9–17, Sa 9–16, So 9–15 Uhr; Ⓟ) Dieses Entwicklungsprojekt hat vielen großartigen Künstlern und Designern auf die Sprünge geholfen. Auf dem grünen Gelände sind verschiedene Ateliers angesiedelt: Bei **Mielie** (www.mielie.co.za) gibt's bunte Taschen aus Recyclingmaterialien und bei **Sitali Jewellers** (www.sitalijewellers.com) handgemachten Gold- und Platinschmuck in alten Ställen. Das **David Krut Projects** (www.davidkrut projectscapetown.com) ist eine Galerie, die sich auf Drucke und Arbeiten auf Papier spezialisiert hat. Dazu gibt es einen Bio-Delikatessenladen und das hervorragende Café Gardener's Cottage.

Cavendish Square
EINKAUFSZENTRUM

(www.cavendish.co.za; Cavendish Square Dreyer St, Claremont; ⊘Mo–Sa 9–19, So 10–17 Uhr; Ⓟ; ⑧Claremont) Viele der führenden Modedesigner von Kapstadt haben ihre Boutiquen in diesem erstklassigen Einkaufszentrum. Hinzu kommen hier Supermärkte, Kaufhäuser und zwei Kinos mit mehreren Sälen.

ⓘ Praktische Informationen

Gefahren & Ärgernisse

Kapstadts entspannte Atmosphäre verleitet manchen Reisenden dazu, sich allzu sicher zu fühlen. Diebstähle passieren meist dort, wo Urlauber sich unvorsichtig verhalten, indem sie beispielsweise ihre Wertsachen unbeaufsichtigt am Strand liegen lassen, während sie schwimmen gehen.

Überängstlichkeit ist zwar nicht angesagt, gesunder Menschenverstand aber schon. Auf der Kaphalbinsel herrscht unglaubliche Armut, und daher ist die „informelle Umverteilung von Wohlstand" recht verbreitet. Die Townships der Cape Flats haben eine erschreckend hohe Kriminalitätsrate. Ohne einen vertrauenswürdigen Führer oder außerhalb einer geführten Tour sollten diese Vororte nicht besucht werden.

Spaziergänge in der Stadt sind im Allgemeinen relativ sicher, doch sollte man immer dem Rat der Einheimischen folgen, wo man hingehen kann und welche Ecken man besser meiden sollte. Zu mehreren ist man auf jeden Fall immer sicherer unterwegs.

Das Baden an den Stränden des Kaps kann besonders für diejenigen Schwimmer gefährlich werden, die mit der Brandung nicht vertraut sind. Generell gilt: Immer auf die Warnhinweise achten und ausschließlich an bewachten Stränden baden gehen.

Geld

Geld kann am Flughafen gewechselt werden und es gibt Bankautomaten in der ganzen Stadt; Hinweise zu Betrügereien an Geldautomaten siehe S. 638.

Internetzugang

Die meisten Hotels und Hostels bieten ihren Gästen einen Internetzugang und/oder WLAN, nur selten muss man ein Internetcafé aufsuchen. Die Preise liegen meist einheitlich bei 30 R pro Stunde. WLAN ist in vielen Hotels und Hostels der Stadt verfügbar, ebenso in mehreren Cafés und Restaurants in der ganzen Stadt; man erkennt sie in diesem Band an diesem Symbol: 🛜. Mancherorts ist das WLAN kostenlos (nach dem Passwort fragen), anderswo muss man dafür zahlen. Anbieter sind u. a. **Red Button** (www.redbutton.co.za) und **Skyrove** (www.skyrove.com).

Medien

Kapstadts Morgenzeitung, die *Cape Times* (www.iol.co.za/capetimes), und die Nachmittagszeitung *Cape Argus* (www.iol.co.za/capeargus) haben praktisch denselben Inhalt. Der wöchentlich freitags erscheinende *Mail & Guardian* (http://mg.co.za) hat eine gute Beilage mit Kunstkritiken und einem Veranstaltungskalender für Kapstadt. *Cape Etc* (www.capeetc.com) ist eine gute, alle zwei Wochen erscheinende Zeitschrift für Kunst und Veranstaltungen in der Stadt. Das Online-Magazin *Cape Town Magazine* (www.capetownmagazine.com) hat eine englische, deutsche und niederländische Ausgabe und ist eine nützliche Informationsquelle mit aktuellen Veranstaltungstipps.

Medizinische Versorgung

Die medizinische Versorgung in Kapstadt ist sehr gut. Hotels und andere Unterkünfte organisieren bei Bedarf einen Hausbesuch.

Groote Schuur Hospital (📞021-404 9111; www.westerncape.gov.za/your_gov/5972; Main Rd, Observatory)

Netcare Christiaan Barnard Memorial Hospital (📞021-480 6111; www.netcare.co.za/live/content.php?Item_ID=250; 181 Longmarket St, City Bowl)

Netcare Travel Clinic (📞021-419 3172; www.travelclinics.co.za; 11. Stock, Picbal Arcade, 58 Strand St, City Bowl; ⊘Mo–Fr 8–16 Uhr)

Notfall

Bei Notfällen die 📞107 oder über Handy die 📞021-480 7700 wählen. Weitere nützliche Telefonnummern:

Polizei (📞10111)

Seerettung (📞021-449 3500)

Table Mountain National Park (📞086-106 417)

Post

Postfilialen gibt's überall in Kapstadt; die jeweils nächste findet man unter www.sapo.co.za. Die Post ist verlässlich, aber teilweise langsam. Wer einen Wertgegenstand verschickt, sollte sich an einen privaten Postversand wie **Postnet** (www.postnet.co.za) wenden, der für internationale Lieferungen DHL einsetzt.

Hauptpost (Karte S. 48; www.postoffice.co.za; Parliament St, City Bowl; ☉Mo–Fr 8–16.30, Sa 8–12 Uhr).

Telefon

Für Telefonzellen sind Telefonkarten nützlich. Man kann sie bei Zeitungshändlern und in Gemischtwarenläden kaufen.

Mobiltelefone kann man ausleihen. Alternativ dazu gibt es SIM-Karten an den MTM- und Vodacom-Schaltern am Flughafen oder in der Stadt. Dort finden sich auch Cell-C- und Virgin-Mobile-Läden. Nachladekarten werden überall in der Stadt angeboten.

Touristeninformation

Im Hauptbüro von **Cape Town Tourism** (Karte S. 48; ☎021-426 4260; www.capetown.travel; Ecke Castle St & Burg St; ☉Okt.–März tgl. 8–18 Uhr, April–Sept. Mo–Fr 9–17, Sa & So 9–13 Uhr) kann man Unterkünfte, geführte Touren und ein Mietauto buchen. Außerdem bekommt man Informationen zu Nationalparks und Naturschutzgebieten, Safaris und Überlandtouren.

Weitere Filialen von Cape Town Tourism:

Hout Bay (☎021-790 8380; 4 Andrews Rd; ☉Okt.–April Mo–Fr 9–17.30, Sa & So 9–13 Uhr, Mai–Sept. Mo–Fr 9–17 Uhr)

Kirstenbosch Visitor Information Centre (☎021-762 0687; Kirstenbosch Botanical Gardens, Haupteingang, Rhodes Dr, Newlands; ☉9–18 Uhr)

Muizenberg Visitor Information Centre (☎021-787 9140; The Pavilion, Beach Rd; ☉Mo–Fr 9–17.30, Sa & So 9–13 Uhr)

Simon's Town Visitor Information Centre (☎021-786 8440; 111 St. George's St; ☉Mo–Fr 8.30–17.30, Sa & So 9–13 Uhr)

V&A Waterfront Visitor Information Centre (☎021-408 7600; Dock Rd; ☉9–18 Uhr)

An- & Weiterreise

Bus

Langstreckenbusse kommen am Busbahnhof neben dem **Bahnhof Kapstadt** (Karte S. 48; Heerengracht) an. Hier findet auch Schalter, die täglich von 6 bis 18.30 Uhr geöffnet haben und Karten für folgende Buslinien verkaufen:

Greyhound (☎083 915 9000; www.greyhound.co.za)

Intercape Mainliner (☎021-380 4400; www.intercape.co.za)

SA Roadlink (☎083 918 3999; www.saroadlink.co.za)

Translux (☎021-449 6942; www.translux.co.za)

Baz Bus (☎021-422 5202; www.bazbus.com) Busse zum beliebig häufigen Ein- und Aussteigen sowie ein Shuttleservice zwischen Kapstadt und Jo'burg/Pretoria über die nördlichen Drakensberge, Durban und die Garden Route.

Flugzeug

Der **Cape Town International Airport** (☎021-937 1200; www.acsa.co.za/home.asp?pid=229) liegt 22 km östlich des Zentrums und hat eine Touristeninformation.

Folgende Fluglinien unterhalten Büros in Kapstadt:

1time (☎011-086 8000; www.1time.aero)

Air Mauritius (☎087 1507 242; www.airmauritius.com)

Air Namibia (☎021-422 3224; www.airnamibia.com.na)

British Airways (☎021-936 9000; www.ba.com)

Emirates (☎021-403 1100; www.emirates.com)

KLM (☎0860 247 747; www.klm.com)

Kulula.com (☎0861 585 852; www.kulula.com)

Lufthansa (☎0861 842 538; www.lufthansa.com)

Malaysia Airlines (☎021-419 8010; www.malaysiaairlines.com)

Mango (☎021-815 4100, 0861 162 646; www.flymango.com)

Qatar Airways (☎021-936 3080; www.qatarairways.com)

Singapore Airlines (☎021-674 0601; www.singaporeair.com)

South African Airways (☎021-936 1111; www.flysaa.com)

Virgin Atlantic (☎011-340 3400; www.virgin-atlantic.com)

Zug

Alle Fernzüge beginnen und enden am **Bahnhof Kapstadt** (Karte S. 48; Heerengracht). Züge von **Shosholoza Meyl** (☎0860 008 888; www.shosholozameyl.co.za) fahren mittwochs, freitags und sonntags über Kimberley von und nach Johannesburg. In den Schlafwagen kann man gemütlich schlafen und gut speisen. Wer aber mehr Luxus möchte, fährt mit dem eleganten **Blue Train** (☎021-449 2672; www.bluetrain.co.za), der auf dem Weg nach Pretoria in Matjiesfontein und auf dem Weg zurück nach Kapstadt in Kimberley hält, oder mit **Rovos Rail** (012-315 8242; www.rovos.com).

 Unterwegs vor Ort

Es gibt ein Verzeichnis der nächstgelegenen Cape-Metro-Rail-Bahnhöfe sowie der MyCiTi-Bushaltestellen, die maximal um etwa 100 m von einem Bahnhof oder einer Haltestelle entfernt liegen.

Auto & Motorrad

Kapstadt bietet ein sehr gutes Netz an Straßen und Autobahnen mit relativ wenig Verkehr, abgesehen von der Rush Hour am späten Nachmittag. Schwierig ist es nur, sich an die oft sprunghaften Manöver der anderen Fahrer zu gewöhnen.

Folgende Autovermietungen sind in Kapstadt ansässig:

Around About Cars (021-422 4022; www.aroundaboutcars.com; 20 Bloem St; Mo–Fr 7.30–17, Sa & So 7.30–13 Uhr)

Avis (021-424 1177; www.avis.co.za; 123 Strand St)

Budget (021-418-5232; www.budget.co.za; 120 Strand St)

Hertz (021-410 6800; www.hertz.co.za; 40 Loop St)

Status Luxury Vehicles (021-510 0108; http://slv.co.za)

An folgenden Adressen werden motorisierte Zweiräder vermietet:

Cape Sidecar Adventures (021-434 9855; www.sidecars.co.za; 2 Glengariff Rd)

Harley-Davidson Cape Town (021-446 2999; www.harley-davidson-capetown.com; 9 Somerset Rd)

Scoot Dr (021-418-5995; www.scootdr.co.za; 61 Waterkant St, City Bowl)

Bus

Das neue Pendlerbussystem **MyCiTi** (0800 656 463; www.capetown.gov.za/myciti) fährt täglich zwischen 5 und 22 Uhr. Die wichtigsten Routen sind die vom Flughafen ins Zentrum, von der Table Bay ins Zentrum und von der City Bowl hinauf nach Gardens und zur Waterfront hinaus. Es ist geplant, das Streckennetz an der Atlantikküste entlang nach Camps Bay und Hout Bay sowie Richtung Osten nach Woodstock und Salt River zu erweitern.

Für die meisten Strecken im Zentrum zahlt man 5 R, zum Table View 10 R und zum Flughafen 53,50 R. Die Fahrkarte bezahlt man mit einer im Voraus aufgeladenen myconnect-Karte; Ausnahme ist die Strecke Airport–Civic Centre, die man bar bezahlen kann.

Zum Zeitpunkt der Recherche bekam man myconnect-Karten nur an den Kiosken im Civic Centre und an Table-View-Haltestellen. Für die Karte zahlt man 22 R Pfand; die Quittung aufbewahren und sich das Geld später zurückzahlen lassen, wenn man die Karte wieder am Kiosk abgibt. Nach dem Erwerb lädt man die Karte auf. Dies kostet eine Transaktionsgebühr von 2,5 % des aufgeladenen Betrags (Minimum 1,50 R). Wer die Karte also für 200 R auflädt, hat ein Guthaben von 195 R. Die Karte wird von ABSA ausgestellt und kann auch benutzt werden, um kleine Beträge in Geschäften und Unternehmen mit ausgewiesenem Mastercard-Symbol zu bezahlen.

Busse von **Golden Arrow** (0800 656 463; www.gabs.co.za) starten am **Golden Acre Terminal** (Karte S. 48; Grand Pde; City Bowl) und sind das günstigste Verkehrsmittel, um entlang der Atlantikküste vom Zentrum nach Hout Bay zu fahren. Folgende Fahrziele werden vom Zentrum aus zu den angegebenen Preisen (gültig außerhalb der Hauptstoßzeiten zwischen 8 und 16 Uhr) angesteuert: Waterfront (4 R), Sea Point (4 R), Kloof Nek (4 R), Camps Bay (5 R) und Hout Bay (8 R). In den Stoßzeiten sind die Preise 30 % höher.

Fahrrad

Wer nicht vor vielen Hügeln und großen Distanzen zwischen Sehenswürdigkeiten zurückschreckt, kann die Kaphalbinsel toll mit dem Fahrrad erkunden. Dank der Weltmeisterschaft gibt es reine Fahrradwege wie z. B. einen guten Weg Richtung Table View in nördlicher Richtung aus der Stadt heraus. Ein weiterer führt entlang des Fan Walk vom Hauptbahnhof Kapstadt nach Green Point. Leider darf man in den Vorortzügen keine Räder mitnehmen.

An folgenden Adressen werden Fahrräder vermietet:

Bike & Saddle (021-813 6433; www.bikeandsaddle.com; Verleih 30–80 R/Std.)

Cape Town Cycle Hire (021-434 1270, 084-400 1604; www.capetowncyclehire.co.za; ab 150 R/Tag)

Downhill Adventures (Karte S. 52; 021-422 0388; www.downhilladventures.com; Ecke Orange St & Kloof St; Mo–Fr 8–18, Sa 8–13 Uhr; Buitensingel)

Zum/vom Flughafen

MyCiTi-Busse starten zwischen 5 und 22 Uhr alle 20 Minuten vom Bahnhof Civic Centre. Den **Fahrpreis** (Erw./Kind 4–11/Kind unter 4 Jahre 53,50/26,50 R/kostenlos) bezahlt man bar oder mit der myconnect-Karte. Der **Backpacker Bus** (021-439 7600; www.backpackerbus.co.za) holt Gäste an ihren Hostels und Hotels in der Stadt ab und bringt sie für 160 R pro Person zum Flughafen (180 R zw. 17 und 8 Uhr).

Taxis verlangen etwa 200 R; das offizielle Taxiunternehmen für den Flughafen ist **Touch Down Taxis** (021-919 4659).

Alle großen Mietwagenfirmen sind am Flughafen vertreten. Die Fahrt entlang der N2 ins Zentrum dauert in der Regel 15 bis 20 Minuten, während der Hauptverkehrszeiten (7–9 und 16.30–18.30 Uhr) bis zu einer Stunde. Direkt am Flughafen gibt's eine Tankstelle – praktisch, um das Fahrzeug vor der Rückgabe wieder zu betanken.

Rikki

Rikkis (☎0861 745 547; www.rikkis.co.za) sind eine Mischung aus normalen Taxis und Sammeltaxis. Sie bieten Fahrten innerhalb der City Bowl und der Atlantikküste hinunter nach Camps Bay an und fahren in und um Hout Bay (15–30 R). Für Einzeltaxifahrten werden je nach Fahrtstrecke 35–55 R pro Person berechnet, für den Flughafentransfer 180 R pro Person. Über eine Standleitung können Rikkis kostenlos gerufen werden; eine Übersicht über die kostenlosen Telefone neben dem Büro von Cape Town Tourism in der Burg St. findet man auf der Webseite. Rikkis sind allerdings nicht besonders schnell. Sie haben außerdem den Ruf, regelmäßig zu spät zum vereinbarten Treffpunkt zu kommen.

Sammeltaxi

In Kapstadt (und in Südafrika im Allgemeinen) sind Sammeltaxis Minibus-Taxis. Die privat betriebenen Taxis decken auf einem informellen Routennetzwerk den Großteil der Stadt ab, sind preiswert und eine schnelle Art, um von A nach B zu kommen. Dafür sind sie in der Regel überfüllt und einige Fahrer fahren rücksichtslos. Für Reisende interessant ist die Strecke von der Adderley St (gegenüber dem Golden Acre Centre) über die Main Rd nach Sea Point (5 R) sowie die Long Street hinauf nach Kloof Nek (5 R).

Der zentrale Minibus-Bahnhof liegt im oberen Stockwerk des Hauptbahnhofs. Vom Golden Acre Centre führt eine Fußgängerpassage dorthin, von der Strand Street eine Treppe. Das Ganze ist gut organisiert, die richtige Haltestelle ist schnell gefunden. Anderswo winkt man die Minibus-Taxis einfach vom Straßenrand heran und fragt den Fahrer nach dem Fahrziel.

Taxi

Abends oder mit einer Gruppe lohnt sich ein normales Taxi. Die Tarife liegen bei 10 R pro Kilometer. Einen Taxistand gibt's an der Adderley St. Alternativ ruft man telefonisch eines der folgenden Taxis:

Excite Taxis (☎021-448 4444; www.excite taxis.co.za)

Marine Taxi (☎0861-434 0434, 021-913 6813; www.marinetaxis.co.za)

SA Cab (☎0861 172 222; www.sacab.co.za)

Telecab (☎021-788 2717, 082-222 0282) Fährt von Simon's Town nach Boulders und Cape Point.

Zug

Die Züge von **Cape Metro Rail** (☎0800 656 463; www.capemetrorail.co.za) sind ein praktisches Verkehrsmittel. Wochentags wird der Verkehr ab 18 Uhr aber fast ganz oder sogar komplett eingestellt, ebenso samstags nach Mittag.

Zwischen der 1. und der 2. Klasse besteht kaum ein Unterschied hinsichtlich Preis und Komfort. Die wichtigste Bahnlinie für Touristen ist die Strecke nach Simon's Town, die durch Observatory und auf der Rückseite des Tafelbergs durch die reichen Vororte wie Newlands nach Muizenberg und weiter entlang der False Bay führt. Die Züge verkehren von Montag bis Freitag mindestens stündlich zwischen 5 und 19.30 Uhr. Samstags fahren sie bis 18 Uhr und sonntags von 7.30 bis 18.30 Uhr.

Metro-Züge fahren ebenfalls an der Ostseite der False Bay nach Strand und in die Winelands nach Stellenbosch and Paarl. Die Bahn ist das günstigste und einfachste Verkehrsmittel in dieser Gegend; die Sicherheit ist zu Stoßzeiten am höchsten.

Beispielhafte Fahrpreise 1./2. Klasse: Observatory (7/5 R), Muizenberg (10/6,50 R), Simon's Town (15/7,50 R), Paarl (16/10 R) und Stellenbosch (13/7,50 R). Ein Sonderticket für 30 R erlaubt täglich von 8 bis 16.30 Uhr unbegrenzte Fahrten zwischen Kapstadt und Simon's Town.

Western Cape

Inhalt »

Cape Winelands............ 104
Distrikt Overberg.......... 120
Route 62........................ 132
Garden Route................ 145
Zentrale Karoo 162
Westküste &
Swartland..................... 165

Gut essen

» Tasting Room (S. 114)
» Die Strandloper (S. 168)
» Jessica's (S. 141)
» Bosman's Restaurant (S. 120)
» Old Gaol on Church Square (S. 132)

Schön übernachten

» Phantom Forest Eco-Reserve (S. 155)
» Grootbos Private Nature Reserve (S. 127)
» Nothando Backpackers Hostel (S. 160)
» Beaverlac (S. 171)
» Ballinderry Guesthouse (S. 137)

Auf nach Western Cape!

Die wunderbare Provinz Western Cape (Westkap bzw. Wes-Kaap) lockt mit Weingütern von Weltklasse, prächtigen Stränden und Bergen. Aber auch die weniger bekannten Regionen haben viel zu bieten: In den weiten, offenen Flächen der Karoo, in den Naturschutzgebieten und Wildnisgebieten kann man Vögel beobachten, Abenteuer in freier Natur erleben oder einfach unter dem blauen Himmelszelt entspannen.

Western Cape hat eine große Auswahl von Aktivitäten zu bieten, von entspannten Weinverkostungen über Panoramafahrten bis hin zu adrenalinträchtigen Abenteuern wie Fallschirmspringen oder Klettern.

Die Region ist ein interessanter Schmelztiegel der Kulturen. In den Cederbergen kann man Khoisan-Felskunst bewundern. Außerdem gibt es gute Möglichkeiten, Townships der schwarzen Bevölkerung zu besuchen und in die faszinierende Kultur der Xhosa einzutauchen.

Reisezeit

Knysna

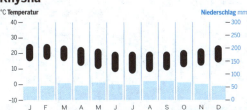

Feb.–März & Nov. Ideal: nicht zu heiß zum Wandern, aber warm genug für den Strand.

Juni–Aug. Die Walbeobachtungssaison beginnt. An der Westküste blühen die Blumen.

Dez.–Jan. Mit den Besucherzahlen steigen die Preise. Es ist heiß und es gibt jede Menge Feste.

Highlights

① Durch die Wälder von **Knysna** (S. 153) wandern und an der Lagune Austern (S. 156) schlemmen

② Von den Klippen in **Hermanus** (S. 123) Wale beobachten und die Dünen des **De Hoop Nature Reserve** (S. 129) bewundern

③ In der **Cederberg Wilderness Area** (S. 170) zwischen bizarren Felsen wandern und Spuren der Khoisan-Kultur entdecken

④ Auf der R62 in die Straußenstadt **Oudtshoorn** (S. 142) und anschließend über den sehenswerten

Swartberg Pass (S. 144) nach **Prince Albert** (S. 162) fahren und die Gastlichkeit der Karoo erleben

5 Tolle Weine und Gerichte in den historischen Städtchen der **Cape Winelands** (S. 104) probieren

6 An der **West Coast** (S. 167) Kitesurfen lernen und Meeresfrüchte genießen (S. 167)

7 Auf der **Garden Route** (S. 145) Wildtiere aus der Nähe beobachten, Geparden ausführen und mit Elefanten abhängen

Geschichte

Die Ureinwohner der Provinz Western Cape sind die Khoisan. Heute leben hier nur noch wenige, und ihre Sprachen und ihre Kultur sind weitgehend verloren gegangen. Später zogen Bantu-Völker aus dem Norden in die Gegend und vor mehr als 350 Jahren kamen die Europäer ins Land. Die Holländer führten den Weinbau ein, der dann durch französische Hugenotten Auftrieb erhielt und das Erscheinungsbild und die Wirtschaft des Landes entscheidend veränderte.

Klima

Der Sommer in Western Cape (Okt.–März) ist trocken, sonnig und warm bis heiß: In einigen Regionen steigen die Temperaturen bis auf 38 °C. Es ist jedoch oft windig: Der „Cape Doctor", der aus Südosten über das Kap fegt und dabei Sturmstärke erreichen kann, sorgt für Abkühlung. Der Winter (Juni–Aug.) ist kühl; die Durchschnittstemperaturen liegen bei rund 5 °C, die Höchsttemperaturen bei rund 17 °C. Auf den höheren Gipfeln fällt gelegentlich Schnee. Nördlich vom Kap wird es an der Küste zusehends trockener und heißer, während an der Südküste gemäßigtes Klima herrscht.

Sprache

Western Cape ist eine der nur zwei Provinzen Südafrikas (die andere ist die Provinz Northern Cape) mit einer Bevölkerungsmehrheit (55 %), die sich als *coloured* bezeichnet. Die Muttersprache der meisten Cape Coloureds, zu deren Ahnen Khoisan, Weiße und Sklaven aus Indonesien und Madagaskar zählen, ist Afrikaans. Englisch wird aber auch überall verstanden.

ⓘ Anreise & Unterwegs vor Ort

Die Provinz Western Cape ist per Bus, Flugzeug und Auto leicht erreichbar. Von Johannesburg aus gibt es täglich Bus-, Zug- und Flugverbindungen nach Kapstadt, von wo aus man mit öffentlichen Verkehrsmitteln oder einem Mietwagen in der ganzen Provinz herumkommt. Die Orientierung ist nicht schwer: Die Straßen sind gut und die Entfernungen nicht allzu groß. **Baz Bus** (☎0861 229 287; www.bazbus.com) betreibt einen Shuttle-Dienst, bei dem man beliebig oft aus- und zusteigen kann und der einen großen Teil der Provinz erschließt (14-Tage-Karte 1900 R).

CAPE WINELANDS

Hinter Kapstadt erstreckt sich im Binnenland diese früher als „Boland" (Hochland)

bezeichnete, hoch gelegene Region. Dieses erstklassige Weinbaugebiet ist das bekannteste Südafrikas. Die wundervollen Gebirgszüge rund um Stellenbosch und Franschhoek bieten ein ideales Mikroklima für die Weinstöcke.

Kolonisten siedeln hier seit der zweiten Hälfte des 17. Jhs., als die Holländer Stellenbosch gründeten und sich anschließend französische Hugenotten in Franschhoek niederließen. Beide Städte sind stolz auf ihre jungen, innovativen Köche, von denen viele ihre Restaurants auf Weingütern haben. Überhaupt ist die Region zur Triebfeder der südafrikanischen Küche geworden. Auch das aufstrebende Paarl, das lange im Schatten der beiden Nachbarstädte stand, lohnt inzwischen einen genaueren Blick.

Man kann diese Städte alle im Rahmen von Tagesausflügen ab Kapstadt besuchen. Stellenbosch und Paarl sind mit dem Zug erreichbar, aber wer über kein Auto verfügt, kommt am leichtesten in Franschhoek herum. Wer die Region richtig kennenlernen und die Weingüter besuchen will (derzeit sind es rund 300), sollte schon vor Ort übernachten und sich ein eigenes Transportmittel beschaffen. Ein Fahrrad tut es auch, wenn man seine Besichtigungsambitionen nicht zu hoch steckt. Wenn man aber möglichst viele Weingüter sehen will, kommt man um einen Leihwagen nicht herum. Wer einfach Wein trinken und nicht alles durchprobieren will, kann sich auch einer organisierten Tour anschließen.

Stellenbosch & Umgebung

☎021 / 200 000 EW.

Stellenbosch wurde 1679 vom Gouverneur der niederländischen Kapkolonie am Ufer des Eerste River gegründet. Die Gegend

---

ⓘ STADTSPAZIERGANG IN STELLENBOSCH

Wer sich selbst nach all den Weinverkostungen wieder auf Trab bringen will, kann an dem **geführten Stadtspaziergang** (90 R/Pers.; ⏰11 & 15 Uhr) von **Stellenbosch Tourism** (Karte S. 106; ☎021-883 3584; www.stellenbosch tourism.co.za; 36 Market St; ⏰Mo–Fr 8–17, Sa & So 9–14 Uhr) teilnehmen. Für die Touren am Wochenende muss man unbedingt vorab reservieren.

war (und ist auch heute noch) für ihre guten Böden bekannt und bot ideale Bedingungen, um Gemüse und Wein für die Versorgung der Schiffe anzubauen, die am Kap einen Zwischenstopp einlegten.

Südafrikas zweitälteste europäische Siedlung hat zwei verschiedene Gesichter: Sie ist eine elegante, historische Stadt mit prächtigen kapholländischen, georgianischen und viktorianischen Gebäuden, die an von Eichen gesäumten Straßen stehen, und zugleich eine muntere Universitätsstadt mit den dazu gehörigen Bars, Clubs und billigen Lokalen. In Stellenbosch ist ständig was los, weil die Kapstädter, die Angestellten der Weingüter und die Touristen in Scharen hierher kommen, um die interessanten Museen, guten Hotels, die vielfältige Gastronomie und das spannende Nachtleben zu genießen.

◉ Sehenswertes & Aktivitäten
IN STELLENBOSCH

LP TIPP **Bergkelder** WEINGUT
(Karte S. 106; ☎021-809 8025; www.berg kelder.co.za; ◷Mo–Fr 8–17, Sa 9–14 Uhr, Führung Mo–Fr 10, 11, 14 & 15, Sa 10, 11 & 12 Uhr) Für Weinliebhaber, die nicht über ein Auto verfügen, ist dieses Weingut ideal, weil es nur einen kurzen Spaziergang vom Stadtzentrum entfernt ist. Auf die einstündige Führung (30 R) folgt eine stimmungsvolle Verkostung im Weinkeller bei Kerzenschein. Tagsüber gibt's außerdem zwanglose Weinproben.

Dorp Museum MUSEUM
(Karte S. 106; 18 Ryneveld St; Erw./Kind 30/5 R; ◷Mo–Sa 9–17, So 10–16 Uhr) Das unbedingt sehenswerte Freilichtmuseum umfasst den gesamten von Ryneveld, Plein, Drostdy und Church St umgrenzten Block und besteht aus mehreren wunderschön restaurierten Häusern, die zwischen 1709 und 1850 errichtet wurden und mit Möbeln aus ihrer Entstehungszeit eingerichtet sind. Zum Museum gehören außerdem noch hübsche Gärten und das prächtige **Grosvenor House** auf der gegenüberliegenden Seite der Drostdy St.

Sasol Art Museum GALERIE
(Karte S. 106; 52 Ryneveld St; Eintritt gegen Spende; ◷Di–Sa 9–16.30 Uhr) Das Museum präsentiert eine der besten Ausstellungen von Werken bekannter und aufstrebender Künstler aus der Region. Außerdem besitzt es eine unersetzliche Sammlung volkskundlicher Zeugnisse aus ganz Afrika.

GEHEIMTIPP

LYNEDOCH ECOVILLAGE

Rund 15 km südwestlich von Stellenbosch liegt an der R310 und an der Bahnstrecke nach Kapstadt das **Lynedoch EcoVillage** (Karte S. 108), die erste nach ökologischen Gesichtspunkten entwickelte und sozial durchmischte Gemeinde Südafrikas. Hier befindet sich das **Sustainability Institute** (www.sustainabilityinstitute. net). Die Gemeinde, die eine Vor- und eine Grundschule für die Kinder der Landarbeiter betreibt, setzt sich für einen nachhaltigen Lebensstil ein, der auf guter Regierung und dem Einsatz alternativer Energien beruht. Wer an einer Führung teilnehmen will, muss vorab reservieren (150 R/Gruppe).

Toy & Miniature Museum MUSEUM
(Karte S. 106; Rhenish Parsonage, 42 Market St; Erw./Kind 10/5 R; ◷Mo–Fr 9–16, Sa 9–14 Uhr) Das Spielzeugmuseum zeigt eine Fülle überraschend detailreicher Spielsachen von Modelleisenbahnen bis zu Puppenstuben – Kustos Philip Kleynhans gibt gern Erläuterungen zu den interessantesten Stücken.

Braak PARK
(Karte S. 106; Town Sq) Am nördlichen Ende der Braak („Brache"), einer offenen, grasbewachsenen Fläche, steht die 1852 fertiggestellte neugotische Kirche **St. Mary's on the Braak**. Westlich der Kirche befindet sich das **VOC Kruithuis** (Pulvermagazin; Erw./Kind 5/2 R; ◷Mo–Fr 9–16.30 Uhr), das 1777 von der Niederländischen Ostindien-Kompanie als Zeughaus und Pulvermagazin errichtet wurde; heute ist das Gebäude ein kleines Militärmuseum. Das **Fick House** oder Burgerhuis an der Nordwestecke des Platzes ist ein schönes Beispiel der kapholländischen Architektur des späten 18. Jhs.

GRATIS **Kunstgalerie der Universität Stellenbosch** GALERIE
(Karte S. 106; Ecke Bird & Dorp St; ◷Mo–Fr 9–17, Sa 9–13 Uhr) In einer alten lutherischen Kirche präsentiert die Galerie der Uni hauptsächlich zeitgenössische Werke südafrikanischer Künstler und Arbeiten von Kunststudenten. Ein Besuch lohnt sich durchaus!

RUND UM STELLENBOSCH
Im Gebiet um Stellenbosch existieren mehr gute Weingüter, als hier aufgelistet werden

Stellenbosch

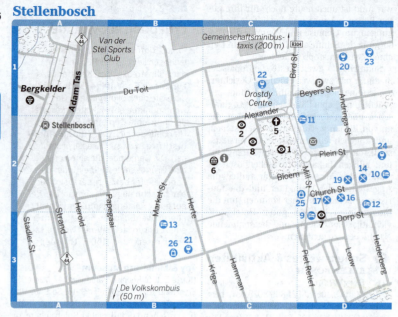

Stellenbosch

◉ Highlights
- Bergkelder A1
- Dorp Museum E2

◉ Sehenswertes
- 1 Braak C2
- 2 Fick House C2
- 3 Grosvenor House E2
- 4 Sasol Art Museum E1
- 5 St. Mary's on the Braak C2
- 6 Toy & Miniature Museum C2
- 7 Kunstgalerie der Universität Stellenbosch D3
- 8 VOC Kruithuis C2

◉ Aktivitäten, Kurse & Touren
- Easy Rider Wine Tours .... (siehe 13)

◉ Schlafen
- 9 De Oude Meul D3
- 10 D'Ouwe Werf D2
- 11 Ikhaya Backpackers D2
- 12 Stellenbosch Hotel D2
- 13 Stumble Inn B3

◉ Essen
- 14 Apprentice@Institute of Culinary Arts D2
- 15 Botanical Garden Restaurant F2
- 16 Brampton Wine Studio D2
- 17 De Oude Bank D2
- 18 Decameron E2
- 19 Wijnhuis D2

◉ Ausgehen
- 20 Bohemia D1
- 21 De Akker B3
- 22 Dros C1
- 23 Mystic Boer D1
- 24 Nu Bar D2
- Terrace .... (siehe 22)
- Tollies .... (siehe 22)

◉ Shoppen
- 25 Kunsthandwerkermarkt D2
- 26 Oom Samie se Winkel B3

können. Eine umfangreichere Übersicht bietet die kostenlose Broschüre *Stellenbosch and its Wine Routes* von Stellenbosch Tourism.

LP TIPP **Villiera** WEINGUT
(Karte S. 108; ☎021-865 2002; www.villiera.com; Verkostung gratis; ◉Mo–Fr 8.30–17, Sa 8.30–15 Uhr) Dieses Weingut produziert

mehrere ausgezeichnete Cap-Classique-Schaumweine und einen sehr hoch bewerteten und gleichzeitig preisgünstigen Syrah. Bei den tollen zweistündigen Rundfahrten in die Natur (150 R/Pers.), die von kundigen Führern geleitet werden, lernt man die verschiedenen Antilopen-, Zebra- und Vogelarten auf dem Gebiet der Farm kennen.

Warwick Estate WEINGUT
(Karte S. 108; 021-884 4410; www.warwickwine.com; Verkostung 25 R; 10–17 Uhr) Die Rotweine dieses Weinguts sind legendär, insbesondere die Bordeaux-Verschnitte. Angeboten wird eine informative „Big Five"-Weinsafari durch die Weinberge (mit den „Großen Fünf" sind Rebsorten gemeint, keine Wildtiere) sowie ein Picknick draußen auf dem Rasen.

Hartenberg Estate WEINGUT
(Karte S. 108; 021-865 2541; www.hartenbergestate.com; Verkostung gratis; Mo–Fr 9–15.15, Sa 9–15, So 10–15.30 Uhr) Dank des günstigen Mikroklimas keltert dieses Weingut wundervolle Rotweine, insbesondere Cabernet, Merlot und Syrah. Für das Mittagessen (12–14 Uhr) muss man vorab reservieren. Im Rahmen einer Wanderung durch das Sumpfgebiet des Weinguts kann man auch picknicken.

Spier WEINGUT
(Karte S. 108; 021-809 1100; www.spier.co.za; Verkostung ab 35 R; 10–17 Uhr) Dieses Weingut produziert zwar ausgezeichneten Syrah, Cabernet und Rotweinverschnitte, die Besucher kommen aber hauptsächlich wegen der anderen hier angebotenen Aktivitäten. Man kann Greifvögel sehen, einen Ausritt in die Weinberge unternehmen und in einem von mehreren Restaurants speisen, z. B. Moyo (s. S. 110).

Van Ryn Brandy Cellar WEINGUT
(Karte S. 108; 021-881 3875; www.vanryn.co.za; Verkostung ab 30 R; Mo–Fr 8–17, Sa 9–14 Uhr) Dieses Weingut ist eine von 14 Stationen der **Western Cape Brandy Route** (www.sabrandy.co.za). Im Allgemeinen werden täglich (außer So) drei Führungen angeboten. Zu den Verkostungen gibt's zu den Weinbränden Kaffee, Schokolade oder Räucherfleisch.

Jonkershoek Nature Reserve PARK
(Karte S. 108; Erw./Kind 30/15 R) Das kleine Naturschutzgebiet liegt 8 km südöstlich der Stadt an der WR 4 inmitten einer Holzplantage. Es bietet Wander- und Radwege mit Längen zwischen 2,9 und 18 km. Wanderkarten gibt's am Eingang.

Geführte Touren

Bikes 'n Wines WEIN
(082 492 5429; www.bikesnwines.com; 495–690 R/Pers.) Das innovative Unternehmen ist sehr empfehlenswert. Bei den Radtouren (9–21 km) werden drei oder vier Weingüter rund um Stellenbosch besucht.

Easy Rider Wine Tours WEIN
(Karte S. 106; 021-886 4651; www.winetour.co.za; 12 Market St) Das alteingesessene Unternehmen mit Sitz im Stumble Inn bietet viel fürs Geld. Ein ganztägiger Ausflug kostet inklusive Mittagessen und sämtlichen Weinverkostungen nicht mehr als 400 R.

Vine Hopper WEIN
(021-882 8112; Tageskarte 200 R) Der Bus fährt auf seinen zwei Routen je sechs Weingüter an. Er fährt stündlich an der Touristeninformation in Stellenbosch ab; dort werden auch die Fahrkarten verkauft. Man kann beliebig ein- und aussteigen.

Feste & Events

Spier Festival DARSTELLENDE KUNST
Das Weingut Spier veranstaltet jedes Jahr zwischen Januar und März ein Festival für darstellende Kunst.

108

Rund um Stellenbosch

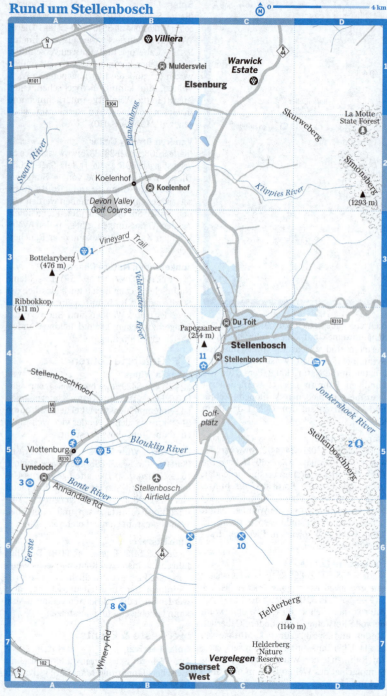

Rag Week
MUSIK

Wer Lust auf Livemusik hat, sollte die Rag Week Anfang Februar ins Reiseprogramm integrieren. Örtliche Bands spielen hier für die Erstsemester auf, die damit ihren studentischen Einstand feiern.

Wine Festival
WEIN

(www.wineroute.co.za) Das Weinfest bietet den Besuchern Anfang August die Möglichkeit, an einem Ort bis zu 400 verschiedene Tropfen zu kosten und sich bei Weinseminaren zu informieren.

Oude Libertas Amphitheatre
DARSTELLENDE KUNST

(Karte S. 108; www.oudelibertas.co.za) Dieses Festival für darstellende Kunst findet zwischen November und März statt.

🛏 Schlafen

Falls die hier aufgelisteten Unterkünfte ausgebucht sind, kann man sich an **Stellenbosch Tourism** (☎021-883 3584; www.stellenboschtourism.co.za) wenden.

LP TIPP ◗ **Banghoek Place**　HOSTEL $$
(☎021-887 0048; www.banghoek.co.za; 193 Banghoek Rd; B/Zi. 150/450 R; @ 🖨) Die Besitzer des stilvollen, vorstädtischen Hostels organisieren gern Ausflüge in die Um-

---

Rund um Stellenbosch

◉ **Highlights**
Vergelegen	C7
Villiera	B1
Warwick Estate	C1

◎ **Sehenswertes**
1	Hartenberg Estate	A3
2	Jonkershoek Nature Reserve	D5
3	Lynedoch EcoVillage	A5
4	Spier	A5
5	Van Ryn Brandy Cellar	A5

➕ **Aktivitäten, Kurse & Touren**
6	Bikes 'n Wines	A5

🛏 **Schlafen**
7	Lanzerac Hotel	D4

✖ **Essen**
8	96 Winery Road	B7
	Moyo	(siehe 4)
9	Overture Restaurant	B6
10	Rust en Vrede	C6

🎭 **Unterhaltung**
11	Oude Libertas Amphitheatre	C4

---

gebung. Im Aufenthaltsbereich gibt's Satelliten-TV und einen Billardtisch.

Lanzerac Hotel
LUXUSHOTEL $$$

(Karte S. 108; ☎021-887 1132; www.lanzerac.co.za; Jonkershoek Valley; EZ/DZ/Suite inkl. Frühstück 2560/3410/5780 R; ❊ @ 🖨) Die luxuriöse Anlage umfasst ein 300 Jahre altes Herrenhaus und ein Weingut. Der Ausblick ist fantastisch. Einige Suiten haben eigene Pools.

Ikhaya Backpackers
HOSTEL $

(Karte S. 106; ☎021-886 9290; www.stellenboschbackpackers.co.za; 56 Bird St; B/DZ 100/360 R; @) Das Hostel hat eine erstklassige, zentrale Lage in fußläufiger Entfernung zu den Bars. Die Zimmer sind umgewandelte Apartments, verfügen also alle über ein Bad und eine eigene Küche.

Stellenbosch Hotel
HOTEL $$

(Karte S. 106; ☎021-887 3644; www.stellenbosch.co.za/hotel; 162 Dorp St; EZ/DZ inkl. Frühstück ab 835/1040 R; ❊ @) Das komfortable Hotel im Landhausstil bietet ganz unterschiedliche Zimmer, einige haben z. B. Himmelbetten und andere Einrichtungen für Selbstversorger. In einem Gebäudeteil von 1743 ist die Jan Cats Brasserie untergebracht, in der man gut einen Drink nehmen kann.

D'Ouwe Werf
HISTORISCHES HOTEL $$$

(Karte S. 106; ☎021-887 4608; www.ouwewerf.co.za; 30 Church St; EZ/DZ inkl. Frühstück 1200/1550 R; ❊ 🖨) Das historische Hotel residiert in einem 1802 errichteten Gebäude. Die teureren Luxuszimmer sind mit Antiquitäten und Messingbetten möbliert.

De Oude Meul
PENSION $$

(Karte S. 106; ☎021-887 7085; www.deoudemeul.com; 10A Mill St; EZ/DZ inkl. Frühstück 550/790 R; ❊ @) Diese Unterkunft befindet sich über einem Antiquitätengeschäft im Stadtzentrum. Die Zimmer, von denen einige über Balkone verfügen, sind gut und preisgünstig (vor allem im Winter).

Stumble Inn
HOSTEL $

(Karte S. 106; ☎021-887 4049; www.stumbleinnstellenbosch.hostel.com; 12 Market St; Stellplatz 50 R/Pers., B 100 R, DZ mit Gemeinschaftsbad 280 R; @ 🖨) Stellenboschs unumstrittenes Partyhostel nimmt zwei alte Häuser ein. Einige Traveller haben sich über mangelnde Sicherheit beklagt, man sollte hier also seine Habseligkeiten gut im Blick behalten.

✖ Essen

Mit seinen vielen Restaurants und Bars ist Stellenbosch ein Eldorado für Gourmets.

Das umliegende Cape Winelands bietet die interessanteste und innovativste Gastronomie des gesamten Landes.

LP TIPP Apprentice@Institute of Culinary Arts
FUSION $$

(Karte S.106; Andringa St; Hauptgerichte 45–130 R; ⊙So & Mo morgens & mittags, Di–Sa morgens, mittags & abends) Das stilvolle Restaurant mit inspirierter Speisekarte wird von Schülern des Institute of Culinary Arts betrieben. Der Service ist ausgezeichnet.

Rust en Vrede
FUSION $$$

(Karte S.108; ☏021-881 3757; ⊙Di–Sa abends) Chefkoch John Shuttleworth bietet seinen Gästen ein Vier-Gänge-Menü à la carte (480 R) sowie ein sechsgängiges Probiermenü (mit/ohne Weine 880/585 R) mit zeitgenössischen Interpretationen klassischer Gerichte. Das Restaurant gehört zu einem Weingut am Ende der Annandale Rd.

De Oude Bank
FEINKOST $

(Karte S.106; / Church St; Vorspeintelier 45–60 R; ⊙Di–So morgens & mittags, Mi & Sa abends) Die muntere Bäckerei mit angeschlossenem Feinkostgeschäft rühmt sich, regionale Zutaten zu verwenden. Die Speisekarte wechselt wöchentlich, hat aber immer Salate, Sandwiches und Vorspeisenteller zu bieten. Samstagsabends gibt's Livemusik. Wer Abwechslung vom Wein braucht, kann sich hier mit dem erstklassigen Bier aus einer nahe gelegenen Brauerei erfrischen.

96 Winery Road
INTERNATIONAL $$

(Karte S.108; Zandberg Farm, Winery Rd; Hauptgerichte 105–155 R; ⊙Mo–Sa mittags & abends, So mittags) Das Restaurant an der R44 zwischen Stellenbosch und Somerset West gehört zu den renommiertesten in der Region und ist für sein luftgetrocknetes abgehangenes Rindfleisch bekannt.

Brampton Wine Studio
MEDITERRAN $$

(Karte S.106; 11 Church St; Hauptgerichte 40–80 R; ⊙Mo–Sa 10–19 Uhr) In diesem trendigen Straßencafé, das zugleich als Probierstube des Weinguts Brampton dient, spielt man Spiele und kritzelt auf die Tische, während man Gourmetpizzas verdrückt und am Syrah nippt.

Overture Restaurant
FUSION $$$

(Karte S.108; ☏021-880 2721; Hidden Valley Wine Estate, abseits der Annandale Rd; 4-Gänge-Menü mit/ohne Weine 490/350 R; ⊙Di–So mittags, Do & Fr abends) Im Restaurant des hochmodernen Weinguts legt Chefkoch Bertus Basson den Schwerpunkt auf heimische, saisonale

---

NICHT VERSÄUMEN

VERGELEGEN

Das womöglich schönste Weingut am Kap: Die Gebäude und Anlagen des **Vergelegen** (Karte S.108; ☏021-847 1334; www.vergelegen.co.za; Lourensford Rd, Somerset West; Erw./Kind 10/5 R, Verkostung 30 R; ⊙9.30–16.30 Uhr) wirken herrschaftlich, und man hat einen prächtigen Blick in die Berge. Will man den gleichnamigen Rotwein – die Spitzensorte des Gutes – probieren, kostet das 10 R zusätzlich. Beim Essen hat man die Wahl zwischen dem zwanglosen Rose Terrace, dem eleganten Stables in Vergelegen oder einem Picknickkorb (165 R/Pers., Nov.–April). Für die letztgenannten Optionen muss man vorab reservieren.

Produkte und serviert dazu die passenden Weine des Gutes.

Decameron
ITALIENISCH $$

(Karte S.106; 50 Plein St; Hauptgerichte 60–140 R; ⊙Mo–Sa mittags & abends, So mittags) Das Lokal, eine Säule der italienischen Gastronomie vor Ort, lockt mit einer schattigen Terrasse neben dem botanischen Garten.

Botanical Garden Restaurant
CAFÉ $$

(Karte S.106; Van Riebeeck St; Hauptgerichte 50–90 R; ⊙9–17 Uhr) In diesem Café genießt man Kaffee, Kuchen und kleine Gerichte inmitten von exotischen Pflanzen.

Moyo
SÜDAFRIKANISCH $$$

(Karte S.108; Spier Estate, Lynedoch Rd; Buffet 195–250 R; ⊙mittags & abends) Dieses sehr touristische Lokal beschwört eine Märchenvision von Afrika mitten in den Winelands herauf – aber die Gäste lieben das. Ihnen macht es Spaß, zwischen umherziehenden Musikanten und Tänzern im Zelt oder oben im Baumhaus zu dinieren.

Wijnhuis
ITALIENISCH $$

(Karte S.106; Ecke Church & Andringa St; Hauptgerichte 60–185 R; ⊙morgens, mittags & abends) Die Speisekarte ist interessant, und die Weinkarte mit mehr als 500 Weinen kann sich wirklich sehen lassen. Rund 20 Weine werden offen im Glas ausgeschenkt. Auch Weinproben werden angeboten.

De Volkskombuis
KAPMALAIISCH $$

(außerhalb der Karte S.106; Aan de Wagenweg; Hauptgerichte 65–130 R; ⊙Mo–Sa mittags &

abends, So mittags) Das schlichte, stimmungsvolle und bei Einheimischen sehr beliebte Lokal ist ganzjährig geöffnet und auf traditionelle kapmalaiische Küche spezialisiert.

 Ausgehen

Stellenboschs Nachtleben ist in erster Linie auf die Studenten zugeschnitten, es gibt aber auch einige anspruchsvollere Lokalitäten. Das Zentrum ist auch nachts sicher, sodass ein Kneipenbummel möglich ist. Wer im Stumble Inn wohnt, kann wahrscheinlich auch an einer organisierten Sause teilnehmen.

Dros, das Terrace und das Tollies gehören zu den muntersten Bars der Stadt; sie liegen dicht beieinander im Drostdy Centre gleich an der Bird St und nördlich der Braak. Im Tollies wird auch im Haus gebrautes Bier ausgeschenkt.

Mystic Boer KNEIPE
(Karte S. 106; 3 Victoria St) Coole Kids hängen hier in einem Ambiente ab, das sich wohl am besten als Retro-Buren-Schick beschreiben lässt. Auf der Karte stehen Pizzas und Steaks.

Bohemia BAR
(Karte S. 106; Ecke Andringa & Victoria St) In der Bar wird Livemusik gespielt (Di, Do & So); wer will, kann Wasserpfeife rauchen (40 R; diverse Tabaksorten).

De Akker KNEIPE
(Karte S. 106; 90 Dorp St) In Stellenboschs ältester Kneipe gibt's Kneipenkost für weniger als 50 R und im oben eingerichteten Bierkeller Livemusik.

Nu Bar BAR
(Karte S. 106; 51 Plein St) Die Bar hat die Atmosphäre eines Nachtclubs. Hinter der langen Theke befindet sich eine kleine Tanzfläche, der DJ legt Hip-Hop und House auf.

 Shoppen

Der Kunsthandwerkermarkt (Karte S. 106; Mo-Sa 9-17 Uhr) nahe der Kirche ist toll, wenn man nach afrikanischen Schnitzereien und Malereien sowie Modeschmuck schauen und etwas feilschen will.

Oom Samie se Winkel SOUVENIRS
(Uncle Sammy's Shop; Karte S. 106; 84 Dorp St; Mo-Fr 8.30-17.30, Sa & So 9-17 Uhr) Der Laden war schon da, ehe Stellenbosch auf dem Radar war. Der Gemischtwarenladen gibt sich ungeniert touristisch, lohnt aber wegen des bunten Warensammelsuriums

einen Besuch: Hier gibt's alles von Kitsch bis hin zu echten Antiquitäten.

 Praktische Informationen

Snow Café (12 Mill St; 25 R/Std.; Mo-Fr 8-22, Sa & So 9-18 Uhr) Verlässlicher Internetzugang.

Stellenbosch Tourism (Karte S. 106; 021-883 3584; www.stellenboschtourism.co.za; 36 Market St; Mo-Fr 8-17, Sa & So 9-14 Uhr) Das Personal der Touristeninformation ist äußerst hilfsbereit. Praktisch ist die ausgezeichnete Broschüre *Historical Stellenbosch on Foot* (5 R), die einen Lageplan für einen Stadtspaziergang und Infos zu vielen historischen Gebäuden enthält (die Broschüre ist auch auf Deutsch erhältlich).

 An- & Weiterreise

Die Fernverkehrsbusse verlangen für die kurze Fahrt nach Kapstadt hohe Preise und nehmen keine Reservierungen entgegen. **Baz Bus** (021-439 2323; www.bazbus.com) fährt täglich von und nach Kapstadt (160 R, 30 Min.).

Sammeltaxis nach Paarl fahren von einer Haltestelle in der Bird St ab (ca. 45 R, 45 Min.).

Metro-Züge pendeln auf der 46 km langen Strecke zwischen Kapstadt und Stellenbosch (1. Klasse/Economy Class 13/7,50 R, 1 Std.). Auskünfte gibt's telefonisch bei **Metrorail** (0800 656 463). Aus Sicherheitsgründen sollte man den Zug nur tagsüber benutzen. Wer aus Johannesburg kommt, steigt in Wellington in den Metro-Zug um.

 Unterwegs vor Ort

Stellenbosch lässt sich leicht zu Fuß und, weil das Gelände weitgehend flach ist, auch mit dem Rad erkunden. Fahrräder verleiht das **Adventure Centre** (021-882 8112; 140 R/Tag) neben dem Büro von Stellenbosch Tourism.

Wer mit einem privaten Taxi eine Tour durch die Gegend machen will, wendet sich an **Daksi Cab** (082 854 1541).

Franschhoek

021 / 13 000 EW.

Vor mehr als 300 Jahren siedelten sich französische Hugenotten in dem wunderschönen Tal an; aus ihrer Heimat brachten sie Weinstöcke mit. Bis heute hält die Stadt an ihren französischen Wurzeln fest: Den Tag der Erstürmung der Bastille (14. Juli) feiert man mit Boule-Turnieren, Baskenmütze und Brie. Franschhoek bezeichnet sich selber als die kulinarische Hauptstadt des Landes; bei der Entscheidung für ein

Franschhoek

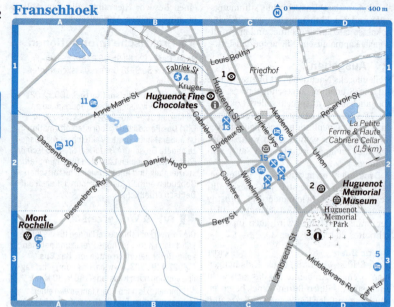

Restaurant hat man die Qual der Wahl. Mit ihren vielen Kunstgalerien, Weingütern und stilvollen Herbergen gehört die Stadt zweifellos zu den schönsten am Kap.

Sehenswertes & Aktivitäten

Huguenot Fine Chocolates SCHOKOLADE
(021-876 4096; www.huguenotchocolates.com; 62 Huguenot St; Mo-Fr 8-17, Sa & So 9-17.30 Uhr) Dank eines Förderprogramms kam das von zwei Einheimischen geführte Unternehmen in Schwung, und inzwischen schwärmen die Kunden von dem hier hergestellten Konfekt. Vorab anrufen, wenn man an einer Führung teilnehmen will, bei der man erfährt, wie die Leckereien produziert werden – Kostproben inbegriffen (35 R)!

Huguenot Memorial Museum MUSEUM
(Lambrecht St; Erw./Kind 10/5 R; Mo-Sa 9-17, So 14-17 Uhr) Das Museum widmet sich dem Erbe der nach Südafrika eingewanderten Hugenotten und führt die genealogischen Aufzeichnungen über ihre Nachkommen. Hinter dem Hauptkomplex befindet sich ein nettes Café, davor steht das 1948 eingeweihte **Hugenottenmonument** (Eintritt frei; 9-17 Uhr). Im **Anbau** gegenüber der Straße finden sich Ausstellungen zum Burenkrieg und zur Naturkunde.

Ceramics Gallery GALERIE
(24 Dirkie Uys St; 10-17 Uhr) Im wunderschön restaurierten Schulhaus von Franschhoeks erstem Lehrer kann man David Walters, einem der angesehensten Töpfer Südafrikas, bei der Arbeit zuschauen. In der Galerie sind auch Werke anderer Künstler ausgestellt.

Paradise Stables REITEN
(www.paradisestables.co.za; 200 R/Std.; Mo-Sa) Neben einstündigen Ausritten in die Umgebung werden auch vierstündige Reitausflüge angeboten, im Rahmen derer man auf zwei Weingütern einkehrt (600 R inkl. Verkostung).

Manic Cycles RADFAHREN
(www.maniccycles.co.za; Fabriek St; halber/ganzer Tag 120/200 R) Hier kann man Fahrräder ausleihen oder sich einer geführten Radtour anschließen, die zu drei verschiedenen Weingütern führt (315 R).

Weingüter

Viele der Weingüter von Franschhoek liegen in fußläufiger Entfernung vom Ortszentrum.

Chamonix WEINGUT
(www.chamonix.co.za; Uitkyk St; Verkostung 20 R; 9.30-16.30 Uhr) Das Chamonix veranstaltet Führungen durch den Keller um 11 und

Franschhoek

◉ Highlights
Huguenot Fine Chocolates	C1
Huguenot Memorial Museum	D2
Mont Rochelle	A3

◎ Sehenswertes
1	Ceramics Gallery	C1
2	Anbau des Huguenot Memorial Museum	D2
3	Hugenottenmonument	D3

➕ Aktivitäten, Kurse & Touren
4	Manic Cycles	B1

⊜ Schlafen
5	La Cabrière Country House	D3
6	La Fontaine	C2
7	Le Ballon Rouge	C2
8	Le Quartier Français	C2
9	Mont Rochelle Hotel	A3
10	Otter's Bend Lodge	A2
11	Reeden Lodge	A1

✖ Essen
12	Common Room	C2
13	French Connection	C2
14	Kalfi's	C2
15	Reuben's	C2
	Tasting Room	(siehe 12)

15 Uhr (mit Anmeldung; 10 R). Die Probierstube, wo auch allerlei Schnäpse und Grappas verkostet werden können, befindet sich in einer umgebauten Schmiede. Das hübsche, als Bistro aufgemachte Restaurant **Mon Plaisir** (Hauptgerichte 135–200 R; ⊙Di-So mittags, Mi–Sa abends) bietet französische Gerichte aus saisonalen Zutaten. Zum Weingut gehören Cottages für Selbstversorger, die inmitten der Weinberge stehen.

Mont Rochelle   WEINGUT
(www.montrochelle.co.za; Dassenberg Rd; Verkostung 20 R; ⊙Verkostung 10–19 Uhr, Führung Mo–Fr 11, 12.30 & 15, Sa & So 11 & 15 Uhr) Die Weinverkostung lässt sich mit einer Käseplatte (75 R) oder einem Mittagessen (Hauptgerichte 50–90 R) kombinieren, bei dem man den Ausblick auf den Ort und die dahinter liegenden Berge genießt.

Grande Provence   WEINGUT
(www.grandeprovence.co.za; Main Rd; Verkostung 20 R; ⊙10–18 Uhr) Im wunderschön renovierten Herrenhaus aus dem 18. Jh. befinden sich ein elegantes Restaurant und eine sehenswerte Galerie mit zeitgenössischer südafrikanischer Kunst. Wer den besten Tropfen des Gutes, den Rotwein Grande Provence probieren will, zahlt 80 R zusätzlich.

🛏 Schlafen

LP TIPP **Reeden Lodge**   CHALET $$
(☎021-876 3174; www.reedenlodge.co.za; Anne Marie St; Cottage ab 600 R; ✦) Die gut ausgestatteten Cottages für Selbstversorger, in denen bis zu acht Personen unterkommen, sind eine sehr gute und preisgünstige Alternative für Familien. Die Häuschen befinden sich auf dem Ge-

lände einer Farm, zehn Gehminuten vom Ortszentrum entfernt. Eltern finden hier Ruhe und Frieden, während die Kinder sich an den Schafen, dem Baumhaus und der offenen Landschaft erfreuen.

Otter's Bend Lodge   HOSTEL $
(☎021-876 3200; www.ottersbendlodge.co.za; Dassenberg Rd; Stellplatz 100 R, EZ/DZ 250/450 R) Das Hostel ist eine nette Budgetoption in einem Ort, in dem günstige Unterkünfte ansonsten Mangelware sind. Die Doppelzimmer haben Türen zu einer von Pappeln beschatteten Gemeinschaftsterrasse; auf dem Rasen gibt's Stellplätze für ein paar Zelte. Das Hostel liegt 15 Gehminuten vom Ortszentrum entfernt in der Nähe des Weinguts Mont Rochelle.

Chamonix Guest Cottages   CHALET $
(☎021-876 8406; www.chamonix.co.za; Uitkyk St; Cottage ab 300 R/Pers.) Die hübschen Hütten für jeweils bis zu vier Personen liegen inmitten der Weinberge, 20 bergauf führende Gehminuten nördlich der Huguenot St.

Le Quartier Français   BOUTIQUEHOTEL $$$
(☎021-876 2151; www.lequartier.co.za; 16 Huguenot St; DZ ab 3900 R; ✦ @ ✦) Das Hotel ist eine der besten Adressen in den Cape Winelands und erstreckt sich um einen grünen Hof mit einem Pool. Die sehr großen, elegant eingerichteten Zimmer haben Kamine und riesige Betten. Neben einem Bistro findet sich hier eines der Spitzenrestaurants des Landes, das Tasting Room (S. 114).

Le Ballon Rouge   PENSION $$
(☎021-876 2651; www.ballonrouge.co.za; 7 Reservoir St East; EZ/DZ inkl. Frühstück 700/850 R; ✦ @ ✦) Die kleine Pension hat gute Zimmer

und stilvolle Suiten (mit Fußbodenheizung und wundervollen Badezimmern). Alle Zimmer öffnen sich zum Innenhof.

La Cabrière Country House PENSION $$
(021-876 4780; www.lacabriere.co.za; Park Lane; DZ inkl. Frühstück ab 1200 R; ✱@☼) Das moderne Boutique-Gästehaus mit individuellem Service präsentiert sich als erfrischende Abwechslung zur allgegenwärtigen kapholländischen Architektur. Die sechs großzügig eingerichteten Zimmer bieten einen weiten Ausblick auf die Berge.

Mont Rochelle Hotel BOUTIQUEHOTEL $$$
(021-876 2110; www.montrochelle.co.za; Dassenberg Rd; DZ inkl. Frühstück ab 3500 R; ✱@☼) Das Boutiquehotel mit Restaurant ist teilweise in den Hügel hineingebaut und bietet edlen Luxus und prächtigen Talblick.

La Fontaine PENSION $$$
(021-876 2112; www.lafontainefranschhoek.co.za; 21 Dirkie Uys St; EZ/DZ inkl. Frühstück 1010/1600 R; ✱☼) Der stilvoll eingerichtete, sehr komfortable Familiensitz bietet 14 geräumige Zimmer mit Holzböden und einen schönen Blick in die Berge.

Essen

Da Franschhoek überschaubar ist, kann man einfach umherschlendern und sich spontan für ein Restaurant entscheiden. Die aufgelisteten Lokale sind jedoch alle gut, sodass man vorab reservieren sollte.

LP TIPP Common Room SÜDAFRIKANISCH $$
(021-876 2151; 16 Huguenot St; Hauptgerichte 45–85 R; ☼morgens, mittags & abends) Das kürzlich umgestaltete Bistro im Le Quartier Français bietet weiterhin moderne, originelle Gerichte mit südafrikanischen Zutaten wie Gnu oder Krebsen. Im selben Hotel residiert auch das **Tasting Room** (5-Gänge-Menü 620 R; ☼abends), das vom britischen *Restaurant Magazine* beständig zu den 50 Spitzenrestaurants der ganzen Welt gezählt wird. Wer wirklich für kulinarische Genüsse schwärmt, kann sich von Chefköchin Margot Janse ein Neun-Gänge-Menü zaubern lassen (770 R; mit passenden Weinen 1150 R).

Haute Cabrière Cellar FUSION $$
(021-876 3688; Franschhoek Pass Rd; Hauptgerichte 75–145 R; ☼Di–So mittags, Mi–Mo abends)

GEHEIMTIPP

WEINVERKOSTUNG FERN DER MASSEN

Die Cape Winelands sind wundervoll, aber manche der berühmteren Weingüter sind zuweilen ziemlich überlaufen. Wir fragten die Weinkennerin und -journalistin Cathy Marston, wo man tolle Weine ohne Massenansturm probieren kann.

„Wenn man den Sir Lowry's Pass erreicht hat, fährt man am besten nicht gleich bis Hermanus durch, sondern schaut sich erst ein wenig in der am stärksten aufstrebenden Weinregion Südafrikas um: **Elgin**. Sehr gelobt werden die in kühlem Klima gedeihenden Weißweine von Sauvignon Blanc bis Chardonnay, aber Unternehmen wie Catherine Marshall Wines, Paul Cluver Wines, Shannon Vineyards oder Oak Valley keltern auch Pinot Noirs, die zu den besten im Land zählen. Hinter dem **Peregrine Farmstall** (N2, ☼7.30–18 Uhr) sollte man die Autobahn verlassen und auf den schönen Landstraßen durch die hinreißende Landschaft fahren und unterwegs zu Weinproben einkehren. Elgin gehört zur **Green Mountain Eco Route**, der ersten auf Biodiversität ausgelegten Weinstraße weltweit; hier gibt es neben köstlichen Weinen auch eine Vielzahl malerischer Wanderwege. Wer sich körperlich fit fühlt, kann ab **Oak Valley** (021-859 2510; R321 nach Villiersdorp; Verkostung 20 R; ☼Mo–Fr 9–17, Sa 10–14 Uhr) aufs Fahrrad umsteigen und eine der gut markierten Strecken fahren oder sich an einem der drei Forellendämme in der Gegend sein Abendessen angeln. Mit etwas Glück erlebt man internationale Spitzenkünstler im **Paul Cluver Amphitheatre** (021-844 0605; De Rust Estate, abseits der N2; Verkostung gratis; Picknick 120 R/Pers.; ☼Mo–Fr 8–17, Sa 10–14 Uhr), das unter Bäumen liegt; dort bekommt man auch Picknickkörbe und exquisite Weine. Tolles Essen bieten auch **South Hill Wines** (021 844 0888; The Valley Road, abseits der N2; Verkostung 20 R; ☼Mo–Fr 9–17, Sa 10–15 Uhr) und die Weinfarm **Thandi** (021-844 0247; abseits der N2; Verkostung 20 R; ☼Mo–Do 7.30–17, Fr–So 7.30–16.30 Uhr), ein Wirtschaftsförderungsprojekt für Schwarze. Nicht verpassen sollte man die Pizzaabende im **Highlands Road** (071 271 0161; Highlands Road; Verkostung frei; ☼9.30–15 Uhr)."

Abgesehen von köstlichen, fantasievollen Gerichten à la carte wird ein Sechs-Gänge-Menü mit passenden Weinen serviert (750 R). Im Keller finden Verkostungen statt, und samstags nimmt der Betreiber das Ritual des Sabrierens vor: Dabei wird eine Flasche Schaumwein mit dem Champagnersäbel geöffnet.

La Petite Ferme   SÜDAFRIKANISCH $$
(Franschhoek Pass Rd; Hauptgerichte 90–140 R; ⏰12–16 Uhr) Das Lokal hat eine tolle Lage mit Blick ins Tal und ist für Gourmets ein Muss. Probierenswert sind nicht nur die edlen Weine, sondern auch die köstliche, delikat gewürzte, entgrätete geräucherte Lachsforelle, das Markenzeichen des Restaurants. Wer sich nicht losreißen kann, übernachtet gleich in einem der luxuriösen Zimmer.

Reuben's   FUSION $$$
(☎021-876 3772; 19 Huguenot St; Hauptgerichte 80–220 R; ⏰morgens, mittags & abends) Die Gaststätte ist das Flaggschiff des berühmten Kochs. Frühstück und Mittagessen gibt's in dem deliartigen Lokal oder draußen im Hof. Das Dinner wird stilvoll im Restaurant serviert.

Kalfi's   SÜDAFRIKANISCH $$
(17 Huguenot St; Hauptgerichte 55–190 R; ⏰morgens, mittags & abends) Auf der schattigen Veranda dieses familienfreundlichen Restaurants lässt es sich beschaulich entspannen. Es gibt eine Kinderkarte und auch ein paar Gerichte für Vegetarier.

French Connection   INTERNATIONAL $$
(48 Huguenot St; Hauptgerichte 70–125 R; ⏰mittags & abends) In dem zu Recht beliebten Lokal werden ohne Schnickschnack Bistrogerichte serviert, die ausschließlich aus frischen Zutaten zubereitet werden.

❶ Praktische Information

Franschhoek Photolab (28 Huguenot St; 30 R/ Std.) Fotoladen mit Internetzugang.

Franschhoek Wine Valley Tourism (☎021-876 2861; www.franschhoek.org.za; 62 Huguenot St; ⏰Mo–Fr 8–18, Sa 9–17, So 9–16 Uhr) Verteilt Wanderkarten zu den Trails der Region. Außerdem stellen die Mitarbeiter Genehmigungen zum Wandern in den nahen Wäldern aus (10 R) und nehmen Unterkunftsreservierungen vor.

❶ An- & Weiterreise

Franschhoek liegt 32 km östlich von Stellenbosch und 25 km südlich von Paarl. Am bequemsten erreicht man den Ort mit dem eigenen Wagen. Manche Besucher kommen mit dem Rad aus Stellenbosch, aber die Straßen sind kurvenreich und nicht ungefährlich, weil man ganzen Tag über Autofahrer, die an Weinproben teilgenommen haben, auf dem Heimweg sind. Immerhin ist die Strecke jedoch malerisch. Wer nicht so sportlich ist, kann von Stellenbosch (20 R) oder dem Bahnhof Paarl (22 R) ein Sammeltaxi nehmen. Wer ein eigenes Taxi bestellen will, ruft bei **Isak de Wet** (☎083 951 1733) an.

Paarl & Umgebung

☎021 / 165 000 EW.

Paarl, die größte Stadt der Cape Winelands, liegt umgeben von Bergen und Weingütern an den Ufern des Berg River. Bei Travellern stand Paarl lange im Schatten von Stellenbosch und Franschhoek, doch wird der Charme der Stadt jetzt wiederentdeckt, denn neben interessanten kapholländischen Bauten und anmutigen Gehöften hat sie auch viele Unterkünfte und eine Schar neuer Restaurants zu bieten.

Zu Fuß lässt sich die Stadt nicht gut erkunden: die Hauptstraße zieht sich über 11 km hin. Aber es gibt eine ganze Menge zu sehen und zu tun. Nicht zuletzt locken Weingüter, die sich innerhalb der Stadtgrenzen befinden.

◉ Sehenswertes & Aktivitäten
IN PAARL

Infos über die Weingüter in der Gegend bekommt man telefonisch bei **Paarl Vintners** (☎021-863 4886).

Laborie Cellar   WEINGUT
(Karte S. 117; Taillefer St; Verkostung 15 R; ⏰Mo–Fr 9–17, Sa 10–17 Uhr) Dieses Weingut ist vor allem für seinen preisgekrönten Syrah bekannt, produziert aber auch gute Schaum- und Dessertweine. Weinverkostungen werden mit Oliven (22 R) oder mit Schokolade (35 R) angeboten; in Verbindung mit einer Führung kosten sie 30 R. Samstagvormittags wird hier ein ausgezeichneter Markt mit Lebensmittelspezialitäten abgehalten.

KWV Emporium   WEINGUT
(Karte S. 117; www.kwvwineemporium.co.za; Kohler St; Weinkellerführung inkl. Verkostung 35 R; ⏰Mo–Sa 9–16, So 11–16 Uhr; Führungen 10, 10.30 & 14.15 Uhr) Das Gut ist die richtige erste Anlaufstelle für jene, die den Weinbau in der Region um Paarl kennenlernen wollen. Insbesondere seine Likörweine zählen zu den

besten der Welt. Es gibt Führungen und eine Reihe von Verkostungsoptionen, auch solche mit Schokolade und Brandy (40 R).

Paarl Mountain Nature Reserve PARK

(Karte S. 118) Die drei gewaltigen Granitkuppeln, die hinter dem westlichen Stadtrand aufragen und das beherrschende Merkmal des beliebten Naturschutzgebiets sind, glänzen nach einem Regenguss wie Perlen – ihnen verdankt die Stadt ihren Namen. Im Schutzgebiet gedeiht Berg-*fynbos* (wörtlich „Feinbusch"; er besteht hauptsächlich aus Zuckerbüschen, Heide- und Erikagewächsen). Außerdem gibt es in der Mitte einen Wildblumengarten, der eine beliebte Picknickstelle ist, und zahlreiche Wanderwege, von denen man eine wunderbare Aussicht über das Tal hat. In der Touristeninformation Paarl sind Wanderkarten erhältlich.

Wenn man schon einmal in der Gegend ist, kann man auch das **Afrikaanse Taalmonument** (Karte S. 117; Erw./Kind 15/5 R; ⊙8–17 Uhr) besuchen, ein riesiges, nadelartiges Bauwerk zu Ehren der Sprache Afrikaans (*taal* ist das afrikaanse Wort für „Sprache"). An klaren Tagen hat man von dem Denkmal eine wundervolle Aussicht bis hin nach Kapstadt.

Paarl Museum MUSEUM

(Karte S. 117; www.museums.org.za/paarlmuseum; 303 Main St; Eintritt gegen Spende 5 R; ⊙Mo–Fr 9–17, Sa 9–13 Uhr) Das in dem 1714 erbauten Alten Pfarrhaus (Oude Pastorie) untergebrachte Museum birgt eine interessante Sammlung von kapholländischen Antiquitäten und Zeugnissen der Kultur der Hugenotten sowie der frühen Afrikaaner (Buren).

Afrikaanse Taalmuseum MUSEUM

(Karte S. 117; www.taalmuseum.co.za; 11 Pastorie Ave; Erw./Kind 15/5 R; ⊙Mo–Fr 9–16 Uhr) Paarl gilt als der Ursprungsort des Afrikaans, eine Tatsache, der dieses interessante Museum Rechnung trägt. In einer Multimediaausstellung erfährt man, wie drei Kontinente zur Entstehung dieser faszinierenden Sprache beigetragen haben.

Ballonfahrt über die Winelands BALLONFAHRT

(Karte S. 117; ☑021-863 3192; 64 Main St; 2580 R/ Pers.) Eine Fahrt mit dem Heißluftballon über die Winelands ist ein unvergessliches Erlebnis, für das man allerdings sehr früh aufstehen muss. Die Fahrten finden von November bis Mai statt, wenn die Witterungsbedingungen günstig sind.

RUND UM PAARL

LP TIPP Boschendal WEINGUT

(Karte S. 118; ☑021-870 4210; www.boschendal.com; R310, Groot Drakenstein; Verkostung 20 R; ⊙9–17.30 Uhr) Zum Besuch dieses klassischen Weinguts, das mit schöner Architektur, gutem Essen und Wein lockt, braucht man ein eigenes Transportmittel. Empfehlenswert sind die Führungen (Reservierung erforderlich) über den Weinberg (35 R) und durch den Weinkeller (25 R). Um sich den geschichtlichen Hintergrund zu vergegenwärtigen, sollte man das **Herrenhaus** (15 R) besichtigen. Zur Verköstigung gibt es in Boschendal drei Alternativen: Im Hauptrestaurant ist ein großes Mittagsbuffet (240 R) aufgebaut, im **Le Café** gibt's kleine Mittagsgerichte, und von September bis Mai kann man sich unter Sonnenschirmen auf dem Rasen den Inhalt des Picknickkorbs „Le Pique Nique" (Erw./ Kind 150/59 R; Reservierung erforderlich) schmecken lassen.

Solms-Delta WEINGUT

(Karte S. 118; ☑021-874 3937; www.solms-delta. com; Delta Rd, an der R45; Verkostung 10 R; ⊙So & Mo 9–17, Di–Sa 9–18 Uhr) Neben dem ausgezeichneten Museum, das die Geschichte des Weinguts aus der Perspektive der Arbeit im Jahreslauf erzählt, gibt es hier einen Garten mit einheimischen Pflanzen und das Restaurant **Fyndraai** (Hauptgerichte 90–140 R) mit köstlichen, kapmalaiisch inspirierten Gerichten und Picknickkörben, die bzw. deren Inhalt man auf dem bezaubernden Spazierweg am Dwars River genießen kann.

Fairview WEINGUT

(Karte S. 118; ☑021-863 2450; www.fairview. co.za; Wein- & Käseverkostung 25 R; ⊙9–17 Uhr) Das ungeheuer populäre Weingut 6 km südlich von Paarl an der Suid-Agter-Paarl Rd unweit der R101 ist zwar wunderschön, aber nichts für Traveller, die eine beschauliche Weinprobe erleben wollen. Das Preis-Leistungs-Verhältnis lässt jedoch nichts zu wünschen übrig, denn außer rund 30 Weinen kann man auch noch eine große Auswahl von Kuh- und Ziegenkäsesorten kosten.

Spice Route WEINGUT

(Karte S. 118; ☑021-863 5200; www.spiceroute wines.co.za; Verkostung inkl./ohne Weinkellerführung 35/25 R; ⊙So–Do 9–17, Fr & Sa 9–18 Uhr) Das ebenfalls Charles Back, dem Besitzer des Fairview gehörende Weingut liegt abseits der Suid-Agter-Paarl Rd und ist für

Paarl

Paarl

⊙ **Highlights**
  Laborie Cellar A7

◉ **Sehenswertes**
  1 Afrikaans Taalmuseum......................B1
  2 KWV Emporium...................................B7
  3 Paarl Museum B1
  4 Ballonfahrt über die Winelands..........A5

🛏 **Schlafen**
  5 Grande Roche Hotel A5
  6 Oak Tree Lodge A7
  7 Pontac Manor A3
  8 Rodeberg Lodge A5

🍴 **Essen**
  Bosman's Restaurant................(siehe 5)
  9 Harvest at Laborie A7
  10 Kikka A3
  11 Marc's Mediterranean Cuisine
    & Garden A5
  12 Noop A5

seine vollmundigen Rotweine, insbesondere seinen Syrah, bekannt. Neben den Weinen gibt es hier eine Menge anderer Angebote, z.B. Glasbläservorführungen, Weinproben mit Essen und ein **Restaurant** (Hauptgerichte 90–135 R). Zum Zeitpunkt unserer Recherche gab es Pläne, das Unternehmen um eine Schokoladenmanufaktur, eine Destillerie und eine Kleinbrauerei zu erweitern.

Backsberg WEINGUT
(Karte S. 118; ☎021-875 5141; www.backsberg.co.za; Verkostung 15 R; ⊙Mo–Fr 8–17, Sa 9.30–16.30, So 10.30–16.30 Uhr) Backsberg ist dank seiner verlässlich guten Weine und den üppigen Mittagessen unter freiem Himmel ein sehr beliebtes Weingut. Es war Südafrikas erste CO_2-neutral bewirtschaftete Weinfarm. Zu den hiesigen Weinen gehören die süffigen Produkte der Serie Tread Lightly, die in leichten, umweltfreundlichen Flaschen ausgeliefert werden.

Nederburg Wines WEINGUT
(Karte S. 118; ☎021-862 3104; www.nederburg.co.za; Verkostung 20–85 R; ⊙ganzjährig Mo–Fr 8–17 Uhr, zusätzl. Nov.–März Sa 10–16, So 11–16 Uhr) Dies ist eine der bekanntesten Adressen Südafrikas, ein professioneller und freundlicher Betrieb, der eine große Weinauswahl produziert. Zu den kreativsten Verkostungsangeboten zählen eine mit Brandy, Kaffee und Cantuccini und das

Rund um Paarl

118

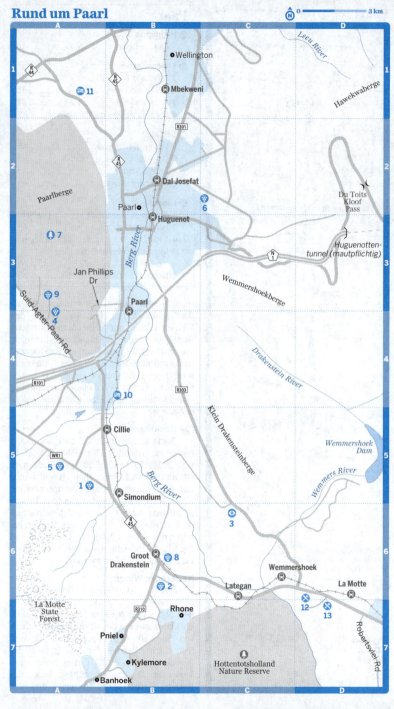

Rund um Paarl

◉ Sehenswertes
1 Backsberg	A5
2 Boschendal	B6
3 Drakenstein Prison	C6
4 Fairview	A4
5 Glen Carlou	A5
6 Nederburg Wines	C2
7 Paarl Mountain Nature Reserve	A3
8 Solms-Delta	B6
9 Spice Route	A3
Taalmonument	(siehe 7)

🛏 Schlafen
10 Berg River Resort	B4
11 Mooikelder Manor House	A1

✴ Essen
12 Bread & Wine	D6
13 Farm Kitchen at Goederust	D7

„Burgermaster Tasting", bei dem es zu den Weinen eine Reihe von Mini-Burgern gibt.

Glen Carlou WEINGUT
(Karte S. 118; ☎ 021-875 5528; www.glencarlou. co.za; Simondium Rd, Klapmuts; Verkostung 25–35 R; ⊙ Mo–Fr 8.30–17, Sa & So 10–16 Uhr) Von der Probierstube dieses Weinguts, das sich südlich der N1 befindet, hat man einen Panoramablick auf die Tortoise Hill. Man genießt beim Mittagessen (Hauptgerichte 85–150 R) ein Glas vollmundigen Chardonnay oder den hochgeschätzten Bordeaux-Verschnitt „Grand Classique" und schaut sich anschließend in der Kunstgalerie um.

Drakenstein Prison HISTORISCHE STÄTTE
(Karte S. 118) Als Nelson Mandela am 11. Februar 1990 nach 27 Jahren Haft wieder in Freiheit kam, wurde er nicht aus dem Gefängnis auf Robben Island, sondern aus dieser Haftanstalt entlassen. Eine Statue von ihm, die Faust in Siegerpose erhoben, steht am Eingang. In dem damaligen Victor-Verster-Gefängnis verbrachte Mandela die letzten beiden Jahre seiner Gefangenschaft relativ komfortabel im Wärterhaus; dort verhandelte er über das bevorstehende Ende der Apartheid. Da das Gefängnis noch in Betrieb ist, gibt es keine Führungen, dafür ein **Restaurant** (☎ Reservierung 021-864 8095), das Grillspeisen anbietet.

🛏 Schlafen

Oak Tree Lodge PENSION **$$**
(Karte S. 117; ☎ 021-863 2631; www.oaktreelodge.co.za; 32 Main St; Garten-EZ/-DZ inkl.

Frühstück 570/790 R; ✴ @ ≋) Die zentral gelegene Unterkunft bietet komfortable, gut ausgestattete Zimmer: einige mit Balkonen in dem alten Haus und einige hinten, fern der Hauptstraße und darum ruhiger, die moderner sind (auch Suiten).

Berg River Resort CAMPING **$**
(Karte S. 118; ☎ 021-863 1650; www.bergriver-resort.co.za; Stellplatz ab 55 R, Chalet-DZ ab 425 R; ≋) Das attraktive Campinggelände liegt am Berg River 5 km außerhalb von Paarl an der N45 in Richtung Franschhoek. Neben Leihkanus gibt es Trampolins und ein Café. Während der Schulferien ist der Platz überfüllt und daher nicht zu empfehlen.

Grande Roche Hotel LUXUSHOTEL **$$$**
(Karte S. 117; ☎ 021-863 2727; www.granderoche. co.za; Plantasie St; DZ ab 3025 R; ✴ @ ≋) Das Hotel in einem kapholländischen Herrenhaus bietet Luxus pur: herrlichen Bergblick, einen beheizten Swimmingpool und das preisgekrönte Bosman's Restaurant.

Mooikelder Manor House PENSION **$$**
(Karte S. 118; ☎ 021-869 8787; www.mooikelder. co.za; Main St, Noorder Paarl; EZ/DZ inkl. Frühstück 470/840 R; @ ≋) Rund 5 km nördlich vom Stadtzentrum liegt dieses elegante Herrenhaus, ein hübsches, ruhiges Fleckchen inmitten von Zitrusplantagen. Hier wohnte einst Cecil Rhodes, der ehemalige Gouverneur der Kapkolonie und Mitbegründer des britischen Weltreichs. Die Zimmer atmen noch den Geist der alten Zeit.

Rodeberg Lodge PENSION **$$**
(Karte S. 117; ☎ 021-863 3202; www.rodeberg lodge.co.za; 74 Main St; EZ/DZ inkl. Frühstück 450/700 R; ✴ @) Diese Unterkunft hat gute Zimmer, einige auch mit Klimaanlage und Fernseher. Unterm Dach gibt es auch ein Familienzimmer (300 R/Pers.). Die Gastgeber sind nett; Traveller loben das Frühstück im Gewächshaus.

Pontac Manor BOUTIQUEHOTEL **$$**
(Karte S. 117; ☎ 021-872 0445; www.pontac.com; 16 Zion St; EZ/DZ inkl. Frühstück 790/995 R; ✴ @ ≋) Das kleine, stilvolle Hotel residiert in einem hübschen viktorianischen Haus mit gutem Blick über das Tal. Die Zimmer sind komfortabel und haben Fußbodenheizung. Das Restaurant ist empfehlenswert.

✗ Essen & Ausgehen

Mehrere Weingüter in der Gegend verfügen auch über ausgezeichnete Restaurants oder verkaufen Zutaten für ein Mittagspicknick.

LP TIPP Bosman's Restaurant

(Karte S. 117; ☑021-863 2727; www.grande roche.co.za; Plantasie St; Hauptgerichte ab 130 R) Das elegante Lokal im Grande Roche Hotel ist eines der Spitzenrestaurants im Land. Berühmt ist es für das Probiermenü mit acht Gängen (660 R) und die spektakuläre Weinkarte, die ganze 40 Seiten umfasst. Eine Reservierung vorzunehmen, ist dringend angeraten.

LP TIPP Harvest at Laborie   SÜDAFRIKANISCH $$

(Karte S. 117; Taillefer St; Hauptgerichte 70–115 R; ⊙Sa morgens, Mo–So mittags, Mi–Sa abends) In diesem eleganten Weingut in kurzer, fußläufiger Entfernung von der Main St speist man auf einer Terrasse mit Blick auf die Weinberge. Regionale Produkte dominieren die Speisekarte, darunter Muscheln von der Westküste, Karoo-Lamm und saisonal Wildsteaks.

Noop   FUSION $$

(Karte S. 117; 127 Main St; Hauptgerichte 95–135 R; ⊙Mo–Fr mittags & abends) Einheimische aus den gesamten Cape Winelands empfehlen dieses Restaurant und Weinlokal. Es hat wenige, aber ausgezeichnete Gerichte und wirklich frische Salate.

Marc's Mediterranean Cuisine & Garden   MEDITERRAN $$

(Karte S. 117; 129 Main St; Hauptgerichte 90–140 R; ⊙Mo–Sa mittags & abends, So mittags) Ein weiteres Restaurant, das aus gutem Grund so beliebt ist: Wirt Marc Friedrich hat in seinem Lokal ein helles und freundliches Ambiente geschaffen. Das dazu passende Essen wird in einem provenzalisch gestalteten Garten serviert.

Kikka   CAFÉ $

(Karte S. 117; 217 Main St; Hauptgerichte 20–70 R; ⊙Mo–Fr 7.30–17, Sa 7.30–15 Uhr) In dem hübschen Deli und Café mit peppiger Retro-Einrichtung kann man Floristen bei der Arbeit zuschauen. Das Kikka ist ideal zum Frühstücken und nebenbei zum Leutegucken.

Farm Kitchen at Goederust   SÜDAFRIKANISCH $$

(Karte S. 118; ☑021-876 3687; Main Rd, La Motte; Hauptgerichte 60–105 R; ⊙Di–So morgens & mittags) Neue Variationen typischer Bauernkost vom Kap werden in diesem charmantaltmodischen Farmrestaurant inmitten eines schönen Gartens serviert. Sonntags gibt's ein Lamm-Grillbuffet (Reservierung erforderlich).

Bread & Wine   MEDITERRAN $$

(Karte S. 118; Môreson Wine Farm, Happy Valley Rd, La Motte; Hauptgerichte 65–105 R; ⊙mittags) Das Lokal liegt versteckt an einer unbefestigten Straße, die vor dem Ortseingang von der R45 abgeht – und es lohnt die Suche! Es ist bekannt für seine Brote, Pizzas, das Räucherfleisch und schmackhafte, mediterrane Gerichte.

❶ Praktische Informationen

Paarl Tourism (Karte S. 117; ☑021-872 4842; www.paarlonline.com; 216 Main St; ⊙Mo–Fr 8–17, Sa & So 10–13 Uhr) Diese Touristeninformation verfügt über ausgezeichnete Infos zur gesamten Region.

❶ An- & Weiterreise

Bus

Alle großen Fernbusunternehmen fahren über Paarl, sodass sich die Stadt leicht in jede Reiseplanung integrieren lässt. Die Busfahrt zwischen Paarl und Kapstadt kostet 160 R. Also lohnt es sich durchaus, bis Paarl zunächst den (billigeren) Zug zu nehmen und dort dann zur Weiterfahrt in einen Bus umzusteigen.

Die **Bushaltestelle für Fernbusse** (Karte S. 117) liegt gegenüber der Shell-Tankstelle an der Main St, an der man vorbeikommt, wenn man von der N1 in die Stadt fährt.

Zug

Metro-Züge fahren ungefähr stündlich zwischen Kapstadt und Paarl (1. Klasse/Economy Class 16/10 R, 1¼ Std.), am Wochenende allerdings seltener. Aus Sicherheitsgründen sollte man die Züge nur tagsüber während der Hauptverkehrszeiten benutzen.

Von Paarl aus ist Stellenbosch per Zug erreichbar: dazu den Zug nach Kapstadt nehmen und in Muldersvlei umsteigen! Aus Johannesburg kommend, steigt man in Wellington in den Metro-Zug um.

❶ Unterwegs vor Ort

Wer kein eigenes Transportmittel hat, kann Paarl und dessen Umgebung – außer zu Fuß oder per Fahrrad – nur mit Taxis erkunden. Diese kann man bei **Paarl Taxis** (☑021-872 5671) bestellen.

DISTRIKT OVERBERG

„Hinter dem Berg" – das bedeutet der Name Overberg wörtlich – findet sich eine Landschaft, die sich deutlich von den Ebenen des Kaps unterscheidet. Mehrere Gebirgszüge, die Franschhoekberge, die Wemmershoek-

ABSTECHER

WELLINGTON

Das ruhige und recht hübsche Städtchen liegt 10 km nördlich von Paarl. Wie in den umliegenden Orten stellen auch hier die Weingüter die Hauptattraktion dar, doch sind diese weniger touristisch als die in Paarl. In der **Touristeninformation** (☎021-873 4604; www.wellington.co.za; 104 Main St; ☺Mo–Fr 8–17, Sa & So 10–13 Uhr) gibt's eine Liste der örtlichen Weingüter und Infos zum **Wellington Wine Walk**. Wenn man in der Gegend ist, sollte man unbedingt eine Fahrt über den spektakulären **Bainskloofpass** machen, einen der schönsten Bergpässe Südafrikas. Die Passstraße wurde zwischen 1848 und 1852 von dem legendären Bauingenieur Thomas Bain geschaffen; abgesehen davon, dass sie inzwischen asphaltiert wurde, hat sich an der Straße praktisch nichts geändert.

In der Nähe gibt es mehrere Wanderwege, darunter den zu einem Wasserfall führenden **Bobbejaans River Walk** (5 Std.). Diese Wanderung beginnt am Eerste Tol; man braucht eine **Genehmigung** (Erw./Kind 30/15 R), die bei der Touristeninformation von Wellington erhältlich ist.

---

berge und die Riviersonderendberge, der Breede River und das Meer begrenzen die hügeligen Weizenfelder.

Alle Straßen, die in den Distrikt führen, sind schön: Die N2 schlängelt sich den Sir Lowry's Pass hinauf, von dem sich oben ein prächtiger Blick bietet; die R44 bleibt hingegen auf der Höhe des Meeresspiegels, windet sich um Cape Hangklip, führt am Biosphärenreservat Kogelberg entlang und erreicht schließlich Hermanus. Diese wunderschöne Küstenstraße ist durchaus mit dem Chapman's Peak Dr in Kapstadt vergleichbar, zusätzlich aber auch noch mautfrei.

In der Bucht vor Hermanus tummeln sich von Juni bis Dezember Wale, die hier kalben; in dieser Zeit versammeln sich Walbeobachter im Ort, welche die Tiere hier von leicht zugänglichen Aussichtspunkten aus beobachten. Wer keine Lust auf die schaulustigen Massen hat, sucht besser die weniger frequentierten Walbeobachtungsstellen rund um Gansbaai und Arniston oder im zauberhaften Naturschutzgebiet De Hoop auf. Weiter im Binnenland liegt das elegante Städtchen Swellendam, ein idealer Ausgangspunkt zur Erkundung der gesamten Region.

Kogelberg Biosphere Reserve

Das 1000 km² große **Kogelberg Biosphere Reserve** (☎028-271 4792; www.capenature. co.za; Erw./Kind 30/15 R) wurde 1988 zum ersten UNESCO-Biosphärenreservat Südafrikas erklärt.

Das Reservat ist das Schutzgebiet mit der komplexesten Artenvielfalt weltweit: Mehr als 1880 Pflanzenarten sind hier zu finden. Die Vogelwelt ist ebenfalls reich vertreten, verwilderte Pferde ziehen durch die Feuchtgebiete, und vor der Küste lassen sich Wale blicken. Das Reservat gibt Gelegenheit zu Tagesausflügen und Wanderungen mit Übernachtung, auch Mountainbiker finden attraktive Strecken. Für alle Aktivitäten im Reservat braucht man eine Genehmigung. Zur Übernachtung stehen fünf umweltfreundliche **Hütten** (☎021-483 0190; 1600 R/4 Pers.) für Selbstversorger zur Verfügung.

Das **Kogel Bay Pleasure Resort** (☎021-850 4172; R44; Stellplatz 90 R) bietet Stellplätze und ordentliche Einrichtungen an einem fantastischen Surfstrand – hier ist es allerdings oft stürmisch und das Meer zum Schwimmen zu gefährlich. Alle Lebensmittel müssen mitgebracht werden.

Um das Kogelberg Biosphere Reserve zu besuchen, braucht man ein eigenes Auto. Man nimmt die N2 von Kapstadt bis Somerset West, biegt dort rechts in Richtung Gordon's Bay ab und folgt der R44 auf ihrem spektakulären Weg entlang der Küste.

Betty's Bay

☎028

Das kleine Feriendorf Betty's Bay liegt an der R44 und lohnt einen Stopp. Kommt man aus Richtung Kapstadt, passiert man unmittelbar vor der Einfahrt in den Ort die **Brillenpinguinkolonie Stony Point** (Eintritt 10 R; ☺8–17 Uhr). Hier kann man die kleinen Pinguine mit viel mehr Ruhe beobachten als am weit berühmteren Boulders Beach auf der anderen Seite der False Bay. Gleich hinter Betty's Bay liegen die **Harold Porter National Botanical Gardens** (Erw./Kind 17/7 R; ☺ Mo–Fr 8–16.30, Sa & So 8–17 Uhr), die definitiv einen Besuch wert sind. Eigens angelegte Pfade bieten einen Einblick in die endemische Pflanzenwelt der Gegend. Es gibt im Garten viele Picknickstellen und am Eingang eine Teestube. Um auf dem Leopard Kloof Trail (hin & zurück 3 km), der durch Farnwälder zu einem Wasserfall führt, zu wandern, muss man sich vor 14 Uhr einen Schlüssel (Pfand 30 R) und eine Genehmigung besorgen.

Kleinmond
☎ 028

Das in der Nähe eines schönen, unberührten Strandes an der R44 liegende Kleinmond hat sich in letzter Zeit zu einem ziemlich schicken Ausflugsziel entwickelt. Hier kann man prima einen Nachmittag verbringen, frische Meeresfrüchte verspeisen und in den Läden stöbern. Der kleine Ort ist erheblich weniger kommerziell als Hermanus und hat ausgezeichnete Gelegenheiten zur Walbeobachtung, stetige Wellen für Surfer und gute Wanderwege zu bieten.

🛏 Schlafen & Essen
Die meisten Restaurants liegen an der Harbour Rd.

Palmiet Caravan Park CAMPING $
(☎ 076 371 8938; Stellplatz mit Meerblick ab 185 R) Der Campingplatz befindet sich im Westen des Ortes am Strand. Im eigenen Zelt liegend, hört man, wie sich die Wellen am Ufer brechen. Von der R44 aus der Ausschilderung folgen!

Alive Alive-O SEAFOOD $$
(☎ 028-271 3774; 35 Harbour Rd; Hauptgerichte 50–250 R; ☺ Mo–Sa mittags, Mi–Sa abends) Frischen Fisch und Sushi bekommt man an dieser Meeresfrüchtetheke am Strand unter freiem Himmel. Von der hiesigen Aussichtsterrasse aus kann man prima Wale beobachten.

ℹ Praktische Informationen
Die Angestellten in der neuen Touristeninformation **Hangklip-Kleinmond** (☎ 028-271 5657; www.ecoscape.org.za; 14 Harbour Rd; ☺ Mo–Fr 8.30–17, Sa 9–14, So 10–14 Uhr) haben Infos

zum Kogelberg Biosphere Reserve, zu Pringle Bay, Rooi Els, Betty's Bay und Kleinmond.

Hermanus
☎ 028 / 45 000 EW.

Hermanus war einmal ein kleines Fischerdorf, ist aber heute eine recht große, geschäftige Stadt mit einer ausgezeichneten Auswahl von Unterkünften, Restaurants und Läden. Die Stadt ist nur 122 km von Kapstadt entfernt und eignet sich deshalb gut für einen Tagesausflug; darüber hinaus ist sie bei südafrikanischen Urlaubern ungeheuer beliebt. Die wachsende Popularität in den letzten Jahren hat ihren Grund nicht nur in den schönen Stränden, sondern hauptsächlich auch in den Südlichen Glattwalen (Südkapern), die sich von Juni bis Dezember in großer Zahl in der Walker Bay tummeln. Hermanus gilt als der weltweit beste Ort, um Wale von Land aus zu beobachten.

Die Stadt breitet sich an einer langen Hauptstraße entlang aus, aber das Zentrum ist leicht zu Fuß zu erkunden. Es gibt einen wunderbaren Wanderweg auf den Klippen und viele andere Wege in den mit *fynbos* bewachsenen Hügel rund um die Stadt. Hinzu kommen gute Weinverkostungen und das **Hermanus Whale Festival** (www.whalefestival.co.za) im September. In dieser Zeit und während der Schulferien im Dezember und Januar ist die Stadt ziemlich überlaufen.

👁 Sehenswertes & Aktivitäten

LP TIPP **Cliff Path Walking Trail** WANDERN & TREKKEN
Der Klippenwanderweg erstreckt sich vom 2 km westlich der Stadt gelegenen neuen Hafen am Meer entlang über 10 km bis zur Mündung des Klein River. Man kann aber überall an den Klippen die Wanderung beginnen oder beenden.

Unterwegs kommt man am Grotto Beach, dem beliebtesten Strand mit ausgezeichneter Infrastruktur, vorbei, ferner an Kwaaiwater, einem guten Aussichtspunkt zur Walbeobachtung, sowie an den Stränden Lang Bay und Voelklip.

Alter Hafen HISTORISCHE STÄTTE
Vor dem Stadtzentrum schmiegt sich der Alte Hafen an die Klippen. Das **Museum** (Erw./Kind 15/5 R; ☺ Mo–Sa 9–13 & 14–17, So 12–16 Uhr) ist zwar nicht besonders spannend, aber vor seiner Tür kann man alte Fi-

Hermanus

Hermanus

◎ Highlights
Cliff Path Walking Trail A2

◎ Sehenswertes
1 Museum B1
2 Whale House Museum &
   Photographic Museum B1

🛏 Schlafen
3 Auberge Burgundy B2
4 Hermanus Esplanade B2
5 Marine B1
6 Windsor Hotel A2

⊗ Essen
7 Annie se Kombuis A2
8 Bientang's Cave B1
9 Burgundy Restaurant B2
10 Fisherman's Cottage B2

⊙ Ausgehen
11 Shimmi B1
12 Zebra Crossing A1

scherboote bewundern. Die Eintrittskarte berechtigt zudem zum Besuch des interessanteren **Whale House Museum** (◎Mo–Sa 9–16 Uhr, Wal-Shows 10 & 15 Uhr) sowie des **Photographic Museum** (◎Mo–Fr 9–16, Sa 9–13 Uhr) am Market Sq. Auf diesem Platz wird außerdem ein permanenter Kunsthandwerksmarkt abgehalten.

GRATIS **Fernkloof Nature Reserve** PARK
(http://fernkloof.com; Fir Ave; ◎9–17 Uhr) Das 1400 ha große Schutzgebiet ist wundervoll, wenn man sich für die *fynbos*-Vegetation interessiert. Botaniker haben hier bislang 1474 Pflanzenspezies bestimmt. Durch das Schutzgebiet zieht sich ein 60 km langes Netz von Wanderwegen aller Schwierigkeitsgrade, von denen aus man einen wunderbaren Blick aufs Meer genießt.

Walker Bay Adventures WASSERSPORT
(082 739 0159; www.walkerbayadventures.co.za; Kajaktour 300 R, Kanutour 450 R, Bootstour zur Walbeobachtung 650 R) Das Unternehmen hat eine große Aktivitätenauswahl im Programm, darunter Touren in seetüchtigen Kajaks, im Rahmen derer man Wale aus der Nähe beobachten kann. Außerdem werden Kajaks und Boote vermietet.

🛏 Schlafen

Hermanus besitzt zwar sehr viele Unterkünfte, in der Ferienzeit wird die Suche nach einem freien Bett gleichwohl zu einem Problem. Man sollte also unbedingt vorab seine Bleibe reservieren.

LP TIPP **Potting Shed** PENSION $$
(028-312 1712; www.thepottingshedguesthouse.co.za; 28 Albertyn St; EZ/DZ inkl. Frühstück 525/700 R; @☀) Die Pension hat ein ausgezeichnetes Preis-Leistungs-Verhältnis und wird von Lesern sehr empfohlen. Die gepflegten Zimmer sind komfortabel eingerichtet und farbenfroh-verspielt dekoriert. Es gibt hier auch eine Wohneinheit (950 R/4 Pers.) für Selbstversorger.

Hermanus Backpackers HOSTEL $
(028-312 4293; www.hermanusbackpackers.co.za; 26 Flower St; B 130 R, DZ 380 R, DZ mit Gemeinschaftsbad 350 R; @☀) Das tolle Hostel ist peppig gestaltet und hat gute Einrichtungen sowie kundige Mitarbeiter, die bei der Organisation von Aktivitäten helfen können. Das Frühstück ist im Preis inbegriffen, für die *braais* am Abend werden 90 R verlangt.

Auberge Burgundy PENSION $$
(028-313 1201; www.auberge.co.za; 16 Harbour Rd; EZ/DZ inkl. Frühstück 840/1120 R; ☀) Die wunderschöne Unterkunft im Stil einer provenzalischen Villa liegt mitten im Stadtzentrum und bietet den schönsten Ausblick aufs Meer.

Hermanus Esplanade APARTMENT $
(028-312 3610; www.hermanusesplanade.com; 63 Marine Dr; Apt. mit Meerblick ab 300 R) Einige der Ferienwohnungen (für Selbstversorger) haben einen Ausblick aufs Meer. Zur Anlage gehören auch einfachere Unterkünfte für Backpacker (200 R/2 Pers.).

Marine
LUXUSHOTEL $$$

(☎028-313 1000; www.marine-hermanus.co.za; Marine Dr; EZ/DZ inkl. Frühstück ab 2500/4000 R; ✹@☲) Das Hotel liegt direkt am Meer auf einem makellosen Gelände und hat erstklassige Einrichtungen. Zu ihm gehören zwei Restaurants, die beide zum Meer blicken. Das **Pavilion** (Hauptgerichte 95–175 R, ☺morgens & abends) serviert moderne südafrikanische Küche, im **Seafood Restaurant** (☺mittags & abends) gibt's Zwei- und Drei-Gänge-Menüs für 195/240 R.

Zoete Inval Travellers Lodge
HOSTEL $

(☎028-312 1242; www.zoeteinval.co.za; 23 Main Rd; B ab 100 R, DZ 450 R, DZ mit Gemeinschaftsbad 350 R; @) Diese Budgetunterkunft ist recht ruhig und daher gut für Traveller geeignet, die von Partystimmung weniger begeistert sind. Das Hostel verfügt über gute Einrichtungen (auch einen Whirlpool) und ordentlich möblierte Zimmer. Es gibt auch Vierbettzimmer für Familien und eines, das für Rollstuhlfahrer geeignet ist.

Baleia de Hermanus
PENSION $$

(☎021-312 2513; www.hermanusbaleia.com; 57 Main Rd; EZ/DZ 420/760 R; @☲) Die Zimmer dieser Unterkunft sind sehr komfortabel, haben Fußbodenheizung und gruppieren sich um einen Swimmingpool mit einer allergikerfreundlichen Wasseraufbereitungsanlage.

Windsor Hotel
HOTEL $$

(☎028-312 3727; www.windsorhotel.co.za; 49 Marine Dr; EZ/DZ inkl. Frühstück & mit Meerblick 960/1360 R; @) Wer in diesem alten Traditionshotel oben auf den Klippen ein Zimmer mit Meerblick erwischt, kann die Wale sogar vom Bett aus beobachten. Zum Zeitpunkt unserer Recherche wurden die heruntergekommenen Zimmer gerade renoviert.

🍴 Essen & Ausgehen

LP TIPP — Fisherman's Cottage
SEAFOOD $$

(Lemm's Corner; Hauptgerichte 55–120 R; ☺Mo–Sa mittags & abends) Das Restaurant befindet sich in einer mit Fischernetzen geschmückten strohgedeckten Hütte aus den 1860er-Jahren. Schwerpunkt des kulinarischen Angebots sind die ausgezeichneten Meeresfrüchte, es gibt aber auch Steaks und traditionelle Gerichte.

INSIDERWISSEN

DER WALAUSRUFER ERIC DAVALALA

Eric Davalala hat einen einmaligen Job: Er ist angeblich der einzige Walausrufer weltweit. In der Walsaison (Juni–Dez.) marschiert Eric mit einem lustigen Hut, dessen Krempe ein Wal ziert, zwischen 9 und 17 Uhr auf dem Klippenweg auf und ab, immer nach Walen Ausschau haltend. Außerhalb der Walsaison kann man ihn in der Touristeninformation von Hermanus begrüßen und mit ihm ein Schwätzchen halten.

Was genau macht ein Walausrufer? Manche Leute glauben, ich würde die Wale mit meinem Horn herbeirufen, aber das ist natürlich Humbug. Meine Hauptaufgabe besteht darin, aufs Wasser zu schauen und festzustellen, wo die Wale sind. Sobald ich etwas sehe, prüfe ich nach, ob es nicht etwa Vögel oder Felsen sind, und blase dann auf meinem Horn ein Morsesignal, um Bescheid zu geben, wo die Wale zu finden sind. Ich trage eine Tafel, auf der die Morsezeichen abgebildet sind, damit die Leute wissen, was die Signale bedeuten.

Macht Ihnen der Job Spaß? Ja, sehr großen sogar. Und es macht mich stolz, dass ich weltweit der einzige Walausrufer bin. Aber das Beste ist, dass ich bei meiner Arbeit Menschen aus anderen Ländern kennenlerne. Die meisten Leute wollen mich fotografieren, wogegen ich überhaupt nichts habe, aber lieber ist mir, wenn sie ein paar Fragen stellen und sich dann erkundigen, wo, wie sie herkommen, sodass ich auch etwas über ihre Länder erfahre.

Warum kommen die Wale hierher? Das Entscheidende ist das Wasser vor Hermanus: Es ist etwas wärmer als im Südlichen Ozean und außerdem von der Bucht geschützt. Deswegen kommen die Wale, um ihre Kälber in dem vergleichsweise warmen Gewässer zu gebären. Sie bleiben rund drei Monate, bis die Jungen stark genug sind, um zu überleben. Sie bleiben nicht ständig, weil es hier für sie kein geeignetes Futter gibt; wenn sie Nahrung brauchen, schwimmen sie in den Südlichen Ozean zurück.

Burgundy Restaurant
SEAFOOD $$

(☎028-312 2800; Marine Dr; Hauptgerichte 60–140 R; ☺morgens, mittags & abends) Für einen Tisch in diesem Restaurant, das zu den renommiertesten und beliebtesten in der Gegend gehört, sollte man unbedingt vorab reservieren. Aufgetischt werden hauptsächlich Meeresfrüchte, zudem gibt's jeden Tag ein anderes vegetarisches Gericht.

Bientang's Cave
SEAFOOD $$

(www.bientangscave.com; Marine Dr; Hauptgerichte 80–150 R; ☺morgens & mittags) Hier ist man näher an den Walen dran als bei jeder Bootstour! Das Lokal liegt tatsächlich in einer Höhle, in der um 1900 die letzten Strandlopers (eine an der Küste lebende Gruppe der indigenen Khoisan) lebten. Das eindrucksvolle Ambiente tröstet etwas darüber hinweg, dass das Essen nur mittelmäßig ist. Erreichbar ist das Lokal nur über eine steile Treppe an den Klippen.

Annie se Kombuis
SÜDAFRIKANISCH $$

(Annies Küche; Warrington Pl; Hauptgerichte 65–130 R; ☺Di–So mittags & abends) Wer traditionelle Gerichte wie Ochsenschwanz (ein fein gewürzter Eintopf mit einem Deckel aus überbackenem Eischnee) oder Wildgerichte mag, ist in diesem gemütlichen Lokal abseits der Harbour Rd genau richtig.

Gecko Bar
BAR

(New Harbour; Hauptgerichte 45–75 R; ☺mittags & abends) Mit Holzofenpizza, Bier aus der Birkenhead-Brauerei in Stanford und einer in den Ozean hineinragenden Terrasse ist diese Bar ideal für einen Sundowner, der in einen feucht-fröhlichen Abend übergeht. An den Wochenenden gibt's Livemusik.

Zebra Crossing
PUB

(121 Main Rd; Hauptgerichte 40–90 R; ☺morgens, mittags & abends) Diese Bar mit ihrer schrillen Zebra-Deko ist an den Wochenenden ein angesagter Ort zum Feiern und bei Backpackern beliebt.

Shimmi
BAR

(☎Village Sq, Marine Dr; ☺Mi–So 14–2 Uhr) Eine schicke Bar mit guten Cocktails; an den meisten Abenden legen DJs auf.

ℹ Praktische Informationen

Hermanus Tourism (☎028-312 2629; www.hermanus.co.za; Old Station Bldg, Mitchell St; ☺Mo–Fr 8–18, Sa 9–17, So 11–15 Uhr) Die nützliche Touristeninformation östlich vom Stadtzentrum hat eine Menge Infos über die Gegend, u. a. zu Wanderwegen und Spaziergär-

ten durch die umliegenden Hügel, und bucht Unterkünfte.

Internet City (Waterkant Bldg, Main Rd; 15 R/Std.; ☺Mo–Fr 8–18, Sa 8.30–15, So 9–13 Uhr) Verlässliche, schnelle Internetverbindungen.

ℹ An- & Weiterreise

Trevi's Tours (☎072 608 9213) lässt täglich Shuttle-Busse nach Gansbaai (300 R, 30 Min.) und Kapstadt (800 R, 1½ Std.) fahren.

Die Hostels betreiben einen Shuttle-Dienst (einfache Strecke 50 R, 30 Min.) zur Baz-Bus-Haltestelle in Botrivier, 50 km westlich der Stadt. Zwischen Hermanus und Kapstadt verkehren keine Linienbusse.

Gansbaai
☎028 / 20 000 EW.

Gansbaai erlebte in den letzten Jahren dank der hier veranstalteten Tauchgänge zu den Haien einen kometenhaften Aufstieg. Die meisten Besucher schauen aber nur auf einen Tagesausflug von Kapstadt aus vorbei. Die unberührte Küste ist ideal für alle Traveller, welche die Natur im Distrikt Overberg abseits des Rummels erkunden wollen.

Die Straße aus Hermanus führt einen am Dorf De Kelders – einer großartigen Stelle für geruhsame Walbeobachtungen – vorbei und geht direkt in die Main Rd über, die parallel zur Küste verläuft. Kleinbaai, an der Küste 7 km weiter östlich, ist der Ausgangspunkt für die Tauchgänge im Käfig zu den Haien.

◉ Sehenswertes & Aktivitäten
Danger Point
Lighthouse
HISTORISCHES GEBÄUDE

(Erw./Kind 16/8 R; ☺Mo–Fr 10–15 Uhr) Der 1895 erbaute Leuchtturm lohnt einen Besuch, ebenso das **Walker Bay Reserve** (Erw./Kind 30/15 R; ☺7–19 Uhr). Im Schutzgebiet kann man Vögel beobachten, außerdem finden sich hier gute Wanderwege sowie die Klipgat Caves, in denen Artefakte der Khoisan gefunden wurden.

Tauchen im Haikäfig
TAUCHEN

Eine Reihe von Anbietern rund um den Hafen in Kleinbaai veranstalten Touren, bei denen man im Käfig zu den Haien taucht. Zu den Unternehmen zählen **Shark Lady** (☎028-313 2306; www.sharklady.co.za; 1350 R), das Ausrüstung für qualifizierte Taucher hat, und **Marine Dynamics** (☎028-384 1005; www.sharkwatchsa.com; 1400 R).

🛏 Schlafen & Essen

🚩 Grootbos Private
Nature Reserve
LODGE $$$

(📞 028-384 8000; www.grootbos.com; R43; EZ/
DZ inkl. VP 6300/8400 R; ❄ @ 🏊) Diese erst-
klassige Luxusherberge auf einem 1715 ha
großen Gelände umfasst zwei Lodges mit je
elf Cottages. Alle Aktivitäten sind im Preis
inbegriffen; die Unterkunft ist von Fair
Trade in Tourism zertifiziert. Die Grootbos
Foundation betreibt Green Futures, eine
Gartenbauschule für Einheimische, deren
Absolventen sehr gefragt sind, und Spaces
for Sports, eine Initiative für Fußballplätze
und -training in Gansbaai.

[LP TIPP] Aire del Mar
PENSION $$

(📞 028-384 2848; www.airedelmar.co.za;
77 Van Dyk St, Kleinbaai; EZ/DZ inkl. Frühstück
430/720 R; @) Die nette Unterkunft bietet
Zimmer in verschiedenen Preisklassen, darunter einfache Wohneinheiten für Selbstversorger (520 R/2 Pers.). Von den Zimmern
hat man einen weiten Blick übers Meer
nach Dyer Island.

Gansbaai Backpackers
HOSTEL $

(📞 083-626 4150; www.gansbaybackpackers.
com; 6 Strand St; B/DZ 130/400 R) Das effizi-
ente und freundliche Hostel ist eine prima
Adresse für günstige Unterkunft und die
Buchung von Touren und Aktivitäten.

[LP TIPP] Coffee on the Rocks
CAFÉ $

(📞 028-384 2017; Cliff St, De Kelders;
Hauptgerichte 40–80 R; ⏰ Mi–So 10–17 Uhr) Alle
Brote werden hier täglich vor Ort gebacken,
und alles ist hausgemacht. Die Terrasse mit
Blick auf den Ozean ist ein toller Ort für ein
Sandwich, einen Salat oder auch nur einen
Kaffee – in der Saison nach Walen Aus-
schau halten!

Oppideck
PIZZERIA $$

(📞 028-384 1666; 2 Old Harbour Rd, Gansbaai;
Hauptgerichte 50–120 R; ⏰ Di–Sa mittags &
abends) Diese entspannte Pizzeria besitzt
eine große Terrasse mit Blick auf den Ha-
fen. Im Restaurant unten gibt's Gerichte à
la carte, der Pub ist bis in die frühen Mor-
genstunden geöffnet.

Great White House
SEAFOOD $$

(📞 028-384 3273; www.thegreatwhitehouse.
co.za; 5 Geelbek St, Kleinbaai; Hauptgerichte
50–140 R; ⏰ Mo–So morgens, mittags & abends)
In diesem vielseitigen Laden gibt's frische
Meeresfrüchte, Kleidung und Souvenirs, Infos zu Touren und Drei-Sterne-Unterkunft
(EZ/DZ inkl. Frühstück 450/700 R). Außer-

MIT DEN HAIEN TAUCHEN

In den letzten Jahren gab es heftige Kontroversen, ob das Tauchen zu den Haien zu
verantworten ist. Die Gegner meinen, dass die Veranstalter die Haie mit Ködern zu
den Käfigen locken, in denen sich die Menschen befinden – mit dem Ergebnis, dass
die Fische lernen, Boote und Menschen mit Nahrung zu assoziieren. Aus diesem
Grund sollen Angriffe auf Schwimmer und Surfer zugenommen haben. Das Abtau-
chen im Käfig zu Weißen Haien rückte wieder ins Scheinwerferlicht, weil diese Aktivität vor Seal Island in der False Bay angeboten wird. Obwohl es keine Beweise gibt,
glauben viele, dass die Tauchveranstalter direkt für die Zunahme von Haiangriffen
verantwortlich sind.

Andererseits findet diese Aktivität auch Verteidiger, darunter viele Meeresbiologen
und sogar einige Umweltschützer. Nach deren Ansicht hilft das Käfigtauchen dabei,
die Angst vor den Tieren abzubauen und den schlechten Ruf zu verbessern, welchen
die Tiere seit dem Film *Der weiße Hai* (1975) haben.

Lizenzierte Tauchveranstalter dürfen keine Köder benutzen. Stattdessen werfen
sie Fischabfälle ins Wasser. Die Haie werden vom Geruch des Bluts und der Inne-
reien angelockt, bekommen aber nichts zu fressen – denn ihre Nahrung besteht aus
Pinguinen und Robben. Sobald die Haie näherkommen, holen die mit Neoprenanzug
und Schnorchel ausgerüsteten Taucher tief Luft und tauchen ein in die Welt der
weißen Riesen – Erfahrung im Gerätetauchen braucht man zur Teilnahme nicht. Die
beste Sicht unter Wasser herrscht zwischen Mai und September.

Wer Lust hat, mit diesen wilden Tieren auf Tuchfühlung zu gehen, sollte unbedingt
sicherstellen, dass er mit einem lizenzierten, voll versicherten Unternehmen taucht.

Wer das Käfigtauchen ablehnt, kann sich an Veranstalter wie **Simon's Town Boat
Company** (📞 083 257 7760; www.boatcompany.co.za) halten, die Bootsausflüge zu den
Jagdgründen der Haie vor Seal Island anbieten.

halb der Walsaison werden umweltverträgliche Touren zu den Pinguinen, Robben, Haien und manchmal auch zu Delfinen veranstaltet.

ⓘ Praktische Informationen

Um die Touristeninformation **Gansbaai** (☏028-384 1439; www.gansbaaiinfo.com; Gateway Centre, Main Rd; ⏱Mo–Fr 9–17, Sa 9–16, So 10–14 Uhr) zu finden, muss man nur der Ausschilderung folgen. Das Personal hilft bei der Buchung von Aktivitäten und Unterkünften.

ⓘ An- & Weiterreise

Privatfahrzeuge dürfen nur beschränkt in die Stadt einfahren. Das Fynbos-Rd-Projekt, durch das die Danger Point Peninsula mit Cape Agulhas verbunden werden soll, ist bislang noch nicht über den asphaltierten Straßenabschnitt zwischen Bredasdorp und Elim hinausgekommen.

Trevi's Tours (☏072 608 9213, 028-312 1413) bietet täglich Shuttlefahrten nach Hermanus (300 R, 30 Min.) und Kapstadt (1000 R, 2 Std.).

Cape Agulhas

Cape Agulhas ist der südlichste Punkt Afrikas und markiert die Grenze zwischen dem Atlantik und dem Indischen Ozean. Vor der rauen, sturmumtosten Küste ist schon so manches Schiff gesunken. Die meisten Traveller eilen stracks zu den Schildern, die den Treffpunkt der Ozeane markieren, um dort ein Foto zu machen, aber es lohnt sich auch, die 71 Stufen bis zur Spitze des **Leuchtturms** (Erw./Kind 20/10 R; ⏱9–17 Uhr) zu erklimmen. Drinnen gibt es ein interessantes **Museum** und ein Restaurant.

Ferner gibt es hier den **Agulhas National Park** (☏028-435 6078; www.sanparks.org.za; Erw./Kind 88/44 R) mit luxuriösen Unterkünften für Selbstversorger am Meer (910 R/2Pers.). Der 5,5 km lange Rasperpunt Trail führt u.a. zum Wrack der *Meisho Maru;* drei weitere kurze Wanderwege wurden zum Zeitpunkt unserer Recherche gerade angelegt.

Das kleine Städtchen **L'Agulhas** liegt gleich östlich von Cape Agulhas. Die freundlichen, engagierten Mitarbeiter in der **Touristeninformation** (☏028-435 6015; www.discovercapeagulhas.co.za) neben dem Leuchtturm helfen gerne weiter. **Cape Agulhas Backpackers** (☏082-372 3354; www.capeagulhasbackpackers.com; Ecke Main St & Duiker St; B/DZ 100/370 R) ist eine gute Basis zur Erkundung der Gegend. Der Ort eignet sich prima zum **Kitesurfen**; das Hostel bietet Unterricht und vermietet Surfbretter.

Cape Agulhas ist mit dem Auto erreichbar. Wer keines hat, kann mit Fynbus Tours in Swellendam einen Tagesausflug hierher machen (495 R). Touren zum Kap bieten auch die Hostels in Hermanus an.

Arniston (Waenhuiskrans)

☏028 / 1200 EW.

Arniston ist ein hübsches Dorf in einer dramatischen, vom Wind umtosten Landschaft und eines der Juwelen der Provinz Western Cape. Momentan leidet der Ort etwas unter einer Identitätskrise – er ist nämlich sowohl nach einem Schiff, das an der tückischen Küste 1815 unterging, als auch nach einer Höhle am Meer benannt. Letztere ist so groß, dass ein Ochsenkarren hineinpasst (Warenhuiskrans heißt so viel wie „Wagenhausklippe"). In die Höhle rein käme ein Karren allerdings sicher nicht, denn der kleine Eingang befindet sich unten am Fuß einer Klippe.

Wer die **Höhle** besuchen möchte, folgt den Schildern, auf denen „Grot" (Grotte, Höhle) steht: Südlich vom Roman Beach geht es über eine Sandstraße zu den Klippen, dann folgt der Abstieg zum Meer. Aber Achtung: Die Höhle ist nur bei Ebbe zugänglich, unbedingt nach den Gezeiten erkundigen!

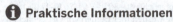

ABSTECHER

STANFORD

Das Bilderbuch-Dorf am Ufer des Klein River ist aus gutem Grund ein beliebtes Wochenendziel der Kapstädter. In der umliegenden Gegend gibt es einige nicht überlaufene Weingüter – zu empfehlen ist das **Robert Stanford Estate** (☏028-341 0441; Verkostung frei; ⏱Do–Mo 9–16 Uhr) wegen seines ausgezeichneten Sauvignon Blanc, einer Menge familienfreundlicher Aktivitäten wie Ausritten und Traktorfahrten durch die Weinberge und der Möglichkeit zum Picknicken auf dem Gelände. In Stanford gibt's Vogelbeobachtungstouren am Fluss, Kajakverleihe und eine idyllische kleine **Brauerei**, die ihre Verkostungen im Sommer draußen auf dem Rasen und im Winter rund ums Kaminfeuer abhält.

> **ABSTECHER**

ELIM

Selbst in einer Provinz voller hübscher Dörfer sticht Elim noch besonders heraus. Das Missionsdorf der Herrnhuter Brüdergemeinde ist 30 km von jeder anderen Siedlung entfernt. Mittlerweile führt zwar eine asphaltierte Straße zu der Ansammlung schöner, strohgedeckter Hütten, aber man befindet sich hier gleichwohl immer noch in einem entlegenen, kaum besuchten Teil der Provinz Western Cape. Der örtliche Fremdenführer **Emile Richter** (☎074 544 7733) veranstaltet eine faszinierende Führung, bei der man die übergroße Kirche, das Denkmal für die Sklavenbefreiung und eine voll funktionstüchtige Wassermühle aus der Mitte des 19. Jhs. zu sehen bekommt. Heute befindet sich in der Wassermühle eine nette Teestube, der beste Ort, wenn man etwas trinken und einen Imbiss genießen will. Neben Elim liegt das Naturschutzgebiet **Geelkkop (Gelber Hügel)**, das seinen Namen den vielen gelben Blumen verdankt, die hier im Frühling blühen. Ein Wanderweg (halber Tag) zieht sich durch das Gebiet. An der geteerten Straße, die von Bredasdorp ausgeht, liegen drei **Weingüter**.

Der Ort ist malerisch, was an den bunten Booten, dem warmem blaugrünen Wasser und an **Kassiesbaai** liegt. Der 200 Jahre alte Weiler mit seinen weiß getünchten Cottages bildet das Zentrum des Ortes. Südlich von Kassiesbaai liegt der **Roman Beach**, ein weißer Sandstrand mit sanfter Brandung. Der Strand ist ein idealer Tummelplatz für Kinder: An beiden Ende gibt es Grotten und Höhlen, kleine Buchten sowie Gezeitentümpel mit Seeigeln und farbenprächtigen Anemonen. Die Seeigel sollte man allerdings lieber nicht anfassen; sie können ziemlich schmerzende Wunden verursachen.

🛏 Schlafen & Essen

Arniston Spa Hotel   HOTEL $$$
<LP TIPP>
(☎028-445 9000; www.arnistonhotel. com; Beach Rd; EZ/DZ mit Meerblick ab inkl. Frühstück 1350/1800 R; ☼) Das lichtdurchflutete Luxushotel ist maritim dekoriert und verfügt über ein eigenes Spa. Die Zimmer mit Meerblick haben deckenhohe Fenster. In dem Restaurant mit Fenstern zum Meer werden Mittag- (50–120 R) und Abendessen (80–265 R) serviert; die Weinkarte ist ellenlang.

Waenhuiskrans
Caravan Park   CAMPING $
(☎028-445 9620; Main Rd; Stellplatz/Bungalow ab 115/400 R) Diese ordentliche Budgetunterkunft befindet sich in kurzer Gehentfernung vom Strand. Bettzeug und Proviant müssen Traveller selbst mitbringen.

Die Herberg & South of Africa
Backpackers' Resort   HOTEL, HOSTEL $$
(☎028-445 2500; www.dieherberg.co.za; EZ/DZ mit Gemeinschaftsbad 205/405 R, EZ/DZ inkl.

Frühstück 665/740 R; ☼) Das gesichtslose Hotel-Hostel hat eine ziemlich sonderbare Lage neben einem militärischen Übungsgelände, das 2 km außerhalb von Arniston ab der R316 ausgeschildert ist. Doch es ist modern und verfügt über viele Annehmlichkeiten. Das angeschlossene **Castaway Restaurant** (Hauptgerichte 40–100 R) bietet für jeden etwas, auch für Kinder. Ein großer Nachteil der Unterkunft ist die weite Entfernung zum Strand.

Wilene's Restaurant   SÜDAFRIKANISCH
(☎028-445 9995; House C26, Kassiesbaai; ☼mittags & abends) In ihrem Wohnhaus tischt Wilene ein echtes traditionelles Fischermahl auf. Man muss vorab reservieren und seinen eigenen Wein mitbringen.

De Hoop Nature Reserve

Das **De Hoop Nature Reserve** (www.cape nature.org.za; Erw./Kind 30/15 R; ☼7–18 Uhr) umfasst 34 000 ha und reicht 5 km aufs Meer hinaus. Die Küste ist mit ihren unberührten Stränden und hohen Dünen wunderschön. Hier kalben die Südkaper und ziehen ihre Nachkommen auf. Im Reservat sind außergewöhnlicher Küsten-*fynbos* und Tiere wie die vom Aussterben bedrohten Kap-Bergzebras und Buntböcke beheimatet. Hinzu kommt eine reiche Vogelwelt, u.a. existiert hier die einzige verbliebene Brutkolonie der seltenen Kapgeier.

Es gibt zwar zahlreiche Tageswanderungen, einen Mountainbiketrail mit Übernachtung und gute Schnorchelmöglichkeiten an der Küste, aber das eigentliche Highlight ist die fünftägige **Whale Route** (1550 R/Pers.). Die 55 km lange Gesamtstrecke führt durch mal moderates, mal anspruchsvolles Gelände. Zwischen Juni und Dezember bieten sich unterwegs hervorragende Gelegenheiten zur Walbeobachtung. Übernachtet wird in modernen, voll ausgestatteten Selbstversorger-Cottages. Wer sein Gepäck nicht selbst schleppen will, kann es für 380 R zusätzlich täglich von der einen zur nächsten Übernachtungsstation transportieren lassen.

Die Unterkünfte im De Hoop verwaltet die **De Hoop Collection** (⏏028-542 1253; www.dehoopcollection.co.za; Stellplatz/Rondavel f. 2 Pers. mit Gemeinschaftsbad 295/580 R, Cottage ab 440 R/Pers., Luxus-Zi. 1380 R/Pers.). Zu den vielen angebotenen Aktivitäten zählen Sternbeobachtung, Quadbikefahren und geführte Vogelbeobachtungstouren.

Das Naturschutzgebiet ist rund 260 km von Kapstadt entfernt. Die letzten 50 bis 60 km Straße hinter Bredasdorp bzw. Swellendam sind unversiegelt. Der einzige Zugang zum Reservat führt über Wydgeleë, das an der Straße von Bredasdorp nach Malgas liegt. Das 15 km vom Reservatseingang entfernte Dorf **Ouplaas** ist der nächstgelegene Ort, in dem man Benzin und Proviant bekommt. Wer über kein eigenes Auto verfügt, kann sich in Swellendam einer Tour zum Reservat anschließen.

Swellendam
⏏028 / 22 000 EW.

Das von den sanft gewellten Weizenfeldern Overbergs umgebene und von der Langeberg-Gebirgskette geschützte Swellendam ist genau die richtige Basis, um die Little Karoo zu erkunden, und ein praktischer Zwischenstopp, wenn man Richtung Osten auf dem Weg zur Garden Route ist. Die Stadt gehört zu den ältesten in Südafrika und besitzt wunderschöne Gebäude – die ältesten stammen von 1745.

◉ Sehenswertes & Aktivitäten

Drostdy Museum   MUSEUM
(18 Swellengrebel St; Erw./Kind 20/5 R; ⊙Mo–Fr 9–16.45, Sa & So 10–15 Uhr) Das Highlight dieses ausgezeichneten Museums bildet die schöne, 1747 errichtete *Drostdy* (Drostei). Das Eintrittsticket gilt auch für das nahe gelegene **Alte Gefängnis**, wo noch Teile des originalen Verwaltungsgebäudes und eine Wassermühle erhalten sind, und das Haus **Mayville** (Hermanus Steyn St), ein 1853 erbautes Wohnhaus mit einem formvollendeten

viktorianischen Park. Ein Laden vor Ort verkauft stilvolle afrikanische Andenken.

Kirche der Nederduitse Gereformeerde Kerk   KIRCHE
(Voortrek St) Die Einwohner Swellendams beschwören, dass buchstäblich jeder Besucher ihrer Stadt ein Foto von dieser gewaltigen Kirche im Stadtzentrum macht. Für alle, die hineinschauen möchten: Die Tür befindet sich an der rechten Seite.

Marloth Nature Reserve   PARK
Wer eine Tagesgenehmigung (Erw./Kind 30/15 R) zur Wanderung in der Gebirgskette Langeberg, 1,5 km nördlich der Stadt, haben möchte, wendet sich an das **Nature Conservation Department** (⏏028-514 1410) am Eingang zum Naturschutzgebiet oder an die Swellendam Backpackers Adventure Lodge. Besonders schön ist es hier im Oktober und November, wenn die Erika blüht. Wem eine Tageswanderung nicht reicht, der kann sich an den anspruchsvollen, fünftägigen **Swellendam Hiking Trail** (⏏Reservierung 021-659 3500; www.capenature.co.za; Eintritt 38 R) wagen, der zu den zehn besten Wanderwegen in Südafrika gezählt wird. Als Übernachtungsmöglichkeit dienen zwei einfache Hütten; alle Lebensmittel müssen mitgebracht werden.

Fynbus Tours   GEFÜHRTE TOUR
(⏏028-514 3303; www.fynbus.co.za; 23 Swellengrebel St) Das ortsansässige Unternehmen hat viele Touren im Angebot, darunter Ausflüge zum Cape Agulhas und ins De Hoop Nature Reserve (jeweils 495 R).

Two Feathers Horse Trails   AUSRITTE
(⏏082 494 8279; Swellendam Backpackers Adventure Lodge, 5 Lichtenstein St; 200 R/Std.) Das Unternehmen bietet Ausritte für erfahrene Reiter und für Anfänger. Eine Vorab-Buchung ist erforderlich.

🛏 Schlafen

| LP TIPP | **Cypress Cottage**   PENSION $$
(⏏028-514 3296; www.cypresscottage.info; 3 Voortrek St; EZ/DZ 450/700 R; ❄ @ ≋) Zu dem 200 Jahre alten Haus mit sechs individuell eingerichteten Zimmern gehören ein prächtiger Park und ein erfrischender Pool.

De Kloof   PENSION $$$
(⏏028-514 1303; www.dekloof.co.za; 8 Weltevrede St; EZ/DZ inkl. Frühstück 800/1500 R; ❄ @ ≋) Die ungeheuer stilvolle Pension mit überraschend persönlichem Touch gehört

Swellendam

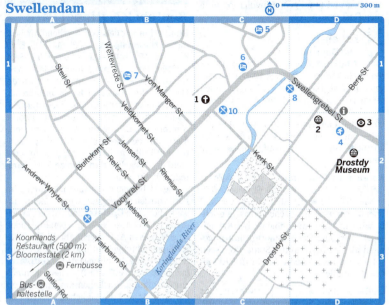

zu den schicksten Unterkünften in Swellendam. Auf dem großen Anwesen, das aus dem Jahr 1801 stammt, gibt es eine Bibliothek, ein Raucherzimmer, einen Fitnessraum, eine Golfanlage – und einen wundervollen Ausblick.

**Swellendam Backpackers
Adventure Lodge** HOSTEL $
(028-514 2648; www.swellendambackpackers.co.za; 5 Lichtenstein St; Stellplatz 80 R/Pers., B 120 R, EZ/DZ inkl. Frühstück 1200/1650 R; ✳@ 🎐 ☀) Die moderne Pension befindet sich auf einem wunderschönen, 2,5 ha großen Grundstück, dessen zenartige Beschaulichkeit bestens zu den luxuriösen, farbenfrohen Zimmern passt. Alle bieten WLAN. An Einrichtungen gibt es ein Wellenbad im Freien, ein beheiztes Meerwasserbecken und einen Raum für Anwendungen.

Swellendam

⊙ Highlights
Drostdy Museum D2

⊙ Sehenswertes
1 Kirche...C1
2 Mayville......................................D2
3 Altes Gefängnis D2

⊕ Aktivitäten, Kurse & Touren
4 Fynbus Tours D2

🛏 Schlafen
5 Braeside B&B C1
6 Cypress Cottage C1
7 De Kloof B1

🍴 Essen
8 La Belle Alliance D1
9 Milestone A3
10 Old Gaol on Church C1

Braeside B&B B&B $$
(028-514 3325; www.braeside.co.za; 13 Van Oudtshoorn Rd; EZ/DZ inkl. Frühstück ab 570/840 R; ✳ ☀) Das ruhige, anmutige Wohnhaus im edwardianischen Stil punktet mit einem schönen Park, fantastischem

Essen

Old Gaol on Church Square SÜDAFRIKANISCH $
(8a Voortrek St; kleine Gerichte 40–65 R; ☺morgens & mittags) Das geförderte Unternehmen residiert zwar nicht mehr im Alten Gefängnis, aber das Essen ist so gut wie eh und je. Unter den Bäumen gibt es viele Plätze, auf denen man bei ausgezeichnetem Service köstliche Snacks und traditionelle Brote genießt.

Koornlands Restaurant SÜDAFRIKANISCH $$
(☏082 430 8188; 192 Voortrek St; Hauptgerichte 85–155 R; ☺abends) Eine bunte Auswahl überwiegend afrikanischer Fleischgerichte wird in intimem Ambiente bei Kerzenschein serviert. Das Restaurant gilt allgemein als das beste der Stadt. Probieren sollte man das Krokodil-Sashimi (55 R) und das Kudu-Filet.

La Belle Alliance SÜDAFRIKANISCH $$
(1 Swellengrebel St; Hauptgerichte 35–100 R; ☺morgens & mittags) Die hübsche Teestube hatte 1999 die Ehre, Nelson Mandela zu bewirten. Das Lokal im alten Haus einer Freimaurerloge bietet schattige Tische im Freiem am Koringlands River und ist ein nettes Plätzchen für ein Mittagessen.

Milestone CAFÉ, BRAAI $$
(Ecke Voortrek & Andrew Whyte St; Hauptgerichte 65–110 R; ☺Mo–Fr morgens, mittags & abends, Sa morgens & mittags) Neben frischen Salaten, Tagesgerichten und leckeren Kuchen gibt es jetzt hier abends auch ein umfangreiches südafrikanisches *braai*, für das man reservieren muss.

❶ Praktische Informationen

Premium Computers (79 Voortrek St; 32 R/Std.; ☺Mo–Fr 9–17, Sa 9–12 Uhr)

Touristeninformation Swellendam (☏028-514 2770; www.swellendamtourism.co.za; 22 Swellengrebel St; ☺Mo–Fr 9–17, Sa 10–15, So 9–14 Uhr) Das außergewöhnlich hilfreiche Büro hat seinen Sitz im Old Gaoler's Cottage.

❶ An- & Weiterreise

Alle drei großen Busgesellschaften bedienen die Route Kapstadt–Port Elizabeth und kommen dabei in Swellendam durch. Die Haltestelle befindet sich gegenüber dem Swellengrebel Hotel in der Voortrek St. Baz-Busse halten an der Swellendam Backpackers Adventure Lodge.

Bontebok National Park

Rund 6 km südlich von Swellendam liegt dieser **Nationalpark** (☏028-514 2735; Erw./Kind 54/27 R; ☺Okt.–April 7–19 Uhr, Mai–Sept. 7–18 Uhr), der 1931 zum Schutz der letzten 30 Buntböcke *(bonteboks)* eingerichtet wurde. Das Projekt erwies sich als erfolgreich, und so leben heute in dem kleinsten Nationalpark Südafrikas Buntböcke, andere Antilopen und Bergzebras. Herausragende Merkmale des Parks sind der im Spätwinter und Frühjahr blühende *fynbos* und die vielfältige Vogelwelt. Im Breede River kann man schwimmen.

Die Übernachtungsmöglichkeiten im Park wurden überlegt entwickelt. Zehn umweltschonende **Chalets** (840 R/2 Pers.) wurden in Lang Elsie's Kraal (benannt nach einer Khoisan-Anführerin, die hier mit ihrer Sippe lebte) gebaut und zwei davon behindertengerecht ausgestattet. **Zeltplätze** (mit/ohne Strom 205/170 R) stehen ebenfalls zur Verfügung. Im Laden am Eingang erhält man Artikel des täglichen Bedarfs und Andenken, mit allem übrigen muss man sich in Swellendam eindecken.

Um den Park zu erreichen, von Swellendam aus die N2 nach Osten nehmen! Der Eingang ist ausgeschildert, die Anfahrt erfolgt über eine südwärts abgehende, 5 km lange Schotterstraße. Alternativ kann man sich in Swellendam einer organisierten Tour von Fynbus Tours anschließen.

ROUTE 62

Bei der Fahrt auf der R62 kommt man zwischen Tulbagh im Nordwesten und Oudtshoorn im Südosten durch eine abwechslungsreiche Landschaft. Diese Strecke wird als die längste Weinstraße der Welt angepriesen und führt durch das Breede Valley und die Little Karoo (Kleine Karoo). Die R62 ist eine schöne Alternative zur N2, wenn man von Kapstadt aus zur Garden Route möchte.

Zu Beginn des 18. Jhs. hatten die Europäer bereits den größten Teil des Breede Valley besiedelt, aber erst ein Jahrhundert später, als Passstraßen durch die Berge angelegt wurden, setzte die Entwicklung richtig ein. Die Little Karoo liegt östlich des Breede Valley und wird im Süden von den Outeniqua-Bergen und dem Langkloof und im Norden von den Swartbergen begrenzt.

Die Little Karoo ist fruchtbarer und weniger trocken als die Great Karoo (Große Karoo) weiter nördlich.

Die Ortschaften in der Region werden in der Reihenfolge vorgestellt, in der man sie bei einer Fahrt von Kapstadt aus passiert.

Tulbagh

☑023 / 18 000 EW.

Das hübsche Städtchen Tulbagh liegt vor der dramatischen Kulisse des Witzenberg-Gebirges. Es wurde 1699 gegründet und besitzt historische Gebäude und nette Unterkünfte und Restaurants. Die von Bäumen und blühenden Sträuchern gesäumte Church St ist ein nahezu perfektes Beispiel einer kapholländischen Dorfstraße des 18. oder 19. Jhs. Sie wurde 1969 durch ein Erdbeben schwer beschädigt, aber die peinlich genaue Wiederherstellung hat sich ausgezahlt.

◉ Sehenswertes & Aktivitäten

Ein Spaziergang entlang der Church St garantiert einen schönen Nachmittag. Anschließend ist es Zeit für eine Weinverkostung.

Oude Kerk Volksmuseum   MUSEUM
(1 Church St; Erw./Kind 15/5 R; ⊙Mo–Fr 9–17, Sa 9–15, So 11–15 Uhr) Das sehenswerte Museum umfasst vier Gebäude. Am besten beginnt man mit der Fotoausstellung in Haus Nr. 4, welche die Geschichte der Church St samt Erdbeben und Wiederaufbau dokumentiert. Nach der Besichtigung der schönen, 1743 errichteten Oude Kerk folgen das Haus Nr. 14 mit Möbeln aus der viktorianischen Zeit und das Gebäude Nr. 22, ein rekonstruiertes Stadthaus aus dem 18. Jh.

Weingüter

Im Tulbagh-Tal werden verschiedene Weine angebaut; eine Reihe von Weinkellern können besichtigt werden – sie sind alle ausgeschildert. Besonders besuchenswert sind die drei folgenden:

LP TIPP Twee Jonge Gezellen   WEINGUT
(Verkostung frei; ⊙Mo–Fr 9–16, Sa 10–14 Uhr, Kellerführung Mo–Fr 11 & 15, Sa 11 Uhr) Das zweitälteste in Familienbesitz befindliche Weingut Südafrikas führte als erstes die nächtliche Traubenlese ein. Das freundliche, kundige Personal erläutert bei den Führungen die Schaumweinherstellung (die hier ausschließlich nach der „Méthode Cap Classique" erfolgt, die der Champag-

nerherstellung entspricht). Wer eine Flasche kauft, kann sich am Sabrieren, dem Öffnen der Flasche mit dem Champagnersäbel, versuchen.

Saronsberg Cellar   WEINGUT
(www.saronsberg.com; Verkostung 25 R; ⊙Mo–Fr 8–17, Sa 10–14 Uhr) In diesem smarten Keller nahe dem Twee Jonge Gezellen betrachtet man die zeitgenössische Kunst an den Wänden, während man an edlen Rotweinen nippt.

Drostdy Wines   WEINGUT
(Van der Stel St; Museum Eintritt 10 R, Verkostung 20 R; ⊙Mo–Fr 10–17, Sa 10–14 Uhr) Die 1806 erbaute, durch das Erdbeben nahezu zerstörte, aber vollständig restaurierte Drostei lohnt einen Besuch. Die zwanglosen Selbstbedienungsweinproben finden bei Kerzenschein in dem stimmungsvollen Kerker statt.

🛏 Schlafen

LP TIPP Vindoux Treehouses   LUXUSHOTEL $$
(☑023-230 0635; www.vindoux.com; Vindoux Farm, Waveren Rd; DZ inkl. Frühstück 1200 R; ☀) Genau das Richtige für Romantiker: Die luxuriösen Baumhäuser bieten Wellnessbäder und Ausblick in die Weinberge. Man kann mit Leihfahrrädern eine Fahrt durch die Weinberge machen und sich dann mit einer *fynbos*-Körperpackung im Tages-Spa (400 R) verwöhnen lassen. Auf der Farm gibt es auch einige einfachere Cottages für Familien (550 R).

Cape Dutch Quarter   HOSTEL, PENSION $$
(☑023-230 1171; www.cdq.co.za; 24 Church St; EZ/DZ ab 250/450 R) Hier steht Gästen eine Reihe unterschiedlicher Unterkünfte von einfachen Hostelzimmern über Häuser für Selbstversorger bis hin zu smarten Doppelzimmern mit Himmelbetten zur Verfügung. Der Besitzer ist eine wahre Goldgrube in Sachen Infos über die Gegend.

De Oude Herberg   HISTORISCHES HOTEL $$
(☑023-230 0260; www.deoudeherberg.co.za; 6 Church St; EZ/DZ inkl. Frühstück 500/800 R; ☀@☀) Die freundliche Unterkunft mit traditionellen Landhausmöbeln und einer hübschen Veranda dient schon seit 1885 als Gasthaus.

Rijk's Country House   BOUTIQUEHOTEL $$$
(☑023-230 1006; www.rijkscountryhouse.co.za; Van der Stel St; EZ/DZ inkl. Frühstück 1190/1980 R; ☀@☀) Das Rijk's bietet luxuriöse Unterkunft auf einem schönen

Weingut. Hier gibt es auch ein **Restaurant** (Hauptgerichte 55–85 R), das gutes Essen zu erstaunlich moderaten Preisen serviert. Das Hotel liegt 2 km nördlich vom Stadtzentrum.

🍴 Essen & Ausgehen

LP TIPP **Reader's Restaurant** SÜDAFRIKANISCH **$$**
(12 Church St; Hauptgerichte 75–110 R; ☼Di–So mittags & abends) Wie der Name schon vermuten lässt, ist dieses Restaurant mit seinen vielen Büchern und Katzenskulpturen eine gute Adresse für Literatur- und Katzenfreunde. Die Speisekarte wechselt täglich, enthält aber meist traditionelle südafrikanische Gerichte mit Einflüssen von anderswo.

Olive Terrace SÜDAFRIKANISCH **$$**
(22 Van der Stel St; Hauptgerichte 65–110 R; ☼früh, mittags & abends) Das Restaurant mit Sitz im Tulbagh Hotel serviert beliebte traditionelle Gerichte, teilweise mit eigener Note. Die schattige Terrasse ist super in der Sommerhitze.

Paddagang Restaurant BOEREKOS **$$**
(23 Church St; Hauptgerichte 60–90 R; ☼morgens, mittags & abends) Das bekannteste Restaurant der Stadt residiert auf einem schönen alten Anwesen, auf dessen Hof Weinranken Schatten spenden. Es gibt auch Snacks und kleine Gerichte (45–60 R).

ℹ️ Praktische Information

Touristeninformation Tulbagh (☎023-230 1348; www.tulbaghtourism.org.za; 4 Church St; ☼Mo–Fr 9–17, Sa & So 9–15 Uhr) Die hilfsbereiten Angestellten haben Infos und Karten zur Region, darunter auch zur Tulbagh Wine Route.

ℹ️ An- & Weiterreise

Tulbagh erreicht man über die R44 aus Wellington oder über die landschaftlich schönere R43 aus Worcester.

Um die R46 zu erreichen (die einen ostwärts nach Ceres oder westwärts nach Piketberg an der N7 bringt), fährt man die Van der Stel St nach Süden. Hat man stadtauswärts die halbe Höhe des Hügels erreicht, rechts abbiegen! Dort weist ein kleiner, verwitterter Wegweiser nach Kaapstad (Kapstadt) und Gouda an der R46.

Ceres & Umgebung

☎023 / 55 500 EW.
Die nach der römischen Göttin des Ackerbaus benannte Kleinstadt Ceres liegt mit-

ten in einem prächtigen Tal. Die Gegend ist das wichtigste Anbau- bzw. Produktionsgebiet von Obst und Fruchtsäften in Südafrika.

Das ist im Frühling wunderschön, besonders aber auch im Herbst, wenn sich die Blätter der Obstbäume verfärben. Die Stadt bietet sich für eine Mittagspause an, wenn man vorher und nachher die Gebirgspässe der Region erkunden möchte.

◎ Sehenswertes

Togryers' Museum MUSEUM
(Zugwagenmuseum; 8 Oranje St; Erw./Kind 5/0,50 R; ☼Mo–Fr 8–17 Uhr) Ceres war einst ein berühmtes Zentrum der Herstellung von Pferdewagen. Und so zeigt dieses Museum eine interessante Sammlung von Wagen und Kutschen sowie ausgezeichnete Exponate zur Ortsgeschichte.

👉 Geführte Touren

Bergpässe AUTOTOUREN
Bei der Fahrt über die kurvenreichen Bergpässe lernt man die atemberaubende Landschaft kennen. Fährt man von Ceres nordwärts in Richtung Citrusdal und Cederberge, passiert man den steil ansteigenden **Gydo Pass**. Südlich der Stadt liegt der **Mitchell's Pass**. Die 1848 gebaute Straße blieb die Hauptverbindung in die südafrikanische Ebene im Norden, bis 1875 der Hex River Pass (Hexrivierpas) eröffnet wurde. In der alten Mautstation kann man eine Pause bei Tee und Kuchen einlegen.

Ceres Zipline Adventures ABENTEUERTOUR
(☎079-245 0354; 1 Voortrekker St; 400 R) Bei der 1,4 km langen, dreistündigen Tour sausen die Teilnehmer an über Schluchten gespannten Stahltrossen entlang, was ihnen einen ungewöhnlichen Blick auf die umliegenden Skurweberge verschafft.

🛏️ Schlafen & Essen

Four Seasons B&B **$$**
(☎023-312 1918; 1 Staff St; EZ/DZ inkl. Frühstück 460/640 R; ✳️🏊) Ein gemütliches B&B mit persönlicher Note: Alle Zimmer sind kühl, komfortabel und entsprechend einer Jahreszeit eingerichtet. Wer sich selbst verpflegt, zahlt pro Person 65 R weniger.

Ceres Inn HOTEL **$$**
(☎023-312 2325; www.ceresinn.co.za; 125 Voortrekker St; EZ/DZ mit Gemeinschaftsbad 295/530 R, EZ/DZ 415/675 R; ✳️🏊) Die kürzlich aufgemöbelten Zimmer haben alle Fernseher und die meisten auch eine Kli-

maanlage. Das angrenzende **Witherley's Bistro** (Hauptgerichte 40–75 R) tischt verlässliche Gerichte für jeden Geschmack auf; man kann sich das Essen auch im schattigen Garten servieren lassen.

ⓘ Praktische Informationen

Touristeninformation Ceres (☎023-316 1287; www.ceres.org.za; Ecke Owen & Voortrekker St; ⏱Mo–Fr 9–17, Sa 9–12 Uhr) Die Touristeninformation in der Bibliothek hat freundliches Personal und Infos zu Unterkünften und Aktivitäten in der Region.

ⓘ An- & Weiterreise

Ceres liegt an der R46, 53 km nördlich von Wellington. Wie bei vielen anderen Orten ist das eigene Auto ein großer Vorteil, es fahren aber auch Sammeltaxis zwischen Ceres und Worcester (40 R, 35 Min.); der Halteplatz befindet sich in der Voortrekker St.

Worcester

☎023 / 107 000 EW.

Worcester dient den Bauern des fruchtbaren Breede Valley als Marktstadt. Die recht große Stadt ist sonst ziemlich nichtssagend; anschauen sollte man sich aber das Farmmuseum und den botanischen Garten. Der größte Teil der Stadt liegt südlich der N1.

◉ Sehenswertes & Aktivitäten

Kleinplasie Farm Museum　　MUSEUM
(Erw./Kind 15/5 R; ⏱Mo–Sa 8–16.30, So 10–15 Uhr) Das Museum zählt zu den besten Südafrikas und führt einen von der Hütte eines „Trekboer" bis hin zu einem kompletten Bauernhof aus dem 18. Jh. In diesem Museumsdorf laufen Darsteller in Kostümen der Zeit herum und demonstrieren u. a., wie seinerzeit Tabak gerollt, Weizen gemahlen und Wolle gesponnen wurde.

Im Museumsladen bekommt man verschiedene aromatisierte Sorten des starken *witblitz* (Weißer Blitz), des aus Früchten destillierten traditionellen Schnapses der Buren. Im angrenzenden **Restaurant** (Hauptgerichte 50–120 R; ⏱morgens & mittags) gibt's traditionelle kapmalaiische und Burengerichte wie *bobotie* oder Hähnchenpastete.

Karoo National Botanic Garden　　PARK
(⏱7–19 Uhr) Zu diesem herausragenden botanischen Garten gehören eine Fläche von 154 ha mit Vegetation der Halbwüste – teils *fynbos*, teils Pflanzen der Karoo – sowie ein 11 ha großer Park, in dem viele der einheimischen Pflanzen beschriftet sind. Der Park liegt 2 km nördlich der Stadt jenseits der N1.

🛏 Schlafen & Essen

Nuy Valley Guest Farm　　HOSTEL, PENSION **$$**
(☎023-342 7025; www.nuyvallei.co.za; EZ/DZ mit Gemeinschaftsbad 170/300 R, EZ/DZ 280/520 R; ▣) Neben einem Weingut gibt's hier erschwingliche Unterkunft. Abgesehen von gemütlichen Doppelzimmern mit Blick in den Garten finden sich Hostelzimmer, die in den alten Weinlagern eingerichtet wurden – eine in jeder Hinsicht coole Bleibe. Die Herberge liegt 15 km östlich von Worcester abseits der R60.

Wykeham Lodge　　B&B **$$**
(☎023-347 3467; www.theguesthouse.ch; 168 Church St; EZ/DZ inkl. Frühstück 520/720 R; ⌨▣) Die hübsche Pension befindet sich in einem reetgedeckten Gebäude, das 1835 erbaut wurde. Die Zimmer haben Fenster zu einem ruhigen Hof hinaus, und es gibt auch einen großen Garten. Man bekommt vor Ort Abendessen, wenn man es vorher bestellt.

Fowlers　　STEAK **$$**
(☎023-347 8761; 48 Church St; Hauptgerichte 60–110 R; ⏱Mo–Fr mittags & abends, Sa abends) Das beliebte Steakhaus gilt bei den Einheimischen als bestes Restaurant der Stadt.

ABSTECHER

KAGGA KAMMA PRIVATE GAME RESERVE

Das fernab von Ortschaften und asphaltierten Straßen gelegene private Wildtierreservat **Kagga Kamma** (☎021-872 4343; www.kaggakamma. co.za; EZ/DZ inkl. VP ab 3210/5020 R, Outcrop-Zi. zzgl. 950 R/Pers., Tagesbesuch 1150 R) ist der ideale Ort zum Ausspannen. Bei Wildtiersafaris im Jeep wird die Landschaft der Karoo erkundet, Wanderungen führen zu Felskunststätten der Khoisan, und abends gibt es in dem Mini-Observatorium „Himmelssafaris". Die Zimmer befinden sich in künstlichen Höhlen, die sich nahtlos in die felsige Umgebung einfügen. Besonders glamourös ist der „Outcrop Room", eine in die Wüste versetzte Luxussuite. Das Schutzgebiet liegt 92 km nordöstlich von Ceres.

DIE BIG FIVE IN DER PROVINZ WESTERN CAPE

In Western Cape gibt's fast alles, aber keine Nationalparks, in denen die „großen Fünf" zu sehen wären. Das heißt aber nicht, dass man auf den Anblick von Löwen, Elefanten, Leoparden, Afrikanischen Büffeln und Nashörnern verzichten müsste. In privaten Wildtierreservaten fehlt zwar die Natürlichkeit eines Nationalparks, und die großen Katzen werden hier von potenziellen Beutetieren ferngehalten, dafür aber sind Sichtungen garantiert – und ein wenig Luxus gibt's noch dazu. Die Parks **Aquila** (☎0861 7373 783; www.aquilasafari.com) und **Fairy Glen** (☎0861 244 348; www.fairyglen.co.za) liegen beide in der Nähe von Worcester. Beide Einrichtungen haben ähnliche Tages-Pauschalangebote mit Jeepfahrt zu den Tieren, Mittagessen und Baden im Pool der Lodge (1225–1300 R).

Auf der Speisekarte stehen auch frischer Fisch und viele Produkte vom Bauernhof.

❶ Praktische Informationen

Infos zur Gegend erhält man bei **Breede Valley Tourism** (☎023-348 2795; 23 Baring St; ⊙Mo–Fr 8–16.30, Sa 9–12 Uhr) an der Ostseite des Church Sq.

❶ An- & Weiterreise

Alle Fernbusse halten an der Shell-Ultra-City-Tankstelle in der Stadt. Die Busse fahren u. a. nach Kapstadt (180 R, 2 Std., tgl.) und Johannesburg (560 R, 16 Std., tgl.). Sammeltaxis stehen vor allem an der Ecke Durban und Grey St; auch mit ihnen kommt man nach Kapstadt (90 R, 2 Std., tgl.).

Die Züge der Touristenklasse von **Shosholoza Meyl** (☎086 000 8888; www.shosholozameyl.co.za), die zwischen Johannesburg und Kapstadt pendeln, halten in Worcester.

Robertson

☎023 / 60000 EW.

Das in einem Tal zwischen den Langebergen und den Riviersonderendbergen gelegene Robertson ist das wohlhabende Zentrum eines der größten Weinbaugebiete im Land. Die ausgezeichnete Weinstraße umfasst auch die benachbarten Dörfer Ash-

ton, Bonnievale und McGregor, außerdem werden hier mehr Outdoor-Aktivitäten angeboten als in anderen Orten an der Rte 62. Man kann in den Bergen wandern, sich auf dem Fluss treiben lassen und Ausritte unternehmen, denn die Stadt ist für ihre Gestüte berühmt.

◎ Sehenswertes & Aktivitäten

Die unprätentiösen Weingüter im Robertson-Tal sind auf jeden Fall einen Besuch wert: Die Landschaft ist schön, und mit busladungsweise einfallenden Reisegesellschaften muss man hier nicht rechnen. Bei der letzten Zählung gab es 50 Weingüter, die fast alle Gratis-Verkostungen anboten! Eine Karte ist in der Touristeninformation erhältlich.

Viljoensdrift   WEINGUT
[LP TIPP] (www.viljoensdrift.co.za; ⊙Mo–Fr 9–17, Sa 10–17 Uhr) Das Weingut ist vor allem am Wochenende einer der beliebtesten Orte in der Region, um einen guten Tropfen zu schlürfen. Man stellt sich im Feinkostladen ein Picknick zusammen, kauft eine Flasche im Weinkeller und lässt sich das alles bei einem einstündigen Bootsausflug auf dem Breede River (Erw./Kind 40/15 R) schmecken. Die Boote fahren ab 11 Uhr (am Wochenende ab 12 Uhr) pünktlich zur vollen Stunde.

Graham Beck   WEINGUT
(www.grahambeckwines.co.za; ⊙ Mo–Fr 9–17, Sa & So 10–16 Uhr) Die Verkostung des preisgekrönten Syrah und der hochwertigen Schaumweine findet in einem überraschend modernen Gebäude mit großen Panoramafenstern statt. Nach all den Weingütern im kapholländischen Stil ist dieses hier eine erfrischende Abwechslung!

Van Loveren   WEINGUT
(www.vanloveren.co.za; ⊙Mo–Fr 8.30–17, Sa 9.30–15, So 11–14 Uhr) Jeder Baum in dem tropischen Garten hat seine eigene Geschichte, die man dem Informationsblatt am Empfang entnehmen kann, wenn man nicht einfach gemütlich einen Wein im Grünen trinken will. Das zwanglose **Bistro** (Hauptgerichte 55–75 R) serviert ausgezeichnete Burger und Pizzas.

Springfield   WEINGUT
(www.springfieldestate.com; ⊙Mo–Fr 8–17, Sa 9–16 Uhr) Einige der hiesigen Weine sind ungefiltert – wer einmal ein anderes Weinerlebnis haben will, probiert den Whole Berry aus ganzen Trauben.

De Wetshof
WEINGUT

(www.dewetshof.com; ⊙Mo–Fr 8.30–16, Sa 9.30–13 Uhr) Das Weingut versucht sich zwar auch in anderen Sorten, ist aber vor allem für seine Chardonnays bekannt.

Nerina Guest Farm
AUSRITTE

(☏082-744 2580; www.nerinaguestfarm.com; Goree Rd) Der Veranstalter bietet Ausritte am Fluss oder durch die Weinberge mit der Option, anschließend die Pferde in die Schwemme zu führen. Die Ausritte dauern zwischen einer Stunde (150 R) und einem halben Tag (600 R).

⭐ Feste & Events

In der Stadt gibt es mehrere Weinfeste, z.B. das **Hands on Harvest** im Februar, das **Wacky Wine Weekend** im Juni und das **Wine on the River Festival** (☏Infos zu allen Events 023-626 3167; www.robertsonwinevalley. com) im Oktober. Dann sind die Unterkünfte vor Ort rar, also im Voraus buchen!

🛏 Schlafen & Essen

LP TIPP Ballinderry
PENSION $$

(☏023-626 5365; www.ballinderryguest house.com; 8 Le Roux St; EZ/DZ inkl. Frühstück 700/1200 R; ❄@☎) Das moderne, farbenfrohe Boutique-Gasthaus ist dank den Betreibern Luc und Hilde, die auch Niederländisch, Deutsch und Französisch sprechen, makellos gepflegt. Es gibt ein Champagner-Frühstück und auf Wunsch auch Abendessen. Am schönsten sind das Doppelzimmer im Erdgeschoss mit Blick in den Garten und die beiden separaten Zimmer im Garten.

Robertson Backpackers
HOSTEL $

(☏023-626 1280; www.robertsonbackpackers. co.za; 4 Dordrecht Ave; Stellplatz 60 R/Pers., B 110 R, DZ mit Gemeinschaftsbad 300 R, DZ 390 R; @) In dem tollen Hostel mit geräumigen Schlafsälen und Doppelzimmern lässt es sich in gemütlicher Bohème-Atmosphäre prima entspannen. Hinter dem Haus befindet sich ein großer, grasbewachsener Hof mit einer Feuerstelle, an der sich die Gäste abends treffen. Weintouren und andere Aktivitäten können arrangiert werden.

Gubas De Hoek
PENSION $$

(☏023-626 6218; www.gubas-dehoek.com; 45 Reitz St; EZ/DZ 450/700 R; @☎) Das komfortable Haus mit gut ausgestatteten Zimmern wird von Lesern sehr empfohlen. Besitzer und Koch Gunther Huerttlen bereitet das Abendessen (3 Gänge 230 R) höchstpersönlich zu; es gibt auch eine Gästeküche, in der man sich kleine Mahlzeiten kochen kann.

Pat Busch Private Nature Reserve
CHALET $$

(☏023-626 2033; www.patbusch.co.za; 280 R/ Pers.; ☎) Die einfachen, aber gut ausgestatteten Cottages liegen am Rand eines Naturschutzgebiets 16 km nordöstlich von Robertson abseits der R60. Fahrten zur Wildtierbeobachtung werden angeboten. Wer werktags kommt oder länger als zwei Tage bleibt, erhält Rabatt.

Bourbon Street
INTERNATIONAL $$

(☏023-626 5934; 22 Voortrekker St; Hauptgerichte 60–120 R; ⊙morgens, mittags & abends) Das Feinkostrestaurant im Stil von New Orleans ist bei Einheimischen und ausländischen Gästen gleichermaßen beliebt. Die eindrucksvolle Speisekarte bietet für jeden etwas.

Café Rosa
CAFÉ $

(☏023-626 5403; 9 Voortrekker St; Hauptgerichte 45–60 R; ⊙Mo–Sa morgens & mittags) Das Lokal befindet sich in einer Gärtnerei und ist der ideale Ort für einen Salat oder eine Pizza zum Mittagessen.

ℹ Praktische Informationen

Touristeninformation Robertson (☏023-626 4437; www.robertsontourism.co.za; Ecke Reitz & Voortrekker St; ⊙Mo–Fr 8–17, Sa 9–14, So 10–14 Uhr) In dem Büro mit dem freundlichen Personal gibt's Infos über die Weinregion, die R62 und die Wanderwege in den Bergen oberhalb der Stadt.

ℹ An- & Weiterreise

Die Busse von **Translux** (www.translux.co.za) halten gegenüber der Polizeiwache in der Voortrekker St. Busse fahren u. a. nach Knysna (250 R, 5 Std.), Kapstadt (180 R, 2 Std., tgl.) und Port Elizabeth (300 R, 9 Std., tgl.).

Die Sammeltaxis nach Kapstadt (65 R, 1½ Std.), Oudtshoorn (160 R, 3 Std.) und Montagu (65 R, 30 Min.) halten gegenüber der **Shell-Tankstelle** (Ecke Voortrekker & John St). Die Strecken werden nicht unbedingt jeden Tag bedient, darum bei den Fahrern Abfahrtstag und -zeit erfragen!

McGregor

☏023 / 1500 EW.

Das ruhig und verschlafen am Ende einer Straße ins Nichts liegende McGregor wird als Ferienziel immer beliebter und verfügt inzwischen über viele Unterkünfte. Die Hauptdurchgangsstraße ist die von hübschen, weiß getünchten Landhäusern aus der Mitte des 19. Jhs. gesäumte Voortrekker St. Felder und Äcker umgeben das Dorf. Es ist ein guter Ausgangspunkt für Wanderungen in die nahen Riviersonderendberge und bildet das Ende des ausgezeichneten Greyton-McGregor-Trails (des früheren Boesmanskloof Trails).

Aktivitäten

Greyton-McGregor-Trail WANDERN & TREKKEN
(1-Tageswanderung Erw./Kind 30/15 R, 2-Tageswanderung 60/30 R) Einer der besten Gründe für einen Aufenthalt in McGregor ist der rund 14 km lange Wanderweg nach Greyton, der auf rund 14 km durch die wunderbaren, mit *fynbos* bewachsenen Riviersonderendberge führt. Der Weg beginnt eigentlich in Die Galg, rund 15 km südlich von McGregor; dorthin gelangt man nur mit einem eigenen Transportmittel. Die Strecke von McGregor nach Greyton ist einfacher. Auf alle Fälle muss man sich immer vorab eine Genehmigung bei **Cape Nature** (023-625 1621; www.capenature.org.za; Mo-Fr 7.30–16 Uhr) reservieren, besonders aber für die Wochenenden und die Ferienzeit, da pro Tag nur 50 Personen die Erlaubnis zum Wandern erhalten. Die Genehmigungen sind in der Touristeninformation erhältlich.

Oakes Falls WANDERN & TREKKEN
(1-Tagesgenehmigung Erw./Kind 30/15 R) Wem die ganze Strecke zu lang ist, der kann alternativ zu diesem hübschen Wasserfall wandern (hin & zurück 6 Std.), der ca. 6 km von Die Galg entfernt ist. Am Wasserfall kann man in dem von Tannin dunkel verfärbten Wasser baden.

Verkostungen WEINGÜTER
Im Gebiet um McGregor gibt es ein halbes Dutzend Weingüter, die in die Robertson Wine Valley Route einbezogen sind. Probieren sollte man den Ruby-Portwein von **McGregor Wines** (023-625 1741; www.mcgregorwinery.co.za; Mo-Fr 8–17, Sa 10–15 Uhr); in der **Tanagra Winery** (023-625 1780; www.tanagra-wines.co.za; nach Vereinbarung) gibt's bodenständige Rotweine und dazu einen Grappa.

Schlafen & Essen

Temenos Retreat COTTAGES $$
LP TIPP (023-625 1871; www.temenos.org.za; Ecke Bree St & Voortrekker Rd; EZ/DZ 480/690 R;) Obwohl als „Ruhesitz" bezeichnet, stehen diese in großen Parkanlagen liegenden Cottages allen Gästen offen (außer Kindern unter 12 Jahren). Die ruhige Anlage bietet ein ordentliches Langschwimmbecken, therapeutische Anwendungen und ein beliebtes Restaurant, das kleine Mittagsgerichte und täglich Abendmenüs (Hauptgerichte 45–120 R) serviert. Werktags sind die Übernachtungspreise deutlich günstiger.

Old Mill PENSION $$
(023-625 1626; www.oldmilllodge.co.za; Ecke Smith & Mill St; EZ/DZ inkl. Frühstück 400/760 R;) Die familienfreundliche Unterkunft am südlichen Stadtrand zeichnet sich durch gepflegte Anlagen, nette Gastgeber und einen hübschen Pool aus. Es gibt auch ein Cottage für Selbstversorger mit eigenem Planschbecken (700 R/2 Pers.).

Lord's Guest Lodge PENSION $$
(023-625 1881; www.lordsguestlodge.co.za; EZ/DZ ab 750/1000 R; @) Hier wohnt man in strohgedeckten Steinhütten mit den Namen eines Clans und dem entsprechenden Schottenmuster. Das **Lady Grey Restaurant** (Hauptgerichte 70–115 R) steht auch Nichthotelgästen offen, man muss aber reservieren. Die Zufahrt zur Anlage befindet sich 10 km vor McGregor.

Karoux SÜDAFRIKANISCH $$
(023-625 1421; Voortrekker Rd; Hauptgerichte 60–110 R; Fr–Di abends) In dem kleinen Lokal mit entspanntem Flair wechselt die Speisekarte regelmäßig, aber immer gibt's Traditionelles mit Zutaten aus der Region.

Praktische Informationen

Cape Nature (023-625 1621; www.capenature.org.za; Mo–Fr 7.30–16 Uhr) Die Behörde verwaltet den Greyton-McGregor-Trail. Ihre Büros liegen rund 15 km südlich von Robertson an der McGregor Rd.

Touristeninformation McGregor (023-625 1954; www.tourismmcgregor.co.za; Voortrekker Rd; Mo–Fr 9–16.30, Sa & So 9–14 Uhr) Befindet sich im Museum.

An- & Weiterreise

Wer nicht von Greyton hierher wandert, kommt über die einzige Straße nach McGregor (ab Robertson). Dafür braucht man ein Auto.

Greyton

 028 / 1100 EW.

Obwohl sie offiziell zum Distrikt Overberg gehören, führen wir Greyton und sein

Nachbardorf Genadendal an dieser Stelle auf, weil sie über den Greyton-McGregor-Trail mit McGregor verbunden sind.

Greyton gibt sich noch niedlicher als McGregor, aber selbst Einheimische müssen zugeben, dass die weiß getünchten, strohgedeckten Häuschen ein wenig künstlich wirken. So schön das Dorf ist, muss man es doch im Vergleich mit dem benachbarten alten Herrnhuter Missionsdorf Genadendal sehen, dessen gut erhaltene historische Gebäude wirklich authentisch sind.

Sehenswertes & Aktivitäten

LP TIPP | **Missionsstation Genadendal** HISTORISCHE STÄTTE

Runde 5 km westlich von Greyton liegt Genadendal, die älteste Missionsstation in Südafrika. Sie wurde 1738 gegründet und war für kurze Zeit nach Kapstadt die zweitgrößte Siedlung der Kapkolonie. Heute hat das Dorf 3500 Einwohner. Wer über die R406 in den Ort kommt, fährt die Main Rd hinunter bis zu der Ansammlung nationaler Denkmäler rund um den Church Sq. Die **Kirche der Herrnhuter Mission (Morawiese Kerk)** ist ein hübsches, schlicht verziertes Gebäude. Ein Café verkauft Andenken und selbst gebackenes Brot. Die faszinierende Geschichte des Dorfs dokumentiert das ausgezeichnete **Missionsmuseum** (☑028-251 8582; Erw./Kind 8/4 R; ⊙Mo–Do 8.30–17, Fr 8.30–15.30, Sa 10–14 Uhr), das in dem ältesten Lehrerseminar Südafrikas untergebracht ist. Außerdem sind im Dorf noch eine der ältesten Druckerpressen des Landes und eine Wassermühle zu bewundern. 1995 benannte Nelson Mandela seine offizielle Residenz in Kapstadt nach dieser Missionsstation um.

Genadendal Trail WANDERN & TREKKEN

Greyton ist der ideale Ausgangspunkt für eine Wanderung in die Riviersonderendberge, die nördlich vom Dorf in die Höhe ragen. Abgesehen vom Greyton-McGregor-Trail gibt es auch mehrere kürzere Wanderstrecken und für geübte Wanderer den zweitägigen Genadendal Trail. Dieser 25,3 km lange Rundkurs beginnt und endet an der Herrnhuter Kirche in Genadendal; über die Einzelheiten informiert die Touristeninformation in Genadendal.

Schlafen & Essen

LP TIPP | **Post House** HISTORISCHES HOTEL **$$**

(☑028-254 9995; www.theposthouse.co. za; 22 Main Rd; EZ/DZ inkl. Frühstück 960/ 1440 R) Das historische Posthaus des Dorfes steht in einem hübschen Garten; die Zimmer sind nach Beatrix-Potter-Figuren benannt (wir erwähnten schon, dass sich Greyton gern niedlich gibt). Der englisch gestaltete Pub ist ein nettes Plätzchen für einen Drink oder eine Mahlzeit.

High Hopes B&B **$$**

(☑028-254 9898; www.highhopes.co.za; 89 Main Rd; EZ/DZ inkl. Frühstück ab 600/800 R) Die angenehme Unterkunft mit geschmackvoll möblierten Zimmern, hübschen Gartenanlagen und einer gut bestückten Bibliothek wird wärmstens empfohlen. Sie befindet sich nahe dem Ausgangspunkt des Greyton-McGregor-Trail; wer nach dem Wandern fix und fertig ist, kann sich eine Massage im hiesigen Zentrum für Heilenergie gönnen.

Zebra Moon HOSTEL **$**

(☑028-254 9039; www.zebramoon.co.za; B 100 R, EZ/DZ mit Gemeinschaftsbad 180/280 R) Das frühere Schlafgebäude des Internats von Greyton ist heute das ideale Standquartier für Wanderungen. Das Haus ist groß, aber der Ausblick auf die Riviersonderendberge ist atemberaubend, und die kundigen Angestellten wissen alles, was man über das Wandern in der Region wissen muss. Einige Wanderwege beginnen gleich auf dem Grundstück, und für kompliziertere Wegstrecken steht auch ein Führer bereit.

Oak & Vigne Café CAFÉ **$**

(DS Botha St; Hauptgerichte 45–70 R; ⊙morgens & mittags) Dieses trendige Café mit Deli und Kunstgalerie ist ein netter Ort, um etwas zu essen, auszuspannen und abzuhängen. Alle Weine kommen aus der Region, die Eiscreme wird vor Ort gemacht.

Peccadillo's FUSION **$$**

(☑028-254 9066; 23 Main Rd; Hauptgerichte 80–95 R; ⊙Do–Mo mittags & abends) In diesem beliebten Restaurant mit minimalistischem Dekor und täglich wechselnder Speisekarte erhalten traditionelle Gerichte eine neue Note.

Praktische Informationen

Touristeninformation (☑028-254 9414; www. greytontourism.com; 29 Main Rd; ⊙Mo–Fr 9–17, Sa & So 10–13 Uhr) In der kleinen Touristeninformation gibt's auch Internetzugang.

An- & Weiterreise

Wer nicht als Wanderer aus McGregor kommt, erreicht Greyton nur mit einem eigenen Transportmittel. Die R406 führt von der N2 aus von Osten und Westen in das Dorf, aber der östliche Abschnitt der R406 ist eine Schotterstraße in schlechtem Zustand.

Montagu

023 / 9500 EW.

Fährt man von Robertson auf der R62 gen Montagu, passiert man den schmalen Bogen des Kogmanskloofpasses – und plötzlich taucht der Ort im Blickfeld auf. 24 denkmalgeschützte Gebäude säumen die breiten Straßen, darunter ein paar schöne Art-déco-Bauten. Rund um den Ort gibt's viele Freizeitgestaltungsmöglichkeiten, darunter Thermalquellen und leichte wie anspruchsvollere Wanderungen. Man findet außerdem ausgezeichnete Unterkünfte und Restaurants.

◉ Sehenswertes & Aktivitäten

LP TIPP **Traktorfahrten** ÖKOTOUR
(023-614 3012; www.proteafarm.co.za; Erw./Kind 90/45 R; ⊙Tour Mi &Sa 10 & 14 Uhr) Niel Burger, der Besitzer der Protea Farm 29 km außerhalb von Montagu, veranstaltet lustige Traktorfahrten (3 Std.) zu seiner Farm, von der man einen schönen Blick hinunter ins Breede Valley hat. Mittags kann man sich mit köstlichem *potjiekos* (traditioneller Kartoffeleintopf) und selbst gebackenem Brot (Erw./Kind 100/70 R) stärken. Auf der Farm wird auch Unterkunft angeboten (Cottage für 4 Pers. ab 650 R).

Montagu Museum & Joubert House MUSEUM
Interessante Exponate und einige schöne alte Möbel zeigt das **Montagu Museum** (41 Long St; Erw./Kind 5/2 R; ⊙Mo–Fr 9–17, Sa & So 10.30–12.30 Uhr) in der alten Missionskirche. Das nur ein paar Schritte entfernte, 1853 errichtete **Joubert House** (023-614 1774; 25 Long St; Erw./Kind 5/2 R; ⊙Mo–Fr 9–16.30, Sa & So 10.30–12.30 Uhr) ist das älteste Gebäude des Dorfes; es wurde restauriert und erstrahlt nun wieder in alter viktorianischer Pracht.

Thermalquellen BADEN
(Erw./Kind 60/40 R; ⊙8–23 Uhr) Das Wasser aus den Thermalquellen findet seinen Weg in die Swimmingpools des Avalon Springs Hotel, das eine ungefähr 3 km lange Fahrt vom Ort entfernt ist. Das Wasser sprudelt mit konstant 43 °C aus einer Felswand in eine unterirdische Höhle und ist für seine Heilkraft berühmt. Die Becken sind absolut nicht naturbelassen: Sie sind für großen Besucherandrang eingerichtet, und an Wochenenden und in den Schulferien herrscht zuweilen ein unangenehm starker Betrieb.

Eine tolle Möglichkeit um hinzukommen, ist eine Wanderung auf dem 2,4 km langen Weg vom Parkplatz am Ende der Tanner St. Diese Route führt an Montagus besten Kletterstellen vorbei. Wer in der Region klettern, sich abseilen oder wandern möchte, wendet sich am besten an **De Bos** (023-614 2532; www.debos.co.za).

Wandern

Der **Bloupunt Trail** (Eintritt 18 R) ist 15,6 km lang und lässt sich in sechs bis acht Stunden bewältigen; er führt durch Schluchten und Bergbäche hinauf bis in eine Höhe von 1000 m. Für den 12,1 km langen **Cogmanskloof Trail** (Eintritt 18 R) muss man vier bis sechs Stunden veranschlagen. Er verläuft nicht so steil wie der Bloupunt Trail, ist aber auch noch recht anspruchsvoll. Beide Wege beginnen am Parkplatz am nördlichen Ende der Tanner St. Unweit vom Ausgangspunkt der Wege kann man über die Touristeninformation Hütten zur Übernachtung buchen. Diese Hütten (80 R/Pers.) sind ziemlich einfach (mit Holzöfen, Duschen & Toiletten), aber auch günstig.

🛏 Schlafen

LP TIPP **7 Church Street** PENSION $$
(023-614 1186; www.7churchstreet. co.za; 7 Church St; EZ/DZ inkl. Frühstück ab 650/1100 R; @ ≋) Die nette, gehobene Pension befindet sich in einem heimeligen Karoo-Haus mit tradtionellem schmieeeisernen *broekie*-Zierrat. Im gepflegten Garten gibt es außerdem Luxuszimmer. Die stilvollen Räumlichkeiten dienen zugleich als Galerie für die private Kunstsammlung des Besitzers.

De Bos HOSTEL, CAMPING $
(023-614 2532; www.debos.co.za; Bath St; Stellplatz 50 R/Pers., B 80 R, EZ/DZ 185/330 R; ≋) Ein echter Farmaufenthalt für Backpacker: Auf dem 7 ha großen Anwesen gibt's einen Fluss, Hühner und Pekannussbäume. Die bunten alten Hütten der Landarbeiter wurden in Cottages (ab 360 R) für Selbstversorger verwandelt. An Wochenenden muss man mindestens zwei Tage bleiben, für Zelter gilt dieser Mindestaufenthalt aber nicht. Mountainbikes werden vermietet, und Wanderkarten zu den Wegen in der Region sind verfügbar.

Mimosa Lodge HOTEL $$
(☎023-614 2351; www.mimosa.co.za; Church St; EZ/DZ inkl. Frühstück ab 675/990 R; @☎) Die schöne, noble Lodge residiert in einem restaurierten edwardianischen Baudenkmal mit hübschen Gartenanlagen und einem Teich mit einem reetgedeckten, Schatten spendenden Pavillon. Das preisgekrönte Restaurant serviert abends Vier-Gänge-Menüs (320 R) und steht auch Nichtgästen offen.

Montagu Caravan Park CAMPING $
(☎023-614 3034; Bath St; Stellplatz 70 R/Pers., Chalet ab 480 R/4 Pers.) Dieser Campingplatz hat eine hübsche Lage unter Schatten spendenden Aprikosenbäumen und verfügt über viele Grasflächen für die Zelte. Die Chalets haben Kochgelegenheiten und Fernseher. Es gibt auch Hütten für Wanderer (260 R/2 Pers.).

Airlies Guest House PENSION $$
(☎023-614 2943; www.airlies.co.za; Bath St; EZ/DZ inkl. Frühstück 525/750 R; @☎) Leser empfehlen diese idyllische, reetgedeckte Pension, deren geräumige Zimmer mit Holzböden einen Ausblick in die Berge gewähren. Die Wirtsleute sind sehr entgegenkommend und bereiten ausgezeichnetes Frühstück zu.

**Montagu Springs
Holiday Resort** RESORT $$
(☎023-614 1050; www.montagusprings.co.za; Warmbronne Hot Springs; Chalet ab 970 R/4 Pers.)

Diese Chalets für Selbstversorger sind die preisgünstigere Übernachtungsgelegenheit in dem Thermalbad. Wer sich für Wasservögel interessiert, sollte sich das „Feathered Friends Sanctuary" mit seinen mehr als 55 exotischen Vogelarten anschauen.

✖ Essen

LP TIPP **Jessica's** FUSION $$
(☎023-614 1805; 47 Bath St; Hauptgerichte 80–135 R; ☺abends) In dem nach der Familienhündin benannten gemütlichen Jessica's werden einfallsreiche Bistrogerichte serviert, viele davon mit südafrikanischen Zutaten, aber asiatischen Aromen.

Templeton's@Four Oaks FUSION $$
(46 Long St; Hauptgerichte 85–145 R; ☺Mo–Sa mittags & abends) Das Restaurant in einem schönen, alten Haus gibt sich minimalistisch und verzichtet auf Landhausdekor. Das Essen und der Service sind exzellent.

Die Stal INTERNATIONAL $$
(Touwsrivier Rd; Hauptgerichte 60–110 R; ☺Di–So morgens & mittags) Ein ländlich-kulinarisches Erlebnis verspricht dieses Restaurant auf einer Zitrusfarm nur 7 km nördlich des Ortes an der R318. Die Speisekarte wechselt täglich, aber das große Bauernfrühstück ist immer dabei.

❶ Praktische Informationen

Printmor (61 Bath St; 30 R/Std.; ☺Mo–Fr 7.30–17.30, Sa 8–13 Uhr) Internetzugang.

ABSTECHER

BARRYDALE

Barrydale steht zwar oft im Schatten des bekannteren Nachbarorts Montagu, ist aber eines der Schmuckstücke an der R62. Abseits der Hauptstraße findet man hier stilvolle Unterkünfte, Kunstgewerbeläden und urige Restaurants mit lässiger Atmosphäre. In den umliegenden Naturschutzgebieten stehen **Wandern** und **Vogelbeobachtungen** auf dem Programm, außerdem gibt's ein Luxus-**Wildtierreservat** (www.sanbona. com; abseits der R62, 18 km westl. von Barrydale; EZ/DZ inkl. Mahlzeiten & Fahrt zu den Tieren 6750/9000 R), in dem man die „großen Fünf" aus der Nähe betrachten kann, und ein **Thermalbad** (www.warmwaterbergspa.co.za; abseits der R62; Tagesbesucher 30 R), das weit weniger überlaufen ist als jenes in Montagu. Hier befindet man sich im Land des Brandys, und natürlich gibt's auch eine **Brandykellerei** (☎028-572 1012; 1 Van Riebeeck St; ☺Mo–Fr 8–17, Sa 9–15 Uhr; Kellerführung nach Vereinbarung), die Führungen und Verkostungen anbietet. Im westlich vom Ort gelegenen, charmanten **Joubert-Tradauw** kann man edle Weine probieren und von der kleinen, aber hervorragenden Karte ein leichtes Mittagessen wählen. Und dann gibt es noch den einmaligen **Ronnie's Sex Shop** (☺8.30–21 Uhr, Hauptgerichte 50–90 R) an der R62 in Richtung auf Ladismith, dessen mit BHs verzierte Theke einen ständigen Strom von Bikern und neugierigen Reisenden auf der Suche nach einem Mittagessen und einem Bier anlockt.

Touristeninformation (☎023-614 2471; www.montagu-ashton.info; 24 Bath St; ⊙Mo–Fr 8.30–17, Sa 9–17, So 9.30–17 Uhr) Das Personal in diesem Büro ist außerordentlich effizient und hilfreich. Zwischen Mai und Oktober sind die Öffnungszeiten etwas kürzer.

ⓘ Anreise & Unterwegs vor Ort

Busse halten in Ashton, 9 km außerhalb von Montagu. Dazu zählen die Fahrzeuge von **Translux** (www.translux.co.za), die zwischen Kapstadt (180 R, 3 Std., tgl.) und Port Elizabeth (300 R, 8 Std., tgl.) verkehren.

Die meisten Unterkünfte in Montagu bieten (vorab zu buchende) Shuttles von Ashton nach Montagu, man kann aber auch einfach in eines der Sammeltaxis (15 R) steigen, die diese Route bedienen. Diese halten in Montagu vor **Foodzone** (Bath St). Wer spät ankommt, muss eventuell ein ganzes Fahrzeug von einem der am Busbahnhof von Ashton vertretenen Unternehmen mieten.

Calitzdorp
☎044 / 8400 EW.

Hinter der nichtssagenden Hauptstraße liegt eine charmante Kleinstadt mit einer für die Little Karoo typischen Architektur. Der für seine ausgezeichneten Dessertweine nach Portwein-Art bekannte Ort hat eine prächtige Lage inmitten sanft gewellter Felder vor der Kulisse der Groot Swartberge im Norden und der Rooiberge im Südwesten. Abgesehen von den Weinbergen gibt es hier auch ein **Museum** (Ecke Van Riebeeck & Geyser St; Erw./Kind 10/5 R; ⊙Mo–Sa 9.30–12.30 Uhr) mit Exponaten zur Ortsgeschichte.

In der **Touristeninformation** (www.calitzdorp.org.za) erfährt man Einzelheiten über die Unterkünfte und die Weingüter vor Ort. Sie befindet sich in einem Gebäude neben der **Shell-Tankstelle** (☎044-213 3775; 4 Van Riebeeck St; ⊙Mo–Fr 8–17, Okt.–April Sa & So 10–15 Uhr).

Von den acht Weingütern in der Gegend liegen fünf in Gehweite vom Ortszentrum. Die beste Adresse für Besucher ist **Boplaas** (www.boplaas.co.za; Zaayman St; Verkostung 20 R; ⊙Mo–Fr 8–17, Sa 9–15 Uhr). Das Weingut erreicht dank nachhaltiger Anbaumethoden und brachliegender, mit Kohlendioxid verzehrendem *spekboom* (Napiergras) bewachsener Flächen eine hervorragende CO_2-Bilanz. Wer das Weingut besuchen will, bucht vorab eine Kellerführung und folgt der Ausschilderung von der Voortrekker Rd. Alljährlich findet im Mai ein **Portweinfest** statt.

Gegenüber dem Gut Boplaas befindet sich das **Port-Wine Guest House** (☎044-213 3131; www.portwine.net; 7 Queen St; EZ/DZ inkl. Frühstück 525/840 R; ❄❀) in einem kapholländischen Landhaus mit Reetdach. Die herrlich eingerichteten Zimmer sind mit Himmelbetten ausgestattet. Auf der anderen Seite der R62 bieten die **Spekboom Cottages** (☎044-213 3067; www.spekboomcottages.com; Cottage 260 R/Pers.; ❀) preisgünstige Unterkunft. Die Cottages für Selbstversorger sind voll eingerichtet und haben alle große Veranden und einen eigenen kleinen Pool. Einheimische empfehlen das **Lorenzo's** (☎044-213 3939; Voortrekker St; Hauptgerichte 50–110 R; ⊙morgens, mittags & abends) wegen der Pasteten, Pizzas und traditionellen Gerichte, die man draußen im Garten genießt.

Oudtshoorn
☎044 / 79 000 EW.

In den späten 1860er-Jahren hätte sich keine feine Dame der westlichen Welt ohne Straußenfeder am Hut in die Öffentlichkeit gewagt. Die Straußenfedermode nur bis zum Beginn des Ersten Weltkriegs an, aber bis dahin hatten die „Federbarone" von Oudtshoorn längst ihr Vermögen gemacht.

Ihre prächtigen Villen existieren noch, genauso wie weitere architektonische Wahrzeichen, die vom früheren Reichtum Oudtshoorns künden, z.B. das C. P. Nel Museum. Die Stadt ist nach wie vor das Zentrum der Straußenzucht und heute zudem das prosperierende Zentrum des Tourismus in der Little Karoo. Straußenleder ist begehrt und teuer. Federn, Eier und luftgetrocknetes Fleisch vom Strauß sind überall zu haben; in den Restaurants stehen immer Straußengerichte auf der Karte – sie sind übrigens gesund und cholesterinfrei.

Aber Oudtshoorn hat noch viel mehr zu bieten als Strauße. Der Ort ist beispielsweise ein tolles Standquartier zur Erkundung der verschiedenen Landschaften der Little Karoo, der Garden Route (auf der N12 sind es nur 55 km bis nach George) und der Great Karoo.

◉ Sehenswertes & Aktivitäten

Viele Sehenswürdigkeiten Oudtshoorns liegen außerhalb der Stadtgrenzen. Einige

Hostels und B&Bs bieten ihren Gästen verbilligte Eintrittskarten zu den Sehenswürdigkeiten an.

LP TIPP **Meerkat Adventures** WILDTIERRESERVAT (☏084 772 9678; www.meerkatadventures.co.za; Eintritt 550 R; ☻an sonnigen Tagen ab Sonnenaufgang) Dieses einmalige Naturerlebnis wird von Travellern sehr empfohlen und könnte sich gut als das eigentliche Reise-Highlight entpuppen. Der engagierte Naturschützer Devey Glinister veranstaltet seine Sonnenaufgangstouren von der De Zeekoe Farm aus, 9 km westlich von Oudtshoorn. Bei diesen einmaligen Führungen zeigt sich seine Begeisterung für die possierlichen Erdmännchen. Bei diesem innovativen Naturschutzprojekt kann man aus nächster Nähe sehen, wie diese kuriosen, hochintelligenten Mangusten leben und miteinander kommunizieren. Am Treffpunkt (an der Kreuzung der R62 & der R328) kann man sehen, wie die Tiere sich in der Morgensonne aufwärmen. Sichtungen sind garantiert, weil Devey die Tiere jeden Abend in ihren Bauten aufsucht. Dank kleiner Extras wie Campingstühlen, Kaffee und Decken garantiert das Naturerlebnis einen netten Start in den Tag. Kinder unter zehn Jahren sind nicht zugelassen.

Kangogrotte HÖHLE
(☏044-272 7410; www.cangocaves.co.za; Erw./Kind 69/33 R; ☻9–16 Uhr) Die nach dem Khoisan-Wort für „feuchter Ort" benannte Kangogrotte wird kommerziell stark vermarktet, ist aber eindrucksvoll. Bei der einstündigen Führung erhält man nur einen kurzen Einblick, bei der 90-minütigen Adventure Tour (Erw./Kind 90/55 R) kommt man tiefer in das Höhlensystem hinein. Allerdings müssen Besucher sich dabei durch enge und feuchte Stellen zwängen – wer körperlich nicht allzu fit ist oder unter Klaustrophobie leidet, sollte daher besser darauf verzichten. Für beide Touren ist dringend anzuraten, vorab zu reservieren. Das Höhlensystem befindet sich 30 km nördlich von Oudtshoorn.

C. P. Nel Museum &
Le-Roux-Stadthaus MUSEUM
(3 Baron van Rheede St; Erw./Kind 15/5 R; ☻Mo-Fr 8–17, Sa 9–13 Uhr) Das in einem auffälligen Sandsteingebäude, welches 1906 auf dem Höhepunkt des Straußenfiebers gebaut worden ist, untergebrachte große und sehr interessante Museum präsentiert massenweise Ausstellungsstücke rund um die ein-

Oudtshoorn

Oudtshoorn

◉ Sehenswertes
1	C. P. Nel Museum	A3
2	Le-Roux-Stadthaus	B2

🛏 Schlafen
3	Oakdene Guesthouse	B1
4	Queen's Hotel	A3

✴ Essen
5	Jemima's	B1
6	Kalinka	B1
7	La Dolce Vita	B2
8	Montague House	A3

heimischen Vögel und die Geschichte der Karoo.

Im Eintrittspreis enthalten ist der Besuch des **Le-Roux-Stadthauses** (Ecke Loop & High St; ☻Mo–Fr 9–17 Uhr). Das Gebäude ist mit originalen alten Möbeln eingerichtet und ein gutes Beispiel für die „Federpaläste" der Stadt.

Straußenfarmen FARM
Es gibt drei Farmen, die Führungen (45 Min.–1½ Std.) anbieten. Große Unterschiede gibt es nicht, doch empfanden wir die Mitarbeiter der **Highgate Ostrich Show Farm** (www.highgate.co.za; Erw./Kind 70/32 R; ☻8–17 Uhr) als besonders gut be-

wandert. Die Farm liegt 10 km außerhalb von Oudtshoorn an der Straße nach Mossel Bay. Ganz in der Nähe befindet sich die **Safari Ostrich Show Farm** (www.safariostrich. co.za; Erw./Kind 70/37 R; ☺8–16 Uhr). Die **Cango Ostrich Show Farm** (www.cangoostrich. co.za; Cango Caves Rd; Erw./Kind 70/40 R; ☺8– 17 Uhr) wird von Travellern ebenfalls empfohlen.

Zwei-Pässe-Fahrt PANORAMATOUR
Ein wunderbarer Tagesausflug ist die Rundfahrt von Oudtshoorn nach Prince Albert und zurück, bei der man über zwei spektakuläre Bergpässe kommt, die beide Meisterleistungen des Ingenieurbaus sind. Zunächst fährt man den unbefestigten **Swartberg Pass** hinauf und dann hinunter bis nach Prince Albert; der Rückweg führt durch die Ortschaft De Rust und über den **Meiringspoort Pass**. Auf halber Höhe des Letzteren befinden sich ein Wasserfall und ein kleines Besucherzentrum. Eine Karte der Strecke erhält man in der eigenen Unterkunft oder der Touristeninformation.

Wem die Autofahrt nicht aufregend genug ist, der schnappt sich ein **Mountainbike** und saust vom Gipfel des Swartberg Pass hinunter nach Oudtshoorn. **Backpackers Paradise** (☎044-272 3436; 148 Baron van Rheede St; Tour 290 R) bietet diese Touren an, die täglich um 8.30 Uhr beginnen. Man wird zum Pass transportiert und fährt dann mit dem Rad zurück in die Stadt. Aber Achtung: Die Strecke führt nicht permanent bergab und ist lang!

🎉 Feste & Events

ABSA Klein Karoo Nasionale Kunstefees KUNST
(Little Karoo National Arts Festival; www.kknk. co.za) Das spannende Kunstfestival, das die „Wiedergeburt des Afrikaans" zum Thema hat, findet im April statt. Einheimische bildende Künstler, Dichter, Bühnenkünstler und Musiker geben sich eine ausgelassenkreative Woche lang ein Stelldichein.

🛏 Schlafen

LP TIPP **Backpackers Paradise** HOSTEL $
(☎044-272 3436; www.backpackerspara dise.net; 148 Baron van Rheede St; Stellplatz 60 R/ Pers., B 110 R, Zi. 290 R; DZ 360 R; @🏊) In dem munteren Hostel werden in einem großen alten Haus eine Bar, Straußen-*braais* und zum Frühstück frische Straußeneier (in der Legesaison erhält man sein Ei und kann es sich zubereiten, wie man will) geboten.

Das Hostelpersonal verkauft Souvenirs zu Tiefstpreisen, gewährt Ermäßigungen für Attraktionen in der Gegend und veranstaltet diverse Aktivitäten.

Karoo Soul Travel Lodge HOSTEL $
(☎044-272 0330; www.karoosoul.com; 170 Langenhoven Rd; Stellplatz 60 R/Pers., B 120 R, DZ mit Gemeinschaftsbad 320 R, DZ 380 R; @🏊) Das anmutige, alte Haus voller Komfort und mit Luxusbettwäsche beweist, dass mit der Zeit auch Backpacker das Bequeme lieben lernen. Am besten eines der Doppelzimmer nach Westen nehmen, da kann man sich von seinem Bett aus einen romantischen Drink zum Sonnenuntergang genehmigen! Schön sind auch die Garten-Cottages mit angeschlossenem Bad (420 R).

La Pension PENSION $$
(☎044-279 2445; www.lapension.co.za; 169 Church St; EZ/DZ inkl. Frühstück 650/940 R; ❄@🏊) Die Pension ist eine verlässliche Herberge mit geräumigen, stilvollen Zimmern, erstklassigen Badezimmern, einem großen Pool, einer Sauna und großen, gepflegten Gartenanlagen. Es gibt hier auch ein Cottage für Selbstversorger.

Kleinplaas Resort CAMPING $
(☎044-272 5811; www.kleinplaas.co.za; Ecke North & Baron van Rheede St; Stellplatz 280 R, Chalet 660–900 R/4 Pers.; 🏊) Zu dem wunderbaren Wohnwagenpark gehört ein großer Pool. Das Restaurant ist nur zum Frühstück geöffnet.

Bisibee Guesthouse PENSION $$
(☎044-272 4784; www.bisibee.co.za; 171 Church St; EZ/DZ 275/540 R; @🏊) Die alteingesessene Pension ist eine freundliche, komfortable Bleibe mit einem ausgezeichneten Preis-Leistungs-Verhältnis.

Oakdene Guesthouse PENSION $$
(☎044-272 3018; www.oakdene.co.za; 99 Baron van Rheede St; EZ/DZ 695/990 R; ❄🏊) Elegante Landhausmöbel, Holzböden, gute Bettwäsche und die in Erdtönen gestrichenen Wände geben jedem Zimmer eine besondere Note. Die üppigen Gartenanlagen und der tolle Pool tragen das Ihre zum Charme der Pension bei.

Queen's Hotel HOTEL $$
(☎044-272 2101; www.queenshotel.co.za; 11 Baron van Rheede St; EZ/DZ 950/1300 R; ❄@🏊) Das attraktive, altmodische „Land"-Hotel liegt mitten in der Stadt, hat geräumige, zurückhaltend elegante Zimmer und ist innen angenehm kühl und einladend. Das

angeschlossene **Die Kolonie Restaurant** (Hauptgerichte 75–130 R) serviert diverse regionale und internationale Gerichte.

✗ Essen

Wie zu erwarten, kommt in den meisten Restaurants Strauß in der einen oder anderen Form auf den Tisch.

Jemima's SÜDAFRIKANISCH $$$
(94 Baron van Rheede St; Hauptgerichte 95–180 R; ⊙mittags & abends) Das Restaurant befindet sich in einem hübschen alten Haus mit Garten. Auf der kleinen Karte stehen hauptsächlich traditionelle Gerichte aus der Kapregion. Nach dem Essen lockt ein *swepie* (ein Mix aus Brandy und *jerepigo*, einem Dessertwein).

Kalinka FUSION $$
(044-279 2596; 93 Baron van Rheede St; Hauptgerichte 85–170 R; ⊙Mo–So abends) Das stilvolle, noble Restaurant ist seit Langem beliebt und serviert einfallsreiche, asiatisch beeinflusste Gerichte, bei denen Wild eine herausragende Rolle spielt. Die Speisekarte wechselt ständig, doch das Essen ist immer ausgezeichnet.

Bella Cibo ITALIENISCH $$
(146 Baron van Rheede St; Hauptgerichte 40–85 R; ⊙Mo–Sa abends) Das bei Einheimischen beliebte und stadtweit empfohlene italienische Restaurant serviert sehr preisgünstige Pizzas, Pasta und Meeresfrüchte. An den Wochenenden herrscht hier eine tolle Stimmung.

La Dolce Vita INTERNATIONAL $$
(60 Baron van Rheede St; Hauptgerichte 35–120 R; ⊙Mo–Sa morgens, mittags & abends) Das von Lesern empfohlene Lokal ist ein toller Ort, um ein leichtes Mittagessen auf einem schattigen Patio zu genießen. Achtung: Die Portionen sind gewaltig!

Montague House ITALIENISCH $$
(Ecke Baron van Rheede & Olivier St; Hauptgerichte 48–115 R; ⊙morgens & mittags) In diesem Restaurant gibt's Frühstück bis 14.30 Uhr und das mit großer Auswahl. Zu anderen Zeiten genießt man unter den Sonnenschirmen im blühenden Garten Pastagerichte, Salate und Sandwiches.

🔒 Shoppen

Einkaufslustige kommen in Oudtshoorn auf ihre Kosten; die meisten Geschäfte befinden sich in der Baron van Rheede St. Straußartikel sind natürlich der Renner, insbesondere Waren aus Straußenleder. Das Leder ist allerdings sehr teuer, da pro Vogel nur wenig Haut anfällt, deswegen sollte man die Angebote und Preise genau vergleichen und dabei auch die Schaufarmen und Hotels nicht außer Acht lassen.

Lugro Ostrich Leather Products ACCESSOIRES
(133 Langenhoven Rd; ⊙Mo–Sa 9–17 Uhr) Dieses Geschäft gilt als eine der preisgünstigsten Adressen für Straußenlederartikel vor Ort. Da der Laden nicht mit den Farmen der Stadt zusammenarbeitet, kann man sich hier frei von dem Rummel umschauen, der hier sonst mit dem Verkauf von Straußenartikeln verbunden ist.

ℹ Praktische Informationen

Cyber Ostrich Internet Café (37 Baron van Rheede St; 35 R/Std.; ⊙Mo–Fr 8–21, Sa & So 9–18 Uhr) Selbst das Internetcafé führt hier den Strauß im Namen!

Touristeninformation Oudtshoorn (044-279 2532; www.oudtshoorn.com; Ecke Baron van Rheede & Voortrekker St; ⊙Mo–Fr 8.30–17, Sa 8.30–13 Uhr) Das hilfreiche Büro befindet sich hinter dem C. P. Nel Museum.

ℹ Anreise & Unterwegs vor Ort

Die Busse halten im Riverside Centre abseits der Voortrekker St. **Intercape** (www.intercape.co.za) fährt nach Johannesburg (650 R, 14½ Std., tgl.), Kapstadt (380 R, 8 Std.) und Mossel Bay (250 R, 2 Std., tgl.).

Die Baz-Busse halten in George, von dort aus organisiert Backpackers Paradise die Weiterfahrt nach Oudtshoorn (einfache Strecke 60 R).

Von dem Halteplatz hinter dem Spar-Supermarkt in der Adderley St fahren Sammeltaxis nach George (35 R, 30 Min.) und Kapstadt (200 R, 3 Std.). Das Gebiet östlich der Adderley St ist leicht heruntergekommen, also ist Vorsicht geboten.

GARDEN ROUTE

Die Garden Route (Tuinroete) steht ganz oben auf der Hitliste der meisten Südafrikaurlauber und das aus gutem Grund – die Landschaft ist einfach wunderschön und verführerisch. Von Mossel Bay (Mosselbaai) im Westen bis kurz hinter Plettenberg Bay (Plettenbergbaai) im Osten sind es weniger als 300 km, aber was diese kurze Strecke an unterschiedlichen Landschafts- und Vegetationsformen, Tieren und Freizeitaktivitäten bietet, ist einfach sagenhaft.

Garden Route

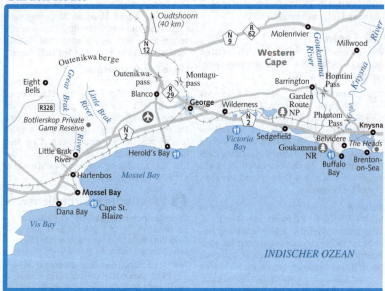

Die Küste ist von ausgezeichneten Stränden gesäumt, landeinwärts folgen malerische Seen und Lagunen, sanfte Hügel und schließlich die Outeniekwa- und Tsitsikammaberge, welche die Region der Garden Route von der trockenen Little Karoo trennen. Die Urwälder, die sich von Wilderness (Wildernis) bis Knysna an der Küste entlangziehen, sind voller Fernwander- und kurzer Spazierwege. Es gibt Möglichkeiten zur Vogelbeobachtung, zum Kanufahren auf den Flüssen, zum Durch-die-Baumwipfel-Sausen an Seilrutschen oder auch nur zum entspannten Spazierengehen und Bestaunen der Größe eines mehr als 600 Jahre alten Steineibenbaums. Wer sich für die afrikanische Tierwelt begeistert, kann im Knysna Forest (Knysnabos) vielleicht einen der leuchtend grünen und roten Federhelmturakos erspähen oder erblickt möglicherweise sogar einen der wenigen Elefanten, die hier noch leben.

Angesichts der vielfältigen Möglichkeiten in dieser international bekannten Urlaubsregion ist natürlich auch das Unterkunftsangebot groß. Der starke Wettbewerb in der Tourismusbranche sorgt überhaupt für ein hohes Niveau – bei den Aktivitäten genauso wie in der Gastronomie. Ein Nachteil dieser positiven Situation ist der große Andrang, der in den bekanntesten Städten, Knysna und Plettenberg Bay, herrscht. Zweifellos sind sie gute Ausgangspunkte zur Erkundung der Region, aber im Dezember und Januar sind sie oft überlaufen, und die Preise schnellen in die Höhe. Wer zu dieser Zeit in die Region kommt, sollte unbedingt vorab seine Unterkunft buchen oder sich eine im weniger überlaufenen Wilderness suchen.

Mossel Bay (Mosselbaai)
044 / 117 000 EW.

Mossel Bay hat mehr zu bieten, als man im ersten Moment denken könnte. Die Stadt war bis in die 1980er-Jahre ein sehr beliebtes Ferienziel, aber dann wurde hier die größte Erdgasverflüssigungsraffinerie der Welt gebaut, die weitere Industrieansiedlungen nach sich zog, wodurch der Tourismus einbrach. Wer sich aber jenseits der hässlichen Zufahrtsstraße umsieht, entdeckt hier einige schöne Strände, tolle Surfspots (s. Kasten S. 161), ein großes Angebot an Aktivitäten und gute Unterkünfte. Noch ist der Anschluss an die glamouröseren Nachbarorte nicht gelungen, aber Mossel Bay tut alles, um seine alte Stellung zurückzugewinnen.

Die portugiesischen Seefahrer Bartolomeu Dias und Vasco da Gama erreichten

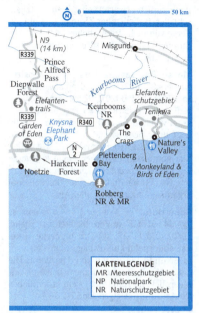

Quelle, mit der Dias den **Postbaum** bewässerte, der 1786 erbaute **Kornspeicher** der Niederländischen Ostindien-Kompanie (Vereenigde Oost-Indische Compagnie; VOC), ein **Muschelmuseum** (mit einigen sehenswerten Aquarien) und das **Museum für Ortsgeschichte**.

Das Highlight der Ausstellungen ist der Nachbau der Karavelle, mit der Dias 1488 seine Entdeckungsreise unternahm. Wenn man sieht, wie klein diese Schiffe waren, begreift man, wie geschickt und mutig die frühen Seefahrer gewesen sein müssen. Das Schiff wurde in Portugal nachgebaut und 1988 zum 400. Jahrestag von Dias' Expedition nach Mossel Bay geführt. Wer sich an Bord der Karavelle umschauen will, zahlt 20 R zusätzlich.

Botlierskop Private Game Reserve   WILDTIERRESERVAT

(044-696 6055; www.botlierskop.co.za; Little Brak River; EZ/DZ inkl. Abendessen, Frühstück & Fahrt zu den Tieren 2500/3340 R) In diesem Wildtierreservat kann man auf einer Ranch wohnen und eine Vielzahl von Tierarten, darunter Löwen, Elefanten, Nashörner, Afrikanische Büffel und Giraffen beobachten. Auch für Tagesbesucher gibt es viele Aktivitäten, darunter Autosafaris (Erw./Kind 395/198 R) und Ausritte zu Pferd (200 R/Std.) oder auch Elefanten (Erw./Kind über 6 Jahren 595/300 R). Das Reservat liegt rund 20 km nordöstlich von Mossel Bay an der N2 (die Abzweigung Little Brak River nehmen und dann den Schildern nach Sorgfontein folgen!). Den Besuch unbedingt vorab buchen!

Oystercatcher Trail   WANDERN

(www.oystercatchertrail.co.za) Wanderer können sich an die viertägige Strecke (7690 R) von Mossel Bay über das Cape St. Blaize, wo wahrscheinlich die bedrohten Schwarzen Austernfischer zu sichten sind, nach Dana Bay wagen. Im Preis inbegriffen sind ausgezeichnete Unterkünfte und Mahlzeiten sowie der Transport des Gepäcks von einer Station zur nächsten. Unterwegs lohnt sich ein Zwischenstopp am **Cape-St.-Blaize-Leuchtturm** (Erw./Kind 16/8 R; 10–15 Uhr).

Electrodive   TAUCHEN

(082 561 1259; 2 Field St; Leihausrüstung 200 R/Tag, Tauchgänge vom Strand & Boot 190-230 R) Das Familienunternehmen hat viele Optionen im Angebot. Neben PADI-Kursen werden auch Schnorchelausflüge (190 R, 2 Std.) und kurze Gerätetauchkurse (550 R,

als erste Europäer Ende des 15. Jhs. die „Muschelbucht". Sie wurde zu einem nützlichen Zwischenstopp für die europäischen Schiffe, weil es hier Süßwasser gab und mit den ortsansässigen Khoikhoi Tauschhandel getrieben werden konnte. Ein großer Milchbusch-Baum neben der Quelle wurde zu einer Art Briefkasten: Die Besatzungen der Schiffe auf dem Weg nach Osten hinterließen hier ihre Post, die nach Europa heimkehrende Schiffe dann mitnahmen. Die Quelle und der Baum existieren heute noch; im Museum kann man seine Briefe in einen Kasten werfen (sie erhalten dann einen Sonderstempel).

Sehenswertes & Aktivitäten

Mossel Bay bietet jede Menge Aktivitäten. Vom Hafen fahren die Schiffe **Romonza** (044-690 3101) und **Seven Seas** (082-297 7165) regelmäßig zu Ausflugsfahrten in die Gewässer um Seal Island, wo man die Seebärenkolonie, die Vögel und Delfine beobachten kann. Die einstündigen Fahrten kosten 125 R. Im Spätwinter und Frühjahr unternimmt die *Romonza* auch Walbeobachtungstouren (600 R, 2½ Std.).

Dias-Museum   MUSEUM

(Market St; Erw./Kind 20/5 R; Mo-Fr 9-16.45, Sa & So 9-15.45 Uhr) Zu dem ausgezeichneten Museumskomplex gehören die

2–3 Std.) veranstaltet. Beim Tauchen in der Mossel Bay kann man zwar eine Menge Korallen, Fische und andere Meerestiere entdecken, aber es handelt sich nicht um ein tropisches Gewässer und die Sichtverhältnisse sind nicht ideal.

White Shark Africa
WASSERSPORT

(☎044-691 3796; www.whitesharkafrica.com; Ecke Church & Bland St; Tauchgang 1350 R) Ganztägige Touren mit Tauchgängen im Käfig, bei denen man Weiße Haie besucht. Im Preis inbegriffen sind Frühstück, Mittagessen und Nachmittagstee.

Skydive Mossel Bay
EXTREMSPORT

(☎082 824 8599; www.skydivemosselbay.com; Flugplatz Mossel Bay; ab 1600 R) Die Tandemsprünge starten in 3000 oder 3650 m Höhe; wenn das Wetter und die Gezeiten mitspielen, landet man am Diaz Beach.

Back Road Safaris
GEFÜHRTE TOUREN

(☎044-690 8150; www.backroadsafaris.co.za) Das Unternehmen bietet eine weite Palette von Touren an, u.a. **Meet the People** (450 R/Pers., 4 Std.), bei der die Bewohner der nahen Townships Friemersheim und KwaNonqaba besucht werden. Auf Wunsch wird ein traditionelles Essen (30 R) serviert. Diese Tour ist den manchmal voyeuristischen Township-Touren im Rahmen größerer Touren eindeutig vorzuziehen.

🛏 Schlafen

Im Ort gibt es drei städtische **Wohnwagenparks** (☎044-690 3501; Stellplatz ab 190 R, Chalet ab 430 R). Bakke und Santos liegen nebeneinander am hübschen Santos Beach; zum Wohnwagenpark Bakke gehören auch ein paar Chalets. Punt liegt bei The Point und damit ganz in der Nähe der Surfspots. In der Hauptsaison steigen die Preise stark an.

LP TIPP Park House Lodge & Travel Centre
HOSTEL $

(☎044-691 1937; www.park-house.co.za; 121 High St; B 150 R, DZ mit Gemeinschaftsbad ab 400 R, DZ ab 520 R; @) Das Hostel in dem schmucken alten Sandsteinhaus neben dem Park wirkt freundlich, ist schick eingerichtet und hat einen schönen Garten. Das Frühstück kostet 40 R, das Personal organisiert Aktivitäten.

Point Village Hotel
HOTEL $$

(☎044-690 3156; www.pointvillagehotel.co.za; 5 Point Rd; EZ/DZ 420/720 R; @) Der schrullige Pseudo-Leuchtturm an der Fassade dieses preisgünstigen Hotels kündigt an, was einen drinnen erwartet: eine Reihe witziger, schriller, farbenfroher Zimmer und ein außergewöhnlich freundlicher Service. Die Zimmer haben Kochnischen, einige auch einen Balkon.

Mossel Bay Backpackers
HOSTEL $

(☎044-691 3182; www.gardenrouteadventures. com; 1 Marsh St; B 120 R, DZ mit Gemeinschaftsbad 340 R, DZ 450 R; @🏊) Das alteingesessene, verlässliche und gut geführte Hostel liegt nahe dem Strand bei The Point und nahe den Bars in der Marsh St. Gäste finden hier komfortable Zimmer, einen Pool, eine Bar und eine beeindruckend gut ausgestattete Gemeinschaftsküche vor. Das Personal organisiert Aktivitäten aller Art.

Point Hotel
HOTEL $$

(☎044-691 3512; www.pointhotel.co.za; Point Rd; EZ/DZ 1075/1430 R; @) Das moderne Hotel hat eine spektakuläre Lage über den vom Meer umtosten Felsen von The Point. Die geräumigen Zimmer haben Balkone mit Meerblick, im Haus gibt es ein ordentliches **Restaurant** (Hauptgerichte 55–110 R).

Santos Express
HOSTEL $

(☎044-691 1995; www.santosexpress.co.za; Santos Beach; B 100 R, EZ/DZ mit Gemeinschaftsbad & inkl. Frühstück 210/400 R) Die Lage dieses umgebauten Eisenbahnzugs direkt am Meer ist unschlagbar, die Abteile sind allerdings recht beengt. Angeschlossen ist ein Bar-Restaurant mit äußerst umfangreicher Speisekarte (Hauptgerichte 40–125 R).

Huis te Marquette
PENSION $$

(☎044-691 3182; www.marquette.co.za; 1 Marsh St; EZ/DZ ab 580/680 R; 🏊) Die teureren Zimmer – einige haben sogar Whirlpools – der komfortablen, schon lange etablierten Pension nahe The Point bieten Ausblick auf den Pool. Das Haus gehört zum Mossel Bay Backpackers.

Protea Hotel Mossel Bay
HOTEL $$

(☎044-691 3738; www.proteahotels.com/mossel bay; Market St; EZ/DZ ab 1375/1800 R; ❄@🏊) Das hochklassige Hotel gehört zur Protea-Kette und residiert im alten Postgebäude. Auf der großen Speisekarte des zugehörigen Restaurants **Café Gannet** (Hauptgerichte 40–170 R, ⏰morgens, mittags & abends) stehen Seafood, Fleischgerichte und Pizza.

🍴 Essen & Ausgehen

Die Restaurants und das Nachtleben von Mossel Bay konzentrieren sich in der Marsh St und am Point.

Mossel Bay

Mossel Bay

◉ Highlights
- Dias-Museum A1

◉ Sehenswertes
1. Kap-St.-Blaize-Leuchtturm D2

◉ Aktivitäten, Kurse & Touren
2. Electrodive B1
3. Oystercatcher Trail D2
4. White Shark Africa A1

◉ Schlafen
5. Huis te Marquette C2
6. Mossel Bay Backpackers C2
7. Park House Lodge & Travel Centre A2
8. Point Hotel D2
9. Point Village Hotel D1
10. Protea Hotel Mossel Bay A1
11. Punt Caravan Park D2

◉ Essen
12. Café Havana B2
13. Kingfisher D2

◉ Ausgehen
14. Big Blu D2

Kaai 4   BRAAI $
LP TIPP
(Hafen; Hauptgerichte 25–60 R; ☺ mittags & abends) Das entspannte Meeresfrüchtelokal hat eine der schönsten Lagen in Mossel Bay – die Picknicktische stehen auf dem Sand mit Blick zum Ozean. Das Essen wird an großen Feuerstellen zubereitet; Hungrige können sich für das All-you-can-eat-Dinner (125 R) entscheiden.

Café Havana   INTERNATIONAL $$
(38 Marsh St; Hauptgerichte 50–110 R; ☺ mittags & abends) In diesem Restaurant mit Cocktailbar geht es bei toller Stimmung so kubanisch zu, wie das in Mossel Bay eben möglich ist. Die Eintöpfe und Steaks sind eine nette Abwechslung zu den sonst überall in der Stadt angebotenen Meeresfrüchten – diese gibt's hier allerdings auch.

Kingfisher   SEAFOOD $$
(Point Rd; Hauptgerichte 45–120 R; ☺ mittags & abends) Die Einheimischen lieben die Meeresfrüchtegerichte, die hier mit Blick auf den Ozean serviert werden. Es kommen aber auch Salate und Fleischgerichte auf den Tisch – und es gibt sogar eine eigene Kinderkarte.

Pavilion   INTERNATIONAL $$
(Santos Beach; Hauptgerichte 50–150 R; ☺ mittags & abends) Das Lokal befindet sich in einem Badepavillon aus dem 19. Jh., der jenem im englischen Brighton nachempfunden wurde, und ist eine gute Wahl, wenn man am Strand essen möchte. Auf der Speisekarte steht so ziemlich alles Mögliche.

Big Blu   BAR $$
(Point Rd; Hauptgerichte 40–135 R) Die verfallene Kneipe direkt auf dem Felsen von The Point lockt ein junges Publikum an. Hier kann man prima einen Sundowner trinken. Zu essen gibt's Burger, Meeresfrüchte, Steaks und Tapas (15–25 R), an denen nur der Name spanisch ist.

❶ Praktische Informationen

Touristeninformation (📞 044-691 2202; www.
mosselbay.net; Market St; ⏰ Mo–Fr 8–18, Sa
9–16, So 9–14 Uhr) Das sehr freundliche Personal hilft bei der Buchung von Unterkünften.

❶ An- & Weiterreise

Mossel Bay liegt abseits der Autobahn, die
Fernbusse fahren also nicht in die Stadt hinein,
sondern setzen Traveller 8 km außerhalb an der
Shell-Tankstelle von Voorbaai ab. Das Personal
der Hostels holt Gäste in der Regel ab, wenn das
vereinbart wurde, und auch Taxis (80 R) warten
häufig auf Busreisende, die Anschluss brauchen.
Falls keines zur Stelle ist, kann man sich eines
bestellen (📞 082 932 5809). Während des Tages
sind auch Sammeltaxis (10 R) im Einsatz. Der
Baz-Bus fährt direkt in die Stadt.

Die Busse von **Translux** (www.translux.
co.za), **Greyhound** (www.greyhound.co.za) und
Intercape (www.intercape.co.za) halten auf
der Strecke Kapstadt–Port Elizabeth in Mossel
Bay. Intercape fährt u. a. zweimal täglich nach
Knysna (260 R, 2 Std.), Plettenberg Bay (260 R,
2½ Std.), Kapstadt (280 R, 6 Std.) und Port
Elizabeth (310 R, 6½ Std.).

George

📞 044 / 136 000 EW.

Das 1811 gegründete George ist die größte Stadt an der Garden Route. Das Wirt-
schaftszentrum hat aber nicht viel, was
Besucher fesseln könnte, abgesehen von ein
paar schönen alten Gebäuden, darunter die
winzige anglikanische St. Mark's Cathedral
und die wesentlich imposantere Moeder-
kerk der Nederduitse Gereformeerde Kerk.
Außerdem liegt die Stadt nur 8 km von der
Küste entfernt. Die meisten Gäste kommen
wegen der berühmten Golfplätze hierher.

◉ Sehenswertes

George war früher das Zentrum der heimischen Holzfällerei, und so präsentiert
das **George Museum** (Courtenay St; Eintritt
gegen Spende; ⏰ Mo–Fr 9–16, Sa 9–12.30 Uhr)
eine Fülle von Exponaten, die damit zu tun
haben.

Ausgangs- und Endpunkt für Fahrten
mit dem Outeniqua Power Van (S. 151)
ist das **Outeniqua Transport Museum**
(Ecke Courtenay & York St; Erw./Kind 20/10 R;
⏰ Mo–Fr 8–16.30, Sa 8–14 Uhr). Wer sich für
Züge interessiert, ist hier genau richtig: Elf
ausgediente Lokomotiven und 15 Waggons,
ergänzt um detailgetreue Modelleisenbahnen, fristen hier ihr Altenteil, darunter ein

Waggon, den die britische Königsfamilie in
den 1940er-Jahren benutzte.

🛏 Schlafen & Essen

LP TIPP **French Lodge
International**   PENSION $$
(📞 044-874 0345; www.frenchlodge.co.za; 29
York St; EZ/DZ inkl. Frühstück ab 550/800 R;
❄ @ ≋) Die Lodge ist wegen des Mini-Eif-
felturms im Garten gar nicht zu übersehen.
Quartier bezieht man in luxuriösen, stroh-
gedeckten *rondavels* (Rundhütten mit
konischem Dach) oder in Apartments mit
Satelliten-TV, Bad und Whirlpool, die rund
um den Pool verteilt sind. Das wohl beste
Angebot in der Stadt!

Fancourt Hotel   LUXUSHOTEL $$$
(📞 044-804 0000; www.fancourt.co.za; Montagu
St, Blanco; DZ ab 3200 R; ❄ @ ≋) Das luxuriöseste Hotel weit und breit liegt rund 10 km
außerhalb des Stadtzentrums und hat drei
18-Loch-Golfplätze (zwei wurden von Gary
Player gestaltet). Auf dem Gelände des Hotels und Countryclubs gibt es eine Reihe
erstklassiger Unterkünfte, ein Wellness-
zentrum und fünf Restaurants.

Outeniqua Travel Lodge   HOSTEL $
(📞 082 316 7720; www.outeniqualodge.com; 70
Langenhoven St; B 120 R, EZ/DZ 300/440 R; @)
Das Hostel liegt zwar ein Stück außerhalb
des Zentrums, ist aber eine tolle Budget-
option mit Zimmern mit angeschlossenem
Bad in einem ruhigen Wohnviertel. Das
Personal ist freundlich und organisiert Aktivitäten.

Old Townhouse   STEAK $$
(Market St; Hauptgerichte 50–115 R; ⏰ Mo–Fr
mittags & abends, Sa abends) Das schon lange
bestehende Restaurant in dem ehemaligen,
1848 errichteten Rathaus ist bekannt für
seine ausgezeichneten Steaks und die stän-
dig wechselnden Wildgerichte.

❶ Praktische Informationen

Touristeninformation George (📞 044-801
9295; www.visitgeorge.co.za; 124 York St;
⏰ Mo–Fr 7.45–16.30, Sa 9–13 Uhr) Das Büro
hat viele Infos zu George und der umliegenden
Gegend.

❶ An- & Weiterreise

George ist ein Haltepunkt der Busse zwischen
Kapstadt und Port Elizabeth sowie jener zwi-
schen Johannesburg und der Garden Route. Die
Busse von **Greyhound** (www.greyhound.co.za)
halten am St. Mark's Sq hinter dem Spar-Super-

markt an der Hauptstraße, die Busse von **Translux** (www.translux.co.za) und **Intercape** (www.intercape.co.za) an der Sasol-Tankstelle an der N2 gleich östlich der Stadt. Intercape fährt u. a. nach Knysna (260 R, 1½ Std., 2-mal tgl.), Plettenberg Bay (270 R, 2 Std.), Port Elizabeth (310 R, 5½ Std., 2-mal tgl.), Kapstadt (320 R, 7 Std., 2-mal tgl.), Bloemfontein (450 R, 10 Std., tgl.) und Johannesburg (690 R, 16 Std., tgl.).

Die Baz-Busse halten in der Stadt. Wer weiter nach Oudtshoorn möchte, kann die dortigen Hostels anrufen und sich abholen lassen.

Kulula (www.kulula.com), **1Time** (www.1time.aero), **Airlink** (www.saairlink.co.za) und **SA Express** (www.saexpressco.za) fliegen den 7 km westlich der Stadt gelegenen **Flughafen von George** (☑044-876 9310) an.

Rund um George

MONTAGUPASS & OUTENIKWAPASS

Hinter George schlängelt sich eine beschauliche, unbefestigte Straße den Montagupass hinauf. Die Passstraße wurde 1847 eröffnet und steht heute unter Denkmalschutz. Die Rückfahrt führt über den Outenikwapass. Dort ist der Ausblick zwar sogar noch beeindruckender, da es sich aber um eine Hauptstraße handelt, kann man nicht überall anhalten, wo man möchte.

Alternativ bietet sich der **Outeniqua Power Van** (☑082 490 5627; Erw./Kind 110/90 R; ☺Mo–Sa auf Anfrage) an, ein Schienenbus, der vom Outeniqua Transport Museum aus eine zweieinhalbstündige Fahrt in die Outeniekwaberge unternimmt. Wer will, nimmt ein Fahrrad mit und radelt über den Montagupass zurück.

HEROLD'S BAY (HEROLDSBAAI)
☑044

Das winzige Dorf Herold's Bay liegt 16 km südwestlich von George an einem wunderschönen Strandabschnitt, der ständig ideale Wellen zum Surfen bietet (s. Kasten S. 161). Generell geht es hier ruhig zu, nur an Sommerwochenenden kann größerer Andrang herrschen. Wer vor Ort übernachten möchte, kann sich im noblen **Dutton's Cove** (☑044-851 0155; 21 Rooidraai Rd; Zi. inkl. Frühstück 1300 R; ☒) einmieten, das auch über ein **Restaurant** (Hauptgerichte ab 60 R) verfügt. Näher beim Meer, nämlich nur einen Steinwurf vom Sandstrand entfernt, liegt das **Makarios** (☑044-872 9019; www.makariosonsea.co.za; 4 Gericke's Corner; Suite f. Selbstversorger ab 850 R). Die Luxussuiten mit Meerblick haben voll ausgestattete Kü-

chen; es gibt auch noch ein kleineres Zimmer (ab 540 R) ohne den Ausblick.

VICTORIA BAY (VICTORIABAAI)

Das winzige, malerische Victoria Bay liegt rund 8 km südöstlich von George am Fuß steiler Klippen. Der Ort ist ein beliebter Surfspot (s. Kasten S. 161) und hat ein Gezeitenbecken für Kinder. Wer sich von den Wellen nicht trennen kann, übernachtet im **Wohnwagenpark** (☑044-889 0081; Stellplatz ab 148 R) oder im **Surfari Backpackers** (☑044-874 5672; www.vicbaysurfari.co.za; B 150 R, DZ ab 450 R). Das Hostel verfügt über helle, makellose Zimmer und ist nur eine kurze Autofahrt vom Strand entfernt. Angeboten werden Surfunterricht und Tagesausflüge für fortgeschrittene Surfer.

Wilderness (Wildernis)

Der Name verrät's: Dichte, uralte Wälder und steile Hügel ziehen sich zu einem schönen Küstenabschnitt mit kilometerlangen weißen Sandstränden, Brechern, Flussmündungen mit zahllosen Vögeln und geschützten Lagunen hinab. All das macht Wilderness zu einem beliebten Ferienziel – glücklicherweise kommt der Ort aber nicht zu touristisch daher. Die Ferienhäuser fügen sich harmonisch in die grüne Hügellandschaft ein, und das Ortszentrum ist überschaubar und schlicht. Der Strand ist herrlich, doch baden sollte man wegen der starken Strömungen hier nicht. Der einzige Nachteil: Alles liegt weit verstreut, sodass man ohne eigenes Fahrzeug Probleme bekommt.

◉ Sehenswertes & Aktivitäten

Eden Adventures   ABENTEUERSPORT
(☑044-877 0179; www.eden.co.za; Garden Route-National Park) Das Unternehmen vermietet Kanus (250 R/Tag), veranstaltet Abseil- (375 R) und Canyoning-Touren (495 R) sowie Ausflüge in die Umgebung.

Timberlake Organic Village   DORF
(www.timberlakeorganic.co.za) In der Siedlung abseits der N2 zwischen Wilderness und Sedgefield verkaufen Läden Bio-Obst und -Gemüse sowie Kunsthandwerk. Sonntags gibt's Livemusik. Man kann u.a. Quadbike fahren und Seilrutschen-Touren machen.

🛏 Schlafen & Essen

Interlaken   PENSION $
(☑044-877 1374; www.interlaken.co.za; 713 North St; Zi. inkl. Frühstück 495 R/Pers.; @)

WESTERN CAPE RUND UM GEORGE

Leser äußern sich begeistert, und tatsächlich gibt's nichts zu meckern: Die Pension ist gut geführt, freundlich und bietet einen prächtigen Blick auf die Lagune. Auf Anfrage bekommt man auch ein köstliches Abendessen.

Fairy Knowe Backpackers
HOSTEL $

(☎044-877 1285; www.wildernessbackpackers. com; Dumbleton Rd; B 120 R, DZ mit Gemeinschaftsbad 350 R, DZ 450 R; @) Das in einem Bauernhaus von 1874 untergebrachte Hostel liegt inmitten eines großen, grünen Geländes mit Blick auf den Touws River und war die erste Herberge in der Gegend. Die Bar und das Café befinden sich in einem anderen, etwas abseits stehenden Gebäude, sodass Feierlustige die Übernachtungsgäste nicht um den Schlaf bringen. Der Baz-Bus hält vor der Tür. Wer mit dem Auto kommt, fährt in den Ort Wilderness hinein und folgt der Hauptstraße 2 km bis zur Ausfahrt Fairy Knowe.

Sea Paradise
PENSION $$

(☎044-877 0793; www.seaparadise.co.za; 79a Sands Rd; EZ/DZ inkl. Frühstück ab 550/880 R) In Wilderness liegt zwar nichts weit vom Meer entfernt, aber diese nette Unterkunft hat sogar direkten Strandzugang. Alle Zimmer haben Fenster zum Meer; zwischen Juli und November kann man deshalb mit etwas Glück bequem vom Bett aus Wale erspähen.

Palms Wilderness Retreat & Guesthouse
PENSION $$

(☎044-877 1420; www.palms-wilderness.com; 1 Owen Grant St; EZ/DZ inkl. Frühstück 1350/ 1750 R; ❄@☀) Zu der stilvollen Pension mit afrikanischer Dekoration gehört eine Galerie für Kunst und Schmuck aus Afrika. Die Zimmer sind luxuriös; bis zum Strand sind es zu Fuß nur fünf Minuten.

LP TIPP ⟩ Zucchini
EUROPÄISCH $$

(Timberlake Organic Village; Hauptgerichte 40-125; ⊙mittags & abends) In dem netten Restaurant werden in stilvollem Ambiente Bio-Gemüse aus örtlichem Anbau, Fleisch von frei laufenden Tieren und viele vegetarische Optionen serviert.

Serendipity
SÜDAFRIKANISCH $$$

(☎044-877 0433; Freesia Ave; 5-Gänge-Menü 300 R; ⊙Mo–Sa abends) Leser und Einheimische empfehlen dieses elegante Restaurant, dessen Terrasse zur Lagune hin liegt. Die südafrikanisch inspirierte Speisekarte wechselt monatlich, immer aber stehen originelle Abwandlungen altvertraut-klassischer Gerichte darauf.

Girls Restaurant
INTERNATIONAL $$

(1 George Rd; Hauptgerichte 50–175 R; ⊙Di–So abends) Das Restaurant sieht von außen nach nicht viel aus – es versteckt sich neben einer Tankstelle. Es erntet aber begeisterte Kritiken. Empfehlenswert sind beispielsweise die frischen Garnelen mit diversen tollen Saucen. Im Laden gibt's auch Internetzugang.

Beejuice
CAFÉ $

(Sands Rd; kleine Gerichte 40–80 R; ⊙morgens, mittags & abends) Züge fahren keine mehr, dafür serviert das Personal dieses Cafés im alten Bahnhof frisch zubereitete Salate und Sandwiches. Abends gibt's traditionelle südafrikanische Gerichte.

❶ Praktische Informationen

Internetcafé (Brydon Building, George Rd; 40 R/Std.; ⊙Mo–Fr 8.30–17, Sa 8.30–12 Uhr)

Touristeninformation Wilderness (☎044-877 0045; Milkwood Village, George Rd; ⊙Mo–Fr 7.45–16.30, Sa 9–13 Uhr) Das Büro liegt gleich an der Abfahrt von der N2 ins Dorf.

Garden Route National Park (Tuinroete Nasionale Park)

Der ehemalige Wilderness National Park ist inzwischen mit der Knysna National Lake Area und dem Tsitsikamma National Park zu dem großen, weitläufigen **Garden Route National Park** (☎044-877 1197; Erw./ Kind 88/44 R; ⊙24 Std.) zusammengelegt worden. Der Park umfasst ein einmaliges System aus Seen, Flüssen, Feucht- und Mündungsgebieten, das für das Überleben vieler Spezies entscheidend ist.

Der Park bietet mehrere Wanderwege von unterschiedlichem Schwierigkeitsgrad, die zu Seen, zum Strand und in den Urwald führen. Der **Kingfisher Trail** ergibt eine Tageswanderung, die durch die ganze Region verläuft – in der Gezeitenzone des Touws River marschiert man über einen Plankenweg. Die Seen sind ein Eldorado für Angler, Kanufahrer, Windsurfer und Segler. Kanus vermietet Eden Adventures in Wilderness.

Im Park bieten zwei, sich im Angebot ähnelnde Campingplätze einfache, aber bequeme Unterkunft: der kleinere Platz **Ebb & Flow North** (Stellplatz ab 150 R, DZ-Rondavel mit Gemeinschaftsbad 280 R, DZ-Rondavel 325 R) und der größere **Ebb & Flow South** (Stellplatz ab 150 R, Waldhütte 540 R, Blockhaus 1015 R/4 Pers.).

Buffalo Bay (Buffelsbaai)

Das herrliche Buffalo Bay, 17 km südwestlich von Knysna, ist vollkommen untypisch für die Garden Route: ein langer, ganz einsamer Surfstrand, ein paar Ferienhäuser und ein Naturschutzgebiet. Das ist schon alles – und mehr braucht man auch nicht.

Buffelsbaai Waterfront (☎044-383 0038; www.buffelsbaai.co.za) ist alles in einem: Unterkunft (Apartments ab 350 R), Restaurant und Touristeninformation für die Gegend. Die Einrichtung befindet sich in dem großen Gebäude gleich hinter dem Strand, das nicht zu übersehen ist.

Von der Straße aus Buffalo Bay kommt man zum **Goukamma Nature Reserve** (www.capenature.co.za; Erw./Kind 30/15 R; ☺8–18 Uhr). Das Naturschutzgebiet umfasst 14 km Felsküste, Sandsteinklippen und Dünen, die mit Küsten-*fynbos* und Wald bewachsen sind, sowie den Groenvlei, einen großen Süßwassersee.

Das Schutzgebiet reicht 1,8 km ins Meer hinein; an der Küste kann man Delfine und (in der Saison) auch Wale sichten. Es gibt vier Wege für Tageswanderungen: Der kurze Lake Walk führt am Südufer des Groenvlei entlang, daneben gibt es vier Stunden erfordernde Strand- und Dünenwege. Die Wandergenehmigungen erhält man vor Ort. Man kann hier prima Kanu fahren (Kanu 60 R/Tag) und angeln. An Unterkünften finden sich das **Groenvlei Bush Camp** (800 R/4 Pers.), das **Musselcracker House** (800 R/4 Pers.) und das luxuriösere **Mbuvu Bush Camp** (960 R/4 Pers.). Während der Schulferien sind die Preise erheblich höher.

Knysna

☎044 / 65 000 EW.

Knysna (sprich: „nei-snah") ist die bedeutendste Stadt an der Garden Route, liegt inmitten uralter Wälder und schmiegt sich an eine wunderschöne Lagune. Der Ort war früher das Zentrum der Holzfällerei, welches das Holz der Breitblättrigen Steineibe und des *stinkhout* für den Haus-, Eisenbahn- und Schiffbau lieferte. Auch heute noch existieren mehrere Geschäfte, die auf Holzschnitzereien und traditionelle Möbel spezialisiert sind. Die Lagune ist seit eh und je bei Seglern beliebt, außerdem gibt es eine erfolgreiche Austernzucht.

Die hübsche Umgebung, die kunstliebende und schwulenfreundliche Atmosphäre, die ausgezeichneten Unterkünfte, Restaurants und Kneipen sowie die vielfältigen angebotenen Aktivitäten machen Knysna zu einem lohnenden Urlaubsziel. Wer jedoch Ruhe und Ursprünglichkeit schätzt, sollte die Stadt lieber meiden – vor allem in der Hauptsaison, wenn sie von Touristen förmlich überrollt wird.

◉ Sehenswertes & Aktivitäten

🄿 Township-Touren & Homestays   KULTUR

Folgt man der Gray St bergauf, gelangt man schließlich zu den bewaldeten Hängen hinter der Stadt. Oben befinden sich die wuchernden Townships von Knysna; man besucht sie am besten im Rahmen einer der ausgezeichneten Touren (350 R) von **Emzini Tours** (☎044-382 1087; www.emzi nitours.co.za). Leser sind voll des Lobs über diese dreistündigen Ausflüge; viele sagen, sie seien das Highlight ihrer Südafrikareise gewesen. Die Township-Bewohnerin Ella nimmt Besucher mit zu einigen der Projekte, die Emzini in der Gemeinde betreibt. Man besucht beispielsweise die Suppenküche, das Tierheim oder die Schule – das Programm kann auf die Interessen der Teilnehmer abgestimmt werden. Am Ende landen die Gäste aber in aller Regel in Ellas Heim, wo man Tee trinkt, trommelt und sich (unter dem Gelächter der Einheimischen) an den Klicklauten der Xhosa-Sprache versucht. Für 50 R zusätzlich kann man auch den Rastafari-Gemeinschaft einen Besuch abstatten, bei vorheriger Reservierung gibt's auch ein Mittagessen (70 R) bei einer Township-Familie. Zum Zeitpunkt unserer Recherche war geplant, Radtouren anzubieten, ein afrikanisches Restaurant zu gründen und Homestay-Übernachtungen möglich zu machen.

Wer in der Rastafari-Gemeinde oder in der Township übernachten will, sollte sich an die Touristeninformation von Knysna wenden und nach der Broschüre *Living Local* fragen.

Knysna Lagoon   PARK

Obwohl sie von **SAN Parks** (Karte S. 157; www. sanparks.org; Long St, Thesens Island) verwaltet wird, ist die Knysna Lagune weder ein

Knysna

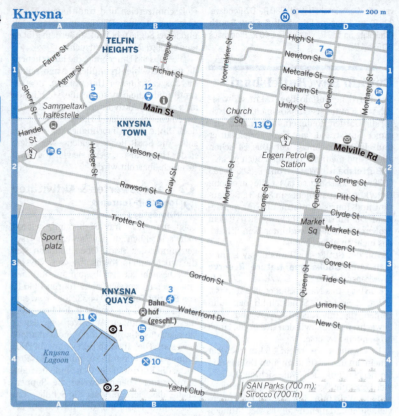

Nationalpark noch ein Naturschutzgebiet. Ein großer Teil des Gebiets befindet sich noch in Privatbesitz, und die Lagune wird von der Industrie und als Erholungsgebiet genutzt. Das geschützte Gebiet beginnt gleich östlich von Buffalo Bay und folgt der Küste bis zur Mündung des Noetzie River. Die Lagune öffnet sich zwischen zwei Sandsteinklippen, den sogenannten Heads, zum Meer – die britische Marine bezeichnete die Stelle einst als die gefährlichste Hafeneinfahrt der Welt. Auf dem östlichen Felsen gibt es einen tollen Aussichtspunkt, auf dem westlichen befindet sich das private **Featherbed Nature Reserve**.

Den schönsten Eindruck von der Lagune vermittelt eine Bootsfahrt. Die **Featherbed Company** (Karte S. 154; ☎044-382 1697; www.featherbed.co.za; Waterfront) betreibt mehrere Schiffe, darunter die **MV John Benn** (Karte S. 154; Erw./Kind 130/60 R; ⏲Abfahrt Winter 12.30 & 17 Uhr, Sommer 18 Uhr), die Gäste zum Featherbed Nature Reserve bringen.

Mitchell's Brewery BRAUEREI
(Karte S. 157; ☎044-382 4685; Arend St; Verkostung 30 R, Führung 50 R; ⏲Mo–Fr 11–16 Uhr, Führungen Mo–Fr 11, 12.30 & 14.30 Uhr) Die älteste Kleinbrauerei Südafrikas befindet sich in einem Industriegebiet im Osten der Stadt. Die hier gebrauten Biere englischer Art sowie der hier produzierte Cider sind überall in Western Cape verbreitet. Man kann zum Bier auch Austern schlürfen (125 R inkl. Führung). Reservierung erforderlich.

Belvidere & Brenton DORF
Das 10 km außerhalb von Knysna gelegene Belvidere ist so schön, dass es schon fast unwirklich erscheint. Einen kurzen Blick lohnt auf jeden Fall die wunderschöne, in den 1850er-Jahren von heimwehkranken Briten im normannischen Stil erbaute **Holy Trinity Church** (Karte S. 157). Ein Stück weiter folgen das Featherbed Nature Reserve (s. S. 154) und das am Meer gelegene Brenton-on-Sea.

Knysna

◉ Sehenswertes

Adventure Centre ....(siehe 4)
1 Featherbed Company B4
2 MV John Benn B4

☉ Aktivitäten, Kurse & Touren

3 Knysna Cycle Works.............................B3

☺ Schlafen

4 Highfield Backpackers D1
5 Inyathi Guest Lodge A1
6 Island Vibe A2
7 Knysna Backpackers.............................D1
8 Knysna Log Inn.....................................B2
9 Protea Hotel Knysna Quays B4

☒ Essen

10 34 South..B4
Caffé Mario ....(siehe 10)
11 Oystercatcher A4

☺ Ausgehen

12 Harry B's B1
13 Zanzibar Lounge C2

Weitere Aktivitäten

In der Gegend werden noch viele weitere Aktivitäten angeboten, darunter Abseilen, Canyoning, Reiten, Kajak- und Quadbikefahren. Eine gute Anlaufstelle ist das **Adventure Centre** (Karte S. 154; ☎083 260 7198; www.the-adventurecentre.co.za) mit Sitz im Highfield Backpackers. **Go Vertical** (☎082 731 4696; www.govertical.co.za) bietet Kletter-, Abseil- und Canyoningtouren, während **Liquid Grace** (☎044-343 3245; www.liquidgrace.co.za), das in Sedgefield, 30 km außerhalb von Knysna, sitzt, die erste Adresse für Wassersport ist. Die Region durchziehen Radwege; Infos zum Radfahren, Karten und Leihräder gibt's bei **Knysna Cycle Works** (Karte S. 154; ☎044-382 5152; 20 Waterfront Dr; 170 R/Tag).

✴ Feste & Events

Pink Loerie Festival   SCHWULENFEST
(www.pinkloerie.com) Knysna feiert bei diesem Fest Ende April und Anfang Mai seine schwulenfreundliche Einstellung.

Oyster Festival   ESSEN
Beim Austernfest im Juli steht neben den Schalentieren auch der Knysna Marathon im Mittelpunkt.

🛏 Schlafen

In der Nebensaison hält der Wettbewerb zwischen mehreren Hostels und vielen Pensionen die Übernachtungspreise niedrig, in der Hauptsaison steigen die Preise gewaltig (außer in den Hostels) und es ist dringend geboten, zu reservieren.

⚑ Phantom Forest Eco-Reserve   LODGE $$$

(außerhalb der Karte S. 157; ☎044-386 0046; www.phantomforest.com; EZ/DZ ab 2375/3750 R; ☎) Das 137 ha große private Schutzgebiet liegt 6 km westlich von Knysna an der Straße zum Phantom Pass. Die 14 geschickt konzipierten und elegant eingerichteten Baumhäuser wurden ausschließlich aus umweltverträglichen Materialien errichtet. Angeboten werden verschiedene Aktivitäten, darunter geführte Naturwanderungen und Wellness im Spa. Ein Besuch lohnt sich aber auch schon wegen des preisgekrönten afrikanischen Sechs-Gänge-Menüs (30 R), das täglich in der Forest Boma (Waldhütte) serviert wird (Reservierung erforderlich).

📍 LP TIPP Brenton Cottages   CHALET $$

(Karte S. 157; ☎044-381 0082; www.brentononsea.net; Hütte 890 R/2 Pers., Cottage 1940 R/6 Pers.) An der dem Meer zugewandten Seite der Lagune fallen die mit *fynbos* bewachsenen Hügel nach Brenton-on-Sea hin ab, wo es ein prächtiges, 8 km langen Strand gibt. Die Cottages verfügen über voll ausgestattete Küchen, die Hütten nur über Kochnischen. Einige der Unterkünfte bieten Meerblick. Inmitten der gepflegten Rasenflächen gibt's viele Grillstellen.

Inyathi Guest Lodge   LODGE $$

(Karte S. 154; ☎044-382 7768; www.inyathiguestlodge.co.za; 52 Main St; EZ/DZ ab 500/720 R) Die Anlage ist fantasievoll gestaltet, das Ambiente wirkt authentisch afrikanisch, aber nicht kitschig. Die Gäste wohnen in hübsch ausgestatteten Holzhäuschen; einige haben beispielsweise viktorianische Badewannen, andere Buntglasfenster.

Island Vibe   HOSTEL $

(Karte S. 154; ☎044-382 1728; www.islandvibe.co.za; 67 Main St; B 120 R, DZ mit Gemeinschaftsbad 330 R, DZ 385 R; @☎) Das abgefahrene Hostel hat tolle Gemeinschaftsbereiche, muntere Angestellte und hübsch eingerichtete Zimmer. Es gibt eine Bar, kostenlosen Internetzugang und einen tollen Ausblick von der Terrasse.

Knysna Backpackers   HOSTEL $

(Karte S. 154; ☎044-382 2554; www.knysnabackpackers.co.za; 42 Queen St; B 120 R, DZ mit Gemeinschaftsbad 330 R, DZ 400 R) In dem großen, weitläufigen viktorianischen Haus auf dem Hügel ein paar Blocks von der Main St entfernt stehen Gästen hauptsächlich Doppelzimmer zur Verfügung. Es geht hier in der Regel ruhiger und entspannter zu als in anderen Herbergen. Das Frühstück ist kostenlos.

Woodbourne Resort
CAMPING $

(Karte S. 157; ☎044-384 0316; www.gardenroute. co.za/woodbourne; George Rex Dr; Stellplatz ab 330 R, Chalet ab 900 R; ☒) Auf dem Gelände finden sich geräumige, schattige Stellplätze und einfache Hütten mit TV. Die ruhige Anlage steht ein Stück außerhalb der Stadt. Der Ausschilderung zu den Heads folgen!

Under Milk Wood
CHALET $$$

(Karte S. 157; ☎044-384 0745; www.milkwood. co.za; George Rex Dr; Hütte 3200 R/4 Pers.) Die Anlage umfasst eine Reihe schöner Blockhütten für Selbstversorger am Ufer der Knysna Lagoon mit einem kleinen Strand. Es gibt auch B&B-Tarife (DZ ab 610 R) für jene, die nicht selbst kochen wollen.

Knysna Log Inn
HOTEL $$

(Karte S. 154; ☎044-382 5835; www. log-inn.co.za; 16 Gray St; EZ/DZ inkl. Frühstück 995/1440 R; ☒@☒) Das Knysna Log Inn ist angeblich das größte Holzgebäude der südlichen Hemisphäre. Es hat gemütliche Zimmer und einen Pool. Allerdings wird das Gestaltungsthema Holz allzu aufdringlich in den Vordergrund gestellt.

Protea Hotel Knysna Quays
HOTEL $$

(Karte S. 154; ☎044-382 5005; www.proteaho tels.com; Waterfront Dr; EZ/DZ 1850/2240 R;

☒@☒) Die Zimmer dieses stilvollen Hotels sind geschmackvoll eingerichtet. Zum Hotel gehört ein einladender, beheizter Pool. Das Haus liegt nur ein kurzes Stück von den Läden und Restaurants der Waterfront entfernt. Unbedingt ein Zimmer mit Blick zur Lagune nehmen!

Belvidere Manor
HOTEL $$

(Karte S. 157; ☎044-387 1055; www.belvidere. co.za; Duthie Dr; DZ inkl. Frühstück ab 2060 R) Das Anwesen umfasst eine stolze Reihe eindrucksvoller Gästehütten inmitten einer Gartenanlage. Vor Ort gibt's ein **Restaurant** (Hauptgerichte 55–120 R), das regionale und internationale Gerichte serviert.

Highfields Backpackers
HOSTEL $

(Karte S. 154; ☎044-382 6266; www.high fieldsbackpackers.co.za; 2 Graham St; B 110 R, DZ mit Gemeinschaftsbad ab 300 R; ☒) Das jetzt unter neuer Verwaltung stehende Highfields erhielt bei unserem Besuch gerade die dringend notwendige Renovierung. Das Poolgelände ist toll für einen Sundowner.

✗ Essen

An der Main St gibt es gute Imbisse und Cafés. Der beste Laden dieser Art im Zentrum von Knysna Quays ist das **Caffé Mario** (Karte S. 154; ☺morgens, mittags & abends).

East Head Café
CAFÉ $$
LP TIPP

(Karte S. 157; The Heads; Hauptgerichte 45–110 R; ☺morgens & mittags) Das Café hat eine Terrasse mit Blick auf die Lagune und das Meer. Neben einer guten Auswahl vegetarischer Gerichte gibt's hier auch wilde Austern (15 R/Stück).

KNYSNA: FAKTEN (& GERÜCHTE)

» George Rex, der laut einer (inzwischen widerlegten) Legende ein unehelicher Sohn König Georgs III. von England und einer Quäkerin namens Sarah Lightfoot gewesen sein soll, siedelte nach seiner Verbannung aus England 1797 in Knysna an. Sein Grab in **Old Place Township** (Karte S. 157) steht unter Denkmalschutz.

» Das nur hier vorkommende Knysna-Seepferdchen (hippocampus capensis) ist die am stärksten vom Aussterben bedrohte Seepferdchenart weltweit. Seepferdchen sind die einzige Fischart, bei der die Männchen die befruchteten Eier austragen.

» Gibt es noch Elefanten im Knysna Forest? Die Leute von SAN Parks behaupten, ein Elefant könnte hier noch hausen. 1876 wurden 400 Tiere gezählt, 1969 nur mehr 10. Wer selbst nachschauen will, kann sich auf den vier Elefantentrails um die **Diepwalle Forest Station** (Karte S. 146) auf die Suche machen.

» 1876 wurde in **Millwood** (Karte S. 146), gleich nördlich des Homtinipasses, Gold entdeckt. Innerhalb weniger Wochen schossen Läden, Hotels und Häuser aus dem Boden. Aber die Goldbergwerke waren nicht rentabel, und Millwood wurde zu einer Geisterstadt. Heute sieht man noch alte Grundmauern, Straßenschilder und einen verwaisten Friedhof. Die Gegend verlockt zum Wandern.

Rund um Knysna

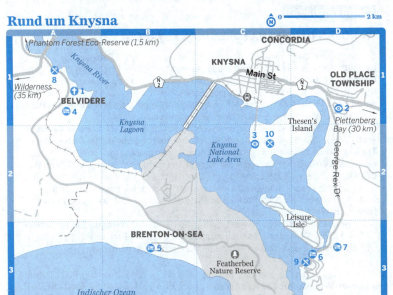

Rund um Knysna

⦿ Sehenswertes
1. Holy Trinity Church.................................A1
2. Mitchell's Brewery D1
3. SAN Parks..C2

🛌 Schlafen
4. Belvidere Manor....................................A1
5. Brenton Cottages B3

6. Under Milk Wood.....................................D3
7. Woodbourne Resort.............................D3

✴ Essen
8. Crab's Creek A1
9. East Head Café D3
10. Sirocco C2

Oystercatcher SEAFOOD $
(Karte S. 154; Knysna Quays; ⊙ mittags & abends) In dem entspannten Lokal werden Zuchtaustern in vier Größen und andere kleine Gerichte, z.B. Fish & Chips, in einem wunderschönen Uferambiente serviert.

Sirocco INTERNATIONAL $$
(Karte S. 157; Thesens Island; Hauptgerichte 50–130 R; ⊙ mittags & abends) Drinnen ist dieses Lokal ein stilvolles Steak- und Meeresfrüchterestaurant, draußen eine entspannte Bar, in der man Holzofenpizza und die ganze Palette von Bieren der Brauerei Mitchell's probieren kann.

34 South INTERNATIONAL $$
(Karte S. 154; Waterfront; Hauptgerichte 50–175 R; ⊙ mittags & abends) Das Lokal mit Tischen im Freien und Blick aufs Wasser bietet sich mit seinen üppigen Salaten, Feinkostprodukten und Meeresfrüchtepasteten für ein Mittagessen an. Die Weinkarte gehört zu den besten in der Stadt.

Crab's Creek PUB $$
(Karte S. 157; Hauptgerichte 50–200 R; ⊙ mittags & abends) Die Kneipe mit einem entspannten Ambiente direkt an der Lagune abseits der N2 ist bei Einheimischen sehr beliebt. Sonntags gibt's ein Mittagsbuffet (65 R). Kinder freuen sich über den Sandkasten und die Klettergerüste.

🍷 Ausgehen & Unterhaltung
Die Main St ist die richtige Adresse für eine Kneipentour. Viele Bars sind nur in der Touristensaison geöffnet.

Zanzibar Lounge BAR
(Karte S. 154; Main St; ⊙ Di–Sa) Das Lokal hat eine lässige Atmosphäre, einen Balkon zum

NICHT VERSÄUMEN

WANDERN IM KNYSNA FOREST (KNYSNABOS)

Der heute zum Garden Route National Park gehörende Knysna Forest ist ideal für ausdauernde, aber auch für weniger ausdauernde Wanderer. Leicht sind die Wege im **Garden of Eden** (Karte S. 146), wo es hübsche Picknickstellen im Wald und eine für Rollstuhlfahrer ausgebaute Strecke gibt. Ein leichter Wanderweg ist auch der **Millwood Gold Mine Walk** (Karte S. 146), während die Elefantentrails in **Diepwalle** (Karte S. 146) Strecken verschiedener Schwierigkeitsgrade sind.

Wer eine größere Herausforderung sucht, kann sich an den **Harkerville Coast Trail** (165 R) wagen. Diese zweitägige Wanderung führt zum beliebten **Outeniqua Trail**. Dieser ist 108 km lang; für die gesamte Strecke braucht man eine Woche, doch kann man sich auch mit zwei oder drei Tage in Anspruch nehmenden Teilabschnitten begnügen. Unterwegs zahlt man für jede Übernachtung (in einfachen Hütten) 66 R – Bettzeug muss selbst mitgebracht werden. Die Wandergenehmigungen, Karten und weitere Infos gibt's bei **SAN Parks** (Karte S. 157; ☏044-302 5656; www.sanparks.org; Long St, Thesens Island).

Im Park befinden sich auch viele Mountainbike-Pisten. **Outeniqua Biking Trails** (☏044-532 7644; www.gardenroute.co.za/plett/obt) vermietet Fahrräder (100 R/Tag, inkl. Sturzhelm) und verteilt Karten mit den eingezeichneten Strecken.

Abhängen und einen Theatersaal, in dem gelegentlich Veranstaltungen stattfinden.

Harry B's   PUB
(Karte S. 154; 42 Main St; Hauptgerichte 45–220 R; ⏲So–Fr 12 Uhr–open end, Sa 9–2 Uhr) In Knysnas ältestem, 1863 gebauten Wohnhaus residiert eine beliebte Kneipe.

ℹ Praktische Informationen

Motion Café (3 Gray St; 30 R/Std.; ⏲Mo–Fr 8–18, Sa & So 8–15 Uhr) Schnelle Internetverbindungen. Im Erdgeschoss befindet sich ein Coffee Shop.

Touristeninformation Knysna (Karte S. 154; ☏044-382 5510; www.visitknysna.co.za; 40 Main St; ⏲ganzjährig Mo–Fr 8–17, Sa 8.30–13 Uhr, Dez.–Jan. & Juli zusätzl. So 9–13 Uhr) Eine ausgezeichnete Touristeninformation mit sehr fachkundigem Personal.

ℹ An- & Weiterreise

Bus

Die großen Busgesellschaften **Translux** (www.translux.co.za) und **Intercape** (www.intercape.co.za) halten an der Waterfront. Die Busse von **Greyhound** (www.greyhound.co.za) stoppen an der **Engen Petrol Station** (Karte S. 154; Main St). Der Baz-Bus setzt seine Fahrgäste an allen Hostels ab. Wer zu nahe gelegenen Orten an der Garden Route weiterfahren will, sollte lieber nach einem Sammeltaxi Ausschau halten, als sich den Bussen der großen Unternehmen anzuvertrauen, denn Kurzstreckenfahrten mit diesen sind sehr teuer.

Busse von Intercape fahren beispielsweise nach George (260 R, 1½ Std., 2-mal tgl.), Mossel Bay (260 R, 2 Std., 2-mal tgl.), Port Elizabeth (300 R, 4½ Std., 2-mal tgl.), Kapstadt (350 R, 8 Std., 2-mal tgl.) und Johannesburg (640 R, 17½ Std., tgl.).

Sammeltaxi

Die wichtigste Haltestelle für **Sammeltaxis** (Karte S. 154) befindet sich bei der Shell-Tankstelle an der Main St. Die Taxis fahren u. a. nach Plettenberg Bay (20 R, 30 Min., tgl.) und Kapstadt (150 R, 7½ Std., tgl.).

Von Knysna nach Plettenberg Bay

Zwischen Knysna und Plettenberg Bay gehen von der N2 Nebenstraßen nach Norden und Süden ab, die sich für interessante Abstecher anbieten.

Die R339 von Knysna nach Avontuur führt durch die Outeniekwaberge über den wunderschönen **Prince Alfred's Pass**, der von manchen für noch eindrucksvoller gehalten wird als der Swartbergpass. Allerdings ist die Straße in recht schlechtem Zustand; es geht also nur langsam voran. Sie hat nur wenige wirklich steile Abschnitte, erreicht aber auf dem Pass eine Höhe von mehr als 1000 m und bietet eine tolle Aussicht Richtung Norden, ehe sie sich in das Langkloof hinunterschlängelt.

Über eine Nebenstraße, die 10 km östlich von Knysna von der N2 abgeht, erreicht man die schrullige kleine Siedlung **Noetzie** mit ihren Ferienhäusern, die sich wie kleine Burgen ausnehmen. Man findet hier einen hübschen Surfstrand, der groß, aber nicht ungefährlich ist, und eine geschützte Lagune, die sich durch eine bewaldete Schlucht zieht. Der Weg vom Parkplatz zum Strand ist steil.

Elefanten in freier Wildbahn wird man im Knysna Forest nicht erblicken, aber im **Knysna Elephant Park** (☏044-532 7732; www.knysnaelephantpark.co.za; 1-stündige Führung Erw./Kind 190/100 R; ☺8.30–16.30 Uhr), 22 km östlich von Knysna abseits der N2, sind Sichtungen garantiert. Hier unternehmen die Besucher in kleinen Gruppen Spaziergänge mit den Dickhäutern oder auch einen kurzen Ritt auf ihrem Rücken (Erw./Kind 815/390 R). Die Touren sind zwar keine authentischen Naturerlebnisse, aber Spaß machen sie trotzdem.

Plettenberg Bay (Plettenbergbaai)

☏044 / 34 000 EW.

Plettenberg Bay oder kurz „Plet" ist ein Ferienort durch und durch: Berge, weißer Sand und kristallblaues Wasser machen die Stadt zu einem der angesagtesten touristischen Ziele. Daher ist der Ort manchmal überlaufen und auch etwas überteuert. Er hat sich jedoch sein entspanntes, freundliches Flair bewahrt und verfügt auch über Hostels mit sehr gutem Preis-Leistungs-Verhältnis. Besonders grandios ist die Landschaft östlich der Stadt mit Küstenabschnitten und Urwäldern, die zu den schönsten Südafrikas zählen.

🏃 Aktivitäten

Abgesehen von Faulenzen am Strand und Wanderungen auf der Halbinsel Robberg (s. S. 162) gibt es in Plet eine Menge zu tun: Am besten erkundigt man sich im Hostel Albergo for Backpackers danach, das so ziemlich alles organisiert, oft sogar zu ermäßigten Preisen.

Bei den **Crags** finden sich dicht nebeneinander die folgenden vier Wildparks.

LP TIPP **Tenikwa**   WILDTIERRESERVAT
(☏044-534 8170; www.tenikwa.co.za; Spaziergang mit Geparden 500 R; ☺9–16.30 Uhr) Viele Traveller zählen einen Besuch hier zu den Highlights ihrer Reise. In dem Reservat kann man einige Zeit mit Geparden verbringen. Tenikwa ist ein Tierasyl, in dem verletzte oder verlassene Tiere gepflegt werden, aber die meisten seiner Bewohner sind Katzen. Bei der einstündigen **Wild Cat**

Experience (Erw./Kind 160/80 R) sieht man alle Kleinkatzenarten Südafrikas, aber das wirkliche Highlight sind die zweistündigen Gepardenspaziergänge zu Sonnenaufgang und -untergang. Dabei sind die Tiere zwar angeleint, aber man bekommt trotzdem fast sicher persönlichen Kontakt zu ihnen. Reservierung wird empfohlen.

Monkeyland   WILDTIERRESERVAT
(www.monkeyland.co.za; 1-std. Führung Erw./Kind 135/67,50 R; ☺8–17 Uhr) Die sehr beliebte Einrichtung bemüht sich, Affen, die in Zoos oder Privathäusern gehalten wurden, auf das Leben in der freien Wildbahn vorzubereiten. Die Wanderung durch einen dichten Wald und über eine 128 m lange Hängebrücke ist eine tolle Gelegenheit, mehr über das Leben der Affen zu erfahren.

Birds of Eden   WILDTIERRESERVAT
(www.birdsofeden.co.za; Erw./Kind 135/67,50 R) Mit seiner 2 ha großen Kuppel über dem Wald ist diese Einrichtung die größte Freiflugvolière der Welt. Es gibt auch Kombitickets für Monkeyland und Birds of Eden (Erw./Kind 216/108 R).

Elefantenschutzgebiet   WILDTIERRESERVAT
(www.elephantsanctuary.co.za; Führung Erw./Kind ab 325/175 R, Elefantenritt Erw./Kind über 8 Jahren 435/220 R; ☺8–17 Uhr) Bei den verschiedenen Touren und Ausritten geht man mit den Dickhütern auf Tuchfühlung.

Bootsausflüge   WALBEOBACHTUNG
Ocean Blue Adventures (☏044-533 5083; www.oceanadventures.co.za; Milkwood Centre, Hopewood St) und **Ocean Safaris** (☏044-533 4963; www.oceansafaris.co.za; Milkwood Centre, Hopewood St; 1½-stündige Tour 400 R) veranstalten Bootsausflüge zur Delfin- und Walbeobachtung (in der Saison). Beide Anbieter nehmen 650 R für Walbeobachtungs- und 400 R für Delfinbeobachtungstouren.

Abenteuersport   ABENTEUERSPORT, SURFEN
Fallschirmspringer wenden sich an **Sky Dive Plettenberg Bay** (☏044-533 9048; www.skydiveplett.com; Plettenberg Airport; Tandemsprung 1600 R). Surfunterricht gibt's bei der **Garden Route Surf Academy** (☏082 436 6410; www.gardenroutesurfacademy.com; 2 Std. Gruppenunterricht inkl. Ausrüstung 300 R).

Old Nick Village   DORF
(www.oldnickvillage.co.za) Wer nach all den Aktivitäten Lust auf einen Einkaufsbummel bekommt, sollte diesen Komplex nur 3 km östlich der Stadt besuchen. Hier haben sich einige Künstler niedergelassen. Es

Plettenberg Bay

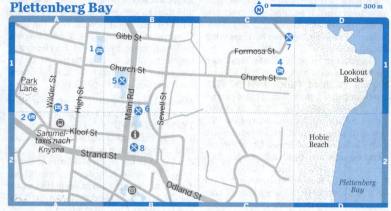

Plettenberg Bay

Schlafen
1 Albergo for Backpackers A1
2 Amakaya Backpackers A2
3 Nothando Backpackers Hostel A1
4 Plettenberg C1

Essen
5 Europa B1
6 LM Plett Mozambican
   Restaurant B1
7 Lookout C1
8 Table B2

gibt ein Webereimuseum, Kunst- und Antiquitätenläden sowie ein Restaurant.

Schlafen

Die Touristeninformation hat eine vollständige Liste der Unterkünfte und informiert auch über die vielen Campinggelegenheiten im nahen Keurboomstrand. In der Nebensaison gibt's auch Schnäppchen.

Nothando Backpackers Hostel HOSTEL $
(044-533 0220; www.nothando.com; 5 Wilder St; B 130 R, DZ mit Gemeinschaftsbad 350 R, DZ 400 R) Diese ausgezeichnete, preisgekrönte Fünf-Sterne-Budgetunterkunft ist der YHA angeschlossen. Sie wird vom Inhaber selbst geführt, und das merkt man. Es gibt einen großen Bar-Bereich mit Satelliten-TV, aber auf dem großen Grundstück findet man auch Ruhe und Frieden.

Abalone Beach House HOSTEL $
(044-535 9602; www.abalonebeachhouse.co.za; 50 Milkwood Glen, Keurboomstrand; DZ mit Gemeinschaftsbad 380 R, DZ 450 R; @) Das entspannte und sehr freundliche Hostel wirkt eher wie eine preisgünstige Pension. Ein wundervoller Strand ist gerade einmal zwei Minuten entfernt; Surfbretter und Bodyboards werden kostenlos verliehen. Um zum Haus zu kommen, von der N2 (rund 6 km östlich von Plet) der Ausschilderung nach Keurboomstrand folgen und in den Milkwood Glen abbiegen!

Periwinkle Guest Lodge PENSION $$
(044-533 1345; www.periwinkle.co.za; 75 Beachy Head Dr; DZ inkl. Frühstück 2230 R) Die helle, farbenfrohe Strandpension bietet individuell gestaltete Zimmer mit toller Aussicht – mit etwas Glück sieht man hier sogar Wale und Delfine!

Hog Hollow LODGE $$$
(044-534 8879; www.hog-hollow.com; EZ/DZ inkl. Frühstück 2190/2900 R) Das Hog Hollow, 18 km östlich von Plet an der N2, bietet wundervolle Unterkunft in Wohneinheiten, die mit afrikanischer Kunst dekoriert sind und zum Wald hin liegen. Jede hat ihre eigene Holzterrasse samt Hängematte. Man kann von hier direkt zum Monkeyland laufen; wer nicht zurücklaufen will, kann sich vom Hotelpersonal dort abholen lassen.

Albergo for Backpackers HOSTEL $
(044-533 4434; www.albergo.co.za; 8 Church St; Stellplatz 75 R/Pers., B 130 R, DZ mit Gemeinschaftsbad 350 R, DZ 420 R; @) Das Personal des gut geführten, freundlichen Hostels organisiert so ziemlich jede Aktivität vor Ort. Der Schlafsaal im Obergeschoss hat sehr große Fenster; vom Balkon aus hat man einen himmlischen Blick auf den Ozean.

Milkwood Manor HOTEL $$
(☎044-533 0420; www.milkwoodmanor.co.za; Salmack Rd, Lookout Beach; DZ ab 1100 R; @) Das Hotel hat eine bemerkenswerte Lage direkt am Strand mit Blick auf die Lagune. Die Zimmer sind schick, aber nicht spektakulär, und es gibt ein Restaurant vor Ort. Gäste, die die Lagune erkunden wollen, können sich kostenlos Kajaks ausleihen.

Amakaya Backpackers HOSTEL $
(☎044-533 4010; www.amakaya.co.za; 15 Park Lane; B 110–130 R, DZ mit Gemeinschaftsbad 300 R, DZ 350 R) Durch die Totalrenovierung ist die Unterkunft zu einem tollen Backpackerhostel geworden, dessen besondere Highlights die Bar und die Terrasse mit dem Ausblick auf Tsitsikamma sind. Einer der Schlafsäle hat ein angeschlossenes Bad und eine eigene Küche.

Plettenberg LUXUSHOTEL $$$
(☎044-533 2030; www.plettenberg.com; 40 Church St; EZ/DZ ab 2500/4200 R; ✳@≋) Das auf einem Felsvorsprung mit atemberau-

bender Aussicht erbaute Fünf-Sterne-Hotel ist Luxus pur: Die Zimmer sind fantastisch, es gibt ein Spa und ein Restaurant der Spitzenklasse.

🍴 Essen & Ausgehen

LP TIPP **Ristorante Enrico** SEAFOOD $$
(Main Beach, Keurboomstrand; Hauptgerichte 70–120 R; ⏱mittags & abends) Das von Lesern sehr gelobte Restaurant ist die absolut erste Adresse für ein Meeresfrüchtedinner in der Stadt. Enrico hat sein eigenes Boot, mit dem er, wenn das Wetter mitspielt, jeden Morgen zum Fischen hinausfährt. Von der großen Terrasse hat man einen tollen Blick auf den Strand. Wer vorab Bescheid sagt, kann mit zum Fischen rausfahren.

Table ITALIENISCH $$
(9 Main St; Hauptgerichte 60–105 R; ⏱mittags & abends) Das abgefahrene, minimalistisch gestaltete Lokal serviert Pizzas mit ungewöhnlichen Belägen. Mittags gibt's einen

SURFEN AN DER GARDEN ROUTE

Da das Wasser immer wärmer wird, wenn man das Cape Agulhas passiert hat, wo der Indische Ozean beginnt, kann man sich hier im Sommer in Bermudas, Surfshorts oder einem kurzen Anzug aufs Surfbrett schwingen. Im Winter braucht man aber einen Ganzkörperanzug.

In **Mossel Bay** gibt's einen guten Right Hand Break bei großer Dünung (Ding Dangs genannt), und zwar vor allem bei niedrigem Wasserstand und Südwest- oder Ostwind. Das Herauspaddeln ist zwar etwas lästig, aber rechts ist besser als links. Rechts vom Gezeitenbecken läuft eine sanfte Welle auf, die Inner Pool. Die Outer Pool (links vom Gezeitenbecken) ist aber besser, ein toller Reef und Point Break.

In Grootbrak und Kleinbrak mag man geeignete Wellen finden, aber in **Herold's Bay** sind die Chancen besser. Hier gibt es häufig Left Hand Breaks entlang des Strandes, die ungewöhnlicherweise sogar bei Nordwestwind auftreten.

Am besten ist aber **Victoria Bay**, weil sich hier die beständigsten Brecher der gesamten Küste finden. Ideal sind die Bedingungen, wenn die Dünung eine Höhe von 1 bis 2 m erreicht und sich traumhafte Right Hand Breaks bilden.

Ein kleines Stück weiter folgt **Buffalo Bay**, wo ebenfalls Right Hand Breaks auftreten. Buffalo Bay liegt an dem einen Ende des **Brenton Beach**; am nördlichen Ende gibt's zwar auch ein paar gute Peaks, man muss aber aufpassen: Hier gibt es Haie!

Weiter geht's in die Region um **Plettenberg Bay**: Die Halbinsel Robberg sollte wegen der Seebärenkolonie für Surfer tabu sein, doch im Badebereich des Robberg Beach (dort wo die Rettungsschwimmer stationiert sind) kann es ganz gute Wellen geben, wenn die Dünung nicht zu stark ist. Die Central Beach hat eine der bekanntesten Wellen, die Wedge – ideal für Surfer, die mit dem rechten Fuß vorn auf ihrem Brett stehen. Am Lookout Beach können Sandbänke auftreten und der Point Break ist manchmal ganz gut, aber die Erosion ist hier sehr stark, und der Strand verschwindet langsam. Vorsicht ist vor Strömungen geboten, insbesondere wenn keine Rettungsschwimmer Dienst tun.

In **Nature's Valley** gibt's einen langen Strand mit Sandbänken, die bei starker Dünung für ideale Bedingungen sorgen. Manchmal bildet sich auch ein Left Hand Break, dann können erfahrene Surfer ihr Können zeigen.

„Erntetisch" mit immer anderen regionalen Produkten.

Europa
ITALIENISCH $$
(Ecke Church & Main St; Hauptgerichte 42–120 R; morgens, mittags & abends) Das schicke Bar-Restaurant mit toller Terrasse bietet eine umfangreiche Palette von Salaten und italienischen Gerichten an.

Lookout
SEAFOOD $$
(044-533 1379; Lookout Rocks; Hauptgerichte 60–130 R; morgens, mittags & abends) Das Lokal hat eine Terrasse mit Blick auf den Strand und ist ein toller Ort für eine einfache Mahlzeit, bei der man mit etwas Glück zuschauen kann, wie Delfine in der Brandung herumtollen.

LM in Plett Mozambican Restaurant
SEAFOOD $$
(6 Yellowwood Centre, Main St; Hauptgerichte 60–125 R; mittags & abends) In dem smarten Restaurant dreht sich alles um die berühmten „LM"-Garnelen (LM nach Laurenço Marques, dem früheren Namen der mosambikanischen Hauptstadt Maputo). Ein Dutzend kostet 315 R.

 Praktische Informationen

Internetcafé (Melville's Corner Shopping Centre, Main St; 60 R/Std.; Mo–Fr 8–17, Sa 9–13 Uhr)

Touristeninformation Plettenberg Bay (044-533 4065; www.plettenbergbay.co.za; 5 Main St; ganzjährig Mo–Fr 8.30–17 Uhr, zus. April–Okt. Sa 9–14 Uhr) Nützliche Informationen zu Unterkünften und zu Wanderungen in den umliegenden Hügeln und Schutzgebieten.

 An- & Weiterreise

Busse der großen Firmen halten bei Shell Ultra City an der N2; der Baz-Bus fährt in die Stadt. Busse von **Intercape** (www.intercape.co.za) fahren nach George (270 R, 2 Std., 2-mal tgl.), Port Elizabeth (300 R, 3½ Std., 2-mal tgl.), Kapstadt (320 R, 9 Std., 2-mal tgl.), Johannesburg (770 R, 18 Std., tgl.), Graaff-Reinet (370 R, 6½ Std., tgl.) und Bloemfontein (520 R, 12 Std., tgl.).

Wer nach Knysna (15 R, 30 Min.) will, nimmt besser ein Sammeltaxi – sie fahren von der Ecke Kloof und High St. Die meisten anderen Sammeltaxis halten bei Shell Ultra City an der N2.

Robberg Nature & Marine Reserve

Das **Schutzgebiet** (044-533 2125; www.capenature.org.za; Erw./Kind 30/15 R; Feb.–Nov. 7–17 Uhr, Dez.–Jan. 7–20 Uhr) liegt 9 km südöstlich von Plettenberg Bay und umfasst eine 4 km lange Halbinsel mit einer zerklüfteten, aus Felsen und Klippen bestehenden Küste. Besucher haben die Wahl zwischen drei unterschiedlich schwierigen Rundwegen, auf denen man die üppige Meeresfauna in den Gezeitenbecken und Küsten-*fynbos* sehen kann, aber das Gelände ist sehr felsig und ungeeignet für Leute, die nicht wirklich fit sind oder Knieprobleme haben. Übernachtet wird in den Hütten Point und Fountain (360 R). Um zum Schutzgebiet zu kommen, von der Piesang Valley Rd auf die Robberg Rd abbiegen und weiterfahren, bis das Schild zu sehen ist!

ZENTRALE KAROO

Die scheinbar endlose Karoo hat etwas Magisches. Sie ist ein gewaltiges, semiarides Plateau, über dem faszinierende Sonnenuntergänge und ein beeindruckender Sternenhimmel zu beobachten sind. Der Name Karoo bedeutet in der Sprache der Khoisan „Land des Durstes". Die Region ist seit mehr als einer halben Million Jahren bewohnt und voller archäologischer Stätten, Fossilien, Felszeichnungen der San sowie Tiere und Pflanzen (rund 9000 Arten wurden gezählt).

Die Karoo nimmt fast ein Drittel der Gesamtfläche Südafrikas ein. Sie wird im Süden und Westen von den Küstengebirgen und im Osten und Norden von dem mächtigen Flusslauf des Orange River (auch Oranje, Senqu oder Gariep) begrenzt. Man unterscheidet oft zwischen der Great Karoo im Norden und der Little Karoo im Süden, da sich das Gebiet aber auf drei Provinzen verteilt, behandeln wir in diesem Kapitel die zentrale Karoo, während die Eastern Karoo im Kapitel Eastern Cape und die Upper Karoo im Kapitel Northern Cape zu finden ist.

Prince Albert & Umgebung

023 / 2500 EW.

Für viele südafrikanische Stadtbewohner steht Prince Albert – ein hübsches, 1762 gegründetes Dorf – für das idyllische Leben in der Karoo. Wer über ein eigenes Transportmittel verfügt, kann den Ort leicht im Rahmen eines Tagesausflugs aus Oudtshoorn oder sogar von der Küste aus besuchen. Alternativ kann man auch in Prince Albert und von dort über den spektakulären Swartbergpass oder die ähnlich sehenswerte Meiringspoort einen Tagesausflug nach Oudtshoorn unternehmen. Wenn es nicht zu heiß ist, sind auch Wanderungen möglich.

Obwohl Prince Albert inmitten einer kargen Landschaft liegt, ist der Ort selbst dank der Gebirgsbäche grün und fruchtbar: Hier werden Pfirsiche, Aprikosen, Weintrauben und Oliven angebaut. Im April findet ein **Olivenfest** statt.

◉ Sehenswertes & Aktivitäten

Swartberg Nature Reserve   PARK
Die schönsten Attraktionen von Prince Albert liegen außerhalb des Ortes, und dazu zählen auch die rostbraunen Gipfel in diesem Schutzgebiet. Es gibt mehr als 100 km an Wanderwegen, die von **Cape Nature** (☏021-659 3500; www.capenature.org.za) verwaltet werden. Dort kann man Wanderungen mit Übernachtung buchen und sich danach erkundigen, welche Wege aktuell geöffnet sind. Führer vermittelt die Touristeninformation in Prince Albert.

Zwei-Pässe-Fahrt   PANORAMAFAHRT
Viele Leute unternehmen die Rundfahrt nach Oudtshoorn und zurück, wobei sie bei der Hinfahrt über den **Meiringspoort Pass** fahren und zurück die schöne und kurvenreiche unbefestigte Straße über den **Swartberg Pass** nehmen. Der Meiringspoort Pass ist zwar auch eindrucksvoll, aber doch nicht so spektakulär wie der Swartberg Pass, welcher einem Flusslauf folgt, der sich seinen Weg direkt durch die Kette der Swartberge bahnt. Das kleine Besucherzentrum neben einem Wasserfall lohnt einen Zwischenstopp. Der Swartberg Pass kann mit normalen Autos befahren werden, man kommt aber nur langsam voran. Beliebt ist die Straße auch bei Mountainbikern. Wer keine Lust hat, hinaufzustrampeln, kann sich von Dennehof Tours (s. S. 164) hinaufbringen lassen und dann mit dem Rad zurückfahren.

🛏 Schlafen & Essen

LP TIPP **Bushman Valley**   CAMPING $
(☏023-541 1322; www.bushmanvalley.com; R407; Stellplatz 60 R/Pers., B 100 R, Cottage 250 R/Pers.; ⛺) Prince Alberts einzige wirkliche Budgetunterkunft liegt gleich südlich vom Ort und ist ein idealer Ausgangspunkt für Wanderungen in die Swart-

berge. Die reetgedeckten Hütten sind mit ordentlichen Kücheneinrichtungen versehen. Man kann auf dem Gelände auch zelten (Zeltverleih 30 R). Angeboten werden Touren, bei denen man die Kultur der San kennenlernt.

Prince Albert of Saxe-Coburg Lodge   PENSION $$
(☏023-541 1267; www.saxecoburg.co.za; 60 Church St; EZ/DZ inkl. Frühstück ab 700/1040 R; ❄🏊) In dieser Anlage übernachten Gäste in hübschen Gartenzimmern. Die Inhaber Dick und Regina haben viele Infos auf Lager und veranstalten geführte Wanderungen in die Umgebung.

Karoo Lodge   PENSION $$
(☏023-541 1467; www.karoolodge.com; 66 Church St; EZ/DZ ab 450/790 R; ❄@🏊) Die Karoo Lodge ist ein von Inhaber geführtes Gästehaus mit großem Garten und schönen alten Möbeln. Im **Restaurant** (Hauptgerichte 80–130 R) wird eine interessante Mischung aus Karoo- und mediterraner Küche serviert. Auch Nicht-Gäste können hier speisen, müssen aber vorab reservieren.

LP TIPP **Gallery**   FUSION $$
(57 Church St; Hauptgerichte 85–135 R; �
abends) Prince Alberts schickstes Restaurant hat eine ständig wechselnde Karte, auf der moderne Abwandlungen ortstypischer Gerichte wie Karoo-Lamm oder Wildsteaks stehen. Es gibt hier auch eine gute Auswahl vegetarischer Angebote.

Karoo Kombuis   SÜDAFRIKANISCH $$
(☏023-541 1110; 18 Deurdrift St; Hauptgerichte 80–95 R; ☉Mo–Sa abends) Was gut funktioniert, sollte man nicht ändern: Das gemütliche Restaurant serviert seit 13 Jahren dieselben drei Gerichte der heimischen Küche. Vorab reservieren und Getränke selbst mitbringen!

Lazy Lizard   CAFÉ $
(9 Church St; ☉7–18 Uhr; @) Das farbenfrohe, gemütliche Haus serviert den besten Kaffee im Ort und bietet darüber hinaus leckere Backwaren und Kunsthandwerk. Empfehlenswert ist der legendäre Apfelkuchen. Hier gibt es auch Internetzugang (30 R/Std.).

ℹ Praktische Informationen

Touristeninformation Prince Albert (☏023-541 1366; www.patourism.co.za; Church St; ☉Mo–Fr 9–17, Sa 9–13 Uhr) Das Personal hilft bei der Suche nach Führern und Unterkunft.

❶ An- & Weiterreise

Die meisten Besucher kommen über einen der Pässe von Oudtshoorn aus oder über die N1, die Kapstadt mit Johannesburg verbindet, in den Ort. Wer wandern will, nimmt besser den **Zug** (Shosholoza Meyl, ☎0860 008888; www. shosholozameyl.co.za), der billiger ist als eine Busfahrt. Weder der Zug noch die Busse halten allerdings direkt in Prince Albert; der am nächsten gelegene Haltepunkt ist Prince Albert Road, 45 km nordwestlich von Prince Albert. An dieser Bahnstation halten auch die Fernbusse. Von dort kostet die Fahrt in den Ort mit einem Privattaxi 130 R, das Personal der meisten Unterkünfte holt Gäste aber vom Bahnhof ab.

Gamkaskloof Nature Reserve (Die Hel)

Die **Gamkaskloof** ist ein schmales Tal in den Swartbergen und besser bekannt als „Die Hel" (die Hölle). Die ersten Bewohner des Tals waren frühe „Trekboers", bei denen sich ein eigener Dialekt herausbildete. Bis in die 1960er-Jahre führte keine Straße in die Gamkaskloof; die wenigen Güter, welche die sich selbst versorgende Gemeinde benötigte, wurden mit Eseln aus Prince Albert herangeschafft.

Mittlerweile gehört das Gebiet zum Swartberg Nature Reserve. In den restaurierten Bauernhäusern werden **Unterkünfte** für Selbstversorger (☎023-541 1107; www. diehel.com; feststehende Wohnwagen & Stellplatz 200 R, Cottage 250 R/Pers.) angeboten. Die verschiedenen Wanderwege mit Hütten zum Übernachten werden von Cape Nature verwaltet.

Die unbefestigte Nebenstraße zur Gamkaskloof zweigt 18 km vor Prince Albert von der Swartberg-Pass-Straße ab und führt von dort ungefähr 50 km weiter, ehe sie als Sackgasse endet. Achtung: Für diese kurze Distanz braucht man mindestens zwei Stunden, und zwar jeweils bei der Hin- und Rückfahrt! Die Straße ist in einem schrecklich schlechten Zustand, sodass es sich anbietet, das Auto in Prince Albert stehen zu lassen und sich dort einer geführten Tour anzuschließen. Lindsay Steyn von **Dennehof Tours** (☎023-5411 227; www.dennehof. co.za) weiß nicht nur alles über die Region, sondern veranstaltet auch ausgezeichnete ganztägige Touren (800 R), die zunächst auf die Spitze des Swartbergpasses und danach über die schwindelerregende Straße hinunter in die „Hölle" zum Mittagessen führen.

Beaufort West

☎023 / 37 000 EW.

Beaufort West ist eine Durchgangsstadt, wie sie im Buche steht, hat aber einen seltsam verblichenen Charme, den man entdeckt, wenn man sich umzuschauen weiß. Die 1818 gegründete Stadt ist die älteste und größte in der Karoo und im Sommer das Schleusentor für die unzähligen Südafrikaner, die ihren Urlaub am Meer verbringen wollen. Zu dieser Zeit sind die Unterkünfte ausgebucht, und die Preise steigen.

Das **Stadtmuseum** (☎023-415 2308; Ecke Donkin & Church St; Erw./Kind 15/8 R; ⊙Mo–Fr 8.30–16.45, Sa 9–12 Uhr) verteilt sich auf drei Gebäude und widmet sich hauptsächlich Dr. Christiaan Barnard, dem aus Beaufort West gebürtigen berühmten Arzt, der die erste Herztransplantation an einem Menschen vornahm.

Angesichts der unzähligen Unterkünfte, die für die Durchreisenden geschaffen werden (und oft ganz schnell wieder vom Markt verschwinden), ist jede Zimmerempfehlung vergebliche Liebesmüh. Am besten erkundigt man sich in der Touristeninformation oder informiert sich auf deren Website.

❶ Praktische Informationen

Touristeninformation (☎023-415 1488; www. beaufortwest.net; 57 Donkin St; ⊙Mo–Fr 8–17, Sa 9–13 Uhr) Das Büro befindet sich an der Hauptstraße.

❶ An- & Weiterreise

Beaufort West ist ein wichtiger Knotenpunkt für viele Busunternehmen. Die Busse von **Translux** (www.translux.co.za) halten an der **Total-Tankstelle** (Donkin St) im Stadtzentrum, die Busse von **Greyhound** (www.greyhound.co.za), **SA Roadlink** (www.saroadlink.co.za) und **Intercape** (www.intercape.co.za) an der Engen-Tankstelle nördlich der Stadt. Langstrecken-Sammeltaxis auf dem Weg nach Kapstadt, Johannesburg und Bloemfontein halten an der **BP-Tankstelle** (Donkin St).

Die Züge *Shosholoza Meyl* und *Blue Train* halten auf dem Weg zwischen Kapstadt und Johannesburg am Bahnhof in der Church St.

Karoo National Park

Der nur 5 km nördlich von Beaufort West gelegene **Karoo National Park** (☎023-415 2828/9; www.sanparks.org; Erw./Kind 108/54 R; ⊙7–19 Uhr) umfasst 330 km² und schützt die

ABSTECHER

MATJIESFONTEIN

Matjiesfontein ist einer der sonderbarsten und faszinierendsten Orte in der Karoo – ein fast ausschließlich in Privatbesitz befindliches Bahngelände rund um ein großes Hotel, in dem sich seit 100 Jahren praktisch nichts geändert hat. Das Ganze mutet ein wenig wie ein Themenpark an, aber es macht Spaß, sich die viktorianischen Gebäude anzuschauen, deren Personal mit Kostümen der Zeit ausstaffiert ist. Es gibt zwei **Museen** (Eintritt 5 R; ☺8–13 & 14–17 Uhr) vor Ort, das eine widmet sich dem Transportwesen, das andere zeigt ein buntes Sammelsurium von Jagdtrophäen bis hin zu antiken Kommoden. Im Ort bietet das **Hotel** (☎023-561 3011; www.matjiesfontein.com; EZ/DZ ab 490/750 R; ☒) Abendessen, während man in dem **Café** (Hauptgerichte 35–75 R; ☺9–17 Uhr) kleine Mittagsgerichte bekommt.

Matjiesfontein liegt gleich an der N1, 240 km von Kapstadt und 198 km von Beaufort West entfernt. Im Ort halten die Züge, die zwischen Kapstadt und Johannesburg unterwegs sind. Der *Blue Train* legt eine einstündige Pause ein, während der die Passagiere mit dem vor dem Bahnhof stehenden Londoner Doppeldeckerbus eine Ortsrundfahrt machen können.

eindrucksvollen Landschaften und die einzigartige Flora der Karoo.

Im Park kommen 61 Säugetierarten vor, am häufigsten vertreten sind die munteren, an Murmeltiere erinnernden, aber mit den Elefanten verwandten Klippschliefer und die Löffelhunde. Die Antilopenpopulation ist klein, aber einige Arten wurden hier wieder angesiedelt und vermehren sich. So gibt es heute hier wieder Springböcke, Kudus, Spießböcke und Südafrikanische Kuhantilopen, außerdem Bergzebras und Spitzmaulnashörner. Darüber hinaus finden sich im Park viele Reptilien- und Vogelarten, darunter auch Kaffernadler.

An Einrichtungen gibt es einen Laden und ein Lokal. Geführte Wanderungen werden angeboten, und es gibt einen rollstuhlgerechten, 400 m langen Fossilienweg.

Übernachtet wird auf angenehmen **Campingplätzen** (190 R) oder in kapholländischen **Cottages** (DZ 945 R). Die Cottages sind mit Küchen, Handtüchern und Bettzeug ausgestattet, zwei haben einen für Rollstühle geeigneten Eingang.

Im Park ist es nur an bestimmten, ausgewiesenen Stellen gestattet, sein Fahrzeug zu verlassen. Daher ist es auch nicht möglich, die 10 km vom Eingangstor bis zum Campingplatz zu laufen – wer den Park besuchen will, braucht ein eigenes Auto.

WESTKÜSTE & SWARTLAND

Die windumtoste Küste und die verlassenen Berge im Westen der Provinz Western Cape

sind ein friedliches, unberührtes Paradies. Verlässt man Kapstadt in Richtung Norden, stößt man auf Fischerdörfer mit weiß getünchten Häusern, einsame Strände, eine Lagune und Sumpfgebiete voller Vögel, auf faszinierende Landstädte und eine der besten Wanderregionen im ganzen Land.

Der West-Coast-Nationalpark ist ein Muss für Vogelbeobachter und Freunde eindrucksvoller Meereslandschaften. Im Binnenland liegt das ungeheuer fruchtbare Tal des Olifants River mit seinen Zitrushainen und Weinbergen am Fuß der Cederberge – toll für Wanderer. In der abgelegenen Gegend finden sich spektakuläre Felsformationen und viele Felszeichnungen der San.

Zwischen der Küste und den Bergen liegt das Swartland, ein gewelltes Hügelland voller Weizenfelder und Weinberge. Das „schwarze Land“ heißt so nach dem bedrohten indigenen Nashornbusch (*renosterveld* auf Afrikaans), der im Sommer eine tief dunkelgrüne Färbung annimmt. Zu Frühlingsbeginn (Aug.–Sept.) erstrahlt die gesamte Gegend in der leuchtend bunten Blütenpracht der Wildblumen. In dieser Zeit informiert eine **Flower Hotline** (☎083 910 1028) tagesaktuell darüber, wo die Wildblumen gerade am schönsten blühen.

Die meisten öffentlichen Verkehrsmittel durchfahren diese Region von Kapstadt kommend nordwärts auf der N7. Manche fahren die ganze Straße bis nach Springbok und weiter nach Namibia, andere verlassen die N7 und fahren über Calvinia nach Upington. In die Küstenorte westlich der N7 zu gelangen ist nicht einfach, wenn man kein eigenes Auto hat.

Darling

022 / 7600 EW.

Das ruhige Landstädtchen Darling war nur für seine hochwertige Milch bekannt, bis sich der Schauspieler und Satiriker Pieter-Dirk Uys, besser bekannt als sein Alter Ego Evita Bezuidenhout, hier niederließ.

Die meisten Kapstädter, die die 70 km lange Anreise auf sich nehmen, tun dies, um in **Evita se Perron** (Evitas Bahnsteig; 022-492 2831; www.evita.co.za; 8 Arcadia St, Alter Bahnhof Darling; Karten 90 R; Vorstellungen Sa & So 14 & 19 Uhr) dieses einmalige südafrikanische Kabarett zu erleben. Die Vorstellungen nehmen alles aufs Korn, von der aktuellen südafrikanischen Politik über die Geschichte des Landes bis hin zu Umweltfragen. Nichts bleibt tabu – weder die rassistische Vergangenheit des Landes noch die grassierende AIDS-Epidemie. Die Vorstellungen mischen viel Afrikaans ein, sind aber überwiegend englischsprachig, stets komisch und zum Denken anregend.

Im herrlich kitschigen **Restaurant** (Hauptgerichte 40–65 R; Di–So mittags) kommen traditionelle Gerichte der Buren auf den Tisch, beispielsweise *bobotie*.

Uys rief auch den **Darling Trust** (021-492 2851; www.thedarlingtrust.org) ins Leben, um den Gemeindemitgliedern in Swartland dabei zu helfen, durch die Teilnahme an Bildungs-, Ausbildungs- und Gesundheitsprogrammen Kompetenz zu erwerben. Im **A en C Shop** im alten Bahnhof von Darling werden Perlenstickereien, Kleidung, Drahtskulpturen und Malereien angeboten.

In der Touristeninformation oder in seiner Unterkunft sollte man sich unbedingt auch nach der oft übersehenen **Darling Wine Experience** erkundigen, zu der sich die fünf Weingüter in der Nachbarschaft zusammengeschlossen haben.

NICHT VERSÄUMEN

GROOTE POST WINERY

Von allen Weingütern Darlings hat das **Groote Post** (www.grootepost.com; Mo–Fr 9–17, Sa & So 10–16 Uhr) Besuchern am meisten zu bieten: Autosafaris zu Wildtieren, Naturwanderungen, ein erstklassiges Restaurant und natürlich die kostenlose Verkostung seiner ausgezeichneten Chardonnays und Sauvignon Blancs.

Schlafen & Essen

Trinity PENSION $$
(022-492 3430; 19 Long St; EZ/DZ inkl. Frühstück ab 450/700 R;) Das sorgfältig renovierte viktorianische Anwesen hat gemütliche Zimmer im Landhausstil.

Darling Guest Lodge PENSION $$
(022-492 3062; 22 Pastorie St; EZ/DZ inkl. Frühstück 550/880 R;) Eine der besten Adressen in der Gegend ist diese elegant und fantasievoll eingerichtete Lodge. Die Zimmer sind nach Künstlern aus der Region benannt.

LP TIPP **Marmalade Cat** CAFÉ $
(022-492 2515; 19 Main Rd; Hauptgerichte 30–60 R; tgl. morgens & mittags, Fr & Sa abends) Dieses Café bietet sich für einen Nachmittagskaffee an und hat zudem ganztägig Frühstück im Programm. Überdies bekommt man Sandwiches, köstlichen Käse und hausgemachte Süßspeisen. Freitags ist Pizza-Abend. Dafür sollte man besser reservieren.

Ausgehen

Slow Quarter BAR
(5 Main Rd; kleine Gerichte 55–85 R; Mo–Sa 11–19 Uhr, Di geschl.) Die Braustube der beliebten ortsansässigen Brauerei Darling Brew ist ein schickes Plätzchen, um mit Bier zubereitete Tapas zu essen und die vier Gerstensäfte des Unternehmens zu kosten.

Praktische Informationen

Touristeninformation (022-492 3361; Ecke Hill Rd & Pastorie St; Mo–Do 9–13 & 14–16, Fr 9–15.30, Sa & So 10–15 Uhr) Das Büro befindet sich im Museum (Erw./Kind 10/5 R).

An- & Weiterreise

Von Kapstadt aus nimmt man die R27 und folgt der Ausschilderung. Für die Rückfahrt bietet sich eine Alternativstrecke an, die viel schöner und ruhiger ist als die R27: Man verlässt die Stadt Richtung Osten und biegt dann nach Süden auf die R307 ab. Unmittelbar vor der Ortschaft Mamre rechts abbiegen, um wieder auf die R27 zu gelangen! Nicht über Atlantis hinaus auf der R304 bleiben!

West Coast National Park

Der 310 km² große **West Coast National Park** (www.sanparks.org; Erw./Kind 88/44 R; 7–19.30 Uhr) schützt Feuchtgebiete von internationaler Bedeutung, in denen wichtige

NICHT VERSÄUMEN

!KHWA TTU

Das als San Culture & Education Centre bezeichnete **!Khwa ttu** (www.khwattu.org; R27, Yzerfontein; ⏱9–17 Uhr) ist ein gemeinsames Projekt der San und einer Schweizer philanthropischen Stiftung (Ubuntu) und das einzige Kulturzentrum in der Provinz Western Cape, das den San gehört und von ihnen betrieben wird.

!Khwa ttu befindet sich in einem 850 ha großen Naturschutzgebiet mitten im alten Lebensraum der San. Im Zentrum gibt es ein gutes **Restaurant** (Hauptgerichte 50–95 R; ⏱morgens & mittags) mit traditioneller südafrikanischer Küche und einen wunderbaren Kunstgewerbeladen. Die ausgezeichneten, zweistündigen **Touren** (250 R; ⏱10 & 14 Uhr) unter Führung eines San beinhalten eine Naturwanderung, eine Wildnissafari im Jeep und Infos über die Kultur der San.

Selbstversorger können im Naturschutzgebiet in gut ausgestatteten **Unterkünften** (Buschcamp-Zelt 400/4 Pers., Busch-Cottage 770 R/4 Pers., Gästehaus 880 R/6 Pers.) übernachten. Das !Khwa ttu liegt abseits der R27 gleich südlich von Yzerfontein, 70 km entfernt von Kapstadt.

Brutgebiete von Seevögeln liegen. Zu ihm gehört die Langebaan-Lagune mit ihrem herrlich klaren, blauen Wasser, an dem unzählige Vögel leben. Im Sommer ziehen Tausende Watvögel hierher. Die zahlenmäßig dominante Art ist ein Zugvogel, den es aus der Subantarktis hierherzieht. Auf den Inseln vor der Küste leben Brillenpinguinkolonien.

Der Park ist außerdem berühmt für seine Wildblumen, deren Hauptblütezeit zwischen August und Oktober liegt. Der Park befindet sich 7 km südlich von Langebaan und ist nur rund 120 km von Kapstadt entfernt. Die Hin- und Rückfahrt von Langebaan zum Nordende des Postberg-Abschnitts beläuft sich auf mehr als 80 km – dafür sollte man viel Zeit einplanen. Die Regenzeit dauert von Mai bis August.

Das **Geelbek Visitor's Centre & Restaurant** (☎022-772 2134; West Coast National Park; Hauptgerichte 65–105 R; ⏱morgens & mittags) hat eine umfangreiche Speisekarte mit Schwerpunkt auf traditionellen Gerichten. Es fungiert auch als Infozentrum und hilft bei der Unterkunftssuche.

Es gibt viele Übernachtungsmöglichkeiten, u.a. **Duinepos** (☎022-707 9900; www.duinepos.co.za; Chalet f. 2/4 Pers. 635/850 R; ☎) und die romantischen **Lagunen-Hausboote** (☎021-689 9718; www.houseboating.co.za; Boot 1400 R/4 Pers.), die an der hübschen Kraal Bay vor Anker liegen.

Langebaan
☎022 / 3500 EW.

Wegen seiner wunderschönen Lage an der Langebaan-Lagune steht dieser Ferienort am Meer bei den Einheimischen hoch im Kurs. Wer unberührte Natur sucht, ist anderswo vielleicht besser aufgehoben, dafür gibt es hier aber ein ausgezeichnetes Hotel, Meeresfrüchterestaurants, phänomenale Sonnenuntergänge, die Möglichkeit zum Windsurfen in der Lagune und ein paar gute Strände, von denen der bei Schwimmern beliebte **Langebaan Beach** der beste ist. Der Ort ist ein guter Ausgangspunkt zur Erkundung des West-Coast-Nationalparks.

◉ Sehenswertes & Aktivitäten

LP TIPP **West Coast Fossil Park**   ARCHÄOLOGISCHE STÄTTE
(☎022-766 1606; www.fossilpark.org.za; Erw./Kind 50/15 R; ⏱Mo–Fr 8–16, Sa & So 10–13 Uhr) Der erste Bär, der südlich der Sahara gefunden wurde, Säbelzahnkatzen von Löwengröße, dreizehige Pferde und Kurzhalsgiraffen – sie alle sind in diesem ausgezeichneten Fossilienpark versammelt, der an der R45 rund 16 km außerhalb von Langebaan liegt. Die faszinierenden Führungen zu den Ausgrabungsstätten, die zu den reichsten Fossilienfundorten der Welt zählen, beginnen stündlich zwischen 10 und 15 Uhr (am Wochenende nur bis 13 Uhr). Im Park gibt es Mountainbikepisten und Wanderwege, ein Café und einen Andenkenladen.

Cape Sports Centre   WASSERSPORT
(☎022-772 1114; www.capesport.co.za; 98 Main Rd) Langebaan ist ein Mekka für Wassersportliebhaber, insbesondere für Windsurf- und Kitesurf-Fans. Dieser nette Laden veranstaltet Kurse im Kitesurfen (2185 R/3 Tage), gibt Surfunterricht (500 R/2 Std.) und vermietet Surfbretter und Kajaks (185/295 R pro Tag).

ABSTECHER

ELANDS BAY (ELANDSBAAI)

Nördlich von Paternoster ist der größte Teil der Halbinsel von stinkenden Fischfabriken, aber auch von neu gebauten Feriensiedlungen verunstaltet, die überall aus dem Boden schießen, wo ein Strand vorhanden ist. Hinter Veldrif ist die Küste dann wieder unberührt und hat wunderschöne Strände. Ein besonders schönes Fleckchen ist Elands Bay mit seinem rustikalen Charme und der prächtigen Lage: Die Berge ziehen sich bis zum Meer, vorbei an einer großen Lagune, die von vielen Wasservögeln besucht wird und daher ein Paradies für Vogelbeobachter ist.

Das Hotel (022-972 1640; Hunter St; B 100 R, EZ/DZ inkl. Frühstück ab 250/420 R) dient gleichzeitig als Touristeninformation; im zugehörigen Restaurant wird durchschnittliches Essen bei herrlichem Ausblick serviert.

Elands Bay ist in erster Linie eine Adresse für Surfer, vor allem ein Paradies für „Goofys" (Surfer, die den rechten Fuß vorn auf dem Brett haben), weil es hier extrem schnelle Left Points von der Größe von Dünungswellen gibt. Im Ort kann man Bodyboards mieten, aber Surfer müssen ihre eigene Ausrüstung mitbringen.

Die Schotterstraße nach Lamberts Bay ist mautpflichtig und nicht gerade in tollem Zustand. Die asphaltierte Straße über Leipoldtville ist vorzuziehen.

Schlafen & Essen

Viele der Unterkünfte besitzen Restaurants. Darüber hinaus ballen sich Restaurants – einige haben Meerblick – in der Bree St.

Farmhouse — LP TIPP — HOTEL $$$
(022-772 2062; www.thefarmhousehotel.com; 5 Egret St; DZ inkl. Frühstück 1850 R; ❄) Langebaans einziges Hotel steht auf einem Hügel über der Bucht und bietet einen schönen Blick auf den Sonnenuntergang. Die Zimmer sind groß, im Landhausstil eingerichtet und haben einen Kamin. Für eine so erstklassige Adresse halten sich die Preise des Restaurants (Hauptgerichte 70–195 R) im Rahmen. In dem rustikalen, traulichen Speisesaal kommen kreative Gerichte auf den Tisch.

Oliphantskop Farm Inn — PENSION $$
(022-772 2326; www.olifantskop.co.za; Main Rd; DZ 520 R; ❄) Der rustikale Gasthof liegt rund 3 km außerhalb des Orts gegenüber dem Mykonos. Er hat gemütliche Zimmer und voll ausgestattete Cottages für Selbstversorger (820 R/4 Pers.). Ausritte (200 R/Std.) werden angeboten.

Club Mykonos — RESORT $$
(0800 226 770; www.clubmykonos.co.za; Wohneinheit ab 1200 R/2 Pers.; @❄) Dieses große Resort ist auf Familien ausgerichtet. Der Massenandrang und die pseudomediterrane, sich griechisch gebende Architektur der Anlage sind Geschmackssache. Jedenfalls gibt es nicht weniger als sechs Swimmingpools im Freien, ein Kasino, Restaurants und eine Einkaufspassage. Am Wochenende gelten höhere Preise, während der Schulferien gilt ein Mindestaufenthalt von sieben Tagen.

Die Strandloper — LP TIPP — SEAFOOD $$$
(022-772 2490; Buffet 205 R; Sa & So mittags, Fr & Sa abends, Dez.–Jan. tgl. mittags & abends) Der zehn Gänge umfassende Fisch- und Meeresfrüchte-*braai* unter freiem Himmel am Strand ist ein Inbegriff für das gute Leben an der Westküste. Dazu gibt's frisch gebackenes Brot, *moerkoffie* (frisch gemahlenen Kaffee) ohne Ende – und einen Sänger, der an den Tischen Balladen von der Westküste zum Besten gibt. Man kann selbst Getränke mitbringen (keine Korkgebühr) oder sich etwas von der rustikalen Bar holen, wo man eine sensationelle Aussicht hat. Reservierung erforderlich.

Praktische Informationen

Touristeninformation (022-772 1515; www.langebaaninfo.com; Bree St; Mo–Fr 9–17, Sa 9–14 Uhr)

An- & Weiterreise

Langebaan liegt eine einstündige Autofahrt nördlich von Kapstadt; es fahren keine öffentlichen Verkehrsmittel. Vom 7-Eleven-Parkplatz rollen Sammeltaxis nach Vredenburg (15 R, 10 Min.) und Kapstadt (70 R, 1¼ Std., tgl.).

Paternoster

022 / 1500 EW.

Vor nicht allzu langer Zeit war Paternoster das letzte traditionelle Fischerdorf an der

Westküste und bestand nur aus ein paar weiß getünchten Wohnhäusern vor der Kulisse des blauen Meeres. Dann ließen sich wohlhabende Kapstädter und Ausländer von dem Ort verzaubern, sodass die Grundstücke immer begehrter wurden.

Trotzdem lohnt das hübsche Städtchen immer noch einen Besuch, zumal das umliegende Land mit seinen sanften Hügeln und bizarren Granitfelsen einfach schön ist. Am meisten los ist während der Hummersaison, die zeitlich nicht ganz genau festzulegen ist (irgendwann zwischen Mitte November und Mitte April). *Kreef*, wie diese Delikatesse auf Afrikaans heißt, der am Straßenrand angeboten wird, könnte illegal gefangen worden sein. Wer selbst Westküstenhummer oder andere Schalentiere fangen will, kann sich in jedem Postamt eine Genehmigung ausstellen lassen. Dabei gelten strenge Mengenbegrenzungen, deren genaue Einhaltung auch überwacht wird.

Weiter nördlich an der Küste liegt das Dorf **St. Helena Bay (St. Helenabaai)**, das eine hübsche Küste, aber keinen wirklichen Strand besitzt. Es ist Paternoster recht ähnlich.

Cape Columbine Nature Reserve PARK
(☎022-752 2718; Erw./Kind 13/9 R; ☉7–19 Uhr) 3 km südlich von Paternoster liegt das windumtoste, aber atemberaubend schöne Cape Columbine. An der Tieties Bay stehen Travellern **Campingplätze** (108 R) mit einfachen Einrichtungen zur Verfügung. Es lohnt sich, auf den **Leuchtturm** (Erw./Kind 16/8 R; ☉Mai–Sept. Mo–Fr 10–15 Uhr, Okt.–April tgl. 10–15 Uhr) zu klettern; in den renovierten **Leuchtturmwärterhäusern** kann man übernachten (700 R/2 Pers.).

Gleich vor dem Leuchtturm befindet sich das **Beach Camp** (☎082 926 2267; www.beach camp.co.za; Zelt ab 250 R). Die umweltfreundliche Anlage in einem schönen Ambiente direkt am Strand besteht aus Finnhütten. Hier kann man prima Kajak fahren und abends an der Bar abhängen. Elektrischen Strom gibt's nicht, und man muss sein eigenes Bettzeug mitbringen.

🛏 Schlafen & Essen

Straßenschilder gibt's in Paternoster kaum, am besten schaut man nach den Schildern der einzelnen Pensionen. Im Ort finden sich viele B&Bs, man sollte sich also ruhig erst ein paar anschauen, ehe man seine Entscheidung trifft.

Paternoster Lodge PENSION $$
(☎022-752 2023; www.paternosterlodge.co.za; EZ/DZ 720/990 R) Die schicke Lodge bietet sieben minimalistisch eingerichtete Zimmer mit Meerblick und ein luftiges **Restaurant** (Hauptgerichte 55–200 R). Von der Sonnenterrasse aus kann man dabei zuschauen, wie die Fischer ihren Fang einbringen.

Paternoster Hotel HOTEL $$
(☎022-752 2703; www.paternosterhotel.co.za; Main Rd; DZ mit Meerblick 900 R) Das komfortable Hotel im Landhausstil hat die entspannte Atmosphäre einer Fischerhütte. Die mit Graffiti bedeckten Wände – das Markenzeichen des Hotels – und die mit Unterwäsche dekorierte Panty Bar im ehemaligen Gefängnis blieben bei der Renovierung erhalten.

Voorstrandt Restaurant SEAFOOD $$
(Strandloperweg; Hauptgerichte 70–140 R, Schalentiere 240–295 R; ☉morgens, mittags & abends) Eine bessere Lage ist nicht vorstellbar: Vom Tisch kann man direkt in den Sand springen. Die Spezialität des Hauses sind Meeresfrüchte, man kann aber auch prima bei einem Bier den Sonnenuntergang genießen.

Lamberts Bay (Lambertsbaai)
☎027 / 5200 EW.
Die erfrischende Meerbrise in Lamberts Bay bringt zwar Erholung von der sengen-

---

ABSTECHER

OLIFANTS RIVER VALLEY

Die üppig grüne Landschaft des Olifants River Valley – so benannt nach den vielen Elefanten, die hier im 17. Jh. lebten – wirkt nach den ausgedörrten Gegenden, durch die man gekommen ist, geradezu überraschend. Hier befindet sich ein aufstrebendes Weinbaugebiet, das vor allem für seine kräftigen Rotweine bekannt ist. **Teubes Family Wines** (☎027-213 2377) hat in der Nähe von Vredendal ein brandneues Weingut eröffnet, das mit Oliven und Käse zu seinen Weinverkostungen lockt. **Namaqua** (☎027-213 1080; www.nama quawines.com), das größte Weingut der Region, ist vor allem für seine leichten, in Kartons abgefüllten Weine bekannt. Hier gibt es ein mittags geöffnetes Restaurant.

WESTERN CAPE LAMBERTS BAY (LAMBERTSBAAI)

NICHT VERSÄUMEN

DWARSRIVIER FARM

Diese Anlage tief in den Cederbergen ist ein ausgezeichneter Ausgangspunkt für **Wanderungen** – in der Gegend beginnen die Trails zum Wolfberg Arch und zum Maltese Cross. Auf dem Campingplatz **Sanddrif** (☎027-482 2825; Stellplatz 120 R, Cottage 650 R) finden sich schattige Stellplätze am Fluss und gut ausgestattete Cottages, von deren Veranden man in die Berge blickt. Nicht auslassen sollte man das ebenfalls in dem Gelände zu findende **Cederberg Winery** mit seinen wunderbaren Weinen. Ganz in der Nähe gibt es eine ausgezeichnete **Sternwarte** (www.cederbergobs.org.za), die samstagabends geöffnet ist. In der Nähe liegen außerdem die **Stadsaal Caves**, in denen Kunst der San zu bewundern ist.

Um nach Dwarsrivier zu kommen, von der N7 die Abzweigung nach Algeria 30 km nördlich von Citrusdal nehmen! Die Schotterstraße windet sich 46 km durch die Berge, bis sie Dwarsrivier erreicht.

den Sonne der Westküste, allerdings wegen der vielen Fischfabriken nur, wenn man die Nase nicht gegen den Wind hält…

Die nützliche **Touristeninformation** (☎027-432 1000; Main Rd; ☺Mo–Fr 9–13 & 14–17, Sa 9–12.30 Uhr) informiert über die Attraktionen in der Gegend. Das **Lamberts Bay Hotel** (☎027-432 1126; Voortrekker St; EZ/DZ inkl. Frühstück ab 500/670 R; ▣) ist die größte Unterkunft vor Ort; das Restaurant und die Bar sind auch für Nicht-Gäste geöffnet. Als wir hier waren, wurden die Zimmer gerade renoviert.

Lamberts Bay ist auch bekannt für die große Kaptölpelkolonie auf **Bird Island (Voëleiland)** (Erw./Kind 30/15 R, ☺7–18 Uhr).

Als Stelle für Walbeobachtungen ist Lamberts Bay nicht sehr bekannt, aber im Frühjahr kann man hier Südkaper und im Winter Buckelwale sehen. Die Gewässer sind auch die Heimat der Heaviside-Delfine, die nur vor den Küsten Namibias und Südafrikas anzutreffen sind. Wer eine Bootstour unternehmen will, wendet sich an **Lambert's Bay Boat Trips** (☎072 595 2166). In den Dünen 10 km östlich des Ortes kann man auch **Quadbiken** und **Sandboarden** (☎083 229 0819; 250 R/Pers.).

Im März gibt's beim **Crayfish Festival** günstige Meeresfrüchte und jede Menge Unterhaltung. Wer zu einer anderen Zeit vor Ort ist, kann sich an die Meeresfrüchtebuffets von zwei Freiluftrestaurants gleich außerhalb des Ortes halten. Große Unterschiede sind zwischen dem **Muisbosskerm** (☎027-432 1017; Gerichte 195 R, Hummer extra) und dem **Bosduifklip** (☎027-432 2735; Gerichte 185 R) nicht festzustellen. Unbedingt vorher anrufen, da die Öffnungszeiten variieren und man ohnehin reservieren muss!

Cederberg Wilderness Area

Die einsamen Cederberge bilden eine Landschaft, die zu den schönsten am Kap zählt. Das 830 km² große Naturschutzgebiet wird von **Cape Nature** (www.capenature.org.za) verwaltet und prunkt mit bizarr geformten, erodierten Sandsteinformationen, Felskunst der San, zerklüfteten, rauen Bergen und klaren Bächen. Die Berge und Täler erstrecken sich zwischen Vanrhynsdorp und Citrusdal auf 100 km ungefähr in Nord-Süd-Richtung. Die höchsten Gipfel sind der Sneeuberg (2027 m) und der Tafelberg (1969 m).

Die Region ist berühmt für ihre Pflanzenwelt, die hauptsächlich aus Gebirgs-*fynbos* besteht. Der Frühling ist die beste Jahreszeit, um die Wildblumen in voller Pracht zu erleben, aber auch zu anderen Jahreszeiten gibt es viel Interessantes zu entdecken. Die Vegetation variiert je nach Höhe. Zu sehen sind Clanwilliam-Zedern (denen die Region ihren Namen verdankt) und die seltenen Schneeball-Zuckerbüsche. Die Zedern sind nur noch in relativ geringer Zahl zu finden, sie wachsen in einer Höhe von 1000 bis 1500 m. Zuckerbüsche gibt's nur noch an ein paar isolierten Stellen, sie gedeihen nur oberhalb der Schneegrenze.

Im Reservat gibt es kleine Populationen von Pavianen, Rehantilopen, Klippspringern und Kap-Greisböcke, außerdem Raubtiere wie Karakale, Kapfüchse, Honigdachse und einige scheue Leoparden.

🛏 Schlafen

Unterkünfte im Umkreis der Cederberg Wilderness Area finden sich auch in Citrusdal und Clanwilliam.

LP TIPP Gecko Creek Wilderness Lodge
HOSTEL $$

(☏027-482 1300; www.geckocreek.com; Stellplatz/Zelt/Hütte 130/200/290 R pro Pers.; @ ⊠) Die Anlage wird von Lesern sehr empfohlen, und das ganz zu Recht. Man findet hier eine prächtige Aussicht, Felskunst der San und Wanderwege vor, die sich durch über 1000 ha Fläche ziehen. In der Lodge sind Mahlzeiten verfügbar, und der Betreiber Linton Pope kann Rundflüge organisieren. Um hinzukommen, von der N7 die Ausfahrt nach Algeria nehmen und rechts nach dem Schild Ausschau halten.

Algeria
CAMPING $$

(☏027-482 2404; Stellplatz 185 R/6 Pers., Cottage 730 R/4 Pers.) Der wichtigste Campingplatz in der Gegend liegt in einem wunderschönen, schattigen Gelände am Rondegat River. Es gibt eine Badestelle und mehrere hübsche Plätze zum Picknicken. Im Preis ist die Eintrittsgebühr in den Park nicht enthalten. An Wochenenden und während der Schulferien kann es ganz schön turbulent werden. Der Eingang zum Campinggelände wird um 16.30 Uhr (freitags um 21 Uhr) geschlossen.

ℹ Praktische Informationen

Die Cederberge unterteilen sich in drei insgesamt rund 240 km² große Wandergebiete mit jeweils einem eigenen Wegenetz. Zwei der beliebtesten Wanderrouten führen zum **Maltese Cross** bzw. zum **Wolfberg Cracks and Arch**.

Zwischen dem Naturreservat und dem Ackerland befindet sich eine Pufferzone mit abgeschwächteren Schutzbestimmungen, in der umweltbelastendere Freizeitaktivitäten wie Mountainbiken gestattet sind.

In der Gegend gibt es weit und breit kein Restaurant, man muss sämtlichen Proviant selbst mitbringen.

ℹ WANDER-GENEHMIGUNGEN

In ruhigeren Phasen kann man die Genehmigung in Algeria oder Dwarsrivier direkt bekommen, aber während der Schulferien sollte man sie vorab reservieren (☏021-483 0190), weil die Anzahl der zugelassenen Wanderer beschränkt ist. Gruppen dürfen höchstens zwölf Personen umfassen; aus Sicherheitsgründen müssen immer zwei Erwachsene dabei sein.

ℹ An- & Weiterreise

Die Cederberge sind rund 200 km von Kapstadt entfernt und über Citrusdal, Clanwilliam und die N7 erreichbar.

Die Autofahrt von Clanwilliam nach Algeria dauert rund 45 Minuten. Algeria ist von Clanwilliam aus nicht ausgeschildert, man nimmt die Straße oberhalb des Staudamms Richtung Süden. Von der N7 aus ist Algeria ausgeschildert, und der Platz liegt gerade einmal 20 Minuten von der Hauptstraße entfernt; am Straßenrand wachsen viele interessante Pflanzen, darunter Zuckerbüsche.

Ein paar staubige, aber interessante Nebenstraßen führen gen Südosten durch das winzige Dörfchen Cederberg (an der R303) und weiter nach Ceres.

Leider fahren keine öffentlichen Verkehrsmittel nach Algeria.

Citrusdal & Umgebung
☏022 / 9000 EW.

Die kleine Stadt Citrusdal ist ein guter Ausgangspunkt, wenn man die Cederberge erkunden will. Im August und September blühen die Wildblumen – ein spektakuläres Erlebnis! Diese Monate bieten sich auch besonders zum Wandern an. Die Stadt ist zwar recht idyllisch, aber einige der interessanteren und schöneren Unterkünfte finden sich in den umliegenden Bergen. Man sollte sich unbedingt über die Stadtgrenzen hinausbewegen, denn die Landschaft ist wirklich grandios!

🛏 Schlafen

LP TIPP Beaverlac
CAMPING $

(☏022-931 2945; Beaverlac Nature Reserve; Eintritt 15 R/Auto, Stellplatz 45 R/Pers., Hütte 200 R, Cottage 280 R/4 Pers.) Dieser wundervolle Campingplatz liegt unter Pinien versteckt in einem Tal. Hier gibt es natürliche Felsteiche, in denen man baden kann, und ein faszinierendes Terrain. Von Citrusdal aus die R44 nach Süden bis zur Ausschilderung zum Dasklipspas, 5 km nördlich von Porterville, nehmen! Auf dieser Straße geht es nun 20 km weiter einen prachtvollen Pass hinauf und dann eine schlechte, unbefestigte Straße hinunter, bis man schließlich die Schilder des Beaverlac Nature Reserve erblickt. Autoradios und Partys sind auf dem Gelände verboten.

Baths
RESORT $$

(☏022-921 8026/7; www.thebaths.co.za; Stellplatz 100 R/Pers., Chalet ab 590 R/2 Pers.; ⊠)

WESTERN CAPE CITRUSDAL & UMGEBUNG

Das Thermalbad mit zwei Freiluftpools, Whirlpools und Dampfbädern hat eine tolle Lage unter Bäumen vor der Kulisse zerklüfteter Berggipfel. Vor Ort gibt's auch ein ordentliches Restaurant. Die Anlage befindet sich rund 18 km von Citrusdal entfernt und ist gut ausgeschildert. Reservierung erforderlich!

Ukholo Lodge
HOSTEL $

(☏022-921 3988; www.ukholo-lodge.co.za; Stellplatz 70 R/Pers., B 100 R, DZ mit Gemeinschaftsbad 350 R) Das frühere Gekko Backpackers steht unter neuer Leitung, und das sieht man dem Hostel auch an. Die Zimmer sind stilvoll jeweils zu einem Thema gestaltet. In der Anlage gibt es viel Platz, sein Zelt aufzustellen, und überall sanitäre Anlagen. Wer will, kann sich im Reifenschlauch den angrenzenden Fluss hinuntertreiben lassen und durch die Berge wandern. Das Hostel befindet sich 21 km von Citrusdal entfernt an der N7 in Richtung Clanwilliam.

Burton's Farm at Steelwater
CHALET $

(☏022-921 3337; www.burtonsfarm.co.za; Cottage 350 R/2 Pers., DZ inkl. Frühstück 450 R) Eine kurvenreiche Piste, die von der R303 nach Citrusdal abgeht, zieht sich an Zitrushainen und blühenden Büschen vorbei bis zu den weiß getünchten Bauernhäusern von Steelwater. Das Anwesen ist groß, die Gastgeber sind sehr freundlich, und auf dem Gelände gibt es ordentliche Wanderwege. Die Farm liegt 12 km außerhalb des Ortes an der Straße zu The Baths.

✕ Essen

Die Sitrus
INTERNATIONAL $$

(☏022-921 2228; 41 Voortrekker St; Hauptgerichte 70–100 R; ◷Di–So mittags & abends) Das beste Restaurant für ein Abendessen im Ort: Es ist bekannt für Steaks, es werden aber auch Burger, Pizzas und frischer Fisch serviert.

➊ Praktische Informationen

Touristeninformation (☏022-921 3210; www.citrusdal.info; 39 Voortrekker St; ◷Mo–Fr 8.30–17, Sa 9–12 Uhr) Das Personal hilft bei der Suche nach Unterkünften in der Gegend und informiert über Mountainbike- und Wanderwege.

➊ Anreise & Unterwegs vor Ort

Die Busse von **Intercape** (www.intercape.co.za) halten an der Sonop-Tankstelle an der N7 außerhalb der Stadt. Busse fahren u. a. nach Kapstadt (230 R, 3 Std.) und Springbok (280 R, 5 Std.).

Eine ausgezeichnete Panoramastraße (R303) führt über den Middelberg Pass in das Koue (kalte) Bokkeveld und in ein schönes Tal auf der anderen Seite, das vom Gydo Pass überragt wird, von dem man eine herrliche Aussicht in das Ceres-Tal hat. Die Nebenstraße in das Naturschutzgebiet ist ebenfalls hervorragend.

Clanwilliam & Umgebung
☏027 / 37000 EW.

Der angrenzende Staudamm und die abenteuerlichen Staubpisten in die Cederberge machen die Kleinstadt Clanwilliam zu einem beliebten Wochenendziel. Gut erhaltene Beispiele kapholländischer Architektur und Bäume säumen die Hauptstraße. Der Stausee ist bei Wasserskifahrern beliebt.

Clanwilliam ist das Zentrum des **Rooibos-Anbaus**. Der Tee wird aus den Blättern der Pflanze *Aspalathus linearis* gewonnen, die nur in der Zederberg-Region wächst. Das Getränk enthält kein Koffein und viel weniger Tannin als üblicher Tee und soll sehr gesund sein. Die Führungen im **Elandsberg Rooibos Estate** (☏027-482 2022; www.elandsberg.co.za; 125 R), 22 km westlich von Clanwilliam, sind ausgezeichnet, um den Prozess der Teeproduktion von der Anpflanzung bis zur Verpackung kennenzulernen.

🛏 Schlafen & Essen

📍 Saint du Barrys Country Lodge
LP TIPP

PENSION $$

(☏027-482 1537; www.saintdubarrys.com; 13 Augsburg Dr; EZ/DZ inkl. Frühstück 600/1000 R;

ABSTECHER

WUPPERTAL

Diese Herrnhuter **Missionsstation** (☏027-492 3410), 74 km südöstlich von Clanwilliam, wurde 1830 gegründet und ist über eine Schotterstraße gleich hinter dem Bushmans Kloof erreichbar. Zu den Sehenswürdigkeiten Wuppertals zählen die originale Kirche, die älteste Schusterei des Landes und eine Rooibos-Fabrik. Will man sich die Missionsdörfer genauer anschauen, kann man mit **Cedarberg African Travel** (☏027-482 2444; 2175 R; www.cedarbergtravel.com) eine Tour mit zwei Übernachtungen unternehmen, bei der man auch im Eselskarren durch die Berge zockelt.

FELSKUNSTSTÄTTEN DER SAN

Die Ureinwohner Südafrikas sind die San. Diese Nomaden lebten jahrtausendelang in dem Gebiet nördlich von Clanwilliam. Das Volk wurde später dezimiert und/oder assimiliert, aber glücklicherweise sind in dieser Region noch einige der besten Beispiele ihrer Felszeichnungen im ganzen Land erhalten geblieben. Archäologen zählen einige der Stätten zu den weltweit am besten erhaltenen.

Mehrere Veranstaltungen bieten Führungen zu den Stätten, sie sind aber teilweise ziemlich teuer. Wer mehr erfahren oder die Stätten besuchen will, sollte sich an das hoch angesehene **Living Landscape Project** (☎027-482 1911; www.cllp.uct.ac.za; 16 Park St, Clanwilliam; Führung ab 65 R) wenden, das Besichtigungen veranstaltet und ein Gemeinde-Entwicklungsprogramm betreibt. Weitere Tourveranstalter kann die Touristeninformation in Clanwilliam empfehlen.

Eine gut zugängliche Stelle mit einer Reihe von Felskunststätten ist der **Sevilla Rock Art Trail** beim Traveller's Rest.

❋ ☀) Eine 150 Jahre alte Bengalische Feige überragt das reetgedeckte Gasthaus mit fünf Zimmer mit eigenem Bad und einem charmanten Garten. Auf Wunsch kann man sich ein Abendessen machen lassen.

Bushmans Kloof LUXUSHOTEL $$$
(☎021-481 1860; www.bushmanskloof.co.za; EZ/DZ ab 4300/6100 R; ❋ ☀) Das noble private Naturschutzgebiet liegt 46 km östlich von Clanwilliam am Pakhuispass und ist für ausgezeichnete Stätten mit San-Felskunst und die reiche Flora und Fauna bekannt. Wer das Geld hat, kann sich zu einer Safari von Kapstadt aus einfliegen lassen.

Traveller's Rest CHALET $
(☎027-482 1824; www.travellersrest.co.za; R364; Chalet 200 R/Pers.; @) Die Cottages könnten mal renoviert werden, sind aber gut ausgestattet und preisgünstig. Die eigentliche Attraktion ist der hier beginnende **Sevilla Rock Art Trail** (30 R). Während einer relativ leichten, 4 km langen Wanderung besichtigt man zehn Felskunststätten. Die Anlage liegt 36 km von Clanwilliam entfernt an der Straße zum Bushmans Kloof.

Clanwilliam Dam Municipal Caravan Park & Chalets CAMPING $
(☎027-482 8012; Stellplatz mit/ohne Strom 168/128 R, Chalet 635 R/4 Pers.) In diesem Wohnwagenpark an der N7 kann man die Wasserskifahrer auf dem Stausee jenseits des Damms beobachten. Das Wasser ist wegen der zahlreichen Motorboote leider ziemlich ölverschmutzt. An Wochenenden und während der Schulferien sollte man seinen Platz im Voraus reservieren.

Olifantshuis SÜDAFRIKANISCH $$
(Ecke Augsburg Dr & Main St; Hauptgerichte ab 65 R; ☾abends) Das Restaurant mit Kneipe befindet sich in einem großen Haus und ist ein netter Ort für einen Drink oder eine traditionelle Mahlzeit. Bei Sonnenuntergang sind leider die Bremsen besonders aktiv.

Nancy's Tearoom CAFÉ $
(Main St; Hauptgerichte 35–65 R; ☾Mo–Sa morgens & mittags) Im schattigen Hof dieses freundlichen Cafés kann man sich kleine Gerichte schmecken lassen. Die Einheimischen schwärmen vor allem von den Scones – zu denen man einen Rooibos-Cappuccino trinken kann.

ℹ Praktische Informationen

Touristeninformation (☎027-482 2024; ☾Mo–Fr 8.30–17, HS zusätzl. Sa & So 8.30–12.30 Uhr) Das Büro befindet sich am oberen Ende der Main St gegenüber dem alten, 1808 errichteten *tronk* (Gefängnis), das heute als Stadtmuseum dient.

ℹ An- & Weiterreise

Alle Busse, die durch Citrusdal fahren, kommen auch durch Clanwilliam. Die Fahrt von dem einen Ort zum anderen dauert rund 45 Minuten. Sammeltaxis auf dem Weg zwischen Springbok (300 R, 5 Std.) und Kapstadt (150 R, 3 Std.) kommen ebenfalls durch Clanwilliam und halten dort am Postamt.

Eastern Cape

Inhalt »

Östliche Karoo	175
Western Region	185
Wild Coast	220
North-Eastern Highlands	232

Gut essen

- » Die Walskipper (S. 193)
- » Polka Café (S. 180)
- » Stanley St (S. 199)
- » Tea Thyme (S. 220)
- » Haricot's Deli & Bistro (S. 207)

Schön übernachten

- » Camp Figtree (S. 202)
- » Bulungula Backpackers (S. 221)
- » Die Tuishuise & Victoria Manor (S. 184)
- » Mdumbi Backpackers (S. 225)
- » Prana Lodge (S. 216)

Auf nach Eastern Cape!

Von menschenleeren Wüsten bis zu üppig grünen Wäldern, von entspannten Stunden in der Hängematte bis zu adrenalingeschwängerten Abenteuern – Eastern Cape wartet mit einer großen Bandbreite an Landschaften und Aktivitäten auf. Im Vergleich zum wohlhabenderen und weiter entwickelten Western Cape wirkt es wie eine andere Welt und bietet die Möglichkeit, Einblicke in die Kultur der Xhosa zu erlangen. Einige Wanderwege schlängeln sich entlang schöner Küsten und durch Bergland voller Wasserfälle.

Private Wildtierreservate sowie National- und Regionalparks gibt es zuhauf – Besucher können hier die „Big Five" (Löwe, Leopard, Büffel, Elefant und Nashorn) sowie Wale und Delfine bewundern. Die Berge und Täler des nordöstlichen Hochlands sind recht unerschlossen. In der halbtrockenen Karoo findet man Ruhe und entlang der Küste tolle Surfspots. Zudem gibt es jede Menge – oft blutrünstige – Geschichte, darunter das Erbe von Nelson Mandela, Oliver Tambo und Steve Biko, alle Söhne der Region.

Reisezeit

Port Elizabeth

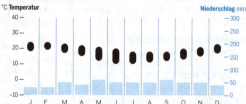

Sept.–Nov. Wer die Karoo im Frühling besucht, erspart sich Sommertemperaturen von über 40 °C.

Nov.–Jan. Regenzeit an der Wild Coast mit einer Durchschnittstemperatur von 28 °C.

Juli In Grahamstown gibt's ein Kunstfestival, in Jeffrey's Bay einen großen Surfwettbewerb.

Sprache

Es empfiehlt sich, das Zungenschnalzen zu üben, denn Xhosa ist die vorherrschende Sprache in der Provinz Eastern Cape. Die weiße Bevölkerung spricht Englisch und Afrikaans.

An- & Weiterreise

Der Westteil von Eastern Cape ist recht problemlos zu bereisen. Zahlreiche Busunternehmen, darunter **Greyhound** (041-363 4555; www.greyhound.co.za), **Intercape** (086 128 7287; www.intercape.co.za), **Translux** (City to City; 046-622 3241; www.translux.co.za) und **Baz Bus** (086 122 9287; www.bazbus.com), bedienen die Route zwischen Kapstadt, Port Elizabeth und East London (beide Städte in der Provinz haben außerdem Flughäfen). Sie fahren weiter nach Durban, Johannesburg (Jo'burg) und Pretoria und halten auf dem Weg in größeren Städten.

In abgelegeneren Gebieten, vor allem an der Wild Coast und in den Eastern Highlands, stehen an öffentlichen Verkehrsmitteln nur Minibus-Taxis zur Verfügung, um zu entfernten Fleckchen zu gelangen. Nach starken Regenfällen sind die Straßen oft nicht passierbar. Manche Orte an der Wild Coast sind nur zu Fuß oder auf dem Pferd zu erreichen. Am besten lässt sich die Region mit dem eigenen Auto erkunden.

ÖSTLICHE KAROO

Die Karoo ist eine riesige Halbwüste, die sich über das große südafrikanische Hochland von der Kapküste aus landeinwärts erstreckt. Ihre Schönheit und Ruhe inspirierte Schriftsteller wie Athol Fugard und André Brink sowie Künstler wie Pierneef. Kuru heißt in der Sprache der Khoikhoi „trocken" oder „karg" – trocken ist die Karoo zweifellos, sie birgt jedoch auch eine Vielzahl verschiedener Gräser, widerstandsfähiger Sträucher und Sukkulenten, darunter die charakteristische Kap-Aloe.

Die südöstlichen Ausläufer der Karoo erstrecken sich in die Provinz Eastern Cape hinein und beherbergen u.a. die geschichtsträchtigen Städte Graaff-Reinet und Cradock, die atemberaubenden Landschaften des Camdeboo National Park und des Mountain Zebra National Park sowie die abgelegene Künstlergemeinde Nieu Bethesda. Die Karoo ist eine der faszinierendsten Gegenden der Region, wobei das überwältigende Gefühl der Weite und Ruhe in scharfem Kontrast zur Hektik an der Küste steht.

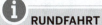

RUNDFAHRT

Es lohnt sich, die Region im Rahmen einer malerischen Rundfahrt zu erkunden. Dabei geht's von Süden auf der R75 oder N9 über Graaff-Reinet nach Nieu Bethesda und Cradock und schließlich südwärts zurück nach Addo oder Port Elizabeth auf der N10 (oder umgekehrt).

Von Dezember bis Februar erreichen die Temperaturen in den Städten der Karoo bis zu 45 °C und sinken auch im März und April nur unwesentlich. Im Juni und Juli fällt das Thermometer auf −5 °C; auf den Bergpässen liegt Schnee und es gibt strengen Frost.

Auf S. 162 finden sich weitere Infos über die zentrale Karoo, auf S. 472 steht mehr über den nördlichen Teil der Halbwüste.

Graaff-Reinet

44 317 EW.

Graaff-Reinet liegt in eine Biegung des Sundays River eingebettet nur einen Steinwurf vom Camdeboo National Park entfernt und wird oft als „Juwel der Karoo" bezeichnet. Camdeboo bedeutet in der Sprache der Khoikhoi „grüne Täler" und bezieht sich auf die Hügel rund um Graaff-Reinet, die viertälteste von Europäern gegründete Stadt (1786) Südafrikas. Sie hat ein großartiges architektonisches Erbe vorzuweisen und umfasst über 220 als Nationaldenkmäler ausgewiesene Gebäude, von im kapholländischen Stil erbauten Häusern mit auffälligen Giebeln über klassische Karoo-Cottages mit Flachdächern bis hin zu kunstvoll verzierten viktorianischen Villen. Hinzu kommen das Kleinstadtambiente, exzellente Unterkünfte und ein paar hervorragende Restaurants, die den Spitznamen der Stadt mehr als rechtfertigen.

Geschichte

Im 18. Jh. war das Binnenland von Eastern Cape eine wilde und gefährliche Gegend. Buren lieferten sich immer wieder Schlachten mit den Khoisan der Sneeuberg Range und den Xhosa auf der Ostseite des Great Fish River. Die Siedlung ist nach dem ehemaligen Provinzgouverneur Van der Graaff und seiner Frau (ihr Mädchenname war Reinet) benannt und wurde zu einem Außenposten in einer unwirtlichen

Highlights

❶ Die Küstenwege und einsamen Strände der **Wild Coast** (S. 220) abwandern

❷ Nachts in einer **Rondavel** (Rundhütte; S. 221) an der ländlichen Wild Coast Einblicke in die traditionelle Xhosa-Kultur erlangen

❸ Im **Camdeboo National Park** (S. 181) tolle Sonnenuntergänge mit Blick auf Graaf-Reinet genießen

❹ In **Jeffrey's Bay** (S. 191) surfen oder einfach die Supertubes bewundern

❺ Rund um **Hogsback** (S. 218) auf Waldwegen zu Wasserfällen wandern

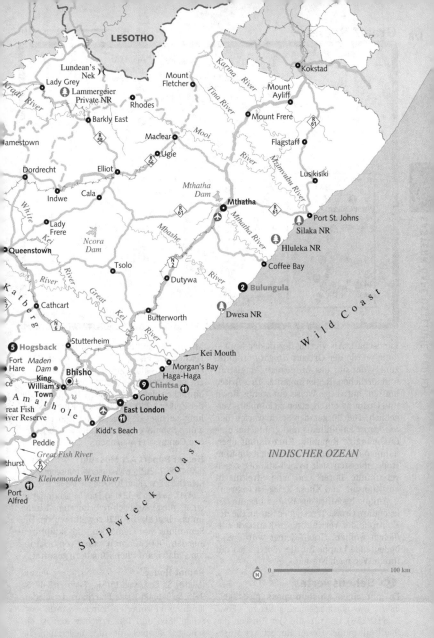

⑥ In **Nieu Bethesda** (S. 181), einem Dörfchen in der Karoo, den Sternenhimmel bewundern

⑦ Im **Addo Elephant National Park** (S. 201) oder einem der umliegenden Schutzgebiete mit Afrikanischen Elefanten auf Tuchfühlung gehen

⑧ Die tiefen Flüsse und felsigen Klippen im **Tsitsikamma National Park** (S. 186) bestaunen

⑨ In der Brandung des malerischen Strandes von **Chintsa** (S. 216) planschen

Graaff-Reinet

Landschaft. Als vierter Bezirk der Kapkolonie wurde der Ort zur *drostdy* ernannt, zum Wohnsitz des *landdrost* (Magistrat) und örtlichen Regierungssitz. Die Briten hofften, auf diese Weise ein wenig Recht und Ordnung durchsetzen zu können – vergeblich. Die Bürger der Stadt warfen den *landdrost* bald hinaus und gründeten eine unabhängige Republik. Kurz darauf übernahmen die Briten wieder offiziell die Kontrolle, mussten sich jedoch ständig gegen verstimmte Buren und eine Streitmacht aus Khoisan- und Xhosa-Kriegern wehren.

Anfang bis Mitte des 19. Jhs. begann der legendäre Große Treck jener Buren, die der Kontrolle der Verwaltung in Kapstadt entfliehen wollten. Graaff-Reinet wurde eine bedeutende Etappe für die Voortrekker auf ihrem Weg nach Norden.

◉ Sehenswertes

Es gibt einen **Museumspass** (☏ 049-892 3801; www.graaffreinetmuseums.co.za; Erw./Kind 50/25 R), der für alle vier Museen der Stadt gilt (außer Hester Rupert Art Museum). Das Urquhart House und das Military History Museum sind hier nicht aufgeführt. Sonntags gilt der Pass nicht.

Old Library
MUSEUM

(Ecke Church St & Somerset; Erw./Kind 15/5 R; ◷ Mo–Fr 8–12.30 & 14–17, Sa & So 9–13 Uhr) Das Museum beherbergt eine Sammlung historischer Artefakte, Felsmalereien der Khoisan und Fossilien aus der Karoo, darunter ein paar gruselige Schädel von „säugetierähnlichen fleischfressenden Reptilien" aus der Zeit vor 230 Mio. Jahren. Eine Ausstellung zeichnet das Leben von Robert Mangaliso Sobukwe, dem Gründer des Pan African Congress (PAC), nach.

Hester Rupert Art Museum
MUSEUM

(☏ 049-892 2121; www.rupertartmuseum.co.za; Church St; Erw./Kind 10 R/frei; ◷ Mo–Fr 9–12.30 & 14–17, Sa & So 9–12 Uhr) Das Museum ist in einer niederländisch-reformierten Kirche untergebracht, die 1821 geweiht wurde. Die Sammlung von Gemälden und Skulpturen aus den 1960er-Jahren wurde von bekannten südafrikanischen Künstlern gestiftet.

Reinet House
MUSEUM

(Murray St; Erw./Kind 15/5 R; ◷ Mo–Fr 8–17, Sa 9–15, So 9–16 Uhr) Das Pfarrhaus der niederländisch-reformierten Kirche wurde zwischen 1806 und 1812 errichtet und ist ein schönes Beispiel für die niederländische Architektur. Auf dem Kopfsteinpflasterhof wächst Wein, der 1870 gepflanzt wurde und heute einer der größten Stöcke der Welt ist.

Old Residency
MUSEUM

(Parsonage St; Erw./Kind 15/5 R; ◷ Mo–Fr 8–13 & 14–17, Sa & So 9–12 Uhr) Das gut erhaltene

Graaff-Reinet

◎ Sehenswertes
	Drostdy	(siehe 10)
1	Graaff-Reinet Club	A2
2	Hester Rupert Art Museum	A3
3	Old Library	A3
4	Old Residency	C1
5	Reinet House	C1

◉ Aktivitäten, Kurse & Touren
	Camdeboo Adventure Tours	(siehe 11)
6	Karoo Connections	A2

◉ Schlafen
7	Aa 'Qtansisi	B1
8	Buiten Verwagten B&B	B2
9	Camdeboo Cottages	A3
10	Drostdy Hotel	A3
11	Karoopark Guest House	B1
12	Le Jardin Backpackin'	A1
13	Obesa Lodge	C2

◉ Essen
14	Agave	A3
15	Coldstream	A2
16	Polka Café	A3

◉ Shoppen
	Africa Adventure Curios & Gifts	(siehe 2)

Haus aus dem 19. Jh. mit knarrenden Holz-dielen beherbergt eine große Schusswaffen-sammlung und historische Fotografien.

Drostdy HISTORISCHES GEBÄUDE
(Church St) Die Residenz des Landdrostes wurde *drostdy* genannt und umfasste Büro und Gerichtssaal sowie seine Privatgemä-cher. Die Drostdy von Graaff-Reinet wur-de 1806 erbaut. Es lohnt sich ein Blick auf die alte Sklavenglocke, die restauriert und in einem Akt grausamen Zynismus von Apartheid-Minister B.J. Vorster enthüllt wurde. Heute beherbergt die *drostdy* ein Hotel (S. 180).

Graaff-Reinet Club HISTORISCHES GEBÄUDE
(Church St; ◎6–21 Uhr) Der atmosphärische Club, zu dem einst nur Männer Zutritt hat-ten, ist der zweitälteste noch bestehende seiner Art in Südafrika. Wände und Flure sind mit zahlreichen Jagdtrophäen verziert und es gibt eine Bar mit Einschusslöchern. Die Coldstream Guards, die sich während des Krieges zwischen den Engländern und Buren in Graaff-Reinet einquartierten, freuten sich so sehr auf ihren Heimatur-laub, dass sie acht Kugeln in den Tresen

feuerten. Besucher können hier einen Drink mit den Einheimischen nehmen. Freitag-abends ist länger geöffnet.

📌 Geführte Touren

Camdeboo Adventure Tours GEFÜHRTE TOUREN
(☎049-892 3410; www.karoopark.co.za; 81 Ca-ledon St) Buks und Chantelle Marais von Camdeboo Cottages und dem Karoopark Guest House veranstalten Ausflüge in den Camdeboo National Park, geführte Stadt-spaziergänge und diverse Wildbeobach-tungstouren.

Ingomso Tours KULTURELLE TOUREN
(☎083 559 1207; mashoengisaac@yahoo. com; 2-stündige Touren 100 R/Pers.) Isaac Mashoeng veranstaltet Touren in die Town-ship Umasizakhe. Umasizakhe ist eine der ältesten Townships des Landes und Ge-burtsort von Robert Mangaliso Sobukwe. Die Touren bieten Einblicke in Kultur und Geschichte der Xhosa sowie den modernen Alltag in einer Township.

Karoo Connections GEFÜHRTE TOUREN
(☎049-892 3978; www.karooconnections.co.za; 7 Church St) David McNaughton organisiert Touren bei Sonnenuntergang ins Valley of Desolation (mit Sundowner 370 R), Halbta-gesausflüge nach Nieu Bethesda und zum Owl House (550 R) sowie Wildbeobachtungs-tungstouren in den Camdeboo National Park (350 R). Zum Angebot gehören außer-dem Rundgänge durch die Townships, Na-turwanderungen und Stadtführungen.

🛏 Schlafen

Aa 'Qtansisi PENSION $$
LP TIPP
(☎049-891 0243; www.aaqtansisi.co.za; 69 Somerset St; EZ/DZ inkl. Frühstück 650/950 R; ❄🛜🏊) Der Name der Pension bedeutet auf Khoisan „Willkommen" (wer nach dem Weg fragt, lässt einfach das „Q" weg oder fragt nach 69 Somerset). Die pompösen Zimmer erinnern mit ihren hohen Decken, königli-chen Himmelbetten und luxuriösen Bä-dern mit Krallenfußbadewannen an einen Harem aus 1001 Nacht. Den reizenden Hin-terhof schmücken Rankgitter, ein Tauchbe-cken und Hängematten, und das Gourmet-Frühstück umfasst einen Obstteller und eine kleine Portion Müsli mit Nüssen.

Camdeboo Cottages PENSION $$
LP TIPP
(☎049-892 3180; www.camdeboocotta ges.co.za; 16 Parliament St; Cottage 2/4 Pers. 400/600 R; @🛜🏊) Hinter klassisch restau-

rierten Fassaden bieten die Cottages im Karoo-Stil modernen Komfort. Die großen Zimmer in dem Gebäude gegenüber der Rezeption sind mit Holzböden und schwarz-weiß gekachelten Bädern mit Krallenfuß-badewannen ausgestattet. Zudem gibt es einen hübschen Pool- und Patiobereich, der wunderbare Erholung von der Mittagshitze bietet.

Buiten Verwagten B&B
B&B $$

(☎049-892 4504; www.buitenverwagten.co.za; 58 Bourke St; EZ/DZ inkl. Frühstück 700/900 R; ❄@🛜🏊) Die freundlichen, professionell arbeitenden Besitzer haben das viktorianische Gebäude mit viel Geschmack und Liebe zum Detail gestaltet. Das Innere zeichnet sich durch hohe Wände, Parkett aus Zedern- und Kiefernholz und elegante Antiquitäten aus, draußen warten zudem ein perfekt gepflegter Rasen und ein Pool im Hof. Gäste können auch in einem separaten Cottage für vier Personen (800 R) übernachten.

Drostdy Hotel
HOTEL $$

(☎049-892 2161; www.drostdy.co.za; 30 Church St; EZ/DZ 595/845 R; ❄@🏊) Das alteingesessene Hotel versprüht den nostalgischen Charme der Alten Welt und ist in einem wunderschön restaurierten *drostdy* untergebracht. Gäste übernachten in renovierten Cottages am Stretch's Court, die um die Mitte des 19. Jhs. für freigelassene Sklaven errichtet worden sind. Negativ ins Gewicht fallen die bunt zusammengewürfelten Möbel und die in die Jahre gekommene Deko, dafür gibt's einen charmanten, von Obstbäumen umgebenen Hof, über dem der Blumenduft der eindrucksvollen Gärten liegt. Bis Ende 2013 ist das Hotel wegen Renovierung geschlossen.

Karoopark Guest House
PENSION $$

(☎049-892 2557; www.karoopark.co.za; 81 Caledon St; EZ/DZ ab 350/450 R; ❄@🏊) Die von einer Familie betriebene Anlage ist eine ansprechende Option. Es gibt hier ein Restaurant, eine Bar, einen Pool und das Büro einer Touragentur. Die kleinen Zimmer mit gefliesten Böden im hinteren Teil des Gartens sind komfortabel ausgestattet; ein paar der Unterkünfte im Hauptgebäude sind größer.

Le Jardin Backpackin'
PENSION $

(☎049-892 5890; nitagush@telkom.sa.net; Ecke Donkin St & Caledon St; EZ/DZ ohne Bad 150/250 R; ❄) Die Gastgeber Terrence und Nita Gush teilen ihr Zuhause, das das Flair vergangener Zeiten versprüht, und ihr Wissen über die Gegend gern mit ihren Gästen. Die Pension ist keine konventionelle Backpackerunterkunft und bietet kleine, gemütliche Zimmer für wenig Geld.

Obesa Lodge
LODGE $

(☎049-892 3143; www.graaffreinet.co.za; 64 Murray St; EZ/DZ 260/360 R; ❄🏊) Das Obesa besteht aus einer ganzen Straße mit Selbstversorger-Cottages in psychedelischen Farben und mit Namen wie „Moody Blues" und „Bad Mama" sowie einfachen Zimmern mit Teppichboden. Gegenüber der Lodge beherbergt ein Kaktusgarten eine riesige Sammlung von Sukkulenten aus aller Welt.

✖ Essen

LP TIPP ### Polka Café
DESSERTS, SÜDAFRIKANISCH $$

(52 Somerset St; Hauptgerichte 85 R; ⊙Mo–Sa 7–22 Uhr) Im Polka kommt ambitionierte Nouvelle Cuisine in Form verfeinerter Klassiker auf den Tisch, wie Springbock-*bobotie* (aromatisches Curry mit knuspriger Eikruste) und Kudu-Schnitzel, die sich durch raffinierte Details, eine tolle Ästhetik und intensiven Geschmack auszeichnen. Auf der von Kerzen beleuchteten Veranda wird's abends romantisch und im rustikalen Speiseraum im Farmerstil verkauft eine Bäckerei hausgemachte knusprige Kekse, Cupcakes und Kuchen mit jeder Menge Zuckerguss und Kuchen.

Agave
SÜDAFRIKANISCH $$

(Somerset St; Hauptgerichte 65 R; 🕿) Das Agave kann es zwar nicht mit dem Polka Café direkt gegenüber aufnehmen, serviert jedoch Gourmet-Sandwiches, die aus dem Gewöhnlichen leckere Besonderheiten machen; zu empfehlen ist z.B. Malay-Hühnchen mit Mango-Chutney. Zudem gibt's fachkundig zubereitete Variationen von Salaten, Burgern, Pasta und Fleischgerichten sowie einen Hinterhof mit Rankgerüst, der zu den charmantesten Essbereichen der Stadt gehört.

Coldstream
SÜDAFRIKANISCH, STEAKHAUS $$

(3 Church St; Hauptgerichte 95 R; ⊙Mo–Sa; 🕿) Das Coldstream ist traditioneller als das Agave oder das Polka und zeichnet sich durch ein konventionelleres, schickes Ambiente aus. Besonders abends kommen hier die saftigsten und am besten zubereiteten Steaks der Stadt auf den Tisch. Der „Trio"-Teller mit Rind, Strauß und Kudu oder Springbock macht selbst den überzeugtesten Fleischliebhaber satt.

Shoppen

In Graaff-Reinet gibt es eine Handvoll Geschäfte, die Antiquitäten, Haushaltswaren und Karoo-Kunsthandwerk verkaufen, sowie eine Reihe von Läden, die ausgestopfte Tiere auf Lager haben.

**Africa Adventure
Curios & Gifts** KUNSTHANDWERK
(Ecke Parsonage St & Church St) Bietet eine Auswahl hochwertigen Kunsthandwerks aus dem gesamten südlichen Afrika.

🛈 Praktische Informationen

Graaff-Reinet Tourism (☎049-892 4248; www.graaffreinet.co.za; 13A Church St; ⊕Mo–Fr 8–17, Sa 9–12 Uhr) In dem hilfreichen Büro bekommen Traveller Informationen über Unterkünfte in der Gegend sowie jede Menge Karten und können Bustickets buchen lassen.

Karoo Connections (www.karooconnections. co.za; Church St; 30 R/Std.; ⊕Mo–Fr 8–17, Sa 9–12 Uhr) Internetzugang neben der Publicity Association. Der Buchladen führt südafrikanische Romane und Sachbücher.

🛈 An- & Weiterreise

Überlandbusse halten bei **Kudu Motors** (Church St). **Intercape** und **Translux** bedienen Kapstadt (300 R, 8½ Std.) und Jo'burg (400 R, 11 Std.), zudem fährt Translux East London (260 R, 5 Std.) und Port Elizabeth (190 R, 3 Std.) an. Tickets und Infos gibt's in der Touristeninformation.

Minibus-Taxis fahren am Market Sq ab. Zu den größeren Zielen gehören Port Elizabeth (150 R) und Kapstadt (350 R).

Die Autovermietung **Avis** (☎ 049-891 0786) verfügt mittlerweile über eine Vertretung im Karoopark Guest House.

Camdeboo National Park

Im 19 102 ha großen **Camdeboo National Park** (☎049-892 6128; www.sanparks.org; Erw./Kind 64/32 R; ⊕6–20 Uhr) leben jede Menge Tiere. Die eigentlichen Attraktionen sind jedoch die spektakulären geologischen Formationen und fantastischen Ausblicke auf Graaff-Reinet und die Ebene darunter. Der Park ist in drei Hauptsektionen unterteilt: in das Gebiet für Wildtierbeobachtungen nördlich des Nqweba-Damms, den westlichen Abschnitt mit dem Valley of Desolation und die östliche Sektion mit verschiedenen Wanderrouten.

Im **Wildtierbeobachtungsgebiet** sind Büffel, Elenantilopen, Kudus, Kuhantilopen, Gnus, Springböcke, seltene Kap-Bergzebras und viele kleinere Säugetiere zu sehen. Zur hiesigen Vogelwelt gehören Kaffernadler, Paradieskraniche und Riesentrappen. Außer an den Picknickstellen müssen Besucher in ihren Fahrzeugen bleiben.

Das **Valley of Desolation** ist die beliebteste Attraktion des Parks. Das überwältigend schöne Tal bietet einen fantastischen Anblick – so ragen z. B. die zerklüfteten Doloritgesteinssäulen vor den endlosen Weiten der Karoo in die Höhe. Graaff-Reinet, das in einer Schleife des Sundays River liegt, ist ebenfalls von hier aus zu sehen. Das Tal ist 14 km von der Stadt entfernt und mit dem Auto über eine steile, befestigte Straße zu erreichen; zudem gibt es einen 1,5 km langen Rundweg. Hier wäre man gern mal einen Tag lang Adler … Und tatsächlich werden Gleitschirmflüge angeboten. Die beste Zeit für einen Besuch ist die Zeit um den Sonnenaufgang oder -untergang.

Der **Eerstefontein Day Trail** befindet sich ebenfalls im westlichen Abschnitt und umfasst drei Wanderrouten von 5, 11 und 14 km Länge. Eine Karte gibt's im Informationsbüro. Den **Drie Koppie Trail** abzuwandern, kostet 40 R pro Person inklusive Übernachtung in einer Hütte.

Das Reservat lässt sich mit dem eigenen Auto oder im Rahmen einer Tour mit Karoo Connections in Graaff-Reinet erkunden. Das **Lakeview Tented Camp** (500 R) und der **Nqweba Campsite** (Stellplatz 175 R) wurden im Frühling 2012 eröffnet und werden beide sehr gelobt; Reservierungen nimmt die Touristeninformation in Graaf-Reinet vor. Unterkünfte für die Tour mit Übernachtung stehen zur Verfügung.

Nieu Bethesda

1000 EW.

Das winzige Dorf Nieu Bethesda liegt abgeschieden in der Karoo und gehörte früher zu den unbedeutendsten Orten Südafrikas. Das Interesse wuchs, als das außergewöhnliche Owl House, das Wohnhaus der „Outsider"-Künstlerin Helen Martins, ans Licht der Öffentlichkeit gelangte. Heute ist Nieu Bethesda eine kleine Künstlerkolonie, weshalb die Unterkünfte Ende September während des Athol-Fugard-Festivals oft ausgebucht sind. Mit seinen unbefestigten Straßen, dem Furchenbewässerungssystem, einer Brauerei, hübschen Unterkünften, ein paar netten Cafés und dem endlosen Sternenhimmel sorgt der Ort für

EASTERN CAPE CAMDEBOO NATIONAL PARK

erholsame Tage und tolle Einblicke in das ursprüngliche Dorfleben in der Karoo.

Nieu Bethesda liegt etwa 55 km von Graaff-Reinet entfernt. Die Fahrt hierher ist landschaftlich sehr reizvoll, wobei das Gebiet von der Sneeuberg Range dominiert wird. In Nieu Bethesda gibt's weder Tankstellen noch Geldautomaten, zudem akzeptieren die Unterkünfte in der Regel keine Kreditkarten.

◉ Sehenswertes & Aktivitäten

Owl House
MUSEUM

(☎049-841 1603; River St; Eintritt 35 R; ⊙9–17 Uhr) Die eigenwillige Vision, die die Künstlerin Helen Martins (1897–1976) dazu inspirierte, ihr Wohnhaus und Atelier in ein einzigartiges Denkmal für Kuriositäten zu verwandeln, steht heute sinnbildlich für das verschrobene Bohème-Image des Ortes. Martins und ihr langjähriger Assistent Koos Malgas ließen über Jahre hinweg im Hinterhof eine Sammlung von Tier- und Menschenskulpturen aus Beton entstehen. Fast jeder Zentimeter des unkonventionellen, ziemlich verstörenden Inneren ist mit bunt bemalten Glasscherben, Textilien und anderem Schnickschnack bedeckt. Das alles deutet auf eine tragisch-isolierte Frau hin, die sich schließlich im Alter von 78 Jahren das Leben nahm.

Kitching Fossil Exploration Centre
MUSEUM

(☎049-849 1733; Martin St; Eintritt 20 R; ⊙9–17 Uhr) Wissenschaftler schätzen die Fossilien prähistorischer Tiere (Gorgonopsia, Dicynodontia und ähnliches), deren Nachbildungen hier gezeigt werden, auf ein Alter von rund 253 Mio. Jahren, also 50 Mio. Jahre älter als die Dinosaurier. Vor Ort werden interessierte Besucher zu den echten unberührten Fossilien geführt, die in einem trockenen Flussbett in der Nähe in Felsen eingebettet liegen. Das Museum ist nach dem renommierten Paläontologen James Kitching benannt und ein Gemeinschaftsprojekt der University of the Witwatersrand und des Albany Museum in Grahamstown.

Compassberg
WANDERN & TREKKEN

Zum mit 2502 m höchsten Gipfel der Region gelangt man nach einer vierstündigen Wanderung von der Compassberg-Farm aus, 35 km vor Nieu Bethesda. Zudem führt der größtenteils flache Canyon Hike über 3 km an Stätten mit Gravuren aus dem Zweiten Burenkrieg vorbei. Infos über die Route sind im Dorf erhältlich.

Die Ganora Guest Farm, 7 km östlich von Nieu Bethesda, veranstaltet eine geführte Wanderung, bei der man an Felskunststätten und Heilpflanzen vorbeikommt. Zum Gelände gehören ein fachkundig betriebenes Fossilien- und Artefaktmuseum (25 R), und Besuchern wird die Schafschur vorgeführt (nur für Gruppen und nach vorheriger Anmeldung). Auf der Farm werden Erdmännchen aufgezogen, die man manchmal umherhuschen sieht.

🛏 Schlafen

Mit Ausnahme der Ganora Guest Farm liegen die aufgeführten Unterkünfte im Dorfzentrum in direkter Nähe zueinander.

Ganora Guest Farm
PENSION $$

(☎049-841 1302; www.ganora.co.za; inkl. Frühstück ab 340 R/Pers.; 🐾) Wer gern vor den Stadttoren unter dem weiten Himmel der Karoo nächtigen möchte, ist auf dieser 4000 ha großen Schaffarm genau richtig. Renovierte Kraals wurden in luxuriöse Zimmer im Boutiquestil mit Steinwänden und Sisal-Decken verwandelt. Zur Auswahl steht außerdem ein Cottage für Selbstversorger für sechs Personen (820 R). Das Essen (Frühstück 35 R, Abendessen 50 R) wird in einem Speiseraum mit rustikalem Pionierflair serviert.

Owl House Backpackers
BACKPACKER $

(☎049-841 1642, 072 742 7113; www.owlhouse. info; Martin St; Stellplatz/B/EZ/DZ/Cottage 65/ 115/200/295/390 R) Hinter der einfachen Fassade im Karoo-Stil verbirgt sich ein Haus mit altmodischem Flair, skurrilen Nischen und Winkeln und einem hübschen, recht großen Hinterhof. Mehr Privatsphäre bieten das Cottage mit Küchenzeile und der loftähnliche Wasserturm im Garten mit einem runden Bett, Komposttoilette und Küche im Erdgeschoss. Die netten Besitzer veranstalten Fahrten mit der Eselkutsche und Ausflüge zu Stätten mit Khoisan-Malereien. Verpflegung gibt es auf Anfrage.

Outsiders B&B
PENSION $

(☎049-841 1642; www.owlhouse.info; Martin St; EZ/DZ inkl. Frühstück 260/390 R) Das Outsiders gehört dem Betreiberpaar des gegenüberliegenden Owl House Backpackers und beherbergt zwei gemütliche Zimmer mit hohen Decken, die mit ein paar künstlerischen Details und Mohair-Decken für kalte Winterabende ausgestattet sind. Das Zimmer an der Straße ist größer und verfügt über eine Veranda mit Picknicktisch.

Water Tower PENSION $$
(☎073 028 8887; info@bethesdatower.co.za; Muiller St; EZ/DZ ohne Bad 250/350 R) Wer eine Nacht im Turmzimmer mit Parkettboden und großem, rundem Bett in dieser Kreuzung aus Kirche und Burg verbringt, fühlt sich wie im Märchen. Zusätzlich gibt es zwei weitere makellose Zimmer mit Ziegelmauern. Das Restaurantpersonal serviert den ganzen Tag über Gerichte im Speiseraum oder im großen Patio (Hauptgerichte 55 R).

House No. 1 PENSION $$
(☎049-841 1700; Ecke Coete St & Hudson St; EZ/DZ inkl. Frühstück 260/390 R) Das restaurierte Karoo-Haus aus der viktorianischen Zeit verfügt über zwei Schlafräume mit poliertem Parkettboden und einen Garten mit *braai*-(Grill-)Bereich.

Essen

Karoo Lamb Restaurant SÜDAFRIKANISCH $$
(Hauptgerichte 80 R; ◷7–21 Uhr; 🛜) Das große Lokal mit Feinkost- und Geschenkladen ist das schickste vor Ort. Das Frühstück (für Gäste des Outsiders B&B gratis) nimmt einen halben Picknicktisch ein, und mittags und abends gibt's verschiedene Menüs, u.a. mit Lammkotelett und *potjiekos* (in einem gusseisernen Topf zubereitete Eintöpfe). Die ganze Woche über ist eine gute Auswahl von Wein, Bier, Kunsthandwerk, Büchern, Gemälden und leichten Snacks im Angebot; Freitag ist außerdem *braai*-Tag.

Brewery & Two Goats Deli FEINKOST $$
(Pioneer St; Hauptgerichte 70 R; ◷Mo–Sa 8–17, So bis 15 Uhr) Vom Hauptteil des Dorfes führt eine Brücke zu diesem charmant rustikalen Bauernhaus, das zugleich ein Milchbetrieb ist. Besitzer Andre Cilliers stellt Ziegenkäse her und serviert Fleischplatten (50 R) und hausgebrautes Bier.

❶ An- & Weiterreise

Nach bzw. ab Nieu Bethesda fahren keine öffentlichen Verkehrsmittel. Das Owl House Backpackers schickt jedoch seinen Mitarbeiter, der Gäste in Graaff-Reinet abholt und wieder zurückfährt (einfache Strecke 100 R). Auch Le Jardin Backpackin' in Graaff-Reinet organisiert den Transport.

Cradock

28 689 EW.

Cradock wurde 1813 als militärischer Außenposten gegründet, um die Xhosa an der Überquerung des Great Fish River zu hindern, und hat sich in den letzten Jahrzehnten zu einem geschäftigen Landwirtschafts- und Handelszentrum entwickelt. Die Market St war die Straße der Handwerker (Geschirrmacher, Tischler, Schmiede etc.), die ihre Dienste den Passagieren der durchfahrenden Ochsenkarren anboten. Der Einzug der Bahn und des Autos bedeutete einen harten Schlag für ihre Zunft, und viele mussten ihre Häuser verlassen. Noch immer ist der Ort von der Landwirtschaft geprägt, und auch wenn er auf den ersten Blick schäbig erscheinen mag, lohnt ein zweiter Blick auf die schönen alten Gebäude und von Bäumen gesäumten Straßen. Ein Spaziergang entlang der hübschen Dundas St und der Bree St – Letztere ist die älteste Cradocks – führt an gut erhaltenen Giebelhäusern aus dem 19. Jh. vorbei. Die Straßen unmittelbar östlich des Zentrums werden hingegen von modernistischen Villen, die größtenteils Ausländern gehören, gesäumt.

Die berühmtesten Söhne der Stadt waren die Cradock Four, die Freiheitskämpfer Matthew Goniwe, Sparrow Mkhonto, Fort Calata und Sicelo Mhlauli. 1985 wurden sie von der Sicherheitspolizei verschleppt, bedroht und schließlich umgebracht. Vor den Stadttoren wurde ihnen zu Ehren ein Mahnmal errichtet.

⊙ Sehenswertes & Aktivitäten

Wer Interesse an einer Führung durch die örtliche Township (250 R/Pers.) hat, fragt an der Rezeption des Victoria Manor Hotel nach.

Olive Schreiner House MUSEUM
(☎048-881 5251; 9 Cross St; kleine Spende erbeten; ◷Mo–Fr 8–13 & 14–16.30 Uhr) Schreiner ist in erster Linie für ihren provokativen Roman *Geschichte einer afrikanischen Farm* bekannt, der 1883 erschien und auch für heutige Verhältnisse revolutionäre Ansichten vertritt. Sie lebte nur drei Jahre in diesem typischen Karoo-Haus, in dem mehrere der kleinen Zimmer heute detailreich in Worten und Bildern von ihrem interessanten Leben und ihrer produktiven Schriftstellerkarriere erzählen; mehrere Bücher veröffentlichte sie unter dem Pseudonym Ralph Iron. Sie liegt gemeinsam mit ihrem Mann und ihrem Hund auf einem Hügel südlich der Stadt begraben.

Great Fish River Museum MUSEUM
(☎048-881 4509; High St; kleine Spende erbeten; ◷Mo–Fr 8–13 & 14–16 Uhr) Das Gebäude wur-

de um das Jahr 1825 errichtete und diente ursprünglich als Pfarrhaus der Niederländisch-reformierten Kirche. Heute sind hier alltägliche Haushaltsgegenstände aus dem Leben der Pioniere im 19. Jh. ausgestellt. Das Museum befindet sich hinter dem Municipal Building.

Karoo River Rafting
RAFTING

(☎049-842 4543; www.karoo-river-rafting.co.za) Veranstaltet Rafting-, Kanu-, Kajak- und Tubing-Fahrten entlang des Fish River und seiner Nebenflüsse.

🛏 Schlafen

Es gibt jede Menge B & Bs; in der Touristeninformation liegt eine entsprechende Liste bereit.

LP TIPP Die Tuishuise & Victoria Manor
BUNGALOW, INN $$

(☎048-881 1322; www.tuishuise.co.za; Ecke Market St & Voortrekker St; EZ/DZ Cottage 415/730 R, Hotel inkl. Frühstück 470 R/Pers.; ❋🅿❄) Das einzigartige Die Tuishuise ist in wunderschön restaurierten und geschmackvoll eingerichteten Häusern an einer von Cradocks ältesten Straßen untergebracht. Manche davon sind im alten Buren-Stil gestaltet, andere versprühen viktorianisches Flair. Alle haben mindestens zwei Schlafzimmer, eine komplett ausgestattete Küche, ein Wohnzimmer mit Kamin und einen Garten. Zudem stehen kleinere, einfachere Garten-Cottages mit ein bis zwei Schlafräumen zur Auswahl. An der Ecke der Market St befindet sich das gut ausgestattete Victoria Manor, ein Gasthof mit atmosphärischen, charmant dekorierten, holzgetäfelten Zimmern samt Krallenfußbadewannen in den Bädern. Hinter dem Haus gibt es ein Wasserbecken im ländlichen Karoo-Stil und einen Gartenbereich. Das Essen wird im hauseigenen Restaurant serviert.

Heritage House B & B
B&B $$

(☎078 538 0555; 45 Bree St; EZ/DZ inkl. Frühstück 295/490 R; ❄) Das heimelige, schwulenfreundliche Heritage House bietet altmodische Gastfreundlichkeit in gemütlichen Zimmern mit separatem Eingang, TV und Kühlschrank. Am schönsten sind die im hübschen Garten samt Koikarpfenteich.

🍴 Essen & Ausgehen

Victoria Manor Hotel
SÜDAFRIKANISCH $$

(Ecke Market St & Voortrekker St; Hauptgerichte 75 R) Im besten Restaurant der Stadt speisen Gäste in einem mit dunklem Holz getäfelten Essbereich mit Polstermöbeln im englischen Stil des 19. Jhs. Der Service ist freundlich und aufmerksam, vor allem überzeugt jedoch das leckere Essen, das in großen Portionen serviert wird. Abendbuffet 140 R.

Buffalo Dan's
STEAK $$

(Rte 61; Hauptgerichte 65 R) Das Restaurant in recht ungemütlicher Lage direkt vor der Engen-Tankstelle wird in erster Linie von einheimischen Bauern besucht, die sich hier leckere Steaks schmecken lassen. Es befindet sich auf der anderen Seite der Brücke an der Straße, die stadtauswärts zum Mountain Zebra Park führt.

Country Living
SÜDAFRIKANISCH $$

(Beeren St; Hauptgerichte 60 R; ⊘12–21 Uhr) Das ländliche Restaurant mit hübschem Außenbereich (und italienischem Espresso) ist bei Bauernfrauen beliebt.

Mila's
PIZZERIA $$

(27 Durban St; Hauptgerichte 75 R; ⊘12–21 Uhr) Ein paar Blocks vom Zentrum entfernt kommen hier Holzofenpizza und hausgemachte Pasta auf den Tisch.

ℹ Praktische Informationen

Cradock Tourism (☎048-881 2383; www.cradock.co.za; Stockenstroom St) Im Rathaus gegenüber dem Spar Centre mit Geldautomaten der ABSA-Bank). Hat hilfsbereites Personal. Andere Banken und Geldautomaten finden sich hauptsächlich an der Adderley St.

ℹ An- & Weiterreise

City to City, Translux und **Intercape** verkehren täglich über Graaff-Reinet (110 R, 1½ Std.) nach Kapstadt (270 R, 11 Std., 2-mal wöchentl.) sowie nach Jo'burg (360 R, 11 Std., tgl.) und East London (219 R, 4½ Std.).

Die meisten Minibus-Taxis fahren in der nahen Township ab; bei den Tankstellen nachfragen!

Der Zug **Shosholoza Meyl** (☎0860 008 888; www.shosholozameyl.co.za) mit Touristenklasse hält hier freitags und sonntags auf dem Weg zwischen Port Elizabeth (120 R, 5 Std.) und Jo'burg (400 R, 15½ Std.) via Bloemfontein. Sechsmal die Woche wird die Route zudem von Zügen der Economy-Class (nur Sitzplätze) bedient; die Züge von Port Elizabeth nach Cradock kommen zu einer angenehmeren Zeit in der Stadt an.

Mountain Zebra National Park

Der 28 000 ha große **Nationalpark** (☎048-881 2427; www.sanparks.org.com; Erw./Kind 108/

54 R; ☺Okt.–März 7–19 Uhr, April–Sept. bis 18 Uhr) erstreckt sich 20 km westlich von Cradock auf den Nordhängen der Bankberg Range (2000 m) und bietet großartige Ausblicke über die Karoo. Der Park schützt eines der seltensten Tiere der Welt, das Kap-Bergzebra (Equus zebra zebra). In dem Schutzgebiet leben heute über 350 Exemplare; sie unterscheiden sich von anderen Zebraarten durch ihre kleine Statur, ihre rötlich-braune Nase und ihre Wamme, eine Hautfalte, die vom Hals herabhängt.

Die friedlichen Weiten des Geländes sind mit Süßdorn und wilden Oliven gesprenkelt und von hügeligem Grasland und Sukkulenten bewachsen. Im Park leben auch zahlreiche Antilopenarten, Büffel und Spitzmaulnashörner. Das größte Raubtier ist der Gepard, daneben gibt es mehrere kleinere Katzenarten, Ginsterkatzen, Löffelhunde und Schabrackenschakale. Darüber hinaus wurden rund 200 Vogelarten registriert.

Der Parkeingang ist an der R61 gut ausgeschildert. Schon bei einem Halbtagesausflug von Cradock aus lässt sich ein guter Eindruck vom Park gewinnen. Für die Rundstrecke, die vom Haupteingang bis zum Rest Camp und wieder zurück führt, benötigt man je nach Anzahl der Zwischenhalte knapp zwei Stunden. Im Hauptcamp findet man einen Laden und ein Restaurant. Es gibt drei **Wanderwege** von 1 bis 10 km Länge sowie eine 25 km lange Wanderstrecke (3 Tage) mit Übernachtung in Berghütten (150 R/Pers.). Eine geführte **Wildbeobachtungsfahrt** kostet pro Erwachsenem 140 R, eine geführte Tour auf den Spuren der Geparden 250 R pro Person. Das Personal an der Rezeption gibt Auskünfte über den wahrscheinlichen Aufenthaltsort verschiedener Tiere.

Der Park verfügt über eine Reihe von **Unterkünften** (☑Buchungen 0861 114 845; Stellplatz/4-B-Familiencottage 175/730 R; 🅿). Die gemütlichen Cottages im Rest Camp des Parks sind gut ausgestattet und haben eigene Bäder. Die interessanteste Übernachtungsmöglichkeit ist das Doornhoek (6 Pers. 1930 R), ein restauriertes historisches Bauernhaus von 1836, das in einem abgeschiedenen Tal liegt.

Die Hauptverwaltung des Parks betreibt ein **Restaurant** (Hauptgerichte 55–120 R) mit lethargischem Service und einer Auswahl recht lieblos zubereiteter Pastagerichte, Salate, Steaks (u.a. Kudu und Springbock) und Burger.

Es verkehren keine öffentlichen Verkehrsmittel zum Park, daher müssen Besucher mit dem eigenen Auto anreisen.

WESTERN REGION

Dieses Gebiet umfasst die äußerste Westküste des Eastern Cape. Als Erweiterung der viel bereisten Garden Route ist sie der wohl meistbesuchte Teil der Provinz. Der Tsitsikamma National Park und Jeffrey's Bay sind zu Recht beliebte Attraktionen, doch auch weniger bekannte Ziele wie Cape St. Francis und die Baviaanskloof Wilderness Area sind einen Besuch wert.

Nature's Valley

Das kleine Dorf Nature's Valley liegt zwar in der Provinz Western Cape, ist aber dennoch hier aufgeführt, da es zu einer Erkundung der Tsitsikamma-Region einfach mit dazugehört. Es liegt inmitten eines Waldes neben einem herrlichen Strand im Westen des Tsitsikamma National Park. Hier endet der Otter Trail und es beginnt der Tsitsikamma Mountain Trail (s. S. 186). Wem diese Wege zu lang sind, dem stehen in der Gegend, die als De Vasselot Section bezeichnet wird, zahlreiche kürzere Wanderrouten zur Auswahl.

🛏 Schlafen & Essen

Wild Spirit HOSTEL $
(☑044-534 8888; www.wildspiritlodge.co.za; B/DZ 100/300 R; 🖥) Das freundliche, kunstorientierte Refugium versteckt sich am Ende einer unbefestigten Straße mit Blick auf den Tsitsikamma-Wald. Das efeubewachsene Gebäude beherbergt hübsche Zimmer mit Teppichböden, darunter Schlafsäle mit Einzelbetten. Nebenan werden abends Lagerfeuer mit Trommelmusik abgehalten. Die Abzweigung befindet sich direkt hinter dem Farm Stall, rund 8 km landeinwärts ab dem Strand und dem Dorf.

Nature's Valley Rest Camp CAMPING $
(☑in Pretoria 012-428 9111; www.sanparks.org; Stellplatz/Waldhütte 125/275 R) Der Campingplatz des Nationalparks ist ein bezaubernder Ort am Flussufer östlich der Stadt mit sauberen sanitären Einrichtungen, Gemeinschaftsküchen sowie Waschgelegenheiten und liegt einen 2 km langen Spaziergang vom Strand entfernt. Lebensmittel müssen sorgfältig verstaut werden: Überall

sind lästige Primaten unterwegs. Die **Tsitsikamma Eco Guides** (⏵044-531 6700) bieten hier geführte Wanderungen an.

Nature's Valley Guesthouse & Hikers Haven
PENSION $$

(⏵044-531 6805; www.hikershaven.co.za; 411 St Patrick's Ave; DZ ohne/mit Bad inkl. Frühstück pro Pers. 250/340 R) Die gemütliche Unterkunft in Strandnähe ist bei Wandergruppen, die auf dem Otter Trail unterwegs sind, beliebt, deshalb muss man unbedingt im Voraus buchen. Das Personal organisiert die Fahrt zum Ausgangspunkt des Weges.

Der **Nature's Valley Shop** (Beach Rd) mit einem legeren **Pub-Restaurant** (Burger 55 R) ist der Dorftreffpunkt; die Mitarbeiter versorgen Besucher mit Infos und Karten zur Umgebung. Nur ein paar Kilometer abseits der N2 an der R102 auf dem Weg ins Dorf verkauft der charmante **Nature's Valley Farm Stall** (Bauernstand; Sandwiches 25 R) Schinken, Käse und Räucherfleisch aus der Gegend sowie eine kleine Auswahl Paninis und Kuchen.

ⓘ An- & Weiterreise

Es fahren keine öffentlichen Verkehrsmittel nach Nature's Valley, allerdings halten die Busse von **Baz Bus** im Dorf.

Tsitsikamma National Park

Der von kaffeefarbenen, ungezähmten Flüssen, Schluchten und Wäldern durchzogene **Tsitsikamma National Park** (⏵042-281 1607; www.sanparks.org; Erw./Kind 108/54 R; ⏰6-22 Uhr) erstreckt sich über 65 000 ha zwischen Plettenberg Bay und Humansdorp und umfasst ein 5 km breites Meeresschutzgebiet vor der Küste. Zwei Hängebrücken führen über den Storms River Mouth (nicht zu verwechseln mit dem Dorf Storms River) in der Nähe des Parkhaupteingangs, wo sich mehrere Wanderwege an dichten Farnen, Lilien, Orchideen, Küsten- und Berg-*fynbos* („feiner Busch") sowie teils jahrhundertealten Bäumen vorbeischlängeln. Sandstein- und Quarzformationen, die vor Jahrtausenden entstanden, säumen die Schluchten und die felsige Küste, während sich im Meer Südkaper und Delfine tummeln.

Tsitsikamma bedeutet auf Khosain „viel Wasser" – die jährlichen Niederschlagsmengen liegen bei über 1200 mm. Die ungewöhnliche Farbe des Flusses geht auf Gerbstoffe zurück, die die *fynbos*-Wurzeln absondern und deren bitterer Geschmack hungrige Tiere abschreckt. Der Otter Trail, eine mehrtägige Wanderung, ist nach den im Park lebenden Ottern benannt, die sich allerdings nur selten zeigen. Zudem gibt's hier Paviane, andere Affenarten, kleine Antilopen und pelzige kleine Felsenratten. Zu der facettenreichen Vogelwelt gehört der bedrohte Schwarze Austernfischer.

Wer keine Zeit für die längeren Routen mit Übernachtung hat, für den gibt es zahlreiche kürzere Wanderwege.

 ### Aktivitäten

Otter Trail
WANDERN & TREKKEN

(⏵in Pretoria 012-426 5111; www.sanparks.org; 810 R/Pers.) Der 42 km lange Otter Trail verläuft entlang der Küste zwischen dem Storms River Mouth und Nature's Valley und gehört zu den beliebtesten Routen Südafrikas. Die Wanderung dauert fünf Tage und vier Nächte, führt über mehrere Flüsse und an einigen wunderschönen Küstenabschnitten vorbei. Wer die Route angeht, sollte körperlich fit sein, denn sie führt streckenweise steil bergauf und bergab.

Die Tour sollte weit im Voraus über SAN Parks gebucht werden. Da häufig Buchungen abgesagt werden, lohnt es sich jedoch immer nachzufragen, besonders wenn man zu zweit oder zu dritt unterwegs ist (allein darf die Wanderung nicht unternommen werden).

Die Wanderer übernachten in Rasthütten mit sechs Betten. Matratzen sind vorhanden, Bettzeug, Kochutensilien und fließendes Wasser hingegen nicht. Camping ist nicht erlaubt.

Tsitsikamma Mountain Trail
WANDERN & TREKKEN

(⏵042-281 1712; www.mtoecotourism.co.za; 80 R/Tag) Der 60 km lange Weg beginnt in Nature's Valley, endet in Storms River und führt landeinwärts durch Wälder und Berge. Die Tour dauert bis zu sechs Tage und fünf Nächte, es ist aber auch möglich, nur zwei, drei, vier oder fünf Tage zu buchen, da jede Hütte ihren eigenen Zugang zum Wanderweg hat. Transportmöglichkeiten fürs Gepäck sind vorhanden, außerdem gibt's geführte Tageswanderungen und Radwanderwege für Mountainbiker.

Dolphin Trail
WANDERN & TREKKEN

(⏵042-280 3588; www.dolphintrail.co.za; 4620 R/Pers.) Die Route ist ideal für alle, die nicht viel Gepäck mitschleppen und nicht in Hütten nächtigen möchten. Die Übernachtung bei der 17 km langen, drei Tage und zwei Nächte dauernden Wanderung von Storms River Mouth nach Forest Fern erfolgt in komfortablen Hotels, und Fahrzeuge befördern das Gepäck zum nächsten Etappenziel. Im Preis sind Unterkunft und Verpflegung, Guides und eine Bootsfahrt in der Storms River Gorge auf dem Rückweg inbegriffen. Buchungen müssen mindestens ein Jahr im Voraus über die Website vorgenommen werden.

Untouched Adventures   WASSERSPORT
(☑073 130 0689; www.untouchedadventures. com) Veranstaltet Kajaktouren den Storms River hinauf, Tauchausflüge ins Meeresschutzgebiet des Nationalparks und Schnorcheltrips (wetterabhängig). Beim Parkplatz unter dem Storms River Restaurant.

Bloukrans River Bridge Bungee   BUNGEE-JUMPING
(☑042-2811458; www.faceadrenalin.com; 690 R/ Sprung; ⏰9–16.30 Uhr) Die weltweit höchste Bungee-Jumping-Brücke (216 m) liegt 21 km westlich des Storms River direkt unter der N2. Wer sich nicht ganz sicher ist, ob er den Mut aufbringt (die ohrenbetäubende Musik soll wohl beruhigend wirken…), kann für 70 R zur Absprungstelle unter der Brücke laufen. Überraschend adrenalinträchtig ist die Phase nach dem Sprung, wenn man kopfüber darauf wartet, wieder hochgezogen zu werden. Zum Angebot gehören Fotos und ein Video der Heldentat.

🛏 Schlafen & Essen

Storms River Mouth Camp Backpackers   HOSTEL $$
(☑in Pretoria 012-428 9111; www.sanparks.org; Stellplatz/Waldhütte/Familiencottage 250/400/ 1300 R) Das Camp verfügt über Waldhütten, Chalets, Cottages und „Oceanettes"; bis auf die Waldhütten haben alle Quartiere komplett ausgestattete Küchen, Bettwäsche und Bäder. In den Wintermonaten (Mai–Aug.) gibt's einen Preisnachlass von 10 % auf die Unterkünfte und von Mai bis November zahlt man 30 % weniger für Stellplätze.

Bloukrans Backpackers Lodge   HOSTEL $
(☑042-281 1185; www.tsitsikamma.org.za; B/ DZ ohne Bad 100/200 R; 🛜) Die funktionelle Backpacker-Bleibe mit gut ausgestatteter Küche liegt neben dem Absprungplatz für die Bungee-Springer und in der Nähe des Ausgangspunktes verschiedener kurzer

Wanderwege. Übernachtungsmöglichkeiten gibt's außerdem in den angrenzenden **Bloukrans Chalets** (4/6 Pers. 550/750 R) oder auf dem **Campingplatz** (2 Pers. ohne/ mit Strom 130/140 R).

Storms River Restaurant   INTERNATIONAL $$
(Hauptgerichte 55–135 R) Das Restaurant im Eingangsbereich des Tsitsikamma National Park hat eine große Speiseauswahl zu fairen Preisen und bietet großartige Ausblicke auf die Küste. Es gibt einen kleinen Laden und eine Außenterrasse mit Steg über die Felsen zur Flussmündung.

ℹ Praktische Informationen

Das Hauptinformationszentrum für den Nationalpark ist das Storms River Mouth Rest Camp (S. 187). Es liegt 2 km vom Eingang entfernt in Richtung Hauptcamp, ist rund um die Uhr geöffnet und verfügt über Unterkünfte, ein Restaurant, einen Laden für Selbstversorger und ein Informations- und Empfangszentrum. Informationen gibt es auch im Nature's Valley Rest Camp (S. 185), wobei man dann die Eintrittsgebühr für den Park entrichten muss.

ℹ An- & Weiterreise

Es fahren keine öffentlichen Verkehrsmittel zum Nature's Valley Rest Camp und Storms River Mouth. Busse von Greyhound, Intercape und Translux verkehren entlang der N2 (68 km von Plettenberg Bay und 99 km von Humansdorp entfernt); von der Abzweigung sind es 8 km nach Storms River Mouth. Der **Baz-Bus** hält in Nature's Valley.

Storms River & Umgebung

Das von Bäumen gesäumte Storms River ist ein kleines Dorf mit einem exzellenten Unterkunftsangebot und wegen seiner Nähe zum Tsitsikamma National Park ein beliebtes Touristenziel. Vorsicht: Storms River nicht mit Storms River Mouth (Stormsriviermond auf Afrikaans) verwechseln, zu dem die Abzweigung 4 km weiter westlich im Park führt!

Direkt östlich des Dorfes an der anderen Seite der N2 findet man den **Big Tree** (Erw./ Kind 12/8 R), einen 36 m hohen, über 1000 Jahre alten Yellowwoodbaum, und einen Wald mit vielen schönen Exemplaren von Candlewood, Stinkwood und immergrünen Assegaibäumen. Hier beginnt der 4,2 km lange **Ratel Trail**, auf dem Schilder über die Bäume dieses Waldes, der zu den am besten erhaltenen Südafrikas gehört, informieren.

🏃 Aktivitäten

Mehrere Anbieter veranstalten halbtägige Tubing-Ausflüge auf dem Storms River. Da es oft zu Überschwemmungen kommt, finden diese mehrere Tage nach etwas stärkeren Regenfällen nicht statt. Am besten fragt man nach dem aktuellen Wasserstand, denn wenn dieser niedrig ist, muss man die Hälfte der Strecke zu Fuß bewältigen.

Blackwater Tubing
ABENTEUERTOUR

(☎079 636 8008; www.tubenaxe.co.za) Ist im Hostel Tube 'n Axe ansässig, veranstaltet Tubing-Touren und verleiht Mountainbikes.

Mild 2 Wild
ABENTEUERTOUR

(Storms River Tubing; ☎042-281 1842; www. stormsrivertubing.co.za) Organisiert Tubing-Ausflüge (inkl. Mittagessen, 550 R) und Ausritte (250 R), verleiht Mountainbikes und fungiert außerdem als Pizzeria, die Holzofenpizzas serviert, und Feinkostladen. Der Anbieter liegt gegenüber Marilyn's Diner im Dorf und gehört den Betreibern des Dijembe Backpackers.

Tsitsikamma Falls Adventure Park ✗
ABENTEUERTOUR

(☎042-280 3770; www.tsitsikammaadventure. co.za; Witelsbos; 350 R/Pers.) Rund 12 km östlich des Storms River an der N2 in der Nähe eines hübschen Wasserfalls, an dem man sich abseilen (100 R) kann. Zudem gibt's hier eine Zip-Line (350 R).

Tsitsikamma Canopy Tours
ABENTEUERTOUR

(☎042-281 1836; www.stormsriver.com; Darnell St, Storms River) Der Großanbieter befördert Touristen von weither hierher und betreibt eine Reihe von Zip-Lines durch das Blätterdach (450 R, inkl. Verpflegung), an denen Fahrten eher entspannend als nervenaufreibend sind. Los geht's zwischen 8 und 15.30 Uhr alle halbe Stunde.

🛏 Schlafen
IM DORF

Dijembe Backpackers
BACKPACKER $

(☎042-281 1842; www.dijembebackpackers.com; Ecke Formosa St & Assegai St; Stellplatz/B/EZ/DZ 75/120/250/350 R; @🛜) Die trauliche Backpackerunterkunft spiegelt den Geist des Besitzers, eines selbsternannten Frosch-, Pferde- und Baumflüsterers, wider und besteht größtenteils aus wiederverwertetem Holz. Der „Nature Room", ein Cottage im Garten hinter dem Haus, ist ein von Hand gefertigtes Paradebeispiel für nachhaltiges Bauen.

Im Obergeschoss blubbert ein Whirlpool, zudem gibt es Lagerfeuer und Abendessen (55 R) mit Gemüse aus lokalem Anbau. Die Straße hinunter befindet sich ein Nebenbau aus Holz mit drei Schlafzimmern für Selbstversorger (DZ 350 R). Verschiedene Aktivitäten veranstaltet Mild 2 Wild (s. linke Spalte), das zum Djembe gehört.

Tube 'n Axe
HOSTEL $

(☎042-281 1757; www.tubenaxe.co.za; Ecke Darnell St & Saffron St; Stellplatz/B/DZ 70/130/360 R; @🛜) Das gesellschaftliche Treiben in dieser professionell geführten Unterkunft konzentriert sich auf den geräumigen Bar- und Restaurantbereich mit großem Kamin. Wenn viel los ist, kann es in einigen Schlafsälen im Hauptgebäude, die ganz in der Nähe jener Gemeinschaftsbereiche liegen, recht laut werden. Die Privatzimmer sind hübsch eingerichtet und können es in Sachen Komfort mit jeder Pension aufnehmen. Zu empfehlen sind die erhöhten Zelte für zwei Personen (200 R) im wunderschön gepflegten Garten. Zum Angebot gehören außerdem ein Mountainbike-Verleih und Tubing-Ausflüge auf dem Witels River (550 R) – s. Blackwater Tubing (linke Spalte).

Armagh Country Lodge & Spa
LODGE $$

(☎042-281 1512; www.thearmagh.com; EZ/DZ 500/700 R; 🛜🏊) Abseits der Hauptzugangsstraße ins Dorf, die von der N2 abgeht, versteckt sich das Armagh in einem üppig grünen Garten vor neugierigen Blicken. Die geräumigen Zimmer sind gemütlich und haben größtenteils eigene Patios, außerdem gibt's eine gemütliche Loft-Suite für vier Personen im Hauptgebäude mit Blick auf die Berge und ein voll ausgestattetes Spa. Das hauseigene Restaurant Rafters gehört zu den besten vor Ort.

Tsitsikamma Village Inn
GASTHAUS $$

(☎042-281 1711; www.village-inn.co.za; DZ ab 750 R; ❄@🛜🏊) Busladungen von Reisegruppen belagern dieses hübsche Minidorf, das einen beträchtlichen Teil der gesamten Ortschaft ausmacht. Die meisten Zimmer sind in einer Reihe altmodischer niedriger Cottages mit Himmelbetten und eigenen Veranden untergebracht, die um einen gepflegten Rasen angeordnet sind. Zum Gelände gehören ein Restaurant, eine Bar, ein Friseur und ein Spa.

Tsitsikamma Backpackers
HOSTEL $

(☎042-281 1868; www.tsitsikammabackpackers. co.za; 54 Formosa St; B/DZ 130/320 R; @🛜) Wenn man von der künstlichen Blockhüttenfassade absieht, fühlt man sich wie in einem neuen, recht eleganten Haus in einer Vorstadt. Die makellosen Zimmer schmücken farbenfrohe Bettwäsche und Kunst an den Wänden. Gäste können auf dem Sofa im Aufenthaltsraum fernsehen oder im angrenzenden Bar-Bereich Tischfußball spielen. Empfehlenswert sind die Zeltunterkünfte unter freiem Himmel mit kleinen Veranden.

Village Lodge & Flashpackers LODGE $$
(☏042-281 1438; www.stormsrivervillagelodge. com; B/EZ/DZ 125/330/440 R; 🛜) Die hübsche ländliche Unterkunft steht abseits der Straße auf einem makellos gepflegten Rasen gegenüber dem Tsitsikamma Village Inn und eignet sich gut für Wanderer, die Wert auf ein wenig Komfort legen. Die sauberen Zimmer haben Teppiche und es gibt eine komplett ausgestattete Küche im Freien und einen Loungebereich.

AUSSERHALB DES DORFS

📍LP TIPP Fernery Lodge & Chalets RESORT $$$
(☏042-280 3588; www.forestferns.co.za; EZ/DZ ab 770/1550 R; ✳@🛜🏊) Das Fernery schmiegt sich an eine Klippe mit Blick auf die Schlucht des Sandrift River. Wasserfälle und Wasserbecken – von dieser dramatischen Kulisse profitiert die Anlage. Über das Gelände verteilen sich luxuriöse Cottages, es gibt einen Whirlpool, und das gemütliche, kleine Restaurant verfügt über deckenhohe Fenster. Um hierher zu kommen, hält man auf der N2 nach der Abzweigung Bluelillies, 8 km östlich der Ortschaft Storms River, Ausschau und folgt der Straße 10 km weit.

Misty Mountain Reserve CHALET $$
(☏042-280 3699; www.misty-sa.co.za; Chalet 450 R/Pers., 4-Pers.-Cottage 1200 R) Die geräumigen, individuellen, A-förmigen Cottages liegen an einem Felsvorsprung über dem Meer und verfügen über große Whirlpools und teils über separate Wohnzimmer mit TV. Wer auf dem Dolphin Trail (S. 186) wandert, kann hier gut die zweite Nacht verbringen. Es gibt ein Lokal (Drei-Gänge-Menü 150 R) und einen Mountainbike-Verleih. Hierher führt dieselbe Abzweigung auf der N2 wie zum Fernery; danach einfach 6,5 km weit der Beschilderung folgen.

✗ Essen

Marilyn's 60's Diner AMERIKANISCH, SÜDAFRIKANISCH $$
(Hauptgerichte 70 R; ⏱10–21 Uhr; 🛜) Das pastellfarbene, amerikanisch inspirierte Diner

wirkt zwar etwas deplatziert, dominiert jedoch das Straßenbild des Ortes. Neben einer Jukebox und drei restaurierten Cadillacs gibt's eine große Menüauswahl mit Klassikern wie Apfelkuchen und Burgern und thematisch weniger passenden Gerichten wie Springbock-Carpaccio, Lamm-Curry und Tintenfisch.

Rafter's KAPMALAIISCH $$
(Hauptgerichte 85 R) Das Restaurant der Armagh Country Lodge hat einen gemütlichen Speiseraum und einen Sitzbereich im Innenhof. Man kann hier vom Abendbuffet (140 R) essen oder von der Speisekarte mit südafrikanischen Spezialitäten wie Austern-*bobotie* und innovativen Gerichten wie Wild-Lasagne sowie Frikadellen aus malaiischen Garnelen und Fisch.

❶ Praktische Informationen
Direkt abseits der N2 gibt das **Storms River Information Centre** (☏042-281 1098) jede Menge Broschüren und Flyer aus und vermittelt Unterkünfte. Gegenüber Marilyn's 60's Diner befinden sich ein Spirituosenladen und ein Café; in dem kleinen Supermarkt gibt's zudem einen Geldautomaten.

❶ An- & Weiterreise
Fahrzeuge von **Baz Bus** halten in Storms River, ansonsten fahren keine öffentlichen Verkehrsmittel hierher. Busunternehmen, die die Fernroute zwischen Kapstadt und Port Elizabeth (PE) bedienen, lassen Passagiere an der Storms River Bridge, 5 km östlich der Stadt an der N2, aussteigen; das Personal mancher Unterkünfte holt Gäste nach Absprache hier ab. Der private Service **All Areas Shuttle** (☏072 226 4385) verkehrt zwischen Storms River und dem Ausgangspunkt des Otter Trail sowie zwischen dem Parkeingang des Tsitsikamma und Bloukrans River Bridge Bungee (80 R); andere Tarife richten sich nach der Zahl der Fahrgäste.

Cape St. Francis & Umgebung

Cape St. Francis, 22 km südlich von Humansdorp, ist eine kleine, unauffällige Stadt. Sie ist vor allem für ihren wunderschönen windgepeitschten Strand und die Surfwellen des Seal Point bekannt. Wer Aktivitäten auf dem Land unternehmen möchte, kann aus einer Reihe von Wanderwegen durch das **Irma Boysen Nature Reserve** auswählen. Zudem lohnt sich ein Ausflug zu einem **Leuchtturm** von 1888; er ist der größte Steinturm der südafri-

ABSTECHER

BAVIAANSKLOOF WILDERNESS

Die Baviaanskloof Wilderness Area (auch Baviaanskloof Mega Reserve) ist zwar das größte nicht umzäunte Wildnisgebiet im südlichen Afrika, aber fast nur den Einheimischen ein Begriff, die es für eine der schönsten Gegenden des Landes halten.

Am besten lässt sich das Gebiet mit einem Auto (mit großer Bodenfreiheit) erkunden, zumindest bis man einen Ausgangspunkt für Wandertouren gefunden hat. In der zerklüfteten Landschaft gibt's ein paar Campingplätze, Pensionen und eine Handvoll idyllische Städte wie Willowmore und Steytlerville.

Bei einer Wanderung durch die Wälder der Region lassen sich Leoparden, Zebras, Antilopen, Afrikanische Büffel und Bergzebras beobachten. Stellplätze, Hütten und Chalets bietet die Gästefarm **Kouga Wilderness** (☏042-273 9903; www.kougawilder nis.co.za; Stellplatz 80 R/Pers., DZ 450 R) am Ende einer Schotterstraße, 28 km nördlich der R331. Von Patensie an der R331 kommt man in den östlichen Teil. Weitere Infos liefern www.baviaans.net und www.travelbaviaans.com.za.

kanischen Küste und markiert den zweitsüdlichsten Zipfel Afrikas. Hier liegt auch das **Penguin Rehabilitation Centre** (www. penguin-rescue.org.za), das vollständig durch Spenden finanziert wird. Besucher können abgemagerte Pinguine adoptieren (600 R), die gesund gepflegt und wieder freigelassen werden. Südkaper und Buckelwale lassen sich zwischen Juli und November vor der Küste blicken, Delfine das ganze Jahr über.

St. Francis Bay, 8 km nördlich von Cape St. Francis, ist ein exklusiver Urlaubsort, der teilweise um ein Netz von Kanälen angelegt wurde. Es gilt eine einheitliche Bauordnung, nach der nur Häuser mit schwarzen Reetdächern und weißen Gipswänden errichtet werden dürfen. Der Strand ist hübsch, wenn auch sehr viel schmaler als in Cape St. Francis und die Surfwellen eignen sich für Anfänger. Außerhalb der Saison ist der Ort ziemlich verlassen und versprüht ein recht steriles Flair. In der Hauptsaison erwacht er dann zum Leben und es stehen viele B & Bs und Ferienhäuser zur Auswahl. Es gibt eine Tankstelle, einen Geldautomaten, ein Internetcafé, ein paar Läden und Lokale sowie einen guten Golfplatz.

Als Hafenstadt mit luxuriösen Apartmentsiedlungen gehört **Port St. Francis** zu den Zentren der Tintenfischindustrie. Abends schaukeln die Schiffe vor der Küste, wobei Lampen die Tintenfische anlocken sollen. Ein paar Jachten und Motorboote liegen im Hafen, und in dem kleinen Einkaufszentrum gibt's ein paar Restaurants.

🛏 Schlafen & Essen

Cape St. Francis Resort   RESORT **$**
(☏042-298 0054; www.capestfrancis. co.za; Da Gama Way, Cape St. Francis; Stellplatz

100 R/Pers., B 160 R, EZ/DZ ab 225/300 R, Cottages ab 605 R; 🐾🏊) Die verschiedenen Chalets und Wohneinheiten des gut geführten Resorts sind sauber und ansprechend und mit Küche und Fernseher ausgestattet. Insgesamt stehen 330 Betten zur Verfügung, die sich auf kapholländische Häuser, luxuriöse Strandhäuser mit eigenen kleinen Pools, kleine, saubere Backpackerunterkünfte mit Gemeinschafts-*braai*-Bereich und Zimmer mit großen Essbereichen, kleinen Küchen und gefliesten Böden verteilen. Auf dem Gelände gibt's ein Restaurant, einen kleinen Laden und eine Bar, zudem werden 15 km lange Bootsfahrten den Fluss hinauf mit *braais* auf der Farm des Resorts veranstaltet.

Raggies   HOSTEL **$**
(☏042-294 1747; www.raggiesbackpackers.co.za; 167 St Francis Dr, St. Francis Bay; B/DZ 120/395 R; 🐾) Im Dorfzentrum von St. Francis Bay, über einem Geschenkladen, der gleichzeitig Café und Pizzeria ist, bietet das Raggies makellose Zimmer mit Teppichen, eine Gemeinschaftsküche und eine Lounge. Sind Urlaubergruppen vor Ort, geht's am Kamin, am Beer-Pong-Table, am Big-Buck-Hunter-Automaten, auf der Terrasse, im Innenhof und im *braai*-Bereich gesellig zu. Der Strand ist nur rund 350 m entfernt.

Big Time Taverna   GRIECHISCH **$$**
(☏042-294 1309; 10 Mayotte Circle; Hauptgerichte 120 R) Hier erwartet Gäste *dolce vita* auf Griechisch! Die Wartezeit aufs Dessert kann man sich mit einem Sprung ins Tauchbecken versüßen und somit das dekadente Flair dieses Restaurants mit Blick auf einen Kanal in St. Francis Bay voll auskosten. Zum Angebot gehören gegrillter Fisch

und Garnelen, Lamm, Tintenfisch, eine Meze-Platte und viele verschiedene Weine. Eine Reservierung ist zu empfehlen.

Chez Patrick FRANZÖSISCH $$
(Triton Ave; Hauptgerichte 85 R; 🕾) Deckenhohe Fenster mit Blick auf den Jachthafen von Port St. Francis und stilvolles modernes Dekor sind die perfekte Ergänzung zur kreativ angerichteten, leichten Fusionküche mit lokalen Zutaten. Sonntagmittags wird Livejazz gespielt.

❶ An- & Weiterreise
Nach Cape St. Francis fahren keine öffentlichen Verkehrsmittel, allerdings holt das Personal des Raggies Gäste in Humansdorp ab, wo Fernbusse und der **Baz-Bus** halten.

Jeffrey's Bay
25 000 EW.

Die einst verschlafene Küstenstadt hat sich zu „J-Bay" entwickelt, einem der besten Surfspots der Welt. Der Ort ist zweifellos Südafrikas führendes Zentrum für Surfer und Surfkultur. Fans aus aller Welt kommen hierher, um Wellen wie die berühmten Supertubes zu reiten, die schon als die „perfektesten Wellen der Welt" beschrieben worden sind. Die Monate von Juni bis September sind die beste Zeit für erfahrene Surfer, Anfänger sind hier das ganze Jahr über gut aufgehoben. Die meisten Surfer zieht die Stadt jeden Juli anlässlich des Billabong Pro Championship an.

Aktivitäten
Wer surfen möchte, kann am Kabeljous Beach **windsurfen** und **Vögel beobachten**, **reiten** (am Papiesfontein Beach fühlt man sich wie Lawrence von Arabien – hier geht's 7,5 km weit durch den Busch und weitere 7,5 km den Strand entlang), an einem der vielen Strände in der Umgebung **Delfine** und **Wale beobachten** oder auf einer der gelegenen Dünen **sandboarden** (snowboarden auf Sand).

Wavecrest Surf School SURFEN
(🕾073 509 0400; www.wavecrestsurfschool.co.za; Drommedaris St; 2-stündiger Kurs inkl. Surfbrett & Neoprenanzug 200 R) Sehr empfehlenswerter, alteingesessener Anbieter.

Jeffrey's Bay Surf School & Camp SURFEN
(🕾042-293 4214; www.jbaysurfschool.com; 2-stündiger Kurs inkl. Surfbrett & Neoprenanzug 200 R) Im Island Vibe ansässig.

Play in J Bay Adventure Centre ABENTEUERSPORT
(🕾042-293 3002; www.playinjbay.co.za; 5 Pepper St) Surfen, Sandboarden, Kitesurfen, Angeln etc. Der Veranstalter befindet sich in einem winzigen, charmanten Café gegenüber dem African Perfection.

Schlafen
Wie viele Orte in diesem Teil von Eastern Cape ist J-Bay von Mitte Dezember bis Mitte Januar voller Urlauber – deswegen müssen Unterkünfte weit im Voraus gebucht werden. In der Nebensaison gibt's oft Rabatte. Mit Ausnahme des Island Vibe befinden sich die hier aufgeführten Unterkünfte rund um den Surfspot Supertubes und die Pepper St; das African Ubuntu ist nur einen kurzen Spaziergang entfernt. Eine gute Quelle für weitere Übernachtungsmöglichkeiten ist **Stay in Jbay** (www.stayinjbay.co.za).

African Perfection B&B $$
(🕾042-293 1401; www.africanperfection.co.za; 20 Pepper St; EZ/DZ inkl. Frühstück 600/800 R; ❄@🕾) Die Luxusunterkunft in Toplage gegenüber dem Supertubes-Spot bietet eine Traumaussicht auf das Surfgeschehen. Jedes Zimmer hat einen eigenen Balkon mit großartigem Meerblick. Das wunderbare Selbstversorger-Loft für vier Personen (2400 R) ist die ideale Bleibe für Surfbegeisterte. Die hilfsbereiten Mitarbeiter organisieren bei Bedarf einen Shuttle-Service ab dem Flughafen von Elizabeth (2 Pers. 400 R).

Island Vibe HOSTEL $
(🕾042-293 1625; 10 Dageraad St; Stellplatz/B/DZ 80/120/400 R; @🕾) Die beliebteste Backpackerunterkunft vor Ort liegt 500 m südlich des Zentrums – die vielen surfbegeisterten Gäste sind der Beweis für die erstklassige Lage. Unter den Aktivitäten sind Surfkurse (180 R), Reiten und Kitesurfen, zudem gehören Geselligkeit und entspanntes Beisammensein zum Programm. Mehr Privatsphäre verspricht das geschmackvoll eingerichtete Strandhaus mit Doppelzimmern, Balkonen, einer großen Küche und Aufenthaltsbereich. Ein weiteres Gebäude die Straße hinunter beherbergt fünf Zimmer mit TV; eines davon hat einen Whirlpool. In der Restaurant-Bar werden Frühstück und Abendessen serviert. In der Bar kann es abends recht laut werden.

Beach Music PENSION $
(🕾042-293 2291; www.beachmusic.co.za; 33 Flame Cres; EZ/DZ ab 200/300 R; 🕾) Das Ge-

Jeffrey's Bay

Jeffrey's Bay

⊕ Aktivitäten, Kurse & Touren
   Play in J Bay Adventure
     Centre..(siehe 2)
  1 Wavecrest Surf School D7

🛏 Schlafen
  2 African Perfection C1
  3 African Ubuntu C2
  4 Aloe Again C1
  5 Beach Music C2
  6 Cristal Cove C2
  7 Dreamland..C2

🍴 Essen
  8 3 Fat Fish C6
  9 Bay Pasta Co A7
 10 Café Kima...D7
 11 In Food A6
 12 Kitchen Windows B6
 13 Nina's C2

🍷 Ausgehen
 14 Greek..D6
 15 Jolly Dolphin...D7
 16 Mexican..C7
 17 Sovereign Sports Café........................C6

🛍 Shoppen
 18 Billabong D7
 19 Factory Shops......................................A7
 20 Quiksilver C6
 21 Rebel Surfboards A7

bäude in dunklem Braun mit Blick auf den Supertubes-Strand ähnelt einer mexikanischen Villa. Die wunderbar luftige Lounge mit Küche im 2. Stock bietet großartigen Meerblick, und die gepflegten Zimmer verfügen über eine kleine Veranda; ein paar im Erdgeschoss teilen sich eine Küchenzeile.

Dreamland   PENSION $
(%082 769 4060; www.jbaylocal.com; 29 Flame Cres; DZ ab 350 R; W) Aus dem von Hand gebauten Gebäude mit Reetdach haben Gäste ebenso großartige Ausblicke wie aus dem Beach Music nebenan. Die vier individuell gestalteten Unterkünfte sind mit Douglasienparkett, Stuck und Veranden ausgestattet. Auf Anfrage werden vegane Küche und Frühstück serviert, und die Besitzer heißen auch Kinder und Hunde willkommen.

African Ubuntu   HOSTEL $
(%042-296 0376; www.jaybay.co.za; 8 Cherry St; Stellplatz 85 R, B/DZ ohne Bad 110/300 R; @W) Das Vorstadthaus wurde von seinem Besitzer, einem leidenschaftlichen, jungen Surfer, in eine trauliche, freundliche Backpackerbleibe verwandelt. Es gibt eine Handvoll winziger, gepflegter Privatzimmer und einen kleinen Garten sowie eine Veranda und einen Balkon, die zu entspannten Stunden einladen. Regelmäßig finden *braais* statt; im Preis ist ein einfaches Frühstück inbegriffen. Die Unterkunft liegt an einem Hügel einen Block über dem Checkers-Supermarkt, einen kurzen Fußmarsch vom Supertubes-Spot entfernt.

Aloe Again   HOSTEL $
(%042-293 2671; www.africanperfection.co.za; 1 Pepper St; B 110 R, DZ ab 300 R; W) Das ehemalige Surfpackers wird vom African Perfection auf der anderen Straßenseite betrieben und hat kleine, saubere Zimmer und eine große Lounge mit Küche, Billardtisch und Tischfußball im 2. Stock. Im riesigen Garten hinter dem Haus mit eigens eingerichtetem *braai*-Bereich können Gäste wunderbar entspannen und ihren Neoprenanzug trocknen lassen.

Cristal Cove   PENSION $$
(%042-293 2101; www.cristalcove.co.za; 49 Flame Cres; B/DZ 100/280 R, DZ ohne Bad 200 R; @W) Nur einen Steinwurf von den Supertubes entfernt beherbergt das zweistöckige Backsteinhaus fünf saubere Mini-Apartments mit Teppich, Loungebereich, Küchen und mehreren Schlafräumen. Für das Doppelzimmer an der Meerseite muss man 350 R hinblättern.

Essen

Zwei der ansprechendsten Restaurants, **Die Walskipper** (Hauptgerichte 95 R; ⊙Di–Sa 11.30–21, So bis 15 Uhr) und das **Tapas** (Hauptgerichte 70 R; ⊙Mo–Fr 17.30–22, Sa & So 11.30–15 & 17.30–22 Uhr), teilen sich einen Parkplatz am Strand, eine kurze Fahrt südlich der Stadt am Claptons Beach bei der Marina Martinique. In beiden Lokalen werden frische Meeresfrüchte (Muscheln, Langusten, Jakobsmuscheln etc.) und südafrikanische Fleischgerichte (Rindermark, Krokodilsteak) zubereitet, die z. B. draußen auf sandigem Grund und mit Meerblick verspeist werden können. Das Walskipper serviert seine Gerichte mit hausgemachtem Brot und verschiedenen Pasteten. Eine Taxifahrt ab der Stadt kostet pro Strecke 25 R.

SURFEN AN DER KÜSTE VON EASTERN CAPE

Die Surfmöglichkeiten an der Küste von Eastern Cape sind legendär. Die Supertubes in Jeffrey's Bay sind erstklassig und die Bruce's Beauties bei St. Francis Bay dienten für den Film *Endless Summer* als Inspirationsquelle. In der Regel kann man entlang der gesamten Küste surfen, von Jeffrey's Bay bis Port Edward. Wer eine gute Stelle findet, tratscht das am besten nicht weiter. Bei gutem Wellengang trifft sich hier die Surfgemeinschaft zu einem Stelldichein.

Die Wassertemperatur liegt zwischen 16 und 22 °C, daher reicht im Sommer ein kurzer Anzug (oder sogar Shorts). Im Winter ist ein langer Neoprenanzug erforderlich.

Jeffrey's Bay im Süden ist für Surfer ein unbedingtes Muss und gehört zu den zehn besten Surfspots der Welt. Im Juli findet hier die Billabong-Pro-Meisterschaft statt, zu dieser Zeit kann es also ziemlich voll werden. Die Einheimischen begrüßt man am besten mit einem „Howzit". Supertubes ist ein perfekter Right Hand Point Break – wer ihn einmal erwischt hat, darf sich wirklich glücklich schätzen. Anfänger sind bei den sanfteren Kitchen Windows am Südende der Stadt gut aufgehoben.

Cape St. Francis bietet den legendären Seal Point, einen der beständigsten Right Hand Breaks. Das nahe gelegene **St. Francis Bay** wartet mit Bruce's Beauties und Hullets auf, perfekten Longbord-Wellen.

Auf dem Weg nach J-Bay übersehen viele Surfer **Port Elizabeth** (PE). Zwar können die überwiegend aus Südwesten wehenden Winde alles wegblasen, doch die Pipe in Summerstrand ist die beliebteste Surfwelle von PE. An einem guten Tag ist auch die Fence eine attraktive Option.

Weiter nördlich in **Port Alfred** gibt es exzellente Right Hand Breaks beim East Pier, während am West Pier geschützte Left Hander vorherrschen.

East London, wo einige Surflegenden wie Greg Emslie und Roseanne Hodge leben, ist in erster Linie für das Nahoon Reef bekannt; Gonubie Point und Gonubie Lefts sind auch nicht zu verachten. Anfänger sind am Nahoon Beach und Corner gut aufgehoben. In der Gegend kann Schmutzwasser Haie anziehen, deswegen sollte man immer die Augen aufhalten und nicht in der Abenddämmerung surfen.

Weiter nördlich liegt **Whacky Point** bei Kei Mouth, danach folgt die **Wild Coast**. Wild ist die tatsächlich: Die spektakuläre, oft gefährliche Küste ist noch weitgehend unerforscht. Bei verschmutzten Flussmündungen ist Vorsicht angesagt – hier gibt's weit und breit keine ärztliche Versorgung. **Mdumbi** hat lange Right Handers mit schönem, sandigem Untergrund, darüber hinaus liegt **Whale Rock** direkt um die Ecke. Auch in **Coffee Bay** gibt's einige Wellen. Und dann sind da noch diese Stellen, über die man nichts weitersagt …

In Food
INTERNATIONAL **$$**

(Ecke Schelde St & Jeffrey St; Hauptgerichte 65 R; ⊙Mo–Sa 7–17 Uhr; 🛜) Die Sandwiches, Burger und anderen Gerichte in diesem Café mit Bäckerei sind alles andere als durchschnittlich. Angesichts des eindrucksvollen Lebenslaufs des Besitzers und Küchenchefs – er kochte u.a. für die Königin von England – ist dies wenig überraschend. Zutaten aus lokalem biologischem Anbau (*fynbos*-Honig aus der Karoo) und eine große kulinarische Bandbreite in Form von Samosas, griechischen Salaten und thailändischem Hühnchencurry machen das In Food zu einer echten Gourmetadresse.

Kitchen Windows
SEAFOOD **$$**

(23 Ferreira St; Hauptgerichte 55–125 R; ⊙Mo–Sa 11–open end, So bis 15 Uhr) Meerblick und weißer Stuck geben diesem luftigen Restaurant das Flair einer Mittelmeerinsel. Günstigere Gerichte wie Tintenfischburger, Fischfrikadellen und Salate ergänzen die gehobene Speisenauswahl, die aus kreativen Variationen von Fisch, Garnelen und Steaks besteht. Rein kommt man in der Diaz Rd oder am Ende der Ferreira St.

Café Kima
INTERNATIONAL **$**

(32 Diaz Rd; Hauptgerichte 50 R; 🛜) Das Café an der Straße am Strand hat einen Innenhof mit Sitzgelegenheiten und einen moderneren Essbereich unter freiem Himmel mit Flachbild-TV und Decken gegen die kühle Brise. Zum Frühstück empfiehlt sich Räucherlachs mit pochierten Eiern (52 R), zudem gibt's Riesenstücke leckeren Kuchens, Burger, Pasta und Sandwiches.

3 Fat Fish
SEAFOOD, ITALIENISCH $$
(042-293 4147; 23A Da Gama Rd; Hauptgerichte 55–100 R; So geschl.) Passend zum Namen gibt's hier Fisch sowie verschiedene Pizzas. Freitags wird von 15 bis 17 Uhr Livemusik gespielt, zudem finden donnerstags von 18 bis 20 Uhr Kochkurse (150 R) statt.

Nina's
INTERNATIONAL $$
(Da Gama Rd; Hauptgerichte 65 R; 7–22 Uhr) Wegen seiner abgeschiedenen Lage im Einkaufszentrum Spar Centre ist das Nina's eine Art Geheimtipp. In dem stilvollen Diner kommen verschiedene thailändische Nudel- und Currygerichte, fast drei Dutzend Pizzas, Grillteller, Pasta, Meeresfrüchte, Burger und cremiges Eis auf die Tische.

Bay Pasta Co
ITALIENISCH $$
(34 Jeffrey St; Hauptgerichte 60 R;) In dem legeren Lokal werden über ein Dutzend Pizzas und Pastagerichte sowie Paninis serviert. Es befindet sich neben einer Reihe von Surfer-Outlets und ist das dem Island Vibe am nächsten gelegene Restaurant.

Ausgehen

Sovereign Sports Café
BAR
(Da Gama Rd) Höhlenartige, beliebte Bar mit dem typischen Inventar: Riesen-TV und Spielautomaten.

Jolly Dolphin
KNEIPE
(Diaz Rd) Auf dem großen Balkon im 2. Stock geht's oft feucht-fröhlich zu.

Das **Greek** (Beverland St; Hauptgerichte 80 R) und das **Mexican** (Da Gama Rd; Hauptgerichte 65 R) liegen nur eine Ecke voneinander entfernt und wirken wie ein griechischer bzw. mexikanischer Themenpark; als Bars sind sie jedoch attraktiver.

Shoppen

Am unteren Ende der Jeffrey St gibt's Outlets, u. a. von **Quiksilver** (mit einer Art Museum zur Geschichte von J-Bay im 2. Stock) und **Billabong**; außer bei Schlussverkäufen sind die Preise allerdings nur unwesentlich niedriger als anderswo. Unabhängige einheimische Läden wie **Rebel Surfboards** (Ecke St Croix St & Jeffrey St; www.jbaysurfboards.co.za) fertigen Surfbretter nach Maß.

Praktische Informationen

Die meisten Geldautomaten liegen an der Da Gama Rd, der Hauptverkehrsstraße.

Cornerstone Laundromat (Da Gama Rd) In einem Einkaufszentrum neben dem Checkers-Supermarkt. Mit Café und Internetzugang.

Internetcafé (Da Gama Rd; 22 R/Std.) Neben dem 3 Fat Fish.

Jeffrey's Bay Tourism (042-293 2923; www.jeffreysbaytourism.org; Da Gama Rd; Mo–Fr 9–17, Sa bis 12 Uhr) Die freundlichen, hilfsbereiten Mitarbeiter vermitteln Unterkünfte.

An- & Weiterreise

Baz Bus hält täglich an verschiedenen Backpackerunterkünften. Zu den Routen gehören Jeffrey's Bay–Kapstadt (950 R, 12 Std.) und Port Elizabeth–Jeffrey's Bay (170 R, 1 Std.).

Minibustaxis fahren, wenn sie voll besetzt sind (etwa jede volle Stunde), an der Ecke Goedehoop St und St. Francis St ab; die Fahrt nach Humansdorp (30 Min.) kostet 15 R, nach Port Elizabeth (1 Std.) 45 R.

Fernbusse von Greyhound und Intercape bedienen die Route Kapstadt–Port Elizabeth–Durban; Abfahrt und Ankunft erfolgen an der Caltex-Tankstelle an der St. Francis St.

Port Elizabeth

NELSON MANDELA BAY METRO CITY – 1,5 MIO. EW.

Port Elizabeth (PE) liegt an der Sunshine Coast und wartet mit tollen Badestränden und Surfspots auf. Zudem eignet sich die Stadt als Ausgangspunkt für Ausflüge zu lohnenden Zielen die Küste hinauf und hinunter sowie in die östliche Karoo. Das Zentrum ist wie in vielen Städten im ganzen Land ziemlich heruntergekommen und voller Fast-Food-Ketten und Billigläden. Die schickeren Geschäfte und die eleganteren Bars und Restaurants haben sich in den Einkaufszentren der Vororte angesiedelt. PE, seine industriell geprägten Trabantenstädte Uitenhage und Despatch und die riesigen umliegenden Townships werden unter dem recht sperrigen Begriff „Nelson Mandela Bay Metro City" zusammengefasst.

Sehenswertes

South End Museum
MUSEUM
GRATIS (041-582 3325; www.southendmuseum.co.za; Ecke Walmer Blvd & Humewood Rd; Mo–Fr 9–16, Sa & So 10–15 Uhr) Das kleine Museum ist der Geschichte von South End gewidmet. Der pulsierende multikulturelle Distrikt wurde im Rahmen von Zwangsvertreibungen zwischen 1965 und 1975 infolge des berüchtigten Group Areas Act von Bulldozern des Apartheidregimes dem Erdboden gleichgemacht. Die Bewohner wurden nach Hautfarben unterteilt und in andere Viertel umgesiedelt.

Port Elizabeth

Nelson Mandela Metropolitan Art Museum
GRATIS · MUSEUM

(☎041-506 2000; www.artmuseum.co.za; 1 Park Dr, St. George's Park; ⊙Mo & Mi–Fr 9–17, Sa & So bis 14 Uhr) Das Museum ist in zwei hübschen Gebäuden am Eingang zum St. George's Park untergebracht. Es umfasst eine kleine Galerie mit Gemälden und Skulpturen zeitgenössischer südafrikanischer Künstler sowie einige ältere Arbeiten aus Großbritannien und der Provinz Eastern Cape. Zudem gibt's hier Wanderausstellungen und Präsentationen von Nachwuchskünstlern.

Bayworld
AQUARIUM, MUSEUM

☎041-584 0650; www.bayworld.co.za; Beach Rd; Erw./Kind 25/15 R; ⊙9–16.30 Uhr) Die in die Jahre gekommene Anlage umfasst ein kleines Museum, ein Ozeanarium und einen Schlangenpark. Neben zahlreichen ausgestopften und konservierten Meerestieren sind einige wunderschöne Perlenarbeiten der Xhosa, u.a. aus modernen Materialien, und eine Nachbildung eines Algoasaurus zu sehen. In dem altmodischen Ozeanarium finden täglich um 11 und 15 Uhr Seehundshows statt.

Donkin Reserve
PARK

Das Donkin Reserve liegt auf einem Hügel hinter dem Zentrum und ist ein guter Orientierungspunkt. Vom **Leuchtturm** (Erw./Kind 5/3 R; ⊙8.30–16 Uhr) bieten sich schöne Blicke über die Bucht. Die **Pyramide** im Reservat ist eine Gedenkstätte für Elizabeth Donkin, die Ehefrau von Sir Rufane Donkin, dem ehemaligen Gouverneur der Kapprovinz.

🏃 Aktivitäten

Die Hauptattraktionen des Urlaubsorts sind die breiten Sandstrände und das warme Wasser des Indischen Ozeans. Der mit Abstand schönste Strand der Gegend ist **Sardinia Bay** 20 km südlich der Innenstadt. Er ist 10 km lang und zu Fuß über große Sanddünen zu erreichen. Aufgrund

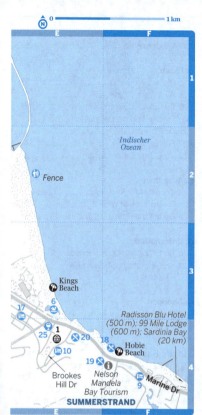

auch **Pro Dive** (041-583 1144; www.prodive.co.za; Shark Rock Pier, Beach Rd, Summerstrand) bieten PADI-Tauchkurse ab etwa 1400 R an; einen Tauchgang gibt's ab 280 R.

Sandboarden kann man auf den Maitlands-Dünen westlich von PE.

Wer sich an einem heißen Tag in Chlorwasser abkühlen möchte, ist im **MacArthur Leisure Centre** (041-582 2285; Kings Beach Promenade; Erw./Kind 30/15 R; 9–17 Uhr), einem Komplex mit Bar, Restaurant und direktem Strandzugang, und im **öffentlichen Schwimmbad** (041-585 7751; Erw./Kind 8,50/6 R; 10–18 Uhr) im St. George's Park richtig.

Geführte Touren

Afrovibe Adventures TAGESTOUREN
(082 854 4136; 12 La Roche Dr, Humewood) Der Veranstalter bei Lungile Backpackers organisiert verschiedene Tagesausflüge, u.a. Sandboardtouren.

Calabash Tours KULTURELLE TOUREN
(041-585 6162; www.calabashtours.co.za; 8 Dollery St, Central) Bietet Ausflüge ins Umland, u.a. in den Addo Elephant National Park (750 R), sowie verschiedene kulturelle Führungen in die Townships (ab 350 R) mit Abstechern zu Squatter Camps und Shebeens (illegal betriebene Kneipen) an. Die Guides sind Einheimische, die stolz auf die Rolle der Townships von Port Elizabeth im Kampf gegen die Apartheid sind und während der Führungen auf historisch und politisch bedeutsame Orte hinweisen.

Raggy Charters BOOTSTOUR
(073 152 2277; www.raggycharters.co.za) Veranstaltet Bootsfahrten unter Leitung fachkundiger Meeresbiologen nach St. Croix Island, Jahleel Island und Benton Island. Bei der Halbtagestour gibt's Pinguine, Südafrikanische Seebären, Delfine und Wale zu sehen; los geht's täglich um 8.30 Uhr (800 R).

Schlafen

Die Touristeninformationen haben Listen mit B&Bs auf Lager. Der Großteil von Port Elizabeths besten Hotels und Dutzende Apartments für Selbstversorger säumen den Strand.

der starken Strömungen bleibt man am besten im seichten Wasser und entfernt sich nicht zu weit von der Küste. Südlich von Central gibt es breite Strände, der Kings Beach erstreckt sich ab dem Hafen von Humewood, und in Summerstrand findet man recht geschützte Strände. Zudem hat sich PE den Spitznamen „Windy City" redlich verdient – Windsurfer und Segler finden am Hobie Beach, 5 km südlich von Central, gute Bedingungen vor.

Auch Surfer kommen auf ihre Kosten, wobei es zwischen Hafenmauer und Summerstrand sowie am Pollok Beach die besten Surfspots gibt. Im **Surf Centre** (041-585 6027; Dolphins Leap) werden Surfbretter verliehen (halber Tag 100 R) und Kurse angeboten (2-stündiger Kurs 200 R).

Gute **Tauchgründe** mit Wracks gibt's rund um Port Elizabeth und die St. Croix Islands, ein Meeresschutzgebiet. Sowohl **Ocean Divers International** (041-581 5121; www.odipe.co.za; 10 Albert Rd, Walmer) als

STRAND & UMGEBUNG
Beach Hotel HOTEL $$
(041-583 2161; www.thebeachhotel.co.za; Marine Dr, Summerstrand; inkl. Frühstück 650 R/Pers.;) Das freundliche Vier-Sterne-Ho-

Port Elizabeth

◉ Sehenswertes
1	Bayworld	E4
2	Calabash Tours	A1
3	Donkin Reserve	B2
4	Nelson Mandela Metropolitan Art Museum	A2
5	South End Museum	C3

◑ Aktivitäten, Kurse & Touren
	Afrovibe Adventures	(siehe 14)
6	MacArthur Leisure Centre	E3
	Pro Dive	(siehe 18)
7	Öffentliches Schwimmbad	A2

⬚ Schlafen
8	Algoa Bay B&B	D4
9	Beach Hotel	F4
10	Chapman Hotel	E4
11	Guesthouse on Irvine	A1
12	Hippo Backpackers	A1
13	Kings Beach Backpackers	D3
14	Lungile Backpackers	D4
15	No 1 Sherlock St	A1
16	Paxton Hotel	C3
17	Windermere	E3

✕ Essen
	Blackbeards	(siehe 10)
18	Blue Waters Café	F4
19	Boardwalk Casino Complex	E4
20	Brooke's on the Bay Pavilion	E4
21	Deli Street Café	A1
22	Fushin	A1
23	Vovo Telo Bakery & Café	A1

◔ Ausgehen
	Coco de Mer Restobar	(siehe 25)
24	For the Love of Wine	A1
25	Gondwana Café	E4

◉ Unterhaltung
26	Port Elizabeth Opera House	B2
27	Kricketplatz im St. George's Park	A2

⬡ Shoppen
28	Wezandla Gallery & Craft Centre	B2

tel hat eine wunderschöne Lage gegenüber dem Hobie Beach neben der Promenade, und das hauseigene Restaurant Ginger (Hauptgerichte 92–110 R) wartet mit Meerblick auf. Das exquisite Gebäude aus den 1920er-Jahren lohnt allein wegen des hübschen Frühstücksraums einen Besuch.

Windermere
PENSION $$$

(☏041-582 2245; www.thewindermere.co.za; 35 Humewood Rd; DZ inkl. Frühstück 1500 R; ✴☎☀) An einer ruhigen Straße, nur einen Block vom Strand entfernt, sorgt diese Oase für individuellen Luxus. Es dominieren edle zeitgenössische Möbel, und die Zimmer und Bäder zeichnen sich durch ihre Größe aus. Den Gast erwarten besonders aufmerksame Mitarbeiter, ein Loungebereich im Freien und ein Tauchbecken im Garten.

Algoa Bay B&B
B&B $$

(☏041-582 5134; www.algoabay.co.za; 13 Ferndale Rd; EZ/DZ inkl. Frühstück 550/900 R; ✴☎☀) Das moderne B&B liegt beim Windermere um die Ecke. Die geschmackvoll eingerichteten Zimmer sind mit Flachbild-TVs ausgestattet, und die Quartiere im Obergeschoss bieten Ausblick auf den King's Beach. Zur Anlage gehören eine Veranda und ein solarbeheizter Pool.

Lungile Backpackers
HOSTEL $

(☏041-582 2042; www.lungilebackpackers.co.za; 12 La Roche Dr, Humewood; Stellplatz/B 60/120 R, DZ ohne/mit Bad 220/270 R; @☎☀) Die professionell geführte Unterkunft liegt in einem Vorort auf einem Hügel, nur Minuten vom Strand entfernt. Im großen Unterhaltungsbereich des A-förmigen Gebäudes herrscht an den meisten Abenden gute Stimmung. Die Schlafsäle und der Campingplatz füllen sich schnell, wenn der Baz-Bus ankommt. Zur Auswahl stehen auch hübsche Doppelzimmer mit Steinfliesen und eigenem Bad (300 R). Gäste werden vom Flughafen und Stadtzentrum abgeholt. In der Anlage ist Afrovibe Adventures ansässig.

Chapman Hotel
HOTEL $$

(☏041-584 0678; www.chapman.co.za; 1 Lady Bea Cres, Brookes Hill Dr, Summerstrand; EZ/DZ inkl. Frühstück 450/600 R; ✴@☀) Der freundliche Familienbetrieb mit Meerblick neben dem Dolphin's Leap Centre mit Wasserfall und Kaskadenpool ist eine gute Mittelklasseoption. Die modernen Zimmer haben eigene Balkone mit Aussicht aufs Meer.

99 Mile Lodge
LODGE $

(☏041-583 1256; www.99miles.co.za; 4 Jenvey Way; B/EZ/DZ 120/270/385 R; ☎☀) Das recht unauffällige Gästehaus in einem Vorortbezirk liegt ein paar Gehminuten von Polo Beach und Hobie Beach entfernt; an Letzterem hat man gute Surfbedingungen. Es gibt eine Gemeinschaftsküche und einen großen Pool mit geräumiger Veranda.

Kings Beach Backpackers
HOSTEL $

(☎041-585 8113; kingsb@agnet.co.za; 41 Windermere Rd, Humewood; Stellplatz 60 R, B/DZ ohne Bad 120/250 R; @🛜) Die kleine, trauliche Bleibe liegt an einer ruhigen Straße einen kurzen Fußmarsch vom Strand entfernt. Im Garten hintern Haus gibt's ein paar provisorische Cottages. Das Personal hilft Gästen bei der Planung von Touren ins Umland.

Radisson Blu Hotel
HOTEL $$

(☎041-509 5000; www.radissonblu.com; Ecke Marine Dr & 9th Ave; DZ 1200 R; ❄@🛜🏊) Der glänzende Turmbau mit Blick auf den Strand beherbergt einige der modernsten und stilvollsten Zimmer der Stadt und bietet den Service eines internationalen Businesshotels.

Paxton Hotel
HOTEL $$

(☎041-585 9655; www.paxton.co.za; Carnarvon Pl, Humewood; EZ/DZ 955/1300 R; ❄@🛜🏊) Noch eine erstklassige Unterkunft, allerdings nicht direkt am Strand, sondern hinter einem winzigen Einkaufszentrum. Der Strand ist eine kurze Fahrt entfernt.

ANDERSWO

No 1 Sherlock St
PENSION $

(☎082 570 1565; rath@iafrica.com; 1 Sherlock St, Richmond Hill; Zi. 250 R) Die zwei Zimmer bieten ein gutes Preis-Leistungs-Verhältnis und liegen einen kurzen Fußmarsch bergauf von den Restaurants auf der Stanley St entfernt. Ausgestattet sind sie mit Küchenzeile, TV und eigener Veranda mit Traumblick aufs Meer. Interessierte müssen sich im Vorfeld mit dem Besitzer in Verbindung setzen, der im angrenzenden Haus lebt.

Hippo Backpackers
HOSTEL $

(☎041-585 6350; www.thehippo.co.za; 14 Glen St, Richmond Hill; B/EZ/DZ ohne Bad 100/150/280 R; @🛜🏊) Aufgrund der Nähe zur Restaurantmeile an der Stanley St ist das Hippo eine praktische und gemütliche Option. Hinterm Haus gibt es eine sehr hübschen Pool- und *braai*-Bereich, zudem erwarten zwei ansprechende Lounges, zwei Küchen und nett eingerichtete Zimmer die Gäste. Das für fünf Personen ist eine günstige Option für Gruppen (350 R).

Forest Hall Guest House
PENSION $$

(☎041-581 3356; www.foresthall.co.za.com; 84 River Rd, zw. 9th Ave & 10th Ave, Walmer; EZ/DZ inkl. Frühstück 600/850 R; ❄🛜🏊) Von den riesigen Zimmern mit jeder Menge Tageslicht in diesem eleganten Walmer-Haus hat man Ausblick auf die weitläufige Anlage und den wunderschönen Garten. Die Gastgeber tun alles, um ihre Gäste zu verwöhnen, und die hausgemachten Drei-Gänge-Menüs (120 R) sind exzellent.

Guesthouse on Irvine
PENSION $$

(☎084 650 0056; www.guesthouseonirvine.com. za; 40 Irvine St, Richmond Hill; EZ/DZ 450/580 R; 🛜) Das renovierte viktorianische Haus in einem Trendviertel liegt nur ein paar Türen von den Restaurants an der Stanley St entfernt. Die kleinen, sauberen Zimmer haben Parkettböden, und die Betten sind mit hübscher Bettwäsche bezogen.

✖ Essen

Die **Stanley St** zwischen Glen St und Mackay St im Viertel Richmond Hill wird von über einem Dutzend guter Restaurants gesäumt. Am ersten Mittwoch im Monat findet ein Nachtmarkt statt. Im **Brooke's on the Bay Pavilion** findet man das Primi Piatti, das Ocean Basket und das Coachman, und der **Boardwalk Casino Complex** in Summerstrand beherbergt mehrere Fast-Food-Lokale, ein gutes chinesisches Restaurant und ein paar Cafés mit Patio-Sitzbereichen. An der 6th Ave im Vorort Walmer gibt es eine Handvoll empfehlenswerter Lokale, darunter das **Wicker Woods** (50 6th Ave; Hauptgerichte 95 R), die **Cobblestone Bakery** (40 6th Ave; Hauptgerichte 45 R) und das **Boccadillos** (42 6th Ave; Hauptgerichte 60 R).

Deli Street Café
SANDWICHES, SÜDAFRIKANISCH $$

(Stanley St; Hauptgerichte 60 R, Sandwiches 45 R; ⏱7.30–22 Uhr; 🛜) Das Restaurant wirkt wie einem einstigen Industriegebiet entsprungen, das es zu einem aufgehübschten Trendviertel gebracht hat. Speisenauswahl und Dekor sind ländlich geprägt. In dem luftigen Essbereich mit hohen Decken und Wänden und Böden mit freigelegten Ziegelsteinen sowie an Picknicktischen werden Salate, Burger und vom Gast selbst zusammengestellte Sandwiches serviert.

Cubata
BARBECUE $$

(Ecke Arthur St & Stebonheath St, Sydenham; Hauptgerichte 65 R; ⏱Mo–Sa) Das Cubata ist in einer großen umgebauten Garage in einem düsteren Viertel in Stadionnähe untergebracht und zieht eine treue einheimische Stammklientel an, die sich in geselliger Runde gegrillte Garnelen, Rippchen und Hühnchen nach portugiesischer Art schmecken lässt. Alkoholische Getränke muss man selbst mitbringen.

Vovo Telo Bakery & Café
CAFÉ $

(Irvine St; Hauptgerichte 55 R; ☉ 7.30–15.30 Uhr) In dem Restaurant mit rustikalem Charme genießen Einheimische auf der großzügigen Terrasse stark gebrühten Kaffee, leichte Gerichte wie Frittata-Törtchen (35 R), dünne knusprige Pizza und Salate.

Fushin
JAPANISCH $$

(15 Stanley St; Hauptgerichte 100 R) Der erfahrene Besitzer und Küchenchef dieses Restaurants zaubert hochwertiges Sushi, hausgemachte Nudeln nach Singapur-Art und Kreatives wie gefüllten Riesentintenfisch. Serviert wird dies in dem kleinen, modernen Speiseraum oder, wie in allen Restaurants an der Stanley St, auf der Straße.

Blue Waters Café
INTERNATIONAL $$

(Marine Dr, Summerstrand; Hauptgerichte 75 R) Das Café punktet mit seiner Lage am Strand, der Außenterrasse im 2. Stock und einer langen, abwechslungsreichen Speisekarte. Wohl aufgrund der großen Auswahl ist das Essen jedoch nur durchschnittlich.

Coachman
INTERNATIONAL $$

(103 Cape Rd, Glendinningvale; Hauptgerichte 110 R) Laut den Einheimischen das beste Steakhaus der Stadt. Zur Wahl stehen 1-kg-Steaks bester Qualität, T-Bone-Steaks und Koteletts sowie Meeresfrüchte, Hühnchen und Pasta.

Blackbeard's
SEAFOOD/SÜDAFRIKANISCH $$

(Chapman Hotel, 1 Lady Bea Cres, Brookes Hill Dr, Summerstrand; Hauptgerichte 60–100 R; ☉ 7–9 & 18 Uhr–open end) Hat sich auf große Platten leckerer Meeresfrüchte spezialisiert, die sich Gäste selbst zusammenstellen können.

🍷 Ausgehen

Die **Stanley St** wird von mehrere Bars und Restaurants gesäumt, die sich gut für einen abendlichen Drink eignen. An der nahen **Parliament St** finden sich ebenfalls Bars, allerdings gilt die Gegend nach Einbruch der Dunkelheit als recht zwielichtig.

LP TIPP **For the Love of Wine**
WEINBAR

(Stanley St, Richmond Hill; ☉ Di–Sa 13–20 Uhr) Die inhabergeführte Weinbar, eine von wenigen in PE, befindet sich über dem Yiayias Mediterranean Restaurant. Auf der großzügigen Veranda mit kühler Brise (für Verfrorene gibt's Decken) ist es bei Sonnenuntergang besonders schön. Es gibt eine gute Auswahl von sehr günstigen Weinen (25 R/Glas), und mehrere Restaurants an der Stanley St liefern Essen ins Haus, weswegen Gäste auch nach Schließung der Bar gegen 20 Uhr noch bleiben können.

Im Dolphin's Leap Centre in Humewood gibt es das **Gondwana Café** (☉ Di–So 9 Uhr–open end) – mit DJ-Musik am Freitag und Samstag sowie Livejazz am Sonntag ab 17.30 Uhr – und die **Coco de Mer Restobar** (☉ 12 Uhr–open end), ein Restaurant mit Cocktail-Lounge, in der mittwochs und samstags DJs auflegen.

☆ Unterhaltung

Port Elizabeth Opera House
OPER

(☎ 041-586 3177; www.peoperahouse.co.za; Whites Rd) Zum vielfältigen Programm des Opernhauses, des ältesten in Südafrika, gehören Konzerte, Ballett, Theater und Jazz. Aktuelle Infos gibt's an der Kasse.

Savoy Club Theatre
THEATER

(☎ 083 471 8893; Ecke Stirk St & Colett St, Adcockvale) Hier führt die Gilbert and Sullivan Society kleine Produktionen auf.

Kricketplatz im St. George's Park
STADION

(☎ 041-585 1646; www.stgeorgespark.co.za) Im Heimatstadion des Vereins Eastern Province Cricket verwandeln dessen lautstarke Anhänger Ein-Tages-Länderspiele in stimmungsvolle Partys.

Nelson Mandela Stadium
STADION

(www.nmbstadium; 70 Prince Alfred Rd, North End) Das futuristisch anmutende Stadion wurde für die Fußball-WM 2010 gebaut und sticht aus dem ansonsten heruntergekommenen Stadtviertel North End heraus.

🛍 Shoppen

Wezandla Gallery & Craft Centre
KUNSTHANDWERK

(27 Baakens St) In dem bunten Zentrum für Kunst und Kunsthandwerk gibt's eine riesige Auswahl von Arbeiten Einheimischer und ein kleines Café. Die Mitarbeiter informieren Besucher gern.

Daneben gibt's im Boardwalk in Summerstrand Kunsthandwerkläden und auf dem Flohmarkt am King's Beach Kurioses.

ℹ Praktische Informationen

Nelson Mandela Bay Tourism (☎ 041-585 8884; www.nmbt.co.za; Donkin Reserve; ☉ Mo–

Fr 8–16.30, Sa & So 9.30–15.30 Uhr) hat exzellente Infos und Karten auf Lager. Das Café bietet zudem tolle Blicke auf die Stadt. Es gibt weitere Vertretungen im Boardwalk (Summerstrand), vor dem Brooke's on the Bay Pavilion (Beach Rd, Humewood) und am Flughafen.

❶ An- & Weiterreise

Auto

Alle großen Mietwagenfirmen haben Büros in Port Elizabeth oder am Flughafen, darunter **Avis** (☎ 041-501 7200) und **Hertz** (☎ 041-581 6600).

Bus

Busse von Greyhound und **Translux** (Ernst & Young Bldg, Greenacres Shopping Centre, Ring Rd) fahren am Greenacres Shopping Centre, rund 3 km von Humewood entfernt, ab. Reservierungen sind auch über **Computicket** (☎ 083 915 8000; www.computicket.com; Greenacres Shopping Centre) möglich. Busse von **Intercape** (Ecke Fleming St & North Union St) starten hinter der alten Post.

NACH KAPSTADT

Busse von City to City, Intercape und Translux fahren zweimal täglich über die Garden Route nach/ab Kapstadt (320 R, 11 Std.).

Der Baz-Bus verkehrt täglich von Port Elizabeth nach Kapstadt (einfache Strecke 1110 R; Hop-on-hop-off-Service mit Halt nach Bedarf).

NACH JOHANNESBURG

Greyhound und Intercape bieten Nachtbusse von Port Elizabeth nach Jo'burg (380 R, 15 Std.) über East London. Translux verkehrt täglich von Port Elizabeth nach Jo'burg (360 R, 14½ Std.) über Bloemfontein (240 R, 9 Std.) und Graaff-Reinet (140 R, 3½ Std.).

NACH DURBAN & EAST LONDON

City to City und Translux fahren täglich nach Durban (380 R, 13 Std.) über Grahamstown (80 R, 1½ Std.), East London (140 R, 4 Std.), Mthatha (240 R, 7 Std.) und Port Shepstone (310 R, 11½ Std.). Greyhound verkehrt täglich nach Durban (375 R, 12½ Std.), und Intercape bietet um 7 Uhr eine Verbindung nach East London (225 R). **Mini-Lux** (☎ 043-741 3107; 33 Main Rd, Amalinda) fährt regelmäßig über Grahamstown nach East London.

Der Baz-Bus verkehrt montags, dienstags, donnerstags, freitags und sonntags von Port Elizabeth nach Durban und fährt montags, mittwochs, donnerstags, samstags und sonntags wieder zurück. Ein Hop-on-hop-off-Ticket für die einfache Strecke kostet 1110 R.

Flugzeug

South African Airways (SAA; ☎ 041-507 1111; www.flysaa.com) und **Kulula** (☎ 0861 585 852; www.kulula.com) fliegen täglich zwischen Kapstadt (1400 R, 1¾ Std.), Durban (1400 R, 1¼ Std.) und Jo'burg (1000 R, 1½ Std.).

Minibus-Taxi

Die meisten Minibus-Taxis fahren von den großen Townships rund um Port Elizabeth ab und sind oft nur schwer zu finden. Vom **Minibus-Taxi-Stand** (Strand St) ein paar Blocks nördlich des Glockenturms gibt es Verbindungen in die nähere Umgebung.

Zug

Shosholoza Meyl (www.shosholozameyl.co.za) fährt nach Jo'burg (ab 370 R, 20 Std., Mi, Fr & So) über Cradock, Bloemfontein und Kroonstad. Zur Auswahl stehen „Tourist Class" und „Economy Class". Einmal wöchentlich verkehrt **Premier Classe** (☎ in Cape Town 011-773 9247; www.premierclasse.co.za) nach Kapstadt (1250 R, 8½ Std.) über Oudtshoorn.

❶ Unterwegs vor Ort

Der **Flughafen** (Allister Miller Rd, Walmer) liegt rund 5 km vom Zentrum entfernt. Dort gibt es Taxis und Mietautos. Privattaxis (ca. 65 R) bieten **Hurter Cabs** (☎ 041-585 5500) und **Alpha Cabs** (☎ 041-484 5554).

Die Algoa Bus Company bedient alle 25 Minuten die meisten Routen (einfache Strecke 6,50 R) in der Stadt und in den umliegenden Vororten. Die Abfahrt erfolgt an der Bushaltestelle Market Square an der Strand St.

ZENTRALES EASTERN CAPE

Diese geografische Bezeichnung mag zwar konstruiert sein, dennoch ist es (aus der Perspektive eines Reisenden) sinnvoll, das Gebiet unmittelbar östlich von Port Elizabeth als eigenständige Region zu definieren. Neben vielen anderen privaten Wildschutzgebieten ist der Addo Elephant National Park hier eine große Attraktion. Grahamstown im Herzen eines anglozentrischen Gebiets, in dem ursprünglich die Siedler von 1820 (s. Kasten S. 208) lebten, ist die größte Stadt, Port Alfred kann dafür mit kilometerlangen, von Dünen gesäumten Stränden aufwarten.

Addo Elephant National Park

72 km nördlich von Port Elizabeth, nahe der Zuurberg Range im Sundays River Valley, schützt dieser **Nationalpark** (☎ 042-233 8600; www.sanparks.org; Erw./Kind 150/50 R;

7–19 Uhr) die überlebenden Tiere, die von der einst riesigen Elefantenpopulation, die früher durch Eastern Cape zog, übrig geblieben sind. Als Addo 1931 zum Nationalpark erklärt wurde, gab es gerade noch 16 Elefanten. Heute leben in dem Park über 450 (tatsächlich war das Schutzprogramm so erfolgreich, dass heute über empfängnisverhütende Maßnahmen nachgedacht wird) und man muss schon viel Pech haben, um keinen zu sehen. Das einstige Ackerland umfasst heute fünf Biome und erstreckt sich über 180 000 ha bis zum Küstengebiet an der Stelle, an der der Sundays River und der Bushman's River ins Meer fließen. Es gibt Pläne, den Park um ein Meeresschutzgebiet zu erweitern, das aus Inseln mit der zweitgrößten Nistkolonie von Brillenpinguinen Afrikas bestehen soll.

Ein ein- oder zweitägiger Ausflug in den Park ist ein Highlight jeder Reise in diesen Teil von Eastern Cape. Das liegt nicht nur an den Elefanten, sondern auch an den Zebras, Spitzmaulnashörnern, Afrikanischen Büffeln, Leoparden, Löwen, zahllosen Vogelarten und prähistorisch anmutenden Mistkäfern, die nur im Addo Elephant National Park leben. Die Käferweibchen vergraben Elefantenmist als Vorrat, was den Boden düngt und das Wachstum des hellgrünen Geldbaums begünstigt. Seine Blätter sind die wichtigste Feuchtigkeitsquelle der Elefanten, weswegen die Pflanze im Englischen auch „Elephant's Food" genannt wird. Weiße Haie und Südkaper (in der Saison) machen die „Big Seven" komplett.

🏃 Aktivitäten

Im Sommer kommt man am besten vormittags in den Park und macht sich zu einem der Wasserlöcher auf, wo sich die Elefanten während der Mittagshitze sammeln. Im Winter ist der frühe Morgen die beste Zeit, um Tiere zu beobachten. Zum Angebot gehören zweistündige **geführte Wildbeobachtungsfahrten** (☎042-233 8657; 235 R/Pers.) in großen Geländewagen mit guter Aussicht; besonders in der Hauptsaison (Okt.–März) sollten diese im Voraus gebucht werden. **Hop-on-Guides** (140 R/Auto; ⏱8–17 Uhr) fahren bei Bedarf im Auto der Parkbesucher mit und können am Haupteingang angeheuert werden.

Die hiesigen Elefanten waren früher regelrecht süchtig nach Orangen und Grapefruits. Sie kämpften um die Früchte, mit denen sie von den ersten Parkrangern gefüttert wurden, damit sie innerhalb des Parkgeländes blieben. Seit Ende der 1970er-Jahre ist das Verfüttern von Obst verboten, allerdings haben die Dickhäuter bekanntermaßen ein Elefantengedächtnis – so kann allein der Geruch ältere Tiere anlocken. Das Verlassen des Autos ist ohnehin *nur* an ausgewiesenen Stellen erlaubt.

Criss Cross Adventures KANUFAHREN
(☎072 125 9152; www.crisscrossadventures.co.za; Chrislin Lodge) Bei Hochwasser ist der Sundays River der am schnellsten fließende Fluss Südafrikas, in anderen Monaten eignet er sich ideal für eine geführte Kanutour. Hinter Flussgrastunneln warten weite Ausblicke, und am Ufer nisten Eisvögel und Fleckenuhus. Der Tourveranstalter Christopher Pickens ist am Fluss aufgewachsen und kennt ihn wie seine Westentasche. Er bietet auch vierstündige Tierbeobachtungen (600 R) und eine Tagestour in die Berge (1100 R) an.

Reitwege REITEN
(☎042-233 8657; addogamedrives@sanparks.org) Morgens und nachmittags werden im Nyathi-Abschnitt des Parks Ausritte angeboten. Reitausflüge im bergigen Zuurberg-Gebiet führen durch herrliche Landschaften, Tiere gibt es allerdings nicht zu sehen; zur Auswahl stehen ein- (165 R), drei- (230 R) und fünfstündige (250 R) Touren sowie ein Ausritt mit Übernachtung zum **Narina Bush Camp** (ohne Unterkunft 440 R).

🛏 Schlafen & Essen

Die Parkunterkünfte sind zu Stoßzeiten oft ausgebucht, deshalb sollte man möglichst im Voraus reservieren. In dem Ort Addo, nur ein paar Kilometer vom Parkeingang entfernt und leicht zu übersehen, gibt's jede Menge B & Bs.

Im **Parkrestaurant** (Hauptgerichte 65 R), über dem der ausgestopfte Schädel des legendären Stiers Hapoor thront, werden mittelmäßige Gerichte serviert. Wer Proviant mitgebracht hat, kann diesen im schattigen Picknickbereich des Rest Camps mit gutem Blick auf das Wasserloch verzehren. Der Großteil der Besucher, die über Nacht bleiben, isst in der Unterkunft.

Camp Figtree RESORT $$$
LP TIPP (☎082 611 3603; www.campfigtree.co.za; Cottage inkl. Frühstück 890 R/Pers.; @ ⛱) Das Luxusresort im kolonialen Stil thront oberhalb des Parks in den Zuurberg-Bergen und wartet mit Panoramablicken auf. Zum

Gelände gehören geschmackvoll eingerichtete Cottages mit riesigen Bädern und Privatveranden, ein Pool, eine Bibliothek, ein Loungebereich und ein Restaurant, in dem Nachmittagstee serviert wird. Trotz des Verwöhnprogramms wird hier Rücksicht auf die Umwelt genommen – Strom ist nur begrenzt verfügbar, und abends kommen ausgeklügelte solarbetriebene Lampen zum Einsatz. Das Figtree liegt rund 11 km von der Abzweigung zum Zuurberg Pass entfernt an der R335.

Aardvark Guesthouse
PENSION $

(☎042-233 1244; www.theaardvarkbackpackers.co.za; B 120 R, EZ/DZ 300/400 R; @) Die hübsche Pension steht an einem gepflegten Rasen am Ende einer Landstraße mit Schatten spendenden Bäumen, nur 2,5 km nördlich der Ortschaft Addo. Die Zimmer im Hauptgebäude haben solide Parkettböden und künstlerische Details, und im Garten gibt es *rondavels* mit eigenen Bädern. Zur Auswahl stehen außerdem ein Safarizelt mit 25 Betten (100 R/Pers.) und ein modern gestalteter Schlafsaal mit einer Küche im Ikea-Stil. Mittag- und Abendessen gibt's nur für Gruppen.

Chrislin African Lodge
LODGE $$

(☎042-233 0022; www.chrislin.co.za; EZ/DZ inkl. Frühstück 780/900 R; ☀) Eine kurze Fahrt vom Addo Elephant National Park entfernt stehen Gästen in der von einer Familie betriebenen Lodge ein paar traditionell gestaltete und sehr komfortable *rondavels* auf einem großen Rasen neben einer Zitrusfrüchtefarm zur Verfügung. Ein Sprung in den Pool und ein abendliches *braai* versprechen nach einem langen Tag Tieregucken Entspannung. Ein aus biologisch angebautem Gemüse zubereitetes Abendessen mit drei Gängen kostet 135 R pro Person.

Orange Elephant Backpackers
HOSTEL $

(☎042-233 0023; www.addobackpackers.com; B/DZ ohne Bad 120/250 R; ☎) Das ansprechende, wenn auch etwas heruntergekommene Orange Elephant befindet sich auf dem Gelände einer Zitrusfrüchtefarm mit 500 Bäumen, nicht weit vom Aardvark Guesthouse und der Ortschaft Addo entfernt. Die mittelprächtigen Privatzimmer haben Teppichboden; Gruppen können in einer *rondavel* für zehn Personen nächtigen. Das Restaurantpersonal serviert Pizza, und es gibt viel Platz zum Entspannen. Gäste werden auf Wunsch in Port Elizabeth abgeholt (hin & zurück 200 R). Halbtägige Touren in den Park kosten 550 R.

Addo Rest Camp
CAMPING $$

(☎in Pretoria 012-428 9111; www.sanparks.org; Stellplatz/Safarizelt 175/450 R, Waldhütte ohne Bad 590 R, 4-Pers.-Chalet 690 R) Der größte Campingplatz des Parks liegt bei der Hauptparkverwaltung und bietet verschiedene Unterkünfte zu fairen Preisen, manche davon mit Blick auf ein Wasserloch, an dem Elefanten ihren Durst stillen.

Avoca River Cabins
PENSION $

(☎042-234 0421; www.gardenroute.co.za/addo/avoca; Zi. ab 400 R) Die ruhige Oase befindet sich 15 km südlich des Parkeingangs in Richtung Kirkwood. Zur Auswahl stehen eine Baumhaus-Lodge, Lehmhütten aus Kuhdung, Chalets am Sundays River und ein Apartment mit zwei Schlafzimmern in einem burgähnlichen Anbau.

Lenmore
SÜDAFRIKANISCH $$

(Ecke Addo Rd & Zuurberg Rd; Hauptgerichte 45–100 R) Das einladende Restaurant liegt 6 km nördlich des Nationalparks und hat sich auf Steaks und Wild spezialisiert, was bei den einheimischen Farmern großen Anklang findet. Es gibt außerdem ein Geschäft und einen Reptilien- und Raubvogelpark.

❶ Praktische Informationen

Die Ortschaft Addo besteht aus nicht viel mehr als ein paar Läden, einer Tankstelle und einer Bank mit Geldautomat, die sich einen staubigen Parkplatz an der R335 teilen. Die Hauptverwaltung des Parks liegt 7 km weiter nördlich; dort gibt's einen gut sortierten **Laden** (☉8–19 Uhr) mit Lebensmitteln und Krimskrams.

Die unbefestigten Straßen des Nationalparks sind manchmal nicht passierbar. Nach starken Regenfällen werden sie zuweilen geschlossen. Im Zweifel wählt man die ☎042-233 8600.

Private Eastern Cape Wildlife Reserves

Die malariafreien privaten Naturschutzgebiete von Eastern Cape erstrecken sich über eine Fläche von mehr als 1 Mio. ha. Sie eröffnen Besuchern die Möglichkeit, Tiere zu beobachten und sind somit eine Hauptattraktion. Wie der Addo Elephant National Park sind sie für viele die letzte Station bei Reisen entlang der Garden Route. In allen Schutzgebieten werden Wildtierbeobachtungstouren veranstaltet und in vielen gibt es Wege für mehrtägige Wanderungen.

Eine ganze Menge findet man zwischen Addo und Grahamstown, u.a. Shamwari, Amakhala, Schotia, Kwantu, Lalibela, Pumba und Kariega. In den meisten Schutzgebieten werden auf großen zurückgewonnenen Landflächen Tiere wiederangesiedelt, die vor der Ankunft von Farmern und Großwildjägern hier verbreitet waren.

In den Schutzgebieten gibt es ein paar private Lodges verschiedener Komfortstufen und Preisklassen, die von Flitterwochen-Luxusbleiben bis hin zu Zeltcamps reichen. In den Preisen ist alles inbegriffen. Von Mai bis September gibt's oft Rabatte.

Besucher erreichen die meisten Schutzgebiete, indem sie Port Elizabeth über die N2 Richtung Grahamstown verlassen.

Das zweifellos eindrucksvollste und bekannteste Wildtierreservat von Eastern Cape ist das **Shamwari Game Reserve** (⌨042-203 1111; www.shamwari.com; DZ all inclusive Mai–Sept. 7000 R, Okt.–April 11 000 R; ✿ @ ☏), 30 km östlich des Addo Elephant National Park, in dem die Big Five (Elefant, Nashorn, Löwe, Leopard und Büffel) leben. Im Rahmen eines **Freiwilligenprogramms** (www.worldwideexperience.com) können Interessierte selbst im Tierschutz aktiv werden.

Vier Farmerfamilien, Nachfahren der Siedler von 1820, haben ihre Anwesen zum **Amakhala Game Reserve** (www.amakhala. co.za) vereint, einem 18 000 ha großen Gebiet aus eindrucksvollen Hügeln, Buschland und Savanne. Amakhala bedeutet „Land der vielen Aloen" und liegt südöstlich des Addo-Parks, nur 70 km von PE entfernt. Hier sind die Big Five vertreten, wobei die Löwen in einem gesonderten Abschnitt des Schutzgebiets leben. Angeboten werden Tierbeobachtungsfahrten und Vogelbeobachtungstouren mit dem Boot am frühen Morgen auf dem Bushman's River. Besuchern stehen elf verschiedene Unterkünfte zur Verfügung, u.a. die Fünf-Sterne-Lodges Bukela, Bush und Hlosi. Die Familie Gush betreibt das sehr empfehlenswerte **Woodbury Tented Camp** (inkl. VP 2080 R/Pers.; ☏) und die an einem Felsvorsprung gelegene **Woodbury Lodge** (⌨046-636 2750; inkl. VP 2300 R/Pers.; ☏). Die Schutzgebietsbetreiber leiten zudem eine Gemeinde- und Naturschutzstiftung.

Das **Schotia Game Reserve** (⌨042-235 1436; www.schotiasafaris.co.za), eines der ältesten Schutzgebiete, eignet sich für Besucher, die an einer Wildtierbeobachtungsfahrt teilnehmen, aber nicht über Nacht bleiben möchten. Empfehlenswert sind die Touren am späten Nachmittag mit Lagerfeuer und Abendessen in einer Freiluft-*lapa* (Begriff im südafrikanischen Englisch für einen zu allen Seiten offenen Unterstand).

Grahamstown

120 000 EW.

Grahamstown hat viele Facetten. Manchmal wird der Ort als GOG (Good Old Grahamstown) bezeichnet, üblicher ist der Begriff City of Saints, der sich auf seine rund 40 religiös motivierten Gebäude (vor allem Kirchen) bezieht. Grahamstown ist zudem die historische Hauptstadt des Siedlerlandes und eine der lebendigsten Universitätsstädte mit der größten Anzahl von Festen im Land. Hinter vornehmem Konservatismus und englischem Charme verbirgt sich aber eine blutige Vergangenheit. Im Zentrum finden sich einige schöne Beispiele viktorianischer und früher edwardianischer Architektur in Form von hübschen pastelligen Fassaden.

In Grahamstown haben sich nicht nur Briten niedergelassen. Die nahen Townships gewähren Einblicke in die Kultur der Xhosa. Früher herrschten sie über die Region, wurden jedoch von Truppen aus Briten und Buren in blutigen Kämpfen niedergerungen.

Das gesellschaftliche Leben der Stadt ist vor allem von den Studenten der Rhodes University geprägt, die sich während der Vorlesungszeit in den Kneipen und Bars treffen. Daneben zieht Grahamstown renommierte Künstler an, die gemeinsam mit der allmählich alternden Bevölkerung das kultiviertere Gesicht der Stadt offenbaren.

◉ Sehenswertes & Aktivitäten

In Grahamstown ist man zu Recht stolz auf die Museen. Vier davon werden von der **Albany Museum Group** (⌨046-622 4450; www.ru.ac.za/albanymuseum) verwaltet.

Observatory Museum　　　　　MUSEUM
(Bathurst St; Erw./Kind 10/5 R; ◷Mo–Fr 9–13 & 14–17, Sa 9–13 Uhr) Das alte Haus beherbergt seltene viktorianische Erinnerungsstücke, den renovierten Meridianischen Raum (der zeigt, dass Grahamstown der in Südafrika geltenden Zeit 14 Minuten hinterherhinkt, weil die südafrikanische Normalzeit in Durban festgesetzt wird) und eine wirklich eindrucksvolle Camera obscura von 1882. Sie ist die weltweit einzige ihrer Art außerhalb Großbritanniens: Eine Reihe optischer Linsen ähnlich einem Periskop werfen ein perfektes Panoramabild der Stadt auf eine

Grahamstown

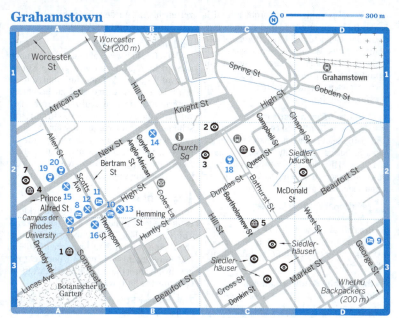

Grahamstown

⊙ Sehenswertes
Albany History Museum ....(siehe 1)
1 Albany Natural Science Museum A3
2 Birch's Gentlemen's Outfitters............C2
3 Grocott's Mail...C2
4 International Library of African
   Music A2
5 National English Literary
   Museum..C3
6 Observatory Museum C2
7 South African Institute for
   Aquatic Biodiversity A2

🛏 Schlafen
8 137 High Street.....................................A2
9 Cock House D3
10 Evelyn House B2
11 Graham Hotel..A2

🍴 Essen
12 Bella Vita A2
13 Cafe Dulce B2
    Calabash ....(siehe 11)
14 Gino's Italian Restaurant B2
15 Haricot's Deli & Bistro A2
16 Mad Hatters A3
17 Maxwell's..A3

🍸 Ausgehen
18 Copper Kettle.......................................C2
19 Olde 65 ....A2
20 Rat & Parrot A2

flache, weiße Scheibe, die in einem Turm versteckt ist. Sie wurde als Kommunikationsmittel gebaut – wer aufs Dach kletterte, konnte z. B. sehen, wo sich der Arzt befand.

Albany History Museum MUSEUM
(Somerset St; Erw./Kind 10/5 R; ⊙Mo-Fr 9-13 & 14-17, Sa 9-13 Uhr) Das Museum ist der Geschichte und der Kunst der Bewohner des Eastern Cape gewidmet, also z. B. der der Xhosa und der Siedler von 1820. Die Ausstellung in der Galerie wechselt regelmäßig.

Albany Natural Science Museum MUSEUM
(Somerset St; Erw./Kind 10/5 R; ⊙Mo-Fr 9-13 & 14-17, Sa 9-13 Uhr) Hier sind Exponate zur Frühgeschichte des Menschen zu sehen, darunter interessante Artefakte und eine traditionelle Xhosa-Hütte.

GRATIS **International Library of African Music** MUSEUM
(ILAM; ☏046-603 8557; www.ilam.ru.ac.za; Prince Alfred St, Rhodes University; ⊙Mo-Fr 8.30-12.45 & 14-17 Uhr) Hier dürfen Besucher

rund 200 Instrumente ausprobieren, sich Feldaufnahmen anhören und dann versuchen, das Gehörte auf einer *nyanga*-Flöte (Panflöte) aus Mosambik, einer *kora* (Saiteninstrument) aus Westafrika oder einem ugandischen *kalimba* (Daumenklavier) nachzuspielen. Vorher anrufen, um einen Termin zu vereinbaren!

GRATIS **South African Institute for Aquatic Biodiversity** MUSEUM
(☏046-603 5800; www.jlbsmith.ru.ac.za; Prince Alfred St, Rhodes University; ☉Mo–Fr 8–13 & 14–17 Uhr) Hier ist der zweite gefangene Quastenflosser zu sehen. Bis 1938 galt der urzeitliche Fisch als ausgestorben.

GRATIS **National English Literary Museum** MUSEUM
(87 Beaufort St; ☉Mo–Fr 8.30–13 & 14–17 Uhr) Die Sammlung enthält die Erstausgaben fast aller Werke berühmter südafrikanischer Schriftsteller.

Viktorianische & edwardianische Ladenfassaden HISTORISCHE GEBÄUDE
Die schönsten Beispiele viktorianischer und edwardianischer Läden sind **Grocott's Mail** (Church Sq), ein Büro in den hinteren Räumen eines Ladens für wohltätige Zwecke, und **Birch's Gentlemen's Outfitters** (Church Sq). Dort gibt es noch eine altmodische „Rutsche", ein Rollensystem, mit dem Geld und Wechselgeld durch die Zimmerdecke zur Zentralkasse und zurück gesandt werden kann. Wenn man nett fragt, zeigen die Verkäufer, wie es funktioniert.

GRATIS **1820 Settlers National Monument** DENKMAL
(Gunfire Hill; ☉Mo–Do 8–16.30, Fr bis 18 Uhr) Das Denkmal wurde zum Gedenken an britische Siedler errichtet. Es bietet herrliche Ausblicke auf das ländliche Umland und beherbergt ein großes Theater.

Einblicke ins Studentenleben gibt's im **Dam** (Grey St) stadtauswärts gen Süden. Hier kann man relaxen und baden, zudem finden Trommelsessions statt (Fr).

Das Umland bietet zahlreiche Outdoor-Aktivitäten, u.a. Ausflüge zum Fish River, zum Addo Elephant National Park und in private Wildtierreservate sowie Fallschirmsprünge mit **EP Skydivers** (☏082 800 9263; www.epskydivers.co.za; 1400 R).

✨ Feste & Events

Makana Freedom Festival MUSIK
(☏082 932 1304) Das Ende April stattfindende Gesang- und Tanzfestival mit Livekonzerten überall in den Townships um Grahamstown gewinnt an Popularität.

National Arts Festival KUNST
(☏046-603 1103; www.nafest.co.za) Das nach dem in Edinburgh weltweit größte Kunstfestival beginnt Anfang Juli und dauert zehn Tage. Zwei Dinge sind zu beachten: Unterkünfte müssen frühzeitig reserviert werden, da sie in diesem Zeitraum oft schon ein Jahr im Voraus ausgebucht sind, und es kann abends ziemlich kühl werden, deswegen gehört etwas Warmes zum Überziehen ins Gepäck. Beim zugehörigen Fringe Festival gibt's über 200 Veranstaltungen.

🛏 Schlafen

In der Gegend gibt's über 100 Unterkünfte, deswegen empfiehlt es sich, bei **Makana Tourism** (☏046-622 3241; www.grahamstown. co.za) eine vollständige Liste anzufordern. Das Büro organisiert zudem Übernachtungen in hochwertigen Gastunterkünften in Grahamstowns Townships.

7 Worcester Street PENSION $$$
(☏046-622 2843; 7 Worcester St; EZ/DZ inkl. Frühstück 1120/1790 R; ❄✿) Das luxuriöse Gästehaus schmücken jede Menge Kunstwerke und pompöse alte Möbel. Das Gebäude von 1888 diente früher als Hostel für Studenten – heute kommen hier Eltern unter, die ihre Sprösslinge in den Privatinternaten von Grahamstown besuchen. Das Abendessen mit drei Gängen kostet 160 R.

Cock House PENSION $$
(☏046-636 1287; www.cockhouse.co.za; 10 Market St; EZ/DZ inkl. Frühstück 535/950 R; ✆) In dem nach William Cock, einem geschäftstüchtigen Vertreter der Siedler von 1820, benannten Haus wohnte einst der Schriftsteller André Brink. Heute ist es sowohl Nationaldenkmal als auch beliebtes Gästehaus mit altmodischen Möbeln in den umgebauten Ställen und mit einem hübschen Garten. Zur Auswahl stehen außerdem zwei luxuriöse Apartments für Selbstversorger. Das **Restaurant** (Hauptgerichte 65–85 R) genießt einen sehr guten Ruf und wird gern von Studenten frequentiert, deren Eltern zu Besuch sind.

137 High Street PENSION $$
(☏046-622 3242; www.137highstreet.co.za; 137 High St; EZ/DZ inkl. Frühstück 460/750 R; ✆) Das schön gelegene Gästehaus in unmittelbarer Nähe zu Museen und Läden ist in einem charmanten georgianischen Cottage untergebracht. Laut Einheimischen ser-

viert das Restaurant den besten Cappuccino der Stadt. Die Zimmer sind winzig, jedoch hübsch eingerichtet und gemütlich.

Whethu Backpackers HOSTEL $
(☎083 982 5966; info@smileyfacetours.com; 6 George St; B/DZ 120/400 R; 🖥) Das mittlerweile geschlossene Old Gaol Backpackers ist aus einem ehemaligen Gefängnis in ein umgebautes Vororthaus mit bunt zusammengewürfelten Deko-Elementen und Möbeln umgezogen und bietet kleine Zimmer. Hier ist ein Tourveranstalter vertreten.

Evelyn House PENSION $$
(☎046-622 2324; www.afritemba.com; 115A High St; EZ/DZ inkl. Frühstück 680/940 R; 🏊) Gehört zum gegenüberliegenden Graham Hotel. Die Pension liegt ruhiger, ist etwas schicker und hat einen eigenen kleinen Pool.

Graham Hotel HOTEL $$
(☎086 128 3737; www.afritemba.com; 123 High St; inkl. Frühstück 430 R/Pers.; ❄🏊) Das Hotel in einem tristen Gebäude im Zentrum hat moderne Standardzimmer mit TV.

🍴 Essen

Grahamstowns Gastroszene umfasst Kneipen, Cafés, Fastfood-Imbisse für Studenten mit kleinem Budget und schicke Restaurants für Eltern, die ihren Möchtegernakademikernachwuchs besuchen.

Haricot's Deli & Bistro FEINKOST, MEDITERRAN $$
(32 New St; Hauptgerichte 50–100 R; ⊙9 Uhr–open end; 🖥) Das Haricots verbindet die besten Eigenschaften eines lässigen Gartencafés mit denen eines gehobenen Bistros und weiß anspruchsvollen Gaumen zu genügen. Gäste können sich einen Picknickkorb mit nach Kundenwunsch belegten Sandwiches, riesigen Scones, Muffins und leckerem Zitronenbaiserkuchen zusammenstellen oder sich eine Lamm-Aprikosen-Tagine mit einem Glas Wein – die Weinkarte gehört zu den besten der Stadt – servieren lassen.

Calabash SÜDAFRIKANISCH $$
(123 High St; Hauptgerichte 75 R) Hier wird traditionelle südafrikanische Küche – z.B. Xhosa-Fleischeintöpfe und *samp* (Mais mit Bohnen) – in einem gemütlichen Raum mit reetverkleideter Decke serviert. Zur Auswahl stehen auch vegetarische Gerichte, Standard-Burger und Pasta.

Maxwell's SÜDAFRIKANISCH $$
(☎046-622 5119; 38 Somerset St; Hauptgerichte 85 R; ⊙Di–Sa) Das Restaurant gehört zu den renommiertesten der Stadt und bringt herzhafte Küche aus Eastern Cape wie Wildpastete, Kudusteak und Straußencarpaccio auf den Tisch. Reservieren!

Bella Vita INTERNATIONAL $$
(131 High St; Hauptgerichte 65 R) Das stilvolle Café ist in einem hübschen historischen Gebäude untergebracht. Es gibt eine große Auswahl Buffetgerichte (14 R/100 g) sowie ein paar Speisen à la carte. Samstagabends wird Livemusik gespielt. Draußen ist eine Cocktailbar.

Gino's Italian Restaurant ITALIENISCH/PIZZERIA $
(8 New St; Hauptgerichte 30–60 R; ⊙mittags & abends) In der beliebten Institution lässt sich die Studentengemeinde schon seit Jahren Pizza schmecken. Auf der Speisekarte finden sich auch Pasta und andere italienische Gerichte. Der eigenwillige Eingang befindet sich an der Hill St.

Mad Hatters SANDWICHES $
(118 High St; Hauptgerichte 45 R; ⊙Mo–Fr 8–17, Sa 9–15 Uhr) In dem unauffälligen Lokal mit Sitzgelegenheiten im Innen- und Außenbereich kommen einfache Burger, Sandwiches und Salate auf den Tisch.

Cafe Dulce EIS, INTERNATIONAL $
(High St; Hauptgerichte 45 R, Eis 30 R) Die Adresse für Eisliebhaber; zudem stehen leichte Gerichte auf der Karte.

🍷 Ausgehen

Copper Kettle BAR
(7 Bathurst St; ⊙Mo–Do 7.30–12, Fr & Sa 8–2, So 11–24 Uhr) Viele Bars kommen und gehen, das Copper Kettle hingegen behauptet sich schon sehr lange vor Ort. Es fungiert hauptsächlich als Bar, man kann hier aber auch ein Mittagessen bekommen (Hauptgerichte 50 R). Jeweils Sonntagnachmittags ab 14 Uhr ertönt Livejazz.

Rat & Parrot BAR
(59 New St; ⊙11 Uhr–open end) Die beliebte Studentenkneipe bietet anständiges Kneipenessen (Hauptgerichte 55 R), laute Musik, große Fernseher (es gibt vor allem Rugby-Spiele zu sehen) und einen Biergarten. In der vorlesungsfreien Zeit ist sie sonntags geschlossen.

Olde 65 BAR
(65 New St; ⊙Mo–Do 11–24, Fr & Sa bis 2, So bis 22 Uhr) Zieht fußballinteressierte Studenten an – dafür sorgt der Fernseher mit entsprechendem Programm.

DAS LAND, IN DEM MILCH UND HONIG FLIESSEN?

1819 erhielt die britische Regierung auf ihr Angebot, in Südafrika kostenlos Land zu Verfügung zu stellen, 90 000 Anträge. Die meisten Antragssteller waren arbeitslos und arm, und nur 4000 Anträge wurden genehmigt. Im folgenden Jahr ließen sich die Siedler, die heute als „Siedler von 1820" bezeichnet werden, in Algoa Bay nieder. Sie glaubten den Versprechungen ihrer Regierung, dass sie ein friedliches Land vorfinden würden, in dem Milch und Honig flössen. In Wirklichkeit wurden sie jedoch als Puffer zwischen den Buren auf der einen und den Xhosa auf der anderen Seite des Great Fish River benutzt, die schon lange um das viehreiche Land, das Zuurveld, kämpften.

Das Leben im Grenzland war hart. Von Kriegen, Mangel an Erfahrung, Ernteschäden, kriegerischen Nachbarn, Überschwemmungen und Dürren schwer geplagt, zogen sich viele Familien in die Städte – vor allem Port Elizabeth, East London und Grahamstown – zurück, wo sie ihren bereits in England ausgeübten Geschäften nachgingen. Insbesondere Grahamstown entwickelte sich zu einem Handels- und Produktionszentrum. Äxte, Messer und Decken wurden gegen Elfenbein und Felle eingetauscht. Die Geschäftsleute unter den Siedlern stellten Metallwerkzeuge, Waggons und Kleidung her. Port Elizabeth und Port Alfred entwickelten sich zunächst, um Grahamstown, das rasch zur zweitgrößten Stadt der Kapkolonie wurde, zu versorgen.

Die Siedler leisteten einen wichtigen Beitrag für die südafrikanische Gesellschaft. Sie bestanden auf Pressefreiheit, wie sie sie in England genossen hatten. Diese wurde – nur widerwillig – im Jahre 1825 gewährt. Die Siedler spielten auch eine bedeutende Rolle bei der im selben Jahr erfolgenden Gründung des Council of Advice, der den Gouverneur in wichtigen Dingen beraten sollte. Einige der im Grenzland verbliebenen Siedler wurden erfolgreiche Farmer, war doch der Handel mit Wolle ein lukratives Geschäft.

ⓘ Praktische Informationen

Makana Tourism (✆046-622 3241; www.grahamstown.co.za; 63 High St; ⊙Mo–Fr 8.30–17, Sa 9–13 Uhr) informiert umfassend über Unterkünfte, verkauft Translux-Bustickets und hat kostenloses WLAN sowie einen Computer mit Internetzugang.

ⓘ An- & Weiterreise

Busse von Greyhound und Translux fahren täglich von der **Endhaltestelle** (Ecke High St & Bathurst St) nach Kapstadt (310 R, 13 Std.), Port Elizabeth (110 R, 2 Std.) und Durban (310 R, 12½ Std.). **Mini-Lux** (✆in Amalinda 043-741 3107) bedient von hier aus East London und Port Elizabeth. Über Preise und Fahrpläne informiert die Touristeninformation.

Minibus-Taxis parken an der Raglan St, die meisten fahren jedoch im Township Rhini ab. Zu den Zielen gehören Fort Beaufort (30 R, 2 Std.), King William's Town (42 R, 3 Std.), Port Elizabeth (40 R, 2½ Std.) und East London (60 R, 4 Std.).

Bathurst

Das kleine idyllische Örtchen Bathurst liegt an der Straße zwischen Port Alfred und Grahamstown. Es ist eine beliebte Partyadresse in Eastern Cape, besonders im Dezember zum Ox Braai, einem riesigen Fest, das alljährlich um Silvester zu wohltätigen Zwecken stattfindet. Das Dorf ist auch für das **Bathurst Agricultural Museum** (✆079 987 9507; www.bathurst.co.za; Erw./Kind 15/10 R; ⊙Mo–Sa 9–16, So 13–16 Uhr) bekannt, das eine große Sammlung von Traktoren und anderen landwirtschaftlichen Geräten sowie einen Bienenstock zeigt.

Das **Watersmeeting Nature Reserve** (✆046-425 0876; Eintritt 10 R/Fahrzeug zzgl. 5 R/Pers.; ⊙7–17 Uhr) direkt vor der Stadt schützt den Anfang des Kowie River, wo Süß- und Meerwasser zusammenfließen. Im Wald können Besucher Vögel beobachten oder Kanus mieten und 21 km stromaufwärts nach Port Alfred paddeln. Es gibt Tiere zu beobachten, z. B. Kudus, Buschschweine und Buschböcke, und einen hübschen Blick auf die Horseshoe Bend des Flusses. Die Straße zum Fluss hinunter, 4,5 km von der Kreuzung entfernt, ist steil und sollte nach Regenfällen nicht befahren werden.

Die 16,7 m große **Big Pineapple** (Summerhill Farm, abseits der R67; Erw./Kind 10/5 R; ⊙8.30–16.30 Uhr) aus Fiberglas gehört einheimischen Farmern und steht ein paar Kilometer südlich auf dem Weg nach Port Alfred. Von der Spitze bieten sich tolle Ausblicke auf das ländliche Umland und im Inneren erzählt eine umfangreiche Ausstellung von der Geschichte der Ananasindustrie. Zudem werden Ausflüge auf dem Traktor zu den Farmen (Erw./Kind 25/15 R) angeboten. Mit Ananasverkostung!

Direkt hinter der Big Pineapple findet sich das **Summerhill Inn** (☏086 128 3737; www.afritemba.com; abseits der Route 67; 275 R/ Pers.; 🅿🏊) mit großen, gemütlichen Zimmern, Pfauen und Ausblick auf die Ananasfelder.

Das 1832 errichtete **Pig 'n Whistle Hotel Restaurant & Pub** (☏046-625 0673; www. pigandwhistle.co.za; Zi. 225 R; 🛜) liegt an der einzigen Kreuzung im Dorf und ist sehr gemütlich. Die geräumigen Zimmer schmücken freigelegte Originalholzbalken, und die Bäder verfügen über Porzellanwannen und Regenduschen. Im Speiseraum oder an den Picknicktischen im Freien wird Kneipenessen serviert. Im **Pic-Kwick's Restaurant** (Hauptgerichte 44 R) auf der anderen Straßenseite stehen zwei Dutzend Pizzavarianten zur Auswahl.

Bathurst, das an der R67, rund 37 km südöstlich von Grahamstown, liegt, lässt sich am besten mit dem eigenen Fahrzeug erkunden. Alternativ fahren Minibustaxis täglich die 15 km von Port Alfred hierher (12 R).

Port Alfred

32 500 EW.

Der wegen des durch das Zentrum fließenden Flusses auch „The Kowie" genannte Ort wartet mit wunderschönen Stränden auf. Manche im Norden erstrecken sich vor der Kulisse mächtiger Sanddünen. Den Kanal und die umliegenden Berge säumen luxuriöse moderne Ferienhäuser – der Anblick erinnert an Miami. Außerhalb der Saison kommen bis auf Studenten aus Grahamstown kaum Besucher, von Mitte Dezember bis Januar tummeln sich hier hingegen jede Menge Urlauber aus ganz Südafrika. Backpacker trifft man nur selten, denn es gibt nur wenige Budgetunterkünfte.

◎ Sehenswertes & Aktivitäten

Surfer finden an der Flussmündung gute Right and Left Hand Breaks. Durch das Kowie Nature Reserve führt ein 8 km langer **Wanderweg**; Karten sind in der Touristeninformation erhältlich. Zudem locken Spaziergänge an den unberührten Stränden.

Outdoor Focus　　　BOOTFAHREN, TAUCHEN
(☏046-624　4432;　www.outdoorfocus.co.za; Beach Rd) *Die* Anlaufstelle für Tauchausflüge

und andere Outdoor-Aktivitäten. Tauchen kann man von Mai bis August. Die Sicht ist nicht gerade überwältigend (5–8 m), dafür gibt es hier viele Fische, Weichkorallen und Sandtigerhaie. Der Anbieter vermietet außerdem Kanus (60 R/2 Std.) und Mountainbikes (150 R/Tag), organisiert Fahrten auf dem Fluss und dem Meer sowie eine zweitägige Tour auf dem **Kowie Canoe Trail** (125 R/Pers.). Die recht einfach zu bewältigende Kanufahrt führt über 21 km stromaufwärts nach Port Alfred und umfasst eine Übernachtung in einer Hütte an der Horseshoe Bend im Watersmeeting Nature Reserve. Matratzen, Wasser und Holz werden gestellt, Verpflegung und Bettzeug müssen Teilnehmer hingegen selbst mitbringen.

Great Fish Point Lighthouse　HISTORISCHES GEBÄUDE, AUSSICHTSPUNKT
(Erw./Kind 16/8 R; ⊙10–12 & 12.30–15 Uhr) Der Leuchtturm erhebt sich 25 km östlich von Port Alfred und bietet Ausblick auf großartige Dünen und die Küste. Besucher können in dem gemütlichen **Cottage** (☏in Kapstadt 021-780 9232; salato@npa.co.za; Cottage m. 2 B & 2 Bädern 800 R; 🏊) des Leuchtturmwärters übernachten, wobei eine Reservierung erforderlich ist. Die unbefestigte Straße, die von der Abzweigung auf dem Highway hierher führt, ist recht holprig und sollte nach Regenfällen nur mit einem Geländewagen befahren werden.

3 Sisters Horse Trails & Equestrian Centre　　　　　REITEN
(☏082 645 6345; www.threesistershorsetrail. co.za; 250 R) Macht mehrstündige Ausritte am Strand und Ausflüge mit Übernachtung ins Flusstal. Liegt 15 km von Port Alfred entfernt an der R72 Richtung East London.

Let's Go Boat Cruises　　　BOOTSFAHRT
(☏072 447 4801; Erw./Kind 70/30 R) Zweistündige Bootsfahrten den Kowie River hinauf.

Royal Port Alfred Golf Course　　GOLF
(☏046-624 4796; www.rpagc.co.za; St Andrews Rd; 18-Loch-Runde 220 R) Einer von vier Royal-Golfplätzen in Südafrika.

🛏 Schlafen

Zur Haupturlaubszeit (Dez., Jan. und Ostern) steigen in den meisten Unterkünften die Preise.

STRAND & UMGEBUNG

Kelly's　　　　　　APARTMENT $$
(☏082 657 0345; www.kellys.co.za; 56 West Beach Dr; Suite 350 R) Die Apartments für

Port Alfred

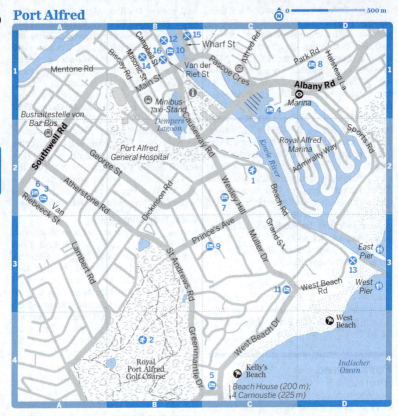

Selbstversorger in idealer Lage gegenüber dem Kelly's Beach bieten eines der besten Preis-Leistungs-Verhältnisse in der Stadt. Jede Wohneinheit verfügt über eine komplett ausgestattete Küche, ein Wohnzimmer, ein geräumiges Schlafzimmer und eine Veranda. Gäste haben zudem Zugang zu einem *braai*-Bereich.

4 Carnoustie PENSION $$
(046-624 3306; www.4carnoustie.co.za; Carnoustie Av; EZ/DZ 500/800 R;) Das Haus liegt an einer Anhöhe zwischen dem Rand des Golfplatzes und dem Strand und scheint einer Hochglanzbroschüre für Architekten entsprungen zu sein. Geboten werden schicke, sonnige Zimmer und eine wunderschöne Terrasse im Obergeschoss mit Whirlpool und tollem Meerblick.

Villa de Mer B&B $$
(046-624 2315; www.villademer.co.za; 22 West Beach Dr; EZ/DZ inkl. Frühstück ab 450/700 R;) Das große, helle, sehr moderne Vier-Sterne-B&B steht direkt an der Straße am Strand hinter den Dünen. Die Zimmer sind schick und mit Kühlschränken ausgestattet. Es gibt üppiges Frühstück.

Beach House PENSION $$$
(046-624 1920; www.thebeachouseportalfred.co.za; 80 West Beach Dr; EZ/DZ inkl. Frühstück 880/1500 R;) Charmantes Strandhaus mit schickem, schnörkellosem Dekor und Luxusbettwäsche.

Medolino Caravan Park CAMPING $
(046-624 1651; www.medolino.co.za; 23 Stewart St; Stellplatz 120 R/Pers., 2B- od. 4B-Chalet 800 R;) Der sehr empfehlenswerte, ruhige, schattige Park bietet Chalets mit zwei Schlafzimmern, die außerhalb der Saison zu stark reduzierten Preisen zu haben sind.

IN DER STADT & UMGEBUNG
My Pond Hotel HOTEL $$
(046-624 4626; www.mypondhotel.com; Van der Riet St; EZ/DZ inkl. Frühstück 645/855 R;

Port Alfred

🅐 Aktivitäten, Kurse & Touren
1	Outdoor Focus	C2
2	Royal Port Alfred Golf Course	B4

🛏 Schlafen
3	First Stop Lodge	A2
4	Halyards Hotel	C1
5	Kelly's	C4
6	Kowie Backpackers	A2
7	Links Coastal Inn	C2
8	Lookout	D1
9	Medolino Caravan Park	C3
10	My Pond Hotel	B1
11	Villa de Mer	C3

⊗ Essen
12	Barmuda	B1
13	Guido's Restaurant	D3
14	Lifestyle Café	B1
	Ocean Basket	(siehe 10)
15	Wharf Street Brew Pub	B1
16	Zest Café	B1

❄🛜) Das schicke, neue Hotel im Boutique-stil am Ufer des Kowie River wird von einer Hotelschule betrieben, deshalb ist das Personal besonders aufmerksam. Das Hotelrestaurant **Lily** (Hauptgerichte 80 R) serviert moderne südafrikanische Küche und bietet einen Essbereich am Fluss.

Links Coastal Inn
GASTHAUS $$
(☎046-624 4533; www.linkscoastalinn.co.za; 14 Wesley Hill; EZ/DZ 370/585 R; ⊛) Die freundliche Herberge besteht aus gemütlichen, hübsch gestalteten Zimmern und einem Cottage für Selbstversorger im Garten. Im sehr empfehlenswerten hauseigenen **Restaurant** (Hauptgerichte 85 R) werden verschiedene Spezialitäten wie Krebs nach Thermidor-Art und Straußenfilet serviert.

Lookout
INN $$
(☎046-624 4564; www.thelookout.co.za; 24 Park Rd; EZ/DZ mit Frühstück 445/740 R; 🛜⛴) Das moderne, weiß getünchte Haus thront auf einem Hügel östlich des Flusses und Jachthafens und beherbergt drei Unterkünfte mit großartiger Aussicht.

Halyards Hotel
HOTEL $$
(☎046-604 3379; www.riverhotels.co.za; Royal Alfred Marina, Albany Rd; EZ/DZ inkl. Frühstück 830/1200 R; ❄🛜⛴) In dem gemütlichen Hotel am Fluss mit Spa in ansprechendem Cape-Cod-Stil stehen große, gut ausgestattete Zimmer mit Hafenblick zur Wahl.

First Stop Lodge
LODGE $
(☎046-624 4917; www.firststop.co.za; Van Riebeck St; EZ/DZ 300/400 R) In die Jahre gekommene, aber saubere Zimmer auf einem gepflegten Rasen. Bei unserem Besuch wirkten die Gastgeber etwas lethargisch.

Kowie Backpackers
HOSTEL $
(☎046-624 3583; 13 Van Riebeck St; Stellplatz 60 R/Pers., B/DZ 100/250 R) Die schmucklose Unterkunft neben dem First Stop beherbergt die einzigen Schlafsäle in der Stadt.

🍴 Essen & Ausgehen

LP TIPP Zest Café
MEDITERRAN $
(Van der Riet St; Hauptgerichte 55 R; ⊕Mo–Fr 8–17, Sa bis 15 Uhr) Die freundlichen Besitzer Liefie und Gaz haben in ihrem charmanten Garten voller Rankgerüste eine kleine mediterrane Oase geschaffen. Neben gutem Falafel und verschiedenen Pizzas gibt's kreativere Speisen wie Eintöpfe mit würzigen Meeresfrüchten, Paprika oder Mandeln sowie Salate mit Couscous, scharfer Chorizo, Ackerbohnen und Tomaten. Zur Tapasauswahl zählen Schweinefilet, Linsencurry und Tintenfischsteak.

Wharf Street Brew Pub
INTERNATIONAL $$
(☎046-624 5705; 18 Wharf St; Hauptgerichte 70 R) Der hübsche Speiseraum mit Mauer-Look, Parkett und großen Fotos passt nicht so recht zu der uninspirierten Auswahl von Gerichten wie Hühnchen-Parmigiana. Abends kommen Fisch und ein paar andere Speisen auf den Tisch. Es gibt Führungen durch die angeschlossene Brauerei (Mo–Fr 11 & 14.30, Sa 11 Uhr), die gebucht werden müssen.

Barmuda
SÜDAFRIKANISCH $$
(23 Van der Riet St; Hauptgerichte 70 R; ⊕10 Uhr–open end) Lohnt wegen der charmanten Kulisse mit Blick auf den Fluss und des angrenzenden Beachvolleyballfelds einen Besuch. Auf Letzterem können Gäste nach dem Essen – es gibt besseres Kneipenessen wie Schnitzel, Steaks und Tintenfisch – wunderbar Kalorien verbrennen.

Ocean Basket
SEAFOOD $$
(Van der Riet St; Hauptgerichte 65 R; ⊕Mo–Sa 11.30–22, So bis 21 Uhr) Serviert südafrikanisches Seafood und gehört zu einer Kette, die bekannt ist für ihre großen Portionen frischen Fischs, Tintenfischs, Garnelen und Flusskrebs sowie Sushi- und Sashimiteller.

Guido's Restaurant
ITALIENISCH $$
(West Beach Dr; Hauptgerichte 42–120 R; ⊕mittags & abends) In dem Strandrestaurant ge-

nießt man Pizza und Pasta – wie werktags auch Grahamstowns Studentenschaft und am Wochenende einheimische Familien.

Lifestyle Café CAFÉ $
(38 Campbell St; Hauptgerichte 35 R; 📶) Gemütliches Café mit Sitzgelegenheiten im Innen- und Außenbereich, guten Burgern, Skakes und Kaffee.

❶ Praktische Informationen

Sunshine Coast Tourism Port Alfred (📞046-624 1235; www.sunshinecoasttourism.co.za; Causeway Rd; ⏰Mo–Fr 8–16.30, Sa 8.30–12 Uhr) Teilt sich ein Gebäude am Westufer des Kowie River mit Avis und hat Infos zu Unterkünften, Wander- und Kanurouten auf Lager.

Palms Video (Heritage Mall, Main St; 36 R/ Std.; ⏰8–22 Uhr) Internetzugang.

❶ An- & Weiterreise

Der Baz-Bus hält montags, dienstags, donnerstags, freitags und sonntags auf seinem Weg von Port Elizabeth (2 Std., 175 R) nach Durban (ca. 13 Std., 1060 R) beim Beavers Restaurant (Southwell Rd) nahe der Rosehill Mall.

Der **Minibus-Taxi-Stand** (Biscay Rd) befindet sich vor der Heritage Mall. Es gibt tägliche Verbindungen nach Port Elizabeth (75 R), Grahamstown (25 R) und East London (75 R). Lokalbusse fahren u. a. täglich nach Bathurst (12 R).

Shipwreck Coast

Als Friedhof vieler fehlgeleiteter Schiffe hat sich die Küste zwischen dem Great Fish River und East London ihren Namen „Shipwreck Coast" verdient. Der 69 km lange **Shipwreck Hiking & Canoe Trail** (700 R/ Pers.) führt von Port Alfred zum Great Fish River Mouth, schließt Kanufahrten ein und ist in sechs Tagen und fünf Nächten zu bewältigen. Belohnt wird die Mühe mit unberührten Surfstränden, üppiger Küstenvegetation und wunderschönen Flussmündungen. Die Tour kann über **Dave Marais** (📞082 391 0647; www.shipwreckhiking.co.za) gebucht werden. Zum Angebot gehören zudem ein viertägiger Ausflug mit fünf Übernachtungen (560 R/Pers.) ohne Kanufahrt sowie eine Kanutour mit Übernachtung auf dem Kleinemonde West River (150 R/Pers.).

AMATHOLE

Amathole (ausgesprochen „ama-*tol*-ie", in der Sprache der Xhosa „Kälber") bezeichnet den Küstenstreifen und das Hinterland zwischen dem Great Fish River und dem Great Kei River entlang der sogenannten Shipwreck Coast und landeinwärts bis Queenstown. Die Region umfasst das bezaubernde Bergdorf **Hogsback**, die Surfstadt East London und kaum besuchte, wilde Naturschutzgebiete. Große Teile dieser Gegend gehörten früher zum überwiegend von Xhosa besiedelten Ciskei-Homeland.

Im **Great Fish River Reserve** (📞043-742 4450; www.ecparks.co.za; Erw./Kind 20/10 R; ⏰8–17 Uhr), einem dicht bewachsenen Bushveldpark, tummelt sich jede Menge Großwild, darunter Spitzmaulnashörner, Flusspferde, Kudus und Büffel. Das zerklüftete Gebiet mit Panoramablicken liegt zwischen dem Great Fish River und dem Keiskamma River nahe Fort Beaufort. Zur **Übernachtung** (📞043-701 9600; ab 385 R) stehen mehrere Lodges zur Verfügung.

East London

980 000 EW.

Das Industrie- und Herstellungszentrum hat den einzigen Flusshafen des Landes und ist demografisch, geografisch und wirtschaftlich gesehen eine bedeutende Stadt in der Provinz Eastern Cape. Doch trotz ihrer Lage an einer Bucht, die riesige Sandhügel umschließt, ist East London im Vergleich zu anderen Zielen in der Region für Besucher wenig attraktiv. In der Sprache der Khoisan heißt die Stadt „Ort der Büffel" und dient wegen des Flughafens und der Nähe zu Sunshine Coast und Wild Coast als Verkehrsknotenpunkt. Die Innenstadt ist größtenteils heruntergekommen und von zerfallenen viktorianischen Gebäuden und hässlichen Bauten aus den 1960er- und 1970er-Jahren geprägt. Nördlich des Eastern Beach erstrecken sich wohlhabende Viertel mit ansehnlichen Häusern, gestutztem Rasen und gepflegten Gärten.

👁 Sehenswertes & Aktivitäten

Am Nahoon Reef am Südende des Nahoon Beach kann man am besten **surfen**.

East London Museum MUSEUM
(📞043-743 0686; www.elmuseum.za.org; 319 Oxford St; Erw./Kind 12/5 R; ⏰Mo–Fr 9.30–16.30 Uhr) 1938 wurde in der Nähe eines der ersten Quastenflosser entdeckt, eine Fischart, von der man glaubte, sie sei vor über 50 Mio. Jahren ausgestorben. Das ausgestopfte Original ist in diesem Museum ausgestellt. Zu den

AMATHOLE TRAIL

213

Der 121 km, in sechs Tagen zu bewältigende **Amathole Trail** (pro Pers. 135 R/Nacht) beginnt am Maden Dam, 23 km nördlich von King William's Town, und endet am Tyumie River nahe Hogsback. Übernachtet wird in Hütten.

Der Weg gilt als eine der besten Bergwanderrouten Südafrikas, ist jedoch recht anspruchsvoll und nur für erfahrene, konditionsstarke Wanderer geeignet. Belohnt werden die Anstrengungen mit großartigen Ausblicken, auch wenn ein Drittel des Weges durch dichten Wald und zahlreiche Wasserläufe mit Wasserfällen und Schwimmbecken führt. Kürzere Abschnitte können außerhalb der Schulferien begangen werden. Wer will, kann auch Guides engagieren. Gebucht wird die Tour über das **Department of Water Affairs & Forestry** (☏ in King William's Town 043-642 2571; amatolhk@dwaf.gov.za; 2 Hargreaves Ave, King William's Town) oder das Hogsback Information Centre.

Exponaten gehören außerdem fossilierte menschliche Fußabdrücke und ein bewohnter Bienenstock. Das zugehörige **Coelacanth Café** (leichte Gerichte 20–50 R; ⊙ 9.30–15 Uhr) serviert übrigens keinen Fisch …

GRATIS **Ann Bryant Art Gallery** MUSEUM (☏ 043-722 4044; St Marks Rd; ⊙ Mo–Fr 9–17, Sa bis 12 Uhr) Südlich des Museums beherbergt eine alte Villa eine facettenreiche Sammlung von Gemälden und Skulpturen, größtenteils von südafrikanischen Künstlern. Zudem gibt's ein kleines Café.

☞ Geführte Touren

Imonti Tours KULTURTOUREN (☏ 083 487 8975; www.imontitours.co.za) Der Besitzer Velile Ndlumbini veranstaltet verschiedene Ausflüge in die Umgebung, u.a. nach Mdantsane (halber Tag 250 R), der nach Soweto zweitgrößten Township des Landes, in Xhosa-Dörfer und nach Qunu, einer landeinwärts an der Wild Coast gelegenen Stadt, in der Nelson Mandela seine Kindheit verbrachte. Zum Angebot gehören außerdem Transfers vom Flughafen nach East London und zu Unterkünften in Chintsa (180 R/Pers.).

🛏 Schlafen

Angesichts des guten Unterkunftangebots im nahen Chintsa lohnt eine Übernachtung in East London kaum. Wer hier dennoch die Nacht verbringen muss, steuert am besten eines der B&Bs in den Vororten, ein paar Kilometer nördlich vom Eastern Beach, an.

ZENTRUM

Hampton Court Guest Lodge HOTEL **$$** (☏ 043-722 7924; www.hampton-court.co.za; 2 Marine Terrace; EZ/DZ inkl. Frühstück 650/850 R; ✴ 🕿) Das renovierte Gebäude aus den 1920er-Jahren an der Küste bietet moderne Möbel und ist eine gute Option im Zentrum. Die Zimmer auf der Meerseite sind teurer, haben jedoch tollen Ausblick.

Majestic Boutique Hotel HOTEL **$$** (☏ 043-743 7477; www.majestic-hotel.co.za; 21 Orient Rd; EZ/DZ 390/560 R; 🕿) Den Zimmern würde eine Renovierung gut tun, doch das Hotel ist sauber, sicher und nur einen kurzen Fußmarsch von der Esplanade entfernt. Dazu gehören eine Kneipe und ein Lokal.

Niki Nana Backpackers HOSTEL **$** (☏ 043-722 8509; www.nikinana.co.za; 4 Hillview Rd; Stellplatz 65 R, B/DZ ohne Bad 110/300 R; @ 🕿) Das Niki Nana ist leicht an der Fassade mit Zebrastreifen zu erkennen und hat einen Garten, einen Pool und einen *braai*-Bereich. Negativ ins Gewicht fallen die alten Betten und die zu weichen Matratzen.

Sugarshack Backpackers HOSTEL **$** (☏ 043-722 8240; www.sugarshack.co.za; Eastern Esplanade; Stellplatz 50 R, B/DZ ohne Bad 80/190 R; @ 🕿) Der Strand liegt nur einen Katzensprung entfernt, was Vor- und Nachteil zugleich ist. Ruhig geht's im Sugarshack nicht zu; Autofahrer werden auch den fehlenden sicheren Parkplatz bemängeln. Genächtigt wird in „Blockhütten" mit kleinen Schlafsälen und in Minihütten, die allesamt schon bessere Tage gesehen haben.

Premier Hotel Regent HOTEL **$$** (☏ 043-709 5000; www.premierhotels.co.za; 22 Esplanade; DZ 1100 R; ✴ @ 🕿) Ungetüm im Business-Stil am Strand. Am besten fragt man nach einem Zimmer mit Meerblick.

NÖRDLICHE VORORTE

White House PENSION **$$** (☏ 043-740 0344; www.thewhitehousebandb. co.za; 10 Whitthaus St, Gonubie; EZ/DZ inkl. Früh-

EASTERN CAPE EAST LONDON

East London

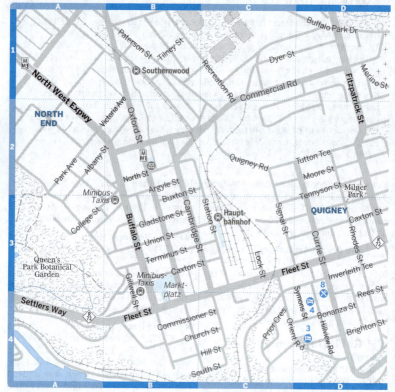

stück 495/595 R; ✱ 🛜 ☰) Die Pension mit dem passenden Namen wirkt in ihrer gewissen prachtvollen Tristesse ein wenig wie eine Botschaft. Glasfenster bieten Panoramablicke auf die Klippen und das Meer – so können Gäste während des Frühstücks nach Walen und Delfinen Ausschau halten. Ein paar der Zimmer wirken recht kitschig, andere ziemlich kahl.

John Bailie Guest Lodge   PENSION $
(☏ 043-735 1058; www.johnbailieguestlodge.co.za; 9 John Bailie Rd, Bunkers Hill; DZ ab 350 R; ✱ 🛜 ☰) In dem von einer Familie geführten Gästehaus in der Nähe des Golfplatzes auf dem Weg nach Nahoon können sich Gäste wie daheim fühlen. Zur Wahl stehen ein halbes Dutzend Zimmer mit Teppichböden und TVs; ein paar an der Nordseite haben Glas-Schiebetüren, die natürliches Licht hineinlassen. Wer möchte, kann hier frühstücken, und es gibt einen hübschen Garten mit Pool.

Quarry Lake Inn   GASTHAUS $$
(☏ 043-707 5400; www.quarrylakeinn.co.za; Quartzite Dr, Selbourne; EZ/DZ inkl. Frühstück 860/1200 R; ✱ @ 🛜 ☰) Das neben einem ruhigen, künstlichen See nördlich des Zentrums gelegene Gasthaus bietet etwas charakterlosen Komfort. Die sauberen, geräumigen Zimmer haben Teppichböden, und es gibt ein Restaurant sowie eine Veranda und ein Patio, die zu einem Kaffee oder Tee mit Vogelgezwitscher einladen.

See More Guest House   PENSION $$
(☏ 043-735 1070; 14 Montrose Av, Bunkers Hill; EZ/DZ inkl. Frühstück 480/680 R; ✱ 🛜 ☰) Gut ausgestattetes Gasthaus mit tropischem Garten und Pool im Innenhof.

🍴 Essen & Ausgehen

In dem kleinen Komplex mit den Büros und Bahnhöfen der wichtigsten Busunternehmen an der Ecke Moore St und Marine Terrace gibt es praktischerweise auch zwei läs-

East London

🛏 Schlafen
1. Premier Hotel Regent E3
2. Hampton Court Guest Lodge E2
3. Majestic Boutique Hotel D4
4. Niki Nana Backpackers D4
5. Sugarshack Backpackers F1

🍴 Essen
6. Buccaneers Pub & Grill F1
   Café Nero .... (siehe 9)
7. Grazia Fine Food & Wine E2
8. Imbizo Café D3
   Windmill Pizza .... (siehe 9)
9. Windmill Roadhouse E2

gen Besitzers entstand hier eine gehobene Menüauswahl mit verschiedenen europäischen Einflüssen – es werden u.a. Pasta, Pizza, Fleischgerichte und Seafood serviert. Reservierungen sind zu empfehlen.

Buccaneers Pub & Grill
GRILLRESTAURANT, BAR $$
(Eastern Esplanade; Hauptgerichte 60–80 R; ⊙mittags & abends) Das lebendige, manchmal recht lärmige Lokal neben dem Sugarshack Backpackers mit Blick auf das Treiben am Eastern Beach serviert außer alkoholischen Getränken Steaks, Burger und Pizzas.

Le Petit Restaurant
FRANZÖSISCH, SÜDAFRIKANISCH $$
(54 Beach Rd, Nahoon; Hauptgerichte 89–150 R; ⊙So geschl.) Im Norden der Stadt erwartet Gäste leckere, wenn auch altmodische südafrikanische Küche mit Schweizer Einflüssen. Zu empfehlen sind frittiertes Krokodil (59 R) und Büffelsteak (148 R).

Imbizo Café
SÜDAFRIKANISCH $
(22 Currie St; Hauptgerichte 50 R; ⊙7–21 Uhr) In einem Gebäude, das wohl eine Burg darstellen soll, kommt mosambikanische und südafrikanische Küche auf den Tisch. Freitag- und samstagabends wird Livejazz gespielt.

ℹ An- & Weiterreise
Bus

Die Fahrzeuge von Translux, City to City, Greyhound und Intercape halten alle am praktisch gelegenen **Windmill Park Roadhouse** (Ecke Moore St & Marine Tce). Es gibt Verbindungen nach Mthatha (150 R, 2½ Std.), Port Elizabeth (140 R, 3–4 Std.), Durban (265 R, 9–10 Std.), Kapstadt (360 R, 17–19 Std.) und Jo'burg/Pretoria (330 R, 14 Std.).

---

sige Restaurants: das **Windmill Roadhouse** (Hauptgerichte 28 R), das Gästen Burger und Sandwiches im Auto oder an Picknicktischen im Freien serviert, das **Windmill Pizza** (Hauptgerichte 40 R), Teil eines Gemischtwarenladens, sowie das Café Neo.

Café Neo
MEDITERRAN $$
(Windmill Roadhouse; Hauptgerichte 65 R; 📶) Vom Balkon dieses stilvollen Lokals im 2. Stock des Windmill-Komplexes kann man einen Ausblick genießen, der sich vom Parkplatz bis zum Meer dehnt. Die große Speiseauswahl reicht von gesunden, leichten Wraps über gegrillten frischen Fisch und Steaks bis hin zu dekadenten Desserts. Die Bar ist bis spätabends geöffnet.

Grazia Fine Food & Wine
MEDITERRAN $$
(☎043-722 2209; Upper Esplanade; Hauptgerichte 90 R; ⊙12–22.30 Uhr) Das stilvolle, zentral gelegene Restaurant hat große Fenster mit Meerblick sowie einen Essbereich auf der Terrasse. Mithilfe des italienstämmi-

Der Bus von Baz Bus hält auf seiner Fahrt zwischen Port Elizabeth und Durban bei Backpackerunterkünften in East London.

Flugzeug

Der Flughafen liegt 10 km vom Zentrum entfernt. **SAA** (☏ 043-706 0247) und **1time** (☏ 043-706 0345; www.1time.com.za) fliegen täglich von East London nach Jo'burg (1250 R, 1½ Std.) und Kapstadt (1100 R, 1½ Std.); SAA bedient zudem Durban (1200 R, 1 Std.) und Port Elizabeth (1100 R, 50 Min.).

Minibus-Taxi

An der Ecke Buffalo St und College St starten Überland-Minibus-Taxis, die Ziele nördlich von East London anfahren. In der Nähe, an der Ecke Caxton St und Gillwell St, verkehren Minibus-Taxis nach King William's Town, Bhisho und in die nähere Umgebung. Es gelten z. B. folgende Tarife: King William's Town (18 R, 1 Std.), Butterworth (40 R, 3 Std.), Mthatha (70 R, 5 Std.), Port Elizabeth (100 R, 6 Std.), Jo'burg (250 R, 15 Std.) und Kapstadt (350 R, 18 Std.).

Zug

Freitags fährt ein Zug der Tourist Class (mit Schlafwagen) des Unternehmens Shosholoza Meyl von Jo'burg nach East London sowie sonntags von East London nach Jo'burg (20 Std.) über Bloemfontein. Auf dieser Strecke verkehrt täglich außer samstags auch Südafrikas einziger Zug der Economy-Class (Sitzplatz 190 R), der über Schlafwagen verfügt. Sonntags ist ein Zug der Economy-Class von Kapstadt nach East London (28 Std.) unterwegs und fährt dienstags wieder nach Kapstadt zurück.

Chintsa

2000 EW.

Obwohl Chintsa nur 38 km nördlich von East London an der N2 liegt, wirkt es wie aus einer anderen Welt. Es besteht aus zwei kleinen Dörfern, Chintsa East und Chintsa West, die an beiden Uferseiten des Chintsa River liegen, und wird von einem spektakulären weißen Strand mit einer ordentlichen Brandung, die sich zum Baden eignet, gesäumt. Chintsa ist ein toller Ort an diesem Küstenabschnitt, um ein paar entspannte Tage (oder Wochen) zu verbringen.

Ebenfalls in der Region liegt das privat betriebene exklusive **Inkwenkwezi Game Reserve** (☏ 043-734 3234; www.inkwenkwezi. com; Buschcamp Deluxe/Luxury pro Pers. inkl. Verpflegung & Aktivitäten 1800/2300 R), in dem die Big Five leben (die Elefanten sind aktuell nur in einem eigenen separaten Bereich zu sehen). Neben Wildbeobachtungsfahr-

ten (495 R/Pers.) und Wanderungen auf den Spuren von Elefanten (250 R/Pers.) bietet das Reservat geführte Mountainbike- und Quadbike-Trips, Ausritte und Kanufahrten. Inkwenkwezi führt Freiwilligenprojekte durch und engagiert sich intensiv für Projekte der örtlichen Gemeinden, z. B. in den Bereichen Hausbau und Bildung, und für den Umweltschutz. In dem Schutzgebiet feierte Duduzile, die Tochter des Präsidenten Jacob Zuma, 2011 ihre Hochzeit.

Mama Tofu (☏ 073 148 7511) gilt als Südafrikas älteste Tour-Führerin und erklärt in ihrem Zuhause, in dem Dorf Ngxingxolo, die Kulturen und Gebräuche der Xhosa. Buccaneers Lodge organisiert diese Touren (195 R/Pers.), betreibt eine Surfschule (185 R/Pers.) und bietet Ausritte (295 R/Pers.) und Besuche von Schulen an, die teils von der Stiftung des „Bucks" gefördert werden.

🛏 Schlafen

In Chintsa gibt's exzellente Unterkünfte für die verschiedensten Budgets. Es ist sinnvoller, direkt hierher zu reisen als eine Übernachtung in East London einzulegen.

LP TIPP Buccaneers Lodge & Backpackers HOSTEL $

(☏ 043-734 3012; www.cintsa.com; Chintsa West; Stellplatz/B/DZ 55/110/395 R; @ 🏊) Das „Bucks" ist eine echte Seltenheit: ein All-inclusive-Ferienresort für Backpacker. Zur Auswahl stehen gemütliche Schlafsäle, moderne Zimmer, Safarizelte mit Veranden und Cottages mit eigenen Bädern und Sonnenterrassen (750 R für 4 Pers.). Gäste können kostenlos Kanus und Surfbretter benutzen, zum täglichen Nachmittagsprogramm gehört Beachvolleyball mit Gratis-Wein, und es gibt einen „Spa-Bungalow", in dem verschiedene Behandlungen vorgenommen werden. Essen wird in familiärer Atmosphäre in dem charmanten Speiseraum mit Kerzenbeleuchtung und auf der Terrasse serviert. Um hierher zu kommen, folgt man der Abzweigung nach Chintsa West, bis nach rund 200 m der Eingang auftaucht; dann sind es noch 2 km entlang einer unbefestigten Straße.

Prana Lodge RESORT $$$

(☏ 043-704 5100; www.pranalodge.co.za; Chintsa Dr, Chintsa East; Suite inkl. Frühstück ab 2400 R; ❄ @ 🛜 🏊) Mit einer Kombination aus europäischer Raffinesse der Alten Welt und der Dekadenz und Ruhe eines südostasiatischen Resorts eignet sich das Prada ideal für alle, die sich einmal exklusiv und rundum verwöhnen lassen möchten. Die sieben Suiten bieten einen eigenen Pool und einen eingezäunten Garten sowie breite Doppelbetten und schicke Außenduschen. Das Anwesen versteckt sich in einem Dünenwald, einen kurzen Fußmarsch vom Strand entfernt, und umfasst einen Restaurantbereich mit Bar unter freiem Himmel, eine Bibliothek und ein luxuriöses Spa.

Areena Riverside Resort RESORT $$
(043-734 3055; www.areenaresort.com; Stellplatz 135 R, Zi. ab 355 R, Cottages 650 R;) Das einzigartige Resort schmiegt sich an das von Bäumen gesäumte Ufer des Kwelera River. Das breite Angebot reicht von reetgedeckten *rondavels* und Blockhütten-Chalets über Zelte am Fluss bis hin zu Wohnmobilen, zudem gibt's ein Wildtierschutzgebiet und die halbzahme Hausgiraffe Abby. Zur Anlage gehören ein Tennisplatz und ein Restaurant mit allen Extras, zudem können Gäste Wildbeobachtungsfahrten mit dem Quadbike, Abseil-Touren, Zip-Line-Rutschpartien und Bootsfahrten unternehmen.

Crawford's Beach Lodge RESORT $$
(043-738 5000; www.crawfordsbeachlodge.co.za; 42 Steenbras Dr, Chintsa East; EZ/DZ inkl. Frühstück & Abendessen 550/990 R;) Weitläufige Anlage mit weißen Schindelhäusern im attraktiven Cape-Cod-Stil, die stilvoll eingerichtete Zimmer beherbergen. Es gibt ein ansprechendes Restaurant, einen Pool, Tennisplätze und quasi direkten Strandzugang.

Essen

Alle zuvor genannten Unterkünfte verfügen über empfehlenswerte Restaurants, in denen auch Nicht-Gäste willkommen sind. Im Restaurant des Inkwenkwezi's gibt's mittwochabends ein Burger-Special – die Frikadellen sind riesig!

Michaela's SÜDAFRIKANISCH $$
(043-738 5139; Steenbras Dr, Chintsa East; Gerichte 75–120 R; mittags & abends) Vom Parkplatz des Crawford's führt eine steile Holztreppe (bzw. eine klimatisierte Seilbahn) zu diesem Restaurant mit förmlichem Speiseraum im oberen Stockwerk und einer lässigen Brasserie im Untergeschoss. Serviert werden Fusion-Gerichte mit südafrikanischen Zutaten, Steaks und Meeresfrüchte wie Miesmuscheleintopf. Das sonntägliche Mittagessen muss im Voraus reserviert werden. Das Michaela's hat mittlerweile dieselben Betreiber wie das Barefoot Café.

Barefoot Café BURGER, SÜDAFRIKANISCH $$
(Chintsa East; Hauptgerichte 60 R;) Das Nachtleben von Chintsa konzentriert sich auf diese entspannte Bar mit Restaurant, die freiwillige Helfer aus dem Ausland, junge Backpacker und Einheimische anzieht. Das Essen kann sich durchaus sehen lassen: Es gibt z. B. kreative Burger.

ⓘ An- & Weiterreise

Um von East London nach Chintsa zu gelangen, nimmt man die Ausfahrt 26 (East Coast Resorts) der N2. Nach dem Passieren der Unterführung folgt man der Straße 1 km weit bis zur Abzweigung Chintsa East. Die Abzweigung Chintsa West taucht nach weiteren 16 km auf.

Morgan's Bay & Kei Mouth

2200 EW.

Wer von der N2 auf die R349 abfährt, stößt nördlich von Chintsa entlang der Küste auf den Ort Morgan's Bay. Hier kann man wunderbar entspannen, Treibgut sammeln und surfen. Von Mitte Dezember bis Mitte Januar explodieren die Preise allerdings, und die Unterkünfte sind schnell ausgebucht.

Gleich hinter Morgan's Bay liegt das etwas heruntergekommene **Kei Mouth** (www.keimouth.co.za), der letzte Ferienort vor der Wild Coast. Die Anfahrt erfolgt mit der **Autofähre** (60 R/Auto; 7–17.30 Uhr) über den Great Kei River.

Das helle, luftige **Morgan Bay Hotel** (043-841 1062; www.morganbay.co.za; Beach Rd, Morgan Bay; Zi. inkl. HP 555 R;) thront direkt über dem Strand und hat ein hauseigenes Bar-Restaurant mit Kneipenessen, Meeresfrüchtegerichten und tollen Sitzgelegenheiten auf der Terrasse.

Der idyllische Campingplatz **Yellowwood Forest** (043-841 1598; www.yellowwoodforest.co.za; Stellplatz 165 R, Loft 195 R;) liegt etwa 1 km vom Morgan's Bay Beach entfernt inmitten von Naturwald, in dem Vögel und Affen leben. Es gibt einen charmanten Teegarten, einen Kunsthandwerksladen – und Holzofenpizzas.

Strandloper Trail & Sundowner Trail

Für den 57 km langen **Strandloper Trail** (Buchungen 043-841 1046; www.strandloper

trails.org.za; 500 R/Pers., Naturschutzgebühr 60 R) zwischen Kei Mouth und Gonubie, direkt vor den Toren von East London, benötigt man vier Tage und drei Nächte. Der Wanderweg ist recht leicht zu bewältigen, erfordert jedoch eine gewisse Fitness. Die Erträge fließen in ein Projekt zur Schulung des Umweltbewusstseins einheimischer Kinder. Die Strandlopers (wörtlich „Strandläufer") waren ein Khoisan-Stamm, der an der Küste ansässig war, nach der Ankunft weißer Siedler jedoch weitestgehend verschwand. Für Übernachtungen stehen drei Hütten zur Auswahl; die Kosten sind in der Buchungsgebühr enthalten. Campen am Strand ist verboten, aber die meisten Hotels an der Küste haben Stellplätze.

Wer sich nach den Mühen einer mehrtägigen Wanderung mit ein wenig Luxus belohnen möchte, für den gibt es ein neues Angebot: Die Tour entlang des **Sundowner Trail** (☏ 043-841 1046; www.strandlopertrails.org.za; 4000 R/Pers.) dauert fünf Tage und vier Nächte und führt vom Trennery's Hotel nach Chintsa East. Die erste Nacht verbringen die Teilnehmer im Crawford's in Chintsa East, dann werden sie zum Trennery's gebracht, wo die Wanderung beginnt. Verpflegung und Transport sind im Preis inbegriffen.

Hogsback

1500 EW. / 1238 M

Hogsback scheint eine inspirierende Wirkung auf Menschen zu haben. Das paradiesische Örtchen liegt auf knapp 1300 m Höhe in den wunderschönen Amathole Mountains über Alice. Sein Name geht auf die „Borsten" zurück, die Geologen als *hogsback* (Schweinerücken) bezeichnen und die die umliegenden Berge bedecken. Der Idylle, für die das Dorf berühmt ist, wird dieser Name aber nicht wirklich gerecht. Einheimische erzählen, dass J.R.R. Tolkien, der seine frühe Kindheit in Bloemfontein und seine Ferien hier verbrachte, sich von Hogsback inspirieren ließ. Seit Jahren zieht der Ort Künstler, alternative Therapeuten und ähnlich Gesinnte sowie Politiker und Prominente an, die an einem größeren Umweltbewusstsein in der Gemeinde arbeiten. Und das passt wunderbar zu dem großartigen Blick auf die Berge und die bewaldeten Täler vor der Tür! Dank des Wetters und der frühen englischen Siedler, die einen grünen Daumen bewiesen, ist Hogsback in

der entsprechenden Jahreszeit mit wunderschönen Gemüsefeldern gesegnet.

Der höchste der drei Hogs-Gipfel in der Ferne misst 1937 m. Auch die steilsten Hänge rund um Hogsback sind von wunderschönem Regenwald mit Yellowwood, Assegai und Baumfuchsien bedeckt. Leider gibt es auch weitläufige Kiefernhaine, die den Primärwald verdrängt haben.

Das Wetter ist unberechenbar und eher regnerisch, neblige Tage kann es das ganze Jahr über geben. Im Winter (Juni–Aug.) schneit es gelegentlich, in der Regel ist es jedoch trocken mit Nachttemperaturen von bis zu −2 °C. Der Frühling (Sept.–Nov.) geht mit tollem Sonnenschein und blühenden Blumen einher, während es im Sommer (Dez.–Feb.) sehr heiß und sonnig werden kann und ab und an kurze, aber heftige Gewitterstürme auftreten. Im Herbst (März–Mai) ändern die Blätter der Bäume die Farbe.

◉ Sehenswertes & Aktivitäten

In der Region verlaufen einige großartige **Wanderrouten**, **Radwege** und **Straßen** durch Primärwald und Kiefernplantagen. In der Touristeninformation gibt's eine Karte. Ein empfehlenswerter Wanderweg beginnt hinter der Backpackerunterkunft Away with the Fairies und führt vorbei an einem massiven 800 Jahre alten Yellowwood-Baum zu den Swallow Tail Falls, den Bridal Veil Falls und den Madonna & Child Falls. Er endet an der Wolfbridge Rd, über die man zurück zum Dorf gelangt.

Ecoshrine   GARTEN
(www.ecologyshrine.co.za; 22 Summerton Dr; Erw./Kind 20 R/frei; ◷ Mi, Fr, Sa & So 9–16 Uhr) Die bekannte Medienkünstlerin Diana Graham, eine leidenschaftliche Umweltschützerin, schuf einen Zementskulpturengarten, der den Naturgewalten gewidmet ist. Die Figuren werden von Graham erklärt und reflektieren die Grenzen des menschlichen Verstandes beim Rätselhaften und in der Wissenschaft. Das Anwesen liegt südlich des Dorfes nahe dem Edge. Von dort hat man, nachdem sich der Nebel im Tal gelichtet hat, eine herrliche Aussicht.

Garden Club   GARTEN
(☏ 045-962 1228; Eintritt variiert; ◷ nach Vereinbarung) Für Blumenliebhaber ist dieser Club, dessen erklärtes Ziel es ist, Hogsback in ein „botanisches Paradies" zu verwandeln, ein echtes Muss. Über ein Dutzend Gärten mit kurzen Wegen können nach vorheriger Anmeldung besichtigt werden.

Ende September findet in der Stadt das **Spring Festival** statt.

Starways Art Centre
GALERIE

(☎045-962 1174; www.starways.org; ⏱10–17 Uhr) Das Zentrum nahe Terra Khaya, südwestlich des Dorfes, ist die Wirkungsstätte des preisgekrönten Töpfers Anton van der Merwerom. Regelmäßig werden im Theater Vorstellungen gegeben.

Fairy Realm
GARTEN

(☎045-962 1098; Camelot, 5 Main Rd; Erw./Kind 20/10 R; ⏱9.30–16.30 Uhr) Kleine Kinder werden viel Spaß daran haben, im Rahmen dieses einfachen Gartenspaziergangs nach Elfen und Feen Ausschau zu halten. Auf dem Gelände gibt's einen Teeladen.

🛏 Schlafen

Auf dem Weg ins Dorf sieht man viele Werbeschilder, die Zahl der wirklich lohnenden, etablierten Unterkünfte (diese sind im Folgenden aufgelistet) ist jedoch begrenzt.

LP TIPP Away with the Fairies
HOSTEL $

(☎045-962 1031; www.awaywiththefairies.co.za; Hydrangea Lane; Stellplatz/B 70/120 R, Zi. ab 290 R; @🛜🏊) Lage ist nicht alles – aber eine der vielen Vorteile dieser schönen Backpackerbleibe. Der Ausblick ist traumhaft, beispielsweise bei einem Bad unter freiem Himmel in der an einer Klippe gelegenen Badewanne, beim Aufstieg auf die 15 m hohe Plattform, die im Wald zwischen Papageien, Affen und Pavianen steht, oder einfach beim Blick aus dem Fenster. Die Zimmer sind wunderschön mit märchenhaften Motiven wie hübschen Feen bemalt. Gäste können Ausritte (1½-stündiger Ritt 175 R) und eine 16 km lange Mountainbiketour (250 R) vorbei an acht Wasserfällen unternehmen. Im **Wizard's Sleeve Inn** (Hauptgerichte 50 R), das auch als Rezeption fungiert, lassen sich bestens ein paar abendliche Biere genießen, nach eigenen Wünschen zusammengestellte Pizzas oder Sandwiches verdrücken und Reiseanekdoten am Lagerfeuer erzählen. Regelmäßig fahren Shuttles nach East London (125 R) und Chintsa (150 R); eine Reservierung ist erforderlich.

Terra Khaya
HOSTEL $

(☎082 897 7503; www.hogsbackecobackpackers.com; Stellplatz inkl. Frühstück 60 R/Pers., B/DZ inkl. Frühstück 110/265 R) Diese einzigartige Farmunterkunft liegt abgeschieden in den Bergen. Der Besitzer Shane reitet gern ohne Sattel und ist ein überzeugter Heimwerker und Naturmensch, was überall zu spüren ist: Alles ist aus wiederverwertbaren Materialien gemacht, es gibt keine Steckdosen, die Duschen werden mit Holz beheizt und die Toiletten sind draußen. Die Anlage ist so wunderbar idyllisch, dass man gar nicht mehr abreisen möchte. Zudem werden verschiedene Reitausflüge (250 R/Pers.) angeboten, teils mit Übernachtungen. Die Plaatjieskraal Rd, die zum Terra Khayaa abzweigt, liegt mehrere Kilometer nordwestlich des Dorfes an der Hauptstraße; von hier aus sind es noch ein paar Kilometer Richtung Süden.

Edge Mountain Retreat
LODGE $$

(☎082 603 5246; www.theedge-hogsback.co.za; Bluff End; Selbstversorger-Cottage ab 495 R; @🛜) Die verschiedenen geschmackvoll eingerichteten Cottages und Gartenzimmer verteilen sich an einem Berghang, der früher die Grenze zwischen Ciskei und Südafrika markierte. Die Cottages haben jeweils ein großes Schlafzimmer (es gibt eines für zwei Personen und eines für Familien) mit Kamin und TV sowie ein separates Bad und eine Küche. Die Atmosphäre ist friedlich, idyllisch und entspannt – wer sich erholsame Ruhe oder ein romantisches Wochenende wünscht, ist hier genau richtig. Das Restaurant ist sehr empfehlenswert.

Arminel Hotel
HOTEL $$

(☎045-962 1005; www.arminelhogsback.co.za; Main Rd; EZ/DZ inkl. HP 620/1100 R; 🏊) Hogsbacks größte Hotelanlage besteht aus reetgedeckten Häusern sowie schattigen Gärten und Außenbereichen. Zur Wahl stehen verschiedene Unterkünfte, darunter Cottages und *rondavels*; die Zimmer im Hauptgebäude verfügen über Teppichböden, und die Bäder schmücken hübsche Steinfliesen. Das ländliche Vier-Gänge-Menü, das im Preis enthalten ist, sorgt für ein gutes Preis-Leistungs-Verhältnis.

Granny Mouse House
PENSION $$

(☎045-962 1059; www.grannymousehouse.co.za; 1 Nutwoods Dr; Zi. ab 450 R; 🏊) In der charmanten Pension wohnt man in Zimmern in einem alten Lehmflechtwerkhaus sowie in einem Cottage für Selbstversorger im Garten. Frühstück und Abendessen sind empfehlenswert und werden mit viel Liebe und biologischen Zutaten zubereitet. Der Besitzer ist sehr freundlich und spricht deutsch.

Maylodge Cottages
BUNGALOW $

(☎045-962 1016; www.maylodge.co.za; Zi. ab 260 R) Die reetgedeckten Cottages auf einem beschatteten Rasen mit Obstbäumen sind um einen Koi-Teich angeordnet.

Hogsback Inn
GASTHAUS $

(045-962 1006; www.hogsbackinn.co.za; inkl. Frühstück 385 R/Pers.; ✆) Das Landhaus aus den 1880er-Jahren beherbergt renovierte moderne Zimmer und ein altmodisches englisches Wirtshaus.

Essen

Die meisten Unterkünfte haben hauseigene Restaurants oder servieren auf vorherige Anfrage warme Küche.

Tea Thyme
INTERNATIONAL $

(The Edge; Hauptgerichte 55 R; 7.30–20 Uhr) In dem sehr charmanten Gartenrestaurant werden zum Frühstück Hogsback-Forelle, Ciabatta-Sandwiches, Burger und frisch gebackener Kuchen aufgetischt. Das kulinarische Vergnügen runden hausgemachtes Brot, Frisches aus der Gegend und der gemütliche Speiseraum für kühle Tage und Abende ab.

Butterfly's Bistro
SANDWICHES, VEGETARISCH $

(Main Rd; Hauptgerichte 55 R; Mo & Mi–So 9–20 Uhr) Das beliebte Restaurant mit Feinkostgeschäft ist in einem charmanten, A-förmigen Haus neben der Touristeninformation untergebracht; das Personal bringt vegetarische Kost und über ein Dutzend verschiedene Pizzas auf den Tisch.

ⓘ Praktische Informationen

In dem kleinen Supermarkt nahe der Hauptstraße gibt's einen Geldautomaten sowie natürlich Lebensmittel und andere Waren.

Das **Hogsback Information Centre** (082 554 5337; www.hogsbackinfo.co.za; Main Rd; Mo–Sa 10–16, So 9–15 Uhr) neben dem Butterfly's Bistro hilft bei der Suche nach Unterkünften und hat Wanderkarten auf Lager.

ⓘ An- & Weiterreise

Die Straße hinauf nach Hogsback an der R345 (die Abzweigung liegt 4 km südlich von Alice) ist geteert, dennoch empfiehlt es sich, hier tagsüber anzukommen. Umherwanderndes Vieh und fehlende Straßenbeleuchtung erschweren im Dunkeln die Suche nach einer Unterkunft. Auf keinen Fall sollte man die Nebenstraße über Seymour nehmen; die unbefestigte Schotterstraße nach Cathcart, eine Abkürzung in die Eastern Highlands, ist in einem guten Zustand, wenn es nicht gerade geregnet hat. Ohne Auto ist Hogsback am einfachsten mit einem Shuttle-Bus ab East London (2 Std., einfache Strecke 125 R, tgl.) und ab dem Buccaneers Lodge &

Backpackers in Chintsa West (2½ Std., einfache Strecke 150 R) zu erreichen, der zum Away with the Fairies fährt.

WILD COAST

In Sachen Schönheit kann es keine andere Küste in Südafrika mit der Wild Coast aufnehmen. Sie erstreckt sich unmittelbar östlich von Chintsa über 350 km bis nach Port Edward. Oft wird sie noch immer „Transkei" genannt; der Begriff bezeichnete das einstige Bantu-Homeland zu Zeiten der Apartheid. Heute definiert die Bezeichnung Wild Coast zunehmend auch das angrenzende Hinterland, wo sich idyllische, von *rondavels* gespickte Landschaften über grasbedeckte Hügel erstrecken. Doch wie die Region auch heißen mag, die Xhosa gehören zweifellos zu den freundlichsten Menschen, denen man in Südafrika begegnen wird. Oft laden sie Besucher in ihr Haus oder zumindest in eine *shebeen* ein. Südlich des Mbashe River lebt die Gemeinschaft der Gcaleka, im Norden die der Mpondomise. Es gibt einige fantastische Wanderstrecken, die Übernachtungen einschließen, entlegene Meeresarme sowie Backpackerunterkünfte, die an Xhosa-Siedlungen erinnern. Vor allem in den Parks lebt eine facettenreiche Vogelwelt, zu der Fischadler, Reiher, Kormorane und Eisvögel gehören. Das Angeln wiederum – es gibt Barsche, Kobs, Muschelknacker, Flusskrebse, Austern und Sardinen – dient hier größtenteils der Existenzsicherung.

👉 Geführte Touren

Auch wer normalerweise keine geführten Touren bucht, wird feststellen, dass folgende Anbieter eine unermesslich große Hilfe beim Verstehen der bunten und komplexen Kultur der Xhosa- und Mpondo-Stämme sind, die an der Wild Coast leben. Buchungen von Unterkünften sind über www.wild coastbookings.com möglich.

African Heartland Journeys
ABENTEUERTOUREN, KULTURTOUREN

(in Chintsa 043-738 5523; www.ahj.co.za; Chintsa East) Der renommierte Anbieter unter derselben Leitung wie die Buccaneer's Lodge in Chintsa West veranstaltet Abenteuertouren für Kleingruppen mit dem Geländewagen, dem Kanu, auf dem Pferd oder mit dem Mountainbike. Zelte und Campingzubehör werden gestellt. Angeschlossen ist eine Surfschule, zudem engagiert sich der Anbieter für ein Freiwilligenprojekt namens Volunteer Africa 32 South (s. S. 626).

Wild Coast Holiday Reservations
WANDERN & TREKKEN

(☎in East London 043-743-6181; www.wildcoast holidays.co.za) Organisiert sieben verschiedene Wandertouren entlang der Küste. Manche sind nur für gut trainierte Wanderer geeignet, andere sind leichter zu bewältigen und schließen Übernachtungen in Hotels ein. Die Guides sind durchweg Einheimische, zudem vermittelt der Anbieter verschiedene Hotels der Mittel- und Spitzenklasse.

Vom Great Kei River nach Coffee Bay

Das **Dwesa Nature Reserve** (☎Buchungen 047-499 7900; www.ecparks.co.za; Erw./Kind 20/10 R; ◔6–18 Uhr) ist eines der abgeschiedensten und schönsten Schutzgebiete Südafrikas. Im Süden wird es vom Nqabara River begrenzt, im Norden reicht es bis zum Mbashe River. Manchmal kommen Nashörner bis zum Strand, außerdem leben hier Zebras, Leoparden, Büffel und über 290 Vogelarten. In den Flüssen wurden wieder Krokodile angesiedelt. Im Fluss gibt's ein kleines Wäldchen Weißer Mangroven, zwischen deren Wurzeln Krebse und Schlammspringer leben. Besucher können sich einer geführten Wildbeobachtungsfahrt (45 R/Pers.) anschließen oder einen der vielen Wanderwege in Angriff nehmen. Vor Ort stehen **Unterkünfte für Selbstversorger** (1-/2-Bett-Chalet 300/600 R) und **Campingmöglichkeiten** (Stellplatz 220 R) zur Verfügung.

Ins Dwesa Nature Reserve kommt man mit dem eigenen Auto nur, indem man das Haven Hotel (S. 221) passiert. Nach Willowvale fahren und am blauen Emsengeni-Geschäft gen Kob Inn abbiegen! Von dort aus ist das Schutzgebiet ausgeschildert.

🛏 Schlafen

Mit Ausnahme von Bulungula und Wild Lubanzi sind die meisten Unterkünfte auf Angler und südafrikanische Familien ausgerichtet. Um Weihnachten und Ostern ziehen die Preise stark an. Serviert wird in der Regel rustikale Hotelkost, wobei alle Resorts samstags ein Meeresfrüchte-Special sowie sonntags oft *braais* veranstalten.

LP TIPP 📍 Bulungula Backpackers
HOSTEL $

(☎047-577 8900; www.bulungula.com; Stellplatz 70 R/Pers., B/Safarizelt 130/300 R, DZ ohne Bad 330 R) Das Bulungula ist an der Wild Coast aufgrund der eindrucksvollen Lage, Aktivitäten in der Gemeinde und einer umweltfreundlichen Philosophie eine Legende. Es gehört zu 40% der örtlichen Xhosa-Gemeinschaft, die alle Touren, darunter Ausritte, Wanderausflüge und Kanufahrten, organisiert. Die Atmosphäre ist erholsam und entspannt – steht eine Strandparty an, kann es jedoch ziemlich laut werden (die Partys sind allerdings weit genug vom Hauptcamp entfernt, sodass die Nachtruhe nicht gefährdet ist). Fantasievoll bemalte *rondavels* im Xhosa-Stil dienen als Gästequartiere, und zu den sanitären Anlagen gehören umweltfreundliche Komposttoiletten und „Raketenduschen". Man bekommt alle Mahlzeiten (Sandwiches 18 R, Abendessen 55 R), wer aber als Selbstversorger kommt, sollte Vorräte mitbringen, da die Auswahl vor Ort begrenzt ist.

Das Bulungula liegt 4 km nördlich der Mündung des Xora River und eine etwa zweistündige Fahrt von Coffee Bay entfernt. Wer mit dem eigenen Auto anreist, sollte vorher beim Bulungula den genauen Weg erfragen. Mittlerweile gibt's eine verbesserte Schotterstraße, über die man direkt zum Parkplatz fahren kann. Von dort aus führt ein 500 m langer Weg zur Lodge. Es gibt auch einen Abholservice von der Shell-Ultra-City-Tankstelle in Mthatha (70 R), der im Voraus gebucht werden muss.

🏄 Wild Lubanzi
HOSTEL $

(☎078 530 8997; www.lubanzi.co.za; B/DZ ohne Bad 100/260 R; ☎) Das Wild Lubanzi steht zwar etwas im Schatten des Bulungula, mit dem es die umweltfreundliche und weltoffene Philosophie teilt, muss den Vergleich jedoch keineswegs scheuen. Gäste erwarten großartiger Meerblick, ein unberührter Strand und gemütliche Zimmer. Um hierher zu gelangen, nimmt man die Abzweigung Coffee Bay auf der N2 und folgt der Straße rund 75 km (eine ca. zweistündige Fahrt). Mit Allradantrieb ist der gesamte Weg zu bewältigen, wer mit einem gewöhnlichen Auto unterwegs ist, muss sich hingegen höchstwahrscheinlich vom Zithulele-Hospital-Personal abholen lassen.

Haven Hotel
HOTEL $$

(☎047-576 8904; www.havenhotel.co.za; Dwesa Nature Reserve; EZ-/DZ-Cottage inkl. VP ab 425/890 R) Das freundliche, rustikale Re-

Wild Coast

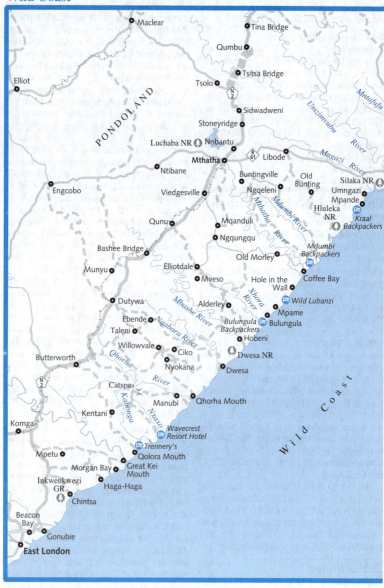

sort ist eine gute Basis für Ausflüge ins Dwesa Nature Reserve. Gäste können an der Mündung des Mbashe River kanufahren und ausreiten (120 R/Std.). Vor der Anreise sollte man im Hotel nach dem Anfahrtsweg fragen; alternativ kann man sich in Mthatha (200 R) abholen lassen.

Kob Inn INN $$
(047-499 0011; www.kobinn.co.za; inkl. VP ab 600 R/Pers.; ☒) Das an der Mündung des Qhorha River gelegene Kob Inn bietet Aktivitäten für die ganze Familie: Angeln, mountainbiken, wandern, Tennis und ein Babysitter-Service für erholungsbedürf-

tige Eltern gehören hier nämlich mit zum Programm. Zu der Anlage führt die 32 km lange Straße ab der Abzweigung Dutywa auf der N2 über Willowvale. Den Gästen steht praktischerweise ein Shuttle-Service ab East London oder Mthatha (1300 R) zur Verfügung.

Trennery's Hotel HOTEL $$
(047-498 0095; www.trennerys.co.za; EZ/DZ inkl. VP 750/1100 R;) Rund 16 km nördlich der Stelle, an der die Fähre über den Great Kei River schippert, stehen die hübschen reetgedeckten Bungalows des Trennery's. Die Anlage ist etwas in die Jahre gekommen, aber immer noch komfortabel, und es gibt ein einfaches Restaurant, einen schönen Strand, Gärten und einen Pool.

Wavecrest Resort Hotel RESORT $$
(047-498 0022; www.wavecrest.co.za; EZ/DZ inkl. VP 795/1060 R;) Von der Holzterrasse dieses schicken Hotels hat man einen großartigen Blick über die Sanddünen an der Mündung des Nxaxo River. Für Unterhaltung sorgen jede Menge Freizeitangebote wie Angeln, Bootsfahrten und ein Spa. Die Anfahrt erfolgt ab Butterworth über Kentani, wo es links abgeht.

❶ An- & Weiterreise

Die Einheimischen nutzen Sammeltaxis, um mobil zu sein, am besten lässt sich die Gegend jedoch mit dem eigenen Fahrzeug erkunden. Alternativ steht **East Coast Shuttle** (083 282 8790; ecshuttle@gmail.com) zur Verfügung. **Trevor's Trails** (047-498 0006; 50 R/3 Std.) veranstaltet interessante kulturelle Ausflüge in die Xhosa-Dörfer.

Coffee Bay
600 EW.

Wegen des wunderschönen kilometerlangen Strandes und des leicht zugänglichen dramatischen Umlands hat sich dieses abgeschiedene und eigentlich recht heruntergekommene, wenig attraktive Dorf zu einer Art Pflichtstopp für viele Besucher der Wild Coast entwickelt. Wie der winzige Ort zu seinem Namen kam, weiß niemand genau. Es gibt jedoch die Theorie, dass hier 1863 ein Schiff strandete, das mit Kaffeebohnen beladen war. Nahe der Backpackermeile versuchen ein paar Einheimische *dagga* (Marihuana), Souvenirs und Tagesausflüge zu verkaufen.

⊙ Sehenswertes & Aktivitäten

Die beiden Backpackerunterkünfte Bomvu Paradise und Coffee Shack veranstalten verschiedene Tagesausflüge, u.a. **Ausritte** (2-stündige Ausritte 150 R), **Kulturtouren** (ab 60 R), **Surftrips** (60 R) und **geführte Wanderungen**; am beliebtesten ist der Ausflug **Hole in the Wall** (einfache Strecke 3 Std.,

EINE WILDE FAHRT

Die Zufahrt zur Küste erfolgt über die N2, die von East London über Mthatha nach Port St. Johns führt, verläuft jedoch durch unwegsames Gelände. Eine Erkundung der Gegend bringt Reisende unweigerlich auf mehr als eine holperige Straße.

Deswegen bietet es sich an, vom Bus oder Auto auf die Wanderwege umzusteigen, die die Küstendörfer miteinander verbinden. Es gibt verschiedene Routen, manche schließen auf dem Weg Übernachtungen in Hotels ein und umfassen einen Gepäckbeförderungsservice, bei anderen übernachten die Wanderer bei Einheimischen.

Die schönsten Erlebnisse warten in der Regel abseits der offiziellen Wege, deswegen lohnt sich ein mehrtägiger Aufenthalt in einer abgeschiedenen Lodge wie Bulungula (S. 221), Wild Lubanzi (S. 221), Mdumbi (S. 225) oder Kraal (S. 226). Port St. Johns oder Coffee Bay eignen sich als Ausgangsbasis für Erkundungstouren in die Gegend.

Nach Einbruch der Dunkelheit sollte man nicht mehr fahren. Viele Straßen sind auf keiner Karte verzeichnet und Wegweiser sind Mangelware. Autofahrer müssen außerdem auf Tiere und Menschen, die manchmal mitten auf der Straße auftauchen, achten. Unbefestigte Straßen können nach starken Regenfällen unpassierbar sein.

75 R). Zudem kann man das Wild Lubanzi (S. 221) im Rahmen einer Tagestour besuchen. Zum Angebot gehören auch geführte Wanderungen mit Übernachtung nach Bulungula (2 Tage, 1 Nacht) im Süden und nach Port St. Johns (5 Tage, 4 Nächte) im Norden; die Preise liegen in der Regel bei 250 R pro Person und Tag, wobei Essen und Unterkunft nicht enthalten sind. Wer möchte, kann auf den meisten Wanderungen auch in traditionellen *rondavels* von Xhosa-Familien übernachten.

🛏 Schlafen & Essen

In Coffee Bay wird hart um die Gunst der Backpacker gebuhlt. Die meisten Besucher essen direkt in ihrer Unterkunft, zudem verkaufen Einheimische Flusskrebse (saisonbedingt), Miesmuscheln und Fisch. Es gibt einen gut sortierten Lebensmittelladen. Das Souvenirgeschäft neben dem Coffee Shack hat leckeres Eis im Angebot.

Bomvu Paradise HOSTEL $
(☎047-575 2073; www.bomvubackpackers. com; Stellplatz/B 60/100 R, DZ ohne/mit Bad 240/300 R) In dem seit 1996 existierenden Familienbetrieb werden die Ästhetik und die Philosophie des Hauses durch Yogaunterricht, Feuerpoi-Vorführungen (einer Art Jonglage) und hypnotisierenden Trommelsessions im Haus untermalt. Die weitläufige Anlage umfasst kleine Gebäude (die privaten Zimmer mit eigenem Bad sind besonders komfortabel), Gärten und verwinkelte Sitzecken im Freien. Gegen den Hunger hilft Bioküche (Abendessen 55 R). Oft sind Langzeitgäste so von der herzlichen, entspannten Atmosphäre begeistert, dass sie zu ehrenamtlichen Mitarbeitern oder Teil des Personals werden. Das Earth Dance International Festival findet jeden September im Bomvus Amphitheater am Fluss statt und zieht stets jede Menge Besucher an.

Coffee Shack HOSTEL $
(☎047-575 2048; www.coffeeshack.co.za; Stellplatz/B 70/120 R, DZ ohne/mit Bad 320/380 R; @) Gegenüber dem Bomvu lockt diese große Anlage busladungsweise junge, feierwütige Traveller an. Der Komplex ist recht unübersichtlich und die Zimmer sind etwas fad (in den Schlafräumen geht's oft beengt zu), dafür versprechen die *rondavels* auf der anderen Uferseite mehr Privatsphäre, und im hinteren Bereich gibt es Stellplätze mit Blick auf den Fluss und aufs Meer. In der Bar herrscht gesellige Stimmung und die Küche serviert Frühstück sowie Mittag- und Abendessen. Wem der Sinn danach steht, der kann Surfkurse belegen, Surfbretter ausleihen und alle erdenklichen Tagesausflüge und Touren mit Übernachtung unternehmen.

Sugarloaf Backpackers HOSTEL $
(☎079 183 5274; www.sugarloafbackpackers. com; B/DZ ohne Bad 120/275 R; 🐾) An der Hauptstraße vor dem Bomvu Paradise und dem Coffee Shack liegt das ruhigere und ordentlichere Sugarloaf. Zur Auswahl stehen ein Haus im Vorort-Stil, ein paar *rondavels* und Safarizelte (250 R/Pers.), die sich allesamt über einen idyllischen Rasen mit Blick auf das Meer in der Ferne verteilen.

Ocean View Hotel　　　　　HOTEL $$

(☏047-575 2005; www.oceanview.co.za; EZ/DZ inkl. VP 650/1300 R; ✳@☎) Familien, die eine typische Ferienanlage suchen, sind in diesem Hotel in Traumlage am Ende des Hauptstrands gut aufgehoben. Die chaletähnlichen Zimmer verfügen über eigene Veranden, und es gibt einen Pool und ein Restaurant (Menü 100 R). Die Dekoration ist hingegen ziemlich altmodisch.

ℹ An- & Weiterreise

Wer mit dem Auto nach Coffee Bay fährt, nimmt die asphaltierte, jedoch von gefährlich vielen Schlaglöchern durchsetzte Straße (manche Löcher sind schlecht zu erkennen, also einfach vorsichtig fahren, bevor eine Radkappe verloren geht oder Schlimmeres passiert!), die in Viedgesville von der N2 abzweigt. Am Ortseingang von Coffee Bay ist das Ocean View Hotel linkerhand ausgeschildert, kurz danach stößt man auf die Backpackermeile. Eine Fahrt mit dem Minibus-Taxi von Mthatha nach Coffee Bay kostet 25 R und dauert eine Stunde. Nach Ankunft des Baz-Bus an der Tankstelle Shell Ultra City, 4 km südlich von Mthatha, verkehren Shuttles von dort aus zu den Backpackerunterkünften (60 R).

Rund um Coffee Bay

Die Wanderrouten in der Umgebung von Coffee Bay sind spektakulär. Zu den besten und mit Abstand beliebtesten Zielen gehört das **Hole in the Wall**, eine Felsformation vor der Küste mit einer großen Spalte, die die Brandung in den Stein gewaschen hat. Die beschilderte Abzweigung zum Dorf Hole in the Wall liegt rund 20 km vor Coffee Bay. Zudem führt eine direkte, aber ziemlich holprige unbefestigte Straße ab Coffee Bay hierher (ca. 9 km).

Das eingezäunte **Hole in the Wall Hotel** (☏047-575 0009; www.holeinthewall.co.za; DZ inkl. HP 1470 R, 3-Bett-Cottage 1600 R; @☎) bietet schlichte Zimmer und günstige, hübsch eingerichtete Cottages für Selbstversorger. Außerhalb der Hauptsaison sinken die Preise beträchtlich. Zur Anlage gehört außerdem eine **Backpackerunterkunft** (Stellplatz 50 R, B/DZ ohne Bad 80/220 R), deren Gäste alle Hoteleinrichtungen – darunter einen Pool und ein Volleyballfeld – nutzen können. Wer möchte, kann im Hotel essen (Frühstück 55 R, Abendessen 150 R).

Abenteuerlustige können von den Felsen über den **Mapuzi Caves**, rund 7 km nördlich von Coffee Bay, ins Meer springen.

Guides (100 R/Pers.) lassen sich über eine der Backpackerunterkünfte organisieren. Die grasbedeckten **Klippen** eignen sich bestens für einen abendlichen Drink.

Wem Coffee Bay zu „urban" ist, der ist im **Mdumbi Backpackers** (☏047-575 0437; www.mdumbi.co.za; Stellplatz 60 R, B/DZ ohne Bad 100/220 R), 22 km weiter nördlich (die unbefestigte Straße ist in einem recht guten Zustand), richtig. Die ländliche Unterkunft liegt inmitten sanfter Hügel oberhalb eines weiten, weißen Sandstrands. Verschiedene einfach eingerichtete *rondavels* teilen sich die Anlage mit einem Kindergarten und einer ehemaligen Kapelle, die großen Gruppen als Schlafsaal dient. Zum Angebot gehören jede Menge Aktivitäten im Wasser (teils ist die Brandung phänomenal!) und viele Möglichkeiten, die ortsansässigen Xhosa in ihrem Alltag zu erleben. Wer möchte, kann sich in verschiedenen Gemeindeprojekten von **Transcape** (www.transcape.org), einer dem Mdumbi angeschlossenen Organisation, engagieren. Hierher fahren Kleinbusse (50 R); einfach in einer der Backpackerunterkünfte in Coffee Bay nachfragen!

Von Coffee Bay nach Port St. Johns

Auf halbem Weg zwischen Coffee Bay und Port St. Johns liegt das **Hluleka Nature Reserve** (☏043-705 4400; www.ecparks.co.za; Erw./Kind 20/10 R; ⊘8–17 Uhr), ein spektakulärer Küstenstreifen mit Felsen und Lagunen sowie immergrünen Wäldern und grasbewachsenen Hügeln. Das Naturschutzgebiet ist ein beliebtes Ausflugsziel ortskundiger Einheimischer aus den Dörfern und Städten an der Wild Coast. In dem Gebiet wurden Burchell-Zebras, Blässböcke und Streifengnus angesiedelt, zudem gibt es viele verschiedene Vögel. Besucher können in recht hübschen **Chalets** (☏079 493 3566; DZ 700 R) für Selbstversorger im Stile eines privaten Urlaubsresorts übernachten, die Ausblick aufs Meer und eine kleine einsame Bucht mit Sandstrand zu bieten haben.

Die Anfahrt erfolgt über die Straße von Mthatha nach Port St. Johns. Einfach ein paar Kilometer hinter Libode, rund 30 km von Mthatha entfernt, rechts abbiegen! Nach weiteren 90 km stößt man auf das Naturschutzgebiet.

Allen, die genug Zeit haben, sei die fünf- bis sechstägige **Wandertour zwischen Cof-**

DIE XHOSA

Bei einer Reise entlang der südwestlichen Wild Coast lässt sich wunderbar die Kultur der Xhosa entdecken. Die manchmal verwendete Bezeichnung *red people* bezieht sich übrigens auf den roten Lehm, den sie als Hautschutz nutzen, und die rote Kleidung, die viele erwachsene Xhosa tragen.

Kleidung, Farben und Perlenschmuck weisen auf die jeweilige Untergruppe des Stammes hin. Die Tembu und Bomvana färben ihre Kleidung beispielsweise rot und ocker-orange, während die Pondo und Mpondomise Hellblau bevorzugen. Auch *isidangas*, lange türkisfarbene Halsketten, die eine Verbindung zwischen den Trägern und ihren Vorfahren herstellen, sind noch immer zu sehen.

Die Xhosa glauben an Hexer und Hexen – und deren Verbrennung ist nicht unüblich. In der Regel gilt Zauberkraft als böse, weshalb die Xhosa große Angst davor haben, von bösen Geistern besessen zu sein. Der *igqirha* (spiritueller Heiler) besitzt die Macht, sowohl den Kräften der Natur als auch von Hexen ausgehenden Gefahren zu begegnen, und nimmt in der traditionellen Gesellschaft einen bedeutenden Platz ein. Der *ixhwele* (Kräuterheiler) hat ebenfalls magische Kräfte, kümmert sich jedoch vor allem um die Gesundheit. Beide Heiler werden oft auch als *sangomas* bezeichnet, wobei die Bezeichnung aus der Sprache der Zulu stammt.

Vielen Xhosa wurde in der Kindheit die Kuppe des linken kleinen Fingers entfernt, um Unglück fernzuhalten. Pubertäts- und Hochzeitsrituale haben ebenfalls eine große Bedeutung. Männer dürfen in der dreimonatigen Initiationsphase nach der Beschneidung, die mit 18 Jahren durchgeführt wird, nicht von Frauen gesehen werden – sie maskieren sich mit weißem Lehm oder Kostümen aus trockenen Palmwedeln.

Zum Ritual der weiblichen Initiation gehört es, dass das Mädchen in eine abgedunkelte Hütte gesperrt wird, während ihre Freundinnen durch die Gegend ziehen und singenderweise um Geschenke bitten. Unverheiratete Mädchen tragen kurze Röcke und bedecken ihre Brüste. Häufig bemalen sie sich das Gesicht mit weißem Lehm, tragen große, turbanartige Kopfbedeckungen und rauchen langstielige Pfeifen. Von der Länge der Pfeife kann man auf den Rang der Frau innerhalb des Clans schließen.

Die meisten Dörfer bestehen aus größtenteils türkisfarben angemalten *rondavels* rund um das Viehgehege. Die Dächer sind mit Schilf gedeckt und werden aus Stabilitätsgründen oft von einem alten, mit Erde gefüllten Autoreifen gekrönt. Die Erde ist oft mit Dornen oder Glasscherben bedeckt, denn scharfe Gegenstände sollen böse Vorzeichen fernhalten, also z. B. Eulen am Landen hindern. Nach dem Tod des Eigentümers wird die Hütte verlassen und fällt schließlich irgendwann in sich zusammen.

---

fee Bay und Port St. Johns empfohlen, das Highlight einer jeden Reise in die Region. Interessierte müssen sich bei einer der Backpackerunterkünfte in einer der beiden Ortschaften oder bei der Touristeninformation in Port St. Johns einen einheimischen Guide organisieren. Auf der Route kommt man etwa alle vier Stunden an von ortsansässigen Familien betriebenen Hütten vorbei (bei Mdumbi, dem Hluleka Nature Reserve, Mpande, Mngazana und Stambeni im Silaka Nature Reserve), die mit Matratzen, Bettwäsche, Dusche und Toilette ausgestattet sind; zudem gibt's Frühstück und Abendessen.

🛏️ Schlafen

Kraal Backpackers BUNGALOW **$**
(☏ 082 871 4964; www.thekraal-back packers.co.za; Stellplatz 100 R, B/DZ ohne Bad

R150/270) In dieser umweltfreundlichen Anlage an der Küste am Ende einer holprigen Straße können Gäste im wahrsten Sinne des Wortes so richtig abschalten. Eine rustikale, gemütliche Lounge mit Essbereich und komplett ausgestatteter Küche führt zu einer Veranda, von der sich Ausblicke auf das von Bergen umrahmte Meer bieten. Übernachtet wird in traditionellen *rondavels* mit Kerzenlicht. Zum Angebot gehören Wanderungen, Ausritte, Surfen, Kajakfahrten und Besuche der nahe gelegenen *shebeen* oder bei ortsansässigen *sangoma* (Heilern). Ein kurzer Spazierweg führt direkt zur felsigen Küste mit Gezeitenbecken oder zu einem Strand an der Mündung des Sinangwana River. Es wird auch Essen (z. B. Abendessen für 75 R) serviert, das in der Regel von Dorfbewohnern aus der Nähe zubereitet wird, am besten bringt man sich jedoch selbst Vorräte mit.

Die Abzweigung zum Kraal liegt 70 km von Mthatha und 25 km von Port St. Johns entfernt. Einfach den Schildern nach Mpande und zum Isilimela Hospital folgen! Nach der Abzweigung folgt dann noch eine 20 km lange (bzw. rund 50-minütige) Fahrt auf einer teilweise sehr unwegsamen Straße, die nach Regenfällen ausschließlich mit Allradantrieb befahrbar ist. Im Vorfeld kündigt man sich am besten per Anruf oder SMS an. Der Kraal organisiert einen Transportservice ab Mthatha, Mpande und Port St. Johns.

Umngazi River Bungalows & Spa
RESORT $$$

(☎047-564 1115; www.umngazi.co.za; inkl. VP ab 850 R/Pers.; ☎) Die beliebte Ferienanlage an der Mündung des Umngazi River mit Blick auf einen verlassenen Strand eignet sich gut für Familien oder frisch Verheiratete. Zu den hier möglichen Aktivitäten gehören Kanufahrten durch Mangrovenwälder, Angeln, Mountainbiken und Wandern, zudem gibt es einen Babysitter-Service und eine Kinder-Lounge, falls die Eltern im Spa entspannen möchten. Wer mit dem eigenen Auto ab Port St. Johns (21 km weiter nördlich) anreist, folgt 10 km weit der Straße nach Mthatha, bis links die beschilderte Abzweigung auftaucht. Nach weiteren 11 km hat man das Hotel erreicht.

Port St. Johns
2100 EW.

Das entspannte Städtchen Port St. Johns vor der dramatischen Kulisse der Mündung des Umzimvubu River wird von üppig tropisch bewachsenen Klippen gesäumt und ist die letzte Station bei einer Reise entlang der Wild Coast. Mittlerweile wirkt der Ort etwas schäbig, ist jedoch der größte zwischen East London und Port Edward und versprüht eine etwas alltäglichere Atmosphäre als abgeschiedenere Ortschaften in der Region. Flussaufwärts gebären Bullenhaie ihre Jungen; in den letzten Jahren kam es zu sechs tödlichen Angriffen auf Menschen. Man sollte sich also auf Spaziergänge am Stadtstrand beschränken.

◉ Sehenswertes & Aktivitäten

Mt. Thesiger
AUSSICHTSPUNKT

Von diesem Aussichtspunkt unmittelbar nördlich des Zentrums am Ufer des Um-

zimvubu River lässt sich der Sonnenuntergang besonders gut betrachten: Von der ehemaligen Start- und Landebahn auf der abgeflachten Spitze eines Hügels kann man einen der spektakulärsten Blicke auf die Wild Coast erhaschen.

Museum
MUSEUM

(Main St; Eintritt frei; ◎Mo–Fr 8–16.30 Uhr) In dem unkonventionellen Gebäude wird die örtliche Geschichte nachgezeichnet, einschließlich der Havarien vieler Schiffswracks (das jüngste stammt von 1847).

Silaka Nature Reserve
PARK

(☑in East London 043-705 4400; www.ecparks. co.za; Eintritt 20 R; ◎6–18 Uhr) Das kleine Naturschutzgebiet 6 km südlich von Port St. Johns erstreckt sich vom Second Beach zum Sugarloaf Rock. Ganz in der Nähe, dort wo der Gxwaleni River ins Meer fließt, wachsen Aloen bis fast ans Wasser. Häufig sind Kapotter am Strand zu sehen, ebenso wie Weißbrustkormorane, die aus dem Wasser auf die Bird Island klettern. Der ziemlich zugewachsene Weg (lange Hosen tragen!) hätte dringend etwas Pflege nötig und beginnt nahe der Lodge at Second Beach. In Silaka gibt es gemütliche **Unterkünfte** (☑047-564 1188; DZ 450 R) in Form reetgedeckter Chalets mit Küchenzeilen.

Wer sich für Tauchausflüge oder Delfin- bzw. Walbeobachtung interessiert, ist bei **Offshore Africa Port St. Johns** (☑084 951 1325; www.offshoreportstjohns.com) richtig. Zudem lohnt sich bei Flut ein Spaziergang zum **Gap Blowhole** zwischen First Beach und Second Beach. Nahe dem Second Beach führen mehrere steile Wege bergauf zum **Bulolo Waterfall**, an dessen Basis es ein kleines Becken gibt.

🛏 Schlafen

Die Unterkünfte in Port St. Johns liegen recht verstreut, die folgenden Adressen befinden sich jedoch mit Ausnahme des Outspan Inn alle auf dem Weg zum oder in der Nähe des Second Beach.

Delicious Monster Lodge
LODGE $$

(☑083 997 9856; www.deliciousmonsterpsj. co.za; Zi. ab 450 R; ☎) Nur einen Steinwurf vom gleichnamigen Restaurant entfernt bietet dieses luftige Cottage im Loft-Stil Meerblick von der Veranda aus. Gemütliches Flair, die komplett ausgestattete Küche und das Wohnzimmer machen die Lodge zur idealen Herberge für Reisende, die in einer kleinen Gruppe unterwegs sind.

Port St. Johns

Port St. Johns

◉ Sehenswertes
1 Museum B2

⊟ Schlafen
2 Island Backpackers Lodge A3
3 Jungle Monkey B3
4 Outspan Inn B2

⊗ Essen
5 Fish Eagle Restaurant A1
6 Pick 'n Pay A1

Lodge on the Beach   LODGE $
(☏047-564 1276; www.wildcoast.co.za/thelodge; Zi. ab 350 R) Das gepflegte reetgedeckte Haus liegt an einer Anhöhe mit tollem Blick auf den Second Beach und beherbergt drei Zimmer, die eigene kleine Terrassen haben. Das Bad ist auf dem Flur. Auf Wunsch werden Frühstück und Abendessen serviert.

Amapondo Backpackers   HOSTEL $
(☏047-564 1344; www.amapondo.co.za; Second Beach Rd; Stellplatz 60 R, B/EZ/DZ ohne Bad 100/250/350 R; ☏) Die idyllische Anlage besteht aus mehreren niedrigen Gebäuden, die einen Hügel mit ausgezeichnetem Blick auf den Second Beach säumen. Die einfachen, fast asketischen Zimmer haben Betonböden, Ventilatoren und abgenutzte Sofas vor der Tür. Gäste können u.a. Ausritte (250 R/Tag), Bootsfahrten und Surfausflüge unternehmen oder es sich im Restaurant (Hauptgerichte 35 R) mit Bar gemütlich machen, in dem oft Einheimische und Urlauber für Stimmung sorgen.

Jungle Monkey   HOSTEL $
(☏047-564 1517; www.junglemonkey.co.za; 2 Berea Rd; Stellplatz/B 40/70 R; ☏) Das Jungle Monkey und die Island Backpackers Lodge – dessen moderne und weniger originelle Schwester nebenan – teilen sich Pool, Garten und ein Bar-Restaurant (Hauptgerichte 45 R), in dem es oft laut und feuchtfröhlich zugeht. Zudem gibt's einen großen Campingbereich. Es werden Wandertouren, Ausritte (250 R/Tag) und andere Ausflüge veranstaltet.

Outspan Inn   GASTHAUS $$
(☏047-564 1057; www.outspaninn.co.za; Main Rd; EZ/DZ inkl. Frühstück 390/590 R, Selbstversorger 195 R/Pers.; ☏) Die Zimmer im Erdgeschoss mit Küchenzeile und kleiner Lounge sind ansprechender als die im 2. Stock. Das Meer ist zu hören, aber nicht zu sehen – ein Weg führt an Bäumen vorbei zum First Beach.

✕ Essen & Ausgehen

Die meisten Restaurants sind den Hostels und Hotels angeschlossen. Vor den beiden großen Lebensmittelgeschäften an der Main St gibt's einen kleinen Straßenmarkt, auf dem Selbstversorger Frisches aus dem Meer – Muscheln, Flusskrebse und Fisch – erstehen können.

Delicious Monster   INTERNATIONAL, SEAFOOD $$
(Second Beach; Hauptgerichte 70 R; ◷9–15 & 18–22 Uhr; ☏) In dem Restaurant mit großartigem Ausblick auf den Second Beach und das Meer genießen Gäste abwechslungsreiche Speisen, zu denen ein Mezeteller (54 R), *schawarma* (68 R), frischer Fisch und Steaks gehören.

Wood 'n Spoon   SEAFOOD, SÜDAFRIKANISCH $
(Second Beach; Hauptgerichte 55 R; ◷10.30–21 Uhr) In dem baufälligen Restaurant unter

dem Delicious Monster gibt's eine an einer Tafel angeschriebene Auswahl frischer Meeresfrüchte und Steaks.

Fish Eagle Restaurant INTERNATIONAL, SÜDAFRIKANISCH $
(Hauptgerichte 55 R) Langsame Bedienung hat auch ihre Vorteile – so hat man Zeit, von der Terrasse im hinteren Bereich die Aussicht auf den Fluss und den Mt. Sullivan zu genießen. Auf den Tisch kommen Standardgerichte mit Hühnchen und Pasta sowie Sandwiches.

 Praktische Informationen

Vor Ort gibt es mehrere Bankautomaten. Wer Geld abhebt, sollte vorsichtig sein, denn Einheimische haben von verschiedenen Betrugsfällen berichtet, bei denen mittels eines kabellosen Geräts, das an den Automaten angebracht wird, PIN-Nummern ermittelt wurden.

Jesters Coffee Shop Internet Café (Main St; 40 R/Std.; Mo–Fr 8.30–16, Sa bis 13 Uhr)
Tourism Port St. Johns (047-564 1187; www.portstjohns.org.za/tourism.htm) Nach der Ortseinfahrt hinter dem Kreisel. Das Personal ist sehr hilfsbereit und gut informiert.

 An- & Weiterreise

Die R61 von Mthatha nach Port St. Johns ist asphaltiert, allerdings als Serpentinen und scharfen Kurven nur so gespickt. Das Personal der meisten Backpackerunterkünfte holt Gäste für rund 70 R an der Tankstelle Shell Ultra City, 4 km südlich von Mthatha (wo der Bus der Firma Baz Bus hält), ab – man muss das aber im Voraus so vereinbaren (und dann natürlich auch erscheinen). Von der Tankstelle aus fahren zudem regelmäßig Minibus-Taxis nach Port St. Johns (40 R, 2 Std.), East London (120 R) und Durban (160 R).

Bei entsprechendem Bedarf können die Leute vom Amapondo Backpackers für Bootsverbindungen nach Mbotyi (300 R/Pers.), Mpande (300 R/Pers.) und Coffee Bay (350 R/Pers.) sorgen.

Pondoland

Entlang dem 110 km langen Küstenstreifen zwischen Port St. Johns und dem Mthamvuna River erstreckt sich eine der ökologisch vielfältigsten Landschaften der gesamten Region. Das noch unberührte Gebiet (aktuell liegen Pläne für den Bau von Bergwerken und Straßen auf dem Tisch) umfasst samtene Hügel, die mit bunt bemalten Häusern, friedlichen Teeplantagen und Wasserfällen gespickt sind.

MBOTYI
Besucher erkennen schnell, dass sich die Reise nach Mbotyi („Ort der Bohnen") mehr als lohnt – spätestens dann, wenn die Straße durch einheimischen subtropischen Wald zu einer unberührten Flussmündung mit Strand führt.

Der **Mbotyi Campsite** (039-253 8295; mbotyi@pondoland.co.za; Stellplatz 75 R/Pers., DZ 290 R, 6-Pers.-Pondohütte 500 R) lädt zum Relaxen und zu langen Strandspaziergängen ein, wobei Gäste Essen und Getränke selbst mitbringen müssen. Die **Mbotyi River Lodge** (039-253 7200; www.mbotyi.co.za; EZ/DZ inkl. VP 892/1190 R; ✳ @ ≋), eine gehobene Ferienanlage an einem wunderschönen Strand, punktet mit jeder Menge Komfort. Die Blockhütten sind um einen Pool angeordnet und bieten Meerblick. Man kann hier reiten, wandern oder angeln. Die Besitzer engagieren sich in örtlichen Gemeindeprojekten.

Von Port St. Johns aus führt die R61 in Richtung Lusikisiki nach Mbotyi. Knapp 1 km vor der Stadt fährt man dann auf einer betonierten Straße Richtung Mbotyi. Wer an der Total-Tankstelle vorbeikommt, ist bereits zu weit gefahren. Von der Abzweigung aus sind es bis Mbotyi noch 27 km durch die Teeplantagen von Magwa.

MKAMBATI NATURE RESERVE
Nördlich von Mbotyi und 30 km südlich von Port Edward liegt das atemberaubende **Mkambati Nature Reserve** (043-705 4400; www.ecparks.co.za; Erw./Kind 20/10 R; 6–18 Uhr). Der Park ist das reinste Wasserfallmekka: Es gibt zwei Flüsse, die direkt ins Meer stürzen. Zu dem Schutzgebiet gehören zudem die tiefen Schluchten des Msikaba und des Mtentu River, interessante geologische Formationen, Brunnen, Quellen und 7720 ha Grasland, das mit Wäldern gesprenkelt ist und von einer facettenreichen Tierwelt bewohnt wird.

In Mkambatis großartiger Küstenlandschaft ist eine spektakuläre Vogelwelt beheimatet, darunter Trompeterhornvögel und Schreiseeadler. Zudem leben hier u. a. Elenantilopen, Zebras und die Südafrikanische Kuhantilope, und vor der Küste sind Delfine und Wale zu sehen. In ausgewiesenen Gebieten darf man angeln.

Es gibt Kanu- und Wanderrouten, außerdem können Besucher ein parkeigenes Fahrzeug mit offenem Verdeck samt Guide für Wildbeobachtungsfahrten mieten. Einfache Lebensmittel sind in einem Laden

DIE SCHLACHT UM PONDOLAND

Im September 2005 billigte die südafrikanische Regierung trotz der Pläne zum Bau von Straßen und Bergwerken die Gründung eines Nationalparks in Pondoland. Das Herzstück des als „Wild Coast Park" geplanten Schutzgebiets sollte im Gebiet des Mkambati Nature Reserve entstehen und Regenwald, empfindliche Tierhabitate sowie bedeutende archäologische Stätten schützen. Während manche Umweltschutzgruppen den Park befürworteten, waren viele andere der Meinung, dass die Regierung ihnen nur einen Knochen hinwerfe und zugleich Investoren erlaube, an den Grenzen des Gebiets eine Maut einzuführen und die titanreichen Sanddünen an der Küste abzubauen. Letztendlich wurde der Park nie verwirklicht; Hauptgrund war der Widerstand Einheimischer, die sich gegen den Verkauf ihres angestammten Landes wehrten.

Im Juli 2008 gab die Regierung der australischen Firma MRC und ihrem südafrikanischen Partner TME grünes Licht für den Abbau der Dünen im Xolobeni-Gebiet, nördlich des Mkambati Nature Reserve. Die Regierung vertrat die Meinung, dass Investitionen dieser Größenordnung der Region großen Nutzen bringen würden. Kurz darauf legten das AmaDiba Crisis Committee und die Bewohner von Xolobeni Beschwerde gegen den Beschluss ein. Sie argumentierten, dass der Abbau in dem noch unberührten Teil der Wild Coast die Umwelt und die Gemeinde schädigten, und bezweifelten, dass die Investitionen den wirklich Bedürftigen zugute kämen. Schließlich nahm der Minister für Mineralien und Energie die Lizenz wieder zurück. Er reagierte damit auf die Forderungen führender Gemeindevertreter, die die Rechtmäßigkeit des Projektes infrage gestellt hatten, da sie nicht auf angemessene Art einbezogen und da die Auswirkungen auf die Umwelt nicht ausreichend berücksichtigt worden waren.

Der Kampf um die Zukunft der Region hält an. Im Juni 2012 wurde eine weitere Bergbaulizenz beantragt. Der Konflikt hat indes noch eine weitere Facette. Unabhängig von den Minenplänen hält die Regierung am Bau einer Straße durch Pondoland fest, wobei es unwahrscheinlich ist, dass das eine Projekt ohne das andere umgesetzt wird. Die lange geplante Autobahn ist Teil eines Großprojekts zur Verbesserung und Änderung des Verlaufs der N2. Die neue Mautstraße zwischen Durban und East London soll die Strecke um 80 km verkürzen, allerdings sind die Kosten enorm, sowohl in finanzieller als auch in ökologischer Hinsicht. Es würden Brücken über unberührte Flüsse und Schluchten errichtet und 90 km neue Straße gebaut, die sowohl die Artenvielfalt als auch die Schönheit der Region bedrohen würden. Für die meisten sind diese Faktoren entscheidend für nachhaltige Entwicklung. Während Regierungsvertreter meinen, dass die Straße das Gebiet für den Tourismus und eine ökologische Entwicklung öffnen würde, glauben Kritiker, dass diese Art des Tourismus den Gemeinden schlecht bekäme.

Mittlerweile gibt es eine schnell wachsende Ökotourismusindustrie, die Abenteuerurlaub abseits der Touristenpfade in Form langer Wandertouren durch das Herz des ländlichen Pondoland anbietet. Früher flossen Fördergelder der EU in ein paar dieser Unternehmen und Initiativen, doch die Projekte wurden durch fehlende Planung und finanzielle Engpässe ausgebremst. Zudem setzen dem Ökotourismus die unsichere Lage in Sachen Straßen- und Minenbau, gegensätzliche Meinungen innerhalb der Gemeinden sowie ungeklärte Eigentumsrechte zu. Umweltschutzgruppen, sowohl NGOs als auch einheimische Organisationen, sehen den Tourismus jedoch weiterhin als entscheidenden Faktor für eine ökologische und ökonomische Entwicklung (aktuelle Infos zu den Themen Umwelt und Tourismus gibt's unter www.wildcoast.co.za). Bisher bleibt Pondoland von alldem unberührt, so rauschen noch immer die Wasserfälle ins Meer und Wildtiere streifen ungestört durch ihr Revier.

---

erhältlich und nahe dem Gwe Gew River liegen **Rondavels für Selbstversorger** (340 R) am Ufer.

Die Anfahrt erfolgt über Flagstaff, das 70 km südlich der N2 liegt. Einfach der Abzweigung unmittelbar nördlich von Flagstaff Richtung Holy Cross Hospital folgen! Alternativ fahren Busse von Port St. Johns nach Msikaba am südlichen Rand des Schutzgebiets.

Am abgeschiedenen Nordufer der wunderschönen Flussmündung des Mtentu direkt gegenüber des Mkambati Nature Reserve liegt die rustikale Anlage **Mtentu River Lodge Cabins** (☏ 084 209 8543; www.mtenturiverlodge.co.za; 4-Pers.-Hütte 600 R). Die sechs komfortablen Holzhütten mit Meerblick liegen inmitten eines natürlichen Gartens und sind durch einen Holzsteg miteinander verbunden. Es gibt Gemeinschaftsbäder sowie kerosin- und solarbetriebene Duschen. Auf Anfrage werden drei Mahlzeiten am Tag (200 R/Pers.) serviert. Die Freizeitgestaltungsmöglichkeiten reichen von Wandern bis hin zu Kitesurfen, zudem lädt der nahe Strand zum Relaxen ein. Die nächste Haltestelle des Baz-Bus befindet sich in Port Shepstone; dort steigt man in ein Minibus-Taxi Richtung Bizana und bittet den Fahrer, am Umkolora-Schild 18 km hinter dem Wild Coast Sun zu halten. Hier fahren nachmittags zwei Minibus-Taxis zur Lodge. Wer auf eigene Faust anreisen möchte, braucht ein Fahrzeug mit Allradantrieb und fragt in Mtentu nach dem Weg.

Mthatha

500 000 EW.

Geschäftig, hektisch, voller Autos, chaotisch, laut und staubig – so präsentiert sich das schnell wachsende Mthatha (früher Umtata). Der Ort ist ein kultureller Schmelztiegel: Zwischen modernen Häuserblocks verstecken sich ein paar elegante, historische Gebäude, vor den Praxen westlicher Ärzte wird *muti* (traditionelle Medizin) verkauft, und unter die Stadtbewohner mischen sich Leute vom Land.

Der Ort wurde 1882 gegründet. Damals siedelten sich Europäer auf Bitte des Thembu-Stammes am Mthatha River an, um als Puffer zwischen jenen und den Pondo zu wirken. Während der Apartheid wurde Mthatha die Hauptstadt der Transkei, des größten Homelands der Schwarzen.

In dem Dorf **Mveso**, rund 32 km westlich von Mthatha am Mbashe River südlich der N2 gelegen, wurde Nelson Mandela, der erste Präsident des freien Südafrikas, geboren. Den Großteil seiner Kindheit verbrachte er im nahe gelegenen **Qunu** auf der anderen Seite des Highways. Dort kann man das **Nelson Mandela Museum** (☏ 047-532 5110; www.mandelamuseum.org.za; Eintritt frei; ⊙ Mo–Fr 9–16, Sa bis 12 Uhr) besuchen; der Komplex aus modernen Gebäuden zeigt eine Dauerausstellung zur Geschichte des ANC und deren bedeutendsten Anführer.

🛏 Schlafen & Essen

Die meisten Unterkünfte sind auf Geschäftsleute auf Durchreise ausgerichtet; hier zu übernachten, lohnt sich kaum.

Ekhaya Guesthouse — PENSION $$

(☏ 072 432 7244; www.mthathaguesthouse.co.za; 36 Delville Rd; Zi. inkl. Frühstück ab 537 R) Die Quartiere der eleganten Pension am Rand des Golfplatzes verteilen sich auf drei Häuser. Es gibt einen hübschen Garten mit *braai*-Stelle und moderne Zimmer mit TV.

Country Lodge — LODGE $$

(☏ 047-532 5730; clodge@wildcoast.co.biz; Port St. Johns Rd; DZ 500 R; @🕸) Nur 2,5 km vor der Stadt an der Straße nach Port St. Johns gelegen, bietet diese Lodge mit schattigem Garten samt zufrieden pickenden Perlhühnern angenehme Erholung vom urbanen Trubel in Mthatha. Es wird Abendessen (Hauptgerichte ca. 65 R) serviert.

Mthatha Backpackers — HOSTEL $

(☏ 047-531 3654; www.mthathabackpackers.co.za; 12 Aloe St, abseits der Sisson Rd; B 150 R, DZ ohne/mit Bad 200/300 R; 🕿🕸) Die unscheinbar dekorierte vorstädtische Bleibe verfügt über saubere Unterkünfte, darunter Vier-Personen-Zelte (130 R/Pers.), und einen Billardtisch im *lapa* (Versammlungshaus).

Am besten isst man in der eigenen Unterkunft, denn die kulinarische Szene Mthathas wird von südafrikanischen und internationalen Fast-Food-Ketten dominiert. Diese und ein paar andere Restaurants sowie Geldautomaten und ein Internetcafé sind im **Savoy Shopping Centre** (Nelson Mandela Dr) zu finden.

ℹ An- & Weiterreise

Die R61 nach Port St. Johns führt durch das Stadtzentrum, das sich in der Regel als unter dem Verkehr ächzendes Chaos präsentiert. Am besten meidet man den Sutherland Dr, also die direkteste, aber langsamste Route, und fährt stattdessen einen Umweg südlich des Zentrums entlang der Nelson Mandela Dr; dort biegt man nordwärts auf die Madeira Rd ab, wo die R61 ausgeschildert ist.

Bus

Translux fährt zweimal täglich von Kapstadt (450 R, 18 Std.) nach Mthatha.

Greyhound hält auf seiner täglichen Fahrt von Durban (255 R, 6½ Std.) nach Kapstadt (435 R, 20½ Std.) in Mthatha. Sehr viel schneller geht's mit dem im Kapstadt ansässigen Busunternehmen **DMJ Transport** (☏ in Kapstadt 021-419 4368; www.dmjtransport.com), dessen Fahrzeuge für die Strecke von Kapstadt nach Mthatha (350 R) nur 13 Stunden benötigen.

Translux, Greyhound und Baz Bus (fährt Mthatha auf dem Weg von Port Elizabeth nach Durban an) halten an der Tankstelle Shell Ultra City.

Flugzeug

Mthathas Flughafen Mantanzima liegt 17 km von der Stadt entfernt. **SAAirlink** (047-536 0024; www.flyairlink.com) fliegt täglich Jo'burg (1243 R) an.

Minibus-Taxi

In Mthatha fahren Minibus-Taxis von der Tankstelle Shell Ultra City sowie dem Hauptbahnhof und Taxistand nahe der Bridge St ab. Zu den interessanten Zielen gehören Port St. Johns oder das Kraal Backpackers (30 R), Coffee Bay (40 R) und East London (80 R).

NORTH-EASTERN HIGHLANDS

In nördlicher Richtung folgt auf die grünen Täler der Wild Coast eine von dramatischer Berglandschaft geprägte Region, die durch die steil aufragenden Gipfel von Lesotho im Osten sowie durch die Provinz Free State begrenzt wird. Den Besucher erwarten ruhige, wenig touristische Ortschaften, sprudelnde Bäche und Flüsse, in denen sich Forellen und andere Fische tummeln, Tageswanderungen durch ländliche Szenerie und im Winter nördlich von Rhodes sogar schneebedeckte Bergpässe. Dort oben sollte man beim Fahren Vorsicht walten lassen, denn die Wetter- und Straßenbedingungen können ungemütlich sein.

Queenstown & Umgebung

80 000 EW.

Queenstown ist ein recht unscheinbares, geschäftiges, staubiges Handelszentrum. Die Stadt wurde 1847 zu Verteidigungszwecken in Form eines Sechsecks angelegt. Dieses Muster ermöglichte es den Verteidigern, von einem zentralen Punkt aus durch alle Straßen zu schießen.

Die sanft ansteigenden Ebenen des **Tsolwana Nature Reserve** (043-742 4450; www.ecparks.co.za; Erw./Kind 20/10 R; 8–18 Uhr), 60 km südwestlich von Queenstown, sind mit Tälern, Klippen, Wasserfällen, Höhlen und Schluchten gesprenkelt. Das Naturschutzgebiet wird in Zusammenarbeit mit den ortsansässigen Tsolwana verwaltet und schützt einen zerklüfteten Teil der Karoo südlich des spektakulären **Tafelbergs** (1965 m) und den angrenzenden Swart Kei River. Zur vielfältigen hier heimischen Tierwelt gehören große Herden von Antilopen und Bergzebras. Besucher können im parkeigenen Fahrzeug Wildbeobachtungsfahrten (bis zu 4 Pers. 315 R) unternehmen.

Queenstown ist der Verkehrsknotenpunkt für Reisen in die und aus den Highlands. Busse von Greyhound, City to City und Translux halten auf ihrem Weg nach Jo'burg/Pretoria, Port Elizabeth und Kapstadt an der Tankstelle Shell Ultra City.

Alle Züge, die über Bloemfontein zwischen Jo'burg und East London sowie zwischen Kapstadt und East London unterwegs sind, halten in Queenstown; die Fahrt nach East London dauert rund vier Stunden. Genauere Infos hält **Shosholoza Meyl** (0860 008 888; www.shosholozameyl.co.za) bereit.

Aliwal North

30 000 EW.

Aliwal North liegt direkt an der Grenze zwischen den Provinzen Eastern Cape und Free State und zog Anfang des 20. Jhs. mit seinen mittlerweile fast komplett stillgeleg-

ROADTRIP AUF EIGENE FAUST

Es lohnt sich, die Region im Rahmen eines Roadtrips zu erkunden, denn die meisten Ortschaften rangieren für sich genommen auf dem Pflichtprogramm eines durchschnittlichen Touristen nicht sehr weit oben. Ihre Attraktivität macht zum großen Teil die Beschaulichkeit aus – für einen entspannten Nachmittag und Abend sind sie ideal. Am praktischsten und schönsten ist dabei ein Roadtrip auf eigene Faust ab Queenstown im Südwesten (in der hier beschriebenen Reihenfolge) oder über Maclear im Nordosten. Von den aufgeführten Orten ist Rhodes am malerischsten (danach kommt Lady Grey); wer nicht zurückfahren möchte – was sich kaum lohnt –, muss eine teils haarsträubende Fahrt über Südafrikas höchsten Bergpass bewältigen.

ABSTECHER

TSITSA FALLS BACKPACKERS

Im Umland von Maclear, einem Landwirtschafts- und Handelszentrum, erstrecken sich riesige Plantagen von nicht heimischen Kiefern. Die gewaltige Papiermühle, an die das Holz geliefert wird, steht direkt vor den Toren der nahe gelegenen Stadt Ugie. Allein wegen der Papierprodukte lohnt sich die Anreise kaum – aber das auf halber Wegstrecke zwischen Rhodes und Coffee Bay bzw. Port St. Johns abgeschieden gelegene **Tsitsa Falls Backpackers** (☎045-932 1138; www.tsitsafalls.com; Stellplatz/B 65/150 R, DZ ohne Bad 300 R) ist ein sehr lohnender Stopp zwischen den North-Eastern Highlands und der Wild Coast.

Ein junges Paar, Addi und Ang Badenhorst, hat hier ein altes, rustikales Bauernhaus über den malerischen Tsitsa Falls und in der Nähe des Zusammenflusses des Tsitsa River, des Pot River und des Mooi River in eine einladende Herberge verwandelt. Die Mahlzeiten aus selbstgemachtem Brot und Fleisch von der Feuerstelle im Freien, die unter sternenklarem Nachthimmel serviert werden, gehören sicher zu den Highlights einer jeden Reise. Tagsüber können Gäste Wander-, Angel-, Abseil- und Kloofingtouren unternehmen, zudem gibt's eine 150 m lange Zip-Line, die an den Wasserfällen vorbeiführt, sowie Kajakfahrten für Fortgeschrittene (Addi ist ein echtes Ass!).

Vom Zentrum Maclears folgt man der Straße zum Mount Fletcher über 20 km und biegt an der ausgeschilderten Straße zu den Tsitsa Falls rechts ab (nicht mit der ersten ausgeschilderten Straße zu den Tsitsa Falls 10 km vorher verwechseln!); von dort aus folgt man der unbefestigten Straße weitere 7 km. Auf Anfrage wird man in Mthatha oder Maclear abgeholt.

Für die Fahrt von Maclear nach Coffee Bay über Ugie und die neu erbaute Langeni-Passstraße benötigt man nur drei Stunden.

ten Thermalquellen jede Menge Urlauber an. Heute handelt es sich bei den meisten Besuchern um Business-People, die mit der örtlichen Regierung verhandeln, oder um Durchreisende aus oder nach Jo'burg.

Die **Conville Guest Farm** (☎051-633 2203; www.conville-farm.com; EZ/DZ inkl. Frühstück 300/400 R), ein stattliches Farmhaus von 1908, verbindet kaphölländische Architektur mit schlossähnlichen Verzierungen und besitzt einen Garten mit Teich und großartigem Ausblick auf das ländliche Umland. Das Gebäude beherbergt vier Zimmer, denen hohe Wände und Antiquitäten eine gewisse Pracht geben, und einen altmodischen, eleganten Frühstücksraum. Einfach östlich der Stadt auf der Louis Botha Ave nach entsprechenden Schildern Ausschau halten! Die Farm ist rund 3 km vom Zentrum entfernt.

Eine ebenfalls sehr empfehlenswerte Alternative ist das **Queens Terrace** (☎051-634 2291; 25 Queens Tce Rd; nff@xsinet.co.za; EZ/DZ inkl. Frühstück 350/500 R), die schickste Pension vor Ort. Sie überzeugt mit moderner Gemütlichkeit und einem Garten im hinteren Bereich.

Die beste Adresse für einen Absacker ist das **Pub & Grill** (Hauptgerichte 75 R) der Riverside Lodge mit Blick auf den Senqu

(Orange) River (Oranje). Das **Stable** (Hauptgerichte 40 R; ☉Mo–Fr 8–16 Uhr, Sa bis 12 Uhr) an der anderen Uferseite liegt schon in Free State und serviert Sandwiches, Salate, Burger und Kuchen in einem idyllischen Garten voller Spaliere oder in einem von mehreren mit kitschigen Souvenirs und Möbeln vollgestopften Räumen.

Translux, City to City und Greyhound halten an der Shell-Tankstelle nahe der General Hertzog Bridge im Norden der Stadt. Es gibt eine Verbindung täglich nach Jo'burg (310 R, 8 Std.).

Lady Grey

Lady Grey liegt vor der eindrucksvollen Kulisse der steilen und von der Sonne verwöhnten Klippen der Wittberge-Gebirgskette am Ende der (einzigen) Straße. Eine kleine Gruppe von Künstlern und eine Akademie für Musik und Theater geben dem ansonsten verschlafenen Bauernstädtchen eine gewisse Lebendigkeit. An Ostern beteiligt sich der gesamte Ort am dreitägigen **Passionsspiel**; dann sind die Unterkünfte meist restlos ausgebucht.

Infos über die Gegend gibt's im wunderbaren **Comfrey Cottage** (☎051-603 0407;

www.comfreycottage.co.za; 51–59 Stephenson St; EZ/DZ inkl. HP 500/900 R, Selbstversorger 280 R/Pers.). Die Anlage umfasst mehrere komfortable Cottages und einen hübschen Garten mit Rasen, auf dem Alpakas weiden. Zum Angebot gehören geologische und botanische Ausflüge sowie Radtouren in die Gegend und Besuche des nahen privaten Cape Vulture Restaurant, in dessen Nähe Kapgeier gefüttert werden.

Mindestens ebenso ansprechend ist das einzigartige, einladende **Baggers & Packers** (☑051-603 0346; johandp@telkomsa.net; 53 Heut St; Stellplatz 35 R/Pers., B 100 R), das in einer umgebauten Kapelle untergebracht ist. Im schattigen Garten kann man wunderbar zelten. Der freundliche Besitzer gibt gern Tipps für Wanderungen in die Gegend und zeigt Gästen seine Sammlung restaurierter Orgeln.

Wer genug Zeit und einen Wagen mit Allradantrieb hat, für den lohnt sich ein Abstecher in die großartige abgeschiedene Berglandschaft im **Lammergeier Private Nature Reserve** (☑051-603 1114; www.adventuretrails.co.za; 4-Pers.-Selbstversorger-Cottage 695 R, 12-Pers.-Bauernhaus 255 R). Die Rinderfarm inmitten unberührter Natur wurde für ihr umweltpolitisches Engagement ausgezeichnet und richtet Abenteuersport-Events aus. Zum Freizeitangebot gehören Wanderwege, Vogelbeobachtungstouren und Forellenangeln sowie Routen für Geländewagen, Mountainbikes und Quads. Das Gebiet kommt nach 11 km Fahrt auf der nicht asphaltierten Joubert's-Pass-Straße in Sicht und ist über die R58 zwischen Lady Grey und Barkly East zu erreichen.

Rhodes

700 EW.

Das kleine Dorf Rhodes liegt tief in den südlichen Drakensbergen inmitten eines spektakulären Tals entlang dem Bell River und eignet sich prima als Ausflugsziel. Die Architektur hat sich seit 1891, als der Ort als landwirtschaftliches und wirtschaftliches Zentrum gegründet wurde, nicht verändert. Forellenangeln ist in der ganzen Region sehr beliebt, deshalb hat die **Wild Trout Association** (☑045-974 9292; www.wildtrout.co.za) hier ihren Hauptsitz.

Die **Deli & Art Gallery** (☑045-971 9236; Muller St; ◷Mo–Fr 8–17, Sa 8–14, So 9–12 Uhr) verkauft alles Mögliche, darunter Fleisch und Gemüse. Es gibt einen kleinen Laden

mit Geldautomaten sowie eine kleine Tankstelle mit Benzinpumpe – die Vorräte sind jedoch häufig erschöpft, deswegen füllt man seinen Tank am besten, bevor man nach Rhodes kommt.

In Rhodes lassen sich alle vier Jahreszeiten an einem Tag erleben, wobei die Temperaturen im Winter bis auf -15 °C sinken und im Sommer bis auf 35 °C steigen können.

🛏 Schlafen & Essen

Im Dorf gibt's mehrere **Cottages** (☑045-974 9298; www.highlandsinfo.co.za; ab 175 R/Pers.) für Selbstversorger. In der Hauptsaison (pro Jahr gibt es davon drei kürzere: 1. Dez.–15. Jan., 15. März–30. April & 25. Mai–31. Aug.) empfiehlt es sich, früh zu buchen, zudem braucht man im Winter warme Kleidung und Bettwäsche. Einige Cottages sind kaum beheizbar.

LP TIPP **Walkerbouts Inn** GASTHAUS $$
(☑045-974 9290; www.walkerbouts.co.za; inkl. HP 525 R/Pers.) Das Walkerbouts verfügt über jede Menge Charakter, polierte Parkettböden und gemütliche Zimmer mit interessanten Möbeln und alten Artefakten. Es gibt eine einladende Bar und gutes Essen (für rund 30 R können sich Gäste ihre eigene Pizza zusammenstellen). Von dem reizenden Garten hat man einen tollen Ausblick, und der großartige Gastgeber Dave Walker weiß einfach alles über Rhodes und übers Fliegenfischen.

Rhodes Hotel HOTEL $$
(☑045-974 9305; www.rhodeshotel.co.za; Muller St; inkl. HP 580 R/Pers.; @) Das einzige Hotel vor Ort befindet sich in einem stimmungsvollen alten Gebäude mit Holzböden und verfügt über gut ausgestattete Zimmer mit hoher Decke. Eine gesellige Bar und ein Restaurant (Hauptgerichte 65 R) gibt's ebenfalls. Zum Unterhaltungsangebot gehören Reiten, Tennis und Volleyball.

ℹ An- & Weiterreise

Die Straße von Rhodes nach Barkly East (60 km, 1½ Std.) ist unbefestigt, aber auch mit Fahrzeugen ohne Allradantrieb befahrbar. Angesichts der atemberaubenden Landschaft lohnen sich ein paar Zwischenstopps, um Fotos zu schießen. Die Straße nach Maclear führt über den eindrucksvollen Naudesnek Pass (2500 m), den höchsten des Landes, bei dem man am besten mit einem Allrad-Fahrzeug unterwegs ist. Er ist auch mit Zweiradantrieb befahrbar, allerdings nur bei geeignetem Wetter. Öffentliche Verkehrsmittel gibt es hier nicht.

KwaZulu-Natal

Inhalt »

Durban............ 239
South Coast....... 258
North Coast........ 262
Zululand........... 265
Elephant Coast...... 271
Drakensberge &
Ukhahlamba-
Drakensberg Park .. 282
Die Midlands....... 296
Battlefields 301

Gut essen

» Market (S. 252)
» Cafe Bloom (S. 300)
» Spice (S. 253)
» Joop's Place (S. 253)

Schön übernachten

» Mpila Camp (S. 273)
» Inkosana (S. 290)
» Thendele (S. 287)
» Thonga Beach Lodge (S. 279)

Auf nach KwaZulu-Natal!

Rau und unwirtlich, lieblich und kultiviert, ländlich und bodenständig – KwaZulu-Natal ist eine vielfältige Region, in der Shoppingpaläste an schäbige Vororte grenzen und adrenalinsüchtige Abenteurer actiongeladene Herausforderungen, Sonnenanbeter dagegen ihren Traumstrand vorfinden. Bergige Landschaften wechseln sich mit flachen, trockenen Savannen ab, die Städte sind erfüllt von afrikanischer Lebensart, Märkten und Lärm – welch ein Gegensatz zu den ruhigen Stammesdörfern auf dem Land! Hier liegt außerdem der Distrikt Zululand, die traditionelle Heimat der Zulu, die sehr stolz auf ihre Kultur sind.

Hinzu kommen die einzigartige Tierwelt – auch die Big Five (Löwe, Leopard, Büffel, Elefant und Nashorn) –, eine faszinierende Geschichte, tolle Wandermöglichkeiten und in den schicken Küstenorten Sand, Sonne und Meer. Diese verlockende Mischung aus lokalen Traditionen und authentischen afrikanischen Highlights gehört quasi zum Pflichtprogramm für Traveller.

Reisezeit

Durban

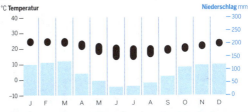

Mai–Okt. Die Trockenzeit mit kühleren Tagen ist ideal, um Tiere in freier Natur zu beobachten.

Okt. & Nov. Ideales Strandwetter; Wildblumen zieren den ganzen uKhahlamba-Drakensberg Park.

Nov.–Feb. Es herrscht Hitze, die Paarungszeit ist vorbei, und es gibt jede Menge Tierbabys.

Highlights

❶ Im **Hluhluwe-iMfolozi Park** (S. 272), dem Revier der Big Five, Tiere in der Wildnis beobachten oder nahe einem Wasserloch im **uMkhuze Game Reserve** (S. 281) das Morgenrot erleben

❷ Die Schönheit des außergewöhnlichen **iSimangaliso Wetland Park** (S. 274) entdecken

❸ Durch das gebirgige Wunderland des **uKhahlamba-Drakensberg Park** (S. 282) wandern

❹ Über den **Sani Pass** (S. 295) durch die Wolken nach Lesotho fahren

❺ In **Isandlwana** und **Rorke's Drift** (S. 306) den erbitterten Kämpfen zwischen den Briten und den Zulu im Zulukrieg nachspüren

Geschichte

Das von den Buren, Briten und Zulu umkämpfte Natal erhielt seinen Namen vom portugiesischen Entdecker Vasco da Gama, der die Küste 1497 am Weihnachtstag sichtete und sich bei der Namensgebung auf Christi Geburt bezog. Mehr als 300 Jahre vergingen, bis sich das Britische Empire für die Region interessierte und sie schließlich 1843 zur Kolonie erklärte. Ab 1845 war Natal für kurze Zeit mit der Kapkolonie verknüpft, wurde aber 1856 zu einer eigenständigen Kolonie. Zu jener Zeit betrug die Zahl der europäischen Bewohner nicht einmal 5000.

Der Zuzug indischer Vertragsarbeiter in den 1860er-Jahren – teilweise herrscht in der Provinz noch immer ein indisches Flair – und die Einführung der kommerziellen Landwirtschaft (vor allem Zuckerrohrplantagen) kurbelten die Entwicklung an. Ab 1895, als eine Eisenbahnstrecke den neuen Tiefseehafen von Durban mit dem boomenden Witwatersrand verband, florierte die Kolonie.

Die Geschichte der Provinz bis zur Entstehung der Südafrikanischen Union ist eine Geschichte der Konflikte; sie ist geprägt von *mfeqane* (das bedeutet: „erzwungene Migration" südafrikanischer Stämme bzw. „Zerschlagung" der Zulu), von den Kriegen zwischen Buren und Zulu einerseits sowie zwischen Briten und Zulu andererseits, die die Unterwerfung des Zulu-Königreichs zur Folge hatten, und schließlich von den zwei Kriegen zwischen den Briten und den Buren. Weitere Details zu Ursprung und Folgen der *mfeqane* s. S. 554.

Kurz nach den Wahlen von 1994 wurde die Provinz Natal in Anerkennung der Tatsache, dass das Gebiet der Zulu den Großteil ihrer Fläche ausmacht, wieder in KwaZulu-Natal umbenannt. Bis 2005, als Pietermaritzburg zur offiziellen Provinzhauptstadt erklärt wurde, teilten sich Ulundi (dies war einst die Hauptstadt KwaZulus) und Pietermaritzburg (die einstige Hauptstadt der Republik Natalia) den Status als Hauptstadt von KwaZulu.

Klima

Entlang der Küste ist die Luft (und dank des Agulhas-Stroms auch das Wasser) ganzjährig warm. Durban nimmt mit 230 Sonnentagen im Jahr eine Spitzenposition ein. Im Sommer können die Hitze und die Luftfeuchtigkeit – mit Temperaturen meist

---

NICHT VERSÄUMEN

NATIONALPARKS & NATURSCHUTZGEBIETE IN KWAZULU-NATAL

Die erste Anlaufstelle für alle, die die großartigen Parks und Reservate der Provinz erkunden wollen, ist **Ezemvelo KZN Wildlife** (☎033-845 1000; www.kznwildlife.com; Queen Elizabeth Park, Peter Brown Dr, Pietermaritzburg). Die Unterkünfte in den Parks reichen von schlichten Campingplätzen bis hin zu komfortablen Safarizelten und Luxuslodges. Optionen und Preise sowie die Eintrittspreise für alle Ezemvelo-KZN-Wildtierreservate sind in der kostenlosen Broschüre *Fees & Charges* aufgeführt. Auch Karten der Parks sind erhältlich.

Alle Unterkünfte müssen vorab telefonisch, online oder persönlich über das Büro in Pietermaritzburg gebucht werden. Für *Last minute*-Buchungen (bis zu 48 Std. im Voraus) wendet man sich direkt an den Campingplatz.

Die offiziellen Öffnungszeiten aller Parks sind von 5 bis 19 Uhr (1. Okt.–31. März) bzw. von 6 bis 18 Uhr (1. April–30. Sept.).

Viele der Parks sind ein absolutes Muss für Landschafts- und Tierfreunde. Die dortigen Campingplätze sind oft mit hochwertigen Bungalows oder Safarizelten ausgestattet und bilden somit eine schöne Alternative für Familien und für alle, die kostengünstig durch Südafrika touren wollen.

Tipp: Wer nur für ein oder zwei Reservate Zeit hat, sollte sich an die Highlights halten. Dazu zählen der Royal Natal National Park (S. 286) wegen der herrlichen Aussicht auf die Drakensberge, der Hluhluwe-iMfolozi Park (S. 272) wegen der vielfältigen Tierwelt und der guten Unterkünfte in freier Natur, das Ithala Game Reserve (S. 271) und das uMkhuze Game Reserve (S. 281) wegen der wundervollen Vogelbeobachtungsmöglichkeiten und Wasserstellen sowie der iSimangaliso Wetland Park (S. 274) wegen seiner vielfältigen Landschaft und seiner Ökologie.

um 35 °C – zusammen mit den Besuchermassen an der Küste ziemlich anstrengend werden. Das Landesinnere genießt ähnlich sonnige Bedingungen. Nachmittags können jedoch plötzliche und heftige Gewitter aufkommen, besonders in den uKhahlamba-Drakensbergen und im nördlichen KwaZulu-Natal. Im Winter sind die Gipfel schön von einer pudrigen Schneeschicht überzogen.

Sprache

In Südafrika gibt es elf offizielle Landessprachen. In KwaZulu-Natal sind die häufigsten Sprachen Englisch, Zulu, Xhosa und Afrikaans. Wichtig Grundbegriffe und Redewendungen sind im Kapitel „Sprache" zu finden.

Anreise & Unterwegs vor Ort

Durban ist unumstritten der Verkehrsknotenpunkt von KwaZulu-Natal und ist gut angebunden: Von hier aus gibt es Flüge, Bus- und Zugverbindungen zu Zielen überall im Land. In der Provinz selbst herumzureisen, ist aber nicht ganz so einfach. Es fahren zwar Fernbusse Richtung Süden nach Port Shepstone, Margate und Kokstad, gen Norden nach Richards Bay und Vryheid sowie zu einigen Städten im Westen wie Estcourt, Ladysmith und Newcastle, aber viele entlegenere Orte sind mit öffentlichen Verkehrsmitteln nur schwer zu erreichen. Minibus-Taxis sind im Notfall ganz nützlich, sich aber nur auf sie zu verlassen, bedeutet, dass man stundenlang eingezwängt in einem überfüllten Kleinbus unterwegs ist.

Fahrzeuge von **Baz Bus** (www.bazbus.com) verbinden viele der Hostels in der Provinz miteinander, fahren aber nicht mehr gen Norden über St. Lucia ins Swasiland.

DURBAN

031 / 3,4 MIO. EW.

Durban ist eindeutig die kosmopolitische Königin der Region, obwohl sie manchmal zu Unrecht zugunsten ihres cooleren Cousins Kapstadt übergangen wird. Dabei gibt es im lebenslustigen „Durbs" (wie Durban häufig liebevoll genannt wird) weitaus mehr, als es auf den ersten Blick scheint. Als Vorbereitung auf die Fußballweltmeisterschaft 2010 wurde die Stadt gründlich erneuert und bekam ein schickes neues Stadion und eine umgestaltete Strandpromenade. Mit ihrem neu gewonnenen Selbstvertrauen kann sich die Stadt zu Recht sehen lassen: Es gibt hier schicke Cafés, wunderbare Kulturangebote und

FLEXIBEL REISEN

Wer die echten Highlights dieser Region (die Drakensberge, die Nationalparks und Naturschutzgebiete sowie die Battlefields) genauer erkunden will, sollte sich ein Auto mieten. In Durban gibt es eine Reihe von zuverlässigen Autovermietern. Die meisten Straßen sind in gutem Zustand. Für einige Strecken, z. B. am Sani Pass (zu dem man einfach auch eine Tour von Underberg aus machen kann), im Tembe Elephant Park und vielerorts im iSimangaliso Wetland Park braucht man einen Geländewagen.

Weitere Infos zu Verkehrsverbindungen gibt's auf S. 646 und unter dem Abschnitt „Anreise & Unterwegs vor Ort".

ausgezeichnete Shoppingmöglichkeiten, die sich meistens in angesagten Gebieten in den Vorstädten konzentrieren.

Durban (auf Zulu: eThekweni) ist nicht nur Südafrikas drittgrößte Stadt, sondern gilt auch als Sporthauptstadt des Landes. Dank der Stadien, Sportstätten, Golfplätze und dem buttergelben Sandstrand ist die Stadt ein prima Pflaster für den Zuschauer- und Freizeitsport.

Das rasterförmig angelegte, geschäftige, aber auch verschmutzte Stadtzentrum mit seinen grandiosen Kolonialgebäuden und der faszinierenden Art-déco-Architektur präsentiert sich ausgesprochen afrikanisch (ist aber nach Sonnenuntergang wenig erfreulich). Für Strandliebhaber ist tagsüber nach wie vor die Promenade mit den vielen angebotenen Aktivitäten das beste Pflaster in der Stadt.

Da in Durban die meisten Menschen indischer Abstammung außerhalb Indiens leben, hat die Stadt einen ziemlich deutlichen asiatischen Touch, der auf den Marktplätzen und in den Straßen des indischen Viertels mit den typischen indischen Erscheinungen, Klängen und Gerüchen zum Ausdruck kommt.

Geschichte

Die Gründung von Durban nahm einige Zeit in Anspruch. Die Natal Bay, an der die Stadt liegt, bot schon 1685 Seefahrern Unterschlupf. Auch der Seefahrer Vasco da Gama soll hier 1497 vor Anker gegangen sein. 1690 kauften die Holländer einem

Durban

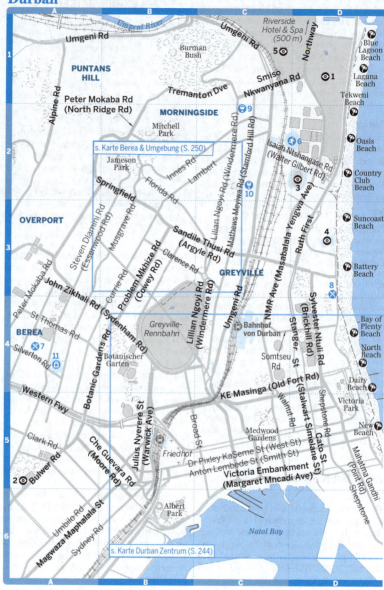

lokalen Häuptling ein großes Stück Land in der Bucht ab. Ihre Schiffe schafften es jedoch zunächst nicht, die Sandbank am Eingang der Bucht zu passieren. 1705 starb der Häuptling, und sein Sohn weigerte sich standhaft, den Kauf des Landes anzuerkennen.

Die Europäer interessierten sich zunächst nur wenig für die Natal Bay. Erst 1824 errichteten Henry Fynn und Francis Farewell hier eine Niederlassung für den Elfenbeinhandel mit den Zulu. Der mächtige Zulu-Häuptling Shaka (s. Kasten S. 264) gewährte der Handelsgesellschaft Land um

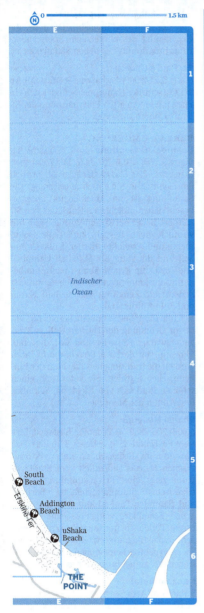

Durban

⊙ Sehenswertes
1 Durban Country Club D1
2 Kwazulu Natal Society of Arts A5
3 Moses Mabhida Stadium D2
4 Sun Coast Casino............................... D3
5 Windsor Park Municipal Golf
    Course C1

Aktivitäten, Kurse & Touren
6 Kings Park Stadium D2
  STS Sport................................... (siehe 3)

⊗ Essen
7 Cafe 1999 .... A4
8 Cafe Jiran D3
  Unity Brasserie & Bar............... (siehe 7)

⊙ Ausgehen
9 Billy the Bum's C2
10 Sasha's Nighclub.............................C2

⊙ Shoppen
11 Musgrave Centre................................A4

Jahr zu Ehren des Gouverneurs der Kapkolonie den Namen D'Urban erhielt.

1837 überquerten die Voortrekker die Drakensberge und gründeten 80 km nordwestlich von Durban den Ort Pietermaritzburg. Im folgenden Jahr wurde Durban nach einem Angriff der Zulu evakuiert, worauf die Buren die Herrschaft über die Stadt für sich beanspruchten. Kurz darauf besetzten britische Soldaten die Stadt, doch die Buren beharrten auf ihrem Anspruch. Die Briten schickten Truppen nach Durban, wurden aber von den burischen Streitkräften 1842 in der Schlacht von Congella geschlagen.

Einen Monat lang hielten die Buren wacker die Stellung, ehe eine britische Fregatte sie vertrieb (sie war herbeigerufen worden vom legendären jungen Dick King, der in zehn Tagen 1000 km unberührtes Land von Durban nach Grahamstown in Eastern Cape durchritt). Im folgenden Jahr wurde Natal von den Briten annektiert, und Durbans Aufstieg zur bedeutenden kolonialen Hafenstadt begann. 1860 kamen die ersten indischen Vertragsarbeiter ins Land, um auf den Zuckerrohrfeldern zu arbeiten. Trotz schlechter Arbeitsbedingungen – im Prinzip handelte es sich um Sklavenarbeit – kamen viele freie Siedler aus Indien, unter ihnen auch Mahatma Gandhi (s. Kasten S. 559).

die Bucht, das im Namen König Georgs IV. in Besitz genommen wurde.

Die Siedlung wuchs nur langsam, auch wegen der Unruhe, die der Zulu-Häuptling Shaka in der Gegend verursachte. Bis 1835 war die Siedlung zu einer Kleinstadt mit einer Mission angewachsen, die im gleichen

Sehenswertes

STADTZENTRUM

Rathaus
GEBÄUDE

(Karte S. 244; Anton Lembede St (Smith St)) Das opulente Rathaus von 1910 im edwardianischen Neobarock dominiert das Stadtzentrum. Davor befindet sich der **Francis Farewell Square**, wo Fynn und Farewell 1824 ihr Lager aufschlugen.

GRATIS Durban Art Gallery
KUNSTGALERIE

(Karte S. 244; Rathaus, Anton Lembede St (Smith St); ☉Mo–Sa 8.30–16, So 11–16 Uhr) Beherbergt eine ausgezeichnete Sammlung zeitgenössischer südafrikanischer Kunst, insbesondere Kunsthandwerk der Zulu, sowie Wechselausstellungen (Ausschau halten nach der Sammlung von Korbwaren aus Hlabisa, die aus unterschiedlichen Gräsern in wunderschönen Naturfarben fein geflochten werden!).

GRATIS Natural Science Museum
MUSEUM

(Karte S. 244; Rathaus, Anton Lembede St (Smith St); ☉Mo–Sa 8.30–16, So 11–16 Uhr) Das Museum besticht mit einer eindrucksvollen, wenn auch altmodisch wirkenden Ausstellung präparierter Vögel, Insekten und afrikanischer Tiere. Besonders interessant sind die Kakerlaken- und Mistkäferausstellung, der rekonstruierte Dodo und das lebensgroße Dinosauriermodell.

GRATIS Old Courthouse Museum
MUSEUM

(Karte S. 244; 77 Samora Machel St (Aliwal St)); ☉Mo–Fr 8.30–16, Sa 8.30–12.30 Uhr) Das besuchenswerte Museum befindet sich in dem schönen Gerichtsgebäude von 1866 hinter dem Rathaus. Es bietet einen Einblick in die Höhen und Tiefen des Koloniallebens und beherbergt auch eine interessante Ausstellung zur Zuckerindustrie. Zu den wundervollen Exponaten aus Gegenständen der Kolonialzeit (von Pfeifen bis Halsketten) gehören auch entsprechende Gegenstände der Zulu – diese herauszufiltern, ist ein großer Spaß für Kinder (und manche Erwachsene).

GRATIS KwaMuhle Museum
MUSEUM

(Karte S. 244; 130 Ordnance Rd (Bram Fischer Rd); ☉Mo–Sa 8.30–16 Uhr) Hier befand sich früher das Hauptquartier der Bantu-Administration, in dem die Kolonialverwaltung Durbans die Strukturen der städtischen Rassentrennung (das „Durban System") ausarbeitete, die Grundlage für Südafrikas Apartheidspolitik. Eine Ausstellung widmet sich dem städtischen Durban,

wie es einmal war, eine andere Cato Manor, der heutigen Township Durbans, die Gegenstand des ehrgeizigen Stadterneuerungsprogramms des neuen Südafrikas ist.

St. Paul's Church
KIRCHE

(Karte S. 244; Dr Pixley KaSeme St (West St)) An der Ostseite der Hauptpost befindet sich ein Platz mit einem alten Pfarrhaus und der St. Paul's Church von 1909.

BEREA & UMGEBUNG

Campbell Collections
KUNSTGALERIE

(Karte S. 250; ☎031-207 3432; http://campbell. ukzn.ac.za; 220 Gladys Mazibuko Rd (Marriott Rd); Eintritt 20 R; ☉nur nach Vereinbarung) Die Sammlung ist im Muckleneuk untergebracht, einem prächtigen Haus, das von Sir Herbert Baker entworfen wurde. Sie lohnt wirklich einen Besuch, zumal die Dokumente und Artefakte, die Dr. Killie Campbell und ihr Vater Sir Marshall Campbell (die Township KwaMashu ist nach ihm benannt) zusammengetragen haben, äußerst bedeutende Zeugnisse der frühen Natal- und Zulu-Kultur sind.

Killie Campbell sammelte bereits 60 Jahre vor Gründung der Durban Gallery Werke schwarzer Künstler und war die erste Mäzenin von Barbara Tyrrell, die in ihren Werken die traditionellen Trachten der Einheimischen festhielt. Sie vermitteln einen schönen Eindruck von Kleidung, Schmuck und Anmut der Menschen.

Phansi Museum
MUSEUM

(☎031-206 2889; 41 Cedar Rd, Glenwood, Ecke Frere Rd; Eintritt 35 R; ☉Mo–Fr 8–16 Uhr) Das Museum im Erdgeschoss eines viktorianischen Hauses südöstlich vom Stadtzentrum zeigt eine Privatsammlung südafrikanischer Stammesartefakte. Besitzer und Sammler Paul Mikula hat herausragende Exemplare zeitgenössischer Skulpturen, Perlenarbeiten aus KwaZulu-Natal, Schnitzplastiken und Artefakte von Pfeifen bis zu Fruchtbarkeitspuppen zusammengetragen. Voranmeldung erforderlich!

Kwazulu Natal Society of Arts
KUNSTGALERIE

(Karte S. 240; www.kznsagallery.co.za; 166 Bulwer Rd, Glenwood; ☉Di–Fr 9–17, Sa bis 16, So 10–15 Uhr) Die gemeinnützige Galerie zeigt Wechselausstellungen von moderner Kunst. Im Gartencafé unter Schatten spendenden Bäumen lässt es sich nach dem Besuch wunderbar entspannen. Im Gebäude gibt's auch einen Souvenirladen.

GRATIS **Botanischer Garten** BOTANISCHER GARTEN
(Karte S. 244; ☎031-3091170; www.durbanbotanic gardens.org.za; John Zikhali Rd (Sydenham Rd); ⏱16. April–15. Sept. 7.30–17.15 Uhr, 16. Sept.–15. April bis 17.45 Uhr) Der 20 ha große botanische Garten beherbergt u. a. einen der seltensten Palmfarne (*Encephalartos woodii*) sowie viele Bromelienarten. Ein wunderbarer Ort zum Bummeln! An den Wochenenden posieren hier unzählige Hochzeitsgesellschaften mit ihren Blumensträußen für die Fotografen. Alljährlich finden hier auch Konzertreihen des KwaZulu-Natal Philharmonic Orchestra und andere Konzerte statt.

Moses Mabhida Stadium STADION
(Karte S. 240; ☎031-582 8222; www.mmstadium.com; Masabalala Yengwa Ave (NMR Ave)) Die Einwohner von Durban sind stolz auf ihr topmodernes Stadion, das für die Fußballweltmeisterschaft 2010 erbaut wurde. Es sieht aus wie ein riesiger Korb, und mehr als 56000 Personen finden dort einen Sitzplatz. Die Form des Stahlbogens über dem Stadion ist dem „Y" in der Nationalfahne nachempfunden. Besucher können mit der **Seilbahn** (55 R/Pers.; ⏱Sa & So) den Bogen hinauffahren, die 550 Stufen des **Adventure Walk** (90 R/Pers.; ⏱Sa & So 10, 13 & 16 Uhr) erklimmen oder auf dem gigantischen **Big Swing** (595 R/Pers.; ⏱9–17 Uhr) eine Schaukelpartie in 106 m Höhe machen. Von dort oben aus bietet sich natürlich ein sensationeller Blick auf Durban. Unten am Stadion gibt es mehrere Cafés. Dort kann man auch Fahrräder ausleihen oder über die neu gebaute Fußgängerpromenade zum Strand laufen.

NORD- & WEST-DURBAN

Umgeni River Bird Park NATURSCHUTZGEBIET
(Riverside Rd; Erw./Kind 25/15 R; ⏱9–16 Uhr) Dieser Vogelpark nördlich vom Zentrum am Umgeni River ist eine Oase der Ruhe nach dem städtischen Gedränge. Hier sind viele afrikanische Vogelarten inmitten üppiger Vegetation und in Volieren zu sehen. Niedlich sind vor allem die frisch geschlüpften Küken in der Babystation.

Temple of Understanding RELIGION
(Bhaktieedanta Sami Circle; ⏱Mo–Sa 10–13 & 16–19.30, So 10.30–19.30 Uhr) Dieser Tempel im Westen Durbans ist der größte Hare-Krishna-Tempel der südlichen Hemisphäre. Das ungewöhnliche Gebäude in Form einer Lotusblüte beherbergt auch ein vegetarisches Restaurant. Die N3 in Richtung Pietermaritzburg fahren, südwärts auf die N2 abbiegen, die Ausfahrt nach Chatsworth nehmen und dann nach rechts Richtung Chatsworth-Zentrum fahren!

MARGARET MNCADI AVENUE (VICTORIA EMBANKMENT)

Sugar Terminal FABRIK
(Karte S. 240; 51 Maydon Rd; Erw./erm. 15/7 R; ⏱Führungen Mo–Do 8.30, 10, 11.30 & 14, Fr 8.30, 10 & 11 Uhr) An der Maydon Wharf, die an der Südwestseite des Hafens und südlich der Margaret Mncadi Ave verläuft, befindet sich der Sugar Terminal, der einen Einblick in den Zuckerhandel gewährt. Drei Silos sind noch immer in Betrieb.

STRASSENSCHILDER: DER NAME MACHT'S!

Die Stadtverwaltung von Durban löste eine Kontroverse aus, als sie 2007/08 als Symbol für ein „neues Südafrika" viele der Straßen der Innenstadt und Vororte umbenannte. Die Diskussionen über die Umbenennungen erhitzten die Gemüter. Viele Einwohner empörten sich über die hohen Kosten, die mit der Änderung der Straßenschilder einhergingen (mit dem Argument, das Geld wäre für öffentliche Dienstleistungen besser angelegt). Auch hielten Teile der Bevölkerung einige der Personen (vor allem alte Funktionäre des Afrikanischen Nationalkongresses ANC und ehemalige Freiheitskämpfer), die durch einen Straßennamen geehrt werden sollten, für ungeeignet – ganz zu schweigen davon, dass die Menschen lauter neue Straßennamen lernen mussten und Schwierigkeiten bei der Orientierung hatten.

Einige Namensänderungen wurden später für gesetzwidrig erklärt. Inzwischen gibt es auch Bemühungen, manchen Straßen ihre ursprünglichen Namen wieder zurückzugeben. Hinzu kommt, dass die meisten ortsansässigen Leute (und Geschäfte) nicht selten die alten Straßennamen benutzen, was noch mehr Verwirrung stiftete. Deshalb haben wir in der vorliegenden Ausgabe dieses Buches hinter den neuen Straßennamen die alten Bezeichnungen in der Klammer angegeben.

Durban Zentrum

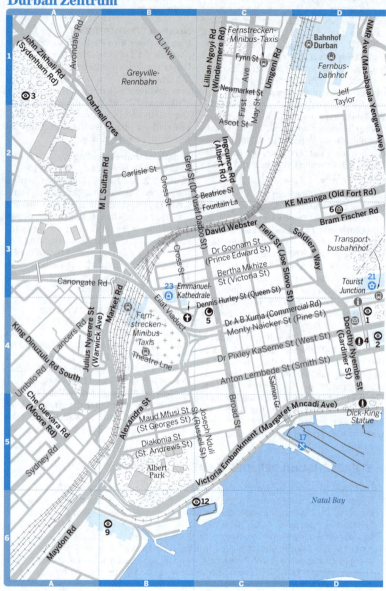

Wilson's Wharf KAI
(Karte S. 244; www.wilsonswharf.co.za) Etwas weiter nördlich des Sugar Terminal liegt die einstmals hippe, aber heute schon ziemlich in die Jahre gekommene Kaianlage. Von hier aus hat man den besten Blick auf Durbans Hafen und das dortige Geschehen. Der Hafen ist der am meisten genutzte in ganz Südafrika und steht weltweit an neunter Stelle. Am Kai gibt es mehrere Lokale und Bootsvermieter, Geschäfte und sogar ein Theater. Die Zufahrt für Autos befindet sich gegenüber der Hermitage St.

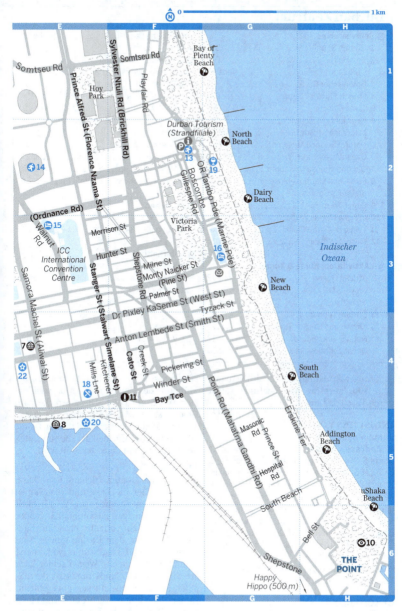

Port Natal Maritime Museum MUSEUM
(Karte S. 244; Maritime Dr; Erw./Kind 5/3 R; ⊙Mo–Sa 8.30–15.30, So 11–15.30 Uhr) Das Museum befindet sich an einer Anliegerstraße, die parallel zur Margaret Mncadi Ave verläuft. Hier kann man zwei alte Schleppdampfer erkunden und den riesigen Weidenkorb bewundern, mit dem einst die Passagiere auf die Ozeandampfer gehievt wurden.

Vasco da Gama Clock DENKMAL
(Karte S. 244) Das 1897 errichtete überladene viktorianische Denkmal am Embankment gleich östlich der Stalwart Simelane

Durban Zentrum

⊙ Sehenswertes
1 Church Square D4
2 City Hall D4
   Durban Art Gallery ....(siehe 2)
3 Botanischer Garten................................A1
4 Francis Farewell Square D4
5 Juma Mosque C4
6 KwaMuhle Museum D3
   Madrassa Arcade ....(siehe 5)
   Natural Science Museum............(siehe 2)
   Ocean Adventures ....(siehe 10)
7 Old Courthouse Museum.......................E4
8 Port Natal Maritime Museum E5
   St. Paul's Church.........................(siehe 1)
9 Sugar Terminal....................................B6
10 uShaka Marine World...........................H6
11 Vasco da Gama Clock F4
12 Wilson's Wharf C6

✈ Aktivitäten, Kurse & Touren
   African Queen ....(siehe 12)
   Calypso Dive & Adventure
      Centre...(siehe 10)
13 Durban Tourism F2
14 Kingsmead Cricket Stadium.................E2
   Natal Sharks Board.....................(siehe 12)
   Ocean Safaris ....(siehe 10)

   Ricksha Bus ....(siehe 13)

🛏 Schlafen
15 Durban Hilton International.................. E3
16 Protea Hotel Edward Durban G3
   Southern Sun Suncoast Hotel
   & Towers .... (siehe 9)

🍴 Essen
17 Cafe Fish D5
   Cargo Hold .... (siehe 10)
   Moyo .... (siehe 10)
18 Roma Revolving Restaurant.................E4

🍷 Ausgehen
19 Joe Kool's...G2
   Moyo uShaka Pier Bar .... (siehe 10)

✪ Unterhaltung
20 BAT Centre E5
   Catalina Theatre .... (siehe 12)
21 Computicket D3
22 Playhouse Company............................E4

🛍 Shoppen
23 Victoria St Market................................B3

St (Stanger St) ist ein Geschenk Portugals zum 400. Jahrestag der Sichtung Natals durch Vasco da Gama.

INDISCHES VIERTEL

**Juma Mosque
& Madrassa Arcade**   MOSCHEE
(Karte S. 244; Ecke Denis Hurley St (Queen St) & Dr Yusef Daddo (Grey St); ⊗Mo–Fr 9–16, Sa bis 11 Uhr) Wer eine Führung durch die größte Moschee der südlichen Hemisphäre machen will, muss vorab anrufen. Neben der Moschee befindet sich die **Madrassa Arcade** zwischen der Dr AB Xuma St und der Cathedral Rd, in der Nähe der katholischen Emmanuel-Kathedrale.

Infos zum nahe gelegenen Victoria Street Market gibt's auf S. 255.

BEACHFRONT

Dank der umfangreichen Sanierung im Vorfeld der Fußballweltmeisterschaft 2010 erstrahlt das Ufer in neuem Glanz. Die neue, breite Uferpromenade verläuft direkt am Strand entlang, bietet aber nur wenig Schatten. Der in verschiedene Abschnitte unterteilte Strand und die Promenade er-

strecken sich von der Blue Lagoon (an der Mündung des Umgeni) bis zur uShaka Marine World am Point. Diese Strecke wird Golden Mile genannt, ist aber viel länger als eine Meile. Die Straße dahinter ist die OR Tambo Pde (Marine Pde), die von Hotelhochhäusern und Cafés gesäumt wird.

Strände   STRAND
Anhand der guten Schautafeln kann man sich über die Lage und die Namen der einzelnen Strände (in Wirklichkeit ist es ein einziger zusammenhängender Sandstrand) gut orientieren. Am Suncoast Beach vor dem Kasino gibt es Sonnenschirme und Liegestühle (wer zuerst kommt, mahlt zuerst). Wegen seiner Lage am Südende des Sandstrands ist der uShaka Beach etwas stärker abgeschirmt. In der Nähe gibt es auch Cafés und einen kleinen Parkplatz. Hier kann man die unglaublichen Sandskulpturen der Einheimischen bewundern, die alles Mögliche darstellen, von Meerjungfrauen bis Löwen. Am uShaka Beach werden auch alle möglichen Aktivitäten, von Surfstunden bis Kajakfahren, angeboten.

Achtung: Die Brandung und die Strömungen an Durbans Stränden können gefährlich sein! Deshalb sollte man nur in den überwachten und durch Flaggen gekennzeichneten Abschnitten baden.

uShaka Marine World VERGNÜGUNGSPARK
(Karte S. 244; ☏ 031-368 6675/328 8000; www.ushakamarineworld.co.za; uShaka Beach, The Point; Wet'n Wild Erw./Kind 110/85 R, Sea World 110/85 R; ⊙Hauptsaison 9–17 Uhr, ansonsten 10–17 Uhr) Der Komplex ist in mehrere Abschnitte aufgeteilt, darunter das Sea World und das Wet'n Wild. Hier finden sich eines der größten Aquarien der Welt, der größte Haibestand der südlichen Hemisphäre, eine Robbenarena, ein Delfinarium, Meerestiere und Ausstellungen über Meerestiere, ein nachgebautes Dampferwrack der 1940er-Jahre mit zwei erstklassigen Restaurants, ein Einkaufszentrum und so viele Süßwasserrutschen, dass man seekrank werden könnte.

Sun Coast Casino KASINO
(Karte S. 240; ☏ 031-328 3000; www.suncoastcasino.co.za; OR Tambo Pde, Marine Pde) Einheimische schätzen das glitzernde Kasino im Art-déco-Stil mit seinen Spielautomaten, Kinos und einigen gut besuchten Restaurants. Der Strand vor dem Kasino – Suncoast Beach – ist sicher und angenehm, um in der Sonne zu brutzeln. Er hat einen Rasen, Liegestühle und Sonnenschirme.

Aktivitäten

Dank dem gemäßigten Klima und den hervorragenden Angeboten frönen die Durbaner ihrer Leidenschaft für Natur, Freizeitsport und adrenalingeladene Aktivitäten.

Bootsfahrt

Die Luxusyacht **African Queen** (Karte S. 244; ☏ 032-943 1118; Durban Yacht Harbour; ⊙Abfahrt 10 & 13 Uhr) kreuzt drei Stunden lang durch Gewässer voller Delfine. Diverse andere Boots- und Charterfahrten werden an der Wilson's Wharf angeboten.

Ocean Safaris (Karte S. 244; ☏ 084 565 5328; www.airandoceansafaris.co.za) wird von einem Meereswissenschaftler betrieben. Im Angebot sind ein- und zweistündige Ausflüge (250/400 R pro Pers.) in einem offenen, halbfesten Superduck-Schlauchboot. Abfahrt ist an der uShaka Marine World.

Fallschirmspringen

Mit **Skydive KZN** (☏ 083 793 7055; www.skydivekzn.co.za; Tandemsprung 1600 R) kann man Durban und seine Umgebung aus der Vogelperspektive erleben.

Golf

In Durban gibt es eine ganze Reihe ordentlicher Golfplätze. Beliebt ist der **Windsor Park Municipal Golf Course** (Karte S. 240; ☏ 031-312 2245; Fax 303 2479; Masabalala Yengwa Ave (NMR Ave); ⊙Besucher Sa 9–13, So 8–11 Uhr). Auf ganz anderem Niveau präsentiert sich der **Durban Country Club** (Karte S. 240; ☏ 031-313 1777; Walter Gilbert Rd), der von manchen als bester Golfplatz Südafrikas angesehen wird.

Hallenextremsport

In der riesigen **Gateway Mall** (S. 255) befinden sich einige Extremsportanlagen, darunter eine der weltweit höchsten freistehenden Hallenkletterwände. Im Wellenbad kann man seine Surfkünste unter Beweis stellen – den künstlich erzeugten Wellen muss man schnell links, rechts und mittig ausweichen (das Surfbrett wird an den Füßen befestigt, sodass auch Nichtsurfer es mal ausprobieren können).

Radfahren

Auf den vor Kurzem fertiggestellten Fuß- und Radwegen am Strand entlang und vom Stadion bis zum Strand kann man hervorragend auf dem Rad einige Teile von Durban erkunden. Fahrräder bekommt man bei **STS Sport** (Karte S. 240; ☏ 031-312 9479; www.stssport.co.za; Shop 6, Moses Mabhida Stadium; 40 R/Std.; ⊙8–18 Uhr). Man muss einen Ausweis und eine Kaution von 100 R hinterlegen. Leider kann man unterwegs die Fahrräder nirgendwo sicher abstellen.

Tauchen & Angeln

Das PADI-zertifizierte **Calypso Dive & Adventure Centre** (Karte S. 244; ☏ 031-332 0905; www.calypsoushaka.co.za; uShaka Marine World) bietet Tauchkurse in offenen Gewässern (ab 3000 R) sowie Fortgeschrittenenkurse und Tauchgänge u.a. in nahe gelegenen Wracks an. Die Übungstauchgänge für Anfänger finden im Lagunenaquarium in uShaka statt. Geprüfte Taucher können auch im Meeresaquarium des uShaka tauchen (400 R).

Casea Charters (☏ 031-561 7381; www.caseacharters.co.za; Grannies Pool, Main Beach, Umhlanga; Trip 3/4 Std. 400/500 R) ist ein familienbetriebenes Charterunternehmen für Angelausflüge mit Sitz in Umhlanga (s. S. 262). Angelausrüstung und Köder werden gestellt; Teilnehmer können ihren Fang ohne Zusatzgebühr behalten. Oft sieht man auch Wale und Delfine, was den Ausflug noch versüßt.

Surfen

Durban bietet Surfern eine Vielzahl guter Surfstrände. **Ocean Adventures** (Karte S. 244; ☑086 100 1138; www.surfandadventures. co.za; 150 R/Übungsstd., Brettverleih 100/200 R pro Std./Tag; ☺7–16.30 Uhr) befindet sich am uShaka Beach und bietet auch Kajaktouren an (200 R).

Zuschauersport

In KwaZulu-Natal werden Kricket, Fußball und Rugby gespielt. In der Stadt finden die Heimspiele von Profimannschaften wie AmaZulu und Manning Rangers sowie Gastspiele internationaler Mannschaften statt.

Durbans stolzer Neuzugang bei den Sportstätten ist das mit 70 000 Sitzplätzen ausgestattete **Moses Mabhida Stadium** (S. 243), das speziell für die Fußballweltmeisterschaft 2010 erbaut wurde.

Das **Kings Park Stadium** (Karte S. 240; ☑031-312 5022; Jacko Jackson Dr) mit 60 000 Sitzplätzen ist derzeit die Heimat der Rugbymannschaft **Natal Sharks** (www.sharks rugby.co.za).

Das Kricketfieber wird im **Kingsmead Cricket Stadium** (Karte S. 240; ☑031-335 4200; 2 Kingsmead Cl) kuriert, wo die internationalen Wettkämpfe stattfinden.

🖐 Geführte Tour

Eine gute Möglichkeit, Durban zu erkunden, ist es, einen professionellen Fremdenführer anzuheuern. Neben den genannten Veranstaltern organisieren auch viele Hostels für Backpacker Touren und Aktivitäten in Durban und Umgebung sowie in ganz KwaZulu-Natal.

Durban Tourism STADTSPAZIERGANG
(Karte S. 244; www.durbanexperience.co.za, www. durban.gov.za; 90 Florida Rd and Old Pavilion Site, North Beach, OR Tambo Pde (Marine Pde)) Veranstaltet interessante dreistündige Spaziergänge durch die orientalischen und historischen Viertel der Stadt (min. 2 Pers., Erw. 100 R) sowie durch die Townships. Es gibt dort auch ein Verzeichnis von Fremdenführern und Tourveranstaltern.

Ricksha Bus BUSTOUR
(Karte S. 244; Durban Tourism, 90 Florida Rd, Old Pavilion Site, North Beach, OR Tambo Pde (Marine Pde); Erw./Kind 100/50 R) Die dreistündige Stadtrundfahrt in einem Riksha-Bus ist

eine neue Art, die Stadt zu erleben. Man sieht einige Highlights der Stadt und Vororte wie Morningside (Florida Road). Abfahrt ist zweimal am Tag (9 & 13 Uhr) an der Strandfiliale von Durban Tourism.

Natal Sharks Board BOOTSFAHRT
(Karte S. 244; ☑031-566 0400; www.shark.co.za; Wilson's Wharf; Bootstour 2 Std. 250 R; ☺Abfahrt 6.30 Uhr) Faszinierend ist eine Fahrt auf einem Boot von Natal Sharks Board, dessen Besatzung jene Haie und andere Fische markiert und freisetzt, die sich in den Hainetzen verfangen haben, welche Durbans Strandregion schützen. Die Boote legen an der Wilson's Wharf ab; das Hauptbüro hingegen hat seinen Sitz in Umhlanga Rocks. Im **Büro in Umhlanga Rocks** (1A Herrwood Drive, Umhlanga Rocks; Erw./Kind 35/20 R; ☺Di, Mi & Do 9 & 14 Uhr) kann man im Rahmen von einstündigen Vorführungen zusehen, wie ein Hai seziert wird.

⭐ Feste & Events

Durban International Film Festival FILM
(www.cca.ukzn.ac.za) Bei dem Filmfestival im Juli werden mehr als 200 Filme gezeigt.

Awesome Africa Music Festival MUSIK
Ende September bzw. Anfang Oktober dreht sich alles um Musik und Theater vom ganzen Kontinent.

Diwali RELIGION
Das dreitägige Diwali (im Dez.) wird auch Lichterfest genannt.

🛏 Schlafen

Was auch immer die von Hotels gesäumte Uferpromenade zu versprechen scheint, die meisten der besseren Unterkünfte aller Preisklassen findet man in den nördlichen, westlichen und nordwestlichen Vororten Durbans, wo es gehobene B&Bs und Hostels für Budgettraveller gibt. Wer nicht unbedingt am Meer nächtigen will, dem wird in den Vororten mehr fürs Geld geboten als im Strandgebiet. Einige Hostels holen ihre Gäste vom Flughafen ab; viele organisieren auch Trips zum Strand und zu anderen interessanten Orten. Viele Spitzenklassehotels liegen in den Vororten und Richtung Umhlanga Rocks, einige auch im Stadtzentrum.

STADTZENTRUM

Immer bedenken: Im Stadtzentrum ist abends nichts los (und es ist auch nicht allzu sicher).

Durban Hilton International
BUSINESSHOTEL $$$

(Karte S. 244; ☑031-336 8100; www.hilton.com; 12 Walnut Rd; Zi. inkl. Frühstück 1550 R; P✾@☎⊠) Glitzernd und schick präsentiert sich der moderne Koloss. Er offeriert das übliche Hotelerlebnis und zieht überwiegend Geschäftsreisende an. Nach Sonderangeboten fragen!

Happy Hippo
HOSTEL $

(außerhalb der Karte S. 244; ☑031-368 7181; www.happy-hippo.info, www.happy-hippo.co.za; 222 Mahatma Gandhi Rd (Point Rd); B/DZ 150/470 R, B/EZ/DZ ohne Bad 140/330/370 R; ☎) Zwar in der Nähe vom Strand, aber in einer zwielichtigen Gegend an der Mahatma Gandhi Rd befindet sich diese geräumige, gut geführte Unterkunft im Lagerhallen-Stil. Die bunten Farben, die weitläufigen Gemeinschaftsbereiche und die Küche versprechen einen entspannten Aufenthalt, aber manche Traveller haben sich auch über Lärm beklagt. Die Zimmer gehen von den Gemeinschaftsbereichen ab.

BEREA & UMGEBUNG

LP TIPP | ### Gibela Travellers Lodge
HOSTEL $$

(Karte S. 250; ☑031-303 6291; www.gibelabackpackers.co.za; 119 Ninth Ave, Morningside; B/EZ/DZ ohne Bad, inkl. Frühstück 200/390/530 R; P@☎) Wäre das Hostel (ein geschmackvoll umgebautes Haus aus den 1950er-Jahren im Toskana-Stil) ein B&B, erhielte es bestimmt das Etikett „Boutique". Es ist eines der besten Hostels in ganz Durban. Hier blitzt und blinkt alles, natürlich auch die Zimmer, die selbst einer militärischen Inspektion standhalten würden. Das Hostel serviert sogar auch ein europäisches Frühstück, das man in einem schönen Speiseraum mit Innen- und Außenbereich genießen kann. Die Angestellten sind freundlich, und der hilfsbereite Inhaber Elmar weiß so ziemlich alles über Durban und die Umgebung.

Rosetta House
B&B $$

(Karte S. 250; ☑031-303 6180; www.rosettahouse.com; 126 Rosetta Rd, Morningside; EZ/DZ inkl. Frühstück 675/950 R; P✾☎) Das elegante Haus hat die Atmosphäre eines schicken Landhauses – und es fehlt an absolut nichts. Eines der Zimmer hat eine lauschige Veranda, von der aus man das neue Stadion und das Meer sieht. Ideal besonders für ältere Reisende, die Komfort in zentraler Lage schätzen!

Concierge
BOUTIQUEHOTEL $$$

(Karte S. 250; ☑031-309 4453; www.the-concierge.co.za; 37–43 St Mary's Ave; EZ/DZ inkl. Frühstück 950/1500 R; P✾☎) Eines der innovativsten Hotels von Durban ist das raffiniert gestaltete Concierge mit zwölf gemütlichen Zimmern in vier Häusern. Hier kommt es eher auf Design (städtisch, abgefahren, formbetont) als auf viel Platz (eher klein, aber akzeptabel) an. Zum Frühstück rollt man sich aus dem Bett und geht ins Freedom Cafe (S. 252), das sich ebenfalls auf dem Grundstück befindet.

Brown's Bed & Breakfast
B&B $$$

(Karte S. 250; ☑031-208 7630; www.brownsguesthouse.co.za; 132 Gladys Mazibuko Rd (Marriott Rd), Essenwood; EZ/DZ inkl. Frühstück 850/1500 R; P✾) Kurz gesagt: Das schicke Ambiente lockt sogar noch schickere Gäste an, die vor allem die „Suiten" schätzen – geräumige Zimmer mit kleiner Küche und schmuckem Wohnbereich.

Benjamin
BOUTIQUEHOTEL $$

(Karte S. 250; ☑031-303 4233; www.benjamin.co.za; 141 Florida Rd, Morningside; EZ/DZ inkl. Frühstück 850/1075 R; P✾☎⊠) Die gepflegten Zimmer des gehobenen Boutiquehotels gruppieren sich um einen hübschen,

---

ABSTECHER

WOHNEN IN DURBANS TOWNSHIPS

Township Vibe Backpackers (☑076 968 3066; www.vibetours.com; B 120 R, EZ/DZ 220/305 R) bietet furchtlosen Travellern ein echtes Übernachtungserlebnis in einer Township. Nur 14 km vom Zentrum Durbans entfernt in der Township Westrich nimmt „T. K." Thami Khuzway Karlijn in seinem Haus – in einfachen Zimmern mit Etagenbetten und Badezimmern – Gäste auf. Er organisiert auch eine Reihe kultureller Aktivitäten und animiert seine Gäste, sich unter die Nachbarn in der Gegend zu mischen. T. K. ist ein leidenschaftlicher Dichter und versammelt manchmal Gleichgesinnte um sich. Hierher gelangt man mit einem Minibus-Taxi von der Ecke Joe Slovo und Denis Hurley St Richtung Newland West (10 R). Reservierung erforderlich!

Berea & Umgebung

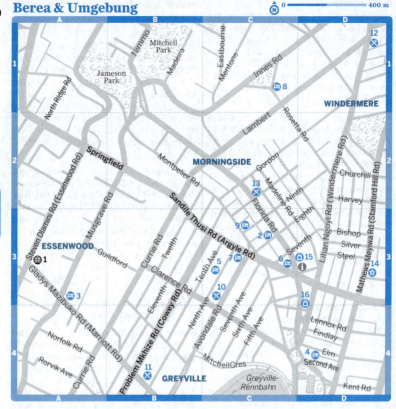

gepflasterten und begrünten Hof und sind von der Art Zimmer mit schweren Vorhängen und Blumenmustern (auch wenn der Teppich schon deutliche Gebrauchsspuren aufweist).

Quarters BOUTIQUEHOTEL $$$
(Karte S. 250; 031-303 5246; www.quarters.co.za; 101 Florida Rd; EZ/DZ inkl. Frühstück ab 1410/1992 R; P ❄) Das attraktive Boutiquehotel inmitten von Durbans schickstem Ausgeviertel verteilt sich auf zwei benachbarte Gebäude und verbindet koloniale Pracht mit behaglichem Komfort. In beiden Häusern gibt es auch ein Restaurant.

Tekweni Backpackers HOSTEL $
(Karte S. 250; 031-303 1433; www.tekwenibackpackers.co.za; 169 Ninth Ave, Morningside; B 125 R, EZ/DZ/3BZ mit Gemeinschaftsbad ab 350/400/480 R; P 🛜 ≋) Dieser alte Schuppen lässt sich nicht unterkriegen. Der Laden hat zwar mittlerweile etwas nachgelassen, er zieht aber immer noch genügend Partymäuse an, die auf laute, gesellige Stimmung stehen.

GLENWOOD
Das südöstlich vom Zentrum gelegene Glenwood ist eines der ältesten und unkonventionellsten Viertel Durbans. Damit sind zwar nicht gerade Rastalocken oder die New Yorker Avantgarde gemeint, aber die Leute in der Gegend besitzen ein feines Gespür für Kreativität. Es gibt hier ein paar tolle Cafés und auch Unterkünfte.

Mackaya Bella PENSION $$
(031-205 8790; 137 Penzance Rd; EZ/DZ inkl. Frühstück 660/880 R; P ❄ 🛜 ≋) Die hübsche Pension in der Nähe der Uni hat einen schönen Garten mit heimischen Pflanzen (darunter die Mackaya Bella) und stilvolle Zimmer mit einem entspannten, häuslichen Ambiente. Am besten vorab reservieren, weil hier viele Gäste der Uni absteigen! Hält vernünftige Umweltstandards ein.

Berea & Umgebung

◎ Sehenswertes
1 Campbell Collections A3

🛏 Schlafen
2 Benjamin C3
3 Brown's Bed & Breakfast A3
4 Concierge D4
5 Gibela Backpackers Lodge C3
6 Quarters C3
7 Quarters C3
8 Rosetta House C1
9 Tekweni Backpackers C3

✖ Essen
9th Avenue Bistro .... (siehe 10)
Freedom Cafe .... (siehe 4)
10 Joop's Place C3
11 Market B4
12 Spice D1
13 Spiga D'oro C2

✪ Unterhaltung
14 Lounge D3

🛍 Shoppen
15 African Art Centre D3
16 Ike's Books & Collectables D3

Roseland Guesthouse PENSION $$
(☎031-201 3256; www.roseland.co.za; 291 Helen Joseph Rd (Davenport Rd); EZ/DZ inkl. Frühstück 700/900 R; P❋🛜🏊) Etabliertes, gut eingerichtetes Haus älteren Stils.

NORD-DURBAN
Das Gebiet nördlich des Umgeni River umfasst viele Vororte wie Durban North und Umgeni Heights. Das grüne, ruhige und verschlafene Durban North gehört zu den wohlhabenderen Gegenden Durbans. Gute Anbindung an das Stadtzentrum und die Nordküste!

Riverside Hotel & Spa HOTEL $$$
(☎031-563 0600; www.riversidehotel.co.za; 10 Northway, Durban North; EZ/DZ ab 1950/2580 R; P🛜🏊) Der weiße Koloss jenseits des Umgeni River auf der rechten Seite ist kaum zu übersehen. Die Flure (neonbeleuchtete Kolonnaden im Los-Angeles-Stil) wirken leicht protzig, aber die Zimmer bieten den Komfort eines gehobenen Hotels. Stadtzentrum und Nordküste sind gut erreichbar.

Smith's Cottage HOSTEL $$
(☎031-564 6313; www.smithscottage.8m.com; 5 Mount Argus Rd, Umgeni Heights; B 140 R, DZ ab 400 R, Cottage für Selbstversorger 800 R; P🛜🏊) Reisende schwärmen von diesem komfortablen „Heim fern der Heimat". Die freundlichen Besitzer Keith und Pat bieten Unterkünfte aller Art und Größe in entspannter Atmosphäre. Das Anwesen ist etwas abgelegen, aber ganz in der Nähe des Umgeni River Bird Park.

BEACHFRONT
Southern Sun Suncoast Hotel & Towers HOTEL $$
(Karte S. 240; ☎031-314 7878; www.southernsun.com; 20 Battery Beach Rd; Zi. ab 1400 R; P❋🛜🏊) Das Hotel neben dem Kasino ist eine sichere, wenn auch unpersönliche Absteige. Es hat mehr als 100 schicke, moderne Zimmer mit auffälliger Deko. Achtung: Die Bezeichnung „Philadelphia Suite" bedeutet, dass das Bad direkt in die Schlafzimmer integriert ist (man also unter Freunden keine Privatsphäre hat). Vom obersten Stock bietet sich ein atemberaubender Blick.

Protea Hotel Edward Durban BUSINESSHOTEL $$
(Karte S. 244; ☎031-337 3681; www.proteahotels.com/edwarddurban; 149 OR Tambo Pde (Marine Pde); EZ 865–1820 R, DZ 995–2060 R; P❋@🏊) Das klassische, komfortable Hotel mit dem Duft frischer Politur und üppigem Dekor ist die Königin der Strandhotels.

Essen

Es ist nicht schwer, in Durban etwas Ordentliches zu essen zu finden. Die Zutaten sind frisch, die Portionen üppig. Indische und asiatische Speisen gibt's im Überfluss, ebenso einigermaßen gesunde Fleisch- und Salatgerichte (allerdings kann das auf die Dauer etwas monoton werden). Lecker ist der indische Imbiss *bunny chow* (mit einem ordentlich Schlag Durban-Geschichte). Er besteht aus einem ausgehöhlten halben oder Viertel Brotlaib, gefüllt mit Bohnen oder Curry-Eintopf.

STADTZENTRUM
Rund um die Dr Yusuf Dadoo St (Grey St) findet man indische Imbissbuden (einfach herumfragen!). Ansonsten gibt es im Zentrum nur wenig Lokale zur Auswahl. Die Folgenden sind jedoch nicht schlecht.

Roma Revolving Restaurant INTERNATIONAL $$
(Karte S. 244; ☎031-337 6707; www.roma.co.za; 32. Stock, John Ross House, Margaret Mncadi Ave (Victoria Embankment); Hauptgerichte 70–150 R;

mittags & abends; ❄) Es gibt nicht sehr viele Drehrestaurants auf der Welt, das Roma ist aber eines davon. Es ist auch eines der wenigen, die sich im Zentrum von Durban haben halten können. Es bietet von seinem „schiefen" House of John Ross einen tollen Blick über die Stadt und große Portionen der italienisch angehauchten Küche.

Cafe Fish
SEAFOOD $$

(Karte S. 244; ☏ 031-305 5062; www.cafefish. co.za; 31 Yacht Mole, Margaret Mncadi Ave (Victoria Embankment); Hauptgerichte 45–150 R; ⊙mittags & abends) Das unverkennbare grün-blaue Gebäude erinnert entfernt an ein umgedrehtes Schiff. Es ist nicht größer als eine Scheune, und die Fisch- und Meeresfrüchtegerichte sind nicht gerade Haute Cuisine, aber durchaus lecker. Außerdem bietet sich ein toller Blick auf die Stadt, den Hafen und die vor Anker liegenden Jachten. Und das Allerbeste daran ist das preisgünstige Menü (4 Gänge 150–220 R). Nicht weit von der Wilson's Wharf.

BEACHFRONT

An der Uferpromenade findet man schwerlich etwas anderes als die üblichen Imbisse mit Burger, Pizzas und Zuckerwatte. Am besten geht man in die Gegend rund um die uShaka Marina und das Kasino, wo es ein paar ausgezeichnete Restaurants gibt.

Cargo Hold
SEAFOOD $$

(Karte S. 244; ☏ 031-328 8065; uShaka Marina, The Point; Hauptgerichte 75–150 R; ⊙mittags & abends) Hier begegnet man den Meerestieren auf eine ganz ungewöhnliche Art: Auf dem *Phantom Ship* an der uShaka Marina hat man Fische mit riesigen Zähnen als Tischgenossen – weil eine der Wände die Glasfront zum Haifischbecken ist. Das Restaurant ist bekannt für erstklassige Fischgerichte im internationalen Stil.

Cafe Jiran
CAFÉ $$

(Karte S. 240; ☏ 031-332 4485; 151 Snell Pde; Hauptgerichte 60–150 R; ⊙6.30–22 Uhr) Das witzige Café neben dem Bel-Aire Suites Hotel eignet sich perfekt für ein Frühstück nach dem morgendlichen Sprung ins Meer. Man kann aber auch einfach nur die schönen Leute beobachten, die hier zu Fuß, beim Joggen, auf dem Rad oder auf Skates vorbeikommen. Dienstags bis sonntags kann man hier auch abends fein essen.

Moyo
INTERNATIONAL $$

(Karte S. 244; ☏ 031-332 0606; uShaka Marina, The Point; Hauptgerichte 60–110 R; ⊙mittags & abends) Dem Moyo im uShaka-Komplex geht es mehr um neuartige als um hochwertige Küche. Für einen lustigen (wenn auch lauten) Abend ist gesorgt. Das Konzept ist prima – zur Einrichtung gehören Skulpturen und Dekorationen aus recyceltem Materialien; dazu werden Gesichtsbemalung, herrliche Ständchen am Tisch und Musik von richtig guten Bands geboten. Nur das Essen kann mit diesen Aktionen nicht so richtig mithalten…

BEREA & UMGEBUNG

Die Florida Rd ist voller lebhafter Restaurants, Cafés und Bars, und auch in der nahe gelegenen Lilian Ngoyi Rd (Windermere Rd) wird man auf jeden Fall fündig. Eine wundervolle Zone mit Cafés findet man auch gegenüber vom Mitchell Park an der Innes Rd.

Market
LP TIPP
INTERNATIONAL $$

(Karte S. 250; www.marketrestaurant. co.za; 40 Gladys Mazibuko Rd (Marriott Rd); Hauptgerichte 60–140 R; ⊙Mo–Sa) Hier ist nicht nur das Essen, sondern auch das Publikum vom Feinsten – smart, modern und sehr edel. Alle Mahlzeiten, Frühstück, gemütliches Mittagessen und etwas gehobeneres Abendessen, sind köstlich. Auf der Karte stehen einfallsreiche Gerichte wie Tintenfisch mit Quinoa und Macadamia, und die Zutaten stammen alle aus der Region und wenn möglich von freilaufenden Tieren und aus biologischem Anbau. Das Café hat einen von Bäumen gesäumten Hof mit einem Springbrunnen – einfach perfekt an einem heißen Tag!

Freedom Cafe
CAFÉ $

(Karte S. 250; www.tastefreedom.co.za; 37–43 St Mary's Ave; Hauptgerichte 45–75 R; ⊙Di–So 7–18 Uhr) In dem gehobenen, bunten, lustigen, einfallsreich umgebauten Café mit Gartenbereich, der von Kieselsteinen bedeckt ist, gibt es guten Kaffee und ebenso gute Kuchen und Salate. Hinter den Concierge Boutique Bungalows (S. 249).

Spiga D'oro
ITALIENISCH $$

(Karte S. 250; ☏ 031-303 9511; 200 Florida Rd; Hauptgerichte 45–80 R; ⊙morgens, mittags & abends) Wenn die Einheimischen vom Spiga-D'oro reden, dann tun sie es so, als kenne es alle Welt. Es sieht aus wie eines der typischen Cafés in der Gegend, serviert aber italienische Gerichte in deftigen Portionen und gute Pasta. Für den hinteren Restaurantbereich muss man abends reservieren.

Cafe 1999
INTERNATIONAL $$

(Karte S. 240; ☏031-202 3406; www.cafe1999.
co.za; Silvervause Centre, Silverton Rd, Berea;
Hauptgerichte 65–140 R; ☺So–Fr mittags &
abends, Sa abends) Das geschäftige Restau-
rant bietet moderne mediterrane Fusion-
Küche, die in Form von kleineren und
größeren Häppchen serviert wird. Für
abends sollte man reservieren. Die Inhaber
betreiben auch die **Unity Brasserie & Bar**
(www.unitybar.co.za; Hauptgerichte 55–115 R;
☺Mo–Sa 12 Uhr–open end) nebenan. Sie ist
relaxter, hat aber ebenfalls eine tolle Atmo-
sphäre, schenkt Spezialbiere aus, darunter
das hauseigene umweltfreundliche Gebräu
Cowbell, und serviert Kneipenkost.

Spice
FUSION $$

(Karte S. 250; ☏031-303 6375; www.diningout.
co.za; 362 Lilian Ngoyi Rd (Windermere Rd), Morningside; Hauptgerichte 130–150 R; ☺Di–Sa mittags & abends, So mittags) Die Feinschmecker-
szene schwärmt von diesem Restaurant. Ob
es daran liegt, dass Promis wie Bill Gates
und Bill Clinton hier schon Gäste waren
(Letzterer in dem Vorgängerladen) oder
weil die Speisekarte mit südafrikanischen
und indischen Fusionsgerichten so einfallsreich ist, kann jeder selbst entscheiden.

Joop's Place
STEAK $$

(Karte S. 250; ☏031-312 9135; Avonmore Centre,
Ninth Ave, Morningside; Hauptgerichte 80–165 R;
☺Mo–Do & Sa abends, Fr mittags & abends) Die
Einheimischen strömen in dieses beschei-
dene Restaurant, das man hinter dem Ein-
kaufszentrum wirklich nicht vermutet, we-
gen der erstklassigen Steaks, die Joop alle
persönlich zubereitet. Das ist selten!

9th Avenue Bistro
INTERNATIONAL $$

(Karte S. 250; ☏031-312 9134; Avonmore Centre,
Ninth Ave, Morningside; Hauptgerichte 120–140 R;
☺Di–Fr mittags & abends, Mo & Sa abends) Die
Lage des Bistros auf dem Parkplatz des
Avonmore Centre ist zwar nicht gerade
berauschend, aber das Essen ist gut. Das
smarte, moderne Lokal serviert hervorragend zubereitete, bewährte internationale
Gerichte. Das Tagesgericht wechselt regelmäßig (oft mit Wild oder etwas in der Art
mit geräuchertem Straußenfilet); zu den
üblichen Bistrogerichten zählen hingegen
Ente und Fisch.

GLENWOOD

Corner Cafe
CAFÉ $

(197 Brand Rd; Hauptgerichte 30–70 R; ☺Mo–Fr
6–17, Sa 8–15 Uhr) Das lagerhausartige Café

ist eines der besten in Durban (bemerkenswert ist das wunderbare vergrößerte Foto
von Durban und seinen Vororten). Serviert
werden hausgebackene Pies und Brote, tolle
Kuchen, Kaffee, frische Säfte und „grüne"
Produkte, also solche mit guter CO_2-Bilanz.
Köstlich zum Frühstück sind die *dippy
eggs* – gekochte Eier mit *Marmite Soldiers*
(Buttertoaststreifen mit Hefepaste).

Hemingway's
INTERNATIONAL $$

(131 Helen Joseph Rd (Davenport Rd); Hauptge-
richte 50–130 R; ☺Mo–Sa 10–22, So 9–14.30
Uhr) Das verlässliche Lokal im Boutiquestil
hat eine angenehme Atmosphäre und tischt
gute internationale Küche von Rinderfilet
bis Curry auf. Zum Zeitpunkt unserer Re-
cherchen plante das Lokal, auf Tapasgerichte
umzustellen.

⚓ Ausgehen & Nachtclubs

Die besten Kneipen und Tanzclubs befin-
den sich in den Vorstädten an der Florida
Road. Ein paar gute Schuppen gibt's auch
im Kasino. Die Nachtclubs kommen und
gehen sehr schnell; am besten fragt man
einfach herum, was momentan angesagt
ist. Im Folgenden sind ein paar gute Dau-
erbrenner genannt. Die Grundpreise begin-
nen bei etwa 50 R, je nach Angebot.

Moyo uShaka Pier Bar
BAR

(Karte S. 244; www.moyo.co.za; uShaka Marine
World, The Point; Drinks 45–55 R; ☺11 Uhr–open
end) Die Bar liegt am Rand des Piers vor der
uShaka Marine World und ist der perfekte
Ort für einen südafrikanischen Sundowner.
Dabei bietet sich ein toller Blick auf den Ha-
fen auf der einen Seite, den Indischen Oze-
an auf der anderen und das Stadion mit der
Skyline der Stadt dahinter. Das ist Durban
von seiner entspanntesten, exotischsten
und schicksten Seite!

Bean Green
CAFÉ $

(147 Helen Joseph Rd (Davenport Rd); ☺Mo–Do
8–17, Sa 9–13 Uhr; ☎) Das ist das perfekte
Café für alle Kaffeesnobs und WLAN-Süch-
tigen. Der preisgekrönte Kaffeeröster ist
winzig, serviert aber sortenreines Gebräu.
Einfach auf das hintere, mit Kaffeesäcken
bezogene Sofa lümmeln, ein paar Platten
hören (es gibt sogar einen Plattenspieler)
und sich mit erstklassigem Kaffee volllau-
fen lassen!

Billy the Bum's
CLUB

(Karte S. 240; 504 Lilian Ngoyi Rd (Windermere
Rd), Morningside) Die geschäftige Cocktailbar
in der Vorstadt lockt jede Menge mobile

KWAZULU-NATAL DURBAN

RIKSCHA FAHREN

Auf der OR Tambo Pde (Marine Pde) sind viele Rikschas unterwegs, teilweise in exotischer Zulu-Aufmachung. 1904 gab es ungefähr 2000 registrierte Rikschafahrer – wenn man diese Zahl betrachtet, wird einem klar, wie wichtig das Transportmittel war. Eine 15-minütige Fahrt kostet etwa 50 R (für einen Schnappschuss wird man noch einmal 10 R los).

Durban-Yuppies an (entsprechend steht auf dem Schild über dem Tresen: elegantly wasted – „stilvoll betrunken").

Sasha's
CLUB

(Karte S. 240; 17 Harvey Road; ⊙Fr) Der geschmackvoll dekorierte, relaxte Club hat sieben Bars und mehrere Tanzflächen und ist derzeit einer der angesagtesten. Hier läuft Mainstreammusik.

Joe Kool's
CLUB

(Karte S. 244; Lower OR Tambo Pde (Marine Pde), North Beach) In diesem alteingesessenen Nachtlokal endet unvermeidlich ein jeder Strandtag. Hier genießt man kaltes Bier, den Großbildschirm und die Tanzmusik und feiert mit den quirligen Gästen.

Lounge
SCHWULE & LESBEN

(Karte S. 250; ☎031-303 9023; www.thelounge. za.org; 226 Mathews Meyiwa Rd (Stamford Hill Rd)) Die auf Schwule und Lesben ausgerichtete Lounge hat verschiedene Bars und ist zum Abhängen wie geschaffen.

Origin
CLUB

(www.330.co.za; 9 Clark Rd, Lower Glenwood; ⊙Fr & Sa 21 Uhr–open end) Der Nobelclub spielt verschiedene Musikrichtungen von Deep House bis Electro, Soul und Funk und war während unserer Recherchen total angesagt.

☆ Unterhaltung

Durban ist eine lebendige Stadt mit einer dynamischen Kulturszene. Tickets für Hunderte von Veranstaltungen – von Rugbyspielen der Natal-Sharks- und Kricketspielen bis zu Filmfestivals und Theateraufführungen – können über **Computicket** (Karte S. 244; ☎083 915 8000; www.compu ticket.co.za) gebucht werden. Filialen gibt es in der Playhouse Company und in den MTN-Läden in den Einkaufszentren Pavilion und Gateway.

Livemusik

KwaZulu-Natal Philharmonic Orchestra
KLASSIK

(☎031-369 9438; www.kznpo.co.za) Das Orchester bietet ein interessantes Frühjahrsprogramm mit wöchentlichen Aufführungen im Rathaus (S. 242). Die Musiker spielen auch im Rahmen der Konzertreihe „Music at the Lake" im botanischen Garten auf.

BAT Centre
MUSIK

(Karte S. 244; ☎031-332 0451; www.batcentre. co.za; 45 Maritime Pl, Margaret Mncadi Ave (Victoria Embankment)) Das Jazz-Zentrum ist einer der interessanteren Treffpunkte der hiesigen Kulturszene. Vor dem Besuch das Programm studieren! Die Gegend ist abgelegen, und nachts dorthin zu laufen, ist nicht ratsam.

Rainbow Restaurant & Jazz Club
JAZZ

(☎031-702 9161; www.therainbow.co.za; 23 Stanfield Lane, Pinetown) Der Club in Pinetown, 15 km westlich vom Stadtzentrum, war der erste in Natal, der in den 1980er-Jahren in einer sogenannten weißen Gegend auch für Schwarze seine Tore öffnete. Mit seiner Reputation als Mittelpunkt der lokalen Jazzszene gilt er noch immer als bevorzugter lokaler Treff. Hier finden am ersten oder letzten Sonntag im Monat Konzerte und Auftritte von Spitzen-Acts statt. Das ganze Veranstaltungsprogramm gibt's auf der Website.

Centre for Jazz
JAZZ

(Durban Campus University of KZN; South Ridge Rd) Die Universität von KwaZulu-Natal organisiert während des Semesters jeden Mittwochnachmittag um 17 Uhr Konzerte mit moderner Musik und Jazz. Auf der Bühne stehen dabei die verschiedensten Musiker, von Township-Jazzern und Profis wie Jimmy Dludlu oder Sipho „Hotstix" Mabuse bis hin zu Studenten, die ihre ersten Schritte auf der Bühne machen.

Theater

Playhouse Company
THEATER

(Karte S. 244; ☎031-369 9444; www.playhouse company.com; Anton Lembede St (Smith St)) Durbans zentrales Theater gegenüber vom Rathaus wurde kürzlich renoviert. Die Spielstätte ist fantastisch. Schon die Zulu-Mosaiken und Perlenarbeiten im Foyer sind sehenswert – und genauso lohnend sind auch die Tanz-, Theater- und Musikaufführungen.

Barnyard Theatre

THEATER

(☎031-566 3945; www.barnyard theatre.co.za/; Gateway Mall, Umhlanga Ridge) In der umgebauten Scheune wird Mainstream-Theater gezeigt. Das Publikum kann eigenes Essen mitbringen (und Getränke an der Bar erwerben) oder sich an den Imbissbuden versorgen.

Catalina Theatre

THEATER

(Karte S. 244; ☎031-305 6889; www.catalina theatre.co.za; Wilson's Wharf, Margaret Mncadi Ave (Victoria Embankment)) Im Catalina werden Comedy, Theater, Musicals und Lyrik von Durbans stadteigenen Theaterautoren, Dichtern und Musikern auf die Bühne gebracht.

🛍 Shoppen

Durban ist bekannt für seine zahlreichen Factory-Outlets. Dort werden alle möglichen Waren feilgeboten, von Surfausrüstungen bis hin zu Schuhwerk, zu vernünftigen Preisen.

Victoria St Market

MARKT

(Karte S. 244; ☎031-306 4021; www.victoria streetmarket.co.za; Bertha Mkhize St (Victoria St); ⊙Mo–Fr 6–18, Sa & So 8–14 Uhr) Am Westende der Bertha Mkhize St trifft die indische Gemeinde zusammen. Auf dem Markt gibt es mehr als 160 Buden, deren Besitzer lautstark ihre Waren aus ganz Asien bewerben – Shoppen wie in Indien! Man sollte allerdings auf den eigenen Geldbeutel achten und keine Wertsachen dabeihaben. Achtung: Die meisten von Muslimen betriebenen Buden sind freitags von 12 bis 14 Uhr geschlossen!

African Art Centre

KUNSTHANDWERK

(Karte S. 250; ☎031-312 3804/5; www.afriart. org.za; Florida Rd; ⊙Mo–Fr 8.30–17, Sa 9–15 Uhr) Die gemeinnützige Galerie bietet eine ausgezeichnete Auswahl von hochwertigen Arbeiten ländlicher Kunsthandwerker und Künstler an.

Gateway Theatre of Shopping (Gateway Mall)

EINKAUFSZENTRUM

(☎031-566 2332; www.gatewayworld.co.za; 1 Palm Blvd, Umhlanga Ridge; ⊙Mo–Do 9–19, Fr & Sa bis 21, So bis 18 Uhr) Die „Mutter" aller Shoppingzentren befindet sich im Norden Durbans und ist bei den Einheimischen sehr beliebt.

Ike's Books & Collectables

BÜCHER

(Karte S. 250; ☎031-303 9214; 48A Florida Rd, Morningside; ⊙Mo–Fr 10–17, Sa 9–14 Uhr) Der mit Antiquitäten gefüllte Laden ist eher ein Museum als ein Buchladen. Er ist voller Erstausgaben und bietet alles, was ein Antiquariat so bieten sollte.

Für die Dinge des alltäglichen Bedarfs gibt es große Einkaufszentren wie das **Musgrave Centre** (Karte S. 240; ☎031-201 5129; Musgrave Rd, Musgrave) und das **Pavilion** (☎031-265 0558; ⊙Mo–Fr 9–18, Sa bis 17, So 10–17 Uhr) am Stadtrand in Westville, das gerade einmal eine 8 km lange Fahrt vom Zentrum auf der N3 Richtung Pietermaritzburg entfernt ist.

ℹ Praktische Informationen

Gefahren & Ärgernisse

Wie überall in Südafrika werden auch in Durban Verbrechen gegen Touristen und Einheimische verübt. Das heißt, dass Vorsicht und Besonnenheit angebracht sind, nicht aber Paranoia. Raubüberfälle und Taschendiebstähle waren früher an der Strandpromenade ein Problem, sind aber zurückgegangen, seitdem das Gebiet saniert wurde. Trotzdem sollte man abends hier vorsichtig sein. Die Mahatma Gandhi Rd (Point Rd), südlich der Anton Lembede St (Smith St), meidet man lieber – vor allem nachts (von und zur uShaka Marina nimmt man besser ein Taxi). Besondere Vorsicht ist auch am Bahnhof um die Umgeni Rd und rund um die Märkte am Warwick Triangle geboten.

Nachts wird Durbans Zentrum, mit Ausnahme des Kasinos und der Gegend um das Playhouse Theatre (falls gerade etwas gespielt wird), zur Geisterstadt, da die Leute dem Nachtleben in den Vororten frönen. Nachts sollte man immer ein Taxi nehmen (und es sich möglichst mit anderen teilen).

Autofahrer können ohne Weiteres vor den Restaurants in den Vororten parken. Keinesfalls sollten sie aber das Auto die ganze Nacht einfach auf der Straße stehen lassen, sondern geschützte Parkplätze nutzen (die meisten Unterkünfte haben auch Parkplätze). Wertsachen niemals offen sichtbar im Auto lassen, nicht einmal während der Fahrt!

Überall gilt: Man sollte sich niemals zum potenziellen Angriffsziel machen – also besser keine Wertsachen bei sich tragen und diese schon gar nicht zur Schau stellen. Und wer dennoch von Straßenräubern bedroht wird, sollte keinesfalls Widerstand leisten, sondern die Wertsachen lieber aushändigen.

Geld

Überall in der Stadt gibt's Banken mit Geldautomaten und Wechselschaltern, darunter Standard Bank, FNB, Nedbank und ABSA.

American Express Musgrave Centre (✆031-202 8733; FNB House, 151 Musgrave Rd, Musgrave)

Bidvest Bank (✆031-202 7833; Shop 311, Level 3, Musgrave Centre, Musgrave Rd; ◉Mo–Fr 9–17, Sa bis 13 Uhr)

Internetzugang

WLAN-Zugang gibt es in allen Europa-Cafes (Florida Rd, Morningside und Broadway in Durban North). Die meisten Hostels bieten außerdem Internetzugang ab rund 40 R pro Stunde. Weitere Option:

Cityzen (161 Gordon Rd, Morningside; 20 R/Std.; ◉8–24 Uhr)

Medizinische Versorgung

Entabeni Hospital (✆031-204 1200, 24-Std.-Notfallruf 031-204 1377; 148 South Ridge Rd, Berea)

St. Augustines (✆031-268 5000; 107 Chelmsford Rd, Berea) Gute Notfallstation.

Umhlanga Hospital (✆031-560 5500; 323 Umhlanga Rocks Dr, Umhlanga) Günstige Lage für die Nordküste und den Norden Durbans.

Travel Doctor (✆031-360 1122; durban@traveldoctor.co.za; International Convention Centre, 45 Ordinance Rd; ◉Mo–Fr 8–16, Sa 8–12 Uhr) Beratung bei reisebedingten Krankheiten.

Notfall

Allgemeine Notfälle (✆031-361 0000)
Krankenwagen (✆10177)
Polizei Hauptwache (✆10111; Stalwart Simelane St (Stanger St)); OR Tambo Pde (Marine Pde) (✆031-368 3399; OR Tambo Pde (Marine Pde)); Workshop (✆031-325 423; Samora Machel St (Aliwal St)); Prince St (✆031-367 4000; Prince St)

Post

Postfilialen findet man in den großen Einkaufszentren, z. B. in Musgrave und Windermere.

Hauptpost (Ecke Dr Pixley KaSeme (West) & Dorothy Nyembe (Gardiner) St; ◉Mo–Fr 8–16.30, Sa bis 12 Uhr) In der Nähe des Rathauses.

Touristeninformation

Am besten besorgt man sich die kostenlosen Ausgaben des *Events Calendar* oder des halbjährlich erscheinenden *Destination Durban*. Infos zu Buchungen von Unterkünften in Wildtiereservaten und Naturschutzgebieten über Ezemvelo KZN Wildlife gibt's auf S. 300.

Durban Tourism (www.durbanexperience.co.za) uShaka Marine World (✆031-337 8099; ◉9–18 Uhr); Morningside (✆031-322 4164; 90 Florida Rd; ◉Mo–Fr 8–16.30 Uhr); Beachfront (✆031-322 4205; Old Pavilion Site, OM Tambo Pde (Marine Pde); ◉8–17 Uhr) Hilfreicher Informationsdienst zu Durban und Umgebung. Vermittelt auch Unterkünfte und organisiert Touren durch Durban und dessen Umgebung. Hat in der Stadt mehrere Filialen.

KwaZulu-Natal Tourism Authority (KZN Tourism; ✆031-366 7500; www.zulu.org.za; EG, Tourist Junction) Das Büro bietet Infos zur gesamten Provinz und ein Sammelsurium von Info- und Werbebroschüren.

South African Parks Reservations (www.sanparks.org; Green Hub, 31 Steibel Place, Blue Lagoon; ◉8–16.30 Uhr) Zur Zeit der Recherche wurde eine neue Adresse anvisiert: Green Hub am Ostende der OR Tambo Pde (Marine Pde). Bucht Unterkünfte in den landesweiten Nationalparks.

Touristeninformation am King Shaka Airport (✆032-436 0013; Ankunftshalle für Auslandsflüge; ◉7–21 Uhr) Durban Tourism, die KwaZulu-Natal Tourism Authority und Ezemvelo KZN Wildlife teilen sich einen Schalter (letzterer nur Mo–Fr 8–16.30 Uhr) am Flughafen.

An- & Weiterreise

Auto

Am besten kann man KwaZulu-Natal mit einem Mietwagen erkunden, weil man mit dem Auto am einfachsten herumkommt.

Aroundabout Cars (✆021-422 4022; www.aroundaboutcars.com) Die Durbaner Filiale der in Kapstadt ansässigen Sixt/1First-Agentur. Bietet günstige Mietpreise und verschiedene Optionen, darunter unbegrenzte Kilometerzahl und Vollkasko.

Die meisten großen Autovermieter haben auch am Flughafen ein Büro:

Avis (✆0861 021 111, 011-923 3660)
Budget (✆011-398 0123)
Europcar (✆0861 131 000)

Bus

Zur Firma **Baz Bus** (www.bazbus.com) mit Sitz in Kapstadt gibt's umfassende Infos auf S. 652. Auf der Baz-Bus-Strecke kann man zu einem bestimmten Preis (Busspass für 7/14/21 Tage 1200/2100/2600 R) beliebig oft ein- und aussteigen, in alle Richtungen fahren und sich an bestimmten Hostels absetzen und auflesen lassen. Während unserer Recherchen wurde die Linie nach Swasiland und St. Lucia eingestellt.

Die Fernbusse starten am Busbahnhof nahe dem **Bahnhof Durban** (Masabalala Yengwa Ave (NMR Ave)). Den Eingang an der Masabalala Yengwa Ave (NMR Ave) nehmen, nicht den an der

Umgeni Rd! Folgende Busunternehmen haben hier ihre Büros:

Eldo Coaches (☎031-307 3363) Hat drei Busse pro Tag nach Johannesburg (180–270 R, 8 Std.).

Greyhound (☎083 915 9000; www.greyhound. co.za) Hat täglich Busse nach Johannesburg (300–310 R, 8 Std.), Kapstadt (590 R, 22–27 Std.), Port Elizabeth (455 R, 15 Std.) und Port Shepstone (110 R, 1¾ Std.).

Innerhalb von KwaZulu-Natal fährt Greyhound täglich u. a. nach Pietermaritzburg (195–265 R, 1 Std.) und Ladysmith (275 R, 4 Std.).

Intercape (☎0861 287 287; www.intercape. co.za) Betreibt täglich mehrere Busse nach Johannesburg (220–300 R, 8 Std.). Bietet auch Busse nach Maputo in Mosambik (über Johannesburg; 300 R, 15 Std.).

Intercity (☎031-305 9090; www.intercity. co.za) Täglich fahren Busse von Durban nach Margate (100 R, 2½ Std.), zum internationalen Flughafen Johannesburg (200–250 R, 8½ Std.), zum Park Station Bus Terminal von Johannesburg (250 R, 8½ Std.) und nach Pretoria (200–225 R, 9 Std.).

Margate Mini Coach (☎039-312 1406) Betreibt drei Busse pro Tag zwischen Durban und Margate (einfache Strecke 110 R, hin & zurück am selben Tag 220 R, 2½ Std.). Fahrkarten sind im Greyhound-Büro erhältlich.

Translux (☎0861 589 282; www.translux. co.za) Hat täglich Busse nach Johannesburg (200–240 R, 8 Std.) und Kapstadt (560 R, 27 Std.). Die Busse von City to City, einer Partnergesellschaft von Translux, fahren für weniger Geld zu Zielen im ganzen Land.

Achtung: Fahrkarten für alle Fernbusse kann man in den Shoprite- und Checkersläden sowie online bei **Computicket** (www.computicket. com) kaufen.

Es gibt eine neue Busverbindung von Durban ins mosambikanische Maputo; Abfahrt ist am **Pavilion Hotel** (☎073 427 8220, 072 278 1 921; 15 Old Fort Road; 280 R) jeweils mittwochs und sonntags um 6.30 Uhr (Rückfahrt Maputo–Durban jeweils Di & Sa). Fahrkarten kauft man direkt im Bus am Tag der Abfahrt. Gegen 6 Uhr da sein!

Flugzeug

King Shaka International Airport (☎032-436 6585) Der 2010 eröffnete neue Flughafen befindet sich in La Mercy, 40 km nördlich der Stadt.

Mehrere Fluglinien verbinden Durban mit anderen Großstädten Südafrikas. Die Onlineflugpreise schwanken gewaltig je nach Wochentag, Monat und sogar je nach Tageszeit. Die Preise liegen bei rund 400 R oder sogar darunter.

1time (www.1time.co.za) Billigflieger mit guten Angeboten nach Johannesburg und Kapstadt.

FLUGHAFEN-SHUTTLE

Der **King Shaka Airport Shuttle Bus** (☎031-465 5573; airportbus@mweb. co.za) klappert jede Stunde die Hotels und wichtige Standorte in Durban und an der Promenade ab und fährt über Umhlanga Rocks. Die Preise beginnen bei 50 R (nach Umhlanga); wer in die Vororte will, zahlt 80 R und mehr.

Kulula.com (www.kulula.com) Der Billigflieger ist Konkurrent von 1time und verbindet Durban mit Johannesburg, Kapstadt und Port Elizabeth.

Mango (www.flymango.com) Noch ein Billigflieger mit Flügen nach Johannesburg und Kapstadt.

South African Airlink (SAAirlink; www.fly airlink.co.za) Fliegt täglich nach Port Elizabeth, Bloemfontein und George.

South African Airways (SAA; www.flysaa. com) Fliegt mindestens einmal am Tag nach Johannesburg, Port Elizabeth, East London, Kapstadt, George und Nelspruit.

Zug

Der **Bahnhof Durban** (Masabalala Yengwa Ave (NMR Ave)) ist riesig. Die innerstädtischen Züge und die Regionalbahnen in die Vororte sind für Traveller nicht zu empfehlen; selbst abgebrühte Globetrotter fühlen sich dort nicht sicher.

Anders sieht es mit den Fernzügen auf den wichtigsten Strecken aus. Sie sind effizient und haben nach Geschlechtern getrennte Schlafwagenabteile. Betrieben werden sie von **Shosholoza Meyl** (☎031-361 7167; www.shosholozameyl. co.za). Einer der Fernzüge ist der *Trans Natal*, der mehrmals pro Woche von Durban über Pietermaritzburg und Ladysmith nach Johannesburg (220 R, 12½ Std.) fährt.

Der Luxuszug **Premier Classe** (☎031-361 7167; www.premierclasse.co.za) mit vollem Service fährt am letzten Freitag im Monat von Johannesburg nach Durban und am folgenden Sonntag wieder zurück. Tickets müssen vorab gebucht werden (1010 R, ca. 14 Std.).

Der **Rovos** (☎012-315 8242; www.rovosrail. co.za) ist eine Luxusdampfbahn, mit der man für nur 13 000 R bei der dreitägigen Fahrt von Durban über die Battlefields und durch Naturschutzgebiete nach Pretoria alten europäischen Luxus genießen kann.

ℹ Unterwegs vor Ort

Bus

Der **Durban People Mover** (☎031-309 5942; www.durbanpeoplemover.co.za) ist ein nütz-

MINIBUS-TAXI

In den Straßen gegenüber vom Bahnhofseingang an der Umgeni Rd starten einige Fernverkehr-Minibus-Taxis. Die Minibus-Taxis zur South Coast und zur Wild Coast in der Provinz Eastern Cape fahren am Bahnhof Berea ab. Die Taxifahrer wissen in der Regel, wo genau die einzelnen Minibus-Taxis abfahren. In den Gegenden um die Minibus-Taxi-Stände ist immer Vorsicht geboten!

licher Shuttlebus, der auf mehreren Strecken durch die Stadt fährt (tgl. 6.30–23 Uhr). Er verbindet das Zentrum mit Beachfront und fährt die ganze Promenade von der uShaka Marine World bis zum Suncoast Casino der Länge nach ab. Unterwegs gibt es ausgewiesene Haltestellen (u. a. Victoria St Market & Rathaus). Fahrkarten (15 R) kann man im Bus kaufen; damit kann man an diesem Tag beliebig oft ein- und aussteigen. Eine Fahrkarte für eine einzelne Fahrt kostet 4 R. Der Busbahnhof befindet sich in der Dr. A. B. Xuma St (Commercial Rd), gegenüber vom Workshop.

Durban Transport (☏ 031-309 5942) betreibt die Buslinien Mynah und Aqualine. Mynah deckt den größten Teil der Innenstadt und die städtischen Wohngebiete ab. Eine Fahrt kostet rund 5 R; geringen Rabatt gibt's beim Kauf einer Zehnerkarte. Haltestellen sind u. a. North Beach, South Beach, Musgrave Rd/Mitchell Park Circle, Peter Mokaba Ridge/Vause, botanischer Garten und Kensington Rd. Die größeren Aqualine-Busse bedienen die Außenbezirke Durbans.

Vom/Zum Flughafen

Einige Hostels betreiben eigene Taxi-Shuttles zu günstigen Preisen für ihre Gäste. Die gleiche Fahrt kostet mit dem Taxi rund 400 R. Informationen zum King Shaka Airport Shuttle Bus gibt's auf S. 257.

Taxi

Immer mit Taxametern ausgestattete Taxis nutzen! Ein Taxi zwischen dem Strand und der Florida Rd in Morningside kostet gewöhnlich etwa 50 R. **Mozzie Cabs** (☏ 0860 669 943), **Zippy Cabs** (☏ 031-202 7067/8) und **Eagle** (☏ 0800 330 336) bieten einen zuverlässigen 24-Stunden-Service.

SOUTH COAST

Südlich von Durban erstreckt sich ein 160 km langer Abschnitt mit Seebädern und Vororten von Amanzimtoti nach Port

Edward, in der Nähe der Grenze zur Provinz Eastern Cape. Die Ferienorte an der N2 und der R102 liegen so eng beieinander, dass einem fast die Luft zum Atmen fehlt. Immerhin gibt es an den Sandstränden dieser Küstenregion ein paar hübsche Gärten und Wiesen, besonders im südlichen Abschnitt. Die Region ist ein Paradies für Surfer und Taucher (Letztere lieben vor allem den Tauchspot Aliwal Shoal; s. Kasten S. 260), und im Sommer hat man hier nicht viel Platz für sich. Landeinwärts bilden Zuckerrohr, Bananenbäume und Palmen einen angenehmen, üppig grünen Kontrast zum Strandleben. Das fantastische **Oribi Gorge Nature Reserve** bei Port Shepstone bietet herrliche Waldwanderungen, Restaurants und Unterkünfte.

Infos liefert die ganz nützliche Broschüre *Southern Explorer* (www.southern explorer.co.za).

WARNER BEACH

Warner Beach ist der erste Ort in dem Abschnitt, der einem ein wenig Luft zum Atmen lässt. Weiter südlich liegen Umkomaas und Scottburgh, von denen aus man gute Tauchausflüge zur Aliwal Shoal (s. Kasten S. 260) unternehmen kann.

Infos erhält man bei **Tourism Umdoni** (☏ 039-976 1364; www.scottburgh.co.za; Scott St, Scottburgh; ☉ Mo–Fr 8–17, Sa bis 13 Uhr) neben der Scottburgh Memorial Library.

Die beste Budgetunterkunft in dem Abschnitt ist die **Blue Sky Mining Backpackers & Lodge** (☏ 031-916 5394; www.bluesky mining.co.za; 5 Nelson Palmer Rd, Warner Beach; Stellplatz 70 R/Pers., B 120 R, DZ 350 R, 3BZ 390 R; **P @ ☈**), ein Traum für Design- und Recyclingfreunde. Die permanent expandierende Absteige bietet verschiedene Unterkünfte, darunter auch zwei Haupthäuser mit tollem Blick auf das Wasser darunter.

UMZUMBE & UMTENTWENI

Umzumbe und Umtentweni liegen in dem Küstenabschnitt nördlich von Port Shepstone und ermöglichen einen angenehmen Zwischenstopp.

🛏 Schlafen & Essen

Spot Backpackers　　　　HOSTEL **$**
(☏ 039-695 1318; www.spotbackpackers.com; 23 Ambleside Rd, Umtentweni; Stellplatz 80 R, B/DZ ohne Bad 120/300 R, Hütte DZ 400 R) In der Nähe von Port Shepstone befindet sich dieses Hostel in Toplage (direkt am Strand: Sonne, Strand und Surfen!), das zu Recht

beliebt, aber auch etwas verwohnt ist. Für Gäste stehen Kajaks und andere Beschäftigungsmöglichkeiten bereit.

Mantis & Moon Backpacker Lodge
HOSTEL $

(☎039-684 6256; www.mantisandmoon.net; 7/178 Station Rd, Umzumbe; B 120 R, DZ mit/ohne Bad 400/300 R; ☒) Das Hostel bietet mehr Unterkunftsmöglichkeiten als subtropische Baumarten in seinem dichten Urwaldgarten: ein riesiges Tipi sowie kleine rustikale Hütten und Baumhäuser. Es ist zwar kein Fünfsternehotel, aber es gibt einen Whirlpool, einen Felsenpool, eine Bar und eine lockere Atmosphäre. Hier ist viel von „cooler Stimmung" die Rede – die einen finden das gut, die anderen weniger.

Zizi's
INTERNATIONAL $$

(☎039-695 1295; Third Ave, Umtentweni; Hauptgerichte 55–120 R; ⊙8.30 Uhr–open end) Es lohnt sich, die Knitterfalten aus den Sonntagsklamotten zu schütteln, um ins Zizi's, nicht weit vom Spot Backpackers, zu gehen! Es bietet Stühle mit hoher Rückenlehne, Tischdecken und schwere Saucen auf Gerichten wie Ochsenschwanz und Lammkeule. Es werden auch schicke Zimmer in der angeschlossenen **Umdlalo Lodge** (www.umdlalolodge.co.za; EZ/DZ ab 600/1100 R) vermietet.

❶ An- & Weiterreise

Greyhound (☎083 915 9000; www.greyhound.co.za) betreibt täglich Busse zwischen Port Shepstone und Durban (235 R, 1¾ Std.). Wer in einem der Hostels übernachtet, kann den Fahrer bitten, in Umzumbe oder Umtentweni anzuhalten. **Baz Bus** (www.bazbus.com) fährt ebenfalls hierher.

ORIBI GORGE NATURE RESERVE & UMGEBUNG
☎039

Das **Oribi Gorge Nature Reserve** (☎039-679 1644; www.kznwildlife.com; Eintritt 10 R, Stellplatz 65 R, Hütte für 2 Pers. 320 R; ⊙Sommer 6–18 Uhr, Winter 7.30–16.30 Uhr) liegt von Port Shepstone aus landeinwärts an der N2. Die spektakuläre Schlucht am Umzimkulwana River ist eines der Highlights der Südküste. In der traumhaften Landschaft gibt es Säugetiere und Vögel sowie Wanderwege und idyllische Picknickplätze. Das Empfangsbüro ist über die N2 an der Südseite der Schlucht zu erreichen. Hier befinden sich auch ein paar reizende Holzhütten mitten im Wald – der ideale Standort für einen Aufenthalt in der Gegend!

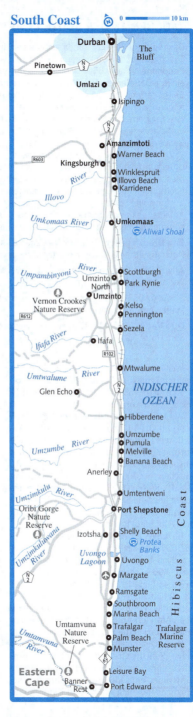

South Coast

TAUCHEN AN DER SOUTH COAST

Das Highlight dieses Strandabschnitts ist die **Aliwal Shoal**, die als eines der besten Tauchgebiete der Welt angepriesen wird. Das Riff war vor etwa 30 000 Jahren eine Sanddüne. Vor nur 6500 Jahren stieg der Meeresspiegel und schuf so aus der Düne ein Riff. Den Namen *Aliwal* erhielt es von einem Schiff, das 1849 hier auf Grund lief. Seither erging es auch anderen Schiffen ebenso. Heute beherbergt das Riff in seinen Klippen, Höhlen und Felsspitzen alles Mögliche: von Wracks über Rochen, Schildkröten, *raggies* (Sandtigerhaie) und tropische Fische bis hin zu Weichkorallen.

Die außergewöhnlichen **Protea Banks** weiter südlich, in der Nähe von Shelly Beach, sind Profitauchern vorbehalten. Dort sind auch Haie zu sehen.

Zahlreiche Veranstalter an der Südküste bieten Tauchausflüge, PADI-Kurse und Unterkünfte zum Pauschalpreis an. Die Angebote unterscheiden sich erheblich (in manchen Fällen kostet die Ausrüstung extra). Zum Vergleich: Das Paket mit drei Übernachtungen und fünf Tauchgängen kostet etwa 3000 R.

Man sollte auch andere Traveller nach ihren Erfahrungen fragen, weil die jeweiligen Anbieter es mit der Sicherheitseinweisung unterschiedlich genau nehmen. Unfälle kommen immer wieder vor. Folgende Veranstalter sind zu empfehlen:

2nd Breath (☎039-317 2326; www.2ndbreath.co.za; Ecke Bank St & Berea Rd, Margate) Hochqualifizierter PADI-Profi, der Kurse anbietet und die Sicherheit sehr ernst nimmt.

Aliwal Dive Centre (☎039-973 2233; www.aliwalshoal.co.za; 2 Moodie St, Umkomaas) Vermietet auch nette Zimmer.

Shoal (☎039-973 1777; www.theshoal.co.za; 21 Harvey St, Umkomaas) Neuerer Veranstalter, empfehlenswert.

Quo Vadis (☎039-978 1112; www.raggiecave.com; Scottburgh) Hat seinen Sitz im Cutty Sark Hotel.

Wer aber über die Oribi Flats Rd ankommt, erhält im **Ezinqoleni Information Office** (☎039-687 7561; ◷8–16 Uhr) eine hilfreiche Karte von der Gegend.

Wild 5 Extreme Adventures (☎082 566 7424) im Oribi Gorge Hotel organisiert Aktivitäten. Dazu gehören der Wild Swing (ein Sprung aus 100 m Höhe im freien Fall mit Auspendeln) von den Lehr's Falls (380 R), Abseilen (300 R), Wildwasserrafting (495 R), Reiten (1½ Std. 200 R) und Seilrutschen über die Schlucht (220 R). Die Anlage befindet sich 11 km von der N2 entfernt an der Oribi Flats Rd.

Im **Lake Eland Game Reserve** (☎039-687 0395; www.lakeeland.co.za, Tagesbesucher Erw./Kind 40/30 R, Cottage Mo–Fr 100 R/Pers., mind. 400 R, Stellplatz/B 80/200 R, Hütte f. 2 Pers. 450–650 R; ◷7–17.30 Uhr) gibt es mehr als 40 Säugetier- und 200 Vogelarten. Man kann das Wildtierreservat mit dem eigenem Auto erkunden (40 R/Pers.) oder an einer Safari teilnehmen (150 R/Pers., min. 4 Pers.). Der neueste Schrei ist die 4,7 km lange Seilrutsche (400–500 R inkl. Eintritt). Eine kurze Schluchtenwanderung führt über eine 130 m hohe Hängebrücke. Möglich sind auch Angel- und Kanutouren.

Unterkommen kann man in gepflegten Blockhütten mit Blick auf einen kleinen See, in Fischerhütten, auf Campingplätzen oder in Schlafsaalbetten in einer riesigen Röhre. Es gibt auch ein Restaurant (8–16 Uhr). Das Reservat liegt 40 km von Port Shepstone entfernt. Von der N2 auf die Oribi Flats Rd abbiegen und ihr 26 km folgen!

Leopard Rock Lookout Chalets (☎039-687 0303; www.leopardrockc.co.za; Main Oribi Gorge Rd; DZ inkl. Frühstück 900–1200 R; ◷Mi-So 9–16 Uhr) Wahrscheinlich wird man das appetitliche Essen hier geschmackvoller finden als das Schild, das einem irgendwie sagt „Kinder, die unbeaufsichtigt in diesem Garten herumtollen, werden in die Sklaverei verkauft". Von der Veranda, auf der gespeist wird, hat man einen unglaublichen Blick auf die uMzumkulu Gorge, und Unterkunft findet man in den vier hübschen Chalets (trotzdem bleibt der Ausblick der eigentliche Renner). Der Aufenthalt wird noch versüßt durch Aufmerksamkeiten wie eine Flasche Sherry mit Gläsern oder zwei große Sessel im Wohnzimmer, in denen man sich zurücklehnen und Afrika auf sich wirken lassen kann. Abendessen (40–80 R) gibt's auf Anfrage.

RAMSGATE, SOUTHBROOM & UMGEBUNG

Der Touristenmagnet Margate ist eine beklemmende Betonwüste mit lauten, lebhaften Bars. Man fährt besser gleich weiter ins nahe gelegene Ramsgate, das eine netten, kleinen Strand hat, oder ins üppig-grüne Southbroom, die Nobelecke in der bewaldeten Region, die allein schon deshalb reizvoll ist, weil sie in einem Schutzgebiet für Buschböcke (große Antilopenart) liegt.

Infos erhält man bei **Hibiscus Coast Tourism** (☎039-312 2322; www.hibiscuscoast. kzn.org.za, Panorama Pde, Main Beach, Margate; ⏰Mo–Fr 8–17, Sa bis 13, So 9–13 Uhr).

◉ Sehenswertes & Aktivitäten

Das **Umtamvuna Nature Reserve** (www. kznwildlife.com; Erw./erm. 10/5 R; ⏰April–Sept. 6–18 Uhr, Okt.–März 7–17 Uhr) liegt an einer Schlucht des Umtamvuna River (der teilweise die Grenze zur Provinz East Cape bildet). In dem herrlich dichten Wald gibt es großartige Wanderwege, im Frühling Wildblumen sowie viele Säugetiere und Vogelarten. Von Port Edward kommend, ab der R61 der Ausschilderung nach Izingolweni folgen und 8 km weiter fahren! Infobroschüren liegen am Eingang des Naturschutzgebiets aus.

🛏 Schlafen

Sunbirds
B&B $$

(☎039-316 8202; 643 Outlook Rd, Southbroom; EZ/DZ 595/950 R; 🅿🛜❄) Die herzlichen Gastgeber, das wundervolle Frühstück auf der Veranda (mit tollem Blick), der nette, große Wohnbereich und das heimelige Ambiente sorgen für einen steten Strom von Gästen.

Southbroom Backpackers Lodge
HOSTEL $$

(☎039-316 8448; www.southbroomtravel lerslodge.co.za; 11 Cliff Rd, Southbroom; EZ 220–260 R, DZ ab 400 R; 🅿❄) Welch Freude – eine bezahlbare, gute Unterkunft in dieser feinen Gegend, in traumhafter Lage mitten im (subtropischen) Wald und nur zehn Gehminuten vom Strand entfernt! Das komfortable, entspannte Hostel gleicht mit hellen, luftigen Zimmern, einer riesigen Lounge, einem Pool und einem hübschen Garten einem großen Ferienhaus.

Treetops Lodge
B&B $$

(☎039-317 2060; www.treetopslodge.co.za; 3 Poplar Rd, Margate; DZ ab 980 R, Wohneinheit f. Fam. 990 R; ❄) In dem netten B&B mit Kieselrauputz werden adrette, wenn auch altbackene Doppelzimmer inklusive Frühstück und eine Selbstversorgersuite vermietet. Es gibt Aussicht ins Grüne und einen großen Gemeinschaftsbalkon mit jeweils eigenem Tisch und Stühlen. Außerhalb der Weihnachtssaison sind die Preise niedriger.

Vuna Valley Venturers
HOSTEL $$

(☎039-313 3602; www.vunavalleyventurers.co.za; 9 Mitchell Rd, Banners Rest; DZ/FZ 440/560 R; ❄) Das Hostel am Eingang zum Umtamvuna Nature Reserve – von Port Edward landeinwärts – hat schicke Doppelzimmerhütten und preisgünstigere (aber sehr nette) Zimmer im Haupthaus. Möglichkeiten zum Wandern, Radeln und Kanufahren gibt es quasi direkt vor der Tür.

🍴 Essen

Waffle House
VEGETARISCH $$

(Marine Dr, Ramsgate; Hauptgerichte 40–100 R; ⏰9–17 Uhr; ⚙) Die Leute strömen nur so in den netten Laden am Ufer einer Lagune – wegen der frischen belgischen Waffeln mit allen möglichen süßen oder herzhaften Füllungen. In der Ferienzeit gibt's lange Schlangen.

Trattoria La Terrazza
ITALIENISCH $$

(☎039-316 6162; Southbroom; Hauptgerichte 75–115 R; ⏰Fr–So mittags, Di–Sa abends) Fragt man nach einer Restaurantempfehlung, wird man höchstwahrscheinlich an diesen Italiener verwiesen. Beliebt sind die Fleischgerichte, z.B. karamellisiertes Schweinefleisch (70 R) oder Hühnchen mit Parmaschinken und Spargelcremesauce. Die Lage an einem Meeresarm ist grandios. Reservierung empfohlen!

Burlesque Cafe
INTERNATIONAL $

(Marine Dr, Ramsgate; Hauptgerichte 55–65 R; ⏰9–16 Uhr) Witziges, kleines Retro-Café mit schicker, antik wirkender Innenausstattung und frechen Gerichten mit Biozutaten.

ℹ An- & Weiterreise

Margate Mini Coach (☎031-312 1406; www. margate.co.za) fährt dreimal täglich von Durban nach Margate (einfache Strecke 110 R); zu buchen über **Hibiscus Coast Tourism** (☎039-312 2322; www.tourismsouthcoast.co.za; Panorama Pde, Main Beach, Margate; ⏰Mo–Fr 8–17, Sa bis 13, So 9–13 Uhr).

Intercity Express (☎031-305 9090; www. intercity.co.za) betreibt ein Büro bei Hibiscus Coast Tourism und hat regelmäßig Busse zwischen Margate und Johannesburg (330–400 R, 10 Std.).

NORTH COAST

An der North Coast – von Umhlanga Rocks bis zum Fluss Tugela im Norden – reihen sich exklusive Ferienapartments und Rentnerdörfer mit einigen hübschen Stränden aneinander. Der Abschnitt zwischen Zimbali, etwas nördlich von Umhlanga, bis nach Tugela wird Dolphin Coast genannt – wegen der vielen Tümmler, die vom Festlandsockel und dem warmen Wasser hier angezogen werden.

Rund um die Nordküste findet man ein faszinierendes Bevölkerungsgemisch: die Nachkommen der einstigen Kolonialherren, Inder, französische Zuckerrohrplantagenbesitzer aus Mauritius, Vertragsarbeiter vom indischen Subkontinent sowie eine bunte Mischung aus Zulu-Stämmen.

König Shaka soll einst ein Militärlager an der Küste aufgebaut haben; königliche Dienstmägde klaubten hier Salz aus den Tidentümpeln, was seither im Namen Salt Rock verewigt ist. Im etwas landeinwärts gelegenen KwaDukuza (Stanger) steht ein Denkmal für König Shaka.

Stadtbusse verkehren zwischen Durban und Umhlanga Rocks und Busse sowie Minibus-Taxis auch zwischen Durban und KwaDukuza (Stanger) und anderen Orten weiter im Landesinneren.

Umhlanga Rocks & uMdloti Beach

♪ 031

Umhlanga, eine kosmopolitische Mischung aus exklusivem Seebad, betuchter Vorstadt und kleinen Malls, ist das Prachtstück im Schickimicki-Umland von Durban. Umhlanga (das „h" spricht sich in etwa wie „sch" aus) bedeutet „Ort des Schilfs". Weiter nördlich in uMdloti Beach gibt es ein paar gute Restaurants. Beide Orte sind prima vom Flughafen aus zu erreichen.

Tipps bekommt man im **Umhlanga Tourism Information Centre** (☏ 031-561 4257; www.umhlangatourism.co.za; Shop 1A, Chartwell Centre, Chartwell Dr, Umhlanga Rocks; ⊙ Mo–Fr 8.30–17, Sa 9–13 Uhr). Zwischen Umhlanga und Durban verkehren die Metrobusse 716 und 706.

◉ Sehenswertes & Aktivitäten

Natal Sharks Board   ÖKOTOUR
(☏ 031-566 0400; www.shark.co.za; 1A Herrwood Dr, Umhlanga Rocks; Audiovision & Sezierung Erw./Kind 35/20 R; ⊙ Mo–Fr 8–16, So 12–18 Uhr) Das Forschungsinstitut beschäftigt sich mit Haien und der von ihnen ausgehenden Gefahr für Menschen. Es gibt audiovisuelle Vorführungen und Haisezierungen (Di, Mi & Do 9 & 14 Uhr). Interessierte können auch mit Angestellten von Sharks Board an einer Bootsfahrt ab Durban (s. S. 248) teilnehmen.

Das Natal Sharks Board ist ausgeschildert. Es liegt etwa 2 km außerhalb der Stadt, den steilen Umhlanga Rocks Dr (M12 Richtung N3) hinauf.

GRATIS **Umhlanga Lagoon
Nature Reserve**   NATURSCHUTZGEBIET
(Parken 5 R; ⊙ 6–21 Uhr) Das nördlich der Stadt gelegene Naturschutzgebiet an einer Flussmündung ist zwar recht klein (26 ha), trotzdem sieht man hier viele Vogelarten. Die Wege führen durch hinreißenden Dünenwald, über die Lagune und bis zum Strand.

🛏 Schlafen

In Umhlanga gibt es Ferienwohnungen und B&Bs im Überfluss, die meisten dicht am Strand. Die Hotelpreise unterscheiden sich je nach Saison stark, besonders in der Zwischensaison gibt es Schwankungen.

**Beverley Hills Sun
Intercontinental**   HOTEL $$$
(☏ 031-561 2211; www.southernsun.com; Lighthouse Rd; EZ/DZ inkl. Frühstück 3800/4000 R; P ✳ 🛰 ⊠) Von außen gesehen könnte man noch mehr rausholen, aber drinnen ist das klassische Spitzenklassehotel absolut stilvoll. Der ideale Ort, um die Platinkarte zu schwingen und in exquisitem Luxus zu schwelgen!

On the Beach Backpackers   HOSTEL $$
(☏ 031-562 1591; www.durbanbackpackers.com; 17 The Promenade, Glenashley; B 150 R, DZ ab 500 R; P 🛰 ⊠) In Glenashley, 4 km südlich von Umhlanga, befindet sich dieses helle und luftige, umgebaute Haus – die beste Budgetunterkunft am Strand in diesem Teil des Waldes.

Drifters Dolphin Coast Lodge   HOSTEL $$
(☏ 011-888 1160; www.drifters.co.za; 76 North Beach Road, uMdloti; EZ/DZ 425/690 R) Das bezahlbare Hostel am Strand gehört zur Unternehmensgruppe Drifters Adventure und bietet einfache, saubere und luftige Zimmer mit Blick aufs Meer. Manchmal ist die Lodge durch die unternehmenseigenen Safarigruppen ausgebucht.

Fairlight Beach House PENSION $$$
(☏031-568 1835; www.fairlight.co.za; 1 Margaret Bacon Ave, Ballito; inkl. Frühstück 1320–1700 R) Die weitläufige, schicke Pension mit Blick auf den Strand bietet zehn Zimmer (nicht alle mit Ausblick). Vor allem Geschäftsreisende steigen hier ab. Die Preise sind außerhalb der Hauptsaison günstiger.

Essen

Ile Maurice FRANZÖSISCH $$$
(☏031-561 7609; 9 McCausland Cres, Umhlanga Rocks; Hauptgerichte 90–270 R; ⊙Di–So mittags & abends) Das schicke Strandrestaurant mit französischem Touch lohnt die Ausgabe. Es hat einen *bon gout* und einen guten Ruf unter Durbans Feinschmeckern. Abends reservieren!

Es gibt zwei ausgezeichnete nebeneinander liegende Restaurants mit großen Terrassen und Blick auf den uMdloti Beach, die erstklassige internationale Gerichte servieren und am Wochenende zu Recht die Bewohner von Durban anziehen:

Bel Punto INTERNATIONAL $$
(☏031-568 2407; www.belpunto.co.za; uMdloti Beach; Hauptgerichte 90–170 R)

Mundo Vida INTERNATIONAL $$
(☏031-568 2286; www.mundovida.co.za; uMdloti Beach; Hauptgerichte 100–130 R)

Ballito

☏032

Ballito und der Gegend bis hinauf nach Shaka's Rock und Salt Rock fehlt das Zulu-Flair. Das Küstengebiet ist ein durchgängiger Streifen aus Wohnvierteln, Luxuspensionen und mehrstöckigen Wohnblocks, meist mit reizvollen Stränden vor der Haustür. Günstig ist die Nähe zum Flughafen (rund 22 km).

Im **Sangweni Tourism Centre** (☏032-946 1997; www.thedolphincoast.co.za; Ecke Ballito Dr & Link Dr; ⊙Mo–Fr 7.45–16.15, Sa 9–13 Uhr) sitzt die Dolphin Coast Publicity Association, die ein Verzeichnis von Unterkünften in der Gegend herausgibt. Das Centre befindet sich an der BP-Tankstelle an der Ausfahrt von der N2 nach Ballito.

Schlafen & Essen

Guesthouse PENSION $$
(☏032-525 5683; www.theguesthouse.co.za; Ipahla Lane; EZ/DZ inkl. Frühstück 600/900 R; P☏) Die hübsche, saubere, leicht altmodische Pension (das Wohnhaus des Inhabers) bietet fünf Zimmer, von denen das beste Gartenblick zu bieten und einen separaten Eingang hat.

Boathouse PENSION $$$
(☏032-946 0300; www.boathouse.co.za; 33 Compensation Beach Rd; EZ 1230–1405 R, DZ 2090–2460 R) Exklusive Unterkunft für alle, die sich direkt am Wasser verwöhnen lassen wollen.

Monkey Bay Backpackers HOSTEL $
(☏071 348 1278; www.monkeybaybackpackers.co.za; 9C Jack Powell Rd; B/DZ 120/250 R) Surffreunde aufgepasst! Das lässige Hostel aus recycelten Materialien mit lustig bunt gestrichenen Innenräumen verströmt eine angenehme Hippie-Atmosphäre, zudem hat es freundliche Inhaber. Die Badezimmer sind zwar nicht gerade zahlreich vorhanden, aber das Haus liegt ganz nah am Meer und es ist eine der wenigen Budgetunterkünfte in der Gegend.

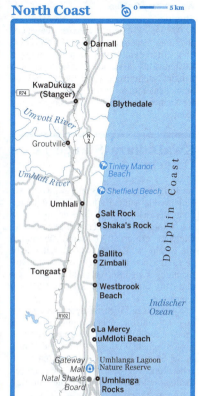

North Coast

Waterberry Coffee Shoppe FEINKOST/CAFÉ $$
(☏032-946 2797; www.thewaterberry.co.za; Dolphin Cres; Hauptgerichte 46–80 R; ☺8.30–16 Uhr) Unter dem Blätterdach des üppigen Küstenwalds lässt sich hier supergut ein heißer Nachmittag verbringen: egal ob beim Schlemmen köstlicher hausgemachter Kuchen oder beim Verspeisen gesunder Salate.

KwaDukuza (Stanger) & Umgebung

☏032 / 36700 EW.

Im Juli 1825 gründete Shaka den Ort KwaDukuza als seine Hauptstadt und königliche Residenz. Hier wurde er auch 1828 von seinen Halbbrüdern Mhlangane und Dingaan ermordet; Dingane übernahm die Macht (s. Kasten S. 264). Jedes Jahr versammeln sich Zulu in traditioneller Aufmachung in den Recreational Grounds, um den **King Shaka Day** (s. Kasten S. 270) zu feiern.

KwaDukuza, auch Stanger genannt, ist eine geschäftige, eher ruppige Stadt mit großem indischen Bevölkerungsanteil und afrikanischem Flair. Es gibt keine Hotels in der Stadt, aber sie ist ein wichtiger Zwischenstopp für alle, die auf den Spuren Shakas wandeln oder sich für die Zulu-Kultur interessieren.

Das lohnende **King Shaka Visitor Centre** (☏032-552 7210; 5 King Shaka Rd; Eintritt frei; ☺Mo–Fr 8–16, Sa & So 9–16 Uhr) verbreitet anschaulich historische Infos über Shaka und sein Königreich.

Das **Dukuza Museum** (☏032-437 5075; King Shaka Rd; Eintritt gegen Spende; ☺Mo–Fr 8.30–16 Uhr) gegenüber dem Besucherzentrum zeigt historische Exponate in diesem Zusammenhang.

An der King Shaka Rd sollte man den **Shaka Memorial Gardens** einen Besuch abstatten. Hier wurde 1932 auf der Grabkammer Shakas (ursprünglich eine Kornkammer) ein Gedenkstein errichtet. Es gibt dort einen Felsen mit einer tiefen Rille, an dem Shaka seine Speere geschliffen haben soll.

Minibus-Taxis verbinden KwaDukuza mit Durban (1 Std.) und anderen Orten an der Küste.

In der nahe gelegenen Ortschaft Groutville zeigt das **Luthuli Museum** (Nokukhanya Luthuli St; www.luthulimuseum.org.za; Eintritt frei; ☺Mo–Sa 8.30–16 Uhr) eine interessante Hommage an Häuptling Albert John Mvumbi Luthuli, der ab 1952 Präsident des African National Congress (ANC) war und 1960 für seine Bemühungen, die Apartheid in Südafrika zu beenden, als erster Afrikaner den Friedensnobelpreis erhielt. Er starb 1967 unter fragwürdigen Umständen. Das Museum ist in Luthulis Wohnhaus unter-

---

DER LEGENDÄRE KÖNIG SHAKA

Über König Shaka ist viel geschrieben worden; trotzdem bleibt er rätselhaft und umstritten. Ob Fakt oder Mythos – Shaka wird meist entweder als grausamer, blutrünstiger Tyrann oder als Militärgenie beschrieben.

Shaka war der uneheliche Sohn von Königin Nandi, der er sehr nahestand. In den 1820er-Jahren schuf er eines der mächtigsten Königreiche Afrikas. Seine Macht sicherte er sich u. a. durch Gewalt, die er sowohl gegen Feinde als auch gegen seine eigenen Krieger einsetzte (Nach dem Tod seiner Mutter soll er unzählige Zulu getötet haben, weil er meinte, sie trauerten nicht genug).

Sein Ruhm gründet sich überwiegend auf seine Kampftaktik: Er erfand die geniale Formation „Stierkopf", bei der die Hauptmacht – „Kopf" und „Brust" – den Feind frontal attackierte, während die Seitenflügel – die „Hörner" – den Feind umgingen und ihm in den Rücken fielen. Er ließ zudem den Wurfspeer zu einem kurzschaftigen Nahkampfspeer kürzen und verlängerte den Schild.

1828 fand Shakas Leben ein unschönes Ende: Er wurde von seinen Halbbrüdern Dingaan und Mhlangane (der später von Dingaan gestürzt wurde) ermordet. Heute sind die Zulu unglaublich stolz auf ihren „Kriegerkönig". Jedes Jahr feiern sie am 24. September in den Shaka Memorial Gardens in KwaDukuza (s. S. 264) den Shaka Day. Tausende von Zulu in traditioneller Kleidung und bewaffnet mit Schilden, Speeren und Tanzstöcken kommen in der Anlage zusammen. Der derzeitige König und der traditionelle Zulu-Ministerpräsident Dr. Buthelezi führen die Feiern normalerweise an.

gebracht, in dem er sein ganzes Leben verbrachte und von wo aus er seinen Kampf führte. In dem Haus finden auch Wechselausstellungen statt. In dem Garten davor empfing Häuptling Albert Luthuli den US-amerikanischen Senator Robert Kennedy, als dieser 1966 das Land besuchte.

ZULULAND

Diese faszinierende Ecke KwaZulu-Natals beschwört Bilder von ungezähmten Landschaften und Stammesrhythmen herauf – ein völlig anderes Gesicht Südafrikas mit herrlicher Küste, dunstigen Hügeln und traditionellen Siedlungen, so ganz anders als die urbane Geschäftigkeit Durbans und seiner Umgebung. Die von den Zulu-Stämmen dominierte Region bietet faszinierende Einblicke in eine der rätselhaftesten – und doch wohlbekannten – Kulturen des Landes.

Der Name Zulu (was „Himmel" bedeutet) beschreibt zwar passend die hügeligen Weiten dieser Landschaft, erzählt aber nicht die ganze Geschichte. Unglaubliche Armut und all die damit verbundenen sozialen Probleme sind hier fester Bestandteil des Lebens. Der Großteil der Bevölkerung lebt von der Hand in den Mund. Abseits der Hauptstraßen ist das schwer zu übersehen.

Zululand erstreckt sich in etwa von der Mündung des Tugela River bis hoch nach St. Lucia und von der N2 landeinwärts bis Vryheid. Die meisten Besucher kommen wegen des spektakulären Hluhluwe-iMfolozi-Parks und der zahlreichen traditionellen Dörfer. Hier werden die Geschichte der Zulu und der legendäre König Shaka (s. Kasten S. 264) quasi wieder lebendig. Seit 1971 heißt der Herrscher übrigens Goodwill Zwelithini kaBhekuzulu.

Mtunzini
035

Mtunzini, eine kleine Oase mit getrimmten Rasenflächen, umgeben von den wilden Hügeln des Zululands, ist ein Stück Europa mitten in Afrika. Aber das hübsche Dorf hat mehr zu bieten als Staudenrabatten. Es thront oberhalb einer üppigen Böschung seltener Raphiapalmen (engl. Raffia) am Rand des Umlalazi Nature Reserve und ist somit ein hervorragender Standort, um dieses wundervolle Stück Zululand zu erkunden.

Der Ort hat eine schillernde Vergangenheit: John Dunn, der erste europäische Siedler in der Gegend, erhielt von König Cetshwayo ein Stück Land. Dann wurde er selbst zu einer Art Häuptling, nahm sich 49 Frauen und zeugte 117 Kinder. Gewöhnlich hielt er hier unter einem Baum Hof – daher der Name des Ortes (*mtunzini* bedeutet auf Zulu „Platz im Schatten"). Nachdem die Briten Cetshwayo besiegt und das Königreich aufgeteilt hatten, war Dunn einer der Häuptlinge, denen Macht zugesprochen wurde.

Der Ort wurde 1995 unter Denkmalschutz gestellt. Besucher finden hier viele Wanderwege und einige Antilopen- und Vogelarten vor.

◉ Sehenswertes & Aktivitäten

GRATIS **Raffia Palm Monument** NATURSCHUTZGEBIET
(◷24 Std.) Nahe der Mündung des Mlalazi versteckt sich in dem üppigen Tropenwald dieses Naturdenkmal. Palmen der Art *Raphia australis* wurden hier erstmals 1916 aus Samen gezogen. Aus den Palmenfasern sollten Besen für die Gefängnisse hergestellt werden, doch da die Fasern zu kurz waren, fand das Unternehmen ein schnelles Ende. Die Palmen jedoch (deren Blätter zu den längsten in der Pflanzenwelt gehören) gediehen und wurden 1942 zum Nationaldenkmal erklärt. In ihren Wipfeln nistet der Palmgeier *(Gypohierax angolensis)*, der am seltensten brütende Raubvogel in Südafrika.

Umlalazi Nature Reserve NATURSCHUTZGEBIET
(☎035-340 1836; www.kznwildlife.com; Eintritt 10 R; ◷5–22 Uhr) Dieses Schutzgebiet hat viele Wanderwege durch hübsche Dünen- und Waldbiotope und ist ein wahres Paradies für Vogelfreunde. In dem Naturschutzgebiet sieht man auch den Indaba-Baum, unter dem John Dunn Hof hielt, sowie die Reste des John Dunn's Pools. Dieses Wasserbecken ließ er erbauen, damit seine Frauen von Flusspferden und Krokodilen unbehelligt baden konnten. Der Eingang zum Naturschutzgebiet liegt 1,5 km östlich von der Stadt an der Küste.

🛏 Schlafen & Essen

Mtunzini B&B B&B $$
(☎035-340 1600; 5 Barker St; EZ/DZ inkl. Frühstück 400/550 R; ❄🛜🏊) Schlichtes, freundliches B&B mit schönen Räumen rund um

KWAZULU-NATAL MTUNZINI

Zululand & Elephant Coast

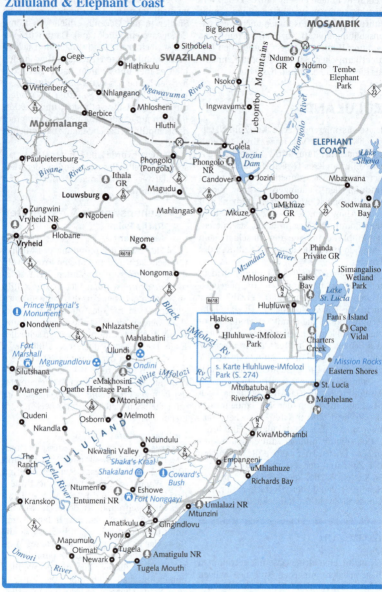

einen wunderbaren Garten. Zur Wahl stehen unterschiedliche Unterkünfte: Angeboten werden Doppelzimmer im Haupthaus, aber auch separate Hütten, sogar Dachkammern und Selbstversorgerwohneinheiten. Nur einige der Quartiere haben ein eigenes Bad.

One-on-Hely BOUTIQUEHOTEL $$
(☎035-340 2498; www.oneonhely.co.za; 1 Hely Hutchinson St; EZ/DZ inkl. Frühstück 850/1200 R; ❄☼) Das ist die schickste Option im Ort: mit riesigen Terrassen, einem Blick auf den Wald und allem nur vorstellbaren luxuriösen Drum und Dran.

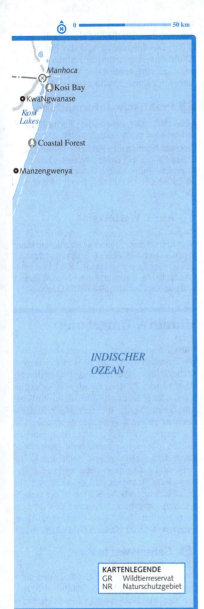

Fat Cat Coffee Shop CAFÉ $$
(2 Station Rd; Hauptgerichte 50–100 R; ⊙7.30–17 Uhr) Das gemütliche, freundliche Café wird von einem Koch betrieben; man kann hier also richtig gut essen.

Zanj INTERNATIONAL $$
(☎035-340 1288; Golden Penny Complex, Hely Hutchinson St; Hauptgerichte 50–100 R; ⊙Di-So mittags & abends) Feines, familienbetriebenes Restaurant mit ausgebildeten (und sehr guten) Köchen. Auf der wöchentlich wechselnden Tageskarte stehen viele internationale Gerichte.

ⓘ Praktische Informationen
Ein Geldautomat steht an der Hauptstraße.

Eshowe
☎035 / 14 700 EW.
Das an einem wunderschönen heimischen Wald gelegene und von grünen Hügeln umgebene Eshowe ist Zululand par excellence. Im Ortszentrum herrscht eine ländlich-raue Atmosphäre, aber die Vororte sind grün und ruhig. Die Lage ist ideal, um von hier aus das Umland zu erkunden, und es gibt hier auch einige Attraktionen und Unterkünfte.

In Eshowe hatten vier Zulu-Könige (Shaka, Mpande, Cetshwayo und Dinuzulu) ihren Sitz. Es diente Cetshwayo als Festung, bevor er weiter nach Ondini zog, und wurde wie Ondini im Zulu-Krieg von den Briten zerstört. Die Briten besetzten die Gegend, bauten 1883 hier das Fort Nongqayi und machten Eshowe zum Verwaltungszentrum ihres frisch erbeuteten Territoriums.

⊙ Sehenswertes & Aktivitäten

Fort Nongqayi Museum Village MUSEUM
(Nongqayi Rd; Erw./Kind 25/5 R; ⊙Mo–Fr 7.30–16, Sa & So 9–16 Uhr) Das Museumsdorf gruppiert sich um das an den drei Türmen erkennbare Fort Nongqayi. Im Eintrittspreis inbegriffen ist die Besichtigung des Zululand Historical Museum, in dem Artefakte und viktorianische Exponate ausgestellt sind, des tollen Vukani Museum, einer Sammlung von Zulu-Korbwaren und einer Missionskapelle.

Zur Zeit unserer Recherchen sollte in dem Museumsdorf auch ein **Schmetterlingshaus** eröffnet werden. Besucher können durch das große Glashaus schlendern und dabei die heimische Vegetation und Hunderte afrikanischer Schmetterlingsarten bewundern.

Umlalazi Nature Reserve CAMPING $
(☎035-340 1836; www.kznwildlife.com; Stellplatz 90 R, Hütte f. 4 Pers. 330 R/Pers.) In dem prachtvollen Wald gibt es in der Nähe vom Strand zwei gut organisierte Campingplätze (Inkwazi & Indaba). Für die Hütten gelten Mindestpreise.

Vom Museum führt ein Weg zu den Mpushini Falls (hin & zurück 40 Min.). Aber Vorsicht: In der Vergangenheit wurden hier Fälle von Bilharziose (einer Wurmkrankheit) gemeldet!

GRATIS **Dlinza Forest Reserve** NATURSCHUTZGEBIET

(☉Sept.–April 6–18 Uhr, Mai–Aug. 8–17 Uhr) Als der Krieg näher rückte, soll sich König Shaka mit seinen Frauen in diesem dichten Wald versteckt haben, der heute das 200 ha große Dlinza Forest Reserve bildet. Zahlreiche Vögel sind hier heimisch, u.a. der Kronenadler *(Stephanoaetus coronatus)*. Es gibt auch Wanderwege, die nach dem Zulu-Krieg von hier stationierten britischen Soldaten angelegt worden sein sollen. Einen tollen Blick auf das Blätterdach und die Vögel des Waldes hat man von dem 125 m langen Dlinza Forest Aerial Boardwalk (www.zbr.co.za/boardwalk; Erw./Kind 25/5 R).

🛏 Schlafen & Essen

Eshowe Guesthouse B&B $$

(☏082 823 5627; dlinza@telkomsa.net; 3 Oftebro St; EZ/DZ inkl. Frühstück 450/600 R; P✳☀) Das B&B hat eine Toplage am Vogelparadies Dlinza Forest. Der herzliche Inhaber bietet blitzblanke, stilvolle, luftige und geräumige Zimmer an. Der Ausschilderung zum Dlinza Forest Reserve folgen; die Unterkunft befindet sich gleich hinter dem Eingang! Sie ist schnell ausgebucht – also vorab reservieren!

Dlinza Forest Accommodation HÜTTE $$

(☏035-474 2377; dlinza@zulucom.net; 2 Oftebro St; EZ/DZ 400/500 R) Direkt gegenüber vom Eshowe Guesthouse stehen diese vier netten, modernen, sauberen und geräumigen Blockhütten für Selbstversorger. Das Frühstück kostet 50 R.

George Hotel & Zululand Backpackers HOTEL, HOSTEL $$

(☏035-474 4919; www.eshowe.com; 38 Main St; B 125 R, EZ/DZ inkl. Frühstück 395/565 R; P✲☀) Das attraktive, weiß verputzte Gebäude hat kolonialen Charme, aber seine besten Zeiten schon hinter sich. Die Bar ist jedoch exzellent und moderner. Der Inhaber organisiert auch eine große Auswahl von Aktivitäten rund um Zululand (s. Kasten S. 270). Hier steigen in der Regel Reisegruppen ab; in dem separaten Hostel hinter dem Hotel im Haupthaus gibt es u.a. Doppelzimmer für 185 R (vom beengten Schlafsaal sollte man eher Abstand nehmen).

Adam's Outpost INTERNATIONAL $$

(Hauptgerichte 60–110 R; ☉Mo–Fr 9–16, So bis 15 Uhr) Das Gartencafé und das gemütliche Wellblechrestaurant samt Kamin und Kerzen sind eine echte Oase – zweifellos der Sieger in Eshowes kulinarischer Welt!

❶ Praktische Informationen

ABSA (Miku Bldg, Osborne Rd) Wechselt Geld und hat auch einen Geldautomaten.

Umlalazi Municipality Publicity & Tourism Office (☏035-473 3474; www.visitzululand. co.za; Ecke Hutchinson & Osborne Rd; ☉Mo–Do 7.30–16, Fr 7.30–15 Uhr) Erteilt Infos über die Gegend.

❶ An- & Weiterreise

Minibus-Taxis fahren vom Bus- und Taxistand (vom KFC nahe der Kreuzung Osborne und Main St den Hügel hinab, über die Brücke und dann rechts) nach Empangeni (45 R, 1 Std.). Dort sind am ehesten Taxis zu finden, die weiter ins Zululand und nach Durban (80 R, 1½ Std.) fahren.

Ulundi & Umgebung

☏035 / 15200 EW.

Ulundi war einst das Zentrum des mächtigen Zulu-Reichs und bis 2004 mit Pietermaritzburg (das dann alleinige Provinzhauptstadt wurde) die Hauptstadt von KwaZulu-Natal. Heute ist es nur eine unansehnliche, funktionale Stadt, die eher einer Behelfssiedlung gleicht als einem bedeutsamen Zulu-Zentrum. Anstelle der alten traditionellen Hütten gibt es hier heute bunt gestrichene kastenartige Häuser, und auch das kleine Orts- und Einkaufszentrum wirkt eher improvisiert. Trotzdem gibt es auch hier für Zulu-Fans historische Stätten in der unmittelbaren Umgebung, darunter das interessante Ondini. Von Ulundi führt eine Alternativstrecke zum Hluhluwe-iMfolozi Park.

⊙ Sehenswertes

STADTZENTRUM

Gegenüber dem großen Gebäude des einstigen Provinzparlaments befand sich früher der kwaNodwengu, König Mpandes *iKhanda* (Palast). Mpande besiegte nach der Katastrophe am Blood River (s. S. 308) den damaligen Herrscher Dingaan. Mithilfe der Buren übernahm er die Macht, aber unter seiner Herrschaft begann der Niedergang des Zululands. In Ulundi befindet sich die Grabstätte des Königs, aber ansonsten ist hier wenig zu sehen.

NKWALINI VALLEY & SHAKALAND

Shakas Kraal (befestigtes Dorf) KwaBulawayo thronte einst über diesem wunderschönen Tal. Heute sind im **Nkwalini Valley** statt Zulu-Kriegern Zitrusfruchtplantagen und Zuckerrohrfelder zu finden. Von Eshowe geht es 6 km auf der R66 Richtung Norden, dann rechts auf die R230 (die Schotterstraße führt zur R34).

Gegenüber vom Straßenschild von KwaBulawayo liegt Coward's Bush, wo die Krieger, die von der Schlacht ohne ihre Speere oder am Rücken verwundet zurückkehrten, hingerichtet wurden. Heute weist aber nur ein Schild auf dieses Geschehen hin.

Weiter westlich, ein paar Kilometer vor der Kreuzung der R230 mit der R66, wurde in den 1930er-Jahren gegen den Willen der Zulu das Mandawe Cross errichtet. Von dem Hügel bietet sich ein atemberaubender Blick auf die Gegend.

Als Kulisse für die Fernsehserie *Shaka Zulu* errichtet, bietet **Shakaland** (☎035-460 0912; www.shakaland.com; Nandi Experience 275 R; ☻Vorführung 11 & 12 Uhr) – es erinnert an Disneyland – eine touristische Mischung aus einer Aufführung mit künstlich grinsenden Darstellern einerseits und informativer Authentizität andererseits. Die Nandi Experience (Nandi war Shakas Mutter) besteht aus einer Darstellung der Sitten und Gebräuche der Zulu (inkl. Mittagessen). Die Zulu-Tanzaufführung soll die beste des Landes sein. Im Rahmen des Shaka-Programms kann man hier auch in luxuriösen Rundhütten des **Viersternehotels** (Kulturprogramm Shaka Experience & EZ/DZ inkl. VP 1125/1688 R) übernachten.

Shakaland liegt auf der Norman Hurst Farm in Nkwalini, 3 km abseits der R66 und 14 km nördlich von Eshowe.

ONDINI

Ondini (Hoher Platz; ☎035-870 2050; Erw./Kind 20/10 R; ☻Mo–Fr 8–16, Sa & So 9–16 Uhr) wurde 1873 als Cetshwayos Hauptstadt gegründet und nach der Schlacht von Ulundi (Juli 1879), dem letzten Gefecht im Zulu-Krieg, von britischen Truppen dem Erdboden gleichgemacht.

Die Briten brauchten fast sechs Monate, um die Zulu-Armee zu besiegen. Die Schlacht von Ulundi verlief nicht anders als die meisten anderen Schlachten, bei denen zehn- bis 15-mal mehr Zulu als Briten umkamen. Der Grund für den britischen Sieg lag teilweise darin, dass sie von den Buren die *laager*-Taktik (Wagenburgtaktik) übernommen hatten, bei der die Truppen ein hohles Quadrat bilden, um die Kavallerie zu schützen. Diese griff erst an, wenn die Zulu-Armee erschöpft war vom Versuch, den Wall zu durchbrechen.

Der königliche Kraal von Ondini wurde wiederaufgebaut, und man sieht die bei archäologischen Ausgrabungen freigelegten Fußböden der einstigen Gebäude. Die Böden aus Lehm und Kuhmist wurden durch die Hitze des Feuers, das die Hütten selbst zerstörte, verfestigt und konserviert. Das weitläufige Gebiet ist von einer Palisade aus knorrigen Ästen umgeben.

Das **KwaZulu Cultural-Historical Museum** (Eintritt im Ondini-Preis enthalten; ☻Mo–Fr 8–16, Sa & So 9–16 Uhr) im Ondini-Komplex hat eine ausgezeichnete Ausstellung zur Geschichte und Kultur der Zulu und zeigt eine der besten Sammlungen von Perlenarbeiten des Landes. Es gibt auch eine gute Bücherauswahl.

Auf der Fahrt von Ulundi nach Ondini kommt man am **Ulundi Battlefield Memorial** vorbei. Das steinerne Bauwerk erinnert an die Schlacht von Ulundi und an die schlussendliche Niederschlagung der Zulu.

Um nach Ondini zu gelangen, nimmt man vom Highway gleich südlich vom Zentrum Ulundis die Ausfahrt „Cultural Museum" und folgt der Straße etwa 5 km. Manchmal fahren Minibus-Taxis an Ondini vorbei. Fährt man die Straße weiter, gelangt man zum Hluhluwe-iMfolozi Park (30 km sind asphaltiert).

EMAKHOSINI OPHATHE HERITAGE PARK

Ulundi liegt im „Tal der Könige", das offiziell als Emakhosini Ophathe Heritage Park vermarktet wird. Das Gebiet ist für die Zulu von großer Bedeutung. Hier wurden die großen *makhosi* (Häuptlinge) Nkhosinkulu, Senzangakhona (der Vater von Shaka, Dingaan und Mpande) und Dinizulu bestattet. Die Beschilderung ist manchmal verwirrend (manches ist ausgewiesen, aber nicht recht zu finden).

Einige dieser Stätten sind öffentlich zugänglich. Südwestlich von Ulundi liegt an der R34 (die Straße von Vryheid nach Melmoth) die Militärsiedlung **Mgungundlovu** (Ungungundhlovu), die von 1829 bis 1838 Dingaans Hauptstadt war. Hier wurden 1838 Pieter Retief und die anderen Voortrekker von ihrem Gastgeber getötet. Das Ereignis löste den Krieg zwischen Buren und Zulu aus. Schilder weisen zum Piet-Retief-Denkmal an dieser Stelle. In der Nähe wurde bei Ausgrabungen 1990 der Standort von Dingaans *indlu* (seiner großen Hütte) freigelegt. Das neue **Multimedia-Infocenter** (035-450 0916; www.heritagekzn.co.za; Erw./Kind 20/10 R; Mo–Fr 8–16, Sa & So 9–16 Uhr) bietet Hightechausstellungen und viele Informationen.

Von Ulundi fährt man auf der R66 nach Südwesten zur R34, biegt rechts ab und fährt auf der R34 mehrere Kilometer weiter. Mgungundlovu ist an der R34 Richtung Westen ausgeschildert; von dort sind es noch 5 km bis zur Stätte.

Zurück auf der R34 sieht man 2 km nördlich von **Mgungundlovu** Hinweisschilder auf das Denkmal **Spirit of eMakhosini** (Mo–Fr 8–16, Sa & So 9–16 Uhr) im Westen auf einem Hügel. Es zeigt einen riesigen Zulu-Bierkessel aus Bronze, umgeben von 18 Bronzereliefs mit Szenen aus dem Leben der Zulu und sieben großen Hörnern als Symbole für die sieben in dem Tal beigesetzten Könige. Fremdenführer erklären Besuchern gern die Bedeutung dieser besonderen Stätte.

Schlafen

Es spricht wenig dafür, hier länger zu verweilen. Wer dennoch hängengeblieben ist, kann folgende Unterkünfte versuchen.

Southern Sun Garden Court BUSINESSHOTEL $$
(035-870 1012; www.southernsun.com; Princess Magogo St, Ulundi; Zi. inkl. Frühstück 1400 R;) Bietet wie erwartet den verlässlichen Komfort eines Kettenhotels.

uMuzi Bushcamp RUNDHÜTTE $$
(035-870 2500, 082 825 6896; www.umuzibushcamp.co.za; EZ/DZ 580/840 R, EZ/DZ inkl. HP 575/830 R) Diese traditionellen Bienenkorbhütten stehen im Ondini-Komplex in hübscher Umgebung, in der Nähe von Marula-Bäumen. Im Zimmerpreis ist der Eintritt ins Museum inbegriffen.

An- & Weiterreise

Der Minibus-Taxi-Stand befindet sich gegenüber vom Southern Sun Garden Court. Es gibt Verbindungen u. a. nach Vryheid (70 R, 1½ Std.) und Eshowe (65 R, 1½ Std.).

FESTE DER ZULU

Das ganze Jahr über gibt es einige große Feste, bei denen die bunte Kultur der Zulu zelebriert wird. Zu den friedlich-fröhlichen Festen gehören farbenfrohe Vorstellungen traditioneller Gesänge und Tänze. Eine Vorschau gibt es unter www.kzn.org.za. Zululand Eco-Adventures mit Sitz im **George Hotel & Zululand Backpackers** (035-474 4919; www.eshowe.com) in Eshowe bietet eine große Auswahl authentischer Zulu-Abenteueraktivitäten, z. B. Hochzeiten und Initiationsrituale, aber auch Besuche bei Hexendoktoren.

King Shaka Day Celebration Im September (wechselndes Datum) strömen Tausende Zulu nach KwaDukuza (Stanger), um den König-Shaka-Tag zu feiern. Das Fest, an dem auch der derzeitige Zulu-König teilnimmt, zollt dem Zulu-Helden Tribut.

Schilftanz Jedes Jahr versammeln sich Tausende barbusiger Zulu-„Jungfrauen" vor ihrem König, um die uralte Tradition des Schilftanzes fortzusetzen. In der Vergangenheit wählte sich der König aus den vielen jungen Mädchen eine neue Braut aus. Der Tanz findet vor dem König-Shaka-Tag in der Zeit um das zweite Septemberwochenende im Palast von König Enyokeni (zw. Nongoma & Ulundi) statt.

Shembe-Festival Im Oktober versammeln sich mehr als 30 000 Zulu in Judea, 15 km östlich von Eshowe, zum Shembe-Fest. Das aufschlussreiche Fest zelebriert die die Church of the Holy Nazareth Baptists – eine inoffizielle Religion, die Zulu-Traditionen mit dem Christentum vermengt. Den Vorsitz über die Festivitäten hat der Kirchenführer, Prophet Mbusi Vimbeni Shembe. Bei dem Fest wird viel gesungen und getanzt, wobei auch die „Trompeten von Jericho" zu hören sind.

Ithala Game Reserve

Das **Ithala Game Reserve** (☏033-845 1000, 034-983 2540; www.kznwildlife.com; Erw./Kind/ Auto 40/20/30 R; ☉Nov.–Feb. 5–19 Uhr, März–Okt. 6–18 Uhr) des Ezemvelo KZN Wildlife wird enorm unterschätzt. Es bietet all die Vorzüge eines privaten Wildtierreservats, aber zu viel günstigeren Preisen. Auch treiben sich hier nicht solche Massen herum wie im Hluhluwe-iMfolozi Park, weil es etwas abseits der Hauptstraßen liegt. Aber es hat seinen ganz eigenen Reiz.

Den Großteil der 30 000 ha machen sechs tiefe Flusstäler (Nebenflüsse des Phongolo) mit offenem Grasland auf den Höhen, schroffen Felsnasen und Buschland aus. Hier sind einige der weltweit ältesten Felsformationen zu finden, außerdem steinzeitliche Speerspitzen und Axtschneiden.

Breit- und Spitzmaulnashörner, Elefanten, Leierantilopen, Büffel, Giraffen (das Symbol des Parks, da sie ursprünglich von hier stammen sollen) und seltene Vogelarten bewohnen den Park.

Besuchern werden geführte Wanderungen (170 R/Pers.) und Safaris – auch Nachtfahrten (190 R/Pers.) – angeboten.

🛌 Schlafen

Ntshondwe   HÜTTE $$
(☏033-845 1000; www.kznwildlife.com; 2B-Chalets f. Selbstversorger 735 R/Pers., 2B-Unterkunft inkl. Service 675 R/Pers.; ☸) Die größte Anlage im Park befindet sich am Fuß des Ngotshe Mountain und bietet einen tollen Blick auf das Naturschutzgebiet darunter. Dort finden sich Warzenschweine, die Rote Bauhinie (Pride of De Kaap) und Rotschnabelmadenhacker. Zur Ausstattung gehören ein Restaurant, ein Laden und ein Swimmingpool. Auf Anfrage kann man die Wohneinheiten auch mit Vollpension buchen.

Doornkraal   CAMPING $
(☏033-845 1000; www.kznwildlife.com; Stellplatz 120 R/Pers.) Dies ist eines von mehreren fabelhaften Buschcamps; die anderen sind teurer. Ein echtes Campingerlebnis, denn hier gibt's nur Kaltwasserduschen!

ℹ An- & Weiterreise

Ithala ist erreichbar von Louwsburg, das rund 55 km nordöstlich von Vryheid an der R69 liegt, und auch vom ungefähr gleich weit entfernten Phongolo über die R66 und die R69 Richtung Südwesten. Louwsburg ist viel kleiner, als viele Karten vermuten lassen.

ELEPHANT COAST

An der Spitze der weltweit großartigsten Reiseziele des Ökotourismus und unter den Ersten auf der Liste der wichtigsten Sehenswürdigkeiten Südafrikas steht die Elephant Coast (das frühere „Maputaland") – ein phänomenaler Landstrich voller Naturschönheit und mit einer sagenhaften Artenvielfalt. Die Region wird im Süden gleich unterhalb von St. Lucia Estuary vom iMfolozi River und im Nordwesten von den Lebombo-Bergen begrenzt.

Der lange Küstenstreifen umfasst einige der wahren Highlights des Landes, darunter den wunderbar vielfältigen und unheimlich fotogenen iSimangaliso Wetland Park, der sich vom Lake St. Lucia im Süden bis zur Kosi Bay im Norden erstreckt. Die absolut unberührte Region ermöglicht fernab der verstreuten Ferienorte einen Blick auf das ursprüngliche Afrika. Etwas weiter landeinwärts liegt der unglaubliche Hluhluwe-iMfolozi Park – so etwas wie KwaZulu-Natals Antwort auf den Kruger National Park. Tatsächlich kann er sich in seiner Schönheit mit seinem Rivalen im Norden messen, und viele bevorzugen ihn sogar, weil er leichter zugänglich ist (er misst nicht mal ein Zwanzigstel des Kruger National Parks).

Je weiter nach Norden es geht, desto heißer wird das Klima, und dank des warmen Indischen Ozeans sind die Sommer dunstig und tropisch. Die feuchte Küstenluft verursacht häufig dichten Nebel auf den Hügeln landeinwärts, was die Sichtweite auf einige Meter einschränkt. Autofahrer sollten auf Fußgänger und Tiere achten, die plötzlich hinter einer Kurve auftauchen könnten.

Die Region ist durch ein gutes Straßennetz erschlossen. Minibus-Taxis und lokale Busgesellschaften decken die ganze Küste ab. Wer selbst fährt, dem steht die ganze Region offen. Zwar genügt für viele Ziele ein Pkw, aber für die atemberaubende Sandstraße entlang der Küste von der Kosi Bay zur Sodwana Bay braucht man einen Geländewagen.

Hluhluwe & Umgebung

☏035 / 3200 EW.

Hluhluwe (in etwa „schlu-*schlu*-ui" ausgesprochen) befindet sich nordöstlich vom Hluhluwe-iMfolozi Park. Zum Ort selbst gibt's nicht viel zu sagen. Er liegt an einer

KWAZULU-NATAL HLUHLUWE & UMGEBUNG

breiten Hauptstraße, die in die N2 mündet, ist aber der wichtigste Ausgangspunkt für Besuche in dem wunderschönen Park.

Etwa 20 km südlich von Hluhluwe wird an der N2 auf dem **Zamimpilo-Markt** eine Auswahl hochwertigen lokalen Kunsthandwerks einer Frauenkooperative verkauft.

◉ Sehenswertes & Aktivitäten

Ilala Weavers   MUSEUM, KUNSTHANDWERK
(www.ilala.co.za; ⊙Mo–Fr 8–17, Sa & So 9–16 Uhr) Bietet eine breite Palette Zulu-Kunsthandwerk an. Daneben gibt's ein Museum und ein etwas gekünstelt wirkendes einheimisches „Dorf", in dem verschiedene Kunsthandwerker vor Augen der Öffentlichkeit ihre Waren herstellen.

Endomeni Rehabilitation Project   WILDTIERRESERVAT
(☎035-562 7000; www.emdonenilodge.com/rehabilitation-centre.htm; Erw./Kind 150/80 R; ⊙Führungen Winter 10.30 Uhr, Sommer 10.30 & 16.30 Uhr) Hier kann man mit diversen südafrikanischen Katzen auf Schnurrhaarfühlung gehen. Das Zentrum kümmert sich um bedrohte afrikanische Katzenarten wie Karakals, Servale, Geparden und afrikanische Wildkatzen. Besucher können an lehrreichen Führungen teilnehmen, Kontakt zu den Tieren aufnehmen und bei der Fütterung zuschauen (nur nachmittags). Auf dem Gelände gibt's auch hübsche Unterkünfte (921 R inkl. HP & Katzenprogramm).

🛏 Schlafen

Hluhluwe River Lodge   LODGE $$$
LP TIPP (☎035-562 0246; www.hluhluwe.co.za; DZ inkl. HP 4100 R) Die grandiose Lodge liegt etwa 11 km von Hluhluwe entfernt an der D540 (abseits der R22 und nahe der False Bay) und ist ein luxuriöser Standort zur Erkundung des Parks (die Lodge bietet auch Touren an). Die Chalets inmitten des eigenen Stücks Buschland sind stilvoll, luftig und geräumig. Der Gemeinschaftsbereich besteht aus einem wunderschönen Wohnraum mit Terrasse, und der Koch tischt erstklassiges Essen auf. Durch den Urwald führt ein herrlicher „Ducker-Weg", und viele weitere Aktivitäten werden angeboten.

Bushwillow   PENSION $$$
(☎035-562 0473; www.bushwillow.com; Kuleni Game Park; DZ inkl. Frühstück/HP 1570/2000 R) Das herrliche romantische, entspannende Refugium liegt mitten in dem privaten Kuleni Game Park und ist von einem tollen Wald mit Schirmakazien und natürlich Buschweiden umgeben. Zwei Wohneinheiten sind durch einen Gemeinschaftsbereich mit einer Küche, die man benutzen kann, verbunden. Vom Tauchbecken aus kann man die Vögel beobachten oder sich in der Badewanne mit Blick ins Grüne sonnen. In der Umgebung tummeln sich Tiere: Zebras, Giraffen und Ducker (Antilopen), und für Wanderer gibt es gute Wege. Die Anlage liegt 20 km vom Ort Hluhluwe entfernt an der Straße zur Sodwana Bay; auf das Schild „Kuleni" achten!

Zululand Tree Lodge   LODGE $$$
(☎035-562 1020; EZ/DZ 2980/3440 R; ❄ ☀) Die 7 km außerhalb von Hluhluwe zwischen den Fieberakazien des Ubizane-Reservats gelegene romantische Lodge vermietet reetgedeckte Baumhäuser. Es gibt ausgezeichnete Sonderangebote mit Halbpension und Safariausflügen. Die Preise sind je nach Pauschalangebot flexibel.

Isinkwe Backpackers Lodge   HOSTEL $$
(☎035-562 2258; www.isinkwe.co.za; Bushlands; Stellplatz 100 R/Pers., B/DZ ohne Bad 155/210 R, EZ/DZ/3BZ 430/570/690 R; @ ☀) In dem Hostel mitten im jungfräulichen Busch, 14 km südlich von Hluhluwe, steht Gästen eine Reihe von Unterkünften zur Verfügung: von verwohnten Hütten bis zu Zimmern mit Bad, jede Menge buschorientierte (und andere) Aktivitäten und eine Poolbar, an der man sich über Abenteuer austauschen kann. Die Eigentümer unternehmen Safaris in den Hluhluwe-iMfolozi Park und bieten Pauschalangebote mit Unterkunft, Halbpension und Aktivitäten (s. Website) an. Wegbeschreibung telefonisch erfragen!

Hluhluwe-iMfolozi Park

☎035

Der **Hluhluwe-iMfolozi Park** (☎035-550 8476; www.kznwildlife.com; Erw./Kind 110/55 R; ⊙Nov.–Feb. 5–19 Uhr, März–Okt. 6–18 Uhr) ist einer der bekanntesten und eindrucksvollsten Nationalparks Südafrikas und kann sich in Schönheit und landschaftlicher Vielfalt mit dem Kruger National Park messen. Manche finden ihn sogar noch besser als den Kruger National Park, weil er besser zugänglich ist (er ist mit 96 000 ha gerade mal ein Zwanzigstel so groß wie der Kruger National Park). Im Hluhluwe-iMfolozi Park leben viele verschiedene Tiere, darunter Löwen, Elefanten, Spitz- und Breitmaulnashörner, Leoparden, Giraffen, Büffel und Afrikanische Wildhunde.

Den Nationalpark kann man zu jeder Zeit besuchen – hier ist immer irgendetwas los und immer viel zu sehen. Im Sommer (Regenzeit) ist es wundervoll üppig-grün, und auch die Tierwelt gedeiht prächtig. Auch im Winter (Trockenzeit) lohnt sich ein Besuch, besonders in den offenen Savannen, wenn sich die Tiere oft an Wasserstellen versammeln (hier fließen der White und der Black iMfolozi). Jeder Monat hat seinen eigenen Reiz: Von November bis Januar werden bei den Impalas, Zebras, Gnus, Giraffen und bei vielen Zugvögeln die Jungen geboren, im Februar ziehen die Elefanten zu den Marula-Bäumen, und von Oktober bis März blühen die Gräser und Blumen wunderschön.

Das **Centenary Centre** (⊗8–16 Uhr) im östlichen Abschnitt des iMfolozi Park ist eine Pflegestation mit angeschlossenem Museum, Informationszentrum und exzellentem Kunsthandwerksmarkt. Es gibt hier ein Nashornrevier und ein Antilopengehege. Das Zentrum wurde angelegt, um Besuchern die Möglichkeit zur Beobachtung von Wildtieren zu geben, ehe sie in ihr neues Zuhause umgesiedelt werden. Wer die Tiere sehen will, braucht einfach nur im Kiosk des Centenary Centre anfragen; für einen Rundgang braucht man einen Führer (ca. 35 R/Pers.).

Wildtiersafaris sind hier sehr beliebt. Für seine Gäste bietet das **Hilltop Camp** (☎035-562 0848) solche Fahrten morgens und abends an, das Mpila Camp nur abends (270 R/Pers.).

Eine der größten Attraktionen des iMfolozi Park ist das außerordentlich gut ausgebaute Netz von Wanderwegen (Achtung: nur saisonal zugänglich!) in einem gesonderten 24 000 ha großen Gebiet. Der **Base Trail** (3 Nächte & 4 Tage 3592 R) geht, wie der Name schon sagt, an einem Basiscamp los. Diese Wanderungen sind einmalige Erlebnisse. Die Teilnehmer tragen auf den Tagesausflügen nur ihr Tagesgepäck.

Auf dem **Short Wilderness Trail** (2 Nächte & 3 Tage 2180 R) wird in Außencamps ohne sanitäre Anlagen (Eimerduschen), aber mit voller Verpflegung übernachtet. Ähnlich angelegt ist der **Extended Wilderness Trail** (3 Nächte & 4 Tage 3200 R), bei dem die Gäste aber ihr Gepäck selbst 7 km weit bis ins Camp schleppen müssen. Auf dem **Primitive Trail** (3 Nächte & 4 Tage 2220 R, 4 Nächte

---

> ## ⓘ STRASSENSCHILDER IN HLUHLUWE
>
> Die Ausschilderung in Hluhluwe und Umgebung ist verwirrend. Ein kleiner Tipp: Der Ort Hluhluwe liegt östlich der N2, der Hluhluwe-iMfolozi Park hingegen 12 km westlich der N2 (14 km westlich vom Ort Hluhluwe entfernt).

& 5 Tage 2685 R) trägt man seine Ausrüstung selbst, hilft bei der Zubereitung des Essens (dieses wird gestellt) und schläft in freier Natur unter den Sternen. Manche halten diesen Trip für den interessantesten, weil die Teilnehmer mehr einbezogen werden (z. B. müssen sie nachts je eineinhalb Stunden Wache schieben).

Der **Bushveld Trail** (2 Nächte & 3 Tage 2050 R) ist eine nicht ganz so harte Tour. Das Basiscamp verfügt über alle möglichen Annehmlichkeiten (sogar einen Kühlschrank gibt es), und die Teilnehmer können nach den Wanderungen Mittagsruhe halten.

🛏 Schlafen & Essen

Unterkünfte müssen vorab über **Ezemvelo KZN Wildlife** (☎033-845 1000; www.kznwildlife.com) in Pietermaritzburg gebucht werden. Last-minute-Buchungen (bis zu 48 Std. im Voraus) macht man direkt bei den Camps. Achtung: Die Preise aller Unterkünfte gelten zwar pro Person, aber ein Mindestpreis ist gefordert. Bei Selbstversorgerunterkünften Essen selbst mitbringen!

Hilltop Camp
HÜTTE **$$**

(☎035-562 0848; Rasthütte/Chalet 276/550 R pro Pers., 2BZ-Unterkunft inkl. VP 466 R/Pers.) Das Vorzeige-Resort auf der Hluhluwe-Seite bietet einen atemberaubenden Blick, ein Restaurant und eine hochwillkommene Bar (es wird hier sehr heiß!). Der Nachteil ist, dass hier viele Reisebustouristen absteigen und dass das Camp meist ziemlich ausgebucht ist.

Wer Ruhe und Frieden sucht, sollte eine der privaten, ruhigen Unterkünfte wählen. Sie heißen zwar als „Bush Lodges", sind aber himmlisch: voll ausgestattet und recht nobel. Einige haben sogar einen privaten Koch (Lebensmittel selbst besorgen!).

📍 Mpila Camp
SAFARIZELT, HÜTTE **$$**

(2B-Safaricamp 750 R, DZ Chalet 750 R) Die Hauptunterkunft auf der iMfolozi-Seite ist dieses spektakuläre, friedvolle Camp

Hluhluwe-iMfolozi Park

Hluhluwe-iMfolozi Park

Schlafen
1. Gqoyeni Bush Camp A2
2. Hilltop Camp C1
3. Hlatikulu B2
4. Isinkwe Backpacker's Lodge D1
5. Masinda Lodge B2
6. Mpila Camp B2
   Mtwazi Lodge .... (siehe 2)
7. Muntulu Bush Lodge C1
8. Munywaneni Bush Lodge B1

oben auf einem Hügel im Zentrum des Schutzgebiets. Die Safarizelte versprechen den meisten Spaß, aber es gibt auch in sich abgeschlossene Hütten (hier „Chalets" genannt). Achtung: Die Anlage ist zwar durch einen elektrischen Zaun geschützt, trotzdem kommen manchmal Wildtiere (Löwen, Hyänen, Wildhunde) hinein.

Neben dem Hilltop Camp und dem Mpila Camp gibt es noch eine Reihe fabelhafter Lodges (manche sogar mit eigenem Koch, aber die Lebensmittel besorgt man selbst) für bis zu acht Personen. Die Lodges unterliegen aber einem Mindestpreis. Unter www.kznwildlife.com sind alle Optionen aufgeführt; wir empfehlen aber das Gooyeni Bush Camp, Hlatikulu, die Isinkwe Backpacker's Lodge, die Masinda Lodge, die Mtwazi Lodge, die Muntulu Bush Lodge und die Munywaneni Bush Lodge.

❶ An- & Weiterreise

Es gibt drei Eingänge zum Nationalpark. Der Haupteingang ist das Memorial Gate, rund 15 km westlich der N2 und etwa 50 km nördlich von Mtubatuba. Den zweiten Eingang, das Nyalazi Gate, erreicht man, wenn man gleich hinter Mtubatuba auf dem Weg Richtung Nongoma von der N2 nach links in die R618 einbiegt. Zum dritten Eingang, dem Cengeni Gate auf der Westseite des Parks, gelangt man über die Straße von Ulundi (30 km asphaltiert).

Benzin gibt es im Mpila Camp in Park und am Hilltop Camp in Hluhluwe, wo man auch Diesel bekommt.

iSimangaliso Wetland Park

035

Der tolle iSimangaliso Wetland Park, eine Welterbestätte der Unesco, erstreckt sich über 220 km von der mosambikanischen Grenze bis nach Maphelane am Südende des Lake St. Lucia. Mit dem Indischen Ozean auf der einen Seite und einer Reihe von Seen auf der anderen (darunter auch der Lake St. Lucia) dient der 328 000 ha große Nationalpark dem Schutz von fünf unterschiedlichen Ökosystemen: Korallenbänke und Strände, Seen, Feuchtbiotope, Waldgebiete und Küstenwälder. Unechte Karettschildkröten und Lederschildkröten legen an den Stränden ihre Eier ab; Wale und Delfine tummeln sich vor der Küste, und im Park selbst leben zahlreiche Tiere wie Antilopen, Flusspferde und Zebras. In der Ferienzeit strömen die Menschen scharenweise an die Strände des Ozeans, wo sie allen möglichen Aktivitäten am Strand und im Wasser (von Angeln bis Tauchen) nachgehen.

Der Lake St. Lucia im Nationalpark ist Afrikas größter Meeresarm. Sein früher konstanter Wasserspiegel ist derzeit auf dem niedrigsten Stand seit etwa 55 Jahren. Ursache ist die frühere desolate Umweltpolitik, die nun auf dem Prüfstand steht. Der Mündungstrichter ist zurzeit versandet. Eine langfristige Lösung im Umgang mit dem See wird kontrovers diskutiert, denn sowohl Tier- als auch Pflanzenarten sind von den sich wandelnden Umwelteinflüssen betroffen. Momentan denkt man darüber nach, den Fluss iMfolozi wieder auf natürlichem Wege mit dem Lake St. Lucia zu verbinden.

Der iSimangaliso Wetland Park (ehemals Greater St. Lucia Wetland Park) hat 2007 sein Image als Ökoreiseziel erneuert und einen neuen Namen bekommen: iSimangaliso bedeutet „Wunder" – eine passende Bezeichnung für diese außerordentliche Naturschönheit.

Es gibt hier eine Reihe wundervoller Unterkünfte – von Campingplätzen bis zu privaten Lodges und exzellenten Unterkünften des Ezemvelo KZN Wildlife. Soweit nicht anders angegeben, müssen Letztere 48 Stunden im Voraus bei **Ezemvelo KZN Wildlife** (033-845 1000) gebucht werden. Sind es keine 48 Stunden mehr, kann man sein Glück direkt bei den Lodges und Campingplätzen versuchen.

ST. LUCIA

Der hübsche Ort St. Lucia liegt zwar offiziell nicht im iSimangaliso Wetland Park, ist aber ein guter Standort, um die südlichen Parkabschnitte zu erkunden. In der Hauptsaison ist hier viel los, weil die Bevölkerung von 600 auf mehrere Tausend anschwillt. An der Hauptstraße, der McKenzie St (einst ein Trampelpfad für Flusspferde), drängen sich Restaurants, quirlige Hostels und Bars. Die Straßen dahinter bieten etwas mehr Ruhe und eine gute Auswahl von B&Bs. Auf den ruhigeren Straßen trotten manchmal noch Flusspferde entlang. (Vorsicht: Sie sind nicht niedlich, sondern gefährlich!)

Etwa 1 km nördlich von St. Lucia befindet sich an der Straße nach Cape Vidal das **St. Lucia Crocodile Centre** (035-590 1386; croc-centre@kznwildlife.com; Erw./Kind Mo-Fr 35/20 R, Sa & So 45/30 R; Mo-Fr 8.30-16.30, Sa bis 17, So 9-16 Uhr), in dem diverse Krokodile in einem nicht gerade natürlichen Lebensraum zu sehen sind.

Aktivitäten

Im Rahmen der Maßnahmen zur Sicherung eines umweltbewussten Tourismus müssen alle Ökotourveranstalter im iSimangali-

 GESPERRT

Zur Zeit unserer Recherchen waren Charters Creek und Fani's Island (Western Shores genannt) wegen anhaltender Dürre für Besucher gesperrt. Erst ab 2013 sollen sie wieder zugänglich sein. Aktuelle Infos gibt's bei der iSimangaliso Wetland Park Authority (www.isimangaliso.com).

so Wetland Park alle paar Jahre bei den Behörden offiziell eine neue Konzession beantragen. Unter www.iSimangaliso.com findet sich ein Verzeichnis mit allen derzeit lizenzierten Unternehmen und Organisationen (die unten aufgeführten Veranstalter könnten sich bis zur Veröffentlichung dieses Führers geändert haben).

Im Folgenden eine Auswahl von Veranstaltern mit Sitz rund um den iSimangaliso Wetland Park.

Bootfahrten & Walbeobachtung

Was immer man auch vorhat, man sollte auf jeden Fall etwas Geld beiseite legen, um eine Tour zu den Walen zu unternehmen. In der Saison ist die Wahrscheinlichkeit groß, hier Wale, Delfine und andere Meerestiere zu sehen. Die Trips kosten etwa 170 R pro Person. **Advantage Tours** (035-590 1250; www.advantagetours.co.za) und **Ocean Experience** (035-590 1555; www.stlucia.co.za) veranstalten zwischen Juni und September je nach Wetterlage täglich Touren. Man kann auch eine Bootsfahrt den Fluss hinauf unternehmen, um Flusspferde und Krokodile aufzuspüren. An der Sodwana Bay bietet die **Sodwana Bay Lodge** (035-571 6000; www.sodwanabaylodge.com) Walbeobachtungen an.

Kajaksafaris

St. Lucia Kayak Safaris (035-590 1047; www.kayaksafaris.co.za; 290 R/Pers.) bieten eine originelle Art zur Erkundung des Feuchtgebiets mit großem Spaßfaktor. Bei dem Veranstalter kann man auch Schnorcheltrips am Cape Vidal und Wildsafaris im Hluhluwe-iMfolozi Park buchen.

Reiten

Hluhluwe Horse Safaris (035-562 0246; www.hluhluwehorsesafaris.co.za; Ausritt 2 Std. 450 R/Pers.) Hoch zu Ross kann man wunderbar die Wildnis erforschen. Dieser Veranstalter mit Sitz in der Hluhluwe River Lodge (S. 272) bietet Ausritte in der Region

False Bay an. Unterwegs kann man verschiedene Arten von Antilopen und andere Tiere sichten. Eine andere Option ist ein Ausritt im Falaza Game Reserve, wo man Nashörner, Büffel und Giraffen zu Gesicht bekommt (Ausritt 2 Std. 450 R/Pers.).

Schildkröten beobachten

Euro Zulu Safaris (☎035-590 1635; www.eurozulu.com; inkl. Abendessen & Getränken 900 R/Pers.) und **Thompson's Africa** (☎035-590 1584; www.thompsonsafrica.com; 795 R/Pers.) organisieren faszinierende Nachttouren, auf denen man am Cape Vidal Schildkröten beobachten kann. Die Leute von der Sodwana Bay Lodge (S. 279) veranstalten Trips an der Sodwana Bay, die von der Kosi Bay Lodge (S. 280) Touren an der Kosi Bay.

Vogelbeobachtung

Für Hobbyornithologen ist die Gegend um St. Lucia ein Paradies. Empfehlenswerte Führer sind u.a. Themba von **Themba's Birding & Eco Tours** (☎071 413 3243; www.zulubirding.com; St. Lucia; ab 200 R/Pers., min. 2 Pers.) und **Jabulani** (☎079-868 1111; info@mseni.co.za; Sodwana Bay; Vogelbeobachtung ab 150 R/Pers., Naturwanderung ab 100 R/Pers.). Weitere Führer findet man auf der Website der **Zululand Birding Route** (www.zbr.co.za).

Wildtiere beobachten

Es gibt eine Reihe von Veranstaltern, die ausgezeichnete Tages- und Nachttrips an der Eastern und der Western Shore anbieten. Ein Verzeichnis der Anbieter findet sich unter www.iSimangaliso.com. Sehr zu empfehlen ist **Shakabarker Tours** (☎035-590 1162; 43 Hornbill St) mit Sitz in St. Lucia, die eine Reihe faszinierender Tierbeobachtungstouren organisieren (und zur Zeit

unserer Recherchen gerade Bootsfahrten auf dem Meeresarm in ihr Programm aufgenommen haben).

🛌 Schlafen

Es mangelt nicht an Unterkünften, aber im Sommer lohnt es sich, vorab zu reservieren.

Hornbill House B&B $$

(☎035-590 1162; 43 Hornbill St; EZ/DZ inkl. Frühstück 475/750 R; ✴@✳) Ein nettes Haus mit heimeligem Komfort, freundlichen Hunden und einem kleinen Pool zum Planschen. Obendrein betätigt sich der sachkundige Besitzer Kian als Tourveranstalter und bietet viele Ökotrips und Aktivitäten an.

Sunset Lodge HÜTTE $$

(☎035-590 1197; www.sunsetstlucia.co.za; 154 McKenzie St; DZ 650–1250 R; P✴✳) Die Lodge besteht aus sieben gepflegten Selbstversorgerblockhütten aus dunklem Holz und mit Safariambiente. Man hat einen hübschen Blick auf den Meeresarm und kann die Flusspferde, Mangusten und Affen, die sich auf dem Rasen tummeln, beobachten. Außerhalb der Hauptsaison sind die Preise deutlich niedriger.

Serene Estate Guesthouse PENSION $$$

(☎035-590 1016; www.serene-estate.co.za; 119 Hornbill St; EZ 875–975 R, DZ 1450–1550 R; ✴✳✳) Das Haus ist Welten entfernt von St. Lucia. Minimalistisch-holländischer Charme trifft auf üppig-afrikanischen Wald und kreiert in den sechs Zimmern und dem Rest der Anlage ein stilvolles Ambiente. Fantastisches Frühstück, serviert mit einer täglichen Überraschung von Olga!

Umlilo Lodge LODGE $$

(☎035-590 1717; www.umlilolodge.co.za; 9 Dolphin Ave; DZ 1100 R; ✳✳) Die zentral gelegene

---

MEERESSCHILDKRÖTEN

Fünf Schildkrötenarten leben an der südafrikanischen Küste, aber nur zwei von ihnen legen ihre Eier an den hiesigen Stränden ab: die Lederschildkröte (*Dermochelys coriacea*) und die Unechte Karettschildkröte (*Caretta caretta*). Das Legegebiet beider Arten erstreckt sich von der St.-Lucia-Mündung nordwärts bis nach Mosambik.

Beide Arten legen die Eier im Sommer und nachts ab. Die Weibchen kriechen über die Flutgrenze hinaus, suchen sich eine passende Stelle und verbuddeln ihre Eier. Das Legegebiet der Unechten Karettschildkröte ist vielfältiger, da sie über Felsen in die Gezeitenzone klettert; Lederschildkröten dagegen vergraben ihr Gelege nur an Sandstränden.

Nach etwa 70 Tagen schlüpfen die Jungen nachts aus und eilen sofort ins Meer. Nur eines oder zwei von 1000 Jungen überleben bis zur Geschlechtsreife. Die Weibchen kehren dann zwölf bis 15 Jahre später an denselben Strand zurück, um selbst ihre Eier dort abzulegen.

Lodge mit hübschem, üppigem Garten und herzlichem Inhaber hat zehn einzelne Zimmer und eine schöne Lounge mit Innen- und Außenbereich, wo man sich nach den Aktivitäten des Tages prima entspannen kann.

Lodge Afrique
LODGE $$

(☎071 592 0366; www.lodgeafrique.com; 71 Hornbill St; DZ 1300 R; ☻) Adrette Chalets mit „afrikanischem Schick" mitten in einem Vorortwohnviertel mit grüner Umgebung – eine sichere Absteige, wenn sie nicht durch Reisegruppen ausgebucht ist. Vorab reservieren!

St. Lucia Wilds
APARTMENT $

(☎035-590 1033; www.stluciawilds.co.za; 174 McKenzie St; Apt. EZ/DZ 265/350 R, Chalet EZ/ DZ ab 325/430 R) Exzellente, preisgünstige Alternative für alle, die nicht so gern in einem Hostel wohnen wollen. Hat einen Mindestpreis.

Sugarloaf Campsite
CAMPING $

(☎033-845 1000; kznwildlife.com; Pelican St; Stellplatz 85 R/Pers.) Der hübsche Campingplatz am Meeresarm liegt in Sichtweite zu Flusspferden, Affen und Krokodilen.

Es gibt zwei Hostels in unmittelbarer Nähe zueinander an der McKenzie Street: das **Budget Backpackers** (☎035-590 1047; www.budgetbackpackers.co.za; 81 McKenzie St; B/DZ 110/250 R) und das **BiB's International Backpackers** (☎035-590 1056; www.bibs. co.za; 310 McKenzie St; Stellplatz 75 R, B ohne Bad 115 R, DZ 245 R, DZ f. Selbstversorger 315 R; P@☻). Beide sind nicht gerade luxuriös, bieten aber Aktivitäten und Touren an.

✖ Essen

Die Gourmetküche hat in St. Lucia noch nicht Einzug gehalten. Folgende Lokale sind noch die besten unter all den mittelmäßigen. Fast alle davon befinden sich an der McKenzie St.

St. Lucia Deep Sea Angling Club
INTERNATIONAL $$

(Ski Club; Hauptgerichte 40–90 R; ☺mittags & abends) Das freundliche, gemütliche Restaurant, 2 km östlich vom zweiten Kreisverkehr an der McKenzie St, ist eigentlich ein bei den Einheimischen sehr beliebter Club. Hier kommen herzhafte Speisen wie Pasta oder Fleisch- und Fischgerichte auf den Tisch. Manchmal kann man auch vom Tisch draußen Flusspferde und Vögel beobachten. Das Mittagessen kostet 35 R (nur drinnen).

ℹ DEN ISIMANGALISO WETLAND PARK ERKUNDEN

Achtung: Man kann nicht einfach hineinspazieren und den ganzen Nationalpark erkunden wollen! Das riesige Gebiet umfasst mehr als 220 km, die überwiegend mit Sanddünen und Wäldern bedeckt sind. Es gibt vier Hauptregionen im Park: den Süden (einfach zu erreichen über St. Lucia, von wo aus man Zugang zu den Eastern und Western Shores hat), das Zentrum (Sodwana Bay, erreichbar über die R22) und den am schwersten zugänglichen, aber sehr schönen Norden (Kosi Bay, am Ende der R22; um nach Banga Nek zu gelangen, braucht man einen Geländewagen). Dank der neuen Straße zum uMkuze Game Reserve hat man eine einfache Anfahrt von der Sodwana Bay nach Westen.

Braza
FUSION $$

(McKenzie St; Hauptgerichte 35–100 R; ☺mittags & abends) „Cuisine" mit einem Hauch Portugal, Brasilien, Mosambik und Angola – zumindest wirbt dieses lebendige Restaurant so für sich. Im Prinzip werden gute Fleisch- und Grillgerichte serviert, aber es gibt auch einen Vegetarierteller (steht allerdings nicht auf der Karte).

ℹ Praktische Informationen

Die großen Banken (Standard Chartered Bank, Nedbank und FNB) an der Hauptstraße haben Geldautomaten.

Avis (☎035-590 1634; www.avis.co.za; McKenzie St; ☺Mo–Fr 8–16, Sa bis 12 Uhr)

Internetcafé (☎035-590 1056; 310 McKenzie St; 4 R/Std.; ☺7–22 Uhr) Bei Weitem der beste Service; befindet sich im BiB's International Backpackers.

Touristeninformation iSimangaliso Wetland Park (☎035-590 1633; www.isimangaliso. co.za) Zur Zeit unserer Recherchen war die Eröffnung geplant. Das Gebäude befindet sich an der Brücke am Ortseingang.

ℹ An- & Weiterreise

Minibus-Taxis fahren von Durban nach Mtubatuba (110 R), das 25 km von St. Lucia entfernt ist. Dort steigt man dann um in ein anderes Minibus-Taxi nach St. Lucia. Als Alternative fahren Busse zwischen St. Lucia, Richards Bay und Mtubatuba; man muss aber auf jeden Fall in allen Orten jeweils umsteigen. Wer keine geführte Tour ab St. Lucia Estuary mitmachen möchte, benötigt ein eigenes Fahrzeug, um die Gegend zu erkunden.

Der **Mthuyi's** (☏079 026 3660; mthuyis@gmail. com; ab 250 R/Pers.) ist ein privater Transfershuttle zwischen St. Lucia und Durban (zwischen Flughafen und Unterkunft). Der Fahrpreis richtet sich nach der Entfernung und der Zahl der Fahrgäste.

EASTERN & WESTERN SHORES
☏035

Vom St. Lucia Estuary aus sind die südlichsten und zugänglichsten Abschnitte des iSimangaliso Wetland Park die Eastern Shore und die Western Shore. Beide durchzieht ein wunderbares Netz von Straßen, auf denen man auf eigene Faust herumfahren und prima Tiere beobachten kann (die hiesige Fauna ist großartig – von Flusspferden und Antilopen bis hin zur artenreichen Vogelwelt). Die Gebiete gehören zu einem Renaturierungsprojekt, das Tausende Hektar Land, ehemals Plantagen, wieder in ihren alten Zustand versetzt hat (daher auch all die Baumstümpfe).

Die **Eastern Shores** (☏035-590 1633; www.isimangaliso.com; Erw./Kind/Auto 30/20/ 40 R; ⊙Nov.–März 5–19 Uhr, April–Okt. 6–18 Uhr) durchziehen vier malerische Straßen, die jeweils die verschiedenen Charakteristika und Ökosysteme widerspiegeln: Senken, *vlei* (Marschland), Küstendünen und Grasland. Dank der vielen schönen Terrassen und Aussichtspunkte hat man einen tollen Ausblick und kann problemlos Tiere beobachten. Etwa 14 km nördlich des Eingangs erstrecken sich die **Mission Rocks**, eine zerklüftete Felsküste, an der bei Ebbe eine bunte Vielfalt von Meerestieren in den Tidentümpeln zu sehen ist (Achtung: Baden kann man hier nicht!). Bei Ebbe kann man zudem einen 5 km langen Fußmarsch nach Norden zur **Bats Cave**, einer Fledermaushöhle, unternehmen. Rund 4 km vor den Mission Rocks befindet sich der **Aussichtspunkt Mt. Tabor** (ausgeschildert), von dem aus man einen wundervollen Blick auf den Lake St. Lucia und den Indischen Ozean hat.

Das **Cape Vidal** liegt 20 km nördlich der Mission Rocks (30 km vom St. Lucia Estuary entfernt) auf dem Land zwischen dem Lake Bhangazi und dem Ozean. Einige der bewaldeten Sanddünen sind 150 m hoch, und die Strände sind ideal zum Baden.

An den Eastern Shores gibt es eine ausgezeichnete Unterkunft, das von Ezemvelo KZN Wildlife verwaltete hübsche **Cape**

Vidal Camp (☏033-845 1000; www.kznwild life.com; Stellplatz 400 R, 5B-Blockhütte, min. 930 R) nahe dem Lake Bhangazi. Es gelten Mindestpreise.

Der **Mfazana Hide** (Aussichtsplattform) ist die lustigste und lohnendste Vogelbeobachtungsstelle in ganz Südafrika. Er wurde vermutlich absichtlich wie ein riesiges Vogelnest gebaut und „schwebt" über der Mafazana-Senke. Der innovative Ausguck bietet einen einzigartigen Blick auf die Vögel aus allernächster Nähe.

Das Eingangstor zu den Eastern Shores befindet sich 2 km nördlich vom Ort St. Lucia neben dem St. Lucia Crocodile Centre.

Die Region nordwestlich von St. Lucia Estuary nennt sich **Western Shores** und umfasst zwei fantastische Seeufergebiete: **Fani's Island** (zur Zeit der Recherche wegen der Dürre gesperrt) und **Charters Creek** mit dichtem Küstenwald und Grasland (Eingang abseits der N2, 18 km nördlich von Mtubatuba und 32 km südlich von Hluhluwe). Die neue Straße (zur Zeit unserer Recherchen war sie noch nicht eröffnet) wird eine direkte Verbindung zwischen St. Lucia und Charter's Creek schaffen und damit gemächliche Autotouren am Westufer des Lake St. Lucia ermöglichen, bei denen man wunderbar Tiere beobachten kann.

Die Anfahrt zu den Western Shores erfolgt vom Ort St. Lucia über die Straße nach Mtubatuba; nach 2 km geht's am Dukuduku Gate rechts ab.

SODWANA BAY
☏035

Hat man den Eingangsbereich des Parks – ein Mischmasch aus Lodges, Straßenschildern und Baracken – hinter sich gelassen, wartet eine Überraschung auf Traveller: Die spektakuläre **Sodwana Bay** (Erw./Kind 25/20 R; ⊙24 Std.) liegt zwischen üppigem Wald auf der einen und einem glitzernden Sandstrand auf der anderen Seite. Die traumhafte Bucht ist vor allem wegen der guten **Tauchgründe** bekannt – dank der vielfältigen Unterwasserlandschaften und der Meeresflora und -fauna ist sie eines der Tauchzentren Südafrikas. Auch richtiges Hochseeangeln ist hier möglich. Man trifft jede Menge Typen, die von ihren Wasserfahrzeugen aus jagen, schießen und fischen. Insofern meidet man besser die sommerliche Hauptsaison, wenn Tausende hierher strömen, um buchstäblich abzutauchen. Zu allen anderen Zeiten ist es hier wunderbar friedlich.

Viele Dienstleister, also Unterkünfte, Tauchanbieter, ein paar Cafés und Tourveranstalter, befinden sich an der Zufahrtsstraße zum Park. Im Park selbst gibt es einen Campingplatz und ein paar Lodges, die auch als Tauchveranstalter fungieren.

Es gibt einen Geldautomaten im **Gemischtwarenladen** (⊙Mo–Fr 8.30–16.30, Sa bis 11.30 Uhr) am Parkeingang. Ansonsten muss man in das 14 km westlich gelegene Mbazwana fahren.

🛏 Schlafen & Essen

Ezemvelo KZN Wildlife   CAMPING $$
(☏033-845 1000; www.kznwildlife.com; Stellplatz ab 400 R, 4B-Hütte 1155 R) Verwaltet Hunderte von gut organisierten Campingplätzen und Hütten im Küstenwald des Parks. Es gelten Mindestpreise.

Folgende Lodges bieten Unterkunft und Tauchausflüge zum Pauschalpreis (Ausrüstung kostet oft extra).

Sodwana Bay Lodge   LODGE $$
(☏035-571 6010; www.sodwanabaylodge.co.za, www.sodwanadiving.co.za; EZ/DZ inkl. HP 825/1650 R) Das Resort an der Hauptstraße zum Park verfügt über nette Plankenwege, Bananenpalmen und etwas altbackene kiefernholzverkleidete Zimmer. Es lockt mit seinen verschiedenen Tauchpaketpauschalen vor allem hartgesottene Taucher an. Hier ist auch das **Sodwana Bay Lodge Scuba Centre** (☏035-571 0117; www.sodwanadiving.co.za), das Unterkunft und Tauchausflüge zum Pauschalpreis anbietet.

Coral Divers   LODGE $$
(☏033-345 6531; www.coraldivers.co.za; Sodwana Bay; DZ-Zelt 350 R, DZ-Hütte ohne/mit Bad ab 580/700 R; @☛) Das fabrikmäßige Unternehmen im Park selbst zieht mit seinen Tauchpauschalpaketen und sonstigen Aktivitäten immer noch die Massen an. Es gibt einen großen Speisesaal mit Bar und einen winzigen Pool. Unterkünfte finden sich für jeden Geldbeutel – von Zelten und winzigen Hütten bis zu etwas hübscheren exklusiven Hütten mit eigenem Rasen und Bad. Die Anlage kann gelegentlich etwas ungepflegt wirken, wenn nach dem Abzug der Massen nicht wieder ordentlich aufgeräumt wurde.

Natural Moments Bush Lodge & Diving
(☏035-571 0167; www.divesodwana.com; Bungalow ab 185 R/Pers.) und **Da Blu Juice** (☏082 924 7757, 082 681 5459; www.dabluejuice.co.za; B 150 R/Pers., Hütte für 6 Pers. ab 500 R) sind hippiemäßige, entspannte Budgetunter-

künfte, deren Personal auch Aktivitäten arrangieren kann.

ℹ An- & Weiterreise

Vom Ort Hluhluwe die Ausfahrt von der N2 Richtung Mbazwana nehmen und der Straße etwa 20 km bis zum Park folgen! Auf der Strecke sind auch Minibus-Taxis unterwegs.

Lake Sibaya & Küstenwald

Einsame Savannen, üppige Wälder und unberührte Strände kennzeichnen den zauberhaften **Küstenwald**. Seine Schönheit ist teilweise durch seine Lage zu erklären – er nimmt einen der abgeschiedensten Bereiche des iSimangaliso ein. Zugänglich ist er entweder über die Sandpiste an der Küste zwischen Kosi Bay und Sodwana Bay oder von KwaNgwanase aus, in beiden Fällen ist ein Vierradantrieb nötig. Zu den Highlights gehören die Black Rock, eine zerklüftete felsige Halbinsel, die problemlos über Sanddünen zu erreichen ist, sowie der Lala Nek, ein wunderschöner, schier endloser Sandstreifen.

Weiter südlich breitet sich der Lake Sibaya aus, der größte Süßwassersee Südafrikas. Er nimmt – je nach Wasserstand – eine Fläche zwischen 60 und 70 km² ein und bietet Lebensraum für Flusspferde, Krokodile und eine Vielzahl von Vogelarten (über 280 Spezies). Die Thonga Beach Lodge organisiert Kanufahrten auf dem See.

Schönheit ist aber nicht immer billig. Die Unterkünfte in dieser Region sind überwiegend, wenn auch nicht ausschließlich, Luxusferienhäuser und bieten durchweg hervorragende Schnorchel- und Tauchausflüge und andere Aktivitäten an. Gäste werden von der Hauptstraße abgeholt; wer selbst fährt, findet zum Abstellen des Autos gesicherte Parkplätze.

Tagesbesucher für diesen Parkabschnitt benötigen eine Genehmigung, die in den Büros von Ezemvelo KZN Wildlife in Manzengwenya und Kosi Bay ausgestellt wird.

Die bei Europäern beliebte **Thonga Beach Lodge** (☏035-474 1473; www.isibindiafrica.co.za; EZ inkl. VP 3588–4147 R, DZ inkl. VP 5520–6380 R; ❄☛) ist ein isoliertes, luxuriöses Strandresort mit geräumigen Hütten im Küstenwald. Der spektakuläre Blick auf den Ozean (manchmal sieht man sogar Wale vorbeiziehen) und Aktivitäten sorgen für die Unterhaltung, während der breite, weiße Sandstrand und die Spa-Behandlungen (kosten extra) willkommene Entspan-

GEFÄHRLICHES KWAZULU-NATAL?

Die Weltgesundheitsorganisation (WHO) erklärte 2004 die Provinz KwaZulu-Natal bis zum nordöstlichen St. Lucia als malariafrei. Aber: Ein geringes Risiko besteht in dem Gebiet von der Sodwana Bay (iSimangaliso Wetland Park) nach Norden. Etwas höher ist das Risiko vielleicht weiter im Norden und Nordosten nahe der Grenze zu Swasiland und Mosambik. In einigen Flüssen und Stauseen, insbesondere unterhalb von 1200 m ü.d.M., besteht die Gefahr von Bilharziose. Auch vor Krokodilen und Flusspferden sollte man sich in Acht nehmen, denn die Begegnung mit ihnen kann tödlich sein. Vorsicht bei Nacht (auch im Ort St. Lucia), weil dann Flusspferde herumstreifen. In abgelegeneren Gebieten sind Flusspferde manchmal tagsüber an der Küste unterwegs – Ruhe bewahren und Abstand halten! Im Landesinneren nicht ins Wasser (St. Lucia Estuary) gehen – es gibt dort Krokodile, Haie, Flusspferde und Bilharzioseerreger! Baden kann man am Strand am Cape Vidal (bei gutem Wetter und bei Ebbe). Weitere Infos zu Malaria gibt's auf S. 661.

nung nach den Strapazen einer Safari bereiten. Das Essen ist ausgezeichnet, vor allem das Mittagsbuffet.

Wer es zum **Mabibi Camp** (☎035-474 1473; www.isibindiafrica.co.za; Eintritt/Auto/Stellplatz 20/15/85 R pro Pers.) schafft, der hat den Himmel für sich allein – zumindest beinahe. Das gemeindeeigene Camp liegt direkt neben der noblen Thonga Beach Lodge, aber der Luxus hier ist von einer ganz anderen Art: Das Camp ist in einen üppigen Wald eingebettet und nur einen Sprung und 137 Stufen (über eine Treppe) vom Strand entfernt. Es ist ein rustikales und gutes, ursprüngliches Campingerlebnis. Eigenes Zelt, Verpflegung und Ausrüstung mitbringen!

Im **Rocktail Beach Camp** (☎in Johannesburg 011-807 1800; www.safariadventurecompany.com; EZ/DZ inkl. VP 2700/5200 R; ▣) trifft das New Yorker Soho auf Durban-Schick. Zwölf Safarizelte (mit Kiefernholzböden und geschmackvoll holzverkleideten Badezimmern) und drei Familienunterkünfte verstecken sich im Dünenwald in tropischer Umgebung, manche unterm Blätterdach, andere mit Meerblick. Der helle, luftige und geräumig-offene Gemeinschaftsbereich ist eine herrliche Oase für die Entspannung. Es gibt Saisonangebote.

Kosi Bay
☑035

Das Juwel des iSimangaliso Wetland Parks ist die **Kosi Bay** (☎035-845 1000; ☻April-Okt. 6–18 Uhr, Nov.–März 5–19 Uhr). Die Bucht umfasst eine Kette von vier Seen hinter einem Meeresarm, der von einigen der schönsten und ruhigsten Strände Südafri-

kas gesäumt wird. Wälder aus Feigenbäumen, Mangroven und Raphiapalmen bilden die grüne Kulisse (dies ist der einzige Ort in Südafrika mit fünf Mangrovenarten dicht beieinander). Das Mündungsgebiet des Meeresarms ist wunderbar zum Schnorcheln geeignet. Achtung: Hier gibt's Steinfische – wer hier also durchs Wasser watet, sollte seine Füße schützen!

Flusspferde, Bullenhaie und ein paar Krokodile bevölkern die Seenkette. Über 250 Vogelarten wurden hier ausgemacht, darunter auch der seltene Palmgeier.

Zum Besuch der Bucht braucht man einen Geländewagen und eine Genehmigung, Weiteres dazu s. S. 281. Das nächste Dienstleistungszentrum befindet sich in KwaNgwanase, rund 10 km westlich vom Schutzgebiet. Dort gibt's auch ein paar Läden und einen Geldautomaten.

🛏 Schlafen & Essen

Die meisten Lodges in der Region verteilen sich rund um die Sanddünen, die mehrere Kilometer von KwaNgwanase entfernt liegen. Meistens braucht man einen Geländewagen, um die Sandpisten zu meistern.

Utshwayelo Campsite   CAMPING, CHALET $$
(☎082 909 3113; www.kosimouth.co.za; Stellplatz 125 R/Pers., Chalet 720 R) Das gemeindebetriebene Camp verfügt über einfache, aber nette Chalets mit Bambusverkleidung und Gemeinschaftsküche. Es liegt direkt am Parkeingang an der Straße zur Mündung an der Kosi Bay. Von hier aus ist es gerade mal ein 30-minütiger Fußmarsch bis zu einem der schönsten Strände des Landes. Hier werden auch Genehmigungen für Fahrzeuge für den Besuch des Mündungsgebiets an der Kosi Bay ausgestellt.

Ezemvelo KZN Wildlife CAMPING, HÜTTE $$
(☏033-845 1000; www.kznwildlife.com; Stellplatz 385 R, 2-/5-/6B-Hütte 500/1320/1320 R) Bietet Campingplätze und voll ausgestattete, hübsche Hütten in üppiger Waldumgebung am Westufer des Lake Nhlange. Es gelten Mindestpreise. Sehr beliebt bei Anglern.

Maputaland Lodge CHALET $$
(☏035-592 0654; www.maputalandlodge.co.za; KwaNgwanase; EZ/DZ 500/700 R; ❋⊛) Die 23 schlichten, aber hübschen Selbstversorger-Chalets in KwaNgwanase sind alle mit modernsten Annehmlichkeiten wie DSTV ausgestattet, und es gibt auch eine Bar und ein Restaurant. Eine gute Unterkunft ohne lästige Viecher!

Kosi Forest Lodge LODGE $$$
(☏035-474 1473; www.isibindi.co.za; EZ/DZ inkl. VP 2200/3380 R; ⊛) Dies ist die einzige private Lodge an der Kosi Bay in der Region iSimangaliso. Umgeben von Umdoni-Bäumen des Küstenwalds verspricht die mit 16 Betten ausgestattete trauliche Lodge – wenn man die abgeschiedene Lage und den fehlenden Strom bedenkt! – einen luxuriösen Aufenthalt. Die Gäste schlafen in romantischen Safarizelten – eine Mischung aus *Jenseits von Afrika* (Holzdekor und verhaltene Ausstattung) und Natur (in ultimativer Form in den genialen Freiluftbadezimmern). Angeboten werden auch Aktivitäten und Gästetransfer.

❶ An- & Weiterreise

Für den Besuch der Kosi Bay braucht man einen Geländewagen und eine Genehmigung, aber das sollte niemanden abschrecken. Es gibt zwei Eingänge zum Park: am Kosi Bay Camp (7 km nördl. von KwaNgwanase) und an der Kosi Bay Mouth (Mündung, 19 km nördl. von KwaNgwanase). Nur mit einem Geländewagen sind die Zufahrtsstraßen befahrbar. Außerdem ist die Zahl der zugelassenen Gäste beschränkt. Genehmigungen für den Besuch der **Kosi Bay Mouth** (Erw./Kind/ Auto 20/10/15 R) müssen eine Tag im Voraus telefonisch unter ☏035-592 0236 oder bei bestimmten Unterkünften beantragt werden.

Das Personal der Kosi Forest Lodge holt die Gäste von KwaNgwanase ab, und über einige Lodges in anderen Gebieten lassen sich Ausflüge zur Kosi Bay arrangieren. Öffentliche Verkehrsmittel gibt's hier nicht.

Mit dem eigenem Fahrzeug führt der beste Anfahrtsweg – aus jeder Richtung – über die N2. In Hluhluwe die Ausfahrt auf die R22 nehmen! Wer in Richtung Sodwana Bay kommt, fährt auf der R22 weiter nach Norden. Mit einem Geländewagen ist die sandige Küstenstraße toll!

uMkhuze Game Reserve & Umgebung
☏035

Das **uMkhuze Game Reserve** (☏031-845 1000, 573 9001; www.kznwildlife.com; Erw./ Kind/Auto 35/18/35 R; ⊙Nov.–März 5–19 Uhr, April–Okt. 6–18 Uhr) ist, schlicht gesagt, ein Highlight. Das 1912 gegründete Wildtierreservat, inzwischen Teil des iSimangaliso Wetland Park, umfasst spektakuläre 36 000 ha dichtes Buschland und offene Akazienebenen. Löwen gibt's hier zwar nicht, dafür aber fast alle anderen von Fotografen begehrten Tierarten sowie mehr als 400 Vogelarten, darunter die seltene Pel-Fischeule (Bindenfischeule, *Scotopelia peli*). Im Reservat finden sich fabelhafte Unterstände zur Tierbeobachtung, einige sind sogar an Wasserstellen. Die von Fieberakazien gesäumten Senken bieten die besten Tierbeobachtungsmöglichkeiten des Landes. Das Schutzgebiet liegt 15 km vom Ort Mkuze entfernt (18 km von Bayla Richtung Norden). Angeboten werden hervorragende Abendtrips (200 R). Nicht versäumen sollte man den wundervollen **Fig Forest Walk** (180 R/Pers.), eine geführte Wanderung über Hängebrücken.

Ezemvelo KZN Wildlife (☏033-845 1000; www.kznwildlife.com) betreibt zwei exzellente Übernachtungsmöglichkeiten:

Die **Nhlonhlela Bush Lodge** (8B-Lodge 2280 R) hat einen Gemeinschaftsbereich mit Blick auf eine Senke und vier komfortable Wohneinheiten, die durch Plankenwege verbunden sind. Den Gästen wird sogar ein eigener Ranger und ein Koch (Lebensmittel muss man selbst mitbringen) zur Verfügung gestellt.

Mantuma (2B-Safaricamp 680 R/Pers., DZ Chalet 560 R) ist ebenfalls eine fabelhafte Unterkunft mit kleineren Hütten, Chalets und Safarizelten. Letztere sind mit paviansicheren (verriegelten!) Kühlschränken, Freiluftküchen, Moskitonetzen, Ventilatoren und Badezimmern ausgestattet.

Die Anfahrt aus dem Norden erfolgt über den Ort Mkuze (aus dem Süden nimmt man rund 35 km nördlich vom Dorf Hluhluwe die Ausfahrt von der N2 auf einen Feldweg). Die neue Straße von der Sodwana Bay (Ophansi Gate) sorgt für einen leichten Zugang zur Ostseite des Parks.

Der Ort **Mkuze** liegt südwestlich der Lebombo-Berge an der N2. Der südlich vom Ort gelegene **Ghost Mountain** war für den

Stamm der Ndwandwe ein bedeutender Begräbnisplatz. Dort soll es unheimliche Erscheinungen geben, die meistens in Form von merkwürdigen Lichtern und Geräuschen auftreten. Gelegentlich werden rund um den Ghost Mountain auch menschliche Knochen gefunden, die wohl aus der Zeit um 1884 stammen, als hier eine große Schlacht zwischen rivalisierenden Zulu-Lagern stattfand.

Das **Ghost Mountain Inn** (☎035-573 1025; www.ghostmountaininn.co.za; EZ/DZ inkl. Frühstück 975/1725 R; ✳🛜🏊) ist ein koloniales Landgasthaus der alten Schule mit modernem und luxuriösem Touch, mit Innen- und Außenbereichen und einem blühenden Garten. Es ist ein ausgezeichneter Standort, um das Reservat zu erkunden. Jean, der sachkundige Führer, unternimmt faszinierende Kulturtouren in die malerische Umgebung; empfehlenswert sind die Touren ins uMkhuze Game Reserve und zu Dinganes Grab.

Tembe Elephant Park
☑035

Von der Kosi Bay in Richtung Westen erstreckt sich entlang eines Feldwegs zur N2 der **Tembe Elephant Park** (☎035-592 0001; www.tembe.co.za; Erw./Kind/Auto 30/15/35 R; ☺6–18 Uhr), wo in den Wäldern des Sandvelds (das ist der trockene, sandige Küstengürtel) die letzten frei lebenden Elefanten Südafrikas unter Naturschutz stehen. Der grenzübergreifende Park an der mosambikanischen Grenze gehört dem Stamm der Tembe und wird von Ezemvelo KZN Wildlife verwaltet. In dem 30000 ha großen Gebiet leben rund 230 Elefanten – es sind die einzigen heimischen Elefanten in KwaZulu-Natal und sie sind mit einem Gewicht von bis zu 7000 kg die größten der Welt. Im Park sind auch die Big Five, die Großen Fünf (Löwen, Leoparden, Büffel, Elefanten und Nashörner) sowie mehr als 300 Vogelarten zu finden.

Die **Tembe Lodge** (☎031-267 0144; www.tembe.co.za; inkl. VP & Aktivitäten 800–1250 R/Pers.; 🏊) gewährt Unterkunft in reizenden, einzeln stehenden, exklusiven Safarizelten auf Holzplattformen und mit Bad.

Eine befestigte Straße führt zum Parkeingang, aber im Park selbst sind nur Geländewagen gestattet. Sichere Parkplätze sind vorhanden; Besucher werden in offenen Safariwagen abgeholt.

Ndumo Game Reserve
☑035

Etwas weiter westlich vom Tembe Elephant Park befindet sich das **Ndumo Game Reserve** (☎035-845 1000, 591 0004; www.kznwildlife.com; Erw./Kind/Auto 40/20/35 R; ☺Okt.–März 5–19 Uhr, April–Sept. 6–18 Uhr) an der Grenze zu Mosambik und in der Nähe der Grenze zu Swasiland, rund 100 km nördlich von Mkuze. Auf rund 10000 ha leben hier Spitz- und Breitmaulnashörner, Flusspferde, Krokodile sowie diverse Antilopenarten. Hauptattraktion ist aber die reiche Vogelwelt in den Auen und Becken der Flüsse Phongolo und Usutu. Das Reservat wird vor Ort auch „Mini-Okavango" genannt.

Im Angebot sind geführte Wanderungen (85 R) und Safaritouren (180 R) zur Beobachtung von Tieren und Vögeln. Für zahlreiche Vogelarten ist das Schutzgebiet das südlichste Verbreitungsgebiet, und mit mehr als 400 dokumentierten Vogelarten ist es ein Highlight für Ornithologen.

Benzin und im begrenztem Ausmaß auch Lebensmittel bekommt man in der Regel 2 km vor dem Parkeingang. Campingplätze und Rasthütten bietet **Ezemvelo KZN Wildlife** (☎033-845 1000; www.kznwildlife.com; Stellplatz 110 R/Pers., 2B-Rasthütte (Rest Hut) 660 R); es gelten Mindestpreise.

DRAKENSBERGE & UKHAHLAMBA-DRAKENSBERG PARK

Wenn eine Landschaft ihrem hochglanzpolierten Werbeimage gerecht wird, dann sind es die zerklüfteten, grünen Tafelberge der Drakensberge. Sie bilden die Grenze zwischen Südafrika und dem gebirgigen Königreich Lesotho und zählen zu den ehrfurchtgebietendsten Landschaften Südafrikas. Sie dienten als Kulisse für die Filme *Zulu* (1964) und *Yesterday* (2004), sind Schauplatz in Alan Patons Roman *Denn sie sollen getröstet werden* und zieren Millionen von Postkarten.

Innerhalb des 243000 ha großen Gebiets erheben sich Basaltgipfel und -säulen, die im November 2000 zur Welterbestätte erklärt wurden und den Namen uKhahlamba-Drakensberg Park erhielten. Der Park ist Teil der Drakensberge-Region, die sich vom Royal Natal National Park im Norden bis nach Kokstad im Süden und von den Battlefields um Estcourt und Ladysmith zu den südlichen Midlands erstreckt. Heute sind einige der Panoramen absolut typisch für Südafrika, besonders der unvergessliche Bogen des Amphitheaters im Royal Natal National Park. Zu den markanten Gipfeln gehören der Mont-aux-Sources, der Sentinel, der Eastern Buttress und der Devil's Tooth.

„Drakensberg" bedeutet „Drachenberge"; die Zulu nannten das imposante Gebirge Quathlamba, „Festungswall der Speere" – eine treffendere Beschreibung für die fast senkrechten Steilhänge. Aber der Afrikaansname erfasst etwas von der märchenhaften, fast überirdischen Atmosphäre dieser Region, die seit Menschengedenken besiedelt ist, wie die vielen San-Felszeichnungen belegen. (Deshalb lohnt sich ein Abstecher nach Didima, zum Cathedral Peak, nach Kamberg oder Injisuthi.) Die Erstbesteigung vieler Berge liegt gerade einmal 50 Jahre zurück.

Die San wurden bereits von Stämmen, die in die Ausläufer der Drakensberge vorgedrungen waren, bedrängt, aber erst durch die Ankunft der weißen Siedler endgültig vertrieben. Einige zogen nach Lesotho, wo sie in der Basotho-Bevölkerung aufgingen. Viele jedoch wurden getötet oder verhungerten schlichtweg, weil sie aus ihren Jagdgründen vertrieben worden waren. Dass die Khoikhoi Vieh stahlen, ärgerte die weißen Siedler, die dann mehrere Stämme zwangsweise in die Ausläufer der Drakensberge umsiedelten, damit sie dort als Puffer zwischen Weißen und Khoisan dienten – wegen dieser Umsiedlung wurde das Gebiet kaum erschlossen, was die Gründung der Parks und Reservate erleichterte.

Klima

Im Winter gibt es Frost und im Sommer regnet es häufig. Auf den Gipfeln liegt praktisch fast das ganze Jahr über Schnee. Die sommerliche Wettervorhersage, in jedem Büro des Ezemvelo KZN Wildlife angezeigt, macht oft die Hoffnungen auf blauen Himmel und Sonnenschein zunichte. Aber die Vormittage sind oftmals wolkenlos und trocken, denn Gewitterwolken ziehen nur am Nachmittag auf. Regensachen also immer dabeihaben und immer mit Kälteeinbrüchen und Schneefall rechnen!

Wandern

Die Bergkette der Drakensberge gehört zu den besten Wandergebieten Afrikas. Täler, Wasserfälle, Flüsse, Höhlen und das Felsmassiv, das bis zu beeindruckenden 3000 m emporragt, sorgen für spektakuläre Erlebnisse in der Wildnis für Wanderer aller Fitnessstufen. Klettern ist überall in den Drakensbergen beliebt; nur erfahrene Bergsteiger sollten sich an die Gipfel in der Region wagen.

Grob gesagt gibt es drei Schwierigkeitsstufen: einfache Tageswanderungen, mittelschwere Halbtagstouren und strapaziöse zehn- bis zwölfstündige Märsche. Für anspruchsvolle und erfahrene Wanderer gibt es auch Trecks mit Übernachtung und mehrtägige Wanderungen.

Die Wanderwege sind über die Parkeingänge zu erreichen – die zum Royal Natal National Park (bekannt für hervorragende Tageswanderungen), zu Cathedral Peak, Monk's Cowl, Injisuthi und Giant's Castle sowie die zur abgeschiedenen Wildnis Southern Drakensberg.

Davon abgesehen gibt es viele mehrtägige Trails. Allerdings sollte man folgende Tipps beherzigen:

Für jede Tour, jede Wanderung und jeden Treck sollten entsprechende Karten im Maßstab 1:50000 besorgt werden, auf denen die Wanderwege eingezeichnet und wichtige Informationen für Wanderer vermerkt sind. Auch sollte sich jeder vorher über den aktuellen Zustand der Wege informieren – bei anderen erfahrenen Wanderern, den Besitzern von Unterkünften und den Angestellten von Ezemvelo KZN Wildlife. Jeder Wanderer muss sich registrieren

AB IN DIE BERGE

Die Drakensberge täuschen: Es ist nicht einfach, die gesamte Bergregion zu erkunden – ob nun außerhalb oder innerhalb des Parks. Es gibt keine Verbindungsstraße zwischen allen interessanten Gebieten. Besucher müssen jeden Abschnitt des Parks jeweils einzeln betreten und wieder verlassen – und zwar über die N3, die R103, die R74 oder, falls der Straßenzustand es zulässt, über Nebenstraßen. Es ist besser, sich eine bestimmte Region auszusuchen und ihre Angebote zu genießen – von Wandern bis Vogelbeobachtung –, anstatt die meiste Zeit hinter dem Steuer auf der Suche nach Sehenswürdigkeiten zu vergeuden.

Drakensberge

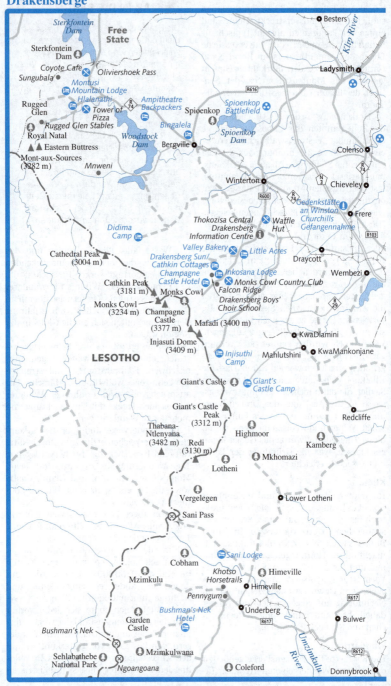

lassen und eine Genehmigung für alle Wanderungen im Park einholen. Beides wird in den Büros von Ezemvelo KZN Wildlife an den Ausgangspunkten der Wege erledigt. Die einzige Unterkunft an den Wanderwegen befindet sich in Giant's Castle. In einigen Gebieten dürfen Wanderer in Höhlen nächtigen; trotzdem sollte man immer ein Zelt dabei haben.

Registrierte Wanderführer stehen für Kurzwanderungen (100 R/Pers.) genauso wie für längere Strecken (200 R/Pers.) zur Verfügung. Für Trips mit Übernachtung nehmen die Führer rund 500 R pro Person und Nacht. Das hängt von der Anzahl der Teilnehmer ab und sollte an jeder Etappe verhandelt werden. Wanderer dürfen kein offenes Feuer entfachen; ein Kocher gehört also unbedingt ins Gepäck.

Die Zeit von April bis Juli eignet sich gut zum Wandern. Regen und Flussüberschwemmungen können im Sommer frustrierend und sogar gefährlich sein. Im Winter ist der Frost die größte Gefahr; außerdem schneit es gelegentlich. Vorsicht auch vor Schlangen!

Natur
Bei reichlich Wasser, Höhen von bis zu 3000 m und verschiedenen Landschaften wie Plateaus, Klippen und Tälern ist die extreme Vielfalt der Flora im uKhahlamba-Drakensberg Park nicht überraschend. Der Park besteht überwiegend aus Grasland, bewaldeten Schluchten und hohen Basaltklippen mit kleinen Wäldern in den Tälern. Es gibt auch einige Zuckerbusch-Savannen und im Frühjahr haufenweise Wildblumen. In höheren Lagen geht das Gras in Heidekraut und Gebüsch über. In tieferen Lagen, aber nur in den Tälern (besonders im Royal Natal National Park), gedeihen kleine Steineibenwälder.

Im Park leben zahlreiche Tierarten und Hunderte von Vogelarten. Insgesamt soll es hier um die 60 Säugetierarten geben. Dazu zählen mehrere Antilopenarten, darunter relativ viele Elenantilopen (vor allem in Southern Drakensberg). Die seltenste Antilopenart ist der Klippspringer, der manchmal auf den höheren Hängen gesichtet wird. Ansonsten gibt es noch Otter, Afrikanische Wildkatzen, Stachelschweine und vereinzelt sogar Leoparden. Auf einigen der steilsten Berge suchen Paviane nach Futter. Die seltenste Spezies ist ein kleines Nagetier mit kurzem Schwanz: die Eisratte *(Myotomys sloggetti)*, die in den Felsen nahe der Berggipfel lebt. Bartgeier, Kaffernadler und Geier fliegen um die Klippen und nutzen dabei die Thermik an den Gipfeln. Im Park verteilt sind diverse Unterstände, von wo sich die Vögel aus der Nähe beobachten lassen.

🛏 Schlafen

Die ideale Art, den uKhahlamba-Drakensberg Park zu erleben, sind Übernachtungen in einer der exzellenten Unterkünfte von Ezemvelo KZN Wildlife: Campingplätze, elegante Safarizelte, voll ausgestattete Hütten und Chalets. Achtung: Es gelten oft Mindestpreise! Zu den exklusiveren Unterkünften gehören private Ferienanlagen, die verstreut in den Gebirgsausläufern liegen. Angesichts der wenigen Hütten in den Bergen (meist nur in Southern Berg) müssen sich Wanderer mit Höhlen und Zelten begnügen.

ℹ️ Praktische Informationen

Ezemvelo KZN Wildlife (☎ 033-845 1000; www.kznwildlife.com) Das Zentrum in Pietermaritzburg informiert über die Parks und Unterkünfte. Prinzipiell müssen alle Unterkünfte von Ezemvelo KZN Wildlife vorab über die jeweiligen Büros in Pietermaritzburg oder **Durban** (☎ 031-304 4934; www.kznwildlife.com; 1. Stock, Tourist Junction) gebucht werden. Weitere Touristeninformationen:

Central Drakensberg Information Centre (☎ 036-488 1207; www.cdic.co.za; ⊙ 8.30–17 Uhr) Das private Unternehmen mit Sitz im Thokozisa-Komplex, 13 km außerhalb von Winterton an der R600, hat stapelweise Werbebroschüren.

Southern Drakensberg Tourism (☎ 033-701 1471; www.drakensberg.org; Clocktower Centre, Old Main Rd, Underberg; ⊙ Mo–Fr 8–16, Sa & So 9–13 Uhr) Vertreibt den nützlichen *Southern Drakensberg Pocket Guide.*

ℹ️ Anreise & Unterwegs vor Ort

Es gibt kaum öffentliche Verkehrsmittel in der Drakensberge-Region und vor Ort. Allerdings sind viele Traveller in ihren Fahrzeugen unterwegs und manchmal auch Minibus-Taxis, die das Personal der Resorts befördern. Besucher steigen vornehmlich an oder nahe der N3 aus. **Baz Bus** (☎ 021-439 2323; www.bazbus.com) hält an einigen Hostels in der Gegend. Über die Hostels in Durban kann man sich ein Shuttle zu den Hostels nahe dem Sani Pass und Himeville organisieren.

Der Sani Pass ist die bekannteste Drakensberge-Route nach Lesotho, ist aber nur mit Geländewagen befahrbar. Weiter südlich gibt es andere Pässe über die Steilhänge, doch die meisten enden – wenn überhaupt – bestenfalls an Wanderwegen in Lesotho.

Viele Nebenstraßen in der Drakensberge-Region sind unbefestigt und nach Regenfällen manchmal nicht passierbar. Autofahrer sollten sich also besser an die Hauptstraßen halten.

Northern Berg

Das Gebiet Northern Berg lädt zu einem Zwischenstopp zwischen Durban und Johannesburg ein. Sein Highlight ist der wunderschöne Royal Natal National Park. Hier gibt es ein paar ausgezeichnete Wege für Tageswanderungen und wunderbar einsame Gegenden.

Die nächste Ortschaft ist **Bergville**. Sie ist zwar klein und nicht ganz so gefällig, aber man kann hier seinen Proviant aufstocken und kommt gut in die Region Northern Drakensberg. Der Stand der Minibus-Taxis befindet sich hinter der Touristeninformation.

Die **ABSA** (Tatham Rd) hat einen Geldautomaten. Die private Touristeninformation **Okhahlamba Drakensberg Tourism** (☎ 036-448 1244; www.drakensberg.org.za; Tugela Sq; ⊙ Mo–Fr 7.30–16 Uhr) gibt diverse Broschüren aus, ist aber sonst wirklich keine große Hilfe.

Für Spätankömmlinge auf dem Weg ins Gebiet Northern Berg gibt es ein paar lohnende Unterkünfte, wo sie etwas essen und übernachten können. Eine davon ist das **Bingalela** (☎ 036-448 1336; EZ/DZ inkl. Frühstück 370/560 R), 3 km von Bergville entfernt an der R74. Attraktive *rondavels* (Rundhütten) für zwei oder mehr Personen verteilen sich unter schönen Eukalyptusbäumen auf einem staubigen, parkplatzähnlichen Gelände. Es gibt hier auch ein lebendiges, bei den Einheimischen beliebtes Restaurant mit Bar und einer großen Speisekarte, auf der viel Grillfleisch, Holzofenpizza und Pastagerichte stehen.

ROYAL NATAL NATIONAL PARK
☎ 036

Der 8000 ha große **Royal Natal National Park** (☎ 036-438 6310; www.kznwildlife.com; Erw./Kind 30/20 R; ⊙ Sommer 5–19 Uhr, Winter 6–18 Uhr) erstreckt sich über einige der höchsten Gipfel der Bergkette und hat eine besondere Präsenz, die seine relativ kleine Fläche weit übertrifft – viele der Gipfel ragen so hoch auf, wie der Park breit ist. Das Highlight des Parks mit der am besten zugänglichen und dramatischsten Landschaft

BUSSE

Keiner der Fernbusse fährt in die direkte Nähe von Bergville. Man muss zuerst nach Ladysmith fahren und dort in ein Minibus-Taxi (45 Min.) umsteigen. Ein Greyhound-Bus hält täglich in Estcourt und Ladysmith. Taxis fahren für etwa 15 R in das Gebiet des Royal Natal National Park, aber nur wenige bis zum Parkeingang.

der Region Drakensberg ist das grandiose Amphitheatre, eine 8 km lange Felswand aus Klippen und Schluchten, die von unten und noch mehr von oben einfach spektakulär ist. Hier stürzen die Tugela Falls über fünf Stufen (die erste gefriert oft im Winter) 850 m in die Tiefe. Dahinter ragt der Mont-aux-Sources (3282 m) empor, der seinen Namen (deutsch: Berg der Quellen) erhielt, weil hier die Flüsse Tugela, Elands und Western Khubedu entspringen. Der Western Khubedu wird später zum Senqu (Oranje) River und mündet in den Atlantik. Der Royal Natal National Park ist bekannt für seine exzellenten Möglichkeiten für Tagesausflüge und Wanderungen.

Weitere ziemlich bedeutende Berge in der Gegend sind der Devil's Tooth, der Eastern Buttress und der Sentinel. Im Nordosten grenzt der Park an das Rugged Glen Nature Reserve.

Die **Touristeninformation** (8–16.30 Uhr) des Parks befindet sich 3 km hinter dem Haupttor. Sie fungiert auch als Laden, der die Grundversorgung sichert. Hier bekommt man eine einfache Karte des Parks mit Tipps für Tageswanderungen.

☉ Sehenswertes & Aktivitäten

Felskunst GEFÜHRTE WANDERUNG

Im Park gibt es mehrere Stellen mit Felszeichnungen der San, aber nur eine ist für Traveller zugänglich. Fremdenführer aus der Gemeinde bieten **geführte Wanderungen** (Erw./Kind 20/10 R; 9–15 Uhr) dorthin (hin & zurück ca. 1 Std. inkl. Rast und Infogespräch) an. Nach dem Eingang an der ersten Brücke auf das Schild „San Rock Art" achten!

Reiten REITEN

Unmittelbar vor dem Parkeingang kann man in den **Rugged Glen Stables** (036-438 6422; Ausritt 1/2 Std. 120/160 R) verschiedene Ausritte buchen.

🛏 Schlafen & Essen
IM PARK

LP TIPP ▸ Thendele CHALET $$

(033-845 1000; www.kznwildlife.com; Chalet f. 2 Pers. 655–745 R, Chalet f. 4 Pers. 1308–1485 R) Das fabelhafte Hauptcamp des Parks bietet Chalets für zwei und vier Personen sowie Cottages und eine Lodge für größere Gruppen. Die Chalets liegen zwischen Rasenflächen und Fahrwegen und haben Ausblick auf die Berge. Die Sicht von allen Hütten ist gut, aber die oberen haben einen besonders schönen Blick, weshalb sie auch etwas teurer sind. Der ideale Standort für Wanderungen!

Campen kann man auf dem schönen Campingplatz **Mahai** (Stellplatz 90 R/Pers.), rund 1 km von der Touristeninformation entfernt, und etwas einfacher auch im **Rugged Glen Nature Reserve** (Stellplatz 90 R/Pers.).

AUSSERHALB DES PARKS

LP TIPP ▸ Montusi Mountain Lodge LODGE $$$

(036-438 6243; www.montusi.co.za; EZ/DZ inkl. HP 1500/2000 R; ⚿⚼) Die opulente Berghütte mit jeder Menge Buschhotel-Exklusivität verbindet in ihren todschicken Chalets die Gemütlichkeit von Strohdach und Kamin mit viel Luxuskomfort. Es gibt geführte Wanderungen, auch morgendliche Spaziergänge über das Gelände sowie Ausritte. Die Abzweigung befindet sich gleich hinter dem Tower of Pizza; der Ausschilderung folgen!

Sungubala Mountain Camp SAFARIZELT, CHALET $$

(036-438 6000; www.sungubala.com; B/DZ 250/R700 R) „Glamour und Camping" ist wohl die passende Beschreibung für das tolle Camp. Es gibt sechs Safarizelte (mit reetgedeckten Pavillons und Betten) und drei Finnhütten mit Gemeinschaftsbad. Lebensmittel selbst mitbringen (oder inkl. HP für 550 R/Pers. buchen)! Im Preis enthalten sind geführte Wanderungen und die Abholung vom 2 km entfernten Büro in einem Geländewagen. Es gibt auch Budgetunterkünfte, und es wird noch billiger, wenn man einfach zu Fuß herkommt. Das Campbüro befindet sich neben dem Cavern Berg Resort an der D119.

Hlalanathi RESORT $$

(036-438 6308; www.hlalanathi.co.za; Stellplatz 140 R/Pers., 2B-/4B-Chalet 700/1350 R; ⚼) Das hübsche, bescheidene Resort in Bilderbuchlage direkt neben einem Golf-

platz verfügt über Campingplätze und ausgezeichnete Unterkünfte in reetgedeckten
Chalets auf einer Landzunge mit Blick auf
den Tugela River. Am schönsten sind die
Plätze, die direkt gegenüber von Fluss und
Bergen liegen. Die Preise sind außerhalb
der Hauptsaison weitaus günstiger.

Amphitheatre Backpackers   HOSTEL $

(☎036-438 6675; www.amphibackpackers.co.za;
Stellplatz 75 R/Pers.; B 125 R, DZ 280–520 R;
P🛇≋) Die Lage gegenüber vom Amphitheater ist einfach umwerfend! Gästen stehen
verschiedene Unterkünfte von Schlafsälen
bis hin zu komfortablen Luxuszimmern
für vier Personen, eine lebhafte Bar, ein
Pool und jede Menge Freizeitmöglichkeiten
zur Verfügung. Einige Traveller berichten,
dass sie sich unter Druck gesetzt fühlten,
die vom Hostel organisierten Ausflüge zu
buchen (obwohl es auch andere Optionen
gegeben hätte), andere wiederum genießen
die Bequemlichkeit, sich nicht selbst um
alles kümmern zu müssen. Befindet sich
21 km nördlich von Bergville an der R74.

Coyote Cafe   CAFÉ $$

(Hauptgerichte 60–100 R; ⊙Di–Sa 8.30–17.30,
So & Mo bis 15.30 Uhr) Das Personal in dem modernen, schicken Cafés serviert dem bunt
gemischten Publikum ein paar echte Gour-
metsnacks und ausgezeichneten Kuchen.
Der Laden befindet sich an der R74 am Eingang zum Little Switzerland und ermöglicht an klaren Tagen einen tollen Ausblick.

Tower of Pizza   ITALIENISCH $

(www.towerofpizza.co.za; Hauptgerichte 30–70 R;
⊙Di–So mittags & abends) Es ist tatsächlich
ein Turm, in dem sehr gute Holzofenpizzas
serviert werden! Der Tower vermietet auch
malerische *rondavels* und Cottages (DZ
inkl. Frühstück 350–375 R/Pers., werktags
etwas weniger).

❶ An- & Weiterreise

Die Straße in den Royal Natal National Park
zweigt etwa 30 km nordwestlich von Bergville
und rund 5 km vom Oliviershoek Pass entfernt
von der R74 ab.

Central Berg

Die Region Central Berg umfasst ein paar
der gewaltigsten Berge der Region, darunter den Giant's Castle Peak (3312 m), den
Monk's Cowl (3234 m) und den Champagne
Castle (3377 m). Kein Wunder also, dass sie
ein großer Hit bei Wanderern und Klet-
terern ist! Mit ihrer dramatischen Landschaft ist das wunderschöne Gebiet aber
auch bei allen beliebt, die die Berge lieber
aus sicherer Entfernung bewundern. Das
Champagne Valley, das zum Monk's Cowl
führt, ist voller Cafés und Unterkünfte für
jeden Geldbeutel.

Das verschlafene Nest Winterton ist das
Tor zur Region Central Berg und eignet
sich für einen kurzen Zwischenstopp auf
der Fahrt in die Drakensberge. Das winzige gemeindeeigene **Winterton Museum**
(☎036-488 1885; Kerk St; Mindestspende 10 R;
⊙Mo–Do 9–16, Fr bis 15, Sa bis 12 Uhr) bietet einen Einblick in die Felskunst der San (mit
ausgezeichneten Fotos und Erläuterungen)
und informiert über die Lokalgeschichte
und die Schlacht von Spioenkop (s. Kasten
S. 303). Wintertons bestes Lokal ist das fabelhafte Café **Pig & Plough** (www.ambleside
farm.co.za; ⊙Di–Fr 7.15–16.30, Sa & So 9–16.30
Uhr; 🛇), das gute Gourmetkost serviert und
sogar kostenloses WLAN bietet. Es befindet
sich an der Hauptstraße, gleich hinter dem
Abzweig zum Champagne Valley.

An der Hauptstraße gibt es Geldautomaten und auch Unterkünfte, aber man ist
besser bedient, noch 20 bis 30 km weiter-

SCHUTZ DER SAN-ZEICHNUNGEN

In den Höhlen und Felslandschaften in KwaZulu-Natal gibt es Tausende von Felszeichnungen der San. Leider wurden viele durch rücksichtslose Besucher beschädigt,
einige mit Graffiti beschmiert, manche völlig zerstört. Reisende sollten sich
angemessen verhalten, damit diese kostbaren Kulturschätze noch lange erhalten
bleiben. Und es versteht sich von selbst, dass man die Zeichnungen nie mit Wasser
bespritzen sollte.

KwaZulu-Natal hat derzeit eine Vereinbarung mit Amafa (der Provinzbehörde zum
Schutz des Kulturerbes). Danach werden Maßnahmen zum Erhalt der Kulturschätze
in den Etat aufgenommen. Dazu gehört, dass Fremdenführer beschäftigt werden,
welche die Besucher zu den Stätten begleiten und sicherstellen, dass diese die Bilder
nicht berühren oder beschädigen.

zufahren und im Champagne Valley abzusteigen.

Minibus-Taxis fahren zum Cathedral Peak (30 Min.), nach Bergville (15 Min.) und Estcourt (45 Min.).

CATHEDRAL PEAK NATURE RESERVE
☑036

Im Schatten des gewaltigen Cathedral Peak erstreckt sich das **Cathedral Peak Nature Reserve** (☑036-488 8000; www.kznwildlife.com; Erw./Kind 30/15 R; ☺6–18 Uhr) vor der Kulisse der mächtigen Felsmassive zwischen dem Royal Natal National Park und dem Giant's Castle westlich von Winterton. Mit der Gipfelkette aus Bell (2930 m), Outer und Inner Horn (3005 m) und Cleft Peak (3281 m) am Horizont ist der Park herrlich fotogen.

Das **Didima San Art Centre** (☑036-488 1332; Erw./Kind 55/25 R; ☺8–16 Uhr) im Didima Camp, 1 km hinter dem Parkeingang, verhilft mit Multimedia zu einem exzellenten Einblick in die Felszeichnungen der San. Im Eintrittspreis enthalten ist der Eintritt in den Park – am Tor einfach sagen, dass man zum Kulturzentrum möchte!

Das **Parkbüro** (☑036-488 8000; www.kznwildlife.com) im Didima Camp verkauft Genehmigungen für die malerische Fahrt (nur mit Geländewagen) auf den Mike's Pass und organisiert Führer. Der Pass war zur Zeit unserer Recherchen aufgrund schlechter Bedingungen gesperrt. Aktuelle Infos erfragen!

🛏 Schlafen & Essen

Didima Camp   CAMPING, CHALET $$
(☑033-845 1000; www.kznwildlife.com; Stellplatz 90 R, Chalet f. 2 Pers. 750–790 R/Pers.; ☀) Die exklusive, reetgedeckte Lodge ist eine der nobelsten Unterkünfte des Ezemvelo KZN Wildlife. Sie wurde nach dem Vorbild der San-Felsunterstände gebaut und bietet einen großartigen Ausblick, ein Restaurant, Tennisplätze und eine Reihe von Zwei- und Vierbett-Chalets für Selbstversorger (auf Anfrage mit VP). Es gelten Mindestpreise.

Campen kann man in der Nähe des Haupttors.

MONK'S COWL & CHAMPAGNE VALLEY
☑036

Der **Monk's Cowl** (☑036-468 1103; www.kznwildlife.com; Erw./Kind 35/18 R; ☺6–18 Uhr) im uKhahlamba-Drakensberg Park ist ein weiterer überwältigender Teil der Drakensberge und eignet sich hervorragend zum Wandern und Klettern. Das Schutzgebiet umfasst die drei Berge Monk's Cowl, Champagne Castle und Cathkin Peak.

Das **Parkbüro** (☑036-468 1103; Stellplatz f. 2 Pers. min. 190 R) befindet sich 3 km hinter dem Champagne Castle Hotel am Ende der R600, die von Winterton nach Südwesten führt. Hier werden auch **Wanderungen mit Übernachtung** in Höhlen angeboten (Erw./Kind 45/22 R), aber ein Besuch der Felshöhlen muss vorab gebucht werden.

Der Weg zum Park führt durch das **Champagne Valley**. Dort gibt es jede Menge Cafés, hübsche Unterkünfte, Bäckereien und touristische Aktivitäten, die nichts mit Wandern zu tun haben und Besucher trotzdem tagelang auf Trab halten.

Der **Thokozisa**-Komplex, 13 km außerhalb von Winterton an der R600 und an der Kreuzung der Straßen zu Cathedral Peak, Monk's Cowl und Giant's Castle (über Estcourt), ist ein nützlicher Orientierungspunkt. Hier befindet sich auch das privat betriebene **Central Drakensberg Information Centre** (☑036-488 1207; www.cdic.co.za; ☺8.30–17 Uhr), ein Komplex mit Kunsthandwerksläden und einem exzellenten **Restaurant** (Hauptgerichte 70–150 R; ☺9–20.30 Uhr).

Nahe der Dragon Peaks Rd haben die singenden Botschafter Südafrikas mit der **Drakensberg Boys' Choir School** (☑036-468 1012; www.dbchoir.co.za) ihr Domizil. Öffentliche Vorstellungen gibt's während der Schulzeit mittwochs um 15.30 Uhr. Das **Falcon Ridge** (☑082 774 6398; Erw./Kind 50/20 R; ☺Vorführung 10.30 Uhr, Fr & Mo geschl.) veranstaltet tolle Greifvogelflugvorführungen und Vorträge. Es befindet sich 7 km von der Abzweigung nach Drakensberg Sun entfernt.

Ausflüge hoch zu Ross (1 Std.–ganzer Tag) sind mit **Ushaka Horse Trails** (☑072 664 2993; www.monkscowl.com; 4 Bell Park Dam Rd; 1 Std. 100 R, ganzer Tag 450 R) möglich.

Das neueste adrenalinträchtige Aktivitätsangebot in der Region ist die **Drakensberg Canopy Tour** (☑036-468 1981; www.drakensbergcanopytour.co.za; 450 R/Pers.; ☺7.30–14.30 Uhr). Die Tour durch die Baumwipfel bietet pure Superlative: zwölf Seilrutschen, von denen sieben über 100 m lang sind; der höchste Punkt ist 65 m hoch und die längste Strecke 179 m lang. Man fliegt buchstäblich über das wundervolle Blätterdach eines uralten heimischen Waldes, inklusive Fluss und Wasserfällen. Das ist

VORSICHT IN DEN BERGEN!

Ezemvelo KZN Wildlife warnt Wanderer eindringlich davor, sich alleine auf den Weg zu machen – selbst tagsüber. In der Regel kann man Wanderführer engagieren. Vor jeder Wanderung – auch bei kurzen – muss man sich ins Rettungsregister eintragen. Daher sollte man sich immer an die Richtlinien und an die für die Wanderung eingeplante Zeit halten. Bei Trecks mit Übernachtung empfiehlt Ezemvelo KZN Wildlife, dass man mindestens zu viert unterwegs sein sollte. Achtung: Nur sehr fitte und erfahrene Wanderer sollten – anders als bei den einfacheren „Tageswanderungen" – versuchen, den Aufstieg auf einen Berg an einem zu Tag zu bewältigen!

purer Abenteuerextremsport – nur für Leute ohne Höhenangst! Im Voraus buchen!

🛏 Schlafen & Essen

Neben Campingplätzen im Gebiet Monk's Cowl gibt es noch andere Unterkünfte im Champagne Valley.

Inkosana Lodge HOSTEL $$ LP TIPP

(☎036-468 1202; www.inkosana.co.za; Stellplatz 100 R, B/DZ ohne Bad 150/450 R, reetgedeckte Rondavel f. 2 Pers. ohne/mit Bad 450/600 R; P ☀) Wenn ein Schild an einem Etagenbett sagt „Dieses Bett ist bereit", wird deutlich, dass es sich um eine wahnsinnig gut organisierte Herberge handelt. Der herrliche Garten mit heimischen Pflanzen, der umweltfreundliche Swimmingpool, die sauberen Zimmer und die hübschen *rondavels* machen dieses Juwel in den Drakensbergen zum besten Hostel weit und breit. Insofern ist es mehr als nur eine „Backpacker-Lodge" – nicht zuletzt, weil die Auswahl der Unterkünfte selbst anspruchsvolle Traveller zufriedenstellt. Tolles Essen und unzählige Aktivitäten sowie Wanderungen stehen ebenfalls zur Wahl. Der herzliche Inhaber und ehemalige Bergsteiger Ed versorgt seine Gäste zudem mit Expertentipps in Sachen Wanderungen. Die Anlage an der R600 Richtung Champagne Castle liegt ideal für Aktivitäten in der Umgebung.

Little Acres B&B $$

(☎082 456 1185; www.littleacres.co.za; EZ 450–530 R, DZ 730–790 R) Nettes, sauberes und sicheres B&B an der Hauptstraße in bequemer Entfernung zu den Sehenswürdigkeiten und Aktivitäten im Champagne Valley. Es gibt zwei separate Bungalows mit jeweils eigenem Zugang (und eigener Kochnische); weitere Unterkünfte stehen im Haupthaus zur Verfügung. Besonders ältere Traveller werden sich hier wohlfühlen.

Cathkin Cottage B&B $$

(☎036-468 1513; www.cathkincottage.co.za; 1 Yellowwood Dr; EZ/DZ 600/980 R; P ☀) Das adrette und kecke Gästehaus im englischen Stil mit vier Zimmern ist eine schöne Überraschung. In der Gegend locken viele Aktivitäten, aber man wird sich überwinden müssen, den herrlichen Garten mit Rasen und die tolle Lounge mit Innen- und Außenbereich zu verlassen. Alle Zimmer haben einen eigenen Eingang. Das B&B liegt an der Straße zum Drakensberg Sun 500 m hinter dem Sicherheitstor.

Champagne Castle Hotel RESORT $$$

(☎036-468 1063; www.champagnecastle.co.za; DZ inkl. VP ab 2230 R) Das stets bewährte und absehbar „nette" Champagne Castle ist eines der bekanntesten Resorts und liegt günstigerweise in den Bergen am Ende der Straße zum Monk's Cowl (R600).

Valley Bakery BÄCKEREI $

(Snacks 25–40 R; ⏰Mo–Fr 8–17, Sa 7–14 Uhr) Die Bäckerei hat treue Anhänger, die teilweise sogar aus Durban kommen, um die „besten Quiches des Landes" zu genießen. Baguettes, Croissants und jede Menge andere leckere Dinge werden vor Ort gebacken (die Inhaber ernten und mahlen sogar ihren eigenen Weizen). Die ruhige schmiedeeiserne Veranda ist ideal für einen Kaffee, einen Snack oder Brunch. Die Bäckerei macht auf Bestellung auch gern Wraps zum Mitnehmen – prima für Wanderausflüge!

Waffle Hut CAFÉ $

(www.kwazuluweavers.com; Snacks 22–85 R; ⏰8–16.30 Uhr) Bei KwaZulu Weavers kann man sich zuerst im Café mit herzhaften oder süßen Waffeln den Bauch vollstopfen und sich dann den handgemachten Teppichen (manche sind vor Ort gefertigt, andere importiert) widmen. KwaZulu Weavers liegt südlich von Winterton an der Straße zur R600.

Monks Cowl Country Club RESTAURANT $

(☎036-468 1300; www.monkscowl.co.za; Hauptgerichte 45–115 R; ⏰Mo–Sa 7.30–22, So 7.30–16 Uhr) Der hiesige Golf- und Countryclub betreibt ein heimeliges, ruhiges Restaurant, in dem gutes Essen in großen Portionen serviert wird. Man kann hier auch in bescheidenen Finnhütten übernachten (Abendessen, Bett & Frühstück 600 R/Pers.).

INJISUTHI

Injisuthi an der Nordseite des Giant's Castle ist ein weiteres atemberaubendes Fleckchen in den Drakensbergen. Es ist ein lauschiger, außerordentlich schöner Ort mit spektakulärem Blick auf den Gipfel des Monk's Cowl. Das Reservat war früher eine private Farm (die „Farm Solitude"), die Ende der 1970er-Jahre von KZN Wildlife aufgekauft worden ist. Um das Camp Injisuthi herum liegen die höchsten Gipfel der Drakensberge: Mafadi (3400 m) und Injisuthi (3300 m). Diese Berge kann man nicht an einem Tag erklimmen. Eine der vielen Tageswanderungen führt zu den Marble Baths (4–5 Std.), wo man baden kann.

Camp Injisuthi ist Ausgangspunkt für geführte Wanderungen zur außergewöhnlichen **Battle Cave**, einem gewaltigen Felsvorsprung mit bemerkenswerten Felszeichnungen der San. Die ungewöhnlichen Szenen zeigen Figuren und Tiere. Anfänglich glaubte man, sie stellten eine Schlacht dar, aber diese These wurde von Fachleuten widerlegt. Sie sind nun der Überzeugung, dass es sich hier um die Darstellung von halluzinatorischen Träumen oder einer Geistreise handelt. Der Weg dauert hin und zurück sechs Stunden und führt sowohl über frei gelegene als auch über beschattete Pfade (teilweise läuft man unter dem Blätterdach des Waldes entlang). Die Guides zeigen einem unterwegs Heilpflanzen und andere interessante Dinge. Die Wanderung muss vorab reserviert werden (☏036 431 9000; je nach Teilnehmerzahl etwa 100 R/Pers., min. 2 Pers.).

Injisuthi Camp   CAMPING, CHALET $
(☏033-845 1000, 036-431 7849; Stellplatz 65 R; Safaricamp 120 R, Chalet 240 R) Im Angebot sind separate Hütten und Campingstellplätze. Die Preise gelten pro Person. Für Wanderer gibt's Höhlen zum Übernachten (deren Zustand sollte jedoch vor der Tour erfragt werden).

GIANT'S CASTLE
☏036
Das 1904 vor allem zum Schutz der Elenantilopen gegründete Reservat **Giant's Castle** (☏033-845 1000, 036-353 3718; www.kznwildlife.com; Erw./Kind 30/15 R; ⊙Okt.– März 5–22 Uhr, April–Sept. 6–22 Uhr, Rezeption 8–16.30 Uhr) ist ein zerklüftetes, abgelegenes und beliebtes Ausflugsziel mit einer vielfältigen dramatischen Landschaft. Der Gebirgskamm Giant's Castle selbst ist eine der auffälligsten Bergformationen der Drakensberge. (Vom Süden über die N3 kommend nimmt man die neue Ausfahrt 175; sie ist allerdings noch nicht in allen Karten eingezeichnet.)

Wie überall in der Region gibt es auch hier viele ausgezeichnete Wege für Tageswanderungen und längere Touren. Eine einfache Karte mit den Wegen (Entfernungen sind nicht angegeben) erhält man im Büro im Giant's Castle Camp. Hier gibt es auch einen kleinen Laden, der Grundnahrungsmittel und Benzin verkauft.

Der seltene Bartgeier *(Gypaetus barbatus)* lebt ausschließlich in den Drakensbergen und nistet in diesem Naturschutzgebiet. Die Angestellten geben den Gästen manchmal Knochen als Futter für die Vögel mit. In der Nähe befindet sich der **Lammergeyer Hide** (☏036-353 3718; giants@kznwildlife.com; 215 R/Pers., min. 645 R), der beste Ort, um diese Geier zu beobachten. Der Unterstand ist so beliebt, dass man sich im Voraus anmelden muss.

In dem Gebiet rund um Giant's Castle sind viele Stätten mit Felszeichnungen der San zu finden. Die letzten hiesigen San lebten vermutlich Anfang des 20. Jhs.

Um einige dieser Felszeichnungen zu sehen, können Besucher die **Main Cave** (Haupthöhle; Erw./Kind 30/15 R; ⊙9–15 Uhr), 2,3 km südlich vom Giant's Camp (zu Fuß 45 Min.) besuchen. Damit verbunden ist der kürzere Rückweg von 1,5 km. Am Eingang der Höhle wartet ein Führer, der jede Stunde eine Führung durch die Höhle macht.

🛏 Schlafen

Im Schutzgebiet gibt es mehrere ausgezeichnete Unterkünfte sowie Höhlen und Hütten für Wanderer (Achtung: Bei unseren Recherchen waren manche mutwillig zerstört worden – also bitte den aktuellen Zustand checken!).

Giant's Castle Camp   CHALET $$
(☏033-845 1000; www.kznwildlife.com; Wanderhütte 45 R/Pers., Chalet 360–400 R/Pers.) Das sehr hübsche Hauptcamp hat Zwei-, Vier- und Sechsbett-Chalets mit Kamin, Kochnische, Panoramafenster, Fernseher und reetgedeckter Veranda sowie Berghütten mit acht Betten.

KWAZULU-NATAL CENTRAL BERG

ℹ An- & Weiterreise

Von Norden oder Süden über die N3 kommend, nimmt man die R29 nach Giant's Castle (Richtung Osten führt sie nach Estcourt). Von Winterton oder vom Champagne Valley aus fährt man über die R10 und dann nach Süden über Draycott. Unregelmäßig verkehren Minibus-Taxis von Estcourt zu den Dörfern in der Nähe des Haupteingangs (KwaDlamini, Mahlutshini und KwaMankonjane); von diesen sind es aber immer noch mehrere Kilometer, bis man das Giant's Camp erreicht.

Southern Berg

Southern Berg, am besten von den hübschen Ortschaften Himeville und Underberg aus erreichbar, ist der Startpunkt zu einem der größten Highlights der Region: zur Fahrt über den Sani Pass nach Lesotho hinauf. Die Gegend ist auch bei Wanderern ausgesprochen beliebt. Neben großartigen Wanderwegen (beispielsweise dem fabelhaften Giant's Cup Trail) bietet die Region Wildnis pur.

WILDNIS IN SOUTHERN BERG

Die Naturschutzgebiete Highmoor, Kamberg, Lotheni und Cobham liegen südlich von Giant's Castle und werden von Ezemvelo KZN Wildlife verwaltet. Sie sind ziemlich abgelegen, aber – wenn man genügend Zeit hat – durchaus erreichbar. Man kann hier prima wandern. Die Gebühren für Wanderungen mit Übernachtung hängen vom jeweiligen Vorhaben ab.

Highmoor Nature Reserve
NATURSCHUTZGEBIET
(☏033-845 1000; www.kznwildlife.com; Erw./Kind 50/25 R, Stellplatz 110 R/Pers., Höhlencamping 45 R; ⊙6–18Uhr) Das hügelige Highmoor Nature Reserve ist zwar weniger spektakulär als manch andere Teile der Drakensberge-Region, aber die sanften Hügel des Naturschutzgebiets sind angenehm zum Wandern. Es ist auch eines der wenigen Gebiete, in denen die Straße auf den Hügelkämmen verläuft. Es gibt hier zwei Höhlen, die Aasvoel Cave und die Caracal Cave, jeweils 2,5 km vom Hauptbüro entfernt, sowie den Fultons Rock mit Felszeichnungen (ein leichter, 4 km langer Fußmarsch) und Höhlen, in denen Wanderer übernachten können. Die Anfahrt erfolgt über die Ortschaften Nottingham Road und Rosetta (gut ausgeschildert). Es gibt hier keine Chalets, dafür aber Campingplätze.

Kamberg Nature Reserve & Rock Art Centre
NATURSCHUTZGEBIET
(☏033-267 7251; www.kznwildlife.com; Erw./Kind 30/15 R; ⊙Okt.–März 5–19 Uhr, April–Sept. 6–18 Uhr) Im Kamberg Nature Reserve, südöstlich von Giant's Castle, leben etliche Antilopenarten. Fremdenführer aus dem Stamm bieten Wanderungen zu **Felszeichnungen** (Erw./Kind 30/15 R) an. Es lohnt sich, dem **Rock-Art Centre** im Schutzgebiet einen Besuch abzustatten – schon zur Unterstützung des Stammes der Tandela, der das Zentrum betreibt. Führungen starten um 9, 11 und 12.30 Uhr an einem eigens zu diesem Zweck gebauten Multimediazentrum. Der Trip (3,5 km) dauert hin und zurück drei Stunden. Es ist ein lockerer Fußmarsch, wenn's auch am Ende etwas steil wird. Im Multimediazentrum werden zwei **Dokumentationen** (20 R) gezeigt – eine über die San und eine virtuelle Tour des eigentlichen Rundgangs für jene, die nicht selbst zur Stätte laufen können. Hierher gelangt man von Nottingham Road oder Rosetta aus; südlich vom Mooi River die Ausfahrt von der N3 nehmen!

Unterkünfte im Park bietet **Ezemvelo KZN Wildlife** (☏033-267 7251; www.kznwildlife.com; 2B-Chalet 570 R): gut ausgestattete Chalets in ruhiger Gartenlage, geschmackvoll eingerichtet mit kleiner Küche und Panoramafenster mit Blick auf den Rasen und die Berge dahinter. Vorräte selbst mitbringen! Weitere Übernachtungsmöglichkeiten finden sich außerhalb des Parks.

Perfekt für Familien oder bei längeren Aufenthalten sind die hübschen, bescheidenen Cottages im **Glengarry Park** (☏033-267 7225; www.glengarry.co.za; Stellplatz 90 R/Pers., Selbstversorger-Chalet 260 R/Pers.), die mitten in einem schönen Garten vor einem kleinen See stehen. Die Anlage besitzt sogar einen Bowlingrasen, einen kleinen Golfplatz und tolle Wanderwege in der Region. Der Inhaber zeigt seinen Gästen gerne auch den Weg zu einer Mountainbikestrecke in den Bergen. Der Park liegt nahe der Glengarry-Highmoor-Straße, nahe der Kamberg Rd, 31 km von Rosetta entfernt.

Hätte Gott die Schönheit der Drakensberge mit einer künstlichen Gourmetoase krönen wollen, hätte er eigenhändig das **Cleopatra Mountain Farmhouse** (☏033-267 7243; www.cleomountain.com; Balgowan: 1595–1995 R/Pers.) erschaffen. Das Luxusrefugium gehört dem bekannten südafrikanischen Koch Richard Poynton. Die Gäste

DER GIANT'S CUP TRAIL

Wer sich irgendwo in Südafrika die Beine vertreten will, findet hier das richtige Aktionsfeld. Zweifellos ist der **Giant's Cup Trail** (68 km, 5 Tage & 5 Nächte) vom Sani Pass nach Bushman's Nek einer der großartigsten Wanderwege des Landes. Jeder einigermaßen fitte Mensch kann ihn bewältigen – deshalb ist er auch sehr beliebt. In der hiesigen Ferienzeit ist die frühe Buchung über **Ezemvelo KZN Wildlife** (⌨ in Pietermaritzburg 033-845 1000) ratsam. In Bezug auf das Wetter gelten die für die Drakensberge-Region üblichen Vorsichtsmaßnahmen. Heftige Kälteeinbrüche sind in jeder Jahreszeit möglich. Die Gebühren hängen von der Zusammensetzung der Wandergruppe ab.

Die Etappen: Tag eins: 14 km, Tag zwei: 9 km, Tag drei: 12 km, Tag vier: 13 km und Tag fünf: 12 km (bitte beachten, dass der Trail kein Rundweg ist!). Man kann noch einen sechsten Tag dranhängen und von Bushman's Nek hinauf nach Lesotho zum Sehlabathebe National Park marschieren (Reisepass erforderlich). Höhepunkte auf der Wanderung sind die Bathplug Cave mit Felsmalereien der San und die atemberaubende Berglandschaft am vierten Tag. Ambitionierte Wanderer können versuchen, zwei Etappen an einem Tag zu bewältigen. Außerdem sind bei schönem Wetter auch Abstecher von den Hütten möglich. Karten sind für 45 R in der Sani Lodge erhältlich.

Campen ist auf dieser Tour nicht gestattet. Die Übernachtungsmöglichkeiten beschränken sich also auf die wenigen **Gemeinschaftshütten** (Erw./Kind 65/50 R pro Tour), weshalb auch im Voraus gebucht werden muss. Feuerholz gibt es nicht, sodass man Kocher und Gaskartuschen mitbringen muss. Die Sani Lodge (S. 295) befindet sich fast am Anfang des Wanderwegs; ihr Personal holt nach Vereinbarung die Gäste auch von Himeville oder Underberg ab.

(max. 22) genießen das abendliche sechsgängige Menü aus hochwertigen Zutaten, die kreativ zubereitet und mit schweren, cremigen Saucen serviert werden. Jedes der elf Zimmer ist zu einem bestimmten Thema eingerichtet – von toskanisch bis Gartenambiente – und mit skurrilen Details versehen, z.B. mit einem Lattenzaun als Bettkopfteil oder mit Memorabilien der Buren. Das Ganze hat natürlich seinen Preis, aber hier lohnt es sich wirklich, einmal das Budget zu vergessen ... und auch das Kalorienzählen.

UNDERBERG, HIMEVILLE & UMGEBUNG

☏ 033 / 1500 EW.

Das kleine Bauerndorf Underberg in den Ausläufern von Southern Drakensberg quillt im Sommer über, wenn Durbaner zum Frischlufttanken in die Berge strömen. Die Infrastruktur ist o.k.; Besucher können hier gut Geld abheben, einkaufen und Aktivitäten in der Region organisieren. Nur wenige Kilometer entfernt liegt Himeville, ein hübscher, wenn auch verschlafener Ort, der Ausgangspunkt für Touren in Southern Drakensberg ist. Abgesehen von einem ausgezeichneten Museum, einer typischen alten Kneipe und einigen ganz netten B&Bs gibt es hier nicht viel zu besichtigen. Mi-

nibus-Taxis verkehren zwischen Himeville und Underberg (6 R, 10 Min.).

◉ Sehenswertes & Aktivitäten

Himeville Museum   MUSEUM
(Eintritt gegen Spende; ⊙ Di–Sa 9–15, So bis 12.30 Uhr) Dies ist eines der besten Heimatmuseen des Landes. Es ist im letzten *laager* untergebracht, das in Südafrika gebaut wurde (1896) und beherbergt eine unheimliche Ansammlung von Krimskrams – vom Union Jack, der bei der Belagerung von Ladysmith gehisst wurde, bis hin zu einer von Montgomery signierten Karte von El Alamein. Mike, der Mann am Schalter, weiß über alles Bescheid.

Khotso Horsetrails   REITEN
(☏ 033-701 1502; www.khotsotrails.co.za) Bietet Ausritte und Ausflüge (auch Tubing, also Flussfahrten im Reifenschlauch, und Angeln) in dem Gebiet und nach Lesotho an. Der Inhaber Steve wird von den Lesern als „Südafrikas Crocodile Dundee" beschrieben. Der Reitstall liegt rund 7 km nordwestlich von Underberg an der Drakensberg Gardens Rd.

☝ Geführte Tour

Mehrere Veranstalter haben Tagesausflüge zum Sani Pass hinauf (ab ca. 550 R ohne

Mittagessen) im Programm; sie veranstalten auch Touren, die speziell auf die Interessen ihrer Kunden zugeschnitten sind: **Drakensberg Adventures** (033-702 0330; www.drakensbergadventures.co.za; Sani Lodge, Sani Pass), **Major Adventures** (033-701 1628; www.majoradventures.com; Old Main Rd, Underberg), **Sani Pass Tours** (033-7011064; www.sanipasstours.com; Shop 22, Trout Walk Centre, Underberg) – dieser Veranstalter nimmt auch Buchungen für die Sani Pass Lodge vor – und **Thaba Tours** (033-7012333; www.thabatours.co.za; Clocktower Centre, Underberg).

Schlafen

Es gibt mehrere gute Unterkünfte in und rund um Underberg und Himeville.

Yellowwood Cottage B&B B&B $$
(033-702 1065; www.sa-venues.com/visit/yellowwoodcottage; 8 Mackenzie St, Himeville; EZ/DZ inkl. Frühstück 290/660 R; P) Aus den vier gemütlichen, herausgeputzten Zimmern in einem hübschen Haus haben Gäste einen schönen Blick auf den Garten und auf die Hodgson's Peaks. Die freundlichen Inhaber tun alles für einen netten, heimeligen Aufenthalt. Die Preise beziehen sich allerdings auf die Wintersaison, wenn die Heizkosten noch auf den Zimmerpreis draufgeschlagen werden.

Tumble In B&B $$
(033-7011 556; www.tumble-in-bnb.co.za; Underberg; Zi. inkl. Frühstück 300 R/Pers.) Das bescheidene B&B verfügt über geräumige, heimelige Zimmer mit Blick auf einen herrlichen Garten mit Apfel- und Birnbäumen und vielen Vögeln. Es liegt 2,5 km von Underberg entfernt an der Himeville Rd.

Albizia House B&B B&B $$
(033-702 1837; www.africaalbizia.co.za/bnb; 62 Arbuckle St, Himeville; EZ/DZ 410/650 R; P) Ein adrettes, sauberes und mit Teppichen ausgelegtes B&B mit Blick auf den gemähten Rasen. Der Besitzer ist zudem ein Guide.

Khotso Backpackers HOSTEL $
(033-701 1502; www.khotsotrails.co.za; Treetower Farm, Underberg; B ab 120 R;) Gute Budgetunterkunft in ländlicher Lage. Die Inhaber veranstalten auch Ausritte nach Lesotho und in die Umgebung, und man kann sich beim Raften und Tubing (Flussfahrten im Reifenschlauch) einen Adrenalinkick holen. Das Hostel befindet sich rund 7 km nordwestlich von Underberg an der Drakensberg Gardens Rd.

Essen

Pucketty Farm DELI $

(033-701 1035; www.pucketty.com; 8–17 Uhr) Hier trifft die Kinderbuchautorin Beatrix Potter auf Starkoch Jamie Oliver: Hinter dieser Mixtur aus „putzig" und „Gourmet" steckt mehr, als zunächst zu vermuten ist. Es gibt eine riesige Auswahl von preisgünstigen Gourmetprodukten, eine Kunstgalerie und ein kleines Café (überraschenderweise sind hier keine der Tierfiguren wie Frau Tiggy-Wiggel von Beatrix Potter zu finden, dafür genießen aber ein paar echte Tiere die Aufmerksamkeit der Gäste). Das Unternehmen wurde vor 18 Jahren gegründet und ist seither in jeder Hinsicht „bio". Dies ist ein echtes Feinschmeckerparadies mit einer großen Auswahl von Köstlichkeiten (unbedingt den süßen Beeren-Relish und die eingelegten Pflaumen probieren!) – der Karottenkuchen ist legendär. Perfekt für Selbstversorger! Die Farm liegt 1,5 km östlich der Abzweigung nach Himeville.

Lemon Tree Bistro INTERNATIONAL $$
(033-701 1589; Clocktower Centre, Main Rd, Underberg; Hauptgerichte 55–130 R; Di–Sa morgens, mittags & abends, So & Mo morgens & mittags) Hier werden schmackhafte Pasta, Burger, Wraps und Pfannkuchen serviert. Unbedingt probieren sollte man das 250 g schwere Kudu-Medaillon (130 R), das manchmal auch auf der Karte steht.

Himeville Arms KNEIPE $$
(033-702 1305; www.himevillehotel.co.za; Main Rd, Himeville; Hauptgerichte 60–85 R; morgens, mittags & abends) In dem altmodischen Gasthaus weht mitten in Himeville ein Hauch der Idylle Mittelenglands. Zur Wahl stehen die Bar, der stimmungsvoll-altmodische Speisesaal und der Wochenendgrill.

Grind Cafe CAFÉ $
(Underberg Village Mall, Underberg; Hauptgerichte 20–100 R; morgens, mittags & abends) Das moderne Café in der Village Mall ist einer der beliebtesten Treffpunkte in Underberg. Man bekommt hier tollen Kaffee, guten Kuchen und eine große Auswahl Salate und Pizzas. Obendrein gibt's auch WLAN.

Praktische Informationen

First National Bank (Old Main Rd, Underberg) Hat einen Geldautomaten.

Southern Berg Escape (033-701 1471; www.drakensberg.org; Clocktower Centre, Old Main Rd, Underberg; Mo–Fr 8–16, Sa & So 9–13

MITTENDRIN IN KWAZULU-NATAL – KOKSTAD UND VRYHEID

Kokstad, 182 km südwestlich von Pietermaritzburg, dient als Zwischenstopp für die vielen Leute, die den Weg von der Provinz Mpumalanga zur Südküste KwaZulu-Natals unterschätzt haben oder die ein öffentliches Verkehrsmittel von/nach Underberg nehmen wollen. Eine bequeme Unterkunft ist das **Mount Currie Inn** (☎039-727 2178; www.mountcurries.co.za; EZ 330 R, DZ 500–950 R), das 2,5 km außerhalb des Stadtzentrums an der Hauptstraße liegt, die zur N2 führt. Der Gasthof hat nette Zimmer der Klassen Budget, Standard, Executive und Deluxe. Im Haus gibt's eine gute Bar und das Restaurant Cassandra's (Hauptgerichte 30–70 R, Mo–Fr mittags & abends).

Eine weitere nützliche Übernachtungsstation ist das 62 km südlich von Piet Retief (Provinz Mpumalanga) gelegene **Vryheid**, das sich besonders anbietet, wenn man erst spät aus Swasiland oder dem Kruger National Park abgereist ist. Hier ist in erster Linie das superfreundliche, saubere und gut ausgeschilderte **Siesta B&B** (☎034-980 8023; siesta@nkunzi.com; EZ/DZ 350/440 R) zu empfehlen.

Uhr) Hier bekommt man den nützlichen *Southern Drakensberg Pocket Guide*.

Standard Chartered Bank (Underberg Village Mall, Underberg) Hat einen Geldautomaten.

ℹ An- & Weiterreise

NUD Express (☎033-701 2750, 079 696 7018; www.underbergexpress.co.za) betreibt Shuttlebusse zwischen Underberg (und der Sani Lodge) und Durban-Zentrum (200 R), dem King Shaka International Airport in Durban (290 R) und Pietermaritzburg (210 R). Die Busse sind nicht gerade für ihre Verlässlichkeit und Pünktlichkeit bekannt und müssen im Voraus gebucht werden.

Wer von der Südküste KwaZulu-Natals in Kokstad ankommt oder auf dem Weg zur Wild Coast bzw. nach Port Elizabeth ist, kann das einmal täglich zwischen Kokstad-Zentrum und Underberg verkehrende Minibus-Taxi nehmen: Abfahrt ab Underberg (am Spa-Parkplatz) ist um 9 Uhr und ab Kokstad um 14 Uhr (Ankunft des Baz-Bus und anderer Busse ist am Mount Currie Inn, 2,5 km vom Zentrum entfernt; man kann den Fahrer des Minibus-Taxis bitten, einen gegen einen Aufpreis bis dorthin zu fahren).

Die **Underberg Metered Taxi Association** (☎072 016 5809, 076 199 5823 oder 076 719 2451) betreibt Taxis, die bis zu vier Fahrgäste nach Durban (1200 R), Pietermaritzburg (700 R) oder Kokstad (550 R) bringen.

Minibus-Taxis verkehren zwischen Himeville und Underberg (8 R, 10 Min.) und von Underberg zu den Ladenruinen Good Hope (30 R, 30 Min.) sowie nach Pietermaritzburg (55 R, 1½ Std.).

Infos zu Verbindungen nach Lesotho sind unter dem Abschnitt Sani Pass (S. 295) aufgeführt.

SANI PASS

☎033

Die Fahrt auf den Sani Pass ist ein Trip auf das Dach Südafrikas: Die spektakuläre Fahrt führt in Haarnadelkurven durch die Wolken hinüber ins Königreich Lesotho.

Mit 2865 m ist der Sani Pass der höchste in Südafrika. An klaren Tagen ist der Ausblick magisch, nach Norden reicht er über den Mkhomazana River hinaus, während im Süden hohe Klippen drohend fast direkt über einem hängen. In praktisch jede Richtung führen Wanderwege; möglich sind auch preisgünstige Ausritte. Erstaunlicherweise ist der Pass zugleich die einzige Straßenverbindung zwischen Lesotho und KwaZulu-Natal.

Oben auf dem Pass thront gleich hinter dem Grenzübergang nach Lesotho das Sani Top Chalet – diverse Anbieter veranstalten Geländewagentouren hinauf zum Chalet.

Täglich bringen Minibus-Taxis Leute aus Mokhotlong (Lesotho) nach Südafrika, die dort einkaufen wollen. Wenn auf der Rückfahrt ein Platz frei sein sollte, ist dies die günstigste Option, um über den Pass nach Lesotho zu gelangen, zumal die Fahrt nicht bloß bis zur Lodge oben auf dem Pass, sondern hinüber in eine Stadt geht. Einfach bei der Touristeninformation nachfragen! Zur Einreise nach Lesotho braucht man seinen Reisepass. Die Grenze ist täglich von 6 bis 18 Uhr geöffnet – das sollte man aber vor Ort überprüfen, denn die Zeiten können sich ändern. Genügend Zeit einplanen, um die Orte diesseits und jenseits der Grenze zu erreichen! Und man sollte daran denken, dass für die Wiedereinreise nach Südafrika ein neues Visum erforderlich ist.

🛏 Schlafen

Sani Lodge   HOSTEL $

(☎033-702 0330; www.sanilodge.co.za; Stellplatz 70 R, B/DZ ohne Bad 110/320 R, 2B-Rondavel 400 R, Selbstversorger-Cottage 250 R/Pers., mind. 750 R) An einer kürzlich asphaltierten Straße unterhalb des Passes befindet sich die Sani Lodge – sie ist der Spitzenreiter in Sachen Lokalwissen. Das hauseigene Unternehmen Drakensberg Adventures bietet eine Reihe fabelhafter Touren und Aktivitäten sowie Insidertipps zu dieser Region. Manche Zimmer sind recht schlicht (die *rondavels* sind hübscher), aber das macht die skihüttenartige Atmosphäre im Gemeinschaftsbereich wieder wett. Die Gäste können die Gemeinschaftsküche nutzen oder sich für 70 R das Abendessen zubereiteten lassen. Das Hostel liegt rund 10 km von Himeville entfernt an der Straße zum Sani Pass.

BUSHMAN'S NEK
033

Bushman's Nek ist ein Grenzposten zwischen Südafrika und Lesotho (nur für Fußgänger). Von hier aus führen Wanderwege ins Felsmassiv und in den Sehlabathebe National Park in Lesotho. Mit Khotso Horsetrails (s. S. 293) kann man auch hoch zu Ross über die Grenze nach Lesotho reiten.

Übernachten können Traveller z.B. im **Bushman's Nek Hotel** (033-701 1460; www.bushmansnek.co.za; Zi. 902 R;), einer Ferienanlage mit allem Drum und Dran, die etwa 2 km östlich des Grenzpostens liegt, oder auf dem Campingplatz **Silverstreams Caravan Park** (033-701 1249; www.silverstreams.co.za; Stellplatz 180–400 R/Pers., Cottage ab 600 R), der direkt neben der Grenze Stellplätze und Hütten anbietet.

DIE MIDLANDS

Die Midlands erstrecken sich von Pietermaritzburg (der Hauptstadt KwaZulu-Natals) in Richtung Nordwesten bis nach Estcourt und streifen die im Nordosten liegenden Battlefields. Die Landschaft westlich von Pietermaritzburg ist malerisch und hügelig; hier finden sich diverse Gestüte und zahlreiche europäische Baumarten. Das Gebiet wurde ursprünglich von englischen Farmern besiedelt.

Heute lockt die Region vor allem Kunst- und Kunsthandwerksliebhaber an und vermarktet sich selbst vor allem als Midlands Meander, ein leicht gekünsteltes Mischmasch mit Kunsthandwerksläden, künstlerisch Ambitionierten, Teestuben und B&Bs, das sich nordwestlich von Pietermaritzburg (S. 296) und westlich der N3 entlang der R103 erstreckt.

Pietermaritzburg
036 / 457 000 EW.

Das als traditionelles Zentrum angepriesene Pietermaritzburg ist der Sitz von Regierung und Parlament der Provinz KwaZulu-Natal. Die aufwändigen historischen Gebäude der Stadt erinnern an die Zeit der Tropenhelme und mittäglichen Martinis. Obwohl viele Gebäude zu Museen umgewandelt wurden, hat ein großer Teil des Zentralen Geschäftsviertels in den letzten Jahren an Glanz eingebüßt. Das hat teilweise mit dem kläglichen Zustand der städtischen Finanzen zu tun (zum Zeitpunkt unserer Recherche stand die Stadt unter Zwangsverwaltung). Doch viele der inneren Vorstädte – sowie Hilton, eine Vorstadt 9 km nordwestlich vom Stadtzentrum – sind grün und hübsch.

Pietermaritzburg präsentiert sich als eine multikulturelle, moderne Stadt: Viele Studenten besuchen die zahlreichen Privatschulen der Stadt, die große Bevölkerungsgruppe der Zulu sorgt für bunte Farben, während die indische Gemeinde dem geschäftigen Straßenleben seinen eigenen Stempel aufdrückt. Überdies ist Pietermaritzburg eine recht günstige Ausgangsbasis zur Erkundung des Midlands Meander (s. Kasten S. 300).

Geschichte

Nachdem sie die Zulu in der Entscheidungsschlacht am Blood River (s. S. 308) geschlagen hatten, gründeten die Voortrekker ihre Republik Natalia. Pietermaritzburg (üblicherweise als PMB bezeichnet) wurde 1838 gegründet und zur Hauptstadt des Staates erklärt. Benannt wurde der Ort nach dem Voortrekker-Anführer Pieter Mauritz Retief (später fiel das „u" weg, und 1938 wurde beschlossen, dass das „maritz" im Namen künftig für Gert Maritz, einen weiteren Voortrekker-Pionier stehen sollte). 1841 errichteten die Buren ihre Church of the Vow (Gelöbniskirche) zur Erinnerung an das Gelübde, das sie am Blood River abgelegt hatten. 1843 annektierten die Briten das Land, aber Pietermaritzburg – das bereits eine ordentliche Kleinstadt war und eine bessere Lage in weniger feuchtem Klima als Durban hatte – blieb die Hauptstadt der neuen Provinz Natal. Das änderte sich kurzfristig nach dem Ende der Apartheid, doch seit 2004 ist Pietermaritzburg wieder die alleinige Hauptstadt der Provinz KwaZulu-Natal. Im Jahr 2005 wurden dann viele

Straßen umbenannt, um den afrikanischen Charakter der Stadt stärker zu betonen.

Alan Paton, der bekannte Autor des Romans *Denn sie sollen getröstet werden,* kam 1903 in Pietermaritzburg zur Welt.

◉ Sehenswertes & Aktivitäten

Gebäude
GEBÄUDE

Sehenswerte Gebäude verteilen sich über das rasterförmig angelegte Stadtzentrum. Das aus der Kolonialzeit stammende **Rathaus** (Ecke Langalibalele St & Chief Albert Luthuli St) ist das größte Backsteingebäude der südlichen Hemisphäre. Das Gebäude der **Standard Chartered Bank** (Church St Mall) wurde von Phillip Dudgeon entworfen und der Bank of Ireland in Belfast nachempfunden. Außerdem sind **Hindutempel** (Langalibalele St) und eine **Moschee** (East St) in der Gegend zu finden. Gegenüber **alten kolonialzeitlichen Gebäuden** steht trotzig eine **Gandhistatue** (Church St), die vor einiger Zeit im Bahnhof von Pietermaritzburg aus einem Erste-Klasse-Abteil geworfen wurde.

GRATIS **Tatham Art Gallery**
KUNSTGALERIE

(www.tatham.org.za; Chief Albert Luthuli St; ◉Di–So 10–18 Uhr) Entsprechend dem selbst verliehenen Status als „Kulturstadt" gehört die 1903 von Mrs. Ada Tatham begründete Kunstgalerie zu den schönsten Sehenswürdigkeiten von Pietermaritzburg. Sie residiert in dem wunderschönen alten Gebäude des Obersten Gerichts und zeigt eine gute Sammlung französischer und englischer Gemälde des 19. und frühen 20. Jhs. Alle 15 Minuten kommen kleine Figürchen aus der berühmten goldenen Uhr heraus und lassen das Glockenspiel erklingen.

KwaZulu-Natal National Botanical Garden
BOTANISCHER GARTEN

(www.sanbi.org; Mayors Walk; Erw./Kind 16/10 R; ◉Sommer 8–18 Uhr, Winter bis 17.30 Uhr) Der botanische Garten liegt 2 km westlich vom Bahnhof an der Verlängerung der Hoosen Haffejee St. Auf dem 42 ha großen Gelände finden sich exotische Pflanzen und einheimische Gewächse aus der Nebelregion.

Natal Museum
MUSEUM

(237 Jabu Ndlovu St; Erw./Kind 10/3 R; ◉Mo–Fr 8.15–16.30, Sa 9–16, So 10–15 Uhr) Das Museum präsentiert etliche Exponate, die die Vielfalt der Kulturen widerspiegeln, darunter Stücke zur Siedlergeschichte und Aufzeichnungen aus den Kriegen. Die naturkundliche Sammlung zeigt ausgestopfte Vögel und Säugetiere sowie präparierte Meeresbewohner.

Macrorie House Museum
MUSEUM

(11 Jabu Ndlovu St; Erw./Kind 10/5 R; ◉Mo 10–15, Di–Fr 9–13 Uhr) In dem Gebäude sind Möbel und Gerätschaften der ersten britischen Siedler ausgestellt – und spuken tut's hier auch.

Msunduzi Museum
MUSEUM

(www.voortrekkermuseum.co.za; 351 Langalibalele St; Erw./Student 8/5 R; ◉Mo–Fr 9–16, Sa bis 13 Uhr) Das frühere Voortrekker Museum umfasst einen Komplex, zu dem die Church of the Vow, das Wohnhaus von Andries Pretorius, ein Voortrekker-Haus und eine ehemalige Mädchenschule (in der die Verwaltung des Museums untergebracht ist) gehören. Die **Church of the Vow (Gelöbniskirche)** wurde 1841 zur Erfüllung des Gelübdes errichtet, das die Voortrekker bei der Schlacht am Blood River getan hatten. Der Wortlaut des Gelübdes findet sich in der modernen **Memorial Church** gleich nebenan. Nach Ende der Apartheid wurde die Geschichte umgeschrieben: Das Museum hat einen neuen Namen und versteht sich jetzt als multikulturelle Institution, das auch die Geschichte und Kultur der Zulu und der südafrikanischen Inder würdigt.

☞ Geführte Tour

Msunduzi Pietermaritzburg Tourism
TOUR

(☎033-345 1348; www.pmbtourism.co.za; Publicity House; 117 Chief Albert Luthuli St; ◉Mo–Fr 8–17, Sa bis 13 Uhr) Das Unternehmen organisiert Stadtspaziergänge (100 R/Pers.) und Autotouren (150 R/Pers.). Für Letztere braucht man ein eigenes Auto.

🛏 Schlafen

Die meisten B&Bs werden von Geschäftsleuten genutzt, die zu Gerichts- oder zu Geschäftsterminen in die Stadt kommen. Pietermaritzburg Tourism hilft bei der Suche und der Buchung, ebenso wie das **Pietermaritzburg B&B Network** (☎073-154 4444), ein Zusammenschluss von B&Bs, die sich gegenseitig bei der Kundensuche unterstützen.

Heritage Guest House
PENSION **$$**

(☎033-394 4364; 45 Miller St; EZ/DZ inkl. Frühstück 475/650 R, Familiensuite 1200 R) Es ist ein gutes Zeichen, dass man den Besitzer mit Kochmütze auf dem Kopf sieht, während er ein englisches Frühstück vorbereitet. Das Haus hat sechs kleine Wohneinheiten un-

KWAZULU-NATAL PIETERMARITZBURG

Pietermaritzburg

terschiedlicher Form und Größe rund um einen hübschen Garten mit Pool. Es liegt günstig zum Stadtzentrum und gegenüber vom Friedhof. In den komfortablen Betten schläft man wie ein Toter. Da hier viele Langzeitgäste absteigen, ist die Pension oft ausgebucht.

Elbow's Rest CHALET $$
(☎033-343 1594; www.pietermaritzburg.co.za; 15 Azalea Dr, Hilton; EZ/DZ 400/580 R) Die drei Selbstversorger-Einheiten bieten ein nettes Cottageflair in sicherer Umgebung. Das Dekor mit vielen Holzverzierungen wirkt etwas altmodisch, aber ein entzückender englischer Landhausgarten umgibt jede Einheit. Das Anwesen liegt nur 10 km außerhalb in Hilton.

Smith Grove B&B $$
(☎033-345 3963; www.smithgrove.co.za; 37 Howick Rd; EZ/DZ 400/600 R) Das hübsche, renovierte viktorianische Haus hat mit seinen geräumigen, individuell und farbig unterschiedlich gestalteten Zimmern B&B-Komfort englischen Stils.

Redlands Hotel & Lodge HOTEL $$
(☎033-394 3333; www.guestnet.co.za; Ecke Howick Rd & George MacFarlane Lane; EZ 875–1170 R, DZ 1080–1280 R; ❄☀) In dem eleganten Hotel mit stattlich-herrschaftlichem Flair wohnt man in leicht gekünsteltem, aber geschmackvollem Kolonialstilambiente. Das Haus wird von Regierungsmitgliedern geschätzt. Das weitläufige Gelände trägt zusätzlich zur oasenhaften Atmosphäre bei. Das Anwesen befindet sich nördlich vom Zentrum nahe der Howick Rd hinter den Royal Agricultural Showgrounds.

Prince Alfred Street
Backpackers HOSTEL $
(☎033-345 7045; www.chauncey.co.za; 312 Prince Alfred St; 180 R/Pers., ohne Bad 160 R; P☎) Das heitere, aber leicht verblichene Hostel mit bunten Moskitonetzen und volkstümlicher Dekoration liegt nahe dem Zentrum. Mit etwas Glück bereitet der Besitzer Andre selbst das Gourmetessen zu (vorab bestellen; Frühstück 50 R, Abendessen rund 90 R). Alleinreisende zahlen nichts extra, auch wenn sie ein Zimmer für sich allein beziehen. Schwule Reisende, aber auch alle anderen sind hier herzlich willkommen.

Sleepy Hollow Adventure
Backpackers HOSTEL $
(☎082 455 8325; www.sleepyhollowbackpackers.com; 80 Leinster Rd; Stellplatz 85 R, B/DZ/FZ 135/330/495 R) Die weitläufige Herberge aus den 1940er-Jahren liegt mitten im Studentenviertel und macht mit ihren abgewetz-

Pietermaritzburg

◎ Sehenswertes

Church of the Vow...................(siehe 4)
1 Rathaus C1
2 Macrorie House Museum...................A3
3 Modern Memorial Church...................C1
4 Msunduzi Museum...............................C1
5 Natal Museum.....................................C2
6 Alte kolonialzeitliche Gebäude............C1
7 Standard Chartered Bank...................B1
8 Gandhistatue......................................C1
9 Tatham Art Gallery.............................C1

⊜ Schlafen

10 Heritage Guest House.......................D2
11 Prince Alfred Street
Backpackers....................................D2

⊗ Essen

12 Rosehurst...B1
Traffords................................(siehe 10)

---

ten Teppichen, den abgewohnten Möbeln und der Gemeinschaftsküche einen gemütlichen Eindruck.

✗ Essen

Rosehurst INTERNATIONAL $$
(239 Boom St; Hauptgerichte 58–70 R; ☺Mo–Fr 8.30–16.30, Sa bis 14 Uhr) Hinter dem eher kitschigen Geschenkeladen in dem hübschen viktorianischen Haus verbirgt sich eine herrliche Oase – ein urenglischer Garten inmitten von 'Maritzburg samt in Form geschnittener Bäume und schicker Stühle und Tische. Unter Blüten und rosafarbenen Bougainvilleen lässt es sich bestens bei frischen, superköstlichen Salaten, Sandwiches oder Kuchen relaxen. Und wirklich gutes Frühstück gibt's hier auch.

Traffords INTERNATIONAL $$
(43 Miller St; Hauptgerichte 40–70 R, abends 75–120 R; ☺Mi–Fr mittags, Mi–Sa abends) Das gemütliche Restaurant befindet sich neben dem Heritage Guest House und wird auch vom selben Inhaber betrieben, der zudem noch Koch ist. Es überrascht also nicht, dass hier ein paar richtig gute internationale Gerichte serviert werden. Das reizvolle idyllische Ambiente in dem umgebauten denkmalgeschützten Haus ist ein zusätzliches Plus. Zu essen gibt's u.a. Ochsenschwanz, langsam geschmorte Lammkeule und hausgemachte Gnocchi. Mittags sind vor allem Salate der Hit. Auch Vegetarier werden hier gut versorgt. Die

---

Einrichtung ist nobel-altmodisch, als würde man in seinem eigenen hochherrschaftlichen Anwesen elegant speisen.

Butcher Boys STEAKHAUS $$
(9 Armitage Rd, Bird Sanctuary; Hauptgerichte 95–125 R; ☺So–Fr mittags & abends, Sa abends; ❄) In diesem stilvollen Steakhaus heißt es „Grill nach Wunsch": Die ausgewählten Stücke (so zart, dass sie auf der Zunge zergehen) sind bei Geschäftsleuten und anderen Fleischliebhabern begehrt. Aber Achtung: Die vegetarischen Speisen sind weniger ansprechend! Am besten hält man sich also an die Spezialitäten des Hauses.

♉ Ausgehen & Unterhaltung

Dross KNEIPE
(Chatterton Rd; Hauptgerichte 40–100 R; ☺mittags & abends; ❄) Zahlreiche gute Getränke, eine große Terrasse und ein riesiger Bildschirm für Sportsendungen warten hier auf Gäste, denen der Sinn nach einer Kneipentour steht. Es gibt auch einen Grill, um den Appetit auf Herzhafteres zu befriedigen.

Franki Bananas BAR
(9 Armitage Rd, Bird Sanctuary; ☺11 Uhr–open end) Die exklusive Cocktailbar ist der derzeitige Renner und bei Studenten und jungen Berufstätigen beliebt – vor allem freitagsabends. Es gibt auch immer gute Sonderangebote: Montag ist Bier-&-Burger-Abend (45 R), Dienstag ist Girls' Night usw. Achtung: mit dem Taxi hin- und zurückfahren!

❶ Praktische Informationen

Geld

Es gibt verschiedene Banken überall in der Stadt und in den großen Einkaufszentren.

ABSA (Ecke Langalibalele & Buchanan St) Hat einen Geldautomaten und wechselt Geld.

First National Bank (Church St) Praktische Lage im Stadtzentrum.

Internetzugang

Orange Ring (☏033-342 9254; 31 Chief Albert Luthuli St; ☺7–21 Uhr)

Wireless 4 U (Shop 73, Liberty Midlands Mall, 50 Sanctuary Rd; ☺Mo–Sa 9–18, So bis 17 Uhr)

Medizinische Versorgung

Medi-Clinic (☏033-845 3700, 24 Std. Ambulanz 033-845 3911; www.mediclinic.co.za; 90 Payn St)

Notfall

Polizei (☏033-845 2400, 10111; Jabu Ndlovu St)

DER MIDLANDS MEANDER

Für Uneingeweihte kann die Midlands-Region ein wenig unübersichtlich sein. Hier gibt's jede Menge Einrichtungen mit niedlich-komischen Namen wie „Piggly Wiggly" oder „Ugly Duckling", aber wenige Hinweise darauf, ob es sich dabei um geschmackvolle Galerien oder kitschige Souvenirläden handelt. Dennoch ist der Meander – der sich über ein Tal und seine Ausläufer erstreckt – ein entspannender, netter und lohnender Abstecher von der N3. Die in den Touristeninformationen erhältliche Broschüre *Midlands Meander* enthält eine detaillierte, farbige Karte des Gebiets. Unsere Highlights (die nur teilweise in der Broschüre verzeichnet sind):

Ardmore Ceramic Studio (☎033-234 4869; www.ardmoreceramics.co.za; Caversham Rd, Lidgetton; ☺8–16.30 Uhr) Diese außergewöhnliche Galerie wurde 1985 von der Künstlerin Fée Halset-Berning ins Leben gerufen. Diese bildete Bonnie Ntshalintsahli aus, die Tochter eines Landarbeiters. Bonnie ist inzwischen zwar leider verstorben, aber die Keramikwerkstatt floriert dank einer Gruppe hochtalentierter Künstler. 2009 verlegte die Werkstatt ihren Sitz aus der Drakensberge-Region an ihren gegenwärtigen Standort inmitten eines grünen Geländes mit eindrucksvollen Bäumen. In der Werkstatt entstehen außergewöhnlich schöne Keramiken, teils Gebrauchsgegenstände, teils reine Schmuckstücke. Die Werke sind mittlerweile so begehrt, dass Christie's jährlich eine Auktion mit ausgewählten Stücken veranstaltet. Man kann den Künstlerinnen bei der Arbeit in der Werkstatt zuschauen, die eindrucksvolle Galerie besichtigen und auch Werke erwerben.

Dargle Valley Pottery (☎033-234 4377; D66) Die von dem berühmten südafrikanischen Töpfer Ian Glenny begründete Töpferei ist altmodisch im Stil der 1970er-Jahre gehalten und gewissermaßen zum Gegenpol zum Ardmore. Hier gibt man sich ländlich-erdverbunden, aber die Resultate sind genauso bezaubernd. Man spaziert durch die scheunenartige Galerie und sieht dem gegenwärtigen Töpfer Richard bei der Arbeit an der Töpferscheibe zu. Die Stücke sind berühmt für ihre wunderbare Glasur; besonders begehrt sind die Tajines (Schmorgefäß aus Ton).

Cafe Bloom (Country Courtyard, Nottingham Road; Hauptgerichte 30–65 R; ☺Mi–Mo morgens & mittags) Dieses Café ist eines der nettesten in der Gegend. Das gemütliche, aber abgefahrene Café gehört zu einem kleinen Komplex mit einem Garten und ist im Retro-Look ausstaffiert. Es gibt großartigen Kaffee, Snacks und den ganzen Tag Frühstück. Alle Speisen werden im Haus zubereitet, die Brote und Kuchen genauso wie die Tagesgerichte (vegetarische Currys, Quiches u. Ä.). Auch Keramiken und Kunstwerke werden angeboten.

Granny Mouse Country House (☎033-234 4071; www.grannymouse.co.za; Old Main Rd, Balgowan; DZ inkl. Frühstück ab 1840 R) Die Anlage nahe dem Dorf Balgowan, südlich des Mooi River, ist gar kein Wohnhaus, sondern ein Feriendorf mit hübschen, reetgedeckten Luxuscottages, einer Kapelle und einem Spa. Oft gibt's Sonderangebote.

Sycamore Avenue Tree Houses (☎033-263 2875; www.treehouse-acc.co.za; Hidcote, DZ 1590 R) Diese wunderbaren Baumhäuser sind funktionale Kunst vom Feinsten. Die Häuser wurden aus wiederverwertetem Material erbaut und sind mit einmaligen Schnitzereien und Holzbeschlägen künstlerisch fantasievoll gestaltet und in die Umgebung perfekt integriert. Eines der Häuser besitzt sogar einen „Whirlpool im Himmel", zu dem man über einen Holzsteg gelangt. Die Anlage befindet sich in der Nähe von Hidcote, 50 km entfernt von Giant's Castle in den Drakensbergen; die Wegbeschreibung findet sich auf der Website.

Post

Hauptpost (Langalibalele St)

Touristeninformation

Ezemvelo KZN Wildlife Headquarters (☎033-845 1000; www.kznwildlife.com; Queen Elizabeth Park, Peter Brown Dr; ☺Schalter Mo–Fr 8–16.30 Uhr, Reservierungen Mo–Do 8–17.30, Fr bis 16.30, Sa bis 12.30 Uhr) Informationen und Unterkunftsbuchungen für alle Parks und Schutzgebiete von Ezemvelo KZN Wildlife (Buchungen min. 48 Std. im Voraus). Um zu dem Büro zu gelangen, fährt man zur Howick Rd (eine Verlängerung der Chief Albert Luthuli St) und gelangt nach einigen Kilometern zu einem Kreisverkehr. Hier rechts abbiegen und über die Autobahn N3 hinweg fahren! An der Straße weist ein sehr kleines Schild zum „Country Club" 2 km weiter. Ohne eigenes Fahrzeug kommt man nur schwer dorthin. Nur einige Minibus-Taxis kommen auf ihrem Weg nach Hilton an dem Kreisverkehr vorbei.

Msunduzi Pietermaritzburg Tourism (033-345 1348; www.pmbtourism.co.za; Publicity House, 117 Chief Albert Luthuli St; Mo-Fr 8–17, Sa bis 13 Uhr) Hat Infos zur Stadt und zur Umgebung. Hinter dem derzeitigen Büro wird eine neue Touristeninformation erbaut.

An- & Weiterreise

Bus

Die Hauptbüros der meisten Busgesellschaften befinden sich in der Berger St oder direkt gegenüber in der McDonalds Plaza. **Translux** (033-345 0165; www.translux.co.za) und die Billigableger City to City haben ihre Büros im Bahnhof.

Greyhound (083 915 9000; www.greyhound.co.za), **Luxliner** (011-914 4321; www.luxliner.co.za) und **Intercape** (086 128 7287; www.intercape.co.za) verlangen je nach Komfort und Service an Bord ähnliche Preise.

Die Busse der genannten Unternehmen fahren von Pietermaritzburg u. a. nach Johannesburg (300–375 R, 6–7 Std.), Pretoria (300–350 R, 7–8 Std.) und Durban (185–255 R, 1½ Std.). Die Büros sind in der Regel von 7 oder 8 bis 23 Uhr geöffnet. Tickets für sämtliche Hauptstrecken bekommt man bei Checkers/Shoprite oder online unter www.computicket.com.

NUD Express (033-701 2750, 079 696 7108; www.underbergexpress.co.za) fährt einmal am Tag zum King Shaka International Airport von Durban (290 R) und nach Durban-Zentrum (200 R). Fahrkarten im Voraus buchen! Die Busse sind nicht gerade für ihre Verlässlichkeit und Pünktlichkeit bekannt. **Baz Bus** (021-439 2323; www.bazbus.com) verkehrt dreimal in der Woche zwischen Durban und Pietermaritzburg.

African Link Travel (033-345 3175; www.africanlink.co.za; 267 Burger St) verkehrt zwischen dem King Shaka International Airport und Pietermaritzburg (750 R).

Minibus-Taxi

Die Minibus-Taxis nach Durban fahren hinter dem Rathaus ab (60 R, 1 Std.), die nach Underberg an der Ecke West St und Pietermaritz St. Von dieser Haltestelle gibt's auch Verbindungen u. a. nach Ladysmith (80 R, 2½ Std.), Underberg (65 R, 2½ Std.) und Johannesburg (160–200 R, 8 Std.). Minibus-Taxis nach Estcourt (55 R, 1¾ Std.) stehen an der Ecke Retief St und Hoosen Haffejee St; das ist aber keine sichere Gegend.

Zug

Pietermaritzburg wird von **Shosholoza Meyl** (0860 008 888, 011-774 4555; www.shosholozameyl.co.za) bedient. Weitere Infos dazu gibt's auf S. 257.

Unterwegs vor Ort

Die meisten Busunternehmen haben ihre Büros in der Berger St oder direkt gegenüber an der McDonalds Plaza. Ein Taxi kann man telefonisch bei **Metro Cabs** (033-397 1912) bestellen.

BATTLEFIELDS

Mächtige Tiere, mächtige Berge und mächtige Wellen mögen viele Besucher der Provinz ganz oben auf ihrer Agenda haben, aber die Geschichte von KwaZulu-Natal ist untrennbar mit den Battlefields verbunden, jenen Schlachtfeldern, auf denen viele der blutigsten Kapitel des Landes geschrieben wurden. In der Nordwestregion der Provinz rächten weniger als 600 burische Voortrekker die Ermordung ihres Piet Retief, als sie eine 12 000 Mann starke Armee der Zulu in der Schlacht am Blood River schlugen. In der gleichen Region brachten die Zulu dem britischen Weltreich in der Schlacht bei Isandlwana eine schwere Niederlage bei. Hier kam es anschließend zur heroischen Verteidigung von Rorke's Drift und später zu dem zähen Ringen zwischen Buren und Briten bei Ladysmith und am Spioenkop. Heute gibt es in der Region einige Luxusunterkünfte, und kühne Schlachtenbummler kommen voll auf ihre Kosten (s. Kasten S. 305).

Viele umliegende Ortschaften wirken, als hätte hier erst kürzlich ein Krieg getobt, und metaphorisch gesprochen stimmt das auch. Der Bau der N3 (in den 1980er- und 1990er-Jahren), die viele Orte auslieferte, führte dazu, dass dort die Fabriken schließen mussten und viele Einwohner in die großen Städte fortzogen. Weitere Infos zu den Schlachtfeldern gibt's online unter www.battlefields.kzn.org.za oder in der bei KZN Tourism (s. S. 256) erhältlichen Broschüre *Battlefields Route* von KwaZulu-Natal Tourism.

Spioenkop Nature Reserve

036

Das 6000 ha große **Spioenkop Nature Reserve** (036-488 1578; www.kznwildlife.com; Eintritt 20 R; Okt.–März 5–19 Uhr, April–Sept. 6–18 Uhr) erstreckt sich rund um den Spioenkop-Staudamm, der den Tugela River

Battlefields

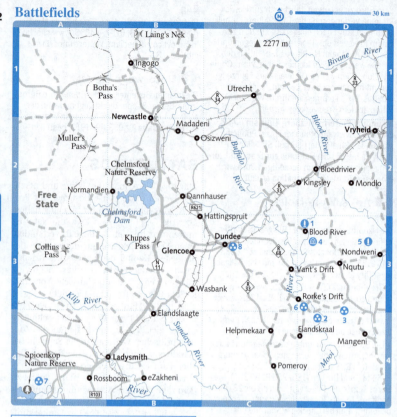

Battlefields

⊙ Sehenswertes
1 Blood River Monument D3
  Blood River Museum ....(siehe 1)
2 Fugitive's Drift D4
3 Isandlwana..D3
4 Ncome Museum.....................................D3
5 Prince Imperial Cenotaph....................D3
6 Rorke's Drift..D3
7 Spioenkop Battlefield...........................A4
8 Talana Heritage Park &
  Battlefield..C3

aufstaut. Das Schutzgebiet liegt in günstiger Nähe zu den meisten Schlachtfeldern in der Region, nicht allzu weit entfernt von der Drakensberge-Region, sodass Tagesausflüge in diese Gebirgskette möglich sind. An Tieren finden sich hier Zebras, Breitmaulnashörner, Giraffen, diverse Antilopen- und mehr als 270 Vogelarten. Man kann sich in einem Geierbeobachtungsstand oder bei Ausritten oder geführten Wanderungen in die Natur hinauswagen. Es gibt einen hübschen Spazierweg, der an Aloe-Pflanzen vorbei und durch ein Wäldchen führt.

Das Spioenkop Nature Reserve befindet sich nordöstlich von Bergville, aber sein Eingang liegt an der Ostseite, 13 km entfernt von Winterton nahe der R600. Wer aus Süden über die N3 kommt, nimmt die Ausfahrt 194 zur R74 in Richtung Winterton. Das Schlachtfeld von Spioenkop erreicht man über die R616 (nicht die R600 – der Ausschilderung folgen!). Um das Reservat oder das Schlachtfeld zu erreichen, braucht man ein Auto.

Three Trees at Spioenkop (✆036-448 1171; www.threetreehill.co.za; DZ inkl. allen Mahlzeiten 3900 R) Diese noble, umweltfreundliche Adresse, wo sich zeitgenössischer Schick und koloniale Gemütlichkeit begegnen, ist eine wunderbare Unterkunft für alle, die die Gegend um das Schutzgebiet erkunden wollen. Die wunderbare Lage und der tolle Ausblick, der schöne, offen gestaltete Wohnbereich sowie die ökologische Einstellung sorgen für einen sagenhaften Aufenthalt. Für die Gäste werden auf ihre Wünsche zugeschnittene Ausritte und Schlachtfeldbesichtigungen organisiert. Das Anwesen liegt in bequemer Nähe zum Spioenkop Nature Reserve zwischen Ladysmith und Bergville nahe der R616.

iPika (Stellplatz/Safarizelt 60/190 R pro Pers.) Die Anlage liegt innerhalb des Schutzgebiets in einem Tal und hat Stellplätze und ein großes Vier-Bett-Safarizelt in sehr schöner Umgebung mit Blick auf ein Staubecken. Auf dem friedlichen Gelände kann man viele Vögel und ab und an mal eine Antilope beobachten. Die Unterkunft wird direkt über das Schutzgebiet gebucht.

Ladysmith

📇036 / 41 000 EW.

Ladysmith ist nach der Frau von Sir Harry Smith, dem Gouverneur der Kapkolonie, benannt. Die Stadt wurde während des Zweiten Burenkriegs (1899–1902) bekannt, als sie 118 Tage lang von den Buren belagert wurde. Die Musikgruppe Ladysmith Black Mambazo stammt aus der Stadt, deren hübsche kolonialzeitliche Bauten heute ziemlich verfallen wirken.

Ladysmith lohnt nicht nur wegen seiner Vergangenheit – manche Gebäude standen schon zur Zeit der Belagerung – einen Besuch, sondern ist auch ein brauchbares Standquartier zur Erkundung der Schlachtfelder in der Gegend.

👁 Sehenswertes & Aktivitäten

Siege Museum   MUSEUM

(Murchison St; Erw./Kind 11/5 R; ⊙Mo–Fr 9–16, Sa bis 13 Uhr) Das ausgezeichnete Museum ist neben dem Rathaus im 1884 erbauten Alten Marktgebäude untergebracht, das während der Belagerung als Verpflegungslager diente. Man findet hier nicht nur eine Ausstellung zum Zweiten Burenkrieg, sondern auch alle Infos über die Stadt und ihre Umgebung. Außerdem kann man sich eine Liste der Führer geben lassen, die Besichtigungstouren zu den Schlachtfeldern anbieten.

Emnambithi Cultural Centre   MUSEUM

(316 Murchison St; ⊙Mo–Fr 9–16 Uhr) In dem Kulturzentrum gibt es ein **Cultural Museum**, das u. a. eine Township-Baracke und

---

DIE SCHLACHT AM SPIOENKOP

Am 23. Januar 1900 unternahmen die Briten unter Führung von General Buller einen zweiten Versuch, Ladysmith zu befreien, das seit Ende Oktober 1899 von den Buren belagert wurde. Bei Trichardt's Drift hinderten 500 Buren 15 000 britische Soldaten daran, den Tugela zu überqueren. Deshalb beschloss Buller, den Spioenkop zu besetzen – der Tafelberg bot sich als Artilleriestellung an, um die „lästigen" Buren aus ihren Schützengräben zu vertreiben.

In der Nacht erklommen 1700 britische Soldaten den Hügel und verjagten die wenigen wachhabenden Buren. Sie legten eine Verschanzung an und warteten auf den Tagesanbruch. Louis Botha, der die Buren kommandierte, hatte inzwischen von dem Angriff gehört. Er befahl, die Feldgeschütze auf den Spioenkop auszurichten und postierte einige seiner Männer auf den umliegenden Hügeln. Als der neblige Morgen anbrach, machten sich weitere 400 Soldaten der Buren an den Aufstieg auf die Kuppe des Spioenkop.

Die Briten hätten die 400 Mann leicht abwehren können, aber als sich der Nebel lichtete, setzte sofort ein Kugel- und Granatenhagel ein. Die Briten verzogen sich in ihre Gräben, und viele ergaben sich am Nachmittag nach ununterbrochenem Beschuss. Mittlerweile hatten die Briten Verstärkung bekommen, und die Buren konnten die Gräben nicht einnehmen. Es entwickelte sich eine blutige Pattsituation.

Nach Sonnenuntergang verließen die Briten den Hügel, die Buren ebenfalls. Beide Truppen zogen sich so geschickt zurück, dass keine Seite den Abzug der jeweils anderen bemerkte. In dieser Nacht wurde der Spioenkop von den Toten gehalten.

Erst am nächsten Morgen erklommen die Buren wieder den Spioenkop, um festzustellen, dass er ihnen gehörte. Die Buren hatten 1340 Briten getötet oder verwundet – Gandhis Sanitätseinheit leistete gute Arbeit in dieser Schlacht. Buller befreite die Stadt Ladysmith einen Monat später: am 28. Februar.

kulturelle Artefakte, darunter traditionelle Gewänder und Perlenarbeiten zeigt. Auch eine Hommage an Ladysmith Black Mambazo ist zu sehen. Das Zentrum veranstaltet die **Black Mambazo Beat Tour**, bei der die wichtigsten Stätten und die Bedeutung dieser Band erläutert werden.

Kanonen
DENKMAL

Vor dem Rathaus stehen die beiden Kanonen **Castor** und **Pollux**, die die Briten bei der Verteidigung von Ladysmith einsetzten. Ganz in der Nähe findet sich eine Replik von **Long Tom**, einer Kanone der Buren mit einer Schussweite von 10 km. Das Original wurde während der Belagerung bei einem britischen Ausfall außer Gefecht gesetzt, hatte aber zuvor in der Stadt große Zerstörungen angerichtet.

Zulu Fort
GEBÄUDE

In der King St (gegenüber dem Settlers Dr) steht eine Mauer mit Schießscharten des Original-Forts, das bei Angriffen der Zulu Schutz bieten sollte. Die Mauer ist heute in das Gebäude der Polizeiwache einbezogen.

🛏 Schlafen

Außerhalb der Stadt gibt es hinter der Short St viele B&Bs. Diese sind häufig von Geschäftsreisenden ausgebucht – daher am besten vorab reservieren!

Buller's Rest Lodge
B&B $$

(☎036-637 6154; www.bullersrestlodge.co.za; 61 Cove Cres; EZ/DZ inkl. Frühstück 540/735 R; 🛜🅿) Es lohnt sich, in dieser schicken, reetgedeckten Lodge abzusteigen. Es gibt hier die lauschige Kneipe Boer War, leckere Hausmannskost (3 Gänge 140 R) und eine schöne Aussicht von der attraktiven Barterrasse. Von der Harrismith (Poort) Rd rechts in die Francis Rd abbiegen und der Ausschilderung folgen!

Budleigh Guesthouse
B&B $$

(☎036-635 7700; 12 Berea Rd; EZ/DZ inkl. Frühstück 450/650 R; 🅿🛜🅿) Das Herrenhaus mit seinen Veranden und dem prächtigen Garten mit Rasenflächen und Blumenbeeten wirkt wie die Kulisse eines britischen Fernsehspiels. Die schicken und gepflegten Zimmer sind mit Bettgestellen aus Holz und imitierten Antiquitäten eingerichtet.

🍴 Essen

Guinea Fowl
INTERNATIONAL $$

(☎036-637 8163; San Marco Centre; Hauptgerichte 50–120 R; ⏱Mo–Sa mittags & abends) Das Lokal gehört zu den wenigen akzeptablen

Restaurants in Ladysmith, aber es ist ein bisschen so wie auf dem Schlachtfeld: Mal gewinnt man, mal verliert man. Das Personal ist zwar freundlich, aber Traveller berichten, dass die Qualität der Steaks und Fleischgerichte nicht immer gut ist.

Sonia's Pizza & Coffee Shop
ITALIENISCH $$

(☎036-631 2895; San Marco Centre; Hauptgerichte 20–130 R; ⏱Mo–Sa 7–19, So 8–13.30 Uhr) Die ausgehungerten Soldaten hätten sich für dieses authentische italienische Essen in jedes Gefecht gewagt. Das kleine Lokal ist in der ganzen Stadt für seine leckeren Pizzas bekannt.

ℹ Praktische Informationen

ABSA (Ecke Queen & Murchison St) Hat zwei Filialen an derselben Kreuzung, eine verfügt auch über einen Geldautomaten.

Emnambithi Cultural Centre (316 Murchison St; ⏱Mo–Fr 9–16 Uhr) Hier kann man sich nach geführten Touren zu den Schlachtfeldern oder in nahe gelegene Townships erkundigen.

Polizei (☎036-638 3309; King St) Neben der Niederländisch-reformierten Kirche.

ℹ An- & Weiterreise
Bus

Busfahrkarten sind bei Shoprite/Checkers im Oval Shopping Centre erhältlich. Die Busse fahren an der Guinea-Fowl-Tankstelle (nicht mit dem gleichnamigen Restaurant verwechseln!) in der Murchison Rd ab und verbinden Ladysmith mit Durban (275–315 R, 4 Std.), Pretoria (320 R, 7 Std.) und Kapstadt (555 R, 19 Std.).

Minibus-Taxi

Der größte Minibus-Taxi-Stand befindet sich östlich vom Stadtzentrum nahe der Kreuzung Queen und Lyell St. Die Taxis nach Johannesburg halten in der Alexandra St. Minibus-Taxis fahren u. a. nach Pietermaritzburg (1½ Std.), Durban (2½ Std.) und Johannesburg (5 Std.).

Dundee
☎034 / 29 000 EW.

Blickt man über die schmutzige Hauptstraße (Victoria St) hinaus, erweist sich Dundee als grüner und recht hübscher Ort. Der eigentliche Grund für einen Besuch der Stadt ist für Traveller aber, die Schlachtfelder und die anderen historischen Stätten in der Region zu erkunden.

Tourism Dundee (☎034-212 2121; www.tourdundee.co.za; Victoria St; ⏱Mo–Fr 9–16.30 Uhr), bei der Grünanlage im Zentrum,

ZU BESUCH AUF DEN SCHLACHTFELDERN

Die Battlefields erstrecken sich, so eine grobe Angabe, entlang der N11 und R33 und liegen in einem Gebiet, das sich von Estcourt nordwärts bis zu den Grenzen der Provinzen Free State und Mpumalanga erstreckt. Ohne Auto braucht man schon einen echten Schlachtplan, um sie zu erreichen. Aber auch mit Auto sind sie immer noch abgelegen und teilweise schwer zu finden.

Führer

Am besten nimmt man die Battlefields mit einem Führer in Angriff. So vermeidet man das Gefühl, durch ödes Gelände voller Gedenkstätten zu trotten. Mit einer kompetenten Person an der Seite und etwas Lektüre als Vorbereitung kann die sogenannte Battlefields Route ausgesprochen interessant werden. Eine Liste der Schlachtfeldführer erhält man im Talana Heritage Park & Battlefield sowie in den Touristeninformationen von Dundee und Ladysmith. Es empfiehlt sich, die Broschüre zu den Battlefields mitzunehmen oder mal einen Blick auf die Website www.battlefields.kzn.org.au zu werfen.

Die Führer verlangen in der Regel zwischen 800 und 1500 R für eine eintägige Schlachtfeldführung, mit dabei sind dann auch Rorke's Drift und Isandlwana. Achtung: Einige Führer verlangen diesen Preis pro Teilnehmer, andere pro Gruppe; es ist immer billiger, wenn Traveller die Tour im eigenen Fahrzeug unternehmen.

Wer knapp bei Kasse ist oder wer die Tour lieber in einer Gruppe unternimmt, der versucht es bei **BushBaby Safaris** (☎082 415 4359; www.bushbaby.co.za), einem willkommenen Neuzugang unter den Anbietern von Schlachtfeldführungen. Das Unternehmen schickt täglich einen Busshuttle mit Führer nach Isandlwana und Rorke's Drift (ohne Mittagessen & Erfrischungen 490 R/Pers., mind. 2 Pers.). Die Teilnehmer werden von ihrer Unterkunft in Dundee oder vom Talana Heritage Park & Battlefield um 8.30 Uhr abgeholt und gegen 16.30 Uhr zurückgebracht. Auf Anfrage werden auch Fahrten zu anderen Schlachtfeldern unternommen.

Andere empfehlenswerte Führer (nur eine kleine Auswahl):

Paul Garner (☎082 472 3912; garner@xsinet.co.za) Dundee.

Bethuel Manyathi (☎083 531 0061) Nqutu, in der Nähe von Dundee.

Thulani Khuzwayo (☎072 872 9782; thulani.khuzwayo@gmail.com; Gruppenführung 540 R, min. 2 Pers.) Rorke's Drift.

Ken Gillings (☎083 654 5880; ken.gillings@mweb.co.za) Durban.

Elisabeth Durham (☎072 779 5949; cheznous@dundeekzn.co.za) Dundee.

Mike Nel (☎082 366 2639; mike@dundeekzn.co.za) Dundee.

Liz Spiret (☎072 262 9669) Ladysmith.

Schlachten

Die wichtigsten Schlachten:

Schlacht am Blood River (S. 554) Voortrekker-Zulu-Konflikt (1838).

Schlacht von Isandlwana, Schlacht von Rorke's Drift (S. 307) Zulu-Krieg (1879).

Schlachten von Laing's Nek, Schuinshoogte und Majuba Erster Burenkrieg (Transvaal-Unabhängigkeitskrieg; 1880–1881).

Schlacht von Talana, Schlacht von Elandslaagte (S. 303) Zweiter Burenkrieg (1899–1902), in dessen Verlauf Ladysmith belagert wurde.

Schlacht am Spioenkop (s. Kasten S. 303) Fand am 23. und 24. Januar 1900 statt, als die Briten versuchten, endlich den burischen Belagerungsring um Ladysmith zu sprengen.

Schlacht von Colenso Eine der größten Schlachten der südlichen Hemisphäre; wurde am 15. Dezember 1899 zwischen Buren und Briten ausgefochten.

kann bei der Suche nach Führern zu den Schlachtfeldern (s. Kasten S. 305) und Unterkünften helfen.

Traveller sollten für den Besuch des **Talana Heritage Park & Battlefield** (☎034-212 2654; www.talana.co.za; Erw./Kind 25/2 R; ⏰Mo–Fr 8–16.30, Sa & So 9–16.30 Uhr) an der Vryheid Rd, 1,5 km außerhalb der Stadt, etwas Zeit einplanen. Talana bedeutet „das Bord, auf dem kostbare Dinge gelagert werden", und das ist für diesen ausgezeichneten Geschichtspark rund um das Schlachtfeld gar nicht unpassend. Auf dem Gelände befinden sich Denkmäler, Steinhaufen und 27 historische Gebäude, die mit der Schlacht von Talana (1899), der ersten Schlacht des Zweiten Burenkriegs zwischen Briten und Buren, zu tun haben. Rund um die Gebäude finden sich Zeugnisse des Zulu-Krieges und der Burenkriege, so auch ein Foto, das Mahatma Gandhi als Sanitäter zeigt. Darüber hinaus werden Exponate zur Ortsgeschichte, exquisite Perlenarbeiten der Zulu und eine Ausstellung von Glaswaren gezeigt. Die Kuratorin Pam McFadden weiß über alles, was mit dem Museum zu tun hat, bestens Bescheid.

Das regionale Zentrum **Nqutu** liegt 52 km östlich von Dundee, es ist erreichbar über die R33 und die R66. Nqutu ist ein wichtiger Handelsplatz für die in der Umgebung lebenden Zulu. Weitere 30 km nördlich von Nqutu steht in der Nähe von Nondweni der **Prince Imperial Cenotaph.** Prinz Louis Napoleon, der Letzte aus der Dynastie der Bonaparte, kam hier am 1. Juni 1879 ums Leben.

🛏 Schlafen & Essen

Einige Unterkünfte verlangen während der Wintermonate wegen der Heizkosten höhere Preise. Abgesehen von den üblichen Fast-Food-Läden ist das gastronomische Angebot in Dundee geradezu lächerlich dürftig.

LP TIPP **Sneezewood**   B&B **$$**

(☎034-212 1260; www.sneezewood.co.za; EZ 660 R, DZ 995–1045 R) Die hübsche Unterkunft befindet sich 5 km entfernt von der Touristeninformation an der Wasbank Rd (südlich der Stadt) auf einer bewirtschafteten Farm. Hier treffen städtischer und ländlicher Stil aufeinander – die Zimmer haben viele Verzierungen und schicke Designerstoffe, es gibt eine nette Lounge und einen Außenbereich. Die gastfreundlichen Inhaber wissen viel und sorgen für einen entspannten Aufenthalt.

Chez Nous   B&B **$$**

(☎034-212 1014; www.cheznousbb.com; 39 Tatham St; EZ/DZ inkl. Frühstück 480/880 R, Wohneinheiten 1800 R) Die zentral gelegene, komfortable Pension wird von der Französin Elisabeth Durham geführt, die auch als Fremdenführerin (mit besonderem Interesse für den Kaiserlichen Prinzen Louis Napoleon) arbeitet. Ihr Haus und die Führung werden von Lesern empfohlen. Auch Unterbringung mit Halbpension ist möglich.

Royal Country Inn   HOTEL **$$**

(☎034-212 2147; www.royalcountryinn.com; 61 Victoria St; backpacker EZ/DZ 310/440 R, EZ/DZ inkl. Frühstück 570/790 R) Der alte Kasten verströmt einen verblichenen Charme, und der englische Stil des späten 19. Jhs. ist durchaus passend, wenn man gerade vom Schlachtfeld bei Rorke's Drift kommt. Die Zimmer sind ordentlich (aber der Hostelbereich ist nicht gerade ansprechend), und das Hotelrestaurant tischt ordentliches Essen auf (Hauptgerichte 65–85 R).

Penny Farthing Country House PENSION **$$**

(☎034-642 1925; www.pennyf.co.za; EZ/DZ inkl. HP 810/1350 R; ❄☷) Die Pension 30 km südlich von Dundee an der R33 in Richtung Greytown liegt ideal für den Besuch der Schlachtfelder von Rorke's Drift und Isandlwana. Der Inhaber Foy Vermaak ist ein angesehener Tourleiter.

Battlefields Backpackers International   HOSTEL **$**

(☎034-212 4040; www.bbibackpackers.co.za; B/EZ/DZ 140/160/300 R) Das vom lizenzierten Schlachtfeldführer Evan Jones und seiner Frau geführte Haus ist die schlichte Budgetunterkunft der Stadt.

ℹ An- & Weiterreise

Nach Dundee fahren kaum öffentliche Verkehrsmittel, mit einem eigenen Auto ist man hier am besten dran. Minibus-Taxis verbinden Dundee mit Ladysmith im Südwesten und Vryheid im Nordosten.

Isandlwana & Rorke's Drift

☎034

Wer *Zulu* (1964) gesehen hat, den Film, der Michael Caine zum Star machte, wird auch von Rorke's Drift gehört haben. Dort haben am 22. und 23. Januar 1879 nur 139 britische Soldaten bei der Verteidigung einer kleinen Missionsstation gegen rund 4000

Zulu-Krieger einen sagenhaften Sieg errungen. Um den Sieg propagandistisch richtig auszuschlachten, verlieh Königin Victoria den Teilnehmern der Schlacht elf Victoria-Kreuze und Rorke's Drift bekam einen Ehrenplatz in der britischen Kriegsgeschichte.

Um die Situation aber richtig zu verstehen, muss man 15 km über die Ebene bis nach Isandlwana weiterziehen, denn hier wurde die Ausgangslage für die Heldentat von Rorke's Drift geschaffen. In Isandlwana hatten die Zulu nämlich nur einige Stunden früher den britischen Weltreich eine schwere Niederlage beigebracht, bei der die Hauptstreitmacht des Empire in der Region praktisch vernichtet wurde. Kein Wunder, dass *Die letzte Offensive* (1979), der Kinofilm über die Schlacht von Isandlwana, niemals den Kultstatus seines Vorgängers *Zulu* erreichte: Siege verkaufen sich nun einmal besser als Niederlagen.

Idealerweise sollte man beide Schlachtfelder besichtigen. Los geht's mit dem **Isandlwana Visitors Centre** (Erw./Kind 20/10 R; ☺ Mo–Fr 8–16, Sa & So 9–16 Uhr), wo es ein kleines Museum gibt; das Ticket gilt auch für das Schlachtfeld. Letzteres wirkt mit seinen weißen Steinhaufen und Denkmälern, die die Stellen markieren, an denen britische Soldaten fielen, sehr melancholisch.

Wer den Film *Zulu* gesehen hat, der in der Drakensberge-Region gedreht wurde, ist vielleicht etwas enttäuscht von der Landschaft um Rorke's Drift. Sie ist aber durchaus schön, wenn auch rau. Das **Rorke's Drift Orientation Centre** (☎ 034-642 1687; Erw./Kind 20/10 R; ☺ Mo–Fr 8–16, Sa & So 9–16 Uhr) am Standort der alten Missionsstation ist ausgezeichnet. Die Zulu nennen den Ort Shiyane nach dem Namen des Hügels hinter dem Dorf. Hilfreich ist die Broschüre *Rorke's Drift–Shiyane Self-Guided Trail* (3 R). Der freundliche Führer **Thulani Khuzwayo** (☎ 072 872 9782; thulani.khuzwayo@gmail.com; Gruppe 540 R, min. 2 Pers.), ein Zulu aus der Gegend, veranstaltet tiefschürfende Touren, bei denen man einen Einblick davon bekommt, wie die Zulu diese Schlacht beurteilen.

Hinter dem Orientation Centre in der Nähe des Museums befindet sich das **Evangelical Lutheran Church Art & Craft Centre** (☎ 034-642 1627; www.centre-rorkesdrift.com), eine der wenigen Einrichtungen, die schwarzen Künstlern zur Zeit des Apartheidregimes eine Ausbildungsmöglichkeit bot. Neben dem wunderschönen **Kunstgewerbeladen** (☺ Mo–Fr 10–16, Sa 11–16 Uhr) finden sich in der Nachbarschaft mehrere Weber-, Drucker- und Töpferwerkstätten in separaten Gebäuden; wenn die Künstler zustimmen, kann man gerne einen Blick hineinwerfen.

Rund 10 km von Rorke's Drift liegt **Fugitive's Drift**. Dort wurden zwei britische Soldaten bei dem Versuch getötet, die königliche Standarte zu retten.

DIE SCHLACHT VON ISANDLWANA

Eine böse Überraschung: Als am 22. Januar 1879 ein Späher der fünf britischen Armeen, die zur Invasion von Zululand angerückt waren, über einen Hügelgrat blickte, sah er vor sich nicht eine leere Savanne, sondern 25 000 Zulu-Krieger, die zum Angriff bereit waren. Eigentlich hatte ihr Angriff erst am folgenden Tag stattfinden sollen, dem Tag nach Vollmond, aber da sie nun entdeckt waren, gingen sie in Schlachtformation – zwei umschließende Hörner an den Flanken, die Hauptstreitmacht im Zentrum – und stürzten sich auf die überraschten, unvorbereiteten Briten. (General Chelmsford hatte eine verhängnisvolle Entscheidung getroffen: Er hatte die Kolonne geteilt, indem er die Hälfte der Truppen vom Lager fortsandte mit dem Auftrag, die Zulu zu verfolgen, die sich genau zu diesem Zweck dort hatten blicken lassen.) Am Abend des Tages war die zurückgebliebene britische Kolonne aufgerieben, und der Zulu-Krieg hatte für die Angreifer mit einer schweren Niederlage begonnen.

Unterdessen hatte das kleine britische Kontingent, das bei Rorke's Drift (wo die Armee nach Zululand eingerückt war) zur Bewachung des Nachschubs zurückgeblieben war, von dem Desaster gehört und das Lager befestigt. Es wurde von rund 4000 Zulu angegriffen, aber die Verteidiger, rund 100 kampffähige Soldaten, hielten durch, bis in der Nacht Verstärkung anrückte. Elf Victoria-Kreuze wurden an die Verteidiger verliehen – und zwei weitere an die beiden Offiziere, die bei der Verteidigung der königlichen Standarte am Fugitive's Drift, rund 10 km südlich von Rorke's Drift, gefallen waren.

🛏 Schlafen

In der Umgebung gibt es mehrere Lodges mit unterschiedlich luxuriöser Ausstattung. Das Personal aller organisiert Touren zu den Schlachtfeldern.

Isandlwana Lodge
LODGE $$$

(☎034-271 8301; www.isandlwana.co.za; DZ inkl. VP 3990–4390 R; ☎🖩) Diese Lodge punktet mit der erstklassigen Lage: Von den tollen Zimmern hat man einen weiten Blick auf den Isandlwana, jenen Berg, der im Zulu-Krieg so umkämpft war. Das Gebäude ist modern, fügt sich aber wunderbar in die Landschaft ein. Das ganze Jahr über gibt's auch Sonderangebote.

Rorke's Drift Lodge
LODGE $$$

(☎034-642 1805; www.rorkesdriftlodge.com; Rorke's Drift; inkl. HP 1120–1305 R/Pers.; @🖩) Diese Unterkunft präsentiert sich als interessante Mischung aus altmodischer Gastlichkeit und zeitgenössischer Innenarchitektur. Sie liegt am Ende einer 5 km langen, holprigen Auffahrt nahe dem Rorke's Drift Orientation Centre. Vorher anrufen, um sich nach dem Zustand der Straße zu erkundigen oder um zu vereinbaren, dass man in Ladysmith oder Dundee abgeholt wird!

Rorke's Drift Hotel
LODGE $$$

(☎034-642 1760; www.rorkesdrifthotel.com; inkl. HP EZ 645–1185 R, DZ 1760 R.) Die Gemeinschaftsbereiche und das Restaurant dieses riesigen Rundbaus, der gerne mit der Isandlwana Lodge konkurrieren möchte, versprechen viel: Sie präsentieren sich als ein weiter Raum mit vielen großen Sofas und einem riesigen Kamin in der Mitte. Die Zimmer mit ihrem einigermaßen hübschen, aber nicht hinreißenden Dekor, sorgen nicht so sehr für Begeisterung. Da diese Unterkunft am nächsten bei Rorke's Drift liegt, kommen Tagesausflügler gern auf einen Snack in das hiesige Restaurant.

ℹ An- & Weiterreise

Die Schlachtfelder liegen südöstlich von Dundee. Isandlwana ist ungefähr 70 km von Dundee entfernt und liegt nahe der R68. Rorke's Drift ist 42 km von Dundee entfernt und über die R68 oder R33 erreichbar – die Abzweigung von der R33 befindet sich 13 km südlich von Dundee. Die Straßen zu beiden Schlachtfeldern sind staubig und zuweilen ziemlich holprig. Eine unbefestigte Straße verbindet Isandlwana und Rorke's Drift. Infos zu Touren ab Dundee gibt's im Kasten auf S. 305.

Blood River & Ncome Monuments
🗺034

Am 16. Dezember 1838 traf eine kleine Voortrekkertruppe auf 12 000 Zulu-Krieger und rächte das Massaker an Piet Retief und an seinen diplomatischen Begleitern. Über 3000 Zulu starben – der Fluss färbte sich rot von ihrem Blut –, während die Voortrekker kaum Verluste erlitten. Die Schlacht wurde zum maßgeblichen Ereignis für die Geschichte der Buren. Der Sieg wurde später als göttliche Fügung und als Beweis dafür angesehen, dass die Buren einen höheren Auftrag hatten, das südliche Afrika zu erobern und zu „zivilisieren" – und dass sie tatsächlich ein auserwähltes Volk wären.

Die Vorkommnisse am Blood River ließen den weißafrikanischen Nationalismus erstarken. Es wurde jedoch stets bestritten (von Graham Leach in *The Afrikaners – Their Last Great Trek* und anderen), dass die Bedeutung des Blood River mit Absicht überhöht und für politische Zwecke manipuliert worden sei. Die Standardinterpretation des Sieges verzahnte sich mit der Weltsicht des einstigen Apartheidregimes: Horden von hinterhältigen schwarzen Wilden wurden von Buren in einer alttestamentarischen Gottesmission geschlagen. Noch immer kommen zahlreiche Besucher an jedem 16. Dezember zum Schlachtfeld. Aber der einstige „Tag des Schwurs" ist heute der „Tag der Versöhnung".

Das Schlachtfeld ist mit einer Bronzenachbildung des *laagers* und 64 Wagen in Originalgröße markiert. Der Steinhaufen wurde von Buren nach der Schlacht errichtet, um das Zentrum ihres *laagers* zu markieren. Das Monument und das **Blood River Museum** (☎034-632 1695; Erw./Kind 20/10 R; ⏰8-16.30 Uhr) liegen 20 km südöstlich der R33; die Abzweigung befindet sich 27 km von Dundee und 45 km von Vryheid entfernt.

Das interessante **Ncome Museum** (☎034-271 8121; www.ncomemuseum.co.za; Eintritt gegen Spende; ⏰8-16.30 Uhr) am anderen Flussufer ist über eine unbefestigte Straße erreichbar, die beide Museen verbindet. Es schildert die Schlacht aus der Perspektive der Zulu. Das Museum hat die Form eines Büffelhorns, der traditionellen Schlachtformation der Zulu. Die Metallrepliken von Zulu-Schilden stehen symbolisch für die Zulu-Regimenter, die in der Schlacht kämpften.

Free State

Inhalt »

Bloemfontein 312
Der Norden 317
Region Parys &
Vredefort Dome 318
Kroonstad &
Umgebung 319
Östliches Hochland &
Der Süden 320
Harrismith......................320
Sterkfontein Dam
Nature Reserve 321
Golden Gate Highlands
National Park 321
Clarens..........................324

Gut essen

» Avanti (S. 316)
» O's Restaurant (S. 319)
» Clementines Restaurant (S. 325)
» Fish Cafe (S. 327)

Schön übernachten

» Hobbit Boutique Hotel (S. 313)
» Protea Hotel Willow Lake (S. 316)
» Patcham Place (S. 324)
» Cranberry Cottage (S. 327)
» Old Jail (S. 328)

Auf nach Free State!

Free State ist eine der ruhigsten Provinzen Südafrikas, wo sich die berüchtigte Verbrechensrate des Landes im freundlichen Lächeln der Menschen in Wohlgefallen aufzulösen scheint. Hier werden der weite Himmel, der endlose Horizont, die grünen Hügel und die zerklüfteten Sandsteinmassive nur von vereinzelten Städten und Dörfern unterbrochen.

Zwischen den Flüssen Vaal und Senqu (Oranje) gelegen, bildet Free State das Herz Südafrikas – und seine Kornkammer. Hier steuern die Farmer ihre uralten, mit Schafen beladenen *bakkies* (Pick-Ups) über die staubigen Straßen, während bunte Sotho-Häuser zwischen riesigen Sonnenblumen und Zuckermaisfeldern ruhen.

Die Rassenunterschiede sind hier nach wie vor stark ausgeprägt, doch es ist Besserung in Sicht: In der Universitätsstadt Bloemfontein sieht man immer öfter Schwarze und Weiße beim gemeinsamen Abendessen, und selbst auf dem Land beginnt die Rassenbarriere langsam zu bröckeln.

Reisezeit
Bloemfontein

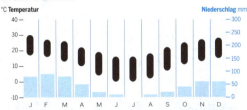

Juni–Aug. Das trockene, sonnige Wetter macht jeden Ausflug perfekt.

Sept.–Dez. Saison der Kirschblütenzeit und um beim Kirschenfestival in Ficksburg kräftig mitzufeiern.

Jan.–März Wer der Hitze entgehen möchte, findet in den Ausläufern der Maluti Mountains Erholung.

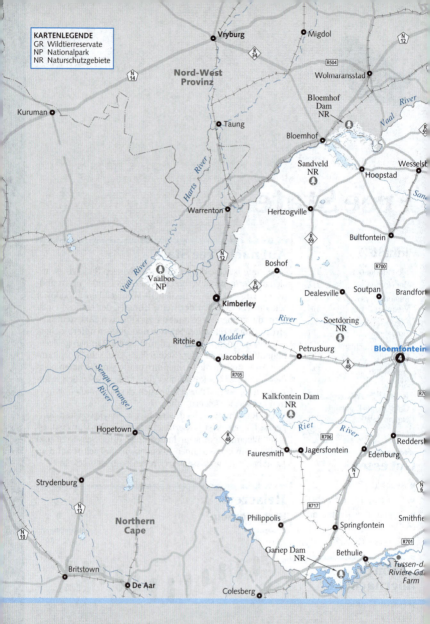

Highlights

❶ In einer der gemütlichen Städte Free States kleine Edelsteine ausgraben, z. B. in **Clarens** (S. 324), einem schönen Örtchen, in dem man auch gut Leute gucken kann

❷ Den **Golden Gate Highlands National Park** (S. 321) erkunden und die wilden Tiere entdecken, die in den Graslandschaften und Sandsteinformationen leben

❸ Dem **Sentinel Hiking Trail** (S. 323) zu den schwindelerregenden Hochplateaus der Drakensberge hinauf folgen

④ Den herrlichen Sonnenuntergang über Loch Logan beobachten, während man im Hafen von **Bloemfontein** (S. 312) ein kühles Getränk genießt

⑤ Sich in den sanften Hügeln rund um Free States Outdoor-Hauptquartier **Parys** (S. 318) austoben

Geschichte

Free States Grenzen veranschaulichen die wichtige Rolle, die diese Provinz in den zahlreichen Machtkämpfen in Südafrikas Geschichte spielte. Im Osten liegt Lesotho, wo bedrohliche Berge und die strategische Kriegsführung des Sotho-Königs Moshoeshoe des Großen der Ausbreitungswelle der Buren Einhalt geboten. Im Südosten erstreckt sich Free State über den Fluss hinaus, während die Berge im flachen Grasland verlaufen – eine Gegend, die für Moshoeshoe schwerer zu verteidigen war.

Die Voortrekker gründeten ihre erste Siedlung in der Nähe von Bloemfontein; viele unausgereifte Republiken kamen und gingen. Nach dem Burenkrieg von 1899 bis 1902 folgte eine Zeit der britischen Herrschaft.

Der „Oranje-Freistaat" wurde 1854 mit Bloemfontein als Hauptstadt gegründet. Das „Oranje" des Provinznamens wurde 1994 nach den ersten demokratischen Wahlen in Südafrika fallen gelassen.

Sprache

Sotho (64,4 %) ist die dominierende Sprache in Free State, gefolgt von Afrikaans (11,9 %) und Xhosa (9,1 %). Englisch ist die Muttersprache von nur ca. 2 % der Einwohner.

ℹ Anreise & Unterwegs vor Ort

Züge und Busse halten auf ihrer Fahrt nach und von Johannesburg (Jo'burg) und Pretoria sowie in und aus dem Süden des Landes in Bloemfontein. Die Verbindung nach Lesotho ist ebenso problemlos: Sammeltaxis und Busse fahren täglich von Bloemfontein an die Grenze. In anderen Gegenden braucht man ein eigenes Fahrzeug oder muss sich an die sporadischen Minibus-Taxis halten.

BLOEMFONTEIN

051 / 645 000 EW.

Bloemfontein bietet eine erfrischende Abwechslung zu anderen Städten in Südafrika. Trotz ihres Status' als doppelte Hauptstadt (es ist die Hauptstadt von Free State und mit dem Sitz des Obersten Berufungsgerichts auch die juristische Hauptstadt des Landes) versprüht „Bloem" eher das Flair einer ländlichen Kleinstadt als das einer imposanten Großstadt. Das zentrale Geschäftsviertel wirkt zwar ein wenig rau, ist aber sehr sicher und bequem zu Fuß zu erkunden. Während der Vorlesungszeit an der Universität herrscht hier eine sehr lebendige Atmosphäre.

Darüber hinaus ist die Stadt eine zentrale Anlaufstelle für Rundreisende. Auch wenn es eigentlich keinen besonderen Grund gibt, Bloemfontein auf Biegen und Brechen auf die Reiseroute zu setzen (der Großteil des Tourismus hier beschränkt sich auf Geschäftsreisende), ist es der Lage der Stadt im Herzen des Landes sowie an der Kreuzung einiger wichtiger Highways zu verdanken, dass die meisten ohnehin früher oder später hier durchkommen.

⊙ Sehenswertes & Aktivitäten

Manguang Township   TOWNSHIP-TOUR
Der African National Congress (ANC) wurde 1912 in einer Barackenstadt 5 km außerhalb von Bloemfontein ins Leben gerufen. Heute kann man auf einer geführten Tour durch das Township Manguang, in dem die wichtigste politische Partei Südafrikas gegründet wurde, mehr über die Geschichte des Landes und das Leben vor Ort erfahren. Es überrascht wenig, dass Manguang

---

DER HERR VON BLOEMFONTEIN

J. R. R. Tolkien, Autor von *Der Herr der Ringe*, wurde 1892 in Bloemfontein geboren. Auch wenn er im Alter von fünf Jahren nach England zog, nehmen die Einwohner von Bloem seine Erinnerungen an die „heiße, trockene, karge" Gegend rund um Bloemfontein als Anzeichen dafür, dass ihn seine hier verbrachten Lebensjahre zur Erschaffung des legendären Königreichs Mordor inspirierten. Aber vielleicht trifft es auch ein altes Graffiti in einem Pub in Kapstadt am besten: „Tolkien war auch nur einer dieser Typen aus Bloemfontein auf Acid…"

Wie dem auch sei – wer mehr über die lokale Tolkien-Szene erfahren möchte, sollte das **Hobbit Boutique Hotel** (S. 313) besuchen, in dem die örtliche Tolkien-Literaturgesellschaft zu Hause ist. Das Personal hier weist gern den Weg zu Tolkiens Geburtshaus, zur Kathedrale, in der er getauft wurde und zum Grab seines Vaters. Für alle, die sowieso gerade in der Gegend und vom Tolkien-Kosmos fasziniert sind, lohnen sich ein Spaziergang zum Hobbit und ein gemütliches Schwätzchen am hauseigenen Kamin auf jeden Fall.

gemeinsam mit anderen schwarzen Townships rund um Bloem eine entscheidende Rolle im Kampf gegen die Apartheid spielte. Die Touren führen zu so wichtigen Sehenswürdigkeiten wie dem **Mapikela House**, das heute ein Nationaldenkmal ist. Hier wohnte früher Thomas Mapikela, einer der Gründerväter des ANC.

Wer sich für das Nachtleben in den Townships interessiert, sollte nach Einbruch der Dunkelheit herkommen. Geführte abendliche Touren klappern einige der pulsierenden *shebeens* (nicht lizenzierte Bars) ab, in denen man selbstgebrautes Bier kosten und zur Musik eines enthusiastischen Jazz-Quartetts tanzen kann. Sowohl Tages- als auch Nachttouren sind völlig ungezwungen und kosten etwa 400 R. An der Touristeninformation gibt's eine Liste mit Touranbietern.

GRATIS **Oliewenhuis Art Museum**   MUSEUM
(16 Harry Smith St; ⊙Mo–Fr 8–17, Sa 10–17, So 13–17 Uhr) Das Oliewenhuis Art Museum ist eine der bemerkenswertesten Kunstgalerien Südafrikas. Es ist in einem stilvollen Herrenhaus aus dem Jahr 1935 untergebracht, das inmitten wunderschöner Gärten liegt. Die ebenso einfallsreiche wie treffend zeitgenössische Fotoausstellung gewährt einen guten Einblick in das moderne Südafrika. Das Museum beherbergt außerdem eine Sammlung mit Arbeiten südafrikanischer Künstler, darunter auch Thomas Baines.

National Women's Memorial   DENKMAL
(Monument Rd) Das National Women's Memorial gedenkt der 26 000 Frauen und Kinder, die während des Burenkriegs von 1899 bis 1902 in britischen Konzentrationslagern starben. Es zeigt einen bärtigen Afrikaner, der auf seinem Pony gegen die Briten in die Schlacht reitet und seiner Frau und seinem Baby, die in einem der Lager den Tod finden sollten, ein letztes Mal Lebewohl sagt – ein sehr kraftvolles, ergreifendes Bild, das noch immer tief in der Seele vieler Afrikaaner verborgen ist.

Anglo-Boer War Museum   MUSEUM
(Monument Rd; Eintritt 10 R; ⊙Mo–Fr 8–16.30, Sa 10–17, So 11–17 Uhr) Hinter dem National Women's Memorial hält das Anglo-Boer War Museum einige interessante Ausstellungen bereit, darunter auch Fotografien aus den Konzentrationslagern, die nicht nur in Südafrika, sondern auch in Bermuda, Indien und Portugal entstanden sind. Abgesehen von ein paar moderneren Ergänzungen wurde das Museum seit seiner Eröffnung nicht verändert. Die großen Gemälde, die Schlachtszenen darstellen, sind einfach atemberaubend. Wer sich für dieses Kapitel der südafrikanischen Geschichte interessiert, kann hier leicht ein paar Stunden zubringen.

Naval Hill   WILDTIERRESERVAT
Während der Zeit des Burenkrieges befanden sich hier die Geschützstellungen der britischen Flotte. Auf der Ostseite des Hügels steht ein großes weißes Haus, das den britischen Kavallerie im Krieg als Orientierungspunkt diente.

Vom Gipfel des Hügels, auf dem sich auch das Wildtierreservat **Franklin Game Reserve** (Eintritt frei; ⊙8–17 Uhr) befindet, bietet sich ein schöner Ausblick. Wandern ist erlaubt, aber bei unserem Besuch waren einige Schäden durch Buschbrände zu erkennen. Trotzdem kann man hier vielleicht Strauße beim Umherspazieren beobachten. Zu den Highlights gehören der weite Horizont und die grandiose Aussicht auf die Stadt.

GRATIS **Orchid House**   GEWÄCHSHAUS
(Union Ave; ⊙Mo–Fr 10–16, Sa & So 10–17 Uhr) Dieses Gewächshaus befindet sich ebenfalls in der Nähe und zeigt eine wunderschöne Blumensammlung mit einigen außergewöhnlichen Orchideen. Im Park draußen kann man prima ein Picknick mit den Kindern machen.

National Museum   MUSEUM
(36 Aliwal St; Eintritt 5 R; ⊙Mo–Fr 8–17, Sa 10–17, So 12–17.30 Uhr) Der grandiose Nachbau einer Straße aus dem 19. Jh. inklusive Soundeffekten ist die interessanteste Ausstellung dieses Museums. Einen Laden und ein Café gibt's auch.

🛏 Schlafen

Bloem verfügt nicht gerade über die beste Auswahl an günstigen Unterkünften, dafür gibt es aber umso mehr kleine, gemütliche Pensionen und bietet außerdem auch einige Luxusalternativen.

LP TIPP **Hobbit Boutique Hotel**   BOUTIQUEHOTEL **$$**
(☏051-447 0663; www.hobbit.co.za; 19 President Steyn Ave; Zi. inkl. Frühstück 1100–1500 R; ❄@☎) Diese charmante viktorianische Pension besteht aus zwei Häusern aus dem Jahr 1921. Sie ist bei Honoratioren sehr beliebt, aber auch die perfekte Wahl für Literaten und Romantiker. Die Zimmer sind im Cottage-Stil gehalten und verfügen über bemalte Badewannen und diverse Teddy-

Bloemfontein

bären. Abends werden den Gästen Sherry und Schokolade angeboten. Im Leseraum steht ein Schachtisch. Hier trifft sich auch die örtliche Tolkien-Gesellschaft und diskutiert alles rund ums Thema J.R.R. Der Pub und die hübsche Terrasse lohnen ebenfalls einen Besuch.

Odessa Guesthouse PENSION $
(081 966 0200; 4 Gannie Viljoen St; EZ/DZ ab 320/440 R; @) Wer nach ukrainischer Gastfreundschaft in Free State sucht, findet sie im Odessa. Diese mehrsprachige Pension (hier spricht man russisch, ukrainisch und englisch) genießt aufgrund ih-

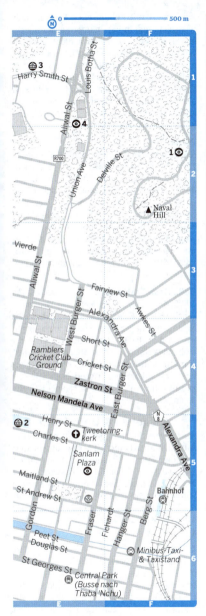

Bloemfontein

Sehenswertes
1 Franklin Game Reserve F2
2 National Museum E5
3 Oliewenhuis Art Museum E1
4 Orchid House E1

Schlafen
   Deakker Guesthouse................(siehe 7)
5 Hobbit Boutique Hotel C2
6 Protea Hotel Willow Lake A4
7 Urban Hotel A4

Essen
8 Avanti C4
9 Bella Casa Trattoria B2
10 Cubana B3
   Picnic ....(siehe 8)

Ausgehen
11 Barba's B3
12 Karma B3
13 Mystic Boer B3
14 Oolong Lounge B3

Unterhaltung
15 Sand du Plessis Theatre C5

Urban Hotel
HOTEL $$
(051-444 2065; www.urbanhotel.co.za; Ecke Parfitt Ave & Henry St; Zi. 750 R; ❄︎🛜) Den eher bemitleidenswerten Versuch einer stilvollen Einrichtung verzeiht man dank der ausgezeichneten Bäder, dem Komfort der Zimmer und des im Vergleich zu anderen Häusern dieser Kategorie etwas besseren Preis-Leistungs-Verhältnisses gern. Auch die Lage ist ausgezeichnet: Restaurants, Bars und der Loch Logan befinden sich in Laufentfernung.

Ansu Guesthouse
PENSION $$
(051-436 4654; www.ansuguesthouse.co.za; 80 Waverley Rd; Zi. 450 R; @🏊) Die drei Zimmer im Bungalow-Stil strahlen afrikanische Weite und Authentizität aus und liegen in einem herrlich grünen Garten mit perfekt geschnittenem Rasen und umherwandernden Wasservögeln. Neben dem Pool lockt ein Whirlpool. Die Einbahnstraßen erschweren die Anfahrt: Eine Wegbeschreibung gibt's telefonisch.

res Zuhause-Fern-Von-Zuhause-Flairs und ihrer freundlichen Gastgeber einen guten Ruf. Sie liegt in einem ruhigen Vorort nahe der N1 (über die Nelson-Mandela-Ausfahrt Richtung Stadt abfahren), und die Zimmer sind schlicht, aber sauber und heimelig. Auf Wunsch gibt's auch Frühstück.

Deakker Guest House
PENSION $$
(051-444 2010; 25 Parfitt Ave; Zi. 500–600 R; 🛜) Dieses stilvolle Haus in zentraler Lage verfügt über acht Zimmer, einige davon mit Doppelbetten, in denen man mit zufriede-

nem Lächeln versinkt. Jedes Zimmer hat ein eigenes Bad. Sehr freundlich und auch bei auswärtigen Cricketmannschaften äußerst beliebt – im Sommer also unbedingt vorab buchen.

Protea Hotel Willow Lake HOTEL $$

(051-412 5400; www.proteahotels.com/willow lake; 101 Henry St; Zi. ab 1200 R; ❄@🛜🏊) Sehr stilvoll eingerichtete Zimmer, mindestens eine Stufe über den anderen Mittelklasseoptionen der Stadt. Gemütliche Betten und eine Duschkabine, die aussieht, als habe die NASA sie entworfen, runden das Erlebnis ab. Ein echter Hauch von Luxus in Hafennähe und mit Blick auf den Zoo.

Reyneke Caravan Park WOHNWAGENPARK $

(051-523 3888; www.reynekepark.co.za; Brendar Rd; Stellplatz 200 R, Zi. & Chalets 350–750 R; 🏊) 2 km außerhalb der Stadt (über die N8 Richtung Kimberley erreichbar) bietet dieser gut organisierte Park einen Pool, ein Trampolin und ein Basketballfeld – prima für Kinder geeignet. Die schlichten Zimmer und modernen Ziegelstein-Chalets haben Platz für vier jeweils Personen.

Essen

Am Ufer eines kleinen Sees befindet sich die **Loch Logan Waterfront**. Das Gebiet ist dem Hafenbereich von Kapstadt nachempfunden, allerdings nicht ganz so beeindruckend. Trotzdem ist dies ein guter, sicherer Platz für ein Abendessen, Ausgehen oder für einen Kinobesuch an einem Regentag. In den Einkaufszentren Waterfront und Mimosa finden sich die üblichen südafrikanischen Ketten, die meisten Restaurants liegen entlang der 2nd Ave.

Avanti INTERNATIONAL $$

(447 4198; Loch Logan Waterfront; Hauptgerichte 60–130 R) Vielleicht das beste Restaurant der Waterfront zum Abendessen, mit Blick aufs Wasser (besonders bei Sonnenuntergang wunderschön) und alten, gemütlichen Lederstühlen an den Tischen oben/draußen. Die umfangreiche Karte mit südafrikanischen Weinen vervollständigt die üblichen Bloem-Angebote Pizza, Pasta, Steak und Meeresfrüchte.

Cubana LATEINAMERIKANISCH $$

(Ecke 2nd Ave & President Reitz St; Hauptgerichte 40–90 R) Dieses nach eigener Aussage „gesellige Latino-Café" liegt im Herzen des Geschehens der 2nd Ave und ist ebenso beliebt wie stilvoll. Die lange Speisekarte bietet jede Menge Hühnchen und Rindfleisch kombiniert mit kubanischen Saucen, aber wer schon mal in Lateinamerika war, merkt sofort, dass der Geschmack nicht ganz authentisch ist – für Free State ist es aber sehr anständig. Im halb offenen, strohgedeckten Gebäude treffen karibisches Flair und viktorianisches Safari-Flair aufeinander: Man stelle sich einen Mix aus altmodischen Kronleuchtern, aufwendigen, mit Goldfäden durchzogenen Sofas und Wasserpfeifen vor.

Picnic CAFÉ $

(Loch Logan Waterfront; Gerichte 40–65 R, Tapas 12–24 R) Ein cooler Laden mit grandiosem Blick aufs Wasser, perfekt für eine ausgedehnte, faule Erholungspause. Das Essen ist ausgezeichnet (genau wie der Service), besonders die Salate und Sandwiches. Den Salat mit Hühnchen, Halloumi, Avocado, sonnengetrockneten Tomaten und hausgemachter Majo sollte man probieren – einfach göttlich. Die Öffnungszeiten können variieren.

Bella Casa Trattoria ITALIENISCH $$

(051-448 9573; 31 President Steyn Ave; Hauptgerichte 60–130 R; 🍴) Diese stets gut besuchte italienische Trattoria bietet eine große Auswahl an Pasta, Pizza und Salaten – ein fröhliches, familienfreundliches Lokal mit gemütlichem Interieur und großem Innenhof mit blaukarierten Tischdecken. Die Pizza mit dünnem Boden à la Neapel ist sehr zu empfehlen.

Ausgehen & Unterhaltung

Als Universitätsstadt bietet Bloem eine gute Auswahl an Kneipen, Partyschuppen und – immer öfter – Livemusik. An den Ecken 2nd Ave und Kellner St bzw. Zastron St und Nelson Mandela Ave wimmelt es abends von Nachtschwärmern, die der Szene an der Waterfront Konkurrenz machen. In der Mimosa Mall und an der Waterfront gibt's außerdem Kinos.

Mystic Boer KNEIPE

(84 Kellner St) Bloems beliebteste Kneipe mit langer Tradition und guter Livemusik bringt der Afrikaaner-Kultur eine exzentrische Note bei – die psychedelischen Abbildungen von langbärtigen Buren an den Wänden sagen alles. Jeden Monat spielt eine „große" Band, und es stehen regelmäßig Auftritte unbekannter Rock- und Hip-Hop-Künstler auf dem Programm. Die Bar ist auf Tequila spezialisiert, und vorher kann man sich mit Pizzas und Burgern eine Grundlage schaffen.

Karma
BAR

(Kellner St) Dieser Laden gegenüber dem Mystic Boer nennt sich selbst „Executive Lounge & Cocktail Bar" (was ein bisschen hochtrabend klingen mag ... o. k. es ist hochtrabend) und bietet eine eher anspruchslose Karte in sehr anspruchsvollem, angenehmem Ambiente mit Kronleuchtern und weißen Tischdecken. Abends genießen die gut betuchten Gäste hier gern einen Cocktail im Freien.

Barba's Café
BAR-CAFÉ

(16 2nd Ave; ⊙Mo–Do 7.30–14, Fr bis 4 Uhr) Die umfangreiche, originelle Cocktailkarte sowie Livemusik und DJs am Wochenende machen diesen Laden zu einer festen Station auf jeder Kneipentour. Im Café werden griechische Spezialitäten wie Meze serviert, aber es ist vor allem als stilvolle Bar bekannt.

Oolong Lounge
LOUNGE

(16B 2nd Ave; ⊙Di–Sa) Diese stilvolle kleine Lounge lockt ein junges, hippes Publikum an, das den Abend hier in schickem, glänzendem und supermodernem Ambiente genießt.

Sand du Plessis Theatre
THEATER

(☑051-447 7771; Ecke Markgraaff & St Andrew St) In der lokalen Zeitung findet man sämtliche Musik-, Ballett-, Theater- und Opern- und sonstige Aufführungen aufgelistet, die in diesem beeindruckenden, modernen Gebäude stattfinden.

ⓘ Praktische Informationen

Im gesamten Stadtzentrum sowie an der Loch Logan Waterfront findet man Banken mit Geldautomaten. Amex ist in der Mimosa Mall.

3@1 Bloemfontein (Ecke 2nd Ave & President Reitz Ave; 30 R/Std.) Schnelle Internetverbindungen und WLAN.

Free State Department of Economic Development, Tourism & Environmental Affairs (☑086 1102 185; Private Bag X20801, Bloemfontein 9300) Informationen zu den einzelnen Nationalparks und Naturschutzgebieten der Region gibt's auf telefonische oder schriftliche Anfrage.

Touristeninformation (☑051-405 8489; www.bloemfontein.co.za; 60 Park Rd; ⊙Mo–Fr 8–16.15; Sa 8–12 Uhr) Hier kann man sich eine Karte für einen Stadtspaziergang oder einen kostenlosen Touristenführer für Bloems Galerie- und Kunsthandwerkerszene mitnehmen. Außerdem gibt es noch eine Außenstelle am Flughafen.

ⓘ Anreise & Unterwegs vor Ort

Bus & Minibus-Taxi

Langstreckenbusse fahren an der Touristeninformation in der Park Rd ab. Translux (Greyhound und Interstate bieten ähnliche Verbindungen) unterhält täglich Busse nach:

Kapstadt (475 R, 10 Std.)

Durban (270 R, 9 Std.)

East London (320 R, 7 Std.)

Jo'burg/Pretoria (230 R, 5 Std.)

Port Elizabeth (320 R, 9 Std.)

Die meisten Minibus-Taxis fahren gegenüber vom Bahnhof ab und steuern Maseru in Lesotho (80 R, 3 Std.), Kimberley (90 R, 4 Std.) und Jo'burg (150 R, 6 Std.) an. Normalerweise fährt mindestens einmal täglich ein Bus, aber die Zeiten können auch variieren. Außerdem sollte Anfang 2012 ein neuer, mehrere Millionen Rand teurer Minibus-Taxistand in der Stadt eröffnen, aber da sich die Taxifahrer beschwerten, er sei zu schlecht zugänglich, wurde er zum Zeitpunkt der Recherche noch nicht genutzt.

Flugzeug

Der Flughafen von Bloemfontein liegt etwa 10 km vom Zentrum entfernt. Eine Reihe internationaler Fluglinien fliegt über Kapstadt und Jo'burg nach Bloemfontein. Bei **STA Travel** (☑051-444 6062; bloemfontein@statravel.co.za; Mimosa Mall) kann man Flüge in andere Teile Südafrikas buchen.

Ein Taxi vom Flughafen in die Stadtmitte (häufig ist nur eines verfügbar) kostet standardmäßig 180 R.

Zug

Der Algoa pendelt dreimal wöchentlich über Bloemfontein zwischen Jo'burg (Tourist/Economy 130/90 R, ca. 7 Std.) und Port Elizabeth (200/130 R). Der Amatola verkehrt dreimal pro Woche über Bloemfontein auf der Strecke zwischen Jo'burg (Economy 90 R) und East London (110 R). Nähere Infos gibt's bei **Shosholoza Meyl** (☑0860 008 888, 011-774 4555; www.shosholozameyl.co.za).

DER NORDEN

Die Gegend rund um Parys im hohen Norden ist für viele Traveller der interessanteste Teil dieser Region. Hier ist der größte sichtbare Meteoritenkrater der Welt zu finden, der Vredefort Dome, eine von sieben Unesco-Welterbestätten, die es in Südafrika gibt. Dieser wunderschöne Landstrich mit seinen sanft geschwungenen Hügeln bietet eine stetig wachsende Auswahl an

FREE STATE

Wander-, Mountainbike-, Angel- und vielen weiteren Freizeitmöglichkeiten.

Region Parys & Vredefort Dome

🎵056 / 44000 EW.

Nur 120 km südlich von Jo'burg, am Ufer des Vaal River, liegt das kleine, geschäftige Städtchen Parys, das sich immer mehr zu einem Mekka für Abenteuersportler entwickelt. Außerdem gibt es hier einige beeindruckende Gebäude zu bestaunen, darunter auch die **Anglikanische Kirche** aus dem Jahr 1915, die aus blauen Granitblöcken erbaut wurde.

Parys eignet sich hervorragend als Ausgangspunkt für einen Besuch des **Vredefort Dome**, einer Hügelregion, die durch den Einschlag eines gigantischen Meteoriten vor 2 Mrd. Jahren entstand. Vredefort misst im Durchmesser etwa 200 km und ist die älteste und größte Meteoriteneinschlagsstelle der Erde. Im Jahr 2005 wurde der Krater zur Unesco-Welterbestätte ernannt, damals die sechste in Südafrika. In dieser Gegend gibt es auch einige gut ausgebaute Wanderwege – bei den hilfsbereiten Leuten im **Parys Info Centre** (🎵056-811 4000; www.parys.info; 62B Bree St; ⏱Mo–Fr 8–17, Sa & So 9–16 Uhr) bekommt man nähere Informationen.

🔘 Sehenswertes

Die Region rund um Parys lockt mit wunderschönen langen Tälern, Schluchten und Klippen, die mit prachtvoller Flora bedeckt sind und einer Vielzahl von Pflanzen, Tieren und Vögeln ein Zuhause bieten. Die Region hat sich rasant zu einem Lieblingstummelplatz für Outdoor-Fans entwickelt – und diese Entwicklung hält auch weiterhin an. Otter's Haunt (s. S. 319) bietet **Wildwasserrafting-Touren** (halber/ganzer Tag 350/495 R) auf dem Vaal unterhalb von Parys an. Die Stromschnellen reichen von Klasse I bis III. Sie sind im weltweiten Vergleich zwar nicht besonders wild – vor allem nicht bei Hochwasser – können aber trotzdem ganz schön aufregend sein. Die Gatsien-Stromschnelle ist das Highlight des 6 km langen Abschnitts – man kann immer wieder zum Anfang wandern und hinunterfahren. Otter's Haunt hat außerdem geführte **Mountainbike-Touren** (s. S. 318) und **Bootstouren zum Fliegenfischen** (ab 450 R) mit aufblasbaren Stehboards auf dem Vaal im Programm.

AUFGESATTELT: MOUNTAINBIKEN IN FREE STATE

Inzwischen hat sich die Gegend rund um Parys zu einem echten Outdoor-Mekka gemausert – der Favorit unter den adrenalinspiegelsteigernden Abenteuern ist eine Radtour durch die wilde Steppe. Bei Otter's Haunt (der Outdoor-Zentrale von Parys) stehen elf Mountainbike-Routen zur Wahl, die für jedes Niveau etwas bieten und direkt auf dem Gelände nur 2 km außerhalb der Stadt beginnen. Einige Strecken sind auch für Tagesbesucher (70 R) geöffnet, aber viele kann man nur auf einer Tour mit einem Führer von Otter's (250 R für etwa 3Std.) befahren – nicht alle Routen sind markiert, und man verirrt sich leicht. Ein Leihfahrrad kostet 195 R zusätzlich. Erfahrene Radfahrer können ihre Fähigkeiten auf steilen, steinigen Wegen mit schnellen Abfahrten und schweren Anstiegen testen, bei denen man ganz schön aus der Puste kommt. Anfänger wählen besser die einfache Tour auf Kieswegen entlang des Vaal-Ufers.

Tweezer Rocks (18 km, 2 Std.) ist eine der beliebtesten Strecken. Man kann sie allein oder auf einer geführten Tour abfahren – weil sie so rasant ist und selbst müde Radler munter macht, wird sie von den Einheimische auch als „Frühstücksritt" bezeichnet. Anfänger dürften auf dieser Strecke ebenfalls gut zurechtkommen (aber bitte einen Führer mitnehmen), doch man sollte wissen, dass die Tour ein paar steile Anstiege und eine ziemlich knackige, steinige Abfahrt in einem ausgetrockneten Flussbett umfasst, in dem man aber notfalls auch zu Fuß gehen kann. Tweezer Rocks führt in einer riesigen Schleife an malerischen kleinen Hügeln vorbei und bietet ein grandioses Bergpanorama. Der Name der Route bezieht sich auf zwei gigantische Felsen, die wie eine Pinzette (engl. *tweezer*) einen dritten Felsen zwischen sich halten, der bereits nach dem ersten Anstieg zu sehen ist.

Weitere Details zu den Radwegen sowie zu Regeln und Beschränkungen gibt's unter www.otters.co.za.

🛏️ Schlafen & Essen

Der Tourismus rund um Parys entwickelt sich schnell und stetig, und jedes Jahr eröffnen neue Hotels und Ferienressorts.

Waterfront Guesthouse
PENSION $$

(☎056-811 3149; www.waterfrontguesthouse parys.co.za; 22 Grewar Ave; EZ/DZ inkl. Frühstück ab 350/550 R; ❄️@🛜🏊) Die warmherzige Gastfreundschaft dieses weitläufigen Herrenhauses am Flussufer lockt zahlreiche Gäste in Parys' Innenstadt. Die Zimmer bieten Moskitonetze und glänzende Tagesdecken. Man kann sich ein paar Zimmer zeigen lassen, bevor man einzieht, aber der Yellow Room ist immer die richtige Wahl. Das Haus kann alle erdenklichen Aktivitäten arrangieren, etwa Fliegenfischen und Rafting-Touren. Mittag- und Abendessen gibt's auf Anfrage.

LP TIPP Otter's Haunt
PENSION $

(☎056-818 1814; www.otters.co.za; EZ/DZ ab 350/550 R; @🛜🏊) Eine der in Free State seltenen hundefreundlichen Unterkünfte (man muss aber vorher Bescheid sagen, und einige Rassen sind nicht erwünscht): Dieser abgeschiedene Zufluchtsort am Ufer des Vaal bietet eine lange Liste an Outdoor-Aktivitäten für Mensch und Haustier. Man kann sich z.B. ein Kanu schnappen und den Fluss hinunter paddeln. Übernachtungsgäste können zwischen den rustikalen Buschhütten rund um einen Felsenpool und dem großzügigen River House mit drei Schlafzimmern wählen, das über einen eigenen Pool und einen Whirlpool verfügt. Das Otter's ist schwer zu finden: hinter der Brücke, die aus der Stadt führt, links abbiegen und 2 km dem Fluss folgen.

Suikerbos
CHALETS $

(☎018-294 3867; www.suikerbos.co.za; Stellplatz Zelt 110 R, Hütten & Chalets 300–650 R) In dieser sehr beliebten Farmunterkunft grasen Antilopenherden friedlich zwischen den Gebäuden. Die Chalets sind luftig und modern und bieten riesige Sprudelbadewannen und jede Menge Licht. Außerdem stehen schlichte Wanderhütten und sogar ein hauseigener Wohnwagen zur Auswahl. Von Parys Richtung Potch auf der Schotterstraße nach Venterskroon fahren und nach 20 km links zum Suikerbos abbiegen.

O's Restaurant
INTERNATIONAL $$

(☎056-811 3683; Ecke Kruis & President St; Hauptgerichte 60–120 R; ⏰Mi–Sa 11–22, So 11–15 Uhr) Das O's befindet sich in wunderschöner Gartenlage direkt am Fluss und ist seit seiner Eröffnung sehr beliebt. Die Gerichte werden aus frischen, lokalen Zutaten zubereitet, und die umfangreiche Karte bietet für jeden etwas – von vegetarischer Pasta über Schweinenackensteaks und Miesmuschel-Fettuccine bis hin zu einer feinen Auswahl zarter Rindersteaks.

🍷 Ausgehen

Old Ferry House
LOUNGE

(Ecke Kruis & President St) In dieser Cocktail-Lounge unter freiem Himmel genießt man edlen Scotch und dazu eine feine Zigarre direkt am Ufer des Vaal. Die Lounge befindet sich auf demselben Gelände wie das O's und wird von denselben humorvollen Typen geführt: „Unglücklicherweise bieten wir keine Sportübertragungen an, da unsere Cocktails einfach wunderschön anzuschauen sind und sich äußerst gekränkt fühlen, wenn sie nicht im Fokus der Aufmerksamkeit stehen", prahlt die Karte. Die Mixgetränke schmecken aber auch wirklich genauso gut, wie sie aussehen.

❶ An- & Weiterreise

Die R59 führt nach Parys, das auf der Fahrt nach Norden von Jo'burg gleich westlich der N1 liegt. Man braucht aber auf jeden Fall ein eigenes Fahrzeug, um dorthin zu kommen.

Kroonstad & Umgebung

☎056 / 111 000 EW.

Kroonstad ist die drittgrößte Stadt der Provinz, liegt direkt an der N1 und ist ganz typisch für die ländlichen Regionen von Free State. Der Ort ist ein gutes Basislager zur Erkundung des nahen Naturschutzgebiets Koppies Dam Nature Reserve.

Das 4000 ha umfassende **Koppies Dam Nature Reserve** (☎056-777 2034; ⏰7–21 Uhr) liegt 70 km nordöstlich von Kroonstad am Rhenoster River und ist bei Anglern sehr beliebt: Karpfen, Barben und Lungenfische gibt's hier zuhauf. Windsurfen, Segeln und Wasserskifahren zählen ebenfalls zu den beliebten Zeitvertreiben.

Zu den Unterkünften gehört auch das **Arcadia Guesthouse** (☎056-212 8280; www. arcadiakroonstad.co.za; Zi. inkl. Frühstück 550 R/ Pers.), eine schicke Vier-Sterne-Pension mit klassisch-eleganten Zimmern inmitten eines großen Gartens, in dem Nachbildungen griechischer Statuen aufgestellt sind. Es ist ein wunderbar friedliches Plätzchen am

ABSTECHER

WILLEM PRETORIUS GAME RESERVE

Abseits der N1, 70 km südlich von Kronstadt, liegt das **Willem Pretorius Game Reserve** (Eintritt 50 R; ⊙7–18.30 Uhr), eines der größten Wildtierreservate in Free State. Es wird vom Sand River und vom Allemanskraal Dam durchzogen und umfasst zwei verschiedene Ökosysteme: die grasbewachsenen Ebenen mit großen Elenantilopen-, Blessbock-, Springbock-, Weißschwanzgnu- und Zebraherden und, weiter nördlich, das Busch- und Bergland mit seinen Pavianen, Bergriedböcken und Duckern. Breitmaulnashörner und Büffel sind auf beiden Seiten des Wildparks zu Hause.

Neben dem Schutzgebiet bietet das **Aldam Resort** (☏057-652 2200; www.aldam estate.co.za; Stellplatz Zelt ab 180 R, Chalets ab 510 R) anspruchsvolle, ländliche Chalets, viele mit grandiosem Blick auf den Allemanskraal Dam (und von der Privatterrasse aus auf den Sonnenuntergang). Die Chalets sind gut ausgestattet und ziemlich rustikal, bieten aber auch ein paar nette traditionelle Details. Das Ressort ist im Reservat gut ausgeschildert. Angeln ist hier sehr beliebt, und Wanderwege gibt's auch. Mahlzeiten können auf Wunsch arrangiert werden.

Rand der Stadt, und man braucht ein Auto, um hierher zu kommen (es liegt nahe der Auffahrt zur N1 – einfach den Schildern in der Stadt folgen). Das **Alfredo's** (☏056-215 2886; 58 Orange St; Café Hauptgerichte 20–30 R, Restaurant 40–60 R) ist ein tolles italienisches Café-Restaurant im Plumbago Garden Centre mit einem sehr hübschem Freiluftambiente.

Translux ist eines von drei Busunternehmen, das von der Shell-Ultra-Tankstelle täglich Verbindungen nach Jo'burg/Pretoria (250 R, 4 Std.) anbietet.

ÖSTLICHES HOCHLAND & DER SÜDEN

Das Östliche Hochland, an dessen gekrümmtem Westrand das Königreich Lesotho angrenzt, ist die Hauptattraktion von Free State. Eine Serpentinenstraße führt an der wilden, rauen Grenze entlang. Im Winter blickt man auf schneebedeckte Berge, im Herbst auf üppig buntes Laub, während man durch malerische Dörfer fährt, wo die Luft frisch ist, die Sterne in der Nacht strahlend hell leuchten und die Menschen freundlich sind.

Die Region umfasst ungefähr das Gebiet zwischen der R26 und der R49 östlich von Bethlehem bis nach Harrismith und lockt mit Sandsteinmonolithen, die sich über sanft geschwungenen, goldgelben Feldern, dem Golden Gate Highlands National Park und Südafrikas coolster, ländlicher Künstlerhochburg, dem trendigen Clarens, erheben.

Harrismith

☏058 / 96 000 EW.

Auch wenn Harrismith mittlerweile etwas heruntergekommen aussieht, ist es nach wie vor ein guter Ausgangspunkt für einen Besuch der Drakensberge. Die ruhige, ländliche Stadt bietet malerische alte Gebäude rund um einen grünen Platz, ein wunderschönes Panorama auf die fernen Bergketten und jede Menge Bäume.

Das äußerst auskunftsfreudige und hilfsbereite **N3 Gateway Tourism Information Centre** (☏0800 634357; Bergview-Komplex; ⊙Mo–Fr 8–16.30 Uhr) befindet sich inmitten der Restaurants und Geschäfte nahe der Auffahrt zur N3.

🛏 Schlafen & Essen

Der Bergview-Komplex ist die beste Adresse zum Essen. Hier findet man die üblichen Ketten (z. B. Debonairs, Nando's und Ocean Basket) und ein paar Cafés mit etwas mehr Klasse.

Lala Nathi　　　　　　　　RONDAVELS $$

(☏058-623 0282; www.lalanathi.co.za; EZ/DZ ab 400/600 R; ❋🛜) Diese Unterkunft liegt 3 km außerhalb von Harrismith (Richtung Durban) an der N3. Sie lockt mit ihrer praktischen Lage, günstigen Preisen und traditionellen *rondavels* (Rundhütten) und ist immer die richtige Wahl – besonders wenn man schon früh morgens über den Highway weiterfahren möchte. Im Inneren der geräumigen *rondavels* treffen Tradition und rustikales Dekor aufeinander, und die Betten sind gemütlich.

The Book House
Cottage SELBSTVERSORGER $$
(☎082 411 8838; bookhouse@mweb.co.za; 24
Milner St; Wohneinheit 600 R; ❄) Hübsche,
großzügige Wohneinheiten in einem fried-
lichen Vorort, prima für Familien und Paa-
re geeignet. Die Küchen sind gut ausgestat-
tet, und die Unterkunft ist in der Stadt gut
ausgeschildert.

Platberg Harrismith
Backpackers HOSTEL $
(☎058-622 3443; www.platbergbackpackers.
co.za; 55 Bidulph St; B/DZ 120/300 R; @) Die-
ses gut geführte Haus bietet drei Schlafsäle
und ein Doppelzimmer, alle in gutem Zu-
stand. Man kann den *braai* (Grill) draußen
benutzen, und neben sicheren Parkplätzen
gibt's auch noch eine tolle Aussicht auf
den Platberg. Wer diese spektakuläre Um-
gebung erkunden möchte, kann sich ein
Mountainbike (80 R/Tag) ausleihen oder
sich eine Wanderkarte schnappen.

ℹ An- & Weiterreise
Intercape bietet täglich Busverbindungen nach
Durban (270 R, 4 Std.), Bloemfontein (300 R,
5 Std.) und Jo'burg (200 R, 4 Std.). Der Busbahn-
hof befindet sich in der McKechnie St.

Sterkfontein Dam Nature Reserve
Das kleine aber feine **Sterkfontein Dam
Nature Reserve** (☎058-622 3520; Eintritt
40 R; ⊙6–22 Uhr) ist ein Schutzgebiet in den
Ausläufern der Drakensberge. Es liegt 23 km
südlich von Harrismith an der Straße zum
Oliviershoek-Pass Richtung KwaZulu-Natal.
Wenn man über diesen riesigen Stausee vor
dem Hintergrund der zerklüfteten Gipfel
blickt, hat man das Gefühl, ein Binnenmeer
vor sich zu haben. An einem der vielen Aus-
sichtspunkte befindet sich ein „Restaurant"
für Aasgeier, aber es gibt keine festen Füt-
terungszeiten. Zudem werden Bootsfahrten
bei Sonnenuntergang angeboten.
Campingplätze (ab 60 R) und rustikale
Chalets (300 R) mit jeweils vier Betten ste-
hen hier zur Wahl.

Golden Gate Highlands National Park
Kurz bevor die Dunkelheit auch die letzten
Farbkleckse am Himmel verschluckt, pas-
siert im **Golden Gate Highlands National**

Park (☎058-255 0000; www.sanparks.org/
parks/golden_gate; Erw./Kind 108/54 R) etwas
Magisches: Die zerklüfteten Sandstein-
formationen vor den Ausläufern der wil-
den, kastanienbraunen Maluti Mountains
leuchten golden im Licht der untergehen-
den Sonne, und zitronengelbe Strahlen um-
rahmen einen einsamen Kudu, der reglos
in einem Meer aus mintgrünem Gras steht,
bevor sich der Himmel von Gold in Rot und
Violett färbt. Der Park hat vielleicht keine
Big Five zu bieten, aber die Sonnenunter-
gänge sind einfach fantastisch.

Hier leben viele Tiere wie Rehantilopen,
Blessböcke, Elenantilopen, Bleichböckchen,
Burchell-Zebras, Schakale, Paviane und
zahlreiche Vogelarten, darunter auch sel-
tene Bart- und Kapgeier sowie bedrohte
Glattnackenrappe. Der Park ist bei Wande-
rern für lange Trekkingtouren beliebt, es
gibt aber auch auch kürzere Wanderwege.
Zugangsberechtigungen kann man an der
Rezeption des Parks kaufen.

◉ Sehenswertes & Aktivitäten
Rhebok Hiking Trail WANDERN
Dieser gut instand gehaltene, 33 km lange
Wanderweg (80 R/Pers.) ist eine zweitägige
Tour und eine gute Möglichkeit, den Park
kennenzulernen. Der Weg beginnt am Rest
Camp Glen Reenen neben der Parkrezeption
und führt am zweiten Tag zu einem Aus-
sichtspunkt auf dem Generaalskop (2732 m),
dem höchsten Punkt des Parks. Von hier
sieht man den Mont-aux-Sources und die
Maluti Mountains. Der Rückweg nach Glen
Reenen führt am Langtoon Dam vorbei. Un-
terwegs gibt's einige steile Abschnitte – wer
hier wandert, sollte also relativ fit sein. Die
Route ist auf 18 Personen begrenzt und muss
vorab beim Parkbüro gebucht werden. Nähe-
re Infos gibt's auf der Website des Parks.

Blesbok Loop
& Oribi Loop PANORAMAWEGE
Ganz in der Nähe des Hauptbüros des Parks
beginnen zwei leichte Panoramatouren. Der
Blesbok Loop (6,7 km) ist ein malerischer
Rundgang durch eine steinige Grasland-
schaft. Allein der Blick auf die Berge und
das Gefühl der völligen Abgeschiedenheit
lohnen die Fahrt. Der Oribi Loop (4,2 km)
ist recht ähnlich und führt ebenfalls durch
eine grandiose Szenerie. Vielleicht sieht
man unterwegs sogar eine der Antilopen,
nach denen der Weg benannt ist, umher-
spazieren, aber das Highlight ist definitiv
die Aussicht auf die Drakensberge.

FREE STATE STERKFONTEIN DAM NATURE RESERVE

Östliches Hochland

Basotho Cultural Village   KULTUR-DORF

Im Golden Gate Highlands National Park befindet sich auch das kleine **Basotho Cultural Village** (Touren 30 R; Mo-Fr 8-16.30, Sa & So 8-17 Uhr). Eigentlich ist es ein Freiluftmuseum, in dem verschiedene Ausschnitte aus dem traditionellen Leben der Sotho nachgespielt werden. Auf einer zweistündigen geführten Wandertour (60 R/Pers.) erfährt man Interessantes zu medizinischen und anderen Pflanzen und besucht eine Stätte mit Felsenkunst. Man kann eine der traditionellen *rondavels* (Rundhütten, 650 R) für zwei Personen ausprobieren, aber man muss sein Essen selbst mitbringen. Auch wenn dies wirklich ein freundlicher, liebevoll gestalteter Ort ist, der jede Menge Informationen zu traditionellen Bräuchen und der Kultur bietet, so ist er letzten Endes doch ein idealisiertes Kunstprodukt. Um wirklich zu sehen, wie die Mehrzahl der Sotho lebt, muss man über die Grenze nach Lesotho reisen.

Schlafen

Im Park gibt's mehrere Unterkünfte, aber man kann auch im 17 km entfernten Clarens (S. 324) übernachten.

Glen Reenen Rest Camp   REST CAMP $$
(058-255 1000; Stellplatz Zelt für 2 Pers. 165 R, Chalets 635-730 R) Dieser Campingplatz in praktischer Lage an der Hauptstraße schmiegt sich in die zerklüfteten Kalksteinfelsen und bietet gut instand gehaltene Chalets und Stellplätze direkt am Fluss. Ein Laden verkauft das Nötigste.

Golden Gate Hotel   HOTEL $$
(058-255 0000; Zi. & Chalets 840-1100 R) Im Herzen des Parks lockt diese stattliche alte Lodge mit einem grandiosen Blick auf die Berge und bietet neben Selbstversorger-Chalets auch teurere Zimmer. Das Hotel wurde kürzlich einer ausführlichen Renovierung unterzogen und verfügt nun über noch mehr Zimmer (die in den Farben der afrikanischen Jahreszeiten dekoriert sind)

Sandsteinhügeln benannt, die dieses Gebiet dominieren. Es wurde in den frühen 1980er-Jahren als Homeland für die Sotho im Süden geschaffen. 200 000 Menschen auf einer winzigen Fläche landwirtschaftlich unrentablen Landes einzupferchen, weit abgeschieden von irgendwelchen Arbeitsmöglichkeiten, fiel unter die grausamen Machenschaften des Apartheid-Regimes. Heute ist das Hochland rund um Phuthaditjhaba ein tolles Wandergebiet.

Der bekannteste Wanderweg dieser Gegend ist der 10 km lange **Sentinel Hiking Trail** (Reservierungen 083 956 0325; Eintritt 25 R), der in Free State beginnt und in KwaZulu-Natal endet. Start ist der Sentinel-Parkplatz auf einer Höhe von 2540 m, von wo aus der Weg über 4 km zum Drakensberg-Plateau in einer Höhe von etwa 3000 m hinaufsteigt. Wer einigermaßen fit ist, sollte für den Aufstieg ca. zwei Stunden einplanen. An einer Stelle muss man an einer Kettenleiter über eine nackte Felswand klettern. Wer ein bisschen Angst vor der Leiter hat, kann auch die Route über „The Gully" nehmen, die zum Beacon Buttress führt (auch wenn einige Wanderer sagen, diese Strecke sei noch haarsträubender!). Für den steilen Aufstieg wird man mit einem majestätischen Bergpanorama belohnt – und mit der Gelegenheit, auch noch den Mont-aux-Sources (3282 m) zu erklimmen.

Die beste Unterkunft findet man in Kestell, einem kleinen, labyrinthartigen Dorf an der R57, etwa 22 km nördlich von Phuthaditjhaba. Das **Karma Backpackers** (058-653 1433; www.karmalodge.co.za; 2 Piet Retief St; Stellplatz Zelt/B/DZ 60/130/300 R; @) ist ein friedliches, gemütliches Plätzchen. Die freundlichen Besitzer wissen alles

sowie eine moderne Einrichtung. Ein Restaurant, eine Bar und ein Café gibt's auch.

❶ An- & Weiterreise

Südlich von Bethlehem führt die Asphaltstraße R712 von Clarens zum Park. Minibus-Taxis verkehren über Clarens und Phuthaditjhaba zwischen Bethlehem und Harrismith und fahren direkt durch den Park. Alternativ kann man auch mit dem eigenen Auto von Harrismith über die R74 und die R712 anreisen.

Phuthaditjhaba & Umgebung

058 / 85 000 EW.

Phuthaditjhaba, 50 km südwestlich von Harrismith, war einst die Hauptstadt des Apartheid-Homelands QwaQwa (wer die Klicklaute bei der Aussprache beherrscht, gewinnt sofort Freunde). QwaQwa bedeutet „Weißer als Weiß" und wurde nach den

QWAQWA-TOUREN

Ein lokales Unternehmen veranstaltet in QwaQwa interessante Township-Touren, die bestimmte Themen ebenso facettenreich wie einfühlsam vermitteln. Sie umfassen einen Besuch in einem Hirtendorf, in der ältesten niederländischen Kirche der Gegend, in dem Rastafari-Dorf Jerusalem und in einer *shebeen*. **Masupatsela Adventure Tourism** (079-551 8356; www.masupatsela-adventures.co.za) bietet die Tour auch schon für eine Person an; sie kostet 410 R für etwa fünf Stunden.

über die Wanderrouten der Gegend, und vom wunderschönen Garten bietet sich ein toller Blick auf den Sentinel Peak und die Maluti Mountains. Außerdem werden Radtouren (150 R/Pers.) ins örtliche Township Tholong angeboten, die auch den Besuch einer *shebeen* einschließen – eine prima Möglichkeiten, mit den Einheimischen in Kontakt zu kommen.

Clarens

☎ 058 / 4500 EW.

Clarens ist das Schmuckstück von Free State und einer dieser Orte, in die man ohne große Erwartungen und mehr oder weniger zufällig hineinstolpert, über die man aber noch lange spricht, wenn man sie schon längst wieder verlassen hat. Vor dem Hintergrund zerklüfteter Kalksteinfelsen, saftig grüner Hügel, goldgelber Felder und der grandiosen Maluti Mountains ist Clarens ein wahres Bilderbuchdorf, mit weiß getünchten Gebäuden und ruhigen, schattigen Straßen – eine wirklich idyllische Rückzugsmöglichkeit.

Das kleine Örtchen hat aber auch auf intellektueller Ebene einiges zu bieten, so z. B. eine eigene Kunstszene mit zahlreichen Galerien, die hervorragende Arbeiten bekannter südafrikanischer Künstler zeigen. Darüber hinaus lockt Clarens mit charmanten Pensionen (die von sehr schlicht bis unglaublich edel reichen), Gourmet-Restaurants, bunten Cafés und unzähligen Abenteueraktivitäten.

🏃 Aktivitäten

Clarens Xtreme EXTREMSPORT
(☎ 082 56 36 242; www.clarensxtreme.co.za; Sias Oosthuizen St) Hier gibt's alles, was der Outdoor-Fan begehrt. Zu den beliebtesten Aktivitäten gehören Quadfahren, Wildwasserrafting auf dem vom Stausee gespeisten Ash River (halber/ganzer Tag 450/650 R; einige Stromschnellen erreichen hier sogar Klasse IV), Mountainbike-Touren in den Bergen im Hinterland (Routen 50–100 R) inklusive Ausblick über Stadt und Tal, sowie die Zip-Line (Seilrutsche) im Abenteuerpark.

🛏 Schlafen

LP TIPP **Patcham Place** B&B $$
(☎ 058-256 1017; patcham@netactive. co.za; 262 Church St; EZ/DZ inkl. Frühstück ab 375/600 R) Dieses B&B ist eine zentral gelegene Option, die in dieser Kategorie ein

besseres Preis-Leistungs-Verhältnis bietet als ihre Konkurrenz. Die luftigen Zimmer haben riesige Fenster, und der Ausblick von den Balkonen ist einfach fabelhaft. Die Badezimmer sind makellos, die Betten eher hart, und es gibt sogar eine kleine Küche.

Eddie's SELBSTVERSORGER $
(☎ 058-256 1059; www.clarenseddies.co.za; Main St; 250 R/Pers.) Dieses Haus bietet erschwingliche Unterkünfte für Selbstversorger. Sie sind im oberen Stockwerk untergebracht, und man kann bis zu den Maluti Mountains in Lesotho sehen. Bei gutem Wetter steigt man am besten in diesen modernen Wohneinheiten ab, damit man die tolle Außenanlage in vollen Zügen genießen kann.

Clarens Inn & Backpackers HOSTEL $
(☎ 058-256 1119; 93 Van Reenan St; Stellplatz Zelt 70 R, Tipi 100 R, B/EZ/DZ 100/150/300 R) Die beste Budgetoption der Stadt bietet geschlechtergetrennte Schlafsäle und schlichte Doppelzimmer rund um einen zentralen Innenhof mit großer, offener Feuerstelle und Freiluftbar. Das Ambiente ist rustikal und ruhig, und die Unterkunft schmiegt sich ans Ende der Van Reenen St an den Berg (nach der Ausfahrt Le Roux die Augen offen halten).

Lake Clarens Guesthouse PENSION $$
(☎ 058-256 1436; Zi. ab 450 R/Pers. inkl. Frühstück) Diese makellose Vier-Sterne-Pension ist mit einem ganz individuellen, persönlichen Landhauscharme ausgestattet. Frische Blumen, riesige Badewannen und seidig weiche Bettwäsche sind zweifellos die Highlights der luxuriösen Zimmer. Die etwas teureren Zimmer im Haupthaus mit gigantischen Doppelbetten sind den Aufpreis absolut wert.

🍴 Essen

In Clarens kann man wahrlich speisen wie Gott in Südafrika.

Valley Cats CAFÉ $
(Market St; Hauptgerichte 35–50 R) Wer sein Frühstück oder Mittagessen gern unter einem schattigen Baum auf einer großen Freiluftterrasse etwas abseits des dörflichen Geschehens einnehmen möchte, ist hier goldrichtig. Wraps, Brötchen oder „Ploughman's Lunch" – die Gerichte sind einfach, aber liebevoll zubereitet und werden mit Blick auf den grünen Hauptplatz serviert. Die Desserts sind auch nicht zu verachten, und eine Kinderspielecke rundet diese tolle Location ab.

Clementines Restaurant INTERNATIONAL $$
(☎058-256 1616; 733 Van Zyl St; Hauptgerichte 60–100 R; ◎Di–So) Das Essen in dieser aufgepeppten Country-Küche schmeckt genauso gut, wie es auf der internationalen Gourmet-Karte aussieht (mit Ausnahme der Meeresfrüchte, um die man einen großen Bogen machen sollte). Hier gibt's alles – von sahniger Pasta bis hin zu zarten Straußenfilets. Der professionelle Service, das intime Ambiente, die lange Weinkarte und die vegetarischen Gerichte sind weitere Pluspunkte. Man sollte auch unbedingt einen Blick auf die Tageskarte werfen, die an der Wand angeschrieben steht.

Shoppen

Mit seinen sauberen, von Bäumen gesäumten Straßen und unzähligen Boutiquen und Galerien zum Stöbern ist Clarens wie geschaffen für einen Einkaufsbummel. In den Galerien sollte man die Augen nach Werken von Pieter van der Westhuizen oder Hannetjie de Clercq offen halten, zwei sehr angesehene südafrikanische Künstler.

Art & Wine Gallery on Main GALERIE
(☎058-256 1298; 279 Main St; ◎9–17 Uhr) Bietet eine fantastische Auswahl an regionalen Weinen und Gemälden.

Bibliophile BUCHLADEN
(313 Church St; ◎9–16.30 Uhr) Ein altmodischer Buchladen mit einem riesigen Sortiment an Büchern und Jazz-CDs.

Praktische Informationen

Clarens Tourism Centre (☎058-256 1542, 082 963 3398; www.clarenstourism.co.za; Market St; ◎Mo–Do 8–17, Fr 8–18, Sa & So 8–16 Uhr) Hält ausführliche Informationen für die ganze Region bereit.

An- & Weiterreise

Clarens erreicht man am besten mit einem eigenen Auto. Von Clarens aus fahren ein paar Minibus-Taxis nach Bethlehem und Harrismith, aber es gibt keinen festen Abfahrtpunkt. Am besten geht man in Richtung Stadtrand und fragt sich dort durch.

Bethlehem

☎058 / 75 000 EW.

Bethlehem ist das wichtigste Geschäftszentrum im Osten von Free State. Es versprüht eine freundliche, offene Atmosphäre, und auch wenn es Reisenden – abgesehen von einer Übernachtungsmöglichkeit – wenig Interessantes zu bieten hat, ist die lebendige Stadt einen Zwischenstopp wert.

18 km außerhalb der Stadt liegt **Lionsrock** (☎058-304 1691; www.lionsrock.org), ein 12 ha großes Wildtierschutzgebiet für Großkatzen, die aus bedrohten Regionen in aller Welt gerettet wurden, darunter Löwen, Geparde und Leoparden. Außerdem leben hier zahlreiche Antilopenarten und Wildhunde. Es werden geführte Fahrten durch den Wildpark angeboten. Unterkünfte stehen ab 350 R pro Person zur Verfügung.

Die beste Unterkunft hier ist das **Hoephoep Guest House** (☎058-303 7144; 8-10 Thoi Oosthuyse St; EZ/DZ inkl. Frühstück ab 450/500 R; @) mit freundlichen Besitzern und geschmackvoll eingerichteten Zimmern in zwei Gästehäusern und fünf luxuriösen Chalets für Selbstversorger. Abendessen ist auf Wunsch erhältlich.

Im klassischen **La Croché** (☎058-303 9229; www.lacroche.co.za; Ecke Kerk St & Theron St; EZ/DZ inkl. Frühstück ab 450/600 R) ist die Vorliebe der Besitzer für alles Mediterrane offensichtlich. Hier verschmilzt afrikanische Architektur samt Strohdach wundervoll mit italienischen und französischen Elementen. Die Größe der Zimmer ist ausreichend, und die liebevollen Details des Architekten sind überall zu erkennen.

Im **Nix Pub** (Kerk St; Hauptgerichte ab 35 R), einem altmodischen Laden mit rustikalem Kneipencharme, kann man sich ein paar Pints und diverse Pub-Leckereien wie *bangers and mash* (Würstchen mit Kartoffelbrei) schmecken lassen.

Translux-Busse fahren nach Durban (250 R, 5 Std.) und Kapstadt (510 R, 16 Std.) und halten am Top Grill in der Church St. Der Stand für die Minibus-Taxis befindet sich an der Ecke Cambridge und Gholf St nördlich der Stadtmitte auf dem Weg zum Bahnhof.

Fouriesburg

☎058

Fouriesburg ist rundum von rauen, zerklüfteten Bergen umgeben und liegt wunderbar idyllisch 12 km nördlich des Grenzübergangs Caledonspoort nach Lesotho. Zwei nahe gelegene Gipfel, Snijmanshoek und Visierskerf, sind die höchsten in Free State. Darüber hinaus ist hier mit dem **Salpeterkrans** auch der höchste Sandsteinüberhang der südlichen Hemisphäre zu finden – an der R26 nach den Schildern Ausschau halten; er liegt in nordwestlicher Richtung kurz hinter der Stadt. Die Gegend ist ein furchterregendes Beispiel für starke Winderosion. Sie gilt den örtlichen Stämmen als heilig und wird für uralte Anbetungsrituale genutzt.

11 km außerhalb von Fouriesburg und nur 800 m von der Grenze zu Lesotho entfernt, liegt die **Camelroc Guest Farm** (☎058-223 0368; www.camelroc.co.za; Stellplatz Zelt 150 R, EZ/DZ inkl. Frühstück 400/600 R, Chalets ab 600 R) eingebettet in eine spektakuläre Landschaft vor einer kamelförmigen Sandsteininformation und mit einem grandiosen Blick auf die Maluti Mountains. Diese wunderbar friedliche, ländliche Gegend bietet eine Vielzahl von Unterkünften, und ganz in der Nähe kann man prima wandern oder Jeep-Touren machen.

Wer seinen Durst löschen möchte oder Appetit auf ein leckeres Steak hat, sollte dem **Windmill Pub & Grill** (Robertson St) in der Stadt einen Besuch abstatten, wo man unter schattenspendenden Bäumen und von viel Grün umgeben auf Bänken sitzt.

Rustler's Valley
☎051

Wer hat nicht schon einmal von einer Reise ins wilde, wunderschöne Herz von Nirgendwo geträumt? Los geht's: In diesem abgeschiedenen Tal sollte man die Asphaltstraßen getrost links liegen lassen, sich ganz nach Gefühl über die tiefbraunen, staubigen Nebenstraßen von Oase zu Oase leiten lassen und die Fahrt durch diese raue, grandiose und unvergleichliche Landschaft einfach nur genießen.

Im Rustler's Valley zwischen Fouriesburg und Ficksburg, abseits der R26, findet man auch die zauberhafte **Franshoek Mountain Lodge** (☎051-933 2828; www.franshoek.co. za; Zi. inkl. Halbpension 80 R/Pers.; @☎). Die Lodge bietet einen aktiven Farmbetrieb mit gemütlichen Sandsteinhütten in hübscher Gartenlage, ein Zulu-Dampfbad sowie eine grandiose Aussicht über das Tal und versprüht ein charmantes, ländliches Flair. Wer nicht in der Lodge zu Abend essen möchte, zahlt für das B&B nur 440 R pro Person.

Die Hauptabfahrt zum Rustler's Valley liegt 25 km südlich von Fouriesburg auf der Rte 26 Richtung Ficksburg – einfach den Schildern über eine unbefestigte Straße folgen, die über die Bahnschienen führt. Von der Abzweigung sind es dann noch 13 km bis Franshoek.

Ficksburg
☎051

Ficksburg ist ein hübsches kleines Bergdorf am Ufer des Caledon River, das ein paar sehr schöne **Sandsteingebäude** vorzuzeigen hat – man sollte vor allem nach dem Rathaus und der Post Ausschau halten. Ficksburg liegt in den violett gefärbten Maluti Mountains und ist im Winter besonders bezaubernd, wenn die zerklüfteten Gipfel mit Schnee bedeckt sind.

Dank der milden Sommer- und kalten Wintermonate eignet sich die Gegend perfekt zum Anbau von Steinobst. Aus diesem Grund ist Ficksburg das Zentrum der Kirschenindustrie von Free State. Im November wird das **Kirschenfestival** (www.cherry festival.co.za) gefeiert. Im September und Oktober dagegen ist die Kirschblüte in all ihrer Pracht zu bewundern.

Die Zimmer des **Highlands Hotel Hoogland** (☎051-933 2214; highlandshotel@isat. co.za; 37 Voortrekker St; Zi. ab 180 R) sind im afrikanischen Stil eingerichtet und die beste günstige Adresse der Stadt – die Hostelzimmer sind mit Gemeinschaftsbad, die Zimmer mit eigenem Bad etwas rudimentär, aber geräumig, und bieten mehr Komfort. Dieses Haus ist ein authentisch altmodisches Hotel mit jeder Menge Persönlichkeit und tollem, abgelebtem Charme. Man findet es direkt neben dem Rathaus.

Das **Imperani Guest House & Coffee Shop** (☎051-933 3606; www.imperaniguest house.co.za; 53 McCabe Rd; EZ/DZ mit Frühstück ab 360/540 R; ☎) in entspannter Lage versprüht ein afrikanisch angehauchtes Country-Cottage-Flair. Die elf makellosen, modernen Zimmer sind mit Holzböden und großen Fenstern ausgestattet und in strohgedeckten Häusern untergebracht. In einer großzügigen, luftigen *boma* (große Freilufthütte mit Strohdach) ganz in der Nähe bietet sich das hauseigene **Restaurant** (Hauptgerichte 40–70 R) als gute Option zum Mittagessen an, wenn man gerade durch Ficksburg reist. Neben seinem starken Kaffee ist es auch für seine Pfannkuchen bekannt, und zum Frühstück und Mittagessen werden Salate und andere leichte Gerichte angeboten. Die Karte für Kinder ist ebenfalls toll.

Ladybrand

📞 051 / 18 000 EW.

In einem von schroffen Gipfeln umgebenen Tal, nur 16 km von Lesothos Hauptstadt Maseru entfernt, liegt die hübsche Kleinstadt Ladybrand, die zahlreiche Sandsteingebäude, eine atemberaubende Kulisse und eine antike Geschichte zu bieten hat. Die Stadt eignet sich außerdem prima für einen Übernachtungsstopp auf dem Weg ins oder aus dem Bergkönigreich im Süden Afrikas.

◉ Sehenswertes

Archäologen und Anthropologen werden total auf Ladybrand abfahren. Ganz in der Nähe warten Felsmalereien, und im städtischen Museum sind Instrumente und Werkzeuge aus der Steinzeit ausgestellt.

GRATIS **Catharina Brand Museum** MUSEUM
(17 Church St; ⊙Mo–Fr 8–17 Uhr) Die eindrucksvollste Ausstellung des Museums erklärt, wie sich durch die Asche, die einer antiken Feuerstelle in der **Rose Cottage Cave** nicht weit von Ladybrand entnommen wurde, beweisen lässt, dass die ersten Menschen bereits vor über 55 000 Jahren in dieser Gegend lebten.

Wer ganz und gar in die Geschichte dieser Region eintauchen möchte, sollte sich hier nach einem Besuch der Felsenkunst-Stätten der Khoisan erkundigen (in und um Ladybrand warten über 300 Höhlen). Führer können organisiert werden.

Modderpoort Cave Church KIRCHE
Wer sowieso gerade im Catharina Brand Museum ist, kann sich dort die Genehmigung für den Besuch dieser Kirche holen (erbaut 1869). Sie liegt 12 km außerhalb von Ladybrand unter einem riesigen Felsen in malerischer Umgebung versteckt und ist eine der ungewöhnlichsten Kirchen der Gegend.

🛏 Schlafen & Essen

LP TIPP **Cranberry Cottage** PENSION $$
(📞051-924 2290; www.cranberry.co.za; 37 Beeton St; EZ/DZ inkl. Frühstück ab 550/920 R; @🏊) Die beste Wahl für eine Übernachtung in Ladybrand (und eine der besten in ganz Free State) ist diese charmante Pension mit luxuriösen Zimmern, alle ganz unterschiedlich und individuell. Sie sind in einem weitläufigen Steinhaus untergebracht, und die günstigeren Selbstversorger-Optionen ein Stück die Straße runter

gehören ebenfalls zum Cranberry. Die Zimmer bieten viel Platz, ein leicht rustikales Flair, einen Hauch Luxus und das Gefühl, der Natur ganz nah zu sein. Die Gärten ziert hübsches Laubwerk, darüber hinaus warten eine mit Weinranken überdachte Terrasse und ein hübscher Pool. Im Speisesaal knistert ein gemütliches Kaminfeuer, und die fantastische, altmodische Bar mit dunklem Holz lädt zum Verweilen ein.

Fish Cafe MEERESFRÜCHTE $$
(20 Piet Retief St; Hauptgerichte 60–90 R) In diesem äußerst beliebten Meeresfrüchte-Café wechseln die Fischspezialitäten praktisch täglich, aber das Seehechtfilet mit cremiger Käse-Pilz-Sauce ist die Spezialität des Hauses. Die Meeresfrüchteplatte mit Peri-Peri-Krabben, Muscheln in portugiesischer Sauce und butterweichen Calamari ist ebenfalls köstlich. Man kann das Essen auch mitnehmen.

ℹ An- & Weiterreise

Ladybrand liegt 4 km abseits der N8 an der R26 – der Straße nach Ficksburg – und 130 km südlich von Bloemfontein. Minibus-Taxis starten in der Nähe der Kirche in der Piet Retief St und fahren nach Ficksburg (40 R, 1 Std.). Wer woanders hin möchte, kann mit einem Minibus-Taxi zur Maseru-Brücke (10 R) an der Grenze zu Lesotho fahren und sich am Minibus-Taxistand ein Langstrecken-Taxi suchen.

Gariep Dam Nature Reserve

📞051

Das größte **Naturschutzgebiet** (📞051-754 0026; Eintritt 30 R/Fahrzeug) in Free State umfasst den 36 487 ha großen Gariep Dam – der die unglaubliche Menge von 6 Mrd. Litern Wasser staut – am Senqu River (Oranje-Fluss) sowie das 11 237 ha große Wildschutzgebiet an seinem Nordufer.

Im Februar findet alljährlich auf dem Gariep Dam das längste **Inland-Gummientenrennen** der Welt statt.

Im Schutzgebiet kann man zwischen Chalets (ab 350 R) oder Stellplätzen für Zelte (ab 70 R) wählen. In dem Städtchen Gariep Dam am Westrand des Schutzgebiets gibt es noch weitere Unterkünfte. Das **Forever Resorts Gariep** (📞051-754 0045; www.forevergariep.co.za; Zeltplatz/Chalet ab 115/870 R) ist gut ausgestattet und hat jede Menge Wassersportaktivitäten im Angebot.

Philippolis

📱051

Philippolis an der R717 wurde 1823 als Missionsstation gegründet und ist nicht nur ein wunderschöner Ort, sondern auch die älteste Stadt in Free State. 75 seiner Gebäude wurden zu Nationaldenkmälern erklärt, darunter auch die Bibliothek, und viele sind im Karoo-Stil erbaut (mit dicken Mauern, um die Hitze abzuhalten).

Wer schon immer mal eine Nacht hinter Gittern verbringen wollte, hat im **Old Jail** (📱082 550 4421; Zi. ab 300 R) die Gelegenheit dazu. Das ehemalige Gefängnis der Stadt wurde zu einer schlichten, aber gemütlichen Selbstversorgerunterkunft umgebaut – zumindest, wenn man eine 2 auf 3 m große Zelle mit 60 cm dicken Außenmauern und 45 cm dicken Innenwänden als gemütlich empfindet (immerhin bleibt es dank dieser Wände im Sommer kalt und im Winter warm, und die Zellen sind praktisch schalldicht). Die Zimmer sind mit zwei authentischen Einzel-Gefängnisbetten ausgestattet, und auf einer Matratze auf dem Boden kann auch noch eine dritte Person übernachten.

Gauteng

Inhalt »

Johannesburg 332
Rund um
Johannesburg 366
Soweto 366
Cradle of
Humankind 372
Der Süden von
Gauteng 373
Pretoria 373
Rund um Pretoria 386

Gut essen

» Narina Trogon (S. 354)
» Cradle Restaurant (S. 373)
» Lucky Bean (S. 355)
» Gramadoela's (S. 355)
» Attic (S. 357)

Schön übernachten

» 12 Decades Hotel (S. 343)
» Forum Homini (S. 373)
» Motel Mipichi (S. 343)
» Satyagraha Guesthouse (S. 354)
» Oasis Luxury Guesthouse (S. 345)

Auf nach Gauteng!

In Gauteng, der ehemaligen Burenrepublik Transvaal, schlägt noch heute das Herz der südafrikanischen Nation.

Johannesburg (Jo'burg) ist die größte und dynamischste Stadt des Landes. Hier wurde Ende des 19. Jhs. Gold gefunden, und noch immer werden hier Vermögen gemacht und auch wieder verloren. Die Provinzhauptstadt von Gauteng ruht sich noch auf den Lorbeeren der Fußball WM 2010 aus, und Kreativität ist in der ganzen Stadt allgegenwärtig. Es besteht eine tiefe Kluft zwischen Arm und Reich, und es ist nicht immer leicht, den Reichtum und die Townships unter einen Hut zu bringen. Pretoria, das politische Zentrum Südafrikas, liegt nur eine kurze Autofahrt weiter im Norden. Es ist eine entspannte Stadt mit stattlichen Gebäuden und von Jacarandabäumen gesäumten Straßen.

Die „Cradle of Humankind" (Wiege der Menschheit) ist ein Tal voller Höhlen und Knochenfunde, anhand derer die 3 Mio. Jahre lange Menschheitsgeschichte fassbar wird.

Reisezeit

Johannesburg

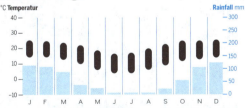

März Ferienende – in Jo'burgs Melville und Braamfontein tobt das Leben.

Aug. Festivalzeit mit Joy of Jazz, Dance Umbrella und vollem Theaterspielplan.

Ende Nov.–März Fast täglich Gewitter. Wenig Verkehr und ein toller Karneval am Silvesterabend.

Highlights

❶ In Johannesburgs herausgeputzten Vororten **Newtown** (S. 337), **Braamfontein** (S. 337) und **Doornfontein** das südafrikanische Kulturleben genießen

❷ In Jo'burgs **Apartheid Museum** (S. 341) und **Constitution Hill** (S. 340) einen tiefen Einblick in die erschütternde Geschichte Südafrikas bekommen

❸ Sich in **Soweto** (S. 366) von den Orlando Towers stürzen und einen Abend lang durch die *shebeens* der Township ziehen

❹ Durch die Buchläden, Cafés, Pensionen und Bars sowie die von Bäumen gesäumten Straßen von **Melville** (S. 343) in Jo'burg streifen

❺ In den Höhlen und Fundstätten der **Cradle of Humankind** (S. 372) in die Vergangenheit der Menschheit eintauchen

❻ Im **Freedom Park** (S. 378) in Pretoria all denjenigen Respekt zollen, die ihr Leben für die Freiheit gelassen haben

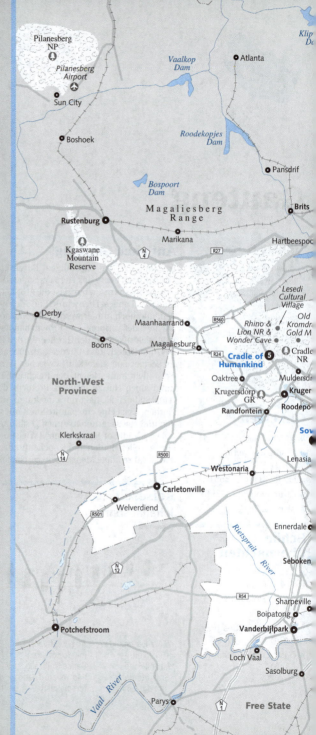

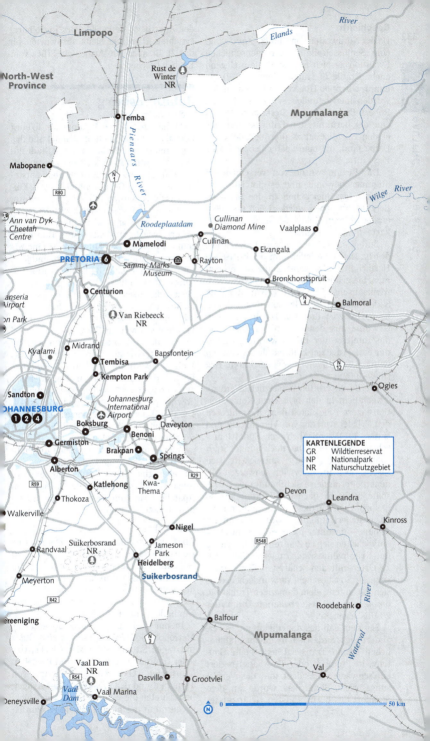

Geschichte

Da der Nordwesten von Gauteng (*hau*-teng) eine Schlüsselrolle in der menschlichen Evolution gespielt hat, wird diese Gegend auch „Cradle of Humankind" (S. 372) genannt. Über 850 Überreste von Hominiden wurden hier gefunden – 1947 machte Dr. Robert Broom in den Sterkfontein Caves eine der berühmtesten Entdeckungen, als er den 2,5 Mio. Jahre alten Schädel einer Dame fand, die man später liebevoll Mrs. Ples taufte.

Die Region wurde von verschiedenen Stämmen bewohnt, und es gibt Hinweise darauf, dass hier schon in der Eisenzeit Bergbau betrieben wurde. Doch erst 1886 entdeckte man Gold – Gautengs Eintrittskarte in die Moderne.

Buren hatten sich hier seit der Mitte des 19. Jhs. angesiedelt, um der britischen Herrschaft in der Kap-Kolonie zu entkommen. Sie gründeten die unabhängige Zuid-Afrikaansche Republik (ZAR; Republik Südafrika) mit der Hauptstadt im damaligen Grenzort Pretoria. Da die enormen Gewinne aus den Goldminen aber bald das Interesse der Briten weckten, war es nur eine Frage der Zeit, bis sie losschlagen würden. Das Ergebnis war der Burenkrieg (1899–1902).

Die Buren erlitten entsetzliche Verluste – vor allem in den britischen Konzentrationslagern. Sie kapitulierten, schlossen den Friedensvertrag von Vereeniging und traten 1910 schließlich der Südafrikanischen Union bei. Die noch junge Stadt Johannesburg (Jo'burg) entwickelte sich rasant, doch für die vielen schwarzen Minenarbeiter änderte sich kaum etwas. Das sollte auch im nächsten Jahrhundert so bleiben. Die Apartheid wurde von Pretoria aus gesteuert, und die Townships rund um Jo'burg – darunter nicht zuletzt Soweto – entwickelten sich zu Zentren mit der höchsten Kriminalitätsrate, zugleich aber auch zu Orten mit den schärfsten Regierungsgegnern. So ist es nicht verwunderlich, dass sich in Gauteng, dem damaligen Transvaal, das allen nur allzu gut bekannte Drama des 20. Jhs. abspielte.

Seit dem Fall des Apartheidregimes verändert sich Südafrika in einem erstaunlichen Tempo. Transvaal heißt heute Gauteng, in Pretoria (oder Tshwaane) regiert ein schwarzer Präsident und das Verfassungsgericht Südafrikas wurde an dem Standort des berüchtigtsten Gefängnisses der Apartheid, dem Old Fort in Jo'burg, errichtet. Allerdings bleibt abzuwarten, ob das 21. Jh. auch den Armen ein Stück vom Kuchen beschert.

Johannesburg

📄 011 / 5,7 MIO. EW.

Johannesburg, besser bekannt als Jo'burg oder Jozi, ist eine Stadt im Wandel und das pulsierende Herz Südafrikas. Die Stadt floriert. Die Innenstadt wird herausgeputzt, neue Apartment- und Bürogebäude entstehen in rasender Geschwindigkeit. Das Kulturviertel Newtown mit seinen Theatern, Restaurants, Museen und Jazzclubs ist lebendiger denn je. Andere innerstädtische Vororte wie Braamfontein und Doornfontein erleben seit der Fußball-WM eine nie dagewesene Gentrifizierung, dort sind jetzt die coolsten Clubs, Bars und Veranstaltungsorte zu finden.

Aus der Asche der Apartheid ist eine aufstrebende schwarze Mittelschicht aufgestiegen – in den Vororten ebenso wie in der berühmten Township Soweto.

Aber dennoch besteht noch immer eine tiefe Kluft zwischen Arm und Reich. Das Wohlstandssyndrom in Vororten wie Rosebank und Sandton führt zu steigender Unzufriedenheit der Ärmsten in benachbarten Townships wie Alexandra und Diepskloot. Die Politiker arbeiten zu langsam, und die Kriminalität stellt im alltäglichen Leben noch immer ein Problem dar.

Aber dennoch ist Jo'burg eine unglaublich freundliche, offene Stadt, in der es viel zu sehen gibt: bedrückende Zeugnisse der jüngeren Vergangenheit des Landes im Apartheid Museum ebenso wie die modernen Straßen in Melville.

Geschichte

Alles begann 1886, als der australische Goldsucher George Harrison Spuren von Gold am Witwatersrand fand. Der Bergbau befand sich schnell in den Händen reicher Magnaten oder „Randlords", die ihre Vermögen zuvor in den Diamantenfeldern von Kimberley gemacht hatten.

In nur drei Jahren wurde Jo'burg zur Metropole Südafrikas. Es war eine Stadt mit rauen Sitten, in der sich Glücksritter jeder Hautfarbe in den Bars und Bordellen amüsierten. Die Buren, die Regierung von Transvaal und der Präsident, Paul Kruger, betrachteten diese bunte Schar von Glücksuchern mit tiefem Misstrauen. Es wurden

Gesetze erlassen, die das Wahlrecht auf Buren beschränkten und die Bewegungsfreiheit der Schwarzen kontrollierten. Die Spannungen zwischen den Randlords und den *uitlanders* (Ausländern) auf der einen und der Regierung von Transvaal auf der anderen Seite waren entscheidende Faktoren für den Ausbruch des Burenkriegs 1899–1902.

Infolge des zunehmenden Drucks auf dem Land strömten Tausende Schwarze auf der Suche nach Jobs in die Stadt. Die Rassentrennung hatte sich in den Jahren zwischen den Weltkriegen verfestigt, und in den 1930er-Jahren entstanden riesige wilde Siedlungen rund um die Außenbezirke von Jo'burg. Unter schwarzer Führung entwickelten sich diese Siedlungen bald zu gut organisierten Städten.

Die offizielle Etablierung der Apartheid in den 1960er-Jahren verhinderte nicht den erneuten Zustrom von Tausenden schwarzer Siedler, was eine immer größere Ausdehnung der Stadt zur Folge hatte. Zu einem massiven Ausbruch von Gewalt kam es schließlich 1976, als der Soweto Students' Representative Council Proteste gegen die Verwendung von Afrikaans in schwarzen Schulen organisierte.

Die wichtigste Wendung nahm die Geschichte der Stadt mit der Abschaffung der Apartheid und den ersten demokratischen Wahlen des Landes im Jahr 1994. Seitdem sind die schwarzen Townships in die Stadtverwaltung integriert, das Zentrum ist voll von Straßenverkäufern und Marktständen und die Vororte werden zunehmend gemischtrassiger.

◉ Sehenswertes & Aktivitäten

Auf die massive Abwanderung weißer Geschäftsleute in den 1990er-Jahren folgte eine ständige Erholung sowohl im kreativen Bereich als auch in der Baubranche. Öffentliche Kunstwerke schmücken Straßen und alte Lagerhäuser, und wer meint, einen guten Geschmack zu haben, hat sich die Art-déco-Häuser unter den Nagel gerissen.

Die beliebtesten Gegenden sind Newtown im Süden und das Uni-Viertel Braamfontein im Norden. Tagsüber ist das Zentrum zwar sicher, aber dennoch ist immer Vorsicht geboten.

ZENTRUM

Läuft man durch die von Beton gesäumten Straßen der Innenstadt, würde man kaum vermuten, dass Jo'burg früher ein Art-déco-Juwel war, denn nur wenige gute Beispiele sind noch erhalten. Von den Sehenswürdigkeiten einmal abgesehen, hat das Zentrum mit seinem Gewimmel von Straßenhändlern, Haarkünstlern und einladend duftenden Imbissbuden eine urbane Ausstrahlung, die man in den nördlichen Vororten vergeblich sucht. Grund genug für einen Besuch der Innenstadt.

Gebäude aus der Kolonialzeit HISTORISCHE GEBÄUDE

Es gibt viele sehenswerte Gebäude aus der Kolonialzeit. Das ausgediente **Rissik St Post Office** (Karte S. 338; Rissik St) und die

---

JOHANNESBURG IN …

… zwei Tagen

Nach dem Besuch des **Apartheid Museums** unternimmt man eine halbtägige Tour durch **Soweto** und verbringt anschließend den Abend zusammen mit Einheimischen in der **Vilakazi St**.

Am zweiten Tag ist ein Bummel durch das aufgemöbelte **Newtown** und durch **Constitution Hill** angesagt. Bevor man dann den Sonnenuntergang in der 7th St in **Melville** genießt, stattet man **Arts on Main** und den Kreativen in **Braamfontein** noch einen Besuch ab.

… vier Tagen

Weiter geht's Richtung Westen zur **Cradle of Humankind**, wo man die **Sterkfontein Caves** besichtigt. Danach relaxt man im Skulpturenpark **Nirox** und speist mittags fürstlich im **Cradle**. Tier- und Naturfreaks fühlen sich bestimmt in der **Rhino & Lion Nature Reserve** wohl. Die Nacht verbringt man im **Forum Homini**.

Am vierten Tag steht der Besuch des **Freedom Park** und des **Voortrekker Monument** in den Vororten von **Pretoria** an. Dann geht's zurück zum Shoppen nach **Sandton**, diniert wird in der 4th Ave in **Parkhurst**.

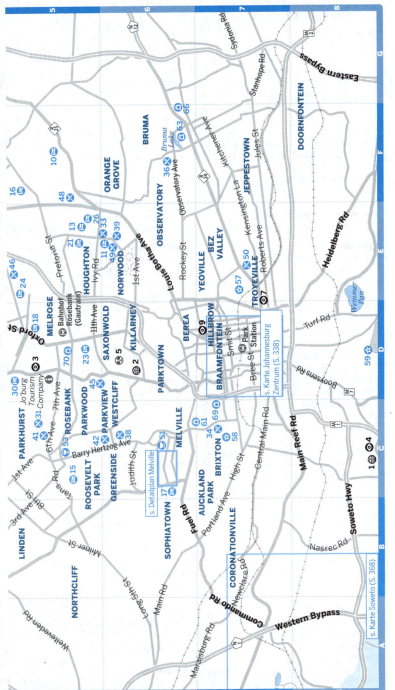

Johannesburg

◉ Sehenswertes

1 Apartheid Museum C8
Arts on Main .... (siehe 7)
2 Bernberg Fashion Museum D6
3 CIRCA on Jellicoe D5
4 Gold Reef City C8
5 Johannesburg Zoo D6
6 Liliesleaf Farm D2
7 Maboneng Precinct E7
8 Montecasino.......................................C1
Montecasino Bird Gardens ....(siehe 8)
South African National Museum
of Military History....................(siehe 5)
9 Telkom Tower D7

◉ Aktivitäten, Kurse & Touren

Ellis Park Swimming Pool .... (siehe 50)

◉ Schlafen

10 44 on Livingstone Guesthouse F5
11 Ascot Hotel...............................E6
12 Backpackers Ritz D4
13 Garden Place...................................E5
14 Ginnegaap Guest House F1
Gold Reef City Casino Hotel........(siehe 4)
15 Joburg Backpackers C5
16 Kosher B&B.......................................F5
17 Makhaya Guest House C6
18 Melrose Place Guest Lodge D5
19 Melville House F1
20 Motel Mipichi..................................... E1
21 Namaste Mazi E5
22 Oasis Luxury Guesthouse E2
23 Parkwood D5
24 Peech Hotel E5
Protea Hotel Gold Reef City ....(siehe 4)
25 Radisson Blu Gautrain Hotel.................D3
26 Satyagraha Guesthouse E5
27 Saxon..D4
28 Sleepy Gecko G1
29 Sunbury House G2
30 Ten Bompas D5

◉ Essen

12 Decades Hotel ....(siehe 7)
31 Attic C5
32 Bambanani...F1
33 Barrio...E6
34 Bismillah...C7
35 Catz Pyjamas E1
36 Chinatown F6
37 De La Creme...G1
38 Doppio Zero...C6
Fournos Bakery.........................(siehe 12)
39 Giovanni Pane Vino E6
40 IT Corner G1

41 Jolly Roger Pub C5
42 Karma...C6
Lekgotla ....(siehe 71)
43 Loft..G2
44 Lucky Bean G1
Mamma's Shebeen.................. (siehe 38)
45 Moyo's...D5
46 Moyo's...E5
Nuno's......................................(siehe 55)
Orient ....(siehe 46)
PataPata .... (siehe 7)
47 Picobella...F1
48 Radium Beerhall F5
49 Schwarma Co E6
ShahiKhana .... (siehe 33)
50 Troyeville Hotel E7
Zahava's..................................(siehe 49)

◉ Ausgehen

Fashion Society Café.............. (siehe 11)
Gin... (siehe 38)
Jolly Roger Pub ....(siehe 53)
Ratz Bar ....(siehe 54)
51 Service Station C6
52 Six...G1
53 Tokyo Star...C5
54 Trance Sky G1
55 XaiXai Lounge G1

◉ Unterhaltung

56 Blues Room E4
57 Ellis Park.. E7
58 House of NsAkO....................................C7
Imax Theatre...........................(siehe 68)
Pieter Toerien Theatre .... (siehe 8)
59 Turffontein Race Course D8
60 Wanderers Stadium.............................. E4

◉ Shoppen

61 44 Stanley Avenue...............................C6
62 Book Dealers of Melville G1
63 Bruma Lake Market World F6
64 Bryanston Organic Market D2
65 Chapter 1 Books....................................G1
66 Exclusive Books F6
67 Fourways Mall..................................... C1
68 Hyde Park Mall.....................................D4
Nelson Mandela Square ....(siehe 71)
69 Oriental Plaza.......................................C7
70 Rosebank Mall......................................D5
Rosebank Rooftop Market .... (siehe 70)
71 Sandton City Mall D3

◉ Praktisches

Exclusive Books .... (siehe 70)
Exclusive Books ....(siehe 71)

City Hall (Karte S. 338; Ecke Rissik St & Market St), die manchmal auch als Konzerthalle dient, gehören zu den schönsten.

Mandela & Tambo Law Offices GEBÄUDE (Karte S. 338; Chancellor House, 25 Fox St) In diesem Gebäude gründeten die beiden berühmten Männer in den 1950er-Jahren ihre zukunftsweisende Anwaltskanzlei.

GRATIS **Johannesburg Art Gallery** GALERIE (Karte S. 338; 011-725 3130; Joubert Park; Di-So 10–17 Uhr) Die Johannesburg Art Gallery zeigt abwechselnd ihre bedeutenden Sammlungen europäischer Landschaftsmalerei und gegenständlicher Malerei aus dem 17. und 18. Jh. sowie Arbeiten von renommierten südafrikanischen Malern, traditionelle, afrikanische Objekte und Retrospektiven schwarzer Künstler. Die Galerie befindet sich auf der von der Noord St begrenzten Seite des Joubert Park (Achtung: Der Park an sich ist ein absolutes No-Go-Gebiet).

GRATIS **Standard Bank Art Gallery** GALERIE (Karte S. 338; 011-631 1889; www.standard bankarts.com/gallery; Ecke Simmonds St & Frederick St; Mo–Fr 8–16.30, Sa 9–13 Uhr) In dem wunderbar lichtdurchfluteten Gebäude werden regelmäßig wechselnde Ausstellungen von bedeutenden südafrikanischen Künstlern gezeigt. Eine Dauerausstellung befasst sich mit afrikanischer Kunst, die teilweise auch in der Wits University zu bewundern ist.

Top of Africa AUSSICHTSPUNKT (Karte S. 338; 011-308 1331; 50. OG, Carlton Centre, 152 Commissioner St; Erw./Kind 20/8 R; 9–19 Uhr) Der Eingang ist über einen speziellen Lift vom Untergeschoss aus erreichbar. An klaren Tagen hat man einen spektakulären Blick auf die Stadt.

BRAAMFONTEIN

University of the Witwatersrand UNIVERSITÄT (Karte S. 338; 011-717 1000; Jan Smuts Ave) Die Wits (ausgesprochen „vits") University prägt den ruhigen Vorort Braamfontein. Mit über 20 000 Studenten ist sie die größte englischsprachige Universität des Landes. Besonders sehenswert sind die **Gertrude Posel Gallery** (Karte S. 338; 011-717 1365; gallery@atlas.wits.ac.za; EG, Senate House; Di-Fr 10–16 Uhr) und das **Jan Smuts House** (Karte S. 338) mit dem Arbeitszimmer des gleichnamigen Buren.

Planetarium MUSEUM (Karte S. 338; 011-717 1390; Yale Rd; Vorführungen Erw./erm. 34/21 R; 8.30–16 Uhr) Hier kann man sich kostenlos umsehen und freitags (20 Uhr), samstags (15 Uhr) und sonntags (16 Uhr) eine Vorführung besuchen. Samstags um 10.30 Uhr gibt's die Sondershow „Space Travel".

Origins Centre MUSEUM (Karte S. 338; 011-717 4700; Ecke Yale Rd & Enoch Sontonga; Erw./erm./Kind inkl. Audioguide 75/45/35 R; Mo–Sa 9–17 Uhr) Dieses ausgezeichnete Museum erklärt mithilfe von interaktiven Ausstellungsstücken die afrikanischen Ursprünge der Menschheit. Das Zentrum eignet sich perfekt für einen Besuch mit Kindern im Schulalter. Es beherbergt die weltweit beste Sammlung von Felsmalereien – vor allem Werke des San-Stammes. Besonders cool ist der DNA-Test, durch den man mehr über seine Vorfahren erfährt.

NEWTOWN

Mary Fitzgerald Square PLATZ (Karte S. 338; Jeppe St) Der nach der ersten Gewerkschaftlerin Südafrikas benannte Platz ist der beste Ausgangspunkt für einen Rundgang durch Jo'burgs Innenstadt. Er ist nicht nur die Bühne für zahlreiche jährlich wiederkehrende Events – weitere Details stehen auf der Website von Jo'burg (www. joburg.org.za) – sondern mit seinen vielen Cafés auch ein netter Ort, um Leute zu beobachten. Der Platz ist von einer Reihe von Skulpturenköpfen gesäumt, die Künstler aus Newtown aus alten Eisenbahnschwellen geschnitzt haben. Außerdem gibt's hier noch den **Jazz Walk of Fame**, der – in Anlehnung an den Hollywood Boulevard – zu Ehren der einflussreichsten Jazzmusiker Südafrikas angelegt wurde. Eine Bronzeskulptur erinnert an Brenda Fassie, eine der populärsten Musikerinnen des Landes. Sie starb 2004.

GRATIS **Museum Africa** MUSEUM (Karte S. 338; 011-833 5624; museum africa@joburg.org.za; 121 Bree St; Di-So 9–17 Uhr) Dieses Museum befindet sich in dem eindrucksvollen alten Obstmarkt in der Bree St ganz in der Nähe des Market Theatre. Die wohlüberlegte Ausstellung befasst sich mit den Treason Trials der Jahre 1956–1961, der Geschichte der südafrikanischen Musik und der Stadtentwicklung. Die satirischen „Cartoons in Context" sind ebenso sehenswert wie die Sophiatown-Ausstel-

Johannesburg Zentrum

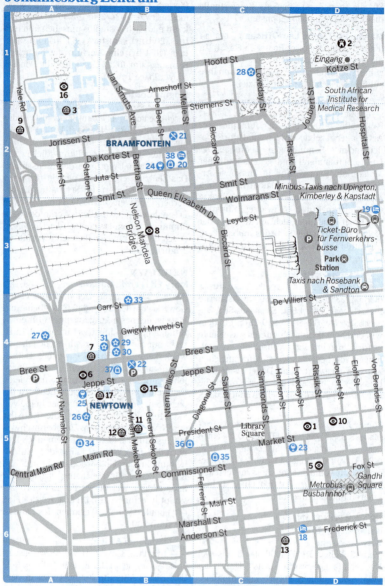

lung mit der Nachbildung einer *shebeen* (illegalen Bar).

Market Theatre HISTORISCHES BAUWERK
Der lebhafte Komplex (S. 361) bietet regelmäßige Shows sowie mehrere Restaurants und ein paar Stände mit Kunsthandwerk.

Nelson Mandela Bridge BRÜCKE
(Karte S. 338) Die zwei Tage nach Mandelas 85. Geburtstag im Jahr 2003 fertiggestellte Schrägseilbrücke ist mit 295 m die längste ihrer Art in Südafrika und gleichzeitig ein Symbol des aufgepeppten Stadtzentrums.

Dorfs oder einem halben Pint in einem rekonstruierten viktorianischen Pub. Am Ende gibt's dann noch zwei weitere Glas Bier an der Bar und ein World-of-Beer-Glas als Souvenir.

Turbine Hall
GEBÄUDE

(Karte S. 338; Ecke Jeppe St & Miriam Makeba St) Die Turbine Hall gleich neben der SAB World of Beer gehört zu den eindrucksvollsten Bauwerken von Newtown. Das nördlich gelegene Kesselhaus implodierte im Jahr 2005. Heute befindet sich dort der stattliche neue Hauptsitz von AngloGold Ashanti.

Sci-Bono Discovery Centre
MUSEUM

(Karte S. 338; 011-639 8400; www.sci-bono.co.za; Miriam Makeba St; Erw./Kind 20/10 R; Mo–Fr 9–16.30, Sa & So 9–16 Uhr) Das Museum in dem Electric Workshop Building bietet viel Interessantes für wissbegierige Kinder und Erwachsene.

GRATIS Workers' Museum
MUSEUM

(Karte S. 338; 011-832 2447; 52 Jeppe St; Mo–Sa 9–17 Uhr) Dieses bedeutende Museum befindet sich in dem restaurierten Komplex des Electricity Department, der 1910 für mehr als 300 städtische Arbeiter errichtet wurde und heute unter Denkmalschutz steht. Es beherbergt eine Arbeiter-Bibliothek, ein Rohstofflager und eine Ausstellung über die Lebensbedingungen von Fremdarbeitern.

GRATIS Bus Factory
KUNST & KUNSTHANDWERK

(Karte S. 338; 2 President St) In mehreren Läden werden Kunst und Kunsthandwerk aus ganz Südafrika sowie Haushaltswaren, Schmuck und Arbeiten junger Designer verkauft. Auf dem Gelände befindet sich unter anderem auch das Drum Café (Karte S. 338; 011-834 4464; www.drumcafe.com; 9–16 Uhr) mit einem kostenlosen Trommelmuseum sowie regelmäßigen Trommelshows. Die Bus Factory liegt südlich des Kulturviertels.

KwaZulu Muti Museum of Man and Science
TRADITIONELLE MEDIZIN

(Karte S. 338; 011-836 4470; 14 Diagonal St; 7.30–17 Uhr) In diesem am einfachsten zu erreichenden *muti*-Geschäft (für traditionelle Medizin) in der Innenstadt findet man meist einen *asangoma* (traditionellen Heiler) oder einen *inyanga* (Kräuterheilkundler), der sich freut, sein Wissen über Homöopathie und traditionelle Medizin weiterzugeben.

SAB World of Beer
MUSEUM

(Karte S. 338; 011-836 4900; www.worldofbeer.co.za; 15 President St; Eintritt & Führung 35 R; Di–Sa 10–18 Uhr) Hier werden 90-minütige Touren durch die Geschichte des Biers angeboten. Wie wär's mit einem *chibuku* im Nachbau eines afrikanischen

Johannesburg Zentrum

◎ Sehenswertes
1 City Hall D5
2 Constitution Hill D1
　Drum Café ....(siehe 34)
3 Gertrude Posel Gallery........................A2
　Jan Smuts House......................(siehe 3)
4 Johannesburg Art Gallery E3
5 Mandela & Tambo Law
　Offices...D5
6 Mary Fitzgerald Square A4
7 Museum Africa.....................................A4
8 Nelson Mandela Bridge.......................B3
9 Origins Centre A2
　Planetarium ....(siehe 3)
10 Rissik St Post Office............................D5
11 SAB World of Beer B5
12 Sci-Bono Discovery Centre..................B5
13 Standard Bank Art Gallery C6
14 Top of Africa.......................................E5
15 Turbine Hall...B4
16 University of the
　Witwatersrand A1
17 Workers' Museum................................B5

🛏 Schlafen
18 Faircity Mapungubwe
　Apartments D6
19 Formule 1 Hotel Park Station...............D3
20 Hotel Lamunu......................................B2

✕ Essen
　Gramadoela's ....(siehe 31)
　Moyo's.....................................(siehe 31)
21 Narina Trogon..................................... B2
22 Niki's Oasis...B4

♥ Ausgehen
23 Guildhall Bar & Restaurant..................D5
24 Kitchener's Carvery Bar B2
25 Sophiatown Bar Lounge A5

☼ Unterhaltung
26 Bassline A5
27 Carfax A4
28 Civic Theatre.......................................C1
29 Kippies Jazz International B4
30 Market Laboratory Theatre.................B4
31 Market Theatre B4
32 Windybrow Centre for the Arts F2
　Wits Theatre Complex ....(siehe 3)
33 Woods B4

🛍 Shoppen
34 Bus Factory...A5
35 Kohinoor C5
36 KwaZulu Muti Museum of Man
　and Science B5
37 Market Square Market B4
38 Neighbour Goods Market B2

HILLBROW & CONSTITUTION HILL

Der 269 m hohe **Telkom Tower** (Karte S. 334; Goldreich St) thront über Hillbrow, einem der einst lebendigsten und interessantesten Vororte der Stadt. Hier war auch die erste „Grey Area" des Landes, ein Gebiet, in dem Schwarze und Weiße Seite an Seite leben konnten. Heute hat es eher den Ruf eines äußerst kriminellen Viertels, das man wirklich nur mit einem äußerst ortskundigen Führer (s. S. 341) aufsuchen sollte.

Der **Constitution Hill** (Karte S. 338; ☎011-381 3100; www.constitutionhill.org.za; Kotze St; geführte Touren Erw./Kind 42/20 R, Di frei; ◷Mo–Fr 9–17, Sa 9–15 Uhr) gehört zu den bedeutendsten Sehenswürdigkeiten der Stadt. Hier können sich Traveller, die an der neueren Geschichte Südafrikas interessiert sind, einen umfassenden Überblick über die rechtlichen und historischen Auswirkungen der Auseinandersetzungen verschaffen.

Den Mittelpunkt bildet Südafrikas neuer **Constitutional Court**, der innerhalb der Befestigungsmauern des **Old Fort** errichtet wurde. Das Fort aus dem Jahr 1892 war früher ein berühmt-berüchtigtes Gefängnis, in dem viele der hochkarätigen Regimegegner, u. a. auch Nelson Mandela und Mahatma Gandhi, gefangen gehalten wurden. Das Gericht entscheidet über Verfassungs- und Menschenrechtsfragen und ist ein reales Symbol für das sich wandelnde Südafrika: ein *lekgotla* (Versammlungsort), der sich aus den Trümmern eines der schrecklichsten Monumente des Apartheidsystems erhebt. Die Gerichtsverhandlungen werden in allen elf offiziellen Landessprachen abgehalten. In den modernen Bau wurden Teile der alten Gefängnismauern integriert. Besucher können die Sitzungen durch große Fensterscheiben mitverfolgen.

Der östlich der Stadt gelegene **Maboneng Precinct** (Karte S. 334; ☎011-007 0080; www.mabonengprecinct.com; Fox St) ist der Lieblingsbezirk von Architekten und Kreativen. Der Besuch lohnt sich allein schon wegen **Arts on Main** (Karte S. 334; www.marketonmain.co.za; Eintritt frei; ◷Di, Mi & Fr–So 10–16, Do 10–20 Uhr), einer Verkaufs-,

Studio- und Galerie-Location. Hier kann man Johannesburgs besten Künstlern, u.a. William Kentridge und Michael Subotksy, bei der Arbeit über die Schulter schauen. Außerdem gibt's hier ein tolles Café und sonntags einen Markt.

NÖRDLICHE VORORTE

LP TIPP **CIRCA on Jellicoe** GALERIE
(Karte S. 334; 011-788 4805; www. circaonjellicoe.co.za; 2 Jellicoe Ave, Rosebank; Do–Fr 9–18, Sa 9–13 Uhr) Dieser bemerkenswerte Newcomer in Jo'burgs Kulturlandschaft wird schon bald das Prunkstück der Stadt sein. Das spiralförmige Gebäude, das über den nördlichen Vororten thront, beherbergt ungewöhnliche Skulpturen, Skizzen und zeitgenössische Arbeiten aus ganz Südafrika. Eine traumhafte Dachterrasse gibt's auch.

Liliesleaf Farm MUSEUM
(Karte S. 334; 011-803 7882/3/4; www.lilies leaf.co.za; 7 George St, Rivonia; Eintritt 95 R; Mo–Fr 8.30–17, Sa–So 9–16 Uhr) Das heimliche Hauptquartier des ANC (African National Congress) in den 1960er-Jahren wurde im Juni 2008 erneut als Museum eröffnet. Es erzählt die Geschichte des südafrikanischen Freiheitskampfs mithilfe von Hightech-Medien und interaktiven Ausstellungsstücken.

Montecasino KASINO
(Karte S. 334; 011-510 7777; www.monte casino.co.za; William Nicol Dr, Fourways; 24 Std.) Zu den besten Attraktionen dieses riesigen Vergnügungskomplexes gehören ein nachgebautes toskanisches Dorf und die ständig größer werdenden **Montecasino Bird Gardens** (Karte S. 334; 011-511 1864; Erw./ Kind 45/25 R; 9–17 Uhr, Sondershows Mo–Fr 11 & 15, Sa & So 11, 13 & 15 Uhr), in denen man eine Vielzahl von Vogelarten aus der Nähe beobachten kann. Hier befinden sich auch das Kino **Il Grande**, das seinem Namen voll und ganz gerecht wird, sowie das **Pieter Toerien Theatre** (S. 361).

South African National Museum of Military History MUSEUM
(Karte S. 334; 011-646 5513; www.military-museum.co.za; 22 Erlswold Way, Saxonwold; Erw./ Kind 20/10 R; 9–16.30 Uhr) Wer sich für Waffen, Panzer und Flugzeuge interessiert, kann sich in einem der beliebtesten Museen von Johannesburg Artefakte und Gerätschaften aus der Zeit des Burenkriegs von 1899–1902 bis hin zum Zweiten Weltkrieg

anschauen. Das Museum befindet sich am östlichen Rand des Zoos.

Johannesburg Zoo ZOO
(Karte S. 334; 011-646 2000; www.jhbzoo.org. za; Jan Smuts Ave, Westcliff; Erw./Kind 55/34 R; 8.30–17.30 Uhr) Ein nettes Plätzchen mit wunderschönen alten Bäumen.

SÜDLICHE VORORTE

LP TIPP **Apartheid Museum** MUSEUM
(Karte S. 334; 011-309 4700; www. apartheidmuseum.org; Ecke Gold Reef Rd & Northern Parkway, Ormonde; Erw./Kind 55/40 R; Di–So 10–17 Uhr) Ein absolutes Muss – hier erfährt man alles über Aufstieg und Fall der Rassentrennung und der Unterdrückung in Südafrika. Besucher erhalten beim Eintreten eine Karte, auf der ihre Rasse vermerkt ist, und müssen das Museum dann durch entsprechend getrennte Eingänge betreten. Mithilfe von Filmen, Texten, Tondokumenten und Erzählungen von Zeitzeugen werden erschütternde Einblicke in die Struktur und die Etablierung des Apartheidsystems gegeben, aber auch ermutigende Berichte über den Kampf um Demokratie fehlen nicht – ein unschätzbares Instrument zum Verständnis der Ungleichheiten und Spannungen, die bis heute existieren. Überwältigend und besonders erschütternd ist eine kleine Kammer, in der 131 Schlingen an die 131 Regimegegner erinnern, die unter den Anti-Terror-Gesetzen hingerichtet wurden. Wer auf dem Weg nach Soweto ist, kommt im hervorragenden **Hector Pieterson Museum** (S. 367) in den Genuss weiterer Details. Es befindet sich 8 km südlich des Stadtzentrums am Freeway M1.

Gold Reef City THEMENPARK
(Karte S. 334; 011-248 6800; www.goldreef city.co.za; Gold Reef Rd; Eintritt 160 R, Kind unter 130 cm 100 R; Do–So 9.30–17 Uhr) Eine heitere Fahrt durch Johannesburgs Ära des Goldrauschs. Durch den Themenpark, einem Abbild von Disneyland, weht zwar kaum mehr als ein Hauch von historischer Wirklichkeit, er bietet aber genug, um einen Nachmittag, besonders mit Kindern, vergnüglich auszufüllen.

Übernachten kann man im grundsoliden Protea Hotel Gold Reef City und im zum **Casino** (011-248 5000; 24 Std.) gehörenden Gold Reef City Casino Hotel.

Geführte Touren

Alle Pensionen und Hostels in Jo'burg haben Infos über Stadtführungen und Touren in die Umgebung. Ein Tagesausflug kostet je nach Ziel und Strecke zwischen 500 und 800 R pro Person.

Cashan Tours
KULTUREXKURSION

(☎082 491 9370; www.cashantours.weebly.com) Die maßgeschneiderten Touren des gebürtigen Jo'burgers und Naturliebhabers Chris Green sind wirklich empfehlenswert. Chris ist voll bei der Sache, hat ein fundiertes Wissen und ist immer gut drauf. Er kann auch Unterkünfte organisieren.

Imbizo Tours
TOWNSHIPTOUR

(☎011-838 2667; www.imbizotours.co.za) Dieser Veranstalter ist auf Touren durch Jo'burgs düstere Townships, u.a. Shebeen-Besuche und Übernachtungen in einer Township, spezialisiert. Außerdem gibt's Tagestouren mit dem Titel „Mandela's Struggle Trail" durch Gauteng.

Jozi Experience
STADTRUNDFAHRT

(☎011-440 0109; www.joziexperience.co.za) Eine individuelle, persönliche Art, die Stadt zu erleben. Geboten werden Spaziergänge durch Jo'burgs Innenstadt, Besuche der coolsten Bars und obskursten Shopping-Locations der Stadt.

Queer Johannesburg Tour
SCHWULEN- & LESBENTOUR

(☎011-717 4239; www.gala.co.za/tours; 300 R/ Pers.) Diese Touren bieten viele Hintergrundinfos zur Rolle der Homosexualität in der Geschichte der Stadt und führen tief ins Herz von Hillbrow und Soweto.

Melville Koppies
STADTSPAZIERGANG

(☎011-482 4797; www.mk.org.za; 50 R/Pers.) Der informative Spaziergang durch üppige Wälder findet jeden Monat am dritten Samstagvormittag statt. Eine gemütliche, zweistündige Tour durch die Central Koppies startet jeden Sonntag abwechselnd um 8.30 Uhr oder um 15 Uhr.

Parktown and Westcliff Heritage Trust
STADTSPAZIERGANG

(☎011-482 3349; ab 75 R/Pers.) Hier werden verschiedene historische Spaziergänge durch die wohlhabenden Vororte an den Klippen angeboten, wo seit Generationen Bergbaumagnaten wohnen.

Walk & Talk Tours
STADTSPAZIERGANG

(☎011-444 1639; www.walktours.co.za; 300 R/ Pers.) Veranstaltet an Wochenenden regelmäßig Spaziergänge durch die verschiedenen Stadtteile Jo'burgs – Zentrum, Sandton, Troyeville und die Township Alexandra. Die Rundgänge dauern zwischen drei und sechs Stunden und finden unter der Führung gut ausgebildeter Guides statt. Mindestteilnehmerzahl acht, man kann sich jeder Gruppe anschließen.

🛏 Schlafen

An Übernachtungsmöglichkeiten mangelt es in Jo'burg wahrlich nicht. Die meisten Unterkünfte konzentrieren sich in den nördlichen Vororten.

Wer in der Nähe von Bars und Restaurants übernachten möchte, sollte sich eine

---

JO'BURGS FESTKALENDER

Chinese New Year Wird im Januar oder Februar an der Wemmer Pan südlich des Zentrums gefeiert.

Dance Umbrella (☎011-5492315; www.danceumbrella.co.za) Die bedeutendste südafrikanische Tanzdarbietung findet im Februar und März statt.

Rand Easter Show Im April im National Exhibition Centre.

Joy of Jazz Festival (☎011-832 1641; www.joyofjazz.co.za) Ende August an verschiedenen Veranstaltungsorten in Newtown.

Arts Alive Festival (☎011-549 2315; www.artsalive.co.za) Das Festival im September bietet eine besonders gute Gelegenheit, inner- oder außerhalb des offiziellen Programms ausgezeichnete Musik zu hören. Die meisten Veranstaltungen finden in Newtown statt.

Gay Pride March (☎082 547 2486; www.sapride.org) Alljährlich am letzten Samstag im September.

Johannesburg Carnival (☎011-673 4995) Silvester. Dieses Event fand erstmals am letzten Abend des Jahres 2010 statt und bietet Umzüge von Chören, Schauspielern, Festwagen und Bands, die von Hillbrow bis nach Newtown ziehen. Das Ganze endet mit einer Party auf dem Mary Fitzgerald Sq.

Bleibe in Melville oder Norwood suchen. Die Häuser in den nördlichen Vororten liegen weit voneinander entfernt und bieten keine Unterhaltungs- oder Einkaufsmöglichkeiten in der Nähe.

In der Innenstadt entwickelt sich zwar ganz allmählich eine touristische Infrastruktur, aber dennoch gibt's noch immer nur einige wenige annehmbare Unterkünfte.

Die meisten Hostels bieten einen kostenlosen Abholservice vom Flughafen oder den Gautrain-Bahnhöfen in Sandton und Rosebank. Fast alle Hostels liegen an der Route von Baz Bus (S. 363). Gäste von Pensionen und Hotels können sich – für rund 350 R – vom Flughafen abholen lassen. Die meisten Hotels organisieren Ausflüge nach Soweto, in den Kruger National Park und zu anderen Zielen.

ZENTRUM & NEWTOWN

Wer die meiste Zeit in der Nähe von Newtown und dem Market Theatre Complex verbringen will, sollte sich eine Unterkunft im Zentrum suchen. Aber Achtung, ein nächtlicher Bummel ist in dieser Gegend nicht empfehlenswert.

LP TIPP

12 Decades Hotel BOUTIQUEHOTEL $$
(Karte S. 334; 📞011-026 5601; www.12decadeshotel.co.za; 286 Fox St, Doornfontein; EZ/DZ inkl. Frühstück Mo–Fr 890/990 R, Sa & So 650/750 R; 🅿✳@) Jedes der zwölf Zimmer im siebten Stock (in den anderen Etagen befinden sich Wohnungen) dieses schicken Hotels mitten im Maboneng Precinct wurde von einem anderen internationalen Künstlerpaar in Anlehnung an eine bestimmte Ära in der Geschichte der Stadt entworfen. Die Sir Abe Bailey Suite ist im Stil der chinesischen Goldrausch-Ästhetik Ende des 19. Jhs. gehalten, die Perpetual Liberty hingegen ist absolut modern eingerichtet. Alles macht viel Spaß, und die Zimmer sind sehr behaglich. Unbedingt die kostenlosen Nachbarschaftsfeste besuchen, die jeden Sonntagabend auf der Dachterrasse stattfinden.

Hotel Lamunu BOUTIQUEHOTEL $$
(Karte S. 338; 📞011-242 8600; www.lamunu.co.za; 90 De Korte St, Braamfontein; EZ/DZ inkl. Frühstück; 🅿✳@) Das neue „orangefarbene" Boutiquehotel hat 60 in Zitrusfarben gehaltene Zimmer. Design und Belegschaft strahlen eine wunderbare Fröhlichkeit aus. Superlage gegenüber vom Narina Trogon. Die Bar in der Lobby eignet sich perfekt für einen Drink Seite an Seite mit den Kreativen der Stadt.

Faircity Mapungubwe Apartments APARTMENT $$
(Karte S. 338; 📞011-429 2600; www.mapungubwehotel.co.za; 54 Anderson St, Marshalltown; EZ/DZ ab 1090/1290 R) Das renovierte Bürogebäude ist bei den Leuten der Bergbauunternehmen und Banken recht beliebt und bietet das gewisse Etwas in Jo'burgs Innenstadt. Das Personal ist manchmal etwas reserviert. Zu den Einrichtungen gehören Annehmlichkeiten wie eine Terrasse mit Pool, ein ausgezeichnetes Restaurant, ein Fitnessraum und die Vault Bar. Die Apartments mit offener Küche sind geräumig und gut ausgestattet. Nach Sonderangeboten fragen.

Formule 1 Hotel Park Station HOTEL $
(Karte S. 338; 📞011-720 2111; Park Station, Berea; Zi. 380 R) Genau das Richtige, wenn man hundemüde aus dem Bus taumelt und dringend eine Bleibe braucht. Das Hotel befindet sich direkt gegenüber vom Busbahnhof. Den Reiseführer kann man also getrost in der Tasche lassen. Schnelles, problemloses Einchecken. Der Preis bezieht sich aufs Zimmer (in dem bis zu 3 Pers. übernachten können).

MELVILLE

LP TIPP

Motel Mipichi BOUTIQUEHOTEL $$
(Karte S. 334; 📞011-726 8844; www.motelmipichi.co.za; 35 3rd Ave; EZ/DZ inkl. Frühstück ab 520/780 R; 🅿@) Das Designer-Duo des Motel Mipichi hat zwei Doppelhaushälften aus den 1930er-Jahren in eine echte Alternative zu den traditionellen Pensionen in Melville umgebaut. Mipichi ist eine minimalistische Unterkunft mit vier Ruhe ausstrahlenden Zimmern, vielen pastellfarbenen Elementen und an zwei Seiten offenen Duschen, durch die man in den dazugehörigen Hof gelangt. Der mit original portugiesischen Fliesen geschmückte Aufenthaltsraum mit einer Wohnküche ist ein idealer Treffpunkt für die Besprechung vor oder nach einer Safari.

Melville House PENSION $$
(Karte S. 334; 📞011-726 3503; www.themelvillehouse.com; 59 4th Ave; EZ/DZ inkl. Frühstück ab 650/980 R; 🅿@≋) Die charmante Unterkunft ist *der* Geheimtipp unter Travellern, Akademikern, einsamen Abenteurern und Medientypen, die sich alle schnell mit der Eigentümerin Heidi Holland angefreundet

haben, einer herausragenden Journalistin mit einem Faible für intensive Gespräche. Die Zimmer im Haupthaus sind funktionell mit afrikanischem Touch eingerichtet. Achtung: Die Bäder in den preiswerteren Zimmern haben keine Türen. Wer länger bleiben will, kann es sich in der größeren Einliegerwohnung hinten beim Garten mit dem niedlichen Pool (mit „echten" Krokodilen) gemütlich machen.

Ginnegaap Guest House
PENSION $$

(Karte S. 334; ☏ 011-482 3507; www.ginnegaap. co.za; 54 4th Ave; EZ/DZ inkl. Frühstück ab 450/650 R; P @) Zu dieser Pension in einem modernen Innenstadthaus gehört eine wahre Schönheit aus der guten alten Melville-Zeit. Die Gäste relaxen in dem hübschen Garten, der bis zum Vordereingang reicht, oder genießen die Rundumveranda. Prompter, diskreter Service. Die Zimmer bieten allein schon wegen der fantastischen Betten, der gemütlichen Einrichtung und ihrer Größe ein ausgezeichnetes Preis-Leistungs-Verhältnis.

Sunbury House
PENSION $

(Karte S. 334; ☏ 011-726 1114; 24 Sunbury Ave; EZ/DZ inkl. Frühstück ab 250/315 R; P @ ☎) Dies ist und bleibt die Unterkunft mit dem besten Preis-Leistungs-Verhältnis in Melville. Die weitläufige Anlage etwas abseits vom Brimborium in der 7th St hat eine Vielzahl von farbenfrohen Zimmern mit witziger Einrichtung und Dielenböden. Der Flur geht in einen großen Gemeinschaftsspeisesaal über, davor befindet sich eine überdachte Veranda mit Liegen, ein ansehnlicher Pool und ein Garten. Die Betreiber haben auch noch eine preiswerte Backpacker-Bleibe (EZ/DZ 150/250 R) in Westdene ganz in der Nähe.

Sleepy Gecko
PENSION $$

(Karte S. 334; ☏ 011-482 5224; www.sleepygecko.co.za; 84 3rd Ave; EZ/DZ inkl. Frühstück ab 450/600 R; P @ ☎) Lockere, günstige und sehr beliebte Pension mitten im Trubel der 7th St. Die Zimmer im Nebengebäude sind leiser und von Sonnenlicht durchflutet. Zu den Gemeinschaftsbereichen gehören ein großer, gemütlicher Essraum und ein schöner Pool im Vorgarten. Hier herrscht wirkliches Traveller-Ambiente, das nur schwer zu toppen ist.

Makhaya Guest House
PENSION $$

(Karte S. 334; ☏ 011-482 6036; 1 2nd Ave; Zi. inkl. Frühstück ab 590 R; ☀ @ ☎) Die Pension, die einem freundlichen Tschechen gehört,

liegt in einem nicht ganz so schönen Teil von Melville direkt nördlich vom Auckland Park. Die einfachen, geräumigen Zimmer haben Holzdielen, riesige Betten und schlichte Bäder. Ein besseres europäisches Frühstück bekommt man in der Gegend nirgendwo.

NORWOOD

Ascot Hotel
BOUTIQUEHOTEL $$

(Karte S. 334; ☏ 011-483 3371; www.ascothotel. co.za; 59 Grant Ave; Zi. inkl. Frühstück 735–935 R; P @) Das Ascot hat die Hotellücke in Norwoods „High Street" mit Erfolg gefüllt. Der Eingang in das stylishe Businesshotel ist mit roten Seilen begrenzt. Im benachbarten Spa bekommen die Hotelgäste großzügige Rabatte. Der Sinn für erschwinglichen Luxus entspricht voll und ganz der lockeren Atmosphäre, die in diesem Vorort herrscht. Die Zimmer sind klein, aber schön eingerichtet mit weichen Betten, Flachbild-TV und auf alt gemachten Armaturen. Schneller, freundlicher Service.

Garden Place
PENSION $$

(Karte S. 334; ☏ 011-485 3800; www.gardenplace.co.za; 53 Garden Rd, Orchards; EZ/DZ inkl. Frühstück 899/999 R, Wohnstudio 1099 R, 3-4-Bett-Cottages 1199 R; P ☀ @ ☎) Das Garden ist eine vielseitige Unterkunft. In den Cottages und Standardzimmern inmitten einer üppigen Pflanzenwelt fühlen sich sowohl Langzeiturlauber, Geschäftsleute als auch Familien wohl. Seit Neuestem gibt's hier auch WLAN. Das Haus liegt in einer netten Straße in einiger Entfernung von der Grant Ave. Aber zum Glück steht den Gästen ein kostenloser Shuttle-Service zur Verfügung. Außerdem gibt's ein paar Swimming Pools, an denen man die Seele baumeln lassen kann.

Namaste Mazi
PENSION $$

(Karte S. 334; ☏ 011-459 2234; loriancon@gmail. com; 40 Garden Road; EZ/DZ inkl. Frühstück 280/560 R; P) Die ruhige, schnörkellose Familienpension ist nur ein paar Schritte von der Grant Ave entfernt und bietet eine sympathische, erschwingliche Bleibe in einer der beiden Einliegerwohnungen mit Selbstversorgung. Auf Wunsch werden in dem auf dem Gelände befindlichen Studio private Kurse in Reflexzonenmassage und Yoga angeboten.

NÖRDLICHE VORORTE

Die Agentur **Portfolio** (☏ 011-880 3414; www. portfoliocollection.com) bietet eine Liste mit erstklassigen B&Bs in den nördlichen Vororten. Sie sind recht exklusiv, Einzelzimmer gibt's ab 450 R, Doppelzimmer kosten zwischen 700 und 1500 R.

Oasis Luxury Guesthouse
PENSION $$

(Karte S. 334; ☎011-807 4315; www.oasisguesthouse.co.za; 29 Homestead Rd, Rivonia; EZ/DZ inkl. Frühstück ab 845/1090 R; P ❄ @ ≋) Das reizende Refugium wird von einem cleveren Paar geführt, das sich um Geschäftsleute genauso engagiert kümmert wie um Flitterwöchner. In dem üppig grünen Garten gibt's einen relativ großen Pool und einen geräumigen *lapa* (südafrikanischer Rundbau mit Strohdach). Die Zimmer sind je nach Größe und Preis unterschiedlich, aber alle sind stilvoll eingerichtet und mit Kunstwerken aus verschiedenen Epochen geschmückt. Besonders zu erwähnen sind die DVD-Bibliothek und das reichhaltige Frühstück.

Peech Hotel
BOUTIQUEHOTEL $$$

(Karte S. 334; ☎011-537 9797; www.thepeech.co.za; 61 North St, Melrose; Zi. inkl. Frühstück ab 2050 R; P ❄ @ ≋) Dieser umgebaute Apartmentblock aus Doppelhäusern ist ein schönes Beispiel für afrikanischen Minimalismus. Es gibt 16 große, toll designte Zimmer mit einmaligen Skulpturen und Möbeln. Das Preis-Leistungs-Verhältnis stimmt. In dem langen Pool kann man wirkliche Bahnen schwimmen, nebenan gibt's einen recht guten Fitnessraum. Das Restaurant ist eines der besten internationalen Restaurants der Stadt.

Melrose Place Guest Lodge
PENSION $$$

(Karte S. 334; ☎011-442 4231; 12A North St, Melrose; EZ/DZ inkl. Frühstück 1100/2200 R; P ❄ @ ≋) Das sehr ruhige, lauschige Gebäude im Landhausstil ist perfekt für diejenigen, die sich nach viel Platz sehnen – die Zimmer gehen auf einen weitläufigen Garten mit großem Pool hinaus. Gute Lage zwischen Rosebank und Sandton.

Parkwood
BOUTIQUEHOTEL $$$

(Karte S. 334; ☎011-880 1748; www.theparkwood.com; 72 Worcester Rd, Parkwood; EZ/DZ inkl. Frühstück ab 1550/1700 R; P ❄ @ ≋) Das Parkwood besteht aus einer Reihe von separaten, schmalen Gebäuden für Selbstversorger. Diskretion ist hier sicher. Die wunderschönen Zimmer wurden vom Betreiber selbst gestaltet – er ist Innenarchitekt. Die Steinwände sind mit zeitgenössischer Kunst geschmückt, von den Liegen genießt man den Blick auf Springbrunnen, es gibt einen wirklich langen Pool, eine Bibliothek und ein Fitnessstudio.

Backpackers Ritz
HOSTEL $

(Karte S. 334; ☎011-325 7125; www.backpackers-ritz.co.za; 1A North Rd, Dunkeld West; B/EZ/DZ ohne Bad 125/250/375 R; P @ ≋) Diese Unterkunft ist noch immer die zuverlässigste Backpackerbleibe der Stadt. Das Ritz gehört drei Brüdern, die in dieser weitläufigen, grünen Anlage stets für eine familiäre Atmosphäre sorgen. Die Zimmer sind abgesehen von den schäbigen Schlafsälen und dem etwas feuchten „höhlenartigen" Zimmer ganz annehmbar. Die ausgezeichneten Gemeinschaftseinrichtungen, das gesellige Ambiente, die hervorragende Lage und der schöne Blick entschädigen für die langweiligen, alten Schlafplätze.

Joburg Backpackers
HOSTEL $

(Karte S. 334; ☎011-888 4742; www.joburgbackpackers.com; 14 Umgwezi Rd, Emmerentia; B 110 R, Zi. ohne/mit Bad 330/440 R, FZ 660 R; P @) Das neue Hostel in einer von Bäumen gesäumten Straße in Emmerentia hat eine Reihe gut eingerichteter Zimmer und eine relaxte, ländliche Atmosphäre. Die auf eine große Wiese blickenden Zimmer mit Bad bieten ein sehr gutes Preis-Leistungs-Verhältnis. Die Schlafsäle sind geräumig und blitzeblank. Die Lokale und Bars in Greenside sind in nur zehn Minuten zu Fuß zu erreichen.

Radisson Blu Gautrain Hotel
HOTEL $$$

(Karte S. 334; ☎011-286 1000; www.radissonblu.com; Ecke West St & Rivonia Rd, Sandton; EZ/DZ inkl. Frühstück 1500/2400 R; P ❄ @ ≋) Das schicke Hotel ganz in der Nähe vom belebten Gautrain-Bahnhof Sandton ist genau die richtige Bleibe, wenn man am nächsten Morgen zum Flughafen muss. Die Zimmer sind pfiffig gestaltet – von den Duschen blickt man direkt auf die Betten. Das Restaurant ist ausgezeichnet, und der Pool vor der Lobby ist der absolute Wahnsinn.

Ten Bompas
BOUTIQUEHOTEL $$$

(Karte S. 334; ☎011-341 0282; www.tenbompas.com; 10 Bompas Rd, Dunkeld West; Zi. inkl. Frühstück 3000 R; P ❄ @ ≋) Die „Zehn Zimmer" liegen zentraler als die anderen Johannesburger Top-Hotels. Diese Unterkunft gehört zu den ersten Boutiquehotels der Stadt. Dunkles Holz und Savannentöne unterstreichen eine erlesene Privatsammlung

(Fortsetzung auf S. 354)

2. Hluhluwe-iMfolozi Park (S. 272)
Nyalas und andere Tiere kann man bei einer Safari durch diesen Park zu Gesicht bekommen.

3. Isandlwana (S. 306)
Weiße Steinhügel markieren den Ort, an dem Britische Soldaten von den Zulu 1879 vernichtend geschlagen wurden.

1. Apartheid Museum (S. 341)
Ein Ausstellungsstück aus dem Museum, das ein ernüchterndes Bild der Apartheid zeichnet.

2. Cradle of Humankind (S. 372)
Höhlen auf dem Gelände der „Wiege der Menschheit", einer der wichtigsten archäologischen Stätten weltwelt.

3. Freedom Park (S. 378)
Die Gedenkstätte in diesem Park erinnert an alle Südafrikaner, die in wichtigen Kriegen sowie der Apartheid starben.

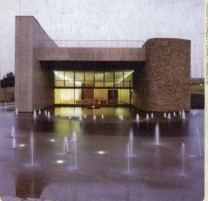

349

1. Sabie River (S. 418)
Der Fluss ist ein ausgezeichneter Ort zur Wildtierbeobachtung – zieht er doch eine gro Bandbreite von Tieren an.

2. Erdmännchen
Ein neugieriges Erdmännchen überwacht sei Umgebung mit voller Aufmerksamkeit.

3. Gestreifter Eisvogel
Ein Gestreifter Eisvogel hat am Letaba Platz genommen.

1. Wildblumen in Namakwa (S. 492)
Blühende Wildblumen sprenkeln die Landschaft in Namakwa, wo 4000 verschiedene Pflanzenarten wachsen.

2. Augrabies Falls (S. 490)
Der sechsthöchste Wasserfall der Welt stürzt 56 m tief in den Senqu (Orange) River.

3. Kgalagadi Transfrontier Park (S. 485)
Ein junger Kapfuchs späht über ei(ne) der größten geschützten Landscha(ften) Afrikas.

(Fortsetzung von S. 345)

afrikanischer Kunst. Das Restaurant ist ein Ort der Extraklasse.

Saxon
HOTEL $$$

(Karte S. 334; ☎011-292 6000; www.thesaxon. com; 36 Saxon Rd, Sandhurst; Zi. inkl. Frühstück ab 7350 R; P✳@☎) Das prachtvolle Suiten-Hotel, in dem Mandela seine berühmte Autobiografie vollendete, ist der ganze Stolz von Sandhurst. Private Fahrstühle, eigenes Zimmerpersonal, das beste Spa des Landes und 80 m² große Zimmer machen das Saxon zu einer Erfahrung der ganz anderen Art.

ÖSTLICHE VORORTE

LP TIPP Satyagraha House
PENSION $$$

(Karte S. 334; ☎011-485 5928; www. satyagrahahouse.com; 15 Pine Road, Orchards; EZ/DZ inkl. Frühstück ab 1500/2560 R; P@) Das Haus von Mahatma Gandhi, der hier zwischen 1907 und 1908 mit seinem deutschen Architekten Hermann Kallenbach wohnte, wurde in eine ruhige, moderne Pension mit Museum umgebaut. Die sieben Zimmer sind kralartig angeordnet, und die Ausstellung über die vertraute Geschichte dieses großen Pazifisten überrascht die Gäste auf eine ganz unerwartete Art und Weise. Aus der Küche kommt Vegetarisches.

44 on Livingstone Guesthouse
PENSION $$

(Karte S. 334; ☎011-485 1156; www.44on livingston.com; 5 Sandler Rd, Linksfield; EZ/DZ inkl. Frühstück ab 410/820 R; P✳@☎) Diese nette, kleine Pension in der Nähe des Johannesburg Golf Course ist eine gute Wahl – hier gibt es einen schönen Swimming Pool, sieben geschmackvoll eingerichtete Zimmer in einwandfreiem Zustand mit todschicken Bädern und Luxusbettwäsche. Einige Zimmer haben Holzfußböden. Wer will, kann sich im Livingstone auch massieren lassen.

Mbizi Backpackers
HOSTEL $

(☎011-892 0421; www.mbizi.com; 288 Trichardt Rd; Stellplatz 70 R, B/DZ ohne Bad 130/300 R; P@☎) Das Mbizi ist eine völlig eigenständige Backpacker-Unterkunft in praktischer Nähe zum Flughafen. Einfache, farbenfrohe Schlafsäle und spartanisch eingerichtete Doppelzimmer helfen, einer tiefen Beinvenenthrombose vorzubeugen. Wer von Wanderlust geplagt wird, kann draußen an der geschäftigen *lapa*-Bar Ausflüge in Nationalparks buchen.

Africa Footprints
PENSION $$

(☎011-391 8448; www.airportaccommodation. co.za; 1 Crestwood Way, Kempton Park; EZ/DZ inkl. Frühstück ab 480/640 R; P✳@☎) Wer in Flughafennähe übernachten muss, aber keine Schlafsäle mag, für den bietet Africa Footprints eine gute Kombination aus Businesshotel und Gemütlichkeit. Die 14 geschmackvoll eingerichteten Zimmer sind preisgünstig. Das Frühstück ist recht deftig.

SÜDLICHE VORORTE

Protea Hotel Gold Reef City
HOTEL $$

(Karte S. 334; ☎011-248 5700; www.protea hotels.com; 14 Shaft St, Ormonde; EZ/DZ inkl. Frühstück 900/1010 R; P✳) Diese Unterkunft mit Goldgräberambiente ist eine nette Abwechslung von dem Einerlei der modernen Protea-Kettenhotels. Es macht Spaß, mit prall gefüllten Taschen leicht verdienter Pennies in den geräumigen Zimmern herumzustolzieren. Das Protea befindet sich in einem Themenpark.

Gold Reef City Casino Hotel
HOTEL $$$

(Karte S. 334; ☎011-248 5152; www.goldreef city.co.za; Ecke Northern Parkway & Data Cres, Ormonde; EZ/DZ 1695/2240 R; P✳) Die farbenfrohen, vornehmen Zimmer in diesem Vier-Sterne-Hotel haben ein gutes Preis-Leistungs-Verhältnis. Die Einrichtung der Zimmer macht einiges her und in den großen, weichen Betten kann man zumindest zeitweise seinen chronisch leeren Geldbeutel vergessen. Gäste haben freien Eintritt in den Gold Reef City Theme Park.

✗ Essen

Jo'burg ist eine Stadt für Feinschmecker. Es gibt erstklassige Restaurants für jeden Geschmack und Geldbeutel. Die größte Auswahl hat man in den nördlichen Vororten. Ohne eigenes Auto sind diese aber nur schwer zu erreichen. In den Einkaufszentren gibt's die üblichen Verdächtigen; in Melville und Newtown befinden sich ein paar witzige, lebendige Lokale. In allen Einkaufszentren der Stadt gibt's große Supermärkte für Selbstversorger.

NEWTOWN & ZENTRUM

Neben einigen ausgezeichneten Restaurants in Newtown wird in der ganzen Innenstadt an Ständen *braaied* (gegrilltes) Fleisch angeboten.

LP TIPP Narina Trogon
MODERN-AFRIKANISCH $$

(Karte S. 338; ☎011-339 6645; www. narinatrogon.com; 81 De Korte St, Braamfontein;

Hauptgerichte 70–140 R; ⊙mittags & abends) Ein solches Restaurant ist so selten zu finden, wie der Vogel nach dem es benannt wurde. Das Narina Trogon wurde von einheimischen Designern gestaltet und bietet Gerichte von erlesenem Geschmack, für die nur Produkte aus der Region verwendet werden. Die Speisekarte wechselt häufig, aber die Philosophie bleibt stets gleich. Aus der Küche kommen Speisen wie gegrilltes Steak mit Camembert und Polenta (110 R), Kürbis- und Süßkartoffel-Curry (70 R) sowie gebratene Riesengarnelen (65 R).

Gramadoela's MODERN-AFRIKANISCH **$$**
(Karte S. 338; ☑011-838 6960; Bree St, Newtown; Hauptgerichte 70–130 R; ⊙mittags & abends; ✖) Das Grama's ist bei der Schickeria und den Honoratioren der Stadt total angesagt. Hier kann man sich auf einen rundum perfekten Abend freuen. Die schmackhaften kapmalaiischen Gerichte werden in einem leicht skurrilen Raum voller Kuriositäten serviert. Die Muscheln in Sahnesauce (90 R) sind der Renner, und Birnen schmecken bekanntlich am besten, wenn sie in Rotwein schwimmen (65 R). Das Restaurant befindet sich am Market Theatre und wird folglich von vielen Kreativen besucht.

Niki's Oasis SÜDAFRIKANISCH **$$**
(Karte S. 338; ☑011-836 5999; 138 Bree St, Newtown; Hauptgerichte 50–100 R; ⊙Mo & Di 12–22, Mi–Sa 12–24 Uhr) Der lockere Jazz-Diner gegenüber vom Market Theatre ist bei Künstlern und Hipstern mit Baskenmütze auf dem Kopf sehr beliebt. Aus der Küche kommt bekömmliche südafrikanische Kost wie Maisbrei, Mopane-Raupen und – wie könnte es anders sein – Grillhähnchen.

Bismillah INDISCH **$**
(Karte S. 334; ☑011-838 6429; 78 Mint Rd, Brixton; Hauptgerichte 30–60 R; ⊙mittags & abends) In Brixton gibt's die besten indischen Restaurants von ganz Jo'burg, aber das Bismillah übertrifft alle. Auf der Speisekarte stehen klassische nordindische Gerichte wie *bhindi masala* (pikante Okras), *aloo gobi* (Kartoffeln & Blumenkohl) und scharfes Biriani mit vielen Nüssen. Erfrischend netter Service. Das Beste aber ist der verdammt günstige Preis.

Moyo's AFRIKANISCH **$$**
(www.moyo.co.za; Hauptgerichte 70–140 R; ✖) Melrose Arch (Karte S. 334; ☑011-684 1477; 5 Melrose Sq; ⊙mittags & abends); Newtown (Karte S. 338; ☑011-838 1715; Bree St; ⊙mittags & abends); Parkview (Karte S. 334; ☑011-646 0058;

Zoo Lake; ⊙morgens & mittags) Die „schickste" Restaurantkette Südafrikas macht zwar einen etwas schlappen Eindruck, zieht aber noch immer ganze Heerscharen von Familien an. Das Lokal in Newtown ist am zuverlässigsten.

MELVILLE
Die besten Lokale von Jo'burg findet man in der 7th St in Melville mit einer großen Auswahl an Restaurants und Cafés, die fast alle auch über Sitzplätze im Freien verfügen.

LP TIPP **Lucky Bean** MODERN-AFRIKANISCH **$$**
(Karte S. 334; ☑011-482 5572; www.luckybeantree.co.za; 129 1st Ave; Hauptgerichte 60–130 R; ⊙morgens, mittags & abends) Das früher unter dem Namen Soulsa bekannte Restaurant mag jetzt einen anderen Namen haben (offenbar gab es Probleme mit dem Copyright), aber das ist auch alles. Gedämpfte Beleuchtung, leise Musik, eine schicke Cocktailbar und Kellner, die die Gäste mit einem strahlenden Lächeln bedienen. Auch das Essen ist fantastisch – leichte Speisen, große Auswahl an vegetarischen Gerichten, Eintöpfe, kreative Vorspeisen und saftige Steaks.

Catz Pyjamas SÜDAFRIKANISCH, FAST FOOD **$$**
(Karte S. 334; ☑011-726 8596; www.catzpyjamas.co.za; 12 Main Rd; Hauptgerichte 40–130 R; ⊙24 Std.) Nachtschwärmer, angetrunkene, zwielichtige und sonderbare Gestalten treffen sich in Jo'burgs berühmt-berüchtigstem Lokal, das rund um die Uhr geöffnet hat. Da sich der Balkon mit Blick auf die Main Road perfekt zum Leute beobachten eignet, ist es schwer, dort nach Einbruch der Dunkelheit einen Tisch zu ergattern. Im Innenraum stärken sich die Gäste an Essen und Cocktails – der MuthaPhukkinGud Drink (40 R) ist fantastisch. Auch Pizza, Pasta und Steaks sind hervorragend. Zwischen 4 und 10 Uhr wird kein Alkohol ausgeschenkt – ein Skandal!

Bambanani TAPAS **$**
(Karte S. 334; ☑011-482 2900; www.bambanani.biz; 85 4th Ave; Tapas 25–30 R; ⊙morgens, mittags & abends) Mit seinen Ledersitzecken und schwarzen Kronleuchtern wirkt das Bambanani wie ein Treffpunkt für trendbewusste Teenies. Wenn man sich aber die kühnen Werke moderner Kunst genauer anschaut, erkennt man Bilder von glücklichen Familien, die das Restaurant wohl auch in erster Linie ansprechen will. Hinter dem

Haus befinden sich eine riesige Terrasse mit Garten und Kinderspielhöhlen auf mehreren Ebenen. Auf der Speisekarte stehen kleine Tapas-Platten, Mini-Gourmetburger für Kinder und Kürbisbrei für Babys.

Service Station
CAFÉ $

(Karte S. 334; ☑011-726 1701; Ecke 9th St & Rustenburg Rd; kleine Gerichte 45–65 R; ◷Mo–Fr 7.30–18, Sa 8–16.30, So 8.30–15 Uhr) Büroangestellte und Hipster schwören gleichermaßen auf diesen Bamboo-Laden, in dem man die ausgewählten Speisen nach Gewicht bezahlt. Es gibt außerdem noch ein ausgezeichnetes Café und ein gutes Weingeschäft. Nebenan befinden sich eines der interessantesten Modelabels des Landes (Black Coffee) und der ausgezeichnete Buchladen Love Books.

De La Creme
CAFÉ $

(Karte S. 334; ☑011-726 7716; Ecke 7th St & 4th Ave; Hauptgerichte 60–70 R; ◷morgens, mittags & abends) In dieser Bäckerei mit zugehörigem Café werden mittags Sandwiches, Burger und *bobotie* (köstlich gewürztes Curry mit knusprig gebratenem Rührei) serviert. Morgens steigt einem der Duft von frisch gebackenem Brot in die Nase. Dann sollte man sich einen Kaffee bestellen, eine Zeitung schnappen und durch die großen Fenster das Leben draußen auf der Straße beobachten.

Picobella
ITALIENISCH $$

(Karte S. 334; ☑011-482 4309; 66 4th Ave; Hauptgerichte 55–115 R; ◷morgens, mittags & abends) Picobella ist der beste Italiener im Viertel und das Lieblingslokal der Afrikaans-Gemeinde. Hier gibt's nichts Ausgefallenes, nur gute, ehrliche Pizza aus dem Holzkohlenofen, leckere Pasta – man sollte unbedingt *oglio* mit Kirschtomaten (75 R) probieren – sowie knackige Salate und leckere Vorspeisen. All das wird auf einer im römischen Stil gehaltenen Terrasse serviert. Auch das Frühstück ist äußerst empfehlenswert und bei Traveller-Pärchen sehr beliebt.

Loft
FUSION $$

(Karte S. 334; ☑011-482 8986; 6 7th St; Hauptgerichte 50–90 R; ◷Mi–So 12.30–16.30 & 18.30–22.30, Di 18.30–22.30 Uhr) Freundliches, chaotisches, cooles Lokal in der 7th St mit umwerfenden Kunstwerken, einem gemütlichen Zwischengeschoss, gedämpfter Techno-Musik und einer handgeschriebenen Tafel mit asiatischen, afrikanischen und europäischen Gerichten.

Nuno's
KNEIPE $$

(Karte S. 334; ☑011-482 6990; 4 7th St; Hauptgerichte 50–100 R; ◷mittags & abends) In diesem Schuppen in der 7th St geht's weniger ums Essen – u.a. recht ordentliche Steaks mit Pommes (60 R) und gegrillter Fisch (70 R) – als vielmehr um Bier und feurige Debatten. Das Nuno's hat längere Öffnungszeiten als die meisten anderen Kneipen in dieser Gegend.

GRANT AVENUE
Ein großer Abschnitt der Grant Ave ist von Cafés und Restaurants gesäumt, von denen die meisten täglich geöffnet sind. Hier herrscht ein buntes Treiben auf den Straßen.

Barrio
KOSCHER $$

(Karte S. 334; ☑011-728 2577; 80 Grant Ave; Hauptgerichte 90–170 R; ◷So–Do mittags & abends, Fr mittags, Sa abends; ▣) In diesem einladenden koscheren Restaurant speist man Seite an Seite mit Rabbis und jüdischen Familien. An den meisten Abenden füllt sich das Lokal recht schnell. Die riesigen, schön angestrahlten Spiegel geben dem Restaurant einen Touch von Glamour. Auf der Speisekarte stehen Gerichte aus der ganzen Welt, u.a. fantastisches Sushi und saftige Steaks. Nebenan befindet sich die preiswerte Pizzeria Next Door, die nur fleischlose Pizzas im Angebot hat.

ShahiKhana
INDISCH $$

(Karte S. 334; ☑011-728 8157; 80 Grant Ave; Hauptgerichte 55–70 R; ◷mittags & abends; ▣) Aromatische, scharfe nordindische Küche mit einer guten Auswahl an Speisen, die Vegetarier und Fischfans gleichermaßen begeistern werden.

Zahava's
NAHÖSTLICH $

(Karte S. 334; ☑011-728 6511; 47A Grant Ave; Snacks 15–30 R; ◷morgens & mittags; ▣) An den Wochenenden wird in diesem Lokal gute „World"-Musik live geboten. Außerdem gibt's starken Kaffee und duftende Wasserpfeifen sowie orientalische Kleinigkeiten und Snacks wie *zivas* (Fladenbrot) und *latkes* (Kartoffelpuffer).

Schwarma Co
NAHÖSTLICH $$

(Karte S. 334; ☑011-483 1776; 71 Grant Ave; Hauptgerichte 30–110 R; ◷11–23 Uhr) Der Duft von erstklassigem Kebab weht durch das futuristische Franchise-Unternehmen mit Terrasse, die einen schönen Blick auf die Straße bietet. Serviert werden köstliches *schawarma* (vom Spieß gehobeltes Fleisch,

INSIDERWISSEN

HEIDI HOLLAND: JOURNALISTIN

Heidi Holland schreibt Kolumnen für den *Johannesburg Star*. Ihr neuestes Buch heißt *100 Years of Struggle: Mandela's ANC*.

Beschreiben Sie Ihr Jo'burg. Ich bin zwar in Jo'burg geboren, aber in Simbabwe aufgewachsen. Unsere mittellosen Eltern – sie waren Bauern – verbrachten mit mir und meinen vier Geschwistern jedes Jahr einen Badeurlaub in Südafrika. Wir quetschten uns in unsere alte Blechkiste, schliefen oder sangen „Oh, Jo'burg's the place for me, Jo'burg/Where the liquor and the lights always shine...".

Was sollte man über südafrikanische Politik wissen? Man sollte nicht in Panik geraten, wenn man auf Demos Bekanntschaft mit *toyi-toyi* macht. Das ist eine Mischung aus politischen Liedern und Tanz und absolut sehenswert – das können wir hervorragend.

48 Stunden in Jo'burg ... Es geht mit Sicherheit ans Herz, aber der Besuch des Apartheid Museums ist ein Muss in Jo'burg. Dem Constitutional Court, diesem wunderschönen Gebäude, ist ein berühmt-berüchtigtes Frauengefängnis angegliedert. In Arts on Main im Zentrum kann man mit etwas Glück Südafrikas meistverehrten Maler William Kentridge bei der Arbeit über die Schulter schauen. Er hat dort ein Atelier. Abends sollte man eine Musikveranstaltung besuchen, am besten ist afrikanischer Jazz.

Die besten Bücher über Südafrika? *The Washing of the Spears* von Donald Morris, *Home and Exile* von Lewis Nkosi, *Mein Verräterherz* von Rian Malan, *Der lange Weg zur Freiheit* von Nelson Mandela, *Anatomy of a Miracle* von Patti Waldmeier, *Disgrace* von J. M. Coetzee.

das zusammen mit Tomatenstückchen in Pitabrot serviert wird) und Kebabs, dazu gibt's Schalen mit Pickles, Oliven, Tahini und (besonders gutes) Hummus.

Giovanni Pane Vino   ITALIENISCH $$
(Karte S. 334; ☎ 011-483 1515; 66 Grant Ave; Hauptgerichte 55–100 R; ⊙ Di–So mittags & abends) Klassischer Italiener mit den typisch rot-weißen Tischdecken und riesigen Pastaportionen, die für eine kleine Fußballmannschaft reichen. In Sandton gibt's einen Ableger.

NÖRDLICHE VORORTE
Die vielen Restaurants in dieser wohlhabenden Gegend befinden sich zumeist in den riesigen Einkaufszentren, die den Mittelpunkt des gesellschaftlichen Lebens der nördlichen Vororte bilden.

Nicht weit von Melville entfernt gibt es in den Vororten Greenside und Parkhurst einige hervorragende Restaurants und schicke Bars, deren Publikum allerdings nicht ganz so jung ist wie in Melville. Die Lokale konzentrieren sich in der Gleneagles Rd und Greenway unweit der Barry Hertzog Ave und entlang der benachbarten 4th Avenue.

Attic   MODERN $$
(Karte S. 334; ☎ 011-880 6102; 24 4th Ave, Parkhurst; Hauptgerichte 70–130 R; ⊙ mittags & abends) Die Stammkunden dieses erstklassigen Ecklokals fühlen sich im gemütlichen Innenraum genauso wohl wie an den Tischen auf der Straße. Man sollte unbedingt Gerichte wie Fettuccini mit Krebsfleisch (98 R) und Erbsenrisotto mit Schaumwein (78 R) probieren. Zum Attic gehört außerdem eine Tapas- und Cocktailbar. Die Inhaber betreiben auch das Office, eine Kneipe um die Ecke in Greenside.

Karma   INDISCH $$
(Karte S. 334; ☎ 011-646 8555; Ecke Barry Hertzog Ave & Gleneagles Rd, Greenside; Hauptgerichte 60–90 R; ⊙ mittags & abends) Das Karma mit seinem indischen New Age Touch à la Hollywood erhält nur gute Kritiken. Die hauptsächlich nordindischen Gerichte sind wohlschmeckend und kommen in großen Portionen daher. Gute Auswahl an Vegetarischem. Das Karma hat vor Kurzem auch in Fourways eine Filiale eröffnet.

Lekgotla   AFRIKANISCH $$
(Karte S. 334; ☎ 011-884 9555; www.lekgotla. com; Nelson Mandela Sq, Sandton; Hauptgerichte 90–160 R; ⊙ mittags & abends; ✹) Der „Treff-

punkt" in traditionellen Hütten am Rand des Nelson Mandela Sq ist das renommierteste afrikanische Restaurant der Stadt. Hier kann man die vielfältige Küche des afrikanischen Kontinents kennenlernen. Das äthiopische Kaffee-Steak (110 R) und das Nil-Krokodil-Curry (130 R) lohnen den Versuch. Aber auch südafrikanische Gerichte wie *mealie pap* (Maisbrei) und süßes *chakalaka* (Pfannengericht aus Zwiebeln, Tomaten, Paprika, Knoblauch, Ingwer, süßer Chilisauce und Currypulver) stehen auf der Speisekarte.

Mamma's Shebeen   AFRIKANISCH $$

(Karte S. 334; 011-646 7453; 18 Gleneagles Rd, Greenside; Hauptgerichte 45–110 R; mittags & abends) Das Mama's hat sich mitten im Weißenviertel neu erfunden – aus einer nachgeahmten Township-Bar ist ein Restaurant mit authentischer, lokaler Küche geworden. „Flippig afrikanisches" Dekor – alle Drucke und Skulpturen können gekauft werden. Auf der Speisekarte stehen Köstlichkeiten wie Mopane-Raupen, Hähnchenfüße und Markknochen in Rotwein.

Orient   ASIATISCH $$

(Karte S. 334; 011-684 1616; 4 High St, Melrose Arch; Hauptgerichte 60–170 R; mittags & abends) Das Orient ist eines der besten asiatischen Restaurants, das von einer cleveren Gesellschaft gleichen Namens ins Leben gerufen wurde. Hier trifft sich die Schickeria wegen der großen Auswahl an Sushi und Fusion-Häppchen und des futuristischen Dekors.

Doppio Zero   ITALIENISCH $$

(Karte S. 334; 011-646 8740; Ecke Barry Hertzog Dr & Gleneagles Rd, Greenside; Hauptgerichte 40–90 R; morgens & mittags) Gautengs Ableger dieses preiswerten italienischen Cafés ist aus gutem Grund dermaßen beliebt. Auf der Eckterrasse trifft man sich an den Wochenenden zum Frühstück und verputzt die frisch vor Ort zubereiteten Backwaren. Mittags gibt's hervorragende Pasta und Pizza.

ÖSTLICHE VORORTE

In der Derrick Ave beim Bruma Lake, in Cyrildene und unweit der Observatory Rd hat sich eine Chinatown mit vielen preiswerten Restaurants etabliert. Die meisten schließen um 21.30 Uhr.

Troyeville Hotel   PORTUGIESISCH $$

(Karte S. 334; 011-402 7709; www.troyevillehotel.co.za; 25 Bezuidenhout St; Hauptgerichte 70–130 R; mittags & abends) Das in einem tollen, alten Teil der Stadt gelegene Troyville ist genau der richtige Ort für ein ausgedehntes Mittagessen. Dieses charmante Lokal wurde von der portugiesischen Gemeinde schon besucht, als die Farbe hier noch nicht abblätterte. Der iberische Einfluss zeigt sich vor allem in den köstlich gewürzten Fischgerichten, den weiß getünchten Wänden und dem gut temperierten Rotwein. Das Restaurant befindet sich in der Nähe vom Ellis Park.

Ausgehen

Jo'burgs Barszene ist ständig in Bewegung, von knorrigen Stammlokalen der Bohème über schicke Cocktail-Lounges bis hin zu konservativen Weinbars. In Newtown und Braamfontein gibt es eine recht lebendige Szene, doch der größte Teil des Nachtlebens spielt sich in den nördlichen Vororten ab, vor allem in Melville, Greenside und Rosebank.

Informationen zu Veranstaltungsorten und Nachtclubs stehen auf S. 359.

NEWTOWN & ZENTRUM

Guildhall Bar & Restaurant   KNEIPE

(Karte S. 338; 011-833 1770; 88 Market St, Marshalltown; Hauptgerichte 45–70 R; mittags & abends) Seit der Gründung (etwa 1888) werden in Jo'burgs ältester Bar das Vermögen der City of Gold verprasst. Diese einfache Location gehört zu den besten im Hauptgeschäftsviertel. Wenn an einem Wochenende mal kein DJ am Plattenteller steht, kann man beim Karaoke selbst zum Mikro greifen. Gutes portugiesisches Kneipenessen.

Sophiatown Bar Lounge   BAR

(Karte S. 338; 011-836 5999; 1 Central Pl, Ecke Jeppe St & Henry Nxumalo St, Newtown; Mo–Do 10.30–22, Fr & Sa 10.30–1, So 10.30–20 Uhr) Sophiatown war früher das Zentrum des kulturellen afrikanischen Widerstands, und noch heute wird in dieser angenehmen Bar in Newtown der Geist der Township mit unscharfen Fotos, jazziger Hintergrundmusik (freitag- und samstagabends gibt's Livemusik) und herzhaften Speisen zelebriert. Vor Kurzem wurde in der 7th St in Melville eine Filiale eröffnet.

Radium Beerhall   KNEIPE

(Karte S. 334; 011-728 3866; 282 Louis Botha Ave, Orange Grove; Hauptgerichte 60–100 R; mittags & abends) Die Radium Beerhall, der leuchtende Stern in der ansonsten farblosen Louis Botha Ave, ist schon seit Jahrzehnten ein Treffpunkt der Jo'burger Society. Durch die vielen Erinnerungsstücke hat man das Gefühl, in einem Museum zu sein, wenn man bei einem Drink erstklassige Livemusik genießt. Auf der Speisekarte stehen gleichbleibend gute portugiesische Kneipengerichte und Steaks.

PataPata
BAR

(Karte S. 334; ☏011-676 9603; 282 Fox St, Doornfontein; Hauptgerichte 60–90 R; ⊙mittags & abends) Die riesige Bar-Lounge neben dem 12 Decades Hotel verdankt ihren Namen dem Song von Miriam Makeba. Es gibt eine kleine Speisekarte mit Gourmet-Burgern und Pizza aus dem Holzofen.

MELVILLE

Six
COCKTAILBAR

(Karte S. 334; ☏011-482 8306; 7th St) Das Six hat es ganz allein geschafft, der 7th St einen neuen Dresscode aufzuerlegen. Wie? Mit überdurchschnittlich guten Cocktails und schicken Gästen. Ein wunderbarer Ort für einen Drink. Großartige Kunstwerke, sanfte Orange- und Rottöne, und die Reggae-, Soul- und House-Musik ist gerade so laut, dass man die Frage aller Fragen „Noch'n Drink?" nicht überhören kann.

XaiXai Lounge
KNEIPE

(Karte S. 334; ☏011-482 6990; Shop 7 Melville Gardens, 7th St) In dieser links angehauchten mosambikanischen Kneipe kann man seinem Kummer getrost freien Lauf lassen. An den Tischen draußen auf dem Gehweg ist Tag und Nacht was los. Ein halbes Kilo Garnelen kostet 120 R.

Ratz Bar
COCKTAILBAR

(Karte S. 334; ☏011-726 2019; 9B 7th St) Das Ratz ist eine winzige Cocktailbar, in der Rock und Pop der 1980er-Jahre gespielt wird. Hier ist es immer voll, denn die Cocktails sind recht preiswert.

Trance Sky
BAR

(Karte S. 334; ☏011-726 2241; 7 7th St) In dieser Musiklocation, die auch in Durban sein könnte, werden tiefe, dunkle Breaks und öliges Techno geboten. Gute Snacks und preiswerte Cocktails.

NÖRDLICHE VORORTE

Gin
COCKTAILBAR

(Karte S. 334; ☏011-486 2404; 12 Gleneagles Rd, Greenside) Ein sehr junges Publikum bevölkert die Bar, die sich als eine Mischung aus karibischem Schuppen und Galerie mit wackeligem, weiß gestrichenem Inventar und Pop-Art an den Wänden präsentiert. Oben kann man von einem winzigen Balkon aus die Straße überblicken, draußen auf dem Gehweg stehen Tische, und ein ziemlich wirr aussehender hölzerner Elchkopf wacht von oberhalb der Bar über das Geschehen. Die Cocktails sind hier wirklich gut, und das Publikum wird mit House und Hip-Hop bei Laune gehalten.

Tokyo Star
BAR

(Karte S. 334; ☏011-486 7709; www.tokyostar.co.za; 26 Gleneagles Rd, Greenside; ⊙mittags & abends) Die neue Location für Carfax-Fans (S. 360) stellt sich in urbanem Gewand im kultivierten Greenside vor. Dieses Lokal mit Bar ist wie ein Manga-Comic auf Eis, in dem Cocktails wie Dragon Fire (38 R) und Yoshi Matsu (42 R) nach Rezept zubereitet werden. Die Gerichte reichen für vier standhafte Trinker, und das Gleichgewicht zwischen Dekadenz und Zurückhaltung setzt sich in der Einrichtung und den guten synthetischen Beats fort.

Jolly Roger Pub
KNEIPE

(Karte S. 334; ☏011-442 3954; 104th Ave, Parkhurst; Pizza 50–80 R; ⊙11–24 Uhr) Der zweistöckige englische Pub am Ende der immer beliebter werdenden 4th Ave ist einfach nur gut. Im Obergeschoss gibt's die beste Pizza der ganzen Stadt und einen traumhaften Blick auf die belebte Straße. Im Erdgeschoss befindet sich ein eher traditioneller Pub mit vielen verschiedenen Bieren vom Fass. Gegenüber ist eine neue Sportsbar.

Fashion Society Cafe
CAFÉ

(Karte S. 334; ☏011-728 2713; 88 Frances Rd, Norwood; ⊙Di–So 12 Uhr–open end) Dieses Café ist praktisch, wenn man in der Gegend wohnt. An den Wochenenden legen hier DJs House und Hip-Hop auf. An den anderen Tagen trifft man sich hier nachmittags auf ein Bier oder einen Kaffee, macht es sich auf den weißen Ledersofas mit den verchromten Cocktailtischen davor bequem und tauscht den neuesten Klatsch und Tratsch aus.

★ Unterhaltung

Das beste Veranstaltungsprogramm bietet der freitags erscheinende *Mail & Guardian*. Die Beilage „Tonight" der Tageszeitung *Star* ist ebenfalls gut. Wer eine Veranstaltung per Kreditkarte buchen möchte, kann dies über **Computicket** (☏011-915 8000; www.computicket.com) tun. Partys und andere

SCHWULEN- & LESBENSZENE IN GAUTENG

Gauteng hat eine lebendige Schwulen- und Lesbenszene. Seit der Liberalisierung der Verfassung in 1994 sind die Zwillingsmetropolen Jo'burg und Pretoria zum Zentrum für Schwule und Lesben aus ganz Afrika geworden. Sie sind gut organisiert und werden zunehmend akzeptiert – ein langer Weg von der puritanischen Prüderie vergangener Zeiten.

Der am letzten Septemberwochenende in Johannesburg stattfindende Gay Pride March ist zwar der Höhepunkt des Jahres, aber bei Weitem nicht die einzige organisierte Veranstaltung. Ein Highlight ist auch die Queer Johannesburg Tour (S. 342).

Verschiedene Websites informieren über die Schwulenszene der Provinz: www.gaysouthafrica.net, www.mask.org.za und out.org.za sind nützliche Infoquellen. Lesenswert ist auch die monatlich erscheinende Zeitschrift *Gay Times*.

Events findet man online unter www.jhblive.co.za oder www.joburg.org.za.

Kinos

Überall in Jo'burg gibt's riesige Kinocenter, in fast jedem Shoppingcenter ist ein Kino zu finden. **Ster-Kinekor** (Vorverkauf unter 082 16789; www.sterkinekor.co.za) unterhält die meisten Multiplexe, u. a. in den Malls in Fourways, Westgate, Eastgate, Sandton und Rosebank.

Imax Theatre   KINO

(Karte S. 334; 011-325 6182; Hyde Park Mall, Jan Smuts Ave, Hyde Park) Eine übergroße Leinwand in einem übergroßen Einkaufszentrum.

Livemusik & Nachtclubs

Jo'burg ist ein exzellenter Ort für Livemusik – vor allem für Jazz und Electronic Music. Auf S. 577 erfährt man mehr über Kwaito (eine Musikform der Townships) und andere südafrikanische Musikstile.

Am meisten los ist abends in Newtown und Braamfontein.

Johannesburg Philharmonic Orchestra   KLASSISCHE MUSIK

(011-789 2733; www.jpo.co.za) Das Orchester der Stadt bietet eine regelmäßige Konzertreihe an verschiedenen Veranstaltungsorten, z. B. in der Wits University und der City Hall. Das Programm kann man auf der Website nachlesen oder telefonisch erfragen.

Kitchener's Carvery Bar   CLUB

(Karte S. 338; 011-403 3646; Ecke Juta St & De Beer St; Eintritt Fr & Sa 20–60 R; 17 Uhr–open end) Das ehemalige Milner Park Hotel ist jetzt eine hippe Location, in der sich die neuen Aufschneider von Braamfontein tummeln. An den Wochenenden wird dunkler, kräftiger Underground geboten. Unter der Woche werden mit ethnischen Nu-Taschen

bewaffnete Szenegänger mit experimentellem Rock und Live-Dub unterhalten.

Kippies Jazz International   JAZZ

(Karte S. 338; 011-833 3316; Margaret Mcingana St, Newtown; Eintritt ab 80 R; Do–Sa) Kippie Moeketsi, der einst als „sad man of jazz" bekannt war, würde schmunzeln, wenn er sehen könnte, was die Stadt aus seinem klassischen Jazzschuppen gemacht hat. Der Club brummt. Hier treten nur die besten Jazzer auf. Vor dem Eingang steht eine Bronzestatue von Kippie.

Bassline   LIVEMUSIK

(Karte S. 338; 011-838 9145; 10 Henry Nxumalo St, Newtown; Eintritt 60–170 R; 18 Uhr–open end) Die angesehenste Bühne für Livemusik in Jo'burg wurde Ende der 1990er-Jahre als Jazz-Location in Melville bekannt. Später gab's Weltmusik, 2004 fand dann der Umzug nach Newtown statt. Heute treten hier die Großen der internationalen Musikszene auf, aber auch Reggae, Rock und Hip-Hop stehen auf dem Programm.

Carfax   CLUB

(Karte S. 338; 011-834 9187; 39 Pim St, Newtown; Eintritt 70 R; 21 Uhr–open end) Die Leute strömen noch immer in diese Beat-Fabrik in Newtown, in der es Progressive-House-, Deep-House- und Hip-Hop-Partys gibt. Interessante internationale Gigs werden ebenfalls geboten.

Blues Room   LIVEMUSIK

(Karte S. 334; 011-784 5527; Village Walk, Ecke Rivonia Rd & Maud St, Sandton; 20 Uhr–open end) In diesem Nachtclub in den nördlichen Vororten gibt's Rock-, Blues- und Jazzkonzerte. Unerwartet konservatives Publikum.

Woods   CLUB

(Karte S. 338; 011-332 5772; 66 Carr St; Do–So 19 Uhr–open end) Im Woods trifft sich ein recht unterschiedliches Klientel, das Downbeat mag und schwatzhafter ist als die meisten anderen, die einen drauf machen wollen. Der Club befindet sich in der Nähe des Market Theatre, sodass man hier den Abend perfekt ausklingen lassen kann.

Sport

Jo'burg ist ein fantastischer Ort, um sich zusammen mit begeisterten Fans in einem Stadion von Weltklasse ein Cricket-, Rugby- oder Fußballspiel (Soccer) anzusehen.

Wanderers Stadium
CRICKET

(Karte S. 334; 011-340 1500; Corlett Dr, Illovo) Der wichtigste Austragungsort für Cricketspiele ist das imposante Wanderers Stadium am Freeway M1 nach Pretoria. Zuschauer finden auf den Tribünen oder auf Rasenflächen beim Western Pavilion Platz; man kann sich auch ein Steak grillen, während nebenan eine Regionalmannschaft (oder gar die südafrikanische Nationalmannschaft) spielt.

Ellis Park
RUGBY

(Karte S. 334; www.ellispark.co.za; Doornfontein) Die geistige Heimat des Rugby im Osten von Jo'burgs Zentrum war Schauplatz eines äußerst bewegenden Moments in der Geschichte der neuen Nation: dem Sieg bei der Weltmeisterschaft 1995. Rugby-Fans sind fanatisch: Ein Samstagnachmittag beim Rugby kann fast schon in ein religiöses Erlebnis ausarten.

Ellis Park Swimming Pool
SCHWIMMBAD

(Karte S. 334; 011-4025565; Ecke North Park Lane & Erin St, Doornfontein; Erw./Kind 8/5 R; Mo–Fr 7–19, Sa & So 8–17 Uhr) Das Schwimmbecken mit olympischen Ausmaßen ist an stickigen, versmogten Nachmittagen ein Geschenk des Himmels. An den Wochenenden wird hier oft gegrillt.

Turffontein Race Course
PFERDERENNEN

(Karte S. 334; 011-681 1500) Die Stadt hat mehrere Pferderennbahnen, von denen diese aber die bekannteste ist. Sie liegt 3 km südlich der Stadt. Es finden fast jede Woche Rennen statt.

Theater

Market Theatre
THEATER

(Karte S. 338; 011-832 1641; www.marketthea tre.co.za; Margaret Mcingana St, Newtown) Das bedeutendste Theater der Stadt hat drei Bühnen (Main Theatre, Laager Theatre und Barney Simon Theatre) sowie Galerien und ein Café. Irgendetwas Interessantes wird immer geboten – von zeitgenössischen Stücken mit beißender Kritik über Musicals bis hin zu Stand-Up Comedy. Das genaue Programm steht im Unterhaltungsteil der *Mail & Guardian*.

Johannesburg Theatre
THEATER

(Karte S. 338; 011-877 6800; www.showbusi ness.co.za; Loveday St, Braamfontein) In diesem führenden Theater sind bedeutende südafrikanische und internationale Künstler zu sehen.

Pieter Toerien Theatre
THEATER

(Karte S. 334; 011-511 1818; Montecasino, William Nicol Dr, Fourways) Jeder, der was auf sich hält, tritt hier auf. Es werden hervorragende internationale und südafrikanische Stücke und Musicals aufgeführt.

Windybrow Centre for the Arts
THEATER

(Karte S. 338; 011-720 7009; www.windybro warts.co.za; Ecke Nugget St & Pietersen St, Hillbrow) Ein gutes Experimentierfeld für aufstrebende schwarze Dramatiker.

Market Laboratory Theatre
THEATER

(Karte S. 338; 011-836 0516; 50 Margaret Mcingana St, Newtown) Ein Ableger des Market Theatre, das heimischen Talenten eine Bühne bietet. Samstags finden um 13 Uhr kostenlose Theateraufführungen statt.

Shoppen
Buchläden
Chapter 1 Books
BÜCHER

(Karte S. 334; 011-726 8506; Ecke 7th St & 4th Ave, Melville; 9.15–22 Uhr) Guter Secondhand-Buchladen in der 7th St.

Book Dealers of Melville
BÜCHER

(Karte S. 334; 011-726 4054; 7th St, Melville; Mo 9–21, Di–Sa 9–22, So 10–21 Uhr) Noch ein Secondhand-Buchladen.

Boekehuis
BÜCHER

(Karte S. 334; 011-482 3609; Ecke Lothbury Rd & Fawley Ave, Melville; Mo–Sa 8–18 Uhr) Ein hervorragender unabhängiger Buchladen in einem alten Haus mit glänzenden Holzfußböden und einem Gartencafé. Hier finden regelmäßig Lesungen, Buchvorstellungen und Diskussionsrunden statt.

Exclusive Books
BÜCHER

Eastgate Mall (Karte S. 334; 011-622 4870; OG; 9–22 Uhr); Rosebank Mall (Karte S. 334; 011-447 3028; Ebene 3, The Zone; 9–21 Uhr); Sandton City Mall (Karte S. 334; 011-883 1010; UG; Mo–Sa 9–21, So 9–19 Uhr) Die beste Kette in der Stadt mit großer Auswahl an lokalen

Zeitungen, Reiseführern und internationaler Presse.

Kunst & Kunsthandwerk

Typisch Afrikanisches von vernünftiger Qualität findet man gleich hinter der Grenze in der North-West Province auf dem Welwitischia Country Market (s. Kasten S. 456) am Hartbeespoort Dam.

Neighbour Goods Market MARKT
(Karte S. 338; www.neighbourgoodsmarket.co.za; Ecke Juta St & de Beer St, Braamfontein; ⊙1. Sa im Monat 9–15 Uhr) Kapstadts wundersamer Gemeindemarkt ist nach Braamfontein gezogen, um dort „den öffentlichen Markt als Gemeindeinstitution neu zu erfinden". In dem zweistöckigen Lagerhaus aus Ziegelsteinen bieten Händler ihre Waren an, Schleckermäuler stürzen sich auf bekömmliche Brunches, trinken „langsam" gebrautes Bier und starken Kaffee. Oben kann man sich auf eine Bank in die Sonne setzen und die Stadt betrachten. Der Slogan des Markts lautet: „Lettuce, Turnip, the Beet".

Rosebank Rooftop Market KUNSTHANDWERK
(Karte S. 334; ☎011-442 4488; Cradock Ave, Rosebank; ⊙So 9–17 Uhr) Eine der bequemsten Einkaufsmöglichkeiten für traditionelle Schnitzereien, Perlenarbeiten, Schmuck, Bücher und Fruchtbarkeitspuppen. Der Markt findet im mehrstöckigen Parkhaus der Rosebank Mall statt.

Bryanston Organic Market MARKT
(Karte S. 334; ☎011-492 3696; Culross Rd, Bryanston; ⊙Do & Sa 9–15 Uhr) Mit Kunst und Kunsthandwerk wird hier auch gehandelt, das Hauptaugenmerk liegt aber auf ausgezeichneten Bioprodukten.

Bruma Lake Market World KUNSTHANDWERK
(Karte S. 334; ☎011-622 9648; Observatory Rd, Bruma) Auf diesem Markt am Bruma Lake findet man eine große Bandbreite an Kunsthandwerk, preiswerte Elektrogeräte und jede Menge Kitsch.

Market Square Market KUNSTHANDWERK
(Karte S. 338; Bree St, Newtown) Dieser Markt findet samstagvormittags auf dem Parkplatz gegenüber vom Market Theatre statt. Es herrscht eine lebhafte, fröhliche Stimmung (mit Straßenkünstlern). Die meisten Stände bieten zwar Flohmarktramsch an, aber dennoch gibt's auch recht gute Kunsthandwerksprodukte.

Einkaufszentren

Johannesburg ist die Stadt der Einkaufszentren.

44 Stanley Avenue EINKAUFSZENTRUM
(Karte S. 334; ☎011-482 1082; Stanley Ave, Milpark) 44 Stanley ist das genaue Gegenteil eines Konsumtempels und sollte ein Vorbild für künftige Malls sein. In einem leer stehenden Gebäude haben sich örtliche Designer und interessante Restaurants angesiedelt.

Oriental Plaza EINKAUFSZENTRUM
(Karte S. 334; ☎011-838 6752; Bree St, Fordsburg; ⊙Mo–Fr 9–17, Sa 8.30–15 Uhr) Eine wuselige Ansammlung von Geschäften in meist indischer Hand. Hier kann man von Gewürzen über billige Uhren bis hin zu Kochgeschirr so ziemlich alles kaufen. Wer sein Handy reparieren lassen will, ist hier goldrichtig. Auch hungrige Mäuler kommen auf ihre Kosten: An zahlreichen Ständen werden Samosas, Süßigkeiten und andere Leckereien angeboten.

Rosebank Mall EINKAUFSZENTRUM
(Karte S. 334; ☎011-788 5530; www.themallofrosebank.co.za; Cradock Ave, Rosebank) Wer einen Kaufrausch zum Abgewöhnen sucht, sollte sich in diese Aneinanderreihung von Einkaufszentren stürzen. Ein zentraler Parkplatz befindet sich an der Ecke Cradock Ave und Baker St.

Nelson Mandela Square EINKAUFSZENTRUM
(Karte S. 334; ☎011-784 2750; Rivonia Rd, Sandton) Ähnlich wie in der benachbarten Sandton City Mall gibt's auch hier eine italienische Piazza mit Restaurants und eine überdachte Einkaufspassage.

Weitere Einkaufszentren sind die **Hyde Park Mall** (Karte S. 334; William Nicol Dr, Hyde Park), die **Fourways Mall** (Karte S. 334; ☎011-465 6095; William Nicol Dr) und die **Sandton City Mall** (Karte S. 334; ☎011-883 2011; Rivonia Rd, Sandton).

Musik

Kohinoor MUSIK
(Karte S. 338; ☎011-834 1361; 54 Market St, Newtown) Das Kohinoor, im Souterrain unter einem Möbelgeschäft, ist eine der besten Adressen für Ethno- und afrikanische Musik. Hier gibt's alles von Kwaito bis Jazz.

ℹ Praktische Informationen

Geld

In jedem Geschäftsviertel gibt's Banken mit Geldautomaten und Schaltern, an denen man

Geld wechseln kann. American Express und Rennies Travel (eine Agentur von Thomas Cook) haben Zweigstellen am Flughafen und in größeren Einkaufszentren.

Internetzugang

Chroma Copy (☏011-483 2320; 30 R/Std.; ⊘Mo-Do 8.30-18, Fr 8.30-17, Sa 8.30-13 Uhr) Mit Fax- und Druckservice.

Medizinische Versorgung

Die medizinische Versorgung in Jo'burg ist gut, hat aber ihren Preis. Also unbedingt vor der Abreise eine Auslandskrankenversicherung abschließen.

Charlotte Maxeke Johannesburg Hospital (☏011-488 4911; M1/Jubilee Rd, Parktown) Jo'burgs größtes öffentliches Krankenhaus.

Rosebank Clinic (☏011-328 0500; 14 Sturdee Ave, Rosebank; ⊘7-22 Uhr) Privatkrankenhaus in einem der nördlichen Vororte mit allgemeinärztlichen, Notfall- und Fachabteilungen.

Notfall

AIDS-Hotline (☏0800 012 322)

Feuerwehr (☏10111)

Lifeline (☏011-728 1347)

Metro Emergency Rescue Service (☏10177)

Mobiltelefon Notruf (☏MTN 112, Vodacom 147)

Polizei (☏10111; Headquarters: Main Rd)

Rape Crisis Line (☏011-806 1888)

Post

Hauptpostamt (☏0800 110 226; Jeppe St; ⊘Mo-Fr 8.30-16.30, Sa 8.30-12 Uhr) Hier gibt's auch Schalter für postlagernde Sendungen.

Touristeninformation

Pensionen und Hostels sind die besten Informationsquellen, die folgenden Organisationen sind aber auch recht nützlich.

Gauteng Tourism Authority (☏011-085 2500; www.gauteng.net; 124 Main Street; ⊘Mo-Fr 8-17 Uhr) Hier bekommt man die monatlich erscheinende Zeitschrift Go Gauteng.

Johannesburg Tourism Company (☏011-214 0700; info@joburgtourism.com; EG, Grosvenor Cnr, 195 Jan Smuts Ave, Parktown North; ⊘Mo-Fr 8-17 Uhr) Ein privates Unternehmen, das über Jo'burg informiert.

An- & Weiterreise

Auto

Alle größeren Autovermieter haben Schalter am OR Tambo, Ortia und an verschiedenen Standorten in der Stadt. Viele von ihnen bieten Verträge ohne Kilometerbegrenzung an.

Bus

Die Busse mehrerer internationaler Linien fahren von Jo'burgs Park Station nach Mosambik, Lesotho, Botsuana, Namibia, Swasiland und Simbabwe.

Ankunfts- und Abfahrtpunkt der wichtigsten (nationalen und internationalen) Fernbusse ist das Park Station Transit Centre an der nordwestlichen Ecke des Geländes, wo sich auch die Reservierungsschalter der einzelnen Busgesellschaften befinden.

Baz Bus (☏in Kapstadt 021-439 2323; www.bazbus.com) verbindet Jo'burg mit den beliebtesten Orten der Region (u. a. Durban, Garden Route und Kapstadt) und holt seine Fahrgäste an den Hostels in Jo'burg und Pretoria ab, wodurch einem der Stress, in die Innenstadt fahren zu müssen, erspart bleibt. Achtung: Baz Bus fährt nicht mehr nach Swasiland. In allen Hostels hängen aktuelle Fahrpläne und Preislisten aus. Ein 7-Tage-Pass kostet 1200 R.

Das umfassendste Angebot an Verbindungen von und nach Jo'burg bieten die staatlichen Busgesellschaften **Translux** (☏0861 589 282; www.translux.co.za) und **City to City** (☏0861 589 282).

Weitere große Busgesellschaften sind:

Greyhound (☏012-323 1154; www.greyhound.co.za)

Intercape (☏0861 287 287; www.intercape.co.za)

SA Roadlink (☏011-333 2223; www.saroadlink.co.za)

(Nähere Informationen zu allen Busgesellschaften stehen auf S. 651.)

Mit Ausnahme der Busse von City to City, die in Jo'burg abfahren, starten alle Busse, die nicht in Richtung Norden fahren, in Pretoria an der Pretoria Station.

NACH KAPSTADT Fast alle Gesellschaften fahren die gleichen Ziele an. SA Roadlink bietet die günstigsten Preise nach Kapstadt (400 R, 19 Std., tgl.). Translux fährt zweimal täglich über Bloemfontein (200 R, 5 Std.) nach Kapstadt (480 R, 19 Std.), seltener über Kimberley (270 R, 7 Std.). Greyhound schickt Busse nach Harare in Simbabwe (460 R, 16½ Std.) und Intercape einen Bus nach Windhuk in Namibia (400 R, 12 Std.).

NACH DURBAN & KWAZULU-NATAL SA Roadlink fährt achtmal täglich nach Durban (175 R, 7 Std.). Greyhound schickt täglich sechs Busse nach Durban. Sie fahren über Estcourt (205 R, 8 Std.), Newcastle (300 R, 9 Std.) und weiter nach Richard's Bay (310 R, 10 Std.). Translux bietet mindestens eine Busverbindung täglich nach Durban (240 R, 9 Std.), ebenso Intercape (195 R, 8 Std.).

RICHTUNG SÜDEN Translux betreibt eine tägliche Verbindung nach East London (380 R,

15 Std.) über Bloemfontein (220 R, 7 Std.). Außerdem bietet die Gesellschaft fünf Busverbindungen pro Woche (außer So & Di) nach Port Elizabeth (360 R, 14 Std.) und Graaff-Reinet (350 R, 15½ Std.). SA Roadlink schickt einen Bus täglich nach Port Elizabeth (300 R, 15 Std.). Intercape fährt täglich über Cradock nach Port Elizabeth (380 R, 15 Std.) und weiter nach Plettenberg Bay (576 R, 18 Std.). Greyhound bietet täglich Nachtfahrten von Jo'burg nach Port Elizabeth (385 R, 16 Std.) und East London (375 R, 13 Std.). Translux fährt dreimal wöchentlich über Kimberley oder viermal wöchentlich über Bloemfontein nach Knysna (576 R, 17 Std.) und weiter nach Oudtshoorn, Mossel Bay und George (alle Fahrten 380 R ab Jo'burg).

NACH MPUMALANGA & ZUM KRUGER NATIONAL PARK Die nächste größere Stadt beim Kruger National Park ist Nelspruit. Greyhound-Busse fahren täglich (260 R, 5 Std.) auf dem Weg nach Maputo, Mosambik (300 R, 9 Std.), dorthin. Translux fährt täglich über Nelspruit (230 R, 5 Std.) nach Maputo (280 R, 9 Std.), ebenso nach Phalaborwa (220 R, 8 Std.) – eine gute Wahl für alle, die in einem der eher nördlich gelegenen Camps des Kruger National Park, z. B. Olifants, übernachten wollen. **Citybug** (☑011-753 3392; www.citybug.co.za) betreibt einen Shuttle-Service zwischen Jo'burg und Nelspruit (350 R, 3½ Std.) mit Zwischenstopps in Pretoria und einigen kleineren Orten an der Strecke. **Lowveld Link** (☑in White River 013-750 1174; www.lowveldlink.com) bietet einen Shuttle-Service zwischen Jo'burg und Nelspruit (330 R, 3½–4½ Std.) mit Halt in Pretoria an.

RICHTUNG NORDEN Mehrere Busse fahren auf der N1 Richtung Norden, aber nicht alle fahren bis nach Harare, sondern enden bereits in Polokwane (Pietersburg). Dort muss man in einen Regionalbus umsteigen oder ein Minibus-Taxi zur Grenze nehmen. Auch Intercape fährt gen Norden nach Gaborone in Botswana (150 R, 7 Std.). Translux bietet eine tägliche Busverbindung über Mokopane (Potgietersrus; 130 R, 4 Std.) und Polokwane (Pietersburg; 150 R, 4½ Std.) nach Louis Trichardt (Makhado; 190 R, 6½ Std.). Außerdem fährt Translux in Richtung Osten durch Limpopo mit Zwischenstopp in Tzaneen (190 R, 6½ Std.) und Phalaborwa (200 R,

8 Std.). Busse von City to City fahren täglich nach Sibasa in der Limpopo-Region Venda (150 R, 8 Std.). Busse, die in nördlicher Richtung durch Townships und ehemalige Homelands fahren, halten auch in den an der N1 gelegenen größeren Orten.

Flugzeug

Südafrikas wichtigster Flughafen für internationale und nationale Flüge ist der **OR Tambo International Airport** (Ortia; ☑011-921 6262; www.airports.co.za). Weitere Informationen, auch zu internationalen Flugverbindungen, stehen auf S. 641.

Man sollte immer darauf achten, dass man es nur mit offiziellen Flughafenmitarbeitern zu tun hat. Ein freundliches „No, thanks" sollte reichen, um potenzielle Gauner abzuwimmeln. Wenn möglich, sollte man sein Gepäck vor dem Flug in Plastikfolie einwickeln lassen. Es ist schon vorgekommen, dass Gegenstände am Flughafen aus den Gepäckstücken geklaut wurden.

Wer nicht viel Zeit hat, sollte den einen oder anderen Inlandsflug einplanen. Die kleineren Billigfluggesellschaften **Kulula** (☑0861 444 144; www.kulula.com), **1time** (☑0861 345 345; www.1time.co.za) und **Mango** (☑0861 162 646; ww5.flymango.com) bieten Flüge zwischen Jo'burg und allen größeren Städten an.

Linienflüge zu regionalen Zielen innerhalb von Südafrika bieten **South African Airways** (SAA; ☑0861 359 722; www.flysaa.com), **South African Airlink** (SAAirlink; ☑011-961 1700; www.saairlink.co.za) und **South African Express** (☑011-978 5577; www.saexpress.co.za) an. Alle Flüge können über SAA gebucht werden, die auch Büros in den Inlands- und internationalen Terminals in Ortia hat.

Kapstadt (850 R), Durban (550 R) und Nelspruit (850 R) werden häufig angeflogen.

Trampen

Die Devise muss lauten: Nicht trampen. Wer knapp bei Kasse ist, sollte sich nach einer Mitfahrgelegenheit umschauen. Diese werden in der Wochenzeitung *Junk Mail* (junkmail.co.za) inseriert. Die meisten Hostels haben außerdem ein schwarzes Brett mit Infos über kostenlose bzw. zu bezahlende Mitfahrgelegenheiten.

GAUTRAIN

Die Schnellbahn **Gautrain** (☑0800 4288 7246; www.gautrain.co.za) bietet eine direkte Verbindung zwischen dem Flughafen, Sandton, Rosebank und Pretoria. Die Züge fahren montags bis sonntags von 7 bis 19 Uhr alle 15 Minuten, in der restlichen Zeit alle 30 Minuten. Eine einfache Fahrt nach Sandton kostet 115 R (inkl. aufladbarer Karte). Für all diejenigen, die in den Stoßzeiten fahren müssen oder in der Nähe einer Haltestelle wohnen, ist der Gautrain ein schnelles, modernes und kostengünstiges Verkehrsmittel in die Stadt. Der letzte Streckenabschnitt – bis zur Park Station in Jo'burgs Hauptgeschäftsviertel – soll 2013 fertig werden.

Zug

Fernzüge verbinden Jo'burg mit einer Reihe von Städten, u. a. Pretoria, Kapstadt, Bloemfontein, Kimberley, Port Elizabeth, Durban, Komatipoort und Nelspruit. Mehrere dieser Züge haben Schlafwagenabteile. Fahrkarten können über **Shosholoza Meyl** (0860 008 888; www.shosholozameyl.co.za, www.premierclasse.co.za) oder an der Park Station in Jo'burg reserviert werden. Nähere Infos über Zugklassen und -strecken stehen auf S. 654.

Unterwegs vor Ort
Bus

Die Busse des **Metropolitan Bus Services** (Metrobus; 011-375 5555; www.mbus.co.za; Gandhi Sq) verkehren im Großraum Jo'burg, wobei die Warterei auf einen Bus in den nördlichen Vororten, wo vorwiegend Privatwagen unterwegs sind, aber ein wenig ans Warten auf Godot erinnert. Der Hauptbusbahnhof befindet sich am Gandhi Sq, zwei Blocks westlich des Carlton Centre. Die Preise richten sich nach einem Zonensystem, das sich von Zone 1 (6,50 R) bis Zone 8 (16 R) erstreckt. Man sollte sich am Busbahnhof oder über **Computicket** (www.computicket.com) aufladbare Karten kaufen. Die Fahrtkosten werden dann bei jeder Fahrt automatisch abgezogen. Man kann einzelne Fahrten aber auch bar bezahlen – dies wird von Metrobus jedoch nicht gern gesehen.

Vom/Zum Flughafen

Der OR Tambo International Airport (Ortia) liegt etwa 25 km östlich der Innenstadt von Johannesburg in Kempton Park.

Airport Shuttle (0861 748 8853; www.airportshuttle.co.za) nimmt für die meisten Ziele in Jo'burg 350 R und ist rund um die Uhr im Einsatz; aber dennoch ist es ratsam, möglichst einen Tag im Voraus zu buchen. **Magic Bus** (0861 748 8853; www.airportshuttle.co.za) bietet einen vergleichbaren Service zu den meisten Zielen für 300 R an.

Mit dem Auto ist der Flughafen leicht zu erreichen (über die R24 und die N12). Wer aber an einem Werktag in der Rushhour (17–19 Uhr) zum Flughafen muss, sollte eine zusätzliche Fahrstunde einplanen. Zwischen dem Flughafen und dem Hauptbahnhof Park Station verkehren regelmäßig Busse. Ein Taxi in die nördlichen Vororte kostet ca. 350 R. Die meisten Hostels holen ihre Gäste kostenlos am Flughafen ab. Pensionen und Hotels organisieren ebenfalls die Abholung, das kostet in der Regel aber so viel wie ein Taxi.

Minibus-Taxi

Die Linie R5 verkehrt in den innerstädtischen Vororten und in der Innenstadt, die R9 fährt fast überall hin.

PRAKTISCHE BUSLINIEN

LINIE	ZIELE
5	Parktown, Houghton, Rosebank & Illovo
22	Yeoville & Bruma Lake
75	Braamfontein, Auckland Park & Melville
80	Rosebank & Dunkeld über Jan Smuts Ave

Wer mit einem Minibus-Taxi in die Innenstadt von Jo'burg will, sollte unbedingt vor der Endstation aussteigen und auf keinen Fall zum Taxistand gehen – die Gegend ist für Überfälle bekannt. Ein Minibus-Taxi von der Stadt zurück nach Hause zu bekommen, ist nicht ganz so einfach.

Minibus-Taxis funktionieren nach einem ziemlich komplizierten System aus Hand- und Fingerzeichen, mit denen die Fahrgäste einem vorbeifahrenden Taxi genau mitteilen, wohin sie fahren möchten. Man tut also am besten so, als ob man genau weiß, wohin man will und hebt den Zeigefinger (die Fahrer halten an, wenn sie in die entsprechende Richtung fahren).

Rea Vaya Network

Das Rea-Vaya-Busnetz wurde anlässlich der Fußball-WM 2010 eingerichtet, um den Mangel an sicheren und zuverlässigen öffentlichen Verkehrsmitteln zwischen Soweto (und anderen Townships) und dem CBD, dem Hauptgeschäftszentrum von Johannesburg, zu beheben. Die Busse sind farbenfroh und bequem, und der Fahrplan wird strenger eingehalten als der der Metrobusse. Eine Inner-City-Fahrt kostet 4 R (grüne Linie), eine Fahrt von den Zufahrtsstraßen ins Geschäftsviertel (blaue Linie) 11 R.

Taxi

Taxis sind in dieser Stadt ein relativ teures, aber notwendiges Übel. Sie sind zwar alle mit Taxametern ausgestattet, aber dennoch sollte man Einheimische nach dem ungefähren Preis fragen und vorab einen Festpreis vereinbaren. Von der Park Station nach Rosebank kostet eine Fahrt etwa 90 R, nach Sandton deutlich mehr.

Maxi Taxi Cabs (011-648 1212) und **Rose's Radio Taxis** (011-403 9625) sind zwei namhafte Unternehmen.

Zug

Fragen zu den regionalen Zugverbindungen von **Metro** (011-773 5878) kann man telefonisch oder persönlich an die hilfreiche Informationsstelle im Park Station Concourse richten. Es gab ernsthafte Probleme mit schweren Gewaltverbrechen auf den Metro-Strecken – vor allem auf den Strecken in die Townships. Auch die Metro-Strecke Jo'burg–Pretoria sollte man meiden.

RUND UM JOHANNESBURG

Der größte Anziehungspunkt in der Umgebung von Jo'burg ist die pulsierende Township Soweto. Wer mehr Zeit hat, entdeckt darüber hinaus eine Weltkulturerbestätte, die 3 Mio. Jahre Menschheitsgeschichte abdeckt, ländliche Wanderwege und mehrere Naturschutzgebiete, in denen man die Tierwelt zu Fuß oder im Safariwagen erkunden kann.

Soweto

♫ 011 / 2,3 MIO. EW.

Die „South West Townships" haben sich von einem ehemaligen Zwangsbesiedlungsgebiet zu einem Ort voller Stolz und sozialem Prestige gemausert. Touristen kommen wegen der Gastfreundlichkeit und um die ehemaligen Häuser von Desmond Tutu und Nelson Mandela sowie das Hector Pieterson Museum zu besuchen. Ein Bummel durch die relaxte Vilakazi St bietet einen guten Einblick in das Lebensgefühl eines modernen Afrikas. In Soccer City und Soweto Bungee macht man erstklassige, konkrete Erfahrungen an politisch bedeutungsvollen Orten.

Wie fast überall in Südafrika lebt auch hier die aufstrebende Mittelklasse Seite an Seite mit Hüttenbewohnern und Arbeitslosen; sie alle haben die gleiche Geschichte und die gleichen Kämpfe durchlebt. Kriminalität, HIV/AIDS und eine immer größer werdende Kluft zwischen Arm und Reich sind offensichtlich, aber dennoch ist die Stimmung im Großen und Ganzen optimistisch. Viele, die den Kreislauf durchbrochen haben, wollen in der Stadt bleiben und hier ihr Geld investieren. Die meisten sind stolz auf ihre sowetische Herkunft. Die Townships sind das Herz Südafrikas, und das schlägt nirgendwo lauter als in Soweto.

Geschichte

Walter Sisulu, ein treuer Anhänger des ANC und langjähriger Bewohner Sowetos sagte einmal, dass die Geschichte Südafrikas ohne die Geschichte Sowetos kaum zu verstehen sei.

Jo'burgs City Council (JCC) nutzte den Ausbruch der Beulenpest 1904 als Vorwand, um 1358 Inder und 600 Afrikaner aus den Slums in Jo'burg nach Klipspruit, 18 Straßenkilometer vor dem Zentrum, umzusiedeln. Aber erst Ende der 1930er-Jahre, nach der Entstehung des Vororts Orlando, der vom JCC zynisch als „fast wie im Paradies" angepriesen wurde, wuchs die Bevölkerung in einem rasanten Tempo.

Gegen Ende des Zweiten Weltkriegs lebten mehr als 400 000 Menschen in Jo'burg, 1958 waren mehr als 20 neue Vororte rund um Orlando entstanden – alle mit reihenweise identischen Häusern.

In den 1950er-Jahren spielten Organisationen wie der ANC eine immer größere Rolle im Kampf gegen die Apartheid, und bald war Soweto (wie die Siedlung ab 1961 offiziell hieß) das Zentrum des Widerstands. Diese Rolle bestätigte 1955 der Congress of the People am Kliptown Sq (heute: Freedom Sq), an dem 3000 Delegierte aus dem ganzen Land teilnahmen. Das Ergebnis war die Freedom Charter – Grundstein der ANC-Philosophie und wesentlicher Bestandteil der neuen Verfassung.

Die Bewegung war gezwungen, 1960 nach dem Sharpeville Massacre in den Untergrund zu gehen. Der Kampf ging – wenn auch weniger intensiv – weiter. Auch die Bevölkerungsstruktur der Townships änderte sich und mit dem Älterwerden der zweiten Generation der Bewohner entwickelte sich ein eigener Soweto-Stil. Neue Musikstile (s. S. 572) entstanden, und die Jugendlichen erschufen sich eine eigene urbane Kultur. Auch der Fußball bot einen Ausweg, und die ungeheure Unterstützung für Mannschaften wie die Moroka Swallows, die Orlando Pirates und die Kaizer Chiefs (nach ihrer Abspaltung von den Pirates) spiegelte die Entstehung einer städtischen, schwarzen Identität wider.

Die Geburt dieser neuen Identität verstärkte den Wunsch nach Gleichheit. Der Widerstand entlud sich schließlich am 16. Juni 1976, als ein Schülerprotest zum Wegbereiter des Aufstands in Soweto wurde (s. Hector Pieterson Museum, S. 367).

Während der Kämpfe wandte sich die Weltöffentlichkeit unumkehrbar gegen das Apartheidregime, und Soweto wurde zum bedeutendsten Symbol des Widerstands gegen das rassistische Südafrika.

Bilder von brennenden Autos, Menschen mit brennenden Autoreifen um den Hals und Massenbestattungen beherrschten den Alltag in Soweto bis weit in die 1980er-Jahre hinein – und allmählich wurde der Todeskampf der Apartheid spürbar. Nelson Mandela wurde 1990 freigelassen und kehrte in sein kleines Haus in der Vilakazi St zurück, nur 200 m entfernt lebte Erzbischof Desmond Tutu.

Aber auch Mandelas Freilassung konnte keine Wunder bewirken. Von der Regierung angestachelt, brachten sich Anhänger der rivalisierenden politischen Parteien im Vorfeld der ersten freien Wahlen 1994 hundertfach gegenseitig um.

Erst seit Kurzem hat sich das Leben hier stabilisiert, seit 1994 dürfen die Einwohner von Soweto eigene Grundstücke und Häuser besitzen. Die relative Ruhe ist dank einiger Entwicklungsprojekte dauerhafter geworden. Auch die Fußball-WM 2010 sorgte für eine außerordentlich positive Presse, geblieben sind die glitzernde Soccer City, eine verbesserte Straßenbeleuchtung, Parks und Asphaltstraßen.

Heute ist Soweto in weiten Teilen sicherer und lockerer als die wohlhabenden, streng abgeschirmten nördlichen Vororte von Johannesburg.

⊙ Sehenswertes & Aktivitäten

Mandela House Museum   MUSEUM
(☑011-936 7754; 8115 Orlando West; Eintritt 60 R; ⊙10–17 Uhr) Nelson Mandela lebte in diesem Haus in der **Vilakazi St** mit seiner ersten Frau Evelyn, und später mit seiner zweiten Frau Winnie. Das Museum wurde 2009 renoviert und beherbergt jetzt eine interaktive Ausstellung über die Geschichte des Hauses und einige interessante Familienfotos. Am Ende der Vilakazi St, beim Sakhumzi Restaurant, steht das **Wohnhaus von Erzbischof Desmond Tutu**.

Hector Pieterson Memorial   MAHNMAL
Nördlich der Vilakazi St befindet sich der Hector Pieterson Sq mit dem beeindruckenden Hector Pieterson Memorial. Der Platz ist nach dem 13-jährigen Jungen benannt, der beim Soweto-Aufstand erschossen wurde.

Hector Pieterson Museum   MUSEUM
(☑011-536 0611; Ecke Khumalo St & Pela St; Erw./Kind 25/15 R; ⊙10–17 Uhr) Das hervorragende Museum beleuchtet die Rolle Sowetos und seiner Bewohner im Unabhängigkeitskampf. Beschrieben werden hier die tragischen Zwischenfälle des 16. Juni 1976, als ein friedlicher Schülerprotest gegen die Einführung von Afrikaans als Unterrichts-

sprache von der Polizei gewaltsam niedergeschlagen wurde. In dem dabei entstandenen Chaos eröffnete die Polizei das Feuer und erschoss einen 13-jährigen Jungen: Hector Pieterson. In den folgenden Stunden und Tagen lieferten sich die Jugendlichen Gefechte mit den Sicherheitskräften. Bei diesen später als Aufstand von Soweto bekannt gewordenen Unruhen kamen allein am ersten Tag fast 200 jugendliche Demonstranten ums Leben.

Regina Mundi Church   KIRCHE
(Mkhize St; Eintritt gegen Spende) Diese Kirche südlich des Hector Pieterson Museums am Ende der Klipspruit Valley Rd spielte als Versammlungsort eine wichtige Rolle im Kampf gegen die Apartheid. Einschusslöcher und Beschädigungen durch Schläge mit Gewehrkolben sind Zeugen ihrer Vergangenheit. Die Truth & Reconciliation Commission hielt hier mehrere Anhörungen ab.

GRATIS **Credo Mutwa Cultural Village**   KULTURDORF
(Ecke Ntsane St & Majoeng St, Central Western Jabavu; ⊙6–18 Uhr) Diese Ansammlung von mehreren Tonskulpturen und -bauten, die an afrikanische Volkskunst angelehnt sind, wurde 1974 von Credo Mutwa, einem umstrittenen Künstler und Heiler, errichtet.

Avalon Cemetery   FRIEDHOF
(Tshabuse St; ⊙8–16 Uhr) Hier befinden sich die Gräber von Joe Slovo (Grab B35311),

---

NICHT VERSÄUMEN

SOCCER CITY

Das Stadion Soccer City, der Hauptaustragungsort der FIFA Fußball-Weltmeisterschaft 2010, ist wie eine Kalebasse geformt und befindet sich in einem ehemaligen Bergbaugebiet an der Peripherie von Soweto. Dank Bobby van Bebber ist es ein architektonisches Highlight, das jeden daran erinnert, dass hier statt berühmtes Sportevent stattfand. Einige sind der Meinung, es sähe aus wie das Raumschiff aus District 9. Wer sich Spielerräume anschauen und von der vergangenen Pracht träumen möchte, sollte an einer der ausgezeichneten **geführten Touren** (☑011-247 5300; 80 R/Pers.; ⊙9, 10.30, 12 & 15 Uhr) teilnehmen.

Soweto

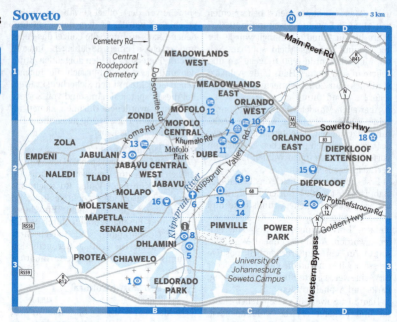

dem früheren Anführer der Kommunistischen Partei Südafrikas, und von Hector Pieterson (Grab EC462).

Chris Hani Baragwanath Hospital
BAUWERK

(Old Potch Road, Moreleta Park) Das Krankenhaus südöstlich von Orlando ist mit 3000 Betten das größte Krankenhaus der Welt – eine bekannte Sehenswürdigkeit Sowetos.

Kliptown
STADTVIERTEL

Kliptown südwestlich von Orlando West entstand 1904 und ist die älteste Siedlung in Jo'burg, die allen Rassen offenstand. Hier wurde am 26. Juni 1955 die Freedom Charter beschlossen. Am Ort der Beschlussfassung, einem ehemaligen Fußballfeld, entstand der **Walter Sisulu Square of Dedication** (Ecke Union Ave & Main Rd), mit einem Informationszentrum, einem Hotel, Banken, Kuriositätenläden, dem kegelförmigen Ziegelbau des **Freedom Charter Monument** und dem **Kliptown Open Air Museum** (Mo–Sa 10–17, So 10–16.30 Uhr), in dem die Geschichte der Freedom Charter anhand von Fotos, Zeitungsausschnitten, Kunst und Gesang nacherzählt wird.

LP TIPP — Orlando Towers
BUNGEE-JUMPING

(011-536 0611; Ecke Khumalo St & Pela St; Aussichtsplattform/Bungee-Jumping 60/360 R; Mi, Fr, Sa & So 10–17 Uhr) Der Sprung von einem der ursprünglich für das Orlando-Kraftwerk gebauten Türme gehört zu den ungewöhnlichsten Bungee-Jumps der Welt. Einen der ehemals trüb weißen Türme ziert jetzt ein farbenprächtiges Wandgemälde, das größte Südafrikas. Es zeigt u.a. Nelson Mandela, die Sängerin Yvonne Chaka Chaka und ein Fußballstadion. Der andere Turm trägt das Logo der FNB-Bank (die die Gemälde 2002 in Auftrag gab). Es gibt eine Bar und eine Kneipe mit nettem Personal und extrem lauter Musik.

Geführte Touren

Dutzende von Veranstaltern bieten Führungen durch Soweto an. Hotels und Hostels helfen bei der Vermittlung eines Anbieters oder veranstalten selbst Touren.

Soweto Bicycle Tours
RADTOUR

(011-936 3444; www.sowetobicycletours.com; Tour 2 Std./Tag 350/500 R) Sowetos Lehmwege und Grünflächen eignen sich fantastisch zu Radeln. Zum Unternehmen gehört auch das Soweto Backpackers. Wer dort übernachtet, bekommt einen Rabatt von 50 R.

Jimmy's Face to Face Tours
ABENDTOUR

(011-331 6109; www.face2face.co.za) Jimmys Spezialität ist „Soweto by Night" (890 R/

Soweto

⊙ Sehenswertes
Wohnhaus von Erzbischof
Desmond Tutu..........................(siehe 7)
1 Avalon Cemetery....................................B3
2 Chris Hani Baragwanath Hospital D2
3 Credo Mutwa Cultural Village B2
Freedom Charter Monument......(siehe 8)
Hector Pieterson Memorial ....(siehe 4)
4 Hector Pieterson Museum....................C2
5 Kliptown...B3
Kliptown Open Air Museum ....(siehe 8)
Mandela House Museum ....(siehe 7)
6 Regina Mundi Church B2
7 Vilakazi St...C2
8 Walter Sisulu Square of
Dedication B3

⊕ Aktivitäten, Kurse & Touren
9 Orlando Towers......................................C2

⊛ Schlafen
10 Ngwenya's B&B....................................C2

11 Nthateng's B&B C2
12 Soweto Backpackers............................ C1
Soweto Hotel ....(siehe 8)
Thuto's B&B................................(siehe 7)
13 Wandie's Place...................................... B2

⊗ Essen
Nambitha ....(siehe 4)
Restaurant Vilakazi....................(siehe 4)
Sakhumzi Restaurant ....(siehe 7)

⊙ Ausgehen
14 Backroom C2
15 Danish Pub.. D2
16 Rock B2

⊕ Unterhaltung
17 Orlando Stadium C2
18 Soccer City... D2

⊙ Shoppen
19 Maponya Mall..C2

Pers.) mit Abendessen und einem Bummel durch ein paar Shebeens.

Taste of Africa
GEFÜHRTE TOUR
(☏011-482 8114, 082 565 2520; www.tasteof africa.co.za) Dieser Veranstalter bietet ausgezeichnete 24-stündige Touren (380 R/ Pers.) weit abseits ausgetretener Touristenpfade an. Eine gute Möglichkeit, Soweto und Einheimische kennenzulernen.

Vhupo Tours
SOWETO-TOUREN
(☏011-936 0411; www.vhupo-tours.com) Dieses Unternehmen wird von einem Einwohner Sowetos, David Luthanga, betrieben und bietet verschiedene Touren in und um Soweto an, u.a. einen Abend in einer Shebeen.

⊨ Schlafen
Es gibt viele B&Bs in der Township, die meisten in unmittelbarer Nähe der Vilakazi St.

Soweto Backpackers
BACKPACKER $
(☏011-326 1700; www.sowetobackpackers.co.za; 10823A Power St, Meadowlands East; B/EZ/DZ ohne Bad 70/85/170 R) Lebo führt das beste Hostel Sowetos und das auch noch mitten im Grünen. Es ist zwar einen guten Marsch vom Trubel in der Vilakazi St entfernt, aber dafür gibt's hier einen schattigen Biergarten, ein Restaurant und einen Billardtisch. Die Schlafsäle sind ordentlich und sauber und die Doppelzimmer bieten ein ausge-

zeichnetes Preis-Leistungs-Verhältnis. Das freundliche Personal animiert die Gäste, etwas gemeinsam zu unternehmen. Zudem werden verschiedene Touren organisiert.

Ngwenya's B&B
PENSION $$
(☏011-936 2604; 7862 Pitsonyane St, Orlando West; EZ/DZ inkl. Frühstück 450/600 R) Das weiß gestrichene Soweto-Herrenhaus des geschäftstüchtigen California Ngwenya ist eine schicke Alternative zu den ansonsten eher biederen Privatunterkünften. Die vier Zimmer im obersten Stock sind zurecht beliebt. Sie sind schick im Stil der Townships eingerichtet. Am tollsten ist aber der traumhafte Blick über die Stadt.

Nthateng's B&B
PENSION $$
(☏011-936 2676; 6991 Inhlwathi St, Orlando West; EZ/DZ inkl. Frühstück 400/600 R) Dunkles Holz, hellbraunes Bettzeug und sandfarben gestrichene Wände verleihen dieser Pension das Flair der 1980er-Jahre. Der lebhafte Nthateng lässt es sich nicht nehmen, erstklassige Privattouren und köstliches Frühstück anzubieten. Das Gefühl *mi casa su casa* gibt's gratis dazu. Ideale Lage in der Nähe des Museums.

Thuto's B&B
PENSION $$
(☏011-936 8123, 072 376 9205; 8123 Ngakane St, Orlando West; EZ/DZ inkl. Frühstück 450/700 R) Thuto's ist in Soweto fast schon Kult. Und das liegt an der umwerfenden Gastfreund-

SOWETOS FESTKALENDER

Soweto Wine Festival Universität von Johannesburg, Soweto-Campus, Anfang September.

Soweto Festival Die Messe für Musik, Lyrik, Essen und Lifestyle findet am letzten Wochenende im September an der Universität von Johannesburg, Soweto-Campus, statt.

Tour de Soweto Radrennen im Oktober.

Soweto Beer Festival Letztes Wochenende im Oktober, SHAP-Stadion, Mofolo Park.

Soweto Marathon Anfang November.

Soweto Arts Festival (www.joburg.org.za) Einwöchiges Festival zur Förderung von Kunst, Einheit und Kultur. Es wird alljährlich Mitte bis Ende Dezember an verschiedenen Orten in Soweto ausgerichtet.

---

lichkeit, am Bezug zu den Unruhen der Vergangenheit und an den einfachen, aber angenehmen Zimmern. Im riesigen Wohnzimmer herrscht eine entspannte Atmosphäre. Die Zimmer sind mit altmodischen Möbeln eingerichtet, haben große TVs und geräumige Bäder. Hier bekommt man die zuverlässigsten Infos darüber, was in der Stadt gerade los ist.

Soweto Hotel HOTEL $$$
(☏011-527 7300; www.sowetohotel.co.za; Walter Sisulu Sq of Dedication, Ecke Union Ave & Main Rd, Kliptown; EZ/DZ inkl. Frühstück ab 1125/1257 R; ⊞@🛜) Das ehemalige Hotel der Holiday-Inn-Kette ist ein gutes Beispiel für die sich ändernden Sensibilitäten der Township. Das überdurchschnittliche Businesshotel, in dem auch schon ein paar Promis gesichtet wurden, hat moderne, stylishe Zimmer. Überall – auch in dem Restaurant und der Bar – ist das Outfit jazzbezogen.

Wandie's Place PENSION $$
(☏011-982 2796; www.wandiesplace.co.za; 618 Makhalemele St, Dube; EZ/DZ 450/700 R; @) Ein Boutiquehotel mit sieben Zimmern und einem Restaurant nebenan. Wandie's liegt direkt am Touripfad. Busse spucken ihre Fahrgäste regelmäßig hier aus, die sich dann an dem leckeren Buffet stärken (Buffet 95 R, mittags & abends geöffnet). An sonnigen Tagen kann man auch unter freiem Himmel speisen.

✖ Essen & Ausgehen

Es gibt unzählige Lokalitäten in Soweto: einfache Shebeens ebenso wie luxuriöse Bars und Restaurants. Sowetos Antwort auf den Burger ist der „Russian", ein Brötchen gefüllt mit Fritten, Dosenfleisch, Schmelzkäse und Mango-Chutney.

Sakhumzi Restaurant SÜDAFRIKANISCH $$
(☏011-939 4427; www.sakhumzi.co.za; 6980 Vilakazi St, Orlando West; Buffet 90 R; ⊙mittags & abends) Wer nur einen Abend in Soweto ist, sollte ihn hier verbringen. An den Tischen auf der Straße kommt man schnell mit den anderen Gästen, darunter viele Stammkunden, in Kontakt. Aus der Küche kommen regionale Klassiker wie Hammeleintopf und Maisbrei sowie eher konventionelle Burger und Frühstück.

Nambitha SÜDAFRIKANISCH $$
(☏082 785 7190; 6877 Vilakazi St, Orlando West; Hauptgerichte 50–95 R; ⊙morgens, mittags & abends) Das elegante, nach vorne offene Restaurant mit einer Bar ist bei den smarten Mittzwanzigern von Soweto ziemlich beliebt. Angeboten werden beispielsweise getoastete Sandwiches, Steaks und *mogodu* (Kutteln).

Restaurant Vilakazi SÜDAFRIKANISCH $
(☏082 108 4088; Vilakazi St, Orlando West; Hauptgerichte 40–65 R; ⊙morgens, mittags & abends) Neben dem Nambitha befindet sich das neueste Restaurant in diesem Block. Betreiberin ist eine bekannte TV-Schauspielerin: wen wundert's also, dass man hier auf ihre Doppelgängerinnen nebst Anhang stößt. Auf der einfachen Speisekarte stehen Fisch- und Grillfleischgerichte mit Gemüsebeilagen.

Rock BAR
(☏011-986 8182; 1897 Vundla St, Rockville; ⊙Mo–Do 10–23, Fr & Sa 10–2 Uhr) Das Rock in Rockville rockt – House und Livejazz stehen auf dem Programm! Hier mischen sich Künstler unter die lokale Szene. Auf der Dachterrasse schlürft man Cocktails und trinkt Bier.

Backroom BAR
(☎011-938 9388; Shop 20, Pimville; ⌚Do–So 10–2 Uhr) In der schicksten Bar von Soweto treffen sich die Neureichen und lauschen Oldies. Der Garten im Innenhof eignet sich perfekt für einen Sundowner mit Freunden und netten Ausländern.

Danish Pub CLUB
(☎011-982 2796; Immink Dve, Diepkloof; ⌚15 Uhr–open end) In diesem immer bis in die Puppen geöffnetem Club legen die besten DJs von Soweto auf. Das junge Publikum relaxt auf Ledersofas und genießt preiswerte Drinks.

Unterhaltung

Soccer City (Baragwanath Rd, Diepkloof), auch unter dem Namen FNB Stadium bekannt, ist die neue Heimat des südafrikanischen Fußballs (s. Kasten S. 367). Der Besuch lohnt sich allein schon wegen der architektonischen Meisterleistung. Auch das **Orlando Stadium** (Mooki St & Valley Rd, Orlando East) ist sehenswert, vor allem wenn die Orlando Pirates auf ihre Erzfeinde, die Kaizer Chiefs, treffen.

Shoppen

Überall in Soweto gibt's einfache Läden und Stände. Mehrere Kunsthandwerkshändler haben sich vor dem Hector Pieterson Museum etabliert, außerdem gibt es die Kliptown Plaza, einen Markt beim Walter Sisulu Sq of Dedication.

Maponya Mall EINKAUFSZENTRUM
(☎011-938 4448; 2127 Chris Hani Road, Klipsruit; ⌚Mo–Do 9–19, Fr & Sa 9–20, So 9–17 Uhr) Dieses Einkaufszentrum hat bei seiner Eröffnung für einigen Ärger gesorgt. Inzwischen scheinen die Einheimischen aber die acht Kinos, Shops diverser Ladenketten und Fast-Food-Läden mehr oder weniger angenommen zu haben.

ⓘ Praktische Informationen

Das **Soweto Tourism and Information Centre** (☎011-945 3111; Walter Sisulu Sq of Dedication, Kliptown; ⌚Mo–Fr 8–17 Uhr) ist die erste Einrichtung dieser Art, die jemals in einer Township eröffnet wurde. Die Banken ABSA und FNB am Walter Sisulu Sq of Dedication haben Geldautomaten. Geld wechseln kann man im Soweto Hotel, das sich ebenfalls am Walter Sisulu Sq of Dedication befindet.

ⓘ An- & Weiterreise

Soweto ist am besten mit dem Auto zu erreichen, üblicherweise mit einem Minibus-Taxi (einfache Strecke 15 R). Die Taxis starten am Taxistand in der Nähe vom Joubert Park im Zentrum von Jo'burg und kommen in Diepkloof oder Orlando an. Man sollte sich vorab vergewissern, dass der Fahrer genau weiß, wo er anhalten soll – am besten in der eher touristisch orientierten Gegend von Orlando West.

INSIDERWISSEN

INNOCENT TUMI: DJ

Wie würdest du Jo'burgs derzeitige Musikszene beschreiben? Jo'burgs Musikszene ist gewachsen und reif geworden. Sie bewegt sich, hat einen gewissen Vibe, sie ist professionell und vielseitig. Sie hat sich wirklich verbessert und auch außerhalb Südafrikas viele Anhänger gefunden.

Welche Musikstile gefallen dir am besten? Ich bin als DJ nicht festgelegt. Ich probiere viele neue Sachen aus. Auf meinen Gigs lege ich viel souligen, jazzigen Afro-House auf, aber auch Songs, die gerade in sind. In meiner Freizeit höre ich Soul, R'n'B, etwas Hip-Hop und Rock.

Wo kann man dich am Wochenende hören? Wenn ich nicht irgendwo in Südafrika auf Tournee bin, lege ich in der Gegend um Jo'burg auf, z. B. im Blacklife in Sefateng, im Newscafe in Northriding und im Cappello am Gandhi Sq. Manchmal organisiere ich aber auch eigene Events.

Wer sind deine südafrikanischen Lieblings-DJs? Black Coffee, Sai und Ribatone, DJ Mbuso und Vinnie da Vinci.

Was war das witzigste Ereignis auf einer Party, auf der du aufgelegt hast? Das Verrückteste war wohl, als mich das Publikum morgens um 4 Uhr, als ich nach Hause wollte, zurück an den Plattenteller zwang, weil sie mehr von mir hören wollten. Tja, das sind Erinnerungen!

Cradle of Humankind

Das Gebiet im Westen von Jo'burg ist eine der wichtigsten paläontologischen Fundstätten der Erde. Im Herzen der Region liegen die Felder der Hominidenfossilien von Sterkfontein. Das Gebiet ist ein Teil der 47000 ha großen **Cradle of Humankind** (Wiege der Menschheit; www.cradleofhumankind.co.za), die als Unesco-Weltkulturerbe gilt. Die meisten Tourveranstalter in Jo'burg (S. 342) bieten ganz- und halbtägige Touren dorthin an.

MAROPENG

Abseits der R563 auf dem Weg nach Hekpoort liegt **Maropeng** (☎ 014-577 9000; www.maropeng.co.za; Erw./Kind 120/70 R, Eintritt mit Sterkfontein Caves 200/120 R; ☉ 9–17 Uhr), ein beeindruckendes Gebäude, das auf der einen Seite wie ein gigantischer grasbewachsener Hügel aussieht Auf der anderen Seite glitzert moderner Stahl – das Gebäude soll die Entwicklung des Menschen durch die Zeitalter symbolisieren. In dem Komplex befinden sich Besucherattraktionen, verschiedene Unterhaltungsangebote, ein Informationszentrum und das hervorragende **Maropeng Hotel** (EZ/DZ inkl. Frühstück 1000/1700 R; P ✳ @ ☎ ☂). Maropeng ist Setswana und bedeutet „Rückkehr an unsere Ursprungsort". Die Ausstellung zeigt die Evolution der Menschheit seit ihren frühesten Anfängen. Eine ziemlich coole Bootsfahrt führt die Besucher auf eine Reise durch die Eiszeit und sogar in die Tiefen eines simulierten schwarzen Lochs.

STERKFONTEIN CAVES & UMGEBUNG

Zu den **Sterkfontein Caves** (☎ 011-577 9000; Sterkfontein Caves Rd; Erw./Kind 125/75 R; ☉ 9–17 Uhr) gehören eine Dauerausstellung über Hominide und ein Fußweg durch die Ausgrabungsstätte. Führungen in die Höhlen, die zu den bedeutendsten archäologischen Stätten der Welt gehören, beginnen alle 30 Minuten – die letzte um 16 Uhr. Das ermäßigte Kombi-Ticket für die Höhlen und Maropeng (200 R) gibt es nur bis 13 Uhr.

Ganz in der Nähe liegt auch die **Old Kromdraai Gold Mine** (☎ 011-957 0211; Ibis Ridge Farm, Kromdraai Rd; Erw./Kind 60/40 R; ☉ Di–Fr nach Vereinbarung, Sa & So 9–17 Uhr, letzte Führung 16 Uhr), die erste Goldmine am Witwatersrand. Hier unten kann man einen gruseligen Nachmittag mit unzähligen Fledermäusen verbringen. Führungen beginnen zu jeder vollen Stunde am umgebauten Minenschuppen.

Bei den Swartkop Mountains befindet sich das **Rhino & Lion Nature Reserve** (☎ 011-957 0106; www.rhinolion.co.za; Kromdraai Rd; Erw./Kind 120/80 R; ☉ Mo–Fr 8–17, Sa & So 8–18 Uhr). Hier kann man drei der Big Five (Löwen, Büffel und Nashörner) aus der Nähe bewundern. Im Tierbabyzoo können Besucher mit den flauschigen Kleinen kuscheln. Auf dem Gelände gibt's drei **Chalets** (1025 R) für jeweils vier Personen, außerdem werden **Autosafaris** (180 R) angeboten. In dem Naturschutzgebiet befindet sich auch die **Wonder Cave** (☎ 011-957 0106; www.wondercave.net; Erw./Kind 50/30 R), in der man in schaurig-schöner Umgebung Stalaktiten bewundern kann. Wer das Naturschutzgebiet und die Höhle sehen möchte, sollte am Eingang nach einem Kombi-Ticket fragen (Ermäßigung 20 %).

In der Nähe des Flughafens Lanseria liegt der **Lion Park** (☎ 011-460 1814; www.lion-park.com; Ecke Malibongwe Dr & R114, Lanseria; Erw./Kind 150/75 R, geführte Autosafari 225/140 R; ☉ 8.30–21 Uhr), in dem seltene weiße Löwen neben ihren gelblich braunen Artgenossen zu sehen sind. Die Hauptattraktion hier ist aber Giraffen füttern oder in der Cub World mit Löwenbabys spielen. Wer will, kann in einem **Zeltlager** (EZ/DZ 600/900 R) übernachten.

> **ABSTECHER**
>
> ## NIROX FOUNDATION
>
> Die **Nirox Foundation** (www.niroxarts.com) mitten in der Cradle of Humankind ist ein Ort für die Weiterentwicklung der Kunst, der einen Besuch unbedingt lohnt. Führende südafrikanische und internationale Bildhauer, Maler und Konzeptkünstler leben hier zurückgezogen und zeigen auf dem 15 ha großen Privatgelände ihre Werke. Ihr Ziel ist, „Afrikas Stellung in der zeitgenössischen Kunst weltweit voranzutreiben".
>
> Die Nirox Foundation liegt ca. 3 km westlich vom Lion and Rhino Park.

ABSTECHER

MULDERSDRIFT

An der N14 nördlich von Krugersdorp liegt das nette Dörfchen Muldersdrift, das zu einer Crocodile Ramble genannten Ansiedlung von Restaurants und Lifestyle-Geschäften gehört. Ein schöner Ort für Hochzeiten oder einen Wochenendausflug. Die **Kloofzicht Lodge & Spa** (☎0861 148 866; Buffet 120 R) liegt in einem kleinen Naturschutzgebiet, in dem sich Elenantilopen, Blaue Streifengnus, Kuhantilopen, Spießböcke und Zebras tummeln. Außerdem wird Fliegenfischen angeboten. Einfach eine Angelroute leihen und los geht's. Sonntags gibt's ein großartiges Mittagsbuffet mit „Klippenblick". Rechtzeitig reservieren, es ist fast immer ausgebucht. Auch das Spa ist beeindruckend. Hier fühlt man sich einfach weit, weit weg vom Zentrum Jo'burgs.

GAUTENG

CRADLE NATURE RESERVE

Etwa auf halber Strecke zwischen Pretoria und Johannesburg liegt das **Cradle Nature Reserve** (☎011-659 1622; www.thecradle.co.za; Kromdraai Rd; Eintritt frei; ☺8–22 Uhr), ein eher gehobenes Naturerlebnis mit Safaris zu Fuß oder mit dem Auto sowie paläontologischen Führungen. Ausgangspunkt ist das hervorragende **Cradle Restaurant** (Hauptgerichte 70–120 R; ☺morgens, mittags & abends) mit internationaler Küche, einer Cocktailbar, einem Lagerfeuer im Winter und der landesweit schönsten Aussicht. Auf der Speisekarte stehen Forelle mit Mandeln, Saltimbocca vom Kalb und andere edle Speisen. Unterkunft mit Selbstverpflegung findet man in strohgedeckten Hütten im **Forest Camp** (Cottage 320 R/Pers.) oder im umwerfenden, 16 km entfernten **Forum Homini** (☎011-668 7000; www.forumhomini.com; DZ 3500 R). Auch hier gibt's ein gutes Restaurant, in dem vorwiegend Produkte aus der Region auf den Tisch kommen. Die großen Zimmer sind gemütlich, es gibt Regenduschen, Massagestühle und viel modernes afrikanisches Dekor.

Der Süden von Gauteng

Die geschichtsträchtige Region mit den Städten Vereeniging, Sebokeng und Vanderbijlpark wird vom Fluss Vaal durchschnitten. Der Vaal – *gij!garib* (gelbbraun) für die San, *lekoa* (launenhaft) für die Sotho und *vaal* (schmutzig) für die Afrikaander – spielte eine bedeutende Rolle in der Geschichte Südafrikas, da er eine natürliche Grenze zwischen dem „Transvaal" und dem Süden bildete.

Unweit des Vaal wurde der Vertrag von Vereeniging geschlossen, der zum Ende des Burenkrieges 1899–1902 führte. In jüngerer Vergangenheit, genauer gesagt am 21.

März 1960, protestierten schwarze Bürger in Sharpeville und Evaton gegen die Passgesetze, indem sie ihre Pässe öffentlich verbrannten. Die Polizei eröffnete das Feuer auf die Demonstranten in Sharpeville, wobei 69 Menschen getötet und etwa 180 verletzt wurden – die meisten von ihnen wurden von hinten getroffen. Der 21. März ist heute in Südafrika ein offizieller Feiertag, der Human Rights Day.

1984 reagierten die Sicherheitskräfte in Sebokeng mit einem Gewaltakt auf schwarze Proteste gegen die Miet- und Lohntarife. Etwa 95 Menschen kamen dabei uns Leben. Durch diese Massaker wurde die schwarze Bevölkerung in ihrem Widerstand noch enger zusammengeschweißt, es beschleunigte schließlich das Ende des Apartheidregimes.

Das nach dem Zuckerbusch *Protea caffra* benannte **Suikerbosrand Nature Reserve** (☎011-904 3930; Klip River Rd; Erw./Kind 30/15 R, Auto 10 R; ☺Mo–Fr 7.15–18, Sa & So 7–18 Uhr) liegt zwischen dem Freeway N3 und der R59 und ist über beide Straßen erreichbar. 66 km Wanderwege und mehrere Autorouten führen durch das Naturschutzgebiet, in dem sich auch das **Diepkloof Farm Museum** (☎011-904 3964; Eintritt 10 R) befindet. Das historische Gebäude wurde 1850 von dem Voortrekker Gabriel Marais errichtet und in den 1970er-Jahren renoviert, nachdem es im Burenkrieg von 1899–1902 niedergebrannt war. Die Öffnungszeiten des Museums entsprechen denen des Naturschutzgebietes.

PRETORIA

☎012 / 1,65 MIO. EW.

Südafrikas Verwaltungshauptstadt ist eine schöne Stadt mit vielen würdevollen, alten Häusern im Zentrum, weitläufigen, grünen

Vororten und breiten Straßen, die im Oktober und November von purpurrot leuchtenden Jacarandas gesäumt sind.

Im Gegensatz zu Jo'burg ist Pretoria die Stadt der Afrikaander und die Bars und Restaurants sind weniger weltoffen – das ruhige Pretoria war früher die Hochburg des Apartheidregimes und bis in den Namen hinein ein Symbol der Unterdrückung. Eine wachsende Zahl schwarzer Beamter und Angehöriger ausländischer Botschaften, die hier mittlerweile wohnen, erfüllen die Stadt mit einem neuen multikulturellen Flair.

Zu den eindrucksvollsten Sehenswürdigkeiten Pretorias gehören die gewaltigen, von Herbert Baker entworfenen Union Buildings, der Burgers Park, eine Grünanlage im Zentrum, das Transvaal Museum mit Südafrikas bester Naturkundeausstellung, das imposante Voortrekker Monument und der Freedom Park mit seiner ganzheitlichen Betrachtungsweise der Geschichte.

Geschichte

Die fruchtbare Gegend rund um den Apies River, in der Pretoria liegt, war gut mit Wasser versorgt, sodass sich hier über Jahrhunderte große Bevölkerungsgruppen, zumeist Nguni sprechende Rinderzüchter, ernähren konnten.

Die Zerstörungen während der Zulu-Kriege führten aber zu massiven Vertreibungen. Ein Großteil der schwarzen Bevölkerung wurde abgeschlachtet, die meisten Überlebenden flüchteten nach Norden ins heutige Simbabwe. 1841 kamen die ersten Wagentrecks der Buren in dem weitgehend entvölkerten Gebiet an, das sie in Besitz nahmen, um dort ihre Hauptstadt zu errichten.

Als die Briten der Zuid-Afrikaansche Republiek (ZAR) Anfang der 1850er-Jahre die Unabhängigkeit schenkten, lebten schätzungsweise 15 000 Weiße und etwa 100 000 Schwarze zwischen dem Vaal River und dem Limpopo River. Die Weißen lebten weit verstreut. 1853 wurden zwei Farmen am Apies River gekauft, auf deren Land die Hauptstadt der Republik errichtet werden sollte.

Pretoria, das nach Andries Pretorius benannt wurde, war damals nicht viel mehr als ein winziges Grenzdorf mit einem stolzen Namen – aber trotzdem verfolgte das britische Empire die Entwicklung des Orts mit wachsendem Missmut. 1877 schlugen die Briten zu und annektierten die Republik. Die Buren erklärten ihnen daraufhin den Krieg (Pretoria wurde Anfang 1881 belagert) und holten sich schließlich ihre Unabhängigkeit wieder zurück.

Die Entdeckung von Gold am Witwatersrand Ende der 1880er-Jahre änderte dann wieder alles – nach nur 20 Jahren Frieden führten Buren und Briten erneut Krieg.

Die Briten gaben sich versöhnlich und gestanden 1906 dem Transvaal die Selbstverwaltung zu und Pretoria wurde dank eines Kompromisses sogar Verwaltungshauptstadt. Die Union of South Africa wurde 1910 gegründet, doch Pretoria erhielt seinen Status erst 1961 zurück, als die Republik Südafrika unter der Führung von Hendrik Verwoerd gegründet wurde.

◉ Sehenswertes & Aktivitäten

Voortrekker Monument & Nature Reserve

DENKMAL

Das imposante **Voortrekker Monument** (Karte S. 386; ☑012-323 0682; Eeufees Rd; Erw./Kind 40/20 R, Auto 20 R; ☉Sept.–April 8–18 Uhr, Mai–Aug. 8–17 Uhr) ist für viele Afrikaander eine Wallfahrtstätte. Es entstand zwischen 1938 und 1949 – in einer Zeit des ausgeprägten Nationalismus bei den Afrikaandern – zum Gedenken an die Voortrekker, die über das Küstengebirge des Kaps ins Herz des afrikanischen Veld vorgedrungen waren.

ABSTECHER

DER VAAL DAM

Mit einer Uferlinie von mehr als 600 km und einer 5 km langen Insel ist Südafrikas größter Stausee bei Jacht-Fans äußerst beliebt. Es gibt neun Jachtclubs und sieben Jachthäfen, die allerlei interessante nautische Veranstaltungen organisieren, u. a. die **Regatta** „Round the Island" im April, die Keelboat Week Regatta im September und die Bayshore Marina Treasure Hunt im Frühjahr.

Der See ist etwa zwei Autostunden von Johannesburg entfernt. In Städten wie **VaalMarina** in Gauteng, in Deneysville, Villiers und Franfort auf der anderen Seite der Grenze in Free State gibt es zahlreiche Unterkünfte und Restaurants.

Das Denkmal ist von einer Steinmauer umgeben, in die 64 Planwagen eingemeißelt sind, so als ob sie einen traditionellen *laager* (Verteidigungsring) bilden würden. Das Gebäude selbst ist ein riesiger Steinkubus, in jeder Ecke befindet sich das Gesicht eines großen Afrikaander-Helden. Eine Treppe und ein Fahrstuhl führen hinauf zum Dach, von wo aus man einen tollen Panoramablick über Pretoria und die Highveld hat.

Das Denkmal liegt 3 km südlich der Stadt und ist ab dem Freeway N1 deutlich ausgeschildert. Es befindet sich in einem 340 ha großen Naturschutzgebiet, in dem Zebras, Gnus, Antilopen und andere kleine Säugetiere leben.

Church Square   PLATZ

Im Herzen Pretorias liegt der **Church Square** (Karte S. 376), der von imposanten öffentlichen Gebäuden umrahmt ist. An der Nordseite steht der **Palace of Justice**, in dem Nelson Mandela mit Rivonia Trial zu lebenslanger Haft verurteilt wurde. An der südlichen Seite befindet sich der **OuRaadsaal (Old Government)**, an der nordwestlichen Ecke das **Old Capitol Theatre**, an der nordöstlichen die **First National Bank**, das Gebäude der **Old Nederlandsche Bank** mit der Touristeninformation und das angrenzende Café Riche. Die **Hauptpost** steht an der Westseite. Sehenswert ist die **Uhr** mit den unbekleideten Figuren des Bildhauers Anton van Wouw über dem Eingang der Post am Church Sq.

Old Lion (Paul Kruger) nimmt einen Ehrenplatz in der Mitte ein und überwacht sein kleines Königreich.

Melrose House   HISTORISCHES GEBÄUDE

1886 wurde gegenüber vom Burgers Park ein prachtvolles Herrenhaus für George Heys errichtet. Heute steht das **Melrose House** (Karte S. 376; ☎012-322 2805; 275 Jacob Maré St; Erw./Kind 9/6 R, Führung 90 R; ⊙Di–So 10–17 Uhr) mit seiner interessanten Mischung aus viktorianischem und kapholländischem Stil unter Denkmalschutz.

In der Zeit des Burenkriegs von 1899 bis 1902 wohnten Lord Roberts und Lord Kitchener (beide waren britische Befehlshaber) hier. Am 31. Mai 1902 wurde im Speisezimmer der Vertrag von Vereeniging, der das Ende des Krieges kennzeichnete, unterschrieben. Zu den Highlights des Gebäudes gehören ein grandioses Billardzimmer mit Rauchernische und leuchten-

dem Buntglasfenster sowie ein Wintergarten mit einer Sammlung politischer Cartoons, die aus der Zeit des Burenkriegs stammen.

Pretoria National Zoological Gardens   ZOO

(Karte S. 376; ☎012-328 3265; Ecke Paul Kruger St & Boom St; Erw./Kind 45/30 R; ⊙8.30–17.30 Uhr) In diesem Zoo gibt es einen Reptilienpark, ein Aquarium, eine umfangreiche Sammlung exotischer Bäume und viele Picknicktische. Das Highlight ist aber die **Seilbahn** (Erw./Kind 7/5 R), die auf einen Hügel mit Blick über die Stadt fährt. Das Gelände ist ca. 1 km vom Stadtzentrum entfernt.

Heroes' Acre Cemetery   FRIEDHOF

Etwa 1,5 km westlich des Church Sq liegt dieser **Friedhof** (Karte S. 386; Church St; ⊙8–18 Uhr), auf dem mehrere historische Persönlichkeiten wie beispielsweise Andries Pretorius, Paul Kruger und Hendrik Verwoerd ihre letzte Ruhestätte gefunden haben. Auch Henry H. „Breaker" Morant, der australische Antiheld des Burenkriegs, der von den Briten als Kriegsverbrecher hingerichtet wurde, ist hier begraben. Eine niedrige Tafel weist von einem der nord-südlich verlaufenden Wege aus zum Grabstein. Unbedingt nach der Tafel Ausschau halten, denn wenn man daran vorbeiläuft, findet man das Grab mit Sicherheit nicht.

Vom Church Sq fahren Buslinie 2 (West Park) und der Bus nach Danville zum Friedhof.

Union Buildings   GEBÄUDE

(Karte S. 380) Die beeindruckenden Sandsteingebäude sind Sitz der Regierung und Amtssitz des Präsidenten. Die Gärten werden oft für öffentliche Feierlichkeiten benutzt, 1994 fand hier beispielsweise Mandelas Amtseinführung statt. Auf dem Gelände befinden sich Standbilder von früheren Premierministern, u. a. ein imposantes Reiterstandbild von General Louis Botha. Zwei weitere Denkmäler sind dem Ersten Weltkrieg sowie der südafrikanischen Polizei gewidmet.

Die Gebäude entstanden nach einem Entwurf von Sir Herbert Baker und sind etwa 2 km vom Zentrum entfernt. Es werden keine Führungen angeboten, die Gebäude selbst sind für die Öffentlichkeit nicht zugänglich, aber die Gärten sind jeden Tag geöffnet.

GAUTENG PRETORIA

Pretoria Zentrum

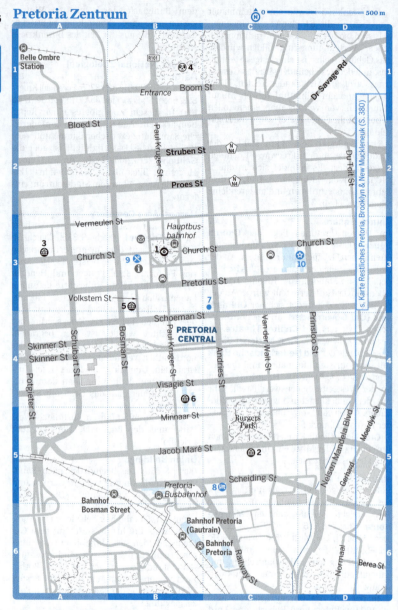

👉 Geführte Touren

Footprints in Africa ABENTEUERTOUR
(Karte S. 380; ☎ 083 302 1976; www.footprintsinafrica.com) Dieser Veranstalter im Pretoria Backpackers bietet Tagesausflüge nach Jo'burg und Pretoria, Sun City, zum Lion Park und anderen lokalen Sehenswürdigkeiten wie dem Kruger National Park sowie Fahrten nach Botsuana und Mosambik an.

Siyazakha Travel & Tours TOUR DURCH PRETORIA & GAUTENG
(Karte S. 376; ☎ 012-322 5491; www.siyazakha.net; Büro Suite 2014, 20. OG, Salu Bldg, 316 And-

Pretoria Zentrum

◉ Sehenswertes
1 Church Square B3
2 Melrose House C5
　 National Cultural History
　 Museum ....(siehe 6)
3 Paul Kruger House Museum A3
4 Pretoria National Zoological
　 Gardens B1
5 South African Police Museum B3
6 Transvaal Museum............................ B4

◉ Aktivitäten, Kurse & Touren
7 Siyazakha Travel & Tours C3

◉ Schlafen
8 Manhattan Hotel C5

◉ Essen
9 Café Riche B3

◉ Unterhaltung
10 State Theatre D3

ries St) Touren rund um Pretoria und Gauteng, u.a. zur Cullinan Diamond Mine und zum De Wildt Cheetah Research Centre, sowie Tagestouren in die Township Mamelodi.

Mo Africa　　　　　　　　ABENTEUERTOUR
(Karte S. 386; ☎012-322 5491; www.moafrica tours.com) Witziger, engagierter Outfitter in Jo'burg, der eine bunte Auswahl an Touren anbietet. Das 1322 Backpackers vermittelt die äußerst empfehlenswerten Trips.

★ Feste & Events

Oppikoppi Music Festival　　　　MUSIK
(www.oppikoppi.co.za) Ein Fest im Stil von Woodstock – Frieden, Liebe und Musik – mit südafrikanischen und internationalen Rockbands. Das Festival findet ein- oder zweimal jährlich statt. Die aktuellen Termine stehen auf der Website.

Pretoria Show　　　　　　　　　SHOW
Dieses äußerst beliebte Event findet in der dritten Augustwoche auf dem Messegelände statt.

🛏 Schlafen

ZENTRUM

Manhattan Hotel　　　　　　HOTEL $$
LP TIPP　(Karte S. 376; ☎012-392 0000; www. manhattanhotel.co.za; 247 Scheiding St, City Centre; EZ/DZ 920/1070 R; P✳☎🛜) Durch die Rundumrenovierung ist dieses Mittelklas-

sehotel in eine neue Kategorie aufgestiegen. Fünf-Sterne-Service, kostenloses WLAN, Shuttle-Service zu den Bahnhöfen Pretoria und Hatfield Gautrain, gute Restaurants und schön eingerichtete Zimmer. Allerdings ist die Gegend nicht gerade ideal für abendliche Spaziergänge, aber das macht der Komfort in den Zimmern wieder wett.

That's It　　　　　　　　　PENSION $$
(Karte S. 380; ☎012-344 3404; www.thatsit. co.za; 5 Brecher St, Clydesdale; EZ/DZ inkl. Frühstück 420/600 R; P✳@🛜) Eine professionell geführte Unterkunft mit wettbewerbsfähigen Preisen. Das That's It hat eine Veranda rund ums Haus mit Blick auf einen üppig grünen Garten und eine *lapa* voller Sofas. Die Zimmer sind eher schlicht, aber dafür lesen die Betreiber einem jeden Wunsch von den Augen ab. Im Garten gibt's eine Wohneinheit für Familien, in der vier Personen übernachten können.

ARCADIA, HATFIELD & BROOKLYN

Crane's Nest Guesthouse　　　PENSION $$
LP TIPP
(Karte S. 380; ☎012-460 7223; www.cranenest. co.za; 212 Boshoff St, New Muckleneuk; EZ/DZ 630/1000 R; P✳@🛜) Das Crane (und die beiden Ableger in der Nähe) ist unsere Lieblingsunterkunft in Pretoria, von der aus das Vogelschutzgebiet auf der gegenüberliegenden Straßenseite leicht zugänglich ist. Das große weiße Haus ist modern und stylish. Mit seiner Rezeption, den gut bestückten Minibars und der Weinauswahl erinnert diese Pension eher an ein Hotel. Ein Nachmittag auf der kleinen Terrasse vor dem Zimmer mit Blick auf den traumhaften Garten ist bestimmt keine verlorene Zeit.

1322 Backpackers International　　HOSTEL $
(Karte S. 386; ☎012-362 3905; www.1322back packers.com; 1322 Arcadia St, Hatfield; B/EZ/DZ ohne Bad ab 110/215/295 R, DZ 385 R; P@🛜) In dem sehr beliebten Hostel treffen sich unternehmungslustige Traveller jeden Alters um den riesigen Pool im Hof und in der kleinen Bar. Übernachtet wird in gepflegten, sauberen Schlafsälen oder in gemütlich umgebauten Holz- und Ziegelsteinhütten am Ende des Gartens (sehr warm im Winter!). Die Touren werden von Mo Africa veranstaltet.

Hotel 224　　　　　　　　　HOTEL $$
(Karte S. 380; ☎012-440 5281; www.hotel224. com; Ecke Schoeman St & Leyds St, Arcadia; EZ/

GAUTENG PRETORIA

NICHT VERSÄUMEN

FREEDOM PARK

Der **Freedom Park** (Karte S. 386; ☎012-470 7400, 361 0021; www.freedompark.co.za; Koch St, Salvokop; Führung 45 R/Pers.; ⏰8–16.30 Uhr, Führungen 9, 12 & 15 Uhr), ein recht außergewöhnliche Mahnmal, befasst sich mit der Kriegsgeschichte Südafrikas. Es ist gleichzeitig eine architektonische Spielerei und eine kollektive Heilung. Der Ort, der für den Freedom Park – ein Vermächtnis der Regierung von Mandela – gewählt wurde ist ein *kopjie* (Felsenhügel), der dem schmucklosen Voortrekker Monument gegenüber liegt. Das Mahnmal gedenkt all den Menschen, die in südafrikanischen Konflikten ihr Leben gelassen haben. Zu den Highlights gehören der Isivivane Garden of Remembrance, Sikhimbuto, die Mauer mit den Namen der gefallenen Helden, und Mveledzo, ein spiralförmiger Weg, der sich in die Landschaft hineinschneidet und zu einem besinnlichen Spaziergang einlädt. Es gibt außerdem eine politisch ausgerichtete, öffentliche Galerie, ein hochmodernes Kongresszentrum und ein Archiv mit wissenschaftlichen Werken.

DZ 345/420 R; P ❄) Schicke, zweckdienliche Unterkunft, wenn man in Stadtnähe übernachten will und keine Lust auf die Intimität von Pensionen hat.

Brooklyn Guesthouses PENSION $$
(Karte S. 380; ☎012-362 1728; www.brooklynguesthouses.co.za; 128 Murray St, Brooklyn; EZ 495–790 R, DZ 700–990 R; P ❄ @ 🏊) Eine magische Unterkunft dank der Hingabe von Yolande Nel. Das „urbane Dorf" umfasst sechs Häuser mit etwas über 30 Zimmern mit Bad, die bei cleveren Kongressbesuchern und Travellern auf der Suche nach Ruhe gleichermaßen beliebt sind. Auch der Garten mit Pool ist ein Traum.

Village in Hatfield PENSION $$
(Karte S. 386; ☎012-362 5370; www.hatfieldvillage.com; 324 Glyn St, Hatfield; EZ/DZ ab 350/650 R; P @ 🏊) Die schönen Zimmer in dem blau und orange leuchtenden Haus an der Ecke der Arcadia St haben ein gutes Preis-Leistungs-Verhältnis, und die Betreiber sind äußerst hilfsbereit. Der kleine Küchenbereich erinnert eher an eine Küche in einem Bauernhof als an die in einer Stadt. Außerdem gibt es einen Swimmingpool und einen schattigen Hof.

B' Guest House PENSION $$
(Karte S. 380; ☎012-344 0524; www.bguesthouse.co.za; 751 Park St, Arcadia; EZ/DZ inkl. Frühstück 675/850 R; P @ ❄) Eine der besten Mittelklasseunterkünfte mit tollem Pool. Den schönen Garten kann man von den vor den Zimmern liegenden Terrassen oder durch die erlesenen Glastüren der Eingangshalle bewundern. Die in der Küche zubereiteten Speisen sind äußerst empfehlenswert. Außerdem gibt's einen Weinkeller und eine Whiskey-Lounge, die dem Haus einen gewissen Charme der guten alten Zeit verleiht.

Courtyard Arcadia Hotel HOTEL $$
(Karte S. 380; ☎012-342 4940; www.citylodge.co.za; Ecke Park St & Hill St, Arcadia; EZ/DZ 920/1030 R; P ❄ @) Das zum oberen Segment der City-Lodge-Kette gehörende Hotel ist in einem Herrensitz im kapholländischen Stil untergebracht. Es steht mitten im Botschaftsviertel. Die nüchternen Zimmer können mit dem Äußeren nicht ganz mithalten, aber der Service ist makellos, und die tägliche Happy Hour ist auch nicht zu verachten.

Court Classique LUXUSHOTEL $$$
(Karte S. 380; ☎012-344 4420; www.courtclassique.co.za; Ecke Schoeman St & Beckett St, Arcadia; Zi. ab 1870 R; P ❄ @ 📶) Das CC wurde vom regionalen Tourismusverband schon mehrmals ausgezeichnet – und das zurecht. Die Zimmer sind eigentlich Suiten, in denen sich sowohl Familien als auch Geschäftsleute wohl fühlen. Die Kochnischen, die sich hinter Doppeltüren verstecken, sind zum Wohnbereich hin offen. Der lange Swimmingpool eignet sich perfekt für Frühsport und Abkühlung an heißen Nachmittagen. Auch für das leibliche Wohl am Abend ist gesorgt – der Koch bereitet Speisen von Weltklasse zu.

Protea Hotel Hatfield HOTEL $$
(Karte S. 380; ☎012-364 0300; www.citylodge.co.za; 1141 Burnett St, Hatfield; EZ/DZ 675/800 R; ❄ @) Es gibt nur eine Unterkunft, die in Laufnähe der Geschäfte und Bars in Hatfield in Betracht kommt. Und die ist zum Glück auch noch recht gut. Das große,

moderne Drei-Sterne-Hotel hat glänzende Zimmer mit recht geräumigen Bädern und eine geschäftige Rezeption.

Khayalethu Guest House PENSION $$
(Karte S. 386; ☎012-362 5403; www.ghk.co.za; 1322 Arcadia St, Hatfield; EZ/DZ 400/600 R; P@≈) Das farbenfrohe, witzige Khayalethu ist ein schöner Newcomer unter den Budgetunterkünften in Hatfield. Die kleinen Zimmer sind makellos. An den Küchenwänden hängen Kuriositäten und Kitsch aus der Gegend. Der Pool ist eine kleine Schönheit.

Essen

Es gibt viele gute Restaurants in Pretoria. Die Preise liegen etwas unter denen von Johannesburg. Die besten Lokale sind in Hatfield, Brooklyn und New Muckleneuk zu finden.

ZENTRUM

Café Riche KNEIPE $
(Karte S. 376; ☎012-328 3173; www.caferiche.co.za; 2 Church St; Hauptgerichte 35–70 R; ⊙6–24 Uhr) Das historische europäische Bistro gab es bereits im frühen 20. Jh. Es befindet sich mitten auf dem Church Sq und ist ein idealer Ort für ein Bier. Außerdem kann man hier ganz wunderbar das Leben in der südafrikanischen Hauptstadt beobachten. Die Tische auf der Straße werden oft von Büroangestellten, Touristen und Politikern in Beschlag genommen. Der Innenraum ist mit einer stimmungsvollen Bar geschmückt, die nette Bedienung serviert Sandwiches, Salate und preiswertes Kneipenessen.

ARCADIA & HATFIELD

Hatfield und Arcadia sind voller Restaurants, Cafés und Bars – hier ist es rund um die Uhr sicher. Einer von vielen möglichen Startpunkten ist der belebte Hatfield Sq an der Burnett St.

Pappas RESTAURANT $$
(LP TIPP) (Karte S. 380; ☎012-362 2224; Duncan Yard, Ecke Duncan St & Prospect St, Hatfield; Hauptgerichte 60–95 R; ⊙8 Uhr-open end; ❋) Das Pappas befindet sich in einem kleinen Antiquitätenmarkt, außerdem gibt's eine coole Kneipe und einen Buchladen – für das Päuschen nach dem Essen ist also gesorgt. Auf der Speisekarten stehen mehrere südafrikanische Spezialitäten, u.a. dampfende *potjiekos* (Fleisch und Gemüse, die in einem gusseisernen Topf über offenem Feuer gegart werden). Ein preiswerter Brunch wird ebenfalls angeboten. Unbedingt das Omelett mit Parmaschinken (49 R) und den besten Kaffee der Stadt probieren.

Hombaze AFRIKANISCH $$
(Karte S. 380; ☎012-342 7753; Eastwood Village Centre, Ecke Eastwood St & Pretorius St, Arcadia; Hauptgerichte 45–90 R; ⊙morgens, mittags & abends) In dem kleinen Franchise-Restaurant mit familiärem Ambiente kommen afrikanische Gerichte aus der Küche. Der Slogan „Live Longer, Eat Healthy" (Lebe länger, iss gesund) ist angesichts der vielen Fleischgerichte mit Pommes allerdings etwas gewagt. Aber dennoch ist die Speisekarte mit vegetarischen Gerichten die längste in der ganzen Stadt. Unbedingt probieren sollte man gekochten Reis mit Bohnen (70 R), Dodo (frittierte Kochbananen) mit Gemüseeintopf (60 R) oder eine

---

PRETORIAS VIELFÄLTIGE MUSEEN

Pretoria hat einige Museen, die an einem Tag besucht werden können:

Paul Kruger House Museum (Karte S. 376; ☎012-326 9172; 60 Church St; Erw./Kind 18/10 R; ⊙Mo–Fr 8–16.30 Uhr) Interessante Neugestaltung des Wohnhauses des ehemaligen Präsidenten der Burenrepublik.

Transvaal Museum (Karte S. 376; ☎012-322 7632; Paul Kruger St; Eintritt 20 R; ⊙Mo–So 8–16 Uhr) Naturkundemuseum.

South African Police Museum (Karte S. 376; ☎021-353 6770; Ecke Pretorius St & Volkstem St; Erw./Kind 10/6 R; ⊙Mo–Sa 9–17, So 11–17 Uhr) Faszinierende, gelegentlich blutrünstige Kriminalgeschichte.

National Cultural History Museum (Karte S. 376; ☎012-324 6082; Ecke Visagie St & Schubert St; Erw./Kind 20/12 R; ⊙8–16 Uhr)

Pretoria Art Museum (Karte S. 380; ☎021-353 6770; Ecke Pretorius St & Volkstem St; Erw./Kind 10/6 R; ⊙Mo–Sa 9–17, So 11–17 Uhr) Kleine Sammlung vorwiegend südafrikanischer Kunst.

380 Restliches Pretoria, Brooklyn & New Muckleneuk

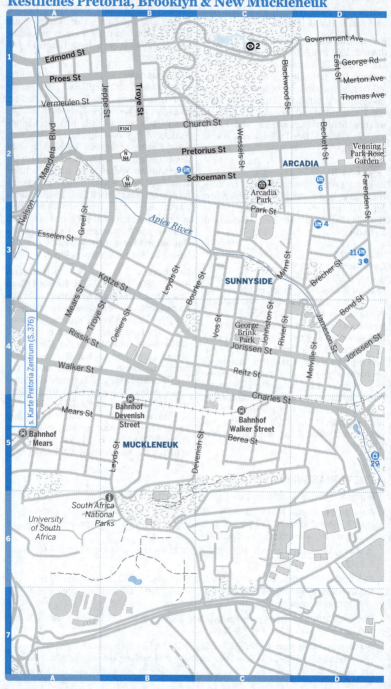

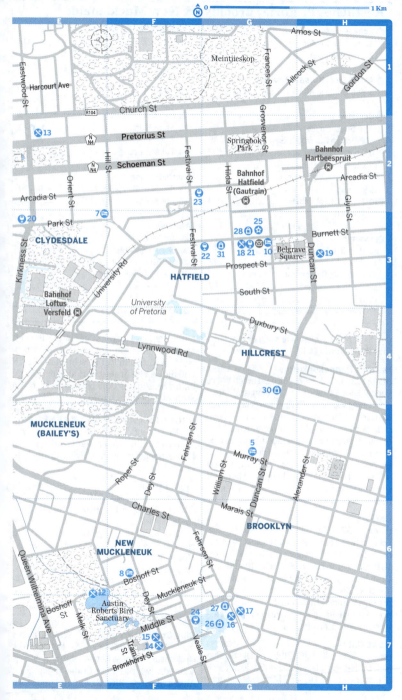

Restliches Pretoria, Brooklyn & New Muckleneuk

◉ Sehenswertes
1 Pretoria Art Museum C2
2 Union Buildings C1

✛ Aktivitäten, Kurse & Touren
3 Footprints in Africa D3

🛏 Schlafen
4 B' Guest House...................................D3
5 Brooklyn Guesthouses.......................G5
6 Court Classique.................................D2
7 Courtyard Arcadia Hotel.....................E3
8 Crane's Nest Guesthouse F6
9 Hotel 224..B2
10 Protea Hotel Hatfield G3
11 That's It...D3

✸ Essen
12 Blue Crane..E6
13 Café 41...E2
14 Cassidy's Restaurant F7
15 Cynthia's Indigo Moon F7
16 Geet...G7
Harrie's Pannekoek Huis.......... (siehe 13)

Hombaze............................(siehe 13)
17 Kream G7
18 News Café G3
19 Papa's H3

◉ Ausgehen
20 Eastwood's..E3
21 Herr Gunther's G3
22 Stone Lion G3
23 Tings an' Times.................................F2
24 TriBeCa Lounge................................F7

◉ Unterhaltung
Brooklyn Mall Cinemas............ (siehe 26)
25 Computicket......................................G3

◉ Shoppen
26 Brooklyn Mall....................................G7
27 Design Square G7
28 Hatfield Flea Market G3
29 Magnolia Dell Moonlight
Market D5
30 Owl Books G4
31 Protea Book House............................G3

---

der leckeren Suppen wie Ochsenschwanz-
und Fischsuppe (45 R).

Harrie's Pannekoek Huis   PFANNKUCHEN $
(Karte S. 380; ☏012-342 3613; Eastwood Village
Centre, Ecke Eastwood St & Pretorius St, Arcadia; Hauptgerichte 30–75 R; ☺morgens, mittags
& abends) Harrie's Pfannkuchen eignen
sich perfekt, um den morgendlichen Ka-
ter zu bekämpfen. Aber auch wählerische
Familien werden hier satt. Das Frühstück
ist ordentlich, der Service freundlich und
schnell. Das Pfannkuchenhaus befindet
sich im Eastwood Village Centre neben einem beliebten Kuriositätenladen.

Café 41   MEDITERRAN $$
(Karte S. 380; ☏012-342 8914; Eastwood Village,
Ecke Eastwood St & Pretoria St, Arcadia; Hauptge-
richte 50–110 R; ☺morgens, mittags & abends)
Hier gibt's eine riesige Speisekarte und eine
Unmenge an Sitzgelegenheiten, u.a. auf der
Terrasse. In diesem Restaurant kann man
mittags wunderbar essen, die Pastagerichte
und Sandwiches sind genauso empfehlens-
wert wie die Meze-Platten.

News Café   CAFÉ $$
(Karte S. 380; ☏012-362 7190; Hatfield Sq, Bur-
nett St, Hatfield; Hauptgerichte 50–100 R; ☺8
Uhr–open end; ✳) Dieser Ableger der belieb-

ten Kette ist das beste Café in der Burnett
St. Frühstück und Burger sind gleichbleibend gut. Großbild-TV, schnelles WLAN
und die relaxte Atmosphäre sind der Grund
dafür, dass dieses Café besonders gern von
Studenten besucht wird.

BROOKLYN & NEW MUCKLENEUK
In der Gegend um die Middle St und die
Fehrsen St gibt's neben den Lokalen in den
Einkaufszentren auch einige gute Restau-
rants.

LP TIPP **Kream**   MODERN $$
(Karte S. 380; ☏012-346 4642; 570
Fehrsen St, Brooklyn Bridge; Hauptgerichte
80–160 R; ☺Mo-Sa 12–open end, So mittags;
✳) Das Kream – ein gewagtes Konzept in
einer konservativen Stadt – ist in vielerlei
Hinsicht anders. Auf der extrem trendigen
Speisekarte stehen exotische Vorspeisen ne-
ben dem üblichen Grillfleisch. Den Abend
sollte man hier mit einem braunen Pudding
und einer der vielen angebotenen Whiskey-
sorten beenden.

Blue Crane   SÜDAFRIKANISCH $
(Karte S. 380; ☏012-460 7615; Melk St, New
Muckleneuk; Hauptgerichte 40–80 R; ☺mittags
& abends; ✳) Das Blue Crane gehört zum
Austin Roberts Bird Sanctuary und wird

von Ornithologen aus aller Welt (sowie von Menschen, die bei Sonnenuntergang gern ein kühles Castle trinken) besucht. Der hübsche blaue Vogel ist nicht das einzige südafrikanische Symbol hier, auch die Speisekarte ist voller Afrikaander-Spezialitäten. Der Eingang zum Restaurant liegt an der Melk St, die nach rechts von der Middle St abzweigt, wenn man in westliche Richtung geht.

Geet INDISCH $$
(Karte S. 380; 012-460 3199; 541 Fehrsen St, Brooklyn; Hauptgerichte 90 R; 11.30–22.30 Uhr; ❄) Gita Jivan hat das Superlativ eines indischen Restaurants geschaffen – indische Speisen in europäischem Gewand. Auf der langen Speisekarte stehen hauptsächlich nordindische Köstlichkeiten. Vegetarier kommen hier ebenfalls auf ihre Kosten, und die Whiskey-Lounge lohnt unbedingt den Besuch.

Lotus Thai THAI $$
(Karte S. 380; 012-991 5406; 46-47 Glen Village North, Ecke Hans Strydom Dr & Olympus Dr, Brooklyn; Hauptgerichte 60–90 R; Mo–So 11–22 Uhr; ❄) Leckere Speisen, Tom Yums und nahrhafte Curries, die alles in den Schatten stellen (oh, ja, Sushi fürs Japanfeeling gibt's natürlich auch). Bambusstützen, Schirme in Regenbogenfarben, Seidentücher an den Wänden und ein Vogelkäfig mit Inhalt tragen zum exotischen Ambiente bei.

Cynthia's Indigo Moon BISTRO $$
(Karte S. 380; 012-346 8926; 283 Dey St, Brooklyn; Hauptgerichte 70–155 R; mittags & abends; ❄) Bei Cynthia herrscht eine lockere, familiäre Atmosphäre, die irgendwie an ein Bistro in Paris oder New York erinnert. Ein idealer Ort, um bei einem guten Gläschen Wein geistreiche Gespräche zu führen. In dezenter Beleuchtung verputzen die Gäste an Ecktischen massenweise Steaks. Der Hähnchen-Couscous-Salat (50 R) ist der Hit.

Cassidy's Restaurant PORTUGIESISCH, SEAFOOD $$
(Karte S. 380; Ecke Dey St & Bronkhorst St, Brooklyn; Hauptgerichte 80–130 R; morgens, mittags & abends; ❄) Die Betreiber des früheren Franchise-Restaurants Adega versuchen sich jetzt im Alleingang. Auf der Speisekarte stehen vorwiegend portugiesische Gerichte, viele davon mit Shrimps.

Ausgehen

Hatfield ist die beste Gegend zum Ausgehen – es gibt Bars, Restaurants und Clubs für jeden Geschmack. Der Hatfield Sq wird nach Einbruch der Dunkelheit zum Studi-Treff.

Stone Lion BAR
(Karte S. 380; 012-362 0100; 1075 Burnett St, Hatfield) Die Ex-Crew vom Cool Runnings ist zwar auch nicht mehr das, was sie mal war, aber dennoch lebt im Stone Lion das Rasta-Erbe weiter. Starke Rum-Cocktails heben allabendlich die Stimmung in der nachgemachten Jamaika-Beachbar.

Herr Gunther's DEUTSCHE BAR
(Karte S. 380; 012-362 6975; Hatfield Sq, Burnett St, Hatfield) Das Rezept ist einfach: Man kippt sich ein Bier rein, würgt verschmitzt eine Wurst runter und meckert über den schlechten DJ. Jeden Abend das gleiche Spiel.

Tings an' Times BAR
(Karte S. 380; 012-430 3176; 1065 Arcadia St) Diese bohèmeartige Bar zieht eine gemischte Gästeschar an, die sich bei gelegentlich live gespielten Reggae-Rhythmen entspannt. An den Wochenenden strömen unternehmungslustige Studenten in Massen hierher und tanzen bis in die frühen Morgenstunden. Bei Hungerattacken empfiehlt sich die Spezialität des Hauses: getoastete Pitas (28–50 R), die mit leckeren Zutaten aller Art gefüllt sind.

TriBeCa Lounge COCKTAILBAR
(Karte S. 380; 012-460 3068; Brooklyn Sq, Veale St, Brooklyn) Lässig und trendy: Das elegante Café ist der perfekte Ort, um bei einer Latte zu entspannen und ein paar Stunden in Zeitschriften zu blättern oder an den Wochenenden wie die Reichen und Schönen an exquisiten Cocktails zu nippen.

Eastwood's KNEIPE
(Karte S. 380; 012-344 0243; Ecke Eastwood St & Park St, Arcadia; 10 Uhr–open end) Die extrem beliebte Kneipe, die schon mehrfach als „beste Kneipe Pretorias" ausgezeichnet wurde, ist besonders zur Mittags- und Feierabendzeit gerammelt voll. Auf der großen Terrasse stehen Bänke, drinnen befindet sich eine große Bar. Es gibt preiswerte Steak-und-Bier-Angebote, z.B. ein 500 g schweres T-Bone-Steak und ein Castle-Bier für 49 R.

★ Unterhaltung

Kinos
In Pretoria gibt's mehrere große Kinokomplexe. Bei **Ster-Kinekor** (Reservierungszentrale 082 16789; www.sterkinekor.com) kann

man sich telefonisch nach dem Programm erkundigen und auch gleich reservieren. In der *Pretoria News* wird das tägliche Kinoprogramm veröffentlicht.

Beliebte Kinos sind die **Brooklyn Mall Cinemas** (Karte S. 380; ☎0860 300 222; Tickets 38 R; Brooklyn Mall, Fehrson St, Brooklyn), das **Menlyn Park Drive-In** (Karte S. 386; ☎012-348 8766; Menlyn Park Shopping Centre) und das **Imax Theatre** (Karte S. 386; ☎012-368 1168; Menlyn Park Shopping Centre).

Livemusik & Nachtclubs

Die vielen Studenten Pretorias sind eher am Alkohol als an guter Livemusik interessiert. In der *Pretoria News* stehen Veranstaltungstipps. Wer nichts Passendes findet, kann in seiner Unterkunft nachfragen oder geht einfach in die Burnett St in Hatfield und reiht sich in die erstbeste Schlange ein.

In den umliegenden Townships, vor allem in Mamelodi und Atteridgeville, gibt es zahllose Shebeens, die man aber nur in Begleitung von Einheimischen oder im Rahmen einer geführten Tour besuchen sollte. Siyazakha Travel & Tours (S. 376) organisiert Führungen durch Mamelodi.

Theater

Karten für die meisten Vorstellungen bekommt man bei **Computicket** (Karte S. 380; ☎in Johannesburg 011-915 8000; www.computicket.com; Hatfield Plaza, Burnett St; ⊙Mo–Sa 8.30–16.30 Uhr).

State Theatre THEATER
(Karte S. 376; ☎012-392 4027; www.statetheatre.co.za; Ecke Prinsloo St & Church St) Auf den fünf Bühnen (Arena, Studio, Opera, Drama und Momentum) des Theaterkomplexes, der nach einem Entwurf von Hans und Roelf Botha errichtet wurde, werden Opern, Musik, Ballet und Theaterstücke aufgeführt.

Barnyard Theatre THEATER
(Karte S. 386; ☎012-368 1555; oberstes Stockwerk, Menlyn Park Shopping Centre) Pretorias Barnyard Theater liegt außerhalb der Stadt im Menlyn Park Shopping Centre. Hier werden Theaterstücke, Musicals und Livemusik geboten.

 Shoppen

Neben der **Brooklyn Mall** (Karte S. 380) und den Einkaufszentren am **Design Square** (Karte S. 380) und **Menlyn Park** (Karte S. 386), in denen es die üblichen klimatisierten Filialen diverser Ladenketten gibt, findet man in Pretoria vor allem eine Reihe interessanter Märkte.

Boeremark BAUERNMARKT
(Karte S. 386; Pioneer Park; ⊙Sa 6–9 Uhr) Auf dem Markt, der von dem Pioneer Park Museum in Silverton organisiert wird, werden Bioprodukte aller Art verkauft: von verschiedenen Käsesorten über Kuchen bis hin zu Eingemachtem. Frühmorgens kommen, denn gegen 9 Uhr ist schon alles ausverkauft.

Hatfield Flea Market FLOHMARKT
(Karte S. 380; ☎012-362 5941; Parkplatz der Hatfield Plaza, Burnett St, Hatfield; ⊙So 9.30–17.30 Uhr) Hier werden der übliche Flohmarkttrödel und preiswerte afrikanische Kuriositäten verkauft.

Magnolia Dell Moonlight Market KUNSTHANDWERK
(Karte S. 380; ☎012-308 8820; Magnolia Dell, Queen Wilhelmina Ave, New Muckleneuk; ⊙letzter Fr im Monat 17.30–21.30 Uhr) Dieser exzellente Markt ist die beste Adresse für regionales Kunsthandwerk.

Typisch Afrikanisches in vernünftiger Qualität findet man gleich hinter der Grenze in der North-West Province auf dem Welwitischia Country Market am Hartbeespoort Dam. Details stehen im Kasten auf S. 456.

Buchläden

In den meisten Malls gibt's Filialen von Exclusive Books und CNA. **Owl Books** (Karte S. 380; ☎012-362 4481; 529 Duncan St, Hatfield; ⊙Mo–Sa 9–17 Uhr) und **Protea Book House** (Karte S. 380; ☎012-362 5683; 1067 Burnett St, Hatfield; ⊙Mo–Fr 9–16.30, Sa 9–12 Uhr) sind ebenfalls empfehlenswert.

❶ Praktische Informationen

Fotos

Kodak Express (☎012-362 0678; Ecke Burnett St & Festival St; ⊙Mo–Fr 8–18, Sa 8–13 Uhr) Entwickelt Filme in einer Stunde und verfügt über ein vollständig digitales Fotostudio.

Geld

Banken mit Geldautomaten und Wechselschaltern gibt es in der ganzen Stadt.

ABSA (Hilda St)

American Express (☎012-346 2599; Brooklyn Mall; ⊙9–17 Uhr)

Nedbank (Ecke Burnett St & Festival St) In der Nähe der Hatfield Galleries.

Internetzugang

Die meisten Hostels und Hotels bieten Internetzugang, es gibt aber auch preiswertere Alternativen.

4 in love Internet Café (Mo–Fr 9–19, Sa 9–18, So 10–17 Uhr)

Videorama (012-342 5878; The Fields, Burnett St; 20 R/30 Min.)

Medizinische Versorgung

Hatfield Clinic (012-362 7180; 454 Hilda St) Eine bekannte Vorortklinik.

Pretoria Academic Hospital (011-354 1000; Dr Savage Rd) In Notfällen sollte man dieses Krankenhaus aufsuchen.

Notfall

Feuerwehr (10111)

Metro Emergency Rescue Service (10177)

Polizei (10111) Polizeidienststellen gibt's in der Railway St und an der Ecke Leyds St und Esselen St.

Post

Postamt Hatfield (Hatfield Sq; Mo–Fr 8–16.30, Sa 8–12 Uhr) Das am häufigsten besuchte Postamt.

Hauptpost (Ecke Church St & Church Sq; Mo–Fr 8–16.30, Sa 8–12 Uhr) In einem historischen Gebäude am Hauptplatz.

Reisebüros

STA Travel (012-342 5292; 1102 Hilda St, Hatfield; Mo–Fr 9–17, Sa 9–12 Uhr)

Student Flights (012-460 9889; Brooklyn Mall; Mo–Fr 9–17, Sa 9–12 Uhr)

Touristeninformation

South African National Parks (012-428 9111; www.sanparks.org; 643 Leyds St, New Muckleneuk; Büros Mo–Fr 7.45–15.45, Sa 8–12.15 Uhr, Callcenter Mo–Fr 7.30–17, Sa 8–14 Uhr) Nimmt Buchungen für alle Naturschutzgebiete entgegen und erteilt Auskünfte. Hier ist auch die Wild Card (s. S. 363) erhältlich.

Tourist Information Centre (012-358 1430; www.tshwane.gov.za; Old Nederlandsche Bank Bldg, Church Sq; Mo–Fr 7.30–16 Uhr) Nicht sehr hilfreich für Traveller. In den Hotels oder von Einheimischen bekommt man bessere Informationen.

 An- & Weiterreise

Auto

Die örtlichen Autovermieter haben gute Angebote. Viele größere und internationale Autovermieter haben Büros in Pretoria. Details s. S. 646.

Wer länger im Land bleiben will und den Kauf eines Gebrauchtwagens in Betracht zieht, findet in der Wochenzeitung *Junk Mail* und der monatlichen Zeitschrift *Auto Trader* gute Angebote.

Bus

Die meisten südafrikanischen und internationalen Buslinien starten in Pretoria und steuern dann Jo'burg an, eine Ausnahme sind die nach Norden fahrenden Busse. Der **Pretoria Busbahnhof** (Railway St) liegt neben dem Bahnhof von Pretoria. Dort befinden sich auch die Ticket- und Informationsschalter der größeren Busgesellschaften sowie ein gutes Café und ein Geldautomat.

Die meisten Busse von **Translux** (0861 589 282; www.trans lux.co.za), **City to City** (0861 589 282; www.translux.co.za), **Intercape** (0861 287 287; www.intercape.co.za), **Greyhound** (012-323 1154; www.greyhound.co.za) und **SA Roadlink** (012-323 5105; www.saroadlink.co.za), die von Jo'burg nach Durban, an die Südküste und nach Kapstadt fahren, starten in Pretoria. Auch Busse, die auf der N1 nach Norden fahren, halten hier. Weitere Infos s. S. 363.

Die Fahrpreise von Translux, Greyhound und Intercape ab Pretoria sind identisch mit denen ab Jo'burg – ungeachtet der zeitlichen Differenz von einer Stunde. Eine einfache Fahrt zwischen den beiden Städten kostet etwa 60 R.

Baz Bus (in Cape Town 021-439 2323; www.bazbus.com) holt seine Fahrgäste von den Hostels in Pretoria ab bzw. bringt sie dorthin.

Flugzeug

Der OR Tambo International Airport (Ortia) ist das internationale Drehkreuz für den Flugverkehr Südafrikas. Hier landen Flugzeuge aus aller Welt. Einzelheiten zu Fluggesellschaften und Flügen s. S. 640. Wie man vom Ortia in die Stadt kommt, steht auf S. 386.

Metro

Wegen der hohen Kriminalitätsrate sollte man auf Fahrten mit Metro-Zügen zwischen Pretoria und Jo'burg verzichten. Weitere Infos über den Gautrain stehen weiter unten.

Minibus-Taxi

Minibus-Taxis fahren vom Hauptterminal am Bahnhof ab und steuern die verschiedensten Ziele an, u. a. Jo'burg (45 R, 1 Std.). Achtung: Nach Einbruch der Dunkelheit oder mit viel Gepäck sollte man sich hier nicht aufhalten. Auf S. 651 gibt's weitere Infos zu Minibus-Taxis.

Zug

Der historische Bahnhof von Pretoria ist ein netter Ort, um eine Reise anzutreten oder zu beenden. Der neue **Gautrain** (0800 4288 7246 www.gautrain.co.za) bietet regelmäßige, sehr schnelle Verbindungen nach Hatfield, Johannesburg und zum Flughafen.

Langstreckenzüge von **Shosholoza Meyl** (0860 008 888; www.shoholoza meyl.co.za), die in Pretoria halten, sind der *Trans Karoo* (tgl. von Pretoria nach Kapstadt) und der *Komati* (tgl. von Jo'burg über Nelspruit nach Komatipoort). Der *Bosvelder* fährt über Polokwane (Pietersburg) gen Norden nach Musina an der Grenze zu Simbabwe. Der luxuriöse *Blue Train,* der Pretoria, Jo'burg und Kaptstadt miteinander verbindet, startet ebenfalls hier. (Details über Zugstrecken mit eigenen Namen s. Kasten S. 656).

Der Bahnhof von Pretoria liegt ca. 20 Gehminuten von der Innenstadt entfernt. Busse fahren entlang der Paul Kruger St zum Church Sq, dem wichtigsten Bahnhof für Regionalbusse.

Unterwegs vor Ort

Bus & Minibus-Taxi

Das Busnetz in Pretoria ist weit verzweigt. Eine Broschüre mit Fahrplänen und Streckennetz gibt's am Infoschalter im **Hauptbusbahnhof** (012-308 0839; Church Sq) oder in Apotheken. Die Preise liegen zwischen 5 und 10 R. Praktisch sind die Linien 5 und 8, die zwischen dem Church Sq und Brooklyn über die Burnett St in Hatfield fahren.

Minibus-Taxis fahren so ziemlich überall hin, der Standardfahrpreis beträgt etwa 5 R.

Vom/Zum Flughafen

Wenn man vorher anruft, wird man von den meisten Hostels und vielen Hotels gratis abgeholt.

Get You There Transfers (012-346 3175; www.getyouheretransfers.co.za) betreibt Shuttle-Busse zwischen Ortia und Pretoria. Die Fahrt vom Flughafen nach Pretoria kostet etwa 400 R (genauso viel wie ein Taxi).

Taxi

Taxistände gibt's an der Ecke Church St und Van der Walt St und an der Ecke Pretorius St und Paul Kruger St. Oder man ruft **Rixi Taxis** (012-362 6262; mit Taxameter; ca. 10 R/km).

RUND UM PRETORIA

Mit Gauteng verbinden viele die Vorstellung von großen Metropolen, dabei gibt es auch schöne Landschaften.

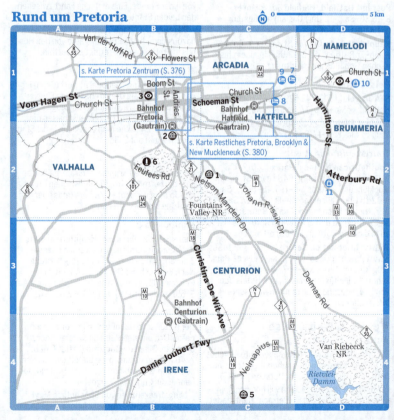

Rund um Pretoria

Smuts' House Museum

J. C. Smuts, Gelehrter, Burengeneral, Politiker und Staatsmann von internationalem Rang, wirkte maßgeblich an der Entstehung der Südafrikanischen Union mit und war in den Jahren 1919–1924 und 1939–1948 Premierminister des Landes.

Der früher als „Doornkloof" bekannte Wohnsitz des Politikers, an dem er mehr als 40 Jahre lebte, ist heute ein interessantes **Museum** (☏012-667 1941; www.smutshouse.co.za; Nelmapius Rd, Irene; Erw./Kind 10/5 R, Picknick im Garten 5 R/Auto; ☺ Mo–Fr 9.30–16.30, Sa & So 9.30–17 Uhr). Wenn man mit dem Auto in der Gegend rund um Pretoria unterwegs ist, sollte man hier einen Zwischenstopp einlegen. Das Haus, eine Holz- und Eisenkonstruktion, war ein britisches Offizierskasino in Middelburg. Smuts kaufte das Gebäude, ließ es abbauen und auf seinem 1600 ha großen Besitz in Irene, 16 km südlich von Pretoria, wieder aufbauen. Das Haus, von einer großen Veranda umrahmt und von Bäumen beschattet, hat eine familiäre Atmosphäre und vermittelt ein anschauliches Bild von Smuts' Leben.

Leider ist das Museum nicht mit öffentlichen Verkehrsmitteln zu erreichen. Es ist ab dem Freeway N14 (R28) und der R21 ausgeschildert. Der direkteste Weg von Pretoria nach Irene führt über die Louis Botha Ave.

Fort Klapperkop Military Museum

Dieses **Fort** (☏082 807 5278; Johann Rissik Dr; Erw./Kind 10/5 R; ☺10–15.30 Uhr) war eine von vier Festungen zur Verteidigung Pretorias, obwohl es letztlich nie diesem Zweck gedient hat. Es liegt 6 km südlich der Stadt und ist eines der besterhaltenen Forts in ganz Südafrika. Das Museum dokumentiert die Militärgeschichte des Landes von 1852 bis zum Ende des Burenkriegs 1899–1902. Vom Fort aus hat man einen schönen Panoramablick über die Stadt und die Umgebung.

National Botanical Garden

Der botanische **Garten** (☏012-843 5104; Cussonia Ave, Brummeria; Erw./Kind 15/5 R; ☺6–18 Uhr) befindet sich etwa 9 km östlich des Zentrums. Auf dem 77 ha großen Gelände kann man einheimische Pflanzen aus allen Teilen des Landes bewundern. Die mehr als 20 000 Pflanzenarten sind mit Schildern versehen und in Gruppen nach ihren Ursprungsregionen angeordnet. Der Besuch ist ein Muss für wissbegierige Botaniker. Von Mai bis September finden Gartenkonzerte statt.

Mit dem Auto fährt man etwa 8 km auf der Church St (R104) in Richtung Osten und biegt dann nach rechts in die Cussonia Rd ab – der Garten befindet sich auf der linken Seite. Man kommt auch vom Church Sq mit einem der Busse, die nach Meyerspark oder Murrayfield fahren, hierher.

Sammy Marks' Museum

Das schöne viktorianische Herrenhaus wurde 1884 für den englischen Industriellen, Minen- und Agrarmagnaten Sammy Marks gebaut. Heute ist es ein **Museum** (☏012-803 6158; R104, Old Bronkhorstspruit Rd; Erw./Kind 20/10 R; ☺Di–Fr 9–16, Sa & So 10–16 Uhr). Bei den regelmäßig stattfindenden Führungen können das Haus, die Grünanlage rundherum, die Nebengebäude und ein viktorianischer Teegarten bewundert werden. Das Museum liegt etwa 20 km östlich von Pretoria, es ist an der R104 ausgeschildert.

Rund um Pretoria

◉ Sehenswertes

1 Fort Klapperkop Military Museum	C2
2 Freedom Park	B2
3 Heroes' Acre Cemetery	B1
4 National Botanical Garden	D1
5 Smuts' House Museum	C4
6 Voortrekker Monument & Nature Reserve	B2

✪ Aktivitäten, Kurse & Touren

Mo Africa	(siehe 7)

🛏 Schlafen

7 1322 Backpackers International	C1
8 Khayalethu Guest House	C1
9 Village in Hatfield	C1

✪ Unterhaltung

Barnyard Theatre	(siehe 11)
Imax Theatre	(siehe 11)
Menlyn Park Drive-In	(siehe 11)

🛍 Shoppen

10 Boeremark	D1
11 Menlyn Park Shopping Centre	D2

Cullinan Diamond Mine

Nach dem Besuch des Sammy Marks' Museum sollte man nach Norden in das historische Cullinan fahren. In dem hübschen 100 Jahre alten Dorf stehen noch viele Häuser von Herbert Baker. Zu dem Ort gehört auch die Cullinan Diamond Mine, eine der größten und produktivsten Minen mit Diamanten führenden Klimberlitvorkommen der Welt. Drei der größten, jemals gefundenen Diamanten stammen aus dieser Mine. Wer Lust hat, kann sich einen Blechhelm aufsetzen und mit **Premier Diamond Tours** (✆012-734 0081; www.diamondtourscullinan.co.za) an einer Minenführung teilnehmen.

Hin kommt man über die N4 gen Osten. Die Abfahrt Hans Strijdom nehmen, dann links abbiegen und den Schildern folgen.

In dem mit viel Flugzeugkram geschmückten **Cockpit Brewhouse** (✆012-734 0656; www.cockpitbrewhouse.co.za; 80 Oak Ave; Hauptgerichte 60–120 R; ☺Do 12–21, Fr & Sa 11–21, So 11–16 Uhr) bekommt man köstliches, helles, nach Hopfen schmeckendes Bier und anständiges Kneipenessen, u.a. die riesige Ploughman's Platter (85 R). Das Lokal befindet sich mitten in der Stadt.

Ann van Dyk Cheetah Centre

Gleich hinter Hartbeespoort, ewa 50 km nordwestlich von Pretoria, befindet sich das äußerst interessante **Ann van Dyk Cheetah Centre** (✆012-504 1921; www.dewildt.co.za; Farm 22, R513 Pretoria North Rd; Führung 220 R, Cheetah Run & Führung 310 R; ☺Führungen Di, Do, Sa & So 8.30 & 13.30 Uhr, Cheetah Runs Sommer/Winter Di & Do 7/8 Uhr), das für seine Erfolge in der Aufzucht seltener und vom Aussterben bedrohter Tiere bekannt ist.

Das Zentrum (das früher den Namen De Wildt trug) nahm in den 1960er-Jahren seine Arbeit auf, als Geparden auf die Liste der stark vom Aussterben bedrohten Tierarten gesetzt wurden. Der Königsgepard mit seinem auffallenden Fellmuster mit viel Schwarz wurde hier 1981 erfolgreich gezüchtet – bis dahin galt diese Art als ausgestorben.

Neben Geparden kann man auch Afrikanische Windhunde, Braune Hyänen, Servale, Karakale, Honigdachse, Erdmännchen, mehrere Antilopenarten und Geier beobachten.

Bei den Fahrten in einem offenen Lastwagen sieht man Geparden verschiedener Altersgruppen bei der Fütterung. Wer richtig fit ist, kann auch an einem aufregenden „Cheetah Run" teilnehmen. Eine Reservierung ist für alle Aktivitäten erforderlich, man sollte mindestens eine Woche im Voraus anrufen. Für Übernachtungsgäste gibt es eine einfache **Lodge** (EZ/DZ 1150/1600 R) mit neun Zimmern.

Von Pretoria aus erreicht man das Zentrum via Hartbeespoort über die R5131 in nordwestlicher Richtung. Nach 34 km liegt es dann auf der linken Seite, etwa 500 m abseits der Hauptstraße.

Mpumalanga

Inhalt »

Drakensberg
Escarpment 391
Dullstroom 391
Lydenburg 394
Sabie 394
Pilgrim's Rest 396
Graskop 397
Blyde River Canyon 399
Eastern Lowveld 401
Hazyview 401
White River 402
Nelspruit 403
Malelane 407
Barberton 408

Gut essen

» Wild Fig Tree (S. 396)
» Mayfly Restaurant (S. 393)
» Summerfields (S. 401)
» Jock & Java (S. 405)
» Orange Restaurant (S. 406)

Schön schlafen

» Artists' Café & Guest House (S. 395)
» Graskop Valley View Backpackers (S. 398)
» Idle & Wild (S. 401)
» Utopia (S. 404)
» River House Lodge (S. 407)

Auf nach Mpumalanga!

Mpumalanga ist nicht nur eine der kleinsten Provinzen Südafrikas, sondern auch eine der aufregendsten. Rein optisch ist es eine wunderschöne Region mit Bergen, grünen Tälern und einer Reihe kleiner Städte mit angenehm kühlem Klima. Durch seine natürliche Schönheit ist sie ein beliebtes Ziel für Outdoor-Fans, die sich hier an Wasserfällen abseilen, von Klippen stürzen, die Flüsse beim Raften oder mit dem Kanu bezwingen oder Naturpfade erkunden.

Hauptanziehungspunkt Mpumalangas ist der Blyde River Canyon, der spektakulär das Drakensberg Escarpment durchbricht. Er gehört zu den berühmtesten Sehenswürdigkeiten Südafrikas und an klaren Tagen ist der Blick von einem der Aussichtspunkte schlicht unglaublich.

Zudem liegt die Provinz in verführerischer Nähe zu den Toren des Kruger National Park und bietet eine ausgezeichnete Auswahl an Lodges und Wildnis-Aktivitäten direkt an der Türschwelle zu diesem gewaltigen Naturpark.

Reisezeit

Nelspruit

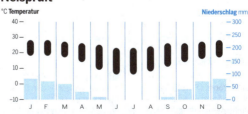

Juni–Aug. In der Hauptstadt begeistern beim InniBos Künstler und Theatergruppen die Massen

Sept.–Dez. Nun lohnt es sich, im alpinen Dullstroom am Kunst- & Kulturfestival dabei zu sein

Jan.–März Der beste Ort, um dem drückenden Sommer im Lowveld zu entgehen, ist das Escarpment

Highlights

1 Rund um das gepflegte **Dullstroom** (S. 391) Forellen angeln und das kühle alpine Klima genießen

2 Sich in **Graskop** (S. 397) zuerst mit hübscher afrikanischer Kunst und Kunsthandwerk eindecken, bevor man sich außerhalb von Picking mit der Big Swing in eine Schlucht stürzt

3 Von den Three Rondavels aus den Blick über den **Blyde River Canyon** (S. 399), den drittgrößten Canyon der Welt, schweifen lassen und staunen

4 Rund um **Sabie** (S. 394) die Mountainbike-Trails unsicher machen oder einfach die nebelverhangene Berglandschaft in sich aufnehmen

5 Bei einem Bummel durch **Barberton** (S. 408) das Erbe der angenehmsten Stadt der Provinz entdecken

Geschichte

Während der *difaqane* (Zwangsmigration) des frühen 19. Jhs. drangen Gruppen von Shangaan, Swasi und Ndebele in dieses Gebiet ein, um sich vor den unruhigen Zeiten in Zululand in Sicherheit zu bringen.

Die Voortrekkers erschienen Ende der 1830er-Jahre erstmals auf der Bildfläche und hatten innerhalb von zehn Jahren den Transvaal (der frühere Name der Provinz) in eine Republik verwandelt. Der Transvaal war auch Schauplatz des Ersten Burenkriegs, in dem die Buren siegreich waren. Sie forderten ihr Territorium zurück und machten Paul Kruger zu ihrem ersten Präsidenten. Diese Unabhängigkeit dauerte aber nur einige wenige Jahre bis zum Ende des Kriegs, als der Transvaal (und der Oranje-Freistaat) zurück an die Briten fielen.

Nationalparks & Naturschutzgebiete

Der südliche Teil des Kruger National Park (S. 411) liegt in Mpumalanga und ist der bei weitem bekannteste Nationalpark der Provinz. Zu den übrigen Schutzgebieten gehören u. a. viele private Tierschutzgebiete am südlichen Rand des Kruger (S. 424) sowie das Blyde River Canyon Nature Reserve (S. 399).

Sprache

Die wichtigsten gesprochenen Sprachen in Mpumalanga sind Swati, Zulu und Ndebele, man kommt aber auch leicht mit Englisch durch. In und um Nelspruit hört man auch sehr viel Afrikaans.

🛈 Anreise & Unterwegs vor Ort

Der Mpumalanga Kruger International Airport (MKIA) liegt etwa 28 km nordöstlich von Nelspruit an der Rte 40 und bietet regelmäßige Flüge in die großen Städte Südafrikas sowie einige regionale Verbindungen.

Mpumalangas Straßen sind in gutem Zustand und asphaltiert (obwohl die ständigen Bauarbeiten auf manchen Strecken große Verzögerungen mit sich bringen) und das Straßennetz zwischen den Städten ist sehr gut. Rund um den Verkehrsknotenpunkt Nelspruit gibt's gute Bus- und Minibusverbindungen, abseits der Hauptverkehrsstrecken sind öffentliche Verkehrsmittel allerdings so gut wie nicht zu bekommen und um sich frei bewegen zu können, ist ein Mietwagen unerlässlich.

Mitten durch die Provinz führt eine Personenzuglinie, die Johannesburg (Jo'burg) via Nelspruit mit Komatipoort verbindet.

Infos zu Flug-, Straßen- und Zugverbindungen nach/von Jo'burg gibt's auf S. 407. Details zu Verbindungen zwischen Nelspruit und dem Kruger National Park finden sich auf S. 424. Infos zur Grenzüberschreitung zwischen Nelspruit und Swasiland und Mosambik findet man auf S. 642 bzw. S. 643.

DRAKENSBERG ESCARPMENT

Im Drakensberg Escarpment, einem Teil der sogenannten Großen Randstufe, finden sich einige der beeindruckendsten Landschaften Südafrikas. Bis vor 200 Jahren war das Gebiet von Regenwald überzogen, in dem Elefanten, Büffel und sogar Löwen umherstreiften. Heute sind es einheimische Urlauber, die in Scharen über die Hochebenen wandern und die wunderschöne Landschaft genießen. Das Escarpment (Abbruchkante) markiert die Stelle, an der das Highveld-Plateau über 1000 m steil in die Tiefe stürzt, bevor es in das Eastern Lowveld übergeht. Dadurch trifft man hier auf eine atemberaubende Mischung aus hoch aufragenden Steilwänden, Schluchten, weitläufigen Hängen und kühlen, mit Pinienwäldern überzogenen Tälern – eine passende Kulisse für die vielen Abenteueraktivitäten, die hier angeboten werden.

Dullstroom

🖉 013 / 6000 EW. / 2053 M

In dieser kleinen Oase dreht sich alles um gutes Essen, traditionelle englische Pubs, Unterkünfte, frische Landluft und das Angeln in den kühlen Gewässern der Umgebung. Wer hier zum ersten Mal ankommt wird das Gefühl haben, die falsche Abzweigung genommen zu haben und versehentlich in Kanada gelandet zu sein. Dullstroom ist von Pinienwäldern umgeben und entlang seiner Straßen reihen sich hübsche Schindelhäuser. Es gehört zu den kältesten Städten im Land und ist vor allem für eine Sache bekannt: Forellen. Es gibt hier aber noch mehr zu tun, z. B. Wandern oder Reiten in der Umgebung.

💿 Sehenswertes & Aktivitäten

Dullstroom Bird of Prey & Rehabilitation Centre GREIFVÖGEL

(☎072 378 8562; www.birdsofprey.co.za; Erw./ Kind 40/15 R; ⏱9–16 Uhr, Flugvorführungen um

Drakensberg Escarpment & Eastern Lowveld

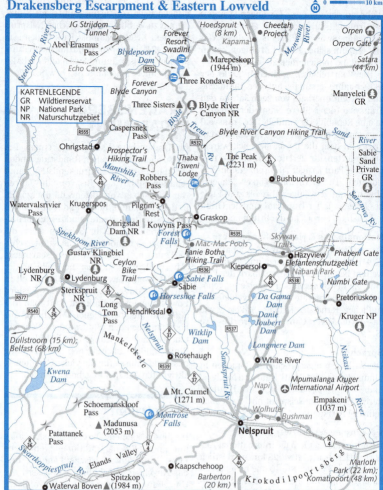

10.30 & 14.30 Uhr) Unmittelbar außerhalb der Stadt an der Rte 540 liegt diese Einrichtung, in der man alles über Greifvögel und die Gefahren, denen sie ausgesetzt sind, lernen kann. Sogar die Kunst der Falknerei kann hier für einen Tag erlernt werden. Bei den regelmäßigen Flugvorführungen bekommen die Besucher u.a. Wanderfalken, Turmfalken, Bussarde und Adler zu sehen.

Dullstroom Riding Centre REITEN
(082 442 9766; www.dullstroomhorseriding.co.za; 2-stündiger Ausritt in die Natur Erw. & Kind 200 R, Reiten in der Stadt 450 R) Hier werden Ausritte in die Landschaft der Umgebung und, für erfahrenere Reiter, auch durch die Stadt selbst angeboten (inklusive einer Tour durch die einheimischen Kneipen). Das Reitzentrum liegt beim Owl & Oak Trading Post, 9 km von Dullstroom entfernt an der Rte 540 nach Lydenburg.

✦ Feste & Events

Dullstroom Art & Cultural Festival KUNST
Schon allein, um Mitte Dezember hier allerlei Talente aus der Region zu bestaunen, lohnt ein Abstecher nach Dullstroom. Geboten werden Fotografie, Kunst, Skulpturen, Musik und jede Menge Essen.

📖 Schlafen & Essen

Cherry Grove
LP TIPP — VILLEN $$
(☎013-254 0421; www.cherry-grove. co.za; Cherry Grove Centre, Main Rd; EZ/DZ 500/970 R; ❄) Gleich neben dem Duck & Trout befinden sich diese stilvollen Luxusvillen im mediterranen Stil. Sie sind aus Stein und Holz erbaut und von den Balkonen im oberen Stock blickt man auf den Platz. Sie sind sehr intelligent gestaltet, sodass sie viel Licht einfangen, und die funktionstüchtigen Feuerstellen sorgen an kalten Abenden für angenehme Wärme.

Old Transvaal Inn
INN $
(☎013-254 0222; Naledi St; Zi. 175–300 R) Dieser Inn ist in einem wunderschönen alten Gebäude untergebracht und mit seinen einfachen Zimmern nach hinten raus ein ziemlich gutes Schnäppchen. Die Zimmer sind mit ihren tiefen Decken und winzigen Bädern sehr einfach aber sauber und zur Not ganz o.k. Hier ist auch das beste Süßigkeitengeschäft der Stadt untergebracht, in dem hausgemachte Karamellbonbons, Trüffel und andere Leckereien angeboten werden.

Critchley Hackle
COTTAGES $$$
(☎0861 226 787; www.critchleyhackle.co.za; Teding van Berkhout St; EZ/DZ inkl. Frühstück ab 1250/1900 R; @❄) Die beste Unterkunft der Stadt. Übernachtet wird in Cottages aus Stein, die über mit Blumen übersäten Grünflächen verstreut liegen. Die Zimmer haben Gewölbedecken, eine Sitzecke, einen offenen Kamin und eine Terrasse mit Blick auf einen kleinen See. Von dem tollen Restaurant mit Glasfront überblickt man den Garten. Das Critchley Hackle liegt in der nordöstlichen Ecke der Stadt und ist von der Hauptstraße aus angeschrieben.

Duck & Trout
INN $
(☎013-254 0047; leichte Gerichte ab 25 R; ⊙So–Do 11–22, Fr & Sa 10–22 Uhr) Ein toller Ort für eine Holzofenpizza und ein oder zwei Bier mit den Einheimischen, während sich die Kleinen im Spielbereich vergnügen. Im hinteren Teil gibt's auch einige Zimmer (EZ/DZ 230/360 R), die ganz gut möbliert sind und viel Platz bieten. Das Beste ist die Veranda vor dem Haus mit Blick auf die Landschaft der Umgebung.

Mayfly Restaurant
INTERNATIONAL $$
(Naledi St; Hauptgerichte 60–90 R) Auf der Speisekarte dieses stilvollen Restaurants stehen vor allem Pizza, Pasta und Steak mit Beilagen (die prallen, saftigen Muscheln in einer Knoblauch-Weißweinsauce sind super). Es gibt auch eine umfangreiche Weinkarte. Im geräumigen Inneren sorgen ein Holzofen und eine einfache aber stilvolle Einrichtung für eine angenehme Atmosphäre.

Legendz Cafe
CAFÉ $
(Cherry Grove Shopping Centre; Hauptgerichte 35–45 R) Das Café im Innenhof serviert recht guten Kaffee und eine Reihe hübsch hergerichteter Frühstücksoptionen. Mittags gibt's belegte Brötchen und Salat. Zwar befindet sich das Legendz Café ganz eindeutig nicht in Italien, die Besitzer haben aber alles gegeben, um dem Ort trotzdem ein mediterranes Flair zu verleihen.

❶ Praktische Informationen

First National Bank An der Hauptkreuzung; mit Geldautomat.

Video Shop & Internet Cafe (Dullstroom Centre; Internetzugang 1 R/Min.; ⊙11–18.30 Uhr)

❶ An- & Weiterreise

Minibus-Taxis verkehren zwischen Belfast und Lydenburg und halten in Dullstroom an der Hauptstraße. Am besten kommt man jedoch mit dem Auto hierher.

Waterval Boven

☎013 / 2500 EW.

Kletterer, Mountainbiker und andere Adrenalinjunkies zieht es in diesen winzigen Ort direkt neben der N4, wo Abenteuersport pur angeboten wird. Der größte Anbieter ist **Roc 'n Rope Adventures** (☎013-257 0363; www.rocrope.com), das eine Reihe von Klettertouren in der Umgebung organisiert. In der Vergangenheit gab es oben an den Steilhängen und auf dem Wegen rund um die Stadt schon Überfälle, deshalb sollte man sich bevor man loszieht über die aktuelle Situation erkundigen. Wer in dieser Gegend campen möchte, sollte die Touristeninformation oder Roc 'n Rope darüber informieren und immer so wenige Wertsachen wie möglich dabeihaben.

Die **Touristeninformation** (☎013-257 0444; www.linx.co.za/waterval-boven; ⊙Mo–Fr 8.30–16, Sa 8.30–13 Uhr) befindet sich von der N4 kommend gleich links am Ortseingang.

Wer gerne reiten möchte, wendet sich an **Blaaubosch Kraal Horse Trails** (☎013-256 9081; www.bbk trails.co.za), das zweistündige Ausritte für 150 R anbietet. Es liegt 8 km außerhalb an der Straße nach Lydenburg.

Im gemütlichen alten Pub-Restaurant **Shamrock Arms** (☎013 257 0888; www.shamrockarms.co.za; 68 Third Ave; EZ/DZ inkl. Frühstück 560/890 R; ☻abends) kommen große Portionen englischer Hausmannskost auf den Tisch. Die Wirtsleute sind die freundlichsten weit und breit. Im Shamrock gibt's auch sieben hübsche Zimmer der Vier-Sterne-Kategorie.

Wer auch beim Essen, Schlafen und sogar bei jedem Atemzug Kletterluft atmen möchte, der ist in der **Climbers' Lodge** (☎013-257 0363; www.rocrope.com; B/DZ/Chalet 80/170/550 R) genau richtig. Es gibt einige Schlafsäle, vier Doppelzimmer, eine Küche für Selbstversorger, eine Sonnenterrasse und komplett ausgestattete Chalets. Ein halber Tag Klettern (mit Ausrüstung und Anleitung) kostet pro Person 400 R.

Minibus-Taxis nach Nelspruit kosten 40 R (etwa 2 Std.); man kann sie entlang der Third Ave heranwinken.

Lydenburg

☎013 / 25 000 EW.

Lydenburgs breite Straßen und offene Plätze haben schon viel erlebt und rund um die Wahrzeichen der Stadt liegt ein Hauch von Geschichte in der Luft. Ein angenehmer Zwischenstopp auf dem Weg nach Jo'burg oder zum Kruger National Park.

Das **Lydenburg Museum** (Long Tom Pass Rd; Eintritt frei; ☻8–16 Uhr) ist an einem Regentag durchaus einen Besuch wert. Es befindet sich am Eingang zum **Gustav Klingbiel Nature Reserve** (Eintritt 10 R; ☻Mo–Fr 8–16, Sa & So 8–17 Uhr), etwa 3 km östlich der Stadt an der Rte 37. Das Naturschutzgebiet selbst ist eine Topadresse für Vogelbeobachtungen. Hier leben außerdem Zebras, Impala und Kudus.

Im **De Ark Guest House** (☎013-235 1125; www.dearkguesthouse.co.za; 37 Kantoor St; Luxus/Deluxe Zi. 770/945 R; ☒), einem Vier-Sterne-B & B, das im ältesten Gebäude der Stadt untergebracht ist, lohnt der Aufschlag für die Deluxe-Zimmer. Der Charme des 19. Jhs. ist in jedem Raum greifbar. Die **Lodge Laske Nakke** (☎013-235 2886; www.laskenakke.co.za; 540 R; Zi. 90 R/Pers.) bietet Backpacker-Unterkünfte sowie Optionen für Selbstversorger an.

Die Minibus-Taxis halten im Zentrum an der Ecke Voortrekker St und Clerq St. Es gibt tägliche Verbindungen nach Sabie (35 R, 1 Std.) und Belfast (45 R, 1½ Std.).

Sabie

☎013 / 12 000 EW. / 1100 M

Sabie ist wunderschön: Die Straßen sind von Pinienplantagen gesäumt und in den grünen Bergen der Umgebung locken Wasserfälle, Bäche und Wanderwege. Ein toller Ort, um einige Tage zu verbringen. Outdoor-Fans kommen u. a. beim Raften, Canyoning (hier auch Kloofing genannt) und Wandern voll auf ihre Kosten. Anfang 2012 war Sabie Ausgangspunkt der UCI Mountainbike-Marathon-Weltmeisterschaft.

◉ Sehenswertes & Aktivitäten

Wasserfälle   WASSERFÄLLE
Wer Wasserfälle mag, wird begeistert sein, denn rund um Sabie gibt's unzählige **Wasserfälle** (Eintritt je 5–10 R). Dazu gehören die unmittelbar nördlich der Stadt an der Rte 532 nach Graskop gelegenen **Sabie Falls**, die 70 m hohen, nordwestlich von Sabie abseits der Old Lydenburg Rd gelegenen **Bridal Veil Falls**, die ebenfalls abseits der Old Lydenburg Rd gelegenen, 68 m hohen **Lone Creek Falls** mit rollstuhlgerechtem Zugang (rechter Weg) sowie die nahen **Horseshoe Falls**, die sich etwa 5 km südwestlich der Lone Creek Falls befinden. Die beliebten **Mac-Mac Falls**, etwa 12 km nördlich von Sabie, abseits der Rte 532 nach Graskop gelegen, verdanken ihren Namen den vielen Schotten des hiesigen Bergbauregisters. Etwa 3 km südwestlich der Wasserfälle befinden sich die **Mac-Mac Pools**, in denen man schwimmen kann.

Cycle Junkies   FAHRRADVERLEIH
(☎013-764 1149; www.cyclejunkies.co.za) In der Umgebung gibt es mehrere hervorragende Mountainbike-Trails von 13 bis 45 km Länge. Die Bikes dazu (3 Std. 60 R, ganzer Tag 300 R) und Infos zu Genehmigungen (30 R) gibt's hier.

Sabie Xtreme Adventures   ABENTEUER
(☎013-764 2118; www.sabiextreme.co.za) Dieser Anbieter in der Sabie Backpackers Lodge kann für Abenteuerfans Kloofing, Caving bei Kerzenschein, Rafting, Ausflüge durch den Blyde River Canyon und vieles mehr organisieren.

Komatiland Forestry Museum   MUSEUM
(Ecke Ford St & Tenth Ave; Erw./Kind 5/2 R; ☻Mo–Fr 8–16.30, Sa 8–12 Uhr) Dieses Museum informiert über die hiesigen Wälder und die Geschichte der südafrikanischen Holzindustrie. Rollstuhlgerechter Zugang.

Sabie

Schlafen

Artists' Café & Guest House
LP TIPP
BAHNHOFSZIMMER $

(☏078 876 9293; Zi. 250 R/Pers.) Ein wundervoll sonderbarer Ort in Hendriksdal, etwa 15 km südlich von Sabie an der Rte 37. Die Gäste sind in einem alten Bahnhofsgebäude untergebracht, dessen umgebaute Zimmer mit allerlei alten Schildern und anderem seltsamem Zeug ausgestattet sind. Am besten ist der „Erste-Klasse-Warteraum" mit seinem riesigen Bad und einer bequemen Couch.

Sabie Townhouse
B&B $$

(☏013-764 2292; www.sabietownhouse.co.za; Power St; EZ/DZ 425/800 R; ✷) Ein hübsches Gebäude aus Stein mit einem Pool, einer Terrasse und einem tollen Blick über die Hügel der Umgebung. Hier erfährt man noch traditionelle Gastfreundschaft von einem älteren Paar aus Simbabwe, das vor vielen Jahren vor dem Elend in seinem Land geflo-

Sabie

⊙ Sehenswertes
1 Komatiland Forestry Museum A3

⊕ Aktivitäten, Kurse & Touren
2 Cycle Junkies B4
Sabie Xtreme Adventures .... (siehe 3)

🛏 Schlafen
3 Sabie Backpackers Lodge A2
4 Sabie Townhouse B1

⊗ Essen
5 Petena's Pancakes A4
6 Wild Fig Tree B4
7 Woodsman B4

🛍 Shoppen
Bookman's Corner .... (siehe 7)
8 Mphozeni Crafts................................. B4

hen ist. Hier gibt's zwar weder WLAN noch schicke Extras, dafür bekommt man Platz, Einfachheit und das Zwitschern der Vögel.

Country Kitchen
KNEIPE $$

(☏013-764 2091; Main St; EZ/DZ 400/600 R) Im hinteren Teil dieser Kneipe mit Restaurant gibt es einige recht hübsche Zimmer in einer ansonsten eher schmucklosen Umgebung rund um einen Konferenzraum. Die Zimmer sind geschmackvoll eingerichtete und bieten ein hervorragendes Preis-Leistungs-Verhältnis. Für ein leckeres Abendessen befinden sich The Wild Fig oder das Woodsman nur einen kurzen Fußweg entfernt. Auch Petena's Pancakes ist nur ein paar Häuser weiter.

Sabie Backpackers Lodge
HOSTEL $

(☏013-764 2118; www.sabiextreme.co.za; Main St; Stellplatz 70 R/Pers., B 120 R, DZ ohne Bad 260 R, DZ 300 R; @✷) Ein recht rustikales Hostel in guter Lage mitten in der Stadt. Die Schlafsäle sind klein und die Doppelzimmer mit Bad winzig, dafür aber gut eingerichtet und sauber. Es werden regelmäßig Grillabende und Partys veranstaltet, aber auch wer Entspannung sucht findet hier ein Plätzchen. Sabie Xtreme Adventures hat hier seinen Sitz. Die Besitzer der Lodge holen einen gern in Nelspruit ab.

Billy Bongo Backpackers
HOSTEL $

(☏072 370 7219; www.billybongobackpackers. co.za; Old Lydenburg Rd; Stellplatz 60 R/Pers, B/EZ/DZ 90/100/200 R) Hier liegt Partystimmung in der Luft. Jeden Abend wird getrunken, getrommelt und es gibt ein Lager-

ALL DIE VIELEN JUNGEN BÄUME...

Die Plantagenwälder rund um Sabie – Pinien und Eukalyptus – gehören zu den größten künstlich angelegten Wäldern der Welt. Ihr Bestand wurde vor fünf, sechs Jahren durch Waldbrände stark dezimiert und es wird um die 25 Jahre dauern, bis sich der Wald wieder komplett davon erholt hat.

feuer. Zu finden ist das Billy Bongo abseits der Main St nach etwa 1 km auf der alten Lydenburg Rd.

Lone Creek River Lodge LODGE $$$
(013-764 2611; www.lonecreek.co.za; Old Lydenburg Rd; EZ/DZ 1075/1650 R, Suite EZ/DZ 1325/2150 R; @❄☐) In der Lone Creek River Lodge gibt's sowohl luxuriöse Zimmer im Haupthaus als auch Einzelsuiten unmittelbar am Fluss, Holzlodges für Selbstversorger und zwei Süßwasserbecken. Die Zimmer mit Blick auf den Fluss sind besonders empfehlenswert.

 Essen & Ausgehen

LP TIPP Wild Fig Tree SÜDAFRIKANISCH $$
(013-764 2239; Ecke Main St & Louis Trichardt St; leichte Gerichte 35–60 R, Hauptgerichte 90–120 R; ☾morgens, mittags & abends) Hier gibt's eine fleischlastige Speisekarte und eine einladende Atmosphäre mit Kerzen und afrikanischen Wanddrucken. Abends sind die südafrikanischen Meze ganz lecker, die u.a. aus Straußenmedaillons oder Krokodil-Kebab bestehen. Die Ploughman- (Bauern-) oder Forellenplatte sind ein heißer Tipp fürs Mittagessen. Die Tische auf dem luftigen Balkon laden dazu ein, hier einen entspannten Nachmittag zu verbringen.

Woodsman GRIECHISCH $$
(013-764 2204; Main St; Hauptgerichte 60–100 R) Das Woodmans ist halb Kneipe, halb Restaurant und hat mit seinen Souvlakis, gegrillten Tintenfischen und Mezede einen leicht griechischen Touch. Andere Speisen orientieren sich aber auch an dem, was die Region bietet, wie gebratene Forelle oder Straußenfleisch in Rotweinsauce mit Oregano. Hier ist für fast jeden etwas dabei, sei es nun ein lautstarkes Bier an der Bar oder ein stilvolles Abendessen bei Kerzenschein auf dem Balkon.

Petena's Pancakes PFANNKUCHEN $
(Main St; Pancakes 40–55 R; ☾9–17 Uhr) Hier gibt's eine köstliche Auswahl an deftigen und süßen Pfannkuchen. Ein superleckerer Favorit ist der Pancake mit Eis, Schokosauce und Nüssen. Dazu gibt's eine tolle Aussicht. Petena's liegt einige hundert Meter südlich der Ortschaft an der Main St.

 Shoppen

Mphozeni Crafts KUNST & KUNSTHANDWERK
(013-764 2074; thewoodsman.co.za; 94 Main St; ☾8.30–17.30 Uhr) Hier gibt's jede Menge afrikanische Kunst und Kunsthandwerk sowie hochwertige Textilien zu kaufen.

 Praktische Informationen

Bookman's Corner (Ecke Main St & Mac-Mac St; ☾Mo–Fr 9–16.30, Sa 8.30–16, So 8–16.30 Uhr) Der Second-Hand-Laden für Bücher liegt gleich neben dem Woodsman. Ein nettes Gespräch gibt's gratis dazu.

First National Bank (Market Sq) Hat einen Geldautomaten.

Touristeninformation (082 736 8253; Main St; ☾Mo–Fr 8–17, Sa 8–13 Uhr) Neben der Engen-Tankstelle. Sehr hilfsbereit; die Öffnungszeiten werden flexibel ausgelegt.

Trips SA (013-764 1177; www.sabie.co.za; Main St) Informationszentrum und Buchungsbüro für Touren und Unterkünfte.

Vodacom (Market Square, Main St; Internet 15/60 Min. 15/45 R; ☾Mo–Fr 9–17, Sa 9–12 Uhr) Internetzugang.

 An- & Weiterreise

Täglich fahren Busse von Jo'burg nach Nelspruit, von wo es mit einem Minibus-Taxi weiter nach Sabie geht (30 R, 1 Std. von Nelspruit nach Sabie). Es gibt auch zahlreiche Minibus-Taxis nach und von Hazyview (30 R, 1 Std.). Die Haltestelle für Minibus-Taxis befindet sich neben der Engen-Tankstelle.

Pilgrim's Rest

013 / 600 EW.

Im winzigen Pilgrim's Rest scheint die Zeit stillzustehen. Es ist ein vollständig erhaltenes Goldgräberstädtchen mit Holz- und Wellblechhäusern, die eine hübsche, gepflegte Hauptstraße säumen. Touristen werden hier scharenweise hergekarrt und der Ort wirkt zu manchen Tageszeiten überlaufen und künstlich. Deshalb besucht man Pilgrim's Rest am besten früh morgens oder bleibt über Nacht – dann kommt man den Geistern der Vergangenheit am nächsten.

Vorsicht vor den inoffiziellen Parkplatzwächtern, die in harschem Wettbewerb zueinander stehen und versuchen, die Autos auf Parkplätze am Straßenrand zu lotsen.

👁 Sehenswertes & Aktivitäten

Eintrittskarten für die vier wichtigsten Museen im Ort bekommt man im Informationszentrum.

Museen

MUSEUM

(Eintritt für alle vier Museen 12 R; ⏲jew. 9–12.45 & 13.45–16 Uhr). Das **Printing Museum** beschäftigt sich mit der Geschichte der Druckerei im Ort und zeigt eine Sammlung alter Druckerpressen. Das **House Museum** ist ein restauriertes viktorianisches Gebäude mit unzähligen Schwarz-Weiß-Fotos, alten Puppen und Möbeln, darunter auch eine geschnitzte Holzkommode im Hauptschlafzimmer. Der **Dresden Store** wurde im Stil eines typischen Gemischtwarenladens aus den 1930er-Jahren eingerichtet – sogar an die fliegenden Keramikenten an der Wand wurde gedacht. Liebhaber von Oldtimern sollten sich das **Central Garage Transport Museum** anschauen, in dem die Entwicklung des Verkehrs im Ort zwischen den 1870er- und den 1950er-Jahren nachgezeichnet wird.

Alanglade

MUSEUM

(☎013-768 1060; Eintritt 20 R; ⏲Führungen Mo–So 11 & 14 Uhr) Die frühere Residenz eines Minenverwalters am nördlichen Rand des Dorfes wurde im Stil der 1920er-Jahre wunderschön mit echten Artefakten dieser Zeit hergerichtet. Führungen müssen 30 Minuten im Voraus gebucht werden.

Diggings Museum

MUSEUM

(Führungen Erw./Kind 12/6 R; Führungen 10, 11, 12, 14 & 15 Uhr) Unmittelbar östlich des Ortes an der Straße nach Graskop liegt dieses Freiluftmuseum, in dem man sehen kann, wie früher Gold gewaschen wurde. Eintritt nur im Rahmen einer vom Informationszentrum organisierten Führung.

🛏 Schlafen & Essen

Royal Hotel

HOTEL $$

(☎013-768 1100; www.royal-hotel.co.za; EZ/DZ inkl. Frühstück ab 550/800 R; ❄) Es lohnt sich auf jeden Fall, eine Nacht in diesem eleganten, historischen Gebäude im Zentrum von Uptown zu verbringen. Die Zimmer sind mit Bädern im viktorianischen Stil ausgestattet und haben Messingbetten und andere Besonderheiten aus jener Zeit. Die

meisten von ihnen liegen nicht im Hauptgebäude, sondern sind in Häusern entlang der Hauptstraße untergebracht, viele davon mit Veranden und einem tollen Ausblick. Die benachbarte Church Bar ist eine gute Location für einen Drink.

Pilgrim's Rest Caravan Park

WOHNWAGENPARK $

(☎072 820 4033; Zelt 120 R, Stellplatz Erw./Kind 60/35 R, Pension Zi. 300 R/Pers.; ⛴) Ein wunderschöner Campingplatz direkt am Ufer des Blyde River mit großem Gelände und Grillstellen. Es gibt auch eine Pension.

Stables Deli & Cafe

CAFÉ $

(Uptown; Gerichte 15–35 R; ⏲8.30–17 Uhr) Ein süßes kleines Café in Uptown mit Wellblechdach und im Freien Tischen und Bänken aus Holz. Es werden leichte Gerichte, Sandwiches, Salate, herzhafte und süße Pfannkuchen und offene Qualitätsweine angeboten. Die Auswahl an Speisen ist zwar begrenzt, die Qualität ist dafür gut.

ℹ Praktische Informationen

Im Ort gibt's ein hilfsbereites **Visitor Information Centre** (☎013-768 1060; Main St, Uptown; ⏲9–12.45 & 13.15–16.30 Uhr).

ℹ An- & Weiterreise

Zwischen Pilgrim's Rest und Graskop verkehren unregelmäßig Minibus-Taxis; die meisten Fahrzeuge, die man auf dieser tückischen Strecke antrifft, sind allerdings private Pkws.

Graskop

☎013 / 2000 EW. / 1450 M

Obwohl Graskop ein beliebter Stopp auf der Route vieler Touristenbusse ist, scheint das kleine Städtchen diese Massen mühelos zu schlucken, sodass im Ort immer noch genug Platz für alle ist. Der kleine Ort gehört zu den hübschesten der Umgebung, ist sonnenverwöhnt, hat verschlafene Nebenstraßen und egal wo man hinschaut rückt eine sanfte Hügellandschaft ins Blickfeld. Die Infrastruktur für Besucher ist mit Pensionen, Restaurants und Kunsthandwerksläden sehr gut. Im Sommer sind nachmittags die Terrassen der Restaurants gefüllt und es herrscht eine freundliche Geschäftigkeit. Graskop bietet sich auch als Standort für Ausflüge in den Blyde River Canyon an und der Ausblick über den Rand des nahegelegenen Drakensberg Escarpment ist atemberaubend.

MPUMALANGA GRASKOP

⊙ Sehenswertes & Aktivitäten

In der Umgebung gibt es gute Wander- und Mountainbikemöglichkeiten. Trips SA oder das Touristenbüro können Wegbeschreibungen geben. Das Graskop Valley View Backpackers verleiht auch Fahrräder (280 R/Tag).

Big Swing SCHLUCHT-PENDELSCHWUNG
(☎013-737 8191; Einzel-/Tandemsprung 320/480 R, Zip-Line nur 70 R) Mit einem freien Fall von 68 m (das entspricht dem Sturz aus einem 19-stöckigen Gebäude in weniger als 3 Sekunden) ist dies einer der höchsten Kabelpendel-Schwünge über einer Schlucht weltweit. Nach dem Fall schwingt man wie ein Pendel hin und her und hat einen tollen Blick in die Graskop Gorge. Es gibt auch eine 135 m lange Zip-Line (Seilrutsche). Zu finden ist die Big Swing 1 km außerhalb des Ortes an der Straße nach Hazyview. Mut kann man sich in der Lodge gleich nebenan antrinken.

🛏 Schlafen

LP TIPP Graskop Valley View Backpackers HOSTEL $
(☎013-767 1112; www.yebo-afrika.nl; 47 de Lange St; Stellplatz 70 R/Pers., B 100 R, 2BZ 240–290 R; ❄☎) Das freundliche, von Holländern geführte Hostel bietet eine Reihe von Zimmern in hervorragendem Zustand sowie *rondavels* (Rundhütten) und ein Apartment für Selbstversorger. Die Besitzer können Abenteuer-Touren organisieren und vermieten Mountainbikes (200 R/Tag). Von der Straße nach Sabie biegt man an der ersten Kreuzung nach links ab und biegt dann erneut nach links in die Lange St ein. Wärmstens empfohlen.

Graskop Hotel HOTEL $$
(☎013-767 1244; www.graskophotel.co.za; Ecke Hoof St & Louis Trichardt St; EZ/DZ inkl. Frühstück 550/800 R; ❄☎) Die Zimmer hier sind schick, stilvoll und individuell gestaltet. Einige von ihnen wurden mit Kunst- und Designgegenständen zeitgenössischer südafrikanischer Künstler ausgestattet. Die Zimmer im hinteren Teil sind in kleinen Landhäusern untergebracht und mit Möbeln wie aus der Puppenstube ausgestattet (dafür aber extrem komfortabel); dieser Eindruck wird durch die Glastüren, die sich nach hinten in einen üppig grünen Garten öffnen, noch verstärkt.

Autumn Breath B&B $$
(☎082 877 2811; www.autumnbreath.co.za; Louis Trichardt St; Zi. inkl. Frühstück 275–365 R/Pers.) Dieses urige B&B hat drei moderne Zimmer. Am besten ist Nr. 1, das groß, blau und riesig ist. Nr. 2 hat einen Balkon und ist auch nicht schlecht. Das Restaurant im Erdgeschoss serviert auf dem Rasen unter einem freundlichen Sonnensegel Sandwiches, hausgemachte Kuchen und selbstgebrautes Ingwer-Bier.

Le Gallerie PENSION $$
(☎013-767 1093; www.legallerie.co.za; Ecke Louis Trichardt St & Oorwinning St; EZ/DZ 630/1160 R; @) Die drei Zimmer in dieser Luxuspension mit Kunstgalerie sind luxuriös eingerichtet und haben alle einen separaten Eingang. Le Gallerie erhält beste Kritik von Travellern.

Blyde Chalets COTTAGES $$
(☎013-767 1316; www.blydechalets.co.za; Louis Trichardt St; Chalets für 2/3/4 Pers. 495/565/655 R; ❄☎) Einfache Cottages für Selbstversorger in zentraler Lage, jeweils mit Küche, Wohnzimmer und *braai* (Grill).

Graskop

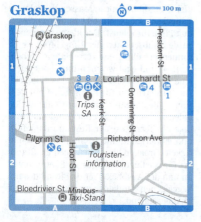

Graskop

🛏 Schlafen
1 Autumn Breath B1
2 Blyde Chalets B1
3 Graskop Hotel A1
4 Le Gallerie B1

⊗ Essen
5 Canimambo A1
6 God's Window Rest A2
7 Harrie's Pancakes A1

🛍 Shoppen
8 Delagoa..A1

Essen

Canimambo PORTUGIESISCH $$
(013-767 1868; Ecke Hoof St & Louis Trichardt St; Gerichte 70–120 R; morgens, mittags & abends;) Das Canimambo ist ein portugiesisch-mosambikanisches Lokal mit scharfem Eintopf und Grillgut sowie hervorragenden Gerichten mit Meeresfrüchten. Empfehlenswert ist beispielsweise der Bohneneintopf mit Chorizo oder gegrilltem Hähnchenfleisch, aber auch die verschiedenen Garnelenkreationen des Canimambo sind traumhaft.

God's Window Rest SÜDAFRIKANISCH $$
(Pilgrim St; Hauptgerichte 60–110 R, leichte Mittagsgerichte 40–50 R; 9.15–20.30 Uhr) Hier werden leichte Mittags- und Abendessen wie Pizza, Curry- sowie Grillgerichte und seltener auch Gemüse serviert. Auf den Bänken im Freien lässt sich gut die kühle Brise genießen. Wer mutig genug ist, kann das Biltong und die Schimmelkäsesuppe probieren. Im Innern des Restaurants herrscht ein altmodisches, ländliches Flair.

Harrie's Pancakes PFANNKUCHEN $
(Louis Trichardt St; Pfannkuchen 45–65 R; 8–19 Uhr) Das schicke, weiße, minimalistische Interieur mit der modernen Kunst und dem skurrilen Touch will nicht so richtig zum Stil der Küche passen. Die typischen Frühstücks-Pfannkuchen sucht man vergeblich, stattdessen kommen hier vor allem deftige sowie exotische Variationen und auch einige süße Ausführungen auf den Tisch. Auch wenn Harrie's nicht ganz hält, was sein guter Ruf verspricht, so ist es doch ein netter Ort für ein Frühstückscroissant und frisch gebrühten Kaffee.

Shoppen

Es gibt mehrere gute Kunsthandwerksläden im Ort, die vor allem rund um die Louis Trichardt St angesiedelt sind. Obwohl natürlich auch viel Schund dabei ist, gibt's doch hier und da hochwertige Stücke zu finden.

Delagoa KUNST & KUNSTHANDWERK
(013-767 1081; Louis Trichardt St; 8–18 Uhr) Im Delagoa ist immer was los. Unter all dem Kunsthandwerk aus ganz Afrika sind vor allem die Webarbeiten aus dem Kongo außerordentlich beeindruckend. Die Kinderkleidung ist nicht gerade günstig, dafür stimmt die Qualität und sie ist auf jeden Fall einzigartig.

Praktische Informationen

Daan's Internet Cafe (Ecke Monument St & Bloedrivier St; 15 R/30 Min.; 8–18 Uhr).

First National Bank (Kerk St) Unmittelbar nördlich der Louis Trichardt St gibt's einen Geldautomaten.

Touristeninformation (013-767 1833; Pilgrim St; Mo–Sa 8.30–17 Uhr) Im Spar-Supermarkt.

Trips SA (013-767 1886; www.tripsza.com; Louis Trichardt St; Mo–Sa 8–16.30 Uhr).

An- & Weiterreise

Der **Minibus-Taxi-Stand** (Hoof St) befindet sich am südlichen Ortsrand. Jeden Morgen gibt es Verbindungen nach Pilgrim's Rest (10 R, 30 Min.), Sabie (20 R, 40 Min.) und Hazyview (22 R, 1 Std.).

Blyde River Canyon

Der Blyde River Canyon ist der drittgrößte Canyon der Welt und eines der herausragendsten Naturdenkmäler Südafrikas. Deshalb überrascht es auch, dass hier nur sehr wenige internationale Besucher anzutreffen sind. Wer den Canyon jedoch an einem klaren Tag erlebt, dem wird seine schiere Größe und Schönheit unvergesslich bleiben.

Ein großer Teil der Schlucht grenzt an das 26 000 ha große **Blyde River Canyon Nature Reserve** (Eintritt pro Pers./Auto 25/5 R) an. Dieses erstreckt sich nördlich von Graskop über das Drakensberg Escarpment bis zum Blyde River, der sich von dort hinunter ins Lowvelt schlängelt. Die meisten Besucher fahren am oberen Rand der Schlucht entlang, wo unterwegs zahlreiche Aussichtspunkte die Möglichkeit bieten, die Schlucht zu bewundern. Wer genügend Zeit dabei hat, sollte das Ganze allerdings lieber zu Fuß erkunden.

Aktivitäten

Belvedere Day Walk WANDERN
(5 R; 5 Std.) Die kurze aber durchaus anstrengende Tageswanderung Belvedere Day Walk führt über einen Rundweg zum Wasserkraftwerk Belvedere an den Bourke's Luck Potholes. Das Kraftwerk wurde 1911 erbaut und war früher das größte seiner Art auf der südlichen Erdhalbkugel. Gebucht werden kann an den Potholes. Während der Wanderung sollte man nicht direkt am Fluss entlanggehen, sondern stattdessen an

ABSTECHER

UNTERWEGS IM BLYDE RIVER CANYON

Wer von Graskop aus nach Norden fährt, schaut sich am besten zuerst den **Pinnacle** an, eine gigantische hochhausähnliche Felsformation (das Auto sollte man abschließen, denn es hat hier Diebstähle gegeben). Etwas weiter Richtung Norden an der R534 (eine Schleife, die von der R532 abgeht) befinden sich **God's Window** und **Wonder View** – zwei Aussichtspunkte, die einen fantastischen Ausblick bieten und eine noch fantastischere Zahl an Souvenirständen. Bei God's Window lohnt es sich, den Weg zum Regenwald hinauf zu gehen (300 Stufen), wo seltene Vögel und auch der scheue Loerie leben.

Bei der Rückfahrt zur R532 empfiehlt sich der 2 km lange Abstecher Richtung Süden zu den eindrucksvollen **Lisbon Falls** (wer abends nach Graskop zurückkehrt, kann sich dies für den Nachmittag aufheben).

Der Blyde River Canyon beginnt nördlich der Wasserfälle bei den **Bourke's Luck Potholes**. Diese bizarren zylindrischen Löcher entstanden durch Wasserstrudel unweit des Zusammenflusses von Blyde und Treuer, die über die Jahrtausende den Fels aushöhlten. Dort befindet sich auch ein **Besucherzentrum**, in dem man den Eintritt für das Naturschutzgebiet zahlt. Es bietet außerdem einige Informationsmaterialien über die Geologie des Canyons und die ihn umgebende Flora und Fauna.

Bei der Weiterfahrt Richtung Norden geht's vorbei an den Bourke's Luck Potholes ins Zentrum des Naturschutzgebiets zu einem weiteren Aussichtspunkt mit Blick auf die **Three Rondavels**: Die gewaltigen runden Felsen mit ihren mit Gras bewachsenen Spitzen erinnern an riesige Hütten, die scheinbar in den Canyonrand geschlagen wurden. Hier beginnen auch einige kurze Wanderwege zu weiteren Aussichtspunkten, von denen aus der Blydepoort Dam am Nordende des Schutzgebietes zu sehen ist.

Im Westen liegen außerhalb des Schutzgebiets und etwas abseits von der R36 die **Echo Caves** (Eintritt & Führung Erw./Kind 50/20 R), in denen man steinzeitliche Überreste fand. Die Höhlen wurden nach dem Echo benannt, das zu hören ist, wenn jemand auf die Tropfsteingebilde klopft.

---

der Pension nach links abbiegen. Dort führt ein Weg zu einigen wunderschönen Wasserfällen und Felsenbecken.

Informationen zu weiteren Wanderungen in der Umgebung erhält man im Forever Blyde Canyon Resort, wo man sich aus sechs verschiedenen Wanderungen seine eigene Route zusammenstellen kann.

🛏 Schlafen

Die Schlucht kann mit dem Auto leicht in einem Tagesausflug ab Graskop, Sabie oder Pilgrim's Rest erkundet werden. Wer danach weiter nach Norden zieht, sollte im oder nahe dem Naturschutzgebiet oder in Hoedspruit übernachten.

Forever Blyde Canyon   RESORT $$
(☏0861 226 966; www.foreverblydecanyon.co.za; Stellplatz 120 R/Pers., Selbstversorger-Chalet für 2/4 Pers. 725/1040 R, Deluxe-Chalets für 2/4 Pers. ab 820/1550 R; ▨🤖) Dieses weitläufige Resort hat eine breit gefächerte Auswahl an Unterkünften. Einen atemberaubenden Ausblick auf die drei *rondavels* bieten Nummer 89 bis 96. Die soliden Ziegelstein-Chalets sind sehr gut eingerichtet; wer et-

was mehr bezahlt, bekommt eine bessere Aussicht und mehr Platz. Unbedingt auf die frechen Paviane achten – während der Recherche für dieses Kapitel fiel ein Laib Brot in die flinken Hände eines solchen Primaten, als dieser durchs Fenster in die Küche huschte!

Thaba Tsweni Lodge   CHALETS $$
(☏013-7671380; www.blyderivercanyonaccommo dation.com; DZ ab 600 R, Frühstück 75 R) In hübscher Lage, nur einen kurzen Spaziergang von den an der Panoramaroute gelegenen Berlin Falls entfernt, befinden sich mehrere Chalets für Selbstversorger mit Wänden aus Stein, Überdecken mit afrikanischen Drucken, Küchen, eigenen Gartenbereichen mit Grillgelegenheiten, holzbefeuerten Öfen und einem wunderschönen Ausblick. Sie sind unmittelbar abseits der Rte 352 in Richtung der Berlin Falls zu finden.

Forever Resort Swadini   RESORT $$
(☏015-795 5141; www.foreverswadini.co.za; Stellplatz 105 R, zusätzlich 53 R/Pers., Selbstversorger-Chalet für 6 Pers. 1200 R; ▨▨) Das Besondere an diesen einfachen Chalets sind die

gute Lage und der schöne Ausblick. Neben Wanderungen organisiert das Resort auch Rafting, Abseiltouren und mehr. Es befindet sich am nördlichen Ende des Schutzgebietes am Blyde River und etwa 5 km vom Blydepoort Dam entfernt. Es gibt einen Supermarkt, eine Spirituosenhandlung und eine Wäscherei.

EASTERN LOWVELD

Das heiße und trockene Eastern Lowveld wird vor allem als Zwischenstopp auf dem Weg zum oder vom Kruger National Park genutzt. Während Barberton ein richtiges Wohlfühl-Städtchen ist und an die glorreichen Zeiten des Goldrauschs erinnert, kann man in Nelspruit Großstadtluft schnuppern. Zudem gibt's hier zahlreiche Landhäuser, die Lust auf den gewaltigen Kruger National Park machen.

Hazyview

013 / 20 000 EW.

Hazyview verläuft ohne ein richtiges Zentrum entlang der Rte 40. Zur Stadt hat es sich nur dank seiner Nähe zum Kruger National Park entwickelt. Die Stadt hat gute Unterkünfte, ein paar ganz passable Restaurants und bietet sogar einige Aktivitäten, um Besucher, die hier ein paar Tage stranden, zu unterhalten. Folgende Eingänge zum Nationalpark liegen in der Nähe: Phabeni (12 km), Numbi (15 km) und Paul Kruger (47 km).

Sehenswertes & Aktivitäten

Shangana Cultural Village   KULTURDORF
(013-737 5804; www.shangana.co.za; 9–16 Uhr) Etwa 5 km nördlich der Stadt an der R535 befindet sich eine sehr touristische Nachahmung einer traditionellen Shangaan-Gemeinschaft. Zu unterschiedlichen Tageszeiten werden verschiedene Aspekte des traditionellen Lebens präsentiert, z.B. ein Markt, landwirtschaftliche Tätigkeiten, Häuserbau, Ausstellungen von Uniformen und Waffen der *masocho* (Krieger), Erzählungen eines *sangoma* (Heiler) über Traditionen und Geschichte, Kochen, Tanzen und das Trinken des Biers *byala*. Tagestouren kosten 120 R, für einen Besuch in der Mittagszeit mit traditionellem Essen werden 260 R fällig, und für das Abendprogramm mit einem guten Abendessen bezahlt man

300 R. Hier befindet sich auch der Marula-Markt für Handwerkskunst.

Elefantenschutzgebiet   ELEFANTEN
(013-737 6609; www.elephantsanctuary.co.za; Führungen Erw./Kind ab 450/225 R; Führungen ab 7.15 Uhr) Neben Caso Do Sol an der R536 befindet sich dieses Schutzgebiet, in dem verschiedene interaktive Führungen mit den majestätischen Tieren angeboten werden, darunter auch ein Spaziergang mit den Tieren, Elefantenreiten und ein Ausflug mit den Dickhäutern bei Sonnenuntergang.

Schlafen & Essen

Idle & Wild   PENSION $
LP TIPP (013-737 8173; Rondavel ab 340 R; P) In einer traumhaft tropischen Gartenanlage, bei der das Herz Freudentänze aufführen wird (ehrlich!) stehen diese hervorragenden *rondavels*. Die Standardausführung ist o. k. – sehr geräumig und mit Küchennische. Die Flitterwochen-*rondavel* (zusätzlich 100 R) hat etwas hübschere Bettwäsche und einen großen Whirlpool. Alle haben einen netten Blick auf den Garten und Tische und Stühle im Freien, um diesen auch zu genießen. Das Frühstück kostet 80 R extra. Die Pension befindet sich 5 km von Hazyview entfernt an der R536 nach Sabie.

Bushpackers   HOSTEL $
(013-737 8140; www.bushpackers.co.za; Stellplatz 60 R, B 100 R, DZ 300–400 R;) Diese einfache Unterkunft hat saubere und geräumige Schlafsäle und einige Zweibettzimmer mit oder ohne Bad. Es gibt eine tolle Bar, hausgemachte Gerichte und es können viele Outdoor-Aktivitäten wie Raften, Wandern, Kloofing sowie Ausflüge in den Kruger National Park organisiert werden. Das Bushpackers liegt 3 km von Hazyview entfernt, unmittelbar abseits der R536 (Sabie Rd).

Summerfields   FUSION $$
(013-737 6500; Hauptgerichte 105 R; mittags & abends) Lust auf etwas Romantik? Dann ist das Summerfields etwa 5 km außerhalb des Orts an der R536 genau das Richtige. Das Essen – Fleisch mit Sahnesaucen, Butterforelle oder sündhafte Desserts – ist eher von der deftigen Sorte. Es ist hübsch angerichtet und die weitläufige Veranda ist an heißen Nachmittagen mit der sanften Brise Gold wert. Zu empfehlen ist der Carpaccio-Salat: Springbock, Parmesan, Tomaten und Rucola mit einem mächtigen Maracuja-Dressing.

Pioneer Restaurant
STEAKHOUSE **$$**

(☎013-737 7397; Rendezvous Tourism Centre; Hauptgerichte 70–120 R; ☺Mo–Sa mittags & abends) Denee Fick ist eine bekannte südafrikanische Köchin, die in diesem modernen Restaurant eine Kostprobe ihres großen Talents gibt. Ihre Spezialitäten sind perfekt gegarte feine Rindfleischscheiben: unbedingt das Filet mit Pilzsauce probieren. Auch Meeresfrüchte und einheimische Speisen wie Straußenfleisch kommen auf den Tisch.

ⓘ Praktische Informationen

Im Simunye Shopping Centre gibt's einen Geldautomaten und einen Checkers-Supermarkt. Auch Perry's Bridge und Rendezvous haben Geldautomaten.

Big 5 Country Tourist Office (☎013-737 8191; www.big5country.co.za; ☺Mo–Fr 8–17, Sa 8–14 Uhr) Diese hilfsbereite Touristeninformation befindet sich im Rendezvous Tourism Centre. Dieses liegt gleich an Hazyviews Ortseingang von Süden her kommend.

Paper Chain (☎013-737 6537; Perry's Bridge; 15 R/15 Min.; ☺Mo–Fr 8–17, Sa 9–13 Uhr) Schneller und teurer Internetzugang.

ⓘ Anreise & Unterwegs vor Ort

Der tägliche City-to-City-Bus zwischen Jo'burg und Acornhoek hält an der Shell-Tankstelle in Hazyview (150 R ab Jo'burg). Minibus-Taxis fahren täglich nach Nelspruit (30 R, 1 Std.) und Sabie (30 R, 1 Std.).

White River

☎013 / 10 000 EW. / 950 M

White River (Witrivier) ist eine unscheinbare Stadt aus der Zeit der Burenkriege. Hier fällt weniger Regen als in Nelspruit,

wodurch der Ort ein praktischer Ausgangspunkt für einen Ausflug in den Kruger National Park ist. Es gibt zwei gute Einkaufszentren: In der ländlichen Casterbridge Farm finden sich gute Restaurants und Geschäfte, Kunstgalerien und ein Kino, im Bagdad Centre gibt's falsche kapholländische, marokkanische und sansibarische Architektur und gute Restaurants. Die Einkaufszentren befinden sich nur 2 km nördlich der Stadt an der R40 nach Hazyview und liegen sich direkt gegenüber.

🛏 Schlafen & Essen

Karula Hotel
HOTEL **$$**

(☎013-751 2277; www.karulahotel.co.za; Old Plaston Rd; Zi. ab 430 R; ✻❄🛜) Nur wenig außerhalb der Stadt (an der R538, 2 km südlich von White River) befindet sich in einer kleinen, grünen Oase dieses friedliche Mittelklassehotel, das, inmitten von Jacarandabäumen und Bougainvilleen, einen entspannten Aufenthalt verspricht. Die Zimmer sind etwas in die Jahre gekommen, der Aufpreis von 20 R, den man für die Luxus-Kategorie bezahlen muss, lohnt sich aber, da man dafür mehr Platz, ein Sofa und einen hübschen Ausblick ins Grüne bekommt.

LP TIPP Oliver's Restaurant & Lodge
LODGE **$$**

(☎013-750 0479; www.olivers.co.za; EZ/DZ ab 1250/1800 R; ✻@❄) Eine traumhafte Country-Lodge mit angeschlossener Golfanlage. Die Zimmer sind in einem schicken, ländlichen Stil gehalten, mit riesigen Schlittenbetten, Sesseln in Pastelltönen und geblümten Vorhängen. Die wirklich umwerfenden Bäder haben Duschen mit Platz für zwei (und Duschköpfe für drei). Es gibt auch ein hervorragendes Restaurant,

---

FÜR ABENTEUERLUSTIGE

Balloons Over Africa (☎013-737 6950; www.balloonsoverafrica.co.za; Fahrt 2600 R/ Pers.) Bietet Ballonfahrten über das Sabie River Valley an. Es geht frühmorgens los und das Ganze dauert etwa eine Stunde. Das Frühstück und ein oder zwei Gläser Kap-Sekt sind im Preis enthalten.

Induna Adventures (☎013-737 8308; www.indunaadventures.com) Organisiert verschiedene Abenteueraktivitäten rund um Hazyview, darunter Rafting auf dem Blyde River (1260 R, ganzer Tag) und Quadbiking (370 R/Std.). Das Büro befindet sich 10 km von Hazyview entfernt im Idle & Wild an der Sabie Rd.

Skyway Trails (☎013-737 8374; www.skywaytrails.com; 450 R/Pers.) Dies ist „Afrikas längste Seilbahn-Strecke" – eine unterhaltsame, rund dreistündige Tour, bei der man, in ein Kabel eingehängt, an mehreren Seilbahnen durch den Wald fliegt. Angeboten wird dieses Abenteuer unmittelbar neben dem Bushpackers.

das für Nicht-Gäste geöffnet ist. Die Lodge befindet sich nördlich von White River unmittelbar hinter der Casterbridge Farm an der Straße nach Hazyview und ist von der R40 aus ausgeschildert.

Schneider's Guest House
PENSION $$$

(☏013-751 2338; www.schneidersguesthouse. com; Zi. 1900–2200 R, Suite 2700 R; ❄☒🛜) Eine mondäne Unterkunft und der perfekte Ort, um sich mal so richtig dem Luxus hinzugeben. Dekadent sind alle Zimmer, das schönste ist aber das mit der Gartenterrasse. Alle haben Außenduschen, Balkone, Feuerstellen, einen hübschen Ausblick und modernste Einrichtungen. Das umzäunte Anwesen liegt an der Straße nach Hazyview, 8 km außerhalb der Stadt abseits der R40. Auf die Schilder achten.

Courtyard Cafe
CAFÉ $

(Casterbridge Farm; Gerichte 25–40 R) Das coole Café bietet sehr gute Bio-Produkte aus der Region an. Sowohl der hübsche, schattige Hof (inkl. einer erhöht liegenden Laube und einem riesigen Schachbrett) als auch das gemütliche, freundliche Innere laden zum Verweilen ein. Im angeschlossenen Feinkostladen werden frisches Brot, Bauernkäse und andere Leckereien verkauft.

Fez at Baghdad
ORIENTALISCH $$

(☏013-750 1250; Bagdad Centre; Hauptgerichte ab 80 R; ⏰Mo geschl., So abends) Kellner in weißen Roben und mit rotem Fes als Kopfbedeckung servieren eine Mischung aus nordafrikanischen und orientalischen Köstlichkeiten, darunter große Gemeinschaftsteller mit Meze, *tajines* und Grillfleisch. Im Restaurant gibt's auch – irgendwie etwas fehl am Platz – eine Sushi-Bar.

🛈 Praktische Informationen

First National Bank (Tom Lawrence St) Hat einen Geldautomaten.

Lowveld Tourism (☏0861 102 102; lowveldtourism.com; ⏰Mo–Fr 9–16.30, Sa 9–16, So 10–14 Uhr) Am Casterbridge Centre.

🛈 Anreise & Unterwegs vor Ort

Den ganzen Tag fahren Minibus-Taxis nach Nelspruit (15 R, 20 Min.) und Hazyview (25 R, 1 Std.).

Nelspruit

☏013 / 235 000 EW.

Die Provinzhauptstadt Nelspruit ist die größte Stadt in Mpumalanga. Sie ist nicht hässlich, wohl aber ein Ort, an dem man eher einige Besorgungen erledigt als seinen Urlaub verbringt. Dennoch gibt's annehmbare Unterkünfte und einige gute Restaurants, sodass man auf der Durchreise doch einen kleinen Zwischenstopp zum Durchatmen einlegen kann.

◉ Sehenswertes & Aktivitäten

Lowveld National Botanical Garden
BOTANISCHER GARTEN

(Erw./Kind 20/10 R; ⏰8–18 Uhr) Der außerhalb der Stadt gelegene 150 ha große Botanische Garten beherbergt einen tropischen afrikanischen Regenwald und ist ein netter Ort für einen entspannten Spaziergang zwischen Blumen und Bäumen. Zu finden ist er an der R40, etwa 2 km nördlich der Kreuzung mit der N4.

GRATIS Sonheuwel Nature Reserve
NATURSCHUTZGEBIET

In diesem kleinen Naturschutzgebiet leben mehrere Antilopenarten und Grüne Meerkatzen und es können auch Felsmalereien bewundert werden. Es befindet sich am südlichen Stadtrand von Nelspruit abseits der Van Wijk St.

Chimpanzee Eden
SCHIMPANSEN-SCHUTZGEBIET

(☏013-737 8191; www.janegoodall.co.za; Erw./Kind 120/60 R) Dieses Schimpansenzentrum, 12 km südlich von Nelspruit an der R40 gelegen, ist ein Schutzgebiet für gerettete Tiere. Hier können die Menschenaffen in einer halbwilden Umgebung beobachtet werden. Es wird auch über ihr Verhalten und ihre Notlage informiert. Im Eintrittspreis ist eine Führung enthalten (10, 12 und 14 Uhr).

Wandern
WANDERN

Zur Auswahl stehen einige gute (und anstrengende) Wandertouren, vor allem auf dem **Kaapschehoop Trail** (105 R/Nacht; 2, 3 oder 4 Tage) und dem **Uitsoek Trail** (105 R/ Nacht; 1 oder 2 Tage). Buchungen sind über **Komatiland Forests Eco-Tourism** (☏013-754 2724; www.komatiecotourism.co.za; 10 Streak St) möglich. Dort bekommt man auch nähere Informationen.

🖐 Geführte Touren

Funky Safaris
TIERSAFARI

(☏013-744 1310; www.funkymonkeys.co.za) Dieser Anbieter hat sein Büro im Funky Monkey Backpackers und bietet Safaris mit ein bis drei Übernachtungen in den Kruger National Park an, wo er ein eigenes Camp mit

Nelspruit

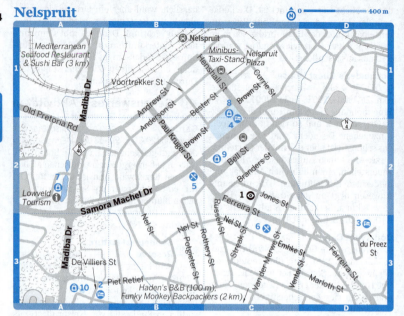

Zelten hat. Auch Tagesausflüge zum Blyde River Canyon sind im Programm.

Kruger and More TIERSAFARI
(013-744 0993; www.krugerandmore.co.za) Ein gut organisierter Veranstalter, der Touren in den Kruger National Park, zum Blyde River Canyon und nach Mosambik anbietet.

Feste & Events

InniBos KUNST/MUSIK
(www.innibos.co.za) Nelspruits größtes Festival findet jedes Jahr im Juni oder Juli statt und zeigt fünf unterhaltsame Tage lang Künstler, Musiker und Theatergruppen. Tickets kosten um die 40 R pro Tag.

Nelspruit Jazz Festival JAZZ
Wer im August gerade zufällig in der Gegend ist, kann das Jazz Festival besuchen. Es findet im Rugbystadion hinter der Crossing Mall statt.

Schlafen

Utopia in Africa PENSION $$
(013-745 7714; www.utopiainafrica.co.za; 6 Daleen St; EZ/DZ inkl. Frühstück 650/900 R;) Diese außergewöhnliche Unterkunft zeichnet sich durch Schlichtheit, Eleganz und ein meisterhaftes Design aus, das in der Mittagshitze für eine kühle Brise sorgt. Die Zimmer sind wunderschön eingerichtet und haben Balkone mit Blick über das nahegelegene Schutzgebiet. Hier fühlt man sich wie bei Freunden zu Hause, und diese Freundlichkeit sowie die Offenheit der Gastgeber sind weitere große Pluspunkte. Diese Unterkunft kann man nur wärmstens empfehlen. Zuerst fährt man auf dem Madiba Dr nach Süden, biegt dann nach links in den Dr. Enos Mabuza Dr ein und dann wieder nach links auf die Halssnoer St (die später zur Augusta St wird), der man dann solange folgt, bis das Utopia (auf der Daleen St) angeschrieben ist.

Funky Monkey Backpackers HOSTEL $
(083 310 4755; www.funkymonkeys.co.za; 102 Van Wijk St; Stellplatz 50 R/Pers., B 120 R, EZ/DZ ohne Bad 200/380 R; @) Das Funky Monkey liegt zwar etwas außerhalb der Stadt, ist aber ein hervorragendes Hostel mit sauberen Schlafsälen und Doppelzimmern in einem großen Haus mit weitläufigem Garten. Der Pool und die Grillstelle mussten schon für so manche coole Party herhalten. Auf Wunsch gibt's auch Verpflegung. Um hierher zu kommen, fährt man auf der Ferreira St nach Osten und biegt dann nach rechts in die Van der Merwe St ein, die dann wiederum in die Van Wijk St einmündet.

Nelspruit

⊙ Sehenswertes
1 Komatiland Forests
Eco-Tourism C2

🛏 Schlafen
2 Auberge Guest Lodge A3
3 Francolin Lodge D3
4 Orion Promenade Hotel C2

✖ Essen
5 Costa do Sol B2
6 Jock & Java C3
News Cafe .... (siehe 7)
Orange Restaurant .... (siehe 3)
Shoprite .... (siehe 9)
Superspar .... (siehe 7)

🛍 Shoppen
7 Nelspruit Crossings Mall A2
8 Promenade Centre C1
9 Sanlam Sentrum C2
10 Sonpark Centre A3

Haden's B&B　　　　　　　　PENSION **$$**
(☎013-752 3259; www.hadensrest.com; Ecke Van Wijk St & Mostert Rd; EZ/DZ mit Frühstück 500/675 R) Dieses freundliche B&B liegt gleich oberhalb des Jock & Java, einer der besten Adressen in Nelspruit für hochwertiges Essen. Die Zimmer orientieren sich in ihrer Farbenpracht an den farbenfrohen afrikanischen Kunstwerken, die an den Wänden hängen. Es gibt Unterschiede zwischen den Zimmern (manche sind z.B. größer), weshalb man sich einige anschauen sollte. Eine gute Wahl ist beispielsweise die Nummer 4. Die Pension liegt praktisch, sodass man schnell in der Stadt ist. Auf der Ferreira St nach Osten fahren und dann nach rechts in die Van der Merwe St abbiegen, die dann wiederum in die Van Wijk St einmündet.

Francolin Lodge　　　　　　　PENSION **$$**
(☎013-744 1251; www.francolinlodge.co.za; 4 du Preez St; DZ inkl. Frühstück ab 1000–1300 R; @⬚) Eine der besten Pensionen in Nelspruit. Die Zimmer haben extra hohe Decken, einen eigenen Balkon und Eckbäder mit Ausblick. Zur Lodge gehört auch das ebenso liebenswürdige Loerie's Call nebenan, mit vornehmen, vom Haupthaus getrennten Zimmern, die über Bohlenwege zu erreichen sind und alle einen separaten Eingang haben. Am einfachsten kommt man hierher, wenn man über die N4 aus

Richtung Osten in die Stadt hineinfährt. Es ist gut ausgeschildert.

Old Vic Travellers Inn　　　　HOSTEL **$**
(Crazy Kangaroo Backpackers; ☎013-744 0993; www.krugerandmore.co.za/oldvic.aspx; 12 Impala St; B 100 R, DZ 400 R, ohne Bad 300 R, Haus mit Selbstversorgung für 4 Pers. 700 R; @⬚) Ein freundliches, etwas gehobeneres Hostel mit Einrichtungen für Selbstversorger und zahlreichen Infos über die Umgebung. Die Doppelzimmer sind etwas dunkel, dafür aber sauber und gut instand gehalten. Die Gemeinschaftsbäder sind auch in Ordnung. Ein weitläufiger Garten führt hinunter an den Fluss. Das Haus liegt etwa 3 km südlich vom Zentrum in der Nähe eines Ausläufers des Sonheuwel Nature Reserve und einer Baz-Bus-Haltestelle.

Auberge Guest Lodge　　　　B&B **$$**
(☎013-741 2866; www.aubergeguestlodge.com; 3 De Villiers St; EZ/DZ inkl. Frühstück 450/650 R; @⬚🛜) Eine ruhige, gut gepflegte und sonnige Pension mit einem begrünten Hof und einem Pool. Die Zimmer im Motelstil sind alle gut, einige haben Deckenventilatoren. Die Lage hinter dem Sonpark Centre ist sehr praktisch, mit Cafés und Restaurants gleich auf der anderen Straßenseite.

Orion Promenade Hotel　　　　HOTEL **$$**
(☎011-718 6452; www.oriongroup.co.za; Ecke Samora Machel Dr & Henshall St; Mehrbettzimmer 740 R/Pers.; ⬚@⬚) Das Hotel liegt mitten im Zentrum gegenüber den Büros der Busgesellschaften. Es ist ein altes, großes Bollwerk mit einem Labyrinth aus zahllosen Korridoren. Einige der Zimmer, z.B. Nr. 204, wurden renoviert und flippig eingerichtet, mit besonderem Augenmerk auf Betten und Bettwäsche. Anderen Zimmern, beispielsweise der Nr. 235, wurde diese Verwandlung noch nicht zuteil, dafür haben sie unglaublich viel Platz. Der Preis ist bei allen gleich.

✖ Essen

Selbstversorger können sich im riesigen Supermarkt **Superspar** (Ecke Madiba Dr & Samora Machel Dr) in der Nelspruit Crossings Mall eindecken. Im Sanlam Sentrum gibt's auch einen **Shoprite**

Jock & Java　　　　　　　　KNEIPE **$$**
(Ferreira St; Hauptgerichte 60–110 R, Frühstück 30 R; ⏰Mo–Sa morgens, mittags & abends; ⬚) Eine große Kneipe im Outback-Stil mit abgetrennter Teestube in einer weitläufigen Grünanlage. Ein sehr angenehmer Ort mit

etwas höherklassigem Essen als in anderen Restaurants in Nelspruit. Lecker ist das Jock Carpetbagger – ein Filetsteak gefüllt mit geräucherten Muscheln an einer Weißweinsauce mit Shrimps. Zudem gibt's tolle Salate, Holzofenpizzas, Garnelen und eine recht gute Auswahl an vegetarischen Gerichten. Einzige Haken sind der bisweilen schreckliche Service und die genervten Bedienungen. Bei Einheimischen sehr beliebt.

Orange Restaurant
FUSION $$

(📞013-744 9507; 4 Du Preez St; Hauptgerichte mittags 50–90 R, abends 70–160 R) Hier wirft man sich in Schale und führt die Liebste in dieses stilvolle Restaurant in der Francolin Lodge aus, das mit wunderschön hergerichteten Speisen aufwartet, darunter kunstvoll gestaltete Portionen mit Weinbergschnecken oder Perlhuhn. Das Tüpfelchen auf dem I ist der einfach atemberaubende Ausblick.

Costa do Sol
PORTUGIESISCH/ITALIENISCH $$

(📞013-752 6382; ABSA Sq, Paul Kruger St; Gerichte 50–85 R; ⊙So geschl.) Ein altmodischer Favorit, in dessen schummrigem Speisesaal italienische und portugiesische Gerichte wie Fisch, Pasta und Garnelen auf den Tisch kommen. Zu den Spezialitäten des Kochs gehört gegrillte Poularde in Piri-Piri-Sauce. Das Restaurant im Zentrum ist eine gute Wahl – das kühle, dunkle Interieur bietet eine wohltuende Pause von der Hektik der Straßen.

Mediterranean Seafood Restaurant
MEDITERRAN $$$

(The Hub, Riverside Mall, 40 R; Hauptgerichte 90–130 R) Ein Fischrestaurant mit Rohrstühlen, einem großen Sitzbereich im Freien, Weinregalen, die bis an die Decke reichen, und hübschen, sonnengebleichten Pastelltönen. Aus allem, was das Meer so hergibt, werden hier leckere Gerichte kreiert. Als Vorspeise sind die Meze (gemischter Vorspeisenteller) besonders zu empfehlen. Zu den Hauptgerichten gehören Garnelen, Fisch, Tintenfisch und Muscheln in jeder nur erdenklichen Ausführung.

News Cafe
CAFÉ-BAR $$

(Nelspruit Crossings Mall; Hauptgerichte 50–70 R; ⊙morgens, mittags & abends) Eine feste Institution in Nelspruit mit einem freundlichen Interieur und luftigen Sitzgelegenheiten auf der Terrasse. Eine gute Adresse zum Frühstücken und besonders zum Mittagessen, mit warmem Frühstück, Müsli und frischem Obstsalat, Burgern und Wraps.

Wer das Mittagessen gern etwas ausdehnen möchte, kann sich an der komplett ausgestatteten Bar einen Drink genehmigen.

The Puzzle
CAFÉ $

(Sonpark Shopping Centre, 40 R; Hauptgerichte 35 R; ⊙Mo–Fr morgens & mittags) Mit seinem freundlichen Service und den guten Gerichten ist dieses kleine, einfache Café ein gut besuchter Treffpunkt der Einheimischen. Ein netter Ort für ein Frühstück oder Mittagessen.

ℹ️ Praktische Informationen

Geld
First National Bank (Bester St) Wechselt Fremdwährungen.

Nelspruit Crossing Mall (Ecke Samora Machel Dr & Madiba Dr) Hat einen Geldautomaten.

Standard Bank (Brown St) Hat einen Geldautomaten.

Internetzugang
Alpha Internet (Nelspruit Crossing Mall; 30 R/Std.; ⊙Mo–Sa 8–20, So 9–16 Uhr)

News Cafe (Nelspruit Crossing Mall) Kostenloses WLAN.

Medizinische Versorgung
Nelmed Forum (📞013-755 1541; www.nelmed.co.za; Ecke Nel St & Rothery St) Medizinische Notfallversorgung rund um die Uhr.

Nelspruit Mediclinic (📞013-759 0500; 1 Louise St) Privatklinik mit medizinischer Notfallversorgung rund um die Uhr.

Notfall
Polizei (📞013-759 1000; 15 Bester St) Gegenüber der Nelspruit Plaza.

Touristeninformation
Dana Agency (📞013-753 3571; www.danaagency.co.za; shop 12, Nelspruit Crossing Mall; ⊙Mo–Fr 8–16.30, Sa 9–12 Uhr) Dieses alteingesessene Büro hilft bei Flugtickets und bietet sonstige Dienste rund um die Reise an.

Lowveld Tourism (📞013-755 1988/9; www.lowveldtourism.com; Ecke Madiba Dr & Samora Machel Dr; ⊙Mo–Fr 7–18, Sa 8–13.30 Uhr) Ein hilfsbereites Büro in der Nelspruit Crossing Mall (hinter dem News Cafe), das Reservierungen für Touren in alle National Parks, auch den Kruger, entgegennimmt und bei der Buchung von Unterkünften und geführten Touren helfen kann.

Konsulat von Mosambik (📞013-752 7396; 32 Bell St; ⊙Mo–Fr 8–15 Uhr) Stellt gegen eine Gebühr von 600 bis 700 R noch am selben Tag Visa für eine einfache Einreise nach Mosambik aus. Den Antrag einfach vor 12 Uhr abgeben und die fertige Visa dann ab 14 Uhr abholen.

❶ Anreise & Unterwegs vor Ort

Autovermietung

Avis Flughafen (☎013-750 1015); Zentrum (☎013-757 0911; Riverside Auto Centre, Mystic River Crescent)

Europcar (☎013-750 2871) Am Flughafen.

First (☎013-750 2538) Am Flughafen.

Bus

Baz Bus (☎0861 229 287; www.bazbus.com) verbindet Nelspruit mit Jo'burg/Pretoria und Manzini (Swasiland) und hält an allen Hostels der Stadt.

Intercape (☎0861 287 287; www.intercape. co.za), **Greyhound** (☎083 915 9000; www.grey hound.co.za) und **Translux** (☎013-755 1453; www.translux.co.za) pendeln täglich zwischen Jo'burg (und Pretoria) und Maputo (Mosamik) und kommen dabei auch durch Nelspruit.

Flugzeug

Der **Mpumalanga Kruger International Airport** (MKIA; ☎013-753 7500; www.mceglobal. net) ist der am nächsten gelegene Verkehrsflughafen. **SAAirlink** (☎013-750 2531; www. saairlink.co.za) bietet täglich Flüge nach Jo'burg (900–1300 R, 1 Std.), Kapstadt (2800 R, 2 Std. 40 Min.) und Durban (1900 R, 1½ Std.) an.

Minibus-Taxi

Der Parkplatz für Nahverkehrsbusse und Minibus-Taxis befindet sich hinter der Nelspruit Plaza in der Nähe der Ecke Bester St und Henshall St. Die Minibus-Taxis fahren u. a. die folgenden Ziele an: White River (15 R, 20 Min.), Barberton (25 R, 40 Min.), Hazyview (30 R, 1 Std.), Graskop (30 R, 1½ Std.) und Durban (120 R, 5 Std.).

Busse von **City Bug** (☎013-753 3392; www. citybug.co.za) fahren einmal pro Woche nach Durban (einfache Strecke 550 R/Pers., 9 Std.), einmal täglich nach Pretoria (350 R, 3½–5 Std.) und mehrmals täglich zum OR Tambo International Airport (einfache Strecke 350 R/Pers., 4–5½ Std., 4–5-mal tgl.). Von Montag bis Freitag halten der 10- und der 16-Uhr-Bus zum OR Tambo International Airport auch an der University Rd in Melville (Jo'burg). Alle Busse starten an der Sonpark-BP-Tankstelle.

Lowveld Link (☎013-750 1174; www.lowveld link.com) bietet einen praktischen Pendelbus von Nelspruit nach Pretoria (einfache Strecke 330 R, 3½ Std.), zum OR Tambo International Airport (einfache Strecke 330 R, 4¼ Std.) und nach Sandton (einfache Strecke 330 R, 4¾ Std.) an. Der Pendelbus fährt am Büro von Lowveld Tourism ab.

Zug

Der von **Shosholoza Meyl** (☎0860 008 888; www.shosholozameyl.co.za) betriebene *Komati* hat ausschließlich Sitzplätze und hält täglich (außer Sa) auf der Fahrt zwischen Jo'burg (8 Std.) und Komatipoort (2½ Std.) in Nelspruit.

Malelane

🎵013 / 6500 EW.

Malelane ist ein kleiner, nicht gerade spannender Ort, der nur als Zwischenstation und Dienstleistungszentrum für den Kruger National Park dient. Es gibt einige gute Lodges, von denen die meisten auch einen schönen Blick auf den Crocodile River bieten und nahe genug an der Wildnis dran sind, um Appetit auf mehr zu machen.

Malelane liegt an der N4 und das Malelane Gate befindet sich 3 km nordöstlich des Ortes. Durch diesen Eingang kommt man in den südlichen Teil des Kruger National Park.

🛏 Schlafen & Essen

River House Lodge — PENSION $$
(☎013-790 1333; www.riverhouse.co.za; 27 Visarend St; EZ/DZ 600/1200 R) Diese großartige Lodge unmittelbar am Rand des Nationalparks setzt mit ihrem vielseitigen Design auf vergangene Zeiten. Alle Zimmer haben ihren eigenen Balkon, von dem man schon mal einen Blick in den Kruger National Park wagen kann. Nicht zuletzt durch den freundlichen Service ist dies ein hervorragender Ort, um vor oder nach einem Besuch im Park die Seele baumeln zu lassen. Die Lodge befindet sich westlich vom Ort und ist von der Hauptstraße aus angeschrieben.

Serenity Lodge — LODGE $$$
(☎013-790 2000; www.serenitylodge.co.za; EZ/ DZ mit Frühstück 1000/2000 R, Abendessen 150 R; ❄❄) Traumhafte Suiten mit Strohdächern und eigenen Terrassen, die im Wald verstreut liegen und über erhöhte Pfade erreichbar sind. Der perfekte Ort, um mal etwas abzuschalten. Auf dem Gelände gibt's auch Wanderwege, kleine Wasserfälle und Bäume mit zahllosen Vögeln, Schmetterlingen und Affen.

Masungulo River Camp — BUSCHCAMP $$
(☎013-744 1310; Halbpension 350 R/Pers.; ❄) Dieses neue Buschcamp – Unterbringung in Safarizelten – ist in den Händen derselben kompetenten Leute, die auch das Funky Monkey in Nelspruit betreiben. Aus dem Naturschutzgebiet, in dem es sich befindet, kann man den Crocodile River überblicken. Zudem ist es ein toller Ausgangspunkt für eine Safari in den Kruger National Park, die

auch im Camp gebucht werden kann. Das Camp liegt zwischen den beiden Eingängen Malelane und Crocodile Bridge und ist zudem nur 25 km von der Grenze zu Mosambik entfernt. Von hier aus kann auch der Transport nach Maputo oder an die mosambikanische Grenze arrangiert werden.

Komatipoort

☎ 013 / 4700 EW.

Komatipoort liegt in den Lebombo Mountains unweit des Zusammenflusses von Komati River und Crocodile River und nur 10 km vom Crocodile Bridge Gate des Kruger National Park entfernt. Deshalb ist es auch ein guter Zwischenstopp auf der Reise von/nach Mosambik oder Swasiland. Es gibt einen Spar-Supermarkt, eine Tankstelle und eine ABSA Bank, in der auch Geld gewechselt werden kann.

Wer sich zufällig Ende Juni in Komatipoort aufhält, sollte sich nach dem **Prawn Festival** erkundigen, bei der der gemeinen Garnele viel Huldigung zuteil wird.

🛏 Schlafen & Essen

LP TIPP **Trees Too** PENSION **$$**
(☎ 013-793 8262; www.treestoo.com; EZ/DZ inkl. Frühstück 460/720 R; 🅿🛜). Dies ist eine ganz außergewöhnliche Unterkunft. Die tollen Zimmer haben Ziegelsteinmauern und Strohdächer, es gibt eine „Honesty Bar" (jeder bezahlt selbst, was er verzehrt), einen Pool und einen freundlichen Service. Die Angestellten sind sehr gut über den Kruger National Park informiert und servieren Frühstück und Abendessen. In den Zimmern hängen tierische Kunstwerke an denen Wänden und die Einrichtung ist sehr hochwertig. Das Trees Too ist in einer von Bäumen gesäumten Straße etwa 500 m von der Rissik St entfernt zu finden. Auf die Beschilderung achten.

Kruger View Backpackers HOSTEL **$**
(☎ 013-793 7373; www.krugerview.com; 61 Bosbok St; B/DZ 125/425 R; @🅿) Hier gibt's nicht nur einen traumhaften Ausblick auf den Kruger National Park, sondern auch geräumige Schlafsäle und Doppelzimmer mit Platz für zwei bis fünf Personen. Bekommt von Lonely Planet Lesern viel gutes Feedback.

Stoep Café B&B **$$**
(☎ 013-793 7850; 74 Rissik St; Zi. mit Frühstück 300 R/Pers.; 🅿) Ein sehr hübsches, weißes

Haus im Kolonialstil umgeben von einem kleinen Garten mit Pool im Herzen der Rissik St. Zur Wahl stehen drei saubere Zimmer mit kleinen Kochnischen. Zum Haus gehört ein Café, das auf einer großen, schattigen Veranda leckere Gerichte, Snacks und Pancakes serviert.

ℹ An- & Weiterreise

Minibus-Taxis halten an der Rissik St nahe dem Score-Supermarkt und fahren regelmäßig zwischen Komatipoort und Maputo (Mosambik; 80 R, 1½–2 Std.). Wer mit dem Auto unterwegs ist, passiert auf der N4 auf mosambikanischer Seite zwei Mautstellen. Die Ausreise geht ziemlich flott.

Der *Komati*-Zug befährt täglich (außer Sa) die Strecke zwischen Jo'burg und Komatipoort (100 R, 11 Std.) und hält unterwegs in Malelane und Nelspruit. Weitere Infos zur Weiterreise in Mosambik stehen auf S. 640.

Barberton

☎ 013 / 29 500 EW.

Barberton ist eine freundliche, sichere Stadt, die problemlos zu Fuß erkundet werden kann. Die ruhigen, mit Bäumen gesäumten Straßen und wunderschön erhaltenen Gebäude liegen vor einer beeindruckenden Kulisse aus grün-violetten Bergen. Die kleine Stadt versprüht auch ein besonderes Flair, wozu zweifelsohne ihre historischen Gebäude, die Lässigkeit ihrer Einwohner und das kompakte Zentrum beitragen. Barberton ist als Ausgangspunkt für Ausflüge eine hervorragende Alternative zu Nelspruit und aufgrund seines Erbes einfach einnehmender und interessanter.

Die Stadt wurde während des Goldrausches gegründet und erlebte Ende des 19. Jhs. einen Boom. Sie war sogar Sitz der ersten südafrikanischen Börse.

◉ Sehenswertes & Aktivitäten

Im Touristeninformationszentrum gibt's Karten und Broschüren zum **Heritage Walk**. Diese Tour, der man auf eigene Faust folgt, führt an sehenswerten Häusern und anderen besonderen Orten vorbei.

In Barberton ist man stolz auf einige restaurierte Häuser, die Ende des 19. bzw. Anfang des 20. Jhs. erbaut wurden. Sie können alle besichtigt werden (nähere Auskünfte erteilt das Barberton Museum) und vermitteln einen schönen Einblick in die frühe Geschichte der Stadt. Dazu gehören das **Belhaven House** (Lee St; Erw./Kind

Barberton

Barberton

◉ Sehenswertes
1 Belhaven House B2
2 Blockhouse B1
3 Fernlea House B2
4 Stopforth House................................ A2
5 Umjindi Gallery................................... B1

⊜ Schlafen
6 Kloof House B2

⊗ Essen
7 Pappa's B2
8 Victorian Tea Garden &
  Restaurant B1

12/6 R; ⊘Führungen Mo–Fr 10–15 Uhr zur vollen Std.), das **Stopforth House** (Bowness St; Erw./Kind 12/6 R; ⊘Führungen Mo–Fr 10–15 Uhr zur vollen Std.) im oberen Teil der Stadt, mit einem beeindruckenden Ausblick und einer traumhaften Terrasse vor dem Haus, und das **Fernlea House** (Lee St; Eintritt frei; ⊘Mo–Fr 9–16 Uhr), das wunderschön im Wald liegt.

GRATIS **Umjindi Gallery** GALERIE
(☏013-712 5807; Pilgrim St; ⊘Mo–Fr 8–17 Uhr) In dieser Einrichtung wird verschiedenes Kunsthandwerk verkauft und es gibt eine Schmuckwerkstatt, in der man den Künstlern bei der Arbeit zusehen kann. Der Schmuck ist atemberaubend, vor allem die Stücke aus Silber. Ein Paar silberne Ohrringe mit Anhänger kann man für 575 R erwerben – die eingeritzten Tiere sind wirklich wunderschön.

⊨ Schlafen

Kloof House PENSION $$
(☏013-712 4268; www.kloofhuis.co.za; 1 Kloof St; EZ/DZ inkl. Frühstück 400/600 R; @♀) Ein entzückendes altes Haus im viktorianischen Stil. Weil es am Hang liegt hat man von der rundum verlaufenden Veranda einen tollen Ausblick. Aus den einfachen, großen Gästezimmern – sie bieten einen angenehm schlichten Komfort – hat man Zugang zu dieser Veranda. Für Selbstversorger gibt's auch ein Chalet.

Fountain Baths Holiday Guest Cottages COTTAGES $$
(☏013-712 2707; 48 Pilgrim St; Cottage 275 R/Pers.) In wunderschöner, historischer Lage direkt am nordöstlichen Stadtrand sehen diese Cottages etwas mitgenommen aus – mit anderen Worten: sie könnten mal eine Rundumerneuerung vertragen. Die Häuschen haben jedoch die richtige Größe, sind absolut komfortabel und noch dazu preiswert. Der bezaubernd ruhige Garten macht jedes Manko auch problemlos wieder wett.

Barberton Chalets & Caravan Park WOHNWAGENPARK $
(☏013-712 3323; www.barbertonchalets.co.za; General St; Stellplatz 50 R/Pers., Stellplatz Wohnwagen 70 R, EZ-/DZ-/3BZ-Cottage 300/400/500 R; ♒) Dieser Wohnwagenpark liegt auf einem großen, grasbewachsenen Gelände mit viel Schatten und befindet sich angenehm nahe am Zentrum. In den Chalets im Stil der 1970er-Jahre finden vier Personen Platz, komfortabler ist's aber zu zweit. Sie sind zwar sauber und ordentlich, aber auch relativ klein.

✕ Essen & Ausgehen

Victorian Tea Garden & Restaurant GARTENLOKAL $
(Market Sq, Crown St; leichte Gerichte 25–40 R; ⊘So geschl.) Hier kann man in einer Laube bei Sandwiches, Kuchen oder Gehaltvollerem die Zeit vergessen. Zu finden zwischen der Pilgrim St und der Crown St neben der Touristeninformation. Hat außerdem einen WLAN-Hotspot.

Papa's MEDITERRAN $
(18 Judge St; Hauptgerichte 30–50 R; ⊘morgens, mittags & abends; ♒) Das pseudo-mediterrane Restaurant mit einem hübschen großen Hof im Garten ist die beste Adresse für ein Abendessen oder ein warmes Mittagessen. Hier kommen in familienfreundlicher Atmosphäre Pizzas, Pasta, einige Burger und selbst Schawarma auf den Tisch. Zudem ist das Papa's eine gute Location für ein Gläs-

chen Bier oder einen Besuch am Nachmittag, um Zeitung zu lesen.

ℹ Praktische Informationen

Shoprite (Crown St) Hat einen Geldautomaten.

Standard Bank (Crown St) Hat einen Geldautomaten.

Touristeninformation (☏013-712 2880; www.barberton.co.za; Market Sq, Crown St; ☺Mo–Fr 7.30–16.30, Sa 9–14 Uhr) Dieses hilfsbereite Touristenbüro im Zentrum kann bei der Suche nach einer Unterkunft, bei geführten Touren zu den historischen Orten und bei Tageswanderungen in der Umgebung weiterhelfen.

Umjindi Resource Centre (Barberton Library, Pilgrim St; Internet 15 R/Std.)

ℹ An- & Weiterreise

Einige Minibus-Taxis halten im Ort nahe dem Shoprite, dort wartet man aber ewig. Besser ist es, zum Parkplatz für Minibus-Taxis bei Emjindini zu gehen (3 km außerhalb der Stadt an der Straße nach Nelspruit). Die Fahrt nach Nelspruit kostet 25 R (40 Min.). Die meisten Minibusse fahren früh am Morgen los.

Rund um Barberton

◉ Sehenswertes & Aktivitäten

Songimvelo Game Reserve SCHUTZGEBIET (☏017-883 0964; Erw./Kind 25/15 R; Safarifahrt 125 R) Dieses schöne, 56 000 ha große Schutzgebiet liegt im Lowveld südlich von Barberton, mit hohen Graslandschaften im Osten entlang der bergigen Grenze zu Swasiland. Hier gibt es zwar keine Löwen, dafür aber zahlreiche andere eingeführte Tiere wie Elefanten, Zebras, Giraffen und verschiedene Antilopenarten. Die Gegend ist auch sehr beliebt zum Spazierengehen und Reiten (spazierengehen ist aber nur in bestimmten Gebieten erlaubt, und die Fußgänger müssen von einem Guide begleitet werden). In Songimvelo finden sich auch einige der ältesten Steine der Erde – bis zu 4 Mrd. Jahre alt – und interessante archäologische Fundstätten. Das **Kromdraai Camp** (Hütten 425 R) bietet einfache Selbst-

versorgerhütten aus Holz für bis zu sechs Personen. Das Schutzgebiet hat auch **Stellplätze für Zelte** (30 R).

Lone Tree Hill GLEITSCHIRMFLIEGEN (Eintritt 20 R, zzgl. Schlüsselpfand 50 R) Unmittelbar südwestlich der Stadt bieten sich unweit des Gefängnisses auf dem Lone Tree Hill hervorragende Möglichkeiten zum Gleitschirmfliegen. Man fährt westlich der Stadt die De Villiers St entlang und biegt 500 m nach dem Gefängnis links ab. **Hi Tech Security** (☏013-712 3256; McPherson St), gleich beim Kruger St, händigt den Schlüssel für den Zugang aus.

Piet Retief

☏017 / 32 000 EW.

Dieses öde Provinznest ist kein Ort, den man extra besuchen würde, es ist aber die größte Stadt im südlichen Mpumalanga und ein guter Zwischenstopp auf dem Weg nach Swasiland oder KwaZulu-Natal. Das Gebiet südlich von Piet Retief ist bekannt für seine vielen Schauplätze von Schlachten während der Burenkriege.

Greendoor (☏017-826 3208; www.thegreendoor.co.za; 1 Mark St; EZ/DZ 330/440 R, Frühstück 50 R/Pers.) im Zentrum bietet einfache aber gute Zimmer mit Bad zu einem guten Preis-Leistungs-Verhältnis; einige sind mit afrikanischen Dekoelementen ausgestattet. **Holme Lea Manor** (☏017-826 2767; 10 Hansen St; EZ/DZ 490/650 R, Selbstversorgereinheit für 5 Pers. 1300 R) hat eine Handvoll komfortabler und gemütlicher Zimmer (manche mit eigenem Eingang), die sich um einen Pool in einem mit Palmen übersäten Garten gruppieren.

Greyhound-Busse halten auf ihrer täglichen Fahrt zwischen Pretoria und Durban auch in Piet Retief. Die Fahrt von hier nach Pretoria kostet 260 R, nach Durban sind es 300 R.

Der Stand für Minibus-Taxis liegt hinter dem **SuperMac** (Ecke Kerk St & Brand St). Eine Fahrt von hier bis zum Grenzübergang bei Mahamba kostet 25 R (30 Min.).

Kruger National Park

Inhalt »

Private Wildschutzgebiete	423
Sabi Sand Game Reserve	424
Manyeleti Game Reserve	425
Timbavati Private Game Reserve	425
Thornybush Private Game Reserve	426
Makuleke Contract Park	427

Top-Plätze für die Wildtierbeobachtung

» Löwen: Satara (S. 419), Sabi Sand (S. 424)
» Elefanten: Olifants (S. 419), Letaba (S. 419)
» Vögel: Nordteil des Kruger National Park (S. 413)
» Hyänenhunde: Skukuza (S. 418)
» Impalas: im ganzen Park

Top-Rest-Camps

» Olifants (S. 419)
» Shingwedzi (S. 419)
» Pretoriuskop (S. 418)
» Letaba (S. 419)
» Crocodile Bridge (S. 418)

Auf in den Kruger National Park!

Wer Wildtiere beobachten will, ist im Kruger National Park an der perfekten Adresse. Gerade für unerfahrene Beobachter ist der Park eine hervorragende Wahl. Er ist dank seiner Größe, der Vielfalt seiner Wildtiere und der guten Erreichbarkeit eins der bekanntesten Schutzgebiete weltweit. Hier spielt sich täglich das Drama um Leben und Tod ab, und Besucher erleben fast garantiert Wildtiere in Aktion – und das aus nächster Nähe. An einem Morgen sieht man vielleicht Löwen, die sich an einem Riss gütlich tun, am nächsten wiederum ein neugeborenes Impala, das auf staksigen Beinen erste Gehversuche unternimmt.

Was allerdings oft unterschätzt wird, ist die Landschaft. Man ist umgeben von Wildnis, sei es in Form von Bushveld, Baumsavanne oder Grasland, die man am besten in Camps wie dem Olifants Rest Camp genießen kann. Ein Faible für die Natur ist Grundvoraussetzung für die Wildtierbeobachtung; Tiere trifft man nämlich nicht immer an, die Schönheit der Natur jedoch ist stets gegenwärtig.

Reisezeit

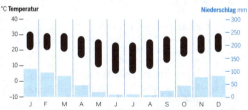

Juni–Sept. Die beste Zeit für Wildtierbeobachtung: Die Tiere halten sich viel an Wasserstellen auf.

Jan.–März Perfekt für einen ruhigen Besuch. Die Ferien sind vorbei und die Unterkünfte leer.

März–Mai Während der Brunftzeit geraten Impalas, Gnus oder andere Tiere schon mal aneinander.

Geschichte

Das Gebiet des heutigen Kruger National Park (deutsch „Krüger-Nationalpark") wurde 1898 erstmals unter den Schutz der Regierung gestellt, nämlich als Paul Kruger, Präsident der Republik Transvaal und begeisterter Jäger, das Sabie Game Reserve zwischen dem Sabie River und dem Crocodile River gründete. Hier sollte nur kontrollierte Jagd möglich sein. Nach dem Zweiten Burenkrieg wurde James Stevenson Hamilton 1902 zum ersten Wildwart des Reservats ernannt. Als Erster erkannte Hamilton das touristische Potenzial der Wildtierbeobachtung und schlug vor, die Region unter Naturschutz zu stellen. 1926 wurde das Sabie Game Reserve mit dem benachbarten Shingwedzi Game Reserve und mehreren privaten Farmen zum Kruger National Park zusammengelegt. Im Jahr 1927 öffnete der Park dann seine Pforten.

Nach wie vor bestehen ungeklärte Landansprüche auf bedeutende Teile des Parks (25–50%). Diese werden auch auf absehbare Zeit nicht beigelegt werden können.

2002 schloss sich der Kruger National Park mit dem simbabwischen Gonarezhou National Park und dem Limpopo National Park in Mosambik zum Great Limpopo Transfrontier Park zusammen.

Pflanzen- & Tierwelt

Der Nationalpark umfasst viele verschiedene Ökosysteme, die jeweils von einzelnen Tierarten bevorzugt werden. Die meisten Säugetiere kommen im gesamten Parkgebiet vor, wobei einige Arten Vorlieben für bestimmte Bereiche haben. Elefanten zeigen sich z.B. besonders zahlreich rund um das Olifants Camp und das Letaba Camp sowie an weiteren Stellen nördlich des Olifants River, wo der von ihnen geschätzte Mopanebaum die Vegetation prägt. Löwen ziehen hingegen die weiten Grassavannen um Satara vor, in denen große Herden von Büffeln, Impalas und andere Grasfresser weiden. Impalas, Büffel, Steppenzebras, Streifengnus, Kudus, Wasserböcke, Paviane, Grüne Meerkatzen, Geparde, Leoparden und weitere kleinere Raubtiere kommen überall vor. Vielfältig ist auch die Vogelwelt, besonders entlang der Flussläufe und nördlich des Luvuvhu River. Galeriewälder, häufig mit riesigen Feigenbäumen durchsetzt, säumen alle Flussläufe im Nationalpark. Hier leben auch Populationen von Buschböcken und Nyalas.

In allen Läden des Nationalparks sind Landkarten und Bücher erhältlich, die hilfreich sind, um Wildtiere ausfindig zu machen und zu beobachten.

SÜDEN

Der Süden ist mit rund 700 mm Niederschlag jährlich gut mit Wasser versorgt.

Highlights

① Das Auto einfach mal stehen lassen und auf einem der hervorragenden **Wilderness Trails** (S. 415) im Park den Busch zu Fuß erkunden

② Im **Olifants Rest Camp** (S. 419) hoch oben auf dem Felsen schlafen und morgens vom Sonnenaufgang über dem Olifants River geweckt werden

③ Im tropischen **Nordteil des Nationalparks** (S. 413) alte Ruinen besuchen und die großartige Vogelwelt genießen

④ Den **Park von Nord nach Süd** (S. 411) im Wechsel der Landschaften und im Rhythmus der Natur erkunden

⑤ Es sich ein paar Tage lang richtig gut gehen lassen in einem luxuriösen **privaten Wildschutzgebiet** (S. 423)

Landschaftlich wechseln sich Grassavannen mit dichtem Wald ab, in dem eine Vielzahl von Bäumen wie Akazien, Langfäden (Combretum) und Sykomoren, aber auch blühende Arten wie der rot-orangefarbene Korallenbaum gedeihen. Breitmaulnashörner, Büffel und Zebras mögen diese Region besonders. Antilopen und in ihrem Gefolge ziehende Raubtiere zeigen sich hier dagegen eher selten.

ZENTRUM & OSTEN

Der zentrale und östliche Teil des Nationalparks südlich des Olifants River, die Ebenen um das Satara Rest Camp und südwärts bis zum Crocodile River bekommen mit 600 mm im Jahr ausreichend Regen und haben fruchtbare Böden. Büffelgras und Rotes Gras bieten weite, gute Weideflächen, auf denen Dornakazien (vor allem Süßdornakazien), *Leadwood*- und Marulabäume Akzente setzen. Hier leben große Herden von Impalas, Zebras, Kuhantilopen und Giraffen sowie Spitzmaulnashörnern. Ihnen folgen Raubkatzen, vor allem Löwen, zu deren bevorzugter Beute Zebras und Streifengnus zählen. Insbesondere in Satara werden häufig Löwen gesichtet – und zugleich gilt es als einer der besten Plätze, um Geparde zu beobachten.

NORDEN

Nördlich des Olifants River sinkt die Niederschlagsmenge unter 500 mm pro Jahr. Hier liegt das Reich des Mopanebaums. Im Westen findet er zwischen den roten Buschweiden beste Wachstumsbedingungen; die Basaltflächen im Nordosten hingegen sind rauer, die Bäume neigen hier zu Krüppelwuchs. Mopane ist die Lieblingsnahrung der Elefanten, die nördlich des Olifants River rund um das Olifants und das Letaba Rest Camp in großer Zahl vorkommen. Das Mopaneveld zieht auch Südafrikanische Leierantilopen, Elenantilopen, Pferde- und Rappenantilopen an.

ÄUSSERSTER NORDEN

Die nördlichste Region um Punda Maria und Pafuri gehört bereits zur tropischen Zone und verzeichnet wesentlich höhere Niederschlagsmengen als das nahe Mopaneveld, in Punda Maria sind es rund 700 mm. Der Regen nährt eine große Pflanzenvielfalt, darunter den auffälligen Affenbrotbaum (Baobab), große Wildherden und eine erstaunliche Vielzahl an Vögeln, die zum Teil weiter südlich nicht vorkommen. Wälder, Buschland und Grasebenen prägen die Landschaft; zwischen den Flüssen Luvuvhu und Limpopo wuchert ein tropischer Galeriewald mit Sykomoren, Fieber-Akazien und Ebenholzgewächsen. Die nördlichste Ecke des Parks ist ein Winterweidegebiet der Elefanten; Löwen und Leoparden sind hier ebenfalls anzutreffen.

🏃 Aktivitäten

Der Nationalpark ist außerordentlich gut organisiert und bietet unzählige Aktivitäten, um die Wildtierbeobachtung zum einzigartigen Erlebnis zu machen. Sehr empfehlenswert sind geführte Wanderungen oder andere Aktivitäten im Busch, die weg von den Camps und hinein in die Natur führen.

Alle Aktivitäten (außer kurzen Buschwanderungen und Fahrten zur Wildtierbeobachtung) müssen vorab reserviert werden. Letztere können an den Gates und in den Camps in der Regel an dem Tag organisiert werden, an dem man die Unternehmung machen möchte.

GUT ZU WISSEN

Internetzugang Berg-en-Dal, Lower Sabie und Skukuza (in allen ist auch WLAN verfügbar)

Geldautomaten, die internationale Karten akzeptieren Skukuza und Letaba, außerdem „Mini-Geldautomaten" (Auszahlung maximal 300 R, nur zu den Ladenöffnungszeiten und abhängig von der Verfügbarkeit von Bargeld) in Satara and Punda Maria

Tankstellen In allen zwölf Hauptcamps (Benzin und Diesel), doch sonst nirgends; Zahlung nur in bar

Handys Karten können in allen Läden im Nationalpark aufgeladen werden; Empfang in allen Rest Camps und an vielen anderen Stellen; auf dem Olifants River Backpack Trail hat man jedoch keinen Empfang

24-Stunden-Notruf (☎013-735 4325)

Kruger National Park

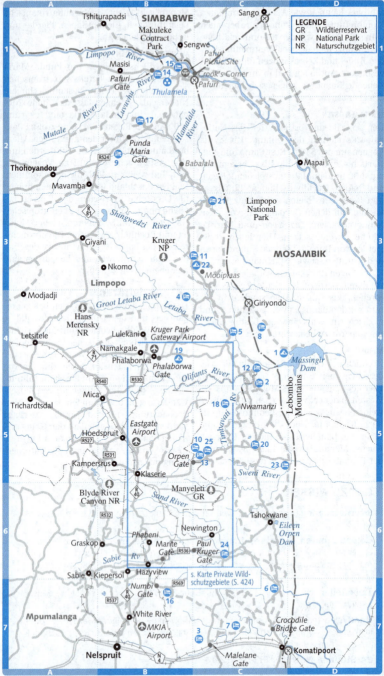

Kruger National Park

Schlafen

1 Aguia Pesqueira Campsite C4
2 Balule Satellite Camp C4
3 Berg-en-dal Rest Camp C7
4 Boulders Bush Lodge B4
5 Letaba Rest Camp C4
6 Lower Sabie Rest Camp C7
7 Lukimbi Safari Lodge C7
8 Machampane Wilderness Camp C4
9 Makuleke Community Centre &
   Homestay.. B2
10 Maroela Satellite Camp C5
11 Mopani Rest Camp C3
12 Olifants Rest Camp.............................. C4
13 Orpen Rest Camp C5
14 Outpost B1
15 Pafuri Camp... B1
16 Pretoriuskop Rest Camp B7
17 Punda Maria Rest Camp B2
18 Roodewal Bush Lodge C5
19 Sable Overnight Hide B4
20 Satara Rest Camp C5
21 Shingwedzi Rest Camp C3
22 Shipandani Overnight Hide C3
23 Singita Lebombo Lodge..................... C5
24 Skukuza Rest Camp C6
25 Tamboti Satellite Camp C5

Durch den Park führen zahlreiche Geländewagenstrecken. Die längste davon ist der **Lebombo Motorised Eco Trail** (7500 R/ Auto, max. 4 Pers.). In fünf Tagen führt er über 500 km auf rauen Pisten von Crocodile Bridge entlang der Ostgrenze des Parks nach Pafuri. Voraussetzungen sind ein eigenes Fahrzeug sowie ausreichend Nahrung und Wasser, denn es gibt keine Versorgungsmöglichkeit. Den Trail dürfen nur fünf Fahrzeuge gleichzeitig sowie der begleitende Ranger befahren. Reservierungen (möglichst zeitig im Voraus) nimmt die **Zentrale Reservierungsstelle** (☏012-428 9111) entgegen. Zur Auswahl stehen außerdem vier kürzere „Abenteuer-Trails" (pro Fahrzeug 460 R, Kaution 100 R, ca. 4 Std., 50 km).

Der Park eignet sich auch hervorragend zur Vogelbeobachtung, wobei der äußerste Norden vom Punda Maria Gate bis hinauf zum Pafuri Gate und darüber hinaus definitiv zu den besten Beobachtungsgebieten des gesamten Kontinents zählt. Ihre genaue Lage sowie die Beobachtungsgebiete sind auf den **Vogelbeobachtungsseiten der Homepage von SanParks** (www.sanparks.org/groups/birders) beschrieben.

Geführte **Buschwanderungen** (morgens/ nachmittags pro Pers. 340/270 R) werden in den meisten Camps angeboten und sind sehr zu empfehlen.

Derzeit gibt es drei **Mountainbike-Trails** (www.sanparks.org/parks/kruger/tourism/activities; morgens/nachmittags 300/150 R) mit Längen von 12 bis 24 km. Alle Routen starten am Olifants Rest Camp. Die Touren sollten spätestens ein paar Tage im Voraus direkt beim Camp oder über die **Zentrale Reservierungsstelle** (☏012-428 9111) gebucht werden.

Wilderness Trails

Zu den Höhepunkten im Kruger National Park zählen die dreitägigen **Wildniswanderungen** (www.sanparks.org/parks/kruger/tourism/activities/wilderness; 3675 R/Pers.). In kleinen Gruppen von höchstens acht Personen. Von erfahrenen, bewaffneten Führern begleitet, bekommen die Teilnehmer auf sieben verschiedenen Wanderungen die einzigartige Gelegenheit, den Busch wesentlich intensiver zu erfahren als dies von einem Fahrzeug aus möglich ist. Die Etappen sind nicht besonders anstrengend. In moderatem Tempo werden rund 20 km pro Tag zurückgelegt. Jeder, der halbwegs fit ist, kann daran teilnehmen. Die Interessen der Gruppe, die Jahreszeit und die Wildvorkommen bestimmen den Routenverlauf.

Im Preis inbegriffen sind die Übernachtungen in rustikalen Hütten, Essen sowie Ausrüstung. Die Touren starten jeweils mittwoch- und sonntagnachmittags. Da alle Touren beliebt sind, sollte man sie lange im Voraus bei der **Zentralen Reservierungsstelle** (☏012-428 9111) buchen. Kinder unter zwölf Jahren dürfen nicht teilnehmen. Alkoholika wie Bier und Wein muss jeder selbst mitbringen.

Wesentlich anspruchsvoller ist da schon der 42 km lange **Olifants River Backpack Trail** (max. 8 Pers.; 1930 R/Pers.), der vier Tage und drei Nächte dauert und von April bis Oktober jeden Mittwoch und Sonntag am Olifants Rest Camp startet. Da es auf der Strecke keine Hütten gibt, müssen die Teilnehmer Zelt, Gaskocher und Proviant mitnehmen, selber tragen und sich auch selbst um Kochen, Zeltaufbau etc. kümmern. Es können keine Teilabschnitte der Tour gebucht werden.

Wildlife Drives

Fahrten in die Wildnis organisieren die meisten Rest Camps frühmorgens (3 Std.), vormittags (2 Std.), zu Sonnenuntergang (3 Std.) und nachts (2 Std.). Sie sind eine tolle Bereicherung für jeden Safariurlaub, denn ein erfahrener Ranger leitet die Ausfahrt und weist auf alles Interessante hin. Die Fahrten orientieren sich am Lebensrhythmus des Wildes, denn viele Tiere, darunter auch Löwen, Leoparden und Nashörner, sind zwischen Sonnenaufgang und 10 Uhr sowie ab dem späten Nachmittag am aktivsten. Die Fahrten werden in Fahrzeugen für zehn bis zwanzig Personen durchgeführt und kosten abhängig von Tageszeit und Autogröße zwischen 180 und 230 R pro Teilnehmer.

Geführte Touren

Reisende mit kleinem Budget wenden sich für geführte Touren an die Backpacker-Lodges in Hazyview (S. 401), Nelspruit (S. 403) und Graskop (S. 397), die meist ab ca. 1000 R pro Tag plus Eintrittsgeld und Mahlzeiten kosten. Auch viele der im Kapitel Verkehrsmittel & -wege (s. S. 651) genannten Touranbieter organisieren Ausflüge in den Kruger National Park.

Am oberen Ende der Preisskala steht **eHolidaysTours** (www.airlinktours.com), wo Pakete mit Unterkunft und Flug direkt von Johannesburg aus ins Zentrum des Parks angeboten werden – ideal für Reisende mit knappem Zeitplan, die direkt von Johannesburg oder Kapstadt anreisen möchten.

Ein weiterer Veranstalter ist **Wildlife Safaris** (☏ 011-791 4238; www.wildlife saf.co.za) mit einer viertägigen Panoramatour, die u. a. zum Blyde River und zum Kruger National Park führt, der Kostenpunkt liegt bei 7900 R pro Person inklusive Halbpension.

Eco-Ist (☏ 021-559 2420; www.eco-tourism investments.co.za) führt in 14 Tagen durch die Kapprovinz und den Kruger National Park.

Schlafen & Essen

Im Park gibt es zahlreiche verschiedene Unterkünfte, die alle einen hohen Standard haben. Reservieren sollte man über die **Zentrale Reservierungsstelle** (☏ 012-428 9111; weitere Informationen s. S. 422). Die in diesem Abschnitt angegebenen Telefonnummern sollten nur für gezielte Informationen zu Rest Camps und in Notfällen angewählt werden.

Man kann auch außerhalb des Parks übernachten. Beste Adressen für Reisende mit kleinem und mittleren Budget sind Hazyview (S. 401), Nelspruit (S. 403) und Phalaborwa (S. 451). Am anderen Ende der Preisskala rangieren die luxuriösen Unterkünfte in vielen der privaten Wildschutzgebiete an der Westgrenze des Nationalparks (S. 423).

Rest Camps

Die meisten Besucher übernachten in einem der zwölf Hauptcamps des Kruger National Park. Die Camps sind eingezäunt und schön angelegt und bieten Unterkunft auf dem Zeltplatz sowie in Hütten, Bungalows und Cottages. Die Ferienhäuser und die meisten Bungalows haben eine separate Küche, für die übrigen Unterkünfte stehen Gemeinschaftsküchen mit Spüle, Kochplatte und *braai* (Grill) zur Verfügung. Besteck, Pfannen, Teller etc. sind überall vorhanden, ebenso Strom, Duschen mit Warmwasser, Bettwäsche und Handtücher. Ein Ventilator oder eine Klimaanlage gehören in den meisten Häusern ebenfalls zur Ausstattung. In jedem Camp gibt's Restaurants (eine Mahlzeit kostet im Schnitt 90 R) und außerdem gut sortierte Geschäfte, in denen man auch Lebensmittel kaufen kann. Die Auswahl an Obst und Gemüse ist dagegen eher etwas spärlich.

ÜBERSCHWEMMUNGEN

Anfang 2012 regnete es besonders stark, was zu Überflutungen mit verheerenden Schäden im Kruger National Park führte. Die Wassermassen zerstörten Schotterstraßen, Picknickbereiche und Brücken und schwemmten Teile der asphaltierten Straße weg, sodass gestrandete Touristen per Hubschrauber aus dem Park abgeholt werden mussten. Als dieses Buch entstand, kehrte jedoch langsam wieder der normale Alltag im Park ein – Straßen und alle wichtigen Gates wurden wieder für Besucher geöffnet. Es können allerdings unter Umständen immer noch Schäden, die die Fluten hinterlassen haben, zu sehen sein, vor allem rund um Wasserläufe. Auf absehbare Zeit müssen u. a. das Balule Camp und das Tamboti Hide wegen Flutschäden geschlossen werden. Aktuelle Infos zu gesperrten Straßen und anderen wegen Flutschäden geschlossener Einrichtungen auf www.sanparks.org/parks/kruger.

WILDTIERBEOBACHTUNG

Die Einwohnerschaft des Kruger National Park besteht aus 34 Amphibienarten, 49 Fischarten, 116 Reptilienarten, 147 Säugetierarten, 336 Baumarten und 507 Vogelarten. Hinzu kommen 1,3 Mio. menschliche Besucher pro Jahr. Eine kürzlich durchgeführte Wildzählung im Kruger lieferte folgende Ergebnisse: 2000 Löwen, 31000 Gnus, 4000 Warzenschweine, 3500 Breitmaulnashörner, 7000 Giraffen, 15000 Elefanten, 16000 Büffel, 23000 Zebras und 130000 Impalas.

Wildtierbeobachtung ist immer ein Glücksspiel. Doch dank der Vielfalt und der immensen Zahl an Tieren ist die Chance, im Kruger National Park Wild zu sehen, auf jeden Fall größer als anderswo in Südafrika. Unabhängig von der Reisezeit sind Geduld und Ausdauer Grundvoraussetzungen für die Wildtierbeobachtung. Man sollte langsam fahren und immer wieder anhalten und den Motor ausstellen. Erstaunlich oft fällt einem zunächst nur ein Tier auf, doch nach dem Anhalten sind dann weitere Tiere in der Nähe zu sehen. Sogar Elefanten können sich sehr gut tarnen, wenn sie sich nicht bewegen. Ruhig an einem Wasserloch zu warten, lohnt sich immer.

Dank des hervorragenden Straßennetzes im Kruger kann man den Großteil der Hauptstraßen problemlos verlassen und braucht auch für die meisten Schotterpisten keinen Geländewagen. (Nach heftigen Regenfällen informieren die Ranger an den Rest Camps die Gäste, welche Strecken man nicht befahren sollte.) Eine Sonnenbrille und ein Fernglas sind unverzichtbar. Infos zur sicheren Beobachtung von Wild s. S. 610.

Je mehr man über eine Tierart, ihr Vorkommen und Verhalten weiß, desto größer ist die Chance, die Tiere zu finden. Lohnenswert ist der Kauf eines der detaillierten Bücher, die es in den Läden der Rest Camps gibt. Hier schon mal einige Tipps:

» Große Raubkatzen genießen die kühle Brise auf Felskuppen; Leoparden ruhen häufig hoch oben in einer Baumkrone.

» Warzenschweine, Paviane, Zebras, Giraffen und viele Antilopenarten leben oftmals friedlich nebeneinander. Wenn man eine Art sichtet, sind die anderen meist nicht weit entfernt.

» Ruhig weidende Huftiere bedeuten nicht, dass kein Raubtier in der Nähe ist. Man muss die Umgebung genau beobachten: Raubkatzen sind perfekt getarnt und deshalb kaum zu erkennen. Es scheint, als wüssten viele Tiere, ob der Räuber gerade auf Beutezug ist. Jagt er nicht, zeigen sie sich trotz seiner Anwesenheit erstaunlich entspannt.

» Antilopen benehmen sich nervös und wachsam, wenn sie ein jagendes Raubtier wahrnehmen, aber sie ergreifen nicht sofort die Flucht. Sie wissen, dass sie einem Raubtier mit ausreichendem Vorsprung fast immer entkommen können. Deshalb wahren sie eine sichere Fluchtdistanz zur Gefahrenquelle.

» Immer ausreichend Distanz zu den Tieren wahren, um sie so wenig wie möglich in ihrem natürlichen Verhalten zu stören. Wenn man sich dennoch nähert, dann langsam und gleichmäßig und ohne ruckartige Bewegungen.

» Häufiges Ausstellen und Anlassen des Motors sollte vermieden werden. Wer anhält, sollte eine Weile ruhig auf dem Sitz bleiben. Man muss daran denken, dass sich die Vibration des Motors auf die Kamera übertragen kann. Nur an wenigen ausgewiesenen Stellen im Kruger ist es erlaubt, das Fahrzeug zu verlassen.

Die großen Camps gleichen Kleinstädten mitten im Busch, wirken aber trotz ihres Angebots und der Besuchermengen, die hier unterkommen, erstaunlich unaufdringlich. Meist ist ein Waschsalon, oft sogar ein Swimmingpool vorhanden. Im Skukuza, dem größten Camp, finden Besucher außerdem einen medizinischen Dienst und sogar ein Postamt.

Zu einigen Camps gehören Satellite Camps – eine wirklich angenehme Alternative, denn sie liegen in der Regel mindestens 2 bis 3 km vom Hauptcamp entfernt, sind ruhig und rustikal. Sie haben keinen anderen Komfort als Gemeinschaftsküche und -toiletten sowie *braai*-Grillstellen. Die Gäste übernachten in einfachen Bungalows oder in fest installierten Safarizelten, die jeweils mit einem Kühlschrank ausgestattet sind.

Folgende Unterkunftsformen stehen zur Verfügung:

Camping (Stellplatz für 1–2 Pers. 200 R, pro zusätzl. Erw./Kind bis max. 6 Pers. 62/31 R) Campingplätze für Reisende mit Zelt oder Wohnwagen gibt's in den meisten Camps; Ausnahmen sind in der Beschreibung erwähnt. Wie jede andere Unterkunft sollten auch Stellplätze in der Hauptsaison lange im Voraus reserviert werden. Viele Zeltplätze haben keinen Stromanschluss.

Hütten (2 Pers. ab ca. 410 R) sind rustikal und die (vom Zelt abgesehen) preiswerteste Unterkunft. Gästen stehen Waschhäuser zur Verfügung und gekocht wird in der Gemeinschaftsküche. Die Hütten bieten je nach Camp Platz für zwei bis sechs Personen; einige sind mit Kühlschrank ausgestattet.

Safarizelte (ca. 420 R, mit Bad & Küche ca. 870 R) In einigen Camps können Gäste in möblierten Safarizelten für zwei bis vier Personen übernachten, die mit Kühlschrank und Ventilator ausgestattet sind. Zu den meisten gehören Gemeinschaftsküche und -waschräume; andere sind wesentlich luxuriöser und haben eigene Sanitäranlagen und Küchen.

Bungalows (2 Pers. ab ca. 805 R) haben fast immer Dusche/WC; je nach Standard nutzen Gäste die Gemeinschaftsküche oder es ist eine luxuriöse Küchenzeile vorhanden.

Cottages (bis zu 4 Pers. ca. 1590 R) bilden hinsichtlich des Komforts eine höhere Stufe. Sie haben meist ein Wohnzimmer, Küche und Bad. Cottages sind unterschiedlich groß – bis hin zu Familienhäusern mit mehreren Schlafzimmern.

In den folgenden Rest Camps quartieren sich die meisten Besucher des Kruger National Park ein. Sie alle haben ihren eigenen Charakter und eine einzigartige Lage.

Berg-en-dal (☎ 013-735 6106; @ ☎) Das gut ausgestattete, moderne mittelgroße Camp liegt 12 km vom Malelane Gate entfernt und bietet Unterkunft in Bungalows und Familien-Cottages für bis zu sechs Personen. Es liegt in reizvoller Buschlandschaft am Matjulu River im Schatten der Malelane Mountains. Es gibt dort ein Besucherzentrum und mehrere Wanderwege, darunter ein behindertengerechter Weg sowie eine Wanderweg für Blinde.

Crocodile Bridge (☎ 013-735 6012) Das kleine Camp nahe dem Crocodile River befindet sich unmittelbar hinter dem Crocodile Bridge Gate und ist deshalb ein guter Anlaufpunkt, wenn man zu spät ankommt, um noch tiefer in den Park hineinzufahren. Wenige Kilometer entfernt sind Flusspferde und Krokodile in ihren Tümpeln zu beobachten, und im Akaziendickicht versammeln sich Zebras, Büffel und Gnus. Unterkunft bieten Bungalows und ein Safarizelt. Das Camp hat kein Restaurant, dafür eine bis 18.30 Uhr geöffnete Cafétaria, in der man schlichte Gerichte wie getoastete Sandwichs, Burger und Brötchen mit *boerewors* (Bauernwurst), Frühstück und Kaffee bekommt; Diesel ist nicht erhältlich.

Pretoriuskop (☎ 013-735 5128/32; ☎) Das älteste und gleichzeitig eines der größten Camps des Parks liegt nahe dem Numbi Gate und etwas höher als andere Orte im Nationalpark. Im Sommer ist es hier deshalb etwas kühler. Hütten, Bungalows und mehrere Ferienhäuser für sechs bis neun Personen stehen zur Verfügung. Kinder lieben den in einem natürlichen Felsbassin angelegten Swimmingpool. Die reizvolle Umgebung mit ihren Granitkuppen wird gern von Breitmaulnashörnern aufgesucht.

Das mittelgroße **Lower Sabie** (☎ 013-735 6056; @ ☎) liegt etwa eine Stunde Fahrt (35 km) vom Crocodile Bridge Gate entfernt an einem Stausee des Sabie River. Da der Fluss viele Tiere anzieht, gilt das Camp als einer der besten Spots für die Wildtierbeobachtung im Süden des Kruger National Park. Übernachtungsgäste können zwischen Hütten, Safarizelten, Bungalows und Cottages wählen. Jeder besitzt seinen eigenen Wasseranschluss. Das Restaurant des Lowe Sabie verfügt über einen der schönsten Aussichtsbereiche im ganzen Park: Besucher blicken über den dramatischen Sabie River und die umliegende Landschaft. Hier kann man häufig Flusspferde erspähen.

Skukuza (☎ 013-735 4152; @ ☎) am Sabie River ist das Hauptcamp des Parks und Sitz der Nationalparkverwaltung. Es gibt eine Bank mit einem Geldautomaten, eine Werkstatt des Automobilclubs (AA), eine Tankstelle, einen Arzt, eine Bibliothek, eine Polizeistelle, ein Postamt, ein kleines Museum und ein hilfreiches Informationszentrum. Die Auswahl an Unterkünften ist riesig; es gibt sogar Luxusbungalows und verschiedenste Cottages. Vom Sitzbereich des Restaurants unter freiem Himmel mit schönen, Schatten spendenden Bäumen hat man einen fantastischen Flussblick. Die Auswahl an Lebensmitteln ist größer als in allen anderen Camps.

Orpen (☏ 013-735 6355) Unweit des Orpen Gate und deshalb perfekt für Spätankömmlinge liegt dieses kleine Camp. Es gibt kein Restaurant und nur eine Gemeinschaftsküche; die Kochutensilien muss jeder selbst mitbringen. Da nicht alle Unterkünfte Strom haben, empfiehlt sich eine Taschenlampe. Orpen besitzt zwei Satellitencamps in der Nähe: Maroela, 4 km nordöstlich, besteht aus einfachen Stellplätzen mit Strom-anschluss. Das ansprechende Tamboti, 4 km östlich, hat schöne Safarizelte am Hochufer des Timbavati River, von denen aus man den umherziehenden Herden zusehen kann. Zwei Zelte sind mittels Rampen auch rollstuhltauglich. Der Check-in für Maroela und Tamboti ist ebenfalls in Orpen.

Das **Satara** (☏ 013-735 6306; ☖) östlich des Orpen Gate ist nach Skukuza das zweitgrößte Camp im Park. Es liegt herrlich inmitten weiter, fruchtbarer Ebenen, in denen unzählige Tiere weiden. Berühmt ist es für die größte Löwenpopulation des Nationalparks. Unweit des Olifants River, 45 km nördlich des Satara, bietet das stimmungsvolle Balule Satellite Camp Unterkunft auf dem Campingplatz und in einigen rustikalen Drei-Personen-Hütten. Anstelle von Strom werden Kerosinlampen verteilt; dennoch sollte man eine Taschenlampe dabeihaben. Ein großer Kühlschrank und ein Herd sind vorhanden, alles andere (z. B. Kochutensilien) muss mitgebracht werden.

Olifants (☏ 013-735 6606; ☖) Dank der fantastischen Lage am Steilufer hoch über dem Olifants River hat man von diesem schönen Camp aus einen spektakulären Blick auf Elefanten, Flusspferde und viele andere Tiere, die an den 100 m tiefer dahinströmenden Fluss kommen. Olifants besitzt keinen Campingplatz; zelten kann man im nahe gelegenen Balule Satellite Camp. Besonders reizvoll ist das breite Angebot an Aktivitäten, die von Olifants aus möglich sind: Es gibt Mountainbike Trails, den Olifants River Backpack Trail sowie allabendlich eine „Sternengucker-Fahrt" (pro Pers. 320 R, 3 Std.), bei der die Teilnehmer die Sterne durchs Teleskop beobachten können und eine Einführung in den südafrikanischen Nachthimmel erhalten.

Letaba (☏ 013-735 6636; ☖) 20 km nördlich vom Olifants eröffnet sich von Leta-

OLI-FANTASTISCH

Olifants ist einfach das spektakulärste aller Rest Camps. Wer hier unterkommt, sollte ein paar hundert Rand mehr locker machen und sich in einem voll ausgestatteten Chalet am Steilufer einquartieren. Als Belohnung winken mehr als spektakuläre Sonnenauf- und Sonnenuntergänge über dem dramatischen Olifants River und schimmernde Ebenen, die sich wie grüne Teppiche bis zum Horizont ausbreiten. Wer nicht so viel Geld ausgeben möchte oder auf der Durchreise ist, sollte vom nahe gelegenen Aussichtsbereich des Restaurants am Steilufer aus immerhin die einmalig gute Gelegenheit zur Wildtierbeobachtung nutzen.

ba aus ein herrlicher Blick über die weite Schleife des Letaba River. Das reizvolle, friedliche Camp verfügt über Schatten, Rasenflächen und ein Restaurant an einer Promenade, von der aus die Gäste häufig unten am Fluss Elefanten beobachten können. Die Bungalows sind mittlerweile ziemlich verwohnt und die günstigeren beengt. Am besten fragt man nach den Bungalows D32 oder 33, die einen spektakulären Blick auf den Fluss und in den Park haben und mit Abstand die besten sind. Wer das Glück hat, zu Vollmond hier zu sein, wird am Abend kaum ein schöneres Plätzchen finden als den Fußweg mit Blick auf den Letaba River – die Wahrscheinlichkeit ist hoch, dass man den Mond sieht, im Hintergrund Buschböcke weiden und sich unten am Flussufer Elefanten aufhalten.

Das moderne Rest Camp **Mopani** (☏ 013-735 6536; ☖) liegt am Ufer des Pioneer Dam, 45 km nördlich von Letaba. Alle Bauten bestehen aus Naturmaterialien wie Reet, und doch erscheint das Camp recht schmucklos. Das Mopani hat leider nicht die Atmosphäre, die viele ältere Camps auszeichnet. Dafür wirkt es recht heiter und entschädigt mit schönen Ausblicken auf den Stausee. Einen Campingplatz gibt es nicht.

Shingwedzi (☏ 013-735 6806; ☖) Das große Camp im Norden des Parks ist recht altertümlich: Hütten und Ferienhäuser stehen im Rund unter hohen Mopanebäumen und Palmen. Dank seiner entspannten, altmodischen Atmosphäre und des freundlichen Personals an der Rezeption gewann

KRUGER NATIONAL PARK

das Shingwedzi den Titel „Rest Camp des Jahres 2011". Eine vielfältige Vogelwelt lebt im Camp und sobald man mit etwas auftaucht, das aussieht wie Essen, ist man schon umringt von einer Vogelschar.

Punda Maria (☎ 013-735 6873), das nördlichste Rest Camp des Parks, liegt im Sandveld, einem trockenen Sandgürtel am Dimbo Mountain. Das Camp zählt zu den ältesten des Nationalparks; viele Bauten stammen noch aus den 1930er-Jahren. Trotz der recht beengten Zimmer in den Originalgebäuden besitzt das unter Bäumen gelegene Camp einen besonderen Charme. Der kommt vor allem abends zur Geltung, wenn die kleine Terrasse vor den Zimmern von Laternen erhellt wird. Oberhalb des Hauptlagers gibt es sieben neuere, geräumige und geschmackvoll eingerichtete Luxussafarizelte.

Bushveld Camps

Bushveld Camps sind all denjenigen zu empfehlen, die nach einer intensiveren Wildniserfahrung suchen als sie in den Rest Camps möglich ist und die auch die erforderliche Ausrüstung haben, um sich selbst zu versorgen. Im Nationalpark gibt es fünf Bushveld Camps. Sie liegen abseits, sind wesentlich kleiner als die Rest Camps und bestehen aus sechs bis fünfzehn Cottages oder Chalets für Selbstversorger. Infrastruktur wie Läden, Restaurants oder andere hilfreiche Einrichtungen, die es in den Rest Camps gibt, sind hier nicht zu erwarten. Allerdings liegen die meisten nahe genug bei einem Rest Camp, so dass man dort Vorräte einkaufen kann.

Nur Übernachtungsgäste mit Buchungsbestätigung haben Zugang zum Camp; tagsüber ist es deshalb fast immer ziemlich ruhig. In den meisten Lagern ist Strom vorhanden, in einigen kann man Feuerholz kaufen, und alle Unterkünfte haben eigene Sanitäranlagen. Die Kosten liegen zwischen 1320 und 1910 R für vier Personen sowie 314/157 R für einen zusätzlichen Erwachsenen/Kind. Auch wer allein reist, muss den Komplettpreis für die Unterkunft bezahlen. Weitere Infos zu den fünf Camps findet man unter www.sanparks.org/parks/kruger/camps/default.php#bushveld.

Bush Lodges

Die beiden Bush Lodges des Nationalparks stehen ganz isoliert und werden nur komplett vermietet. Sie wurden mit dem Ziel errichtet, Gästen die Möglichkeit zu geben, den Busch so intensiv wie möglich zu erleben, wobei diese als Gruppe unter sich bleiben. Außer einer ausgestatteten Küche, einer *braai*-(Grill-)Stelle und Betten gibt es keinerlei Ausstattung. Für die Verpflegung sind die Gäste selbst zuständig. Beide Lodges müssen vor Anreise reserviert werden, entweder über die Zentrale Reservierungs-

NASHORNJAGD & VERBITTERTE RANGER

Im Februar 2012 streikte etwa die Hälfte aller Ranger im Kruger National Park. An zentralen Stellen im Park fanden Demonstrationen statt, u. a. wurde besonders energisch und eindringlich mehr Beachtung für die Missstände am Phalaborwa Gate gefordert. Die Ranger verlangten eine bessere Bezahlung und die Bereitstellung von mehr Mitteln für den Kampf gegen die barbarische Wilderei, die in Südafrika und vor allem im Kruger National Park wieder auf dem Vormarsch ist. 2011 kamen 448 Nashörner durch Wilderer ums Leben (darunter 19 stark vom Aussterben bedrohte Spitzmaulnashörner). 252 davon stammten aus dem Kruger – eine deutlich höhere Zahl als in den Vorjahren. Trauigerweise wurden Anfang 2012 vier Angestellte des Kruger in Pretoriuskop in Verbindung mit der Nashorn-Wilderei verhaftet. Darunter befanden sich ein Ranger und ein Verkehrspolizist, der Mitglied der Schutzeinheit war.

Ein Hauptanliegen der Ranger ist, dass ihnen praktisch eine „Gefahrenzulage" für ihre Arbeit gezahlt wird – denn sie riskieren ihr Leben, um den Park und die Tiere zu schützen. Oft sind sie in heftige Schießereien mit Wilderern in abgelegenen Gegenden des Parks verwickelt, wobei sie nicht selten schwer verwundet werden. Führer im Kruger sind ähnlich unterbezahlt und könnten in Zukunft ebenfalls streiken.

Am untröstlichsten über den brutalen Tod der prächtigen Geschöpfe sind die Ranger, die in der Wildnis ihre blutigen und enthornten Leiber finden. Ihre Frustration über mangelnde Ressourcen (und schlechte Arbeitsbedingungen) im Kampf gegen die Wilderei hat schließlich zu den Streiks geführt. Während der Streiks im März 2012 lag die Zahl der getöteten Tiere im Kruger bei 75 Nashörnern, Tendenz steigend.

KRUGER NATIONAL PARK MIT KINDERN

Der Park ist ein sehr familienfreundlicher Nationalpark und ideal für eine Safari mit Kindern. Alle Rest Camps sind eingezäunt, viele der großen Camps haben einen Swimmingpool und Restaurants mit speziellen Gerichten für Kinder, in einigen Camps gibt es sogar extra Spielbereiche. Letaba, Skukuza, Satara und Shingwedzi zeigen abends nach Einbruch der Dämmerung regelmäßig Naturfilme, die für Besucher aller Altersstufen geeignet sind. Im Elefantenmuseum des Letaba kommen Kinder (und Erwachsene) den Riesenstoßzähnen verstorbener Elefanten ganz nah, und es gibt weitere spannende Attraktionen. In den Läden der Camps kann man allerdings meist weder Windeln noch Babynahrung oder -milch kaufen; Zubehör dieser Art müssen Eltern deshalb selbst mitbringen.

stelle oder an einem beliebigen Gate zum Kruger National Park bzw. in einem der Rest Camps. Strom ist in keiner Lodge vorhanden, Licht und Ventilatoren werden mit Solarenergie betrieben.

Das 23 km südwestlich des Mopani Rest Camp gelegene **Boulders** (bis zu 4 Pers. 2465 R, pro zusätzl. Erw./Kind 504/252 R) kann bis zu zwölf Gäste in sechs Zimmern beherbergen. **Roodewal** (bis zu 8 Pers. 5100 R, pro zusätzl. Erw./Kind 546/273 R), rund 28 km nordöstlich des Orpen Gate, bietet bis zu 19 Gästen in einem Cottage und mehreren Bungalows Quartier.

Unterstände

In der Nähe des Phalaborwa Gate (Sable Overnight Hide) und des nicht weit entfernten Mopani Rest Camp (Shipandani Overnight Hide) gibt es Übernachtungsmöglichkeiten in einfachen Unterständen zur Vogelbeobachtung. Trotz der extrem rudimentären Ausstattung sind diese Unterstände schnell ausgebucht, denn nirgendwo sonst ist man so nah am Wildnis. Die Reservierung muss lange im Voraus vorgenommen werden. Einfache Schlafstellen mit Matratze, Betttuch und -decke sowie Moskitonetz sind vorhanden. Alles Weitere wie Lebensmittel, Wasser und Taschenlampe müssen die Gäste mitbringen. Wer grillen möchte, benötigt Feuerholz oder Brennstoff. Die Unterstände können erst eine halbe Stunde vor Schließung der Gates bezogen und müssen eine halbe Stunde nach deren Öffnung verlassen werden. Mindestens zwei bis höchstens sechs Personen sind pro Unterstand zugelassen; der Preis liegt bei 445 R für zwei Personen und 214 R für jede weitere Person.

Rund 10 km vom Phalaborwa Gate (wo man den Unterstand reservieren sollte) entfernt liegt das **Sable Overnight Hide** (☎013-735 6509) mit Blick auf den Sable

Dam. Das **Shipandani Overnight Hide** (☎013-735 6535/6), 3 km südlich des Mopani Rest Camp (wo man diesen Unterstand reserviert), bietet Blick auf den Tsendze River.

Private Konzessionsgebiete

Innerhalb des Kruger National Park finden sich mehrere private Konzessionsgebiete. Sie liegen in wildreichen Regionen des Nationalparks und bieten die Möglichkeit, ähnlich wie in den privaten Wildschutzgebieten (S. 423) Safariabenteuer und größtmöglichen Komfort miteinander zu verbinden. Obwohl diese Konzessionsgebiete Teil des Nationalparks sind, ist der Zugang nur Gästen der jeweiligen Lodges gestattet; eine Reservierung im Voraus ist deshalb unabdingbar. Die Buchung nimmt man entweder bei den jeweiligen Konzessionsbetreibern oder über die Webseite von SanParks vor. Dort werden alle Konzessionsgebiete präsentiert.

Die reizvolle **Lukimbi Safari Lodge** (☎011-431 1120; www.lukimbi.com; EZ/DZ all-inclusive 6540/9700 R) mit 16 Suiten liegt – mit Blick über den Lwakhale River – nahe der Südgrenze des Nationalparks und südwestlich des Biyamiti Bushveld Camp. Das Unternehmen bemüht sich um Kontakt zur lokalen Bevölkerung und unterstützt mehrere kleine Projekte, die den Dorfgemeinschaften zugutekommen.

Singita Lebombo Lodge (☎021-683 3424; www.singita.com; all-inclusive 12250 R/Pers.) Ein weiteres wunderschönes Quartier und das Flaggschiff der Singita-Unternehmensgruppe.

ℹ Praktische Informationen

Der Kruger National Park schiebt sich wie ein langer schmaler Keil zwischen Mosambik im Osten, Simbabwe an der Nordspitze, die Provinz Limpopo im Westen und Mpumalanga im Westen und Süden. Der Park ist durchschnittlich 65 km breit und ca. 350 km lang. Im Westen wird er von einer Kette privater Wildschutzgebiete gesäumt, die zum Nationalpark hin nicht abgegrenzt sind.

Die Topografie des Parks ist zumeist eben oder sanft hügelig. Entlang der Ostgrenze zu Mosambik ragt die Gebirgskette der Lebombo Mountains empor. Die großen Flüsse Limpopo, Luvuvhu, Shingwedzi, Letaba, Olifants, Timbavati und Sabie durchfließen das Schutzgebiet von West nach Ost. Das nördlichste Drittel des Parks, das etwa 12 km nördlich des Mopani Camps beginnt, liegt im Norden des südlichen Wendekreises. Tropische Vegetation herrscht allerdings nur im äußersten Norden vor.

In Südafrika gibt es neun Zufahrtsmöglichkeiten (Gates), die auf Afrikaans *heks* genannt werden. Die Öffnungszeiten der Gates und der Camps variieren je nach Jahreszeit etwas. Zurzeit gelten folgende Zeiten:

Von Mosambik aus führen das **Giriyondo Gate** (☉ Okt.–März 8–16 Uhr, April–Sept. bis 15 Uhr) und das **Pafuri Gate** (☉ 8–16 Uhr) in den Nationalpark. Beide fungieren zugleich als internationale Grenzübergänge (s. S. 426). Vom Phalaborwa Gate sind es 95 km nach Giriyondo (vom Letaba Rest Camp 65 km) sowie weitere 75 km von Giriyondo nach Massingir, der ersten größeren Stadt in Mosambik. Die Strecke ist problemlos in weniger als einem Tag zu bewältigen. Der Grenzposten Pafuri liegt 11 km östlich des Pafuri Rest Camp im Kruger National Park und 29 km vom Pafuri Gate entfernt.

In Mosambik müssen Reisende den Limpopo nahe Mapai an einer Furt überqueren, die nur in der Trockenzeit passierbar ist. Von dort führt eine raue Piste durch den Busch über Mabote und Mapinhane nach Vilankulo an der mosambikanischen Küste. Von Pafuri bis Vilankulo ist mit zwei vollen Tagen Fahrtzeit zu rechnen. Unterkunft und Duschen mit warmem Wasser bietet ein **Zeltplatz** (45 R/Pers.) in der Nähe von Mapai.

Ein Netz aus Asphaltstraßen sowie eine über die gesamte Länge des Parks führende Route erschließen den Nationalpark. Zusammen mit den ebenfalls einfach zu befahrenden und meist gut unterhaltenen geschotterten Seitenstraßen bildet alles ein 1900 km langes Straßennetz.

Reservierungen

Die Reservierung einer Unterkunft im Park durch die **Zentrale Reservierungsstelle der South African National (San) Parks** (☎ 012-428 9111; Fax 012-426 5500; www.sanparks.org; 643 Leyds St, Muckleneuk, Pretoria) ist online, persönlich, telefonisch oder per E-Mail möglich. Weitere Buchungsadressen sind die Büros von **Lowveld Tourism** (www.lowveldtourism.com) in Nelspruit (S. 406) und in Kapstadt.

Reservierungen von Unterkunft und Wildniswanderungen werden bis zu elf Monate im Voraus angenommen. Abgesehen von der Hauptsaison (Schulferien, Weihnachten, Ostern) und den Wochenenden ist eine Reservierung zwar empfehlenswert, aber nicht zwingend notwendig. In der Hauptsaison sollten Reisende jedoch so früh wie möglich buchen. Eine Ausnahme von diesen Regeln bilden behindertengerechte Unterkünfte im Nationalpark: Sie können nur einen Monat im Voraus per Brief, Fax oder Telefon reserviert werden.

Zugang

Tages- und Übernachtungsbesucher zahlen 192 R Eintritt pro Erwachsenem und 96 R pro Kind. Südafrikanische Staatsangehörige bzw. in Südafrika lebende Ausländer sowie Bürger der South African Development Community (Sadc) erhalten Ermäßigung. Die SanParks Wild Card (www.sanparks.org/wild), mit der Besucher unbegrenzten Zutritt zu allen Nationalparks Südafrikas (und einigen in Swasiland) haben, ist auch im Kruger National Park gültig.

Fahrräder und Motorräder sind im Park nicht zugelassen. In den Schulferien ist die Aufenthaltsdauer im Nationalpark auf zehn, in allen Rest Camps auf fünf bzw. auf zehn Tage (wenn man zeltet) beschränkt. Die Nationalparkverwaltung begrenzt die Besucherzahlen das ganze Jahr über. Wer in der Hauptsaison ohne Reservierung anreist, sollte möglichst früh kommen.

Zu spät in einem Camp einzutreffen, ist ein Regelverstoß, der mit einer Geldbuße bestraft werden kann (die Camps sind eingezäunt). Da die Geschwindigkeit auf Asphaltstraßen auf 50 km/h und auf Pisten auf 40 km/h beschränkt ist und per Radar kontrolliert wird, kann die Fahrt von Camp zu Camp relativ lange dauern, vor allem bei Verkehrsstaus in der Nähe eines interessanten Wildtiers.

ℹ Anreise & Unterwegs vor Ort
Auto

Die meisten Besucher des Nationalparks sind mit einem eigenen Fahrzeug unterwegs, denn

---

INFOS FÜR REISENDE MIT BEHINDERUNG

Über behindertengerechte Einrichtungen verfügen die Camps Berg-en-dal, Crocodile Bridge, Pretoriuskop, Lower Sabie, Skukuza, Satara, Olifants, Letaba, Mopani, Shingwedzi und Tamboti. Die Website von **SanParks** (www.sanparks.org) bietet einen hervorragenden Überblick über die Bedingungen für Reisende mit Behinderung in den jeweiligen Camps und kann bei der Reiseplanung sehr hilfreich sein.

dies ist die beste und zumeist auch preiswerteste Art, den Park zu erkunden. Reisende mit begrenztem Etat können sich relativ günstig für ein paar Tage einen Mietwagen mit zwei, drei weiteren Personen teilen (s. S. 652).

Skukuza ist 500 km von Johannesburg (6 Std.) entfernt. **Avis** (☑in Johannesburg 011-923 3600, in Skukuza 013-735 5651; www.avis.co.za) hat eine Niederlassung in Skukuza. Auch an den Flughäfen von Nelspruit, Hoedspruit und Phalaborwa kann man Autos mieten.

Das Fahren auf den Asphaltstraßen im Nationalpark ist unproblematisch, da es wenig Verkehr gibt und die Geschwindigkeitsbeschränkungen kontrolliert werden. Die größte Gefahr sind plötzlich stoppende Autos und abgelenkte Fahrer. Tankstellen gibt's in den meisten größeren Rest Camps; preiswerter ist es jedoch, vor der Einfahrt außerhalb des Nationalparks zu tanken.

Bus & Minibus-Taxi

Nelspruit ist die nächstgelegene größere Stadt in der Nähe des Nationalparks. Es gibt gute Bus- und Minibus-Taxi-Verbindungen von und nach Johannesburg (s. S. 363). Das Numbi Gate liegt 50 km, das Malelane Gate etwa 65 km entfernt. Phalaborwa am nördlichen Rand des Nationalparks gewinnt zusehends an Bedeutung als Ausgangspunkt für Touren in den Nordteil des Parks. Es bestehen regelmäßige Busverbindungen nach und von Johannesburg sowie in andere Orte und aus anderen Orten in Südafrika. Auch Hoedspruit ist ein Anlaufpunkt mit guter Busanbindung in verschiedene Regionen Südafrikas. Zudem bietet es einen einfachen Zugang zu vielen der privaten Wildschutzgebiete an der Grenze des Nationalparks und liegt nur 70 km vom Orpen Gate entfernt. In allen genannten Städten unterhalten Mietwagenfirmen Filialen, man kann aber auch in den örtlichen Hotels Fahrten durch den Nationalpark buchen; die entsprechenden Angaben stehen in den jeweiligen Ortskapiteln. Aus dem Gebiet Venda in der Provinz Limpopo fahren Minibus-Taxis bis in die Nähe des Punda Maria Gate, von dort aus muss man dann allerdings mit einem eigenen Wagen weiter in den Park hineinfahren.

Flugzeug

SaAirlink (☑0861 606 606; www.flyairlink.com) fliegt täglich von Johannesburg bzw. Kapstadt zum Mpumalanga Kruger International Airport (MKIA) in der Nähe von Nelspruit (Zugang zu den Gates Numbi, Malelane und Crocodile Bridge) sowie zum Kruger Park Gateway Airport in Phalaborwa (2 km vom Phalaborwa Gate entfernt). Hier einige One-Way-Tarife und Flugzeiten: von Johannesburg nach Phalaborwa (1655 R, 1 Std.), von Johannesburg zum Mkia (ca. 900–1500 R, 1 Std.), von Kapstadt zum Mkia (2500–3500 R, 2¼ Std.). SaAirlink fliegt außerdem täglich (dreimal wöchentlich direkt) von Kapstadt über

GATES

MONAT	GATES/ CAMPS ÖFFNEN UM	GATES/ CAMPS SCHLIESSEN UM
Jan.	5.30/ 4.30 Uhr	18.30 Uhr
Feb.	5.30/ 5.30 Uhr	18.30 Uhr
März	5.30/ 5.30 Uhr	18 Uhr
April	6/6 Uhr	18 Uhr
Mai–Juli	6/6 Uhr	17.30 Uhr
Aug. & Sept.	6/6 Uhr	18 Uhr
Okt.	5.30/ 5.30 Uhr	18 Uhr
Nov. & Dez.	5.30/ 4.30 Uhr	18.30 Uhr

Johannesburg nach Hoedspruit (Orpen Gate, ab 2600 R, 3¼ Std.).

South African Airways (☑0861 359 722; www.flysaa.com) fliegt täglich zwischen Durban und Mkia (ca. 1300–1800 R, 1½ Std.), **South African Express** (☑011-978 9905; www.fly express.aero) täglich auf der Route zwischen Johannesburg und dem Hoedspruit Eastgate Airport (ab ca. 1100 R, 1½ Std.), von wo aus Anschlussflüge nach Kapstadt gehen.

Zug

Der *Komati* fährt von Johannesburg über Nelspruit nach Komatipoort (nur Economy), das 12 km vom Crocodile Bridge Gate des Nationalparks entfernt liegt. Von hier an benötigt man einen Mietwagen, oder man schließt sich einer organisierten Tour durch den Nationalpark an.

PRIVATE WILDSCHUTZGEBIETE

In den weiten Ebenen des Lowveld westlich des Parks reihen sich zahlreiche private Wildschutzgebiete aneinander. Die Möglichkeiten für die Wildtierbeobachtung sind ähnlich gut wie im Nationalpark selbst. Die drei wichtigsten Schutzgebiete – Sabi Sand, Manyeleti und Timbavati – grenzen direkt an den Kruger National Park. Und weil trennende Zäune fehlen, sind die Big Five (Löwe, Leopard, Büffel, Elefant und Nashorn) sowie andere umherziehende Tiere hier wie dort unterwegs.

Private Wildschutzgebiete

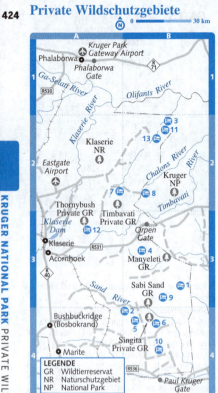

Private Wildschutzgebiete

Schlafen

1 Djuma Game Reserve B3
2 Exeter Private Game Lodges.............B4
3 Gomo Gomo B2
4 Honeyguide...B3
5 Idube Private Game Reserve.............B4
6 Londolozi Private Game
   Reserve B4
7 Motswari A2
8 Ngala Tented Camp............................B2
9 Nkorho Bush Lodge...........................B3
10 Sabi Sabi Private Game
    Reserve B4
11 Tanda Tula B2
12 Tangala..A3
13 Umlani Bushcamp B2

In den privaten Schutzgebieten gibt es rund 200 – zumeist teure – Lodges und Camps. Die Tierreservate und die rund fünf eingerichteten privaten Konzessionsgebiete im Nationalpark ermöglichen Kennern sicherlich einige der intensivsten Safarierlebnisse, die Afrika zu bieten hat. Wer das luxuriöse Wildnisabenteuer sucht, ist hier richtig. Da die Preise saisonabhängig sind, sollte man sich auf den jeweiligen Webseiten über die tatsächlichen Kosten informieren. Viele dieser Lodges und Camps bezeichnen sich selber als „Game Reserves" („Wildtierreservate"). Das sind sie jedoch nicht. Es handelt sich lediglich um Lodges, die auf dem Areal eines ausgewiesenen Wildschutzgebietes liegen.

Wenn es das Reisebudget zulässt, ist der Aufenthalt in einem privaten Schutzgebiet eine lohnende Ergänzung zum Aufenthalt im Nationalpark. Die Ranger kennen die Natur in- und auswendig und führen die Safaris sehr persönlich. So lernt man schnell die Grundkenntnisse einer erfolgreichen Wildtierbeobachtung und kann dann im Kruger National Park auf eigene Faust losziehen. Die größeren Schutzgebiete und einige ihrer Camps werden im Folgenden beschrieben. Es gibt viele weitere Lodges und zahlreiche Reiseunternehmen, die Touren in diese Region organisieren. Hoedspruit hat sich als Portal zu den privaten Lodges etabliert.

Auch wenn man mit dem Fahrzeug anreisen darf: Safaris auf eigene Faust sind in allen Privatschutzgebieten verboten. Und die meisten kann man ohnehin nur mit vorheriger Reservierung besuchen. Zusätzlich zu den hier beschriebenen Reserves gibt es zahllose weitere kleine Schutzgebiete im Norden und Westen, darunter Klaserie, Makalali und Balule, die alle drei nicht an den Kruger National Park grenzen.

Sabi Sand Game Reserve

Auf dem Gebiet des riesigen **Sabi Sand Game Reserve** (www.sabisand.co.za) wurden einige der luxuriösesten Safarilodges Südafrikas erbaut. Das Reservat bietet außerdem die besten Wildtierbeobachtungsmöglichkeiten des Kontinents. Echte Safarikenner kommen regelmäßig hierher. Das Gelände zwischen den einzelnen Lodges innerhalb von Sabie Sand ist nicht abgezäunt, sodass alle den Wild- und Vogelreichtum teilen. Die Eintrittsgebühr für Sabie Sand beträgt 160 R pro Fahrzeug und 40 R für Fußgänger.

Die **Nkorho Bush Lodge** (013-735 5367; www.nkorho.com; EZ/DZ all-inclusive

3250/4600 R; ☎) im nördlichen Teil von Sabi Sand ist eine der erschwinglicheren Lodges. Sie bietet gemütliche strohgedeckte Chalets auf einer entspannten Anlage mit Rasenflächen.

Djuma Game Reserve (☎013-735 5118; www.djuma.co.za; Vuyatela Camp 13 500 R; ☎) steht für einfache Unterkünfte zu angemessenen Preisen (der Preis gilt für fünf Chalets für insgesamt zehn Personen). Am reizvollsten ist die Vuyatela Lodge, deren Bauweise stark von der lokalen Kultur inspiriert ist. Wer sich sowohl für die hier lebenden Menschen als auch für den Wildtierbestand interessiert, ist hier goldrichtig. Etwas preiswerter sind die Bush Lodge und das Galago Camp (9500 R für das komplette Zehn-Personen-Camp einschließlich Fahrten zur Wildtierbeobachtung und Buschwanderungen) für Selbstversorger.

Das exklusive **Londolozi Private Game Reserve** (☎011-280 6655; www.londolozi.com; Zi. all-inclusive 6000–10 000 R/Pers.; ☀☎) ist berühmt für seinen Luxus, die Leoparden und seine Lage. Als Übernachtungsmöglichkeiten stehen mehrere intime Camps zur Verfügung, die man jeweils untereinander zu Fuß erreichen kann. Alle liegen unvergleichlich schön am Sand River. Die Lodge ist die erste Wahl für all jene, die ein Fünf-Sterne-Erlebnis in der Wildnis mit exzellenten Möglichkeiten der Wildtierbeobachtung kombinieren möchten.

Das **Singita** (☎021-683 3424; www.singita.com; Zi. all-inclusive 12 250 R/Pers.; ☀@☎) wird von exklusiven Reiseveranstaltern als eines der Unternehmen mit den besten Lodges in Afrika gehandelt. Seine Anlagen in Südafrika gelten selbst im obersten Preissegment als außergewöhnlich: Dazu gehören die drei Lodges im Singita Private Game Reserve sowie zwei weitere, die am Ostrand des Parks südöstlich des Satara Rest Camp als private Konzessionsgebiete geführt werden. Die größte Aufmerksamkeit genießt die Singita Lebombo Lodge. Sie steht in unvergleichlicher Lage am Fluss, bietet jeden erdenklichen Komfort und perfekten Service. Zum Betreiber Singita gehören auch Luxuscamps in Tansania, sodass auch erstklassige Kombinations-Rundreisen gebucht werden können.

Weitere empfehlenswerte Unterkünfte in der Region:

Exeter Private Game Lodges (☎011-809 4300; www.andbeyondafrica.com; all-inclusive pro Pers. ab 5500 R; ☀☎) Die exklusive Unterkunft gehört zu &Beyond Africa (ehemals CC Africa) und bietet Unterkünfte in den exklusiven Lodges Leadwood, Dulini und River.

Idube Private Game Reserve (☎011-431 1120; www.idube.com; EZ/DZ all-inclusive 5630/8360 R; ☎) Die Lodge ist angenehm und komfortabel, jedoch nicht so hochelegant wie einige der anderen. Das schlägt sich in günstigeren Preisen nieder.

Sabi Sabi Private Game Reserve (☎011-447 7172; www.sabisabi.com; all-inclusive pro Pers. ab 5750 R; ☀☎) Berühmt sind hier vor allem die Löwen sowie die unterirdisch angelegte, superluxuriöse Earth Lodge.

Manyeleti Game Reserve

In der Zeit der Apartheid war das 23 000 ha große Manyeleti das einzige Wildschutzgebiet, zu dem Schwarze Zutritt hatten. Heute gehört es zu den am wenigsten besuchten privaten Wildreservaten, in dem nur einige wenige Camps verstreut liegen. Auch hier lassen sich alle Vertreter der Big Five beobachten, allerdings nicht ganz so einfach wie im südlich angrenzenden Sabi Sands. Dafür sind die Unterkünfte deutlich preiswerter.

Der Eintritt für Manyeleti beträgt 50 R pro Auto und 20 R pro Person (am Gate zu bezahlen). Hinzu kommt eine Gemeindegebühr von 75 R pro Person. Man erreicht das Schutzgebiet über die Orpen Gate Road.

Honeyguide (Khoka Moya; ☎011-341 0282; www.honeyguidecamp.com; all-inclusive pro Pers. 4100 R; ☎) Das kleine Camp zählt zu den preiswerteren privaten Wildschutzgebieten und besteht aus zwölf einfachen, ansprechend möblierten Zelten. Das auf Kinder zugeschnittene pädagogische Angebot konzentriert sich auf Natur und Tierwelt.

Timbavati Private Game Reserve

Timbavati (timbavati.co.za) war einst berühmt für seine weißen Löwen, die es heute leider nicht mehr gibt. Nur noch die gelben Artgenossen lassen sich blicken. Das Wildschutzgebiet ist weniger stark besucht als Sabi Sand, und die Unterkünfte sind deutlich preiswerter, ohne dass es an allzu viel Komfort fehlt. Lediglich die Lage ist nicht so spektakulär wie in Sabi Sand. Bei der Einfahrt in das Schutzgebiet ist pro Person ein Beitrag von 160 R für den Naturschutz

GREAT LIMPOPO TRANSFRONTIER PARK

Gemeinsam mit dem mosambikanischen **Limpopo National Park** (Eintritt pro Besuch und Erw./Kind/Auto 8/4/8 US$) und dem simbabwischen Gonarezhou National Park ist der Kruger National Park Teil des **Great Limpopo Transfrontier Park** (www.greatlimpopopark.com), eines riesigen Areals, das letztlich 35 000 km² Fläche umfassen soll. Die Verbindungen nach Gonarezhou in Simbabwe sind noch in Arbeit, doch zwischen den Nationalparks Kruger und Limpopo gibt es zwei voll funktionstüchtige Grenzübergänge.

Der Wildreichtum im Limpopo kann es zwar nicht mit dem des Kruger National Park aufnehmen, doch auf mosambikanischer Seite lässt sich durchaus ein aufregendes Buschabenteuer erleben. Einige Lodges im Limpopo organisieren auch kulturelle Veranstaltungen. Im Machampane Wilderness Camp können Gäste zwischen vielen verschiedenen Aktivitäten im Busch wählen.

Der direkte Zugang ist der Grenzübergang Giriyondo (s. S. 643), zu dem eine gut unterhaltene Schotterstraße führt, die etwa 12 km nördlich von Letaba von der Asphaltstraße abzweigt. Auch bei Pafuri (s. S. 643) gibt es einen Grenzübergang; er liegt allerdings recht weit abseits vom Kerngebiet des Limpopo Park und ist eigentlich nur für Reisende interessant, die mit ihrem Geländewagen zur mosambikanischen Küste fahren oder von dort kommen. Offiziell ist für die Fahrt über beide Grenzübergänge ein Geländewagen erforderlich; zumindest die Strecke über Pafuri kann ohne Vierradantrieb nicht befahren werden. Wer mit einem Mietwagen unterwegs ist, muss die für den Grenzübertritt notwendigen Papiere vorab besorgen. Dies ist in Mosambik einfacher, denn die meisten südafrikanischen Mietwagenfirmen gestatten keinen Grenzübertritt mit ihren Fahrzeugen. An der Grenze müssen die benötigten Fahrzeugpapiere (wie eine temporäre Einfuhrgenehmigung und Haftpflichtversicherung – beim Grenzposten erhältlich) ausgefüllt sowie die Einreiseformalitäten erledigt werden. Ein Visum für Mosambik ist sowohl in Giriyondo als auch in Pafuri für 590 R zu bekommen. Außerdem werden die Eintrittsgebühren für den Limpopo Park fällig, die in US-Dollar, südafrikanischen Rand und mosambikanischen Meticais beglichen werden können.

Für die Überquerung der Grenze braucht man offiziell den Nachweis einer Unterkunft im Kruger National Park oder im Limpopo National Park. SanParks lässt Besucher in der Regel auch ohne den Nachweis hinein, berechnet aber eine Gebühr von 150 R für die Grenzüberquerung, wenn man nicht im Park übernachtet.

In Mosambik führt die Hauptzugangsroute zum Limpopo und zum Kruger National Park auf der Küstenstraße EN1 bis zur Kreuzung bei Macia; von dort geht es nach Nord-

und pro Fahrzeug eine Gebühr von 120 R zu entrichten.

Gomo Gomo (☎015-793 2346; www.gomogomo.co.za; EZ/DZ 2500/3800 R) Eines der günstigen Camps mit rustikalen Chalets aus Stein und Stroh. Es gibt auch Zelte.

Umlani Bushcamp (☎021-785 5547; www.umlani.co.za; EZ/DZ 4000/6000 R; ✿) Ideal, wenn man in den Busch eintauchen möchte. Besucher wohnen in einfachen, gemütlichen Strohbungalows ohne Strom.

Ngala Tented Camp (☎011-809 4300; www.andbeyondafrica.com; all-inclusive Gemeinschaftszelte pro Pers. 6600 R, Gemeinschaftslodge pro Pers. 4400 R; ✿✿) Die dezent luxuriöse Lodge liegt herrlich am Rande des Kruger National Park und wird von &Beyond Africa geführt. Unterkunft mit allem Komfort bieten nach Wahl die Safarizelte oder die Lodge. Ein Teil des Gewinns wird an den South Africa National Parks Trust oder den World Wildlife Fund weitergeleitet und kommt dem Naturschutz zugute.

Tanda Tula (☎015-793 3191; www.tandatula.co.za; all-inclusive 4700 R/Pers.; ✿) Timbavatis luxuriösestes Camp ist mit bequemen Safarizelten ausgestattet; das Wasserloch liegt gleichsam vor der Haustür. Kinder unter zwölf Jahren werden nicht aufgenommen.

Motswari (☎011-463 1990; www.motswari.co.za; all-inclusive EZ/DZ 5250/7000 R) Die hübsche Lodge mit entspannter Atmosphäre besteht aus insgesamt 15 gut ausgestatteten Chalets und einer kleinen Kunstgalerie.

Thornybush Private Game Reserve

Das Thornybush wurde 1977 als recht kleines Wildschutzgebiet gegründet und westen über Chokwé in die Stadt Massingir und anchließend weiter zum gleichnamigen Gate in den Limpopo Park.

Das **Machampane Wilderness Camp** (www.dolimpopo.com; EZ- oder DZ-Zelt mit Vollpension pro Pers. 2300 R) ist Limpopos einziges hochklassiges Camp. Die fünf geräumigen Safarizelte liegen über dem Machampane River, etwa 20 km vom Grenzübergang Giriyondo entfernt. Machampane ist auch die beste Adresse, um Aktivitäten im Busch im und um den Nationalpark zu organisieren. Dazu gehören geführte Buschwanderungen, die am Camp starten, eine viertägige Wanderung am Machampane River entlang von Massingir Dam nach Westen (pro Pers. 4250 R für die Variante mit Träger und Verpflegung) sowie eine viertägige Kanusafari auf dem Olifants River (pro Pers. 4900 R). Angeboten wird auch der sechstägige Shingwedzi 4x4 Trail (pro Fahrzeug 6700 R), der am Punda Maria Camp des Kruger National Park startet und nach Süden durch den Limpopo Park zum Grenzübergang Lebombo/Ressano Garcia führt.

Weitere Unterbringungsmöglichkeiten im Limpopo National Park sind z. B. folgende: **Aguia Pesqueira Campsite** (Stellplatz 4 US$/Pers., Zelt 5 US$) Der einfache, aber gut geführte Campingplatz der Nationalparkverwaltung hat Sanitäranlagen mit kaltem Wasser. Er liegt oberhalb des Massingir Dam und rund 50 km vom Grenzübergang Giriyondo entfernt. **Campismo Albufeira** (Stellplatz 8 US$/Pers., Chalets mit EZ oder DZ 40 US$), direkt hinter dem Massingir Gate und nahe der Staumauer gelegen, bietet Unterkunft in vier einfachen, sauberen Chalets mit Bad/WC für Selbstversorger sowie Zeltplätze. **Covane Community Lodge** (www.covanelodge.com; Stellplatz 10 US$/Pers., DZ in einem traditionellen Haus 65 US$, 5-Personen-Hausboot 200 US$): Diese von der lokalen Dorfgemeinschaft geführte Anlage befindet sich 15 km vom Massingir Gate entfernt und liegt außerhalb des Nationalparks; Gäste können entweder in traditionellen Häusern übernachten oder aber als Selbstversorger unterkommen und sich außerdem das angebotene Kulturprogramm ansehen.

Reisende aus dem Kruger National Park können ihr Fahrzeug einfach in der eingezäunten Rangerstation von Letaba stehen lassen (rund 2 km vom Letaba Rest Camp entfernt). Um den Rücktransport von Machampane nach Letaba kümmern sich anschließend die Angestellten des Machampane Wilderness Camp (der Kostenpunkt liegt bei 500 R pro Pers., Minimum zwei Pers.; Hin- und Rückfahrt zwischen dem Letaba Camp und Phalaborwa pro Pers. 550 R, Hin- und Rückfahrt zwischen Machampane und Massingir pro Pers. 500 R).

ist seither auf 10 000 ha, das mehr als Fünffache seiner ursprünglichen Größe, angewachsen. Es ist eins der letzten Wildreservate in dieser Region, die noch immer eingezäunt sind. Auf dem Gelände befinden sich ein knappes Dutzend Lodges, ein Eintritt wird nicht erhoben.

Das Camp **Tangala** (☏015-793 0488; www.tangala.co.za; pro Pers. all-inclusive ab 1850 R; ✍) ist schön angelegt, gut gepflegt, behindertengerecht ausgestattet und nicht teuer.

Makuleke Contract Park

Obwohl Makuleke einen anderen juristischen Status hat als die übrigen privaten Wildschutzgebiete, die in diesem Kapitel vorgestellt werden, bietet es ein abgelegenes, exklusives Wildnisabenteuer, das sich wesentlich von jenen in den vom National-park verwalteten Camps unterscheidet. In den Wintermonaten halten sich hier bevorzugt Elefanten auf, Büffel, Flusspferde, Löwen, Leoparden und Nyala-Antilopen sind das ganze Jahr über in großer Zahl vertreten, und auch die Bedingungen für die Vogelbeobachtung sind optimal. Die lokale Dorfgemeinschaft ist aktiv in den Tourismus eingebunden, sodass man auch kulturellen Aktivitäten beiwohnen kann.

Neben den beiden Lodges im Konzessionsgebiet gibt es in Makuleke auch **Eco-Training** (www.ecotraining.co.za), das Kurse anbietet: z. B. eine mehrere Monate dauernde Ausbildung zum Wildnisführer sowie Kurse zur Vogelbeobachtung, Tierfotografie und zu weiteren Naturthemen.

Makuleke Community Centre & Homestay (☏079-151 7127; www.makuleke.com; EZ/DZ 250/350 R) Das Museumsdorf liegt

DER MAKULELE-VERTRAG

Das Herz des nördlichsten Teils des Kruger National Park bildet das Makuleke-Konzessionsgebiet. Es ist eine wunderschöne, geologisch alte Region, 24 000 ha groß und wie ein Keil zwischen die Flüsse Limpopo und Luvuvhu geschoben. 1969 hatte die südafrikanische Apartheidregierung die hier lebenden Makuleke gewaltsam umgesiedelt und deren traditionelles Siedlungsgebiet dem Kruger National Park als zusätzliches Land zugewiesen.

Ende der 1990er-Jahre wurde das Land den Makuleke zurückgegeben; im Gegenzug verpflichteten diese sich, nicht wieder auf ihr Land zu ziehen, sondern es für den Ökotourismus zu nutzen. Das Ergebnis war ein „Vertrags-Nationalpark", dessen Land unter Naturschutzaspekten durch den Kruger National Park verwaltet und geleitet wird. Die touristische Erschließung liegt hingegen in der Hand der Makuleke, die seither Konzessionen an drei Unternehmen, darunter zwei Lodges, vergeben haben.

außerhalb des Kruger National Park, etwa 45 km südwestlich des Punda Maria Gate in der Nähe von Thohoyandou, und wird von den hier lebenden Makuleke geführt. Die Unterkunft bietet eine Handvoll einfacher, aber modernisierter traditioneller Rundhütten und die Besucher können an traditionellen Mahlzeiten (Frühstück/Mittagessen/Abendessen 30/45/60 R) und an Führungen durchs Dorf teilnehmen. Das Angebot ist allen zu empfehlen, die sich für das traditionelle Leben der Einheimischen interessieren. Die teuren Camps im Konzessionsgebiet von Makuleke (s. die beiden folgenden Beispiele) organisieren den Transfer. Wer dagegen selbst fährt, folgt der Route 524 von Louis Trichardt (Makhado) über Thohoyandou bis zur Kreuzung im Dorf Mhinga. Hier weisen schließlich Schilder über die Dörfer Maphophe und Boxahuku nach Makuleke. Die Buchung erfolgt direkt über das Museumsdorf oder über die Website www.responsibletravel.com.

Pafuri Camp (☏ 011-257 5111; www.wilderness-adventures.com/countries/south-africa/pafuri-camp; EZ/DZ all-inclusive 2500/3600 R; ✉) Das Camp besteht aus 20 Zelten, von denen sechs Vier-Personen-Zelte für Familien geeignet sind, und liegt zauberhaft mit Blick über den Luvuvhu River. Gute Wildtier- und Vogelbeobachtung ist deshalb direkt vom Camp aus möglich. Ein Teil der Einkünfte kommt der lokalen Makuleke-Dorfgemeinschaft zugute.

Das **Outpost** (☏ 011-327 3910; www.theoutpost.co.za; EZ/DZ all-inclusive ab 4450/8300 R; ✉) besteht aus zwölf sehr offenen und topmodern gestylten „Lebensräumen" mit Blick über den Luvuvhu River. In der Lodge, die in einer Gemeindepartnerschaft mit den Makuleke betrieben wird, arbeiten vornehmlich Leute aus der Umgebung. Ein Teil der Gewinne fließt an die Dorfgemeinschaft zurück. Wenn der Pachtvertrag nach 30 Jahren abgelaufen sein wird, geht die Lodge gänzlich in den Besitz der lokalen Gemeinde über.

Limpopo

Inhalt »

Capricorn	432
Polokwane (Pietersburg)	432
Bushveld	435
Mokopane (Potgietersrus) & Umgebung	435
Waterberg	438
Louis Trichardt (Makhado)	440
Musina (Messina)	442
Venda-Region	444
Valley of the Olifants	447
Letaba Valley	447
Phalaborwa	451

Gut essen

- » **Cafe Pavilion** (S. 434)
- » Pebbles (S. 434)
- » Casa Café (S. 440)
- » Red Plate (S. 448)
- » Cala la Pasta (S. 454)

Schön übernachten

- » Plumtree Lodge (S. 433)
- » Ultimate Guest House (S. 440)
- » Game Breeding Centre (S. 436)
- » Ilala Country Lodge (S. 442)
- » Kaia Tani (S. 452)

Auf nach Limpopo!

Limpopo ist eine große Provinz, die von der traditionellen Kultur, der Tierwelt und riesigen freien Flächen geprägt ist. Die außerordentliche Vielfalt Limpopos reicht vom goldenen Nashorn in Mapungubwe bis zu „Breaker" Morant, dem Volkshelden des Zweiten Burenkriegs.

In dem subtropischen Gebiet liegen u.a. das geheimnisvolle Modjadji, die Heimat der Regenköniginnen, und die Venda-Region, in deren Lake Fundudzi ein Python-Gott leben soll und deren Künstler überaus originelle Werke schaffen. In der Provinz gibt es auch Nationalparks, in denen die Big Five zu Hause sind, alte und eindrucksvolle Landschaften und die Überreste einer Tausend Jahre alten Zivilisation. Und wer mal richtig abschalten will, findet im Waterberg Biosphere Reserve einen weiten Horizont und typisch südafrikanische Schönheit.

Reisezeit

Polokwane (Pietersburg)

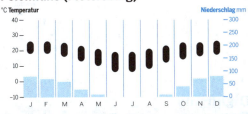

Juni–Aug. Die feuchte Hitze lässt nach – eine tolle Zeit für den Mapungubwe National Park

Sept.–Dez. Die Regenkönigin bei Modjadjiskloof herrscht über ein Festival, das die Regenzeit einläutet

Jan.–März Heiß und trocken – Zeit für die kühleren Berge und das Beerenfest in Haenertsburg

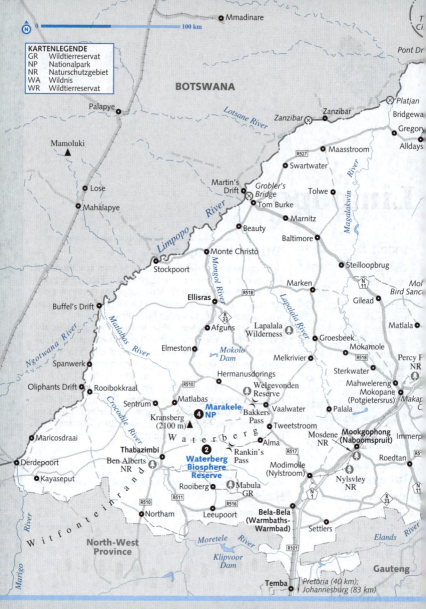

Highlights

❶ Atemberaubende uralte Landschaften im **Mapungubwe National Park** (S. 443) nahe des Treffpunkt dreier Staaten erkunden

❷ In den Schutzgebieten des riesigen, wilden **Waterberg Biosphere Reserve** (S. 438) Einsamkeit und Platz finden

❸ In der **Venda-Region** (S. 444) traditionelles Kunsthandwerk und bei **Kaross** (S. 451) kunstvolle, farbenprächtige Webereien bestaunen

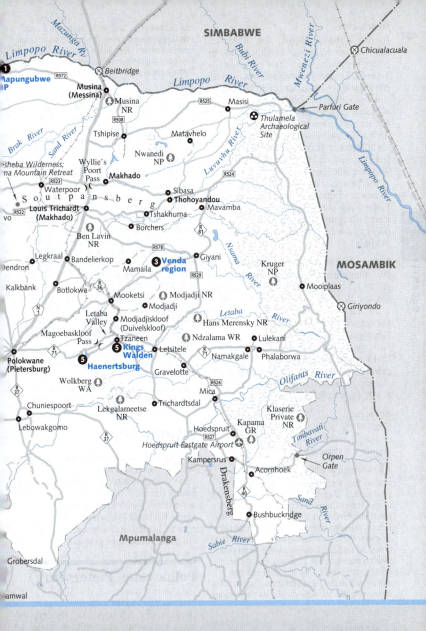

④ Vom Geier-Aussichtspunkt im **Marakele National Park** (S. 439) die Sonne hinter blauen Felsen verschwinden sehen

⑤ Die kühlen Temperaturen, nebligen Wälder und das entspannte Leben in **Haenertsburg** (S. 447) und **Kings Walden** (S. 448) genießen

Geschichte

In den Kalksteinhöhlen, den Makapan's Caves in der Nähe von Mokopane, kamen paläontologische Funde zum Vorschein, die bis in die Zeit des Frühmenschen zurückreichen, darunter 1 Mio. Jahre alte Werkzeuge. Auf dem Gebiet des heutigen Mapungubwe National Park stand einst die Wiege einer der am weitesten entwickelten Kulturen in Afrika, die über einen Landstrich von mehr als 30 000 km² herrschte. Ihre Blütezeit erlebte sie im 8. und 9. Jh. in einem sagenumwobenen Königreich.

Die Voortrekker zogen Mitte des 19. Jhs. hierher und machten das 1886 gegründete Pietersburg (heute Polokwane) zu ihrem Hauptstützpunkt. Immer wieder kam es dabei zu Konflikten mit den einheimischen Ndebele.

Nationalparks & Naturschutzgebiete

Das **Limpopo Tourism & Parks Board** (☎ 015-293 3600; www.golimpopo.com; Southern Gateway, N1; ⊙ Mo–Fr 8–16.30 Uhr) in Polokwane hat Informationen zu den meisten Parks und Schutzgebieten der Provinz. Das Highlight ist der Mapungubwe National Park, gefolgt vom Marakele National Park. In Limpopo gibt es außerdem zahlreiche private Tierreservate – die besten sind diejenigen, die an den Kruger National Park (s. S. 411) angrenzen.

Sprache

Englisch ist weit verbreitet, doch in den meisten Gebieten ist Afrikaans nach wie vor die vorherrschende Sprache.

ℹ️ Anreise & unterwegs vor Ort

In Nord-Süd-Richtung teilt die N1 Limpopo in zwei Hälften. Diese mautpflichtige Schnellstraße verläuft von Johannesburg (Jo'burg) über Pretoria bis nach Beitbridge an der Grenze zu Simbabwe. Viele der großen Städte Limpopos liegen an dieser Verkehrsader. Die meisten dieser Orte an der N1 sind durch die Busse von **Translux** (www.translux.co.za), zu denen auch die preisgünstigeren City-to-City-Busverbindungen zählen, mit Jo'burg und Pretoria verbunden. Auf ihrer grenzüberschreitenden Route nach Harare

und Bulawayo (in Simbabwe) legen die Busse von **Greyhound** (www.greyhound.co.za) mehrere Pausen ein, aber keine Zwischenstopps zum Ein- oder Aussteigen (bei diesen Direktfahrten darf niemand vor der Grenze den Bus endgültig verlassen).

Translux bietet auch Busverbindungen zu an der Route 71 gelegenen Orten, darunter Tzaneen und Phalaborwa (zum Phalaborwa Gate des Kruger National Book). Manche Reiseziele sind ohne Auto mitunter nur schwierig zu erreichen, aber die Minibus-Taxis steuern fast alle Teile der Provinz an.

Der **Bosvelder** (☎ 0860 008 888; www.shosholozameyl.co.za) verkehrt täglich außer samstags zwischen Jo'burg und Musina (110 R, 17 Std.) und hält an fünf Stationen, darunter Pretoria, Mokopane, Polokwane und Louis Trichardt (Makhado). Dieser ausgesprochen langsame Economy-Class-Zug wird häufig von Dieben heimgesucht. Für lange Reisen oder gar Fahrten nach Einbruch der Dunkelheit ist er daher nicht zu empfehlen. Die Fahrt zwischen Louis Trichardt und Musina findet bei Tageslicht statt.

Mit einem Mietauto lässt sich Limpopo mit Abstand am besten entdecken (die meisten Straßen sind gut, viele werden allerdings gegenwärtig umfassend in Stand gesetzt). Wer Zeit sparen will, kann von Jo'burg nach Polokwane, Phalaborwa und Hoedspruit (nordwestlich vom Orpen Gate des Kruger National Park) fliegen und dort ein Auto mieten.

Weitere Einzelheiten stehen in den Abschnitten „An- & Weiterreise" der jeweiligen Reiseziele.

CAPRICORN

Die Region Capricorn besteht eigentlich fast nur aus Polokwane (Pietersburg), der Provinzhauptstadt. Der südliche Wendekreis (Tropic of Capricorn) kreuzt die N1 auf halbem Weg zwischen Polokwane und Louis Trichardt (Makhado) und ist mit einem nicht sehr aufregenden Denkmal und ein paar Aloebäumen gekennzeichnet.

Polokwane (Pietersburg)

☎ 015 / 140 000 EW.

Paul Kruger nannte die Stadt einst die „Bastion des Nordens", Pietersburg, das heute ein wenig ungeschliffen wirkt, ist eine Provinzhauptstadt ohne echten Charakter. Die Stadt ist eigentlich ganz nett und besteht aus einem Mischmasch aus lebendigem, halbwegs organisiertem afrikanischem Chaos, das sich etwa zwischen dem Civic Square und dem Indian Centre befindet, und aus Sicherheitszäunen, die

---

WARNUNG

In Limpopo gibt es Malaria und Bilharziose, besonders im Nordosten in der Nähe des Kruger National Park und an der Grenze zu Simbabwe. Mehr zu Malaria s. S. 661.

Polokwane (Pietersburg)

Polokwane (Pietersburg)

◎ **Sehenswertes**
1 Hugh Exton Photographic
Museum..............................A3
2 Polokwane Art Museum...................B2

🛏 **Schlafen**
3 Cycad Guest House B3
4 Plumtree Lodge............................B3
5 Rustic Rest B3

✕ **Essen**
6 Pebbles...................................B2

---

te Dorf können Besucher Töpfern bei der Arbeit zusehen und die Vorführung von Gegenständen wie Trompeten aus Antilopenhörnern und Streichhölzern aus Marulawurzeln erleben.

GRATIS ### Hugh Exton Photographic Museum   MUSEUM

(☏015-290 2186; Civic Sq; ⊙Mo–Fr 9–15.30 Uhr) Das Museum befindet sich in einer restaurierten Kirche aus dem 19. Jh. und zeigt Arbeiten des produktiven Fotografen, der 23000 Glasnegative hinterließ. Zu sehen sind Fotos aus den ersten 50 Jahren der Geschichte Polokwanes und vom Zweiten Burenkrieg.

GRATIS ### Polokwane Art Museum   MUSEUM

(☏015-290 2177; Library Gardens; ⊙Mo–Fr 9–16, Sa bis 12 Uhr) Dieses Museum lohnt einen Besuch wegen seines modernen Herangehens an den Kolonialismus, der vielen Bilder von Nelson Mandela und einer interessanten Ausstellung zu Frauen und Kunst in Südafrika. Es zeigt Arbeiten von Künstlern aus Limpopo und dem ganzen Land.

🧭 Geführte Touren

Vuwa Safari & Tours KULTUR, TIERBEOBACHTUNG
(☏015-291 1384; www.vuwasafaritours.co.za) Touren mit den Schwerpunkten Kultur, Geschichte und Tierwelt rund um Limpopo.

🛏 Schlafen

Wie in ganz Limpopo konzentrieren sich die Unterkünfte auch hier vor allem im Mittelklassebereich, für Budgetreisende wird es dagegen schwierig.

LP TIPP ### Plumtree Lodge   PENSION $$
(☏015-295 6153; www.plumtree.co.za; 138 Marshall St; Zi. inkl. Frühstück 620 R; ❄ 🛜 🏊) Die Bungalowzimmer in dieser von Deutschen

---

die großen, von Rasensprengern befeuchteten Gärten in den geschniegelten Vororten im Osten beschützen. Wegen ihrer Lage bietet sich die Stadt für Traveller als Zwischenstopp an, zumal sie mit vielen anständigen Pensionen, zwei guten Informationszentren und ein paar interessanten Sehenswürdigkeiten im Zentrum und in der Umgebung aufwarten kann.

◎ Sehenswertes & Aktivitäten

Polokwane Game Reserve TIERSCHUTZGEBIET
(☏015-290 2331; Erw./Kind/Fahrzeug 17/13/25 R; ⊙Mai–Sept. 7–17.30, letzter Einlass 15.30 Uhr, Okt.–April 7–18.30, letzter Einlass 16.30 Uhr) In diesem 3250 ha großen Tierreservat, das keine 5 km südlich von Polokwane liegt, können Besucher auf Safari gehen. Es ist eines der größten kommunalen Naturschutzgebiete des Landes; hier leben 21 Tierarten, darunter Zebras, Giraffen und Breitmaulnashörner, und es gibt ein gutes Straßen- und Wanderwegnetz.

Bakone Malapa Open-Air Museum MUSEUM
(☏015-295 2432; Erw./Kind 7,50/5 R; ⊙Mo–Sa 9.30–15.30 Uhr) Das Museum, das 9 km südlich von Polokwane an der Route 37 nach Chuniespoort liegt, bewahrt die Erinnerung an die Sitten und Gebräuche der Nord-Sotho, die hier vor 300 Jahren lebten. Auf der Führung durch das nachgebau-

geführten Pension gehören zu den größten und ansprechendsten der Stadt. Alle Zimmer haben hohe Decken, Loungebereiche, Minibars, DSTV und Schreibtische, wo man sich ins kostenlose WLAN einloggen kann. Eine *lapa* (rundes Gebäude mit niedrigen Wänden und Strohdach) am Pool und ein großzügiges Frühstück ergänzen das Paket.

Rustic Rest
PENSION **$$**

(☑015-295 7402; www.rusticrest.co.za; 36 Rabe St; EZ/DZ inkl. Frühstück 630/840 R; ✳) Das familiengeführte Rustic Rest befindet sich in einem Haus aus den 1940er-Jahren und einem Zweckbau und ist mit DSTV, Minibars und freundlichem Service eine der besten Unterkünfte Polokwanes. Schubkarren, Langspielplatten und andere dekorative Dinge sorgen in den acht Zimmern für rustikale Atmosphäre.

Victoria Place
PENSION **$$**

(☑015-295 7599; www.victoriaplace.co.za; 32 Burger St; EZ/DZ inkl. Frühstück 600/800 R; ✳) Das Victoria Place glänzt mit Eleganz und freundlichem Lächeln. Die großen Zimmer sind mit schöner Bettwäsche und einfachen Bädern ausgestattet. Die Gäste können auf der Veranda frühstücken, umgeben von Topfpflanzen. Es gibt auch Einheiten mit einer Kitchenette für Selbstversorger. Die Unterkunft liegt einen Block südlich der Ecke Burger Street und Thabo Mbeki Street.

Cycad Guest House
PENSION **$$**

(☑015-291 2123; www.cycadguesthouse.co.za; Ecke Schoeman St & Suid St; EZ/DZ 750/920 R; ✳@) Die Pension lässt sich unter „Motelstil" verbuchen, mit ihren modernen, schicken Zimmern und dem routinierten Service macht sie aber das Beste aus ihrer hässlichen Ziegelfassade. Auf einem wettergeschützten Balkon können Gäste es sich abends gemütlich machen, und Wäscheservice ist ebenfalls möglich.

Protea Hotel – Ranch Resort
HOTEL **$$$**

(☑015-290 5000; www.theranch.co.za; Farm Hollandrift; Zi. 1000–3000 R; ✳@✳) Wer sich nach einem Hauch von Luxus sehnt und kein Problem damit hat, außerhalb der Stadt zu wohnen, findet im Ranch Resort Vier-Sterne-Zimmer mit lackierten Möbeln und große Bäder mit Marmorwaschbecken. Es liegt 25 km südwestlich von Polokwane (an der N1).

✕ Essen

In den und rund um die Library Gardens gibt es die üblichen Take-aways, die größte

Auswahl für eine geruhsame Mahlzeit im Sitzen bietet dagegen das Savannah Centre (Route 71).

LP TIPP | Cafe Pavilion
CAFÉ **$$**

(Sterkloop Garden Pavilion, Kerk St; Hauptgerichte 55–90 R; ⊙Mo–Sa 8–22, So bis 14 Uhr) Das Pavilion ist mit seinem Blick auf ein Gartencenter und einem eigenen Wasserspiel im überdachten Außenbereich das schönste Restaurant von Polokwane, um ausgiebig und entspannt zu speisen. Die Karte dreht sich wie üblich vor allem ums Fleisch (z. B. *biltong* und T-Bone-Steaks), das in vielen Variationen zubereitet wird – zum Ausgleich gibt es einige Salate.

Pebbles
INTERNATIONAL **$$**

(☑015-295 6999; Ecke Grobler St & Burger St; Hauptgerichte 80–120 R) Polokwanes einziges Restaurant in historischem Ambiente befindet sich im Wohnhaus eines früheren Parlamentsabgeordneten, das teilweise 1918 gebaut wurde. Auf der Karte steht eine gute Auswahl an Fisch- und Fleischgerichten, man kann auf der Terrasse essen, und auch eine Kneipe befindet sich im Gebäude.

Cofi
INTERNATIONAL **$$**

(☑015-296 2538; Savannah Centre; Hauptgerichte 50–100 R; ⊙8 Uhr–open end) Die riesige runde Bar und der postmoderne Speisesaal sorgen dafür, dass das Cofi unter den Nobelrestaurants der Stadt das trendigste ist. Auch hier stehen hauptsächlich Fleischgerichte auf der Speisekarte, etwa die Afro-Fusion-Platte mit russischen Blumen und *pap* (Maisbrei), dem interessantesten Gericht.

ℹ Praktische Informationen

Geld

Im Stadtzentrum gibt es viele Banken.

ABSA (70 Hans van Rensburg St) Hat einen Geldautomaten und bietet Geldwechsel.

Internetzugang

Cafés mit Internetzugang befinden sich im Savannah Centre (Route 71).

PostNet (Shop 8A, Library Gardens; 45 R/Std.; ⊙Mo–Fr 8–16.30, Sa bis 13 Uhr) Neben Chicken Licken.

Medizinische Versorgung

Medi-Clinic (☑015-290 3600, 24-Std.-Notruf 015-290 3747; Ecke Thabo Mbeki St & Burger St) Privates Krankenhaus.

Polokwane Hospital (☑015-287 5000; Ecke Hospital St & Dorp St)

Notfall

Polizei (☎015-290 6000; Ecke Schoeman St & Bodenstein St)

Post

Hauptpost (Landdros Mare St; ⊙Mo–Fr 8–17.30, Sa bis 13 Uhr)

Touristeninformation

Limpopo Tourism & Parks Board (☎015-293 3600; www.golimpopo.com; N1; ⊙Mo–Fr 8–16.30 Uhr) Hat Infos zur gesamten Provinz und die praktische Karte *Limpopo Explorer* sowie den Führer *Know Limpopo*. An der N1, wenn man von Süden in die Stadt kommt.

Polokwane Municipality Local Development Office (☎015-290 2010; www.polokwane. gov.za; Civic Sq, Landdros Mare St; ⊙Mo–Fr 7.45–17, Sa 9–13 Uhr) Bessere Informationen zu Polokwane, hat Broschüren und ein Unterkunftsverzeichnis.

🅘 An- & Weiterreise

Auto

Am Flughafen befinden sich:

Avis (☎015-288 0171)

Budget (☎015-288 0169)

First (☎015-288 1510)

Bus

Greyhound (☎083 915 9000; www.grey hound.co.za) Täglich Busse nach Harare, Simbabwe (350 R, 16 Std.). Die Busse halten am Civic Square.

Translux (☎015-295 5548; www.translux. co.za; Ecke Joubert St & Thabo Mbeki St) Busse nach Jo'burg (160 R, 4 Std.) über Pretoria (160 R, 3½ Std.) um 10.30, 11.15 und 14.45 Uhr. Zwei billigere Busse, die die Städte verbinden (130 R), starten morgens.

Flugzeug

SAAirlink (☎015-288 0166; www.saairlink. co.za) Büros am Flughafen; fliegt täglich von/nach Jo'burg (einfache Strecke ca. 1080 R). Der Flughafen Polokwane liegt 5 km nördlich der Stadt.

Minibus-Taxi

Von der Haltestelle am Indian Centre an der Ecke Kerk Street und Excelsior Street fahren Minibus-Taxis u. a. nach Louis Trichardt (50 R, 1½ Std.) und Thohoyandou (60 R, 2½ Std.). Nach Jo'burg und Pretoria geht's von der Haupthaltestelle aus los, die sich an der Ecke Kerk Street und Devenish Street befindet (Preise ähnlich wie die der Busse, die aber schneller und sicherer sind).

Zug

Der *Bosvelder* (s. S. 432) hält in Polokwane.

🅘 **EIN SCHLÄFCHEN IM SCHOSS DER GEMEINDEN**

Ein touristischer Verbund für die ganze Provinz, auf den Reisende achten sollten, ist **African Ivory Route** (☎015-295 3025; www.africanivoryroute.co.za; 12B Library Gardens, Polokwane). Seine elf von den Gemeinden geführten Camps haben Übernachtungsmöglichkeiten in *rondavels* (runden Hütten mit konischem Dach) und Safarizelten. Einheiten für zwei Personen kosten ab 125 R – so viel wie in den beiden in diesem Kapitel aufgeführten Camps (s. S. 445 & 450). Es werden Mahlzeiten, Stammestänze und Aktivitäten geboten; für die Reservierung am besten das jeweilige Camp und das Zentralbüro anrufen!

BUSHVELD

Der Hauptgrund, sich von Polokwane aus in südwestlicher Richtung auf den Weg zu machen, ist der Waterberg, der von der Unesco zum Biosphärenreservat erklärt wurde. Vier der saisonalen Flüsse Limpopos entspringen hier. Die Artenvielfalt spiegeln die Felsbilder der San wider. Diese Abbildungen auf den Sandsteinklippen der Waterberg-Region zeigen viele große Säugetiere. Auf dem Weg über die N1 geht es durch das Bushveld, die typischste Form der afrikanischen Savannen. Wer die Fahrt durch die flache, trockene Landschaft unterbrechen will, findet an der N1 eine ganze Reihe von Städten, die Erholungswert besitzen.

Mokopane (Potgietersrus) & Umgebung

☎015 / 120 000 EW.

Mokopane ist eine taffe Stadt im Bushveld. Die größte Attraktion sind die Makapan's Caves, ein fossiles Schatzkästchen von Weltrang, und die Stätte des Widerstands der Ndebele gegen die vorrückenden Voortrekker. Die Gegend ist Teil einer Region von der Größe Bayerns und reich an Mineralien. An den Wochenenden leeren sich die Unterkünfte, weil die Bergarbeiter heim fahren.

👁 Sehenswertes

Makapan's Caves   HÖHLE

(☎079 515 6491; Erw./Student 25/15 R) Aus diesen Höhlen, die wegen ihrer paläontologischen Bedeutung zur Welterbestätte erklärt wurden, stammt der berühmte Schädel des sogenannten Taung-Kindes. Er gehörte einem 3,3 Mio. Jahre alten Vormenschen der Gattung *Australopithecus africanus*. In den Höhlen, die voller Fossilien und Knochen sind, wurden auch die fossilen Überreste schon längst ausgestorbener Tiere entdeckt, z.B. vom Sivatherium (Rindergiraffe), einer Unterart des Stammes der Giraffen. In der Historic Cave wurden Chief Makapan und mehr als Tausend Anhänger 1854 einen Monat lang von Paul Kruger und den Voortrekkern belagert. Wer die Höhle besuchen will, die 23 km nordöstlich der Stadt liegt, muss sich vorher unter der oben genannten Telefonnummer anmelden.

Game Breeding Centre
TIERSCHUTZGEBIET

(☎015-491 4314; Thabo Mbeki Dr; Erw./Kind 18/10 R, Fütterungstour 35 R; ⊙Mo–Fr 8–16, Sa & So bis 18 Uhr) Das 1300 ha große Reservat an der Route 101 ist ein Zuchtzentrum für den National Zoo in Pretoria. Es beherbergt eine große Vielfalt einheimischer und exotischer Tierarten, darunter Gibbons, Wildhunde, Giraffen und Löwen. Durch das Reservat kann man mit dem Auto fahren, am besten am Morgen, wenn die Tiere lebhaft sind.

Arend Dieperink Museum
MUSEUM

(97 Thabo Mbeki Dr; Erw./Kind 3/1 R; ⊙Mo–Fr 7.30–16 Uhr) Das Museum auf der Rückseite des Tourismusverbandes erzählt Lokalgeschichte, dabei steht die Entwicklung der Stadt nach der Gründung durch die Voortrekker im Jahr 1852 im Vordergrund.

🛏 Schlafen & Essen

Game Breeding Centre
PENSION $

(☎015-491 4314; Thabo Mbeki Dr; Stellplatz 30 R/Pers., EZ/DZ 200/260 R; ✿) Das Game Breeding Centre hat eine Pension, die sicherlich die originellste Unterkunft ist. Alle Zimmer sind ein wenig unterschiedlich, einige haben drinnen oder draußen eine Küche und ein Bad. Alle sind geräumig und bieten einen schönen Ausblick auf das Schutzgebiet. Am schönsten ist Zimmer 1 – von seinem Fenster kann man die Gibbons spielen sehen.

Thabaphaswa
HÜTTEN $

(☎015-491 4882; www.thabaphaswa.co.za; Stellplatz 85 R/Pers., Hütte 125–180 R/Pers.; ✿) Für alle, die es auch mal ganz einfach mögen, bietet diese einzigartige Unterkunft Hütten für Kletterer unter Felsvorsprüngen. Die

Hütten haben Glaswände, Doppelstockbetten und Terrassen mit *braai*-(Grill-)Stellen und Duschen im Freien. Auf dem Grundstück gibt es auch Fahrrad- und Wanderwege. Man folgt der Percy Fyfe Road (von der Route 101 hinter der Überquerung der Brücke gleich nördlich von Mokopane ausgeschildert) 13 km weit und biegt dann am braunen Schild „Thabaphaswa Hiking and Mountain Bike Trail" rechts ab. Bis zum Tor sind es noch 2 km und weitere 1,3 km geradeaus bis zur Anlage.

The Platinum
PENSION $$

(☎015-491 3510; theplatinum@connectit.co.za; 4 Totius St; EZ/DZ 400/675 R; ✿) Das Vorstadthaus lässt nicht ahnen, welcher Luxus sich hier verbirgt. Die wunderbar eingerichteten Zimmer bieten einen Hauch von Eleganz und viel Komfort. Der freundliche Besitzer zeigt gern mehrere Zimmer, sie unterscheiden sich im Grundriss und in der Größe, sind aber alle erstklassig. Die Unterkunft ist an der 101 (von Modimolle kommend) ausgeschildert.

Jenets
CAFETERIA $

(Rt 101; Hauptgerichte 35–60 R; ⊙morgens, mittags & abends; ✿) In dem familiengeführten Restaurant gibt es die typischen fleischlastigen Gerichte, aber auch einige Spezialitäten aus Limpopo wie *pap* und *boerewors* (Wurst) mit Zwiebeln und Tomatenwürze. Der Essbereich drinnen erinnert an ein Diner, für kühlere Abende gibt es auch Sitzmöglichkeiten im Freien und einen Spielplatz. Das Lokal liegt gegenüber vom Museum.

ℹ Praktische Informationen

Mokopane Tourism Association (☎015-491 8458; www.mogalakwena.gov.za; 97 Thabo Mbeki Dr; ⊙Mo–Fr 8–16.30, Sa 9–12 Uhr) An der Route 101; hat jede Menge Infos zur Gegend.

PostNet (Crossing Mall, Thabo Mbeki Dr; 40 R/Std.; ⊙Mo–Fr 8–17, Sa bis 13 Uhr) Internetzugang.

ℹ An- & Weiterreise

Busse von Translux und City to City fahren täglich über Pretoria nach Jo'burg (160/120 R bei Translux/City to City, 3¾ Std.); über Tzaneen nach Phalaborwa (160 R, 3¾ Std.); und über Polokwane und Louis Trichardt nach Sibasa (160/130 R, 4 Std.).

Minibus-Taxis fahren vor dem Shoprite am Nelson Mandela Drive ab; von Mokopane nach Polokwane kostet die Fahrt etwa 30 R.

Modimolle (Nylstroom)

014 / 20 000 EW.

In einigen Städten fühlt man sich einfach wohl – Modimolle (Ort der Geister) gehört dazu. Schwer zu sagen, woran genau das liegt, vielleicht sorgt einfach die Hitze dafür, dass es hier gemächlich und entspannt zugeht. Modimolle ist ein guter Zwischenhalt auf dem Weg von/nach Vaalwater zum Waterberg oder auf der Reise nach Norden.

Das Boshoffstraat Gastehuis (014-717 4432; 15 Boshoff St; Zi. inkl. Frühstück 295 R/Pers.), das im Süden der Stadt von der Route 101 ausgeschildert ist, hat geräumige, einfache und saubere Zimmer in einem großen Vorstadthaus mit einem freundlichen Besitzer. Das größte Zimmer mit drei Einzelbetten ist das beste (von der Dekoration des Badezimmers mal abgesehen).

Das Lekkerbly (014-717 3702; lekkerblygh@telkomsa.net; 10 Rupert St; EZ/DZ 400/600 R; ❄) bietet beengte Chalets für Selbstversorger und Zimmer mit Frühstück (das Frühstück kostet 70 R extra). Eine Bar befindet sich auch hier. Die Anlage ist auf der Strecke von/nach Vaalswater ausgeschildert.

ABSTECHER

NATUR EINEN KATZENSPRUNG VON DER N1

Das 4000 ha große **Nylsvley Nature Reserve** (014-743 1074; Erw./Kind/Fahrzeug 10/5/20 R; 6–18 Uhr) in den Talauen des Nyl River ist eines der besten Gebiete des Landes, um Vögel zu beobachten (380 Arten sind hier bisher bekannt). Das **Nylsvley Wildlife Resort** (015-293 3611; Stellplatz 50 R, Zi. 550 R/Pers.) liegt für die Vogelbeobachtung zentral und bietet gut organisierte Unterkünfte im Schutzgebiet. Nylsvley liegt 20 km südlich von Mookgophong und ist von der Route 101 in Richtung Modimolle ausgeschildert.

Das **Bundox Bush Camp** (072 523 2796; www.bundox.co.za; Zelt/Chalet 400/450 R/Pers.), das 3 km nördlich von Mookgophong abseits der Route 101 liegt, hat wunderbare Chalets mit offenem Wohnbereich sowie ostafrikanische Zelte in einem Reservat, zu dessen Attraktionen ein Gepardencamp, 129 Vogelarten und eine strohgedeckte Bibliothek zählen.

Einen Kaffee, Tee oder eine Kleinigkeit zu essen gibt es inmitten von Antiquitäten bei **Oudewerf** (Rte 101; Snacks 15–18 R; Mo–Fr 9–16, Sa bis 13 Uhr).

Bela-Bela (Warmbaths)

014 / 37 200 EW.

Bela-Bela ist eine chaotische, heiße und scheinbar ununterbrochen geschäftige Stadt, doch als Zwischenstopp ist sie gut, vor allem für Reisende, die „warme Bäder" lieben. Der Name stammt von den heißen Quellen der Stadt. Pro Stunde sprudeln 22 000 l des heißen Wassers, das Anfang des 19. Jhs. von den Tswana entdeckt wurde, aus der Erde. Das schlaffördernd wirkende Bad in den Thermalbecken ist eine beliebte Behandlung für rheumatische Beschwerden.

◉ Sehenswertes & Aktivitäten

The Hydro Spa SPA
(014-736 8500; www.aventura.co.za; Chris Hani Dr; tagsüber/abends 90/80 R; 7–16 & 17–22 Uhr) Das Hydro Spa beim Forever Resort (dem wichtigsten Spa-Resort der Stadt) hat mehrere miteinander verbundene Innen- und Außenbecken. Kinder lieben die kalten Pools mit kurvenreichen Rutschen, während sich Entspannungssuchende im 52 °C heißen Wasser aalen können. Auch viele andere Anwendungen mit dem reinigenden Wasser sind im Angebot.

Thaba Kwena Crocodile Farm KROKODILFARM
(014-736 5059; Erw./Kind 30/15 R; 9–16 Uhr, Fütterung Sa 14.30 Uhr) Auf dieser Farm leben über 10 000 Krokodile, die bis zu 5,5 m lang sind. Die Biester werden wegen ihrer Haut und ihres Fleisches gezüchtet, beides wird in die ganze Welt exportiert. Die Farm liegt gleich nördlich vom De Draai Gastehuis, 4 km von der Route 101 entfernt.

🛏 Schlafen & Essen

Elephant Springs Hotel HOTEL $$
(014-736 2101; www.elephantsprings.co.za; 31 Sutter Rd; EZ/DZ 450/550 R; ❄🛜🏊) Das altmodische kleine Schmuckstück, das in erster Linie (aber nicht ausschließlich) als Konferenzhotel dient, bietet geräumige Übernachtungsmöglichkeiten. Unter der lächelnden Oberfläche ist zwar hier und da der Lack schon ab, doch die Leute sind freundlich, die Betten sind bequem und es ist mal eine schöne Abwechslung zu den vielen Pensionen.

Flamboyant Pension
B&B $$

(☎014-736 3433; www.flamboyantguesthouse.com; 5 Flamboyant St; Zi. inkl. Frühstück 250 R/Pers.; ❄ ❄) Unter den Jacaranda-Bäumen am Nordrand der Stadt liegt das Flamboyant mit vielen Höfen voller Blumen, leicht altmodisch wirkender Dekoration und einem sympathischen Besitzer. In den Zimmern und Wohnungen finden bis zu fünf Personen Platz und die Pension ist behindertengerecht.

Greenfields
CAFÉ $

(The Waterfront, Old Pretoria Rd; Hauptgerichte 30–60 R; ☺morgens & mittags) Die gemütliche Atmosphäre erinnert an eine hölzerne Cabana der 1970-er Jahre, vor allem aber ist das Essen gut. Zum Frühstück gibt es Croissants, Muffins und Pfannkuchen aus der Bäckerei. Mittags ist eine Mischung aus Burgern, Salaten, Steaks und mehr im Angebot.

ⓘ Praktische Informationen

Bela-Bela Community Tourism Association
(☎014-736 3694; www.belabelatourism.co.za; Waterfront, Old Pretoria Rd; ☺Mo–Fr 8–17, Sa 9–13 Uhr) Befindet sich im Waterfront-Viertel, vom Stadtzentrum aus auf der anderen Seite der Brücke.

ⓘ An- & Weiterreise

Minibus-Taxis fahren in der Ritchie Street zwischen dem Forever Resort und dem Elephant Springs Hotel ab; Fahrziele sind u. a. Polokwane (65 R, 2½ Std.) und Jo'burg (80 R, 2 Std.). Der Zug *Bosvelder* (s. S. 432) hält in Bela-Bela.

Waterberg

Paul Kruger verdammte lästige Politikaster mit dem Spruch: *„Give him a farm in the Waterberg."* („Gebt ihm eine Farm am Waterberg.") Heutige Besucher der Region können die Härte eines solchen Schicksals wohl kaum mehr nachempfinden. Der 150 km lange Gebirgszug, der sich von Thabazimbi im Rücken von Vaalwater in nordöstlicher Richtung erstreckt, beherbergt das 15 000 km² große Waterberg-Biosphärenreservat. Es schützt eine der beiden Savannenbiosphären Afrikas. Höhen bis zu 2100 m erreicht diese Berglandschaft, in der ein mildes Klima herrscht. In einigen Gebieten leben die *Big Five* (Löwe, Leopard, Büffel, Elefant und Nashorn). Flüsse winden sich durch den Landstrich, und charakteristische Bergzüge durchziehen Bushveld und *sourveld* (ein Graslandtyp).

VAALWATER & UMGEBUNG
☎014 / 1100 EW.

Vaalwater („faalvater") zieht sich am Highway entlang und ist ein Durcheinander von Einrichtungen für Touristen und Einheimische. Es ist eine tolle Basis für die Erkundung der vielen Attraktionen des Waterberg und die mit Abstand angenehmste Stadt zwischen Polokwane und der Südwestgrenze von Limpopo.

◉ Sehenswertes & Aktivitäten
St. John's Church
KIRCHE

Zu dieser Kirche, die etwa 10 km außerhalb der Stadt liegt, nimmt man die Melkrivier Road, biegt rechts in die Vierentwintigriviere Road ab und nach 8,7 km nach links in Richtung Naauwpoort, dort liegt sie dann auf der linken Seite. Die „Kirche" aus Stroh und Stein, „... whose quiet charm doth strike a lovely note" („... deren stiller Charme einen lieblichen Ton anschlägt ", in den Worten des Gedichts neben der Tür), stammt aus dem Jahr 1914. Sie soll von Sir Herbert Baker entworfen worden sein, wird aber in Untersuchungen zur Arbeit des großen „Architekten von Südafrika" oft übersehen.

Horizon Horseback Adventures
REITEN

(☎083 419 1929; www.ridinginafrica.com) Dieses Unternehmen in der Nähe der Waterberg Cottages, das seine Kunden zu glühender Begeisterung inspiriert, organisiert so abenteuerliche Angebote wie Rindertrieb und eine viertägige Pferdesafari im Dinaka Wildlife Reserve.

🛏 Schlafen & Essen
Zeederberg Cottage & Backpackers
HOSTEL $

(☎082 332 7088; www.zeederbergs.co.za; Stellplatz 60 R, B 150 R, Cottages 350–500 R; ❄) Das Zeederberg liegt hinter dem gleichnamigen Center und hat ein Stroh-Cottage, eine *rondavel* im Zulu-Stil sowie Schlafsäle und Doppelzimmer. Einziger Nachteil: Einige Betten sind nicht gerade die bequemsten. Auf dem Rasen stehen Jacaranda- und Tipuana-Bäume, und das Hauptgebäude ist perfekt eingerichtet für Backpacker, die relaxen wollen.

Waterberg Cottages
COTTAGES $$

(☎014-755 4425; www.waterbergcottages.co.za; Zi. 260–380 R/Pers.; ❄) Das Angebot dieser Cottages reicht vom „Butterfly" und dem zweigeschossigen „Bushwillow" mit frei stehender Badewanne und moderner Küche bis zu schlichteren Behausungen. Die

Möbel, die von den Vorfahren der Familie stammen, verleihen allen einen gewissen Charme. Mögliche Aktivitäten sind u.a. Astrologie mit dem hier wohnenden Hobbyastrologen, Tierbeobachtung und Farmtouren. Die Cottages liegen 33 km nördlich der Stadt nahe der Melkrivier Road.

LP TIPP **Bush Stop Café** CAFÉ **$**
(Hauptgerichte 35; ⊘mittags & abends) Das funkige Kaffee, zu dem ein Secondhand-Buchladen und ein schattiger Außenbereich gehören, ist ein beliebter Treffpunkt. Es serviert Leckereien wie Panini, frisch gebackene Croissants, empfehlenswerte Salate, frische Säfte und einen großartigen Milchshake mit verschiedenen Beeren.

La Fleur ITALIENISCH **$$**
(Voortrekker St; Hauptgerichte 35–90 R; ⊘ Mo–Sa morgens, mittags & abends) Im einzigen Restaurant in Vaalswater geht es drinnen ziemlich vornehm zu, während Gäste draußen auf der Terrasse das Kommen und Gehen in der Stadt beobachten können. Es versucht sich in Pizza, Pasta, Salaten, Pfannkuchen und Steaks, und das geschwätzige Küchenpersonal leistet gute Arbeit.

🔒 Shoppen
Im Zeederberg's Centre gibt es zwei Kunsthandwerksgeschäfte. Kamotsogo verkauft handgearbeitete Produkte örtlicher Sotho-Frauen, die von HIV und Aids betroffen sind, und Black Mamba hat Kunsthandwerk aus ganz Afrika zu bieten.

Beadle KUNST & KUNSTHANDWERK
(☎014-755 4002; Sterkstroom Rd; ⊘Mi–Sa 8–16.30, So 9–14 Uhr) Das Beadle liegt neben einer Fabrik für ätherische Öle in der Nähe der Waterberg Cottages und ist ein kommunales Projekt. Es verkauft handgearbeitete Artikel aus Leder und Perlen, die Dorfbewohner in der Werkstatt anfertigen.

ℹ️ Praktische Informationen
Bush Stop Café (Zeederburg Centre; ⊘Mo–Fr 8–17, Sa bis 13.30 Uhr) Bietet Internetzugang (15 R/15 Min.) und Travellerinformationen.

ℹ️ An- & Weiterreise
Zur Zeit der Recherche führten die umfangreichen Straßenbauarbeiten an der R33 von Modimolle nach Vaalwater zu erheblich längeren Fahrzeiten. Teile der Straße wurden komplett neu gebaut. Das dürfte noch eine Weile so weitergehen, darum könnte die Fahrt mit dem Minibus-Taxi problematisch sein. Am besten ist ein eigenes Fahrzeug.

WATERBERG WELFARE SOCIETY

Die **Waterberg Welfare Society** (☎014-755 3633; Timothy House, 208-209 Waterberg St; ⊘8.30–17 Uhr), die gegründet wurde, um HIV-/Aids-Kranke und ihre Familien zu unterstützen, betreibt ein Besucherzentrum, das Timothy House. Hier haben Besucher die Möglichkeit, sich mit Waisenkindern zu beschäftigen, Näheres über die Arbeit der Gesellschaft zu erfahren und mit Menschen, die unter HIV/Aids leiden, zu arbeiten. Vor dem Besuch anrufen!

MARAKELE NATIONAL PARK
Dieser bergige **Nationalpark** (☎014-777 6928; www.sanparks.org/parks/marakele; Erw./Kind 108/54 R; ⊘Mai–Aug. 7.30–17 Uhr, Sept.–April 7.30–16 Uhr) liegt am südwestlichen Ende der Waterberg-Biosphäre. Zu den Tieren, die unter den roten Felsen grasen, gehören Elefanten, Breitmaul- und Spitzmaulnashörner, Giraffen, Zebras, Leoparden und Geparden. Tolle Aussichten auf die Landschaft bieten sich vom Geier-Aussichtspunkt (die Straße hier hoch ist allerdings sehr steil); von dort ist auch eine Kolonie der gefährdeten Kapgeier zu sehen, die mit über 800 Brutpaaren eine der größten der Welt ist.

Der Park ist in zwei Sektoren unterteilt. Der zweite Sektor (den Summer drücken, um das Tor zu öffnen) ist wilder und tierreicher, hier sind alle Big Five zu finden. Die Schotterstraßen sind im ersten Sektor in viel besseren Zustand als im zweiten, gerade bei Regen dürften Besucher gar nicht weiter als bis hier wollen. Das Buchungsbüro am Parkeingang befindet sich an der Straße von Thabazimbi nach Alma, 3 km nordöstlich der Kreuzung mit der Straße von Matlabas nach Rooiberg.

Besucher können im **Tlopi Tent Camp** (Zelte 990 R), 15 km vom Eingang entfernt, in Zelten mit zwei Betten übernachten. Die möblierten Zelte haben ein Bad und eine Küche mit Kühlschrank und *braai* im Freien. Das Essen muss aber mitgebracht werden. Das Camp bietet die Aussicht auf einen Damm, an dem sich Antilopen und Gnus zum Trinken einfinden.

Im Campingbereich Bontle gibt es auch **Zeltstellplätze** (Stellplatz für 2 Pers. 185 R, weitere Pers. Erw./Kind 62/31 R).

LIMPOPO WATERBERG

WATERBERG MEANDER

Der **Waterberg Meander** (www.water bergmeander.co.za), eine 350 km lange, ausgeschilderte touristische Route, führt zu 13 kommunalen Entwicklungsprogrammen und Sehenswürdigkeiten, darunter einige, die im Burenkrieg eine Rolle spielten, sowie Aussichtspunkte mit Blick auf atemberaubende Landschaften und Kunsthandwerksgeschäfte. Bei den Touristeninformationen auf die ausgezeichnete Broschüre *Waterberg Meander* achten!

Der einfachste Weg von Vaalwater zum Park ist die Route 510 nach Thabazimbi. Die unbefestigte Bakkerspas Road, die entlang der Berge verläuft, bietet allerdings spektakuläre Aussichten. Autofahrer biegen 6 km westlich von Vaalwater links ab, nach 60 km geht es an der T-Kreuzung nach rechts, dann sind es noch weitere 45 km bis zum Parkeingang (ein paar Kilometer vorher beginnt der asphaltierte Straßenabschnitt).

SOUTPANSBERG

Die Soutpansberg-Region erstreckt sich im nördlichsten Teil Südafrikas und berührt den Süden Simbabwes. Die bewaldeten Hänge dieses Gebirgszuges bilden mit ihrem saftigen Grün einen krassen Gegensatz zu dem Lowveld im Norden, wo Affenbrotbäume in den trockenen Ebenen wachsen. Die Highlights sind hier die Berge, die Venda-Region und der Mapungubwe National Park, für den es sich lohnt, die 260 km von Polokwane aus Richtung Norden zu fahren.

Louis Trichardt (Makhado)

📞 015 / 90 000 EW.

Das feurige Louis Trichardt hat ein sehr geschäftiges Zentrum, dessen Straßen mit den boomenden Läden von Einzelhandelsketten und Horden von Shoppern gefüllt sind. Die breiten Straßen am Rand der Stadt wirken mit ihren frischen Grünflächen und den schattigen Jacaranda-Bäumen dagegen sehr angenehm. Viel zu tun gibt es hier nicht, die Stadt ist aber eine gute Basis, vor allem für Traveller mit eigenem fahrbarem Untersatz – denn 10 km nördlich und südlich der Stadt gibt es einige tolle Unterkünfte.

In der Nähe liegt das spektakuläre Gebirge Soutpansberg mit einer außergewöhnlich großen Tier- und Pflanzenvielfalt. Hier lebt der Afrikanische Leopard in einer der höchsten Konzentrationen Afrikas und es wachsen mehr Baumarten als in ganz Kanada zu finden sind.

🛏 Schlafen & Essen

Auch in Louis Trichardt gibt es einige Unterkünfte, doch wer in den Hügeln gleich außerhalb der Stadt übernachtet, ist dem Soutpansberg-Gebirge am nächsten.

Ultimate Guest House PENSION $$

LP TIPP (📞 015-517 7005; www.ultimategh.co.za; EZ/DZ inkl. Frühstück 430/530 R; ☀) Nach einem langen Tag auf der N1 hat diese skurrile, farbenfrohe, von Nebel verhangene Pension ihren Namen („allerletzte Pension") wirklich verdient. Von der Veranda des Restaurants mit Bar (Hauptgerichte 90 R), die ideal für einen abendlichen Gin Tonic ist, fällt der Blick auf ein grünes Tal. Sie liegt 10 km vom Zentrum entfernt; 100 m hinter dem Mountain Inn biegt man links ab und folgt der unbefestigten Straße für 1,6 km; dann kommt die Pension auf der rechten Seite.

Madi a Thavha LODGE $$

(📞 015-516 0220; www.madiathavha.com; Stellplatz 60 R/Pers., EZ/DZ inkl. Frühstück 615/1010 R; ☀) Dieses erfrischende Refugium am Soutpansberg mit Fairtrade-Zertifikat befindet sich auf einer Farm. Übernachtet wird in bunten kleinen Cottages mit Bettüberwürfen und Kissenbezügen der Venda, vielen Teelichtern und Kochnische. Die holländischen Besitzer organisieren Touren zu örtlichen Handarbeitswerkstätten. Auf Wunsch wird Abendessen (165 R) serviert. 10 km westlich von Louis Trichardt unweit der Route 522 gelegen.

Casa Café INTERNATIONAL $

(129 Krogh St; Hauptgerichte 50–60 R; ⏰ Mo–Sa morgens, mittags & abends, So mittags) Dieses Restaurant, das Meeresfrüchtegerichte, Gegrilltes, unzählige Burger-Variationen, Salate und Pasta serviert, lohnt zu jeder Tageszeit einen Besuch. Die Atmosphäre ist eher formell, doch der Sitzbereich draußen, der auf einen Garten hinausgeht, ist zwangloser.

Makhado Municipal Caravan Park
CAMPING $

(☏015-519 3025; www.makhado.caravanparks.co.za; Grobler St; Stellplatz 63 R/Pers.) Der gepflegte Caravan-Platz ist gut in Schuss und mit dem kurz geschorenen Rasen ideal zum Zelten, außerdem gibt es viel Schatten. Zentral gelegen.

Louis Trichardt Lodge
MOTEL $

(☏015-516 2222; www.lttlodge.co.za; Hlanganani St; EZ/DZ 350/420 R) Der Service in diesem roten Ziegelmotel an der Hauptstraße ist etwas brüsk. Die einfachen, praktischen Zimmer haben Kochnischen und *braai*-Bereiche. Das Frühstück kostet 40 R.

ⓘ Praktische Informationen

ABSA (Ecke Songozwi Rd & Krogh St) Geldautomat und Geldwechsel.

PC Worx (Shop 34, Makhado Crossing, Ecke N1 & Sebasa St; 30 Min./10 R; ⊗Mo–Fr 9–17, Sa bis 13 Uhr) Internetzugang.

Polizeistation (☏015-519 4300; Krogh St)

Soutpansberg Tourist Office (☏015-516 3415; www.soutpansberg-tourism.co.za; Songozwi Rd; ⊗Mo–Sa 8–16.30 Uhr)

ⓘ An- & Weiterreise

Die **Louis Trichardt Travel Agency** (☏015-516 5042; ⊗Mo–Fr 8–13 & 14–16.30, Sa 9–11 Uhr) liegt in einer Gasse, die von der Krogh Street abgeht (gegenüber von Louis Trichardt Stationers); dies ist die örtliche Vertretung für Busse von Greyhound und Translux.

Die meisten Busse nach Jo'burg (220 R, 6 Std.) und Harare, Simbabwe (330 R, 11 Std.) halten an der Caltex-Tankstelle an der Ecke der N1 und der Baobab Street.

Die Haltestelle für Minibus-Taxis befindet sich auf dem Parkplatz des Supermarkts Shoprite abseits der Burger Street. Von Louis Trichardt fahren Minibus-Taxis u. a. nach Musina (40 R, 1½ Std.) und Polokwane (50 R, 1½ Std.).

Der Bahnhof liegt am südwestlichen Ende der Kruger Street, an dieser Stelle hält der *Bosvelder* (s. S. 432).

Rund um Louis Trichardt

SOUTPANSBERG MOUNTAINS

Die zweitägige Wanderung auf dem 20,5 km langen **Hanglip Trail** beginnt an der Soutpansberg Hut am Stadtrand von Louis Trichardt. Der Weg klettert durch einheimischen Wald hinauf zu einem 1719 m hohen Gipfel mit Aussichten über das Bushveld. Wanderer sollten unbedingt Vorsichtsmaßnahmen gegen Malaria, Bilharziose und Zecken ergreifen. Übernachten können sie in Hütten (105 R/Pers.) mit Etagenbetten, Duschen und *braais*. Am gleichen Ausgangspunkt beginnt eine zweieinhalbstündige Wanderung. Bei **Komatiland Forests Eco-Tourism** (☏013-754 2724; www.komatiecotourism.co.za; 10 Streak St) in Nelspruit gibt es weitere Informationen und Einzelheiten zur Reservierung der Unterkunft.

Hoch in den Wolken liegt die **Leshiba Wilderness** (☏015-593 0076; www.leshiba.co.za; EZ/DZ ab 700/850 R, EZ/DZ mit VP & einer Aktivität ab 1925/3200 R; @☀🕸), ein Resort mit Fairtrade-Lizenz, dessen Zentrum ein nachgebautes Venda-Dorf bildet. In der Umgebung leben viele Tiere, darunter die seltenen Schabrackenhyänen und Leoparden, und über 350 Baumarten sorgen für Grün. Das Refugium bietet Unterkünfte für Selbstversorger oder mit Vollpension in *rondavels*, die mit solchen Extras wie privaten Tauchbecken und Aussichten auf Botswana aufwarten. Es ist über die Route 522 zu erreichen, 36 km westlich von Louis Trichardt beginnt die Ausschilderung.

Das Erste, was Besucher auf dem Weg zum **Lajuma Mountain Retreat** (☏083 308 7027; www.lajuma.com; Wilderness Camp/Chalets pro Pers. 140/200 R) kurz nach Überquerung des Leopard Causeway sehen, ist der Letjuma (1730 m), der höchste Gipfel des Soutansberg. Es wird von einem Biologen und einem Medizinsoziologen geleitet. Sie genießen die vielfältige Tierwelt der Gegend mit 120 Vogelarten, Weißkehlmeerkatzen und ausgewilderten Pavianen. Im Lajuma Retreat sind Biologen aus aller Welt zu Gast, um hier zu forschen. Unterkunft bieten die Waterfall Lodge, die in der Nähe des Tauchbeckens am Rand einer Klippe liegt, das Forest Chalet, das 1946 als Arztpraxis gebaut wurde, und das einfachere Wilderness Camp. Die Lodge liegt 46 km westlich von Louis Trichardt, und für die letzten 7 km von der Route 522 benötigt man 30 Minuten. Wer abgeholt werden möchte, muss daher mindestens zwei Nächte bleiben.

BEN LAVIN NATURE RESERVE

Dieses **Reservat** (☏015-516 4534; Erw./Kind 30/10 R; ⊗6–21.30 Uhr) ist wegen seiner Wander- und Radwege sehr lohnenswert. Die Tierwelt ist beeindruckend: Hier leben mehr als 200 Vogelarten sowie Giraffen, Zebras und Schakale.

Im Reservat gibt es verschiedene hervorragend renovierte **Unterkünfte** (Stellplatz 60 R/Pers. DZ Chalet/Safari Units 350/500 R), darunter Chalets mit riesigen Bereichen im Freien und hübscher Aussicht. Küchen sind nicht vorhanden, dafür aber Kochplatten und ein *braai*. Die innovativen Safari Units sind eine Kombination aus Chalet und Safarizelt. Es gibt sogar Familien-Cottages mit einem abgetrennten Bereich für die Kids.

Von Louis Trichardt fährt man auf der N1 etwa 10 km Richtung Süden und folgt dann den Schildern auf der linken Seite. Nach ca. 3 km ist linker Hand das Eingangstor zu sehen.

Musina (Messina)

📞 015 / 20 000 EW.

In Musima, das 18 km südlich vom Grenzübergang Beitbridge liegt, ist die typische Spannung einer Grenzstadt spürbar. Viele Menschen in der Stadt kommen aus Simbabwe her, um Vorräte mit in ihr Land zu nehmen, wo die Geschäfte leer sind. Scharen von Wirtschaftsflüchtlingen aus dem fast zusammengebrochenen Staat trotten auf der Suche nach Arbeit die N1 entlang.

Die meisten Traveller kommen auf dem Weg zum Mapungubwe National Park durch die Stadt; die Fahrt führt auf leeren, von Affenbrotbäumen gesäumten Straßen durch überwältigend schöne Landschaften.

👁 Sehenswertes

Riesige Affenbrotbäume (*Adansonia digitata*), die aussehen, als würden sie mit den Wurzeln nach oben wachsen, prägen diese Region. Von Musina muss man gar nicht weit fahren, um einige eindrucksvolle Paradebeispiele dieses charakteristischen Baumes zu finden. Richtige Prachtexemplare, z. B. der „Big Tree" genannte Baum, der in der Nähe von Sagole im Nordosten Limpopos wächst, sind über 3000 Jahre alt.

Musina Nature Reserve NATURSCHUTZGEBIET
(📞 015-534 3235; Eintritt frei; ⏱ 7.30–18.30 Uhr) In diesem Reservat, das 5 km südlich der Stadt abseits der N1 liegt, gibt es nicht nur die höchste Konzentration an Affenbrotbäumen in Südafrika, sondern auch Tiere wie Impalas und Streifengnus.

🛏 Schlafen & Essen

LP TIPP 🛏 **Ilala Country Lodge** LODGE $$
(📞 076 138 0699; ilala@vodamail.co.za; Rte 572; EZ/DZ inkl. Frühstück 500/700 R; ▨)

Die weiten Blicke über das Tal des Limpopo River hinüber nach Simbabwe machen diese alte Country-Lodge zu etwas Besonderem. Es gibt nur wenige schönere Orte in Limpopo, um sich abends einen kühlen Drink zu gönnen. Auch die Übernachtungsmöglichkeiten sind herausragend. In den Zimmern im Haupthaus können vier Personen schlafen, außerdem gibt's riesige Chalets mit Wohnbereich, *braai*-Möglichkeit und separater Küche. Die Lodge liegt 8 km nordwestlich der Stadt auf dem Weg nach Mapungubwe.

Backpackers Lodge HOSTEL $
(📞 082 401 2939; 23 Bachman Ave; Zi. 200 R) Diese tolle Budgetunterkunft in einem Wohnhaus am Stadtrand bietet ein ausgezeichnetes Preis-Leistungs-Verhältnis. Die Matratzen sind fest, alles ist sauber, die Zimmer haben Fernseher und die Einrichtungen zum Kochen sind gut ausgestattet. In den vier Zimmern können jeweils zwei oder drei Personen schlafen. Sie liegt abseits der 508 in der Nähe der Polizeistation.

Old Mine Guest House PENSION $$
(📞 015-534 2250; www.oldmineguesthouse. co.za; 1 Woodburn Ave; Zi. 300–600 R; ▣ ▨) Der erste Verwalter der Kupfermine von Musina baute diese Villa 1919, und noch heute verströmt sie Klasse und einen altmodischen Charme (der so gar nicht zu Messina zu passen scheint!). Von der Veranda fällt der Blick ins Grüne. Es gibt stilvolle Zimmer oder Einheiten für Selbstversorger mit privaten Terrassen.

Tikva Coffee Shop CAFÉ $
(14 Paul Mills Ave; leichte Gerichte 50 R) Das Tikva ist ein tolles einheimisches Lokal, in dem es frisch zubereitete Wraps, Paninis und Pfannkuchen gibt, und auch die Desserts sind köstlich. Besonders schön ist es auf der Terrasse im Freien mit Blick auf eine Vorstadtstraße.

ℹ Praktische Informationen

ABSA (6 National Rd) Hat Möglichkeiten zum Geldwechsel und einen Geldautomaten. Liegt an der N1 auf dem Weg durchs Stadtzentrum.

Musina Tourism (📞 015-534 3500; www. golimpopo.com; National Rd) In einer Strohhütte an der N1 auf dem Weg von Polokwane in die Stadt. Die Öffnungszeiten sind äußerst sporadisch, immer wenn wir vorbeikamen, war geschlossen.

PostNet (National Rd; 60 R/Std.; ⏱ Mo–Fr 8.30–16.30, Sa 8–11 Uhr) Internetzugang.

ℹ️ An- & Weiterreise

Der Grenzübergang nach Simbabwe in Beitbridge, 15 km nördlich von Musina, ist rund um
die Uhr geöffnet. Wer aus Simbabwe kommt,
findet auf der südafrikanischen Seite der Grenze
einen großen Taxistand. Auch Traveller, die an
Musina vorbei weiter Richtung Süden wollen,
sollten hier ein Taxi nehmen, denn die gibt es
hier in viel größerer Zahl als in Musina. Genaue
Informationen zur Überquerung der Grenze nach
Simbabwe s. S. 645.

Greyhound-Busse fahren täglich von Beitbridge nach Harare (8 Std.) und Bulawayo
(4½ Std.), sie halten am Beitbridge Hotel.

Mietautos verleiht **Avis** (☑️015-534 2220;
Lifestyle Corner, 10 Hans van der Merwe Ave.;
🕐Mo–Fr 8–17 Uhr).

Taxis zwischen dem Grenzübergang und Musina kosten 35 R (20 Min.).

Der Zug *Bosvelder* (s. S. 432) verbindet Musina mit Jo'burg und hält unterwegs in Louis
Trichardt.

Mapungubwe National Park

Die überwältigend weite, trockene, felsige
Landschaft des **Mapungubwe National
Park**(☑️015-5347923;www.sanparks.org/parks/
mapun gubwe; Erw./Kind 108/54 R; 🕐6–18.30
Uhr) verbirgt ein faszinierendes kulturelles
Erbe und viele Tiere, die hier umherstrei-
fen. In der Unesco-Welterbestätte befinden
sich die bedeutendsten südafrikanischen
Stätten der Eisenzeit, und die Vielfalt der
Tierwelt reicht von Spitzmaul- und Breit-
maulnashörnern über die seltene Binden-
Fischeulen bis zu Meerkatzen.

Sein volles Potential wird der Park erst
entfalten, wenn die jeweiligen Regierungen
den Plan verwirklichen, ihn in ein grenz-
übergreifendes, 800 000 ha großes Schutzgebiet einzugliedern, das sich bis nach
Botswana und Simbabwe erstrecken wird.

Die Geschichte spielt im Park eine ebenso große Rolle wie die Tiere. 1933 gruben
Archäologen am Mapungubwe Hill eine
Grabstätte aus dem 13. Jh. aus, die Zier-
gegenstände, Schmuck, Schalen und Amu-
lette enthielt, vieles davon mit Gold überzogen. Das aufsehenerregendste Stück
war ein kleines vergoldetes Nashorn. Das
Apartheidregime hielt die Entdeckung unter Verschluss, da es versuchte, alle historischen Erkenntnisse zu unterdrücken, die
die hochentwickelte Kultur der Ureinwohner bezeugen.

Das beeindruckende **Interpretative Centre** (Erw./Kind 40/20 R) lüftet diesen Schleier.
Es wurde so gebaut, dass es sich gut in die
Landschaft einfügt und ist eines der herausragendsten modernen Gebäude des Landes.
Das moderne Innere ist klimatisiert, und
die Ausstellungen sind geschmackvoll gestaltet. Sie bieten viele Informationen zum
kulturellen Erbe in Mapungubwe, darunter
Funde von archäologischen Ausgrabungen.
Besonders schön sind die kunstvollen Perlenarbeiten und die Kopie des berühmten
goldenen Nashorns. Besucher müssen sich
einer Führung anschließen.

Der Park selbst ist in einen östlichen
und einen westlichen Sektor unterteilt,
dazwischen liegt Privatland. Das Haupttor
befindet sich an der Ostseite, ebenso wie
das Interpretative Centre, der Mapungubwe Hill, ein Baumkronenweg, Leokwe (das
Hauptcamp) und ein großartiger Aussichtspunkt über das Gebiet, in dem Südafrika,
Botswana und Simbabwe zusammensto-
ßen. Auf den vier Aussichtsterrassen auf
einem Felsen über dem Treffpunkt der drei
Länder wuseln Klippschiefer umher (kleine, an Meerschweinchen erinnernde Tiere),
und die weite Aussicht erstreckt sich über
die ganze Landschaft sowie den Limpopo
River und den Shashe River.

Die Pisten können mit einem normalen
Auto befahren werden, sie sind aber ziemlich schlecht, und mit einem Fahrzeug
mit Allradantrieb können Besucher mehr
sehen. Noch unwegsamer ist die westliche
Sektion, diese Seite des Parks kann man eigentlich nur mit Allradantrieb sehen.

Das Unterkunftsangebot für Selbstversorger reicht von **Camping** (Stellplatz ab
170 R) über Waldzelte im **Limpopo Forest
Camp** (Luxuszelte 820 R) bis zu den Chalets
im **Leokwe Camp** (Chalet ab 870 R; ❄️🍴). Die
Chalets sind die besten, die wir in südafrikanischen Nationalparks gesehen haben.
Sie haben einen großen Wohnbereich, komplett ausgestattete Küchen, einen *braai*-
Platz im Freien und sind im traditonellen
rondavel-Stil mit Strohdach gebaut. Auch
Duschen im Freien gibt es.

Besucher sollten sich darauf einstellen,
dass es hier weder einen Laden noch ein
Restaurant gibt. Die nächste Möglichkeit
zu tanken und Essen einzukaufen befindet
sich 30 km weg in Richtung Musina am
Fernfahrerrastplatz.

Der Park liegt 60 km von Musina entfernt an der Route 572 nach Pont Drift.

Venda-Region

Diese Region, in der die vielleicht mysteriöseste Atmosphäre in der Gegend rund um den Soutpansberg herrscht, ist das traditionelle Heimatland der Venda. Sie kamen zu Anfang des 18. Jhs. aus dem heutigen Simbabwe (s. Kasten S. 446). Schon ein kurzer Abstecher von der Fernstraße entführt Reisende in ein Afrika der nebelverhangenen Hügel, staubigen Straßen und Lehmhütten. In der Venda-Region spielen Mythen und Legenden im täglichen Leben nach wie vor eine große Rolle. Die Gegend ist mit Seen und Wäldern von großer spiritueller Bedeutung gespickt. Auch die charakteristische Venda-Kunst ist im ganzen Land berühmt.

THOHOYANDOU & SIBASA
015 / 50 000 EW.

Thohoyandou (Elefantenkopf) entstand während der Zeit der Apartheid als Hauptstadt des Venda-Homelands und ist eine zusammengestückelte, chaotische Stadt inmitten einer wunderbaren Landschaft. Die angrenzende Stadt Sibasa liegt 2 km weiter nördlich. Thohoyandou ist eine praktische Basis für die Erkundung der Venda-Region und bietet sich auch für eine Übernachtung auf dem Weg vom/zum Punda Maria Gate des Kruger National Park an, das 60 km entfernt liegt.

◉ Sehenswertes

Die grüne Umgebung der Stadt ist mit Dutzenden **Kunst- und Kunsthandwerksateliers** gespickt, die für Besucher geöffnet sind. Am bekanntesten ist die Region für ihre ursprünglichen Holzschnitzereien (für die beispielhaft die Venda-Nestorin Noria Mabasa steht, deren Arbeiten die Union Buildings in Pretoria schmücken), ihre Keramik (oft silbern und kastanienbraun bemalt, dafür werden Graphit und Ockerfarbe benutzt), sowie die bunten, gestreiften

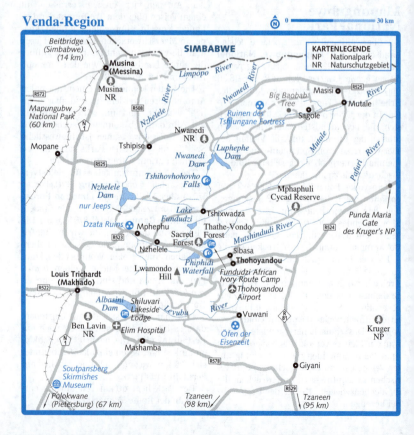

Venda-Region

DER LAKE FUNDUDZI BENÖTIGT SCHUTZ

Die Bedeutung des Lake Fundudzi, der 35 km nordwestlich von Thohoyandou liegt, ist kaum zu überschätzen. Die traditionellen Wächter des Sees, die Netshiavha (Volk des Teiches) betrachten ihn als einen heiligen Platz für die Beerdigung ihrer Toten.

Auch für Wissenschaftler ist der See als einer der wenigen natürlichen Süßwasserseen Südafrikas etwas Besonderes. Man vermutet, dass er vor 20 000 Jahren bei einem Bergsturz entstand, der den Weg eines Flusses versperrte, sodass sich dahinter der See anstaute.

In den vergangenen Jahrzehnten verschlechterte sich die Situation des Sees jedoch erheblich, so fielen Wald und Grasland in der Umgebung der Errichtung von Plantagen zum Opfer. Der Zugang zum See ist seit Langem ein Privileg, das von den Netshiavha verliehen wurde. Das änderte sich Mitte der 1990er-Jahre, als eine Straße bis zum Seeufer gebaut wurde, sodass der See nun frei zugänglich war.

In den letzten Jahren hat der Stammeshäuptling eine Kampagne gestartet, um den See zu schützen. Die Netshiavha und benachbarte Stämme erließen Gesetze, um die Nutzung des Landes rund um den See zu beschränken und die Auswirkungen des Tourismus zu lindern. Das Mondi Wetlands Project, ein Gemeinschaftsprojekt des World Wide Fund for Nature (WWF) und einer weiteren Nichtregierungsorganisation, der Wildlife & Environmental Society of South Africa, arbeiten an Langzeitkonzepten für das Management des Sees.

LIMPOPO VENDA-REGION

Batiken und Textilien. Am besten besucht man die Studios mit einem Führer, denn oft liegen sie versteckt an Sandwegen und außerdem gibt es wichtige lokale Verhaltensregeln, an die sich Besucher halten müssen. Eine Ganztagestour kostet ca. 800 R.

Einer der Führer in Thohoyandou/Sibasa ist **Avhashoni Mainganye** (☏084 725 9613; a.mainganye@yahoo.com). Die **Ribolla Tourism Association** (☏015-556 4262; ribollata@ mweb.co.za; Old Khoja Bldg, Elim) hilft bei der Suche nach einem Führer, und in den Touristeninformationen sollte man auch auf ihre Broschüre *Ribolla Open Africa Route* achten.

Thohoyandou Arts & Culture Centre   KUNST & KUNSTHANDWERK
(Punda Maria Rd, Thohoyandou; ◷8–16 Uhr) Ein guter Ausgangspunkt für eine kulturelle Entdeckungstour ist dieses planlose Zentrum, das Kunsthandwerk unterschiedlicher Qualität von mehr als 350 einheimischen Künstlern ausstellt.

🛏 Schlafen

Übernachtungsmöglichkeiten bieten z.B. die **Muofhe Graceland Lodge** (☏015-962 4926; www.muofhegraceland.co.za; Mphephu St; DZ inkl. Frühstück 860 R) an der Hauptstraße und die **Bougainvilla Lodge** (☏015-962 4064; www.bougainvillalodge.com; Mphephu St; Zi. inkl. Frühstück ab 460 R), die große, spärlich eingerichtete und dennoch komfortable Zimmer hat.

❶ An- & Weiterreise

Busse von Translux (210 R, 8 Std.) und City to City (150 R) fahren nach Jo'burg; Abfahrt ist in Thohoyandou an der Shell-Tankstelle und in Sibasa an der Caltex-Tankstelle.

Von der Haltestelle für Minibus-Taxis neben der Venda Plaza in Thohoyandou geht es u. a. nach Sibasa (8 R) und Louis Trichardt (30 R, 1½ Std.).

LAKE FUNDUDZI & UMGEBUNG

Der Lake Fundudzi gilt als heilige Stätte. In eindrucksvolle, bewaldete Hügel eingebettet, wirkt er wie ein türkisfarbener Edelstein in einem Bett aus grünem Samt. Der Legende nach lebt in dem See der Python-Gott, der für die Riten der matriarchalischen Venda-Kultur eine große Bedeutung besitzt. Dieser Gott verhindert auch, dass das Wasser in der Hitze verdunstet. Dem Wasser wird eine heilende Wirkung zugeschrieben, und am Ufer des Sees werden Riten vollzogen, mit denen die Venda den Ahnen Verehrung zollen.

Der See liegt 35 km nordwestlich von Thohoyandou. Ohne Genehmigung der Hüter des Sees – d.h. des Volkes der Netshiavha – darf niemand den See besuchen. Der einfachste Weg, solch eine Genehmigung zu erhalten: in Thohoyandou, Elim oder Louis Trichardt einen Führer engagieren. Besucher sollten nicht vergessen, gleich bei der Ankunft dem See ihren Respekt zu erweisen, das bedeutet: Jeder dreht sich mit dem Rücken zum See, beugt sich nach vorne und blickt zwischen den Beinen hindurch aufs Wasser.

Zum See gelangt man nur mit einem Allradfahrzeug, während für Fahrten auf den Sandpisten der umliegenden Hügel ein normales Auto genügt. Dort gibt's Aussichtspunkte mit Panoramablick und den Thathe-Vondo Forest. In einem als heilig geltenden Bereich des Waldes wächst ein urtümliches Gewirr aus Kletter- und Würgfeigen.

Das **Fundudzi African Ivory Route Camp** liegt 25 km nordwestlich von Thohoyandou in 1400 m Höhe – von dort hat man einen tollen Ausblick auf zwei Teeplantagen. Das Camp wird von einer Gemeinde betrieben, die einem Tourismusnetzwerk angehört (s. Kasten S. 435). Es bietet einfache Unterkünfte in *rondavels*. Um ins Camp zu gelangen, ist ein Allradfahrzeug mit hoher Bodenfreiheit erforderlich. Nelson, der Manager, organisiert Ausflüge in die Umgebung.

ELIM & UMGEBUNG

Die winzige Township Elim, die ca. 25 km südöstlich von Louis Trichardt liegt, kann als Basis für Touren in der Venda-Region und Besuche der Kunst- und Kunsthandwerksateliers der Tsonga (Shangaan) dienen. Hier stoßen Traveller vielleicht auf ein Notizbuch aus Zebradung oder aber auf eine Zeremonie, die in einer Werkstatt stattfindet. Es gibt auch einige lohnenswerte Kooperativen, darunter die Twananani-Weber und das Mukhondeni-Keramikwerk. Die **Ribolla Tourism Association** (☏015-556 4262; www.openafrica.org; Old Khoja Bldg, Elim) veröffentlicht eine praktische Broschüre und kann dabei helfen, vor Ort einen Führer zu finden.

Die **Shiluvari Lakeside Lodge** (☏015-556 3406; www.shiluvari.com; Zi./Chalet pro Pers. 375/415 R; ☒) liegt inmitten üppigen Grüns am Ufer des Albasini Dam und ist nicht nur in die Landschaft, sondern auch in die regionale Kultur eingebettet. Kunsthand-

VENDA & NDEBELE

Limpopo zeichnet sich durch eine große ethnische Vielfalt aus. Die Ursprünge der größten ethnischen Gruppe, der Venda, liegen im Dunkeln. Man nimmt jedoch an, dass die Venda im frühen 18. Jh. über den Limpopo River kamen und das Gebiet um den Gebirgszug Soutpansberg besiedelten. Bei ihrer Ankunft nannten sie ihre neue Heimat „Venda", was „angenehmes Land" bedeutet.

Die Buren kamen am Ende des 18. Jhs. mit den Venda in Kontakt und bemerkten, wie geschickt sie Steine benutzten, um Mauern zu bauen. Die Venda waren gewandt bei der Verarbeitung von Leder und Perlen und fertigten sehr markante Gefäße für Getreide an, die auch als Kunstwerke an ihren Hütten hingen.

Traditionell erweisen die Venda den sehr Jungen und den sehr Alten viel Respekt – die Jungen waren noch vor Kurzem bei den Ahnen, und die Alten werden bald zu ihnen stoßen. Der *kgosi* (König) der Venga wird als lebender Ahne angesehen, dem sich die Angehörigen seines Volkes nur auf Händen und Knien nähern dürfen.

Frauen genießen bei den Venda einen hohen Status und können Eigentum vom Vater erben, wenn es keinen männlichen Erben gibt. Rituale können nur ausgeführt werden, wenn die älteste Tochter der Familie zugegen ist.

Die Lemba, eine Untergruppe, betrachten sich selbst als Adel der Venda. Die Lemba gaben den Wissenschaftlern lange Zeit Rätsel auf, da sie scheinbar Kontakt mit dem Islam hatten. Sie selbst beanspruchen, einer der „verlorenen Stämme Israels" zu sein, und DNA-Proben haben eine genetische Nähe zu anderen Juden erwiesen. Sie leben traditionell koscher, tragen Kopfbedeckungen und halten den Sabbat ein.

Eine weitere ethnische Gruppe sind die Ndebele. Sie kamen mindestens 100 Jahre vor den Venda von KwaZulu-Natal in die Region. Ihre Herrschaftsstruktur ähnelte mit mehreren Regierungsebenen der der Zulu. Ein *ikozi* (Häuptling) stand jeder Gemeinde vor. Heute gibt es etwa 700 000 Ndebele. Sie sind für ihre Perlenarbeiten bekannt, aus denen kunstvolle Tapeten, Spielzeuge, Wandbehänge, Körbe und Kleidungsstücke angefertigt werden. Beispiele sind auf der Seite www.thebeadsite.com zu sehen. Die Frauen tragen traditionell Kupfer- und Bronzeringe um die Arme und den Hals, die die Treue zu ihrem Ehemann symbolisieren.

Während der Zeit der Apartheid wurden die Venda und die Ndebele gezwungen, in Homelands zu leben, denen nominell Selbstverwaltung zugestanden wurde.

werk aus der Region schmückt die strohge-deckten Chalets, die Standardzimmer und die Familiensuite, und die Wege zu ihnen sind von Skulpturen gesäumt; ein Laden auf dem Grundstück verkauft diese Kunst-handwerkserzeugnisse. Auch ein ländliches Restaurant und eine Kneipe gibt es.

Translux-Busse fahren nach Jo'burg (200 R, 7 Std.) und Sibasa (90 R, 1 Std.).

VALLEY OF THE OLIFANTS

Heute sind die Dickhäuter im Valley of the Olifants (niederländisch für Elefanten) sel-ten geworden, trotzdem wirkt das subtro-pische Gebiet stellenweise sehr exotisch. Die Region ist die traditionelle Heimat der Tsonga (Shangaan) und Lobedu und hat ein reiches kulturelles Erbe aufzuweisen. Phalaborwa, ein beliebter Zugangsort zum Kruger National Park, ist der Ausgangs-punkt des Weges „Kruger to Beach" („vom Kruger zum Strand"), der zu Mosambiks Küste führt. Tzaneen, die größte Stadt, und das hübsche Dorf Haenertsburg sind eine angenehme Basis für Touren zu den land-schaftlich reizvollen Gegenden Modjadji und Magoebaskloof.

Letaba Valley

Das Letaba Valley östlich von Polokwane ist subtropisch und fruchtbar, hier gibt es Teeplantagen und Obstfarmen, über denen sich bewaldete Hügel erheben. Bei Haenertsburg, das in der Gegend auch „The Mountain" genannt wird, klettert die Rou-te 71 Richtung Nordosten über den steilen Magoebaskloof Pass. An der Straße sind viele Stellen ausgeschildert, an denen man halten und eine kurze Wanderung machen kann. Eine nicht ganz so schöne Strecke nach Tzaneen führt auf der Route 528 durch das sanftere George's Valley.

HAENERTSBURG
300 EW.

In Haenertsburg, einem kleinen Bergre-fugium mit einer tollen Kneipe und ein paar gehobenen Restaurants, lohnt sich ein Stopp, um die frische, klare Bergluft zu genießen. Wenn der Nebel in den Kiefern-plantagen in der Umgebung aufsteigt, kann man leicht vergessen, dass man in Afrika ist und fühlt sich eher wie in den schottischen Highlands. Als Basis für Erkundungen in der Gegend ist der Ort eine ausgezeichnete Alternative zu Tzaneen, sowohl für Aben-teuerlustige als auch um einfach mal ganz altmodisch zu faulenzen.

◉ Sehenswertes & Aktivitäten

War Memorial & Long Tom Monument DENKMAL
(Mare St) Die letzten „Long Tom" genann-ten Feldkanonen wurden hier während des Zweiten Burenkriegs zerstört, dies wurde zum Symbol für die Niederlage der Buren.

Magoebaskloof Adventures ABENTEUERSPORT
(☑083 866 1546; www.thabametsi.com) Magoe-baskloof Adventures, das abseits der Route 71 liegt, veranstaltet Abenteuertouren in der Umgebung, darunter Kloofing, Tubing, Fliegenfischen, Mountainbiken, Reiten und Baumkronentouren.

In der Nähe von Haenertsburg gibt es schö-ne Wanderwege, darunter der 11 km lange **Louis Changuion Trail**, der spektakuläre Aussichten bietet.

Mit mehr als zehn Dämmen und vier Flüssen, in denen es vor Forellen nur so wimmelt, ist Haenertsburg gut zum Flie-genfischen geeignet. Am besten fragt man ein bisschen in der Stadt herum, z.B. bei Pennefather oder **The Elms** (Rissik St), oder nimmt Kontakt zu **Mountain Flyfishing** (☑083 255 7817; pirie@mweb.co.za) auf.

🛏 Schlafen

Pennefather COTTAGES $$
(☑015-276 4885; www.thepennefather.co.za; Ris-sik St; EZ/DZ 400/600 R) Diese altmodische Bleibe gehört zu einem Komplex voller An-tiquitäten und Trödel, einem Museum und Secondhandbüchern und wird von einer perfekt dazu passenden charmanten älte-ren Frau geführt. Die Unterkunft ist ziem-lich angesagt, besonders am Wochenende. Einer ihrer großen Vorzüge ist der kurze Fußweg zum Iron Crown und zum Red Plate. Die Cottages haben rote Dächer und sind drinnen komfortabel mit Feuerstelle und Küchenecke ausgestattet.

Black Forest Mountain Lodge LODGE $
(☑082 572 9781; www.wheretostay.co.za/black forestlodge; Black Forest; Zelte 100 R/Pers., Hüt-ten 450 R) Wer Privatspäre sucht, ist hier genau richtig. Die Lodge liegt inmitten ei-ner herrlichen bewaldeten Landschaft und 4 km vom Ort entfernt. Die unbefestigte

Straße, die gut ausgeschildert ist, ist mal besser, mal schlechter.

Lamei Lodge
LODGE **$**

(☎082 266 5724; e.dclange@mweb.co.za; EZ/DZ 300/450 R; ▨) Fünf Chalets für Selbstversorger in gutem Zustand, die jeweils eine Familie oder eine kleine Gruppe beherbergen können, und ein Kinderspielbereich. Anfahrt über die Route 71.

✗ Essen & Ausgehen

Red Plate
INTERNATIONAL **$**

(161 Rissik Street; Hauptgerichte 40–80 R; ☎) Das erstklassige Restaurant mitten im Dorf bietet Gerichte mit frischen Zutaten, darunter knackige Salate, verschiedene Wraps, hausgemachte Burger und filetierte ganze Forellen. Empfehlenswert ist die Spezialität des Hauses: Schweinenackensteak mit gebratenen Zwiebeln und pfannengerührtem Gemüse. Auch für Vegetarier ist gesorgt.

Iron Crown
KNEIPE **$$**

(Rissik St; Hauptgerichte 60–80 R; ☉mittags & abends) Die Dorfkneipe ist ein sympathischer Ort, um sich Steaks, Burger und dergleichen schmecken zu lassen. Seit 2011 hat die Kneipe einen neuen Besitzer, und der erste Eindruck war zwar gut, doch am Wochenende kann es abends ziemlich wüst zugehen, wenn sich hier betrunkene junge *Africaaner* versammeln.

Pot 'n Plow
KNEIPE **$**

(☎082 691 5790; Pizzas 50–60 R; ☉mittags & abends) Auch diese Bergkneipe lohnt einen Besuch und zieht jeden hier lebenden Ausländer und Exzentriker aus der Gegend an. Ins Pot 'n Plow kommen die Gäste, um Pizza zu essen, Billard zu spielen und lebhafte Gespräche zu führen. Einen Biergarten gibt es ebenfalls, und der Sonntagsbraten kostet 55 R pro Teller. Liegt 10 km nordöstlich von Haenertsburg an der Route 71.

❶ An- & Weiterreise

Ein Auto ist zweifellos die beste Möglichkeit, um den Ort zu besuchen, denn die Sehenswürdigkeiten und Unterkünfte liegen ziemlich weit verstreut.

MAGOEBASKLOOF PASS

Magoebaskloof ist ein Steilhang am Rande des Highveld, von hier führt die Straße hinunter nach Tzaneen und zum Lowveld und windet sich dabei durch Pflanzungen und durch Gebiete mit dichtem indigenen Wald.

In der Gegend gibt es mehrere Wasserfälle, darunter die prächtigen **Debengeni Falls** (De Hoek State Forest; Erw. 10 R; ☉8–17 Uhr), wo eine Hängebrücke die Becken verbindet. Zu den Fällen nimmt man die Route 71 und biegt gleich hinter dem Schild mit der Aufschrift „Tzaneen 15 km" links ab.

Außerdem gibt es in diesem Gebiet zehn Wanderwege, für die zwei bis fünf Tage benötigt werden, und sechs Hütten, einige davon oberhalb der Debengeni Falls. Eine empfehlenswerte Variante ist die dreitägige, 40 km lange Tour auf dem **Dokolewa Waterfall Trail**. Hütten können über **Komatiland Eco-Tourism** (☎013-754 2724; www.komatiecotourism.co.za; 10 Streak St) in Nelspruit gebucht werden.

In der Nähe der Route 71, unweit der Kreuzung mit der Route 36, liegt der **Pekoe View Tea Garden** (☉10–17 Uhr) in der Plantage, in der der Magoebaskloof-Tee angebaut wird.

Tzaneen & Umgebung
☎015 / 81000 EW.

Ein Aufenthalt in Tzaneen, einer reichen Stadt mit chaotischen Straßen, ist für ein paar Tage sehr angenehm, ehe es weiter zum Kruger National Park, hinunter zum Blyde River Canyon oder tiefer hinein ins Kunst- und Kunsthandwerkgebiet Limpopos im Norden geht. Die größte Stadt im Letaba Valley hat Charakter – und das lässt sich nicht von vielen Städten in Limpopo sagen. Sie wartet mit einigen Attraktionen auf, und auch das kühle Bergrefugium Haenertsburg lohnt einen Besuch, wenn nicht sogar einen Aufenthalt mit Übernachtung. Hier ist es oft sehr heiß, bei unserem Besuch mitten im Sommer war es allerdings dunstig mit feinem Nieselregen.

◉ Sehenswertes & Aktivitäten

Tzaneen Museum
MUSEUM

(Agatha St; Spende erwünscht; ☉Mo–Fr 9–16, Sa bis 12 Uhr) Das Stadtmuseum hat eine beeindruckende Sammlung. Sie reicht von einem Totem der Regenkönigin, der als Hauswächter diente, bis zu einigen furchteinflößenden kongolesischen Masken. Besonders interessant ist es für Reisende, die auch Modjadji oder die Venda-Region besuchen.

Kings Walden
GARTEN

(Agatha; Eintritt 10 R; ☉bei Tageslicht) Wen die Hitze in Tzaneen mitnimmt, der kann zu diesem 3 ha großen formellen englischen Garten auf 1050 m hinaufsteigen. Der Blick vom weiten Rasen hinüber zum Drakens-

Tzaneen

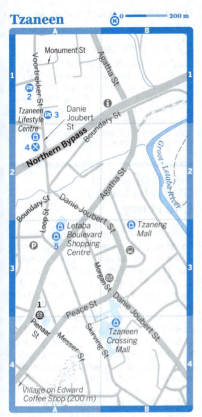

Tzaneen

⊙ Sehenswertes
1 Tzaneen Museum.............................. A3

🛏 Schlafen
2 Lavenir Manor Guesthouse................A1
3 Silver Palms Lodge A1

✖ Essen
4 Market Cafe...................................... A2

🛍 Shoppen
5 Checkers A3

---

berg wird höchstens mal von einem Baum gestört, in den der Blitz eingeschlagen hat, und vom erfrischenden Swimmingpool schlängelt sich laubreiche Spazierwege fort. Zum Garten geht's auf der Joubert Street Richtung Süden, dann nach rechts in die Claude Wheatley Street und dann immer den Schildern nach.

In den nahe gelegenen Bergen gibt es viele Möglichkeiten zum Radfahren, Klettern oder Wandern. Wer Lust auf Abenteuertrips hat, ruft bei Magoebaskloof Adventures (S. 447) an, und mehr Infos über die Tageswanderung **Rooikat Nature Walk** im Agatha-Gebiet gibt es bei **Komatiland Eco-Tourism** (☏013-754 2724; www.komatiecotourism.co.za; 10 Streak St) in Nelspruit.

🛏 Schlafen

Kings Walden HOTEL $$
(☏015-307 3262; www.kingswalden.co.za; Old Coach Rd, Agatha; DZ inkl. Frühstück 1350 R; ❄🛜) Die geräumigen Zimmer sind mit ih-

ren Kaminen und den alten Drucken so verträumt wie der Garten und die Berge, auf die sie schauen. In den Badezimmern kann man sich verlaufen. Auf Wunsch werden Picknickkörbe vorbereitet.

Silver Palms Lodge HOTEL $$
(☏015-307 3092; Monument St; Zi. Economy/Luxury inkl. Frühstück 550/800 R; ❄🛜) Dieses Hotel bietet ein gutes Preis-Leistungs-Verhältnis und schöne Details wie das Duschgel auf Marula-Basis in den eleganten Zimmern. Die Luxury-Zimmer sind neuer und in besserem Zustand; am Wochenende sind sie billiger, allerdings ist das Frühstück nicht inklusive. Das große Plus ist der wunderbare eingelassene Pool, der an eine Bar grenzt.

Lavenir Manor Guesthouse PENSION $
(☏015-307 5460; laveneur@mweb.co.za; 2 Aqua Ave.; EZ/DZ inkl. Frühstück 400/450 R; ❄) Die große, gut geführte und freundliche Pension mit dem herrschaftlichen Namen liegt sehr günstig gegenüber von einem Spar-Supermarkt und einer Kneipe nahe der 71. Die Standardzimmer sind recht geräumig und sehr gepflegt.

Satvik Backpackers Village HOSTEL $
(☏015-307 3920; satvik@pixie.co.za; George's Valley Rd; Stellplatz 60 R/Pers., B/DZ/Cottage 100/280/540 R) Diese Cottages, die auf einem Hang über einem Damm liegen, haben eine Küche und einen *braai*-Platz sowie Aussichten auf die bewaldeten Hügel. Aktivitäten wie Angeln sind im Angebot, dabei aber auf Krokodile und Nilpferde achten! Es liegt 4 km außerhalb der Stadt und ist über die Agatha Street Richtung Süden zu erreichen.

✖ Essen

Was das Essen angeht, so hat die Stadt leider wenig Herausragendes zu bieten.

> **NICHT VERSÄUMEN**
>
> ### TÖPFEREI AM WEGESRAND
>
> Auf dem Weg von/nach Tzaneen lohnt ein Halt bei **Afrikania** (015-781 1139; www.afrikania.co.za; 36), um einen Kaffee zu trinken oder sich die wunderbaren Töpferarbeiten aus der Region genauer anzuschauen. Die getöpferten Stücke der kleinen Graswurzelinitiative nehmen traditionelle Muster und Gegenstände der Tsonga und Pedi auf. Afrikania liegt etwa 90 km südlich von Tzaneen.

 Market Cafe CAFÉ $

(Tzaneen Lifestyle Centre; Hauptgerichte 30–40 R) Das kleine Market Cafe, das Teil eines größeren Lebensmittelmarkts hier ist, serviert erstklassiges Frühstück, leichte Gerichte zum Mittagessen (Salate und Wraps) und auch Substanzielleres wie Steaks und Pizza. Das Essen ist wunderbar angerichtet und schmeckt so gut wie es aussieht.

Village on Edward Coffee Shop CAFÉ $
(King Edward St; Snacks 30 R) Dieses Café liegt schön in einem Garten und ist ein toller Ort für einen Kaffee und einen Muffin oder sogar für ein großes Frühstück. Die Atmosphäre ist locker, es gibt Parkmöglichkeiten und nebenan ist eine Kunstgalerie.

Highgrove Restaurant INTERNATIONAL $$
(015-307 7242; Agatha St; Hauptgerichte 80–90 R; 7–20.30 Uhr) Das Highgrove ist eins der nobelsten Restaurants in Tzaneen und serviert u. a. Steaks mit einer Auswahl von acht Saucen, einen Meeresfrüchteeintopf mit sechs verschiedenen Fischarten und Meeresfrüchten, Pasta und herzhaftes Frühstück. Mit seiner hübschen Lage am Pool ist es der schönste Ort zum Essen in der Stadt.

Praktische Informationen

ABSA (Danie Joubert St) Geldautomat und Geldwechsel.

Copy-it (Morgan St; 30 Min. 15 R; Mo–Do 8–17, Fr bis 16, Sa bis 12 Uhr) Internetzugang.

Limpopo Parks & Tourism Board (015-307 3582; www.tzaneeninfo.co.za; Mo–Fr 7.30–16.30 Uhr) An der Route 71 in Richtung Phalaborwa, eins der besseren Informationszentren in Limpopo.

Post (Lannie Lane) Hinter der Danie Joubert Street.

Standard Bank (Morgan St) Geldautomat und Geldwechsel.

An- & Weiterreise

Checkers (Letaba Blvd. Shoppingcenter) verkauft Tickets für die täglichen Translux-Busse nach Phalaborwa (110 R, 1 Std.) und für die Busse nach Jo'burg (210 R, 5½ Std.) und Polokwane (120 R, 1¾ Std.).

Die meisten Minibus-Taxis fahren von der Haltestelle hinter der Tzaneng Mall ab; sie steuern u. a. Polokwane (60 R, 2 Std.) an.

Modjadjiskloof (Duivelskloof) & Umgebung

015 / 25 000 EW.

Modjadjiskloof ist eine gute Ausgangsbasis für ein paar lohnende Ausflüge. Die europäischen Siedler nannten die Stadt Duivelskloof (Teufelsschlucht), nachdem sie sich nach der verteufelt anstrengenden Reise mit den Planwagen über Hügel und Täler erreicht hatten.

Das 305 ha große **Modjadji Nature Reserve** (082 393 5551; Erw./Fahrzeug 15/25 R; 7.30–18 Uhr) schützt die Wälder der uralten Modjadji-Brotpalmfarne (*Encephalartos tranvenosus*). Im Sommerdunst wirken das Reservat und die Bolobedu Mountains in der Umgebung geradezu ätherisch.

Zum **Modjadji African Ivory Route Camp** (082 902 4618) geht es 5 km in den Park hinein, die Fahrt ist mit einem normalen Auto möglich, falls es nicht vor Kurzem geregnet hat. Das Camp ist Teil eines von den Gemeinden geführten Verbundes (s. Kasten S. 435) und bietet einfache *rondavels* sowie Wanderwege durch die 800 Jahre alten Palmfarnwälder.

Etwa 10 km nördlich von Modjadjiskloof (Duivelskloof) kommt der Abzweig von der Route 36 nach Modjadji, nach 10 km geht es am Wegweiser zum Reservat nach links, nach weiteren 12 km am Wegweiser nach rechts und dann noch 5 km geradeaus.

Sunland Nursery (www.bigbaobab.co.za; Erw./Kind 15 R/Eintritt frei; 9–17 Uhr) Auf der Straße nach Modjadji sollte man auf Hinweisschilder für den 22 m hohen Affenbrotbaum Sunland Boabab achten. Es braucht 40 Leute mit ausgestreckten Armen, um den Baum mit seinen 47 m Umfang zu umarmen. Die Datierung mit der Radiokarbonmethode hat ergeben, dass er 6000 Jahre alt ist! In den beiden Höhlen im Stamm, in die sich 60 Zecher quetschen konnten, ist jetzt keine Bar mehr, man kann aber einen Blick hinein werfen.

Die Übernachtung ist in fünf strohgedeckten **Chalets** (300 R/Pers., VP 450 R; ☒) mit Ventilator, Moskitonetz und Bad im Freien möglich.

Route 71 nach Phalaborwa

Wenn man 30 km östlich von Tzaneen nach links auf die Route 529 nach Giyani abbiegt, liegt nach 9 km auf der rechten Seite die 20 Jahre alte Stickereikooperative **Kaross** (☎086 276 2964; www.kaross.co.za; ☼Mo–Do 7–16.30, Fr bis 15.30 Uhr). Neben der geschäftigen Werkstatt gibt es einen Laden, der lebhafte Wandbehänge, Kissenbezüge, Tuniken und Platzsets verkauft, die hier entworfen und von 1200 Shangaan-Frauen aus der Gegend bestickt werden. Die Qualität der Erzeugnisse ist hoch und die Designs sind gekonnt und farbenfroh. Ein Minibus-Taxi von Tzaneen hierher kostet 15 R. Es gibt auch ein tolles **Café** (Hauptgerichte 50 R) im Hof, das himmlische Desserts serviert.

Im **Ndzalama Wildlife Reserve** (☎015-307 3065; www.ndzalama.com; Letsitele) strei-

fen u. a. die Big Five (alle außer dem Büffel) und Klippspringer durch die mehr als 8000 ha Land. Benannt ist das Reservat nach einer Felsformation, die stark an einen Phallus erinnert. Tagesbesucher sind hier nicht gestattet (eine Nacht Aufenthalt ist das Minimum); für die steinernen Selbstversorger-**Chalet** (Chalets 600 R; ❋☒). empfiehlt sich eine Reservierung. Auf Wunsch gibt es auch Mahlzeiten.

Von Tzaneen nach Ndzalama folgt man 35 km der Route 71 und biegt dann links auf die geteerte Straße nach Eiland ab. Nach 16 km geht es nach rechts auf eine unbefestigte Straße und nach weiteren 4 km ist taucht der Nähe des grünen Rubbervale-Schilds der Eingang zum Reservat auf.

Phalaborwa

☎015 / 109 000 EW.

Phalaborwa ist ein idealer Ausgangspunkt für die Erkundung des mittleren und nördlichen Bereichs des Kruger National Park. Wer nur wenig Zeit hat, kann von Jo'burg nach Phalaborwa fliegen und am Flughafen (mit einem strohgedeckten Flughafengebäude) ein Auto mieten. Phalaborwa ist

---

MODJADJI, DIE REGENKÖNIGIN

In Afrika ist es eher ungewöhnlich, dass eine Frau an der Spitze eines Stammes steht, doch die Regenkönigin ist ein Ausnahme. Sie residiert in der Stadt GaModjadji im Distrikt Bolobedu unweit von Modjadjiskloof (Duivelskloof). Jedes Jahr gegen November präsidiert die Regenkönigin traditionell über ein Fest, mit dem die Ankunft des Regens gefeiert wird. Die *indunas* (Stammesführer) wählen diejenigen aus, die tanzen, um Regen bitten und traditionelle Rituale ausführen, zu denen auch Initiationsrituale für Mädchen und Jungen gehören. Nach der Zeremonie beginnt es zu regnen. Wenn der Regen ausbleibt, wird dies meistens einem besonderen Ereignis, z. B. der Zerstörung einer heiligen Stätte, zugeschrieben – dann schafft nur ein weiteres Ritual Abhilfe.

Henry Rider Haggards Roman *Sie* basiert auf der Geschichte der ursprünglichen Modjadji, einer geflüchteten Prinzessin, die im 16. Jh. lebte. Die ihr nachfolgenden Königinnen lebten sehr zurückgezogen; sie waren auf den königlichen Kraal beschränkt und lebten getreu des Brauches, nicht zu heiraten, aber die Kinder von Mitgliedern der Königsfamilie zur Welt zu bringen. Im neuen Jahrtausend begann für die matriarchalische Erbfolge jedoch eine krisengeschüttelte Zeit.

Im Juni 2001 starb die Regenkönigin Modjadji V. in Polokwane (Pietersburg). Durch eine unglückliche Verkettung der Ereignisse war ihre unmittelbare Erbin, Prinzessin Makheala, drei Tage vor ihr gestorben, und erst im April 2003 konnte die 25 Jahre alte Prinzessin Mmakobo Modjadji zur Regenkönigin Modjadji VI. gekrönt werden. Am Tag der Zeremonie regnete es, was als gutes Omen galt. Traurigerweise starb sie jedoch zwei Jahr später und hinterließ eine Tochter im Babyalter, Prinzessin Masalanabo. Mit dem Erreichen des Erwachsenenalters mit 16 Jahren könnte die Prinzessin zwar neue Regenkönigin werden, doch die Traditionalisten haben moniert, dass ihr Vater kein Mitglied der Königsfamilie ist, und der Clan hat viel Respekt verloren.

halb aufgeräumte Vorstadt und halb Stadt im Busch. Im Zentrum gibt es einen grünen Gürtel, und ab und zu grast schon mal ein Warzenschwein auf einem Rasen.

Die Stadt ist auch eine Art Tor nach Mosambik, denn mit einem Fahrzeug mit hoher Bodenfreiheit ist es möglich, über das Giriyondo Gate (s. S. 422) durch den Kruger National Park und hinein nach Mosambik zu fahren.

◉ Sehenswertes & Aktivitäten

Leka Gape
GEFÜHRTE TOUR

(☎015-783 0467, 082 476 0249; www.lekagape. de; geführte Tour 390 R) Zur zweistündigen Tour mit dieser Nichtregierungsorganisation durch die Township Lulekani, die 13 km nordwestlich von Phalaborwa liegt, gehört auch der Besuch eines Kunsthandwerksateliers. Zum Buchen anrufen und nach Ben fragen!

Hans Merensky Estate
GOLF

(☎015-781 3931; 3 Copper Rd; 9-/18-Loch-Runde 240/435 R) Gleich südlich von Phalaborwa befindet sich ein Meisterschaftsgolfplatz mit 18 Löchern, der etwas mehr als andere Golfplätze bietet: Hier müssen Golfer schon mal eine Pause einlegen, wenn wilde Tiere, darunter auch Elefanten, die Fairways überqueren. Vorsicht: Sie sind wirklich wild!

Africa Unlimited
ABENTEUERSPORT

(☎015-781 7825; www.africaunltd.co.za) Bietet Aktivitäten wie astronomische Safaris, Flussfahrten, nächtliche Autosafaris, Wanderungen im Busch, Ausflüge zu Minen und Touren durch den Kruger National Park nach Mosambik.

🛌 Schlafen

In Phalaborwa gibt es massenweise Unterkünfte, viele davon liegen gleich außerhalb der Stadt im Busch.

Elephant Walk
HOSTEL $

(☎015-781 5860; elephant.walk@nix.co.za; 30 Anna Scheepers Ave.; Stellplatz 75 R, B/EZ/2BZ ohne Bad 100/200/300 R, EZ/DZ inkl. Frühstück 300/500 R; ❄) Eine tolle Unterkunft für Exkursionen in den Kruger National. Sie liegt so dicht am Park, dass man die Löwen röhren hören kann. Die Besitzer holen einen vom Stadtzentrum ab und organisieren eine ausgezeichnete Auswahl an Touren und Aktivitäten zu akzeptablen Preisen. Die Zimmer mit Bad würden eher in eine Pension passen.

Kaia Tani
PENSION $$

(☎015-781 1358; www.kaiatani.com; 29 Boekenhout St; Zi. inkl. Frühstück 490 R/Pers.; ❄🅿📶) Leser und Einheimische bewerten diese Pension, die viel Stil fürs Geld bietet, als „exklusiv". Die sechs Zimmer sind mit dekorativen Details wie schönen Holzwänden eingerichtet, und die strohgedeckte Restaurant-Bar schaut auf den Pool.

Basambilu Lodge
HOSTEL $

(☎015-783 0467; www.basambilu.com; 348 Akanani St, Lulekani; B/DZ 90/275 R; ❄🅿) Zwischen den fünf *rondavels* dieser einfachen Backpackerbleibe in der Township Lulekani befindet sich ein Pool. Es ist nicht die beste Unterkunft, bietet aber denen, die nicht z. B. nach Soweto (Jo'burg) kommen, die Möglichkeit, eine Township zu erleben. Auch Mahlzeiten und die kostenlose Abholung in Phalaborwa sind auf Wunsch möglich.

Daan & Zena's
HOSTEL $

(☎015-781 6049; www.daanzena.co.za; 15 Birkenhead St; EZ/DZ ab 280/350 R; ❄@🅿) Eine sympathische Unterkunft mit bunten, fröhlichen, rustikalen Zimmern, die durch kräftige Farben belebt werden. Daan & Zena's schlägt die Brücke zwischen einer Backpackerabsteige und einem B&B und punktet mit der Farbenfreude und der freundlichen Atmosphäre. Genau das Richtige für Traveller, die sich ein bequemes Bett und einen jugendlichen Vibe wünschen.

Sefapane
LODGE $$

(☎015-780 6700; www.sefapane.co.za; Copper Rd; EZ/DZ Standard-Rondavel ab 875/1300 R; ❄🅿) Das 10 ha große Resort verströmt einen Hauch von Exklusivität. Es hat ein Restaurant, eine eingelassene Bar, eine lange Liste an Safaris für seine Gäste und pilzförmige *rondavels*. Es gibt geräumige *safari houses* für Selbstversorger, und ein Teil der Einnahmen geht als Spende an Projekte für einheimische Kinder. Zahlreiche Übernachtungspakete von zwei bis sieben Nächten.

🍴 Essen

Am Eden Square auf der Nelson Mandela Street gibt es die üblichen Restaurantketten. Empfehlenswert ist das kleine italienische Restaurant im Kaia Tani (Reservierung ratsam!).

Buffalo Pub & Grill
KNEIPE $$

(1 Lekkerbreek St; Hauptgerichte 70–90 R; ❄) Wer aus dem Kruger National Park kommt

DER MÄCHTIGE MARULABAUM

Die Silhouette eines Marulabaums in der Dämmerung ist eines der romantischsten Bilder Afrikas, doch der wahre Wert dieses mächtigen Baumes liegt in seinen Früchten.

Im Sommer hängen die Äste des weiblichen Marulabaums unter der Last der hellgelben Früchte durch. Bärenpaviane lieben sie und sind oft am Straßenrand zu sehen, wie sie die goldene Delikatesse mampfen, die viermal so viel Vitamin C enthält wie eine Apfelsine. Auch Elefanten sind große Marulaliebhaber und verbringen ganze Tage damit, auf die Stämme einzustoßen, um die Früchte herunterzuschütteln. Dieses leicht obsessiv wirkende Verhalten hat dem Baum den Spitznamen „Elephant Tree" (Elefantenbaum) eingetragen.

Die Einheimischen schätzen seit Langem die medizinischen Eigenschaften der Frucht, ganz besonders aber seine aphrodisierende Wirkung. Heute wird sie zur Herstellung eines beliebten Cremelikörs benutzt. Amarula, Limpopos Antwort auf Baileys, kam 1989 auf den Markt und wird heute in über 70 Länder exportiert.

Ein Glas des cremigen Amarula schmeckt am besten bei einem Besuch von **Amarula Lapa** (015-781 7766; Rte 40; Eintritt frei; Mo–Fr 9–17, Sa 9–16 Uhr), das 10 km westlich von Phlaborwa neben der Produktionsfabrik liegt. Gruppen ab fünf Personen können die Fabrik während der Erntesaison besichtigen, zu anderen Zeiten erklären Ausstellungen und eine siebenminütige DVD alles Wichtige.

und hungrig wie ein Löwe ist, sollte sich hier die Kneipengerichte schmecken lassen. Die Terrasse lädt zum Essen unter freiem Himmel ein, und an afrikanischer Dekoration wurde nicht gespart. Das Beste: Die Einheimischen empfehlen es.

Villa Luso MEDITERRAN $$
(Molengraaf St; Pizza & leichte Gerichte 50 R, Hauptgerichte 80–100 R; Mo–Fr morgens, mittags & abends;) Der Besitzer ist Portugiese. auf der Karte stehen z.B. Meeresfrüchtegerichte, scharf gewürzte Hühnerflügel, *surf and turf* (Kombination aus Meeresfrüchten und Fleisch) sowie portugiesische Steaks. Mit der Gartenbar (und einer langen Cocktailkarte) ist es ein netter Ort fürs Abendessen. Einen Kinderspielplatz gibt es auch.

ⓘ Praktische Informationen

Bollanoto Tourism Centre (015-769 5090; www.phalaborwa.co.za; Ecke Hendrick van Eck St & Pres Steyn St) Bei unserem Besuch waren die Öffnungszeiten sehr unregelmäßig – einfach mal versuchen!

Cyber World (Tambotie Park, Tambotie St; WLAN 30 R/Std., Internet 45 R/Std.) Gute, zuverlässige Internetverbindung.

ⓘ An- & Weiterreise

Auto

Ein Mietauto ist oft die günstigste Art, den Kruger National Park zu sehen, Mietwagen kosten ab ca. 250 R pro Tag. Die folgenden Agenturen haben Büros am Flughafen, die in der Regel von Montag bis Freitag von 8 bis 17 Uhr geöffnet sind und am Wochenende zur Ankunft von Flugzeugen oder auf Verabredung öffnen.

Avis (015-781 3169)
Budget (015-781 5404)
First Car Rental (015-781 1500)
Hertz (015-781 3565)
Imperial (015-781 0376)

Bus

Sure Turn Key Travel (015-781 7760; Sealene St) ist die örtliche Agentur für die Busse von Translux und City to City; das Büro liegt direkt hinter dem Supermarkt Shoprite und hat auch eine **Vertretung** (015-781 2498) am Flughafen.

Translux fährt von Phalaborwa über Tzaneen (120 R, 1 Std.) nach Jo'burg (230 R, 7 Std.) sowie nach Polokwane (150 R, 2½ Std.) und Pretoria (230 R, 6 Std.); Busse von City to City fahren über Middelburg nach Jo'burg (190 R, 9½ Std.).

Flugzeug

SAAirlink (015-781 5823; www.flyairlink.com) hat am Büro am Flughafen und fliegt täglich nach Jo'burg (ab 1630 R). Der Flughafen liegt 2 km nördlich der Stadt.

Minibus-Taxi

In dieser Gegend gibt es nicht viele Minibus-Taxis, und die meisten fahren von/zur Township Namakgale (7 R, 20 Min.).

Hoedspruit

015 / 11 000 EW.

Nur 70 km nordwestlich vom Orpen Gate des Kruger National Park liegt Hoedspruit, das damit ein praktischer Ausgangspunkt für den Besuch der mittleren und südlichen Teile des Parks ist.

Aktivitäten

Hoedspruit Endangered Species Centre TIERSCHUTZGEBIET
(015-793 1633; www.hesc.co.za; Erw./Kind 130/60 R) Vor der Fahrt in den Kruger National Park lohnt ein Besuch im Hoedspruit Endangered Species Centre, um einige Tiere zu sehen, die im Park selten zu beobachten sind (obwohl sie dort leben), darunter Geparden, Wildhunde, Falbkatzen und Rappenantilopen. Auf der 40 geht's aus der Stadt Richtung Süden und dann den Schildern nach.

1 Africa Safaris ABENTEUERSPORT
(015-793 1110; www.1africasafaris.com; Kamogelo Centre, Main Rd; Mo-Fr 9-16.30 Uhr) Veranstaltet eine ganze Reihe von Aktivitäten, von Wildwasser-Rafting bis zu Flügen mit Ultraleichtflugzeugen.

Schlafen & Essen

Loerie Guesthouse PENSION $$
(015-793 3990; www.loerieguesthouse.com; 85 Jakkals St; Zi. 530 R; @≋) Die herzliche Begrüßung ist das Markenzeichen der Pension. Die besten Zimmer sind im separaten Unterkunftsflügel hinterm Haus oben (Nr. 14 und 15). Alle Zimmer sind ziemlich groß und gut ausgestattet.

Maruleng Lodge HOTEL $$
(015-793 0910; www.marulenglodge.co.za; EZ/DZ 300/650 R; ≋) Die Zimmer in diesem Hotel sind einfach riesig – so groß, dass die Möbel darin verloren wirken. Wer gern viel Platz hat, wird es lieben. Es hat zwar nicht gerade viel Charakter, liegt aber sehr günstig, gleich neben allen Dienstleistungen und Restaurants am Kamagelo Centre.

Sleepers Railway Station Restaurant INTERNATIONAL $$
(015-793 1014; Bahnhof, Hoedspruit Crossings, Rte 40; Hauptgerichte 70-110 R; Mo-Sa morgens, mittags abends) Das alte Bahnhofsgebäude, dessen Garten mit Skulpturen und Aloen im Topf geschmückt ist, ist ein angenehmer Ort, um erstklassiges Essen zu genießen. Die Gäste können sich die Gerichte von French Toast bis zu Straußenfilet mit einer italienischen Traubenkirsch- und Portweinsauce draußen unter den Zweigen zweier riesiger Bäume schmecken lassen.

Cala la Pasta ITALIENISCH $$
(015-793 0452; Kamagelo Centre; Hauptgerichte 60-70 R; So geschl.) Wie dieser Ableger der italienischen Küche es nach Hoedspruit geschafft hat, wissen die Götter, doch in diesem Restaurant gibt es authentische und erstklassige italienische Gerichte. Das Mittagessen ist eine sichere Bank – der Parmaschinken und der frische (wirklich, frische!) Mozzarella auf Ciabatta-Brot ist einfach göttlich. Auch sehr gut: Halloumi, Hühnchen, Avocado und Birne in einem Sandwich. Es dauert ein Weilchen, bis das Essen zubereitet ist, doch das Warten lohnt sich garantiert.

An- & Weiterreise

SA Express (015-793 3681; www.flysax.com) fliegt täglich vom **Hoedspruit Eastgate Airport** (Rte 40), der 7 km südlich der Stadt liegt, nach Jo'burg (1000-1400 R).

City to City betreibt täglich einen Bus nach Jo'burg (180 R, 8½ Std.). Eine Haltestelle für Minibus-Taxis befindet sich bei der Total-Tankstelle, sie fahren nach Phalaborwa (45 R, 1½ Std.).

Acornhoek

Am Rand der Township Acornhoek befindet sich die **Mapusha Weavers Cooperative** (072 469 7060; Mo-Fr 10-16 Uhr), die 1973 gegründet wurde, um arbeitslose Frauen mit einem Handwerk und einem Einkommen zu versorgen.

Besucher können die mit Webstühlen gefüllten Werkstatt neben der katholischen Mission besichtigen und die Teppiche und Wandteppiche, die von bester Qualität sind, kaufen.

Von Hoespruit geht es auf der Route 40 hinter dem Abzweig zum Mafunyani Cultural Village und zum Orpen Gate noch 5 km weiter Richtung Süden und dann nach links in Richtung Acornhoek. Nach 4,3 km biegt man rechts auf eine unbefestigte Straße mit der Ausschilderung „Dingleydale", und nach weiteren 1,8 km taucht rechter Hand die katholische Mission auf.

North-West Province

Inhalt »

Rustenburg 457
Sun City 458
Pilanesberg National Park 461
Madikwe Game Reserve 463
Mafikeng 465
Magaliesberge 467

Gut essen

» Upper Deck (S. 468)
» Berliner Bistro (S. 468)
» Deck (S. 458)

Schön übernachten

» Palace of the Lost City (S. 459)
» Mosetlha Bush Camp (S. 464)
» Tau Game Lodge (S. 464)
» Bakubung (S. 462)
» Kwa Maritane (S. 463)
» Masibambane (S. 457)
» Sparkling Waters Hotel & Spa (S. 467)

Auf in die North-West Province!

Die Region zwischen Pretoria und der Kalahari ist vor allem für Sun City bekannt – die Antwort der südlichen Hemisphäre auf Las Vegas. Die Spielautomaten und grotesken Kitschgebäude sind zwar faszinierend, manch einer könnte allerdings im Pilanesberg National Park Wetten anderer Art abschließen wollen – darauf, was sich zuerst an dem Wasserloch zeigt, an dem man sich auf die Lauer gelegt hat: Löwen oder Nashörner. Sich bei einer Selbstfahrersafari auf Tiersuche zu begeben, ist ebenso spannend.

Einsatz und Chancen erhöht derjenige, der sich im Pilanesberg und Madikwe Game Reserve mit einem Ranger zu Fuß auf Raubtier-Pirsch begibt. Und was dieses einzigartige *Jenseits von Afrika*-Feeling angeht, ist eine Nacht im Busch in einer der exklusiven Lodges von Madikwe unschlagbar.

Zwischen einer Begegnung mit Großkatzen und einarmigen Banditen liegen von Johannesburg aus nur vier Autostunden. Bei den Magaliesbergen kann man Abstecher von der N4 bis nach Rustenburg unternehmen.

Reisezeit

Rustenburg

April Fallende Temperaturen bieten von Herbst bis Winter gute Bedingungen zur Tierbeobachtung.

Mai–Juli Klare Wintertage und die Schulpflicht sorgen, außer Juni bis Anfang Juli, für weniger Andrang.

Dez.–Jan. Erfrischende Gewitter; die Einheimischen sind in den Ferien an der Küste.

Geschichte

Die Provinz North-West nimmt viel von dem Gebiet ein, in dem früher die sechs isolierten Enklaven des ehemaligen Homelands Bophuthatswana („Bop") lagen, wo Tausende „umgesiedelter" Tswana lebten. Das offiziell autonome Homeland wurde durch die Exzesse weißer Südafrikaner bekannt, die in den Kasinos und Vergnügungsparks dem Glücksspiel frönten oder sich mit schwarzen Prostituierten amüsierten, was in Südafrika verboten war.

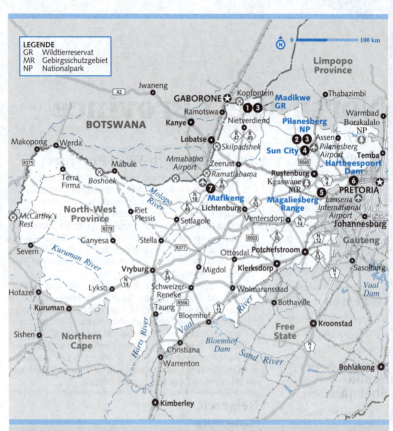

Highlights

❶ Während einer Safaritour bei Sonnenaufgang im wunderbar wilden **Madikwe Game Reserve** (S. 463) nur wenige Meter vor einem Löwenrudel, das unter einer Akazie döst, haltmachen

❷ Sich mit gekühltem Bier und einem Fernglas ausgerüstet, im **Pilanesberg National Park** (S. 461) an einer Wasserstelle auf die Lauer legen und darauf warten, dass die Tiere auftauchen

❸ Von der Terrasse einer der **Lodges** in Madikwe und Pilanesberg (S. 464 und S. 463) aus die Umgebung nach den Big Five abchecken

❹ Im Valley of the Waves surfen und das herrlich bunte Ambiente **Sun Citys** (S. 458) genießen

❺ Bei der **Magaliesberg Canopy Tour** (S. 467) an einem Seil über Baumkronen hinweg gleiten

❻ Auf dem **Welwitischia Country Market** (S. 467) beim **Hartbeespoort Dam** Kunsthandwerk kaufen

❼ Durch das **Museum von Mafikeng** (S. 466) schlendern und dabei Exponate bestaunen, wie z. B. Wellblechdach, das von den Long Tom-Geschützen der Buren geschreddert wurde

In der Eisenzeit befand sich hier eine Siedlung mit einer komplexen und gebildeten Zivilisation um die „verlorene Stadt" Kaditshwene herum, etwa 30 km nördlich des heutigen Zeerust. Die Wirtschaft der dortigen Bewohner war hoch entwickelt, und mit ihren Kupferwaren und Schmuckstücken aus Eisen unterhielten sie sogar Handelsbeziehungen nach China. Als europäische Missionare die Stadt 1820 erstmals besuchten, war diese größer als Kapstadt. Die friedliebende Bevölkerung von Kaditshwene erwies sich letztlich als einfacher Gegner für die Sotho, die durch feindliche Übergriffe der Zulu in den Freistaat gedrängt worden waren. 40 000 Menschen fielen in die Stadt ein und und hinterließen nichts als Trümmer.

In den 1870er-Jahren wurden in der Provinz Diamanten entdeckt, woraufhin Scharen von Glücksrittern in die Felder um Lichtenburg strömten, um dort nach den wertvollen Stücken zu suchen. Der Bergbau ist hier auch heute noch von Bedeutung, und nahe Rustenburg gibt's eine riesige Platinmine.

Sprache
Die Hauptsprache ist Setswana; die meisten Weißen sprechen Afrikaans. Mit Englisch kommt man eigentlich überall weiter.

ℹ Anreise & Unterwegs vor Ort
Der **Lanseria International Airport** (www. lanseria.co.za; in der Nähe der R512) liegt 30 km südlich vom Hartbeespoort Dam auf dem Weg nach Johannesburg und ist ideal für einen Besuch von Rustenburg, die Magaliesberge und Umgebung. **Kulula.com** (www.kulula.com) bietet täglich Flüge von Lanseria nach Kapstadt, Durban und Maputo (Mosambik); **Mango** (www. flymango.com) fliegt täglich nach Kapstadt. Autovermietungen finden sich am Flughafen.

Die angenehmste Art, die Provinz zu entdecken, ist mit dem Mietwagen. Unterkünfte, Restaurants und Sehenswürdigkeiten verfügen über bewachte Parkplätze.

Rustenburg
☏ 014 / 130 000 EW.
Rustenburg liegt am Rand der Magaliesberge. Im Zentrum der großen Provinzstadt befindet sich ein überfülltes Geschäftsviertel, das ihr eine gewisse städtische Verstaubtheit verleiht. Durch die langgezogene Innenstadt verläuft der Nelson Mandela Dr, die Hauptstraße, auf der Fußgänger zwischen den hupenden Autos hindurch-

springen, und die mit Händlern übersät ist, die vor Hähnchen-Bratbuden und Bestattungsunternehmen so ziemlich alles feilbieten – von Handyschalen aus Plastik bis zu gebrauchten Nike-T-Shirts. In der **Waterfall Mall** (Augrabies Ave; in der Nähe der Route 24), 3 km südlich des Stadtzentrums, lässt es sich angenehmer und sicherer shoppen und essen.

Rustenburg ist eine gute Ausgangsbasis, um das nur 40 km südöstlich gelegene Vergnügungszentrum Sun City und den Pilanesberg National Park zu besuchen. Die zwei Backpackerhostels am Stadtrand sind eine günstige Alternative zu den Hotels direkt bei den beiden Attraktionen.

Im **Royal Bafokeng Stadium** (in der Nähe der R565), 15 km nordwestlich der Stadt, an der Straße nach Sun Sity, fanden während des 2010 FIFA World Cup Vor- und Viertelfinalrundenspiele statt. Das 1999 errichtete Stadion verfügt über 40 000 Sitzplätze. Seine Hauptaktionäre sind Mitglieder des Bafokeng Stammes.

🛏 Schlafen
Die nachfolgenden Vorschläge liegen alle außerhalb, südlich der Waterfront Mall, und sind über die R24 erreichbar.

Masibambane
LP TIPP
PENSION $$
(☏ 083 310 0583; www.masibambane guesthouse.co.za; Kroondal; EZ/DZ inkl. Frühstück 510/780 R; 📶🏊) Das strohgedeckte Anwesen verströmt kolonialen Charme. An die kleine Bar schließt sich eine Terrasse an, mit Blick auf den Garten. Neben dem Pool gibt's eine *lapa* (eine kleine Hütte mit niedrigen Mauern und Strohdach, in der man kochen, feiern und grillen kann). Die Zimmer verfügen über TV und Tee- bzw. Kaffeekocher. Von Montag bis Donnerstag bieten die freundlichen südafrikanisch-simbabwischen Eigentümer Tony und Gwen ein Drei-Gänge-Abendessen (125 R) an. Der Weg ist ab etwa 5 km südlich der Watterfall Mall ausgeschildert.

Bushwillows B&B
B&B $
(☏ 014-537 2333; wjmcgill@lantic.net; Zi./Pers. inkl. Frühstück 250 R; 🏊) Das malerische, ländliche B&B gehört dem lokalen Wildtiermaler Bill McGill, dessen Gemälde den Frühstücksraum schmücken. Gerettete Straßenhunde tollen auf dem Gelände herum und auf der Terrasse aus hat man einen Blick auf den von McGill gepflanzten heimischen Baumbestand und auf die Magaliesberge. Die Zimmer sind einfach, aber die

Lounge verfügt über DSTV und eine Mini-bar. Im Angebot sind Vogelbeobachtung-touren z.B. nach Pilanesberg. Kommt man aus Richtung Watterfall Mall, nach etwa 5 km Ausschau nach einem weißen Schild auf der rechten Seite halten. Von dort geht's dann 2 km den Berg hinauf.

Hodge Podge Lodge
HOSTEL $

(☏084 698 0417; Plot 66, Kommiesdrift; www.hodgepodgebackpackers.co.za; Stellplatz 50 R, B 150 R, Zi./Pers. 250 R; ✷) Geführt wird die direkt unterhalb der Klippen gelegene Hodge Podge Lodge von der beeindruckenden Antoinette. So sieht's also aus... das geruhsame Landleben am Ende einer felsigen, roten Piste. Im Pool kann man sich nach der Hitze des Tages erfrischen, bevor man selbigen an der Bar mit einem Sundowner verabschiedet. Bunte Tagesdecken und Szenen aus dem afrikanischen Busch erhellen die Zimmer. Flughafentransfer und Ausflüge u.a. nach Sun City und Pilanesberg werden organisiert. Der Weg ist ab etwa 10 km südlich der Watterfall Mall ausgeschildert.

✖ Essen

Rustenburgs Gastronomie ist mehr oder weniger auf die Waterfall Mall begrenzt. Zwangsläufig ist das eine etwas sterile Angelegenheit, dafür aber sicher und sauber. Neben einigen schickeren Restaurants erwarten einen vor allem die Repräsentanten diverser Ketten wie Woolworths, Spur, Wimpy, Steers, Mugg & Bean, Debonairs Pizza und Chicken Licken. An den Wochenenden, wenn einheimische Familien und Pärchen zum Essen herkommen, wird's überraschend nett.

LP TIPP Deck
STEAK $$

(☏014-537 2042; Rte 24; Hauptgerichte 70 R; ◷Mo–Sa 10–22, So 9–15 Uhr) Das Angebot des bei den Einheimischen beliebten und von einem Bulgaren geführten Restaurants ist selbst für südafrikanische Verhältnisse mehr als herzhaft. Angesichts der ganzen Combos, Platten, Saucen, Beilagen und Specials wie Rind Espetada und Hähnchenbrust-Doppeldecker kann einem schon mal leicht der Atem stocken. Steaks gibt's in jeder Art und Größe – und Lasagne und Burger gelten hier als leichte Mahlzeiten. Drinnen erwarten einen ein netter Speisesaal und die Bar, draußen eine überdachte Terrasse, der Garten und ein Klettergerüst für die Kleinen. Alles zusammen findet man nur wenige Kilometer südlich der Waterfall Mall.

Cape Town Fish Market
SEAFOOD, ASIATISCH $$

(www.ctfm.co.za; Waterfall Mall; Hauptgerichte 85 R) Vom Rest der Mall durch ein Aquarium abgegrenzt, ist das mit Schwarz/Weiß-Bildern von Cape-Fischern dekorierte Restaurant das schickste vor Ort. Mit einem Glas Chardonnay in der Hand schnappt man sich einen Platz an der Teppanyaki Bar, wo Reis- oder Nudelgerichte frisch zubereitet werden. Die japanisch beeinflusste Küche bietet auch Bentōs, eine Sushi-Bar, Salate und Curry-Gericht.

Steakout Grill
STEAK $$

(Waterfall Mall; Hauptgerichte 70 R; ◷Mo–Sa 11–22, So bis 21 Uhr) Es heißt, der Steakout Grill sei das beste Restaurant in der Mall für Fleischgerichte. Als da wären z.B. das „Hunter's Steak" (mit Geflügelleber in Piri-Piri-Sauce) oder ein Rumpsteak, medium-rare. Auf letzteres schwört der Kellner. Die bunte Speisekarte bietet jede Menge Angebote wie „Für Zwei essen, für Einen bezahlen" (Mo–Do), sowie Grillgerichte, Burger, Pasta und Meeresfrüchte.

ⓘ Praktische Informationen

Die gut ausgestattete **Touristeninformation** (☏014-597 0904; Main Rd; ◷Mo–Fr 7.30–16.30, Sa 8–12 Uhr), in der Nähe der R24, hält Broschüren und eine Karte der Umgebung bereit.

ⓘ An- & Weiterreise

Rustenburg liegt etwa 120 km nordwestlich von Johannesburg und 110 km von Pretoria, in der Nähe der N4. Die Verkehrsanbindungen sind nicht die besten. Für Anreise und Erkundung der Region ist ein Mietwagen entsprechend empfehlenswert. Täglich fahren Busse von **City to City** (www.citytocity.co.za) über Bloemfontein nach/ab Mthatha (270 R, 18½ Std.). Abfahrt 17 Uhr/mittags.

Sun City

☏014

Willkommen in Sin City – in südafrikanischer Aufmachung. **Sun City** (☏014-557 1544; www.suncity.co.za; Eintritt 50 R; ◷24 Std.), ist die legendäre Schöpfung des Unternehmers Sol Kerzer. Hier, in Afrikas Ausgabe von Vegas, treffen Disneyland und das alte Ägypten aufeinander. In dem Freizeitpark wimmelt es nur so von vergoldeten Löwen- und Affenstatuen, es gibt etliche Quadratkilometer künstlich angelegte Strände, 1200 Hotelzimmer, unzählige klingelnder

Spielautomaten, und das Ganze dient nur einem einzigen Zweck: Entertainment. Auch wenn das Spielerparadies fast schon grotesk-protzig ist, kann man hier so richtig Spaß haben.

Der Komplex wird von der spektakulären Lost City dominiert, einem märchenhaften Kitschprodukt, das das afrikanische Kulturerbe symbolisieren soll. In Wahrheit hat der Spaßtempel ebenso wenig mit dem afrikanischen Kulturerbe gemein wie Disneyland Paris mit der französischen Kultur. Trotzdem ist es dort ganz unterhaltsam.

1979 eröffnet, war Sun City während der Apartheid besonders den wohlhabenden Weißen vorbehalten, heute wird der Park von einer bunten Mischung schwarzer, weißer und vor allem asiatischer Menschen bevölkert, die sich hier am Wochenende amüsieren. Wer Pech beim Spiel hatte, kann sich mit dem Gedanken trösten, dass er seinen Teil zu den über 7000 Angestelltengehältern beigetragen hat.

Wer mit Kindern unterwegs ist oder mit seiner Reisekasse sparsam umgehen muss – Sun City ist ziemlich günstig. Im Eintrittspreis ist die Benutzung der wichtigsten Attraktionen enthalten. Reisende, denen das Geld locker in der Tasche sitzt, finden vor Ort selbstverständlich unzählige Möglichkeiten selbiges auszugeben – auch, um in einem der luxuriösesten Hotels der Welt abzusteigen, einem wahren Eldorado für alle Glitzer- und Goldliebhaber.

Wer angesichts all der Glücksspielautomaten eine Sinnkrise und ein schlechtes Gewissen verspürt, kann sich immerhin mit dieser Tatsache beruhigen: die Ferienanlage ist ein „grünes" Projekt. Denn trotz aller zur Schau gestellten Verschwendungssucht hat Sun City sich dem umweltgerechten Tourimus verschrieben und dafür auch bereits Auszeichnungen erhalten.

◉ Sehenswertes & Aktivitäten

Ein Besuch im Welcome Centre öffnet einem die Augen für die unglaubliche Auswahl an möglichen Aktivitäten. Darunter sind Golf (zwei Golfplätze), Jetskifahren, Parasailing, Reiten, es gibt einen Krokodilpark, Seilrutschen und natürlich die Möglichkeit zu heiraten.

Entertainment Centre KASINO
Neben getrennten **Kasinos** für Raucher und Nichtraucher findet man in dem zweistöckigen Gebäude auch einen Gastronomiebereich, Kinos und die **Superbowl**, die ganz im Dschungelthema gehalten und mit Tiergemälden unterm Kuppeldach auftrumpft.

Gametrackers GEFÜHRTE TOUREN, OUTDOORS
(☎014-552 5020; www.gametrac.co.za; Welcome Centre, Entertainment Complex; ◷7.30–18 Uhr) Das auf Outdoor-Abenteuer spezialisierte Unternehmen bietet täglich vier **Pirschfahrten** im Pilanesberg National Park an. Je nach Jahreszeit geht's zwischen 5.30 und 8 Uhr morgens los, oder zwischen 8.30 und 11 Uhr, zwischen 14.30 und 16.30 Uhr, bzw. zwischen 18 und 19.30 Uhr. Preise und weitere Informationen s. S. 461. In Sun City werden zudem **Reitsafaris auf Elefanten** im Pilanesberg (1600 R), **Elefantenbegegnungen** in nahe gelegenen Letsatsing Game Reserve (580 R) und ein **Outdoor Centre** angeboten, mit Quad Biking, Tontauben- und Bogenschießen, Paintball und *Djembe*-Trommeln.

NICHT VERSÄUMEN

LOST CITY

Sun Citys Sahnestück ist zweifellos die Lost City. Man betritt die „verlorene Stadt" über die **Bridge of Time**, eine Brücke, die von lebensgroßen Elefantenstatuen flankiert wird. Der glamouröse Vergnügungspark im Megaformat bietet alle erdenklichen Attraktionen – vom Wellenbad über Wasserrutschen bis zu simulierten Vulkanausbrüchen. Den Hauptteil bildet das **Valley of the Waves** (Eintritt Erw./Rentner & Kind 4–12/Kind unter 3 & Gäste der Sun City Hotels 110 /60 R/frei; ◷Sep–April 9–18 Uhr, Mai–Aug 10–17 Uhr), ein Erlebnisbad, im Schatten der Türme des **Palace of the Lost City** Hotels. Selbst gemessen an den anspruchsvollen Standards von Sun City ist der Wasserpark bunt und ausgefallen. Kinder lieben ihn. Das Herzstück ist die **Roaring Lagoon**, ein 6500 m² großes Wellenbad mit einem von Palmen gesäumten Strand. Rutschen wie der 70 m lange **Temple of Courage** jagen einem das Adrenalin in die Adern; sich durch den **Lazy River** treiben zu lassen, oder im **Royal Bath**-Pool zu schwimmen, gehört hingegen zu den eher entspannenden Aktivitäten.

MAJESTÄTISCHER LUXUS

Der **Palace of the Lost City** (EZ/2BZ/DZ inkl. Frühstück 4097/4347/5392 R; ✱ ✉), dessen türkisfarbene Kuppeln über dem Valley of the Waves thronen, erhebt sich in halluzinatorischem Glamour über den afrikanischen Busch. Reisemagazine und Websites loben es durch die Bank als eines der besten Hotels der Welt, und tatsächlich wird Luxus hier noch einmal völlig neu definiert.

Die über 330 Zimmer und Suiten bieten Verführungen wie Butler-Service und Marmorbäder, die Zimmerdecken sind handbemalt. Das alles ist aber noch nichts angesichts der atemberaubenden Gemeinschaftsbereiche: Wandelt man unter den Fresken, Mosaiken und bemalten Decken durch die großen Atrien und Hallen, Restaurants und Bars, möchte man selbst anfangen zu glauben, sich in der einstigen Residenz eines Herrschers aus uralter Zeit zu bewegen. Lustgärten, funkelnde Brunnen, Teiche und Wasserfälle, die dichtem Laubwerk entspringen, umgeben den Palast.

Das Welcome Centre organisiert Führungen durch das Hotel.

NORTH-WEST PROVINCE

Mankwe Heritage
KULTUREXKURSIONEN, OUTDOOR

(☎014-555 1684; www.mankwesafaris.co.za) Führt täglich vier Fahrten im Pilanesberg National Park durch, darunter solche, die sich im Wesentlichen auf die Tierbeobachtung konzentrieren und andere, bei denen auch die Kultur der hiesigen Tswana Teil des Erlebnisses ist. Preise und weitere Informationen finden sich auf S. 462.

🛏 Schlafen & Essen

Wer motorisiert ist, kann sich in Pilanesberg niederlassen und einfach einen Tagesausflug nach Sun City machen. Auch Rustenburg (S. 457) ist nah genug, um als Ausgangsbasis zu dienen.

Auf dem Gelände von Sun City gibt's vier Hotels. Sie können direkt über das **zentrale Reservierungssystem** (☎011-780 7810; www.suninternational.com) der Kette gebucht werden. Auf Hotelbuchungsseiten im Internet werden aber meist günstigere Preise angeboten. Selbige schwanken je nach Nachfrage – die nachfolgenden Angaben sind also nur als ungefähre Richtwerte zu verstehen.

In allen Hotels gibt's eine Auswahl an Restaurants, und im Entertainment Centre finden sich zahlreiche Fastfoodbuden.

Cascades
LUXUSHOTEL $$$

(EZ/2BZ/DZ inkl. Frühstück 4097/4347/5392 R; ✱ ✉) In diesem azurblauen, mediterran inspirierten Ambiente stürzen Wasserfälle in einen See, während man es sich bei Cocktails in der Strandbar gut gehen lassen kann. Es gibt mehrere Pools, auf einer Insel kann man im Santorini Restaurant zu Abend essen, und die Zimmer warten mit Luxus wie Ankleideräumen auf.

Sun City Hotel
KASINOHOTEL $$$

(EZ/2BZ/DZ inkl. Frühstück 2434/2599/3231 R; ✱ ✉) Das lebhafteste Hotel im Park mit jeder Menge Spielautomaten, einigen Restaurants, mit Nachtclub und Vergnügungszentrum. Im Foyer ist das Dschungel-Thema bestimmend, vor dem indischen Restaurant Raj liegen überlebensgroße Jetons aufgetürmt. Eine gute Wahl für Paare, Singles und jeden, der sich beim Glücksspiel ganz dem süchtig machenden Vergnügen hingeben will.

Sun City Cabanas
RESORT $$$

(EZ/2BZ/DZ inkl. Frühstück 1533/1678/1926 R; ✱ ✉ 🛝) Das günstigste Hotel im Freizeitpark überzeugt durch eine entspannte Atmosphäre und einer mit Balkon versehenen Eingangshalle. Es ist vor allem für Familien geeignet, mit Einrichtungen und Aktivitäten für Kinder. Die modernen Zimmer sind mit allen Annehmlichkeiten ausgestattet. Zudem gibt's Familienzimmer mit einem ausklappbaren Sofa und bis zu acht Betten.

ℹ Praktische Informationen

Das **Welcome Centre** (☎014-557 1544; ⊙Mo-Do 8–19, Sa & So bis 22 Uhr) am Eingang des Parks hält Karten und alle erdenklichen Informationen bereit. Hier gibt's auch Schließfächer und Niederlassungen von Avis und Computicket.

ℹ An- & Weiterreise

Der Parkplatz für Tagesbesucher liegt am Eingang, etwa 2 km vom Freizeitpark entfernt. Shuttlebusse und der „Sky Train", eine Hochbahn, die einen tollen Blick auf die Anlage und den Pilanesberg National Park bietet, bringen die Gäste vom Parkplatz zum Cascades Hotel und zum Vergnügungspark, wobei sie auch am Sun City Cabanas und Sun City Hotel vorbeikommen.

AUTO Sun City liegt weniger als drei Autostunden nordwestlich von Johannesburg und ab der N4 ausgeschildert. Komm man aus Gauteng über die N4, geht's am schnellsten, wenn man bis hinter Rustenburg auf der Autobahn bleibt und dann die R565 über Phokeng und Boshoek nimmt.

SHUTTLE & TOUREN Ingelosi Shuttles (☏014-552 3260; www.ingelositours.co.za; Welcome Centre, Entertainment Complex) fährt täglich mit klimatisierten Shuttles von/nach Johannesburg, Pretoria und dem OR Tambo International Airport (Erw. 400 R, Rentner sowie Kinder unter 12 Jahren 300 R). Von Gauteng aus werden Sun City- und Pilanesberg-Kombitouren angeboten.

Pilanesberg National Park

Versteckt im Schatten von Sun City, ist der 550 km² große, einen erodierten Vulkankrater einnehmenden **Pilanesberg National Park** (☏014-555 1600; www.parksnorthwest. co.za/pilanesberg; Erw./Rentner & Kind 65/20 R, 20 R/Fahrzeug, Karte 20 R; ⊙Nov.–Feb. 5.30–19 Uhr, März–April, Sep. & Okt. 6–18.30 Uhr, Mai-Aug. 6.30–18 Uhr, letzter Einlass in den Park eine Stunde vor Schließung) Südafrikas zugänglichstes Großwildreservat. Der malariafreie Park liegt weniger als drei Stunden Fahrt von Johannesburg und nur ca. 10 km von Sun City entfernt. Der Park wurde Ende der 1970er-Jahre eingerichtet, um gestressten Städtern Wochenendausflüge in die Natur zu ermöglichen. Bis heute ist das Reservat eine erfrischende Oase, in der Löwen, Büffel und Touristen umherstreifen. Auch wenn der Naturpark in einem hoch entwickelten Landstrich liegt, ist er dennoch kein Zoo! In der erloschenen Vulkanlandschaft des Pilanesberg leben ausschließlich Wildtiere.

1979 wurden im Zuge der sogenannten Operation Genesis Dutzende einheimischer Tiere in den Park umgesiedelt. Heute ist das Schutzgebiet die Heimat von mehr als 6000 Tieren, darunter auch die „Big Five" (Löwen, Leoparden, Büffel, Elefanten und Nashörner), ebenso wie Geparden, Wüstenluchse, Afrikanische Wildhunde, Hyänen, Giraffen, Flusspferde, Büffel, Zebras und eine große Vielfalt an Antilopen – darunter Rappen- und Elenantilopen und Kudus. Außerdem leben hier über 300 Vogelarten.

🏃 Aktivitäten

Die meisten Lodges bieten Früh- und Abendfahrten an (jeweils zum Sonnenauf- bzw. Sonnenuntergang).

Selbstfahrersafaris SAFARI
Ein Netz von über 200 km optimal ausgebauten Teer- und Schotterstraßen führt durch das Pilanesberg-Gelände. Es wurde speziell für Selbstfahrersafaris angelegt. Die Chancen, bei der Safari auf eigene Faust Großkatzen zu sichten, stehen zwar nicht so gut wie bei einer geführten Safari, dafür ist diese Art der Erkundung preiswerter, und es freut umso mehr, wenn ein Tier in Sicht kommt. Garantiert unvergesslich bleibt die erste Vollbremsung, um einen schwerfälligen Elefanten vorbeizulassen – oder der Halt an einem Wasserloch… genau zum selben Zeitpunkt wie eine Löwenfamilie.

Ein weiterer Vorteil: Das Tempo ist selbst bestimmbar, und im Pilanesberg bedeutet das: langsam. Einige Stunden sollten ganz der gepflegten Lauer gehören. Mit gekühltem Bier und Fernglas ausgestattet, heißt es in aller Ruhe zu warten, dass das wilde Leben gleichsam auf einen zukommt.

Nahe den Wasserstellen, an denen früher oder später garantiert durstige Tiere auftauchen, wurden Hochsitze errichtet, auf denen sich Wildtierbeobachter niederlassen und – perfekt getarnt – mit der Umgebung verschmelzen können.

Man darf aber nicht vergessen, dass der Pilanesberg bei aller ursprünglichen Fauna ein beliebter städtischer Rückzugsort ist. Hier herrscht jede Menge Verkehr, immerhin sind viele Safarigruppen und Einzelfahrer unterwegs. Im Park gilt die strikte Vorschrift, gekennzeichnete Wege nicht zu verlassen; wer Löwen erblicken sollte, muss sich gegebenenfalls damit abfinden, sie aus gewisser Entfernung zu beobachten.

Hält man sich allerdings an die Schotterstraßen, die sich durch den Busch schlängeln, geht man vielen Nachteilen aus dem Weg. Es ist weniger los und die Chancen, Tiere aus nächster Nähe zu Gesicht zu bekommen, sind größer.

Gametrackers GEFÜHRTE TOURNEN, OUTDOOR
Gametrackers Outdoor Adventures (☏014-552 5020; www.gametrac.co.za; Manyane, Bakgatla & Sun City) veranstaltet eine schwindelerregende Anzahl von Aktivitäten im Park. Es werden **Tierbeobachtungstouren** (Erw./Kind unter 16 Jahren/Kind unter 10 Jahren. 395/230/145 R) bei Sonnenauf- und -untergang angeboten (2½ Std.), bei denen ein erfahrener Ranger am Steuer sitzt. Diese Safaris sind ein guter Einstieg in die Wildtierbeobachtung. Und ganz ehrlich: Die besonders scheuen Tiere bekommt man eher

Pilanesberg National Park

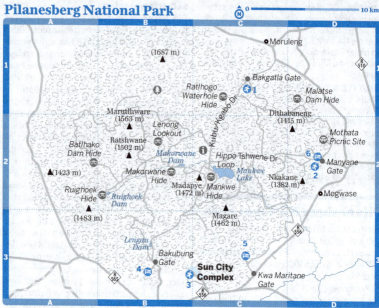

Pilanesberg National Park

Aktivitäten, Kurse & Touren
- Gametrackers ....(siehe 2)
- Gametrackers ....(siehe 3)
- 1 Gametrackers C1
- 2 Mankwe Heritage D2
- 3 Mankwe Heritage B3

Schlafen
- Bakgatla ....(siehe 1)
- 4 Bakubung B3
- 5 Kwa Maritane C3
- 6 Manyane D2

zu sehen, wenn ein ortskundiger Führer dabei ist. Gametrackers bietet außerdem Nachtsafaris, Fußpirschen (450 R; 3 Std.) oder Fahrten im Heißluftballon (3500 R, umfasst die einstündige Ballonfahrt, Frühstück, Sekt und Transfer; 4 Std.) an.

Mankwe Heritage
KULTUREXKURSIONEN, OUTDOOR
(014-555 7056; www.mankwesafaris.co.za; Manyane & Sun City) Eine etwas andere Art der Safari ermöglichen die dreistündigen **Heritage Game Drives** (Erw./Kind unter 16 Jahren/Kind unter 10 Jahren 395/230/145 R). Die organisierten Touren verbinden Wildtierbeobachtung im Pilanesberg mit interessanten Kulturinfos über das Volk der Tswana. Das Unternehmen bietet neben vielen der Aktivitäten, die man auch über Gametrackers machen kann, Kulturexkursionen wie einen Besuch im Lesedi Cultural Village (1650 R) an.

Schlafen & Essen

Im Park gibt's ein halbes Dutzend Lodges. Die hier Genannten bieten Mittagessen für Tagesgäste, Grillbereiche, Halb- und Vollpension, sowie Aktivitäten und Einrichtungen für Kinder und Familien, wie Pools, Spielplätze, Minigolf, sowie spezielle Familienrabatte. Exklusive Lodges finden sich westlich des Kudu/Kgabo Dr. Das Pilanesberg Centre, an einem Wasserloch in der Mitte des Parks gelegen, wird derzeit renoviert und soll allerdings demnächst mitsamt einem neuen Café wiedereröffnet werden.

Bakubung
LODGE $$$
(014-552 6314; www.legacyhotels.co.za; EZ/DZ HP 3025/4280 R, Chalets für Selbstversorger 2/6 Pers. 1320/2300 R;) Die strohgedeckten Steinhütten sind gut ausgestattet und die Lodge ist gemütlich eingerichtet. Terrasse und Liegewiese über-

blicken ein Wasserloch. Das Marula Grill Lapa Restaurant gilt als eines der besten von Pilanesberg. Auf den Tisch des Hauses kommen neben Koteletts, Meeresfrüchte und Pasta auch verschiedene Hühnchen-Gerichte.

Kwa Maritane LODGE $$$

(014-552 5100; www.legacyhotels.co.za; EZ/DZ HP 2825/4000 R, Chalets für Selbstversorger 2–5 Pers. ab 2000 R, 6–8 Pers. ab 3000 R; ❄︎ ⏏︎ 🍴 ♿︎) Die schnieken Zimmer des Kwa Maritane Lodge umgeben den Pool und von der Veranda des Restaurants aus hat man einen tollen Blick auf von Busch bewachsene Hügel und Felsen. Die Wasserstelle kann man praktischerweise auf dem Fernseher in seinem Zimmer im Auge behalten und sich auf den Weg zum Unterstand machen, sobald dort etwas passiert.

Manyane CAMPING, RESORT $$

(014-555 1000; www.goldenleopardresorts.co.za; Stellplatz Zelt 250 R, Safarizelt EZ/DZ inkl. Frühstück 950/1050 R, Chalets EZ/DZ/3BZ/4BZ inkl. Frühstück 1530/1630/2410/2510 R; ❄︎ 🍴 ♿︎) Campingkomplex mit einem Laden mit ausreichender Lebensmittelauswahl, Pool, Restaurant, komplett ausgestatteter Küche, Aufenthaltsraum und Grillbereich. Die strohgedeckten Chalets sind komfortabel eingerichtet und die Safarizelte mit Kühlschrank und mit Tee- bzw. Kaffeekocher ausgestattet.

Bakgatla CAMPING, RESORT $$

(014-555 1000; www.goldenleopardresorts.co.za; Stellplatz Zelt 250 R, Safarizelt EZ/DZ/3BZ/4BZ mit Frühstück 1680/1780/1880/1980 R, Chalets EZ/DZ/3BZ/4BZ inkl. Frühstück 1950/2050/2150/ 2250 R; ❄︎ 🍴 ♿︎) Ähnlich wie der „Schwester-Campingplatz" Manyane, ist auch im Bakgatla die Stimmung eher urig, wie man es auf einem richtigen Zeltplatz erwartet. Es gibt einen kleinen Supermarkt und Zelte zwischen Pool und Restaurant/Bar.

❶ An- & Weiterreise

Auf S. 460 finden sich Informationen über die Shuttle-Verbindungen von Gautent ins nahe gelegene Sun City. Von Gauteng ausgehende Touren kombinieren meistens Pilanesberg mit Sun City.

Wer mit dem eigenen Fahrzeug unterwegs ist, der kann der Routenbeschreibung nach Sun City folgen; auf die Weise kommt man auch gut zu den Gates Bakubung und Kwa Maritane. Die Zugänge Manyane und Bakgatla erreicht man allerdings besser über die R510, die Rustenburg mit Thabazimbi verbindet.

❶ Unterwegs vor Ort

Pilanesberg verfügt über vier öffentliche Zugänge. Der Kubu/Kgabo Dr, der den Park zwischen dem Bakubung Gate und dem Bakgatla Gate durchschneidet, ist geteert. Gleiches gilt für den Tau Link Dr und den Tshwene Dr, die wiederum zwischen dem Kubu/Kgabo Dr Gate und dem Manyane Gate verlaufen. Die Schotterpisten sind in gutem Zustand und problemlos befahrbar.

Schneller als 40 km/h zu fahren ist hier – wie in den meisten Parks – strikt verboten. Auf den Straßen, die Pilanesberg National Park umgeben, geht's meist kaum schneller vorwärts. Gelegentlich blockieren Kuh- und Eselherden die Straße. Ebenso gelegentlich wird man in einem solchen Fall von einem Einheimischen kurz zuvor per Winkzeichen darauf hingewiesen, dass eine Kuh- oder Eselherde die Straße blockiert.

Madikwe Game Reserve

Südafrikas bestgehütetes Geheimnis: Das Wildreservat **Madikwe** (www.madikwe-game-reserve.co.za; Erw./Kind 150/60 R) liegt näher an Johannesburg als der Kruger National Park, hier können Reisende die Big Five beobachten und auf malariafreiem Gebiet in verträumten Lodges übernachten. In der faszinierenden Landschaft mit ihrem rotem Sand und jeder Menge Akazien leben so viele Löwen, dass die Parkleitung derzeit dabei ist, einige von ihnen umzusiedeln.

Während die Parkranger des viertgrößten Reservats des Landes in aller Ruhe die 760 km² große Buschlandschaft, Savanne, Grasland und Flussuferwälder am Rande der Kalahari nach geeigneten Umzugsgroßkatzen durchkämmen, empfiehlt sich ein Besuch hier im Norden, um Südafrikas bestgehütetes Geheimnis zu erleben.

In Madikwe Game Reserve sind weder Selbstfahrersafaris noch Tagesgäste zugelassen, Besucher müssen sich deshalb in einer der zehn Lodges einquartieren, um den Park zu besuchen. Eine Safari ist hier nicht ganz billig, aber die alte Weisheit „Von nichts kommt nichts" stimmt in diesem Fall. Ausschließlich ausgebildete Parkranger, von denen jede Lodge ihren eigenen beschäftigt, dürfen den Park durchfahren. Die Chancen, wilde Tiere zu sehen, sind hier deutlich höher als im Pilanesberg und sogar im Kruger National Park. Die Tiere haben sich an die stabilen, offenen Jeeps gewöhnt und empfinden sie nicht als Bedrohung. Hält der

Fahrer also inmitten einer Büffelherde an und stellt den Motor ab, ist meist genug Zeit für beliebig viele Fotos, ohne dass das Fotomodell panisch davonrast. Über Funkgeräte kommunizieren die Ranger außerdem mit den anderen Fahrern. Sollte irgendwo im Park eine Löwenfamilie unter einer Akazie ein Nickerchen halten oder ein brunftiger Elefantenbulle einem Weibchen nachstellen, erfährt jeder Fahrer davon. Es gibt nur wenige Einschränkungen zum Fahren außerhalb der Wege, und die Jeeps sind so robust, dass sie so gut wie jedes Hindernis überwinden und so nah wie möglich an die Tiere heranfahren können.

Madikwe entstand 1991 in der doppelten Absicht, ein Schutzgebiet für gefährdete Tierarten anzulegen und nachhaltige Tourismusinitiativen zu gründen, um dauerhaft Arbeitsplätze für die einheimische Bevölkerung zu schaffen, die bis dahin in völliger Abgeschiedenheit lebte und zu den ärmsten Einwohnern der Provinz zählte. In einer groß angelegten Umsiedlungsaktion namens „Operation Phoenix" wurden über 10 000 Tiere in das Gebiet gebracht. Die Tiere stammten ursprünglich aus der Region, waren aber durch Jagd und Landwirtschaft nahezu vollständig ausgerottet worden. Die Umsiedlungsaktion dauerte gut sieben Jahre – die Tiere (darunter ganze Elefantenherden) wurden aus anderen südafrikanischen Reservaten in den neuen Wildpark eingeflogen oder -gefahren. Rund 20 Jahre später ist das Schutzgebiet Madikwe als voller Erfolg zu bezeichnen. Bei dem gemeinsamen Unternehmen des Gremiums der North-West Parks, des Privatsektors und der lokalen Gemeinden entstanden einerseits die versprochenen Arbeitsplätze, andererseits eine neue Heimat für eine ausgeglichene Anzahl der Big Five, für eine wachsende Population der vom Aussterben bedrohten Afrikanischen Wildhunde und über 350 verschiedene Vogelarten.

Die Monate zwischen März und September sind für die Tierbeobachtung ideal.

🛏 Schlafen & Essen

Die Preise gelten pro Person, im Doppelzimmer, mit Vollpension und zwei täglichen Beobachtungstouren – die meisten Lodges berechnen auf dieser Grundlage. Angegeben ist immer der Name des der Lodge nächst gelegenen Parkzugangs.

Ohne Reservierung läuft im Madikwe Game Reserve nichts (man wird sich vom Gate aus telefonisch bei der Lodge erkundigen, ob auch wirklich eine Reservierung vorliegt). Ein Besuch des Schutzgebiets beginnt üblicherweise zur Mittagszeit und geht bis zum darauf folgenden Morgen.

LP TIPP **Mosetlha Bush Camp** ÖKO-LODGE $$$
(☎ 011-444 9345; www.thebushcamp. com; Abjaterskop Gate; inkl. Eintritt für den Park 1795 R) Madikwes zweitälteste Lodge ist die einzige Nicht-Fünf-Sterne-Option des Schutzgebiets. Doch der relativ niedrige Preis ist nicht das einzig Besondere. Die Öko-Lodge nimmt in *dem* Buch zum Thema – Hitesh Mehtas *Authentic Ecolodges* – speziellen Raum ein. In der Kategorie für „innovative Technologie" werden seine Donkey Boilers (Wassererhitzer), die Safariduschen und die VIP WCs (klassische Safari-Plumpsklos mit spezieller Lüftungstechnik) hervorgehoben. Tatsächlich gibt's in den einfachen, offenen Blockhütten keinerlei Schnickschnack, das Gelände ist nicht umzäunt, nachts wandern die Tiere durchs Camp. Auch muss man ohne Elektrizität und fließendes Wasser auskommen. Und trotzdem – oder genau deshalb – bietet Mosetlha ein unverfälschtes, romantisches Naturerlebnis – und Mahlzeiten, die mindestens ebenso wunderbar sind, wie die frische Luft der afrikanischen Wildnis.

Tau Game Lodge LODGE $$$
(☎ 011-314 4350; www.taugamelodge.com; Tau Gate; 3300 R; ❋ ☀ ♨) Im Hinblick auf dasn Preis-Leistungs-Verhältnis ist die Tau Game Lodge sicher die beste Wahl. Große Klasse sind die riesigen Badewannen und die soliden Duschen im Freien, die ebenso zu jedem der 30 kuscheligen, strohgedeckten Chalets gehören, wie riesige Betten und private Verandas, von denen aus man die Action am Wasserloch verfolgen kann – die letztens noch ein wenig aufgepeppt wurde, indem man hier eine fünfköpfige Krokodilfamilie angesiedelt hat. Zur Lodge gehören ein Spa und ein Andenkenladen. Die Tau Foundation setzt sich für die Menschen in der Gegend ein. Gäste können Schulen und kommunale Projekte besuchen.

Buffalo Ridge Safari Lodge LODGE $$$
(☎ 011-234 6500; www.buffaloridgesafari.com; Wonderboom Gate; 3450 R; ❋ ☀) Die todschicke Lodge ist das perfekte Beispiel für nachhaltigen lokalen Tourismus, wie Madikwes Gründer ihn sich erträumt hatten. Das Anwesen gehört dem nahegelegenen Dorf Balete Ba Lekgophung und ist das

Erste seiner Art in Südafrika. Der bekannte einheimische Architekt Buffalo Ridge entwarf die acht luxuriösen, strohgedeckten Chaletsuiten, die absolute Privatsphäre versprechen und sich perfekt in die umliegende Buschlandschaft einfügen. Die lichtdurchfluteten, geräumigen Unterkünfte sind clever konzipiert, in Erdfarben gehalten und mit einheimischen Skulpturen dekoriert. Durch gläserne Schiebetüren gelangen die Gäste auf die private Terrasse. Über die Schlucht führt eine Brücke von den Chalets zur Hauptlodge – ein sagenhafter Ort, um zu Abend zu essen.

Jaci's Lodges — LODGE $$$

(083 700 2071; www.madikwe.com; Molatedi Gate; ab 2995 R; ✻✻✻) In den beiden Jaci's Lodges – der Safari Lodge und der Tree Lodge – schwelgen die Gäste in entspanntem Luxusdesign. Die acht Unterkünfte der Safari Lodge strahlen Zeltatmosphäre im positiven Sinne aus: Die Seitenwände bestehen aus Stoff, die Außenduschen sind aus Naturstein errichtet. Vor dem handgearbeiteten Keramikkamin entspannen oder von der eigenen Terrasse auf die Wasserstelle blicken – das ist natürliche Eleganz par excellence. Noch exklusiver ist die Tree Lodge. Die Baumhäuser machen ihrem Namen alle Ehre: Sie wurden in den Bäumen errichtet und sind durch Wege in luftiger Höhe verbunden. Dabei wurde darauf geachtet, die Unterkünfte zwar luxuriös, aber so natürlich wie möglich zu gestalten, mit Palisanderholz, Stroh und Stapelholz. Meist ist es sehr angenehm, dass die Natur hier so ungehindert Zugang hat, ab und zu kommen jedoch auch etwas unangenehmere Gäste, wie (ganz selten) Schlangen, zu Besuch. Für Kinder unter 12 Jahren gibt's Ermäßigungen, und sollten die Eltern mal eine Pause brauchen, steht ein Babysitterservice zur Verfügung, oder die lieben Kleinen werden auf eine speziell auf sie zugeschnittene Safaritour geschickt.

🛈 An- & Weiterreise

Das Madikwe Game Reserve liegt in der Nähe des Grenzübergangs Kopontein Gate/Tlokwend Gate nach Botswana, rund 400 km nordwestlich von Johannesburg und Pretoria. Die Anfahrt erfolgt über die N4 und die R47/R49 (die Straße wird mal mit der einen, mal mit der anderen Nummer bezeichnet, was etwas verwirrend ist).

AUTO Wer vom Madikwe Game Reserve aus nach Sun City und Pilanesberg will, fragt am besten bei seiner Lodge nach dem Weg und hält sich an die Nebenstraßen. Man kommt schneller ans Ziel – und um 67 R Maut herum, die bei Swartruggens für die N4 fällig werden. In die entgegengesetzte Richtung (also nach Madikwe) empfiehlt es sich hingegen auf Schleichwege zu verzichten, da man sich bei dieser Variante relativ leicht verirren kann. Und wer will schon im Busch verloren gehen? Eben.

FLUGZEUG Einmal täglich gibt's eine Flugverbindung vom OR Tambo International Airport in Johannesburg zur Landebahn in Madikwe. Hin- und Rückflug kosten etwa 4000 R und können zusätzlich zur Unterkunft bei der Lodge gebucht werden.

GATES Abjaterskop und Wonderboom sind die beiden Hauptzugänge des Schutzgebiet und befinden sich an der R47/R49, auf der westlichen Seite des Reservats; Tau und Deerdepoort liegen auf der nördlichen und Molatedi auf der östlichen Seite. Über die R47/R49 sind alle Lodges erreichbar. Bei Reservierung erhält man eine genaue Anfahrtsbeschreibung.

TRANSFERS UND BUSSE Wer keinen eigenen fahrbaren Untersatz hat, der lässt sich die Transfers am besten durch seine Lodge organisieren – oder nimmt einen Bus von Gaborone (Botswana) (s. S. 643) und vereinbart mit der Lodge, dass man an der Bushaltestelle Grenzübergang Kopfontein abgeholt wird.

MADIKWE SPECIALS

In der Nebensaison, also in der Zeit von Mai bis August, fallen nicht nur die Besucherzahlen sondern auch die Preise. Folgende Websites haben häufig Sonderangebote sowie Informationen zu weiteren Übernachtungsmöglichkeiten:

» www.madikwegamereserve.net
» www.safarinow.com
» www.uyaphi.com
» madikwe.safari.co.za

Mafikeng

018 / 70 000 EW.

„Maftown", wie die Einheimischen die Hauptstadt der North-West Province nennen, ist ein freundlicher, entspannter Ort mit vorwiegend schwarzer, mittelständischer Bevölkerung. Leider ist die Stadt ziemlich heruntergekommen und einen eigenen Besuch kaum wert. Ist man allerdings schon mal da, beispielsweise auf der

Durchreise, dann lohnt sich ein Besuch im Mafikeng Museum.

Die Hauptstraßen sind die Shippard St, die nach Nordosten führt und in die R49 nach Zeerust übergeht, sowie die parallel dazu verlaufende Main St, die an ihrem südwestlichen Ende zur Vryburg Rd und dann zur N18 Richtung Vryburg wird. Der Nelson Mandela Dr verläuft quer zu den beiden zuvor genannten Straßen nach Nordwesten bis zum Grenzübergang Ramatlabama nach Botswana.

Geschichte

Mafeking (wie die Europäer die Stadt nannten) war früher der Verwaltungssitz des britischen Protektorats von Bechuanaland (dem heutigen Botswana). Die kleine Grenzstadt unter der Führung des britischen Colonels Lord Baden-Powell wurde von Oktober 1899 bis Mai 1900 von den Buren belagert. In gewisser Hinsicht ging diese Belagerung ungewöhnlich zivilisiert vonstatten – so kamen die Buren sonntags in die Stadt, um an der Messe teilzunehmen. Das Volk der Baralong und der Mfengu, die in gleichem Maße Verluste im Dienste der Kolonisten erlitten, dürften weniger gute Erinnerungen an den Colonel haben. Immer wieder wurden sie von den Buren überfallen, die ihr Vieh stahlen und verzehrten. Während dieser Zeit gründete Baden-Powell ein Kadettencorps für die Jungen der Stadt, das zum Vorläufer seiner späteren Pfadfinderbewegung wurde.

Mafeking und Mmabatho waren ursprünglich Partnerstädte und lagen etwa 3 km voneinander entfernt. Mittlerweile sind sie miteinander verschmolzen, und Mmabatho gehört heute zu Mafikeng. Mmabatho wurde als Hauptstadt des „autonomen" Homelands Bophuthatswana erbaut und erlangte wegen ihrer monumentalen und absurden Bauwerke Berühmtheit, die Lucas Mangope, der umstrittene Präsident von Bophuthatswana, dort errichten ließ.

⊙ Sehenswertes

Mafikeng Museum　　　　　　　MUSEUM
(☑018-381 0773; Ecke Carrington St & Martin St; Eintritt gegen Spende; ☉Mo–Fr 8–16, Sa 10–12.30 Uhr) Eine der vielen Ausstellungen des Museums, das im ehemaligen Rathaus (erbaut 1904) untergebracht ist, dokumentiert den Beginn der Pfadfinderbewegung, ein anderer Raum widmet sich exklusiv der berüchtigten 217-tägigen Belagerung. Zu sehen sind Originalfotos und -briefe, außerdem

werden interessante Infos über die Rolle der schwarzen Bevölkerung der Stadt, die weitgehend in Vergessenheit geraten ist, vermittelt.

🛏 Schlafen & Essen

Östlich des Stadtzentrums findet man entlang der Vorortstraßen eine ganze Reihe B&Bs, die ab der Shippard St ausgeschildert sind. In der **Crossing Mall** (Ecke Nelson Mandela Dr & Sekame Rd) gibt's einige Kettenrestaurants, darunter auch News Café, Ocean Basket und Spur.

Ferns Country House　　　　PENSION $$
(☑018-381 5971; 12 Cooke St; EZ 500–985 R, DZ 540–1085 R; @☳) In einer Wohngegend östlich des Zentrums liegt diese ländliche Oase inmitten eines wunderschönen Gartengeländes. Das Gästehaus hat zwei Pools, elegante Zimmer in strohbedeckten Bungalows und sichere Parkmöglichkeiten. Der Service ist freundlich und das gemütliche **Restaurant/Bar** (Hauptgerichte 75 R), in dem es sich, belegt durch eine Fotografie, dereinst auch schon Nelson Mandela hat gut gehen lassen, serviert ziemlich leckeres Essen – auch wenn beim Servieren gelegentlich ein wenig zügiger vorgegangen werden könnte.

Protea Hotel Mafikeng　　　　HOTEL $$
(☑018-381 0400; www.proteahotels.com/protea-hotel-mafikeng.html; 80 Nelson Mandela Dr; EZ 720–1595 R, DZ 875–1750 R; ❋@☂☳) Dieses recht schicke Hotel ist Mafikengs stilvollste Unterkunft. In den Zimmern locken watteweiche, weiße Bettdecken, auf denen sich die Kissen türmen, schwere Vorhänge, stimmungsvolle Beleuchtung und internationale Programme im Fernsehen. Fotografien aus Mafikengs Geschichte schmücken den Empfangsbereich. Neben einem **Restaurant** (Frühstück 145 R, Abendessen Hauptgerichte /Buffet 80/150 R) und einer Bar gibt's auch eine Mietwagenvermittlung – falls man mal die Gegend erkunden möchte.

Lewoni's　　　　　　　　　　　CAFÉ $
(58 Proctor Ave; Hauptgerichte 50 R) Das in einem kleinen Vorort gelegene und von Souvenirshops und Nagelstudios umgebene Lewoni ist ein angenehmer Rückzugsort, abseits der hektischen Straßen von Mafikeng. Gerichte wie Hühner-Risotto und Thunfisch-Nudelauflauf gehören zu den Specials; dazu gibt's Omelettes, Salate und Sandwiches (nicht zu vergessen, die sehr empfehlenswerte Milchtorte!) und zum

Trinken Smoothies oder Früchtetees. Geöffnet Mittwoch und Freitag bis 21 Uhr.

ℹ️ Praktische Informationen

Die meisten Geschäfte, Banken und das Postamt liegen an und in der Nähe der Main St, einen Steinwurf vom Mafikeng Museum entfernt.

Dort findet sich auch eine **Touristeninformation** (☏018-381 0773; www.tourismnorthwest. co.za/mafikeng, www.mafikeng.gov.za; Ecke Carrington St & Martin St).

ℹ️ An- & Weiterreise

Mafikeng liegt 25 km südöstlich des Grenzübergangs Ramatlabama nach Botswana.

Translux (www.translux.co.za) bietet eine tägliche Busverbindung von/nach Johannesburg (130 R, 5 Std.), Abfahrt um 12.45/7 Uhr.

Magaliesberge

Richtig rund wird eine Reise durch Südafrika erst mit einer idyllischen Übernachtung in den Bergen. Etwa eine Autostunde von Johannesburg entfernt, sind die Magaliesberge in puncto Aussehen und Atmosphäre eine ganz andere Welt. Die 120 km lange Kette der Magaliesberge liegt halbmondförmig zwischen dem Hartbeespoort Dam im Osten und Rustenburg im Westen. Es lohnt sich ein Abstecher von der R104 und der R24. Die geschwungenen, grünen Hügel, die Flüsse, Wälder und die gute Luft machen die Bergkette zu einem beliebten Wochenendausflugsziel der Großstädter in der Provinz.

Auch der Hartbeespoort Dam, weniger als eine Stunde Fahrt von Johannesburg und Pretoria entfernt, ist Opfer beständig um sich greifender Kommerzialisierung geworden. Reklametafeln und Bauprojekte reihen sich entlang der 55 km langen Küstenlinie und der Verkehr auf der nahe gelegenen N4 ist unübersehbar. Dennoch, auf dem Weg nach Gauteng bietet sich der Hartbeespoort Dam nach wie vor für einen Zwischenstopp an, ob zum Mittagessen oder Einkaufen, oder einfach um die Schönheit der Gegend mit ihren sanften Hügeln, kurvigen Landstraßen und dem grünblauen Wasser des Stausees zu genießen.

◉ Sehenswertes & Aktivitäten

An einer bis zu 140 m langen Zip-Line (Seilrutsche) eingeklinkt, können Wagemutige in bis zu 30 m Höhe über Baumwipfeln dahingleiten und Schluchten überwinden.

Gebucht wird bei **Magaliesberg Canopy Tour** (☏014-535 0150; www.magaliescanopy tour.co.za; Sparkling Waters Hotel & Spa, Rietfontein Farm; Touren mit Mittagessen 450 R; ⏱6.30–16.30 Uhr). Der großartige Öko-Abenteuerveranstalter begleitet Besucher auf der garantiert Glücksgefühle hervorrufenden, 2½-stündigen „Gleitfahrt" durch die Ysterhout Kloof. Unterwegs wird an elf Plattformen haltgemacht, die in die Bergwand hineingebaut wurden und eine Vogelperspektive auf die Umgebung eröffnen. Dazu gibt der sachkundige Führer jeweils Infos über das heimische Ökosystem. Die Mindestteilnehmerzahl liegt bei zwei Personen, Voranmeldung ist empfohlen und Gäste des Sparkling Waters erhalten einen 100 R Discount.

Was einem auch immer an Biltong, Lederklamotten und Drahtkunstwerken fehlen mag, im **Welwitischia Country Market** (www.countrymarket.co.za; Damdoryn; Eintritt frei; ⏱Di–So 9–17 Uhr) kann man sich damit eindecken. Der Markt westlich der 4er-Kreuzung in Damdoryn, nordwestlich des Damms, ist authentischer als das doch eher touristischere Chameleon Village in der Nähe. Hier gibt es mehr als 40 Stände mit allerlei Kunsthandwerk und klassischen südafrikanischen Andenken. Kinder werden den Spielplatz und die Volieren schätzen. Drei Restaurants warten auf hungrige Shopper.

Östlich der 4er-Kreuzung in Damdoryn führt die Straße durch ein Tor im Arc-de-Triomphe-Stil, dann über den **Hartbeespoort Dam** und schließlich durch einen Tunnel. Kunstgalerien und Restaurants säumen die Straße auf ihrem Weg durch Schoemansville auf der nordöstlichen Uferseite, bevor sie auf die N4 nach Pretoria stößt.

🛏️ Schlafen & Essen

Vor den Toren des **Sparkling Waters Hotel & Spa** (☏014-535 00006; www.sparklingwaters. co.za; Reitfontein Farm; EZ/DZ mit Frühstück 595/1040 R, HP 780/1390 R; ❄️🛜♨️) endet die asphaltierte Straße und jenseits seiner weitläufigen Rasenflächen erheben sich die Magaliesberge. Das 45 ha große Gelände hält Schwimmbäder, Minigolf, Tennis, einen Wellnessbereich, Jacuzzi, ein Spielzimmer, einen Cricket- und einen Spielplatz bereit – in anderen Worten: all das, was das Herz einer Familie höher schlagen lässt. Die Bungalows haben zwar schon bessere Zeiten gesehen, sind aber geräumig. Und was im mittelalterlich anmutenden Speisesaal aufgetischt wird, sind eher veritable Bankette als Buffets. Das Sparkling Water liegt 32 km südöstlich von Rustenburg und ist am besten über die R104 unweit von Buffelspoort oder die R24, Oorsaak-Ausfahrt, in Rex erreichbar.

Ins **Upper Deck** (www.theupperdeck.co.za; Welwitischia Country Market, Damdoryn; Hauptgerichte 80 R) geht man, um sich im Hof zwischen der strohgedeckten Bar und dem Doppeldecker-Bus ein Bier zu gönnen – oder wegen des Restaurants. Die Karte deckt das gesamte Spektrum klassischen Kneipenessens ab. Lamm Curry ist die Spezialität des Hauses; die Tintenfisch- & Filet-Combo ist ebenfalls beliebt. Das „Biker"-Frühstück beinhaltet alle Kalorien, die man für den Tag braucht (oder für 2). Mittwochs und Freitags gibt's Specials und am Wochenende Livemusik.

Folgt man dem „Art Bistro"-Schild landet man auf der Veranda des sich den Künsten verschriebenen **Berliner Bistros** (Main Rd, Schoemansville; Hauptgerichte 60 R). In den gefliesten Räumen sind lokale Werke zu besichtigen. Die Karte setzt deutlich auf fleischliche Köstlichkeiten – und auf deutsches Frühstück. Man reicht Schnitzel, Brat- und Currywurst, womit auch die Herkunft des freundlichen Besitzers etabliert wäre. Broschüren und lokale Informationen sind erhältlich.

Northern Cape

Inhalt »

Die Obere Karoo	472
Kimberley	472
Mokala National Park	479
Die Kalahari	480
Witsand NR	482
Upington	482
Kgalagadi Transfrontier Park	485
Namaqua	491
Springbok & Umgebung	491
Port Nolloth	493

Gut essen

» Tauren Steak Ranch (S. 493)
» Halfway House Hotel (S. 476)
» Transkaroo Country Lodge (S. 480)

Schön übernachten

» Kimberley Club (S. 475)
» Le Must River Residence (S. 484)
» Bitterpan Wilderness Camp (S. 487)
» Hantam Huis (S. 496)
» Bedrock Lodge (S. 493)
» Edgerton House (S. 475)

Auf nach Northern Cape!

Die Provinz Northern Cape mit nur 1 Mio. Einwohnern auf 373 000 km² ist Südafrikas letztes großes Grenzland. Die Städte sind Hunderte von Kilometern voneinander entfernt, verbunden durch einsame Straßen durch die Wildnis der Namaqua, der Kalahari und der Oberen Karoo. Unter der unbarmherzigen Sonne teilen sich Fahrzeuge die Straßen durch die Nationalparks mit Löwen, flitzen Sandboarder die Dünen hinab und sind die Kneipen von Kimberley genauso gut besucht wie zur Zeit des Diamantenrauschs im 19. Jh.

In der urwüchsigen Landschaft ragen Kameldornbäume, Köcherbäume und an Menschen erinnernde „Halfmens" (*Pachypodium namaquanum*) empor. Andererseits erwarten Reisende hier auch „grüne" Naturerlebnisse. Der Senqu (Orange) River versorgt die trockene Region mit Wasser. Ihm verdankt die Kalahari ihre Weingüter und die Augrabies Falls. Nach der Regenzeit schimmert grünes Gras auf dem roten Sand der Kalahari und im Frühjahr überziehen die Wildblumen der Namaqua Hügel und Ebenen.

Reisezeit

Kimberley

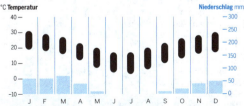

Jan.–März	Mai–Juli	Aug.–Sept.
Weinlese am Senqu (Orange) River: Jetzt gibt's Führungen auf den Weingütern.	Der Winter ist kühler, der Nachthimmel klarer. Die Trockenheit lockt Tiere an Wasserlöcher.	Während der Wildblumenblüte im Frühjahr wird die Namaqua zum Farbenmeer.

Highlights

❶ Im **Kgalagadi Transfrontier Park** (S. 485) einen Löwen bei seinem Schläfchen unter einem Kameldornbaum beobachten und die wilde, purpurrote Kalahari bestaunen

❷ Eine Frühjahrswanderung durch ein Meer leuchtend blauer, purpurroter und goldfarbener Wildblumen im **Namaqua National Park** (S. 495) machen

❸ Bei einer Geistertour oder einer historischen Kneipentour in die von Diamanten geprägte Vergangenheit von **Kimberley** (S. 472) eintauchen

❹ Im **Augrabies Falls National Park** (S. 490) das Wasser zwischen schwindelerregenden Klippen hindurchrauschen sehen

❺ In **Calvinia** (S. 495) exzentrische Einheimische kennenlernen und durch das Museum schlendern

❻ Am Ende der schnurgeraden Straßen durch die Namaqua auf den Atlantik stoßen und in **Port Nolloth** (S. 493) am Meer entlangflanieren

❼ Eine Abenteuertour durch die surreale Bergwüste des extrem abgeschiedenen **|Ai-|Ais/Richtersveld Transfrontier Park** (S. 494) unternehmen

KARTENLEGENDE
NP Nationalpark
NR Naturschutzgebiet

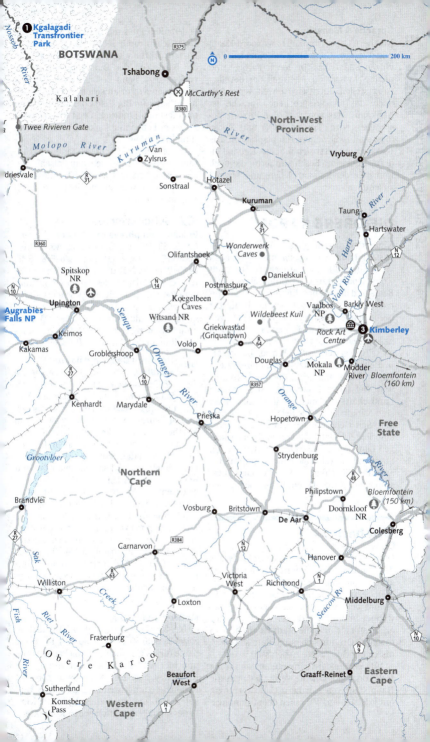

Sprache & Menschen

Northern Cape (Nordkap bzw. Noord-Kaap) und Western Cape sind die einzigen Provinzen Südafrikas, in denen Farbige und nicht Schwarze die Mehrheit der Bevölkerung stellen. Englisch ist weit verbreitet, doch die meistgesprochene Sprache ist Afrikaans, das von 68% der Provinz gesprochen wird. Tswana (21%) und Xhosa (6%) sind zwei weitere Hauptsprachen. Die Bevölkerung setzt sich u.a. aus Kaphholländern, Khoeisan (Buschmännern), die noch immer in der Kalahari leben, und Tswana zusammen.

DIE OBERE KAROO

Kimberley, die Hauptstadt der Provinz, ist das Zentrum der Region und wird auch als „Diamond Fields" bezeichnet. Die Stadt – die Geburtsstätte des Unternehmens De Beers und dessen berühmten Slogan *A Diamond Is Forever* – hat sich bis heute ein bestechendes Wildwest-Flair bewahrt. Weiter im Südwesten stößt man auf die dünn besiedelten Ebenen der Oberen Karoo. Sie ist Teilgebiet der Großen Karoo, die sich bis in die Provinzen Eastern Cape und Western Cape hinein erstreckt. Endloser Himmel und viel Leere beherrschen die einsame Landschaft. Die meisten ihrer Bewohner sind Kapafrikaner, die Schaffarmen betreiben. Seit Generationen leben sie in selbst auferlegter Isolation auf ihren riesigen, kargen Ländereien. Die wenigen existierenden Städte liegen weit voneinander entfernt. Bis auf die Möglichkeit eines Übernachtungsstopps mit Karoo-Lamm haben sie nur wenig zu bieten.

Kimberley

053 / 170 500 EW.

Ob man in einem der rauen Saloons aus der Zeit des Diamantenrausches sitzt, das größte von Menschen gegrabene Loch der Welt begutachtet, an einer Geistertour teilnimmt oder viel über die ehemaligen Bewohner und Minenarbeiter von Kimberley erfahren möchte – die Stadt ist ein hervorragender Ort, um sich mit Südafrikas ereignisreicher Geschichte zu befassen.

1914 endete der Diamantenabbau im Big Hole, doch noch heute verbindet man die Hauptstadt von Northern Cape vorrangig mit Edelsteinen. Wer einen der stimmungsvollen alten Pubs mit dunklen, verkratzten Holztischen und Bierwerbung aus dem letzten Jahrhundert betritt, fühlt sich in die harte Zeit des Diamantenabbaus zurückversetzt. Beim Besuch des vollständig erhaltenen viktorianischen Dorfs der Minenarbeiter im Big Hole Complex bekommt man fast den Eindruck, Cecil Rhodes wäre noch am Leben und lenke sein Pferd Richtung Rhodesien.

In der einzigen echten Stadt von Northern Cape gibt es auch fantastische Museen, wunderbare Unterkünfte und Galashewe, eine Township mit einer lebendigen Vergangenheit.

◉ Sehenswertes

William Humphreys Art Gallery   GALERIE
(☎053-831 1724; www.whag.co.za; Civic Centre, 1 Cullinan Cres; Erw./Kind 5/2 R; ⊗Mo–Fr 8–16.45, Sa 10–16.45, So 9–12 Uhr) Eine der besten öffentlichen Galerien des Landes mit Wanderausstellungen zeitgenössischer südafrikanischer Kunst sowie einer überraschend guten Sammlung europäischer Meister. Zum Museum gehören ein Café und ein Auditorium, in dem Filme gezeigt werden.

GRATIS **Northern Cape Legislature Building**   ARCHITEKTUR
(☎053-839 8024; www.ncpleg.gov.za; abseits der Green St, Galashewe; ⊗Mo–Do 8–16, Fr bis 12 Uhr) Das auffällige Gebäude spiegelt Kimberley und die Kultur, Natur und Geschichte von Northern Cape wider. Der kegelförmige braune Turm, besetzt mit Kacheln und den Gesichtern südafrikanischer Berühmtheiten, ähnelt den seltsamen Pflanzen und Bäumen, die in den Weiten der Provinz wachsen. Die Hauptgebäude mit Steinfassaden und Wellblech erinnern an die Gebäude, die Kimberley früher dominierten. Zwischen ihnen verlaufen Gehwege wie die langen Straßen durch die Provinz. Das Gebäude ist vom Zentrum von Kimberly aus ausgeschildert und normalerweise kann man sich auf eigene Faust umschauen. Am besten besucht man es jedoch im Rahmen einer Galashewe-Führung (s. S. 475).

McGregor Museum   MUSEUM
(☎053-839 2725; Atlas St; Erw./Kind 18/12 R; ⊗Mo–Sa 8–16.30, So 14–16.30 Uhr) De Beers baute dieses Gebäude 1897 als Sanatorium, und hier saß Rhodes die Belagerung von Kimberley aus. Das Museum beherbergt Exponate zum Zweiten Burenkrieg und liefert Informationen zum Regiment Kimberleys in den darauffolgenden Konflikten.

Duggan-Cronin Gallery
GALERIE

(Edgerton Rd; Eintritt gegen Spende; ⊙Mo–Fr 9–17 Uhr) Südafrikas erste ethnografische Galerie zeigt eine Fotosammlung südafrikanischer Stämme aus den 1920er- und 1930er-Jahren, als noch viele traditionelle Lebensweisen existierten, die später verlorengingen. Duggan-Cronin lebte vor seinem Tod im Jahr 1954 in diesem Haus aus dem 19. Jh.

Honoured Dead Memorial
DENKMAL

(Memorial Rd & Dalham Rd) Das Sandsteindenkmal ist den Soldaten gewidmet, die ums Leben kamen, als sie während der 124 Tage andauernden Belagerung von Kimberley im Zweiten Burenkrieg (1899–1902) die Stadt, die in britischer Hand war, verteidigten. Die große Kanone ist die „Long Cecil", die die Long Toms der Buren zurückschlagen sollte.

Sol Plaatje Educational Trust
MUSEUM

(32 Angel St; Eintritt gegen Spende; ⊙Mo–Fr 8–16 Uhr) Das dem Aktivisten und Schriftsteller Sol Plaatje gewidmete Museum ist in dem Haus, in dem er bis zu seinem Tod im Jahr 1932 lebte. Er war der erste Schwarzafrikaner, der einen Roman auf Englisch schrieb und Shakespeare auf Tswana übersetzte.

Wildebeest Kuil Rock Art Centre
FELSENKUNST

(☎053-833 7069; www.museumsnc.co.za/other/museums.html; Rte 31; Erw./Kind 24/12 R; ⊙Mo–Fr 9–16, Sa & So 10–16 Uhr) An einer Stätte im Besitz der !Xun und Khwe San, die 1990 von Angola und Namibia hierher umgesiedelt wurden, liegt dieser kleine heilige Hügel, an dem man über 400 Felsritzungen sehen kann, die Jahrtausende alt sind. Die Führung zum Hügel führt über einen

---

NICHT VERSÄUMEN

DAS BIG HOLE

Zwar stammen die 50 Mio. Rand, die das **Big Hole** (☎053-830 4417; www.thebighole.co.za; West Circular Rd; Erw./Kind 75/45 R; ⊙8–17 Uhr, Führungen Mo–Fr zur vollen Stunde, an Wochenenden 9, 11, 13 & 15 Uhr) in ein erstklassiges Touristenziel verwandelt haben, aus den Mitteln der De Beers Consolidated Mines – eine Führung durch das (angeblich) größte von Menschenhand gegrabene Loch der Welt vermittelt jedoch einen realistischen Eindruck der wechselvollen Geschichte des Bergbaus in Kimberley. Man kann an einer kostenlosen Führung teilnehmen oder das Big Hole auf eigene Faust erkunden. Beide Optionen beginnen mit einem unterhaltsamen, 17 Minuten langen **Film** über die Abbaubedingungen und -eigenschaften im Kimberley des späten 19. Jhs. sowie einem Gang auf die **Aussichtsplattform** des Big Hole. Unter der offenen Stahlkonstruktion gähnt ein schwindelerregender Abgrund mit einem Durchmesser von 1,6 km und einer Tiefe von 215 m, der bis auf die obersten 175 m mit türkisblauem Wasser gefüllt ist.

Mit einem Fahrstuhl wird man dann in einen Schacht zum **Mine Experience** hinuntergefahren. Tief unter der Erde erleben Besucher mithilfe von audiovisuellen Effekten das harte Arbeitsleben der schwarzen Diamantenschürfer. Beim Geräusch herabfallenden Bruchgesteins und lärmender Arbeiter verstärkt sich das Gefühl von Beklemmung. Explosionen in den Tunneln lassen erahnen, welchen Gefahren die Schürfer ausgesetzt waren.

Nach der spannenden Minenführung lohnt ein Besuch des **Ausstellungszentrums** zur südafrikanischen Geschichte und Diamanten im Allgemeinen sowie zur Geschichte Kimberleys. Hier liegt auch die bewachte **Diamond Vault**, in der über 3500 Diamanten sowie Nachbildungen des Eureka und des 616 (des weltgrößtem achtseitigen Diamanten mit einem Gewicht von 616 Karat) zu sehen sind. Diese beiden Diamanten wurden zwar hier gefunden, sind aber verliehen.

Auf dem Gelände des Big Hole befindet sich auch die kostenlose, teilweise perfekt rekonstruierte **Siedlung der Minenarbeiter** von Kimberley aus den 1880er-Jahren. Sie besteht zum Teil aus umgesiedelten Originalgebäuden und ist eine reichlich surreale Kulisse für einen Spaziergang. An den Straßen des Ortes stehen Gebäude, darunter eine Wellblechkirche, ein Leseraum, ein Beerdigungsinstitut, eine Bank und ein Musikpavillon. Sein Glück kann man beim Diamantenschürfen oder auf der Bowlingbahn versuchen.

Kimberley

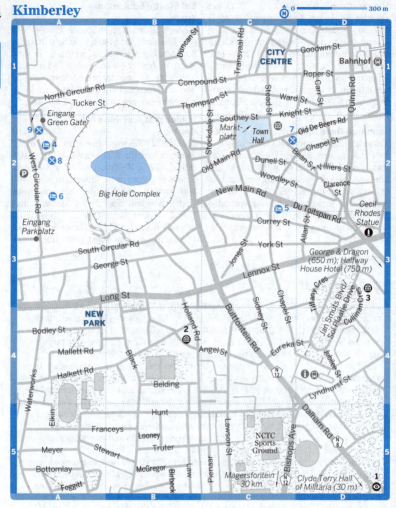

800 m langen Fußweg mit Informationstafeln zur Stätte und zu ihrer Khoe-San-Vergangenheit.

Das Zentrum liegt 16 km nordwestlich der Stadt auf dem Weg nach Barkly West. Ein Minibus-Taxi, das man mit anderen Passagieren teilt, kostet 25 R, ein reguläres Taxi für Hin- und Rückweg inklusive Wartezeit 300 R.

The Rudd House ARCHITEKTUR
(053-839 2725; 5-7 Loch Rd; Eintritt 20 R; nach Vereinbarung) Dieses Stadthaus ist ein schönes Beispiel für die Häuser, die im 19. Jh. von den reichen Bewohner Kimberleys gebaut wurden. Benannt ist das Rudd House nach Rhodes' Partner, der es 1888 erbauen ließ. Es hat einen Farngarten und ein prächtiges Sommerhaus auf dem Dach.

GRATIS Clyde Terry Hall of Militaria MUSEUM
(076 117 4679; 33 Memorial Rd; Eintritt frei; Sa–So 10–12 Uhr) Die größte Privatsammlung an Militaria in Südafrika.

Geführte Touren

LP TIPP Geistertouren GEFÜHRTE TOUR
(083 732 3189; 140 R/Pers.; Führungen 18.30 Uhr) In Anbetracht der Geschichte

Kimberley

◉ Sehenswertes
1 Honoured Dead Memorial	D5
2 Sol Plaatje Educational Trust	B4
3 William Humphreys Art Gallery	D3

✚ Aktivitäten, Kurse & Touren
Startpunkt der Geistertouren	(siehe 1)

🛏 Schlafen
4 Australian Arms Guest House	A2
5 Kimberley Club	C2
Kimberley Club	(siehe 5)
6 Protea Hotel Kimberley	A2

✖ Essen
7 Gugulethu Kitchen	C2
8 Occidental Grill Bar	A2
9 Star of the West	A2

Kimberleys, die vom Diamantenabbau und vom Burenkrieg geprägt ist, wimmelt es in 168 heimgesuchten Häusern nur so von Geistern. Der einheimische Historiker und Geschichtenerzähler Steve Lunderstedt, Führer der ersten Geistertour Südafrikas, erkundet die Stadt seit 20 Jahren. Die vierstündige Tour befasst sich ebenso mit dem Historischen wie mit dem Paranormalen. Besucht werden sechs Stätten, darunter die Clyde Terry Hall of Militaria, das Rudd House und der Kimberley Club. Los geht's am Honoured Dead Memorial; im Voraus buchen! **Jaco Powell** (☏082 572 0065) bietet eine dreistündige Tour mit vier Zwischenstopps (120 R) an, Steve auch den dreistündigen **Big Hole Ghost Walk**.

Kimberley Meander　　　GEFÜHRTE TOUR
(www.kimberleymeander.co.za) Eine Broschüre im Diamond Visitors Centre (s. S. 478) mitnehmen und auf der Website nach vorgeschlagenen Spaziergängen und Autotouren in Eigenregie schauen! Spaziergänge gibt's zu den Themen Geister, Schlachtfelder des Burenkriegs und historische Kneipen. Lokale Führer sind aufgeführt.

Galeshewe　　　GEFÜHRTE TOUR
(☏078 069 5104; bphirisi@yahoo.com; halbtägig 250 R) Galeshewe ist eine der ältesten Townships Südafrikas und spielte eine tragende Rolle im Kampf gegen die Apartheid. Joy Phirisi bietet Führungen zu zahlreichen verschiedenen Themen durch die freundliche, entspannte Township an. Zwischenstopps sind u.a. das **Mayibuye Uprising Memorial**, wo 1952 Anti-Apartheidspro-

teste stattfanden, die angrenzende **Kanzlei von Robert Sobukwe**, in der der Gründer des Pan African Congress (PAC) arbeitete, als er unter Hausarrest in Kimberley stand, und das **Northern Cape Legislature Building**. Wer ein Privathaus oder das Atelier eines Künstlers besuchen möchte, muss sich im Vorfeld erkundigen.

Schlachtfelder des Zweiten Burenkriegs　　　AUTOTOUR
In dieser Gegend wurden mehrere Kämpfe ausgetragen, darunter in **Magersfontein**, **Modder River**, **Graspan** und **Belmont**, die alle südwestlich von Kimberley abseits der N12 liegen. Der wichtigste Kampf war der in Magersfontein, wo der unbeugsame Boers die berühmte Highland Brigade dezimierte. Steve Lunderstedt von Ghost Tours (S. 474), **Frank Higgo** (☏082 591 5327) und **Veronica Bruce** (☏083 611 6497) bieten Führungen über die Schlachtfelder an, Steve außerdem einen Geister-Themenabend am Schlachtfeld von Magersfontein.

🛏 Schlafen

Südwestlich des Diamond Visitors Centre, der Bishops Ave und der angrenzenden Straßen ist die Auswahl an Budget- und Mitteklasseunterkünften groß.

Kimberley Club　　　BOUTIQUEHOTEL **$$**
LP TIPP (☏053-832 4224; www.kimberleyclub.co.za; Du Toitspan Rd; EZ/DZ ab 860/1060 R; ❄🛜🐕) Das Hotel geht zurück auf den privaten Kimberley Club, den Rhodes und seine Diamantenkumpane 1881 als privaten Club gründeten. Nach einem Brand 1896 wurde es wiederaufgebaut. Hier gab sich die Elite der Kolonialzeit die Klinke in die Hand. Übrigens: Im Hotel soll es spuken. Einige Räume des vor zehn Jahren renovierten, unter Denkmalschutz stehenden Gebäudes sind äußerst geschichtsträchtig, z.B. die Bücherei, das Billardzimmer und die Bar. Die 21 Schlafzimmer sind elegant im Stil der damaligen Zeit gehalten und bieten den Gästen die Möglichkeit, auf den (Pantoffel-)Spuren von Persönlichkeiten wie Rhodes und vielen weiteren zu wandeln. Das Frühstück kostet 85 R.

Edgerton House　　　PENSION **$$**
(☏053-831 1150; edgerton@mweb.co.za; 5 Edgerton Rd; EZ/DZ inkl. Frühstück 595/750 R; ❄🏊) Modernen Komfort, Originaleinrichtung und ein herzliches Willkommen bietet das Edgerton in einer kleinen Straße in der Nähe des Halfway House Hotel. In

den nach vorne hinausgehenden Zimmern hört man eventuell Lärm aus der Kneipe; die Zimmer hinten, die man über einen schönen Hof erreicht, sind ruhiger und moderner. Im Madiba Room wohnten schon Würdenträger wie Nelson Mandela.

Protea Hotel Kimberley
HOTEL $$

(☏053-802 8200; www.proteahotels.com/kimberley; West Circular Rd; EZ/DZ 690/816 R; ❄️🛜♨️) Das schicke Vier-Sterne-Hotel von Protea ist das einzige Hotel, das einen Blick auf das Big Hole bietet. Vor der prächtigen Lobby mit einem prunkvollen Kristalllüster gibt es sogar eine hoteleigene Aussichtsplattform. Die 94 kompakten Zimmer sind mit einzelnen Antiquitäten eingerichtet, doch wirklich zum Tragen kommt die Eleganz im viktorianischen Stil im Restaurant mit Bar und in den luxuriösen öffentlichen Räumen. An den Wochenenden gibt es Sonderangebote. Das Frühstück kostet 75–155 R.

Australian Arms Guest House
HOTEL $$

(☏053-832 1526; www.australianarms.co.za; Big Hole Complex; EZ/DZ inkl. Frühstück 580/700 R; ❄️) In den zwölf Zimmern dieses Anwesens von 1873 hängen Schwarz-Weiß-Fotos von Kimberley, außerdem gibt's freistehende Bäder und Duschen, Digital-TV und einen Kühlschrank. Die schlichte Einrichtung vermittelt nicht viel geschichtliches Flair, doch die Gäste können abends durch das Bergarbeiterdorf schlendern. Das Restaurant mit Bar (Hauptgerichte 55 R) ist mit seinem alten Klavier, Retro-Werbeplakaten von Castle und gelb unterlegten Zeitungsausschnitten beeindruckender. Der TV mit Plasmabildschirm macht den Effekt jedoch wieder zunichte. Auf der Karte stehen u.a. Steaks, Rippchen und Salate. Um zum Australian Arms zu kommen, muss man kein Eintrittsgeld zum Big Hole zahlen.

Ekhaya Guest House
PENSION $

(☏053-874 3795; ekhayag@telkomsa.net; Ecke Hulana St & Montshiwa St, Galeshewe; DZ 360–480 R; ❄️♨️) Das Ekhaya neben dem Gemeindezentrum von Galeshewe besteht seit sieben Jahren und wird derzeit modernisiert. Die Rezeption liegt in einer nach afrikanischer Art bemalten Wellblechhütte; für weiteres Flair sorgen Holzschnitzereien. Ein Restaurant und eine Lapa-Bar gehören zum Gästehaus. Die strohgedeckten Hütten sind gemütlich und stylish. Die Zimmer mit großen TVs und der Möglichkeit, Tee und Kaffee zu kochen, liegen ein wenig über

dem Backpacker-Standard. Frühstück kostet 50 R.

Halfway House Hotel
PENSION $$

(Zi. 550 R, Frühstück 60 R; ❄️🛜) Die elf Zimmer über der historischen Kneipe sind erstaunlich modern und mit freistehenden Badewannen, Sofas und den einen oder anderen Antiquitäten ausgestattet.

Gum Tree Lodge
HOSTEL $

(☏053-832 8577; www.gumtreelodge.com; Hull St; B 150 R, Zi. ohne Bad 220 R, EZ/DZ/FZ 350/500/600 R; ♨️❄️) Die Lodge, die früher einmal ein Gefängnis war, liegt auf einem grünen Gelände abseits der Rte 64 und ist für Kimberley-Verhältnisse am ehesten als Backpacker-Hostel einzuordnen. Die Zimmer sind uninspiriert, doch die Lage inmitten von viel Grün, das über die Blechdächer mit ihren schmucken Verzierungen wuchert, ist idyllisch.

Heerengracht Guest House
PENSION, HOSTEL $$

(☏053-831 1531; www.heerengracht.co.za; 42 Heerengracht Ave, Royldene; Zi. ab 450 R; ❄️♨️) Das schlichte Ziegelgebäude an einer begrünten Straße in einem Vorort bietet Zimmer und geräumige Einheiten für Selbstverpfleger. Das Frühstück kostet 65 R. Das Hotel liegt nur einen kleinen Fußmarsch von zwei Einkaufszentren mit Schnellimbissen entfernt.

🍴 Essen & Ausgehen

Die atmosphärischsten Adressen zum Essen und Trinken sind die historischen Pubs, von denen viele seit dem Diamantenrausch bestehen.

Halfway House Hotel
KNEIPE $$

LP TIPP

(☏053-831 6324; www.halfwayhousehotel.co.za; 229 Du Toitspan Rd; Hauptgerichte 70 R) In dieser Kneipe von 1872 kann man im wahrsten Sinne des Wortes Kimberleys von Diamanten und Drinks geprägte Geschichte aufsaugen. Die Bar ist wohl die einzige der Welt, in die die Gäste auf dem Rücken ihrer Pferde an den Tresen reiten konnten. Diese Gewohnheit stammte von Rhodes, und hin und wieder satteln Einheimische ihre Pferde und reiten auf ein Bier hinüber ins Halfway. Der Innenraum ist auf schöne Weise historisch: Spucknäpfe stehen unten neben der verkratzten Holztheke, dazu gibt es Marmortische, alte Plakate mit Alkoholwerbung und Milchglasfenster mit Zitaten von Rhodes. Die Einheimischen treffen sich zum Poolspielen, lauschen den Bands im Hof und

CECIL RHODES

Cecil John Rhodes (1853–1902) war der kränkliche Sohn eines Pfarrers und wurde 1870 zur Verbesserung seines Gesundheitszustands nach Südafrika geschickt. Kurz nach seiner Ankunft schloss er sich der Suche nach Diamanten an, kaufte 1888 nach fieberhafter Arbeit für 5 Mio. britische Pfund die Barney Barnato Kimberley Mines und gründete die De Beers Consolidated Mines. 1891 besaß De Beers schon 90 % des Diamantenvorkommens der Welt und noch dazu einen Anteil an dem fantastischen Goldfeld am Witwatersrand bei Johannesburg.

Aber persönlicher Reichtum und Macht allein stellten Rhodes nicht zufrieden. Er glaubte an die Idee eines britischen Weltreichs und träumte davon, so viel von der Welt wie möglich für das Empire zu gewinnen und eine Eisenbahnstrecke vom Kap bis nach Kairo zu bauen, die komplett durch britisches Territorium führen sollte. Rhodes schaffte es, das Gebiet, das Rhodesien (und später Zimbabwe) werden sollte, unter britische Herrschaft zu bringen. Sein Einfluss war in ganz Südafrika zu spüren.

Im Jahr 1890 wurde Rhodes zum Premierminister der Kapkolonie gewählt, musste aber nach fünf Jahren zurücktreten, nachdem er den verheerenden Jameson-Überfall auf Paul Krugers Republik Transvaal unterstützt hatte. Für die britische Regierung bedeutete dieser Überfall eine öffentliche Bloßstellung, die den Zweiten Burenkrieg auslöste.

Infolge dieser Katastrophen verschlechterte sich Rhodes' Gesundheitszustand. Nach seinem Tod in der Nähe von Kapstadt wuchs sein Ruf als Paradebeispiel für einen kolonialen Missetäter stetig. Erfreulicher war Rhodes' Testament: Er ließ den größten Teil seines Vermögens für die Gründung des Rhodes Scholarship einsetzen, das Stipendiaten aus dem Commonwealth und anderen Ländern ein Studium an der Universität von Oxford ermöglicht.

futtern Kneipenessen wie Burger, Steaks, (empfehlenswerte) Schweinekoteletts, Pizzas und Pasta. Von Montag bis Samstag wird das Abendessen im etwas vornehmeren angrenzenden Annabell's serviert.

Occidental Grill Bar   KNEIPE **$$**
(☎053-830 4418; Big Hole Complex; Hauptgerichte 60 R; ⊙Mo–Do 9–19, Fr bis 21, Sa bis 18, So bis 17 Uhr) Mit seiner langen Bar, einem Sodabrunnen aus Marmor und Schwarz-Weiß-Fotografien früherer Diamantensucher und Zecher ist dieser Saloon aus der viktorianischen Zeit eine tolle Adresse für eine Pause während einer Tour am Big Hole. Zu essen gibt's eine große Auswahl an Koteletts, außerdem Pizzas und Salate. Um ins Occidental zu kommen, muss man nicht den Eintritt zum Big Hole bezahlen.

Kimberley Club   INTERNATIONAL **$$**
(☎053-802 8200; www.proteahotels.com/kimberley; West Circular Rd; Hauptgerichte 40–100 R) Geschlossene Schuhe und schicke Kleidung sollte man tragen, wenn man inmitten von Rhodes-Erinnerungsstücken im einstigen Gentlemen's Club essen möchte, den er gegründet hat. Heute ist der Kimberley Club ein Boutiquehotel. Auf der erfrischenden Terrasse mit Korbstühlen kann man an heißen Tagen ein leichtes Mittagessen zu sich nehmen. Die Auswahl reicht von Tintenfisch bis zu Karoo-Lammkoteletts.

George & Dragon   KNEIPE **$$**
(☎053-833 2075; 187 Du Toitspan Rd; Hauptgerichte 60 R; ⊙Küche 9.30–22 Uhr) Mit seiner holzvertäfelten Bar, altenglischem Charme, Sport und Rockmusik zieht das George & Dragon viele Gäste an. Montag und Dienstag sind jeweils zwei Burger bzw. Pizzas zum Preis von einem bzw. einer im Angebot. Reserviert man rechtzeitig, kann man hier sonntags zu Mittag essen (49 R).

Gugulethu Kitchen   SÜDAFRIKANISCH **$**
(6A Bean St; Hauptgerichte 40 R; ⊙Mo–Sa 7–19 Uhr) Das Gugulethu wirkt mit seinem Wellblech wie ein Shebeen (Kneipe ohne Schanklizenz) und ist zum Mittagessen eine beliebte Anlaufstelle von Büroarbeitern. Serviert werden verschiedenes Street Food und sättigende Klassiker; am besten fragt man, was es gibt, und entscheidet sich dann dafür – vermutlich ist es Hähnchencurry mit Reis, Knödeln oder *pap* (Maisbrei).

Star of the West   KNEIPE **$**
(North Circular Rd; Hauptgerichte 50 R) Alte Castle-Werbeplakate, ausgetretene Dielen

und Holztische lassen so manche längst vergangenen, wilden Nächte in der Geschichte der alteingesessenen Kneipe von 1870 erahnen. Ein Großteil des Kneipenessens besteht aus Fleisch – es ist bei Kapafrikanern äußerst beliebt.

ⓘ Praktische Informationen

Diamond (Diamantveld) Visitors Centre (☎053-832 7298; www.northerncape.co.za; 121 Bultfontein Rd; ⓧMo–Fr 8–17, Sa bis 12 Uhr) Das Besucherzentrum händigt hilfreiche Broschüren aus.

ABSTECHER

SUTHERLAND

Inmitten der Roggeveld Mountains liegt Sutherland (4000 Ew.), eine hübsche Karoo-*dorpie* (Stadt) mit Häusern, die aus Sandstein gebaut wurden, einer Kirche aus dem 19. Jh. und geschotterten Nebenstraßen. Sutherland liegt rund 1500 m über dem Meeresspiegel und ist der kälteste Ort Südafrikas, in dem jeden Winter eine Schneedecke den Boden bedeckt. Der entsprechend klare Himmel und die wegen der Abgeschiedenheit des Ortes nur sehr geringe Lichtverschmutzung machen Sutherland zu einem hervorragenden Standort zur Erforschung des Sternenhimmels. Auch die Wissenschaft macht sich dies zunutze: SALT (Southern African Large Telescope), das größte Teleskop der südlichen Hemisphäre, steht 18 km östlich der Stadt. Seit 2012 macht das Gebiet bei Carnarvon etwa 250 km nordöstlich von Sutherland 70 % des Square Kilometre Array aus, eines noch im Aufbau befindlichen Radioteleskops, das mit ca. 1 km^2 Sammelfläche aufwarten kann. Das weltgrößte Radioteleskop wird am Ende aus Tausenden von Antennenschüsseln bestehen und soll im Verlauf der nächsten zehn Jahre errichtet werden.

Jurg Wagener (☎023-571 1405; www.sutherlandinfo.co.za; 19 Piet Retief St) bietet montags bis freitags SALT-Führungen an. Interessanter für Amateurastronomen sind die abendlichen Safaris zum Sternebeobachten (60 R), bei denen Jurg mithilfe eines Laserpointers und zweier kräftiger Teleskope die Geheimnisse der Milchstraße und darüber hinaus preisgibt. Einmal im Monat findet Samstagabend Stars to Midnight (100 R) mit einem Abendessen und darauffolgendem Sternebeobachten bis Mitternacht statt.

Zu weiteren Aktivitäten gehören Fahrten mit einem Eselkarren und eine 145 km lange botanische Führung zum Selberfahren, die durch die Roggeveld Mountains und den unteren Teil des Tankwa Karoo führt. In dieser Region findet jedes Jahr eine Wildblumenblüte statt, die den Teppichen rund um von Namaqua (s. S. 491) ähnelt.

Mit einem Auto mit guter Bodenfreiheit kommt man in den 143 600 ha großen **Tankwa Karoo National Park** (☎027-341 1927; www.sanparks.org/parks/tankwa; Erw./Kind 88/44 R; ⓧ6.30–18 Uhr), in dem die Wüstenlandschaften der Tankwa auf die blanken Klippen der Roggevelds stoßen.

Jurg bietet einen **Wohnwagenpark** (Stellplatz 60 R/Pers.) sowie vier **Pensionen** (EZ/DZ inkl. Frühstück 490/780 R) an – darunter ist auch eine niedliche „Honeymoon Suite" in einer Hütte am Stadtrand, außerdem eine ländliche Hütte 2 km von Sutherland entfernt ohne Strom und mit einer offenen Feuerstelle.

Die Restaurants **Perlman House** (☎023-571 1445) und **Cluster d'Hote** (☎023-571 1436) an der Piet Retief St servieren ab 18 Uhr Abendessen. Empfehlenswert sind die Karoo-Lammkoteletts. Die Vegetation der Roggeveld Mountains, die die Tiere fressen, gibt dem Fleisch einen besonderen Geschmack.

In der **Touristeninformation** (☎023-571 1265; www.karoohoogland.co.za; ⓧMo–Fr 8–17, Sa 9–12 Uhr) gibt es eine Liste mit empfohlenen Unterkünften und Restaurants.

Nach Sutherland fahren keine öffentlichen Verkehrsmittel; bei der Unterkunft erkundigten, ob es einen Abhol- und Bringdienst gibt!

Für Autofahrer gibt es nur eine asphaltierte Straße nach Sutherland, nämlich die Rte 354 aus dem 110 km südlich gelegenen Matjiesfontein. Schotterstraßen führen von Calvinia sowie von Loxton über Fraserburg. In der Unterkunft nach dem aktuellen Zustand der Schotterstraßen erkundigen, die bei Regen in Mitleidenschaft gezogen werden können!

Small World Net Café (☎053-831 3484; 42 Sidney St; 30 R/Std.; ⏰Mo–Fr 8–17 Uhr) Langsamer Internetzugang.

ⓘ Anreise & Unterwegs vor Ort

Auto

Avis, Budget, Europcar, First, Hertz, Sixt und Tempest haben Schalter am Flughafen von Kimberley.

Bus

Tickets 4 Africa (☎053-832 6040; tickets4 africa@hotmail.com; Diamond Visitors Centre) Verkauft Tickets für Greyhound, Translux, Intercape und City to City. Die Reise nach/von Kapstadt und Johannesburg dauert jeweils ca. 12 bzw. 17 Stunden.

City to City (www.citytocity.co.za) Fährt täglich von/nach Kapstadt (400 R) und Johannesburg (190 R).

Greyhound (www.greyhound.co.za) Fährt täglich von/nach Kapstadt (500 R) und Johannesburg (335–370 R).

Intercape (www.intercape.co.za) Fährt donnerstags und samstags nach Bloemfontein (340 R, 2 Std.) und freitags und sonntags zurück.

SA Roadlink (☎053-832 9975; www.saroad link.co.za; Diamond Visitors Centre) Fährt täglich von/nach Kapstadt (500 R) und Johannesburg (300 R).

Translux (www.translux.co.za) Fährt täglich von/nach Kapstadt (450 R) und Johannesburg (250 R).

Flugzeug

Zwischen dem Flughafen und dem Stadtzentrum fahren Taxis.

SA Express (☎053-838 3337; www.flyex press.aero) Fliegt von und nach Johannesburg und Kapstadt.

Hamba Nathi (☎053-831 3982; www.hamba nathi.co.za; Diamond Visitors Centre) In diesem Reisebüro bekommt man Tickets.

Taxi

Alpha Taxi (073 925 8695)

Ricky's Taxis (053-842 1764)

Zug

Mehr Informationen zu den folgenden Verkehrsunternehmen s. S. 655.

Shosholoza Meyl (www.shosholozameyl.co.za) Auf dem Weg zwischen Johannesburg und Kapstadt halten die Trans-Karoo-Züge dieses Unternehmens in Kimberley.

Blue Train (www.bluetrain.co.za) Hält für eine Führung durch den Big Hole Complex auf dem Weg von Pretoria nach Kapstadt.

Mokala National Park

Mokala ist in der Sprache der Tswana die Bezeichnung für den Kameldornbaum. Weil der Baum Südafrikas neuestem Nationalpark dominiert, bekam dieser den Namen **Mokala National Park** (☎053-204 8000; www.sanparks.org/parks/mokala; Erw./Kind 88/44 R; ⏰April, Mai & Sept.–Mitte Okt. 6.30–18.30 Uhr, Juni & Aug. 7–18 Uhr, Mitte Okt.–März 6–19 Uhr). Der Park ist geprägt von weiten Grasebenen, felsigen Hügeln und den namensgebenden Kameldornbäumen. Die Wuchsformen des in Südafrika beheimateten Kameldornbaums reichen vom kleinen, dornigen Busch von knapp 2 m Höhe bis zum 16 m hohen Baum mit weit ausladender Krone. Sowohl für die Menschen als auch für die Tierwelt dieser kargen Region spielt das Gehölz eine lebenswichtige Rolle. Mitglieder der einheimischen Volksstämme nutzen sein Harz und seine Rinde, um Husten, Erkältungen und Nasenbluten zu behandeln. Manche rösten sogar die Samen als Kaffeeersatz.

Im 20 000 ha großen Park leben Tiere wie Spitz- und Breitmaulnashörner, Pferdeantilopen, Afrikanische Büffel, Giraffen, Zebras und Kudus.

Zu organisierten Aktivitäten gehören Touren zur Tierbeobachtung und zu Felsritzungen sowie *braais* (Grillen) im Busch.

Die **Mosu Lodge** (Zi. ab 540 R; ❄ ✉) bietet die schicksten Unterkünfte im Nationalpark mit Annehmlichkeiten wie Heizdecken, Kaminen und Satelliten-TV in den luxuriösen Executive-Suites für Selbstversorger. Das schicke **Restaurant mit Bar** (Mittag/Abendessen Hauptgerichte 40/80 R; ⏰Mo–Fr 7–10, 12–14 & 18–21.30, Sa & So ab 8 Uhr) beim Pool serviert Speisen von vegetarischen Pfannengerichten bis hin zu Rehpastete.

Das nahe gelegene **Haak-en-Steek Camp** (1–4 Pers. 875 R) besteht aus einer rustikalen Hütte für Selbstversorger und versteckt sich im Busch. Es hat keinen Strom, blickt dafür aber auf eine Wasserstelle.

Das **Lilydale Rest Camp** (Zi. ab 575 R; ❄) liegt am Ufer des Riet River, an dem man gut fliegenfischen kann. Die Einheiten für Selbstversorger sind tolle Quartiere mitten in der Natur, vor allem die strohgedeckten Hütten. Besucher erwarten atemberaubende Sonnenuntergänge und großartige Nächte unter klarem Sternenhimmel.

Der **Motswedi Campsite** (Stellplatz ab 290 R) nahe Mosi bietet sechs geschützte

Einheiten rund um eine Wasserstelle mit jeweils eigener Küche und Waschhaus.

Der Park liegt 60 km südwestlich von Kimberley an der N12. Beim Schild „Mokala Mosu" biegt man rechts ab und bleibt weitere 21 km auf der Schotterpiste. Man kann den Park durchfahren und durch das Lilydale Gate wieder verlassen, dann fährt man 16 km auf der Schotterpiste weiter und trifft schließlich ca. 40 km südwestlich von Kimberley wieder auf die N12.

Britstown

✆053

Das hübsche, winzig kleine Dörfchen Britstown liegt in einer Schafzuchtregion an der alten „Diamantenstraße" via Kimberley nach Johannesburg.

Die **Transkaroo Country Lodge** (✆053-672 0027; www.transkaroocountrylodge.co.za; B pro Pers. 170 R, EZ/DZ/3BZ/4BZ 500/600/760/890 R; ✱☎) ist eine willkommene Oase bei einer Durchquerung der Karoo. Das **Restaurant** (Hauptgerichte 70 R; 7–21 Uhr) lockt mit ländlich-französischer Atmosphäre, karierten Platzdeckchen, Sitzplätzen im Hof und gesunden Gerichten von Quiche bis Kasserolle. Die gemütlichen Zimmer haben Bettüberwürfe mit Blumenmuster, Satelliten-TVs und Duschen mit Handbrausen. Die Backpacker-Zimmer (Schlafsäle) haben in der Regel Gemeinschaftsbäder, zwei haben jedoch eigene Duschen.

Britstown liegt an der Kreuzung der N10 und der N12.

Victoria West

✆053 / 11 000 EW.

Etwa auf halbem Weg zwischen Johannesburg und Kapstadt liegt Victoria West, eine charmant in die Jahre gekommene alte Eisenbahnerstadt. Reisenden bietet sie vor allem Überachtungsmöglichkeiten auf dem Weg durch die Karoo. Auf jeden Fall kann man hier die frische Landluft genießen und in das Leben einer ländlichen afrikanischen Kleinstadt hineinschnuppern. Auf gewisse Weise scheint hier die Zeit stehengeblieben zu sein.

In der Church St findet man das **Victoria West Regional Museum** (Eintritt frei; ☾Mo–Fr 7.45–13 & 14–16.45 Uhr) zur lokalen Natur- und Gesellschaftsgeschichte, die reizende, weiß getünchte **St. John's Church** (1869), das **Apollo Theatre** (✆079 397 3876; ☾nach

Vereinbarung), ein Jugendstilkino, dessen Originaleinrichtung im Innenraum noch intakt ist, und das **Victoria West Hotel** aus dem späten 19. Jh., das wie ein kolonialer Dinosaurier die Straße dominiert. Das Hotel mit seinen weißen Balkonen beherbergte früher Eisenbahnbarone und – so wird behauptet – die englische Königin Viktoria. Eine Renovierung ist geplant.

In der Church St gibt es vier Pensionen. Die folgenden liegen hinter dem Victoria West Hotel.

De Oude Scholen (✆053-6211043; deoude scholen@telkomsa.net; 1 Auret St; EZ/DZ/FZ ab 350/400/450 R; ✱☎) Ruhige Zimmer mit Fliesenböden, hübschen Bettüberwürfen, Kühlschrank, Mikrowelle und großen Bädern. Angeboten werden Frühstück (60 R), ein leichtes Mittagessen (50 R) und donnerstagabends auch *braai* (90 R).

Das **Kingwill's B&B** (✆053-621 0453; 5 Victoria St; Zi. 400 R; ✱☎) wartet mit geräumigen Einheiten im Garten mit Safe, Mikrowelle und Kühlschrank auf. Auf Bestellung wird Abendessen serviert.

Neben dem Kingwill's liegt das **Karoo Deli** (Hauptgerichte 50 R; ☾Mo–Fr 7–17, Sa bis 13 Uhr). Auf der leichten Speisekarte stehen u.a. warmes Frühstück, Mittagsbuffet und Hauptgerichte wie Lasagne.

In Victoria West gibt's Geldautomaten und eine Werkstatt. Die Stadt liegt an der Kreuzung der N12 und der Rte 63, die Richtung Westen über Loxton, Carnarvon und Williston nach Calvinia führt.

DIE KALAHARI

Eine Reise in die Kalahari ist wie eine Reise in ein anderes Universum – ein surreal anmutendes Erlebnis wie in *Alice im Wunderland*, bei dem alles um einen herum in der glühenden Hitze der Wüste überlebensgroß erscheint. Dieses Gebiet, eine gewaltige Collage aus feurigen Sonnenuntergängen und purpurfarbenen Wanderdünen, aus saftigen grünen Feldern und schäumenden Wasserfällen, aus grandiosen Wildtierreservaten und ordentlichen Weingütern, hinterlässt einen nachhaltigen Eindruck. Wer sich gedanklich vor der Reise schon einstimmen möchte, liest Laurens Van der Posts Bücher zur Kalahari wie etwa *Die verlorene Welt der Kalahari* oder *Durchs große Durstland*.

Die Kalahari erstreckt sich nicht nur in Südafrika, sondern auch über große Teile

Botswanas und bis nach Namibia und Angola. Der südafrikanische Teil der Kalahari ist in zwei ganz verschiedenartige Regionen gegliedert: Die trockenen Halbwüsten- und Wüstengebiete und die bewässerte, fruchtbare „Grüne Kalahari" entlang der Ufer des Senqu (Orange) River. In dieser von der Landwirtschaft geprägten Region findet man Obst und Weingüter statt Dünen, auf denen köstliche Sultana-Trauben gezüchtet und hervorragende Weine gekeltert werden. Doch auch die Grüne Kalahari ist ein Grenzland mit einem umwerfenden nächtlichen Sternenhimmel und einer enormen Weite.

Kuruman

☎ 053 / 9093 EW.

Die raue kleine Bergbaustadt liegt inmitten eines wilden Landes und lädt nicht gerade zum Verweilen ein. Ihre Abgelegenheit macht sie jedoch zu einem natürlichen Streckenposten bei der Durchquerung der Kalahari.

In der hilfreichen **Touristeninformation** (☎ 078 296 3046; Main Rd; ⏰ Mo–Fr 7.30–16.30 Uhr) bekommt man Broschüren und Karten der Kalahari.

Die berühmte natürliche Quelle der Stadt, **Eye of Kuruman** (☎ 053-712 1479; Main Rd; Erw./Kind 11/5,50 R; ⏰ 7–18 Uhr), liegt im Park zwischen Touristeninformation und Palmgate Centre. Die 1801 entdeckte ergiebige Quelle produziert pro Tag ca. 20 Mio. l Wasser – und das ohne Unterbrechung. Der Park ist ein schönes Fleckchen Erde mit einem von Bäumen gesäumten Teich, in dem ziemlich große Fische unter den Seerosenblättern hindurchschießen.

Montags bis donnerstags sind die Unterkünfte wegen der Bergbautätigkeit in der Region gut besucht, deshalb im Voraus buchen!

Das **Riverfield Guesthouse** (☎ 053-712 0003; www.riverfield.co.za; 12 Seodin Rd; EZ/DZ 400/600 R; ❄ ⌨) 2 km nördlich der Stadt bietet gemütliche, geräumige Zimmer in alten Bungalows auf einem begrünten Gelände. Das Frühstück (25 R) ist üppig, und auf Nachfrage werden die Bar und der *braai* eröffnet.

In einem kleinen Einkaufszentrum an der Westseite der Stadt liegt das **Caffe Palermo** (☎ 053-712 3951; 7 Main Rd; Hauptgerichte ab 65 R), ein lohnenswerter Zwischenstopp mit schattigen Sitzplätzen im Freien.

ABSEITS DER STRASSEN: GELÄNDEWAGENTOUREN

Wer die wilde Seite und die spektakulären Landschaften von Northern Cape hautnah erleben möchte, verlässt die befestigten Straßen und folgt staubigen Pisten bis in einige der abgelegensten Ecken Südafrikas. In der Provinz gibt es über 20 ausgewiesene Geländewagenrouten, vor allem in Namaqua, der Kalahari und den zwei grenzüberschreitenden Nationalparks. Generell muss man sich um Genehmigungen und Reservierungen im Vorfeld kümmern. An manchen Routen gibt es einfache Unterkünfte. Telefonisch in lokalen Tourismusbüros nach Preisen und Anforderungen erkundigen!

Auf der langen Speisekarte stehen u.a. Burger, Quiches, Pasta, Salate und mächtigere Gerichte.

Abendessen kann man im **Palmgate Centre** (22 Main Rd) mit einem Supermarkt und einem Restaurant.

Ein Bus von **Intercape** (☎ 0861 287 287; www.intercape.co.za) hält täglich auf der Route zwischen Johannesburg (432–510 R, 7½ Std.) und Upington (351–420 R, 3½ Std.) im Ort.

Moffat Mission

Die London Missionary Society errichtete 1816 die **Moffat Mission** (☎ 053-732 1352; Erw./Kind 10/2 R; ⏰ 8–17 Uhr) für die Arbeit mit den örtlichen Batlhaping. Die 14 ha große Stätte ist nach dem schottischen Missionar Robert Moffat und seiner Frau Mary benannt, die von 1826 bis 1870 hier lebten. Sie bekehrten die Batlhaping zum Christentum, gründeten eine Schule und übersetzten die Bibel ins Tswana. Die Mission wurde zu einem berühmten Zwischenstopp für Entdeckungsreisende und Missionare auf ihrem Weg ins Innere des Kontinents. In der Missionskirche, einem Gebäude aus Stein mit einem Strohdach und 800 Sitzplätzen, heiratete die Tochter der Moffats, Mary, David Livingstone. Zu weiteren Gebäuden gehören das Wohnhaus der Moffats, das Zimmer von Livingstone und eine Textilwerkstatt.

Die Mission ist ein ruhiger und atmosphärischer Ort im Schatten großer Bäume, die einen perfekten Schutz vor der Hitze der Wüste bieten. Sie liegt 5 km nördlich von Kuruman an der Route 31 nach Hotazel und ist von der Stadt aus ausgeschildert.

Witsand Nature Reserve

Das **Schutzgebiet** (☎053-313 1062; www.witsandkalahari.co.za; Erw./Kind 40/20 R; ☺8–18 Uhr) umfasst eine 9 auf 5 km große, 70 m hohe weiße Sanddüne. Sie bildet einen starken Kontrast zu dem roten Sand der umliegenden Kalahari. Als ob das nicht schon genug wäre, kann diese Düne bei heißem, trockenen Wetter auch noch singen. Der Effekt des „tosenden Sands" wird von Luft erzeugt, die den dicht an dicht liegenden Sandkörnern entweicht. Dies erzeugt tiefe, orgelähnliche Töne, die man manchmal bis ins 5 km entfernte Büro des Schutzgebiets hört. Geht man die Düne hinab, ertönt ein leises Stöhnen.

An Aktivitäten werden Wandern, **Sandboarden** (Boards 110 R), **Mountainbiken** (Mountainbikes 100 R) und eine 40 km lange Geländewagentour durch die Dünen angeboten. Bei **geführten Spaziergängen** (kostenlos) zu Sonnenaufgang und nach Einbruch der Dunkelheit erfährt man auf faszinierende Art und Weise viel über die Dünenformationen und trifft ihre Bewohner von Antilopen bis hin zu tanzenden weißen Spinnenweibchen.

Das Buschcamp hat einen Pool und Vier-Sterne-**Hütten** (ab 870 R; ✳) mit Strohdächern. Die gemütlichen mit Schiebetüren, kompakten Zimmern mit dunklem Holz und Gemeinschaftsbädern ausgestatteten Hütten für Selbstversorger haben drei Schlafräume und bieten Platz für bis zu sechs Personen. Das **Paket Kalahari Experience** (1450 R/Pers.) beinhaltet Unterbringung in Hütten mit Vollpension sowie einen geführten Dünenspaziergang. Die **Bungalows** (Erw./Kind 160/80 R) für zwei bis vier Personen sind eher Hütten mit Schlafmöglichkeiten, gemeinschaftlich genutzten Waschstellen und einer Feldküche. Wer möchte, zeltet auf dem **Campingplatz** (Campingplätze pro Erw./Kind 100/60 R). Das **Restaurant mit Bar** (Hauptgerichte 60 R; ☎7–9, 12–14 & 18–20 Uhr) ist nicht besonders gut, jedoch eine Alternative zur Selbstversorgung.

Das Witsand Nature Reserve erreicht man über die N14. Die Abzweigung zum Gebiet liegt rund 5 km südwestlich von Olifantshoek, ca. 400 m südwestlich der Abzweigung nach Postmasburg und 105 km von Kuruman entfernt. Von dort aus führt eine Schotterpiste über 75 km Richtung Südwesten zum Schutzgebiet. Über die R62 kommend, liegt die Abzweigung ca. 60 km östlich von Groblershoop und 5 km östlich von Volop; das Schutzgebiet liegt von dort aus 45 km über die Schotterpiste Richtung Norden. Wenn es nicht kurz zuvor geregnet hat, ist die Piste mit einem normalen Auto mit ausreichend Bodenfreiheit problemlos befahrbar. Telefonisch beim Schutzgebiet erkundigen!

In Witsand gibt es keine Tankstelle.

Upington

☎054 / 53 000 EW.

Upington ist eine wohlhabende, friedliche Stadt am Ufer des Senqu (Orange) River und der zentrale Verkehrsknotenpunkt der Grünen Kalahari. Mit ihren üppigen Gärten und Hunderten von Dattelpalmen eignet sich die Stadt bestens für eine Erholungspause nach einem langen Streifzug durch die Wüste. Allerdings wird im Sommer auch Upington nicht von der sengenden Hitze verschont. Wer gern die abgelegensten Gegenden der Provinz Northern Cape kennenlernen möchte, sich aber nicht auf eigene Faust loszufahren traut, kann hier eine geführte Tour buchen. Breite Boulevards mit vereinzelten Supermärkten und Filialen von Ladenketten durchziehen das Zentrum. Betritt man eine der Seitenstraßen am Fluss, kommt man in eine friedliche Welt mit erfrischenden Ausblicken auf den Fluss und ruhigen Reihen von Palmen.

◉ Sehenswertes & Aktivitäten

GRATIS **Kalahari-Orange Museum**   MUSEUM
(4 Schröder St; Eintritt frei; ☺Mo–Fr 8.30–17 Uhr) Das Museum in der von Reverend Schröder 1875 gegründeten Missionsstation legt seinen Schwerpunkt auf lokale Gesellschaftsgeschichte. Ausgestellt sind Exponate aus dem häuslichen und dem landwirtschaftlichen Bereich. Ein Thema sind auch die sogenannten Upington 26, die während der Apartheid zu Unrecht ins Gefängnis gesteckt wurden.

Sakkie se Arkie   BOOTSFAHRT
(☎082 564 5447; www.arkie.co.za; Park St; Bootsfahrt 80 R; ☺Fr–So 18 Uhr, während der Ferien tgl.) Oben an Deck von Sakkies Kahn kann man die letzten Strahlen der Kalahari-Sonne in sich aufnehmen, während man

Upington

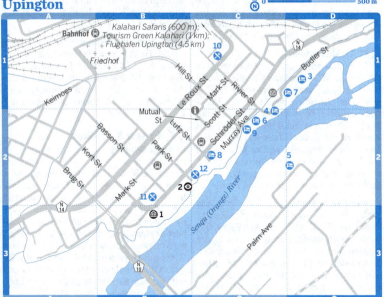

483

den Senqu River (Orange) hinabschippert. Die Dire Straits, kapafrikanischer Pop und ähnliche Klassiker halten die Passagiere auf der zweistündigen Fahrt bei Laune, wenn das Wasser silbrig wird und die Bardame kaltes Bier bereitstellt.

👉 Geführte Touren

Upington ist die beste Adresse, um ein Kalahari-Abenteuer zu organisieren.

Kalahari Safaris ABENTEUERTOUR
(☎054-332 5653; www.kalaharisafaris.co.za; 3 Orange St) Bietet Touren für zwei bis fünf Personen an, u.a. in die Parks Kgalagadi und Augrabies Falls, ins Witsand Nature Reserve und in den Namaqua. Besitzer Pieter wuchs in der Kalahari auf und kennt den Busch wie seine Westentasche. Touren für alle Budgets und Bedürfnisse dauern von einem bis zu sieben Tage.

Kalahari Tours & Travel ABENTEUERTOUR
(☎054-338 0375; www.kalahari-tours.co.za; 12 Mazurkadraai) Bietet Reisen durch die ganze Provinz an, darunter sechs- bis neuntägige Abenteuertouren mit Fahrzeugen mit Allradantrieb durch den Kgalagadi.

Sakkie's Adventures ABENTEUERTOUR
(☎082 564 5447; www.arkie.co.za; Park St) Rafting auf dem Senqu (Orange) River, Touren

Upington

◎ Sehenswertes
1 Kalahari-Orange Museum B3
   Sakkie se Arkie .... (siehe 2)
2 Sakkie's Adventures B2

🛏 Schlafen
3 A Riviera Garden B&B D1
4 Affinity Guesthouse C2
5 Die Eiland Holiday Resort................... D2
6 Le Must River Manor C2
7 Le Must River Residence D1
8 Protea Hotel Oasis C2
9 The Island View House C2

✖ Essen
10 Dros C1
11 Le Must Country Restaurant B2
12 O'Hagan's C2

mit Geländefahrzeugen und Bussen durch den Kgalagadi, Quad-Fahrten und Zeltsafaris nach Riemvasmaak, in den |Ai-|Ais/Richtersveld Transfrontier Park und in den Namaqua.

🛏 Schlafen

Folgende Pensionen an der Budler St und der Murray Ave bieten Ausblick auf den Senqu (Orange) River und haben Gärten zum

Wasser hinaus. Verläuft die Suche nach einem Quartier erfolglos, kann man sich bei der Buchungsagentur Sociable Weaver (054-332 7993) in Upington erkundigen.

Le Must River Residence BOUTIQUEHOTEL $$
(054-332 3971; www.lemustupington.com; 14 Budler St; EZ/DZ inkl. Frühstück ab 890/1180 R; ❄️☂️) Neil Stemmet, der Autor des Kochbuchs *Salt and Pepper*, leitet dieses elegante Boutiquehotel am Fluss mit elf prächtigen Zimmern mit afrikanischen Themen, alten Möbeln und strahlend weißer Bettwäsche. Die Aufenthaltsräume und Terrassen gehen auf einen künstlerischen Garten mit einem Pool im italienischen Stil heraus.

Le Must River Manor PENSION $$
(054-332 3971; www.lemustupington.com; 12 Murray Ave; EZ/DZ inkl. Frühstück ab 680/900 R; ❄️☂️) Der entspannte Frühstücksraum der Pension und die Lounge sind mit antiken und modernen Möbeln eingerichtet. Zimmer fünf und sieben haben Duschen, alle anderen Zimmer Badewannen mit Handbrausen. Zimmer vier hat einen Balkon mit Blick auf den Fluss.

Affinity Guesthouse PENSION $$
(054-331 2101; www.affinityguesthouse.co.za; 4 Budler St; EZ/DZ/FZ inkl. Frühstück ab 550/650/750 R; ❄️☂️) Die Gänge und Treppen müssten mal wieder renoviert werden und es riecht ein wenig nach Putzmitteln, doch das Personal ist hilfsbereit und die Zimmer sind schön. Sie sind mit Kühlschränken, Möglichkeiten zum Zubereiten von heißen Getränken, Flachbild-TVs, neuen Duschen und einem Gemeinschaftsbalkon ausgestattet. Nach einem Zimmer mit Flussblick fragen!

Protea Hotel Oasis HOTEL $$
(054-337 8400; www.proteahotels.com; 26 Schröder St; Zi. ab 1035 R; ❄️☂️📶) Angefangen bei der klimatisierten Rezeption mit Straußeneiern und Kunstobjekten ist das Upington eine der stylishsten Unterkünfte der Stadt. Es liegt gegenüber eines weiteren Protea-Hotels und eines Spur-Restaurants.

Die Eiland Holiday Resort ZELTPLATZ $$
(054-334 0287; www.kharahais.gov.za; Stellplätze ab 93 R, Chalets ab 440 R; ☂️🍴) Eine von Palmen gesäumte Allee führt zur „Insel" in wunderschöner Naturlage am Südostufer des Flusses. Die einfachen Chalets für Selbstversorger sind toll für Pärchen und Familien, haben Küchenzeilen mit Kochfeld und Mikrowelle und winzige Bäder mit Dusche. Braais und Tennisplätze gehören zur Anlage.

The Island View House B&B $$
(054-331 1328; www.islandviewhouse.co.za; 10 Murray Ave; EZ/DZ 420/520 R, Frühstück 60 R; ❄️☂️) Das B&B von Familie Mocké hat moderne Zimmer mit Duschen, eine Gemeinschaftslounge und -küche sowie einen Balkon für alle Gäste.

Essen & Trinken

Le Must Country Restaurant SÜDAFRIKANISCH $$
(054-332 6700; 11 Schröder St; Hauptgerichte 105 R; 12–14 & 18–22 Uhr) Upingtons bestes Restaurant lockt seine Gäste vor allem mit südafrikanischen Spezialitäten wie Biltong-Suppe aus der Kalahari oder Kalahari-Austern (gegrillte Stücke Lammleber) als Vorspeise und *bobotie* (mild gewürztes Curry mit einer gebackenen Kruste aus Eischnee), Springbock-Schenkel und Lamm mit Fetakäse als Hauptgericht. Gegen Ende der Woche muss man reservieren.

O'Hagan's INTERNATIONAL, KNEIPE $$
(054-331 2005; 20 Schröder St; Hauptgerichte 85 R) Für einen Drink zum Sonnenuntergang oder eine Mahlzeit am frühen Abend ist diese irische Kette mit einer Veranda, die auf den Fluss blickt, ungeschlagen. Auf der Karte stehen Pizzas, ein paar Salate, viel Fleisch und wenig Grünzeug: eine gute vegetarische Option ist die Pasta funghi.

Dros KNEIPE, SÜDAFRIKANISCH $$
(054-331 3331; Pick 'n Pay Centre; Hauptgerichte 80 R) In dieser Restaurantkette mit Bar bekommt man vor allem Fleischgerichte, einige Salate, ein paar Seafood-Gerichte und herzhafte Pfannkuchen. An den Wänden sind Weinflaschen übereinander gestapelt, die es ein wenig wie einen Weinkeller wirken lassen. Eine nette kühle Adresse nach einer langen heißen Fahrt.

Praktische Informationen

@lantic Internet Cafe (054-331 2689; 58 Le Roux St; 30 R/Std.)

Tourismusbüro Upington (053-338 7151; www.northerncape.org.za; Town Library Bldg, Mutual St; Mo–Fr 7.30–16.30, Sa 9–12 Uhr) Informationen für Touristen auch unter www.upington.co.za.

Tourism Green Kalahari (054-337 2800; www.greenkalahari.co.za; abseits der Rte 360; Mo–Fr 7.30–16.30 Uhr) Hinter dem CTM.

❶ An- & Weiterreise

Auto

Agenturen wie Avis, Budget und Europcar haben Filialen am Flughafen Upington und in der Stadt.

Bus

Intercape (Lutz St) fährt nach Bloemfontein (340–390 R, 8 Std., Do & Sa), Kapstadt (440–520 R, 12 Std., So–Fr abends); Johannesburg (620–740 R, 11 Std., tgl.) und dienstags, donnerstags, freitags und sonntags nach Windhoek in Namibia (460–540 R, 12 Std.).

Flugzeug

South African Airways (www.flysaa.com) fliegt von/nach Johannesburg und Kapstadt.

Minibus-Taxi

Zu den Fahrtzielen zählt u. a. Springbok (190 R, 4 Std.).

Kgalagadi Transfrontier Park

Eine lange, heiße Straße führt durch glühend rote Dünen von Upington zum magischen **Kgalagadi Transfrontier Park** (☑054-561 2000; www.sanparks.org/parks/kgalagadi; Erw./Kind 192/96 R), einem der letzten großen, unberührten Ökosysteme des Planeten. Kaum setzt man den ersten Fuß in Afrikas ersten grenzübergreifenden Nationalpark, der in Northern Cape an Namibia und im Südwesten Botswanas liegt, versteht man, warum die Reise die Mühen wert war.

Die Kalahari ist ein wildes Land krasser Gegensätze und regelmäßiger Dürren. Wanderdünen rot-weißer Sand umgibt Kameldornbäume und ausgetrocknete Flussbetten. Trotz dieser kargen Landschaft bietet der Park einer faszinierenden Tierwelt einen Lebensraum. Neben Rudeln von schwarzmähnigen Löwen bis hin zu heulenden Tüpfelhyänen leben hier rund 1775 Raubtiere, darunter etwa 200 Geparden, 450 Löwen und 150 Leoparden. Der Khalagadi Transfrontier Park ist eine der besten Adressen der Welt, um Großkatzen zu beobachten, vor allem Geparden. Dazu kommen die wie ein riesiger, orangefarben glühender Ball untergehende Sonne und der samtige schwarze Nachthimmel, der übersät ist mit unzähligen Sternen – kein Wunder, dass man sich hier wie in einem Afrika-Roman fühlt.

Der Park ist mit einer Fläche von 37991 km² (9591 km² davon liegen in Süd-afrika) eines der größten geschützten Wildnisgebiete Afrikas. Antilopen, die in Zeiten der Trockenheit auf der Suche nach Wasser und Futter große Strecken zurücklegen müssen, können ungehindert wandern.

Das semiaride Terrain (mit einer jährlichen Niederschlagsmenge von etwa 250 mm) ist fruchtbarer als es scheint und beherbergt große Populationen von Vögeln, Reptilien, Nagetieren, kleinen Säugetieren und Antilopen. Diese wiederum ernähren eine große Zahl von Raubtieren. Die meisten Tiere zeigen überraschend wenig Scheu gegenüber Fahrzeugen, sodass man außergewöhnlich nah an die wilden Tiere herankommen kann.

Die Landschaft ist gespenstisch schön. Zwischen dem Nossob River und dem Auob River, die beide normalerweise ausgetrocknet sind, erheben sich die Kalahari-Dünen in ihrem charakteristischen Rot (aufgrund des im Sand enthaltenen Eisenoxids). In anderen Gebieten wechseln sich gelblichrosafarbener und grauer Sand ab. Nach den Regenfällen lassen erste grüne Grashalme das Land grünlich schimmern.

Die beste Besuchszeit ist im Winter (Mai–Aug.). Dann ist es am kühlsten (nachts fallen die Temperaturen unter den Gefrierpunkt) und die Tiere zieht es zu den Wasserstellen an den trockenen Flussbetten. Im September und Oktober wird es wärmer, das Wetter bleibt nach wie vor trocken. Zwischen November und April ist Regenzeit. Wenn es regnet, verteilen sich viele der Tiere über die Ebenen, um das frische Weideland zu nutzen, sodass man sie schwerer ausfindig machen kann. Die extreme Sommerhitze mit Temperaturen von über 40 °C im Schatten am Anfang des Jahres zwingt viele Tiere dazu, sich tagsüber in Wasserstellen zu suhlen, sodass man sie leichter beobachten kann. Trotz der hohen Temperaturen im Sommer sind die Unterkünfte im Park während der Schulferien von Anfang Dezember bis Mitte Januar ausgebucht.

❷ Geführte Touren

Die **Tierbeobachtungstouren** (Erw./Kind ab 170/85 R) zu Sonnenaufgang, Sonnenuntergang, in der Nacht und am Vormittag sowie die dreistündigen **Morgenspaziergänge** (Erw. ab 290 R) starten an den Rest Camps. Wir empfehlen eine Tierbeobachtungsfahrt. In Begleitung eines erfahrenen Rangers hat man bessere Chancen, Raubkatzen

NORTHERN CAPE KGALAGADI TRANSFRONTIER PARK

zu sichten. Eine Mindestteilnehmerzahl von zwei Personen ist erforderlich.

Touren in den Park können in Upington (s. S. 482) organisiert werden.

Schlafen & Essen
INNERHALB DES PARKS

Abgesehen von der !Xaus Lodge können Unterkünfte über die Rezeption der South African National (SAN) Parks am Twee Rivieren Gate gebucht werden. Es empfiehlt sich unbedingt, eine Vorausbuchung vorzunehmen.

Die Rest Camps (Lager) haben Läden, in denen einfache Lebensmittel, alkoholfreie Getränke und Alkohol verkauft werden. Sie haben von 7.30 Uhr bis 15 Minuten nach Schließung der Tore geöffnet (die Tore des Nossob und des Mata Mata schließen aber zwischen 12.30 und 13.30 Uhr).

Im Twee Rivieren Rest Camp gibt's das einzige **Restaurant** (Hauptgerichte 85 R; ⊙7.30–10 & 18–21 Uhr) im Park.

Rest Camps

In den Camps stehen eine Auswahl an Chalets, Bungalows und Hütten mit Schlafstätten, Handtüchern, komplett ausgestatteten Küchen, Braais und Bädern zur Verfügung. Das Twee Rivieren Rest Camp hat als einziges rund um die Uhr Elektrizität; alle anderen schalten nachts den Strom ab.

Alle Rest Camps haben **Stellplätze** (1–2 Pers. 180 R, zusätzl. Erw./Kind 58/29 R); in Twee Rivieren gibt's auch günstigere **Stellplätze** (1–2 Pers. 155 R, zusätzl. Erw./Kind 58/29 R) ohne Strom.

Twee Rivieren   REST CAMP $$

(Hütten/Chalets ab 715/1040 R; ❄ ❅) Das größte Camp ist auch das bequemste. Es liegt direkt neben dem Eingang zum Park und bietet die meiste Ausstattung. Die Hütten haben zwischen zwei und vier Einzelbetten, das Chalet hat sechs.

Mata-Mata   REST CAMP $$

(Hütten 615–1710 R; 3½ Std. vom Twee Rivieren Gate; ❄ ❅) Mata-Mata ist umgeben von dornigem Kalahari-Busch und eignet sich hervorragend, um Giraffen zu sehen. Die Chalets mit zwei bis sechs Einzelbetten wurden im Rahmen einer Renovierung 2010 modernisiert.

Nossob   REST CAMP $$

(Chalets/Hütten/Gästehäuser ab 630/1040/1275 R; 4½ Std. vom Twee Rivieren Gate; ❅) Die-

Kgalagadi Transfrontier Park

Schlafen

1	!Xaus Lodge	A4
2	Bitterpan Wilderness Camp	A3
	Stellplätze	(siehe 8)
	Stellplätze	(siehe 7)
	Stellplätze	(siehe 9)
3	Gharagab Wilderness Camp	A2
4	Grootkolk Wilderness Camp	A1
5	Kalahari Tented Camp	A3
6	Kieliekrankie Wilderness Camp	B4
7	Mata-Mata Rest Camp	A3
8	Nossob Rest Camp	B2
9	Twee Rivieren Rest Camp	B4
10	Urikaruus Wilderness Camp	A3

Essen

| | Restaurant | (siehe 9) |

WEINPROBE AM ORANGE RIVER *LUCY CORNE*

Noch nicht so bekannt wie seine Konkurrenz in Western Cape ist das Weinbaugebiet am Ufer des Senqu (Orange) River. Doch mit einem Anteil von derzeit 10 % an der Weinproduktion des Landes setzt es zum Absprung in die vorderen Reihen an. Weinproben verlaufen hier viel entspannter, die Weine sind generell günstiger als in Western Cape, und zwischen den Weingütern von Kakamas und Upington kann man sich wunderbar treiben lassen.

Früher war die **Orange River Wine Cellars Cooperative** (☏054-337 8800; www. owk.co.za) der einzige Weinproduzent. Ein Besuch des Weinkellers in Upington ist ein lohnenswerter Ausflug, doch mittlerweile ist die Kooperative nicht mehr der einzige Hersteller der Region. Tatsächlich haben die folgenden kleineren Weingüter in Familienhand deutlich mehr für Besucher zu bieten.

Bezalel (☏054-491 1325; www.bezalel.co.za) 25 km westlich von Upington an der N14 bietet die wohl vielfältigste Weinprobe des Landes an. Man „arbeitet" sich durch Wein, Portwein, Brandy sowie verschiedene Sahneliköre und kippt ohne das Gesicht zu verziehen in einem Zug einen *mampoer* (Schwarzgebrannten) hinunter. Ferner gibt es ein Restaurant und einen charmanten Hof, in dem man das Tröpfchen seiner Wahl genießt.

Die Mas van Kakamas (☏054-431 0245; www.diemasvankakamas.co.za) experimentiert mit einer größeren Traubenvielfalt als andere Weingüter der Region, doch die Weine *jerepigo* und *hanepoot*, für die der Senqu (Orange) River bekannt ist, sind noch immer die besten auf dem Markt. Führungen über das Gut und Degustationen finden täglich statt (Reservierung zwingend erforderlich). Hat man einen über den Durst getrunken, kann man hier auch übernachten.

---

ses Camp liegt im trockenen Flussbett des Nossob inmitten der Baumsavanne und eignet sich gut, um Raubtiere zu beobachten. Die Chalets haben zwischen zwei und sechs Betten, die Gästehäuser vier und die Hütte hat sechs.

Wilderness Camps

Die abgelegenen Camps ermöglichen es ihren Gästen, ganz im Einklang mit der Natur zu leben. Die Camps sind nicht eingezäunt, sodass Tiere hineinspazieren können – ein rund um die Uhr anwesender Ranger passt auf. Wichtig ist es, ausreichende Mengen Benzin bzw. Diesel, Trinkwasser und Holz bzw. Kohle für den Braai mitzubringen. Im Voraus reservieren, da die Camps schnell ausgebucht sind!

Bitterpan　　WILDERNESS CAMP **$$**
(Hütten für 2 Pers. 945 R; 3½ Std. ab Nossob) Die Pfahlhütten stehen in einem sehr abgelegenen Abschnitt des Parks und bieten einen hervorragenden Blick in die Ebene auf den Sonnenuntergang. Zum Camp führt eine schlechte Einbahnstraße ab Nossob, die man nur mit einem Geländewagen bewältigen kann.

Gharagab　　WILDERNESS CAMP **$$**
(Hütten für 2 Pers. 965 R; 3½ Std. ab Nossob) Inmitten von Kameldornbäumen und grasbedeckter Savanne liegen die Pfahlhütten mit

Blick auf die roten Dünen. Das abgelegene Fleckchen, das man nur mit einem Geländefahrzeug über eine Einbahnstraße von Union's End aus erreicht, lockt mit Holzterrassen mit Blick auf eine Wasserstelle, die häufig von braunen Hyänen besucht wird.

Kalahari Tented Camp　WILDERNESS CAMP **$$**
(Zelte für 2–4 Pers. ab 1070 R; 3½ Std. vom Twee Rivieren Gate; ☒) Zwischen dem luxuriösesten Wilderness Camp des Kgalagadi Transfrontier Parks und dem nahen Mata-Mata liegen Welten. Die 14 Wüstenzelte auf Pfählen aus Holzbalken, Sandsäcken und Zelttuch sind rustikal möbliert und bieten einen Blick auf eine Wasserstelle im Bett des Auob River. Nur in diesem Wilderness Camp sind Kinder unter 12 Jahren erlaubt.

Grootkolk　　WILDERNESS CAMP **$$**
(Hütten für 2 Pers. 1050 R; 3 Std. ab Nossob) Inmitten von roten Sanddünen verstecken sich die Wüstenhütten des Grootkolk, die mithilfe von Sandsäcken und Zelttuch errichtet wurden – ein ganz neues Schlaferlebnis. Und als wären die Sterne und die Stille nicht schon genug, kann man an der Wasserstelle auch oft Raubtiere beobachten.

Kieliekrankie　　WILDERNESS CAMP **$$**
(Hütten für 2 Pers. 1050 R; 1½ Std. vom Twee Rivieren Gate) Die vier Hütten des Kieliekran-

kie liegen versunken in einer der höchsten Dünen des Parks und bieten einen Panoramablick auf den roten Sand und eine Wasserstelle. Dieses Wilderness Camp liegt am nächsten an Twee Rivieren.

Urikaruus
WILDERNESS CAMP $$

(Hütten für 2 Pers. 1050 R; 2½ Std. vom Twee Rivieren Gate) Die vier Stelzenhütten liegen am Ufer des Auob River inmitten von Kameldornbäumen und sind über Holzstege miteinander verbunden. Das Urikaruus hat Blick auf eine Wasserstelle im Flussbett und ist das zweitnächste Wilderness Camp von Twee Rivieren aus.

!Xaus Lodge
INDIGENE KULTUR $$$

(☏ 021-701 7860; www.xauslodge.co.za; Vollpension EZ/DZ 4030/6200 R; 3 Std. vom Twee Rivieren Gate; ✉) Die Besitzer der Lodge sind Angehörige des Volkes Khomani San (Buschmänner) und der Mier. Das !Xaus wurde 2007 nach einem bahnbrechenden Abkommen eröffnet, in dessen Folge man das Stammesgebiet, das 1931 in den Park integriert wurde, seinen ursprünglichen Bewohnern zurückgab. Roter Sand prägt die Umgebung des Anwesens, von dem aus der Blick weit über eine riesige Salzpfanne reicht. Die fantasievoll dekorierten Chalets haben Veranden mit Blick auf eine Wasserstelle. Riesige Fenster, eine einzigartige Holzarchitektur und ein Schwimmbecken zeichnen das geräumige Haupthaus aus. Der Schwerpunkt der Aktivitäten im !Xaus liegt auf Wüstenwanderungen zu Einbruch der Dunkelheit mit den besten Fährtenlesern der Welt, den Khomani San, und Treffen mit einheimischen Kunsthandwerkern. Im Preis enthalten sind alle Aktivitäten sowie An- und Abreise mit Geländewagen durch die Dünen von der Straße im Flussbett des Auob aus. Kinder bekommen bis zu 70% Ermäßigung.

AUSSERHALB DES PARKS
An der R360 zwischen Upington und dem Twee Rivieren Gate gibt es zahlreiche Unterkünfte. Neben dem Molopo betreibt Northern Cape Famous Lodges auch die Vischgat Game Lodge und das Elandspoor Bush Camp, die beide rund 120 km südlich von Twee Rivieren liegen.

Wer spätnachmittags ankommt, verbringt die Nacht vielleicht besser außerhalb des Parks, um die Tagesgebühr zu sparen.

Molopo Kalahari Lodge
LODGE $$

(☏ 054-511 0008; www.ncfamouslodges. co.za; R360; Stellplätze 300 R, EZ/DZ/FZ ab 465/640/800 R, Frühstück 65 R; ✳ @ ✉) Rund 60 km südlich von Twee Rivieren gelegen, ist Molopo ein hübsches Anwesen im traditionellen afrikanischen Safarilodge-Stil. Die *rondavels* (runde Hütten mit kegelförmigen Dächern) sind mit Kühlschränken und Badewannen mit Handbrausen ausgestattet – eine prima Adresse für Budgetreisende. Freundlicher sind die gemauerten Chalets mit Duschen und Kunstwerken der Khomani San. Das strohgedeckte Hauptgebäude hat eine Lounge und ein Restaurant (Hauptgerichte 90 R) und ist ein guter Anlaufpunkt vor oder nach dem Besuch des Parks. Serviert werden fleischhaltige Gerichte, Kalahari-Körbe und getoastete Sandwiches. Es gibt eine Tankstelle, Schulkinder übernachten zum halben Preis.

Kalahari Trails
LODGE $$

(☏ 054-511 0900; www.kalahari-trails.co.za; Rte 360; Zeltplätze 50 R, EZ, EZ/DZ ab 300/500 R) Dieses private Naturschutzgebiet 35 km südlich von Twee Rivieren wird von Säugetieren wie Hyänen bis hin zu Honigdachsen bewohnt. Hier kann man die Kalahari zu Fuß erkunden. Gäste können auf eigene Faust durch die Dünen stapfen, während auf geführten Spaziergängen und Fahrten sowohl tagsüber als auch nachts die Gegend erkundet wird. Die preiswerteren Zimmer haben Gemeinschaftsbäder, außerdem gibt's Safarizelte und ein Chalet für Selbstversorger.

❶ Praktische Informationen

Die Tore sind zwischen 5.30 und 7.30 Uhr geöffnet und schließen zwischen 18 und 19.30 Uhr. Die Öffnungszeiten ändern sich je nach Saison, orientieren sich jedoch generell an Sonnenaufgang und Sonnenuntergang.

Am Twee Rivieren Gate befinden sich die Rezeption der South Africa National (SAN) Parks sowie die südafrikanische Einreisestelle (geöffnet von 7.30–16 Uhr), die Polizei und die Grenzpolizei. Botswana Wildlife und die Einreisestelle von Botswana sowie die Polizei sind ebenfalls hier ansässig.

Twee Rivieren hat öffentliche Telefone und ein Handynetz.

In allen Rest Camps gibt es Schautafeln zu den Wildtieren des Kgalagadi Transfrontier Park. Auch in Twee Rivieren steht eine Infotafel in der Nähe des Ladens, der man entnehmen kann, welche Tiere kürzlich gesehen wurden.

Wer auf die botswanische Parkseite vordringen möchte, benötigt ein Geländefahrzeug. Die Unterbringung erfolgt in nicht eingezäunten

Camps. An den zwei Toren in Botswana, Mabuasehube und Kaa, gibt es Campingplätze. Diese bucht man im Voraus bei **Botswana Wildlife** (✆267 653 0226; dwnp@gov.bw; Gabarone). Wer den Park über Mabuasehube oder Kaa verlassen möchte, muss die Grenzformalitäten in Twee Rivieren erledigen und mindestens zwei Nächte im Park bleiben.

Wer durch das Mata-Mata Gate des Kgalagadi Parks nach Namibia einreisen möchte, muss mindestens zwei Nächte im Park bleiben. Seinen Pass muss man sowohl bei der südafrikanischen Einreisestelle in Twee Rivieren als auch bei der namibischen Einreisestelle in Mata-Mata vorzeigen.

❶ Anreise & Unterwegs vor Ort

Das Twee Rivieren Gate liegt 270 km nordwestlich von Upington an der geteerten R360.

Im Park selbst dürfen die Besucher nur vier Schotter-/Sandstraßen befahren: Zwei führen durch die ausgetrockneten Flussbette der Flüsse Nossob und Auob, zwei weitere verbinden die Flussbette miteinander. Nach Möglichkeit sollte man einmal auf einer dieser Verbindungsstraßen fahren, denn dort ist der ungehinderte Blick in die leere Weite der Kalahari unglaublich.

Die Straßen sind mit einem Pkw passierbar, man muss jedoch vorsichtig sein. Beim Anhalten nicht zu weit von der Straße herunterfahren, denn sonst läuft man Gefahr, wegzurutschen oder im Sand steckenzubleiben. Vorsicht auch vor Stellen mit tiefem Sand und losem Schotter, durch die Kurven sehr gefährlich werden können!

Gegen einen Aufpreis kann man auch Strecken für Fahrzeuge mit Allradantrieb benutzen.

Benzin und Diesel erhält man in den Rest Camps. Es ist wichtig, ausreichend Wasser mitzuführen, da man bei einer Panne eventuell länger auf Hilfe warten muss.

Das Tempolimit liegt bei 50 km/h. Unbedingt ausreichend Zeit für die Fahrt zu den Camps einrechnen, da man nach Einbruch der Dunkelheit nicht mehr mit dem Auto unterwegs sein darf!

Besucher müssen immer im Auto bleiben – abgesehen von den sechs ausgewiesenen Picknickbereichen und den Unterkünften.

Keimos & Kakamas

054

Wer gern die Weine aus Northern Cape probieren möchte, kann die idyllischen und ruhigen ländlichen Dörfer Keimos und Kakamas ansteuern. Sie sind die Tore zur Senqu (Orange) River Wine Route (s. Kasten auf S. 487).

ABSTECHER

RIEMVASMAAK

Von Kakamas führt eine geteerte Straße 55 km Richtung Nordwesten nach Riemvasmaak. Das abgelegene Dorf liegt irgendwo mitten in einer 74 000 ha großen rauen Mondlandschaft, in der das Licht intensiv ist und dadurch fast schon überirdisch wirkt. In dieser Bergwüstenwildnis sind nach wie vor Eselkarren das Hauptverkehrsmittel durch die rissige, weitläufige Fläche aus orangefarbenem Gestein und Sand. Halbnomadisch lebende Einheimische hüten ihre Schafe und Ziegen wie es ihre Vorfahren schon über Jahrhunderte taten.

1973 ließ die Regierung der Apartheid die örtlichen Gemeinden der Xhosa und Nama jeweils nach Eastern Cape und Namibia umsiedeln, um das Land in ein militärisches Trainingsgebiet zu verwandeln. Im Zuge des Übergangs in die Demokratie 1994 setzte Südafrikas Regierung alles daran, die Umgesiedelten zur Rückkehr nach Riemvasmaak zu bewegen. 2002 bekamen die vertriebenen einstigen Bewohner Landstücke übertragen. Das war die Geburtsstunde der von der Gemeinde betriebenen Tourismusinitiative.

Riemvasmaak ist bis heute ein armes Dorf, das von der selbstversorgenden Landwirtschaft lebt. Unternehmungslustigen Reisenden hat der Ort jedoch eine Menge zu bieten: drei anspruchsvolle **Geländewagenrouten** (41 km, 49 km und 79 km), Möglichkeiten zum Wandern, Mountainbiken (auf dafür vorgesehenen Wegen), Abseilen, das Beobachten von Vögeln, Ausflüge mit dem Eselkarren und Thermalquellen. Unmittelbar unterhalb des Dorfs liegt die felsige Schlucht des Molopo River.

Entlang der Wege gibt es ausgewiesene **Campingplätze** (ab 50 R), außerdem **Chalets** (ab 375 R) in der Schlucht. Clarissa Damara im **Riemvasmaak Community Centre** (✆054-431 0945, 083 873 7715) kontaktieren, um Aktivitäten, Unterkünfte und Führer zu buchen!

Das **Kalahari Gateway Hotel** (☎054-431 0838; www.kalaharigateway.co.za; Kakamas; EZ/Zi. ab 520/760 R; ✴✴) hat leicht in die Jahre gekommene, aber geräumige Zimmer mit Annehmlichkeiten wie Kühlschrank und TV. Im **Restaurant mit Bar** (Hauptgerichte 75 R, ⊙7–22 Uhr) gibt's die erste Sushibar der Provinz Northern Cape. Die Speisekarte ist fleischlastig und es gibt Kinderteller. Zu den angebotenen Aktivitäten gehören Rafting auf dem Fluss, Schiffstouren und Abseilen.

Augrabies Falls National Park

☎054

Wenn der Wasserfall, nach dem dieser **Park** (☎054-452 9200; www.sanparks.org/parks/augrabies; Erw./Kind 108/54 R; ⊙7–18.30 Uhr) benannt ist, in der Regenzeit mächtig anschwillt, ist sein donnerndes Brausen wirklich spektakulär. Der sechstgrößte Wasserfall der Welt wird gespeist vom Senqu (Orange) River, der in eine 18 km lange Schlucht mit 200 m hohen Klippen donnert. Der Hauptfall hat eine Länge von 56 m, der angrenzende Bridal Veil Falls stürzt 75 m in die Tiefe. Vom Besucherzentrum zu den sechs Aussichtsplattformen ist es nur ein kurzer Fußweg. Zum Zeitpunkt der Recherche waren jedoch drei von ihnen durch Überschwemmungen zerstört.

Im Park herrscht ein raues Klima mit einer jährlichen Niederschlagsmenge von nur 107 mm und Tagestemperaturen, die im Sommer bis zu 46 °C erreichen. Auf beiden Seiten des Flusses liegen faszinierende Wüsten- und Flussökosysteme mit Köcherbäumen (*kokerboom aloes*), Namaquafeigen, Dornbäumen und Sukkulenten. Im 50 000 ha großen Park leben 52 Säugetierarten, darunter Giraffen, mehrere Antilopenarten, Kapotter und vom Aussterben bedrohte Hartmann-Bergzebras; zu den Raubtieren gehören Karakale, Schabrackenschakale, Falbkatzen und Leoparden, die sich nur selten zeigen.

🏃 Aktivitäten

Wanderwege WANDERN
Der dreistündige, 5 km lange **Dassie Trail** führt zu Aussichtspunkten und über Teile des längeren Klipspringer Trail. Eine weitere Rundtour ist der dreitägige, 40 km lange **Klipspringer Trail** (190 R/Pers.; ⊙April–Mitte Okt.), der am Südufer des Senqu (Orange)

River entlangführt. Unterwegs übernachtet man in rustikalen Hütten mit Stockbetten, Toiletten, Trinkwasser, Feuerholz und rudimentären Kochutensilien. Elektrizität und Duschen gibt es nicht. Die Wanderung wird ab einer Teilnehmerzahl von zwei Personen durchgeführt. Eine Reservierung ist unbedingt erforderlich.

Kalahari Outventures RAFTING, KAJAKFAHREN
(☎082 476 8213; www.kalahari-adventures.co.za; Augrabies) Bietet Touren auf dem Senqu (Orange) River an. Die Parade-Raftingtour Augrabies Rush (315 R/Pers., 4 Std.) führt durch einem 9 km langen Flussabschnitt innerhalb des Parks mit Stromschnellen der Schwierigkeitsgrade 2 und 3 und endet 300 m oberhalb der Hauptfälle. Der Veranstalter bietet auch Flussexpeditionen mit einer oder mehreren Übernachtungen an – z. B. eine fünftägige Tour, die Riemvasmaak und den Kgalagadi Transfrontier Park einschließt.

Autorouten AUTOTOUR
Mit dem Auto kann man eine rund 10 km lange Strecke entlang der Schlucht vom Besucherzentrum bis zu den Aussichtspunkten bei **Ararat** und **Oranjekom** zurücklegen. Für die Weiterfahrt braucht man einen Geländewagen.

Nachtfahrt AUTOTOUR
(20 R/Pers.; ⊙19 Uhr) Auf der zweistündigen Tour beobachtet man nächtlich aktive Tiere unter dem Sternenhimmel.

🛏 Schlafen & Essen

Augrabies Falls Lodge & Camp HOTEL $$
(☎054-451 7203; www.augfallslodge.co.za; R359; EZ/DZ ab 365/530 R, Frühstück 35 R; ✴) Eine der zahlreichen Optionen an der Straße, die zum Park führt, ist dieses Hotel in einem Gebäude aus den 1950er-Jahren, das 8,5 km vom Tor entfernt ist. Die geräumigen Zimmer sind schön möbliert und haben Balkone mit Blick auf die ländliche Gegend. Im Inneren ist es teilweise etwas düster, jedoch wurde das Hotel modernisiert und mit afrikanischer Kunst dekoriert. Gästen stehen ein **Restaurant** (Hauptgerichte 70 R), eine Bar und ein Zimmer für Selbstversorger für vier Personen (650 R) zur Verfügung.

AN Parks CHALET, ZELTPLATZ $$
(☎) (Zeltplätze ab 165 R, Chalets mit 2BZ/DZ ab 700/805 R, Hütten ab 1365 R; ✴✴) Innerhalb des Parks nahe den Wasserfällen gelegen, bietet diese Anlage für Selbstversorger Chalets und Familienhütten mit Klappsofas,

sodass auch weitere Kinder Platz finden. Die Hütten haben zwei Schlafzimmer mit je zwei Einzelbetten oder einem Doppelbett. Wer allein reist, muss den Preis für ein Doppelzimmer oder ein Zimmer mit zwei Einzelbetten zahlen. Außerdem gibt es einen Campingplatz mit Waschstellen. Das Restaurant (Hauptgerichte Mittag-/Abendessen 55/100 R; 7–20 Uhr) ist verglichen mit vielen anderen in den Parks und Naturschutzgebieten beeindruckend und bietet eine gute Auswahl an Gerichten. Im gut bestückten Laden werden Lebensmittel, alkoholische Getränke, Feuerholz und Holzkohle verkauft.

 An- & Weiterreise

Der Park liegt 39 km nordwestlich von Kakamas; man fährt zunächst 8 km auf der N14 in westliche Richtung, dann weiter auf der R359 nach Nordwesten. Man braucht ein eigenes Fahrzeug; alternativ ist der Park eine Station der geführten Touren von Upington und Kakamas aus.

NAMAQUA

Ein endlos weiter Horizont und eine schroffe Landschaft prägen das Namaqualand im zerklüfteten Nordwesten von Northern Cape, dem wahrhaften Wilden Westen Südafrikas. Die Straßen scheinen sich endlos durch weite, menschenleere Gegenden zu ziehen und brütendheiße Tage führen zu dramatisch ruhigen und totenstillen Nächten, in denen die Sterne größer und heller zu sein scheinen als anderswo. Hier gibt es viel zu erleben, von der Erkundung der nebligen, mit Schiffswracks übersäten Diamantenküste am westlichsten Ende des Landes bis hin zu Autotouren durch die Bergwüste des abgelegenen |Ai-|Ais/Richtersveld Transfrontier Park, in dem man sich wie auf einem anderen Planeten fühlt.

In Namaqua scheint es auch einen erfahrenen Zauberer zu geben, der jedes Frühjahr mit seinem Lieblingstrick das Land verzaubert. Mit einem Schlag vertreibt er den Winter und überzieht die ausgedörrte Wüste mit einem spektakulären farbenprächtigen Meer aus Wildblüten.

Der Name der Region stammt von den Nama (auch bekannt als Namkwa oder Namaqua), was „Volk der Nama" bedeutet), einem Khoekhoen-Stamm aus dem Nordwesten Namaquas (früher auch Namaqualand genannt), der für seine Fertigkeiten bei der Kupferbearbeitung bekannt ist.

Springbok & Umgebung

027

Springbok schmiegt sich in ein Tal, das von schroffen, felsigen Hügeln umgeben ist, die alljährlich im Frühjahr mit regenbogenfarbenen Wildblumenteppichen überzogen sind. Außerhalb der Blütezeit gibt's hier wenig zu tun, obwohl die Abgeschiedenheit der Stadt, die karge Landschaft und mehr als 300 Sonnentage durchaus ihren Reiz haben. Springbok liegt rund 550 km nördlich von Kapstadt und 115 km südlich des Grenzübergangs Vioolsdrif nach Namibia. Von dort aus sind es weitere 550 km nach Windhoek (Namibia).

Springbok hat sich von einer zwielichtigen Grenzstadt in ein belebtes Servicezentrum für die Kupfer- und Diamantenminen von Namaqua entwickelt. Einmal in der Woche kommen die Boers mit ihren *bakkies* (Pick-ups) aus den abgelegenen ländlichen Gegenden zum Einkaufen in die Hauptstraße. In Springbok kann man prima verschnaufen und Dinge erledigen, bevor man sich wieder in die Wildnis hinausbegibt.

Sehenswertes & Aktivitäten

Goegap Nature Reserve NATURSCHUTZGEBIET
(027-718 9906; Eintritt 15 R; 7–16 Uhr) Das aus 150 000 ha Halbwüste bestehende Naturschutzgebiet liegt 15 km östlich von Springbok hinter dem Flughafen. Innerhalb seiner Grenzen wurden über 600 endemische Pflanzenarten, 45 Säugetierarten und rund 94 Vogelarten gezählt. Während der Wildblumenblüte gehört es zu den schönsten Plätzen der Region, um einen Spaziergang zu machen. Es gibt zwei **Rundwanderwege** von 4 bzw. 7 km Länge. Einen Besuch wert ist auch der **Hester Malan Wildflower Garden** mit einem Steingarten und endemischen Sukkulenten wie Köcherbäumen und Halfmens. Ein 13 km langer Rundweg ist für Geländefahrzeuge und Mountainbikes zugänglich. Übernachten kann man in schlichten **Hütten** (100 R) mit vier Betten oder man nutzt die **Stellplätze** (30 R).

Autorouten FAHREN, NATUR
Die felsigen Hügel rund um das Dorf **Nababeep** im Kupferbergbaugürtel der Region verwandeln sich während der Frühlingsblüte in ein Meer aus Blumen. Die Strecke ins 16 km nordwestlich von Springbok gelegene Nababeep führt über die N7 und

DIE WILDBLUMEN VON NAMAQUA

Die meiste Zeit des Jahres zeigt sich Namaqua als lebensfeindliches Ödland, in dem nur die robustesten Sträucher überleben können. Aber mit dem Regen des Winters verwandelt sich das trockene Land in ein Kaleidoskop aus Farben, da Gänseblümchen, Stauden, Aloen, Lilien und viele andere endemische Blumenarten den Boden wie ein Teppich bedecken. Insgesamt wachsen etwa 4000 Pflanzenarten in der Region. Zu dieser Zeit kommen Besucher aus aller Welt in diese sonst oft vergessene Ecke Südafrikas.

Die Qualität der Blüten und die beste Zeit für den Besuch hängen von den Regenmengen ab und ändern sich von Jahr zu Jahr. Die generell größte Chance, die Blumen zur schönsten Blütezeit zu sehen, besteht zwischen Mitte August und Mitte September (manchmal beginnt die Blütezeit schon Anfang Aug. oder dauert bis Mitte Okt.). Auch die besten Wildblumengebiete sind jedes Jahr verschieden, sodass man sich vor Ort nach dem besten erkundigen sollte.

Die meisten Wildblumenarten stehen unter Naturschutz, und das Pflücken kann hohe Geldstrafen nach sich ziehen.

durch ein besonders schönes Blumengebiet. Wen es nicht weiter in die Natur hinauszieht, der holt sich in der Touristeninformation von Springbok eine Broschüre für den mehrtägigen **Namakwa 4x4 Trail**. Unterwegs gibt es Stellplätze. Für beide Pakete braucht man Genehmigungen. Eine der Touren führt von Vioolsdrif aus Richtung Westen. Richtersveld Challenge im Cat Nap Accommodation (s. rechte Spalte) vermietet Geländefahrzeuge.

GRATIS **Namakwaland Museum** MUSEUM
(☎027-718 8100; Monument St; ◷Mo–Do 8–13 & 14–17, Fr bis 16 Uhr) In den 1920er-Jahren lebten viele Juden in Springbok, die in der Region Handel trieben. Die meisten von ihnen sind weggezogen und ihre Synagoge (erbaut 1929) wurde in das kleine Museum der Stadt umgewandelt.

🛏 Schlafen

Während der Wildblumenblüte sind die Unterkünfte in Springbok schnell ausgebucht und die Preise steigen.

Annie's Cottage PENSION $$
(☎027-712 1451; www.springbokinfo.com; 4 King St; EZ/DZ inkl. Frühstück 1000/1200 R; ❋🐾) Mit einer Veranda mit Blick auf einen Brunnen, Farne und Palmwedel inmitten eines grünen Gartens ist Annie's eine der wenigen Unterkünfte in Springbok, die zum Verweilen einladen. Die elf kunstvoll, individuell eingerichteten Zimmer sind fast schon kitschig, aber der Dachboden und die Zimmer im Afro-Stil sind eine gute Wahl. Nachmittags werden Tee und Kuchen serviert und es gibt ein Zimmer für Selbstversorger.

Mountain View PENSION $$
(☎027-712 1438; www.mountview.co.za; 2 Coberg Ave; Zi. inkl. Frühstück 900 R; ❋🛜🏊) Das Mountain View liegt ruhig mit Blick auf die Berge. Einige der Vier-Sterne-Zimmer gehen zum Garten hinaus, von dem aus man zum Pool kommt, der einen traumhaften Ausblick bietet. Im Hauptgebäude gibt's weitere Zimmer, einen Loungebereich und einen Frühstücksraum. Alles wirkt gemütlich und gleichzeitig durch und durch elegant.

Cat Nap Accommodation HOSTEL $
(☎027-718 1905; richtersveld.challen@kingsley. co.za; Voortrekker St; B 150 R, EZ 180–280 R, DZ 360–420 R; ❋) Die Wände dieses geräumigen alten Hauses zieren Naturfotos und Original-Kunst. Die Zimmer sind gemütlich mit afrikanischen Themen eingerichtet. Es gibt eine Küche für Selbstversorger und einen Schlafsaal mit Betten in der Scheune, in der es im Sommer aber sehr heiß wird.

Old Mill Lodge PENSION $$
(☎027-718 1705; www.oldmilllodge.com; 69 Van Riebeeck St; EZ 500 R, DZ & 2BZ 600 R, Frühstück 50 R; ❋@🏊) Die elf schönen Zimmer mit moderner Kunst liegen in einem friedlichen Garten unterhalb eines Hügels an einer ruhigen Seitenstraße. Die Bäder sind größer als üblich. Die meisten haben sowohl Duschen als auch Badewannen. Während der Blumenblüte werden Ausflüge organisiert.

Springbok Lodge PENSION $
(☎027-712 1321; sbklodge@intekom.co.za; 37 Voortrekker St; EZ 250–300 R, DZ 375–425 R, Hauptgerichte 60 R; ❋) Springboks Minidorf aus weiß getünchten Häusern aus den

1920er-Jahren liegt hügelaufwärts in Richtung der Kirche. Alle Häuser bieten sechs ruhige, spärlich eingerichtete Zimmer mit TV, Ventilator und der Möglichkeit, Heißgetränke zuzubereiten. Die teureren haben Klimaanlagen und einen Barkühlschrank. Im Hauptgebäude, das mit allerlei Gegenständen von Nummernschildern bis hin zu Antilopenköpfen verziert ist, findet man außerdem einen Zeitschriftenladen, einen Buchladen und ein Café-Restaurant.

✕ Essen

Tauren Steak Ranch STEAKHOUSE $$
LP TIPP (☏027-712 2717; 2 Hospital St; Hauptgerichte 100 R; ⊙Mo–Fr 11.30 Uhr–open end, Sa 18 Uhr–open end) Ein Paradies für Fleischliebhaber: Im Tauren bekommt man bis zu 1 kg schwere Steaks mit leckeren Belägen wie Blauschimmelkäse und Biltong. Außerdem gibt's diverse Klassiker wie Burger, Surf & Turf, Pizzas mit Biltong und *boerewors* (Bauernwurst). Es gibt einige wenige vegetarische Gerichte. Lokaler Geheimtipp ist die „Pizza Schnitzel". Das Ambiente ist ländlich-entspannt, im Hintergrund läuft *boeremusiek* und die Wände zieren Fotos von Köcherbäumen.

Melkboschkuil Plaaskombuis BOEREKOS $$
(☏083 255 7689; Voortrekker St; Hauptgerichte 75 R; ⊙Mo–Fr 7.30–21, Sa bis 14 Uhr) In dieser *plaaskombuis* (Bauernküche) bekommt man herzhafte Gerichte wie *braaivleis* (Grillfleisch), *potjiekos* (langsam gegarter Eintopf), Steaks, Burger und Salate inmitten traditioneller Räumlichkeiten mit offenliegenden Holzdielen, Kommoden und einer Terrasse.

Titbits Restaurant CAFÉ $$
(☏027-718 1455; Ecke Namaqua St & Voortrekker St; Hauptgerichte 90 R; ⊙Mo–Sa 8–22, So 12–22 Uhr) Die Wände dieses einfachen Cafés sind mit Blumenbildern aus der Region geschmückt. Auch auf der Terrasse im Freien kann man speisen. Auf der Speisekarte stehen neben Sandwiches, Steak, Pasta, Pizza und Frühstück auch ein paar Gerichte für Kinder und Vegetarier.

❶ Praktische Informationen

Something Online (☏027-712 2561; 57 Voortrekker St; 60 R/Std.; ⊙Mo–Do 8–17, Fr 8–16 Uhr) Internetzugang.

Touristeninformation (☏027-712 8035; www.northerncape.org.za; Voortrekker St; ⊙Mo–Fr 7.30–16.15, Sa & So 9–12 Uhr)

❶ An- & Weiterreise

Namakwaland Taxi Association (☏027-718 2840; Ecke Namaqua St und Van der Stel St) Minibus-Taxis fahren nach Upington (190 R, 4 Std.), Port Nolloth (80 R, 2 Std.) und Kapstadt (270 R, 8½ Std.).

Port Nolloth

☏027 / 6000 EW.

Bereits die Fahrt nach Port Nolloth ist ein Grund, die abgelegene Stadt am Meer zu besuchen. Zuerst geht es durch die mit rotem Kalaharisand bedeckte Ödnis, dann taucht nach dem Überqueren einer Bergkuppe plötzlich das eisigblaue Wasser des endlosen Atlantiks am Horizont auf. Der Ort liegt wirklich abseits aller ausgetretenen Pfade fast in der nordwestlichsten Ecke Afrikas und verströmt die raue Lebendigkeit einer echten letzten Grenze. Port Nolloth ist eine der Natur ausgesetzte, sandige kleine Stadt im Niemandsland, in der die erfrischende Luft nach Fisch und Salz riecht. Sie beherbergt eine multikulturelle Gruppe von Aussteigern, Urlaubern und Glückssuchenden.

Port Nolloth wurde ursprünglich als Umschlaghafen für Kupfer aus der Region angelegt. Heute ist der kleine kommerzielle Pier von den Schiffen abhängig, mit denen man auf die Diamanten- und Hummersuche geht. Die Boote sind mit Pumpen ausgerüstet, die das diamanthaltige Gestein vom Meeresboden absaugen. Trotz des wachsamen Auges des De-Beers-Konzerns kommen hin und wieder glitzernde Fänge abhanden. Einen Diamanten auf dem Schwarzmarkt zu kaufen ist jedoch nicht empfehlenswert – wer Pech hat, wird übers Ohr gehauen und hat am Schluss einen *slenter* (falscher Diamant aus Bleikristall) und eine Zivilstreife am Hals.

Richtersveld Tours (☏082 335 1399; www.richtersveldtours.com) bietet Geländewagentouren durch die Gegend an, u.a. in den ǀAi-ǀAis/Richtersveld Transfrontier Park.

Die **Bedrock Lodge** (☏027-851 8865; www.bedrocklodge.co.za; Beach Rd; EZ/DZ inkl. Frühstück ab 350/500 R, Hütten 500–900 R; ✶@✉) ist eine ziemlich abgefahrene Unterkunft mit allerlei exzentrischem Nippes und altertümlichen Sammlerstücken. Die Lodge liegt direkt am Wasser. Durch die Fenster der Wellblechfassade und von den sechs nahe gelegenen Hütten für Selbstversorger im Nautik-Schick aus blickt man aufs Meer.

Das **Scotia Inn Hotel & Restaurant** (☏027-851 8353; scotiainn@mweb.co.za; Beach

Rd; EZ/DZ ab 350/600 R; ☒) bietet Standardzimmer im Erdgeschoss und Deluxe-Zimmer mit Balkonen mit Meerblick und Satelliten-TV im Obergeschoss. Dazu gehört ein
Restaurant mit Bar.

Im Ferienresort McDougalls, 5 km südlich von Port Nolloth, liegt das **Port Indigo**
(☏027-851 8012; www.portindigo.co.za; 1245
Kamp St; Apartments/Häuser ab 600/780 R) mit
Vier-Personen-Apartments und Häusern
für vier bis sechs Personen.

Tagsüber haben fünf Cafés an der Küste
des Meeres geöffnet. Abends ist die Auswahl
begrenzter. Die beste Adresse ist das **Ves-
petti** (☏027-851 7843; 2099 Beach Rd; Hauptgerichte 60 R). Im italienischen Restaurant,
dessen Vordach mit einer Angelschnur um-
wickelt ist, gibt's Seafood, Pizza und Pasta.

In Port Nolloth gibt's Geldautomaten
und eine Touristeninformation.

Die **Namakwaland Taxi Association**
(☏027-718 2840) betreibt Minibus-Taxis von
und nach Springbok (80 R, 2 Std., Mo–Sa).

|Ai-|Ais/Richtersveld Transfrontier Park

Über Millionen von Jahren haben harsche
Naturgewalten Südafrikas abgelegensten **grenzübergreifenden Nationalpark**
(☏027-831 1506; www.sanparks.org/parks/rich
tersveld; Erw./Kind 130/65 R; ⏲6–20 Uhr, Büro
8–16 Uhr) geprägt. Er besticht durch eine
karge Wildnis voller Lavagestein, Bäume,
die wie Menschen aussehen, und eine von
Halbedelsteinen übersäte Mondlandschaft.
Die 6000 km² große surreale Bergwüste
ist das Bindeglied zwischen Südafrikas
Richtersveld National Park und Namibias
|Ai-|Ais Hot Springs Game Park.

Der nur per Geländewagen zugängliche
Richtersveld ist Südafrikas letztes wildes
Grenzland. Der südafrikanische Teil des
Parks umfasst 163 000 ha. Am schönsten
zeigt sich der Park während der Wildblumenblüte, wenn sich die Landschaft wie
alle Gebiete Namaquas in ein vielfarbiges
Wunderland verwandelt. Wandern ist das
ganze Jahr über anstrengend, aber spektakulär – die Wanderwege führen über
zerklüftete Gipfel und durchqueren bizarre
Felsformationen und tiefe Klammen und
Schluchten.

Eine **Tankstelle** (⏲7.30–16 Uhr), ein kleiner **Gemischtwarenladen** (⏲wochentags)
und ein öffentliches Telefon am Sendelingsdrift Gate gehören zu den wenigen Einrichtungen des Parks.

🏃 Aktivitäten

Wanderwege   WANDERN, NATUR
Drei geführte Wandertouren werden durch
den südafrikanischen Teil des Parks angeboten, der von April bis September geöffnet
ist (im Voraus buchen!). Ventersval (4 Tage
& 3 Nächte) führt durch die Wildnis im
Südwesten, Lelieshoek-Oemsberg (3 Tage
& 2 Nächte) zu einem riesigen Amphitheater und einem Wasserfall, und Kodaspiek (2
Tage & 1 Nacht) ermöglicht durchschnittlich fitten Wanderern einen Einblick in die
Bergwüstenlandschaft.

👉 Geführte Touren

Am einfachsten besucht man den Park im
Rahmen einer geführten Tour, die man im
Voraus reservieren sollte. Da der Park so ab-
gelegen ist und das Herumreisen viel Zeit in
Anspruch nimmt, sollte man für einen Be-
such mindestens ein paar Tage einplanen.
In der Regel übernachtet man im Zelt, die

HALB MENSCH, HALB BAUM

Halfmens (Halbmensch) oder Noordpol (Nordpol) heißt in Afrikaans die merkwürdige
Pflanze mit dem botanischen Namen *Pachypodium namaquanum*, die im Richtersveld
Park und im Südwesten Namibias endemisch ist (also nur dort vorkommt). Sie trägt
Blattrosetten, deren Blätter stets nordwärts gerichtet sind. Eine Legende erzählt,
diese baumartigen Gewächse seien die erstarrten Seelen der Ahnen des Nama-Vol-
kes (in der Kolonialzeit Hottentotten genannt), das von kriegerischen Stämmen vom
Norden in den Süden getrieben wurde. Während des Rückzugs drehten sich manche
um und warfen einen wehmütigen Blick über den Senqu (Orange) River. Alle, die das
taten, verwandelten sich in „Halfmens" und waren für alle Ewigkeit dazu verdammt,
nach Norden zu blicken. In Wahrheit ist die Pflanze eine laubabwerfende Stamm-
sukkulente, die bis zu 3 m hoch wird und in Gruppen im ganzen Richtersveld Park
wächst. Die Blätter sind nordwärts gerichtet, um möglichst viel Sonnenlicht für die
Photosynthese zu empfangen.

Ausrüstung wird gestellt. Geführte Touren können in Upington arrangiert werden.

Richtersveld Tours (☎082 335 1399; www. richtersveldtours.com) bietet Geländewagentouren durch die Gegend an, u.a. in den |Ai-|Ais/Richtersveld Transfrontier Park.

Richtersveld Challenge im Cat Nap Accommodation in Springbok (S. 492) bietet Geländewagentouren für Gruppen (ca. 1000 R pro Pers./Tag) und Wandertouren.

🛏 Schlafen

Unterkünfte sollte man im Vorfeld reservieren. Auf der südafrikanischen Seite des Parks gibt's vier **Campingplätze** (1–2 Pers. 180 R); Potjiespram liegt in der Nähe des Sendelingsdrift Gate.

Sendelingsdrift REST CAMP $$
(1–2 Pers. 665 R; ✹✱) Die Selbstversorger-Chalets für zwei bis vier Personen beim Parkeingang bieten überraschend viel Komfort. Sie bieten u.a. Veranden mit Blick auf den Senqu (Orange) River.

Tatasberg WILDERNESS CAMP $$
(1–2 Pers. 660 R) Von den Zweibetthütten für Selbstversorger aus Reet und Zeltstoff blickt man auf den Senqu (Orange) River. Licht, ein Kühlschrank, ein Gasherd und eine Dusche stehen zur Verfügung, Trinkwasser sollte man jedoch selbst mitbringen.

Gannakouriep WILDERNESS CAMP $$
(1–2 Pers. 660 R) Das in einem ruhigen Tal gelegene Gannakouriep bietet vier Hütten aus Stein und Zeltstoff mit je zwei Betten für Selbstversorger. Die Ausstattung ist mit der des Tatasberg vergleichbar.

ℹ Anreise & Unterwegs vor Ort

Eine geteerte Straße führt über 82 km von Port Nolloth nach Alexander Bay, von wo aus man weitere 90 km über eine Schotterstraße zum Sendelingsdrift Gate unterwegs ist. Diesen Abschnitt kann man mit dem Pkw zurücklegen, für den Park selbst jedoch benötigt man einen Geländewagen. Richtersveld Challenge S. 495) vermietet Geländewagen und verkauft Karten.

Mit einem Pontonboot kommt man bei Sendelingsdrift über den Senqu (Orange) River nach Namibia. Die Fähre fährt, wenn das Wetter es zulässt, von 8 bis 16.15 Uhr.

Kamieskroon & Umgebung
☎027

Inmitten von Steppenläufern und kargem Busch liegt Kamieskroon einsam und verloren im Herzen der wilden Landschaft. Zerklüftete Berge und mit Felsbrocken übersäte Hügel umgeben den kleinen Ort, der traurig und verlassen wirkt. Viele der Straßen im Ort sind noch immer unbefestigt.

Der **Namaqua National Park** (☎027-672 1948; www.sanparks.org/parks/namaqua; Eintritt 44 R; ⏰8–17 Uhr) liegt 21 km westlich von Kamieskroon an einer Schotterstraße. Die Hügel des Parks am Meer bekommen Regen ab, der vom Atlantik herüberzieht, sodass das 103 000 ha große Gebiet zu einem der verlässlichsten Plätze zum Fotografieren von Wildblumen gehört, denn die Blüte ist hier besonders spektakulär. Kurze Wege führen durch die Natur, außerdem gibt es Autorouten, die an Aussichtspunkten vorbeiführen.

An Unterkünften gibt es im Park **Campingplätze** (ab 75 R) an der Küste und das **Skilpad Rest Camp** (Chalets für Selbstversorger ab 650 R). In Kamieskroon liegt das **Kuiervreugde** (☎027-672 1904; kuiervreugde @yahoo.com; Hütten 220 R/Pers.) mit gut ausgestatteten Hütten für Selbstversorger und ein Café, in dem getoastete Sandwiches und leichte Mahlzeiten serviert werden.

Busse von Intercape halten auf dem Weg nach/von Springbok im 67 km nördlich an der N7 gelegenen Kamieskroon.

Calvinia
☎027 / 1500 EW.

Dolorit überzieht das Hantam-Bergmassiv, an dessen Fuß Calvinia liegt. Die einsame Siedlung hat den entspannten Charme eines über hundert Kilometer vom nächsten Ort entfernt liegenden Städtchens. Die Einheimischen erzählen einem begeistert, dass Kapstadt, Springbok, Upington und Victoria West alle rund 400 km weit weg und nur über menschenleere Abschnitte der Namaqua, der Oberen Karoo und der Kalahari zu erreichen sind. In gleißend hellem Licht und unter klarem Abendhimmel stehen niedliche weiße Steinhäuser an von Bäumen gesäumten Straßen. Calvinia ist der wichtigste Ort in dieser von Schafsfarmen geprägten Region. Fast das ganze Jahr über geht es hier sehr ruhig zu. Doch wenn in der felsigen Landschaft die Frühlingsblüte aufbricht, tauchen schlagartig Gäste aus aller Welt in Calvinia auf.

Gibt man bei YouTube „Klipwerf Orkes" ein, kann man im Video zum *boeremusiek*-(Volksmusik-)Lied „Wie se Kind is Jy" schöne Bilder von Calvinia betrachten.

In Calvinia gibt's Geldautomaten, eine Post, eine Tankstelle und die hilfreiche **Touristeninformation** (☏027-341 8100; 19 Parsonage St; ⊙Mo–Fr 7.30–16.15 Uhr).

◉ Sehenswertes

Allrad-Touren
AUTO-TOUR, NATUR

Vor allem während der Wildblumenblüte im Frühjahr bieten sich faszinierende Autofahrten durch die umliegende Landschaft an. Eine der schönsten Strecken ist die ungepflasterte **R364**, die Richtung Südwesten über beeindruckende Pässe wie den Pakhuis Pass und durch endlose Blumenfelder nach Clanwilliam und Cederberg führt. In der Touristeninformation fragen, wie man auf die **Hantam Flower 4x4 Route** kommt, die über einen Steilhang nördlich der Stadt führt! Auf dieser Route hat man einen erstklassigen Blick auf die Wildblumen. Die Strecke verläuft durch ein ausgetrocknetes Flussbett, in dem sich riesige Feigenbäume an die Felsenklippen klammern.

Calvinia Museum
MUSEUM

(☏027-341 1944; 44 Church St; Erw./Kind 5/2 R; ⊙Mo–Fr 8–13 & 14–17, Sa 8–12 Uhr) Das in einer ehemaligen Synagoge untergebrachte Museum ist für eine Kleinstadt überraschend groß und interessant. Den Schwerpunkt bilden die Besiedlung der Region durch die Weißen, die Schafzucht und Ausstellungsstücke von viktorianischen Gewändern bis hin zur Schalttafel des Fernsprechamts, das bis 1991 in Betrieb war.

Flower Post Box
DENKMAL

(Hoop St) Ein ehemaliger Wasserturm wurde in diesen riesigen Briefkasten verwandelt. Briefe und Postkarten, die hier eingeworfen werden, bekommen einen ganz besonderen Blumen-Poststempel verpasst.

Junkyard Blues
KUNST

(☏027-341 1423; 37 Stigling St) Es lohnt sich bei Dirks Laden für „rustikale Kunst" einen Zwischenstopp einzulegen und einen Blick auf seine Sammlung an Fundstücken, alten Klamotten, Artefakten und allgemeinem Trödel zu werfen. Straßenschilder, Schädel von Schafen, Becher aus Blech, Gießkannen, Bettpfannen, alte Schuhe, Fahrräder, Gesichter aus Keramik und landwirtschaftliche Geräte schmücken den Außenbereich. Dirk hat vor, hier zukünftig auch Unterkünfte anzubieten.

Nieuwoudtville
ARCHITEKTUR, DORFLEBEN

(www.nieuwoudtville.com; R27) Auf halbem Weg zwischen Calvinia und der N7 bietet sich ein Abstecher über die Hauptstraße von Nieuwoudtville an, die am Ende des Dorfs zu einer unbefestigten roten Staubstraße wird. Dort stehen einige prächtige Sandsteingebäude, darunter die neogotische **Kirche** von 1907. Wenn zur Wildblumenblüte Menschenmassen nach Calvinia strömen, sind die Gästehäuser in Nieuwoudtville eine Alternative zum Übernachten.

Akkerendam Nature Reserve
WANDERN & TREKKEN, NATUR

(☏027-341 8500; abseits der Voortrekker St) Durch das 2750 ha große Naturschutzgebiet nördlich der Stadt führen ein- und zweitägige Wanderwege. Zur Wildblumenblüte im Frühjahr bedecken Blumenteppiche das bergige Terrain. Im Schutzgebiet gab es Probleme mit Vandalismus, doch seitdem wachen Ranger über den Park; die Touristeninformation in Calvinia um aktuelle Informationen bitten!

✦ Feste & Events

AfrikaBurn
FESTIVAL

Das alternative Festival für Überlebenskünstler findet rund 100 km südlich von abseits der (ungeteerten) R355 nach Ceres in der Nähe von Tweefontein und dem Tankwa Karoo National Park (s. S. 478) statt.

🛏 Schlafen & Essen

Während der Wildblumenblüte sind Hotels und Restaurants oft ausgebucht.

LP TIPP ➤ Hantam Huis
PENSION $$

(☏027-341 1606; www.calvinia.co.za/lodge.php; 42 Hope St; EZ inkl. Frühstück 425–695 R, DZ inkl. Frühstück 650–1100 R, Zimmer mit Selbstversorgung 260–485 R/Pers.; ✲) Die Pension besteht aus mehreren hübsch restaurierten Stadthäusern und ist eine besonders schöne Adresse, um die ruhige und altmodische ländliche Atmosphäre von Calvinia zu genießen. Das Dorphuis, ein unter Denkmalschutz stehendes Gebäude aus der viktorianischen Zeit, bietet luxuriöse Zimmer, die mit Antiquitäten und Originalausstattung eingerichtet sind. Die gemütlichen Standardzimmer im hinteren Bereich waren früher die Zimmer der Bediensteten und *nagmaal*-Räume, in denen zu Besuch verweilende Mitglieder der Kirchengemeinde einquartiert wurden; besonders niedlich ist die Knegtekamer. Mittagesssen und Abendessen mit drei Gängen (210 R) werden im Hantam Huis aus dem 19. Jh. selbst serviert. Es ist das älteste Haus Calvinias.

Die Blou Nartjie PENSION $$

(☏027-341 1263; www.nartjie.co.za; 35 Water St; EZ/DZ inkl. Frühstück 375/490 R; ❄ 🖥 🅿) In den normalen Doppelzimmern, den Doppelzimmern mit zwei Einzelbetten und in den Familienzimmern im Bungalow im Garten, die mit Sofa und Dusche ausgestattet sind und in denen die Möglichkeit besteht, Heißgetränke zuzubereiten, kann man nach einer langen Autofahrt entspannen. Das **Restaurant** (Hauptgerichte 65–120 R; ⊙ Mo–Sa ab 18.30 Uhr) ist in einer ehemaligen Synagoge untergebracht. Die Küche serviert traditionelle Gerichte wie *bobotie* und Karoo-Lammkoteletts.

African Dawn B&B $$

(☏027-341 1482; www.calviniaretreat.co.za; 17 Strauss Ave; EZ/DZ inkl. Frühstück 325/570 R; ❄) Das African Dawn liegt in der grünen Umgebung eines Kindergartens ganz in der Nähe einer Webkooperative. Die drei geschmackvollen, modernen Zimmer haben Satelliten-TV, Duschen und graue Wände mit Blumenbildern. In einem Zimmer stehen zwei Doppelbetten, in einem anderen ein Doppel- und ein Einzelbett. Das Frühstück wird in einer *lapa* serviert, im **Coffee Shop** (Hauptgerichte 45 R; ⊙Mo–Fr 9–17, Sa bis 14 Uhr) bekommt man getoastete Sandwiches, Burger und leichte Mahlzeiten.

ℹ️ An- & Weiterreise

Der schnellste und einfachste Weg von Kapstadt nach Calvinia führt über die N7 und die R27. Diese verläuft über den reizvollen Vanrhyns Pass nach Calvinia und dann weiter Richtung Nordosten nach Keimos und Upington. Die R63 führt von Calvinia in östlicher Richtung nach Victoria West. Unterwegs passiert man die sonderbaren Karoo-Städtchen Williston, Carnarvon und Loxton.

Busse von **Intercape** (☏0861 287 287; www. intercape.co.za) fahren nach Kapstadt (315–350 R, 8 Std.) und Upington (243–270 R, 4½ Std.).

Lesotho

Inhalt »

Maseru	503
Rund um Maseru	508
Der Norden	511
Nordöstliches & Zentrales Hochland	513
Der Süden	518

Gut essen

» Regal (S. 506)
» Orion Katse (S. 517)
» Lesotho Sun (S. 506)

Schön übernachten

» Malealea Lodge (S. 519)
» Maliba Mountain Lodge (S. 513)
» Semonkong Lodge (S. 518)

Auf nach Lesotho!

Lesotho (le-*so*-to) wird als Urlaubsziel oft unterschätzt. Das kleine Königreich ist wunderschön, kulturell vielfältig, sicher, günstig und von Durban und Johannesburg aus leicht zu erreichen. Der Unterschied zu Südafrika könnte kaum größer sein, sowohl was die Postapartheids-Attitüde als auch die topografischen Extreme angeht: Nach ein paar Tagen wird man den Kontinent mit anderen Augen sehen.

Lesotho ist eine alpine Region; oft kommen einem auf den steilen Sraßen Einheimische mit bunten Baklavas und Decken entgegen geritten. Die Wander- und Trekkingmöglichkeiten (meist auf Basotho-Ponys) sind hier super, und die Infrastruktur in den vier Nationalparks wird stetig ausgebaut.

In dem auf 1000 m Höhe gelegenen „Tiefland" spielt sich der bescheidene Alltag der Bevölkerung ab. Rund um Teyateyaneng und in der Hauptstadt Maseru wird schönes Kunsthandwerk angeboten. Ein Besuch im Inland ist ein Muss: In den Tälern und Bergen schlängeln sich die Flüsse durch ein ehemaliges Dinosaurierrevier – Abenteuer pur!

Reisezeit

Maseru

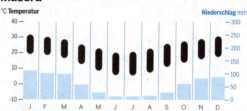

Juni–Aug. Hinauf auf die Pisten im südlichen Afrika bei erstklassigen internationalen Skiwettbewerben.

Sept. Beim Morija Arts Festival kann man die Kultur Lesothos genießen.

Dez. & Jan. Die unbändige Kraft des Maletsunyane spüren, des höchsten Wasserfalls in der Region.

Geschichte
DIE ANFÄNGE

Lesotho ist die Heimat der Basotho. Sie gehören zu den Sotho-Tswana, die ursprünglich in kleinen Stammesfürstentümern lebten, verstreut über das High Veld (Hochland) im heutigen südafrikanischen Free State.

Im 19. Jh. drangen die ersten Voortrekker (burische Pioniere) und verschiedene andere weiße Unternehmer auf die Weideflächen der Basotho vor. In diese Zeit fiel auch die *difaqane* (erzwungene Migration, s. S. 554).

Nach dieser Phase der kriegerischen Unruhen waren die Basotho jedoch geeinter als zuvor, was vor allem dem brillanten Anführer Moshoeshoe dem Großen zu verdanken war. Der Häuptling sammelte das Volk um sich und schuf ein mächtiges Königreich. Zunächst führte Moshoeshoe seinen eigenen Stamm auf den Butha-Buthe-Berg; dort konnte er die ersten feindlichen Übergriffe der *difaqane* abwehren. Anschließend verlegte er sein Hauptquartier auf das leichter zu verteidigende Plateau Thaba-Bosiu. Hier schlug er eine Angreiferwelle nach der anderen in die Flucht.

1840 hatte sich Moshoeshoes Herrschaft fest etabliert. Es gelang ihm, verschiedene Völker in dem locker verbundenen Basotho-Staat zusammenzuführen, der 1870, als der Anführer starb, mehr als 150 000 Einwohner zählte.

Moshoeshoe hatte auch Missionare auf seinem Territorium willkommen geheißen, die verschiedene Bräuche der Basotho christianisierten. Im Gegenzug verpflichteten sie sich, die Rechte „ihrer" Basotho gegen zwei neue Bedrohungen zu verteidigen: die Buren und die britische Expansion.

VERTEIDIGUNG DES TERRITORIUMS

1843 schloss sich Moshoeshoe als Reaktion auf wiederholte Übergriffe der Buren mit der Regierung der britischen Kapkolonie zusammen. Dank der Schutzverträge wurden die Grenzen der Basotho-Nation definiert, doch die Querelen mit den Buren gingen weiter. Diese hatten sich im fruchtbaren Low Veld westlich des Mohokare (Caledon) niedergelassen. 1858 erreichten die Spannungen im Ausbruch des Oranje-Freistaat-Basotho-Kriegs ihren Höhepunkt. Zuletzt war Moshoeshoe gezwungen, einen Großteil des westlichen Tieflands aufzugeben.

1868 ersuchte Moshoeshoe die Briten erneut um Hilfe. Dieses Mal wandte er sich nicht an die Verwaltung der Kapkolonie, sondern direkt an die Regierung in London. Die Briten empfanden den ständigen Krieg zwischen dem Oranje-Freistaat und den Basotho als unvorteilhaft für ihre eigenen Interessen, und so annektierten sie das Land der Basotho kurzerhand.

Das Jahrzehnt nach Moshoeshoes Tod war geprägt von Auseinandersetzungen um seine Nachfolge. Für kurze Zeit war Basutoland wieder der Kapkolonie unterstellt, 1884 ging es jedoch in den direkten Herrschaftsbereich von Großbritannien über. 1910 wurde das britische Protektorat Basutoland nicht in die neu gegründete Südafrikanische Union eingegliedert. Lesotho würde heute zu Südafrika gehören und wäre während der Apartheid zum Homeland erklärt worden, wenn es zum damaligen Zeitpunkt noch von der Kapkolonie kontrolliert worden wäre.

DIE LANG ERSEHNTE UNABHÄNGIGKEIT

Im frühen 20. Jh. wanderten immer mehr Arbeiter nach Südafrika aus, und unter britischer Verwaltung gewannen die Basotho mehr Autonomie. Mitte der 1950er-Jahre ersuchte der Rat um eine interne Selbstverwaltung; die Mitglieder sollten durch Wahlen bestimmt werden. Unterdessen entstanden politische Parteien. An vorderster Stelle die Basotholand Congress Party (BCP; ähnlich dem südafrikanischen African National Congress) und die Basotholand National Party (BNP), eine konservative Gruppierung unter der Führung von Chief Leabua Jonathan.

Die BCP gewann Lesothos erste Wahlen 1960 und erklärte die vollständige Unabhängigkeit von Großbritannien zur obersten Priorität. Die Wahlen 1965 gewann die BNP knapp, und Chief Jonathan wurde der erste Premierminister des unabhängigen Königreichs Lesotho; das nominelle Staatsoberhaupt war König Moshoeshoe II.

Chief Jonathan war nicht sehr beliebt, und bei den Wahlen 1970 gewann die BCP

MALOTI ODER RAND?

Der südafrikanische Rand wird in Lesotho gern genommen, aber obwohl der lesothische Loti an die Währung des Nachbarlands gekoppelt ist, kann er in Südafrika nicht als Zahlungsmittel verwendet werden. Deshalb: alle Maloti (Mehrzahl von Loti) loswerden, bevor man das Land verlässt. Die meisten Geldautomaten geben Maloti aus.

Highlights

1 Einen Handelsposten in **Malealea** (S. 518) und **Semonkong** (S. 518) besuchen und dabei Wasserfälle entdecken, Reitwanderungen unternehmen und das Leben in den Dörfern kennenlernen

2 Afrika alpin: dem Sani Pass nach **Sani Top** (S. 516) folgen

3 Unberührt und abgeschieden: den **Sehlabathebe National Park** (S. 516) erkunden

4 Beeindruckende Ingenieurskunst beim **Katse Dam** (S. 517) bewundern

5 Dino-Fußabdrücke in **Leribe** (S. 511) und **Quthing** (S. 520) nachspüren

6 Die raue Schönheit des **Ts'ehlanyane National Parks** (S. 513) erleben

7 Den **Thaba-Bosiu** (S. 508) besteigen, eine „Pilgerstätte" außerhalb von Maseru

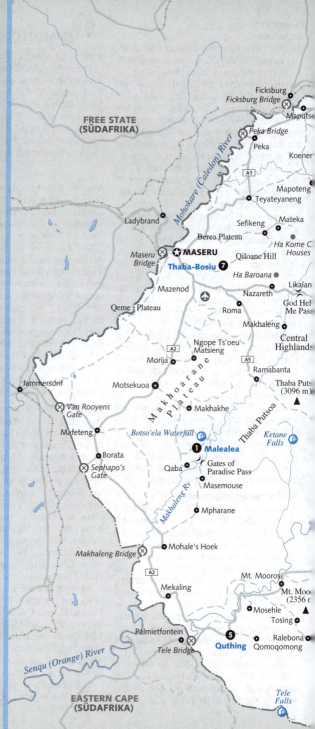

wieder die Mehrheit. Daraufhin setzte Chief Jonathan kurzerhand die Verfassung außer Kraft, schickte den König ins Exil und verbot die Oppositionsparteien, wodurch Lesotho de facto ein Einparteienstaat wurde.

Chief Jonathan konnte 1986 nach einem Militärputsch gestürzt werden, und man setzte Moshoeshoe II. wieder als Staatsoberhaupt ein. Im Folgenden gab es jedoch immer wieder Streitigkeiten zwischen dem König und dem Anführer des Putsches. Zuletzt wurde Moshoeshoe II. abgesetzt und sein Sohn, Prinz Mohato Bereng Seeiso (Letsie III.), nahm seine Stelle ein.

Die BCP zerbrach und Mokhehle gründete den Lesotho Congress for Democracy (LCD), der weiter regierte, während die BCP die Opposition führte. Als Mokhehle 1998 starb, übernahm Pakalitha Mosisili den Vorsitz des LCD. Noch im selben Jahr gewann der LCD eine überwältigende Mehrheit bei „relativ fairen" Wahlen, wie internationale Wahlbeobachter erklärten, doch überall im Land gingen die Menschen auf die Straße.

Im September 1998 bat die Regierung die anderen Mitglieder der Southern African Development Community (SADC) – Botswana, Südafrika und Simbabwe – um Hilfe zur Wiederherstellung der Ordnung in Lesotho. Ein paar Rebellen innerhalb der lesothischen Armee leisteten Widerstand, was schwere Gefechte und Plünderungen in Maseru nach sich zog. Die Wahlen, die ursprünglich für 2000 angesetzt gewesen waren, fanden erst im Mai 2002 statt.

AKTUELLE EREIGNISSE

2006 gründete Tom Thabane zusammen mit 17 LCD-Mitgliedern die Partei All Basotho Convention (ABC). Der Ausgang der Wahlen 2007 führte zu extremen Kontroversen und Generalstreiks gegen die Regierung. Daraufhin wurde eine zweiwöchige Ausgangssperre verhängt, auf Thabane wurde ein Attentat verübt, welches er überlebte, und viele Menschen wurden verhaftet und gefoltert. 2009 wurde Mosisili Opfer eines Attentatsversuchs.

Die Alphabetisierungsrate in Lesotho ist mit ca. 85 % relativ hoch, dennoch zählt das Land zu den ärmeren in der Region. Die natürlichen Ressourcen sind in erster Linie auf Wasser und Diamanten beschränkt. Im 20. Jh. waren Arbeitskräfte Lesothos Hauptexportgut; etwa 60 % der männlichen Bevölkerung arbeitete in Südafrika, vor allem im Bergbau. Seit Beginn der 1990er-Jahre hat sich diese Zahl halbiert. Während die Arbeitskräfte in rauen Mengen abgezogen wurden, wandelte sich die Wirtschaft Lesothos aufgrund des rasanten Wachstums der Textilbranche – diese ist jedoch seither weltweit immer weiter eingebrochen. Die Arbeitslosenquote wird auf ca. 45 % geschätzt. Nun setzt man Hoffnung in die Schaffung von Freihandelszonen und die „Wiederbelebung" der Letseng-Diamantenmine.

All die politischen und wirtschaftlichen Schwierigkeiten werden von einem noch viel größeren Problem überschattet: HIV/AIDS. Die Infektionsrate (Prävalenz Erwachsene) liegt bei etwa 24 % – eine der höchsten in der Region und der Welt.

Klima

Kalte Wintertage mit Frost und Schnee im Hochland sind typisch für Lesotho, deshalb unbedingt warme Kleidung einpacken. Im Sommer (Nov.–März) treten oft heftige Gewitter auf, und auch dichte Nebelbänke sind üblich. In dieser Zeit können die Temperaturen in den Tälern bei mehr als 30 °C liegen, in den Bergen sind sie aber normalerweise viel niedriger, manchmal liegen sie sogar unter dem Gefrierpunkt. Fast die gesamten Niederschläge fallen von Oktober bis April. In der Regel muss man sich ganzjährig auf wechselhaftes Wetter einstellen.

Für einen Besuch eignen sich alle Jahreszeiten, optimal sind aber Frühling oder Herbst. Mehr Infos zum Thema Reisezeiten stehen auf S. 18.

Nationalparks & Naturschutzgebiete

Sehlabathebe ist der berühmteste Nationalpark von Lesotho. Den „Big Five" (die „großen 5": Löwe, Leopard, Büffel, Elefant und Nashorn) wird man hier nicht begegnen, aber die Grasebenen, Seen und Gesteinsformationen versprechen dennoch ein traumhaftes Erlebnis in der Wildnis. Sehlabathebe gehört in den Zuständigkeitsbereich von **Lesotho National Parks** (✆ 2231 1767).

Andere Highlights des Landes, wie der Ts'ehlanyane National Park (S. 513), das Bokong Nature Reserve (S. 517) und die Liphofung Cave Cultural Historical Site (S. 514), werden von **Lesotho Northern Parks** (✆ 2246 0723) verwaltet; auch Unterkünfte kann man hier buchen. Die Quartiere sind in der Regel bescheiden – die einzige Ausnahme bildet das Luxusresort in Ts'ehlanyane. Die Parks sind echte Highlights für Touristen. Sie sind relativ problemlos zu erreichen, bieten gute Wanderwege, und die Angestellten sind hilfsbereit.

ROAD TRIPS

Es ist ziemlich schwierig, einmal quer durch Lesotho zu fahren, denn ein paar Regionen sind kaum zugänglich. Deshalb wird man manche Straßen wohl oder übel zweimal nehmen müssen. Hier ein paar empfehlenswerte Routen:

» In Tele Bridge nahe Quthing und dann Richtung Osten über Mt. Moorosi, Mphaki und Qacha's Nek in den Sehlabathebe National Park.

» Ein Stück bergiges „Tiefland" lernt man kennen, wenn man bei Qacha's Nek die Grenze passiert, westwärts über Quthing und Mohale's Hoek nach Malealea fährt und dann nach Morija, Roma und hinauf nach Semonkong.

» Eine der beeindruckendsten Szenerien Südafrikas: Von Butha-Buthe geht's nach Oxbow und Mokhotlong (mit einem Abstecher nach Sani Top), dann zurück, entweder über Thaba-Tseka und den Katse Dam oder über Likalaneng und den Mohale Dam nach Maseru.

» Eine Rundfahrt ab Maseru unternehmen, über Morija nach Malealea, dann auf einem Pony weiter nach Semonkong und schließlich via Roma zurück nach Maseru.

Sprache

Die offiziellen Sprachen in Lesotho sind Süd-Sotho (Sesotho) und Englisch. Ein paar nützliche Begriffe und Wendungen auf Süd-Sotho sind im Kapitel „Sprache" aufgeführt. Mehr Interessantes zum Sesotho und der Sotho-Kultur ist unter www.sesotho. web.za nachzulesen.

Sicherheit

Wertgegenstände sollte man nicht offen zur Schau stellen. Besondere Wachsamkeit ist in Maseru und Manzini geboten – dort sollte man sich nachts lieber nicht allzu lange auf der Straße aufhalten, denn es haben sich hier bereits einige Raubüberfälle ereignet.

Wer ohne Guide wandern geht, wird in entlegenen Regionen möglicherweise von dem einen oder anderen Schäfer angesprochen, der um etwas Geld oder „Geschenke" bittet. Das Risiko, ausgeraubt zu werden, ist jedoch sehr gering.

Jedes Jahr fallen einige Menschen Blitzschlägen zum Opfer. Bei Gewittern sollte man Berge, Hügel und andere Erhebungen meiden. Nicht auf offenem Gelände zelten. Bei Wanderungen und Pony-Trekkingtouren ist wasserdichte Kleidung ein Muss.

❶ Anreise & Unterwegs vor Ort

Es gibt Flugverbindungen von Südafrika nach Lesotho, die meisten Reisenden nehmen aber den Bus oder haben ein eigenes Fahrzeug. Mehr dazu ist auf S. 640 nachzulesen. Lesothos Netzwerk aus Bussen und Minibus-Taxis ist gut ausgebaut und deckt das gesamte Land ab. Infos zu den Verbindungen stehen auf S. 652. Achtung: Die Minibus-Taxis halten sich meist nicht an einen offiziellen Fahrplan; Abfahrt ist, wenn alle Plätze besetzt sind.

Maseru

430 000 / HÖHE 1600 M

Maseru ist verglichen mit anderen Hauptstädten der Welt eher bescheiden. Sie erstreckt sich am tiefer gelegenen Westrand des Landes und wird von zwei Plateaus umsäumt, Berea und Qeme. Die Briten besetzten Maseru 1869 und nutzen die Stadt als Verwaltungssitz. In den letzten Jahrzehnten ist sie enorm gewachsen, aber der Verkehr hält sich in Grenzen. Dank eines groß angelegten Sanierungsprogramms sind viele Narben der politischen Unruhen von 1998 inzwischen „verheilt".

Maseru hat ein gemäßigtes Klima, hübsche Geschäfte und eine gute Auswahl an Restaurants und Unterkünften zu bieten. Sehenswürdigkeiten gibt's zwar kaum, aber dafür ist dies ein guter Ort, um erst einmal anzukommen, sich um die „Reiselogistik" zu kümmern und Vorräte einzukaufen, bevor man sich ins Hochland aufmacht.

Sicherheit

Obwohl Maseru eine recht sichere Stadt ist, wird von nächtlichen Spaziergängen dennoch abgeraten. Tagsüber besteht das größte Risiko darin, von Taschendieben überfallen zu werden.

🛏 Schlafen

Die B & B-Szene von Maseru ist bescheiden, aber eine gewisse Auswahl gibt es schon. Viele Reisende ziehen es vor, in Roma oder Thaba-Bosiu zu übernachten; beide Orte sind von der Hauptstadt aus problemlos zu erreichen und verfügen über ein paar nette Unterkünfte.

Maseru

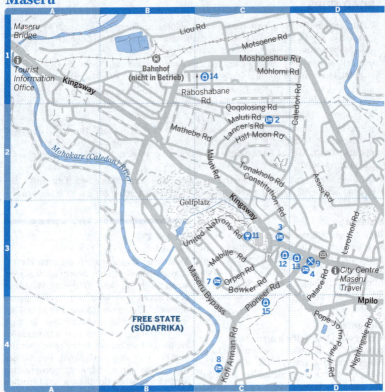

Maseru

Aktivitäten, Kurse & Touren
1 Lehakoe Club & Gymnasium E3

🛏 Schlafen
2 Foothills Guesthouse C2
3 Hotel Victoria C3
4 Lancer's Inn D3
    Lancer's Inn .... (siehe 4)
5 Lesotho Sun E4
    Lesotho Sun .... (siehe 5)
6 Maseru Backpackers &
    Conference Centre F2
7 Maseru Sun C3
8 Mohokare Guest House C4

✗ Essen
    Good Times Cafe .... (siehe 13)
    Lehaha Grill .... (siehe 5)
    Maseru Sun .... (siehe 7)
    Mediterranée's Restaurant
    Pizzeria .... (siehe 13)
9 Ouh La La Café D3
    Regal .... (siehe 12)
    Rendezvous .... (siehe 4)
10 Sefika Mall/Shoprite E3

🍸 Ausgehen
    Good Times Cafe .... (siehe 13)
    Leloli Travel Agency .... (siehe 15)
11 Maseru Club C3

🛍 Shoppen
12 Basotho Hat C3
13 LNDC Centre D3
14 Maseru Tapestries & Mats C1
15 Pioneer Shopping Centre C4

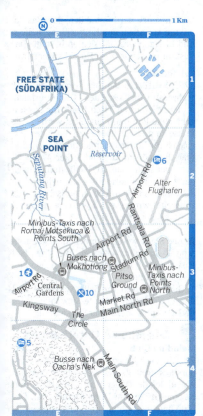

verzweigten Gartenwegen trifft man immer auf andere Gäste. Im Restaurant wird wenig dem Zufall überlassen – es ist ziemlich gut.

Maseru Backpackers & Conference Centre BACKPACKERHOSTEL $
(☏2232 5166; www.maserubackpackers.com; B/Zi. für 2-4 Pers. 150/400 M) Die beste Budgetunterkunft wird von einer britischen NRO betrieben. Die Schlafsäle, 2-Bett- und Doppelzimmer sind spartanisch, aber sauber. Super sind die angebotenen Outdoor-Aktivitäten, darunter Kanufahrten auf dem Caledon River (200 R). Das Hostel ist 3 km vom Zentrum entfernt und beliebt bei Reisegruppen.

Foothills Guesthouse PENSION $
(☏5870 6566; melvin@xsi net.co.za; 121 Maluti Rd; EZ/DZ inkl. Frühstück 380/550 M) Der umgebaute Sandsteinbau hebt sich vom ziemlich öden Unterkunftseinheitsbrei der Hauptstadt ab. Die kleinen, kitschigen Zimmer gewähren einen Blick auf den Garten, und die Gäste versammeln sich morgens zum Frühstück auf der Veranda. Für die Anfahrt ist ein Taxi nötig.

Lesotho Sun HOTEL $$
(☏2224 3000; www.suninternational.com; Zi. 1505 M; ❄@≋) Das strahlende Lesotho Sun ist ein wahres kleines Paradies und das beste Hotel von Lesotho. Es thront auf einem Hügel und ist seit einer Generalüberholung sogar noch einen Tick besser als zuvor. Neben einem Casino und zwei Restaurants wartet es mit dem typischen modernen Hotelkomfort auf. Drinks am Pool bei Sonnenuntergang sind ein Muss für Maseru-Besucher, auch wenn man nicht hier übernachtet.

Phomolo B&B B&B $
(☏2231 0755; Matala Phase 2; EZ 300-380 M, DZ 450-500 M, alle inkl. Frühstück) Eine nette Pension in Matala Village an der Main South 1 Road auf dem Weg zum Flughafen, 9 km von Maseru entfernt.

Mohokare Guest House PENSION $
(☏2231 2224; 260 Kofi Annan Road; EZ/DZ inkl. Frühstück 450/600 M) Näher an der Stadt, am Rande des Zentrums, liegt das Mohokare, eine weitere preisgünstige Option. Bis zur Maseru Bridge sind es 3 km.

Maseru Sun PENSION $$
(☏2231 2434; www.suninternational.com; 12 Orpen Rd; Zi. 1285 M; ❄≋) Gehört zu der Hotelkette Sun International.

Black Swan B&B PENSION $$
(☏22317700; www.blackswan.co.ls; 770 Manong Rd, New Europa; EZ/DZ 450/650 M) Das Black Swan ist ein nettes, kleines Refigium abseits des Zentrums. In den gepflegten Zimmern (mit eigenem Bad) stehen Satelliten-TVs. Nette Extras sind der Pool (zum Bahnenschwimmen), das kleine Fitnessstudio und der Freizeitbereich draußen. Das B&B befindet sich in einem sehr ruhigen Vorort neben einem kleinen See, und bei Sonnenauf- und Sonnenuntergang ist die Luft von Vogelgezwitscher erfüllt.

Lancer's Inn HOTEL $$
(☏2231 2114; lancers-inn@ilesotho.com; Ecke Kingsway & Pioneer Rd; EZ/DZ/3BZ inkl. Frühstück 795/995/1040 M; ❄≋) Das beliebteste Businesshotel im Zentrum – gleich hinter dem französischen Konsulat – ist ein bisschen überteuert, und das Management tritt manchmal etwas distanziert auf, aber der 70er-Jahre Kolonialstil ist nett und auf den

✖ Essen

Maserus kulinarische Szene ist ziemlich überschaubar. Folgende Restaurants liefern eine vernünftige Küche.

Regal   INDISCH $$
(☎ 2231 3930; Level 1, Basotho Hat; Hauptgerichte 45–85 M; ⏰ mittags & abends; ✈) Indische Küche wie in Großbritannien. Das Essen (Butterhühnchen, würzige Kormas etc.) ist überraschend lecker! Das Regal ist das schickste Restaurant der Stadt und ein Segen für Vegetarier. Es ist im Basotho Hat untergebracht und die perfekte Adresse für ein Geschäftsessen oder besondere Anlässe.

Good Times Cafe   DINER $
(Level 1, LNDC Centre; 25–60 M; ⏰ morgens, mittags & abends) Hier tummeln sich die Reichen, Berühmten, Jungen und Schönen von Lesotho gemeinsam mit der kleinen Expat-Gemeinde, um zu genialer Deep-House-Musik (z. B. von einheimischen Talenten wie Thoroghbred!) Imbissgerichte wie Burger, Sandwiches, Pizza und Cocktails zu genießen. Die riesige, ganz und gar aus Chrom gebildete Bar ist stimmungsvoll beleuchtet, und die Terrasse ist mit Sofas und großen TVs bestückt.

Ouh La La   FRANZÖSISCH, CAFÉ $
(☎ 2832 3330; Ecke Kingsway & Pioneer Rd; 25–50 M; ⏰ morgens, mittags & abends) Das Gartencafé direkt vor der Tür der Alliance Francais wird von Einheimischen und Wahl-Lesothoern frequentiert. Auf der Karte stehen vor allem Sandwiches, Crêpes und Gebäck, aber auch der Kaffee ist anständig und das Personal sehr nett.

Mediterranée's Restaurant Pizzeriaé   PIZZERIA $
(☎ 2231 2960; LNDC Centre; Hauptgerichte 45–75 M; ⏰ mittags & abends) Aus dem Holzofen kommt leckere Pizza und gegrilltes Fleisch, und im Hintergrund läuft coole Jazzmusik. Häufig wird auch äthiopische Küche zubereitet. An den Tischen draußen treffen sich Bohemien-Typen auf einen Kaffee und eine Zigarette. Die Pizzeria ist im LNDC Centre untergebracht.

Rendezvous   SÜDAFRIKANISCH $
(☎ 2231 2114; Lancer's Inn, Kingsway; Hauptgerichte 47–90 M; ⏰ morgens, mittags & abends) Die Kronleuchter und Stoffservietten sind die einzigen Luxuselemente in diesem bodenständigen Lokal mit der vielseitigen Speisekarte, auf der jede Menge südafrikanische Leibgerichte stehen. Wer mehrmals hier einkehrt, wird feststellen, dass das Publikum vor allem aus Entwicklungshelfern und hiesigen Geschäftsleuten besteht. Das Restaurant gehört zum Hotel Lancer's Inn.

Lehaha Grill   SÜDAFRIKANISCH $$
(☎ 2231 3111; Lesotho Sun; Gerichte ab 70 M; ⏰ abends) Gut besuchtes Traditionslokal, in dem die besten Tischtücher für das gut gekleidete Publikum aufgelegt werden. Die Preise sind etwas überzogen, aber der Service ist für Maseru prima und das gegrillte Fleisch schön mager und lecker. Wenn einem hier nichts zusagt, bleibt immer noch das zweite Restaurant des Sun nebenan, in dem abends gewöhnlich chinesisches Essen zubereitet wird. Das All-you-can-eat-Buffet (mittags) kostet 95 M.

In der Stadt werden immer mehr chinesische Restaurants eröffnet. Wer Lust auf Fast Food hat, wird sicher in der neuen Pioneer Mall fündig.

Gute Adressen für Selbstversorger sind die gut sortierten Shoprite-Supermärkte im LNDC Centre oder in der Sefika Mall.

🍷 Ausgehen & Unterhaltung

Meloding Club   CLUB
(☎ 2231 3687; Victoria Hotel, Kingsway) Donnerstags, freitags und samstags treten am Abend lokale Dance-Hall-, Hip-Hop- und Reggae-Größen im Hotel Victoria auf. Der Club hat einen Innen- und Außenbereich.

Lancer's Inn   BAR
(☎ 2231 2114; lancers-inn@ilesotho.com; Ecke Kingsway & Pioneer Rd) Vor allem Entwicklungshelfer aus dem Ausland lieben diese stimmungsvolle Hotelbar.

Maseru Club   BAR
(☎ 2232 6008; United Nations Rd) Diplomaten und andere Botschaftsmitarbeiter frequentieren diese dezente Bar.

Lesotho Sun   BAR
(☎ 2231 3111; www.suninternational.com) Im Sommer ein Muss am Freitagabend. Vom Pool aus ist der Blick auf die Stadt einfach genial.

Times Caffe   BAR, CLUB
(Level 1, LNDC Centre) Leckerer Kaffee.

Shoppen

Basotho Hat   KUNSTHANDWERK
(☎ 2232 2523; Kingsway; ⏰ Mo–Fr 8–17, Sa bis 16.30 Uhr) Das hochwertige Kunsthandwerk aus dem ganzen Land, das hier angeboten

wird, ist ein bisschen überteuert, aber die Auswahl ist klasse. Tipp: Wer eine Wanderung oder einen Pony-Trekkingtour plant, sollte unbedingt eine Fliegenklatsche aus Pferdehaar kaufen.

Maseru Tapestries & Mats KUNSTHANDWERK
(2231 1773; Raboshabane Rd) Bildteppiche gibt's in der Nähe des Bahnhofs.

Seithati Weavers KUNSTHANDWERK
(22313975) 7 km außerhalb der Stadt; einfach der Flughafenstraße folgen.

Pioneer Shopping Centre EINKAUFSZENTRUM
(22311126; Ecke Pioneer & Mpilo Rd; 8–18 Uhr) Das neue Einkaufszentrum umfasst einen Pick-n-Pay-Supermarkt, Fast-Food-Ketten, ein Reisebüro und das erste Kino von Lesotho. Es ist geplant, den Parkplatz nebenan zu einem Transportzentrum umzubauen.

Aktivitäten

Lehakoe Club & Gym SPORT
(2231 7640; Moshoeshoe Rd; 6–20 Uhr) Die Sporthalle und das Hallenbad haben beeindruckende Dimensionen. Draußen befinden sich mehrere Tennisplätze, es gibt einen Fitnessclub und eine Cafébar. Auch Tagesmitgliedschaften sind möglich.

Praktische Informationen

Geld
In Nobelhotels kann ausländische Währung getauscht werden, allerdings zu ziemlich miesen Kursen. Mögliche Alternativen:

International Business Centre (EG, Lesotho Bank Tower, Kingsway; Mo–Fr 8.30–15.30, Sa bis 12 Uhr)

Nedbank (Kingsway) Geldwechsel montags bis freitags.

Standard Bank (Kingsway) Geldautomat.

Internetzugang
999 Internet (Kingsway; 10 M/Std.; Mo–Fr 8–20, Sa 8–18, So 9–17 Uhr) Gegenüber der Post.

Leo's Internet (Taona Centre, Orpen Rd; 10 M/Std.; Mo–Fr 8–17, Sa & So bis 16 Uhr) Hinter dem Basotho Hat.

Medizinische Versorgung
In ernsteren Fällen wird man nach Südafrika reisen müssen. In Notfällen sollte man außerdem versuchen, die jeweiligen Botschaften zu kontaktieren (S. 624); sie führen oft Listen mit renommierten Ärzten.

Maseru Private Hospital (2231 3260) Befindet sich in Ha Thetsane, ca. 7 km südlich von Maseru.

Notfall
Feuerwehr (115)
Polizei (2231 9900)
Rettungswagen (2231 2501)

Post
Post (Ecke Kingsway & Palace Rd)

Reisebüros
City Centre Maseru Travel (2231 4536; Maseru Book Centre, Kingsway) Neben der Nedbank. Buchungen für Inlands- und internationale Flüge sowie Fahrkarten für Intercape-Busse. Tickets für Greyhound-, Intercape-, Cityliner-, Translux- und SA Roadlink-Busse holt man am besten in Shoprites „Money Market"-Kiosk im LNDC Centre.

Leloli Travel Agency (5885 1513; Pioneer Shopping Centre; Mo–Fr 8–17, Sa 9–12 Uhr) Eine weitere hilfsbereite Touristeninformation ist im Pioneer Shopping Centre.

Telefon
Auslandsgespräche sind teuer. Falls möglich, Anrufe aufschieben, bis man (wieder) in Südafrika ist. Im Hochland sollte man sich nicht darauf verlassen, dass das Handy jederzeit Empfang hat.

Touristeninformation
Im **Tourist Information Office** (2231 2427; Grenzposten Maseru Bridge; Mo–Fr 8–17, Sa 8.30–13 Uhr) sind Listen mit Tourguides, Infos zu öffentlichen Verkehrsmitteln und – falls vorrätig – kostenlose Stadtpläne von Maseru erhältlich. Das Büro ist erst kürzlich umgezogen, ein Feuer hat das alte Gebäude in Kingsway zerstört.

An- & Weiterreise
Informationen zur Anreise aus Südafrika, s. S. 640.

Drei Parkplätze für Busse und Minibusse findet man nordöstlich des größten Kreisverkehrs: hinter der Sefika Mall – auch bekannt als „new taxi rank" (neuer Taxistand) – für Minibus-Taxis nach Roma (12 M) und Ziele in Südafrika wie z. B. Motsekuoa (13 M, zur Weiterfahrt nach Malealea); gleich neben der Main North Rd nahe dem Pitso Ground für Minibus-Taxis in den Norden; etwa einen Häuserblock von dort entfernt (dieselbe Ausfahrt benutzen) für große Lesotho-Freight-Service-Busse in den Süden und Norden. Lesotho-Freight-Service-Busse nach Mokhotlong (80 M) fahren auf der Stadium Rd hinter dem Pitso Ground ab, die Busse nach Qacha's Nek (100 M) neben der St. James Primary und der High School auf der Main Rd South.

Avis (2235 0328) hat eine Niederlassung im Lesotho Sun und am Flughafen. Die Tarife von **Basotho Car Rental** (2232 4123; Camara de Decobos Building), gegenüber dem Grenzposten Maseru Bridge, sind sehr preisgünstig.

BENZIN

In den Städten im Tiefland gibt's überall bleifreies Benzin, im Hochland ist es hingegen rar, und Kraftstoff jeglicher Art (auch Diesel) ist nicht immer zu bekommen. Die Hochlandbewohner mischen gern bleifreies und verbleites Benzin – gut zu wissen für alle, die einen Wagen ohne Allradantrieb oder Diesel fahren. Deshalb vor der Abfahrt informieren und entsprechende Vorkehrungen treffen.

Unterwegs vor Ort

Der Moshoeshoe 1 International Airport liegt 21 km von der Stadt entfernt neben der Main South Rd. Minibus-Taxis zum Flughafen fahren an der Bushaltestelle an der Sefika Mall („new taxi rank") ab. Private Taxiunternehmen verlangen um die 100 M.

Eine Fahrt mit dem Minibus-Taxi im Stadtgebiet kostet 4 M. Taxiunternehmen sind z. B. **Planet** (2231 7777), **Luxury** (2232 6211) und **Executive Car Hire & Travel** (2231 4460). Sie können auch für Langstrecken innerhalb Lesothos gechartert werden.

Rund um Maseru

Die Umgebung von Maseru hat ein paar Sehenswürdigkeiten zu bieten, die bei einer Tagestour oder als Ausflug mit Übernachtung von der Hauptstadt aus besucht werden können. Hier werden zuerst die Sehenswürdigkeiten im Norden aufgeführt, dann geht's im Uhrzeigersinn weiter.

THABA-BOSIU

Ca. 25 km östlich von Maseru erhebt sich der berühmte Tafelberg Thaba-Bosiu (Berg bei Nacht). Dort errichtete König Moshoeshoe der Große 1824 seine Bergfestung. Dieser Ort gilt als Wiege der Basotho-Nation, und obwohl das Ganze nicht besonders spektakulär aussieht, ist es doch die wichtigste historische Stätte des Landes.

Die Ursprünge des Namens sind nicht genau belegt. Er wird auf verschiedene Arten erklärt. Der interessantesten Version zufolge wurden magische Kräuter an einem Seil befestigt, das man um den Berg spannte. Wenn Eindringlinge nachts über das Seil stiegen, fühlten sie sich plötzlich wie im Drogenrausch, und es kam ihnen vor, als würde sich Thaba-Bosiu vor ihren Augen in einen riesigen, unüberwindbaren Berg verwandeln.

In der **Touristeninformation** (2835 7207; Eintritt 10 M; Mo–Fr 8–17, Sa 9–13 Uhr) am Fuß des Berges gibt es die Möglichkeit, einen professionellen Guide anzuheuern, der einen auf dem kurzen Weg hinauf zum Gipfel des Thaba-Bosiu begleitet. Edgar bietet auch Ponyritte für 70 M an.

Oben angekommen, hat man einen tollen Ausblick, u. a. auf den **Qiloane Hill**, dessen Form angeblich als Vorlage für den Basotho-Hut gedient haben soll. Ebenfalls sehenswert sind die Überreste der Befestigungsanlagen und der ursprünglichen Siedlung sowie Moshoeshoes Grab.

Inzwischen sollte auch der neue **Tourist Komplex** mit einem traditionellen Basotho-Dorf, Amphitheater, Restaurant und Hotel eröffnet worden sein.

Eine hübsche Unterkunft ein paar Hundert Meter entfernt ist die **Mmelesi Lodge** (5250 0006; www.mmelesilodge.co.ls; Zi. 400 M). Die etwa 20 strohgedeckten Sandsteingebäude im *mokhoro*-Stil (das sind traditionelle Basotho-Hütten) bieten problemlos vier Personen Platz und haben jeweils ein eigenes Bad. Wenn Live-Musiker auftreten, ist in der Bar des Restaurants oft richtig was los.

Der **Nonakeng Backpackers** (5896 2461; B 80 M), auf der anderen Seite des Highways, ist ein bewundernswertes Gemeindeprojekt mit adretten, rustikalen *rondavels* (runde Hütten mit konisch geformten Dächern) mit Küchen. Gut gelegen für Ausflüge zum Thaba-Bosiu.

Minibus-Taxis nach Thaba-Bosiu (10 M, 30 Min.) fahren in Maseru an der Haltestelle Shoprite/Sefika Mall ab. Mit dem Auto geht es ca. 13 km über die Mafeteng Rd und dann an der Abzweigung Richtung Roma nach links. Nach weiteren 6 km zeigt ein Wegweiser wieder nach links. Von dort aus sind es noch 10 km bis Thaba-Bosiu.

HA BAROANA

Ha Baroana ist eine der wichtigsten und bekanntesten Stätten in Lesotho, an denen es Felsmalereien gibt. Diese lohnen einen Besuch, falls die Zeit reicht, obwohl Vernachlässigung und Vandalismus (inkl. Graffitis) bereits ihren Tribut gefordert haben.

Um nach Ha Baroana zu kommen, nehmen Autofahrer von der Mafeteng Rd aus die Abzweigung nach Roma und fahren dann etwa 8 km weiter bis zur Thaba-Tseka-Kreuzung. Dort geht es über die nördliche Abzweigung (nach Thaba-Tseka) etwa 12 km bis zum Dorf Nazareth. Direkt vor Nazareth beginnt eine ausgeschilderte Kiesstraße, die zu den Malereien führt. Nach 3 km macht der Weg beim Dorf Ha Khotso am Fußball-platz eine Kurve nach rechts. Nach weiteren 2,5 km ist ein Hügel oberhalb einer Schlucht erreicht. Ein Fußweg führt im Zickzack den Hügel hinunter zu dem Felsvorsprung mit den Malereien. Minibus-Taxis fahren bis Nazareth.

ROMA
Roma, das 35 km südlich von Maseru zwischen Sandsteinfelsen eingebettet liegt, wurde in den 1860er-Jahren als Missionssiedlung gegründet. Heute ist es die Schulstadt Lesothos mit der einzigen Universität des Landes, mehreren Priesterseminaren und höheren Schulen. Wer von Süden her nach Roma kommt, durchquert eine wunderschöne Schluchtenlandschaft, die sich am Morgen oder am Spätnachmittag im besten Licht präsentiert.

Das **Roma Trading Post Guest House** (☎2234 0202, 082 773 2180; www.tradingpost. co.za; Stellplatz 75 M/Pers., B 125 M, Zi. 175 M/Pers., EZ inkl. HP 375 R; ☷) ist ein ansprechender Handelsposten, der 1903 eingerichtet worden ist und schon seit fünf Generationen von der Familie Thorn betrieben wird. Zur angrenzenden Pension gehören Gartenzimmer, *rondavels* und der alte Hof aus Sandstein mit einer Gemeinschaftsküche. Die Mahlzeiten sind nicht inklusive. Die Thorns organisieren Pony-Trekkingtouren, Wanderungen, Jeeptouren und andere Abenteueraktivitäten. Sogar *minwane* (Dinosaurierfußspuren) sind hier in der Nähe zu sehen. Wenn man auf der Semonkong-Straße aus Maseru anreist, muss man 1 km vor Roma rechts abbiegen oder dem alten Schild mit der Aufschrift „Roma Tourist Information" folgen.

Etwa 40 km weiter an einer ausgebesserten Straße liegt das **Ramabanta Guest House** (☎2234 0267; tradingpost@leo.co.ls; Stellplätze 100 M/Pers., B 150 M/Pers.; Rondavel inkl. HP 455 M/Pers.). Es gehört den Besitzern des Roma Guesthouse. Die geniale Aussicht von den bildschön zurechtgemachten *rondavels* entschädigt für die längere Anfahrt. Wer hier übernachtet, hat außerdem die Möglichkeit, Wanderungen oder Ausritte nach Roma, Ramabanta, Semonkong oder anderswohin zu unternehmen.

Kaycees (Gerichte 20–70 M), unweit der Hauptstraße in Roma, ist ein beliebtes Lokal, in dem sich hauptsächlich Studenten über Fast Food hermachen.

NICHT VERSÄUMEN

DAS MORIJA-KUNSTFESTIVAL

Die Topveranstaltung in Lesothos Kulturkalender findet normalerweise Ende September statt und gewinnt zunehmend an Prestige. Jahr für Jahr machen sich mehr Menschen auf den Weg nach Südafrika, um dabei zu sein, wenn die Vielfalt der Basotho-Kultur fünf Tage lang mit Tänzen, elektronischer und Jazzmusik, Poesie und Theater gefeiert wird. Weitere Highlights vergangener Events waren Pferderennen und *moraba-raba*-Wettbewerbe (afrikanisches Schach). Die neue Webseite www.morijafest.wordpress.com hält weitere Infos bereit.

Minibus-Taxis pendeln tagsüber zwischen Maseru und Roma (18 M, 30 Min.). Die Haltestelle in der Hauptstadt befindet sich neben der Sefika Mall/Shoprite.

MORIJA
Das winzige Morija war die erste europäische Mission in Lesotho. Es ist ein bedeutendes, hübsches Städtchen mit einem reichen kulturellen Erbe und eignet sich deshalb prima für einen Tagesausflug ab Maseru oder als Zwischenstopp auf dem Weg in Richtung Süden. Das Morija Museum ist das inoffizielle Nationalmuseum. Sollte man Ende September in der Gegend sein, ist das Morija-Festival ein absolutes Muss.

◉ Sehenswertes & Aktivitäten
Morija Museum & Archive   MUSEUM $
(☎2236 0308; www.morijafestival.wordpress. com; Eintritt 10 M; ◷Mo–Sa 8–17, So 12–17 Uhr) Das Museum beherbergt ethnographische Gegenstände, das Archiv der Mission und wissenschaftliche Artefakte. Die Auswahl an Büchern, die zum Verkauf stehen – darunter auch Titel des Kurators Stephen Gill – ist hervorragend. Mitarbeiter führen Besucher gegen etwas Geld zu den Dinosaurierfußspuren und helfen bei der Unterkunftssuche. Es gibt sogar eine kleine Teestube im Hof. Am Wochenende und während des Morija-Festivals geht's hier hoch her.

Maeder House Crafts Centre   KUNSTHANDWERK
(☎2236 0487; ◷nach Vereinbarung) Ein toller Kunsthandwerksladen in der Nähe des Museums. Außerdem befindet sich die erste **Druckerpresse** Lesothos auf dem Gelände.

INSIDERWISSEN

LORATO NKESI: DIE TOCHTER DES HÄUPTLINGS

Das Leben in dem Dorf Ramabanta plätschert gemächlich vor sich hin, untermalt vom Krähen der Hähne und dem Läuten der Kuhglocken. Lorato Nkesi, die älteste Tochter des Dorfhäuptlings, ist eine bemerkenswerte Frau mit spitzbübischem Charme. Sie spricht fließend Englisch und arbeitet als Guide für das Ramabanta Trading Post Guest House (S. 509).

Es hat den Anschein, als hätten Sie einige Zeit außerhalb Ihres Dorfs verbracht. Erzählen Sie uns doch etwas über sich. Ich war auf einem Internat in Roma und bin danach nach Maseru gezogen. 2007 habe ich in Johannesburg ein Diplom im Bereich Tourismus erhalten. Zurück in Maseru war ich als Supervisor bei Phillips Lighting tätig, aber dann beschloss ich, für die Lodge zu arbeiten und meiner Gemeinde zu helfen.

Was sind heutzutage die Aufgaben eines Häuptlings? Häuptlinge sind regionale Verwalter. Jede Woche werden in einer Sitzung lokale Belange erörtert, Themen wie Straßen, Wasserqualität, Landwirtschaft und Vorbereitungen für Hochzeiten und Beerdigungen. Häuptlinge helfen auch beim Schlichten von Streitigkeiten zwischen Gemeindemitgliedern.

Was würden Sie Besuchern eines Dorfs in Lesotho raten? Die Leute grüßen sich hier untereinander. Deshalb sollten auch Reisende winken und *dumela* (Hallo) sagen. Eine höfliche Geste ist, sich dem Häuptling vorzustellen, insbesondere, wenn man über Nacht bleibt.

Wie verdienen die Dorfbewohner ihren Lebensunterhalt? Ich würde sagen, dass etwa 90 % in der Landwirtschaft tätig sind, vor allem im Mais- und Sorghumhirseanbau. Wer kein eigenes Land besitzt, kann etwa 25 M am Tag bei der Feldarbeit verdienen. Und was die bunten Flaggen auf den Häusern betrifft: Weiß bedeutet, dass günstiges Bier verkauft wird (Alkohol aus Kartoffeln), gelb steht für normales Bier, grün für Gemüse und rot für Fleisch – Fleisch ist bei uns aber eine Seltenheit.

Welche sozialen Probleme herrschen im Dorf? Wie überall in Lesotho haben wir ein großes Problem mit HIV/AIDS. Deshalb errichtet die Regierung derzeit ein neues Krankenhaus. *Dagga* (Marihuana) ist billig, man zahlt nur 5 M für eine Streichholzschachtel. Außerdem wird manchmal zu viel Alkohol konsumiert. Ein weiteres Problem ist die hohe Arbeitslosigkeit.

Welche Pläne haben Sie für die Zukunft? Ich möchte den gemeindebasierten Tourismus hier durch die Schaffung eines Basotho-Kulturzentrums fördern und Reisende zu einer Übernachtung im Dorf statt in einem schicken *rondavel* einladen.

Wie viel müsste ein Bewerber zahlen, um Sie heiraten zu dürfen? 40 Kühe. Ich will aber nicht heiraten. Wozu auch?

Aber was wäre, wenn die Dorfbewohner (und der Häuptling) es verlangen würden? Keine Sorge. Ich bin eine von vier Schwestern, mein Vater ist also der letzte Häuptling!

Mabeoana Quilters KUNSTHANDWERK
(2700 5133; nach Vereinbarung) Die Kooperative im benachbarten Dorf Matsieng hat einen guten Ruf. Einfach den Schildern auf der Hauptstraße in Morija folgen.

Pony-Trekking REITEN, WANDERN
(80/250 M, Std./Tag) Pony-Trekking, (Nacht-) **Wanderungen** sowie **Übernachtungen im Dorf** können über das Morija Guest House organisiert werden. Anmeldungen sollten einen Tag im Voraus erfolgen.

🛏 Schlafen & Essen

Morija Guest House PENSION $
(6306 5093; www.morijaguesthouses.com; Zi. ohne Bad 210–245 M/Pers.) Die gediegene, reetgedeckte Pension aus Stein thront hoch über dem Dorf, und allein diese Location ist schon Grund genug, in Morija zu bleiben. Die Gäste können zwischen drei gemütlichen Schlafzimmern und einer komplett ausgestatteten Hütte wählen. Auf Wunsch mit Verpflegung. Außerdem werden verschiedene Aktivitäten organisiert.

Lindy's B&B
PENSION $

(②5885 5309; www.lindysbnb.co.ls; modernes Haus 180 M/Pers., historisches Haus 220 M/Pers.) Lindy quartiert ihre Gäste in einem großen, modernen Doppelhaus aus Stein oder einem historischen Gebäude ein. Ihre Pension eignet sich hervorragend als Basis für Ausflüge in die Makhoarane Mountains, die sich ringsum erheben. Ein weiterer Pluspunkt: Lindy ist eine ausgezeichnete Köchin und das Essen schmeckt köstlich.

❶ An- & Weiterreise

Minibus-Taxis pendeln den ganzen Tag zwischen Maseru und Morija (13 M, 45 Min., 40 km).

Der Norden

Im Tiefland des nördlichen Lesotho gibt's ein paar lebendige kleine Städte. Für Touristen sind besonders Teyateyaneng und Leribe (auch Hlotse genannt) interessant, vor allem wegen der tollen Kunsthandwerksgeschäfte. Jenseits dieser Städte, die wichtige Grenzübergänge nach Südafrika sind, beginnt das traumhafte nordöstliche Hochland.

TEYATEYANENG

Teyateyaneng (Platz des Treibsands; oft kurz „TY" genannt) ist Lesothos Hauptstadt des Kunsthandwerks. Wer Bildteppiche kaufen oder bei der Herstellung zusehen möchte, sollte einen Abstecher hierher unternehmen.

Besonders schön sind die Teppiche von **Helang Basali Crafts** (⊗8–17 Uhr) in der St. Agnes Mission, ca. 2 km vor Teyateyaneng (auf der Straße von Maseru ausgeschildert). Weitere gute Adressen mit ähnlichen Öffnungszeiten sind **Setsoto Design** nahe dem Blue Mountain Inn und **Hatooa Mose Mosali**, schräg gegenüber von Elelloang Basali Weavers und 100 m vor der St. Agnes Mission gelegen. Normalerweise kann man hier den Webern bei der Arbeit zusehen.

Das **Blue Mountain Inn** (②22500362; www. skymountainhotels.com; EZ/DZ 610/725 M; ☒) ist ein elegantes Businesshotel, das auf einem hübschen, schattigen Grundstück steht. Die Besitzer betreiben noch zwei weitere Hotels mit ähnlich gutem Service und normalen Durchschnittszimmern. Der Pool ist allerdings klasse.

Eine weitere Option befindet sich an der Hauptstraße vor TY. Das **Ka-Pitseng Guest House** (②22501638; EZ/DZ 380/680 M) bietet von allem etwas: Plastikblumen, digitales Satelliten-TV (DSTV), Zimmer und ein geeignetes Ambiente für Konferenzen.

Den ganzen Tag sind Minibus-Taxis zwischen Teyateyaneng und Maseru unterwegs (14 M, 45 Min., 35 km). Für ein Taxi ab Maseru zahlt man ca. 150 M pro Fahrt (hängt vom aktuellen Benzinpreis ab).

HA KOME CAVE HOUSES

Die **Ha Kome Cave Houses** (⊗Mo–Fr 8–16.30, Sa bis 12 Uhr), 21 km von TY und mehrere Kilometer von dem Dorf Mateka entfernt gelegen, sind eine Besonderheit in der Region. Die sehenswerten Lehmhütten drängen sich unter einem Felsvorsprung, versteckt zwischen pink- und organgefarbenen Steinklippen. Vor Ort gibt's Stellplätze für Zelte und ein kleines Infozentrum (mit sauberen Toiletten). Dort sind auch einfache Karten erhältlich. Die Straße kann nur mit einem Wagen mit Allradantrieb bewältigt werden.

MAPUTSOE

Es besteht kein Grund, sich länger in dieser chaotischen Grenzstadt aufzuhalten. Sie liegt 86 km nördlich von Maseru und – von Ficksburg/Free State aus gesehen – auf der anderen Seite des Mohokare (Caledon River). Wer von Maseru aus in den Norden reist, muss in der Regel hier umsteigen. An der Total-Tankstelle fahren tagsüber Minibus-Taxis nach Maseru (17 M, 1 Std.), Butha-Buthe (13 M, 45 Min.) und Leribe (7 M, 30 Min.) ab.

LERIBE (HLOTSE)

Leribe ist eine geschäftige Marktstadt. Unter britischer Herrschaft diente sie als Verwaltungszentrum. Davon zeugen ein paar langsam verfallende, alte Gebäude in den baumbestandenen Straßen.

◉ Sehenswertes

Die Hauptsehenswürdigkeit ist der abbröckelnde **Major Bell's Tower** beim Markt. Er entstand 1879 und diente die meiste Zeit als Lager für Regierungsakten.

Das gute **Leribe Craft Centre** (②2240 0323; ⊗Mo–Fr 8–16.30, Sa 9.30–13 Uhr), ein kleines Stückchen abseits der Hauptstraße am nördlichen Ende der Stadt, verkauft eine breite Palette an hochwertigen Mohairprodukten (und ausgezeichnete Bücher über Lesotho) zu vernünftigen Preisen.

Dinosaurierfußspuren gibt es um Leribe reichlich. Die zugänglichsten befinden sich einige Kilometer südlich der Stadt beim Dorf Tsikoane. Direkt hinter der Tsikoane Primary School führt eine kleine Staubpiste nach rechts zwischen Felsnasen hindurch. Dieser folgt man bis zur Kirche. Viele Kinder sind ganz wild darauf, Besucher auf dem 1 km langen Weg hinauf zu den in Höhlen versteckten *minwane* zu begleiten. Die Spuren sind auf den Felsen deutlich zu sehen.

Etwa 7 km nördlich von Leribe gibt es die Dinosaurierfußspuren vom Subeng River. Vom Wegweiser, der zum Fluss zeigt, geht es etwa 250 m über einen Betondamm. Die etwas ausgewaschenen Spuren von mindestens drei Dinosaurierarten liegen ca. 15 m flussabwärts am rechten Ufer. Wer ins Hochland fährt, hat in Leribe die letzte gute Gelegenheit, seine Vorräte aufzufüllen, z. B. im Shoprite-Supermarkt. An der Total-Tankstelle bekommt man leckeren Kuchen.

🛏 Schlafen & Essen

Mountain View Hotel   HOTEL **$**
(☏2240 0559; Main St; www.skymountainhotels. com; EZ/DZ 530/680 M; ✳) Ein bewährtes Hotel an der Straße neben dem Highway und der Hauptstraße. Die Zimmer sind eher fad, aber funktional und garantiert besser als die anderen Unterkünfte in der Stadt. Hier die GPS-Koordinaten: S 29° 8' 53" O 27° 44' 2".

Kingdom of Fried & Grilled Chicken   FAST FOOD **$**
(Main St; Hauptgerichte 15–30 M; ⊘morgens, mittags & abends) Junge Leute treffen sich hier zum Date, der Rest schaut nach der

Arbeit vorbei und dann heißt es: Ran an die Grill- und Brathähnhen! Dazu gibt's leckere Salate und gegrillte Sandwiches.

❶ An- & Weiterreise

Minibus-Taxis fahren den ganzen Tag über zwischen Leribe und Maseru hin und her (25 M, 1½ Std.); in der Regel muss man in Maputsoe umsteigen. Außerdem verkehren täglich zwischen Leribe und Katse (66 M, 3 Std.) sowie zwischen Leribe und Butha-Buthe (11 M, 35 Min.) mehrere Fahrzeuge, die häufig von noch weiter her aus dem Süden kommen.

BUTHA-BUTHE

Die zweitgrößte Stadt Lesothos, Butha-Buthe (Ort des Niederlegens), erhielt ihren Namen von König Moshoeshoe dem Großen, denn dies war der Ort, an den sich sein Volk während der chaotischen Zeit der *difaqane* zuerst zurückzog. Die für Grenzstädte typische, etwas raue Atmosphäre wird durch die schöne Lage am Ufer des Hlotse River ausgeglichen. Die Maluti-Berge sorgen für eine traumhafte Kulisse.

🛏 Schlafen & Essen

Ha Thabo Ramakatane Hostel   HOMESTAY **$**
(B 120 M) Ein unvergessliches Erlebnis verspricht dieses Hostel in dem Dorf Ha Sechele, 4 km von Butha-Buthe entfernt. Die Gäste übernachten in einem kleinen Gebäude neben einem Wohnhaus. Die Besitzer sind

---

MEHR ALS EINE DECKE

Die Decken der Basotho sind ein wichtiger Bestandteil des öffentlichen, sozialen und privaten Lebens. Es ist belegt, dass europäische Händler König Moshoeshoe I. 1860 eine Decke schenkten. Die Basotho waren davon so begeistert, dass sie ihre Tierhäute nicht mehr beachteten. In den 1880er-Jahren war die Nachfrage nach den Decken so überwältigend groß, dass die Händler kaum mit den Lieferungen nachkamen. Das Original wurde aus hochwertigem Webstoff in England gefertigt und in Fraser's Stores verkauft (davon sind nur noch wenige übrig).

Auch heute ist die Wolldecke für die Basotho nicht nur ein wichtiger Gebrauchsgegenstand – sie wirkt isolierend bei Hitze oder Kälte und ist feuerfest –, sondern auch ein Statussymbol: Eine Basotho-Decke kostet stolze 500 M. Die Muster haben ganz unterschiedliche Bedeutungen: Maiskolben stehen für Fruchtbarkeit, Kohlbätter für Wohlstand und eine Krone oder militärische Symbole sind Überbleibsel aus der Zeit des britischen Imperialismus. Junge Frauen schlingen die Decke um ihre Hüften, bis sie zum ersten Mal schwanger werden, und den Jungs schenkt man eine Decke nach der Beschneidung, um den Übergang von der Kindheit ins Mannesalter offenkundig zu machen.

Die dicken Striche auf dem Stoff verlaufen immer vertikal, denn die Basotho glauben, dass eine horizontale Ausrichtung Wachstum, Wohlstand und Entwicklung hemmt.

Der traditionelle, konisch geformte Basotho-Hut (*mokorotlo* oder *molianyeo*) mit der eigenartigen Spitze ist heute nur noch ein seltenerer Anblick, in ländlichen Gegenden wird er jedoch noch vereinzelt getragen. Das Design ist angeblich von der Form des Qiloane Hill nahe Thaba-Bosiu inspiriert.

toll, das Wasser kommt aus einem Brunnen, gekocht wird mit Gas und abends spenden Kerzen Licht (eigenen Proviant mitbringen). An der Hauptstraße im Zentrum von Butha-Buthe dem Wegweiser zur St. Paul's High School folgen, gleich hinter der Schule die Straße links hinauffahren und bei der nächsten Gelegenheit rechts abbiegen. Auf dieser Straße angekommen, einen Einheimischen nach dem weiteren Weg fragen.

Crocodile Inn
HOTEL $

(☎2246 0223; Reserve Rd; EZ/DZ/3BZ ab 280/380/490 M, Rondavel EZ/DZ 380/708 M) Die Zimmer und *rondavels* sind schlicht, sauber und überteuert und werden häufig von lauten Regierungsbeamten belegt. Das Crocodile Inn beherbergt Butha-Buthes Restaurant Nr. 1, das gute Pizzas (55 M) serviert. Das weiße Hotel liegt ca. 500 m von der Hauptstraße entfernt (dem Schild zum Butha-Buthe Hospital folgen) am südlichen Stadtrand.

🛈 An- & Weiterreise

Zahlreiche Minibus-Taxis verkehren zwischen Maseru und Butha-Buthe (1½ Std.); sie fahren über Maputsoe, wo man normalerweise umsteigen muss. Für die Strecke von Maputsoe nach Butha-Buthe (20 Min.) zahlt man 18 M. Zwei Minibus-Taxis und ein Bus steuern auch Mokhotlong an. Die Fahrt mit dem Minibus-Taxi kostet 73 M, der Bus 50 M. Auf dem Weg in den Norden ist Butha-Buthe der letzte Ort, in dem man mit Sicherheit Benzin bekommt (auch bleifreies).

TS'EHLANYANE NATIONAL PARK
Der **Nationalpark** (☎2246 0723; Eintritt pro Pers./Fahrzeug 30/10 M) wird von Lesotho Northern Parks verwaltet und umfasst eine bildschöne 5600 ha große Bergwildnis, in der sich u. a. einer der wenigen Primärwälder des Landes befindet. Das Gelände wird gnadenlos unterschätzt und verzeichnet kaum Besucher, dabei ist das Terrain perfekt zum Wandern geeignet. Hier kann man dem Alltag wunderbar entfliehen.

Abgesehen von schönen Tageswanderungen lockt ein anstrengender 39 km langer Trek von Ts'ehlanyane in Richtung Südwesten ins Bokong Nature Reserve. Er führt durch eine der spektakulärsten Landschaften Lesothos. Guides für das Bokong-Reservat können am Parkeingang angeheuert werden (410 M). Nach vorheriger Anmeldung organisieren Lesotho Northern Parks und die Maliba Mountain Lodge **Pony-Trekking-Touren** (halber/ganzer Tag 150/180 M).

Die **Maliba Mountain Lodge** (☎in Durban 031-266 1344; www.maliba-lodge.com; EZ/DZ/3BZ inkl. VP pro Pers. 2239/2999/3910 R) ist mit den fünf Luxuscottages mit großzügigen Betten, alten Möbeln und Whirlpools mit Blick auf die dunkelgrüne Bergkette im Hintergrund die nobelste Unterkunft in Lesotho. Nette Extras sind z. B. die beheizten Handtuchstangen. Das Haupthaus verfügt über eine Bar, einen Weinkeller und ein Restaurant mit großer Terrasse, auf der man die Sonne, das Ambiente und die tolle Aussicht genießen kann. Darüber hinaus stehen jede Menge Wanderungen und Aktivitäten auf dem Programm. Unten am Wasser befindet sich die nette **River Lodge** (EZ/DZ/3BZ/4BZ 1385/1470/1555/1640 M), eine 3-Sterne-Unterkunft.

Im Park gibt es verschiedene **Campingplätze** (ab 40 M/Pers.) und eine **Pension** (450 M/6 Pers.) – Buchungen bei **Lesotho Northern Parks** (☎2246 0723) vornehmen und eigenen Proviant sowie Kochutensilien mitbringen.

Der Anfahrtsweg: Etwa 6 km südwestlich von Butha-Buthe beim Wegweiser von der Hauptstraße abbiegen, ab da sind es weitere 33 km über eine Schotterstraße (auch für normale Autos befahrbar). Gelegentlich fahren auch Taxis von Butha-Buthe zum Parkeingang, doch meistens nur bis Khabo an der Zufahrtsstraße, von dort aus müssen die Fahrgäste dann zu Fuß laufen oder auf eine Mitfahrgelegenheit hoffen.

Nordöstliches & Zentrales Hochland

Nordöstlich von Butha-Buthe windet sich die Straße dramatisch zwischen grandiosen Bergen, die zu den Drakensbergen gehören, hinauf – mit scharfen Felsvorsprüngen und sanften Hügeln. Südafrika vermarktet zwar seinen Teil der Drakensberge sehr geschickt, doch was die ursprüngliche Schönheit angeht, lässt er sich nicht mit dem Abschnitt in Lesotho vergleichen, wo die Kombination aus Schnee (im Winter), geringer Bevölkerungsdichte und einem fantastischem Hochlandpanorama kaum zu toppen ist. In allen hier beschriebenen Gebieten lässt sich hervorragend wandern, doch muss die Ausrüstung unbedingt stimmen: ein warmer Schlafsack, wasserdichte Ausrüstung, topografische Karten, ein Kompass und Angelzeug. Das Forellenfischen hier gilt als erstklassig.

LIPHOFUNG CAVE
CULTURAL HISTORICAL SITE

Gleich hinter dem Dorf Muela ist die Abzweigung zu einer kleinen historischen Stätte ausgeschildert, die von Lesotho Northern Parks verwaltet wird. Sie besteht aus einer Höhle mit einer paar San-Malereien und Artefakten aus der Steinzeit. Es heißt, dass Moshoeshoe der Große auf seinen Reisen durch Lesotho auch hier gehalten hat.

Zu den Einrichtungen vor Ort gehören ein **Kulturzentrum** (Erw./Kind 25/10 M; ⊙Mo–Fr 8–17 Uhr) und ein kleiner Laden für lokales Kunsthandwerk. Besucher können Tageswanderungen oder, nach vorheriger Anmeldung, **Ponyritte** (50 M/Std.) unternehmen. Übernachtet wird in vier einfachen, aber komfortablen **Rondavels** (250 M/Pers., mind. 2 Übernachtungsgäste) aus Stein mit Küche (bis zu 4 Pers.).

Die genialste **Campingmöglichkeit** (40 M) ist in der Höhle selbst (Vorräte selbst mitbringen).

27 km von Butha-Buthe entfernt (vor Liphofung) ist das **Mamohase B&B** (📞580 45597; www.mamohaserualstay.com; VP 200 M/Pers.) ausgeschildert, eine wunderbare Unterkunft mit Familienanschluss, in der man einen authentischen Einblick in die lokale Kultur gewinnt. Das Abendessen, eine traditionelle Mahlzeit, nimmt man mit der Familie zusammen ein und geschlafen wird in einem fröhlich dekorierten *rondavel* oder in einer Hütte. Die Waschgelegenheiten sind einfach, aber immerhin gibt's warmes Wasser. Die Familie organisiert Dorftouren, Ponyritte und Wanderungen nach Liphofung. Für die Anfahrt (ca. 2 km) benötigt man eigentlich einen Jeep, man kann aber auch 1 km auf einem Pfad querfeldein laufen; die Besitzer kommen einem ein Stück entgegen, wenn man rechtzeitig vorher anruft.

Die Anfahrt mit öffentlichen Verkehrsmitteln gestaltet sich folgendermaßen: Mit einem Minibus-Taxi von Butha-Buthe nach Moteng bis zur Abzweigung nach Mamohase oder Liphofung fahren (10 M, 25 Min.). Die Busse nach Mokhotlong und Maseru kommen morgens vorbei (Einheimische nach den genauen Zeiten fragen). Bis Liphofung sind es von der Hauptstraße entspannte 1,5 km Fußweg auf einem asphaltierten Zufahrtsweg.

OXBOW

Nach Überqueren des spektakulären Moteng-Passes (2820 m) kommt man nach Oxbow – ein paar Hütten und Lodges umgeben von einer traumhaften Berglandschaft. Der Ort ist genau das Richtige, wenn man den hektischen Alltag hinter sich lassen, aber nicht völlig auf Annehmlichkeiten verzichten möchte. Wintersportler aufgepasst: In den kalten Monaten fällt regelmäßig Schnee. Außerdem zieht es Forellenangler und Ornithologen aus Südafrika in die Gegend. Einfache Vorräte bekommt man im Laden in der New Oxbow Lodge, aber das war es auch schon, was Einkaufsmöglichkeiten betrifft.

Skipässe gibt's bei **Afri-Ski** (📞086 123 747 54; www.afriski.co.za; 1-/3-Tagespass 350/750 M), ca. 10 km hinter Oxbow; vielleicht wird der Ort eines Tages den ersten Basotho-Winterolympioniken hervorbringen! Die 1,5 km lange Piste bietet neben einem Snowboard-Park auch einen Bereich zum Üben und Ausprobieren, sodass man anschließend getrost sagen kann: Hey, ich war Skilaufen in Südafrika! Übernachtungsmöglichkeiten sind ebenfalls vorhanden.

An den Ufern des Malibamat'so River liegt die **New Oxbow Lodge** (📞in Südafrika 051-933 2247; www.oxbow.co.za; EZ/DZ inkl. Frühstück 462/759 M), ein beliebtes, aber sehr abgeschieden gelegenes Winterrefugium mit einer gemütlichen Bar und einem guten Restaurant. Übernachtet wird in reetgedeckten Cottages für sechs Personen. Auf Wunsch gibt's Halbpension und 3- bzw. 4-Bett-Zimmer.

Die Busse, die zwischen Maseru und Mokhotlong verkehren, lassen Passagiere in Oxbow aussteigen (70 M, 4½ Std.). Außerdem pendeln täglich mehrere Minibus-Taxis zwischen Butha-Buthe und Oxbow (35 M, 1½ Std.). Zum Pass hinauf geht's durch mehrere Haarnadelkurven; die Straße ist bei Schnee und Eis nicht ganz ungefährlich.

MOKHOTLONG

Von Oxbow aus führt eine befestigte Straße über eine Reihe von mehr als 3200 m hohen Pässen und durch eine umwerfende Landschaft in luftiger Höhe, bevor es bergab nach Mokhotlong (Ort des Glatzköpfigen Ibis) geht. Dies war der ursprüngliche Streckenverlauf der **Roof of Africa Rally** (www. roofofafrica.org.ls). Die Straße ist in einem ziemlich schlechten Zustand. Mit einem normalen Fahrzeug darf man sich auf eine schaukelige, langsame Fahrt durch jede Menge Schlaglöcher gefasst machen.

Nahe der Letseng-Diamantenmine laden die **Chalets in the Sky** (📞2832 6982/6286

DIE BASOTHO: KLEINES KULTUR-EINMALEINS

Die traditionelle Basotho-Kultur steht in voller Blüte. Wichtige Ereignisse (Geburt, Pubertät, Hochzeit, Tod) werden innerhalb der Dorfgemeinschaft aufwändig gefeiert. Auf Wanderungen wird man vielleicht Hirtenjungen mit der *lekolulo*, einer Art Flöte, begegnen. Frauen spielen die *thomo*, ein Saiteninstrument. Die *setolo-tolo* ist ein Saiten- und Blasinstrument, das den Männern vorbehalten ist. Das Vieh spielt eine wichtige Rolle im Alltag der Basotho. Sie sind Indikatoren für den Reichtum einer Familie und werden außerdem als Opfertiere genutzt. Von zentraler Bedeutung, auch bei vielen Traditionen, sind zudem die Feldfrüchte und das Wetter.

Die Basotho glauben an ein höheres Wesen und verehren ihre *balimo* (Vorfahren), die als Mittler zwischen den Menschen auf der einen und den launenhaften Kräften der Natur und der Geisterwelt auf der anderen Seite agieren. Das Böse ist eine konstante Bedrohung, verursacht durch *boloi* (Hexerei) und *thkolosi* (kleine, boshafte verspielte Geschöpfe, ähnlich den *tokoloshe* der Xhosa). Wer sich vor Zauberei fürchtet, sollte den nächsten *ngaka* aufsuchen, einen gelehrten Mann, halb Zauberer, halb Arzt, der gegen dunkle Magie kämpft. Basotho werden traditionell in sitzender Position begraben, mit Blick in Richtung der aufgehenden Sonne und bereit aufzuspringen, wenn sie gerufen werden.

3676; www.chaletsinthesky.co.ls; inkl. Frühstück 450 R/Pers.) in dem Dorf Maloraneng zum Übernachten ein. Die sechs *rondavels* sind modern, komfortabel und in unmittelbarer Nähe unberührter Wildnis gelegen.

Mokhotlong ist die wichtigste Siedlung im Osten von Lesotho, obgleich sie nicht mehr als eine Außenstelle ist – Assoziationen mit dem Wilden Westen sind durchaus passend. Es gibt nicht viel mehr zu tun, als die Tage verstreichen zu lassen und die in bunte Basotho-Decken gehüllten Einheimischen auf ihren Pferden zu beobachten. Wobei: Die Quelle des wichtigsten Flusses des Landes, des Senqu (Orange) River, ist in der Nähe von Mokhotlong, und die Stadt eignet sich gut als Ausgangspunkt für Wanderungen. Außerdem befinden sich mehrere ganz gut sortierte Geschäfte vor Ort, und manchmal bekommt man sogar Benzin und Diesel.

🛏 Schlafen & Essen

Grow   SCHLAFSAAL **$**
(☏2292 0205; B 90 R) Die in Lesotho registrierte Entwicklungshilfeorganisation unterhält ein Büro direkt neben der Hauptstraße nach Mokhotlong. Zum Gelände gehören saubere, bescheidene Mehrbettzimmer und eine einfache Küche. Reisende sind willkommen, wenn gerade keine Ausbildungsgruppen da sind.

**Molumong Guesthouse
& Backpackers**   LODGE **$**
(☏in Südafrika 033-394 3072; www.molumong lodge.com; Stellplätze 80 M/Pers., EZ/DZ 150/300 M)

Der frühere Handelsposten aus der Kolonialzeit liegt 15 km südwestlich von Mokhotlong, etwas abseits der Straße nach Thaba-Tseka. Den Besuchern wird hier ein sehr rustikales Selbstversorgerabenteuer geboten (ohne Strom). Die neuen Besitzer haben mit der Renovierung von ein paar Zimmern außerhalb des Haupthauses begonnen und eine nützliche Webseite online gestellt. Man kann reiten gehen, das Essen muss jedoch aus Mokhotlong mitgebracht werden.

St. James Lodge   LODGE **$**
(☏in Südafrika 033-326 1601/071-672 6801; www.stjameslodgeco.za; Zi. 100–200 M/Pers.) Die weiterhin betriebene Mission ist eine bescheidene und auf irgendeine Art auch stylische Unterkunft. Auch hier heißt es: Essen selbst mitbringen und ohne Elektrizität auskommen, dafür kann man aber Pony-Trekkingtouren und malerische Spaziergänge unternehmen. Von der Lodge aus werden ein paar Projekte in der Umgebung koordiniert, die sich die Gäste gern anschauen dürfen. Die Lodge liegt 12 km südlich von Mokhotlong an der Straße nach Thaba-Tseka.

Senqu Hotel   HOTEL **$**
(☏2292 0330; EZ 260–320 M, DZ 320–380 M) Durch einen relativ neu gebauten Flügel hebt sich dieses Motel von der (sowieso eher spärlich gesäten) Konkurrenz ab. Es bietet außerdem ein Restaurant an. Vom Taxistand läuft man 2,5 km auf der Hauptstraße bis zum westlichen Stadtrand.

Das Thia-Lala Butchery & Cafe ist ein bescheidener Laden, in dem es Sandwiches zum Mitnehmen und verschiedene einfache Gerichte sowie kalte Säfte gibt.

ⓘ An- & Weiterreise

Täglich fahren Minibus-Taxis nach/ab Butha-Buthe (55 M, 6 Std.). Montags bis freitags fährt zudem ein Bus nach Maseru und einer in die Gegenrichtung (Abfahrt jeweils etwa um 8 Uhr, 90 M, 8 Std.). Sonntags geht's nur von Mokhotlong nach Maseru, samstags nur in die andere Richtung, von Maseru nach Mokhotlong. Außerdem besteht eine Verbindung mit dem Minibus-Taxi von Mokhotlong nach Sani Top (75 M) und von dort aus über den Sani-Pass weiter nach Underberg (Südafrika). Abfahrt in Mokhotlong ist täglich um 6 Uhr (65 M, 5 Std. bis Underberg).

Minibus-Taxis nach Linakaneng (an der Straße nach Thaba-Tseka; 35 M) halten auf Wunsch am Molumong Guesthouse & Backpackers.

SANI TOP

Sani Top thront oben auf dem steilen Sani-Pass, der einzigen verlässlichen Straße durch die Drakensberge zwischen KwaZulu-Natal, Südafrika, und Lesotho. An klaren Tagen ist der Ausblick atemberaubend, und die Wandermöglichkeiten sind unbegrenzt.

Der **Thabana-Ntlenyana** (3482 m) ist der höchste Berg Afrikas südlich des Kilimandscharo. Die Wanderung zum Gipfel ist beliebt, aber auch lang und mühsam. Es gibt einen Weg hinauf – einen Guide anzuheuern ist trotzdem eine gute Idee. Es gibt auch die Möglichkeit, auf einem Pony zum Gipfel zu reiten.

Hodgson's Peaks (3257 m), 6 km weiter südlich, ist um einiges einfacher zu besteigen. Oben blickt man auf den Sehlabathebe National Park und bis KwaZulu-Natal.

Im **Sehlabathebe National Park** (☏266-2231 1767) können Wanderer einen anspruchsvollen 3- bis 4-tägigen Trek vom Sani Top Chalet entlang der Kante des Steilabhangs nach Süden zum Sehlabathebe National Park unternehmen. In diese abgeschiedene Gegend sollten sich nur gut ausgerüstete, erfahrene Gruppen von mindestens vier Personen begeben.

Das **Sani Top Chalet** (☏in Südafrika 033-702 1158; www.sanitopchalet.co.za; Stellplätze 80 M/Pers., B 150 M, Rondavels EZ/DZ 650/1000 R) liegt auf 2874 m Höhe und brüstet sich eigentümlicherweise damit, die am höchsten gelegene Kneipe Südafrikas zu betreiben. Aber Fusel beiseite – der steile Aufstieg lohnt sich schon allein wegen der gemütlichen *rondavels* und der exzel-

lenten Küche. Backpacker machen es sich ein Stück die Straße runter in modernen Zimmern bequem, in denen jeweils zwei bis sechs Personen Platz finden. Im Winter liegt manchmal genug Schnee zum Skilaufen. Nach vorheriger Anmeldung können Ponyritte organisiert werden.

In KwaZulu-Natal, auf der anderen Seite des Passes, befinden sich ebenfalls ein paar nette Hostels.

Ein Minibus-Taxi fährt täglich von Mokhotlong über Sani Top nach Underberg (Südafrika) und wieder zurück (5 Std.). Bei Anfahrt aus dem Norden: Ein Taxi ab Butha-Buthe kostet 53 M.

Den Pass kann man nur mit einem Wagen mit Allradantrieb bezwingen. Die Grenzübergänge sind täglich von 6 bis 18 Uhr geöffnet. Man sollte für beide Seiten ausreichend Zeit einkalkulieren und an den Grenzposten immer noch mal nach den genauen Öffnungzeiten fragen. Für alle Tramper: An den Wochenenden, wenn Tagesausflügler aus Durban in der Gegend unterwegs sind, stehen die Chancen für eine Mitfahrgelegenheit am besten.

THABA-TSEKA

Thaba-Tseka ist eine entlegene Stadt, die 1980 als Zentrum des bergigen Bezirks gegründet wurde. Sie liegt am westlichen Ausläufer der Central Range, jenseits des Mokhoabong-Passes, der mittlerweile auch von normalen Vehikeln mit Zweiradantrieb passiert werden kann. Thaba-Tseka ist ein raues Pflaster, das in erster Linie als Verkehrsknotenpunkt dient; von hier aus kommt man schnell nach Katse in den Norden oder in den Westen, nach Maseru.

Das gut ausgeschilderte **Motherland Guest House** (☏2700 7664; EZ/DZ 350/450 M) ist eine exzellente neue Pension im Herzen der Stadt mit Blick auf die Bergstraße nach Katse. Hier bekommt man einen guten Einblick ins Dorfleben.

Das **Buffalo Hotel** (☏2700 7339; EZ/DZ 350/450 M) liegt 4 km jenseits des Zentrums in Richtung Mokhotlong, an einer ziemlich schlechten Straße. Die (nachgebauten) *rondavels* sind ein wenig eng, haben aber sonst alles, was man braucht. Das Restaurant und die Bar sind sehr beliebt.

Lilala Butchery hat Sandwiches, Getränke und tiefgefrorene Lebensmittel vorrätig.

Täglich fahren drei Busse von Maseru nach Thaba-Tseka und wieder zurück (60 M, 7 Std.). Abfahrt in Maseru ist zwischen 8 und 9.30 Uhr und in Thaba-Tseka zwischen 7 und 8.30 Uhr. Minibus-Taxis und Busse legen auch die komplette Strecke bis Sehonghong zurück (28 M/45 M, 2½/4 Std.); dort muss man dann auf eine Mitfahrgelegenheit hoffen. Wer von Thaba-Tseka nach Mokhotlong fahren will, nimmt erst ein Minibus-Taxi nach Linakaneng (28 M, 3 Std.) und dann ein weiteres bis Mokhotlong (30 M, 2 Std.). Mehrere Minibus-Taxis pro Tag folgen der unbefestigten, aber guten Straße von Thaba-Tseka über Katse (25 M) bis nach Leribe (60 M). Ein Minibus steuert auch Maseru an (über Mohale; 55 M).

MOHALE DAM

Der beeindruckende, 145 m hohe Staudamm am Senqunyane River stellt Phase 2 des Lesotho-Highlands-Wasserprojekts dar. Hier oben eröffnet sich ein eindrucksvoller Blick auf den See und die gewaltigen Berge dahinter. Man kann bis zum Mohale Tunnel (32 km) fahren, der den Mohale und den Katse Dam miteinander verbindet.

Etwa 10 km östlich von Mohale, am Ufer des Senqunyane River, steht die **Marakabei Lodge** (☎266-2231 2653; DZ 330 M). Sie hat kürzlich die Besitzer gewechselt, die idyllische Lage mitten in der Natur ist jedoch geblieben. Die *rondavels* mit privatem Bad sind preisgünstig, und man kann Kajakfahren. Die Lodge eignet sich gut als Zwischenstopp auf dem Weg in die Hauptstadt.

KATSE

Der Katse Dam ist der höchste Staudamm Afrikas (185 m). Der Stausee ist bildschön und umgeben von steilen, grünen Hängen. Selbst wenn einen die baulichen Details nicht interessieren, ist das Areal immer noch bestens für eine Pause geeignet. An den Ufern darf geangelt werden; Genehmigungen (10 M) gibt's im Bokong Nature Reserve oder in der Touristeninformation.

Die **Touristeninformation** (☺Mo–Fr 8–17, Sa & So 9–14 Uhr), gleich östlich der Abzweigung zum Dorf Katse an der Hauptstraße, erkennt man am blauen Dach. Führungen werden wochentags um 9 und 14 Uhr angeboten, am Wochenende um 9 und 11 Uhr. Die Stellplätze für Zelte (20 M) in der Nähe sind ungeschützt (windiges Terrain!).

Der **Katse Botanical Garden** (☎2291 0311; Eintritt 5 M; ☺Mo–Fr 8–17, Sa & So 9–18 Uhr) wurde ursprünglich als neue „Heimat" der Spiral-Aloe eingerichtet, die aufgrund des Staudammbaus „umziehen" mussten. Die Grünanlage ist schnell vergrößert worden

und umfasst asphaltierte Pfade durch einen Steingarten, endemische Flora und einen Bereich mit Heilpflanzen. Im Treibhaus werden verschiedene Arten gezüchtet.

Am hinteren Ende des Dorfs Katse liegt die **Orion Katse Lodge** (☎2291 0202, 2291 0813; www.oriongroup.co.za; EZ/DZ inkl. Frühstück 590/1000 M, Pension 690–1060 M) mit Standardhotelzimmern. Das Balkonrestaurant gewährt einen Ausblick auf den Staudamm und die Forellenburger (50 M) sind ein Gedicht. Einfach den Schildern zum Dorf Katse folgen.

An der Hauptstraße im Dorf Pitseng ist der Weg zum **Aloes Guest House** (☎2700 5626; EZ/DZ 250/730 M) ausgeschildert, einer gemütlichen, authentischen Unterkunft. Von hier aus kann man Katse und das Bokong Nature Reserve prima erkunden. Die Zimmer und *rondavels* haben einen coolen afrikanischen Touch; sie stehen vor einem alten Handelsposten aus Sandstein. Das Gelände ringsum erinnert ein bisschen an einen englischen Garten, in den man sich z. B. zum Lesen oder Postkarten schreiben zurückziehen kann.

Die 122 km lange Straße zwischen Leribe und Katse ist in sehr gutem Zustand, allerdings auch steil und kurvenreich und rutschig bei Regen. Für die Strecke muss man mindestens zwei Stunden einplanen, mit öffentlichen Verkehrsmitteln noch mehr.

Der Lesotho-Freight-Services-Bus nach Katse fährt täglich um 11 und 13 Uhr in Maseru los. In Leribe nehmen Minibus-Taxis täglich Kurs auf Katse (72 M, 3–5 Std.). Manche fahren anschließend weiter nach Thaba-Tseka (101 M). Die öffentlichen Verkehrsmittel halten nahe der Abzweigung zum Dorf Katse.

BOKONG NATURE RESERVE

Das Bokong Nature Reserve hat die vielleicht spektakulärste Lage der drei von Lesotho Northern Parks verwalteten Schutzgebiete. Bei der **Touristeninformation** (Erw./Kind 10/5 M; ☺8–17 Uhr) hat man einen atemberaubenden Blick auf das Lepaqoa Valley. Neben verschiedenen kurzen Wanderrouten gibt's auch eine tolle Strecke zum Ts'ehlanyane National Park (2–3 Tage, s. S. 513). Unterwegs wird man Bartgeier sehen und an gewaltigen Felsüberhängen und Marschen vorbeikommen.

Der beeindruckende Wasserfall am nahe gelegenen **Camp** (40 M/Pers.) lädt zum Planschen ein. Für Gäste steht außerdem eine sehr einfache **Hütte** (250 M/Pers.) für bis zu vier Personen bereit – Proviant, Schlafsäcke, Isomatten und Gaskocher muss man selbst mitbringen. Es besteht die Möglichkeit, einen **Guide** (30 M/Pers.) anzuheuern und, nach vorheriger Anmeldung, **Ausritte** (180 M/Tag) zu unternehmen. Das Reservat liegt auf knapp über 3000 m; nachts wird es kalt, daher unbedingt warme Kleidung mitbringen. Buchungen über **Lesotho Northern Parks** (☏ 2246 0813/4).

Bokong liegt etwa auf halber Strecke zwischen Katse und Leribe auf dem Mafika-Lisiu-Pass (3090 m). Die Minibus-Taxis aus Leribe lassen Passagiere an der Touristeninformation aussteigen (32 M, 1½ Std.). Wenn man abreist, muss man manchmal ein bisschen warten, bis ein freies vorbeikommt.

SEMONKONG

Semonkong (Ort des Rauchs) liegt im rauen Thaba-Putsoa-Gebirge, am Ende einer Straße nahe den wunderschönen **Maletsunyane Falls** (204 m). Die Wassermassen sind während der Sommermonate gewaltig. In dem Dorf beginnen mehrere schöne Wanderwege. Die **Ketane Falls** (122 m) sind 30 km von der atemberaubenden Schlucht Semonkongalong entfernt.

Die **Semonkong Lodge** (☏ 266 2700 6037, 6202 1021; www.placeofsmoke.co.ls; Stellplätze 60 M/Pers., B/EZ/DZ 100/395/660 M, Rondavels EZ/DZ 465/720 M) nahe dem Maletsunyane River ist ein Vorzeigebeispiel für gemeindebasierten Tourismus und eine tolle Adresse für Familien. Aber auch Feinschmecker nehmen die holprige, mindestens zweistündige Fahrt ab Ramabanta auf sich, um in dem renommierten Restaurant zu speisen. Selbstversorger können derweil die gut ausgestattete Küche nutzen. Die Angestellten organisieren die unterschiedlichsten Touren und Wanderungen (sogar Kneipentouren auf dem Eselsrücken); häufig fungieren Einheimische als Guides. Ein besonderes Highlight ist die längste kommerzielle Abseilingroute der Welt (204 m tief) in der Schlucht der Maletsunyane Falls. Die Lodge ist ausgeschildert.

Semonkong liegt etwa 130 km südöstlich von Maseru, hinter Roma. Die letzten 70 km geht's über Schotterstraßen, mitunter eine holprige Angelegenheit. In einem Wagen mit viel Abstand zum Boden sollte das aber kein Problem sein; Zweiradantrieb ist ausreichend. Ab Maseru benötigt man drei bis vier Stunden. Die Busse, die zwischen Maseru und Semonkong (110 M)

unterwegs sind, fahren auf beiden Seiten morgens ab und erreichen ihr Ziel am späten Nachmittag; es gibt immer mindestens zwei Verbindungen. Die Straße endet in Semonkong; wer dieselbe Strecke nicht zweimal zurücklegen möchte, könnte Richtung Süden wandern, zur Mission Christ the King an der Quthing-Qacha's Nek-Straße.

Der Süden

Die Region südlich von Mafeteng und Malealea bis zum Sehlabathebe National Park im Südosten ist weniger erschlossen als der Nordwesten, brennt sich den Besuchern jedoch ins Gedächtnis. Hier scheinen die Berge mit dem Himmel zu verschmelzen, und ein purpur-orange-rosafarbenes Licht erfüllt die leuchtend grünen Täler.

Die Karten zeigen vielleicht etwas anderes, aber die Straße gen Osten nach Qacha's Nek ist geteert, das Stück von hier bis Sehlabathebe ist aber unbefestigt. Wer gern in abgeschiedenen Gegenden wandern oder reiten geht, wird den Süden Lesothos lieben.

MALEALEA

Malealea ist der Name eines kleinen Dorfs im Westen Lesothos. Seine Markenzeichen sind die atemberaubend schönen Berge ringsum und die erfolgreichen Gemeindetourismusprojekte. Viele Reisende machen sich schnurstracks auf den Weg nach Malealea, um zu sehen, wie die Einheimischen „wirklich" leben bzw. – so steht es auf einem Schild außerhalb des Orts – um „innezuhalten und ein Tor zum Paradies zu erblicken".

Das Gebiet ist schon seit Jahrhunderten bewohnt. Darauf lassen die vielen Felsmalereien der San in der Umgebung schließen. Das Herz des Dorfs ist heute die Malealea Lodge, die mit einer bunten Vielfalt an Kultur- und Outdoor-Aktivitäten aufwartet.

◉ Sehenswertes & Aktivitäten

Pony-Trekking REITEN
(☏ in Südafrika 082 552 4215; Tagestour 175–280 M/Pers., über Nacht 380 M, mind. 2 Teilnehmer) Auf Ponys kann man in zwei Tagen zum Ribaneng Waterfall reiten, die Tour zu den Ribaneng und Ketane Waterfalls dauert vier Tage, nach Semonkong braucht man fünf bis sechs Tage. Ins Gepäck gehören Essen, ein Schlafsack, regenfeste Kleidung, Sonnenmilch, warme Kleidung, eine Taschenlampe und Tabletten zum Aufbereiten von Trinkwasser. Geschlafen wird in **Basotho-Hütten** (75 M/Pers.).

Wanderungen
WANDERN

In der Malealea Lodge sind Karten für Wanderungen in der Umgebung erhältlich. Dort können zudem Ponys zum Tragen der Ausrüstung organisiert werden. Tolle Wanderziele sind der **Botso'ela Waterfall** (hin & zurück ca. 4 Std.), die **Pitseng Gorge** (hin & zurück 6 Std., Schwimmzeug mitbringen), das **Pitseng Plateau** (hin & zurück 2 Std.) und das Ufer des **Makhaleng River**. Unterwegs wird man Dörfer und Stätten mit **Kunstwerken der San** zu sehen bekommen. Wer mag, kann auch mehrtägige Ausflüge unternehmen.

Bei Dorfbesuchen gewinnen Reisende einen faszinierenden Einblick in den Alltag der Einheimischen, ihre Sitten und Gebräuche. Das winzige **Museum** ist in einer traditionellen Basotho-Hütte untergebracht. Es ist nicht nur wegen der Exponate, sondern auch wegen des Besitzers/Museumsführers einen Besuch wert. Wer mag, kann außerdem einem *sangoma* (traditioneller Medizinmann; nur für Leute mit aufrichtigem Interesse) und der *donga* (erodierte Schlucht, in der Landwirtschaft betrieben wird) einen Besuch abstatten. Die Angestellten in der Malealea Lodge kennen auch noch ein paar nette Routen für **Spritztouren** mit „normalen" und geländegängigen Fahrzeugen.

🛏 Schlafen & Essen

Malealea Lodge
LODGE **$**

LP TIPP

(📱in Südafrika 082 552 4215; www.malealea.co.ls, Stellplätze 75 M, Backpacker-Hütten 135–155 M, Zi. 220–275 M) Die Malealea Lodge ist zu Recht das Vorzeigestück von Lesotho,

dem „Königreich im Himmel". Die Lodge wurde 1905 als Handelsposten von dem Lehrer, Minenarbeiter und Soldaten Mervyn Smith eingerichtet. 1986 hat die Familie Jones das Geschäft übernommen und es später in eine Unterkunft „mit Gemeindeanschluss" umgewandelt. Fast jeden Abend tritt der lokale Chor hier auf, und ein Teil der Einnahmen und Spenden von Touristen wird direkt an regionale Projekte weitergeleitet. Die Lodge bietet darüber hinaus einen unvergleichlichen Ausblick.

In puncto Schlafgelegenheiten hat man die Wahl zwischen Stellplätzen für Zelte, „Wald"- (oder Backpacker-) Hütten in hübscher Lage (ein Stück entfernt von der Lodge), einfachen, aber gemütlichen Zimmern und *rondavels* mit eigenen Bädern.

Die Lodge beherbergt eine Bar, es gibt herzhafte Mahlzeiten (Frühstück/Mittag-/Abendessen 60/70/95 M) sowie Einrichtungen für Selbstversorger. Der Dorfladen hat Grundnahrungsmittel vorrätig.

Hin und wieder hat man in der Lodge Mobilfunkempfang. Besonders viel los ist von September bis November.

ℹ An- & Weiterreise

Minibus-Taxis fahren regelmäßig auf der Strecke Maseru–Malealea (36 M, 2½ Std., 83 km). Alternativ nimmt man in Maseru oder Mafeteng ein Minibus-Taxi nach Motsekuoa (13 M, 2 Std.); dort gibt es häufige Verbindungen nach Malealea (22 M, 30 Min.).

Wer einen eigenen Wagen hat, fährt von Maseru aus 52 km auf der Mafeteng Rd (Main Rd South) bis Motsekuoa und hält dort Ausschau nach dem Malealea Lodge-Schild und der Ansammlung von Minibus-Taxis. Man biegt nach links (Richtung Osten) auf eine asphaltierte Straße ab und folgt

---

PONY-TREKKING

Reitwanderungen gehören zu den Top-Attraktionen in Lesotho. Die Basotho-Ponys sind besonders trittsicher; es handelt sich um eine Kreuzung zwischen kleinen javanesischen Pferden und großen europäischen Rassen.

Treks sollten vorab gebucht werden, Reitkenntnisse werden nicht vorausgesetzt, man sei aber gewarnt: Nach einem Tag im Sattel schlagen sich alle mit Muskelkater und Druckstellen herum, egal, wie gut man reiten kann. Der Proviant für mehrtägige Ausritte muss selbst mitgebracht werden (in Maseru besorgen), ebenso wie ein Schlafsack und warme, regenfeste Kleidung.

Anlaufstellen für Reitwanderungen:

» Malealea Lodge (S. 519)

» Semonkong Lodge (S. 518)

» Folgende Schutzgebiete von Lesotho Northern Parks: Ts'ehlanyane National Park (S. 513), Bokong Nature Reserve (s. S. 517), Liphofung Cave Cultural Historical Site (S. 514).

an der Gabelung 10 km weiter etwa 15 km der rechten Straße. Die Abzweigung nach Malealea ist ausgeschildert. Von dort sind es noch ca. 7 km auf einer unbefestigten Straße bis zur Lodge.

Malealea kann auch aus südlicher Richtung, via Mpharane und Masemouse, erreicht werden, aber die Straße ist in einem schlechten Zustand. Die meisten Fahrer wählen den Weg über Motsekuoa.

MAFETENG

Mafeteng (Ort von Lefetas Volk) ist nach einem frühen Magistraten benannt, Emile Rolland, den die hiesigen Basotho Lefeta („einer, der vorüberzieht") nannten. Die Stadt ist ein wichtiger Knotenpunkt für den Bus- und Minibus-Taxi-Verkehr in unmittelbarer Nähe zur Grenze (bis Wepener in Free State, Südafrika, sind es nur 22 km). Darüber hinaus ist Mafeteng ein geschäftiges kommerzielles Zentrum und bietet sich zum Aufstocken der Vorräte vor der Weiterfahrt in den Süden an.

Im Zentrum erinnert eine kleine Statue an die Soldaten der Cape Mounted Rifles, die im Gun War von 1880 gefallen sind.

Das **Mafeteng Hotel** (☎2270 0236; EZ/DZ/3BZ ab 220/280/360 M; ☎) ist eines der besseren Hotels außerhalb von Maseru. Optisch ähnelt es einem Kontrollturm, aber die Zimmer sind hell und geräumig. Außerdem gibt's ein paar nette strohgedeckte Unterkünfte neben dem Pool im Garten. Zur Anlage gehören ein Restaurant und eine Disco namens Las Vegas. In die Straße gegenüber vom knallroten Postamt einbiegen (den Schildern zum Krankenhaus folgen).

Häufig fahren Minibus-Taxis von Mafeteng nach Maseru (25 M, 1½ Std.) und Mohale's Hoek (16 M, 30 Min.). In Mohale's Hoek gibt's Verbindungen nach Quthing.

MOHALE'S HOEK

Mohale's Hoek ist nach dem jüngeren Bruder von König Moshoeshoe dem Großen benannt. Mohale trat dieses Land 1884 zu administrativen Zwecken an die Briten ab. Die Stadt hat auch weiterhin königliche „Connections": Unlängst half Prinz Harry in einem Waisenhaus in der Nähe aus. Das Stadtzentrum ist ganz hübsch und zum Übernachten sicherlich netter als Mafeteng.

Die beste Unterkunft ist das **Hotel Mount Maluti** (☎2278 5224; mmh@leo.co.ls; EZ/DZ inkl. Frühstück 257/380 M). Es wurde vor kurzem erweitert und hat gepflegte Grünflächen, angenehme Zimmer (die mit Blick auf den Garten sind am schönsten) und ein Restaurant. Der Beschilderung auf der Hauptstraße folgen.

Regelmäßig fahren Minibus-Taxis nach Quthing (18 M, 45 Min.) und Mafeteng (17 M, 30 Min.) ab. Außerdem nehmen täglich mehrere Minibus-Taxis (40 M, 2½ Std.) und ein Bus (30 M) Kurs auf Maseru.

QUTHING

Quthing ist die am weitesten südlich gelegene größere Stadt in Lesotho. Sie wird auch Moyeni (Ort des Windes) genannt und wurde 1877 gegründet, während des Gun War vor 1880 aufgegeben und dann am heutigen Standort wieder aufgebaut.

Am meisten los ist in Lower Quthing, entlang der Hauptstraße. Oben auf dem Hügel, mit Blick auf die Schlucht des Senqu (Orange) River, liegt Upper Quthing, das ehemalige koloniale Verwaltungszentrum, mit einer Post, einem Krankenhaus, einer Polizeiwache, einem Hotel und einer netten Aussicht. Zwischen dem oberen und unteren Teil von Quthing pendeln Minibus-Taxis.

◉ Sehenswertes & Aktivitäten

Masitise-Höhlenhaus-Museum MUSEUM
(☎5879 4167; Eintritt gegen Spende) 5 km westlich von Quthing stößt man auf einen Abschnitt einer alten Mission, die 1866 von dem Schweizer David-Frédéric Ellenberger, einem der ersten Missionare in Lesotho, direkt in eine San-Höhle gebaut wurde. Die Mission beherbergt ein kleines Museum mit interessanten Ausstellungen zur lokalen Kultur und Geschichte. An der Decke ist der Abguss eines Dinosaurierfußabdrucks zu sehen und in der Nähe haben sich die San mit Malereien verewigt.

Um hierhin zu gelangen, nimmt man die ausgeschilderte Abzweigung nahe der Masitise Primary School und folgt der Straße ca. 1,5 km zurück, vorbei an der kleinen Kirche. Im Nachbarhaus den Gemeindepfarrer nach dem Schlüssel fragen. Anschließend sind es noch fünf Gehminuten zum Museum. Hier zu übernachten ist ein tolles Erlebnis; geschlafen wird im Haus des Pfarrers (B & B-Stil) oder in einfachen *rondavels*. Nach vorheriger Anmeldung kann man auch lokaltypische Küche genießen.

Dinosaurierspuren ARCHÄOLOGISCHE STÄTTE
Quthing ist für die zahlreichen Dinosaurierfußspuren in der Region bekannt. Besonders einfach zugänglich sind die Spuren gleich neben der Hauptstraße nach Mt. Moorosi; nach dem kleinen, pinkfarbenen Gebäude zur Linken Ausschau halten. Die Abdrücke sollen ca. 180 Mio. Jahre alt sein.

Mission Villa Maria
KIRCHE

Zwischen Quthing und Masitise liegt die Villa Maria Mission. Sie ist von der Hauptstraße aus zu sehen und hat eine schöne, auffällige Sandsteinkirche mit zwei Türmen zu bieten.

San-Malereien
FELSENMALEREI

Etwa 10 km südöstlich der Stadt nahe Qomoqomong können ein paar Malereien der San bestaunt werden. Täglich sind mehrere Minibus-Taxis auf dieser Strecke unterwegs; in Qomoqomong angekommen, kann man im General Dealer's Store einen Guide anheuern, der einen zu den „Kunstwerken" begleitet (20 Min.).

Malerische Strecken
AUTOFAHRT

Die Straße von Quthing nach Qacha's Nek ist eine der malerischsten Routen des Landes. Erst geht es durch die Schlucht des Senqu (Orange) River und eine traumhafte Canyonlandschaft, dann hinauf auf die Abbruchkante. Wenn man die richtige Ausrüstung hat, ist dieses Gebiet ideal zum Wandern geeignet.

Die Route führt am Dorf **Mt. Moorosi** vorbei, das nach einem Basotho-Häuptling benannt ist. 1879 verteidigte er seine Bergfestung acht Monate lang erfolgreich gegen die Briten, bis er schließlich getötet wurde. Außerdem passiert man das hübsche Dorf **Mphaki**, das sich als Basis für Wanderungen eignet, sowie die **Mission Christ the King** mit einem tollen Blick auf das Tal des Senqu (Orange) River. Von der Mission aus erreicht man nach zwei- bis dreitägiger Wanderung in Richtung Norden schließlich Semonkong.

🛏 Schlafen & Essen

Moorosi Chalets
CHALETS $

(☑in Südafrika 082 552 4215; www.moorosichalets.com; Stellplätze 60 M, Hütte mit Bad 150 M/Pers., Haus für Selbstversorger 150 M/Pers., Rondavel 175–225 M/Pers.) Fischen oder Pony-Trekking in Begleitung von freundlichen Dorfbewohnern ist dank der Partnerschaft zwischen Malealea und dem Quthing Wildlife Development Trust möglich. Die Einnahmen werden direkt an die Dörfer weitergeleitet, die davon Ausrüstung und Vorräte finanzieren. Einfache Schlafgelegenheiten in *rondavel* werden im Hauptzeltbereich angeboten. Die Chalets sind etwa 6 km vom Dorf Mt. Moorosi entfernt; der Abzweigung nach Ha Moqalo 2 km außerhalb des Dorfs auf dem Weg nach Qacha's Nek folgen.

Fuleng Guest House
PENSION $

(☑2275 0260; Zi. 280–350 M/Pers.) Die Unterkunft ist auf einem Hügel gelegen, eine gute Adresse für Zimmer und *rondavels* mit Aussicht und nettem, authentischem Ambiente. Das Fuleng ist auf der Hauptstraße ausgeschildert, kurz vor der Kurve, hinter der es nach Upper Quthing geht.

Mafikeng Restaurant
LOKALE KÜCHE $

(⏱8–20 Uhr) Günstiges Essen gibt's in diesem einfachen Restaurant nahe der Minibus-Taxi-Haltestelle unterhalb von Lower Quthing.

ℹ An- & Weiterreise

Minibus-Taxis sind zwischen Quthing und Qacha's Nek unterwegs (75 M, 3 Std.). Ein Bus legt diese Strecke ebenfalls zurück; er fährt gegen 9 Uhr in Quthing los (58 M, 5 Std.). Mehrere Minibus- und Einzeltaxis steuern Maseru an (65 M, 3½ Std.), aber auch ein paar Sprinter (47 M, 4 Std.). Die Bus-/Minibus-Taxi-Haltestelle befindet sich in Lower Quthing. Die Straße zwischen Quthing und Qacha's Nek ist vollständig asphaltiert, auch wenn das auf vielen Karten anders aussieht.

QACHA'S NEK

Qacha's Nek wurde 1888 als Mission nahe dem gleichnamigen Pass (1980 m) gegründet. Ein bedeutendes Ereignis aus der jüngeren Geschichte war das Fest zum 42. Geburtstag von König Letsie III. im Jahr 2005. Das nette Örtchen hat neben einer hübschen Kirche mehrere Sandsteinbauten aus der Kolonialzeit zu bieten. In der Nähe stehen vereinzelte Gruppen von Mammutbäumen; einige sind mehr als 25 m hoch.

Das **Hotel Nthatuoa** (☑2295 0260; EZ 320–460 M, DZ 400–550 M, alle inkl. Frühstück) verfügt über einen gediegenen „Speisesaal" mit rotem Teppich. Die Zimmer sind nach „Blöcken" von einfach bis luxuriös kategorisiert, der Unterschied zwischen schlicht und luxuriös liegt aber in erster Linie in der Größe. Das Hotel am nördlichen Stadtrand ist auf der Hauptstraße ausgeschildert.

Im **Central Hotel** (☑2295 0612; Hauptgerichte 15–50 M) gibt's gute afrikanische Livemusik und gehaltvolles Essen.

In regelmäßigen Abständen pendeln Minibus-Taxis zwischen Qacha's Nek und Maseru (über Quthing, 110 M, 6 Std.). Einmal täglich fährt auch ein Bus – in Maseru geht's zwischen 5 und 6 Uhr los (110 M, 9 Std.). Ein weiterer Bus macht sich gegen 12 Uhr in Qacha's Nek auf den Weg zum Sehlabathebe National Park (35 M, 5 Std.).

SEHLABATHEBE NATIONAL PARK

Der Nationalpark mit den wenigsten Besuchern des Landes ist entlegen, ursprünglich und wunderschön. Die weitläufigen Graseben, Wildblumen und die Stille geben dem Besucher das Gefühl absoluter Einsamkeit. Einsam ist man hier in der Tat, mal abgesehen von den unzähligen Vögeln, darunter auch Bartgeier, und der einen oder anderen Rehantilope. Die Gegend mit verschiedenen Wasserfällen erkundet man am besten zu Fuß (Reitwanderungen können in Sani Top oder den Drakensbergen organisiert werden). An den Dämmen und in den Flüssen darf geangelt werden.

Proviant selbst mitbringen! Außerdem muss man auf wechselhaftes Wetter vorbereitet sein. Hier regnet es im Sommer, dichter Nebel ist keine Seltenheit. Der Winter bringt klare Tage mit sich, aber nachts wird es kalt, und manchmal fällt auch Schnee.

Sehlabathebe gehört derzeit in den Zuständigkeitsbereich des **Ministeriums für Tourismus, Umwelt und Kultur** (☎2231 1767, 2232 6075; New Postal Office Building, 6. OG, Kingsway, Maseru).

🛏 Schlafen & Essen

Überall im Park darf gezeltet werden. Wasser gibt's genug, jedoch keine Infrastruktur.

Wer nach echter, absoluter Einsamkeit sucht, hat sich genau den richtigen Nationalpark ausgesucht. Und wer sich ein bisschen umschaut, kann zudem außergewöhnliche Schlafgelegenheiten finden.

Sehlabathebe Park Lodge   LODGE **$**
(☎2231 1767/2232 6075; Stellplätze 30 M/Pers., Zi. 80 M/Pers.) Dies ist die einzige Übernachtungsmöglichkeit im Park mit touristischen Einrichtungen. Die Lodge scheint in eine andere Zeit zu gehören; sie wurde in den 1970er-Jahren für einen Premierminister errichtet, einen begeisterten Forellenangler. Sie steht auf einer ebenen Grasfläche mit Blick auf Hügel und Teiche. Sämtlichen Proviant mitbringen, auch eine Benzin-/Dieselreserve (im Park gibt's keinen Treibstoff). In der Lodge können bis 12 Personen übernachten. Sie ist mit Bettzeug und einer Küche ausgestattet und liegt 12 km hinter dem Parkeingang; man braucht einen Wagen mit Allradantrieb. Reservierung empfohlen.

Thamathu Rural Homestay   ÜBERNACHTUNG BEI EINHEIMISCHEN **$**
(☎2231 1767/2232 6075; Homestay inkl. Frühstück 85 M) Das Ministerium für Tourismus unterstützt verschiedene „Homestays" (und mehrere Hofbesitzer haben sich ganz offiziell zu Guides ausbilden lassen, um Reisende beherbergen und durch den Park führen zu können). Dies ist die erfolgreichste Adresse.

Wer mit öffentlichen Verkehrsmitteln unterwegs ist, wird abends in Sehlabathebe ankommen, das bedeutet: Man wird in dem Dorf Mavuka nahe dem Parkeingang übernachten müssen. Das saubere, moderne Range Management Education Centre, 2 km die Straße hinunter und links hinter der Mavuka Primary School, verfügt über einen Schlafsaal mit Betten. Eine andere Alternative ist das Mabotle Hotel, ein neues „Resort" (es ist jedoch in keiner Weise luxuriös). Der Gesamteindruck ist etwas heruntergekommen, aber die *rondavels* sind mit sauberen Linoleumböden und Bädern ausgestattet. Es gibt kein fließendes Wasser, aber die Angestellten stellen Eimer mit Wasser bereit.

ℹ An- & Weiterreise

In Paolosi, etwa 3 km südlich von Mavuka gelegen, gibt's eine Start- und Landebahn für Charterflüge.

Ein Bus täglich verbindet Qacha's Nek und Sehlabathebe, er startet in Qacha's Nek etwa um 12 Uhr und in Sehlabathebe um 17.30 Uhr (40 M, 5 Std.). Der Bus fährt nur bis zum Dorf Mavuka, nahe beim Eingang zum Park. Von hier aus müssen die Reisenden ca. 12 km Fußweg bis zur Lodge zurücklegen. Nützliche Hinweise für Autofahrer: Die Hauptstraße in den Park führt über Quthing und Qacha's Nek. Die Straße ab Qacha's Nek ist unbefestigt, aber in ganz vernünftigem Zustand; sie kann fast das ganze Jahr über mit einem Pkw mit Zweiradantrieb befahren werden. Es besteht die Möglichkeit, während der Dauer des Aufenthalts im Park das Auto an der Polizeiwache in Paolosi abzustellen.

Am einfachsten gelangen Wanderer über den 10 km langen Weg von Bushman's Nek im benachbarten KwaZulu-Natal in den Sehlabathebe National Park. Von Bushman's Nek bis zur Grenze in Nkonkoana Gate dauert es – je nach Lauftempo – etwa sechs Stunden. **Khotso Trails** (☎in Südafrika 033-701 1502; www.khotsotrails.co.za) in Underberg organisiert auch Pferde für den Weg.

Für die Straße von Sehlabathebe nach Sehonghong brauchen Reisende unbedingt einen Wagen mit Allradantrieb. Und selbst dann kann es durch Stürme oder Erdrutsche noch Schwierigkeiten geben. Sicherheitshalber immer bei den Einheimischen nachfragen – Schilder werden nur selten aufgestellt.

Swasiland

Inhalt »

Mbabane	528
Ezulwini Valley	530
Malkerns Valley	535
Manzini	536
Der Norden	538
Der Osten	540
Der Süden	543

Gut essen

» Gil Vincente (S. 537)

» Malandela's Restaurant (S. 536)

» Lihawu Restaurant (S. 531)

Schön übernachten

» Stone Camp (S. 543)

» Reilly's Rock Hilltop Lodge (S. 535)

» Malandela's B&B (S. 535)

» Phophonyane Ecolodge & Nature Reserve (S. 540)

Auf nach Swasiland!

Klein, aber oho! Das Königreich Swasiland ist zwar winzig, hat seinen Besuchern aber unglaublich viel zu bieten. Man kann hier wunderbar Tiere in freier Wildbahn beobachten, sich bei Outdoor-Aktivitäten einen Adrenalinschub holen und die lebensfrohe einheimische Kultur erleben. Es gibt tolle Wanderwege, atemberaubende Berglandschaften und Flachlandpanoramen sowie hochwertiges Kunsthandwerk.

Über all das herrscht König Mswati III., der letzte absolute Monarch Afrikas, der ungeachtet seiner Kritiker eine Quelle großen Nationalstolzes ist. Mit seinen freundlichen Menschen und ohne ethnische Feindseligkeiten ist die Atmosphäre in Swasiland bemerkenswert entspannt.

Das ausgezeichnete Straßennetz macht das Reisen zum Vergnügen. Die Unterkunftspalette reicht von Hostels über familienfreundliche Hotels bis hin zu Lodges in der Wildnis und noblen Resorts. Viele Besucher legen hier auf dem Weg zum Kruger National Park einen kurzen Stopp ein, doch es lohnt sich, mindestens eine Woche zu bleiben.

Reisezeit

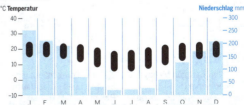

Jan.–April Reißende Flüsse und üppige Vegetation laden zu Abenteuern und zum Fotografieren ein.

Feb.–März *Buganu*-Saison: Im ländlichen Swasiland gibt's jetzt selbstgebrauten Marulawein.

Mai–Sept. Die kühleren Tage und das fehlende Laub laden zu Tierbeobachtungen im Lowveld ein.

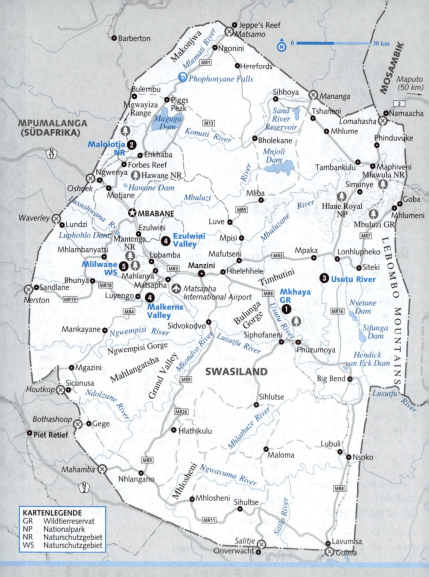

Highlights

❶ Im großartigen **Mkhaya Game Reserve** (S. 543) Tiere in freier Wildbahn beobachten, darunter die seltenen Spitzmaulnashörner

❷ Im **Malolotja Nature Reserve** (S. 539) durch die faszinierende Wildnis wandern

❸ Durch die schäumenden Stromschnellen des **Usutu River** (s. S. 544) raften

❹ Durch die Kunsthandwerksläden und im königlichen Kernland im **Ezulwini Valley** (S. 530) sowie im **Malkerns Valley** (S. 535) bummeln

❺ Im **Mlilwane Wildlife Sanctuary** (S. 533) biken oder wandern und in den schönen, gemütlichen Lodges entspannen

Geschichte
DIE ANFÄNGE EINER NATION

Das Gebiet des heutigen Swasiland ist seit Jahrtausenden besiedelt. Menschliche Überreste wurden in den Lebombo Mountains im Osten des Landes gefunden und sind vermutlich bis zu 100 000 Jahre alt. Die Swasi hingegen verfolgen die Wurzeln ihrer Ahnen bis zu einem erheblich jüngeren Datum zurück. Um das Jahr 500 kamen nämlich im Rahmen der großen Bantu-Migration verschiedene Nguni-Stämme in die Region. Einer dieser Stämme ließ sich in der Umgebung des heutigen Maputo (Mosambik) nieder und gründete die Dlamini-Dynastie. Mitte des 18. Jhs. führte der Dlamini-König Ngwane III. wegen des zunehmenden Drucks von anderen Clans in dieser Gegend sein Volk in Richtung Südwesten an den Pongola River, heute im südlichen Swasiland und im nördlichen KwaZulu-Natal. Die Region am Fluss wurde zum Kernland der Swasi, und so erklärt sich, warum die Bevölkerung bis heute Ngwane III. als ihren ersten König ansieht.

Ngwanes Nachfolger Sobhuza I. errichtete schließlich im Ezulwini Valley einen Stützpunkt, der bis heute die Heimat der Königsfamilie ist und auch das Zentrum des Brauchtums darstellt. Nach Sobhuza I. kam der berühmte König Mswazi (auch Mswati) auf den Thron, nach dem die Swasi benannt sind. Trotz des Drucks von den benachbarten Zulus gelang es Mswazi, das Königreich zu einen. Außerdem erweiterte er das Territorium in Richtung Norden bis Hhohho (das heutige nordwestliche Swasiland), als Reaktion auf die ständigen Übergriffe der Zulus auf das Swasi-Territorium im Süden. Als Mswazi im Jahr 1868 starb, war das Fundament der jungen Swasi-Nation gesichert.

Seit Mitte des 19. Jhs. lockte Swasiland immer mehr Bauern aus Europa an, die Weideland für ihr Vieh benötigten. Auch Jäger, Kaufleute und Missionare wurden von dem kleinen Königreich angezogen. Mswazis Nachfolger Mbandzeni erbte somit ein bunt durchmischtes Volk mit vielen Europäern. Seine Regierung erwies sich jedoch als erheblich schwächer als die von Mswazi. Unter Mbandzeni verlor das Königreich immer mehr Land: Grund und Boden wurden an die Europäer verkauft, und der König bereicherte sich an Bestechungsgeldern.

In den folgenden Dekaden sahen die Swasi ihr Territorium stetig schwinden, denn die Briten und die Buren kämpften um die Macht in der Region. 1902, nach dem Zweiten Burenkrieg, zogen sich die Buren zurück, und die Briten übernahmen die Kontrolle in Form eines Protektorats.

ZEREMONIEN DER SWASI

Incwala

Incwala (auch Ncwala genannt) ist die heiligste Zeremonie der Swasi . Es ist eine Zeremonie zu Ehren der „ersten Früchte", im Zuge derer der König seinem Volk die Erlaubnis erteilt, die ersten Feldfrüchte des neuen Jahres zu verzehren. Die Vorbereitungen für das eine Woche dauernde Incwala-Fest beginnen schon einige Wochen vorher und richten sich nach dem Mondzyklus.

Umhlanga-Tanz

Der *umhlanga*-(Schilf-)Tanz ist zwar nicht so heilig wie das Incwala-Fest, erfüllt aber eine ähnliche Funktion: Er soll die Nation zusammenbringen und die Menschen an ihre Beziehung zum König erinnern. Der *umhlanga*-Tanz ist so etwas wie ein einwöchiger Debütantenball für junge Swasi-Frauen im Heiratsalter, die aus dem ganzen Königreich anreisen, um mitzuhelfen, das Haus der Königinmutter in Lobamba herzurichten. Er dient auch dazu, dem König potentielle Ehefrauen zu präsentieren.

Buganu-Festival

Auch dieses Festival, das im Februar stattfindet, ist den „ersten Früchten" gewidmet und feiert die Marulafrucht. Die Frauen sammeln die Früchte und brauen daraus ein Getränk, das *buganu* genannt wird und richtig reinhaut. Die Einheimischen (vor allem Männer) treffen sich dann, um zu trinken und zu feiern. Das Festival ist dabei, zu einer der beliebtesten traditionellen Zeremonien des Landes zu werden, und wird auch von König Mswati III. und anderen Mitgliedern des Königshauses besucht.

WISSENSWERTES ÜBER SWASILAND

Das Zentrum der Swasi-Kultur bildet die Monarchie, deren Macht sowohl beim König (*ngwenyama*, der Löwe) als auch bei seiner Mutter (*ndlovukazi*, die Elefantenkuh) liegt. Eine weitere Säule der Swasi-Identität ist neben der Loyalität zur Monarchie die lange Tradition der nach Alter gestaffelten königlichen Militärregimenter.

Die Gottheit der Swasi wird traditionell Mkhulumnchanti genannt. Der Respekt für die Alten und für die Ahnen spielt eine wichtige Rolle. Gelegentlich sieht man Männer in einer *lihhiya* (traditionelles Swasi-Gewand), die in der einen Hand eine *sagila* (Knaufstock) und in der anderen eine Aktentasche tragen. In der entsprechenden Art und Weise drapiert, ist die *lihhiya* ein formelles Kleidungsstück, das in der Regel bei wichtigen dienstlichen oder kulturellen Anlässen getragen wird.

KAMPF UM DIE UNABHÄNGIGKEIT

Anfang des 20. Jhs. drehte sich in der Geschichte der Swasi alles um den Unabhängigkeitskampf. Unter der Führung von König Sobhuza II. (und seiner umsichtigen Mutter, die während seiner Kindheit die Regentschaft innehatte) gelang es den Swasi, den Großteil ihres ursprünglichen Territoriums wiederzuerlangen. Das war zum einen durch Rückkäufe möglich, zum anderen aber auch durch einen Erlass der britischen Regierung. Als das Land 1968 schließlich unabhängig wurde, befanden sich etwa zwei Drittel des Königreichs wieder unter der Kontrolle der Swasi. Diese Entwicklung war von großer Bedeutung, denn Swasi-Könige verwalten das Reich als Treuhänder für ihre Bürger, und somit ist Landbesitz weit mehr als eine rein wirtschaftliche oder politische Frage. Zu jener Zeit suchten viele Swasi als Wanderarbeiter eine Bschäftigung in den Witwatersrand Mines in Südafrika, um sich ihre verlorenen Ländereien wieder zurückkaufen zu können.

Im Jahr 1960 schlug König Sobhuza II. die Einrichtung eines Legislativrats vor, der sich aus nach europäischen Richtlinien gewählten Europäern zusammensetzen sollte, sowie die Errichtung eines Nationalrats, der mit der Swasi-Kultur konform ging. Eine der politischen Swasi-Parteien, die zu dieser Zeit gegründet wurde, war das Mbokodvo (Grindstone) National Movement. Diese Partei hatte das Ziel, die traditionelle Swasi-Kultur zu erhalten und gleichzeitig die Rassendiskriminierung zu unterbinden. Als die Briten 1964 schließlich den Wahlen zustimmten, bekam Mbokodvo die Mehrheit. Bei den folgenden Wahlen im Jahr 1967 gewann die Partei alle Sitze. Am 6. September 1968 war die Unabhängigkeit als Höhepunkt eines langen und erstaunlich gewaltlosen Weges schließlich erreicht, 66 Jahre nach Beginn des britischen Protektorats.

Die erste Swasi-Verfassung war größtenteils ein Machwerk der Briten und wurde 1973 vom König mit der Begründung außer Kraft gesetzt, dass sie nicht der Swasi-Kultur entspräche. Vier Jahre später trat das Parlament unter einer neuen Verfassung zusammen, die ganz unzeitgemäß dem König die uneingeschränkte Macht verlieh.

Sobhuza II., der seinerzeit am längsten regierende König der Welt, starb 1982. Eine seiner bedeutendsten Errungenschaften war, dass er die Existenz seines Landes und seiner Kultur sicherte, die seit Lebzeiten seines Vaters gefährdet waren. 1986 bestieg der junge Mswati III. den Thron. Auch er hält am traditionellen Leben fest. Damit das auch klappt, regiert er als absoluter Monarch – und das eher schlecht als recht.

AKTUELLE EREIGNISSE

Swasiland hält an seinem Zweikammerparlament fest. Es besteht aus der Nationalversammlung mit teils gewählten, teils ernannten Abgeordneten sowie dem Senat, der vornehmlich über Angelegenheiten berät, die den Feudalstatus der Kreise, die den Häuptlingen unterstellt sind, betreffen. Die reale politische Macht liegt in den Händen der Konservativen, die oft als *labazdala* („die Älteren") bezeichnet werden. Die meisten Swasi scheinen mit ihrem politischen System durchaus zufrieden zu sein (oder sind in Apathie verfallen), was – im afrikanischen Kontext gesehen – zu beneidenswerter Stabilität geführt hat, jedoch auch für die langsame Entwicklung des Landes verantwortlich gemacht wird. Dennoch lässt sich eine unterschwellige politische Meinungsverschiebung nicht leugnen, denn die Bewegung, die sich für einen Wechsel zur Demokratie stark macht, hat an Einfluss gewonnen. Im Jahr 1996 ernannte der König eine Kommission mit dem Ziel, die Verfassung einer Prüfung zu unterziehen; 2003 und 2004 wurde die revidierte Verfassung der Öffentlichkeit vorgestellt – und von reformfreudigen Swasi prompt abgelehnt. Im Jahr 2005 konnte die Verfassung schließlich verabschiedet werden. Sie beinhaltet nun einen Katalog an Bürgerrechten – doch diese wurden ebenfalls kritisiert, da sie den status quo eigentlich nur aufrechterhalten. Auch unter der neuen Verfassung ist es politischen Parteien nicht möglich, an Wahlen teilzunehmen.

Swasiland hat in jüngster Zeit unter einem schwerwiegenden Rückgang der Zoll- und Steuereinnahmen gelitten, die es als Mitglied der SACU (Südafrikanische Zollunion) erhält. Wegen des Einbruchs dieser Einkünfte sanken die Staatseinnahmen von 6 Mrd. E auf 2,6 Mrd. E. Diese Zoll- und Steuereinnahmen machen gewaltige 60 % der Landeseinnahmen aus.

König Mswati III. steht wegen seines autokratischen Status und wegen seines aufwendigen und polygamen Lebensstils zunehmend in der Kritik, vor allem in der ausländischen Presse. Kritiker werfen ihm vor, dass dies die wirtschaftliche Entwicklung beeinträchtige und den Kampf gegen HIV/Aids behindere, wovon schätzungsweise 26 % der Bevölkerung betroffen sind. Doch selbst seine entschiedensten Kritiker unter den Swasi wollen kein Ende der Monarchie, sondern fordern eine konstitutionelle anstelle der absoluten Monarchie.

Klima

Im größten Teil Swasilands herrscht das gleiche Klima wie im östlichen Lowveld in Südafrika. Es zeichnet sich durch regenreiche Sommer mit hoher Luftfeuchtigkeit und angenehm kühle Winter aus. Zwischen Dezember und Februar können die Temperaturen auch mal über 40 °C steigen, und wolkenbruchartige Gewitter sind keine Seltenheit. In den höher gelegenen Gebieten im Westen sind die Nächte im Winter kühl und klar, und es kann sogar Frost geben.

Nationalparks & Naturschutzgebiete

In Swasiland gibt es fünf wichtige Naturschutzgebiete, welche die beeindruckend vielfältige Landschaft des Landes widerspiegeln. Am leichtesten zu erreichen ist das Mlilwane Wildlife Sanctuary (S. 533), das im Ezulwini Valley liegt und von **Big Game Parks** (☎528 3943/4; www.biggame parks.org) mit Sitz in Mlilwane privat betrieben wird. Unter derselben Aufsicht stehen das spektakuläre Mkhaya Game Reserve (S. 543), das Spitzmaulnashörner und viele andere Tiere beheimatet, sowie der wirklich lohnenswerte Hlane Royal National Park (S. 541.

Im nordwestlichen Hochland befindet sich das Malolotja Nature Reserve (S. 539), das für seine hervorragenden Wanderwege bekannt ist. Die Besuchereinrichtungen – einschließlich Unterkünften und Restaurant – werden vom Management des Hawane Resort (S. 538) geführt. Das Mlawula Nature Reserve (S. 541) im östlichen Lowveld und das winzige Mantenga Nature Reserve (S. 531), das ebenfalls im Ezulwini Valley liegt, werden von der **National Trust Commission** (☎2416 1151/78; www.sntc.org. sz) betrieben, die ihr Hauptbüro im National Museum in Lobamba (Ezulwini Valley) hat. Alle Unterkünfte lassen sich direkt in den Parks und Schutzgebieten oder aber über **Swazi Trails** (☎2416 2180; www.swazi trails.co.sz) buchen.

Sprache

Amtssprachen sind Swati und Englisch, die schriftliche Amtssprache ist Englisch. Mehr zu Swati ist im Sprachkapitel nachzulesen.

Gefahren & Ärgernisse

In städtischen Gebieten können Bagatelldelikte wie Taschendiebstahl und Handy- oder Handtaschenraub vorkommen. Reisende sollten immer die üblichen Vorsichtsmaßnahmen treffen und jederzeit wachsam sein. Niemals sollte man nachts ohne Begleitung durch die Gegend laufen oder seine Wertgegenstände zur Schau stellen. In Swasiland gibt es sowohl Schistosomiasis (Bilharziose) als auch Malaria, das Land unternimmt aber ernsthafte Anstrengungen, um das erste malariafreie Land Schwarzafrikas zu werden. Mehr Infos zur Vermeidung dieser Krankheiten stehen auf S. 661.

ℹ Anreise & Unterwegs vor Ort

Von Johannesburg (Jo'burg) gibt es Flüge nach Swasiland (Matsapha International Airport).

Die meisten Traveller reisen auf dem Landweg ein. Infos zu den Grenzübergängen sind auf S. 645 zu finden. Informationen zu Bussen stehen auf S. 644. Mietautos gibt es bei **Avis** (☎2518 6222; www.avis. co.za; Matsapha Airport) und **Europcar** (www. europcar.com/airport-swaziland-car-rental.html; ☎Matsapha Airport 2518 4393, Mbabane 2404 1384; Engen Auto Plaza, Mbabane).

In Swasiland selbst existiert ein gutes landesweites Netz von Minibus-Taxis. In Mbabane, im Ezulwini Valley und in Manzini gibt's private Taxis (s. die Unterwegs-vor-Ort-Abschnitte bei diesen Reisezielen).

Mbabane

Mbabane (mm-bah-*bahn*-i), die Hauptstadt und zweitgrößte Stadt Swasilands, klingt vielleicht nach etwas Großem, ist es aber nicht. Nichtsdestotrotz ist es eine entspannte, praktische Stadt, die schön in die Dlangeni Hills eingebettet ist und in der sich vieles gut erledigen lässt. Es gibt ein paar Restaurants, die in Ordnung sind, doch das Ezulwini Valley und das Malkerns Valley bieten Travellern mehr Attraktionen und insgesamt auch eine bessere Auswahl an Unterkünften.

Während der Kolonialzeit hatten die Briten ihren Sitz eigentlich ursprünglich in Manzini, verlegten ihn aber 1902 nach Mbabane, um vom kühleren Klima in den Bergen zu profitieren.

◉ Sehenswertes & Aktivitäten

Etwa 8 km nordöstlich von Mbabane ragt der **Sibebe Rock** (Eintritt 30 E), eine massive Granitkuppel, über der umliegenden Landschaft auf. Die Gegend wird über **Sibebe Trails** (☏2404 6070) von der örtlichen Gemeinde verwaltet. Ein großer Teil des Felsens ist völlig glatt und bei Stürzen gefährlich; wer einigermaßen fit ist und gerne steile Felswände hinunterschaut, bekommt hier aber eine ordentliche Dosis Adrenalin. **Swazi Trails** (☏2416 2180; www.swazitrails. co.sz) im Ezulwini Valley veranstaltet halbtägige Klettertouren ohne technische Anforderungen (580 E/Pers. inkl. Transport, Eintritt und Erfrischungen; nur Führer bei min. 2 Pers. 295 E/Pers.).

☞ Geführte Touren

Viele der aufgeführten im Ausland ansässigen Tourveranstalter haben auch kurze Abstecher nach Swasiland in ihre Touren eingebaut.

Swazi Trails   ABENTEUERTOUR
(☏2416 2180; www.swazitrails.co.sz) Swazi Trails hat seinen Sitz im Mantenga Craft Centre im Ezulwini Valley und ist einer der größten Anbieter von Aktivitäten im ganzen Land. Eignet sich für Caving, Rafting, Wanderungen und generell Touren zu kulturellen und anderen Highlights.

All Out Africa   GEFÜHRTE TOUR
(☏2550 4951; www.alloutafrica.com) Veranstaltet verschiedene Abenteuertouren und Aktivitäten in ganz Swasiland sowie im Kruger National Park und in Mosambik. Sehr empfohlen wird die halbtägige Kultur-Tour durch Lobamba einschließlich eines improvisierten Mal-seh'n-was-kommt-Spaziergangs durch das Dorf (250 R/Pers.; keine Mindestteilnehmerzahl).

Mandla Masuku   GEFÜHRTE TOUR
(☏7644 3257; www.ekhayatours.com; Firmenfahrzeug/eigenes Auto ab 650/500 R, min. 2 Pers.) Wer das Landleben in Swasiland kennenlernen möchte – inklusive eines Besuchs von Lobamba, einer Schule und einer Familie – oder wer einen Wildpark besuchen will, ist bei Mandla Masuku von Ekhaya Cultural Tours gut aufgehoben – er stammt aus der Gegend und spricht Französisch.

🛏 Schlafen

Gute Budgetunterkünfte sind in Mbabane dünn gesät. Ein besseres Angebot gibt es im Ezulwini Valley und im Malkerns Valley, die nur 14 bzw. 18 km entfernt sind.

Brackenhill Lodge   PENSION $$
(☏2404 2887; www.brackenhillswazi.com; Mountain Dr.; EZ/DZ inkl. Frühstück 640/840 E; ❄🛜) Diese schöne Unterkunft, die 4,5 km nördlich von Mbababe liegt, hat unterschiedlich komfortable und luftige, wenn auch veraltete (aber nicht unangenehme) Zimmer. Sie liegt in einem ruhigen Garten, und auf dem 162 ha großen Gelände gibt es mehrere Wanderwege. Von der Pine Valley Road geht es nach rechts in die Fonteyn Road und nach 1 km nach links in den Mountain Drive; von dort ist sie gut ausgeschildert. Die Mitarbeiter sind reizend; auf Wunsch gibt es Abendessen.

Foresters Arms   LODGE $$
(☏2467 4177; www.forestersarms.co.za; EZ/DZ inkl. Frühstück 620/960 E; 🅿🛜❄) Penelope Keith, Star einer britischen TV-Serie, in der sie die Besitzerin eines noblen Anwesens auf dem Lande spielt, würde sich hier sofort heimisch fühlen. Doch nicht nur der Fünfuhrtee und die leicht veraltete Inneneinrichtung im britischen Stil machen aus dem Foresters Arms einen „Landsitz". Es liegt 27 km südlich von Mbabane in malerischen Hügeln und ist eine gute Alternative zur Übernachtung in der Stadt, denn es bietet gemütliche Zimmer, einen schönen Garten und unzählige Aktivitäten wie Forellenan-

geln, Reiten und Wassersport am nahe gelegenen Luphohlo Dam. Von Mbabane folgt man der MR19. Wer Swasiland von hier aus verlassen will, kann auf der MR19 weiter in südwestliche Richtung fahren und über den Grenzübergang Nerston ausreisen.

Mountain Inn
GASTHAUS **$$**

(☎2404 2781; www.mountaininn.sz; EZ/DZ inkl. Frühstück ab 795/696 E; ✴☎☀) Fünf-Sterne-Luxus gibt's in diesem großen Gasthaus nicht, doch das Ambiente ist freundlich und anheimelnd, außerdem gibt's einen Pool, eine Bibliothek und schöne Rasenflächen. Vom einladenden Restaurant Friar Tuck, das zum Frühstück, Mittag- und Abendessen geöffnet hat, bieten sich traumhafte Panoramablicke über das Tal.

Kapola Boutique Hotel
BOUTIQUEHOTEL **$$**

(☎2404 0906; kapola_eden@swazi.net; EZ/DZ inkl. Frühstück 800/1100 E) Etwa 5 km von Mbabane liegt dieses erst kürzlich erbaute Hotel mit acht vornehmen, stilvollen Zimmern. Ein großer Nachteil ist allerdings die Lage direkt an der vielbefahrenen und lauten MR3 (auf der Route bergab bzw. in Richtung Mbabane–Ezulwini Valley). Wer versehentlich vorbeifährt, muss gezwungenermaßen eine Schleife fahren.

✕ Essen

Supermärkte gibt es im Swazi Plaza und in der Mall.

Ramblas
INTERNATIONAL **$$**

(Hauptgerichte 40–100 E; ⊘Mo–Sa 8 Uhr–open end) Mbabanes erste Wahl, was gutes Essen und ein lebhaftes Publikum angeht, befindet sich mitten im Serendipity-Health-Komplex und ist nur mit dem Auto zu erreichen. Die Fahrt lohnt sich wegen der umfangreichen Karte, die auch großartige Salate und Fleischgerichte bietet. Die Frühstücksangebote sind so beliebt, dass sie bis 18 Uhr serviert werden.

Plaza Tandoori Restaurant
INDISCH **$$**

(Swazi Plaza; Hauptgerichte 45–80 E; ⊘Mittag- & Abendessen) Es ist zwar nicht so groß wie der Taj Mahal, doch es hat jede Menge Atmosphäre. Neben preiswerten Currys sorgen die typischen Grillgerichte und Burger für einen Hauch von Internationalität.

eDladleni
FUSION **$$**

(Manzini/Mbabane Hwy; Hauptgerichte 45–120 E; ⊘Mittag- & Abendessen; ☝) Die selbsternannte „Königin des Swazi-Essens, das eines Königs würdig ist" macht ihrem Namen alle

Mbabane

✕ Essen

1 Indingilizi Gallery & Restaurant B2
   Plaza Tandoori Restaurant ...... (siehe 3)
   Shoprite .... (siehe 3)
2 Spar A3

🔒 Shoppen

3 Swazi Plaza.. A4
4 The Mall A3

Ehre, denn hier gibt es das beste vegetarische Essen weit und breit. Das Restaurant liegt 6 km von Mbabane in der Nähe der Hauptstraße. Die Öffnungszeiten sind allerdings variierend.

Indingilizi Galerie & Restaurant
CAFÉ **$$**

(112 Dzeliwe St; leichte Gerichte 40–60 E; ⊘Mo–Fr 8–17, Sa 8.30–13 Uhr) Diese alteingesessene Galerie mit einem kleinen Café im Freien bietet Snacks und kleine Mittagsgerichte.

Bei Redaktionsschluss wurde gerade renoviert; es lohnt sich in jedem Fall, hier vorbeizugehen, um sich die skurrilen Dinge in der Galerie anzusehen.

ℹ Praktische Informationen

Geld

Über Geldautomaten verfügen u. a. die First National Bank, die Nedbank und die Standard Bank, die sich alle im Swazi Plaza befinden.

Internetzugang

Internetzentren gibt's im **Swazi.net Internet Cafe** (⊙Mo–Fr 8–18, Sa bis 14 Uhr), das oben im Swazi Plaza zu finden ist, sowie in der Mall in der Nähe des Pick 'n Pay. Internetzugang gibt's ab ca. 30 E pro Stunde.

Medizinische Versorgung

Mbabane Clinic (☑2404 2423; St. Michael's Rd.) Bei Notfällen sollte man diese Klinik im Südwesten der Stadt aufsuchen, gleich abseits der Umgehungsstraße.

Medi-Sun Clinic (☑2416 2800; Ezulwini Valley) Liegt direkt hinter dem Komplex des Gables Shopping Centre.

Notfall

Feuerwehr (☑2404 3333, 933)
Polizei (☑2404 2221, 999)

Post & Telefon

Das Postamt befindet sich in der Msunduza Street, dort sind auch internationale Ferngespräche (allerdings keine R-Gespräche) möglich.

Touristeninformation

Tourist Information Office (☑2404 2531; www.welcometoswaziland.com; ⊙Mo–Do 8–16.45, Fr 8–16, Sa 9–13 Uhr; Zugangsstraße zum Cooper Centre, Sozisa Rd.) Befindet sich im Cooper Centre in der Sozisa Road. Hier gibt's kostenlose Karten von Mbabane, Manzini und Swasiland mit Informationen auf der Rückseite. Unbedingt ein Exemplar von *What's Happening in Swaziland* und vom kleineren *What's on in Swaziland* mit aktuellen Infos zu Hotels, Restaurants und Unterhaltung mitnehmen.

ℹ Anreise & Unterwegs vor Ort

Die Haupthaltestelle für Busse und Minibus-Taxis liegt direkt hinter dem Swazi Plaza. Minibus-Taxis nach Jo'burg (190 E, 4 Std.) fahren mehrmals täglich; alternativ kann man auch eines ab Manzini nehmen. Mehr Infos zu den Verbindungen von/nach Südafrika und Mosambik stehen auf S. 643.

Täglich fahren mehrere Minibus-Taxis nach Piggs Peak (25 E,1 Std.), Ngwenya und zum Grenzübergang Oshoek (10 E, 50 Min.) sowie ins Malkerns Valley (10,50 E, 45 Min.). Alle Verkehrsmittel nach Manzini (15 E, 35 Min.) und zu Orten in Richtung Osten fahren durch das Ezulwini Valley, die meisten nehmen allerdings die Schnellstraßen und fahren am Tal selbst vorbei.

Privattaxis stehen gleich außerhalb der Haltestelle für Busse und Minibus-Taxis hinter dem Swazi Plaza. Nachts findet man meistens auch in der Nähe des City Inn ein Taxi. Privattaxis ins Ezulwini Valley kosten ca. 70 E, die Fahrt zum hinteren Ende des Tals kostet mehr (ab 100 E), und nachts wird es noch teurer. Für die Fahrt zum Matsapha International Airport werden mindestens 150 E fällig.

Trans Magnifique (☑2404 9977; www.go swaziland.co.sz) ist ein Unternehmen, das einen täglichen Luxusshuttle zwischen Johannesburg (oder dem Tambo International Airport und Sandton) und Mbabane anbietet. Kostenpunkt 500 R.

Ezulwini Valley

Das Ezulwini Valley (die Region wird auch „Valley of Heaven"–„Himmlisches Tal" genannt) ist das königliche Kernland und touristische Zentrum von Swasiland. Es beginnt gleich außerhalb Mbabanes und zieht sich bis hinter das 18 km entfernte Lobamba. In der längsten Zeit der Geschichte der Swasi war hier die königliche Familie zu Hause. Man kann zwar auf der MR3 durch das Tal düsen, doch um die Sehenswürdigkeiten und die großartige Landschaft zu erleben, muss man auf der alten MR103 fahren. Von den geschmacklosen Hotelstreifen, die hier und da auftauchen, sollte man sich nicht abschrecken lassen: Gleich landeinwärts, jenseits der Straße, liegen schöne Wälder mit leuchtenden orangefarbenen Flammenbäumen, blühenden Jacarandas und Aussichten auf die Berge ringsum. Die Gegend bietet eine tolle Auswahl an Unterkünften und wunderbare Möglichkeiten, um Kunsthandwerk zu kaufen.

◉ Sehenswertes & Aktivitäten

Mantenga
Nature Reserve NATURSCHUTZGEBIET
(Eintritt 150 E; ⊙8–18 Uhr) Im Eintritt für dieses ruhige, üppig grüne Naturschutzgebiet sind eine geführte Tour durch das **Swazi Cultural Village**, ein lebendiges Kulturdorf mit authentischen Bienenkorbhäusern und kulturellen Ausstellungen, sowie ein **Sibhaca-Tanz** und ein Besuch der **Mantenga Falls** enthalten. (Wer nicht mit einer Gruppe hier ist: Der *sibhaca*-Tanz wird täglich um 11.15 und 15.15 Uhr aufgeführt.) In der

Nähe gibt es ein angenehmes Restaurant, das in einem fantastischen Regenwald liegt – Vorsicht vor diebischen Affen. Tageswanderer zahlen nur 50 E Eintritt ins Naturschutzgebiet, das 1 km von der Mantenga Lodge liegt.

Cuddle Puddle SPA
(2416 1164; Erw./Kind 30/15 E; 8–23 Uhr) Wer sich mal so richtig verwöhnen lassen möchte, sollte sich zu den heißen Mineralquellen des Royal Valley aufmachen.

Schlafen

Legends Backpackers Lodge BACKPACKER $
(2416 1870; www.legends.co.sz; Stellplatz 50 E/Pers., B 100 E, DZ ohne Bad 300 E;) Die friedliche Unterkunft bietet keinen Fünf-Sterne-Luxus, aber den Aufenthalt im Buschland des Ezulwini Valley in absolut zentraler Lage hinter dem Gables Shopping Centre. Die Betten haben Moskitonetze. Wahrscheinlich schlafen die Gäste ohnehin tief und fest, nachdem sie sich bei den Aktivitäten von Swazi Trails, dem Schwesterunternehmen der Lodge, ausgetobt haben. Kostenloses WLAN.

Lidwala Backpacker Lodge BACKPACKER $
(2550 4951; www.lidwala.co.sz; Stellplatz 80 R, B & Safarizelt 120 E/Pers., DZ 330 E;) Die komfortable Lodge liegt in einem hübschen Garten mit Pool. Die Zimmer sind typische Mehrbettzimmer für Backpacker und haben ein relaxtes, freundliches Flair. Die abseits stehenden Safarizelte sind sehr beliebt. Die Lodge liegt an der MR103 zwischen dem Gables Shopping Centre und dem Royal Swazi Hotel und wird von All Out Africa (S. 528) betrieben, das Exkursionen und Aktivitäten organisiert.

Mantenga Nature Reserve HÜTTEN $
(2416 1151/78; www.sntc.com; Bienenkorbhütten 100 E, Cottages inkl. Frühstück 700 E/Pers.) Softe „Safari"-Abenteuer in hübschen neuen Cottages: Die ansprechenden Zimmer liegen in üppigem Buschland und bieten allen Komfort und stilvolle Dekoration. Der Eintritt ins Naturschutzgebiet ist für Gäste inklusive.

Mantenga Lodge HOTEL $$
(2416 1049; www.mantengalodge.com; EZ/DZ inkl. Frühstück ab 585/720 E;) Eine sichere und friedliche Unterkunft. Die unterschiedlich guten (und teuren) Zimmer liegen in einem grünen, bewaldeten Gebiet etwa 1,5 km abseits der Hauptstraße. Vom Restaurant aus hat man einen schönen Blick auf die Hügel und auf die Flammen- und Jacarandabäume. Zum Hotel folgt man dem ausgeschilderten Abzweig zum Mantenga Craft Centre; wenn man dieser Straße folgt, liegt es ca. 500 m dahinter.

Bei den Unterkünften der Spitzenklasse dominiert die Hotelkette Sun, die hier drei riesige Hotels führt; sie liegen, nahe beieinander, etwa 6 km nordwestlich von Lobamba und 3 km von Mbabane. Die Preise ändern sich oft, und häufig gibt es Sonderangebote, darum sollte man sich vorher erkundigen. Bei allen drei Hotels ist das Frühstück inklusive.

Lugogo Sun Hotel HOTEL $$$

(2416 4500; www.suninternational.com; EZ/DZ 1885/2010 E;) Das größte und zwangloseste der Sun-Hotels.

Ezulwini Sun Hotel HOTEL $$$
(2416 6500; www.suninternational.com; EZ/DZ 2065/2190 E;) Ein zweistöckiger rosafarbener Palast, der nicht ganz so sehr an Apartments erinnert und weniger pompös ist als die Schwesterhotels.

Royal Swazi Spa HOTEL $$$
(2416 5000; www.suninternational.com; EZ/DZ 2945/3100 E;) Das luxuriöseste der drei Sun-Hotels hat einen Golfplatz und ein Kasino zu bieten.

Essen

Guava Café CAFÉ $$
(leichte Gerichte 40–100 E; Di-Sa 9–17, So 10–17 Uhr) In dem angenehmen Lokal in der Guava Gallery, direkt vor dem Swazi Cultural Village, gibt es Salate, Suppen und Mittagessen.

Lihawu Restaurant FUSION $$$
(Royal Villas; www.lihawu.co.sz; Hauptgerichte 78–120 E; Frühstück, Mittag- & Abendessen) Swasilands elegantestes Restaurant befindet sich im Edelresort Royal Villa. Der Name *lihawu* bezeichnet den traditionellen Schild, der aus Rindsleder hergestellt wird. Das Restaurant ist ein Treffpunkt für die Schönen und Reichen, Lokalpolitiker und Geschäftsleute, und bietet wunderbares Essen. Auf der Karte steht afrikanische Fusionküche, darunter Spezialitäten wie Lammtajine und Schweinebauch, die „Afrika auf einem Teller" präsentieren. Von draußen schaut man auf einen Pool.

Khazimula's Restaurant ITALIENISCH $$
(Hauptgerichte 50–80 E; Di–So 10–22 Uhr) Dieses bescheidene, kleine Lokal bietet

Ezulwini & Malkerns Valleys

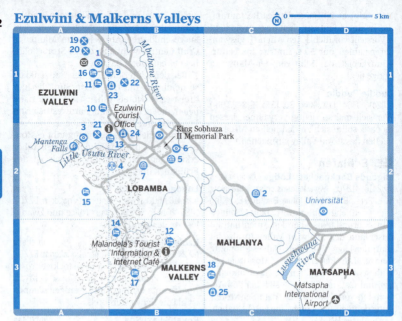

einen wunderschönen Ausblick über die Bäume und soll die beste Pizza Swasilands servieren. Es befindet sich im Mantenga Craft Centre.

Calabash
DEUTSCH $$$

(Hauptgerichte 110–180 E; Mittag- & Abendessen) Deutsche und österreichisch-schweizerische Küche sind die unerwarteten Highlights in diesem alteingesessenen und altmodischen, aber schicken Restaurant, das einen beeindruckenden Weinkeller hat. Es liegt am oberen Ende des Ezulwini Valley.

Boma Restaurant
INTERNATIONAL $$$

(Hauptgerichte 50–150 E; Frühstück, Mittag- & Abendessen) Das angenehme Restaurant im Stil einer *boma* (große, offene Hütte mit Strohdach) auf dem Gelände der Timbali Lodge hat eine umfangreiche Speisekarte, die alle Lieblingsspeisen bietet, von gegrilltem Fleisch bis zu Pasta. Es serviert auch leichte Gerichte und hat eine Kinderkarte.

☆ Unterhaltung

Das House on Fire (S. 536) im Malkerns Valley ist d i e Kultureinrichtung, man sollte sich aber erkundigen, ob etwas stattfindet.

🔒 Shoppen

Im Ezulwini Valley und im nahe gelegenen Malkerns Valley gibt es mit die besten Möglichkeiten, regionales Kunsthandwerk zu kaufen; sie bieten eine große Auswahl hochwertiger Produkte zu guten Preisen.

Ezulwini Craft Market
KUNST & KUNSTHANDWERK

Dieser riesige, gut bestückte Markt ist ein Muss für Besucher. Er ist vor Kurzen vom Straßenrand der M103 zu einem weniger auffälligen Platz gegenüber der Zeemans-Tankstelle an der Ecke der MR103 und der Mpumalanga Loop Road gezogen und ist an den blauen Blechdächern zu erkennen. Die Stände verkaufen eine große Auswahl an Schnitz- und Webarbeiten sowie regionales Kunsthandwerk. Die Verkäufer sind sehr freundlich, und die Preise sind außerdem recht günstig.

Mantenga Craft Centre
KUNST & KUNSTHANDWERK

(2416 1136) Dieses farbenfrohe, kompakte Kunsthandwerkszentrum liegt an der Zugangsstraße zur Mantenga Lodge. In den zahlreichen Geschäften gibt es von Webwaren und Wandteppichen über Kerzen bis hin zu Holzschnitzarbeiten und T-Shirts so ziemlich alles.

ℹ️ Praktische Informationen

Im Gables Shopping Centre befinden sich Geldautomaten.

Ezulwini & Malkerns Valleys

⊙ Sehenswertes
1	Cuddle Puddle A1
	King Sobhuza II Memorial
	Park.. (siehe 5)
2	Lozitha State House.............................C2
	Mantenga Nature Reserve ....(siehe 3)
3	Mantenga Nature Reserve......................A2
4	Mlilwane Wildlife Sanctuary..................B2
5	National Museum...................................B2
6	Parlament B2
7	Royal Kraal B2
8	Somhlolo National Stadium...................B2
	Swazi Cultural Village.................(siehe 3)

⊙ Schlafen
9	Ezulwini Sun Hotel B1
	Legends Backpackers Lodge.....(siehe 13)
10	Lidwala Backpacker Lodge...................A1
11	Lugogo Sun Hotel.................................A1
12	Malandela's B&B...................................B3
13	Mantenga Lodge...................................B2
14	Mlilwane Wildlife Sanctuary
	Main Camp B3
	Rainbird Chalets ....(siehe 18)
15	Reilly's Rock Hilltop Lodge...................A2

16	Royal Swazi Spa.....................................A1
17	Sondzela Backpackers
	(IYHF) Lodge.......................................B3
18	Umdoni...C3

⊗ Essen
19	Boma Restaurant..................................A1
20	Calabash A1
21	Guava Café.. A2
	Khazimula's Restaurant ....(siehe 13)
22	Lihawu Restaurant.................................B1
	Malandela's Restaurant.............(siehe 12)
	Pick 'n' Pay ....(siehe 24)

⊙ Unterhaltung
	House on Fire............................(siehe 12)

⊙ Shoppen
	Baobab Batik ....(siehe 25)
23	Ezulwini Craft Market B1
24	Gables Shopping Centre B2
	Gone Rural ....(siehe 12)
	Guava Gallery............................(siehe 21)
	Mantenga Craft Centre.............(siehe 13)
25	Swazi Candles Craft Centre C3

Big Game Parks (☑2528 3943/4; www. biggameparks.org) Der Zugang zum zentralen Reservierungsbüro liegt im Mlilwane Wildlife Sanctuary. Hier kann man Reservierungen für das Mlilwane Wildlife Sanctuary, das Mkhaya Game Reserve und den Hlane Royal National Park vornehmen. Das Büro betreibt auch Chubeka Trails in Mlilwane, das für Aktivitäten zuständig ist.

National Trust Commission (☑2416 1151/78; www.sntc.org.sz; National Museum in Lobamba) Dies ist zwar das Hauptquartier des Mlawula Nature Reserve und des Mantenga Nature Reserve, Reservierungen macht man aber direkt bei den Schutzgebieten oder über Swazi Trails.

Swazi Trails (☑2416 2180; www.swazitrails. co.sz; Mantenga Craft Centre) Organisiert zahlreiche Aktivitäten und Touren im ganzen Land. Hier befindet sich auch das Ezulwini Tourist Office, das Informationen und einen Buchungsservice für alle Schutzgebiete, kommunalen touristischen Einrichtungen, Tourveranstalter, Aktivitäten und allgemeine Unterkünfte hat.

❶ An- & Weiterreise

Private Taxis ab Mbabane kosten 80 bis 130 E, je nachdem, wie weit man ins Tal hinein will. Um vom Ezulwini Valley abgeholt zu werden, muss man ein Taxiunternehmen in Mbabane anrufen.

Tagsüber kann man auch mit einem Minibus-Taxi in Richtung Manzini fahren, sollte aber dem Fahrer klarmachen, dass man im Valley aussteigen will, denn viele Fahrer haben keine Lust, anzuhalten.

Wer mit dem Auto aus Mbabane oder Manzini kommt, nimmt von der Schnellstraße die Abfahrt Ezulwini Valley/Lobamba. Sie führt auf die MR103, auf der alles gut ausgeschildert ist.

MLILWANE WILDLIFE SANCTUARY

Dieses schöne und ruhige **private Schutzgebiet** (☑2528 3943; www.biggameparks.org; Eintritt 35 E; ⊙Sommer 6.30–17.30 Uhr, Winter 8–18 Uhr) in der Nähe Lobambas war das erste geschützte Gebiet Swasilands. Es wurde in den 1950er-Jahren vom Umweltschützer Ted Reilly auf der Farm seiner Familie gegründet. Später eröffnete Reilly das Mkhaya Game Reserve und beaufsichtigte die Errichtung des Hlane Royal National Park. Mlilwane heißt „kleines Feuer" – das Schutzgebiet wurde nach den vielen Bränden benannt, die in der Region durch Blitze entstehen.

Es ist zwar nicht so wild oder riesig wie einige der größeren Parks in Südafrika, doch der Besuch lohnt sich auf jeden Fall, denn es ist sehr schön und dazu leicht zugänglich. Das Gebiet wird vom steilen Berg Nyonyane („Kleiner Vogel") dominiert,

LOBAMBA

Lobamba ist das Herz des Royal Valley von Swasiland, und dies schon seit den frühen Tagen der Swasi-Monarchie. Der königliche **Embo State Palace** wurde von den Briten in großem Stil erbaut, denn hier wohnte der gesamte königliche Clan (Sobhuza II. hatte etwa 600 Kinder). Der Palast ist nicht für Besucher geöffnet und Fotografieren ist verboten. Heute leben die Könige von Swasiland im **Lozitha State House**, das ca. 10 km von Lobamba entfernt liegt.

Wer die Monarchie im Einsatz erleben will, sollte während der Incwala-Zeremonie oder des *umhlanga*-(Schilf-)Tanzes (s. Kasten S. 525) zum **Royal Kraal** (Eludzidzini Royal Residence) neben dem Lozitha State House kommen. Gleich nördlich davon in Richtung Hauptstraße liegt das **Somhlolo National Stadium**, in dem wichtige staatliche Ereignisse, z. B. Krönungen und Fußballspiele stattfinden – mit etwas Glück können Besucher an einem solchen Highlight teilnehmen.

Das nahe gelegene **National Museum** (Erw./Kind 25/15 E ⊘Mo–Fr 8–16.30, Sa & So 10–16 Uhr) zeigt einige interessante Exponate der Swasi-Kultur sowie ein traditionelles Bienenkorbdorf, eine Viehkoppel und einige der Autos von König Sobhuza I. aus den 1940er-Jahren. Die Eintrittskarte gilt auch für den **King Sobhuza II Memorial Park** (König Sobhuza II. war der am meisten verehrte aller Swasi-Könige). Der Park liegt gegenüber vom Museum auf der anderen Straßenseite und hat die gleichen Öffnungszeiten. Nicht weit vom Museum befindet sich das **Parlament**, das hin und wieder für Besucher geöffnet ist; wer es besichtigen möchte, sollte ordentlich gekleidet sein und den Seiteneingang benutzen.

---

in dessen Umgebung mehrere schöne Wanderungen möglich sind. Zu den Tieren, die hier leben, zählen Zebras, Warzenschweine, viele kleine Antilopenarten (darunter der seltene Blauducker), Krokodile, Nilpferde und seltene Vogelarten. Im Sommer können Besucher in der Nähe des Nyonyanes auch Exemplare des Schwarzen Adlers sehen.

Zu den im Schutzgebiet angebotenen Aktivitäten zählen u.a. **geführte Wanderungen** (ab 75 E/Std.), zweistündige **Safarifahrten** (240 E), **Mountainbike-Touren** (ab 105 E/Std.) und **Reitausflüge** (135 E, 1–3 Std., Touren mit Übernachtung und Vollpension ab 1190 E). Eine wunderbare **kulturelle Tour** (70 E/Pers.) führt in ein Dorf, wo Besucher mit den Einwohnern in Kontakt kommen – ein echtes, ungekünsteltes Erlebnis. Mit etwas Glück trifft man sogar den Häuptling (während der Recherchen für dieses Buch war es eine Frau).

Der Eingang liegt 2 km südöstlich vom Happy Valley Motel an der alten Straße von Mbabane nach Manzini, der Abzweig ist ausgeschildert. Nachts gelangt man über ein anderes Tor hinein (den Schildern vom Tor aus folgen).

🛏 Schlafen & Essen

Alle Unterkünfte im Schutzgebiet kann man telefonisch oder per E-Mail bei **Big Game Parks** (☎2528 3943/4; www.biggameparks.org) buchen, sie müssen vorab bezahlt werden.

Sondzela Backpackers (IYHF) Lodge   BACKPACKER **$$**
(☎2528 3117; www.biggameparks.org; Stellplatz 75 E/Pers., B 100 E, EZ/DZ ohne Bad 190/260 E, Rondavel EZ/DZ 190/290 E; 🛏) Sondzela befindet sich im südlichen Teil des Reservats, ca. 1,5 km hinter dem Hauptcamp und etwa 2 km vom Malandela's B&Bs im Malkerns Valley entfernt. Es wurde erst vor Kurzem renoviert und punktet mit schönen, luftigen Schlafsälen und geräumigen Privatzimmern. Und das ist noch lange nicht alles: Mit dem wunderbaren Garten, der köstlichen Küche, dem Pool und einem Aussichtsstand auf einem Hügel ist es eine der besten Unterkünfte für Backpacker in Südafrika. Auf Wunsch gibt es spottbilliges Frühstück und Abendessen; gekocht wird auf dem Grill draußen, und das Gemüse kommt aus dem eigenen Garten. Nach dem Essen können die Gäste es sich an der Bar Hog & Wart gemütlich machen. Wer mit dem eigenen Fahrzeug anreist, nimmt am besten den Haupteingang zum Mlilwane Wildlife Sanctuary, zahlt den Eintritt und fährt durch den Park zum Sondzela. Für Traveller, die ohne eigenes Fahrzeug anreisen, hat das Sondzela hauseigene Shuttlebusse, die um 8 und um 17 Uhr von der Lodge abfahren und etwa 30 Minuten später vom Malandela's B&B im Malkerns Valley zurückfahren.

Mliwane Wildlife Sanctuary

Main Camp
CAMPING, HÜTTEN $$

(Stellplatz 84 E/Pers., Hütten EZ/DZ 400/570 E; ☎) Dieses gemütliche Camp befindet sich in einem Waldgebiet etwa 3,5 km vom Eingangstor entfernt und bietet einfache Hütten an, darunter auch traditionelle Bienenkorbhütten für zwei Personen. Ab und an bekommt man auch ein Warzenschwein zu Gesicht, wenn es auf seinem Erkundungsgang hier vorbeikommt. Den Gästen stehen ein kleiner Laden, das Restaurant Hippo Haunt und ein Bereich zum *braais* (Grillen) zur Verfügung. Abends finden hier oft Tanzaufführungen statt. Der Pool liegt geradezu malerisch.

Reilly's Rock Hilltop Lodge
LODGE $$

LP TIPP

(EZ/DZ inkl. HP 1190/850 E) Die Lodge verspricht „koloniale Idylle" und bietet tatsächlich ein hinreißend friedliches, altmodisches Luxuserlebnis. Sie ist das frühere Wohnhaus von Reilly und wurde im Tausch für einen Ochsenkarren im Wert von 80 UK$ gebaut. Der „Rock" liegt in einem unglaublich schönen Garten – ein Royal Botanic Garden mit Aloe, Palmfarnen und einem riesigen Jacarandabaum – und bietet einen eindrucksvollen Ausblick auf das Tal und die Mdzimba Mountains. Der massive Wohnbereich ist mit viel Holz gestaltet und hat einen Kamin für die kalte Winterzeit. Die Mitarbeiter sind sehr freundlich; das reichliche Abendessen wird im Speisesaal serviert, das Frühstück dagegen auf der Veranda mit Blick auf wunderschöne Vögel und kleine Antilopen, darunter auch der seltene Blauducker. Wer Glück hat, kann vielleicht sogar die Busch-Babys füttern, die nachts zu Besuch kommen. Der Eintritt ins Schutzgebiet sowie alle Mahlzeiten sind inklusive – ein tolles Erlebnis mit großartigem Preis-Leistungs-Verhältnis.

Malkerns Valley

Etwa 7 km südlich von der Abfahrt Lobamba/Ezulwini Valley an der MR103 liegt die Abfahrt ins fruchtbare Malkerns Valley, das für seine Kunst- und Kunsthandwerksläden bekannt ist und zusammen mit dem Ezulwini Valley eine reizvolle und vergnügliche, wenn auch etwas touristische Panoramafahrt bietet.

🛏 Schlafen & Essen

Wer eine Budgetunterkunft sucht, sollte auch die Sondzela Backpackers (IYHF) Lodge (S. 534) im Auge behalten, die vom Malkerns Valley aus leicht zu erreichen ist.

Malandela's B&B
B&B $$

LP TIPP

(☎2528 3448, 2528 3339; www.malandelas.com; EZ/DZ inkl. Frühstück 400/550 E; ☎☎) Bietet wunderbar kreative und stylische Zimmer mit afrikanischem Ethnotouch, einem Pool und einem Skulpturengarten. Hier gibt's mit das beste Frühstück in ganz Swasiland. Das Malandela's liegt an der MR27, etwa 1 km von der Kreuzung MR103 entfernt. Eine Reservierung ist ratsam, denn verständlicherweise ist es wegen seiner vielen Annehmlichkeiten sehr beliebt.

Umdoni
B&B $$

(☎2528 3009; www.umdoni.com; EZ/DZ inkl. Frühstück 460/800 E; ✳☎) Eine gehobene Unterkunft, die im Zentrum des Malkerns Valley liegt. Der sehr gepflegte Garten, in dem nicht ein Blatt aus der Reihe tanzt, ist typisch für das gesamte Umdoni, dessen schicke, stilvolle Zimmer sich in zwei Cottages befinden. Die Bettwäsche ist blütenweiß, es gibt digitales Satellitenfernsehen und ein Frühstück auf der Terrasse mit Blick auf Blumenbeete. Die wunderbaren Mitarbeiter sind ein weiterer Pluspunkt.

DIE SÄULE DER POLYGAMIE

Als König Sobhuza II. im Alter von 83 Jahren starb, hinterließ er 69 offizielle Ehefrauen (und drei Geliebte). Ganz im Einklang mit dieser polygamen Tradition hat der gegenwärtige König, Mswati III., 13 Ehefrauen. Aus anthropologischer Sicht wurden große Familien einst benötigt, um die Felder zu bewirtschaften und das Überleben der Sippe zu sichern. Heute ist die offizielle Polygamie in Swasiland rückläufig. In der Vergangenheit war einer der Hauptgründe für den Rückgang ihr hoher Preis: Jedes Mal, wenn ein Mann heiratete, musste er einen *lobolo* (den Brautpreis, meistens Kühe) an die Familie seiner Verlobten zahlen. Heute hat die Abkehr von der Polygamie immer mehr mit dem sich ändernden Lebensstil zu tun (weniger Personen müssen von der Landwirtschaft ernährt werden), aber auch mit der zunehmenden Ausbreitung der christlichen Religionen und einem größeren Bewusstsein für die Rechte von Frauen.

Rainbird Chalets B&B CHALET $$
(7603 7273; rainbird@swazi.net; EZ/DZ inkl. Frühstück 510/880 E; ✳@≋) Sechs Chalets – drei aus Holz und drei Nurdachhütten aus Ziegeln – liegen eingebettet in einen makellosen Garten voller Rosen in der Nähe des Hauses, in dem der Besitzer wohnt. Alle sind vollständig ausgestattet und haben elegante Bäder.

Malandela's Restaurant INTERNATIONAL $$
(Hauptgerichte 50–90 E; ⊙tgl. Mittag- & Abendessen; ☎) Das Restaurant, das zum Malandela's-Komplex gehört, ist eines der besten in der Region. Die gute, traditionelle Küche serviert viele Fleisch-, Fisch- und Meeresfrüchtegerichte. Sehr beliebt sind auch die Wraps zum Mittagessen. Es gibt schöne Sitzmöglichkeiten draußen und eine Feuerstelle drinnen, wenn es kalt ist. Eine zugehörige Bar hat außerdem Pubgerichte auf der Karte.

☆ Unterhaltung

House on Fire THEATER, MUSIK
(2528 2001; www.house-on-fire.com) Viele Besucher kommen extra in dieses sich immer wieder verändernde Kulturzentrum, das gleichermaßen als Galerie sowie als Veranstaltungsort für experimentelle Performances fungiert. Die mit Mosaiken und Skulpturen angefüllte Location ist in der coolen Szene der Einheimischen ebenso angesagt wie bei durchreisenden Travellern. Der weithin bekannte kulturelle Treffpunkt, der ebenfalls Teil des Malandela's-Komplexes ist, bietet von afrikanischem Theater über Musik und Filme bis hin zu Raves und anderen Unterhaltungsformen so ziemlich alles, was man sich denken kann. Seit 2007 findet hier auch jedes Jahr am letzten Maiwochenende das dreitägige Bush-Fire-Festival mit Konzerten, Lyrik, Theater und vielem mehr statt.

Shoppen

Auf der Fahrt durchs Malkerns Valley gibt es ein paar tolle Einkaufsmöglichkeiten, die auf touristischen Karten eingezeichnet und gut ausgeschildert sind.

Gone Rural KUNST & KUNSTHANDWERK
(www.goneruralswazi.com; ⊙Mo-Sa 8-17, So 9-17 Uhr) Dies ist der richtige Laden für hochwertige Erzeugnisse, z.B. Körbe, Matten und traditionelle Tontöpfe. Sie werden von einer Gruppe einheimischer Frauen hergestellt. Das Geschäft befindet sich im Malandela's B&B.

Swazi Candles Craft Centre KUNSTHANDWERK
(528 3219; www.swazicandles.com; ⊙7-17 Uhr) In diesem Kunsthandwerkszentrum, das 7 km südlich vom Abzweig in Malkerns Valley an der MR103 liegt, befinden sich mehrere interessante Geschäfte. Bei **Swazi Candles** gibt es kreative bunte Kerzen in allen afrikanischen Formen und Farben; Besucher können den Arbeitern zuschauen, die per Hand die Designs gestalten. Wer auf Wandbehänge aus ist, ist bei **Baobab Batik** (www.baobab-batik.com; ⊙8-17 Uhr) an der richtigen Adresse. Man kann hier auch einen Blick in die hiesige Werkstatt werfen, die sich westlich vom Malandela's befindet.

Praktische Informationen

Internetzugang und nützliche Infos für Touristen gibt es im **Malandela's Tourist Information & Internet Cafe** (45 E/Std.; ⊙Mo-Sa 8-17, So 9-17 Uhr), das im Malandela's-Komplex zu finden ist.

❶ An- & Weiterreise

Minibus-Taxis pendeln für ca. 5 E zwischen dem Malkerns Valley und dem Ezulwini Valley. Da die Kunsthandwerksläden und Unterkünfte weit voneinander entfernt liegen, benötigt man eigentlich ein eigenes Auto.

Manzini

Manzini war zwischen 1890 und 1902 zunächst das gemeinsame Verwaltungszentrum der verfeindeten Briten und Buren. Ihr Verhältnis war so schlecht, dass ein abtrünniges Buren-Kommando die Stadt während des Zweiten Burenkrieges niederbrannte. Heute ist Manzini die größte Stadt Swasilands und ein chaotisches Handels- und Industriezentrum. Die kleine Innenstadt wird von Bürohochhäusern und ein paar Einkaufszentren entlang der beiden Hauptstraßen beherrscht. Für Touristen hat die Stadt, abgesehen vom Kunsthandwerksmarkt, nicht viel zu bieten. Allerdings ist sie der größte Verkehrsknotenpunkt des Landes, sodass viele Reisende, die mit öffentlichen Verkehrsmitteln unterwegs sind, zwangsläufig einmal durch Manzini kommen.

Das Unterkunftsangebot ist – mit Ausnahme der Möglichkeit, in Kaphunga zu übernachten, recht begrenzt. Darum fahren Traveller am besten ins Malkerns Valley oder ins Ezulwini Valley weiter, die beide nur 12 km entfernt sind.

Manzini

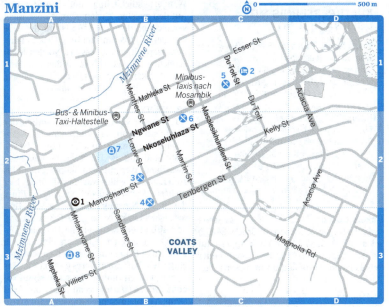

Manzini

◎ Sehenswertes
1 Markt A2

🛏 Schlafen
2 George Hotel C1

🍴 Essen
3 Al-Medina B2
4 Baker's Corner B2
   Egg Yolk Coffee Shop/Sports
   Bar ....(siehe 2)
5 Gil Vincente Restaurant C1
6 Kowloon Fast Foods B2

🛍 Shoppen
7 Bhunu Mall B2
   Shoprite ....(siehe 7)
8 Super Spa A3

◉ Sehenswertes

Markt MARKT
(Ecke Mhlakuvane St & Mancishane St; ⊙So geschl.) Manzinis größte Attraktion ist der farbenfrohe Markt. Der obere Teil ist mit Kunsthandwerk aus Swasiland und anderen afrikanischen Ländern angefüllt. Donnerstags kann man morgens dabei zusehen, wie Verkäufer aus den ländlichen Regionen Swasilands sowie mosambikanische Händler ihr Kunsthandwerk und ihre Textilien zum Markt bringen, um sie an die Einzelhändler zu verkaufen.

🛏 Schlafen

Abgesehen von einem Aufenthalt im Dorf Kaphunga (s. Kasten S. 538) gibt es kaum gute Unterkünfte in Manzini.

George Hotel HOTEL $$
(✆205 8991; www.tgh.sz; Ecke Ngwane St & du Toit St; EZ/DZ inkl. Frühstück ab 75/810 E; ❄☀🛜) Das vornehmste Hotel Manzinis bemüht sich um eine internationale Atmosphäre und richtet sich vor allem an Konferenzteilnehmer. Es verfügt über eine Poolbar und stilvolle Restaurants. Die Egg Yolk Coffee Shop/Sports Bar befindet sich im gleichen Komplex und serviert verschiedene Snacks.

🍴 Essen

 Gil Vincente Restaurant INTERNATIONAL $$
(Mkhaya Centre, Ngwane St; Hauptgerichte 70–100 R; ⊙Di–So Mittag- & Abendessen) Gil Vincente ist ein elegantes Restaurant mit edler Einrichtung und gehobener italienischer und internationaler Küche. Es befindet sich im Makhaya Centre, vom Tum's George Hotel ein Stück die Straße runter.

KULTURERLEBNIS MIT ÜBERNACHTUNG

Woza Nawe Tours (7642 6780; www.swaziculturaltours.com), das von dem Einheimischen Myxo Mdluli geleitet wird, veranstaltet hochinteressante Dorfbesuche (Tagestour 1150 R) und Touren mit Übernachtung (Erw./Kind 1250/625 E) nach Kaphunga, das 55 km südöstlich von Manzini liegt. Im Preis inbegriffen sind der Transport, die Mahlzeiten und ein Guide. Die Besucher beteiligen sich bei den Aktivitäten, die gerade im Dorf stattfinden, darunter Kochen, Pflanzen und Ernten.

Bakers Corner BÄCKEREI $
(Ecke Tenbergen St & Louw St; Snacks 8–25 E; Mo–Fr 7.30–17, Sa 7–13 Uhr) Wer Appetit auf Kaffee, Sandwichs, frische Donuts oder Scholadeneclairs hat, ist in dieser tollen Bäckerei richtig.

Al-Medina BURGERS $
(Ecke Mancishane St & Louw St; Hauptgerichte 25–55 E; tgl. 7.30–20 Uhr) Dies ist die einheimische Adresse für alle, die es gerne „bunt und günstig" mögen, denn hier gibt's gute Currys und leckere Burger.

Praktische Informationen

Internetcafé (1. OG, Bhunu Mall) Internetzugang gibt es in der Bhunu Mall.

Standard Bank (Ecke Nkoseluhlaza St & Louw St)

An- & Weiterreise

Die Haupthaltestelle für Busse und Minibus-Taxis liegt am nördlichen Ende der Louw Street; dort warten auch private Taxis. Eine Fahrt mit dem Minibus-Taxi durch das Ezulwini Valley hoch nach Mbabane kostet 15 E (35 Min.). Ein privates Taxi zum Matsapha International Airport kostet etwa 80 E. Minibus-Taxis nach Mosambik fahren von dem Parkplatz ab, der ein Stück die Straße hinauf neben dem KFC liegt.

Der Norden

Üppige Hügel, Plantagen und Wälder, Flüsse, Wasserfälle und steile Schluchten prägen den wunderbaren Norden Swasilands. Er ist nicht nur die landschaftlich schönste Region, sondern bietet auch einige tolle Wandermöglichkeiten und Unterkünfte. Auf den meisten Karten ist dies noch nicht verzeichnet, doch die MR6 ist mittlerweile vom Jeppe's Reef in Richtung Osten (Tshaneni) asphaltiert, sodass der Norden leicht erreichbar ist. Vor allem in den Sommermonaten kann sich so starker Nebel bilden, dass die Sicht gegen null tendiert.

NGWENYA

Das winzige Ngwenya („das Krokodil"), das 5 km östlich von der Grenze zur südafrikanischen Provinz Mpumalanga liegt, ist die erste Stadt auf der Fahrt von Oshoek nach Swasiland. Wer mit dem Shoppen nicht bis zum Ezulwini Valley warten will, findet hier mehrere Kunsthandwerksgeschäfte. Eines davon ist **Ngwenya Glass** (2442 4142; www.ngwenyaglass.co.sz; Mo–Fr 8–16.30, Sa & So 8–16 Uhr), das afrikanische Tiere und Objekte aus recyceltem Glas herstellt und sich kürzlich auf einen moderneren Geschmack eingestellt hat. Ein anderes Geschäft ist das ausgesprochen funkige **Quazi Design Process** (www.quazidesign.com), das von einer Gruppe einheimischer Frauen geführt wird und moderne Accessoires aus recyceltem Papier mit innovativem Design verkauft.

Ebenfalls hier befindet sich die Eisenerzmine **Ngwenya Iron Ore Mine** (Eintritt 28 E; 8–16 Uhr) mit der Lion's Cavern („Löwenhöhle"). Die Höhle ist Teil des Malolotja Nature Reserve; sie wird in die Zeit um etwa 40 000 v.Chr. datiert und ist eine der ältesten bekannten Minen der Welt. Das Ngwenya Mines and Visitors Centre zeigt eine interessante Ausstellung mit Fotos und Informationen über die Mine, darunter auch die originalen Grabungswerkzeuge. Der Eingang ist in der Nähe der Ngwenya Glass Factory ausgeschildert, von der Mine geht es allerdings nicht weiter in die anderen Bereiche des Malolotja Nature Reserve. Besucher können die Mine ausschließlich in Begleitung eines Führers besuchen, der Wissenswertes zu ihrer Geschichte erzählt; das Gleiche gilt auch für Reisende im eigenen Fahrzeug.

Das **Hawane Resort** (2444 1744; www.hawane.co.sz; B 115 E, Chalet EZ/DZ inkl. Frühstück 550/840 E; @) bietet einen Hauch von ländlichem Luxus und ist von den Gipfeln des Malolotja umrahmt. Die stilvollen Chalets verbinden verschiedene traditionelle Swasi-Materialien (Flechtwerk und Gras) mit einer Inneneinrichtung im afrikanischen Ethnostil. Backpacker werden in einer umgebauten Scheune (mit Heizung!)

einquartiert, eine der originellsten Mehrbettunterkünfte in der Gegend. Das Resort ist ein toller Ausgangspunkt für den Besuch des Malolotja Nature Reserve. Auf dem Gelände kann man auch reiten und sich anschließend im Restaurant des Resorts die köstliche afrikanische Fusionküche schmecken lassen. Es liegt etwas 5 km von der Kreuzung der MR1 und der MR3 an der Straße hinauf nach Piggs Peak und 1,5 km abseits der Hauptstraße.

MALOLOTJA NATURE RESERVE

Dieses schöne Naturschutzgebiet (☑2444 1744, 7613 3990; Erw./Kind 28/14 E; ☉6–18 Uhr) im Middleveld und Highveld ist eine unverfälschte, schroffe Wildnis, die größtenteils unberührt ist. Es ist ein hervorragendes Wandergebiet mit gutem Wanderwegenetz und ein Paradies für Ornithologen, denn hier leben über 280 Vogelarten, darunter seltene Arten. Weitere Attraktionen sind Wildblumen und seltene Pflanzen, darunter einige nur in dieser Region Afrikas vorkommende Arten (z.B. die Brotpalmfarne Encephalartos ianatus, Encephalartos paucidentatus, Encephalartos laevifolius).

Im Naturschutzgebiet sind verschiedene Antilopenarten sowie Herden von Zebras, Elens und Gnus zu Hause. Die Landschaft reicht von bergigem und hoch gelegenem Grasland über Wald bis hin zum tiefer gelegenen Buschland. Das Schutzgebiet ist von Bächen und drei Flüssen durchzogen, einer davon ist der Komati River in mehreren Wasserfällen und Stromschnellen in östli-che Richtung durch eine Schlucht fließt, bis er das Lowveld (flache, subtropische Region) erreicht. Im Restaurant im Park gibt es kostenlose Pläne von Wanderwegen.

Heute kommen viele Besucher wegen der Malolotja Canopy Tour (☑7613 3990; www.malolotjacanopytour.com; 450 R/Pers.; ☉Sommer 7–16 Uhr, Winter 8–15 Uhr) ins Naturschutzgebiet. Die Canopy Tour (Baumwipfeltour) ist eine Attraktion der besonderen Art: An elf Seilstrecken, die über zwölf Plattformen miteinander verbunden sind, können Besucher über die atemberaubenden, üppigen Baumkronen des Naturschutzgebiets hinwegsausen. Der Ausgangspunkt für die Wipfeltour ist ein neues Restaurant, das ca. 1 km hinter dem Haupttor liegt. Von hier wird man zu einem Stützpunkt gefahren, von wo aus man noch 15 Minuten zu Fuß bis zum Start laufen muss. Snacks sind im Preis inbegriffen. Eine Reservierung ist ratsam.

An der Rezeption des Restaurants kann man Geländefahrräder ausleihen (95 R/Tag). Besucher, die übernachten möchten, können campen (auf dem Campingplatz/an den Wegen 70/50 E), entweder auf dem gut ausgestatteten (aber selten genutzten) Hauptplatz mit Sanitäreinrichtungen und braai-Bereich oder an den Wegen, an denen Übernachten gestattet ist (hier gibt's jedoch keinerlei Einrichtungen). Außerdem gibt es gemütliche, vollständig ausgestattete Hütten (250 E/Pers., Minimum 400 E, Kinder halber Preis) aus Holz für Selbstversorger. Sie haben Platz für bis zu fünf Personen und verfügen über eine Feuerstelle.

DIE KUNST DER SAN

Wer genug Zeit hat, sollte einen Abstecher zu dem von der Gemeinde geführten Nsangwini Rock Art Shelter (25 R/Pers.) machen; die Einwohner Nsangwinis sind auf die Unterstützung von Besuchern angewiesen. Die Felszeichnungen befinden sich unter einem kleinen, aber eindrucksvollen Felsüberhang über dem Komati River. Von dort hat man einen schönen Blick über die Berge. In der Höhle sollen die Nsangwini-Buschmänner gelebt haben. In ihr sind die einzigen bekannten Zeichnungen von Menschen mit Flügeln zu sehen. Die Straße nach Nsangwini ist von der Hauptstraße nach Piggs Peak und der Maguga-Damm-Ringstraße ausgeschildert. Auf der unbefestigten Straße geht es noch 7,5 km weiter (nach Regenfällen kann die Fahrt ziemlich beschwerlich sein); Parkplätze gibt es an der kleinen Empfangshalle. Wenn keiner frei ist, hupt man am besten; ein örtlicher Führer begleitet Besucher auf dem etwas steilen und steinigen Weg (20 Min. hinunter, 20 Min. hinauf) und erzählt kurz etwas dazu.

Auf der Fahrt hierher kommen Besucher am Maguga-Dam am Komati River vorbei oder überqueren ihn. Er wurde gebaut, um die Dörfer der Region mit Bewässerungssystemen und Strom zu versorgen. Die Blicke aufs Tal sind sehr hübsch, doch ansonsten ist der Staudamm nicht besonders interessant – es sei denn, man ist vom Fach oder hat ein besonderes Faible für Staumauern.

Die Gastronomie im Naturschutzgebiet (ein hübsches Restaurant, das täglich von 8 bis 16 Uhr geöffnet ist) und die Unterkünfte, inklusive Zeltplätze und Hütten, werden vom Hawane Resort (s. S. 538) verwaltet.

Das Eingangstor zum Malolotja Nature Reserve befindet sich 35 km nordwestlich von Mbabane an der Straße nach Piggs Peak (MR1); Minibus-Taxis setzen Fahrgäste hier ab (15 E, 45 Min).

BULEMBU

Von Piggs Peak führt ein faszinierender Abstecher 20 kurvenreiche Kilometer durch reizvolle Plantagen zur historischen Stadt Bulembu. Die Stadt hat eine interessante Geschichte. Sie wurde 1936 für die Havelock Mine, eine Asbestmine, gebaut (Achtung, die Halden der Mine wurden nicht saniert!). Zu ihren besten Zeiten verdienten hier 10 000 Bergarbeiter ihren Lebensunterhalt, doch schließlich wurde die Mine geschlossen und 2003 war Bulembu bereits eine Geisterstadt. Vor einigen Jahren starteten neue Investoren in der Stadt (auf christlichen Prinzipien basierend) ein lokales Tourismusprojekt, um Bulembu wieder zum Leben zu erwecken. Noch immer stehen Hunderte Wellblechhütten neben Art-déco-Bauwerken in der hübschen, hügeligen Landschaft verteilt. Es gibt Kirchen, ein **Art-déco-Kino**, ein **Krankenhaus** (mit der Ausstattung aus den 1930er-Jahren) und die längste (nun stillgelegte) **Seilbahn** der Welt, die von der alten Mine ins 20 km entfernte Barberton führt. Heute sind Holzwirtschaft, Honigproduktion und der Tourismus die wichtigsten Einnahmequellen.

Bulembu bietet großartige Wandermöglichkeiten, etwa zum höchsten Berg Swasilands, dem **Emlembe** (1863 m), sowie tolle Geländeradfahrten rund um Flüsse und Wasserfälle in den natürlichen Flusswäldern inmitten der Plantagen. In den Bergen der Region finden sich einige der ältesten Lebensformen der Welt.

Übernachtungsmöglichkeiten bietet die zentrale **Bulembu Lodge** (☎7602 1593; www.bulembu.org; ab 456 E/Pers.) im ehemaligen Wohnhaus des Geschäftsführers oder in den stilvollen „director's cottages", die alle renoviert wurden. Eine Alternative sind die geräumigen und sehr gelungen umgebauten Häuser, die „Village Stay" genannt werden (342 E). Einfache Mahlzeiten werden im **Speisesaal** (Frühstück 75–95 E, Mittag-/Abendessen 75/125 E) der Lodge serviert.

Jener Teil der unbefestigten Straße, der von Piggs Peak Richtung Westen nach Bulembu führt, kann bei Regen morastig und steinig sein. Die Straße nach Barberton (Mpumalanga) wurde kürzlich asphaltiert.

Die Haltestelle für Minibus-Taxis befindet sich neben dem Markt am Ende der Hauptstraße. Täglich bestehen mehrere Verbindungen nach Bulembu (15 E, 30 Min.); mehrere Busse fahren täglich nach Mbabane (30 E, 1 Std.).

Der Osten

Swasilands östliches Lowveld liegt im Schatten der Lebombo Mountains und ist mit dem Auto leicht von der mosambikanischen Grenze aus zu erreichen. Die Gegend ist bekannt für ihre Zuckerrohrplantagen

---

ABSTECHER

REFUGIUM

Das **Phophonyane Falls Ecolodge & Nature Reserve** (☎2431 3429; www.phophonyane.co.sz; Safarizelte ab 1360 R, DZ Bienenkorbhütte ab 2040 R, Cottages DZ ab 1780 R, alle inkl. Frühstück; ☀) ist ein atemberaubendes Refugium, das von engagierten Umweltschützern geführt wird. Es liegt nordöstlich von Piggs Peak an einem Fluss in seinem eigenen Naturschutzgebiet inmitten üppigen, ursprünglichen Waldes. Rund um den Fluss und den Wasserfall gibt es ein großartiges Netz von Wanderwegen. Übernachten kann man in komfortablen Hütten (auch mit Optionen für Selbstversorger), stilvollen Bienenkorbhütten oder in unterschiedlich ausgestatteten Safarizelten mit Blick auf Wasserfälle. Viele Gäste heben das Feng-Shui hier hervor. Im eleganten Speisebereich gibt es hervorragende Mahlzeiten (Hauptgerichte ab 50 E; geöffnet zum Frühstück, Mittag- und Abendessen). Tagesbesucher des Naturschutzgebiets zahlen pro Erwachsener/Kind 30/20 E, Gäste der Lodge 20/10 E. Die Lodge liegt ca. 14 km nördlich von Piggs Peak. Von der Hauptstraße aus folgt man den Schildern, überquert eine Brücke über den Wasserfall und biegt 500 m dahinter rechts ab.

und für das Lubombo Conservancy, ein Schutzgebiet, das den Hlane Royal National Park, das IYSIS, das Shewula Nature Reserve, das Mlawula Nature Reserve und das Mbuluzi Game Reserve umfasst. Es bietet hervorragende Möglichkeiten zur Tierbeobachtung sowie kulturelle Highlights.

Täglich fahren von Manzini mehrere Minibus-Taxis nach Simunye (1 Std.) und weiter in Richtung Norden zur Kreuzung nach Mlawula und Mbuluzi. Mindestens ein Minibus-Taxi fährt jeden Tag von/nach Piggs Peak (2½ Std.)

HLANE ROYAL NATIONAL PARK

Dieser **Nationalpark** (☏2528 3943; www.biggameparks.org; Eintritt 35 E; ☉6–18 Uhr) befindet sich in der Nähe des früheren königlichen Jagdgebiets. Hlane (der Name bedeutet „Wildnis") ist das größte geschützte Gebiet Swasilands und die Heimat von Elefanten, Löwen, Geparden, Breitmaulnashörnern und vielen Antilopenarten und bietet wunderbare Gelegenheiten, diese Tiere ohne großen Aufwand zu beobachten.

Auf **geführten Wanderungen** und **Vogelbeobachtungsexkursionen** (155 E/Pers.) können Besucher Elefanten und Nashörner bestaunen. Ebenfalls im Angebot sind **Safarifahrten** (235 E/Pers., min. 2 Pers.) zum Sonnenaufgang, zum Sonnenuntergang und während des Tages, **kulturorientierte Dorfbesuche** (70 E/Pers., min. 4 Pers.) und **Mountainbikeverleih** (175 E/2 Std.).

In Hlane gibt es zwei gute Camps, die man über **Big Game Parks** (☏2528 3943/4; www.biggameparks.org) oder über das Mlilwane Wildlife Sanctuary buchen kann.

Das **Ndlovu Camp** (Stellplatz 40 E/Pers., Rondavel EZ/DZ ab 295/410 E, Cottage für 8 Pers. 220 E/Pers.) ist freundlich und rustikal und hat einen Kochbereich mit Gaskochern und ein schickes, neues Restaurant. Die Gäste übernachten in *rondavels* (runde Hütten mit einem konischen Dach) oder in Selbstversorgerhütten ohne Strom. Das Camp liegt gleich hinter dem Haupttor im Park; ganz in der Nähe befindet sich ein Wasserloch (es ist abgezäunt, trotzdem treiben sich hier oft Nilpferde und Nashörner herum).

Das beste Camp ist das **Bhubesi Camp** (EZ/DZ Cottages 350/460 E): Es liegt etwa 14 km vom Ndlovu Camp entfernt an einem Fluss. Die Gäste übernachten hier in geschmackvollen Steincottages für bis zu vier Personen (mit Strom), die zum Fluss und zum Rasen ausgerichtet sind und von dichtem Grün umgeben sind.

Minibus-Taxis nach Simunye lassen Fahrgäste am Eingang zum Hlane raus (5 E), das Tor liegt ca. 7 km südlich von Simunye. Der größte Teil des Parks selbst kann mit einem normalen Auto mit Zweiradantrieb erkundet werden, eine Ausnahme bildet allerdings das Löwengehege, das nur auf Safarifahrten besucht werden kann.

MLAWULA NATURE RESERVE

Das ruhige **Naturschutzgebiet** (☏2383 8885; www.sntc.org.sz; Erw./Kind 25/12 E; ☉6–18 Uhr) an der Grenze zwischen den Ebenen des Lowveld und den Lebombo Mountains wartet u.a. mit verschiedenen Antilopenarten und Hyänen auf und bietet auch gute Gelegenheiten, Vögel zu beobachten. Eines der Highlights hier sind Wanderungen (2–9-stündige Touren) auf den Plateaus sowie zu Höhlen und einem Wasserfall.

Auf dem einfachen **Campingplatz Siphiso** (Stellplatz 60 E/Pers.) kann man sein eigenes Zelt aufbauen. Das **Mapelepele Cottage** (bis zu 7 Pers., 150 E/Pers., mind. 500 E) für Selbstversorger ist mit Gasherd und Kühlschrank ausgestattet.

Die beste Übernachtungsmöglichkeit bietet das **Magadzavane** (EZ/DZ inkl. Frühstück 450/700 E, EZ/DZ ohne Frühstück 399/600 E), eine tolle Unterkunft mit 20 neuen Chalets, die hoch oben im südlichen Teil des Schutzgebietes liegen und eine grandiose Aussicht haben.

Der Abzweig zum Eingangstor ins Schutzgebiet liegt etwa 10 km nördlich von Simunye, von der Hauptstraße sind es dann noch 4 km. Minibus-Taxis lassen Fahrgäste am Abzweig aussteigen (35 E, 1¼ Std. ab Manzini). Von dort gibt es allerdings keine Verkehrsmittel zum Schutzgebiet. Besucher können aber vorher anrufen und fragen, ob ein Fahrzeug des Schutzgebiets zur Verfügung gestellt werden kann. Vor Ort sollte man nach dem Faltblatt *Trails and Day Walks* fragen.

MBULUZI GAME RESERVE

Das kleine **Mbuluzi Game Reserve** (☏2383 8861; www.mbuluzigame reserve.co.sz; Erw./Fahrzeug 25/25 E) ist in privatem Besitz und die Heimat vieler Tiere, darunter Giraffen, Zebras, Nilpferde, Antilopenarten und Gnus. Auch über 300 Vogelarten wurden hier verzeichnet. Durchs Schutzgebiet führen mehrere schöne Wanderwege.

Die Unterkunft in hübschen **Lodges** (EZ 650 E, DZ 800–2000 E; ❄) für Selbstversorger, die komplett für entweder fünf oder

ABSTECHER

ZU GAST IN DEN DÖRFERN

Drei Einrichtungen, die im Besitz von Dörfern/Städten sind und auch von diesen unterhalten werden, bieten fantastische Erlebnisse – ganz ohne Strom und mit einfacher Ausstattung, aber mit großartigen Aussichten und einer unverfälschten Begegnung mit dem ländlichen Leben in wunderschönen Regionen.

Mahamba Gorge Lodge (☎7617 9880, 2237 0100; Mahamba; EZ/DZ 285/400 E) Die Mahamba Gorge Lodge liegt (wie ihr Name schon verrät), hoch oben am Ende einer Schlucht. Drei hübsche Chalets aus Stein (mit je zwei Schlafzimmern) bieten einfache, aber saubere und komfortable Zimmer. Alle haben Terrassen mit Blick über den Mkhondvo River. In der Schlucht gibt es zahlreiche Wandermöglichkeiten, und für ca. 60 E pro Tag kann man einen Führer anheuern. Die Lodge liegt im Südwesten Swasilands in Mahamba, westlich von Nhlangano. Am Grenzübergang Mahamba geht es direkt nach dem Grenzposten nach links und etwa 2,5 km auf einer unbefestigten Straße zur Kirche von Mahamba. Bis zur Lodge sind es von dort noch 3 km.

Shewula Mountain Camp (☎7603 1931, 7605 1160; www.shewulacamp.com; B/Zi. 100/260 E) 37 km nordöstlich von Simunye in den Lebombo Mountains (21 km auf einer geteerten und 16 km auf einer unbefestigten Straße, den Schildern nach Shewula folgen) liegt dieses Camp auf einem Berggipfel. Die Aussicht ist überwältigend. Das Camp organisiert **geführte kulturelle Wanderungen** (30 E/Pers.) zu den Dörfern in der Nähe sowie Naturerlebniswanderungen und Rundgänge zur Vogelbeobachtung. Die Unterkünfte sind ziemlich schlicht – Besucher können zelten oder in einfachen, rustikalen *rondavels* für Selbstversorger (und mit je einem Bad für zwei Hütten) übernachten. Auch regional orientierte **Mahlzeiten** (Frühstück/Mittagessen/Abendessen 35/50/65 E) sind möglich, müssen aber im Voraus gebucht werden. Mehrere Minibus-Taxis fahren von Simunye zum Camp und zurück (15 E, 1 Std.).

Ngwempisi Hiking Trail (☎7625 6004) Der Ngwempisi Hiking Trail ist ein von der Gemeinde verwalteter, 33 km langer Wanderweg inmitten eines herrlichen naturbelassenenen Waldes und in der Nähe des Ngwempisi River. Auf dem Weg befindet sich die stimmungsvolle zweistöckige Kopho-Hütte, die auch Rock Lodge genannt wird, weil sie um massive Felsen herum gebaut ist. Wer nicht den gesamten Weg wandern will, kann die **Khopho-Hütte** (B 100 E) als Basis für die Erkundung der Gegend nutzen. Sie befindet sich 30 km südlich vom Malkerns Valley in den Ntfungula Hills, die an der Straße von Mankayane nach Vlelzizweni liegen.

Wer die ganze Wanderung machen möchte, sollte mit einem einheimischen Führer gehen (100 E/Tag). Das Auto kann an einem sicheren Ort in der Nähe der Rezeption geparkt werden. Essen und Bettzeug müssen Wanderer selbst mitnehmen. Auch **Swazi Trails** (☎2416 2180; www.swazitrails.co.sz) und **All Out Africa** (☎2550 4951; www.alloutafrica.com) nehmen Buchungen im Auftrag der Gemeinde an und können mit Karten und Infos weiterhelfen.

---

acht Personen ausgestattet sind, ist luxuriöser als die im benachbarten Mlawula Nature Reserve und bei Familien sehr beliebt. Einige Lodges haben große Veranden und Aussichtsterrassen und liegen am Mbuluzi River. An der Nordseite des Schutzgebiets , in der Nähe des Mbuluzi River, gibt es auch **Campingplätze** (60 E/Pers.).

Der Abzweig zum Mbuluzi Game Reserve ist derselbe wie der zum Mlawula Nature Reserve; der Eingang zum Schutzgebiet liegt etwa 300 m vom Abzweig auf der linken Seite entfernt.

SITEKI

Siteki (Hochzeitsort) ist eine Handelsstadt in den Ausläufern der Lebombo Mountains. Sie liegt ca. 8 km von Lonhlupheko entfernt nah an der MR16. Ihren Namen erhielt die Stadt, als Mbandzeni (der Urgroßvater des gegenwärtigen Königs) seinen Grenztruppen die Erlaubnis gab, zu heiraten. Die schnellste Route von Manzini nach Mosambik führt durch Siteki und über den Grenzübergang Mhlumeni–Goba. Die Stadt liegt hoch über dem sie umgebenden Lowveld und hat großartige Ausblicke, angenehme, kühlere Temperaturen und einen lebhaften Markt zu bieten. An der Hauptstraße gibt es einen Geldautomaten.

Die **Mabuda Farm** (⏿2343 4124; Stellplatz 50 E, B 130–200 E, EZ 300–330 E, DZ 560–620 E), eine bewirtschaftete Farm gleich außerhalb der Stadt, bietet verschiedene wunderbare Übernachtungsmöglichkeiten für Selbstversorger in *rondavels* im Cottagestil (dekoriert mit Überbleibseln aus der Kolonialzeit) und in neueren Chalets für je vier Personen. Es gibt ein angenehmes Backpacker-Gebäude mit Küche und Wohnbereich und auch ein Areal zum Campen. Die grüne Umgebung und die Aussicht sorgen für Ruhe und Entspannung, und nach den vielen Stunden im Auto ist es ein wahres Vergnügen, durch die Gegend zu spazieren.

Das **R&B Restaurant** (Hauptgerichte 40–110 E; ⏿Frühstück, Mittag- & Abendessen) ist eine der größten Überraschungen Swasilands. Von der Schlichtheit des winzigen Restaurants sollte man sich nicht abschrecken lassen, denn die riesigen Portionen herzhafter Fisch- und Meeresfrüchtegerichte sind gut zubereitet und überaus empfehlenswert, z. B. der Kingklip mit Pilzsauce. Wer es eilig hat, weiter zur Grenze zu kommen, sollte hier aber besser nicht einkehren – die Zubereitung der Gerichte, die auf der Karte zu finden sind, braucht ihre Zeit (und zwar afrikanische Zeit!), doch das Warten lohnt sich.

Von Manzini fahren Minibus-Taxis (25 E, 1 Std., 6-mal tgl.). Reguläre Minibus-Taxis fahren auch von Siteki nach Big Bend (20 E, 1 Std.) und Simunye (15 E, 30 Min.).

MKHAYA GAME RESERVE
Dieses erstklassige, atemberaubende **private Schutzgebiet** (⏿528 3943; www.big gameparks.org) wurde 1979 errichtet, um die reinrassigen Nguni-Rinder vor dem Aussterben zu bewahren. Berühmt ist es aber vor allem wegen seiner vielen Breitmaul- und Spitzmaulnashörner – es wirbt damit, dass die Wahrscheinlichkeit, Nashörner zu sehen, hier größer ist als irgendwo sonst in Afrika, und nach verschiedenen Erfahrungen stimmt das tatsächlich. Außerdem sind im Park Pferde-, Rappen- und Leierantilopen sowie Elefanten unterwegs. Ein unlängst gebauter Aussichtsstand zur Beobachtung von Vögeln macht es möglich, Geiern, Maraboustörchen, Perlastrilden und anderen Arten auf Augenhöhe zu begegnen. Mit etwas Glück sieht man sogar die scheuen Narinatrogone und andere seltene Arten. Das Schutzgebiet liegt in der Nähe des Dörfchens Phuzumoya, unweit der Straße von Manzini nach Big Bend. Der Name leitet sich vom *mkhaya*-Baum (Krokodilbaum) ab, der hier in rauen Mengen wächst.

Besucher können das Schutzgebiet nur nach vorheriger Buchung besichtigen, und selbst dann dürfen sie nicht allein hineinfahren, sondern werden zu einer abgesprochenen Zeit – entweder um 10 oder um 16 Uhr – in Phuzumoya abgeholt. Tagestouren sind zwar möglich, idealerweise sollte man aber wenigstens eine Nacht bleiben. Schon bei der Fahrt ins Schutzgebiet fühlt man sich wie in einem Wildnisparadies.

Das **Stone Camp** (EZ/DZ VP 2210/3320 E) ist elegant und hat etwas koloniales Flair, der Zwischenstopp lohnt sich auf jeden Fall. Übernachtet wird in rustikalen, luxuriösen halboffenen Stein- und Strohcottages (inkl. ordentlicher Toiletten mit toller Aussicht!), die abgeschieden im Buschland liegen. Im Preis ist alles inbegriffen: Safarifahrten, Safariwanderungen, der Parkeintritt und die Mahlzeiten – verglichen mit vielen privaten Schutzgebieten in der Nähe des Kruger National Park in Südafrika ein tolles Preis-Leistungs-Verhältnis.

Der Süden

In früheren Jahren kamen viele Besucher wegen des leichten Zugangs nach KwaZulu-Natal in den Süden von Swasiland, generell allerdings vor allem wegen der Roulettetische und weniger wegen der Gegend. Heute kann man sich darauf verlassen, dass hier Ruhe und Frieden herrschen; man kann wunderbare Touren zu Fuß oder mit dem Rad unternehmen, um das „echte" Swasiland zu entdecken, besonders rund um die Ngwempisi Gorge. Die Gegend um Nsoko ist der Ausgangspunkt für ein paar schöne Ausritte.

NSOKO
Nsoko liegt auf halbem Weg zwischen Big Bend und dem Grenzposten Lavumisa im Herzen des Zuckerrohrlandes vor der Kulisse der Lebombo Mountains.

Nisela Safaris (⏿2303 0318; www.nisela safaris.com; Stellplatz 100 E/Pers., Bienenkorbhütten 130 E, Rondavel inkl. Frühstück EZ/DZ 525/860 E/ Pers.) ist ein kleines, touristisches Schutzgebiet in Privatbesitz. Für Reisende, die von Süden her kommen, liegt es sehr günstig. Übernachten kann man auch

WILDWASSERRAFTING & CAVING

Eines der Highlights in Swasiland sind Raftingtouren auf dem Great Usutu River (Lusutfu River). Der Fluss ist extrem vielfältig und wechselt zwischen steilen, engen Passagen und langsamen, flachen Abschnitten, doch in der Nähe des Mkhaya Game Reserve führt er durch die Bulungu Gorge, wo das ganze Jahr über eine perfekte Mischung von Stromschnellen zu finden ist.

Eine Raftingtour lässt sich wohl am besten bei **Swazi Trails** (☏2416 2180; www.swazitrails.co.sz) organisieren, das ganz- und halbtägige Touren (900/750 E/Pers., inkl. Mittagessen und Transport, min. 2 Pers.) anbietet. Wem der gelegentliche Anblick eines „flachen Hundes" (Krokodil) nicht aufregend genug ist, dem bieten Abseil-Abenteuer und Sprünge von den Klippen einen zusätzlichen Adrenalinkick. Die Krokodile haben in jüngster Zeit niemanden verputzt, daher rührt der Anspruch, dass Rafting hier „… sicherer als eine Fahrt durch Jo'burg" ist. In einigen Abschnitten gibt es allerdings Stromschnellen der Klasse IV, die nichts für ängstliche Naturen sind, doch auch abenteuerlustige Neulinge können die Tour problemlos bewältigen.

Wer eine extreme Herausforderung sucht, für den sind die abenteuerlichen Caving-Touren von Swazi Trails genau richtig: Sie bieten einen seltenen Einblick in die aufregende Welt der Höhlenforschung. Die riesige Gobholo Cave ist zu 98 % unerforscht. Los geht es um 8.30 Uhr (595 E) oder zum Dinner-Ausflug um 16.30 Uhr (695 E; inkl. Bad in einer heißen Quelle, Pizza und Bier).

in *rondavels*. Das Gästehaus befindet sich nicht im Schutzgebiet, sondern einige Kilometer entfernt an der Hauptstraße. Auch **Safarifahrten** (ab 150 E/Pers., min. 2 Pers.) und **geführte Wanderungen** (100 E/Pers., min. 2 Pers.) sind im Angebot, und es gibt ein Restaurant und ein Souvenirgeschäft.

NHLANGANO

Nhlangano ist die dem Grenzübergang Mahamba nächstgelegene Stadt und kann für Traveller nützlich sein, die festsitzen, ansonsten gibt's keinen Grund, sich hier länger aufzuhalten.

Wer eine Unterkunft sucht, sollte ins angenehme **Phumula Guest House** (☏2207 9099; www.phumulaguesthouse.co.za; EZ/DZ

340/630 E) gehen, das 3 km von der Stadt (und etwa 20 km von der Grenze) entfernt liegt; die Hauptstraße ist 1 km entfernt. Die hübschen Zimmer liegen um einen gepflegten Garten mit Rasen, Pool und einem *braai*-Bereich herum. Das Frühstück kostet 50 bis 90 R, und auch Abendessen ist möglich.

Zwischen Nhlangano und Manzini fahren täglich mehrere Minibus-Taxis (50 E, 1½ Std.), von Manzini geht es mit anderen Fahrzeugen weiter nach Mbabane. Auch zum Grenzübergang Mahamba (10 E) gibt es häufige Verbindungen, dort kann man dann umsteigen, um nach Piet Retief in Südafrika zu fahren (25 E, 1 Std.). Große Minibus-Taxis fahren direkt nach Jo'burg (250 E, 4½ Std.).

Südafrika, Lesotho & Swasiland verstehen

SÜDAFRIKA, LESOTHO & SWASILAND AKTUELL 546

Südafrika ringt mit dem Erbe der Apartheid und diversen allgemeinen afrikanischen Problemen, doch seine fröhliche Bevölkerung schafft jeden Tag einen kleinen Fortschritt.

GESCHICHTE 549

Die Niederländer, Briten, Buren, Zulu und Xhosa haben um die Vorherrschaft in Südafrikas fruchtbaren und strategisch bedeutsamen Regionen gekämpft.

MUSIK 569

Von Township-Jazz und Kwaito bis Ladysmith Black Mambazo – in der Musik spiegeln sich Südafrikas verschiedene Kulturen wider.

ESSEN & TRINKEN. 578

Südafrikas leckere Küche hat für jeden Gaumen das richtige zu bieten, von aromatischen kapmalaiischen Currys bis hin zu *braais* (Gegrilltem).

BEVÖLKERUNG & KULTUR. 584

Zu den Bevölkerungsgruppen dieses Landes, in dem es elf Amtssprachen gibt, gehören schwarze Afrikaner, Coloureds, Weiße und Inder – und alle pflegen sie ihre eigene Kultur.

WILDTIERE & LEBENSRÄUME 593

Hier erfährt man, wie sich Spießböcke von Klippspringern, Karakals von Geparden und *fynbos* von Savanne unterscheiden lassen.

NATUR & UMWELT. 609

Trotz Problemen wie der Nashorn-Wilderei gibt es hier jede Menge Naturwunder – von Lesothos zerklüfteten Bergen bis zu herumwuselnden Erdmännchen.

Einwohner pro km²
Südafrika Lesotho Swasiland

≈ 1 Einwohner

Südafrika, Lesotho & Swasiland aktuell

Auch zwei Jahrzehnte nach dem Ende der Apartheid bestimmt die soziale Ungleichheit immer noch das Leben in Südafrika. So stehen die Gemeinden in den Hügeln und an den Stränden im Zentrum von Kapstadt im krassen Gegensatz zu den Townships, die sich über die Cape Flats erstrecken und die N2 mit Hütten und Klohäuschen säumen. Wer zum ersten Mal hier ist, wird von diesem Nebeneinander des Reichtums der Ersten Welt und der Armut Afrikas schockiert sein.

Aber es ist gerade dieses Verschmelzen der Grenzen, das Südafrika zu solch einem beeindruckenden Urlaubsziel und einer besonderen Erfahrung macht. Millionen von Südafrikanern sind tagtäglich damit konfrontiert, dass Menschen mit einem anderen wirtschaftlichen oder ethnischen Hintergrund völlig unterschiedliche Perspektiven haben, und sie müssen versuchen, die anderen zu verstehen und zu akzeptieren. Es gibt verschiedene Projekte, um Bewohner der Townships und ehemaligen Homelands zu stärken und ihnen Arbeit zu geben – in einem Land mit einer der höchsten Arbeitslosenquoten der Welt (etwa 25%). In diesem afro-europäischen Schmelztiegel mit elf Amtssprachen kann es oft schwer sein, Gemeinsamkeiten zu erkennen. Das Wunder, das Mandela und andere hier vollbracht haben, besteht darin, dass die unterschiedlichen Gruppen mehr übereinander wissen und ein Miteinander möglich ist.

Der berüchtigte Verfechter der *White Supremacy*, Eugene Terre' Blanche, ist mittlerweile tot – er wurde von Arbeitern im Streit um Geld getötet. Sollte es eine öffentliche Persönlichkeit geben, die der Unverblümtheit Terre'Blanches nahe kommt, so ist dies Julius „Juju" Malema, der ehemalige Präsident des Jugendverbandes des African National Congress (ANC). Obwohl Übergriffe auf Bauernhöfe ein beunruhigendes Ausmaß annehmen, stimmte Malema mit seinen Unterstützern das Lied „Shoot the Boer" aus der Ära der Apartheid-Kämpfe an (*boer*, also Bure,

HIV/Aids

Südafrika 5,6 Mio. Menschen mit HIV/Aids (17,8 % der erwachsenen Bevölkerung).
Lesotho 290 000 Menschen mit HIV/Aids (23,6 % der erwachsenen Bevölkerung).
Swasiland 180 000 Menschen mit HIV/Aids (25,9 % der erwachsenen Bevölkerung)

Bücher

Karoo Plainsong (Barbara Mutch) Drama aus der Ära der Apartheid .
Mein Verräterherz. Mordland Südafrika (Rian Malan) Die schonungslosen Memoiren eines Journalisten.

50 People Who Stuffed Up South Africa (Alexander Parker) Die größten Schurken der südafrikanischen Geschichte.
Reports Before Daybreak (Brent Meersman) Roman über die 1980er-Jahre, erzählt am Beispiel von Männern.

Religionen
(% der Bevölkerung)

Gäbe es nur 100 Südafrikaner, wären ...

79 Schwarze
9 Weiße
9 Farbige
3 Inder/Asiaten

bedeutet Bauer, kann aber auch auf Afrikaaner ganz allgemein bezogen werden). Er wurde der Volksverhetzung für schuldig befunden und aus dem ANC ausgeschlossen, nachdem zudem Korruptionsvorwürfe laut wurden und Kritik an Präsident Jacob Zuma geäußert hatte. Ein weiterer Vorfall, der die Rassenbeziehungen betrifft, war das Aufsehen, das Brett Murrays satirische Zeichnung *The Spear* („Der Speer") auslöste. Darauf ist Zuma mit entblößten Genitalien abgebildet, was unter schwarzen Südafrikaner Zorn und Empörung hervorrief.

Zuma gelangte 2009 an die Macht, nachdem er im Zuge der Polokwane-Konferenz des ANC seinen früheren Kampfkameraden Thabo Mbeki verdrängt hatte. Seit seinem Amtsantritt gibt es immer wieder Proteste wegen nicht eingehaltener Wahlversprechen, so beispielsweise von Einwohnern der Townships, die gegen die katastrophalen Wohnverhältnisse demonstrieren. Südafrika hat einerseits noch immer mit dem Erbe der Apartheid – Erzbischof Tutu macht seelische Schäden, verursacht durch das Regime, für Gewaltverbrechen und aggressives Fahrverhalten im Land verantwortlich – anderseits aber auch mit gesamtafrikanischen Problemen zu kämpfen. Ständig kommen neue Wirtschaftsflüchtlinge aus den Nachbarländern an und erhöhen damit den Druck auf die Infrastruktur und den Wettbewerb um Arbeitsplätze. Während der Proteste wegen nicht eingehaltener Wahlversprechen wurden von Ausländern geführte Geschäfte geplündert – ein Nachhall der ausländerfeindlichen Gewalt, die das Land 2008 erfasste.

Auch die HIV/Aids-Problematik spiegelt ein gesamtafrikanisches Problem wider: In Südafrika lebt die weltweit größte Zahl an Menschen mit HIV/Aids. Swasiland hat die höchste HIV/Aids-Rate weltweit und Lesotho ist auch nicht weit davon entfernt. Aufklärungsbemühungen haben immer wieder mit zahllosen Tabus zu kämpfen, *sangomas* (traditionelle

Südafrikas Amtssprachen (geordnet nach Verbreitung):
» Zulu
» Xhosa
» Afrikaans
» Nord-Sotho
» Tswana
» Englisch
» Sesotho (auch in Lesotho)
» Xitsonga
» Siswati (auch in Swasiland)
» Tshivenda
» Ndebele

Zoo City (Lauren Beukes) Ein Jo'burg-Krimi.
Khayelitsha. Umlungu in a Township (Steven Otter) Ein weißer Journalist schreibt über sein Leben in einem Township.

Film

Hollywood in Südafrika
» Clint Eastwoods *Invictus – Unbezwungen* handelt von der Rugby-Weltmeisterschaft 1995.
» In der Peter-Jackson-Produktion *District 9* wird Jo'burg von riesigen außerirdischen „Garnelen" überrollt.

Musik

Bands auf dem Vormarsch
» Die Antwoord
» Freshlyground
» Goldfish
» Van Coke Kartel

Heiler) halten an abergläubischen Überlieferungen fest und jeden Tag werden Menschen bestattet, die angeblich an Tuberkulose starben.

Südafrikas Aktenlage zu Gleichstellungsfragen zeigt einmal mehr die Widersprüchlichkeit des Landes. Seine 1996 verabschiedete Verfassung gilt als die fortschrittlichste ihrer Art und unterstützt u. a. die Rechte von Frauen und Homosexuellen (gleichgeschlechtliche Ehen sind legal). Und dennoch sieht die Realität auf Südafrikas Straßen anders aus, mit einer der höchsten Vergewaltigungsraten der Welt, darunter auch Vergewaltigungen von Lesben, um diese „wieder auf den richtigen Weg zu bringen".

Kriminalität und Korruption werden bei den Wahlen 2014 zu den Topthemen gehören. Dann will Helen Zille mit ihrer oppositionellen Partei Democratic Alliance, die bereits in Western Cape regiert, durch ihre Kandidatur dafür sorgen, dass der Vorsprung der ANC schrumpfen wird. Zwei der am kontroversesten diskutierten Vorschläge der ANC sind das Gesetz zum Schutz Staatlicher Informationen (oder Geheimhaltungsgesetz) und die Einrichtung eines Medien-Berufungsgerichts. Beides zielt darauf ab, die Medien und den Fluss staatlicher Informationen stärker zu kontrollieren. Auch in Swasiland ist demokratische Freiheit ein Schlagwort, wo König Mswati III., einer der letzten absoluten Monarchen der Welt, beschuldigt wird, seine Kontrahenten zum Schweigen zu bringen.

Nashörner

» 2011 fielen 448 Nashörner in Südafrika Wilderern zum Opfer. 2010 waren es 333.

» Heute leben unter 5000 Spitzmaulnashörner in freier Wildbahn.

» Nashörner könnten bereits in zehn Jahren in freier Wildbahn ausgestorben sein.

» s. auch S. 420.

Comedians

» Comedians springen bei ihren Auftritten zwischen den verschiedenen Sprachen hin und her und jede ethnische Gruppe, von Afrikaaner bis Zulu, bekommt hier ihr Fett ab: eine lustige und unterhaltsame Möglichkeit, Südafrika ein bisschen besser zu verstehen.

» Empfehlenswerte Witzbolde sind u. a. Trevor Noah, Marc Lottering und Nik Rabinowitz.

Geschichte

Wer in Südafrika unterwegs ist, trifft überall auf Spuren der Vergangenheit. Das menschliche Drama des Landes spiegelt sich in den Gesichtern und der Körpersprache von Millionen seiner Einwohner wider. Man sieht es auch daran, wo und wie die Menschen leben. Geschichte wird in vorzeitlichen Felszeichnungen sichtbar, in modernen Graffitis, auf abgelegenen Schlachtfeldern und an nüchternen Denkmälern der Apartheidära. Jeder Ort ist geprägt von vergangenem Leid und Unrecht, aber auch von Hoffnung. Während Südafrika weiter darum kämpft, eine echte Regenbogennation zu werden (wie sie die neue bunte Staatsflagge darstellt), manifestiert sich die Last der Vergangenheit tagtäglich überall im Land – in staubigen, abgelegenen *dorps* (Dörfern) und in den überfüllten *shebeens* (Bars ohne Schanklizenz) der Townships, in den konservativen, abgesicherten Wohngebieten der Mittelklasse und in den Räumen des Parlaments. Wer hier reist, sollte bereits so viel wie möglich über das Land gelesen haben und versuchen, in Gesprächen die unterschiedlichen Auffassungen und Sichtweisen der Menschen kennenzulernen. Erst dann beginnt man langsam, die ungewöhnlich leidvolle, aber auch ermutigende Geschichte dieses Landes zu begreifen. Mehr zur Geschichte von Lesotho findet man auf S. 499, Infos zur Vergangenheit von Swasiland gibt's auf S. 525.

> Einen Überblick über die Felsmalerei in Südafrika und anderen Teilen des Kontinents kann man sich auf der Website des Forschungsinstituts für Felsmalerei der Witwatersrand-Universität unter www.wits.ac.za/academic/science/geography/research/5616/rock_art_re search_institute.html verschaffen.

„Die Wiege der Menschheit"

Die Ursprünge des Lebens an der Südspitze Afrikas reichen weit zurück. Bemerkenswerte Felsmalereien belegen, dass bereits vor 25 000 Jahren, vielleicht sogar 40 000 Jahren, Jäger und Sammler der San durch Südafrika zogen. Auch heute leben noch kleinere Gruppen dieses Volks dort; somit zählen die San zu den ältesten Kulturen der Welt.

Die Zeit davor liegt im Dunkeln. Die Fülle fossiler Funde in Sterkfontein bei Johannesburg („Jo'burg") belegt, dass die Provinz Gauteng schon in prähistorischer Zeit ein Siedlungszentrum war und Vormenschen

ZEITLEISTE	40 000–25 000 v. Chr.	500 n. Chr.	1200–1270
	Die San – die ersten Bewohner des südlichen Afrikas und eine der ältesten Kulturen – hinterlassen Felsmalereien, die ihre nomadische Lebensweise als Jäger und Sammler dokumentieren.	Eine jahrhundertelange Migrationswelle aus dem Nigerdelta findet ein Ende, als Bantu sprechende Stämme KwaZulu-Natal erreichen. Es sind die Vorfahren der meisten modernen Südafrikaner.	Das Handelszentrum Mapungubwe (in der heutigen Provinz Limpopo) wird zum Zentrum des größten afrikanischen Königreichs jenseits der Sahara und handelt mit Ägypten, Indien und China.

oder Hominiden bereits vor 3 Mio. Jahren über das Highveld zogen. Vor etwa 1 Mio. Jahren hatten sich diese Lebewesen so weit entwickelt, dass sie dem modernen Menschen ähnelten. Sie breiteten sich bis nach Europa und Asien aus. Irgendwann, vor etwa 100 000 Jahren, trat schließlich der *Homo sapiens* (der moderne Mensch) auf den Plan. Wissenschaftlich ist zwar vieles noch ungeklärt, aber Fossilienfunde an der Mündung des Kasies River in der Provinz Eastern Cape weisen darauf hin, dass die Vorfahren des *Homo sapiens* schon vor 90 000 Jahren durch das südliche Afrika zogen.

Vor rund 2500 Jahren nahm die Entwicklung des modernen Südafrika eine entscheidende Wendung, nämlich, als die Nachfahren der Jäger- und Sammlerstämme der San begannen, Vieh zu halten. Dadurch entstanden die ersten Konzepte für persönlichen Reichtum und Grundbesitz.

Neuankömmlinge

Um 500 n. Chr. kamen neue Völker nach Südafrika: Die Bantu sprechenden Stämme stammten ursprünglich aus der Gegend des westafrikanischen Nigerdeltas. Ihre Ankunft markiert das Ende einer langen Wanderungsbewegung, die um 1000 v. Chr. begann und ihren Höhepunkt erreichte, als die ersten Gruppen Richtung KwaZulu-Natal einwanderten.

A Short History of Lesotho from the Late Stone Age to the 1993 Elections von Stephen J. Gill erzählt sehr kompakt und lesbar die Geschichte des Bergkönigreichs.

Die Gegensätze zwischen den „neuen" Völkern und den als Jäger und Sammler lebenden San hätten nicht größer sein können. Die Bantu lebten nicht als Nomaden, sondern in Dörfern. Sie waren geschickte Eisenschmiede und Bauern, die Mais und Getreide anbauten.

Es ist belegt, dass Angehörige der Bantu sprechenden Stämme und der Khoisan miteinander Kontakt hatten, aber welcher Art diese Kontakte waren, weiß man nicht. Felszeichnungen zeigen, dass beide Gruppen zusammentrafen, und mehrere Bantu-Sprachen (vor allem Xhosa und Zulu) haben Klick- oder Schnalzlaute der Khoisan übernommen. Zudem wurden in frühen Bantu-Siedlungen Artefakte der Khoisan gefunden.

Nach kurzer Zeit hatten die Bantu sprechenden Völker, von denen die meisten heutigen Südafrikaner abstammen, im südlichen Afrika Fuß gefasst. Einige Völker, die Vorfahren der heutigen Nguni (Zulu, Xhosa, Swasi und Ndebele), siedelten sich in Küstennähe an. Andere wiederum, heute als Sotho-Tswana (Tswana, Pedi, Basotho) bezeichnet, siedelten im Highveld, während die Venda, Lemba und die Shangaan-Tsonga sich im heutigen Nordosten Südafrikas niederließen.

Frühe Königreiche

Die Hügel und Savannen in der Nordostecke Südafrikas sind mit Ruinen und Artefakten übersät, die auf eine Reihe straff organisierter und komplexer Königreiche zurückgehen, die in der Zeit von 1200 n. Chr. bis zur Mitte des 17. Jhs. in voller Blüte standen.

1487	1497	1647	1652
Der portugiesische Entdecker Bartholomeu Dias umschifft erfolgreich das Kap der Guten Hoffnung. Seine Reise markiert den Beginn einer langen Geschichte der europäischen Einflussnahme in Südafrika.	Natal (portugiesisch für „Geburt") erhält von Vasco da Gama seinen Namen: Als dieser an Weihnachten 1497 die Küste erblickt, benennt er das Land nach dem Geburtstag von Jesus Christus.	Die schiffbrüchige Mannschaft eines niederländischen Schiffs erbaut notgedrungen ein Fort im Bereich des späteren Areals von Kapstadt; bis zur Rettung der Männer vergeht allerdings noch ein ganzes Jahr.	Die Niederländische Ostindien-Kompanie, die eine sichere Station für ihre Schiffe auf dem Weg nach Osten braucht, errichtet unter Jan van Riebeeck eine dauerhafte europäische Siedlung in der Tafelbucht: Kapstadt.

Das erste bedeutende dieser Königreiche, Mapungubwe, befand sich in der heutigen Provinz Limpopo, am Zusammenfluss des Limpopo und des Shashe River am Dreiländereck Botswana, Simbabwe und Südafrika. Obwohl seine Einwohner – die Vorfahren der heutigen Shona – Bauern waren, war der Handel mit Gold und anderen Gütern die Quelle der Macht jenes Königreichs. Die aufgefundenen Tonscherben, Perlen, Muscheln und weitere Artefakte zeigen, dass Mapungubwe zwischen 1220 und 1300 zu den wichtigsten Binnenhandelszentren im südafrikanischen Raum zählte. Das Handelsnetzwerk erstreckte sich bis an die Küste im Osten und von dort in so ferne Gefilde wie Ägypten, Indien und China. Eine Besonderheit Mapungubwes war, dass seine Bewohner an eine mystische Verbindung zwischen ihrem Herrscher und dem Land glaubten, ähnlich den Traditionen der Shona und Venda. Im 14. Jh. begann der Niedergang Mapungubwes, dessen Ursache bis heute ungewiss ist – die Theorien reichen vom Klimawandel bis zu neuen Handelsrouten.

Der Untergang Mapungubwes fiel mit dem Aufstieg eines ähnlich strukturierten, wenn auch größeren Königreichs der Shona zusammen, das als Groß-Simbabwe (heute Simbabwe) bekannt war und die Vermutung nahelegt, dass sich das Handelszentrum nach Norden verlagerte.

Mit dem Niedergang Groß-Simbabwes in der Mitte des 15. Jhs. zogen viele der frühen Shona-Stämme wieder südwärts in das Gebiet um den Limpopo River, im Norden des heutigen Kruger National Park. Dort gründeten sie mehrere Siedlungen in der Region Pafuri. Dazu gehörte auch das ummauerte Königreich Thulamela, das letzte der großen Königreiche, das ungefähr von der Mitte des 16. bis zur Mitte des 17. Jhs. erblühte. Wie Mapungubwe und Groß-Simbabwe verdankte auch Thulamela – der Name bedeutet in der Sprache der Venda „Ort der Geburt" – seine Vorherrschaft einem weitreichenden Handelsnetz für Gold und andere Waren. Muscheln, Glasperlen und chinesische Porzellanscherben, die an der Stätte gefunden wurden, beweisen, dass Thulamela über dieses Handelsnetzwerk Verbindungen zur Küste und darüber hinaus hatte.

Thulamela ist auch deshalb so bedeutend, weil einige Artefakte zeigen – allen voran ein Eisengong, der den in Ghana vorgefundenen ähnelt –, dass sich seine Handelsverbindungen bis nach Westafrika erstreckten.

Die ersten Europäer

Einmal abgesehen davon, dass der portugiesische Entdecker Bartholomeu Dias 1487 dem Cabo da Boa Esperança (Kap der Guten Hoffnung) seinen Namen gab, zeigten die Portugiesen nur wenig Interesse an Südafrika – die Küste Mosambiks weiter nordöstlich war da schon eher nach ihrem Geschmack.

Ende des 16. Jhs. bekamen die Portugiesen auf ihren Handelsrouten die Konkurrenz der Engländer und Niederländer immer mehr zu spüren.

1657	1658	1660	1786
Die Niederländische Ostindien-Kompanie wählt einige Angestellte aus, die Farmen gründen und die Siedler mit Nahrungsmitteln versorgen sollen. Die Bauern breiten sich bald auf das Land der Khoi Khoi aus.	Die Holländer bringen Sklaven aus Madagaskar und Indonesien ins Land – es sind die ersten Sklaven überhaupt, die nach Südafrika eingeführt werden.	Jan van Riebeeck pflanzt eine Bittermandelhecke, die die Niederländer von den benachbarten Khoi Khoi trennt – im Nachhinein betrachtet ist dies ein früher Schritt in Richtung Apartheid.	Moshoeshoe, Gründer der Basotho-Nation (das spätere Lesotho), wird geboren; Shaka, der zukünftige König der Zulu, erblickt ein Jahr später das Licht der Welt.

GESCHICHTE EUROPÄER PRÄGEN DAS LAND

Als sich die Vieh haltenden Khoi Khoi mit den Jägern und Sammlern der San mischten, wurde es schon bald unmöglich, zwischen den beiden Völkern zu unterscheiden – deshalb entstand der Name „Khoisan".

Einige Wissenschaftler meinen, dass der Calvinismus und insbesondere seine Doktrin der Vorbestimmung die Idee der rassischen Überlegenheit der Afrikaaner begünstigte: Man argumentierte, die Trennung der Rassen sei gottbestimmt und somit seien alle Maßnahmen gerechtfertigt, um die „Reinheit" der „weißen Rasse" in dem ihr zugesagten Land zu erhalten.

1647 wurde ein niederländisches Schiff in der heutigen Tafelbucht vor Kapstadt zerstört. Die schiffbrüchige Mannschaft baute ein Fort und harrte ein ganzes Jahr aus, bevor sie gerettet wurde. Es waren die ersten Europäer, die versuchten, sich in dieser Gegend anzusiedeln. Kurze Zeit später beschloss die Niederländische Ostindien-Kompanie (*Vereenigde Oostindische Compagnie*; VOC) – eines der größten europäischen Handelshäuser, das die Streckenführung der berühmten Gewürzroute gen Osten verlegte – dort eine dauerhafte Siedlung zu errichten. Die kleine VOC-Expedition unter dem Kommando von Jan van Riebeeck erreichte die Tafelbucht im April des Jahres 1652.

Die Niederländer hatten ihre Schiffe kaum verlassen, als sie sich inmitten der fest angesiedelten Khoi-Khoi-Stämme wiederfanden (den Viehhaltern unter den San). Auch wenn die neuen Siedler notgedrungen mit den benachbarten Khoi Khoi Handel trieben, versuchten sie bewusst, den Kontakt zu begrenzen. Um einem Mangel an Arbeitskräften entgegenzuwirken, stellte die VOC eine kleine Gruppe niederländischer Angestellter frei, die eigene Farmen gründen und die VOC-Siedlungen beliefern sollte, was sich als äußerst erfolgreich erweisen sollte.

Auch wenn die Mehrheit dieser „freien Bürger" (wie diese Bauern genannt wurden) niederländischer Abstammung war und der calvinistischen niederländisch-reformierten Kirche angehörte, waren unter ihnen auch zahlreiche Deutsche. 1688 schlossen sich ihnen außerdem französische Hugenotten an, die vor der religiösen Verfolgung unter Ludwig XIV. geflohen waren.

Europäer prägen das Land

Die VOC begann außerdem, Sklaven in großer Zahl einzuführen, und zwar vorwiegend aus Madagaskar und Indonesien. Durch diese zusätzlichen Arbeitskräfte wurde Südafrikas Bevölkerung nicht nur zu einer immer bunteren Mischung, die von der VOC besetzten Gebiete dehnten sich auch weiter Richtung Norden und Osten aus, sodass Konflikte mit den Khoi Khoi unvermeidbar waren. Die bedrängten Khoi Khoi wurden aus ihren traditionellen Siedlungsgebieten vertrieben, durch neue, importierte Krankheiten dezimiert und mit Hilfe überlegener Waffen getötet, wenn sie sich zur Wehr setzten – was sie auch bis ins 19. Jh. hinein in mehreren großen „Kriegen" und ihrem Freiheitskampf taten. Den meisten Überlebenden blieb nichts anderes übrig, als für die Europäer zu arbeiten – unter Bedingungen, die sich kaum von Sklaverei unterschieden. Mit der Zeit mischten sich Khoi Khoi, europäische Aufseher und ins Land gebrachte Sklaven. Von deren Nachkommen stammt die heutige, sogenannte farbige Bevölkerung Südafrikas ab.

Als die freien Bürger weiter ins raue Hinterland im Norden und Osten vordrangen, nahmen viele dabei auch ein halbnomadisches Hirtenleben

1814	1816	1820	1828
Die Briten, die unbedingt die Franzosen ausmanövrieren wollen, erlangen, als die niederländische Handelsmacht schwindet, schließlich die Vorherrschaft am Kap.	Shaka wird Häuptling der Zulu und löst den Aufstieg eines Militärstaates sowie die *difaqane* aus – eine Welle der Unruhe und des Schreckens, die durch ganz Südafrika schwappt.	Die Briten versuchen, zwischen Buren und Xhosa zu vermitteln, indem sie Briten zur Auswanderung ermuntern. Der Plan scheitert, aber die neuen Siedler stärken die britische Präsenz.	Shaka wird von seinen Halbbrüdern Dingaan und Umhlanga getötet; als die *difaqane* weitere zehn Jahre andauert, versucht Dingaan, Beziehungen zu den britischen Händlern aufzubauen.

auf, das dem der Khoi Khoi nicht unähnlich war. Zusätzlich zu den Herden besaßen die Familien meist einen Karren, ein Zelt, eine Bibel und einige Schusswaffen. Wenn sie doch sesshaft wurden, bauten sie eine Hütte mit Lehmwänden – häufig ganz bewusst mehrere anstrengende Tagesreisen von den nächsten Europäern entfernt. Diese Menschen waren die ersten „Trekboer" (umherziehende Viehbauern, später zu „Boer" bzw. „Buren" verkürzt) – frei von jeglicher staatlicher Aufsicht, autark und isoliert. Ihr rauer Lebenswandel brachte mutige Individualisten hervor, aber auch rückständige Menschen mit sehr engem Sichtfeld, die ihre gesamte Bildung oft ausschließlich aus der Bibel bezogen.

Briten am Kap

Gegen Ende des 18. Jhs. schwand die Macht der Niederländer, und die Briten füllten das entstandene Vakuum. Sie besetzten das Kap, um es nicht in die Hände ihrer französischen Rivalen fallen zu lassen, und überließen es vorübergehend den Niederländern, bevor sie sich 1814 erneut die Hoheitsgewalt über das Gebiet sicherten.

Am Kap erwartete die Briten eine Kolonie mit 25 000 Sklaven, 20 000 weißen Kolonisten, 15 000 Khoisan und 1000 ehemaligen Sklaven. Die Macht war der weißen Elite von Kapstadt vorbehalten, und eine Trennung nach Rassen war bereits tief in der Gesellschaft verwurzelt. Außerhalb von Kapstadt lebten isolierte schwarze und weiße Viehhirten.

Wie die Niederländer interessierte auch die Briten die Kapkolonie zunächst nur als strategisch wichtiger Hafen. Zu den ersten Herausforderungen der neuen Herren gehörte die Schlichtung eines lästigen Grenzstreits zwischen den Buren und den Xhosa an der östlichen Grenze der Kolonie. 1820 ließen sich etwa 5000 Briten, die meisten von ihnen Händler und Geschäftsleute, dazu überreden, England zu verlassen und sich im Gebiet zwischen den Gegnern anzusiedeln. Sie sollten eine Art Pufferzone bilden, doch der Plan war erfolglos. Bereits 1823 hatte sich die Hälfte der Siedler in die Städte zurückgezogen, vor allem nach Grahamstown und Port Elizabeth, um dort Handel zu treiben.

Jener Zustrom von Siedlern führte zwar nicht zur Beilegung der Grenzstreitigkeiten, aber er sorgte für eine stärkere Präsenz der Briten und brachte zusätzliche Spannungen ins Land. Waren die Buren und ihre Vorstellungswelt früher unangefochten, so gab es jetzt zwei Sprachgruppen und zwei Kulturen. Bald zeichnete sich ein Muster ab, nach dem die Englisch sprechenden Menschen vor allem in Städten lebten und Politik, Handel, Finanzwesen, Bergbau und Industrie beherrschten, während den oft ungebildeten Buren nur ihre Farmen blieben.

Die Kluft zwischen den britischen Siedlern und den Buren vertiefte sich 1833 mit der Abschaffung der Sklaverei, einem Akt, den die meisten Buren als Verstoß gegen die gottgegebene Rangordnung der Rassen sahen.

Einen guten Überblick über die berühmtesten Personen der südafrikanischen Geschichte geben die umfangreichen Biografien unter www.sahistory.org.za (englisch).

1838	**1843**	**1852**	**1860**
Tausende Zulu werden in der Schlacht am Blood River getötet. Bis 1994, als er in „Tag der Versöhnung" umbenannt wurde, feierten Weiße diesen Jahrestag als „Tag des Schwurs".	Die Hoffnungen der Buren auf eine Republik Natal werden zerstört, als die Briten das Gebiet annektieren und im heutigen Durban eine Kolonie gründen.	Die Burenrepublik Transvaal entsteht. Zum ersten Präsidenten wird 1857 Marthinus Wessel Pretorius gewählt, Sohn von Andries Pretorius – dem berühmten Anführer der *Voortrekker*.	Die *MS Truro* erreicht Durban mit über 300 Indern, die als Bedienstete arbeiten sollen. Dies ist der Beginn eines massiven Zustroms von Indern nach Südafrika.

Währenddessen stieg die Zahl der Briten in Kapstadt rasant, ebenso im Bereich östlich der Kapkolonie (heute Eastern Cape), in Natal (heute KwaZulu-Natal) und, nach der Entdeckung von Gold und Diamanten, in Teilen von Transvaal (vor allem im heutigen Gauteng).

Difaqane

Difaqane verursachte immenses Leid und beschleunigte die Heranbildung verschiedener Staaten, besonders von „Sotho" (heute Lesotho) und „Swasi" (heute Swasiland).

Vor diesem Hintergrund kündigte sich ein gewaltiger Umbruch an: Den afrikanischen Völkern dieser Region stand eine Zeit unermesslichen Leides bevor. Für jene Zeit haben die Bantusprachen eigene Bezeichnungen: *difaqane* (Vertreibung) und *mfeqane* (Zerstörung).

Uneinigkeit herrscht in Bezug auf die Auslöser der *difaqane*. Zu den wichtigsten gehört aber sicher der Aufstieg des mächtigen Zulureichs. Zu Beginn des 19. Jhs. schlossen sich nämlich die bis dahin nur locker verbundenen Stämme der Nguni aus KwaZulu-Natal zu einem zentralisierten, militärisch organisierten Staat unter Shaka Zulu, dem Häuptlingssohn des kleinen Zulu-Clans, zusammen. Shaka baute eine große Armee auf, eroberte weite Gebiete und verbreitete Angst und Schrecken: Wer sich ihm entgegenstellte, wurde versklavt oder beseitigt.

Die umliegenden Stämme flohen vor Shakas Armee und griffen ihrerseits ihre Nachbarn an. Diese Welle des Terrors erfasste ganz Südafrika und hinterließ Tod und Zerstörung.

1828 starb Shaka durch die Hände seiner Halbbrüder Dingaan und Umhlanga. Dingaan, schwächer und weniger gewieft, wurde sein Nachfolger und bemühte sich um Kontakte zu den britischen Händlern an der Küste von Natal – doch da neigte sich die Zeit des unabhängigen Zulureiches schon ihrem Ende zu.

Großer Treck & Schlacht am Blood River

Die Buren wurden unterdessen immer unzufriedener mit der britischen Herrschaft. Besonders die von den Briten propagierte Rassengleichheit war ihnen ein Dorn im Auge. Ab 1836 wanderten Gruppen von Buren sowie zahlreiche Khoi Khoi und ihre schwarzen Diener ins Binnenland ab, um unabhängiger zu leben. Im Norden und Osten des Senqu-(Oranje)-Flusses (der die Grenze der Kapkolonie bildete) fanden diese *voortrekker* (Pioniere) weites, unbewohntes Weideland. Sie hatten scheinbar ihr Gelobtes Land gefunden, in dem das Vieh reichlich Platz zum Grasen hatte. Sie ahnten nicht, dass die Einsamkeit das Ergebnis der *difaqane* war.

Abgesehen von den relativ mächtigen Ndebele trafen die *voortrekker* bei den verstreuten Völkern auf wenig Widerstand. Die *difaqane* hatte sie auseinandergetrieben, und sie besaßen weder Pferde noch Schusswaffen. Der desolate Zustand der Einheimischen bestärkte die Buren in ihrem Glauben, die europäische Besatzung würde endlich Zivilisation in ein wildes Land tragen.

1869
Die ersten Diamanten werden in der Nähe von Kimberley in den Mauern eines Hauses gefunden. Weiterer Ärger für die Buren: Die Briten annektieren kurzerhand auch dieses Gebiet.

1879
Die Zulu fügen der britischen Armee in der Schlacht bei Isandlwana eine ihrer peinlichsten Niederlangen zu, aber Zululand endet schließlich unter britischer Herrschaft.

1881
Der Erste Burenkrieg hört mit dem entscheidenden Sieg der Buren in der Schlacht am Majuba Hill auf; Transvaal wird zur Südafrikanischen Republik.

» Anglo-Boer War Museum (S. 3

Die Berge (in denen König Moshoeshoe I. das Reich der Basotho formte, das spätere Lesotho) und die bewaldeten Täler von Zululand bereiteten allerdings größere Schwierigkeiten. Dort trafen die Buren auf heftigen Widerstand, und es kam während der nächsten 50 Jahre trotz zunehmender Vorherrschaft der Weißen immer wieder zu kleineren Scharmützeln und Zwischenfällen.

Der Große Trek hielt zunächst bei Thaba 'Nchu, in der Nähe des heutigen Bloemfontein, wo man eine Republik gründete. Nach Unstimmigkeiten zwischen den Anführern sonderten sich mehrere Gruppen der *voortrekker* ab, von denen die meisten über die Drakensberge nach Natal zogen und dort eine weitere Republik gründeten. Da dieses Gebiet den Zulu gehörte, suchte Piet Retief, der Anführer der *voortrekker*, König Dingaan auf und wurde prompt von den misstrauischen Zulu getötet. Dieser Mord zog weitere nach sich, ebenso natürlich ein Racheakt der Buren. Die Ereignisse erreichten am 16. Dezember 1838 ihren Höhepunkt, als am Fluss Ncome in Natal etliche Buren verletzt und mehrere Tausend Zulu getötet wurden. Es heißt, das Wasser des Ncome habe sich damals rot gefärbt.

Nach diesem Sieg, der durch überlegene Waffen errungen wurde, und der als „Schlacht am Blood River" in die Geschichtsbücher einging, glaubten die Buren ihre Annahme bestätigt, ihre Expansionspolitik finde göttliche Zustimmung. Die Hoffnungen, in Natal eine Republik etablieren zu können, zerschlugen sich jedoch bald. Die Briten annektierten die Gegend 1843 und gründeten auf dem Gebiet des heutigen Durban ihre neue Kolonie. Die meisten Buren zogen empört weiter gen Norden.

Die Briten legten in Natal ausgedehnte Zuckerrohrplantagen an und bezogen Arbeitskräfte aus ihrer Kolonie in Indien. Zwischen 1860 und dem frühen 20. Jh. erreichten 150 000 arbeitsverpflichtete sowie zahlreiche „freie" Inder das Land.

Diamanten & Burenkriege

Unterdessen trieben die Buren ihre Suche nach Land und Freiheit voran und ließen sich schließlich in Transvaal (das Teile der heutigen Provinzen Gauteng, Limpopo, North-West und Mpumalanga umfasst) sowie im Oranje-Freistaat nieder. 1869 wurde die Welt der Buren mit der Entdeckung von Diamanten in der Nähe von Kimberley auf den Kopf gestellt. Das Land, auf dem die Diamanten gefunden wurden, gehörte eigentlich den Griqua, doch sowohl Transvaal als auch der Oranje-Freistaat erhoben Anspruch darauf. Die Griqua zählten zu den bekanntesten Khoi-Khoi-Stämmen. Ursprünglich lebten sie an der Westküste zwischen der St. Helena Bay und den Zederbergen. Ende des 18. Jhs. gelangten sie in den Besitz von Waffen und Pferden und zogen Richtung Nordwesten. Unterwegs schlossen sich ihnen weitere Stämme der Khoisan, Farbige

Unter www. southafrica.info/ about/history/ history.htm findet sich ein umfangreicher, gut lesbarer Überblick über Südafrikas Geschichte (englisch).

1886	1893	1897	1902
Im Witwatersrand wird Gold gefunden, was zu einem rapiden Bevölkerungsanstieg und einer raschen Entwicklung Johannesburgs führt. Der Höhenzug Witwatersrand verfügt über die weltweit größten Goldvorkommen.	Mahatma Gandhi kommt nach Südafrika. Bereits seine ersten Tage im Land begründen den Beginn seiner Doktrin des gewaltlosen Widerstands und beeinflussen die Arbeit seines ganzen Lebens.	Enoch Mankayi Sontonga, ein Chorleiter aus Eastern Cape, komponiert „Nkosi Sikelel' i Afrika". Das Stück wird 1923 erstmals aufgenommen und 1994 zur Nationalhymne erkoren.	Die Brutalität des Zweiten Burenkriegs ist im Schock und kostet allein 26 000 Zivilisten (zumeist Buren) das Leben.

und weiße Abenteurer an, und sie erlangten schnell den Ruf einer gefürchteten militärischen Streitkraft.

Großbritannien entschloss sich zu einem raschen Eingreifen – und löste die Frage, wer ein Recht auf die Diamanten habe, indem es das Gebiet kurzerhand selbst annektierte.

Die Diamantminen bei Kimberley lockten eine große Zahl von Europäern und schwarzen Arbeitern in die Gegend. Städte schossen wie Pilze aus dem Boden, ohne dass auf die „gebührliche" Trennung von Schwarz und Weiß geachtet worden wäre, und die Buren waren außerdem empört, weil ihre verarmten Republiken nicht an den Gewinnen der Minen teilhatten.

Der lang schwelende Unmut der Buren löste in Transvaal einen regelrechten Aufstand aus, und 1880 brach schließlich der Erste Burenkrieg zwischen Buren und Briten aus. (Die Afrikaners/Afrikaaner, wie die Nachfahren der ersten Buren sich nannten, bezeichneten ihn als Unabhängigkeitskrieg.) Er endete rasch in einem überwältigenden Sieg der Buren in der Schlacht am Majuba Hill Anfang 1881. Die *Zuid-Afrikaansche Republiek* (ZAR) erlangte wieder ihre Unabhängigkeit. Paul Kruger, einer der Anführer des Aufstands, wurde 1883 ihr Präsident. Trotz dieser Rückschläge strebten die Briten weiterhin das Ziel an, die südafrikanischen Kolonien und Republiken zu einen.

1879 brachten sie Zululand unter ihre Herrschaft. Goldfunde am Höhenzug Witwatersrand (nahe Johannesburg) im Jahr 1886 beschleunigten den Einigungsprozess und versetzten den Buren einen Schlag. Bis Mitte der 1890er-Jahre schnellte die Bevölkerungszahl in Johannesburg auf 100 000 hoch, und in der ZAR lebten plötzlich Tausende von schwarzen und weißen *uitlandern* (Ausländer), während die Buren an den Rand gedrängt wurden. Besonders missfiel den Buren der Zustrom schwarzer Arbeiter; vielen ging es wirtschaftlich nicht gut, und sie ärgerten sich darüber, dass Schwarze für ihre Arbeit überhaupt Lohn erhielten.

Die Lage spitzte sich 1899 zu, als die Briten für die 60 000 weißen Ausländer am Witwatersrand das Wahlrecht forderten (bis dahin hatte Krugers Regierung alle Ausländer von der Wahl ausgeschlossen). Kruger weigerte sich und forderte seinerseits, die Briten sollten sich von den Grenzen der ZAR zurückziehen. Als die Briten sich widersetzten, erklärte Kruger ihnen den Krieg. Der zweite Burenkrieg zog sich länger hin, und die Briten waren besser vorbereitet als bei Majuba Hill. Mitte 1900 kapitulierte mit Pretoria die letzte der großen Burenstädte. Die *bittereinder* – Buren, die bis zum bitteren Ende kämpften – führten jedoch noch zwei Jahre lang einen guerillaähnlichen Krieg, den die Briten mit der Taktik der Verbrannten Erde beantworteten. Im Mai 1902 brachte der Vertrag von Vereeniging formal den Frieden. Darin erkannten die Burenrepubliken die britische Oberherrschaft an.

1902	1910	1912	1913
Der Vertrag von Vereeniging beendet den Zweiten Burenkrieg, auch wenn der Friede brüchig ist und von vielen Seiten kritisiert wird.	Die Südafrikanische Union wird gegründet. Englisch und Niederländisch werden Amtssprachen, Schwarze haben kein Wahlrecht. Lesotho und Swasiland bleiben unter britischer Schutzherrschaft.	Pixley ka Isaka Seme, ein Anwalt, der an der Columbia University studiert hat, beruft eine Konferenz der Häuptlinge ein. Eine Vereinigung aller Stämme wird vorgeschlagen – ein Bündnis, aus dem der ANC entsteht.	Das Immigrationsgesetz verbietet die Einwanderung weiterer Inder. Ehen, die nicht nach christlichem Ritus geschlossen werden, sind illegal – indische und muslimische Ehen sind somit nicht rechtskräftig.

Ein brüchiger Friede

In den Nachkriegsjahren konzentrierten sich die Briten darauf, das Land – und besonders die Bergwerke – wiederaufzubauen. 1907 lieferten die Minen am Witwatersrand beinahe ein Drittel des weltweit gewonnenen Goldes. Doch der durch den Vertrag erzielte Friede war brüchig und wurde von allen Seiten infrage gestellt. Die Afrikaaner fanden sich als arme Farmer in einem Land wieder, in dem der ausgedehnte Bergbau und das ausländische Kapital ihnen jegliches Gewicht nahmen. Besonders wütend waren sie über die (erfolglosen) Versuche der Briten, sie zu anglisieren und ihnen Englisch als offizielle Sprache in der Schule und bei der Arbeit aufzuzwingen. Auch als Gegenreaktion darauf entwickelte sich das Afrikaans, ein modifiziertes Niederländisch, zur *volkstaal* (Volkssprache) und zu einem Zeichen der nationalen Identität der Afrikaaner; gleichzeitig entstanden mehrere nationalistische Organisationen.

Damit waren praktisch alle Voraussetzungen für den Apartheid-Staat geschaffen, er sich Mitte des 20. Jhs. entwickelte. Schwarze (also die Angehörigen der Bantu sprechenden Völker) und Farbige wurden marginalisiert. Die Steuern stiegen stark an, die Löhne sanken, und die britische Verwaltung unterstützte die Immigration von mehreren Tausend Chinesen, sodass den Betroffenen ein Arbeitskampf aussichtslos erschien. 1906 entlud sich der Protest gegen die Steuerlast in der Bambatha-Rebellion, bei der 4000 Zulu ums Leben kamen.

Die Briten strebten inzwischen weiterhin eine Einigung des Landes an. Nach mehreren Jahren der Verhandlung wurde 1910 der Unionsvertrag unterzeichnet, der die Kapkolonie, Natal, Transvaal und den Oranje-Freistaat zur Südafrikanischen Union vereinte. Dem Vertrag zufolge blieb die Union britisches Gebiet, das die Afrikaaner jedoch selbst verwalteten. Die britischen Hochkommissariate Basutoland (heute Lesotho), Betschuanaland (heute Botswana), Swasiland und Rhodesien (heute Simbabwe) unterstanden jedoch weiterhin direkt der britischen Regierung.

Englisch und Afrikaans wurden zu Amtssprachen. Einer Kampagne der Schwarzen und Farbigen zum Trotz wurde das alte Wahlrecht beibehalten: Nur Weiße konnten ins Parlament gewählt werden.

Die erste Regierung der neuen Union unterstand General Louis Botha und seinem Stellvertreter General Jan Smuts. Ihre South African National Party (später South African Party oder SAP) verfolgte im Wesentlichen eine pro-britische Linie der weißen Einheit. Radikalere Buren splitteten sich unter General Barry Hertzog ab und gründeten 1914 die National Party (NP). Die NP setzte sich für die Interessen der Afrikaaner ein und befürwortete neben einer getrennten Entwicklung der beiden weißen Gruppen die Unabhängigkeit von Großbritannien.

Meiner Freiheit keine Grenzen von Mamphela Ramphele folgt den Spuren des Lebens einer außergewöhnlichen Frau, die für sieben Jahre ins „Exil" in die Stadt Tzaneen geschickt wurde, später jedoch zur Vizekanzlerin der Universität Kapstadt aufstieg.

1914
Nach Demonstrationen und Streiks wird der Indian Relief Act verabschiedet. Nun werden hinduistische und muslimische Ehen wieder anerkannt – Gandhi gewinnt mit der Macht des gewaltlosen Widerstands.

1925
Afrikaans wird Amtssprache, als sich der Afrikaaner-Nationalismus ausbreitet. Der Vorschlag, es als Unterrichtssprache in den Schulen der Townships einzuführen, ist 1976 ein Auslöser für Aufstände in Soweto.

1927
Der Kruger National Park öffnet seine Tore für die Öffentlichkeit. Während der Apartheid wird seine stolze Geschichte getrübt, als die Regierung einige Stämme von ihrem Land vertreibt, um den Park zu erweitern.

» Kruger National Park (S. 411)

Rassismus & die Gründung des ANC

In der neuen Union gab es keinen Platz für Schwarze – und das, obwohl sie über 75% der Bevölkerung ausmachten. Der Unionsvertrag verweigerte ihnen in Transvaal und im Oranje-Freistaat das Wahlrecht, und in der Kapkolonie durften sie nur wählen, wenn sie ein gewisses Eigentum nachweisen konnten. Nach der Kriegspropaganda der Briten, die Freiheit von der „Sklaverei der Buren" versprochen hatte, sahen die Schwarzen die Verweigerung des Wahlrechts nun als himmelschreienden Verrat an. Bald darauf wurde eine Flut von repressiven Gesetzen erlassen, nach denen schwarze Arbeiter nicht streiken durften, qualifizierte Arbeit Weißen vorbehalten war, Schwarze keinen Militärdienst leisten durften und einer restriktiven Residenzpflicht mit strengen Passgesetzen unterlagen. Der Natives Land Act von 1913 gestand den Schwarzen ganze 8% der Fläche von Südafrika zu. Die Weißen, die gerade einmal 20% der Bevölkerung stellten, sicherten sich dagegen über 90% des Landes. Schwarze Afrikaner durften außerhalb der ihnen zugewiesenen Gebiete weder Wohnraum kaufen noch mieten noch als Farmpächter arbeiten. Tausende wurden von Farmen vertrieben und in zunehmend überfüllte und verarmte Reservate oder in die Städte gedrängt. Und wer blieb, galt nur noch als mittelloser Arbeiter.

The Wild Almond Line von Larry Schwartz erzählt die Geschichte einer Kindheit und Jugend in einem gespaltenen Land und berichtet eindrücklich davon, was es bedeutete, seinen Wehrdienst in der Ära der Apartheid zu leisten.

Angesichts dieser Verhältnisse fanden die schwarze und die farbige Opposition den Weg zur Zusammenarbeit, und Anführer wie John Jabavu, Walter Rubusana und Abdullah Abdurahman schufen die Voraussetzungen für politische Vereinigungen von Schwarzen über die Stammesgrenzen hinweg. Pixley ka Isaka Seme, ein Anwalt mit einem Abschluss der Columbia University, führte die Repräsentanten der afrikanischen Stämme zusammen, um eine vereinte, landesweite Organisation zu gründen. Diese sollte die Interessen der Schwarzen vertreten und ihnen in der neuen Union Gehör verschaffen. Das war die Geburtsstunde des South African Native National Congress, nach 1923 bekannt als African National Congress (ANC).

Beinahe zur gleichen Zeit kämpfte Mohandas (Mahatma) Gandhi mit der indischen Bevölkerung von Natal und dem Transvaal gegen die zunehmende Beschneidung ihrer Rechte.

Aufstieg des Afrikaaner-Nationalismus

1924 kam die NP unter Hertzog in einer Koalitionsregierung an die Macht, und der Afrikaaner-Nationalismus breitete sich weiter aus. Niederländisch wurde durch Afrikaans (das bislang nur als niederländischer Dialekt der Unterschicht galt) als Amtssprache der Union abgelöst, und die sogenannte „swart gevaar" (schwarze Gefahr) wurde bei der Wahl 1929 zum dominierenden Thema. Mitte der 1930er-Jahre schloss Hert-

1932	1948	1955	1960
Die weltberühmte Sängerin Miriam Makeba („Mama Africa") wird in Johannesburg geboren – wegen ihrer Kritik an der Apartheid-Regierung verbringt sie 30 Jahre außerhalb Südafrikas im Exil.	Die Finsternis bricht herein: Die National Party unter D. F. Malan kommt nach dem Wahlkampf mit dem Thema Rassentrennungspolitik an die Macht, und die Apartheid wird institutionalisiert.	Auf einem Kongress in Kliptown bei Johannesburg unterzeichnen mehrere Organisationen, z. B. der Indian Congress und der ANC, eine Freiheitscharta, die noch heute Kern der ANC-Vision für Südafrika ist.	Sharpeville-Massaker; ANC und Pan African Congress (PAC) werden verboten; Miriam Makeba wird die Einreise nach Südafrika verwehrt, als sie zur Beerdigung ihrer Mutter zurückkehren will.

MAHATMA GANDHI

1893 brach ein junger und damals noch vollkommen unbekannter indischer Anwalt namens Mohandas Gandhi nach Durban, Südafrika, auf, um eine einjährige Anstellung anzutreten. Auch wenn er es damals selbst noch nicht wusste, so sollten seine Erfahrungen in diesem Land sein Leben für immer verändern.

Bei Gandhis Ankunft befand sich die anti-indische Stimmung in Natal auf dem Höhepunkt, und er wurde aufgrund seiner Herkunft in Pietermaritzburg aus einem Waggon der 1. Klasse verbannt. Dieser Vorfall übte, gemeinsam mit weiteren Diskriminierungen, die er nach seiner Ankunft erlebte, großen Einfluss auf Gandhi aus. Er begann, sich über Methoden des gewaltlosen Widerstands zu informieren, engagierte sich immer stärker in der lokalen indischen Gemeinde und unterstützte sie dabei, ihre Rechte zu schützen. Innerhalb kürzester Zeit entwickelte sich Gandhi nicht nur zu einem erfolgreichen Anwalt, sondern auch zum wichtigsten Verfechter der Rechte der Inder in Südafrika.

1896 und 1901 kehrte Gandhi jeweils für kurze Zeit nach Indien zurück, wo er sich intensiv darum bemühte, die Not der Inder Südafrikas ins Licht der öffentlichen Aufmerksamkeit zu rücken. Zurück in Südafrika, gab Gandhi die Annehmlichkeiten eines Lebens als erfolgreicher Anwalt auf, begann, seine Kleidung selbst zu waschen, verschrieb sich einem Leben der Keuschheit und der Besitzlosigkeit und stellte sich voll und ganz in den Dienst der Sache. Darüber hinaus entwickelte er seine Philosophie: *satyagraha* (was sich, sehr frei, mit „Wahrheit durch Gewaltlosigkeit" übersetzen lässt).

1907 verabschiedete die Regierung Transvaals den Asiatic Registration Act. Das Gesetz zwang alle Inder, sich bei der Behörde für asiatische Angelegenheiten registrieren zu lassen und stets eine Registrierungsbescheinigung mit sich zu führen. Gandhi rief die Mitglieder der indischen Gemeinde auf, sich dem zu widersetzen, jedoch keinerlei Widerstand zu leisten, falls sie verhaftet werden sollten. In den folgenden sieben Jahren kam es zu weiteren diskriminierenden Vorfällen, darunter ein Gerichtsurteil, das sämtliche hinduistische und muslimische Ehen für null und nichtig erklärte. Gandhi und seine Anhänger widersetzten sich auch diesem Gesetz friedlich. Dies hatte zur Folge, dass Gandhi – wie Tausende weiterer Inder, die sich seinem Kampf der *satyagraha* angeschlossen hatten – wiederholt verhaftet wurden. Er errang jedoch auch zahlreiche Siege, die ihn von der Wichtigkeit und Wirksamkeit des gewaltlosen Widerstands überzeugten. Gandhi kehrte 1914 nach Indien zurück, wo ein neues Kapitel seines Lebens begann.

zog sich für kurze Zeit einer Koalition mit dem gemäßigteren Jan Smuts zusammen, wobei Smuts die Zügel übernahm. Alle Hoffnungen, das Blatt in Sachen Afrikaaner-Nationalismus noch zu wenden, wurden jedoch zerschlagen, als Daniel François (D. F.) Malan eine radikale Splittergruppe, die „Gereinigte Nationale Partei", ins Zentrum des politischen Lebens der Afrikaaner führte. Der „Afrikaner Broederbond", ein Geheimbund, der 1918 zum Schutz der Afrikaaner-Kultur gegründet worden war, entwickelte sich schon bald zu einer außerordentlich einflussreichen Macht,

1961	1961	1963	1964
Kurz nach dem Sharpeville-Massaker kündigt Premierminister Hendrik Verwoerd, der „Architekt der Apartheid", ein Referendum an: Im Mai tritt Südafrika aus dem Commonwealth aus und wird Republik.	Am 16. Dezember führt Umkhonto we Sizwe, der militärische Arm des ANC, seinen ersten Angriff aus: Es ist der Beginn des bewaffneten Widerstands gegen die Apartheid.	Miriam Makebas Staatsbürgerschaft wird aufgehoben, nachdem sie sich vor der UN gegen die Apartheid ausgesprochen hat.	Für Südafrika entfällt die Teilnahme an den Olympischen Sommerspielen in Tokio. Das Internationale Olympische Komitee (IOC) schließt das Land wegen der Apartheid bis 1992 von Olympia aus.

die sowohl hinter der NP als auch hinter anderen Organisationen stand, die das *volk* („Menschen", die Afrikaaner) voranbringen wollten.

Aufgrund der florierenden Kriegswirtschaft wurden schwarze Arbeitskräfte für die Bergbau- und Fertigungsindustrie immer wichtiger, und die schwarze Bevölkerung in den Städten verdoppelte sich beinahe. Riesige illegale Lager wuchsen am Stadtrand von Johannesburg und, in geringerem Ausmaß, auch vor den Toren anderer Großstädte. Die Bedingungen in den Townships waren erschreckend, doch die Armut beschränkte sich nicht auf die schwarze Bevölkerung: Umfragen zu Kriegszeiten ergaben, dass auch 40 % der weißen Schulkinder unter Mangelernährung litten.

Die Mauern der Apartheid wachsen

In den Monaten vor der Wahl 1948 war die Rassentrennung oder „Apartheid" (ein Afrikaans-Begriff für den Zustand des Getrenntseins) das zentrale Thema der NP-Kampagne. Die Partei wurde ins Parlament gewählt und bildete unter D. F. Malan eine Koalition mit der Afrikaner Party (AP).

Damit wurde die Apartheid, die ohnehin längst zur Realität des Alltags gehörte, institutionalisiert. Innerhalb kürzester Zeit wurden Gesetze verabschiedet, die gemischte Ehen verboten, Sex zwischen Mitgliedern verschiedener Rassen illegal machten, alle Einwohner nach Rassen klassifizierten und einen Klassifizierungsausschuss einsetzten, der in strittigen Fällen entschied. Ab 1950 waren begehrte städtische Wohngebiete durch den Group Areas Act allein den Weißen vorbehalten, während das Gesetz Nicht-Weiße in die Townships verbannte. Mit Inkrafttreten des Separate Amenities Act wurden u. a. separate Strände, Busse, Krankenhäuser, Schulen und sogar Parkbänke geschaffen.

Die bereits bestehenden Passgesetze wurden weiter verschärft: Schwarze und Farbige wurden gezwungen, ständig Ausweispapiere mit sich zu führen, und es war ihnen verboten, sich ohne ausdrückliche Erlaubnis in Städten aufzuhalten.

1960 erreichten die Spannungen mit dem Sharpeville-Massaker ihren Höhepunkt. Schon bald darauf strengte Premierminister Hendrik Verwoerd, dem der inoffizielle Titel „Architekt der Apartheid" verliehen wurde, ein Referendum zu der Frage an, ob das Land zur Republik werden solle. Dem Wandel wurde mit einer geringen Mehrheit zugestimmt. Verwoerd kündigte Südafrikas Mitgliedschaft im Commonwealth, und im Mai 1961 wurde die Republik Südafrika geboren.

Der ANC macht sich auf einen langen Weg

Diese Entwicklung schreckte den bis dahin relativ konservativen ANC auf. Im Jahr 1949 entwickelte er eine Agenda, die sich zum ersten Mal für offenen Widerstand in Form von Streiks, Akten öffentlichen Ungehorsams und Protestmärschen aussprach. Der Widerstand setzte sich

---

The Elders (www.theelders.org), „Die Ältesten", sind eine Gruppe von Weltpolitikern, die von Nelson Mandela, Desmond Tutu und Graça Machel ins Leben gerufen wurde, um bei der Lösung globaler Probleme auch den Stimmen der Integrität und Weisheit Gehör zu verschaffen.

» Robben Island (S. 53)

1964
Nelson Mandela wird zu lebenslanger Haft verurteilt – sie wird 27 Jahre dauern, darunter 18 Jahre im berüchtigten Gefängnis auf Robben Island.

1966
Mit dem Wind der Unabhängigkeit, der nach dem Zweiten Weltkrieg durch Afrika weht, wird auch Lesotho von Großbritannien unabhängig; Swasiland erreicht dies zwei Jahre später.

HOMELANDS

1962 entstand das Transkei. Es war das erste von zehn sogenannten „Bantustans" oder „Homelands", die allen schwarzen Südafrikanern eine Heimat bieten sollten. Auf diesem Land – so jedenfalls die weiße Propaganda Südafrikas – würden die Schwarzen als selbstregierte und selbstbestimmte Staatsbürger zusammen mit anderen Angehörigen ihrer ethnischen Gruppe leben.

Die Realität jedoch sah ganz anders aus. Die Homeland-Gebiete boten keinerlei Infrastruktur oder Industrie und waren nicht in der Lage, ausreichend Nahrung für die wachsende schwarze Bevölkerung zu produzieren. Die Homelands nahmen nur 14 % der Landfläche Südafrikas ein, während die Schwarzen annähernd 80 % der Bevölkerung ausmachten. Stämme wurden willkürlich getrennt, und sobald eine Person einem bestimmten Homeland zugewiesen worden war, konnte sie dieses ohne Pass oder Genehmigung nicht wieder verlassen. Daraus entstand tiefes, weitreichendes Leid.

Nach der Entstehung der Homelands strömten die Schwarzen auf der Suche nach Arbeit in die Städte: Denn auch wenn das Leben in den illegalen städtischen Lagern schlecht war – in den Homelands war es noch schlimmer. Die Regierung reagierte, indem sie Schwarzen etwa die Arbeit als Verkäufer, am Empfang, als Sekretärin oder als Schreibkraft verbot. Der Bau von Unterkünften in den Schlafstädten für schwarze Arbeiter wurde ausgesetzt. Stattdessen wurden riesige, nach Geschlechtern getrennte Hostels errichtet.

Auch wenn das Konzept der Homelands mit dem Untergang der Apartheid ein Ende fand, schmerzt ihr Erbe – einschließlich der vollkommen unzureichenden Infrastruktur und der immensen Bevölkerungsdichte in den Homeland-Gebieten – noch immer.

---

auch in den 1950er-Jahren fort und führte auch immer wieder zu gewalttätigen Zusammenstößen.

1959 spaltete sich eine Gruppe desillusionierter ANC-Mitglieder ab, deren Ziel es war, sämtliche Verbindungen zur weißen Regierung zu kappen, und gründete den deutlich militanteren Pan African Congress (PAC). Der erste Punkt auf der Agenda des PAC war eine Reihe landesweiter Demonstrationen gegen die verhassten Passgesetze. Am 21. März 1960 eröffnete die Polizei das Feuer auf Demonstranten, die ein Polizeirevier in Sharpeville, einer Township in der Nähe von Vereeniging, umstellt hatten. Mindestens 67 Menschen wurden getötet und 186 verletzt; den meisten von ihnen wurde in den Rücken geschossen.

Für zahlreiche Beobachter im In- und Ausland hatte die Auseinandersetzung in Sharpeville eine entscheidende Grenze überschritten, und auch die letzten Zweifel über die wahre Natur des weißen Regimes wurden ausgelöscht. Als Reaktion auf das Massaker wurden umfangreiche Arbeitsniederlegungen organisiert, und auch die Demonstrationen gingen weiter. Premierminister Verwoerd rief den Notstand aus und gab seinen Sicherheitskräften das Recht, Personen ohne vorherigen Prozess

After the Party vom ehemaligen ANC-Abgeordneten Andrew Feinstein bietet einen detaillierten und äußerst kritischen Blick hinter die Kulissen des ANC in den Jahren nach Mandela.

1966
Verwoerd wird von Dimitri Tsafendas erstochen, einem schizophrenen Parlamentsangestellten, der tiefen Groll hegt, weil er – obgleich als „Weißer" klassifiziert – aufgrund seiner dunklen Haut gemieden wird.

1976
Am 16. Juni beginnen die Aufstände in Soweto, die eine Kettenreaktion der Gewalt im ganzen Land auslösen und die erste große Herausforderung für die Apartheid-Regierung im eigenen Land bedeuten.

1977
Steve Biko wird ermordet. Die Nachricht von seinem Tod richtet die internationale Aufmerksamkeit immer stärker auf die Brutalität des Apartheid-Regimes.

» Steve Biko

festzuhalten. Über 18 000 Demonstranten wurden verhaftet, darunter auch der Großteil der Führungsriege des ANC und PAC. Beide Organisationen wurden kurzerhand verboten.

Nun verlegten sich die bewaffneten Flügel des ANC und des PAC, Umkhonto we Sizwe („Speer der Nation", MK) und Poqo („echt" oder „allein"), auf Sabotageakte. Im Juli 1963 wurden 17 Mitglieder der ANC-Untergrundbewegung verhaftet und im berühmten Rivonia-Prozess wegen Hochverrats angeklagt. Zu ihnen gehörte auch Nelson Mandela, Vorsitzender des ANC und Gründer von Umkhonto we Sizwe, der bereits wegen anderer Anschuldigungen im Gefängnis gesessen hatte. Im Juni 1964 wurden Mandela und sieben weitere Angeklagte zu lebenslanger Haft verurteilt. Oliver Tambo, der ebenfalls der Führung des ANC angehörte, gelang die Flucht und er führte den ANC vom Exil aus weiter.

„Ich habe gegen weiße Vorherrschaft gekämpft und ich habe gegen schwarze Vorherrschaft gekämpft. Ich halte an dem Ideal einer demokratischen und freien Gesellschaft fest, in der alle Menschen die gleichen Chancen haben und in Eintracht miteinander leben. Für dieses Ideal lebe ich, und ich hoffe, ich werde es erreichen. Aber sollte es nötig sein, ist es auch ein Ideal, für das ich bereit bin zu sterben."
Nelson Mandela, 20. April 1964, Rivonia-Prozess

Jahrzehnte der Dunkelheit

Nelson Mandelas Autobiografie *Der lange Weg zur Freiheit* ist ein Muss und die ultimative Erzählung über die frühen Tage des Widerstands und die späteren Jahre.

Nachdem der ANC verboten und Mandela sowie der Großteil seiner Führungsriege ins Gefängnis gesteckt bzw. verbannt worden waren, brach für Südafrika eine dunkle Zeit an. Die Gesetze der Apartheid wurden immer vehementer umgesetzt und die Grenzen zwischen den Rassen stetig verschärft. Am abscheulichsten war die Einrichtung von „Homelands".

Während der 1970er-Jahre nahm die Widerstandsbewegung erneut an Fahrt auf – anfangs in Gewerkschaften und durch Streiks, später bildete die Südafrikanische Studentenvertretung unter ihrem charismatischen Führer Steve Biko die Speerspitze. Biko, ein Medizinstudent, war die treibende Kraft hinter dem aufblühenden Black Consciousness Movement Südafrikas, das sich vor allem für eine psychologische Befreiung, „Black Pride" und gewaltlosen Widerstand gegen die Apartheid einsetzte.

1976 spitzte die Situation sich zu, als Sowetos Studentenvertretung Proteste gegen die Unterrichtssprache Afrikaans (die als Sprache der Unterdrücker angesehen wurde) in schwarzen Schulen organisierte. Am 16. Juni eröffnete die Polizei das Feuer auf einen Studentenmarsch, der von Tsietsi Mashinini angeführt wurde – der zentralen Figur in dem Buch *A Burning Hunger: One Family's Struggle Against Apartheid*. Inzwischen wurde ihm mit einem großen Denkmal in Soweto Unsterblichkeit

1978–88	1982	1984	Ende der 1980er-Jahre
Die South African Defence Force (SADF; heute South African National Defence Force, SANDF) startet mehrere Angriffe in Angola, Mosambik, Simbabwe, Botswana und Lesotho.	In Südafrika wird der erste HIV-/Aids-Todesfall registriert; die schreckliche Seuche breitet sich daraufhin stetig und mit verheerenden Auswirkungen über die Gemeinden im ganzen Land aus.	Desmond Tutu erhält den Friedensnobelpreis für sein Engagement gegen die Apartheid.	Die Südafrikanische Bergbaukammer startet eine letztlich erfolglose Aufklärungskampagne als Versuch, der steigenden Zahl von HIV-/Aids-Fällen entgegenzuwirken.

STEVE BIKO

Steve Biko, 1946 in Eastern Cape geboren, war einer der berühmtesten und einfluss-reichsten Anti-Apartheid-Aktivisten. Seine Black Consciousness Movement mobilisierte die Jugend in den Städten und entwickelte sich zu einer der treibenden Kräfte hinter den Aufständen in Soweto von 1976. Aufgrund seiner Aktivitäten stand Biko auf der Schwarzen Liste des Apartheid-Regimes ganz weit oben. 1973 durfte er seinen Geburtsort King William's Town nicht mehr verlassen und keine öffentlichen Reden mehr halten. Doch diese Einschränkungen minderten seinen Aktivismus keineswegs. Er engagierte sich in der Gemeindearbeit und rief beispielsweise Bildungsprogramme und eine Klinik ins Leben.

Am 18. August 1977 wurde Biko auf der Grundlage des Terrorism Act verhaftet. Weniger als einen Monat später war er tot – laut Polizei aufgrund eines Hungerstreiks. 1997 berichtete die Wahrheits- und Versöhnungskommission jedoch von fünf ehemaligen Mitgliedern der südafrikanischen Sicherheitskräfte, die zugegeben hatten, Biko ermordet zu haben. Sie wurden nie strafrechtlich verfolgt. Sie hatten Biko so lange verprügelt, bis er ins Koma gefallen war. Er war daraufhin drei Tage lang nicht medizinisch behandelt worden und schließlich in Pretoria gestorben. Bei der anschließenden Untersuchung kam der Richter zum Schluss, dass niemand daran schuld sei. Die Medizinische Vereinigung Südafrikas klagte jedoch die Ärzte an, die sich geweigert hatten, ihn zu behandeln.

Bikos Tod zog einen immensen öffentlichen Aufschrei nach sich und rückte die Brutalität des Apartheid-Systems auch ins Licht der internationalen Öffentlichkeit. Den Gottesdienst zu Bikos Beerdigung, der von Pfarrer Desmond Tutu gehalten wurden, besuchten Tausende Menschen, darunter auch Vertreter vieler westlicher Länder. Tausende Menschen wurden von Sicherheitskräften von der Teilnahme abgehalten. Bikos Geschichte war auch das Herzstück des Films *Schrei nach Freiheit* von 1987.

verliehen. In den zwölf Monaten darauf folgten etliche landesweite Demonstrationen, Streiks, Massenverhaftungen, Aufstände und Gewalt, die über 1000 Menschenleben forderten.

Im September 1977 wurde Steve Biko von der Sicherheitspolizei ermordet, und Südafrika sollte nie wieder so sein wie zuvor. Eine ganze Generation junger Schwarzer widmete sich nun dem revolutionären Kampf gegen die Apartheid („Liberation before Education" war ihr Schlachtruf), und die schwarzen Gemeinden wurden politisiert.

Südafrika im „Belagerungszustand"

Als die internationale Meinung sich deutlich gegen das weiße Regime wandte, betrachteten die Regierung und der Großteil der weißen Bevölkerung das Land mehr und mehr als eine von Kommunisten, Atheisten und schwarzen Anarchisten bedrängte Bastion. Man verwandte große Mühen darauf, internationale Sanktionen zu umgehen, und die Regierung entwickelte sogar Atomwaffen (die inzwischen zerstört sind).

1990	1993	1994	1995
Ein wichtiger Moment in der Geschichte Südafrikas: Nelson Mandela wird nach 27 Jahren aus dem Gefängnis entlassen, predigt jedoch nicht Hass, sondern Vergebung und Versöhnung.	Nelson Mandela und F. W. de Klerk – die beiden Männer, die durch harte Verhandlungen die Zukunft Südafrikas formen – werden mit dem Friedensnobelpreis ausgezeichnet.	In einem Triumph für die Demokratie und Mandelas Weg zur Versöhnung und Freiheit finden die ersten demokratischen Wahlen statt; Nelson Mandela wird zum Präsidenten gewählt.	Die Wahrheits- und Versöhnungskommission, die eine wichtige Rolle für den Heilungsprozess des Landes spielen soll, wird unter dem Vorsitz von Erzbischof Desmond Tutu einberufen.

Rabble-Rouser for Peace: The Authorised Biography of Desmond Tutu von John Allen bietet einen ebenso faszinierenden wie inspirierenden Einblick in das Leben einer der einflussreichsten Persönlichkeiten Südafrikas.

Verhandlungen über eine Mehrheitsregierung mit dem ANC schienen (zumindest öffentlich) nicht als Option gesehen zu werden, und die Regierung griff auf militärische Macht zurück. Unter den Weißen breitete sich eine Belagerungsmentalität aus, und auch wenn sich viele darüber im Klaren waren, dass sie einen Bürgerkrieg gegen die schwarze Mehrheit niemals würden gewinnen können, zogen sie dies dennoch der Alternative vor – nämlich aufzugeben und politische Reformen umzusetzen. Ihnen erschien brutale Polizei- und Militärgewalt als absolut gerechtfertigt. Die internationalen Sanktionen, die die Weißen vom Rest der Welt abschnitten, ermöglichten den schwarzen Führern hingegen die Entwicklung großer politischer Fähigkeiten: Denn jene, die sich im Exil befanden, konnten Verbindungen zu Politikern in aller Welt aufbauen.

Zeiten des Wandels

In den frühen 1980er-Jahren wehte ein frischer Wind durch Südafrika. Die Weißen stellten nur noch 16% der Gesamtbevölkerung – 50 Jahre zuvor waren es noch 20% gewesen –, und ihre Zahl nahm weiterhin ab. Präsident P.W. Botha erkannte, dass ein Wandel unumgänglich war, und erklärte den weißen Südafrikanern, sie müssten „sich anpassen oder sterben". Zahlreiche Reformen wurden auf den Weg gebracht, darunter die Aufhebung der Passgesetze. Aber Botha wagte sich nicht an grundlegende Reformen, und viele Schwarze hielten (wie die internationale Gemeinschaft) die Veränderungen für rein kosmetisch. Der Widerstand blieb ungebrochen, immer tiefere Risse spalteten Südafrika. Gleichzeitig entstand eine weiße Gegenbewegung mit paramilitärischen, rechtsextremen Gruppen wie der „Afrikaner Weerstandsbeweging" (AWB) unter Eugène Terre'Blanche. Doch auch die politisch entgegengesetzte United Democratic Front (UDF) wurde gegründet. Ihre zahlreichen Mitglieder riefen unter Erzbischof Desmond Tutu und Reverend Allan Boesak die Regierung dazu auf, die Apartheid und die Homelands abzuschaffen.

Auch der internationale Druck stieg, da die wirtschaftlichen Sanktionen allmählich spürbar wurden. Der Kurs der Landeswährung Rand brach ein. 1985 rief die Regierung den Notstand aus. Die Medien wurden zensiert, und bis 1988 wurden Schätzungen zufolge 30000 Menschen ohne Prozess verhaftet und Tausende gefoltert.

Mandelas Freiheit

1986 verkündete Präsident Botha dem Parlament, Südafrika sei über die Apartheid „hinausgewachsen". Die Regierung vollzog kleinere Reformen, kontrollierte aber eisern Medien und Anti-Apartheid-Demonstrationen.

Ende 1989 wurde der körperlich geschwächte Botha durch F.W. de Klerk abgelöst. In seiner Antrittsrede vor dem Parlament verkündete de Klerk im Februar 1990, er wolle alle diskriminierenden Gesetze ab-

1996	1997	1999	2003
Nach ausführlichen Verhandlungen verabschiedet das südafrikanische Parlament eine überarbeitete Version der Verfassung von 1993, die die Struktur der neuen demokratischen Regierung festlegt.	Nelson Mandela zieht sich vom Amt des ANC-Präsidenten zurück – ein Schritt, der bei afrikanischen Staatsoberhäuptern praktisch unbekannt ist; ihm folgt Thabo Mbeki nach.	Der ANC erringt bei den zweiten demokratischen Wahlen in Südafrika einen Erdrutschsieg und erreicht fast die für eine Änderung der Verfassung nötige Zweidrittelmehrheit.	Walter Sisulu, Mandelas Mentor und eine wichtige Figur im Kampf gegen die Apartheid, der 26 Jahre im Gefängnis verbrachte, stirbt am 5. Mai.

DESMOND TUTU

Nur wenige Figuren im Kampf gegen die Apartheid in Südafrika sind so unverkennbar wie Desmond Mpilo Tutu, der emeritierte anglikanische Erzbischof von Kapstadt. Tutu, 1931 in Klerksdorp, Transvaal (heute North-West Province), geboren, stieg aus bescheidenen Verhältnissen zum international anerkannten Aktivisten auf. Während der Apartheid-Ära setzte sich Tutu massiv für Wirtschaftsboykotts und internationale Sanktionen gegen Südafrika ein. Nach dem Sturz der Apartheid-Regierung führte er die Wahrheits- und Versöhnungskommission in Südafrika an, in der er Erfahrungen sammelte, die er auch in seinem Buch *Keine Zukunft ohne Versöhnung* beschrieb.

Auch heute ist Tutu nach wie vor ein unermüdlicher Verfechter der Moral. Er äußerte sich kritisch über die ANC-Regierung, spricht immer wieder Themen wie Korruption und HIV/Aids öffentlich an und stellt die Regierung für ihr Versagen bei der Armutsbekämpfung zur Rede. Tutu ist Träger des Friedensnobelpreises, des Gandhi-Friedenspreises und zahlreicher weiterer Auszeichnungen. Ihm wird außerdem weitgehend der Begriff der „Regenbogennation" zugeschrieben, der das Südafrika nach der Ära des Apartheid-Regimes beschreibt.

schaffen und den ANC, den PAC und die kommunistische Partei legalisieren. Die Zensur der Medien wurde aufgehoben, und de Klerk entließ politische Gefangene, die nicht gegen Strafgesetze verstoßen hatten. Am 11. Februar 1990, 27 Jahre nach seiner Inhaftierung, verließ auch Nelson Mandela das Gelände des Victor-Verster-Gefängnisses als freier Mann.

1990 und 1991 wurden die Rechtsgrundlagen der Apartheid beseitigt. Ein Referendum – die letzte Wahl in Südafrika, an der nur Weiße teilnehmen durften – verlieh der Regierung mit überwältigender Mehrheit die Befugnis, mit dem ANC und anderen Gruppen eine neue Verfassung auszuarbeiten.

Friedliche Wahlen

Im Dezember 1991 begann die „Convention for a Democratic South Africa" (Codesa) mit ihren Verhandlungen über die Bildung einer gemischtrassigen Übergangsregierung und der Entwicklung einer neuen Verfassung, die allen Gruppen der Gesellschaft politische Rechte garantierte.

1993 wurde eine vorläufige Verfassung veröffentlicht, die Meinungs- und Religionsfreiheit, den Zugang zu angemessenen Unterkünften und zahlreiche weitere Rechte garantierte sowie explizit eine Benachteiligung aus fast allen Gründen verbot. Vom 26. auf 27. April 1994 wurde um Mitternacht schließlich die alte Nationalhymne „Die Stem" (Der Ruf) gesungen und die alte Flagge eingeholt, woraufhin die neue Regenbogenflagge gehisst und auch die neue Hymne „Nkosi Sikelel i Afrika" (Gott segne Afrika) gesungen wurde. Die späteren Wahlen gingen friedlich

> „Wir ... werden eine Gesellschaft erschaffen, in der alle Südafrikaner, Schwarze wie Weiße, selbstbewusst durchs Leben gehen können, ohne Angst in ihren Herzen und in der Gewissheit ihres unveräußerlichen Rechts auf Menschenwürde – eine Regenbogennation, im Frieden mit sich selbst und der Welt." *Nelson Mandela, 1994, Antrittsrede*

2004	**2004**	**2004**	**2005**
Im November warnt der anglikanische Erzbischof Desmond Tutu, Südafrika sitze auf einem Pulverfass, da Millionen von Menschen auch zehn Jahre nach dem Ende der Apartheid noch unter Armut litten.	Mbeki führt den ANC bei den Wahlen 2004 zu einem entscheidenden Sieg. Gemäß seiner Vision von einer „afrikanischen Renaissance" engagiert sich Südafrika wieder stärker regional.	Zum ersten Mal überhaupt wird eine Fußball-WM an einLand auf dem afrikanischen Kontinent vergeben: Südafrika setzt sich gegen die Mitbewerber Marokko und Ägypten durch.	Präsident Thabo Mbeki entlässt Jacob Zuma wegen Korruptionsvorwürfen aus seinem Amt als Vizepräsident.

vonstatten, und im ganzen Land herrschte ein nahezu greifbares Gefühl des guten Willens.

Der ANC erlangte 62,7% der Stimmen, also weniger als jene 66,7%, die es ihm ermöglicht hätten, die Verfassung umzuschreiben. Neben der Besetzung der Staatsregierung entschieden die Wahlen aber auch über die Provinzregierungen, und der ANC siegte bis auf zwei in allen Provinzen. Die NP hingegen konnte den Großteil der Wählerstimmen der Weißen und anderen Minderheiten auf sich vereinen und wurde zur offiziellen Oppositionspartei.

Unter www.anc.org.za findet sich der offizielle Überblick über die komplette Vergangenheit und die Gegenwart des ANC.

Wahrheit & Versöhnung

Nach den Wahlen richtete sich der Fokus auf die Wahrheits- und Versöhnungskommission (1994–99), die es sich zur Aufgabe gemacht hatte, die Verbrechen der Apartheid-Ära aufzudecken. Die Maxime ihres Vorsitzenden, Erzbischof Desmond Tutu, lautete: „Ohne Vergebung gibt es keine Zukunft, aber ohne Schuldbekenntnis gibt es auch keine Vergebung." Die Kommission hörte sich viele Geschichten über entsetzliche Brutalität und Ungerechtigkeit an und bot den Menschen und Gemeinden, die an jener Vergangenheit zerbrochen waren, eine Form der Katharsis.

Die Kommission ermöglichte es den Opfern, ihr Schicksal zu erzählen – und den Tätern, ihre Schuld anzuerkennen, wobei jenen Straffreiheit eingeräumt wurde, die alles eingestanden. Diejenigen, die sich entschieden, nicht vor der Kommission zu erscheinen, wurden, falls sich ihre Schuld nachweisen ließ, strafrechtlich verfolgt. Auch wenn einige Soldaten, Polizisten und „gewöhnliche" Bürger ihre Verbrechen gestan-

MAX DU PREEZ & VRYE WEEKBLAD

1988 gründete der rebellische Afrikaaner und Journalist Max du Preez mit einer Handvoll weiterer weißer Anti-Apartheid-Aktivisten *Vrye Weekblad*, Südafrikas erste Anti-Apartheid-Zeitung auf Afrikaans. Von Beginn an zog die Zeitung den Zorn des Staates auf sich. Auf ihre Büros wurden Bombenattentate verübt, du Preez erhielt zahlreiche Drohungen, und die Zeitung wurde vom damaligen Präsidenten P.W. Botha wegen Verleumdung verklagt. Dennoch erwies sie sich während ihres kurzen Lebens als bahnbrechend in ihrem Engagement für Meinungsfreiheit, ihrem unermüdlichen Kampf gegen die Unterdrückung und ihren Enthüllungen zu Korruption und Brutalität auf allen Seiten des politischen Spektrums. 1994, kurz vor den Wahlen und nach nur etwas mehr als fünf Jahren des wegbereitenden, investigativen Journalismus, war das *Vrye Weekblad* gezwungen, ihre Arbeit einzustellen. Du Preez arbeitete später als Produzent für die South African Broadcasting Corporation (SABC) bei der TV-Übertragung der Anhörungen der Wahrheits- und Versöhnungskommission und ist heute noch immer als Journalist tätig.

Näheres zur Geschichte der Zeitung bietet du Preez' Buch *Oranje Blanje Blues*.

2006
Über 5 Mio. Menschen in Südafrika leben mit HIV/Aids; die verheerende Auswirkung der Seuche ist vor allem das Resultat vieler Jahre der Nachlässigkeit seitens der Regierung.

2007
Die HIV-/Aids-Tragödie trifft die Verwundbarsten des Landes. Laut UNAIDS leben etwa 280 000 Kinder in Südafrika mit HIV/Aids, hinzu kommen 1,4 Mio. HIV-/Aids-Waisen.

2007
Im Dezember wird Thabo Mbeki durch Jacob Zuma als Vorsitzender des ANC abgelöst. Gegen Zuma werden erneut Korruptionsvorwürfe erhoben, nachdem 2006 bereits eine Anklage fallen gelassen wurde.

» ANC-Flagge

NELSON MANDELA

Nelson Rolihlahla Mandela, eine der größten Führungspersönlichkeiten des Jahrtausends, wurde einst von Südafrikas regierender weißer Klasse diffamiert und zu einer lebenslangen Haftstrafe verurteilt. 27 Jahre später wurde er aus dem Gefängnis entlassen – und rief zu Versöhnung und Vergebung auf.

Mandela, Sohn eines Xhosa-Häuptlings, wurde am 18. Juli 1918 im Dorf Mveso am Ufer des Flusses Mbashe geboren. Nachdem er die Universität von Fort Hare besucht hatte, zog Mandela nach Johannesburg, wo er sich schon bald politisch engagierte. Er schloss sein Jurastudium ab und eröffnete gemeinsam mit Oliver Tambo Südafrikas erste schwarze Anwaltskanzlei. 1944 hatte Mandela außerdem mit Tambo und Walter Sisulu den Jugendverband des African National Congress (ANC) gegründet. Während der 1950er-Jahre war Mandela einer der Hauptinitiatoren der ANC-Kampagne für zivilen Ungehorsam, wofür er 1952 verhaftet, angeklagt und freigesprochen wurde. Nachdem der ANC infolge des Sharpeville-Massakers verboten wurde, war Mandela federführend bei der Gründung des militärischen Untergrundarms des ANC, Umkhonto we Sizwe. 1964 wurde Mandela in dem von großem Medienrummel begleiteten Rivonia-Prozess der Sabotage und der Aufhetzung zur Revolution angeklagt. Nachdem er selbst seine Verteidigung in brillanter Weise geführt hatte, wurde er zu lebenslanger Haft verurteilt und verbrachte die folgenden 18 Jahre im berüchtigten Gefängnis auf Robben Island, bevor er auf das Festland verlegt wurde.

Während seiner gesamten Gefangenschaft weigerte Mandela sich immer wieder, seine politischen Überzeugungen zu verraten, um in die Freiheit entlassen zu werden. Nur freie Menschen könnten verhandeln, war seine Begründung.

Im Februar 1990 war Mandela endlich wieder frei, und 1991 wurde er zum Präsident des ANC gewählt. 1993 teilte Mandela sich den Friedensnobelpreis mit F. W. de Klerk, und bei den ersten freien Wahlen im folgenden Jahr wurde er zum Präsidenten Südafrikas gewählt. In seiner viel zitierten Rede „Endlich frei!", die er nach dem Gewinn der Wahl 1994 hielt, richtete er den Blick der Nation streng auf die Zukunft und erklärte: „Es ist an der Zeit, die alten Wunden zu heilen und ein neues Südafrika aufzubauen."

1997 trat Mandela – oder Madiba, wie sein traditioneller Xhosa-Name lautet – als Präsident des ANC zurück, auch wenn er noch immer als Elder Statesman verehrt wird.

den, zeigten sich viele Menschenrechtsverbrecher, die die Befehle erteilt und die Politik bestimmt hatten, nie vor der Kommission (P. W. Botha ist einer der bekanntesten Verweigerer).

Südafrika in jüngster Vergangenheit

Im Jahr 1999 fanden in Südafrika die zweiten demokratischen Wahlen statt. Zwei Jahre zuvor hatte Mandela die Führung des ANC an seinen Stellvertreter Thabo Mbeki übergeben. Der Stimmenanteil des ANC wuchs indessen erneut, und die Partei war nur noch einen Sitz von der

2008	2008	2008	2009
Die Unzufriedenheit entlädt sich in fremdenfeindlichen Aufständen, die viele Townships zerstören, 60 Menschenleben fordern und Arbeiter aus Nachbarländern zur Heimkehr zwingen.	Die Shikota-Bewegung unter der Führung des ehemaligen Premiers von Gauteng, Mbhazima Shilowa, sowie Mosiuoa Lekota spaltet sich vom ANC ab und bildet eine neue Partei: Congress of the People (COPE).	Die bekannte Sängerin Miriam Makeba („Mama Africa") stirbt im Alter von 76 Jahren in Italien.	Im April werden, nachdem der Anklage Unregelmäßigkeiten nachgewiesen wurden, die Korruptionsvorwürfe gegen Jacob Zuma fallen gelassen. Im selben Monat wird Zuma zum Präsidenten gewählt.

GESCHICHTE SÜDAFRIKA IN JÜNGSTER VERGANGENHEIT

In Südafrika sind mehr Menschen von HIV/Aids betroffen als in jedem anderen Land der Erde – mehr zur Geschichte von HIV/Aids in Südafrika und darüber, was heute dagegen unternommen wird, gibt's unter www.avert.org/aidssouthafrica.htm.

Thabo Mbeki: The Dream Deferred von Mark Gevisser zeichnet ein spannendes Bild des Landes sowie jenes Mannes, der über ein Jahrzehnt lang an der Spitze der Politik Südafrikas stand.

Zweidrittelmehrheit entfernt, die es ihr erlaubt hätte, auch die Verfassung zu ändern.

Die Democratic Party (DP) – traditionell ein Bollwerk der liberalen Weißen – errang mit neuer Unterstützung desillusionierter Konservativer der NP sowie einiger Schwarzer aus der Mittelschicht den offiziellen Oppositionsstatus.

Mbeki trat als neuer Präsident in jeder Hinsicht in mächtige Fußstapfen, auch wenn die Frage, wie gut er diese Aufgabe meisterte, noch immer Kern einer scharf geführten Debatte ist. Seine Jahre im Amt können eigentlich nur als Achterbahnfahrt bezeichnet werden. In den frühen Tagen seiner Präsidentschaft erntete Mbeki mit seiner Leugnung der HIV-/Aids-Krise weltweit Kritik. Und als er sich nicht offen gegen die gewaltsame Enteignung der Farmen weißer Besitzer im benachbarten Simbabwe und seinen langjährigen Mitstreiter Robert Mugabe, den Präsidenten Simbabwes, aussprach, brachte er damit südafrikanische Landbesitzer und ausländische Investoren gegen sich auf.

2005 entließ Mbeki seinen Vize-Präsidenten Jacob Zuma, der wegen Korruption angeklagt worden war, und löste so einen schonungslosen Machtkampf innerhalb des ANC aus, den Zuma für sich entscheiden konnte. Im September 2008 wurde Mbeki aufgefordert, als Präsident zurückzutreten – ein Ereignis, dass es in der Geschichte der Partei noch nie zuvor gegeben hatte.

Die Korruptionsvorwürfe gegen Zuma wurden fallen gelassen, und der ANC gewann, wie allgemein erwartet, auch die Wahlen im Jahr 2009, nach denen Jacob Zuma zum Präsidenten ernannt wurde. Seit seinem Amtsantritt ist es Zuma dank seiner zugänglichen Persönlichkeit und seiner großen Beliebtheit in der Bevölkerung gelungen, die beträchtliche Kritik aus dem In- und Ausland zu überstehen. Viele sind jedoch der Ansicht, dass er sich bis weit über seine Anfangszeit als Präsident hinaus als schwacher Führer erwiesen und es versäumt hat, seine Versprechen hinsichtlich der Schaffung neuer Arbeitsplätze und der Bekämpfung der Armut zu erfüllen.

Die Fähigkeit der Oppositionsparteien, die Regierung in den kommenden Jahren im Hinblick auf Problemlösungen weiter unter Druck zu setzen, wird eine wichtige Probe für die politische Reife des Landes sein. Korruption, Verbrechen, wirtschaftliche Ungleichheit und HIV/Aids sind dabei die größten Herausforderungen.

Beim Lesen der Schlagzeilen in den Zeitungen bietet sich ein gemischtes Bild vom Zustand des Landes, aber es ist ziemlich wahrscheinlich, dass die meisten Südafrikaner der Aussage zustimmen würden, dass das Land heute unermesslich optimistischer und entspannter in die Zukunft blickt als noch 1990 – und zwar trotz der massiven Probleme, gegen die es noch immer zu kämpfen hat.

2010	2011	2012	2012
Die Fußball-WM wird in Südafrika ausgetragen. Trotz der Angst, die Besucher könnten Opfer von Verbrechen werden, läuft alles vollkommen glatt.	Die Provinz Limpopo, von deren Konten zwei Milliarden Rand „verschwunden" sind, wird von der nationalen Schatzkammer für bankrott erklärt und der direkten Kontrolle der ANC-Bundesregierung unterstellt.	Am Ort seiner Gründung, in Bloemfontein, begeht der ANC mit riesigen Feierlichkeiten sein hundertjähriges Bestehen, die sich das gesamte Jahr über im ganzen Land fortsetzen.	Drei Jahre nachdem der Korruptionsvorwurf gegen Präsident Jacob Zuma fallen gelassen wurde, lässt der Oberste Gerichtshof des Landes durch sein Urteil eine Revision dieser Entscheidung zu.

Musik

Die kuriose Schönheit afrikanischer Musik liegt darin, dass sie fröhlich macht, selbst wenn sie eine traurige Geschichte erzählt. Man mag arm sein, in einem baufälligen Haus wohnen und seine Arbeit verloren haben, doch dieses Lied, das macht Hoffnung.

Nelson Mandela

Die Musik hat ihren Beitrag zum Widerstand gegen die Apartheid geleistet und ist auch heute noch ein wichtiges Ausdrucksmittel, um Freiheit und Gerechtigkeit einzufordern. Musik ist in Südafrika allgegenwärtig. Überraschenderweise gibt es keine „typische" südafrikanische Musik: Kein anderes afrikanisches Land hat ein so breit gefächertes Musikspektrum wie Südafrika – selbst andere vergleichbar große Länder auf der Welt können da nicht mit Südafrika konkurrieren. Die Südafrikaner sind leidenschaftliche Plattensammler und lieben Musik, egal ob Rock, Jazz, Klassik, Gospel, Rap, Reggae, Afro-House, Maskanda, Mbaqanga oder Kwaito. Traditionelles Liedgut und Musik aus dem Westen bekommen hier einen modernen, landestypischen Touch. Die riesige Plattenindustrie (inklusive der zwar kleinen, aber umso engagierteren Labels in den Händen von Schwarzen) ist hellwach und stets bemüht, neue Künstler unter Vertrag zu nehmen.

Die südafrikanische Musik hat unvermeidlich Einfluss auf die kleineren Nachbarländer Lesotho und Swasiland. In Lesotho sind Chöre sehr populär, genauso wie Reggae und *famo* (Gesang, oft mit Geheul, mit Akkordeon-, Trommel- und manchmal auch Bassbegleitung), gefolgt von Afropop, Jazz und Kwaito. Die Sotho greifen nach wie vor zu traditionellen Instrumenten wie der *lekululo*-Flöte und dem *setolo-tolo*-Mundbogen. Auch in Swasiland gibt es traditionelle Musik, die zur Ernte, bei Hochzeiten, Geburten und anderen Anlässen gespielt wird. Darüber hinaus spielen lokale Chöre, Jazz, Afropop, Rock, die Hip-Hop-Szene und, ganz besonders, der Gospelgesang eine wichtige Rolle.

Auch heute, nach fast 20 Jahren der Freiheit, bringt Südafrika immer wieder Talente von Weltformat hervor. Den typischen Südafrikaklang wird es wohl nie geben, was nur von Vorteil für die Vielfalt der Musik sein kann. Das spiegelt sich auch in der alljährlichen Verleihung des **South African Music Award** (SAMA; www.samusicawards.co.za) wider, der in unzähligen Kategorien und Stilen vergeben wird. Das breite musikalische Spektrum ist eine der Facetten, die Südafrika so faszinierend machen. Der folgende (unvollständige) Überblick stellt die wichtigsten Genres und ihre Vertreter vor.

> Vor etwa 4000 Jahren waren die San die ersten Musiker Südafrikas. Sie sangen in einer einzigartigen Klicklautsprache und hatten Rasseln, Trommeln und einfache Flöten. Sie spielten sogar auf ihren Jagdbögen.

Streifzug durch Südafrikas Musikgeschichte

Die Völker der Zulu, Xhosa und Sotho singen und tanzen traditionell seit Jahrtausenden (ihre Musik hat 1988 Paul Simon zu seiner CD *Graceland* inspiriert), die Venda (und die Basotho in Lesotho) spielen schon seit ewigen Zeiten auf ihren *mbiras* (Daumenklavieren) und Rohrflöten.

Musik-webseiten

» South African Music (www.music.org.za) Links zu lokalen Künstlern, Auftritten und Neuigkeiten rund um das Thema Musik.

» One World (www.oneworld.co.za) Unabhängiger Internetmusikladen, der südafrikanische Musik, ein paar DVDs und Videos auf Lager hat.

» Rage (www.rage.co.za) Onlinemagazin mit Neuigkeiten aus der Musikbranche, Kritiken und Mode.

In Südafrika gibt es acht unterschiedliche „Stammes"-Traditionen – seit Beginn der Demokratie ist traditionelle Musik wieder stark im Kommen. Von der Kolonialzeit bis heute hat sich die südafrikanische Musik dank der Vermischung von älteren lokalen und importierten Stilen immer wieder selbst neu erfunden. Die meisten populären Musikstile beruhen entweder auf einem A-cappella-Gesang (der Zulu) oder einem harmonischen Mbaqanga-Vokalgesang. So bleibt der Klang unabhängig vom Begleitinstrument (Banjo, Geige, Konzertina oder Elektrogitarre) immer ein typisch afrikanischer.

Der Grund, warum die Akkordfolgen vieler Songs aus Südafrika so vertraut klingen, liegt in ihrem religiösen Ursprung. Die protestantischen Missionare schufen im 19. Jh. eine Gesangstradition, die südafrikanische Komponisten später mit traditionellen Harmoniefolgen verbanden: Die Hymne *Nkosi sikelel i Afrika* (Gott segne Afrika), die Enoch Sontonga 1897 schrieb, ist heute die Nationalhymne Südafrikas. Gospelmusik ist gegenwärtig die beliebteste Stilrichtung. Gloria Bosman, Sibongile Khumalo, Pinise Saul und andere schwarze Stars, die in Klassik, Jazz, Gospel und Oper Erfolge feiern, haben ihre Karriere in Chören von Missionsschulen oder in Kirchenchören begonnen. Andere wie Gospel-Superstar Rebecca kommen ursprünglich aus der Glitzerwelt des Pop. Eine der wichtigsten Gospel-Gruppen in Swasiland ist Ncandweni Christ Ambassadors unter der Leitung des Parlamentsabgeordneten Timothy Myeni.

Die langlebigste Zulu-Musikgruppe ist Ladysmith Black Mambazo, deren Stil wegen ihrer zahlreichen Alben und internationalen Konzerttourneen im Westen irrtümlicherweise für „typisch" südafrikanisch gehalten wird. Ihre Musik ist ein Beispiel für die gelungene Vermischung einheimischer Harmonien mit dem Sound europäischer und afrikanischer Kirchenchöre zu einem Gesangsstil, der *mbube* genannt wird. Wie viele Bereiche der modernen Kunst und Kultur Südafrikas hat die *Isicathamiya*-Musik von Ladysmith ihren Ursprung in den Zeiten der Unterdrückung: Der Chorgesang ohne instrumentale Begleitung entstand in den 1930er-Jahren in den Wanderarbeiter-Wohnheimen der Provinz Natal, in denen sich die Männer größte Mühe gaben, ihre Bosse bloß nicht aufzuwecken. Auch heute noch treten die *Isicathamiya*-Chöre in Johannesburg und Durban einmal pro Woche gegeneinander in Wettbewerben an. Häufig singen solche Chöre auch als Straßenmusiker.

Kwela-Musik ist, wie die meisten modernen Stile in Südafrika, in den Townships entstanden. *Kwela* (Spring rein!) lautete der Befehl an diejenigen, die während Razzien in Polizeiautos verfrachtet wurden. In ehemals

---

MUSIKGESCHICHTE SCHREIBEN

Neun Jahre dauerte es, bis der bewegende Film von Lee Hirsch – *Amandla! A Revolution in Four-Part Harmony* (2003) – fertiggestellt war: Er dokumentiert die Rolle der Musik im Kampf gegen die Apartheid, u. a. durch die Musik selbst und einigen Interviews mit Abdullah Ibrahim, Miriam Makeba und Hugh Masekela.

Pascale Lamches *Sophiatown* (2003) handelt von Johannesburgs Stadtteil Sophiatown, dem Harlem Südafrikas. Hier lebten viele Künstler und Musiker, bis das Viertel in den 1950er-Jahren einer Stadtsanierung zum Opfer fiel. Beeindruckend ist vor allem die große Fülle an Bildmaterial.

Zum mit dem Oscar prämierten Film *Tsotsi* (2006) gehört auch ein vom Kwaito-Star Zola komponierter Soundtrack mit zauberhaften Songs von Vusi Mahlasela (*Music From the Motion Picture Tsotsi*, Milan Records).

In the Time of Cannibals: The Word Music of South Africa's Basotho Migrants (1994) ist ein berühmter dicker Wälzer des Musikhistorikers David B. Coplan, der sich mit der gesungenen mündlichen Poesie der Bergarbeiter aus Lesotho beschäftigt, die in den Minen Südafrikas arbeiten mussten.

berüchtigten Gegenden wie Soweto, Sharpeville, District Six und Sophiatown entstanden städtische, stammesübergreifende Musikrichtungen, die vor allem durch amerikanischen Jazz, Swing, Jive und Soul inspiriert wurden. Schwarze Südafrikaner fügten dem Ganzen eine weitere Nuance hinzu: Aus Kwela mit seiner Zinnflöte (einem Instrument, das auf die Rohrflöten von Hirtenjungen zurückgeht) und dem einsaitigen Bass wurde Saxophon-Jive bzw. *mbaqanga*. Marabi-Soul feierte in den 1970er-Jahren Erfolge, Bubblegum-Pop dominierte die 1980er-Jahre. *Kwaito*, die südafrikanische Version von Hip-Hop, boomte in den 1990er-Jahren und ist immer noch – neben der Gospel-, der Rap- und der aufstrebenden R&B-Szene – der populärste Musikstil des Landes. Der Kwaito-Superstar und TV Moderator Zola hat seine eigenes Medienunternehmen, Zola 7, und eine Modekollektion.

Musik aus Amerika und Europa war Vorbild für weiße südafrikanische Künstler. Four Jacks and a Jill aus den 1960er-Jahren spielten typischen Pop aus dem Westen. In den 1970er-Jahren inspirierten britische Punk Bands aus der Arbeiterklasse wie etwa Wild Youth. In den 1980er-Jahren ließen sich schwarze und weiße Musiker auf einen Cross-over ein: Johnny Clegg und seine Band Juluka spielten eine Mischung aus weißer Rock- und Popmusik und traditioneller Zulu-Musik, um gegen rassistische Restriktionen zu protestieren und andere Bands dazu zu animieren, es ihnen nachzutun. Von Grunge ließen sich Scooters Union, Springbok Nude Girls und andere Gitarrengruppen der 1990er-Jahre inspirieren. Bands und Musiker wie Seether, Prime Circle und der frühere Springbok Frontman Arno Carstens sorgen dafür, dass Rockmusik in Südafrika nach wie vor sehr angesagt ist. Für eine Renaissance der Musik der Buren haben Gruppen wie Buckfever Underground, Chris Chameleon, Steve Hofmeyr und Valiant Swart gesorgt. Daneben existiert eine große progressive Tanz-Szene mit House, Techno, Acid Jazz, R&B, Dancehall und allen möglichen anderen Grooves, in die oft auch Live-Elemente eingebaut werden.

Die Menschen und die Kultur leiden noch immer unter den Auswirkungen der Apartheid; Musiker wie Jazzlegende Hugh Masekela, der eine Zeit lang im Exil lebte, betonen, dass es wichtig ist, wachsam zu bleiben. Der preisgekrönte Protestsänger Vusi „The Voice" Mahlasela performte bei Mandelas Amtsantritt 1994 und ist offizieller Botschafter von Mandelas HIV/Aids-Initiative 46664. Noch immer wird für die Schaffung einer Musikindustrie und eines Vertriebsnetzes gekämpft, die vollständig von Schwarzen kontrolliert werden (die hohen Tiere des „weißen Business" der alten Schule haben sich bislang quer gestellt), denn die südafrikanische Musik braucht eine Afrikanisierung. Die Widerstandsszene ist unterdessen nicht müßig gewesen, der Fokus hat sich allerdings geändert. Es wird über andere soziale Probleme wie HIV/Aids, die Armut oder den Missbrauch an Frauen und Kindern geschrieben, gesprochen und gesungen. Gelegenheiten dafür gibt es im gegenwärtigen Klima der kulturellen und künstlerischen Freiheit zur Genüge.

Nicht ganz so liberal geht es in Swasiland zu, wo der polygame und absolutistisch regierende König Mswati regelmäßig und begeistert Tausenden von barbusigen Jungfrauen beim traditionellen, wenngleich umstrittenen Schilftanz zusieht, der den Bau von Schilfhütten symbolisiert. Mswati hat mehrere Wohltätigkeitskonzerte veranstaltet, zu denen sowohl internationale Stars (Eric Clapton, Erykah Badu) als auch lokale Acts eingeladen waren. Musik, so seine Worte, „ist heilende Kraft für bedrückte Seelen und Ausdruck der Freude". In der Tat pulsiert die Musik in Swasiland unüberhörbar, dank dem DJ Simza, der Rapperin Pashu (alias Prinzessin Sikhanyiso, Mswatis ältester Tochter) sowie dem Jazzer Lilanga (mit französischen und Swasi-Wurzeln) und der Soulsängerin Bholoja.

MINSTREL CARNEVAL

Der Cape Town Minstrel Carnival, auch Kaapse Klopse genannt, findet am 2. Januar in Kapstadt statt. Um die 13 000 Musikanten nehmen teil, gewandet in farbenfrohe Satinkostüme, mit Strohhüten auf dem Kopf und bemalten Gesichtern, und treten bei Gesangs-, Tanz- und Kostümwettbewerben gegeneinander an. Diese Tradition gibt es seit Ende des 19. Jhs.

Auch im bergigen Lesotho hallt Musik durch die Hügel und Täler. Die Basotho lieben ihre Lieder und Instrumente: Die Dorfkinder singen gemeinsam im Chor, wovon immer sie bewegt werden; Hirtenjungen spielen auf ihren Lekolulo-Flöten und singen dabei in reinen, hohen Tonlagen; die Frauen spielen auf dem Saiteninstrument *thomo* und die Männer die *setolo-tolo*, eine Art verlängerte jüdische Harfe, die mit dem Mund gezupft wird. Eine besondere Musikart in Lesotho ist *famo*, eine Kombination von Akkordeon und Ölfasstrommel.

In Südafrika sind die Abgrenzungen aufgeweicht und verschiedene Stile befruchten sich gegenseitig. Diverse Genres, vor allem Jazz und Afro-House, erleben einen Boom und die Veranstaltungsorte passen sich diesen Entwicklungen an. Die Demokratie, die so hart erkämpft wurde, hatte noch nie einen derart süßen Klang.

Südafrikanische Musikstile

Marabi

Zu Beginn des 20. Jhs. beeindruckten afro-amerikanische Minstrel-Shows, Vaudeville-Acts, Ragtime-Klavierspieler und Gospel-Gruppen das einheimische Publikum in den schnell wachsenden Städten Kapstadt und Johannesburg. Die zunehmende Verstädterung löste einen Schneeball-effekt bei den Musikstilen aus: Auftritte von amerikanischen Jazzkünst-lern und Platten von Musikern wie Louis Armstrong und Duke Elling-ton legten den Grundstein für das, was sich später zur südafrikanischen Jazz-Szene entwickeln sollte. In den 1920er- und 1930er-Jahren sangen und swingten die Menschen in den städtischen Ghettos zu einem eigenen „gefährlichen" Sound (in Sotho bedeutet das Wort „Gangster"): *Marabi*.

Marabi, der auf billigen Fußorgeln und Keyboards und begleitet von Percussion (auf mit Kieselsteinen gefüllten Dosen) gespielt wird, breitete sich schnell in den illegalen *shebeens* (Bars ohne Lizenz) und Tanzschup-pen der Townships aus. Die Musik brachte die Leute zum Tanzen und Trinken, verschaffte den unterdrückten Menschen in den Arbeitervier-teln allerdings auch eine gewisse Würde und Trost.

Die tranceartigen Rhythmen und die zyklischen Harmonien des Ma-rabi und des amerikanischen Dixieland und Ragtime haben einiges ge-meinsam. Später fügten Musiker dem Sound noch Blechflöten, Schlag-zeug, Banjo, Big-Band-Swing und sogar Bebop-Ästhetik hinzu.

Marabi wurde von den Jazz-Dance-Bands begierig aufgenommen. Ih-nen gehörte die erste Generation schwarzer Profi-Musiker an: Jazz Ma-niacs, Merry Blackbirds und Jazz Revellers. Oft der Einfachheit halber (und nicht immer zutreffend) als „African Jazz" oder „Jive" bezeichnet, brachte der Marabi zahlreiche andere Stile wie z. B. den Kwela hervor.

TOP 10 SÜDAFRIKANISCHE MUSIKALBEN

» *The Indestructible Beat of Soweto, Volumes 1–6* – verschiedene Künstler

» *Jazzin Africa, Volume 1* – Jazz Epistles

» *Her Essential Recordings* – Miriam Makeba

» *Hope* – Hugh Masekela

» *The Best of Mahlathini and the Mahotella Queens*

» *Shaka Zulu* – Ladysmith Black Mambazo

» *Ibokwe* – Thandiswa Mazwai

» *Acceptane Speech* – Hip Hop Pantsula

» *Naledi Yca Tsela (Guiding Star)* – Vusi Mahlasela

» *The One Love Movement on Banto Biko Street* – Simphiwe Dana

SCHLAFENDER RIESE

1939 nahm der Wanderarbeiter Solomon Linda, ein Zulu, das Lied „Mbube" (Löwe) für Gallo auf. Unter dem neuen Titel „Wimoweh/The Lion Sleeps Tonight" machten Pete Seeger, Disney (durch den Film *König der Löwen* von 1994) und andere einen Reibach mit dem Song – er brachte geschätzte 15 Mio. US$ ein. Linda hatte davon nichts – er hatte die Urheberrechte abgegeben. Doch 2006 entdeckte man ein Schlupfloch im südafrikanischen Gesetz. Jetzt gehören die Rechte wieder Lindas Familie.

Kwela

Kwela war der erste populäre südafrikanische Stil, der die Aufmerksamkeit der internationalen Musikwelt auf sich ziehen konnte. Ursprünglich wurde Kwela auf einer Akustikgitarre, einem Banjo, einem einsaitigen Bass und vor allem auf der Zinnflöte gespielt. Dann wurde er von Kindern und Jugendlichen nachgeahmt, die weder Blechblasinstrumente noch Klaviere hatten, aber trotzdem ihre eigene Version des amerikanischen Swing spielen wollten. Zinnflöten-Bands spielten an Straßenecken in Gebieten, die Weißen vorbehalten waren. Die Gefahr, verhaftet zu werden, erhöhte dabei den Reiz der Musik noch, von der sich rebellische Weiße, die als *ducktails* (Entenschwänze) bezeichnet wurden, magisch angezogen fühlten. Viele der Gruppen standen gleichzeitig auch Schmiere für die Betreiber von *shebeens*.

Kwela-Combos erspielten sich mit ihren Liveauftritten zwar eine große Fangemeinde, nahmen aber bis 1954 nur wenige Platten auf. 1954 entwickelten sich Spokes Mashinyanes Ace Blues zum afrikanischen Überraschungserfolg des Jahres, worauf sich weiße Produzenten rasch auf die Suche nach vielversprechenden schwarzen Bands begaben. Künstler wie Sparks Nyembe und Jerry Mlotshwa wurden populär. Der Hit *Tom Lark* von Elias Lerole and His Zig-Zag Flutes war sogar in Großbritannien zu hören, wo er sich – vermutlich weil er wie ein Skiffle-Song klang – 14 Wochen in den Charts halten konnte.

Anfang der 1960er-Jahre führte Mashinyane mit seinem Song *Big Joe Special* das Saxophon im Kwela ein, womit er gleichzeitig das Ende des Zinnflöten-Booms einläutete und den Sax-Jive begründete. Sax-Jive entwickelte sich schon bald weiter zu Mbaqanga.

Mbaqanga

Das Saxophon rückte in den Mittelpunkt der Jazzmusik, die zum Leidwesen der weißen Kwela-Fans nur in den Townships gespielt werden durfte. Die Entstehung von Mbaqanga („schnelles Geld") geht auf mehrere Musiker zurück: Joseph Makwela und Marks Mankwane, gefeierte Session-Musiker aus der Makhona Tshole Band, fügten den kaskadenartigen Rhythmen elektrische Gitarren (vor allem einen dröhnenden Funk-Bass) hinzu, während der Saxophonist und Produzent West Nkosi das Tempo vorgab. Dieser ungeheuer populäre Sound lieferte den musikalischen Background für Sänger, deren Gesangsstil später (nach einem Tanzstil) Mqashiyo getauft wurde, obwohl er sich im Grunde nicht von Mbaqanga unterschied.

Der typische Mbaqanga-Gesang findet sich bei den in den 1950er-Jahren beliebten Vokalgruppen wie den Manhattan Brothers und Miriam Makebas Skylarks wieder. Diese Ensembles kopierten zunächst die vierstimmigen afro-amerikanischen Doo-Wop-Ensembles, wandten sich dann aber typisch afrikanischen fünfstimmigen Harmonien zu. In den 1960er-Jahren kam Aaron Lerole von Black Mambazo mit seiner krächzenden Stimme hinzu. Allerdings waren es vor allem die tiefe Bassstimme von Simon „Mahlathini" Nkabinde und die engelsgleichen Stimmen

Paul Simons Album Graceland wurde weltweit mehr als 7 Mio. Mal verkauft. Zwar gab es Kontroversen über gebrochene Sanktionen, doch Graceland brachte dem Rest der Welt die Musik Südafrikas näher.

MUSIK SÜDAFRIKANISCHE MUSIKSTILE

seiner Mahotella Queens (begleitet von der Makhona Tshole Band), die eine ganze Generation begeisterten – darunter auch Izintombi Zeze Manje Manje and the Boyoyo Boys, deren Sound 1981 vom britischen Produzenten Malcolm McLaren für seinen britischen Nr. 1-Hit „Double Dutch" gesamplet wurde. Die Mahotella Queens sind auch heute noch (auch ohne Mahlatini) sehr erfolgreich.

Mbaqanga spielt in der südafrikanischen Musik nach wie vor eine wichtige Rolle. Sein Einfluss auf südafrikanischen Soul, Reggae, R&B, Kwaito und natürlich Jazz hält auch weiter an.

Jazz

Der südafrikanische Jazz mit seinen Eigenarten hinsichtlich Aufbau, Harmonie und Melodie war zunächst eine Underground-Bewegung, die sich zum Ausdrucksmittel von Protest und Identität entwickelte. Im Exil lebende Stars wie die Sängerin Miriam „Mama Africa" Makeba, der Pianist Abdullah Ibrahim (alias Dollar Brand) und der Trompeter Hugh Masekela machten mit ihren Songs das Leiden eines Volkes publik.

Die legendären Blue Notes unter der Leitung von Chris McGregor und dem Saxophonisten Dudu Pukwana waren nach ihrem Umzug ins ferne Großbritannien entscheidend an den Umwälzungen in der europäischen Jazz-Szene beteiligt. Im Land verbliebene Jazzmusiker kreierten neue Sounds und eroberten mit Jazz-Rock-Fusions, Latin-Mixes und Crossover aus Jazz und malaiischer Musik neue Fans.

Weltbekannte Exilanten, die nach dem Fall des Apartheidregimes in ihre Heimat zurückkehrten, mussten hart darum kämpfen, wieder das heimische Publikum zu gewinnen, aber sie haben es geschafft. Seit Miriam Makeba 2008 im Alter von 76 Jahren gestorben ist, ist Masekela der prominenteste musikalische Botschafter seines Landes.

Etliche Musikfestivals, oft mit prominenten ausländischen Stars besetzt, dienen als musikalische Plattformen – eines der besten ist das Cape Town International Jazz Festival im April. Die meisten werden von den südafrikanischen Medien unterstützt.

Landesweit bekannte Musiker entwickeln neue Jazzformen und arbeiten dabei mit DJs, Künstlern, Dichtern und Tanzgruppen zusammen. Der von John Coltrane beeinflusste Saxophonist Zim Ngqawana (der bei der Amtseinführung von Mandela mit einer Gruppe von 100 Drummern, Sängern und Tänzern spielte) bezieht dabei Folkelemente und ländliche Musiktraditionen sowie indische Musik, Avantgarde und Klassik mit ein. Sein ehemaliger Mitstreiter, der Pianist Andile Yenana, kombiniert traditionelle und experimentelle Musik mit der Stimmung des Jazz-Giganten Thelonious Monk. Der bekannte Gitarrist Jimmy Dludlu, eine Art afrikanischer George Benson, kümmert sich nebenbei um die Ausbildung von Musikhochschülern. Der aus Lesotho stammende Tsopo „The Village Pope" Tshola hat in letzter Zeit ein erstaunliches Comeback gefeiert. Und auch die Sängerinnen Sibongile Khumalo, Judith Sephumo und die Jazzsängerin Simphiwe Dana (die oft „die neue Miriam Makeba" genannt wird), haben von sich reden gemacht. Viele sind in einem anderen Genre erfolgreich, das aber die gleichen Wurzeln hat: dem Gospel.

Der Trompeter und Sänger Hugh Masekela ist Südafrikas erfolgreichster Jazzexport und produktivster Musiker. Nach vielen Jahren im Exil kehrte er 1990 in seine Heimat zurück. Er macht immer noch Musik.

WICHTIGE MUSIKFESTIVALS

März Internationales Jazzfestival in Kapstadt (S. 68; www.capetownjazzfest.com)
April Morija-Kunst- & Kulturfestival, nahe Maseru, Lesotho (S. 509; www.morijafest.com)
Mai Buschfeuerfestival, Malkerns Valley, Swasiland (S. 535; www.bush-fire.com)
Juni Nationales Kunstfestival, Grahamstown, Eastern Cape (S. 206; www.nafest.co.za)
August Joy of Jazz-Festival, Johannesburg (S. 342; www.joyofjazz.co.za)
September Arts Alive, Johannesburg (S. 342; www.artsalive.co.za)

Gospel

Der südafrikanische Gospel hat den größten Anteil am heimischen Musikmarkt – nicht zuletzt, weil 80 % der schwarzen Bevölkerung Christen sind. Er ist eine Mischung aus europäischer Chormusik, amerikanischen Einflüssen, A-cappella-Gesang der Zulu und anderen afrikanischen Traditionen, die Einzug in die Kirchengemeinden (Zionisten, Äthiopische Evangelische Kirche, Pfingstgemeinde und Neuapostolische Kirche) gefunden haben. Voller Lebensfreude, farbenfroh und ausgelassen, mit viel Rhythmus und Leidenschaft treten Gospel-Chöre in ganz Südafrika auf und bringen dabei sowohl große Bühnen als auch kleine Gemeindezentren zum Kochen. Der 24-köpfige international erfolgreiche Soweto Gospel Choir (der 2008 den Grammy Award 2008 für *African Spirit* gewann) wird wie viele andere Chöre von einer Band mit Schlagzeugern und Tänzern begleitet.

Gospel lässt sich in traditionellen Gospel (wie ihn z. B. der renommierte Pentecostal Church Choir, IPCC, oder Solly Moholo, Hlengiwe Mhlaba und Jabu Hlongwane spielen) und modernen Gospel unterscheiden. Für Letzteren stehen u. a. die zierliche Diva Rebecca (die auch auf traditionelle Art singt), die mit unzähligen Preisen ausgezeichnete KwaMashu Deborah „Debs" Fraser, Reverend Benjamin Dube („the Gospel Maestro") und Andile Ka Majola, Pastor und ehemaliges Straßenkind. Zu den prominenten Gospelgruppen in Swasiland zählen France Dlamini, Shongwe & Khuphuka und die bereits erwähnten Ncandweni Christ Ambassadors.

Zu den Vertretern der Gospelmusik gehört auch die Gruppe Ladysmith Black Mambazo, die 2009 einen Grammy für ihr Album *Ilembe: Honoring Shaka Zulu* gewonnen hat. Ihre Zulu-*isicathamiya*-Musik ist ein hervorragendes Beispiel dafür, wie sich ein einzigartiger Musikstil aus der Verschmelzung von traditioneller südafrikanischer und westlicher Musik entwickeln kann.

Neo-traditionelle Musik

Außerhalb des städtischen Lebens in den Townships und abseits der Aufnahmestudios in den großen Städten haben traditionelle Musiker aus den Regionen Sotho, Zulu, Pedi und Shangaan eine dynamische soziale Musik komponiert. In den 1930er-Jahren kombinierten sie den Ruf-und-Antwort-Gesang mit dem verträumten Sound der Zehn-Tasten-Konzertina, einem Instrument, manchmal auch als Handharmonika bezeichnet, das später im Zulu-Pop sein Comeback feiern konnte.

Maskanda (bzw. Maskandi) ist eine Art rhythmisch-repetitives Gitarrenzupfen, dessen Ursprung bis in die Zeit der Wanderarbeiterschaft der Zulus zurückgeht. Viele Musiker begnügen sich mit dem *igogogo*, einem Instrument aus Ölfässern. Maskanda-Star Shiyani Ngcobo greift bei seinen Live-Auftritten immer noch auf das *igogogo* zurück. Heute zählen zu den Maskanda-Stars auch der eher poetische Bhekumuzi, das äußerst populäre Duo Shwi No Mtkehala und der virtuose Gitarrist Phuzekhemisi, bei deren Konzerten häufig Dutzende Sänger, Tänzer und Instrumentalisten mitspielen.

Zu Gruppen, die die energiegeladene und lateinamerikanisch angehauchte Tsonga- (ehemals Shangaan-) Musik spielen, gehören in der Regel ein männlicher Sänger (manchmal mit begleitendem Frauenchor), Gitarren, Synthesizer, Schlagzeug sowie ein gnadenloser, hämmernder Disco-Beat. Zu den bekanntesten Acts zählen Doctor Sithole, George Maluleke, Conny Chauke und Fanie Rhingani.

Die junge Xhosa-Musikerin Lungiswa ist eine der wenigen südafrikanischen Musikerinnen, die *mbira* noch auf traditionelle, wenn auch modernisierte Weise spielt. Der Altstar Busi Mhlongo (der Sänger kommt inzwischen wie auch Tsepo Tsola dank Hugh Masekelas MAAPSA-Dro-

SOWETO-GOSPELCHOR

Der Soweto-Gospelchor (www.soweto gospelchoir. com) ist äußerst erfolgreich. Er geht regelmäßig auf Welttournee, hatte bei der Fußballweltmeisterschaft 2010 und anlässlich des 80. Geburtstags von Desmond Tutu 2011 einen Auftritt und hat u. a. mit Diana Ross, Celine Dion, Baaba Maal, Peter Gabriel, Bono und U2 auf der Bühne gestanden.

gen-Rehabilitations-Programm ohne Drogen aus) verbindet traditionelle Zulu-Klänge mit HipHop und Kwaito.

Die Band Sotho Sounds, deren Mitglieder Hirten aus Lesotho sind, spielt auf Instrumenten aus Schrotttteilen: Die einsaitige *qwadinyana* (Geige), *katara* (Gitarren) und Schlagwerkzeuge wurden aus entsorgten Ölfässern, Autoreifen, Zweigen und einem Spülbecken zusammengeschraubt. Ihr Auftritt beim British Womad Festival war triumphal. Sie leben in Malealea, wo sie weiterhin komponieren und proben (und immer noch für die Gäste der Malealea Lodge spielen).

Wie so oft in Südafrika mischt sich aber auch hier neo-traditionelle Musik mit allen nur erdenklichen Klängen, seien es Country, Blues, Rap (Hörtipps: Hip Hop Pantsula, Molemi, Pro-Kid), House (DJs Innocentia, Black Coffee, Mbuso and Vinni da Vinci), Rock, Afro-House, Reggae oder Soul.

> Regelmäßig treten *maskanda*-Acts und -DJs im BAT Centre am Hafen von Durban auf (www.batcentre.co.za).

Soul & Reggae

Die aus den USA stammende Soul-Musik der 1960er-Jahre hatte großen Einfluss auf die Teenager in den südafrikanischen Townships. Die südafrikanische Musikindustrie versuchte diesem Interesse mit billigen Imitationen zu entsprechen, und zwar mit einer Mischung aus Soul und Marabi (z. B. die Movers) oder einer Kombination von Soul und elektrischem Bass (Mbaqanga) wie bei den Soul Brothers. Die haben bis heute unzählige Nachahmer gefunden und sind immer noch sehr erfolgreich. Meist wird deshalb der heutige südafrikanische Soul als Mbaqanga bezeichnet – jener Musikrichtung, die Ausgangspunkt für den späteren Reggae-Star Lucky Dube war, bis er 2007 bei einem Autoüberfall in Johannesburg erschossen wurde.

Abgesehen vom Reggae-Star Dube wird südafrikanischer Reggae häufig unter die Musikstile Ragga und Kwaito miteinbezogen: Die Respekt einflößende Band Bongo Maffin wirft z. B. Kwaito, House, Reggae, Ragga, Gospel und HipHop in einen Topf.

Auch der einheimische R & B ist im Kommen: Die ehemaligen Chorknaben Tumi (wird als der „südafrikanische Usher" verehrt) und Loyiso Bala sind große Stars. Ebenfalls in Richtung R & B geht das Album Ibokhwe der wundervollen Thandiswa Mazwai, ehemals Frontfrau bei Bongo Muffin. Fast überall sind die gefühlvollen Songs des DJ, Sängers und Moderators Unathi Nkayi zu hören – ebenso wie der Sound von Freshlyground.

Bubblegum, Kwaito & aktuelle Trends

Die Disco-Musik der 1970er-Jahre feierte in den 1980er-Jahren in Form von „Bubblegum" ihre seicht-poppige afrikanisierte Auferstehung. Was mit den Soul Brothers begann, führten Superstars wie die verstorbene

ABSOLUT HÖRENSWERT

» Marabi – *From Marabi to Disco,* Verschiedene Interpreten (Gallo, Südafrika)

» Kwela – *Spokes Mashiyane,* King Kwela (Gallo, Südafrika)

» Mbaqanga – *Kuze Kuse,* Soul Brothers (Gallo, Südafrika)

» Jazz – *Sheer Jazz,* Verschiedene Interpreten (Sheer Sound, Südafrika)

» Gospel – *Tales of Gospel SA* (Sheer Sound, Südafrika)

» Neo-traditionelle Musik – *Sthandwa,* Phuzekhemisi (Gallo, Südafrika)

» Soul und Reggae– *Respect,* Lucky Dube (Gallo, Südafrika)

» Bubblegum, Kwaito und andere aktuelle Trends – *New Construction,* Bongo Maffin (Gallo, Südafrika)

Brenda Fassie, Sello „Cicco" Twala und Yvonne Chaka Chaka in noch raffinierterer Form fort. Die Popularität von Bubblegum ließ in den 1990er-Jahren nach, stattdessen eroberte Kwaito die Charts (*kwi-to* bedeutet heiß).

Kwaito – die Musik des jungen, schwarzen urbanen Südafrika – ist ein aufregender Stil-Mix aus Bubblegum, Hip-Hop, R & B, Ragga, Mbaqanga, traditioneller Musik, Jazz sowie britischer und amerikanischer House Music. Außerdem hat sie eine Modebewegung, eine Geisteshaltung und einen Lebensstil begründet. In einem Sprachmix aus Englisch, Zulu, Sesotho und dem Straßenslang Isicamtho wird meist über programmierte Beats und Backing-Tapes gerappt oder gesungen. Das Spektrum der Kwaito-Texte reicht von belanglos bis sozialkritisch. Durch seine einzigartige Verbindung hat Kwaito die Aufmerksamkeit des neuen Südafrikas auf sich gezogen, und die Musikrichtung scheint noch ganz lebendig zu sein, auch wenn immer wieder die Frage aufgeworfen wird, ob Kwaito nicht eigentlich schon am Ende sei. Künstler wie Zola, Boom Shaka und Mapaputsi führen die Charts Südafrikas an, während Mandoza, Brickz, Spikiri, die Durban Kwaito Musik (DKM) und Künstler wie Thokozani „L'vovo Derrango" Ndlovu zum hoffnungsvollen Nachwuchs zählen.

Freie Meinungsäußerung ist für die schwarzen Jugendlichen in dem von Apartheid gebeutelten Land nicht länger ein Luxus. Die frisch gewonnenen Freiheiten wurden zuallererst von Künstlern genutzt, die eine ungemein vielfältige Musikszene aufgebaut haben, die boomt und sich ständig neu erfindet.

Regionale Festivals

» Februar: Up The Creek (www.upthecreek.co.za; am Breede River nahe Swellendam, Western Cape)

» April: Splashy Fen (www.splashyfen.co.za; nahe Underberg, Kwazulu-Natal)

» August: Oppikoppi (www.oppikoppi.co.za; Northam, North West Province)

MUSIK SÜDAFRIKANISCHE MUSIKSTILE

Essen & Trinken

Man nehme einen Schuss Schwarze Magie, eine Prise holländischer Deftigkeit, einige indische Gewürze und ein paar malaiische Geheimnisse, und heraus kommt ein bunter, kultureller Mix, der in einem *potjie* (Topf) voller kulinarischer Einflüsse vor sich hinköchelt – und fertig ist die südafrikanische Küche.

Die Ureinwohner ernährten sich von Tieren, die sie jagten, von Meeresfrüchten, die sie an den Stränden sammelten und aus dem Meer fischten, sowie von unzähligen Gemüsesorten und Knollengewächsen. Als die Holländer für die Besatzungen der am Kap vorbeifahrenden Schiffe frisches Obst und Gemüse brauchten, ließen sie sich am Kap nieder und legten ihre berühmten Gärten an. Ihre herzhafte Küche wurde u. a. mit Muskat, Zimt, Kassie und Reis aus ihren asiatischen Kolonien ergänzt. Malaiische Sklaven aus Madagaskar, Java und Indonesien brachten aus ihrer Heimat Würze und Schärfe mit und peppten die zunächst eher fad schmeckende Küche auf.

Das Kap war der Geburtsort der südafrikanischen Küche, aber ebenso wichtig war KwaZulu-Natal: Dort siedelten sich Schwarze aus anderen, weiter nördlich liegenden afrikanischen Regionen an, außerdem britische Siedler und Bewohner von der Insel Mauritius, die ihre exotischen Pflanzen in Südafrika kultivierten und die würzigen Tomatensaucen einführten. Hinzu kamen Mitte des 19. Jhs. die indischen Gastarbeiter mit den typischen Gewürzen ihrer Landesküche.

Viele Köche besinnen sich mit neuen, kreativen Ideen auf ihre vererbten kulinarischen Wurzeln zurück – es gibt sogar eine Bewegung nach dem Motto „zurück zu den Anfängen". Die innovativsten Köche, etwa Shaun Schoeman vom Fyndraai Restaurant auf dem Weingut Solms-Delta (S. 116) in Franschhoek, legen eigene Gärten an, um direkten Zugang zu hochwertigem Gemüse und Kräutern zu haben, mit denen sie den Geschmack ihrer Gerichte verfeinern. Die Konsumenten auf der anderen Seite wollen genau das: Lebensmittel, auch Getränke, aus eigener Herstellung. Sie kaufen auf den Märkten im Viertel ein, suchen die Minibrauereien und Boutique-Käsereien auf und legen viel Wert auf Umwelt- und Nachhaltigkeitsstandards.

> Ein paar *padkos* für eine längere Reise gefällig? Die typisch südafrikanische Auswahl bestünde aus ein oder zwei Tüten frischem Fruchtsaft, Biltong, getrockneter Wurst, Erdnüssen mit roter Schale und getrockneter Guave.

KOCHKURSE

Der beste Ort für einen Kochkurs ist Kapstadt, das ein wahres Feinschmeckerparadies ist. Ein paar Anbieter:

Andulela (☏021-790 2592; www.andulela.com) Organisiert einen halbtägigen Kapmalaien-Kochkurs in Bo-Kaap (520 R) und eine afrikanische Kochsafari (695 R) im Township Kayamandi. Dort bereiten die Teilnehmer traditionelle Xhosa-Gerichte zu.

Kopanong (☏021-361 2084; www.kopanong-township.co.za) Thope Lekau arrangiert ein halbtägiges „Kochgelage" (350 R) in ihrem B&B in Khayelitsha. Gruppen mit mindestens vier Schülern lernen bei ihr den afrikanischen Kochstil kennen.

Daraus ergibt sich eine unvergleichliche Kombination: Die Köche von heute und ihre Kundschaft wertschätzen die verführerischen Lebensmittel, für die Südafrika bekannt ist, und freuen sich, wenn aus den Zutaten überraschende, bunte und unwiderstehlich leckere, moderne Gerichte entstehen.

Typisches & Spezialitäten

Forelle in Mpumalanga, *mealies* in Gauteng, *umngqusho* in der Provinz Eastern Cape, Wild und Kirschen in der Provinz Free State, Mais- oder Hirsebrei in Swasiland und Lesotho, Currygerichte in Durban, Langusten an der Westküste und saftiger Lammbraten in der Karoo – die Vielfalt an Gerichten ist beeindruckend.

Weit zurück bis in die Zeit der Burentreks reicht die Tradition des haltbaren Reiseproviants – sei es in Form von Biltong (getrocknete Streifen Pökelfleisch, das in Swasiland *umncweba* genannt wird), *rusks* (Zwieback zum Eintunken), getrocknetem Obst und *boerewors* (Würste), die durch Gewürze und Essig konserviert und teilweise auch luftgetrocknet werden.

Die Küche am Kap ist eine Mischung aus holländischen Gerichten mit malaiischem Einfluss: Da gibt es *bobotie,* Geflügelpastete (*chicken pie*) und *bredies*. Bekannte Desserts sind der Malva-Pudding oder *melktert,* die mit reichlich Zimt serviert wird.

Die einheimische („schwarze") Küche basiert weitgehend auf den Grundnahrungsmitteln Mais, Hirse und Bohnen, angereichert durch *morogo*- oder *imfino*-Blätter und gekocht mit Zwiebeln, Erdnüssen und Chili.

Die von indischen Auswanderern geprägte südafrikanische Küche besticht mit köstlichen Currygerichten und *breyanis* (ähnlich den *biryanis* mit gebratenem Reis und Fleisch), teilweise kommt es aber auch zu Vermischungen mit der sogenannten Kapmalaiischen Küche: So schmecken die Currygerichte in Durban heute deutlich schärfer als die Currys in Kapstadt.

> Lesotho-Reisende sollten nach *motoho* Ausschau halten, einem vergorenen Hirsebrei. Swasi-Varianten sind z.B. *sishwala* (Mais- und Bohnenbrei, gewöhnlich mit Fleisch oder Gemüse) und *incwancwa* (leicht vergorener Maisbrei).

SASSI

Immer mehr Menschen bevorzugen Fisch als gesunde alternative Proteinquelle. Gleichzeitig werden Befürchtungen laut, dass die Fischgründe vor den Küsten Südafrikas (und darüber hinaus) bedroht sind. Überfischung und unangemessene Fangmethoden fordern ihren Tribut.

In weiser (und innovativer) Voraussicht hat die südafrikanische Niederlassung des World Wide Fund for Nature (WWF) 2004 die Southern Africa Sustainable Seafood Initiative – kurz Sassi – ins Leben gerufen. Sassi informiert die Bevölkerung darüber, welche Fische man bedenkenlos essen kann (Grüne Liste), bei welchen Arten es gewisse Nachhaltigkeitsbedenken gibt (Orangefarbene Liste) und welche zu den bedrohten Arten gehören (Rote Liste), sodass der Fang per Gesetz verboten ist.

Die gute Nachricht: Ein Großteil der Fische, die in südafrikanischen Restaurants auf der Karte stehen, sind auf der Grünen Liste aufgeführt (Snoek, Gelbschwanz, Thunfisch, Dorade, Kaiserfisch, Seehecht und West-Coast-Langusten). Kandidaten auf der orangefarbenen Liste sind Seeohren (Abalone), Haarder, Garnelen, weiße Stumpfnasen, der Geelbek, der afrikanische Aal und der Schwertfisch. Restaurantbesitzer dürfen diese Fische anbieten, als Konsument sollte man jedoch genau überlegen, was man bestellt. Absolut tabu sind der Galjoen (Galeonenbarsch), weiße Muschelknacker, Steenbras, Stumpfnase und Blauflossen-Thunfisch.

Um im Restaurant die richtige Wahl im Sinne der Nachhaltigkeit zu treffen, muss man nicht alle Fischarten und die jeweilige Liste auswendig lernen; einfach eine SMS mit dem Namen des Fischs an ☏ 079-499 8795 senden und schon erfährt man, ob es o. k. ist, ihn zu bestellen.

Weitere Infos bietet auch die Webseite von Sassi: www.wwfsassi.co.za.

Was jedoch alle Südafrikaner miteinander verbindet, ist die Liebe zum *braaing*, zum Grillen. Gegrillt wird meist Fleisch und Gemüse – seien es nun Lammkoteletts, *sosaties* (Lammspieße), *boerewors*, Maiskolben oder Süßkartoffeln. Überall im Land wird gebrutzelt – in den Townships, auf dem Land und in den Städten.

Nationalgerichte

Mealie pap (Maisbrei) ist das am häufigsten in Südafrika, Lesotho und Swasiland gegessene Gericht. Je nachdem, wo man es bekommt, ist es dünn- oder dickflüssiger und schmeckt für europäische Zungen ziemlich fad. Allerdings macht es satt und ist in Verbindung mit einer guten Sauce oder einem Eintopf durchaus lecker. *Samp* – getrocknete und zerstampfte Maiskörner – erfüllt in Verbindung mit Bohnen die gleiche Rolle und wird mit Gemüse oder einem Fleischeintopf gegessen.

Fast überall bekommt man Reis und Kartoffeln, auf den Tellern der Restaurants wird oft beides zusammen serviert. Seien es *roosterkoek* (Brot, das traditionell im *braai* gebacken wurde) oder Panini – Brot schmeckt in Südafrika gut und wird in einer großen Vielfalt angeboten.

Fleisch

In manchen Gegenden Südafrikas gilt Fleisch als Grundnahrungsmittel, und so essen Afrikaner schon zum Frühstück Lammkoteletts und Rinderhack. Außer traditionellen Fleischsorten wird auch viel Wild gegessen, z. B. Straußen-, Warzenschwein- und Kudufleisch. Besonders lecker schmecken Steaks.

Meeresfrüchte

Angesichts der Tatsache, dass Südafrika von zwei Ozeanen umrahmt wird, ist es erstaunlich, dass das Land unter Liebhabern von Fisch- und Meeresfrüchtegerichten nur einen bescheidenen Ruf als kulinarische Destination genießt. Dennoch kann man in Kapstadt, in der Provinz West Coast und entlang der Garden Route durchaus köstliche Fischgerichte bestellen. Zu den Highlights zählen gut gewürzte Fischeintöpfe, *snoekbraai*, Muscheln, Austern und sogar Hummer. Sehr beliebt in der Kap-Küche ist eingelegter Fisch, in Swasiland gibt es oft Garnelen, die allerdings aus dem benachbarten Mosambik stammen.

Getränke

Wasser

Grundsätzlich kann man das Leitungswasser in südafrikanischen Städten bedenkenlos trinken. Allerdings sollte man in ländlichen Gebieten (bzw. überall dort, wo die örtlichen Behörden auf eine Trinkwassergefährdung hinweisen) und auf jeden Fall in ganz Swasiland und Lesotho nur abgefülltes Wasser trinken.

Bier

Bier ist das Nationalgetränk. Die größte Brauerei der Welt, SAB Miller, hat ihren Sitz in Johannesburg. Es mangelt nicht an unterschiedlichen Sorten, wobei Castle und Black Label die Bestseller sind. Auch Peroni hat treue Fans. Boutique-Brauereien wie die Darling Brewery und Jack Black sind schwer im Kommen. Ebenfalls beliebt sind Ciders, Cocktails und *shooter* (Kurze). Bier in Flaschen (oder Dosen) kostet ab 20 R aufwärts, ein Bier vom Fass in der Bar schlägt mit ca. 25 R zu Buche.

Wein

Südafrikanische Weine werden seit 1659 gekeltert, mittlerweile haben die Winzer einen hohen Grad an Perfektion erreicht: Ihr Wein ist qualitativ sehr gut und dennoch bezahlbar.

In Lesotho weisen weiße oder gelbe Flaggen in den Dörfern auf Bier aus eigener Herstellung hin. Gelb steht gewöhnlich für Maisbier, weiß für *joala* (Hirsebier).

Beste Mikrobrauereien

» Porcupine Quill
» Eversons Cider
» Birkenhead
» Darling Brewery
» Jack Black

Besonders zu empfehlen sind die trockenen Weißweine – etwa Sauvignon Blanc, Riesling, Colombard und Chenin Blanc. Zu den empfehlenswerten Rotweinen zählen Cabernet Sauvignon, Pinotage (eine Mischung aus Pinot und Cinsaut, bekannt unter dem Namen Hermitage), Shiraz und Pinot Noir.

Alle Weine sind zertifiziert und dürfen nur mit dem Namen des Weinguts, der Kellerei und der Herkunft verkauft werden. Wie in der ganzen Welt darf auch in Südafrika kein Champagner unter diesem Namen verkauft werden, aber eine Reihe von Winzern keltern aus den Sorten Chardonnay und Pinot einen Schaumwein nach der *méthode champenoise*.

Die Weinpreise liegen pro Flasche bei etwa 50 R, doppelt so viel wird in den Restaurants verlangt. Ein Glas Wein gibt's etwa ab 35 R.

Wohin zum Essen und Trinken?

Wer in stilvoller Atmosphäre in traumhafter Umgebung speisen möchte, sollte in die Winelands fahren. An der Küste der Provinz Western Cape bieten direkt am Meer liegende Restaurants oft Fisch-*braais* unter einem glänzenden Sternenhimmel an. Ein Highlight bei einem Township-Besuch ist ein traditionelles Essen in einem dortigen B&B. Neben Spezialitätenrestaurants gibt es in fast jeder größeren Stadt Lokale, die klassische westliche Küche zu akzeptablen Preisen anbieten (ab 55 R). So gut wie alle Restaurants haben eine Schanklizenz.

In größeren Städten gibt es auch Cafés, in denen neben Cappuccino und Sandwiches einige kleine Speisen bestellt werden können. In ländlichen Gegenden findet man *kaffies* (Cafés) – kleine Eckläden, die Softdrinks, Pommes, Grundnahrungsmittel und Holzkohle zum Grillen verkaufen. Die meisten sind von 8 bis 17 Uhr geöffnet.

In größeren Städten gibt es zahlreiche Pubs und gehobene Cocktail-Lounges, jede Kleinstadt hat zumindest ein Hotel mit einer Bar. In den Townships trifft man sich am liebsten in den *shebeens*: Diese einst illegalen Kneipen besitzen auch heute oft noch keine Schankerlaubnis.

Überall in Südafrika und in größeren Städten in Lesotho und Swasiland werden alkoholische Getränke in sogenannten *bottle stores* und Supermärkten (außer So) verkauft.

Vegetarier & Veganer

Südafrika ist ein Land der Fleischliebhaber, trotzdem bieten die meisten Restaurants zumindest ein vegetarisches Gericht auf ihrer Karte an. In größeren Städten findet man auch vegetarische Restaurants. Viele Cafés kochen auf Bestellung auch vegetarisch für ihre Gäste, Gleiches gilt für indische und italienische Restaurants, wobei allerdings viele Pastasaucen Tierfette enthalten. In größeren Städten verkaufen Bioläden Tofu, Sojamilch und ähnliche Produkte, die Angestellten kennen auch die Adressen von vegetarierfreundlichen Restaurants.

Schwieriger ist es da schon, sich vegan zu ernähren, weil viele vegetarische Gerichte Käse, Eier und Milch enthalten. Eine Alternative für

Jedes Jahr erscheint der *John Platter Wine Guide*, der ultimative Weinführer für Südafrika. Ebenfalls einen Blick wert ist www.platterwine guide.co.za mit jeder Menge Infos zu Weinrouten am Kap.

EIN „LEKKER BRAAI"

Eine nationale Leidenschaft und das wichtigste soziale Event, bei dem Essen die zentrale Rolle spielt, ist das *braai* (Barbecue). Es ist so beliebt, dass der Heritage Day, ein nationaler Feiertag (24. September), als „Nationaler *braai*-Tag" bezeichnet wird.

Wer zu einem *braai* eingeladen ist, nimmt eine Flasche von seinem Lieblingsalkohol mit – so will es der Brauch. Der Dresscode ist leger und die Atmosphäre entspannt. Frauen sollten *bloß nicht* auf die Idee kommen, im Feuer herumzustochern oder gar nach der Fleischzange zu greifen; das Grillen ist Männersache (mit einem Bierchen in der Hand), die Frauen machen die Salate – wie bei uns also.

Veganer sind Bioläden, die allerdings meistens am Abend und sonntags geschlossen haben. In den großen Supermärkten lassen sich diverse Sojaprodukte kaufen, ebenso Nüsse und Obst. An den Straßen in KwaZulu-Natal werden kiloweise Avocados verkauft.

Typisch für Lesotho und Swasiland sind die zahlreichen Bohnen-, Erdnuss- und Hülsenfrüchtegerichte, die oft mit Gemüse serviert werden.

Essglossar

Ukutya Kwasekhaya (home cooking) – Tastes from Nelson Mandela's Kitchen von Xoliswa Ndoyiya beinhaltet traditionelle Madiba-Rezepte sowie afrikanische Gerichte wie *umqusho* (Mais und Bohnen) und *umsila wenkomo* (Ochsenschwanzeintopf).

Was ist *potjie*, was ist *phutu*? Und was waren noch mal *skilpadjies* und was *sosaties*? Die Geheimnisse der südafrikanischen Küche entschlüsselt man am besten, indem man die Sprache lernt.

Was steht auf der Karte?

Zwar wird man die im Folgenden genannten Gerichte nicht alle vereint auf einer Speisekarte finden, die Übersicht vermittelt aber einen guten Einblick in die Vielfalt der südafrikanischen Küche.

Fleischgerichte

bobotie – Überbackener Curry- und Hackfleischauflauf mit einer Ei-Milchkruste. In der Regel wird er auf einer Schicht Reis mit etwas Chutney serviert

boerewors – Die würzige Wurst wird traditionell aus Rind- und Schweinefleisch mit Gewürzen und viel Fett hergestellt. Sie ist wichtiger Bestandteil eines *braai* und wird oft von Straßenverkäufern als Hot Dog angeboten

bredie – Herzhafter Eintopf der Buren, traditionell mit Lamm und Gemüse

breyani – Das hinduistisch und malaiisch beeinflusste scharfe Gericht ist ein Reis-Linsenauflauf mit Fleisch und ähnelt dem indischen Biryani

eisbein – Eisbein

frikkadel – Frikadelle

mashonzha – Der Venda-Name für *mopane*-Raupen (s. nächster Eintrag). Die Venda essen die Raupen mit *dhofi* (Erdnusssauce)

mopane worms – Die Raupen finden sich auf Mopane-Bäumen. Zunächst werden die Beine abgetrennt, dann wird der Rumpf getrocknet und knusprig gebraten serviert (*s. auch* mashonzha*)*

potjiekos – Fleisch und Gemüse wird stundenlang in einem dreibeinigen Kochtopf über einem Feuer gegart. Dazu isst man *potjiebrood*, dessen Teig in einem anderen Topf angerührt und dann über dem Feuer gebacken wird

Wer den Geschmack Südafrikas erfassen möchte, sollte sich das letzte Kochbuch von Reuben Riffel aus Franschhoek zulegen, *Reuben Cooks Local*. Die Rezepte sind in kulinarische Geschichten eingebettet, mit denen die großartigen Früchte der Region zelebriert werden.

skilpadjies – (wörtlich: „kleine Schildkröten") Lammleber wird in die Häute von Tiereingeweiden gewickelt und dann gebraten

smilies – Slang-Ausdruck für gekochten und gebratenen Schafskopf, der oft in ländlichen Gegenden verkauft wird

sosatie – In Knoblauch, Tamarindensauce und Currygewürzen marinierte Lammfleischstücke, die anschließend mit Zwiebeln und Aprikosen auf einem Spieß gegrillt werden. Das ursprünglich malaiische Gericht findet man auch in der Variation mit Hühnchen

venison – Wild bedeutet in Südafrika häufig Antilopenfleisch (meist Springbock), es kann aber auch Kudu, Warzenschwein, Blesbock oder ein anderes afrikanisches Wildtier serviert werden

vienna – Eine herzhaft gebratene rote Wurst, in der Regel Schweinefleisch

waterblommetjie bredie – Kapmalaiischer Eintopf mit Lamm, den Blüten des Cape Pondweed (*Aponogeton distchyos*, Afrikanische Wasserähre), Zitronensaft und Sauerampfer

Currys, Aromen & Gewürze

atchar – Kapmalaiisches Gericht mit eingelegten Früchten und Gemüse, abgeschmeckt mit Knoblauch, Zwiebeln und Curry

chakalaka sauce – Würzige Sauce auf Tomatenbasis, abgeschmeckt mit Zwiebeln, *piri-piri*, grünen Paprikaschoten und Curry, wird oft zu Pap u. a. gegessen

curry – Das Curry ist genau so gut wie in Indien. Wer es scharf mag, sollte nach Durban fahren – in Kapstadt wird es etwas milder gekocht
peri-peri/piri piri – Scharfer Pfeffer
samoosa – Scharfes indisches Gebäck, gefüllt mit Kartoffeln und Bohnen, manchmal auch mit Hackfleisch oder Hähnchen

Brote und Süßes

koeksuster – Kleine, in Honig getauchte klebrige kalorienreiche Krapfen
konfyt – Obstmarmelade
malva – Ein leckeres Dessert aus Biskuit, manchmal Essigpudding genannt, weil der Nachtisch traditionell aus Aprikosenmarmelade und Essig hergestellt wird
melktert – Kalorienreicher Kuchen aus Milch, Eiern, Mehl und Zimt
roosterkoek – Blechkuchen, der für ein *braai* gebacken wird
rusk – Zwieback, der in den Kaffee getunkt oder als Snack gegessen wird – viel besser als die Zwiebacke, die man zahnenden Kleinkindern in die Hand drückt
vetkoek – Frittierte Teigbälle oder Krapfen, die manchmal mit Hackfleisch gefüllt sind. Die Xhosa nennen sie *amagwinya*

Getreide & Gemüse

amadumbe – Die jamsähnliche Kartoffel ist ein Grundnahrungsmittel in KwaZulu-Natal
imbasha – Die Delikatesse der Swasi wird aus geröstetem Mais und Nüssen hergestellt
imfino – Xhosa-Gericht aus Maismehl und Gemüse
mealie – Gegrillter Maiskolben, beliebt als Snack zwischendurch
mealie meal – Fein gemahlener Mais
mealie pap – Maisbrei, schmeckt am besten mit einer Sauce oder Eintopf
morogo – Grüne Blätter, gekocht und gewürzt und mit Pap angerichtet. Das Gericht wird von den Xhosa auch *imifino* genannt
pap & sous – Maisbrei, wird mit Tomaten- und Zwiebel- oder Bratensauce gegessen
phutu – Zulu-Gericht aus krümeligem Maisbrei, der oft mit gesäuerter Milch gegessen wird. Die Xhosa nennen es *umphokoqo*
samp – Mischung aus Mais und Bohnen (s. *umngqusho*)
tincheki – Gekochte Kürbiswürfel mit Zucker, sehr beliebt in Swasiland
ting – Hirsebrei, beliebt bei den Tswana
umngqusho – Gekochte Maisgrütze (getrocknete und dann zerkleinerte Maiskörner), wird anschließend mit Bohnen, Salz und Öl gemischt und geköchelt – eine Xhosa-Delikatesse, die in Lesotho *nyekoe* genannt wird
umvubo – Gericht aus Sauermilch und Maismehl

Fisch

kingklip – Ausgezeichneter Speisefisch (Afrikanischer Schlangenfisch) mit festem Fleisch, der meist gebraten wird und der beliebteste südafrikanische Speisefisch ist
line fish – Tagesfang
snoek – Wanderfisch mit festem Fleisch, der nur im Juni/Juli vor dem Kap auftaucht. Er wird geräuchert, gesalzen oder als Curry gegessen. Gut zum Grillen

Getränke

mampoer – Selbstgebrannter Brandy aus Pfirsichen und Kaktusfeigen
rooibos – Wörtlich „roter Busch" (Afrikaans), ein koffeinfreier Kräutertee
springbok – Cocktail mit Crème de Menthe, gekrönt mit einem Schlag Amarula-Creme (die südafrikanische Version des Bailey's)
steen – Chenin Blanc, der beliebteste südafrikanische Weißwein
sundowner – Meist alkoholisches Getränk, das man zum Sonnenuntergang trinkt
umnqombothi – Xhosa-Begriff für selbst gebrautes Bier, in Swasiland auch bekannt als *umqombotsi* oder *tjawala*
witblitz – Obstler der Buren mit 60 % – wirkt wie ein Blitz!

Lust auf einen schnellen Imbiss? Dann ist ein gerösteter *mealie* (Maiskolben) oder Durbans reichhaltiges *bunny chow* (Curry-zum-Mitnehmen; ein ausgehöhlter halber Laib Brot mit Curry-Füllung) genau das Richtige.

Bevölkerung & Kultur

Mentalität

1991 prägte Erzbischof Desmond Tutu den Begriff „Rainbow Nation", Regenbogennation, als Bezeichnung für Südafrika. In den fast 20 Jahren seit den ersten demokratischen Wahlen ist die Gesellschaft homogener geworden, dennoch hat das Land noch einen langen Weg vor sich: Vielleicht braucht es noch ein oder zwei Generation, um zusammenzuwachsen. Derweil sorgen Hassreden wie die von Julius Malema, das kontroverse Programm Black Economic Empowerment und das Phänomen der „positiven Diskriminierung" für neuen Zündstoff, genauso wie Korruption innerhalb der Regierung und die Schere zwischen Arm und Reich. Dennoch: Die Südafrikaner leben und arbeiten heute sehr viel harmonischer zusammen, und die hierarchischen Strukturen basieren weniger auf der Hautfarbe als auf der sozialen Klasse.

Nach wie vor gilt Südafrika aufgrund der Kriminalitätsrate als gefährliches Reiseland, aber es ist wichtig abzuwägen: Südafrika ist eines der inspirierendsten und hoffnungsträchtigsten Länder des Kontinents und wer es bereist, hat die einzigartige Chance, eine Nation kennenzulernen, die sich nach dramatischen Umwälzungen quasi neu erfindet. Damit nicht genug, wartet Südafrika mit einer traumhaften Naturkulisse auf und einer auch für Außenstehende spürbaren tiefen Verbundenheit der Bevölkerung mit ihrem Land, die sich vielleicht am besten in der Literatur äußert.

Lesotho und Swasiland haben ein paar politisch schwierige Jahre hinter sich, den Anlass zur größten Sorge gibt aber die Tatsache, dass die HIV-/Aids-Infektionsraten in den beiden Ländern zu den höchsten weltweit gehören.

Bevölkerung

Gemeinsam bilden Südafrika, Lesotho und Swasiland einen bunten Flickenteppich aus Kulturen und ethnischen Minderheiten.

Abgesehen von dem reichhaltigen kulturellen Erbe sind auch die sozio-ökonomischen Verflechtungen zwischen den drei Ländern faszinierend komplex. Die Provinz Gauteng – zu ihr gehören Johannesburg und Pretoria – ist der Motor des Landes. Mehr als die Hälfte des südafrikanischen Bruttosozialprodukts wird dort erwirtschaftet. Gauteng ist auch die am dichtesten besiedelte und urbanisierte Provinz Südafrikas. Im krassen Gegensatz dazu steht das ländliche, unterentwickelte Limpopo mit einer Analphabetenrate von über 30 %.

Millionen von Einwanderern aus ganz Afrika ziehen nach Südafrika, um von der starken Wirtschaft des Landes zu profitieren. Viele von ihnen haben Papiere, andere reisen illegal ein und wohnen in der verarmten

---

Arbeitslosenquote im Süden Afrikas

» Lesotho: 45 %
» Swasiland: 40 %
» Südafrika: 48 %

Sangomas heißen die traditionellen Heiler und Heilerinnen Südafrikas. Sie sind für das körperliche, mentale, emotionale und spirituelle Wohlbefinden ihrer Gemeinschaft verantwortlich.

Innenstadt von Jo'burg. Das sorgt für Unmut bei vielen Einheimischen; sie beschuldigen die Immigranten, ihnen die Arbeitsplätze wegzunehmen und die Kriminalitätsrate in die Höhe zu treiben.

Die sozio-ökonomische Landschaft von Swasiland ist beinahe vollständig vom „großen Bruder" Südafrika abhängig. Fast zwei Drittel aller Swasi-Exporte gehen ins Nachbarland und mehr als 90 % aller Waren und Dienstleistungen werden importiert. Circa 70 % aller Swasi leben in ländlichen Gegenden und betreiben Subsistenzwirtschaft (sie bauen Lebensmittel für den eigenen Bedarf an). Die Swasi haben eine reiche Kultur, die sich recht stark von der südafrikanischen unterscheidet. Die Monarchie nimmt Einfluss auf viele Aspekte des alltäglichen Lebens, angefangen bei kulturellen Zeremonien bis zur Politik. Ein Teil der Bevölkerung ist stolz auf die monarchischen Traditionen und beobachtet jene, die mehr Demokratie fordern, mit Argwohn. Gleichzeitig nimmt die Zahl der Menschenrechtler und Oppositionellen zu, die der Meinung sind, dass der König seine Macht an das Volk abtreten sollte.

Das wichtigste Bindeglied zwischen Lesotho und Südafrika ist die Bergbauindustrie. Fast das gesamte 20. Jh. über „exportierte" Lesotho in erster Linie Arbeitskräfte. Ungefähr 60 % der männlichen Bevölkerung waren in Südafrika beschäftigt, vor allem in den Bergwerken. Anfang der 1990er-Jahre waren mindestens 120 000 Basotho bei südafrikanischen Bergwerken angestellt; sie erwirtschafteten fast ein Drittel des Staatshaushalts. Nach der Umstrukturierung des Bergbaus halbierte sich die Zahl der Bergarbeiter jedoch. Viele ehemalige Bergleute kehrten nach Lesotho zurück und reihten sich dort in das Heer der Arbeitslosen ein.

Ganz abgesehen von der wirtschaftlichen Situation machen die Spannungen zwischen den Bevölkerungsgruppen das Zusammenleben komplizierter. In Südafrika stand der Konflikt zwischen Schwarzen und Weißen seit jeher im Vordergrund, aber die Beziehungen zwischen Schwarzen, Coloureds („Farbigen") und südafrikanischen Indern sind von Misstrauen gezeichnet. Hin und wieder sprechen Einheimische erstaunlich offen über existierende Stereotypen und Vorurteile über die einzelnen Gruppen. Selbst innerhalb einer ethnischen Gruppierung sind

> Südafrikaner haben keine Probleme damit, sich als *black*, *coloured* oder *white* zu bezeichnen. Das kann ziemlich befremdlich wirken, wenn man aus einem Land kommt, in dem Anspielungen auf die Rasse als politisch unkorrekt gelten.

SCHMELZTIEGEL SÜDAFRIKA

Es gibt nur wenige Länder, in denen Rassen- und ethnische Konflikte ähnlich gravierend waren wie in Südafrika. In den Adern der Nation fließt gemischtes Blut unterschiedlichster Gruppen, z. B. der alten San, der holländischen Siedler des 17. Jhs., der britischen Händler des 19. Jhs., der Bantu sprechenden afrikanischer Völker, der Inder, Indonesier, Chinesen, Juden und Portugiesen. Erst seit 1994 herrscht so etwas wie Frieden zwischen den Gruppen und eine gewisse Bereitschaft zur Zusammenarbeit.

Während der Apartheid versuchte die Regierung, jedes Bevölkerungsmitglied einer der vier Kategorien zuzuordnen, aber die Unterteilung in Schwarze (zuweilen auch Afrikaner, „Eingeborene" oder „Bantu" genannt), „Coloureds" (Farbige), Asiaten und Weiße war oft willkürlich und höchst umstritten. Die Einteilung entschied darüber, wo und wie Menschen leben und arbeiten konnten, und bildete die Grundlage für die institutionalisierte Ungleichheit und Intoleranz.

Heute scheint die Rassendiskriminierung durch eine Diskriminierung auf Basis des Wohlstands abgelöst zu werden. Die während des Apartheidregimes geprägten Begriffe werden weiterhin genutzt und auch die Autoren dieses Buchs haben sie verwendet, sie sind aber nur begrenzt gültig. Jede der vier Hauptkategorien umfasst Dutzende Untergruppen, die noch subjektiver geprägt und unklarer definiert sind.

In Lesotho und Swasiland auf der anderen Seite gab es nie eine Kategorisierung nach Rassenzugehörigkeit. In beiden Staaten gibt es jeweils einen dominierenden Volksstamm (die Basotho in Lesotho und die Swasi in Swasiland), sodass die in Südafrika allgegenwärtige Rassenproblematik in Lesotho und Swasiland kaum eine Rolle spielt.

die Beziehungen komplex – man muss bloß einen Zulu fragen, was er über die Xhosa denkt oder einen englischsprachigen Weißen um ein Statement über den Afrikaans sprechenden Teil der Bevölkerung bitten.

Bevölkerungsgruppen

Schwarze

In Südafrika machen die schwarzen Afrikaner die größte Bevölkerungsgruppe aus: ca. 80 %. Zwar gibt es Dutzende kleinerer Untergruppen, doch zuletzt gehen sie alle auf die Bantu sprechenden Stämme zurück, die sich zu Beginn des 1. Jts. in Südafrika ansiedelten. Das Zusammengehörigkeitsgefühl ist in Südafrika tendenziell geringer ausgeprägt als in anderen Teilen des afrikanischen Kontinents. Ursachen dafür sind in der chaotischen und kriegerischen Zeit der *difaqane* (erzwungene Migration) im 19. Jh. und in den Zwangsumsiedelungen und Drangsalierungen während der Apartheid zu suchen.

Aktuelle Diskurse konzentrieren sich im Allgemeinen auf ethno-linguistische Gruppierungen. Seitdem laut Verfassung elf Sprachen als „offizielle Sprachen" gelten, hat die Frage nach der ethnischen Zugehörigkeit einen neuen Status. Die größte ethno-liguistische Gruppe sind die Nguni. Sie umfasst Zulu, Swasi, Xhosa und Ndebele sowie die Sotho-Tswana, die Tsonga-Shangaan und die Venda.

Die Ethnie mit der stärksten Präsenz sind die Zulu; die Muttersprache von 24 % aller Südafrikaner ist Zulu. An zweiter Stelle kommen die Xhosa. Sie haben ganz besonders viel Einfluss auf die Politik des Landes genommen. Nelson Mandela ist ein Xhosa und auch viele andere Protagonisten im Widerstand gegen die Apartheid gehörten dieser Gruppe an. Außerdem stammen die meisten schwarzen Berufstätigen seit jeher aus den Reihen der Xhosa. Xhosa ist die erste Sprache von rund 18 % der südafrikanischen Bevölkerung.

Weitere bedeutende Gruppen sind die Basotho (vor allem in Lesotho und in der Provinz Free State), die Swasi (die meisten von ihnen leben in Swasiland) und die Tswana (sie sind vor allem in den an Botswana und Namibia angrenzenden Provinzen sowie in Botswana selbst zu finden). Die Ndebele und Venda sind zahlenmäßig nicht so stark vertreten, haben sich aber ihre einzigartigen Kulturen bewahrt.

Coloureds (Farbige)

Während der Apartheid wurden unter dem Begriff „coloured" all jene zusammengefasst, die keiner anderen Rassenkategorie zugeordnet werden konnten. Und trotzdem hat diese Gruppe über die Jahre eine spezielle kulturelle Identität entwickelt, was zum Teil darin begründet ist, dass sich die Weißen weigerten, Farbige als ihresgleichen anzuerkennen, und die Farbigen wiederum nicht bereit waren, mit den Schwarzen auf eine Stufe gestellt zu werden.

Zu den Vorfahren der heutigen farbigen Bevölkerung zählen Buren und Europäer, westafrikanische Sklaven, politische Gefangene und Exilanten aus den niederländischen Kolonien in Ostindien sowie ein paar Khoisan-Völker, die südafrikanischen Ureinwohner. Eine der größten Untergruppen sind die Griqua.

Ebenfalls zahlreich vertreten sind die Kapmalaien, die ihre Wurzeln in Indien, Indonesien und Teilen Ostafrikas haben. Die meisten Kapmalaien sind Muslime und haben ihre Sitten und Bräuche bis heute bewahrt.

Mittlerweile leben die meisten Farbigen in den Provinzen Nordkap und Westkap, aber auch in KwaZulu-Natal. Die Muttersprache von ca. 20 % von ihnen ist Englisch. Etwa 80 % sprechen Afrikaans. Eines der ältesten Dokumente auf Afrikaans ist ein Koran-Transkript nach einer arabischen Vorlage.

EISERNE ZEIT

Eiserne Zeit von J. M. Coetzee ist die Geschichte einer einsamen, älteren Frau, die unerwartet mit extremem Blutvergießen konfrontiert wird. Coetzees Sprache ist herausragend und vermittelt einen Eindruck von der Gewalt und Isolation in Südafrika während des Apartheidregimes.

Weiße

Ein Großteil der ca. 4,3 Mio. Weißen in Südafrika (das sind etwa 9 % der Gesamtbevölkerung) sind entweder Afrikaans sprechende Nachkommen der ersten holländischen Siedler oder sind englischsprachig. Die Buren, in deren Stammbaum auch deutsche, französische, britische und andere Vorfahren auftauchen, machen gerade mal 13 % der Gesamtbevölkerung aus, dennoch hatten sie überproportional viel Einfluss auf die Geschichte Südafrikas. Die ländlichen Regionen mit Ausnahme des Ostkaps, Kwa-Zulu-Natal und den früheren Homelands werden nach wie vor von ihnen dominiert. Was sie eint, ist zum einen die Sprache, zum anderen die Zugehörigkeit zur Niederländisch-Reformierten Kirche, dem Dreh- und Angelpunkt des sozialen Lebens in den Städten auf dem Lande.

Ein paar Afrikaaner träumen nach wie vor von einem *volkstaat* (einem unabhängigen, rassisch „reinen" Burenstaat), die städtische Mittelklasse tritt aber mittlerweile sehr viel moderater auf. Eine interessante Entwicklung ist, dass der Stolz der Weißen auf ihr Erbe zunimmt, je größer der Abstand zwischen den Gräueltaten der Apartheid und dem „neuen Südafrika" wird. Davon zeugt z.B. die wachsende Popularität des nationalen Kunstfestivals Absa Klein Karoo.

Etwa zwei Drittel der Englisch sprechenden weißen Bevölkerung stammt von den britischen Immigranten ab, die sich ab den 1820er-Jahren in Südafrika niederließen. Zur Bevölkerungsgruppe der Weißen gehören außerdem ca. 70 000 Juden, eine mehr als 50 000 Personen zählende griechische Gemeinde und ähnlich viele Portugiesen.

> Das Zulu-Wort für „Großmutter" ist *gogo*. Die *gogo* spielt eine zentrale Rolle in vielen Familien. Ihre monatliche Rente ist oft die einzige regelmäßige Einkommensquelle für die erweiterte Familie.

Asiaten

Rund 98 % der fast 1,2 Mio. Asiaten, die in Südafrika leben, sind Inder. Viele stammen von den Arbeitsverpflichteten ab, die im 19. Jh. nach KwaZulu-Natal gebracht wurden, andere von den freien „reisenden Indern", die in derselben Zeit wie Händler und Geschäftsleute auf Passagierschiffen nach Südafrika kamen. Während der Apartheid wurden die Inder von den Weißen diskriminiert und von vielen Schwarzen als Kollaborateure der Weißen betrachtet.

Heute sind die meisten südafrikanischen Inder Hindus, etwa 20 % Muslime und ein paar wenige von ihnen Christen. Fast 90 % leben in Durban und anderen städtischen Gebieten von KwaZulu-Natal. Die meisten sprechen Englisch als Muttersprache. Daneben werden Tamil, Hindi und Afrikaans gesprochen.

Neben den Indern leben mehr als 200 000 Chinesen (vor allem in Johannesburg) und einige andere Ostasiaten im Land.

Frauen

Südafrikanische Frauen haben in der turbulenten Geschichte ihres Landes stets ein außergewöhnlich hohes Ansehen genossen. Sie standen bei den Demonstrationen gegen die Passgesetze und bei den Busboykotten in den 1950er-Jahren an vorderster Front. Ihr Motto war: „You strike the woman and you strike the rock" (Wer Frauen schlägt, schlägt Felsen). Frauen sind auch im südafrikanischen Parlament stark vertreten: Fast die Hälfte der Minister ist weiblich. Frauenrechte sind in der Verfassung verankert. Außerdem hat der African National Congress (ANC) eine Frauenquote in der Partei eingeführt.

Der Alltag vieler Frauen sieht jedoch ganz anders aus. Positive Entwicklungen werden durch Armut, sexuelle Gewalt und HIV/Aids überschattet. Besonders ernüchternd sind die Statistiken zur sexuellen Gewalt. Nirgendwo auf der Welt werden mehr Vergewaltigungen gemeldet als in Südafrika. Jährlich werden ca. 55 000 Fälle bei der Polizei zur Anzeige gebracht.

> Einen Einblick in das Leben auf dem Lande in Lesotho aus der Perspektive einheimischer Frauen gewährt *Basali: Stories by and about Women in Lesotho*, herausgegeben von K. Limakatso Kendall.

Frauen werden statistisch gesehen häufiger mit HIV infiziert als Männer. Viele infizieren sich bereits in jungen Jahren. In diesem Zusammenhang spielt auch die Problematik der sexuellen Gewalt eine signifikante Rolle: Wenn die Männer kein Kondom benutzen, sind ihnen die jungen Frauen in doppelter Hinsicht schutzlos ausgeliefert.

In Swasiland hat sich die rechtliche Lage der Frauen enorm verbessert. Die Verfassung von 2006 garantiert Frauen die gleichen politischen, wirtschaftlichen und gesellschaftlichen Rechte wie den Männern und räumt ihnen ein Drittel der Parlamentssitze ein. Das traditionelle Gesellschaftssystem unterdrückt die Frauen jedoch weiter. Eine Untersuchung der Unicef hat ergeben, dass ein Drittel der weiblichen Swasi bereits vor ihrem 18. Lebensjahr Opfer sexueller Gewalt geworden ist. Auf der anderen Seite wird geschätzt, dass in Swasiland mehr als 70% der kleinen Unternehmen von Frauen geleitet werden.

> *Einzig in Ruanda, Andorra und Schweden bekleiden noch mehr Frauen Regierungsämter als in Südafrika (44,5%).*

In Lesotho trugen Frauen einen Großteil der wirtschaftlichen, gesellschaftlichen und familiären Verantwortung, während ihre Männer und männlichen Verwandten in den Bergwerken in Südafrika arbeiteten. Als immer mehr Stellen im Bergbau abgebaut wurden, begann die Textilindustrie zu wachsen und wurde eine wichtige Säule der Wirtschaft in Lesotho – und Frauen übernahmen ca. 90% der neuen Jobs. Im Gegensatz zum sonstigen Trend in der Region besitzen Basotho-Frauen häufig einen besseren Bildungsgrad als Männer, denn auf dem Land müssen viele Jungen das Vieh hüten (oder sie gehen zum Arbeiten nach Südafrika) und können deshalb nicht zur Schule gehen.

Medien

Nach Jahrzehnten der Restriktionen und Repressionen vor dem Ende der Apartheid 1994 können sich die südafrikanischen Medien nun endlich voll entfalten. Die nationale Fernsehanstalt SABC ist eine wichtige Nachrichtenquelle für Millionen Südafrikaner und gewöhnt sich mehr und mehr an ihre Rolle als unabhängige Stimme des Volkes. SABC hat derzeit 18 Radiosender und vier Fernsehkanäle. Der private Sender e-TV hat ein junges, flippigeres Auftreten.

> *Was die Pressefreiheit betrifft, ist Südafrika laut der Organisation Reporter ohne Grenzen auf Rang 42 abgerutscht (Deutschland 16, USA 47), Swasiland steht an 144. Stelle von insgesamt 179 Ländern. Lesotho ist nicht aufgeführt.*

Die meistverkauften Tageszeitungen sind die *Daily Sun* mit einer Auflage von ca. 302 000 und über 2 Mio. Lesern, gefolgt von *Star* und *Sowetan*. Sie werden vor allem von schwarzen Lesern gekauft, die Englisch verstehen; mehr als die Hälfte der *Star*-Leser ist schwarz. Insbesondere der *Sowetan* hat eine intellektuellere Sicht auf Politik und Gesellschaft als die meisten der großen Zeitungen mit weißer Leserschaft.

Swasilands Medien, darunter die Tageszeitungen *Swazi Observer* (www.observer.org.sz) und *Times of Swaziland* (www.times.co.sz), werden vornehmlich von der Regierung kontrolliert. Die Rundfunkanstalt Swaziland Broadcasting and Information Services sendet täglich 18 Stunden Radioprogramm auf Englisch.

Die Medien in Lesotho sind im Vergleich unabhängiger, dennoch hat die Regierung nach wie vor erheblichen Einfluss. Der *Mirror* und *Public*

RADIO

Das gute alte Radio ist sehr beliebt im Süden Afrikas. Die Bevölkerung besitzt über 10 Mio. Radios und die Zahl der Hörer ist noch weit größer. 100 regionale Stationen senden Programme in sämtlichen der elf offiziellen Sprachen. Hörenswert sind z.B.:

» Y-FM 99,2 in Gauteng. Spielt die Musik der Townships, Kwaito, die lokale Version des Hip-Hop.

» 567 Cape Talk in Kapstadt oder Radio 702 in Gauteng bieten Talkradio.

» 5FM bringt die Top 40.

Eye sind zwei englischsprachige Wochenzeitungen. Der einzige nationale Radiosender, Radio Lesotho, gehört dem Staat, aber in Maseru gibt es auch private Sender wie MoAfrika FM. Die Fernsehsender in Lesotho und Swasiland sind in staatlichem Besitz.

Religion

Die Religion spielt eine zentrale Rolle im Alltag der meisten Südafrikaner, Basotho und Swasi. Die Kirchen sind in der Regel gut besucht. In allen drei Ländern dominiert das Christentum. Fast 80 % der Südafrikaner, ähnliche viele Basotho und mehr als 60 % der Swasi bezeichnen sich als Christen. Zu den großen Glaubensgemeinschaften in Südafrika gehören die Niederländisch-Reformierten Kirchen mit mehr als 3,5 Mio. Gläubigen und über 1200 Gotteshäusern im ganzen Land und die um einiges auffälligere Zion Christian Church (ZCC) mit mehr als 4 Mio. Gläubigen in Südafrika und weiteren Mitgliedern in den Nachbarländern, darunter auch Swasiland.

Ca. 15 % der Südafrikaner sind Atheisten und Agnostiker, Muslime, Hindus und Juden machen zusammen weniger als 6 % der Bevölkerung aus. Bis zu zwei Drittel der südafrikanischen Inder halten am hinduistischen Glauben fest. Der Islam hat eine kleine, aber wachsende Gefolgschaft, vor allem in der Kapregion. Die jüdische Gemeinde zählt ca. 70 000 Mitglieder, die sich vor allem in Jo'burg und am Kap niedergelassen haben.

Etwa 2 % der Menschen in Südafrika befolgen traditionelle afrikanische Religionen, in Lesotho sind es hingegen 20 %. Ihre Traditionen und Praktiken haben einen großen Einfluss auf die Kultur und den Alltag in der Region und selbst die Christen vertrauen auf *muti*, die traditionelle afrikanische Medizin.

Kunst

Kino

Das südafrikanische Kino hat seit 1994 eine Kehrtwende gemacht. Jede Menge neue Talente bringen frischen Wind in die Filmindustrie. Der erste große Spielfilm, bei dem ein schwarzer Südafrikaner, Ramadan Suleman, Regie führte, war *Fools* (1998). 2004 drehte Suleman *Zulu Love Letter*. Aktuell zählen Zola Maseko *(Drum – Wahrheit um jeden Preis)*, Zulfah Otto-Sallies *(Raya)*, Teboho Mahlatsi, Simon Wood *(Forerunners)*, Timothy Green *(Skeem)*, Khalo Matabane *(State of Violence)* und Oliver Hermanus *(Skoonheid)* zu den wichtigsten Regisseuren.

Literatur

Südafrika hat eine besonders reiche literarische Tradition. Wenn man ein Gespür für das Land bekommen möchte, gibt es nichts Besseres als sich mit der Lokalliteratur zu befassen.

Die ersten schwarzen Schriftsteller waren vielfach von Missionaren unterrichtet worden, so auch Solomon Tshekisho Plaatje. Sein epischer Roman *Mhudi*, eine Romanze, war 1930 eines der ersten Bücher eines schwarzen Südafrikaners, das in englischer Sprache veröffentlicht wurde.

1948 eroberte Südafrika die literarische Weltbühne dank Alan Patons internationalem Bestseller *Denn sie sollen getröstet werden*. Noch heute ist diese wunderbar komponierte Erzählung eine der angesehensten des Landes.

Nadine Gordimers gefeierter Roman *Der Ehrengast* erschien 1970. Gordimer war die erste Nobelpreisträgerin des Landes (1991). Ihr berühmtestes Buch, *July's Leute* (1981), beschreibt den Zusammenbruch des Apartheidregimes.

In den 1960er- und 1970er-Jahren wurden Afrikaans sprechende Schriftsteller als einflussreiche Apartheidsgegner bekannt. Der Lyriker

Oliver Hermanus gewann 2011 in Cannes die „Queer Palm" für seinen Film *Skoonheid* (Schönheit), eine Geschichte von Schönheit und Obsession und ihre Auswirkungen auf einen unterdrückten Mann.

und Romanautor Breyten Breytenbach wurde ins Gefängnis gesteckt, weil er sich für die Befreiungsbewegung stark machte, André Brinks war derweil der erste Schriftsteller, dessen Werke vom Apartheidsregime verboten wurden. Seine Autobiographie, *A Fork in the Road* (2009), ist ein faszinierender Bericht über den Widerstand der Afrikaaner gegen die Apartheid.

In den 1970er-Jahren machten sich auch ein paar einflussreiche schwarze Dichter einen Namen, z. B. Mongane Wally Serote, ein Veteran der Widerstandsbewegung. Seine Werke gewähren Einblicke in die Realität der schwarzen Südafrikaner in den schwersten Jahren der Unterdrückung.

J. M. Coetzee wurde mit *Schande* (1999) international bekannt. Der Roman brachte ihm seinen zweiten Booker Prize ein. 2003 erhielt er den Literaturnobelpreis.

Einer der bedeutendsten Autoren der heutigen Zeit ist Zakes Mda. Bekannt wurde er 1995 mit *Ways of Dying*. Sein neuester Roman, *Sometimes There is a Void: Memoirs of an Outsider*, von 2011 ist ein fesselnder Bericht über seine frühen Jahre, die er im Exil in Lesotho verbrachte, und seine spätere Rückkehr nach Südafrika.

Die meisten Bücher über Swasiland wurden in der Kolonialzeit von britischen Autoren verfasst. Zu den bekannten einheimischen Schriftstellern zählt James Shadrack Mkhulunyelwa Matsebula, der als erster auf Siswati schrieb. Stanley Musa N. Matsebulas Bücher, darunter *Siyisike Yinye Nje* („Wir sitzen in demselben Boot") von 1989, waren der Auftakt für die Debatte über die Gleichberechtigung zwischen Mann und Frau in Swasiland.

Auch zu Lesotho gibt es kaum Literatur in englischer Sprache. Thomas Mofolos *Chaka* (1925), einer der besten afrikanischen Romane des 20. Jhs., und *Traveller to the East* (1907) sind jedoch ins Englische übersetzt worden. Lesenswert ist auch Mpho 'M'atsepo Nthunya. In dem autobiographischen Roman *Singing Away the Hunger* (1996) schreibt sie über weibliche Erfahrungen.

Architektur

Zu den Highlights der indigenen südafrikanischen Architektur gehören die „Bienenkorbhütten", die über die gesamte Region verstreut sind, auch in Swasiland und ländlichen Gegenden von KwaZulu-Natal. Eine typische Siedlung oder *umuzi,* so das Zulu-Wort, besteht aus einer Gruppe dieser Behausungen, die rund um einen Vieh-*kraal* (Gehege) angeordnet sind. Das Ganze wird von einem Zaun aus Steinen oder Gestrüpp eingefasst. Traditionell wurden die Hütten an einen Hang mit Blick nach Osten gebaut, die Behausung des Häuptlings befand sich am höchsten Punkt.

In den Xhosa-Gebieten des ländlichen Ostkaps liegen versprenkelt auf den Hügeln strohgedeckte, runde Hütten mit geraden Wänden, oft in Türkis oder Grün gestrichen.

Eine relativ neue Erscheinung, aber ebenfalls sehr sehenswert sind die Ndebele-Häuser. Die Fassaden zieren geometrische Formen in kräftigen Farben oder filigranere Motive, darunter Flugzeuge, zweigeschossige Häuser, Straßenlaternen und mehr.

Auch die Unterkünfte der Basotho warten oft mit geometrischen Mustern und manchmal mit höchst symbolträchtigen Wandbildern auf, die *litema* genannt werden. Zu Beginn der Anti-Apartheid-Bewegung nutzten Basotho-Frauen *litema* für politische Statements und bemalten ihre Häuser in den Farben des ANC (Gold, Schwarz und Grün). Heute werden *litema* zu speziellen Feierlichkeiten und zu Feiertagen angefertigt, z. B. zu Geburten, Hochzeiten oder religiösen Festen.

Die Kolonialzeit hat, was die Architektur betrifft, deutliche Spuren hinterlassen. Besonders schön anzusehen sind die eleganten kaphollän-

SPORT: FAST SCHON EINE RELIGION

Südafrikaner sind absolute Sportfanatiker, und die diversen Clubs haben leidenschaftliche Anhänger. Der König unter den Zuschauersportarten ist Fußball, gefolgt von Rugby und Kricket. Der Großteil der Fußballfans ist schwarz, Kricket und Rugby zieht vor allem weiße Fans an, diese Trennungen sind aber im Wandel begriffen.

Gastgeber der Fußballweltmeisterschaft 2010 zu sein, war ein historisches Ereignis für Südafrika. Die Spiele fanden in zehn Stadien statt – von Kapstadt bis Polokwane (Pietersburg) –, deren Renovierung bzw. Neubau mehr als 1 Mrd. US$ verschlang.

Die zweitbeliebteste Sportart, Rugby, hat von Nachwuchsprogrammen über alle Rassengrenzen hinweg profitiert. Die Fans lieben ihre „Boks", die bei der Rugby-Union-Weltmeisterschaft 2011 nach Neuseeland und Australien auf Platz 3 landeten.

Die südafrikanische Kricket-Mannschaft, die Proteas, hält mit den besten Kricket-Nationen der Welt mit. Zwischen der Nationalmannschaft und den Teams aus England, Indien, Australien, Neuseeland und Pakistan herrscht eine freundschaftliche Rivalität.

dischen Gebäude mit den Giebeldächern. Sie sind typisch für die Provinz West Cape. Auch Pretoria trumpft mit einer beeindruckenden Ansammlung konservativer und stattlicher Kolonialbauten auf, darunter die berühmten Union Buildings (S. 375), die von dem britischen Architekten Sir Herbert Baker gestaltet wurden.

Jo'burg wuchs nach den Goldfunden 1886 schnell und die reichen Bergbaumagnaten waren erpicht darauf, ihren Wohlstand in Wohnpalästen und prächtigen Bürogebäude offen zur Schau zu stellen. In Durban ist die Architektur von mehr Jugendstilelementen geprägt; das verleiht der Stadt einen ganz eigenen Stil. Der Bauboom der 1930er-Jahre hat auch in Kapstadt jede Menge beeindruckender Jugendstilhäuser hinterlassen, vor allem rund um den Greenmarket Square. Besonders sehenswert sind die bunten Gebäude in Bo-Kaap (S. 46).

Bemerkenswerteste Beispiele für die neue südafrikanische Architektur sind der Constitutional Court (S. 340) in Jo'burg und das neue Northern Cape Legislature Building (S. 472) in Kimberley, das ohne Säulen und mit einem Minimum an rechten Winkeln und lotrechten Linien auskommt. Ein inspirierendes Monument ist Freedom Park (S. 378) in Pretoria. Es ist den Menschen gewidmet, die im Namen des Friedens starben. Demgegenüber steht das modernistische Voortrekker Monument (S. 374), ein Symbol der südafrikanischen Buren.

Südafrikas Fußballnationalmannschaft wird Bafana Bafana („Jungs, Jungs" auf Zulu) genannt. Die Damenmannschaft heißt entsprechend Banyana Banyana („Mädchen, Mädchen").

Bildende Künste

Die ersten südafrikanischen Künstler stammten aus den Reihen der San, die ihre unverkennbaren Malereien auf Fels- und Höhlenwänden in der gesamten Region hinterlassen haben. Die ersten europäischen Künstler malten häufig Afrikadarstellungen für Befürworter der Kolonialpolitik in ihren Heimatländern, mit der Zeit rückte Südafrika selbst jedoch mehr und mehr in den Mittelpunkt.

Schwarze Künstler wurden über Jahrzehnte hinweg ignoriert. Gerard Sekoto war einer der ersten, der die Rassenschranken durchbrechen konnte. Er ist eine der führenden Figuren in der Entwicklung der modernen südafrikanischen Kunst.

Während der Apartheid waren die Themen „Rassismus", „Unterdrückung" und „Gewalt" in der bildenden Kunst weit verbreitet. Viele schwarze Künstler, die nicht das Geld hatten, um teure Materialien zu kaufen, griffen auf günstigere Methoden zurück, um sich auszudrücken (z. B. Linolschnitte).

Da seit einiger Zeit kaum noch öffentliche Gelder für den Kunstsektor bereitgestellt wurden, ist die Szene mehr von Großsammlern und der Tourismusbranche abhängig. Unter dem Begriff „moderne Kunst"

Aktuelles zur modernen bildenden Kunst Südafrikas findet man unter www.artthrob.co.za.

werden Kunsthandwerk in der Venda-Region, aber auch die Waren an Straßenständen in den Städten und touristischen Gegenden sowie hochpreisige Gemälde, die in angesagten Galerien ausgestellt sind, zusammengefasst. Innovative Künstler integrieren „Fundobjekte" wie Telefonkabel, Sicherheitsnadeln, Glasperlen, Plastiktüten und Blechbüchsen in ihre Arbeiten.

Die südafrikanische Bildhauerei ist abwechslungsreich und die Künstler verwenden unterschiedliche Materialien. Der in Venda ansässige Jackson Hlungwane arbeitet z. B. mit Holz, Dylan Lewis fertigt Bronzen an.

Lesotho ist eher für Kunsthandwerk als für die schönen Künste bekannt. Charakteristisch sind z. B. die bunten Basotho-Decken und die konischen Hüte. Neben der Textilindustrie spielen auch die Kunsthandwerkszentren in Maseru eine wichtige Rolle. Dort gibt's alles, von Wandteppichen bis zu Fliegenklatschen aus Pferdehaar.

Ähnlich wie in Lesotho hat man auch in Swasiland erkannt, dass die Touristen lokales Kunsthandwerk lieben. Im ganzen Land werden Schnitzereien, Artefakte, aber auch handgefertigte Kerzen und Glaswaren in eleganten Galerien verkauft.

Theater & Tanz

Nach der Kolonialzeit machten sich nach und nach immer mehr einheimische Dramatiker, Schauspieler und Regisseure einen Namen. Der Stückeschreiber und Regisseur Athol Fugard war in den 1950er-Jahren eine treibende Kraft bei der Förderung schwarzer Talente. Er ist immer noch in seinem Fugard Theatre in Kapstadt aktiv.

Eine weitere wichtige Persönlichkeit der südafrikanischen Theaterszene ist der Schauspieler und Dramatiker John Kani.

Das Tanz- und Choreographiefestival **First National Bank Dance Umbrella** (www.at.artslink.co.za/~arts) findet im Februar und März statt. Es wird von nationalen und internationalen Künstlern frequentiert und liefert eine Plattform für neue Stücke und Kreationen.

Der Tanz hat sowohl in Lesotho als auch in Swasiland eine lange Tradition. Der von jungen Mädchen getanzte *umhlanga* (Schilf) in Swasiland ist ein gutes Beispiel dafür. Beim *sibhaca* wird energisch mit den Füßen gestampft. Es ist ein Männertanz, der manchmal die Gestalt eines Wettstreits annimmt.

Das erste Theater ohne Rassentrennung war das Market Theatre. Es öffnete seine Pforten 1974. Die verfallenen Gebäude von Jo'burgs altem „indischen" Obstmarkt wurden umgebaut und die Gäste und Darsteller setzten sich einfach über das berüchtigte Group Areas Act („Gruppengebiete-Gesetz") hinweg.

Wildtiere & Lebensräume

Südafrika zählt zu den Ländern Afrikas mit der größten landschaftlichen Vielfalt: Man findet grüne Wälder, felsige Wüsten und hoch aufragende Berge, üppiges Grasland und die klassische afrikanische Savanne vor. Das Land ist der Lebensraum von Pinguinen und Flamingos, Karakalen und Zobeln, Hyänenhunden, Zwergmangusten und Afrikanischen Elefanten. Die Anzahl und Vielfalt der Arten ist faszinierend – Wildlifewatching ist ein Highlight einer Südafrikareise. Die Tiere leben in über 700 öffentlichen Schutzgebieten (19 Nationalparks) und rund 200 privaten Schutzgebieten, darunter der weltberühmte Kruger National Park und der Kgalagadi Transfrontier Park, die größten Parks des Landes.

Ein Löwenmännchen wärmt sich in den Strahlen der untergehenden Sonne im Hluhluwe-iMfolozi Park (S. 272).

Raubkatzen

Aus Sicht der Verhaltensforschung unterscheiden sich die in Südafrika lebenden Raubkatzen nicht wesentlich von den klassischen Hauskatzen, wie wir sie kennen – außer dass sie teils so viel wiegen wie ein halbes Pferd oder fast so schnell sind wie ein Rennwagen. Dank ihres hervorragenden Seh- und Hörvermögens sind sie ausgezeichnete Jäger.

Leopard

1 Gewicht 30–60 kg (weiblich), 40–90 kg (männlich); Größe 170–300 cm. Leoparden sind Meister der Tarnung. Doch nachts verrät sie ihr Heulen: Es klingt wie Holz, dass von einer Säge mit hoher Drehzahl zersägt wird.

Löwe

2 Gewicht 120–150 kg (weiblich), 150–225 kg (männlich); Größe 210–275 cm (weiblich), 240–350 cm (männlich). Die sich meist im Schatten der Bäume räkelnden Löwen sind mit einem Gebiss ausgestattet, das Knochen und Sehnen zerfetzt. Sie schaffen es sogar, einen Giraffenbullen niederzureißen. Das Weibchen ist für das Jagen zuständig, während die Männchen vor allem die erjagte Beute fressen oder untereinander kämpfen.

Karakal

3 Gewicht 8–19 kg; Größe 80–120 cm. Der Karakal ist eine gelbbraune Katze mit extrem langen, spitzen Ohren. Er kann bis zu 3 m senkrecht nach oben springen und Vögel aus der Luft schnappen.

Falbkatze

4 Gewicht 3–6,5 kg; Größe 65–100 cm. Wenn man ein geflecktes Tier an Feldern oder an Waldrändern entlangschleichen sieht, ist es eine Falbkatze, ein direkter Vorfahre der domestizierten Hauskatze.

Gepard

5 Gewicht 40–60 kg; Größe 200–220 cm. Geparde erreichen eine Höchstgeschwindigkeit von bis zu 112 km/h. Allerdings geht ihnen nach etwa 300 m die Puste aus, nach spätesten einer halben Stunde Verschnaufpause können sie dann weiterjagen.

Primaten

Während Ostafrika die Wiege der Evolution der Primaten ist, ist Südafrika in der Evolutionsgeschichte eher ein Nachzügler: Im Land leben nur fünf Affen- und Halbaffenarten (die primitiven Vorfahren moderner Primaten). Manche sind jedoch so weit verbreitet, dass die Chancen gut stehen, viele von ihnen zu sichten.

Grüne Meerkatze

1 Gewicht 4–8 kg; Länge 90–140 cm. Wenn eine Affenart typisch für Südafrika ist, dann ist es die anpassungsfähige Grüne Meerkatze. Wer meint, sie sähe eher unscheinbar aus, sollte sich die Genitalien der Männchen anschauen, wenn die Tiere erregt sind: Sie färben sich blau und scharlachrot.

Riesengalago

2 Gewicht bis zu 1,5 kg; Größe 80 cm einschließlich des 45 cm langen Schwanzes. Die wegen ihres klagenden Rufes sogenannten Buschbabys sind primitive Primaten. Sie haben kleine Köpfe, große abgerundete Ohren, dicke, buschige Schwänze, dunkelbraunes Fell und riesige Augen.

Bärenpavian

3 Gewicht 12–30 kg (weiblich), 25–45 kg (männlich); Länge 100–200 cm. Bärenpaviane sind wegen ihres ausgeprägten Sozialverhaltens interessant zu beobachten. Unterhalb der Tiere erkennt man Freundschaft, Enttäuschung oder Verhandlungen.

Diademmeerkatze

4 Gewicht 3,5–5,5 kg (weiblich), 5,5–12 kg (männlich); Länge 100–160 cm. Diademmeerkatzen gehören zu einer großen Gruppe afrikanischer Primaten. Sie leben ausschließlich in Wäldern.

Großohr-Riesengalago

5 Gewicht 550–2000 g; Größe 55–100 cm. Die nachtaktiven Tiere mit hundeähnlichem Gesicht gehören zu einer Gruppe von Halbaffen, die sich über die letzten 60 Mio. Jahre hinweg kaum verändert hat.

Wiederkäuer

Am berühmtesten ist Afrika für seine erstaunliche Paarhufervielfalt von Büffeln über Nashörner bis hin zu Giraffen. Die Untergruppe der wiederkäuenden Paarhufer, die Hörner haben, sind Horntiere. In dieser Familie kommen besonders Antilopen in großer Zahl vor. Sie sind mit über 20 Arten in Südafrika vertreten.

Gnu

1 Gewicht 140–290 kg; Länge 230–340 cm. In Südafrika leben das schwarzschultrige Streifengnu (Blue Wildebeest) und das endemische Weißschwanzgnu (Black Wildebeest).

Impala

2 Gewicht 40–80 kg; Länge 150–200 cm. Die gesellige Antilope vermehrt sich sehr zahlreich und kann entsprechend stark vertreten sein.

Springbock

3 Gewicht 20–40 kg (weiblich), 30–60 kg (männlich); Länge 135–175 cm. Weil in Südafrika die weiten Grassavannen fehlen, die man aus Ostafrika kennt, ist in Südafrika nur eine einzige gazellenartige Antilope heimisch: der geschmeidige kleine Springbock.

Spießbock

4 Gewicht 180–240 kg; Länge 230 cm. Die elegante Wüstenantilope mit hoch aufragenden, bis zu 1 m langen Hörnern und einem auffällig gemusterten Kopf kann monatelang von dem wenigen Wasser leben, das sie mit gefressenen Pflanzen aufnimmt.

Rappenantilope

5 Gewicht 200–270 kg; Länge 230–330 cm. Zobel sehen aus wie bunte Pferde mit riesigen Hörnern und zählen zu den optisch beeindruckendsten Säugetieren Afrikas.

Huftiere

Eine ganze Reihe der berühmtesten Säugetiere Afrikas zählt zu den Huftieren. Mit Ausnahme der Giraffen sind sie keine Wiederkäuer. In Afrika sind sie schon seit Jahrmillionen zu Hause und zählen zu den überlebensfähigsten Arten des Kontinents.

Bergzebra

1 Gewicht 230–380 kg; Länge 260–300 cm. Das in Südafrika endemische Bergzebra unterscheidet sich von seinen Verwandten in der Savanne durch seinen nicht gestreiften Unterleib und seine rostfarbene Schnauze.

Giraffe

2 Gewicht 450–1200 kg (weiblich), 1800–2000 kg (männlich); Höhe 3,5–5,2 m. Auch wenn sie sich meist gemächlich durch die Savanne bewegen, können Giraffen jedem Raubtier davonlaufen.

Afrikanischer Elefant

3 Gewicht 2200–3500 kg (weiblich), 4000–6300 kg (männlich); Länge 2,4–3,4 m (weiblich), 3–4 m (männlich). Die Herden des „Königs der Tiere" werden in Wirklichkeit von älteren Elefantenkühen geführt.

Flusspferd

4 Gewicht 510–3200 kg; Länge 320–400 cm. Flusspferde sehen aus wie schwimmende Sitzsäcke mit winzigen Beinen. Die 3000 kg schweren Tiere leben im oder am Wasser und fressen fast ununterbrochen Wasserpflanzen.

Breitmaulnashorn

5 Gewicht 1400–2000 kg (weiblich), 2000–3600 kg (männlich); Länge 440–520 cm. Anfang der 1990er-Jahre stand das Breitmaulnashorn kurz vor dem Aussterben. Das majestätische Tier konnte größtenteils dank der Bemühungen südafrikanischer Wildtierschützer davor bewahrt werden. Heute ist die Wilderei wieder ein großes Problem, vor allem im Kruger National Park.

Weitere Fleischfresser

Neben sieben Raubkatzenarten streifen 25 weitere Fleischfresser, von Mangusten bis zu Jagdhunden mit ausgeprägtem Sozialverhalten, durch Südafrika. Ihr gemeinsames Merkmal sind Fangzähne. Besonders faszinierend für Besucher ist es, ihre Fähigkeiten bei der Jagd zu beobachten.

Honigdachs

1 Gewicht 7–16 kg; Länge 75–100 cm. Der Honigdachs ist das vielleicht „böseste" aller afrikanischen Tiere. Er findet Honig, indem er „Honiganzeigern" folgt – Vögeln, die ihn zu den Bienenstöcken leiten.

Erdwolf

2 Gewicht 8–12 kg; Länge 75–110 cm. Die Erdwölfe sind die kleinsten Mitglieder der Hyänenfamilie, ihre Lust auf Fleisch beschränketn sich auf das Aufschlecken von weichen Termiten.

Tüpfelhyäne

3 Gewicht 40–90 kg; Länge 125–215 cm. Tüpfelhyänen leben in von Weibchen mit penisartigen Geschlechtsorganen angeführten Rudeln. Die wilden Kämpfer verwenden ihr starkes Gebiss, um ihre Beute auszuweiden oder mit Löwen zu kämpfen.

Hyänenhund

4 Gewicht 20–35 kg; Länge 100–150 cm. Die einzigartig gemusterten Hyänenhunde jagen unbarmherzig in Rudeln von 20 bis 60 Tieren Antilopen und andere Tiere. Sie sind in komplexen Hierarchien organisiert und haben ein stark ausgeprägtes Sozialverhalten. Die Tiere sind extrem gute Jäger.

Erdmännchen

5 Gewicht 0,5–1 kg; Länge 50 cm. In Südafrika leben neun Mangustenarten. Die häufigste ist das Erdmännchen. Die energiegeladenen, geselligen Tiere verbringen die meiste Zeit auf den Hinterbeinen und schauen sich nach potenziellen Gefahren um.

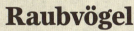

Raubvögel

Südafrika ist die Heimat von etwa 60 Arten von Falken, Adlern, Geiern und Eulen. Fast überall kann man Raubvögel sehen – auf Bäumen hockend, am Himmel ihre Kreise drehend oder rund um einen Tierkadaver versammelt. Ein erstes Anzeichen, dass sie in der Nähe sind, ist meist das laute Gezeter kleinerer Vögel, die die gefürchteten Jäger beschimpfen.

Schreiseeadler

1 Länge 75 cm. Der Schreiseeadler jagt Fische im Wasser. Er ist vor allem bekannt für seine laut gellenden Schreie, die oft als die „Stimme Afrikas" bezeichnet werden.

Gaukler

2 Länge 60 cm. Der Gaukler ist ein hübscher Schlangenjäger. Zu erkennen ist er im Flug an seinen weißen Schwingen und am Fehlen von Schwanzfedern. Wer ihn aus der Nähe beobachtet, bemerkt seine bunte Musterung und sein scharlachrotes Gesicht.

Bart-/Lämmergeier

3 Länge 110 cm. Hoch oben in den Felsen der Drakensberge kann man mit etwas Glück einen der seltensten Geier der Welt sichten, den riesigen Bart- oder Lämmergeier.

Sekretär

4 Länge 100 cm. In einem Land voller einzigartiger Vögel ragt der langbeinige Sekretär noch heraus. Er hat den Körper eines Adlers und die Beine eines Kranichs. Den eigenartigen Raubvogel mit dem grauen Körper sieht man oft durch die Savanne schreiten.

Ohrengeier

5 Länge 115 cm. Sieben der acht südafrikanischen Geier sieht man gemeinsam mit Löwen, Hyänen und Schakalen um Tierkadaver streiten. Dabei sind die Geier allein schon durch ihre schiere Anzahl im Kampf um ein paar Fetzen Fleisch erfolgreich. Der gewaltige Ohrengeier, ein Riese unter den Geiern, sichert sich seinen Teil schon, bevor die anderen Geier zum Zug kommen.

Weitere Vögel

Wer nach Afrika kommt, trifft dort auf eine erstaunliche Vielfalt von Vogelarten in allen Größen und Farben. Wer nicht sowieso nach jedem Vogel Ausschau hält, empfindet sie nach einigen Tagen mit Impalas und schnarchenden Löwen als erfreuliche Abwechslung.

Zwergflamingo

1 Länge 100 cm. Die tiefrosafarbenen Flamingos versammeln sich zu Tausenden an Salzseen und bieten eines der dramatischsten Naturschauspiele in Afrika, vor allem wenn sie sich gemeinsam in die Lüfte erheben oder im Gleichtakt beginnen, ihre Balztänze aufzuführen.

Hornrabe

2 Länge 90 cm. Der Hornrabe erinnert an einen Truthahn und verbringt seinen Tag damit, auf der Jagd nach Insekten, Fröschen, Reptilien und kleinen Säugetieren herumzustolzieren. Hat er etwas gefunden, tötet er es mit Hieben seines kräftigen Schnabels.

Gabelracke

3 Länge 40 cm. Fast jeder Safari-Teilnehmer wird prächtig bunt gefiederte Gabelracken zu sehen bekommen. Sie sind mit den Eisvögeln verwandt. Im Flug drehen sie sich von einer Seite zur anderen, wobei sie ihr schillerndes blaues, purpurfarbenes und grünes Gefieder zeigen.

Strauß

4 Länge 200–270 cm. Wer glaubt, diese Laufvögel sähen prähistorisch aus, liegt nicht ganz falsch. Sie wiegen bis zu 130 kg und entkommen ihren natürlichen Feinden durch Weglaufen – mit bis zu 70 km/h! Alternative Strategie ist das Ducken am Boden.

Brillenpinguin

5 Länge 60 cm. Zugegeben: Sie schauen weltfremd drein, und beim Balzen stoßen die männlichen Tiere eselähnliche Rufe aus. Zumeist leben sie an der Küste und auf den vorgelagerten Inseln. Die Pinguine einiger Kolonien sind überraschenderweise zahm.

Lebensräume

Fast alle südafrikanischen Tierarten bewohnen einen der typischen afrikanischen Lebensräume. Um die südafrikanische Tierwelt noch intensiver zu erleben, lohnt es sich, die jeweiligen Habitate der Tiere zu kennen und zu wissen, welche Tierart wo zu Hause ist.

Halbwüste

1 In weiten Teilen des westlichen Südafrika regnet es nur sehr selten, hier wachsen deshalb vor allem Gestrüpp und harte Gräser. In Südafrika wird die Halbwüste Karoo genannt und geht fließend in die namibische Wüste über. Auf der Suche nach dem lebensnotwendigen Wasser versammeln sich größere Tiere wie Zebras und Antilopen vor allem in den trockenen Monaten an Wasserlöchern. Nach den wenigen Niederschlägen blüht das Leben auf. Während der Trockenzeit verlieren viele Pflanzen ihre Blätter, um Wasser zu sparen.

Fynbos

2 Diese Buschlandschaft, die man rund um Kapstadt findet, ist so einzigartig, dass sie als eigenes Florenreich ausgewiesen wurde. Das Kapländische Florenreich ist zwar das kleinste, aber trotzdem artenreichste Florenreich der Welt. Bisher hat man hier 8578 verschiedene Pflanzenarten gefunden, von denen 68 % endemisch, also nur hier vorhanden sind. Viele von ihnen sind für grasende Tiere unbekömmlich, dafür ziehen sie eine große Zahl von Insekten und Vogelarten an.

Savanne & Grasland

3 Die Savanne ist *die* typische afrikanische Landschaft – ein weites Grasland, auf dem vereinzelt Akazien stehen. Vor allem Ostafrika ist für seine Savanne bekannt. In Südafrika wird sie *bushveld* genannt. Die offene Landschaft ist Heimat großer Zebra- und Antilopenherden und schnell laufender Raubtiere wie Geparden. Grasland weist keinen Baumbestand auf. Auf dem Zentralplateau wird es als *highveld* bezeichnet.

Abbildungen
1. Little Karoo (S. 142) **2.** Fynbos, Kap der guten Hoffnung (S. 59)

Natur & Umwelt

Geografie

Wunderschöne, windumtoste Küsten – mal wild und stürmisch, mal ruhig und sanft, doch immer grandios: So präsentiert sich Südafrika. Das Land wird von zwei Ozeanen umrahmt: im Westen vom Atlantik, im Osten vom wärmeren Indischen Ozean. Damit ist aber nur ein Bruchteil des geografischen Reichtums der Region beschrieben. Im Landesinneren können Wanderlustige vom Lowveld (Tiefebene) im Osten über das Drakensberg Escarpment, den spektakulären Steilabfall der Drakensberge, das Highveld (Hochebene) erklimmen. Das weite Plateau bildet das Herz des Landes. Es liegt in durchschnittlich 1500 m Höhe und fällt Richtung Nordwesten zum Kalaharibecken hin ab.

Die Kette der Drakensberge nimmt in der kleinräumigen Enklave Lesotho eine sehr zerfurchte Gestalt an. Die gesamte Fläche des Landes von 30350 km^2 liegt auf einem Hochplateau, das von hohen Berggipfeln durchzogen wird und vollständig von Südafrika umschlossen ist. Das gesamte Königreich liegt über 1000 m hoch, der niedrigste Punkt befindet sich auf 1380 m im Flusstal Senqu im Süden des Landes. Lesotho besitzt damit den weltweit höchstgelegenen tiefsten Punkt eines Landes.

Swasiland ist mit nur 17363 km^2 das kleinste Mitglied des südafrikanischen Trios, dennoch besitzt es eine außergewöhnlich abwechslungsreiche Landschaft. Es gibt viele verschiedene Klima- und Ökozonen – von der niedrig gelegenen Buschsavanne im Osten über die geschwungenen Hügel im Zentrum bis zum Regenwald und den stets nebelverhangenen Berggipfeln im Nordwesten, die in die südafrikanischen Drakensberge überleiten.

> Südafrika umfasst 1233404 km^2 und ist damit etwa 3,5-mal so groß wie Deutschland. Es ist das neuntgrößte Land in Afrika und hat die fünftgrößte Bevölkerung.

Tiere & Pflanzen

Südafrikas vierbeinige Einwohner sind mindestens so berühmt wie seine zweibeinigen. Südafrika kann sich zu Recht damit brüsten, die zugänglichsten Wildparks des Kontinents zu besitzen, der berühmteste ist der Kruger National Park.

Tiere
Südafrika

Die besten Chancen, die *Big Five* – Nashorn, Büffel, Elefant, Leopard und Löwe – zu Gesicht zu bekommen, haben Touristen in Südafrika. Doch das ist längst nicht alles: In diesem Land finden sich nicht nur die weltweit größten Landsäugetiere (der Afrikanische Elefant, das Breitmaulnashorn und das Flusspferd), sondern auch die größten (Giraffen), schnellsten (Geparden) und kleinsten (Zwergspitzmäuse).

Über 800 Vogelarten leben in Südafrika, darunter der größte Vogel (Strauß), der schwerste flugfähige Vogel (Riesentrappe) und der kleinste Greifvogel (Zwergfalke) der Welt; Informationen zur Vogelbeobachtung s. S. 622.

> Das Breitmaulnashorn heißt auf Englisch *white rhinoceros* – das hat aber nichts mit seiner Farbe zu tun. Das „weiß" geht auf *wijde* zurück – auf Holländisch bedeutet das „breit".

WILDE NATUR

Zu den Hauptattraktionen Südafrikas gehören auch die Safaris, auf denen man den wilden Tieren ganz nahe kommen kann. Man sollte jedoch nicht vergessen, dass diese Tiere nicht gezähmt sind und dass ihr Verhalten oft unvorhersehbar ist. Hier ein paar Sicherheitstipps:

» Niemals zwischen eine Mutter und ihr Junges geraten.

» Niemals zwischen ein Nilpferd und das Wasser geraten.

» Bei Spitzmaulnashörnern besonders aufpassen (auch wenn sie selten sind) – sie greifen praktisch alles an.

» In der Nähe von Büffelherden ist Vorsicht geboten – sie greifen ohne Vorwarnung an, und die komplette Herde stürmt gemeinsam los.

» Auch wenn Elefanten oft zahm wirken, sollte man sich nicht darauf verlassen – besonders achtsam sollte man bei Weibchen mit Jungen und unruhigen jungen Männchen sein.

» Man sollte nie vergessen, dass ein angedeuteter Angriff eines Elefanten meist einer richtigen Attacke vorausgeht.

Beste Zeit für Tierbeobachtung

Wilde Tiere können eigentlich zu jeder Jahreszeit beobachtet werden; in den kühleren, trockenen Wintermonaten (Juni–Sept.) ist es tendenziell etwas einfacher, weil einerseits das Laubwerk nicht so dicht ist und die Tiere sich andererseits um die Wasserstellen scharen. Im Sommer (Ende Nov.–März) ist es regnerisch, wärmer und landschaftlich reizvoll, weil mehr Grün zu sehen ist. Dafür halten sich die Tiere nicht so nah beieinander auf und sind deshalb nicht so einfach anzutreffen. Vögel können das ganze Jahr über beobachtet werden, die beste Zeit dafür ist aber im Frühling (Sept.–Nov.) und Sommer.

Zu den bedrohten Tierarten zählen das Spitzmaulnashorn – manchmal im uMkhuze Game Reserve und im Hluhluwe-iMfolozi Park zu sehen –, der Buschmannhase (der ausschließlich an den Flussläufen der zentralen Karoo lebt), Afrikanische Wildhunde (im Hluhluwe-iMfolozi Park und Kruger National Park) und die Pferdeantilope.

Gefährdete Vogelarten sind z. B. der Klunkerkranich und die Stahlschwalbe. Ebenfalls als bedroht gelten der Brillenpinguin und der Kapgeier.

Vogelführer

» *Birds of Southern Africa* von Ber Van Perlo

» *Newman's Birds of Southern Africa* von Kenneth Newman

» *Birds of Southern Africa* von Ian Sinclair et al.

Lesotho

Auf Grund der Hochlage ist Lesothos Tierwelt nicht so vielfältig wie in den meisten anderen Gebieten der Region. Relativ häufig trifft man auf Rehantilopen, Schakale, Mangusten, Erdmännchen, Elenantilopen und Klippschliefer. Außerdem leben in Lesothos bergigen Regionen seltene kleinere Tierarten – viele gibt es nur in den Drakensbergen, z. B. die äußerst bedrohte Barbenart Maluti Minnow *(Pseudobarbus quathlambae),* ein Kleinfisch, ferner die Afrikanische Eisratte, zahlreiche Eidechsen- und Geckoarten und der Flussfrosch.

Etwa 300 Vogelarten wurden in Lesotho registriert, dazu zählen der Bartgeier und der Glattnackenibis.

Unter Lesothos ersten Wildbewohnern tummelten sich auch Dinosaurier: Der kleine, blitzschnelle Lesothosaurus wurde nach dem Land benannt, in dem er auf zwei Beinen umherlief.

Swasiland

In Swasiland leben 120 Säugetierarten und damit ein Drittel aller Landsäugetierarten des südlichen Afrikas. Viele Tiere (wie Elefanten, Nashörner und Löwen) wurden neu angesiedelt. Auf Großwild trifft man ausschließlich in Naturreservaten und auf privaten Wildfarmen. Mangusten und Großfleck-Ginsterkatzen kommen dagegen häufig vor. Hyänen und Schakale leben in den Reservaten. Leoparden lassen sich nur sehr selten blicken.

Dank der unterschiedlichen Ökosysteme besitzt Swasiland auch eine vielfältige Vogelwelt: Hier leben z. B. Paradieskraniche, Erdspechte und Ohrengeier. In dem kleinen Königreich wurden bereits mehr Arten gesichtet als im deutlich größeren Kruger National Park.

Pflanzen

Über 20 000 Pflanzenarten sind in Südafrika heimisch. Sie machen damit 10 % der weltweit vorkommenden Arten aus, konzentrieren sich aber auf nur 1 % der Erdoberfläche. Dutzende von Blütenpflanzen, die in anderen Teilen der Welt gezüchtet werden, wachsen hier wild, darunter Gladiolen, Proteen, Strelitzien und Schmucklilien. Südafrika ist außerdem das einzige Land mit einem eigenen Florenreich, von denen es insgesamt sechs auf der Welt gibt (s. Kasten S. 612). Im trockeneren Nordwesten gedeihen Sukkulenten (vor allem Euphorbien und Aloen) und einjährige Pflanzen, die nach dem Frühlingsregen in leuchtenden Farben erblühen.

Es gibt nur wenige natürliche Wälder in Südafrika. Sie waren nie besonders ausgedehnt – heute existieren nur noch kleine Haine. Immergrüne Regenwälder säumen den südlichen Küstenstreifen zwischen George und Humansdorp, weitere Waldgebiete finden sich in KwaZulu-Natal, in den Drakensbergen und in Mpumalanga. Nordöstlich von Port Elizabeth, im Hinterland der Wild Coast, und in KwaZulu-Natal gibt es außerdem subtropische Wälder.

Sasol eBirds of Southern Africa beinhaltet Bilder, eine Verbreitungskarte und Beschreibungen zu den Vögeln. Diese großartige App ist im Prinzip die digitale Version des Vogelführers Sasol Birds of Southern Africa. Man kann einzelne Vögel vergleichen, eine Liste mit Sichtungen anlegen und die Arten bestimmen, indem man die Datei mit 630 aufgenommenen Vogelstimmen zurate zieht.

DER GROSSE STREIT UMS ELFENBEIN

Infolge einer riesigen Kampagne verschiedener Naturschutzorganisationen verbot die UN-Konvention zum internationalen Handel mit gefährdeten Tierarten (CITES; auch als Washingtoner Artenschutzübereinkommen bekannt) 1990 den Elfenbeinhandel, um die damals rückläufige Elefantenpopulation in Afrika zu schützen. Durch diesen Beschluss konnte der Bestand in den Gebieten, in denen Elefanten bislang erbarmungslos getötet worden waren, wieder ansteigen. In Südafrika herrscht zurzeit eher das umgekehrte Problem: Da die Elefanten hier schon länger unter Naturschutz stehen, konnten sich die Elefantenherden immer weiter vermehren, was eine umfassende Landschaftszerstörung zur Folge hat.

Um das Problem der Elefanten-Überbevölkerung in den Griff zu bekommen, wurden die Transfrontier Parks angelegt und so der Lebensraum der Dickhäuter vergrößert. Darüber hinaus werden Elefanten umgesiedelt, mit Hormonpräparaten zur Empfängnisverhütung behandelt oder – eine hochgradig umstrittene Lösung – kontrolliert abgeschossen.

Im Jahr 2002 lockerte CITES das weltweite Handelsverbot mit Elfenbein. Die Stoßzähne legal gekeulter Elefanten dürfen seitdem verkauft werden. Der Erlös soll der Arterhaltung der Elefanten und den umliegenden Gemeinden zugute kommen.

Die Entscheidung der Gesetzeslockerung wurde von anderen Regierungen heftig diskutiert. Ihr größter Einwand bestand darin, dass die Wiederaufnahme des Handels die Nachfrage nach Elfenbein erhöhen und damit zwangsläufig zu verstärkter Wilderei führen würde. Im Moment beobachtet CITES, ob dies tatsächlich zutrifft. Der jüngste bedeutende Elfenbeinhandel, der von CITES abgesegnet wurde, fand Mitte 2008 statt. Dabei wurden insgesamt 108 t Elfenbein aus Südafrika (51 t), Namibia, Botswana und Simbabwe nach China exportiert. Nach einem Handel dieser Größenordnung schreibt CITES eine neunjährige Ruhepause vor, während der zusätzliche Elfenbeinverkäufe aus diesen Ländern untersagt sind. In China (von jeher Hauptabnehmer illegaler Elfenbeinware) wird Elfenbein für nahezu alles verwendet – von Schmuck über Kunstgegenstände bis hin zur Handyschale im Elfenbein-Nobeldesign.

Den Norden prägen ausgedehnte Savannen mit eingestreuten Akazien und Gruppen von Dornenbäumen.

Lesotho ist für seine Hochlandflora bekannt. Zu ihren Vertretern gehören die alpinen Kapblumen und die Spiralaloe *(Aloe polyphylla)*. Diese Aloe-Art kommt ausschließlich hier wild vor und ist deshalb Lesothos Nationalpflanze. Sie wächst an den Hängen der Maluti Mountains.

In Swasilands Graslländern, Wäldern, Savannen und Feuchtgebieten wachsen rund 3500 Pflanzenarten und damit etwa 14 % der im südlichen Afrika vorkommenden Gattungen.

Nationalparks & Schutzgebiete

Südafrika

Fast 600 Nationalparks und Schutzgebiete gibt es in Südafrika. In einigen sind vor allem Wildtiere zu bestaunen, während andere durch ihre unberührte Natur oder ihre Wandermöglichkeiten begeistern. Die Tabelle auf S. 614 nennt einige der wichtigsten.

Lokale Naturschutzinstitutionen sind u. a.:

CapeNature (☎021-483 0190; www.capenature.org.za) Fördert den Naturschutz, ermöglicht Buchungen und stellt Genehmigungen für die Schutzgebiete in Western Cape aus.

Ezemvelo KZN Wildlife (☎033-845 1000; www.kznwildlife.com) Betreut die Wildparks in KwaZulu-Natal.

Komatiland Forests Eco-Tourism (☎013-754 2724; www.komatiecotourism. co.za) Kontrolliert die Waldgebiete, fördert den Ökotourismus und pflegt die Wanderwege in der Provinz Mpumalanga und im angrenzenden Swasiland.

South African National (SAN) Parks Board (☎012-428 9111; www.sanparks.org) Ist für die meisten größeren Wildparks verantwortlich, außer für die in KwaZulu-Natal.

Alle Nationalparks erheben pro Tag eine Naturschutzgebühr; eine Preisliste gibt's am Park.

Neben seinen Nationalparks ist Südafrika auch an mehreren grenzübergreifenden Naturschutzgebieten beteiligt. Dazu gehören die noch in der Entwicklung befindliche Greater Mapungubwe Transfrontier Conservation Area, die Südafrika, Simbabwe und Botswana verbindet; der Kgalagadi Transfrontier Park, der Gebiete des ehemaligen Kalahari Gemsbok National Park in Northern Cape mit dem Gemsbok National Park in Botswana vereint; der Maloti-Drakensberg Peace Park, der den Sehlabathebe National Park sowie weitere Gebiete der Drakensberge in

---

DAS KAPLÄNDISCHE FLORENREICH

Das Kapländische Florenreich ist das kleinste der weltweit sechs existierenden Florenreiche, besitzt aber die größte Artenvielfalt – auf je 10 000 km^2 gedeihen 1300 verschiedene Arten. Das sind rund 900 Arten mehr als im südamerikanischen Regenwald. Ein Teil des Florenreiches wird mittlerweile als Unesco-Weltnaturerbe geschützt. Die Hauptvegetation bildet der *fynbos* („feiner Busch"), dessen typische Merkmale die kleinen, schmalen Blätter und Stämme sind. Die Gruppe der Fynbos-Gewächse umfasst knapp 8500 Pflanzenarten. Zu den wichtigsten Vertretern der Gewächse im Fynbos gehören die Heidekraut-, Proteen- und Riedgrasarten, die auch an anderen Orten angesiedelt wurden und recht weit verbreitet sind, während die anderen Arten nur ein äußerst begrenztes Verbreitungsgebiet haben.

Das Kapländische Florenreich, die Kapensis, erstreckt sich vom Cape Point Richtung Osten fast bis nach Grahamstown, in nördlicher Richtung bis zum Olifants River. Auf dem Gebiet befindet sich der Kogelberg, außerdem umfasst es Abschnitte mehrerer Biosphärenreservate. Die wenigen Überreste einheimischer Vegetation existieren heute nur noch in geschützten Gebieten, z. B. auf dem Tafelberg und der Kaphalbinsel.

UNESCO-WELTERBESTÄTTEN

Sämtliche Welterbestätten der Region befinden sich in Südafrika:
» iSimangaliso Wetland Park (S. 274)
» Robben Island (S. 53)
» Fundstätten fossiler Hominiden in Sterkfontein und Kromdraai (S. 372)
» uKhahlamba-Drakensberg Park (S. 282)
» Kulturlandschaft Mapungubwe (S. 443)
» Cape Floral Region Protected Areas (S. 612)
» Vredefort Dome (S. 318)

Darüber hinaus hat die Unesco mehrere Gegenden Südafrikas zu Biosphärengebieten erklärt. Die örtlichen Gemeinden und Regierungen verpflichten sich, zusammenzuarbeiten, um eine ökologisch nachhaltige Entwicklung und den Umweltschutz zu fördern. Einige dieser Gebiete befinden sich in Regionen, die auch in diesem Buch betrachtet werden:
» Cape Winelands (S. 104)
» Kogelberg (S. 122)
» Waterberg-Region (S. 438)

Lesotho mit ihren südafrikanischen Gegenübern im uKhahlamba-Drakensberg vereint; und der Great Limpopo Transfrontier Park, der sich über die Grenzen von Südafrika, Mosambik und Simbabwe erstreckt. Darüber hinaus existieren zahlreiche private Schutzgebiete.

Insgesamt stehen knapp 3% Südafrikas unter Naturschutz, dazu kommen weitere 4 bis 5%, die einen ähnlichen Schutzstatus besitzen. Die Regierung verhandelt derzeit mit Eigentümern von Privatreservaten darüber, diese ebenfalls unter staatliche Aufsicht zu stellen, um den Gesamtanteil der Schutzgebiete auf mindestens 10% zu erhöhen.

Lesotho

Lesotho besitzt den geringsten Anteil an Schutzgebieten auf dem gesamten afrikanischen Kontinent – nur 1% der Landesfläche steht unter Naturschutz. Einer der Gründe ist das Landnutzungsrecht: In Lesotho hat jeder Staatsbürger freien Zugang zu den Rohstoffquellen des Landes. Das wichtigste Naturschutzgebiet ist der Sehlabathebe National Park (S. 522), der für seine ursprüngliche Wildnis bekannt ist. Weitere Schutzgebiete sind der Ts'ehlanyane National Park und das Bokong Nature Reserve.

Swasiland

Rund 4% der Fläche Swasilands stehen unter Naturschutz. Da die Schutzgebiete nicht so bekannt sind, liegen die Besucherzahlen unter denen der benachbarten südafrikanischen Parks, und der Eintritt ist deutlich günstiger. Empfehlenswerte Parks sind das Mlilwane Wildlife Sanctuary das Wanderparadies Malolotja Nature Reserve und der Hlane Royal National Park. Mlilwane, Mkhaya und Hlane sind Kooperationspartner des Programms Wild Card.

Safaris

Die einfachste und günstigste Art, die Nationalparks zu erkunden, ist eine Fahrt im Mietwagen – vor allem wenn man in einer Gruppe reist. In den meisten Parks kommt man in einem normalen Pkw gut zurecht. Im Winter ist jedoch ein hoch liegender Geländewagen sinnvoller, weil dann das Gras sehr hoch steht. Die meisten Reiseveranstalter bieten da-

TOP-NATIONALPARKS & SCHUTZGEBIETE

LAGE	PARK/SCHUTZGEBIET	BIETET
Cape Peninsula	Table Mountain National Park	steinige Landzunge, Meerlandschaft, Brillenpinguine, Elenantilopen, Wasservögel, Buntböcke
Western Cape	Cederberg Wilderness Area	raue Berglandschaft; San-Felsmalereien, Sandstein-Formationen, Pflanzenwelt
Mpumalanga/ Limpopo	Kruger-Nationalpark	Savanne, Wald, Dornensteppe; die Big Five
	Blyde River Canyon Nature Reserve	Canyon, Höhlen, Fluss; grandiose Ausblicke
Northern Cape	Augrabies Falls National Park	Wüste, Fluss, Wasserfälle; Klippspringer, Klippschliefer; atemberaubende Kulisse
	|Ai-|Ais/Richtersveld Transfrontier Park	Bergwüste; wunderschöne Landschaft; Klippspringer, Schakale, Zebras, Pflanzen, Vögel
Eastern Cape	Addo Elephant National Park	dichtes Buschland, Graslandschaften, bewaldete Schluchten; Elefanten, Spitzmaulnashörner, Büffel
	Tsitsikamma National Park	Küste, Klippen, Flüsse, Schluchten, Wälder; Kapotter, Paviane, Affen, Vogelwelt
KwaZulu-Natal	Hluhluwe-iMfolozi Park	grüne, subtropische Vegetation, Savanne; Nashörner, Giraffen, Löwen, Elefanten, Vögel
	iSimangaliso Wetland Park	Feuchtgebiete, Küsten-Graslandschaften; Elefanten, Vögel, Nilpferde
	uMkhuze Game Reserve	Savanne, Wald, Sumpf; Nashörner und fast alle anderen großen Tiere; Hunderte Vogelarten
	uKhahlamba-Drakensberg Park	atemberaubende Drakensberg-Klippe; fantastische Kulisse und Wildnis
Free State	Golden Gate Highlands National Park	spektakuläre Sandsteinklippen und -formationen; Zebras, Schakale, Rehantilopen, Elenantilopen, Vögel
Lesotho	Sehlabathebe National Park	wilde Berglandschaft; wunderbare Abgeschiedenheit; Rehantilopen, Paviane, Bartgeier
Swasiland	Malolotja Nature Reserve	Berge, Flüsse, Wasserfälle, Graslandschaft, Wälder; reiche Vogel- und Pflanzenwelt, Impalas, Klippspringer

rüber hinaus organisierte Safaris an, die speziell auf Rucksackreisende zugeschnitten sind.

Viele größere Parks (z. B. Kruger, Hluhluwe-iMfolozi und Pilanesberg) veranstalten geführte Wildniswanderungen zu Fuß und in Begleitung bewaffneter Ranger. Diese Art der Erkundungstour ist äußerst empfehlenswert, weil sie einen viel intensiveren Eindruck hinterlässt als eine Fahrt im abgeschotteten Auto. Die Wanderung sollte unbedingt im Voraus gebucht werden (bei der entsprechenden Parkverwaltung). In vielen Wildparks sind auch kürzere Wanderungen am Morgen und Nachmittag möglich; oft können sie noch am selben Tag gebucht werden.

Alle südafrikanischen Nationalparks haben eine sehr gute Infrastruktur. Ein Guide ist nicht unbedingt notwendig, unter seiner sachkundigen Führung sieht und lernt man aber meistens mehr. In allen Parks gibt es sogenannte Rest Camps, die preiswerte Übernachtungsmöglichkeiten anbieten. Die Palette reicht vom Zeltplatz bis zum Haus für Selbstversorger. Meist gehören auch Restaurants, Geschäfte und Tankstellen zum Camp. Während der Ferienzeit in Südafrika muss unbedingt im Voraus gebucht werden; ansonsten sind die Unterkünfte auch kurzfristig verfügbar.

Safari-Führer

» Field Guide to Mammals of Southern Africa von Chris und Tilde Stuart

» A Field Guide to the Tracks and Signs of Southern and East African Wildlife von Chris und Tilde Stuart

» The Safari Companion: A Guide to Watching African Mammals von Richard Estes

AKTIVITÄTEN	BESTE ZEIT	SEITE
wandern, Mountainbike fahren	ganzjährig	65
wandern	ganzjährig	170
Fahrzeug-Safaris, Wildniswanderungen	ganzjährig	411
wandern, *kloofing* (Canyoning)	ganzjährig	399
wandern, Kanu fahren, Rafting	April–Sept.	490
wandern	April–Sept.	494
Fahrzeug-Safaris, Wanderwege, reiten	ganzjährig	201
wandern	ganzjährig	186
Wildniswanderungen, Naturbeobachtungen	Mai–Okt.	272
Wildniswanderungen, Fahrzeug-/Boot-Safaris	März–Nov.	274
geführte Wanderungen, Wanderungen mit Vogel-beobachtung, Fahrzeug-Safaris	ganzjährig	281
wandern	ganzjährig	282
wandern	ganzjährig	321
wandern	März–Nov.	522
wandern	ganzjährig	539

Umweltprobleme

Südafrika

Südafrika ist einerseits das Land mit der drittgrößten Biodiversität weltweit, andererseits das Land mit dem höchsten Verstädterungsgrad aller afrikanischen Länder: Mehr als 50 % der Bevölkerung leben in Städten. Eine der größten Herausforderungen für die Regierung ist es daher, die anhaltende Verstädterung in den Griff zu bekommen und gleichzeitig die Umwelt zu schützen. Das städtisch-ländliche Siedlungsmuster macht dieses Vorhaben zusätzlich kompliziert. Die Apartheidära hat Südafrika ein schwieriges Erbe hinterlassen: Eine viel zu große Zahl an Bewohnern lebt in den Townships auf viel zu engem Raum. Fast immer mangelt es an adäquater Infrastruktur und den notwendigen Versorgungsbetrieben.

Die Zerstörung des Bodens ist eines der schwerwiegendsten Probleme Südafrikas: Ein Viertel des Landes ist ernsthaft geschädigt. Jahrzehntelange Überweidung und Raubbau haben in den ehemaligen Homelands (s. Kasten S. 561) zu massiver Bodenerosion geführt. Zerstörte und damit wertlose Böden und die generell schlechte wirtschaftliche Lage treiben die Menschen vermehrt in die Städte und verstärken dort die Probleme.

NATUR & UMWELT — UMWELTPROBLEME

LIVING GREEN

Die Wildlife & Environmental Society of South Africa (www.wessa.org.za) ist eine führende Umweltschutz-organisation, die neben vielen anderen Aktivitäten alljährlich die Expo „Living Green" veranstaltet.

In Südafrika fallen durchschnittlich 500 mm Regen im Jahr, häufig kommt es zu Dürreperioden. Um den Wasserbedarf des Landes zu decken, wurden alle größeren südafrikanischen Flüsse gestaut oder ihr Lauf begradigt. Damit wurde die Wasserversorgung für viele Regionen verbessert – in anderen Landesteilen hingegen wurden lokale Ökosysteme zerstört und die Austrocknung von Flüssen beschleunigt.

Südafrika war stets Afrikas Flaggschiff beim Tierschutz. Aber die Mittel sind nach wie vor knapp (und die Mittel der SAN Parks sind begrenzt, um der ansteigenden Wilderei von Nashörner entgegen zu wirken) und werden es auch bleiben, solange so viele Südafrikaner nicht einmal ihre Grundbedürfnisse befriedigen können. Hilfe beim Naturschutz verspricht die Kooperation von öffentlicher Hand und Privatleuten, diese Zusammenarbeit erfordert höhere Privatspenden und Zuschüsse von internationalen Organisationen wie dem World Wide Fund for Nature (WWF).

Schätzungen zufolge liegen die potenziellen Schiefergasablagerungen in Südafrika bei rund 14 Billionen m³. Dies hat reges Interesse bei Ölunternehmen hervorgerufen. Laut Econometrix (in einem von Shell in Auftrag gegebenen Bericht) könnte die Schiefergasindustrie das BIP alljährlich um 200 Mrd. Rand steigern und 700 000 Arbeitsplätze schaffen.

In vielen Ländern, auch in Südafrika, ist das hydraulische Aufbrechen, oder „Hydrofracking", zur Gewinnung des Gases inzwischen verboten oder zumindest ausgesetzt. Die Technologie, die beim Fracking eingesetzt wird, hat ernste Bedenken hinsichtlich der Sicherheit für die Umwelt hervorgerufen: Große Mengen sauberen Wassers werden mit Sand und einem „Chemiecocktail" vermischt, um die Felsen im Untergrund aufzubrechen und das Schiefergas freizusetzen. Die Fracking-Debatte wird in Südafrikas Provinz Northern Cape (in der Karoo) mit unverminderter Vehemenz geführt, da die ernsthaften Umweltbedenken starken wirtschaftlichen Interessen gegenüberstehen – besonders seitens der großen Ölunternehmen.

Umweltschutz

Es gibt noch viel zu tun – wie ein Beispiel zeigt: Mehr als 90 % der südafrikanischen Elektrizität wird aus Kohle gewonnen, das ist mehr als das Doppelte des internationalen Durchschnitts. Immerhin gibt es auf lokaler Ebene mehrere lobenswerte Projekte, die vom langsamen, aber steten Fortschritt des Landes in Richtung Umweltschutz zeugen.

Lynedoch EcoVillage Südafrikas erste nach ökologischen Prinzipien gestaltete und sozial gemischte Gemeinde nimmt allmählich Gestalt an. Öffentliche und private Häuser werden schrittweise mit energiesparenden Details ausgestattet. Ein weiterer Schwerpunkt ist die weit gehende Selbstversorgung der Siedlung. Weitere Infos auf S. 105.

Kuyasa Project In Kapstadts Township Khayelitsha wurden 2300 Hütten mit Technologien zur Nutzung alternativer Energien ausgestattet. Installiert wurden solarbetriebene Wasserboiler, Energiesparlampen und isolierte Dächer. Damit wurde nicht nur Energie eingespart – pro Haushalt rund 40 % –, es entstanden auch neue Arbeitsplätze.

Monwabisi Park Eco-Cottages Project Unter Schutzherrschaft der **Shaster Foundation** (www.shaster.org.za) verwandelt sich die illegale Siedlung Khayelitsha im Monwabisi Park allmählich in ein Ökodorf. Die selbst gezimmerten Hütten werden durch Häuschen ersetzt, die von der Gemeinde errichtet werden.

SAN Parks Die Einrichtungen der Parks des SAN-Netzwerks werden zurzeit umweltfreundlicher gestaltet, indem energieeffizientere Alternativen wie Solar-Wasserboiler installiert werden.

Baumpflanzungen In Soweto wurden über 200 000 einheimische Bäume im Rahmen des Greening Soweto Project gepflanzt, das es sich zum Ziel gesetzt hat, die riesige Township auch nach dem Zauber der Fußball-WM 2010 ein wenig zu verschönern. Zum Projekt gehören auch Programme für ein besseres Umweltbewusstsein.

VERANTWORTUNGSBEWUSST REISEN

Tourismus ist im südlichen Afrika von großer wirtschaftlicher Bedeutung. Die folgenden Tipps sollen Reisenden dabei helfen, möglichst respektvoll mit der Umwelt und der einheimischen Bevölkerung umzugehen:

» Immer fragen, ehe man jemanden fotografiert.

» Nicht irgendwelche Geschenke verteilen – viel besser sind Spenden an anerkannte Hilfsprojekte: Sie wirken nachhaltiger und erreichen viel eher diejenigen, die es wirklich nötig haben.

» Lokale Firmen unterstützen, möglichst immer direkt vor Ort kaufen und Souvenirs bei den Personen erstehen, die sie herstellen.

» Sich über Unternehmen erkundigen, die nachhaltigen, gemeindebasierten Tourismus unterstützen. Einen ersten Überblick bieten die Website von **Fair Trade in Tourism South Africa** (www.fairtourismsa.org.za). Im Kasten auf S. 127 steht außerdem, was zu beachten ist, wenn man einen Veranstalter für Käfigtauchen mit Haien sucht.

» Keine Mitbringsel aus Elfenbein, Leder, Muscheln usw. kaufen.

» Beim Essen im Fischrestaurant immer die Sassi Wallet Card dabeihaben (zum Download unter www.wwfsassi.co.za).

» Die Gebühren für die Besichtigung von Kulturstätten möglichst direkt bei den Verantwortlichen vor Ort bezahlen, statt über einen Ausflugsveranstalter oder andere Mittelsmänner zu buchen.

» Lokale Sitten und Kultur unbedingt respektieren.

» Keinen Müll liegen lassen. Auf Wanderungen, in Parks und beim Zelten den Abfall wieder mitnehmen (in den meisten Parks erhält man dazu eine Tüte) und die Wege, Parks und Campingplätze sauberer hinterlassen, als man sie vorgefunden hat.

» So viel Zeit wie möglich mit den Einheimischen verbringen. Bei der Auswahl der Reiseroute darauf achten, dass sie durch die Gemeinden der Region, die man durchreist, hindurchführt.

Windparks Zurzeit werden bei Kapstadt zwei staatliche Windpark-Pilotprojekte durchgeführt – die Darling Wind Farm wurde bereits ans staatliche Stromnetz angeschlossen.

Lesotho

In Lesotho konzentriert sich die Umweltdiskussion vor allem auf das umstrittene Highlands Water Project. Kritikpunkte sind die mögliche Zerstörung traditioneller Dorfgemeinschaften, die Überflutung landwirtschaftlicher Flächen und negative ökologische Folgen für das Flussgebiet des Senqu (Orange) River.

Weitere Themen sind der hohe Viehbestand, der zu Überweidung führt, und die Bodenerosion. Rund 40 Mio. t Muttererde gehen jährlich verloren; die ernüchternde Prognose besagt, dass es im Jahr 2040 weit und breit keine kultivierbaren Böden mehr geben wird.

Ein Lichtblick ist die Zusammenarbeit zwischen Lesotho und Südafrika im Rahmen des Naturschutz- und Entwicklungsprojekts Maluti-Drakensberg Transfrontier, mit dem das alpine Ökosystem der Maluti Mountains und Drakensberge geschützt werden soll.

Scorched: South Africa's Changing Climate von Leonie Joubert ist eine nachdenklich stimmende Reise durch Afrika. Das Buch verwandelt den Klimawandel und andere Umweltthemen von trockenen Abhandlungen in ernüchternde, anschauliche Realitäten.

Swasiland

Drei der wichtigsten Flüsse des Landes (Komati, Lomati und Usutu River) entspringen in Südafrika. Swasiland ist also direkt von allen südafrikanischen Flussregulierungen betroffen. Ein wiederkehrendes Problem im östlichen Lowveld ist die Dürre.

Weitere Schwierigkeiten ergeben sich aus der geringen Mitarbeit der Bevölkerung bei den Naturschutzprojekten, einem generell geringen Umweltbewusstsein und dem mangelnden Engagement der Regierung.

Praktische
> Informationen

ALLGEMEINE INFORMATIONEN .. 620

Aktivitäten 620

Botschaften & Konsulate. 623

Ermäßigungen 624

Essen 624

Feiertage & Ferien 624

Fotos & Video 625

Frauen unterwegs 625

Freiwilligenarbeit 626

Geld 626

Internetzugang 628

Karten & Stadtpläne 629

Öffnungszeiten 629

Post. 629

Rechtsfragen. 629

Reisen mit Behinderung . 629

Schwule & Lesben 630

Sprachkurse 630

Strom 630

Telefon 630

Toiletten. 632

Touristeninformation. . . . 632

Unterkunft. 633

Versicherung. 635

Visa. 636

Zeit 636

Zoll 636

GEFAHREN & ÄRGERNISSE 637

Kriminalität 637

Drogen 638

Alleinreisende. 639

VERKEHRSMITTEL & -WEGE. 640

AN- & WEITERREISE. 640

Einreise 640

Flugzeug 641

Geführte Touren 642

Auf dem Landweg 642

Übers Meer 645

UNTERWEGS VOR ORT . .646

Auto & Motorrad 646

Bus 651

Fahrrad. 652

Flugzeug 653

Geführte Touren 654

Nahverkehr 654

Schiff/Fähre 655

Trampen. 655

Zug 655

GESUNDHEIT 658

SPRACHE. 664

Allgemeine Informationen

Aktivitäten

Vom Straußenreiten bis hin zum Seilrutschen erlauben Südafrikas vielfältiges Terrain und angenehmes Klima alle möglichen Aktivitäten. Sie sind dank guter Einrichtungen und Betreuer meist für jedermann machbar – und das unabhängig vom Erfahrungslevel.

Vor Ort gibt es Dutzende Anbieter, die hier auszugsweise genannt werden. Zusätzlich sollte man bei anderen Travellern und Hostels nachfragen. Weitere Verzeichnisse bzw. Tipps stehen auf S. 642 und S. 654.

Angeln

Hochseeangeln ist eine beliebte Freizeitbeschäftigung in Südafrika. Das Land hat sowohl den warmen Indischen Ozean an der Ostküste als auch den kalten Atlantikstrom an der Ost- und Westküste zu bieten.

Das Angeln in Flüssen – vor allem nach eingesetzten Forellen – ist in den Nationalparks und Schutzgebieten beliebt; die besten Hochlandflüsse finden sich in den Drakensbergen. Angelscheine sind für wenige Rand bei den Parkbüros erhältlich, die teilweise sogar das nötige Equipment verleihen.

Bass Fishing South Africa (www.bassfishing.co.za)
South African Fishing (www.south-african-fishing.co.za)
Southern African Trout and Flyfishing Directory (www.flyfisher.co.za)
Wild Trout Association (www.wildtrout.co.za).

Lesotho ist ein Insidertipp für Forellenangler. Wie in Südafrika beginnt hier die Angelsaison im September und zieht sich bis Mai.

Der Angelschein kostet nicht viel, außerdem dürfen maximal zwölf Fische auf einmal geangelt werden. Generell ist nur das Angeln mit Schnur und künstlichen Fliegen erlaubt.

Der nächstgelegene Fluss bei der Hauptstadt Maseru ist der Makhaleng River; dort angeln Besucher 2 km flussabwärts von der Molimo-Nthuse Lodge (2 Std. Anfahrt von Maseru).

Fliegen

Ganzjährig geeignetes Wetter und viele hochgelegene Startplätze machen Südafrika zum Superziel für Flug-begeisterte. In den Himmel geht's relativ günstig; eine erste nützliche Anlaufstelle ist der **Aero Club of South Africa** (☎011-082 1100; www.aeroclub.org.za).

Gleitschirmfliegen
Südafrika (vor allem der Tafelberg) zählt zu den weltbesten Revieren für Gleitschirmflieger. Die beste Thermik herrscht von November bis April. Erfahrene Piloten freuen sich über minimale Luftraumbeschränkungen. Zudem sind die Möglichkeiten für Langstrecken-Überlandflüge hervorragend. Die **South African Hang Gliding & Paragliding Association** (☎074-152 2505; www.sahpa.co.za) informiert über Startplätze, Schulen und Clubs.

Ultraleichtfliegen Unter http://microlighters.co.za findet man u. a. hilfreiche Foren und Flugplatzverzeichnisse.

Klettern

Mountain Club of South Africa (www.mcsa.org.za) Infos und Links zu regionalen Kletterclubs.
Roc'n Rope (www.rocrope.com) Klettern und Abseilen (Trips, Kurse).
SA Climbing Info Network (www.saclimb.co.za) Infonetzwerk mit Verzeichnissen und Fotos von Boulder- oder Kletterrouten.

Kloofing (Canyoning)

Kloofing (außerhalb Südafrikas Canyoning genannt) ist ein Mix aus Klettern, Wandern, Schwimmen und spannenden Sprüngen. Die bislang kleine Anhängerschaft dieser Sportart wächst vor Ort rapide.

Aufgrund eines gewissen Sicherheitsrisikos beim Kloofing ist es äußerst wichtig, bei der Anbietersuche die Referenzen gut zu checken.

Mountainbiken

Mountainbike-Trails gibt's zwischen Garden Route und

Sani Pass fast überall. Dieser Pass ermöglicht schwierige Berg- bzw. Talfahrten an der Grenze zwischen Südafrika und Lesotho. Kapstadt ist eine inoffizielle Landeshauptstadt des Mountainbikens. Beispiele für Infoquellen:

Linx Africa (www.linx.co.za/trails/lists/bikelist.html)
Mountain Bike South Africa (www.mtbsa.co.za)
Mountain Bike South Africa e-zine (www.mtb.org.za)
Ride (www.ride.co.za) Südafrikanisches MTB-Monatsmagazin.

Rafting, Kanu- & Kajakfahren

Südafrika hat nur wenige große Flüsse. Wo aber ganzjährig Wasser fließt, sind tolle Paddel- oder Raftingtrips möglich. Letztere hängen stark von der Regenmenge ab, die in den meisten Regionen von Dezember/Januar bis April am höchsten ist.

Felix Unite (www.felixunite.com) Auf Breede, Cunene und Senqu (Orange) River.

Hardy Ventures (www.iafrica.com) Auf den Flüssen Blyde, Olifants und Sabie.
Induna Adventures (www.indunaadventures.com) Auf Sabie und Blyde.
Intrapid (www.raftsa.co.za) Auf Senqu (Orange), Doring und anderen Flüssen.
Sea Kayaking Association of South Africa (www.doorway.co.za/kayak/recskasa) News und Kontakte.
Swazi Trails (www.swazitrails.co.sz) Auf dem Great Usutu River (Swasiland).

Reiten & Ponytrekken

» In Südafrika, Lesotho und Swasiland lassen sich leicht Ausritte (mehrstündig bis -tägig) für alle Erfahrungsstufen buchen.
» Reittouren werden in mehreren südafrikanischen Nationalparks angeboten.
» In Lesothos Hochland sind Erkundungstreks mit zähen Basotho-Ponys sehr beliebt.

Equus Horse Safaris (www.equus.co.za) In der Region Waterberg (Provinz Limpopo).
Fynbos Trails (www.fynbostrails.com) In der Provinz Western Cape.
Haven Horse Safaris (www.havenhotel.co.za) An der Wild Coast (Provinz Eastern Cape).
Horizon Horseback Adventures (www.ridinginafrica.com) In der Region Waterberg (Provinz Limpopo).
Khotso Horse Trails (www.khotsotrails.co.za) In den Drakensbergen (inkl. Lesotho).
Nyanza Horse Trails (www.btinternet.com/~duplessis/nyanza_stable) In Swasiland.

Surfen

An der Süd- oder Ostküste kann man im Herbst und Frühwinter (etwa April–Juli) am besten surfen. Bretter (neu ca. 3000 R/Stück) und Ausrüstung gibt's in den

---

PRAKTISCH & KONKRET

» Alle drei Länder verwenden das metrische System für Maße und Gewichte.

» Die Zeitungen *Mail & Guardian* (wöchentl.; www.mg.co.za), *The Sowetan* (tgl.; www.sowetanlive.co.za), *Sunday Independent* (www.iol.co.za/sundayindependent), *Sunday Times* (www.timeslive.co.za) und *Business Day* (www.businessday.co.za) erscheinen landesweit.

» Der Verlag Media 24 veröffentlicht Nachrichten und Feuilletonartikel auf seinem Online-Portal *News24* (www.news24.com).

» Das Wochenmagazin *NewsNow* (nn.co.za) widmet sich Schlaglichtern aus Südafrika und aller Welt.

» *Times of Swaziland* (www.times.co.sz) und *Swazi Observer* (www.observer.org.sz) berichten Aktuelles aus Swasiland, *Public Eye* (www.publiceye.co.ls) und *Lesotho Times* (www.lestimes.com) aus Lesotho.

» *Getaway* (www.getaway.co.za) und *Go!* (www.gomag.co.za) sind zwei südafrikanische Reisemagazine.

» Das lokale SABC-Fernsehprogramm (www.sabc.co.za) reicht von Nachrichten bis hin zu Seifenopern.

» M-Net (mnet.dstv.com) zeigt US-Spielfilme und -Serien.

» e.tv (www.etv.co.za) steht für Lokalprogramme und internationale Favoriten.

» SAFM (104–107 FM; www.sabc.co.za) sendet Nachrichten und Talkshows auch online.

» Der BBC World Service ist in der ganzen Region auf verschiedenen Radiofrequenzen (Verzeichnis unter www.bbc.co.uk/worldservice/programmeguide/waystolisten.shtml) und übers Internet zu empfangen.

SICHERES TAUCHEN

In beliebten Tauchgebieten, auch in der Sodwana Bay, gibt es zahlreiche Anbieter von Unterwasser-Ausflügen – und darunter natürlich auch schwarze Schafe, die es mit der Sicherheit nicht so genau nehmen. Bei der Auswahl des Tourveranstalters sollte die Qualität im Vordergrund stehen, nicht der Preis. Dabei spielen die Erfahrung und die Qualifikationen des Anbieters eine Rolle, ebenso das Wissen und die Ernsthaftigkeit des Personals, und außerdem die Frage, ob die Firma erst seit Kurzem besteht oder bereits gut etabliert ist. Auch die Art und der Zustand der Ausrüstung und die Wartungshäufigkeit sind wichtige Kriterien. Interessenten sollten darauf achten, dass die Firma und ihre Mitarbeiter professionell wirken und ruhig auch nach den Sicherheitsvorkehrungen (z. B. Funkgeräte, Sauerstoff, Notfallpläne, Zuverlässigkeit des Bootes und der zusätzlichen Motoren, Erste-Hilfe-Ausrüstung, Leuchtsignale und Schwimmwesten) fragen. Wichtig ist außerdem die Frage, ob es bei längeren Tauchausflügen zwischendurch eine energiereiche Mahlzeit oder nur Tee und Kekse gibt.

Man sollte sich einen Anbieter heraussuchen, der Kurse anbietet, die PADI-zertifiziert sind. Damit ist man flexibler, da die dort erworbenen Scheine überall auf der Welt in PADI-Tauchzentren anerkannt werden.

meisten großen Küstenstädten zu kaufen. Infoquellen:
Wavescape (www.waves cape.co.za)
Zig Zag (www.zigzag.co.za) Südafrikas größtes Surfermagazin.

Tauchen

Am äußersten Südzipfel Afrikas trifft der Atlantik auf den Indischen Ozean. Starke Strömungen und oft windige Bedingungen stellen erfahrene Taucher entlang der ganzen Küste vor Herausforderungen. Die Sodwana-Bucht an der Elefantenküste (KwaZulu-Natal) eignet sich gut für Anfänger.

Ausrüstung Küstenorte mit Tauchmöglichkeiten haben entsprechende Ausrüster. Viele Spots erfordern einen Nassanzug mit mindestens 5 mm Materialstärke; nur an der Sodwana Bay reichen 3 mm Neopren während der warmen Monate. Tauchstellen im Süden und Westen bedingen einen Trockenanzug.

Bedingungen Sie variieren stark und sind an der Küste KwaZulu-Natals von Mai bis September am besten – dann herrscht dort die beste Unterwassersicht. Im ganzjährig kalten Atlantikwasser der Westküste ist das Tauchen dank vieler Tage mit super Sicht zwischen November und Januar/Februar am tollsten.

Preise Die Preise sind in Südafrika generell niedriger als in der übrigen Region; drei- bis viertägige Freiwasserkurse mit Scheinerwerb gibt es schon ab 3000 R, Leihausrüstung ab 300 R pro Tag.

Vogelbeobachtung

Mit seinen vielfältigen Habitaten ist Südafrika ein Paradies für Piepmatzfans. So gibt's hier überall Vogelbeobachtungsclubs; die meisten Nationalparks und Naturschutzgebiete geben entsprechende Artenverzeichnisse aus. Obwohl sie oft auch Naturführer bereithalten, bringt man solche

Bücher am besten selbst mit. Nützliche Infoquellen:
BirdLife South Africa (www.birdlife.org.za) Hilfreiche Links und Artikel.
BirdLife South Africa Avitourism (www.birding routes.co.za) Fördert den Ökotourismus mit Schwerpunkt auf Vogelbeobachtungen (Avitourismus).
Bird-Watch Cape (www.birdwatch.co.za) Die Beobachtungstouren der Kleinfirma aus Kapstadt beinhalten auch 17-tägige Pauschaltrips durchs ganze Land.
Cape Birding Route (www.capebirdingroute.org) Deckt den Westen Südafrikas ab.
Greater Limpopo Birding Routes (www.limpopobirding.com) Führt Guides und vier Routen auf – darunter die „Kruger to Canyons Birding Route", die den Blyde River Canyon und Teile des Nationalparks umfasst.
Southern Africa Birding (www.sabirding.co.za) Ist auch in Lesotho und Swasiland aktiv.
Zululand Birding Route (www.zbr.co.za) Avitourismus-Projekt von BirdLife South Africa im Norden KwaZulu-Natals.

Walbeobachtung

» Weltweit gilt Südafrika als einer der besten Orte für Walbeobachtung ohne Boot.

» Südkaper und Buckelwale tauchen regelmäßig vor der Küste auf (Juni/Juli–Nov.). Mitunter lassen sich auch Bryde- und Killerwale blicken.

» Zwischen False Bay und iSimangaliso Wetland Park säumen Walbeobachtungspunkte die Süd- und Ostküste.

» Inoffizielle Whalewatching-Landeshauptstadt ist Hermanus, wo Südkaper ihre Jungen gebären.

Wandern & Trekken
SÜDAFRIKA
Ein super Wegenetz mit prima Beschilderung und Routen für alle Erfahrungs-

stufen macht Südafrika zum wunderbaren Ziel für Wanderer.

Bestimmungen Bei vielen Routen ist die Gesamtzahl der gleichzeitig zugelassenen Wanderer beschränkt. Die meisten Wildnisgebiete und längere Strecken muss man mindestens zu dritt oder viert erkunden.

Gefahren & Ärgernisse Die meisten Routen sind relativ sicher; dennoch kam es auf längeren Strecken und im Bereich des Tafelbergs schon zu Überfällen oder Einbrüchen in Unterkünfte. Daher beim Buchen einer Wanderung immer entsprechende Infos beim örtlichen Wanderclub einholen! Auf längeren und schwächer frequentierten Wegen ist es stets ratsam, nur in Gruppen unterwegs zu sein und so wenige Wertsachen wie möglich mitzuführen.

Geführte Wanderungen Finden in vielen Nationalparks statt und werden von bewaffneten Rangern begleitet; dabei legt man keine großen Entfernungen zurück, genießt aber unmittelbaren Kontakt zur Wildnis bzw. Natur. In den Nationalparks (u. a. Kruger National Park) reicht das Angebot von zwei- oder dreistündigen Buschwanderungen bis hin zu mehrtägigen Wildnistrips mit Übernachtung.

Infos im Internet & Medien Zusammen mit den verschiedenen Forstbehörden verwaltet **SAN Parks** (www.sanparks.org) die meisten Wanderwege.

Best Walks of the Drakensberg Wanderführer von David Bristow.

Ezemvelo KZN Wildlife (www.kznwildlife.com) Ist für die meisten Wege in KwaZulu-Natal zuständig.

Hiking South Africa (www.hiking-south-africa.info) Routenvorschläge.

Hiking Trails of Southern Africa Wanderführer von Willie und Sandra Olivier.

Lonely Planet (http://tinyurl.com/6m9u5x2) Vorschläge für mehrtägige Wanderungen.

Unterkunft Die Unterkünfte an manchen Routen reichen von Campingmöglichkeiten bis hin zu einfachen Hütten mit Strom und fließend Wasser. Unbedingt rechtzeitig reservieren!

Wanderzeit Das Wandern ist hier ganzjährig möglich und von März bis Oktober am schönsten. Im Sommer muss mit extrem hohen Temperaturen und Niederschlägen gerechnet werden.

Wildniswandern Ist in speziell ausgewiesenen Gebieten möglich; allerdings gibt's hierzu nur sehr wenige Routeninfos bzw. -vorschläge. Somit heißt's auf eigene Faust durchkommen.

LESOTHO

» Das ganze Land ist abseits der großen Ortschaften ein gutes Wandergebiet. Das östliche Hochland und die Drakensberge sind besonders attraktiv für Wanderer.

» Es gibt einige markierte Wanderwege (meist sind es nach europäischen Maßstäben eher Pfade). Doch mit Kompass und einer entsprechenden topografischen Karte ist Wandern im Prinzip überall möglich.

» In allen Gebieten, vor allem im entlegenen östlichen Hochland, kann das Wandern für Unerfahrene und schlecht Ausgerüstete schnell gefährlich werden: Die Temperaturen fallen selbst im Sommer gelegentlich auf den Gefrierpunkt, es gibt häufig Gewitter und dichten Nebel.

» Wasserfeste Ausrüstung und warme Kleidung dürfen deshalb in keinem Gepäck fehlen.

» Die Flüsse sind ein weiteres Problem: Sie treten im Sommer über die Ufer, auch Furten können dann sehr gefährlich werden. Manchmal ist es nötig, die Route zu ändern oder zu warten, bis

das Hochwasser zurückgegangen ist.

» Am Ende der Trockenzeit herrscht häufig Wasserknappheit, vor allem in höher gelegenen Gebieten.

SWASILAND

» Einige Naturschutzgebiete sind besonders gute Wanderreviere.

» In den meisten ländlichen Regionen kann man Pfaden folgen, die die Gegend schon seit vielen Jahrzehnten durchziehen.

» Die Wetterbedingungen sind hier nicht ganz so extrem wie in Lesotho. Im Sommer müssen Wanderer dennoch mit Hagelschauern und sintflutartigen Wolkenbrüchen rechnen.

Wildlifewatching

Die afrikanische Tierwelt ist eine der größten Attraktionen des Landes. Im Vergleich zu den Nachbarländern (z. B. Botswana und Sambia) lassen sich die Tiere hier relativ einfach beobachten, dazu kommen gute Straßen und Unterkünfte in allen Kategorien.

Swasiland bietet ebenfalls hervorragende Möglichkeiten zur Naturbeobachtung.

Botschaften & Konsulate

Botschaften & Konsulate in Südafrika

Die meisten Länder unterhalten eine Botschaft in Pretoria. Hinzu kommt oft ein Konsulat oder Vertretungsbüro in Kapstadt (fungiert während der dortigen Parlamentssitzungen eventuell als Botschaft).

Diplomatische Vertretungen widmen sich Visums- und Konsularangelegenheiten meist werktags zwischen 9 und 12 Uhr.

Weitere Botschaftsverzeichnisse gibt's unter www.dfa.gov.za/consular/index.html.

ALLGEMEINE INFORMATIONEN BOTSCHAFTEN & KONSULATE

Botswana (www.mofaic. gov.bw) Hochkommissariat in Pretoria (☎012-430 9640; 24 Amos St, Colbyn); Konsulat in Kapstadt (☎021-421 1045; 13. Stock, Metropolitan Life Bldg, 7 Coen Steyler Ave, City Bowl) Unterhält zudem ein Konsulat in Johannesburg.

Deutschland (www.south africa.diplo.de) Botschaft in Pretoria (☎012-427 8900; 180 Blackwood St, Arcadia, der Konsularabteilung 1267 Pretorius St, Hatfield); Generalkonsulat in Kapstadt (☎021-405 3000; 19. Stock, Triangle House, 22 Riebeeck St, City Bowl) Hat auch Honorarkonsulate in Durban und Port Elizabeth.

Lesotho Hochkommissariat in Pretoria (☎012-460 7648; www. foreign.gov.ls; 391 Anderson St, Menlo Park)

Mosambik (www.minec. gov.mz) Hochkommissariat in Pretoria (☎012-401 0300; 529 Edmond St, Arcadia); Kapstadt (☎021-426 2944; 11. Stock, Pinnacle Bldg, 8 Burg St, City Bowl); Nelspruit (☎013-752 7396; 32 Bell St) Zusätzlich in Durban und Johannesburg vertreten.

Namibia (☎012-481 9100; www.namibia.org.za; 197 Blackwood St, Arcadia) Hochkommissariat in Pretoria.

Österreich (www.bmeia. gv.at/botschaft/pretoria/die -botschaft.html) Botschaft in Pretoria (☎012-4529 155; 97 Justice Mahomed St, Brooklyn); Honorargeneralkonsulat in Kapstadt (☎021-430-5133; Protea Hotel Sea Point, Arthur's Rd, Seapoint) Weitere Honorarkonsulate in Johannesburg, Durban und Port Elizabeth.

Schweiz (www.eda.admin. ch/eda/en/home/reps/afri/ vzaf/embpre.html) Botschaft in Pretoria (☎012-452-0660/0661/0662; 225 Veale Street, Parc Nouveau, New Muckleneuk); Generalkonsulat in Kapstadt (☎021-400-7500; 26. Stock, No 1 Thibault Square, Cm. Long Str/Strijdom)

Simbabwe (www.zimfa. gov.zw) Botschaft in Pretoria (☎012-342 5125; 798 Merton St, Arcadia) Mit Konsulat in Johannesburg.

Swasiland (www.swazihigh com.co.za) Hochkommissariat in Pretoria (☎012-344 1910; 715 Government Ave, Arcadia) Weiteres Verbindungsbüro in Johannesburg.

Botschaften & Konsulate in Lesotho

Die folgenden diplomatischen Vertretungen befinden sich in Maseru. Botschaften in Südafrika sind oft auch für Lesotho zuständig (z.B. im Falle Österreichs und der Schweiz). Weitere Verzeichnisse gibt's unter www. foreign.gov.ls.

Deutschland (☎2233 2292/2983; www.southafrica. diplo.de; Alliance Française, Ecke Kingsway & Pioneer Rd)

Südafrika (☎2231 5758; www.dfa.gov.za; Ecke Kingsway & Old School Rd)

Botschaften & Konsulate in Swasiland

Die folgenden diplomatischen Vertretungen befinden sich in Mbabane. Botschaften in Südafrika sind oft auch für Swasiland zuständig (z.B. im Falle Österreichs und der Schweiz). Weitere Verzeichnisse gibt's unter www.gov.sz.

Deutschland (☎404 3174; www.southafrica.diplo.de; 3. Stock, Lilunga House, Samhlolo St)

Mosambik (☎404 1296; www.minec.gov.mz; Highlands View, Princess Drive Rd)

Südafrika (☎404 4651; www.dfa.gov.za; 2. Stock, The New Mall, Dr. Sishayi Rd)

Ermäßigungen

» Ein **Internationaler Jugendherbergsausweis** (HI-Card; www.hihostels. com) bringt Rabatt bei 25 südafrikanischen HI-Hostels und diversen Aktivitäten oder geführten Touren.

» Mit einem gültigen Studentenausweis bezahlt man z.B. bei Bustickets oder Museen weniger.

» Backpacker-Hostels informieren über die Rabattkarte **Moola Magic** (www. backpackingsouthafrica. co.za), welche Unterkünfte, Verkehrsmittel, geführte Touren und sogar Überlandreisen abdeckt.

» Wer viel Zeit in Nationalparks verbringen möchte, sollte sich eine **Wild Card** (www.sanparks.org/wild) zulegen.

Essen

In Südafrika essen zu gehen ist angenehm und preiswert. Außer in teuren Spitzenlokalen bezahlt man bei normalen Restaurantbesuchen etwa 70 bis 90 R pro Person (in Kneipen weniger). Frischwaren bieten überall ein prima Preis-Leistungs-Verhältnis.

Auf S. 578 stehen weitere Infos für alle, die in Südafrika, Lesotho und Swasiland gut essen gehen möchten.

Die folgenden Durchschnitts-Preiskategorien gelten jeweils für ein Hauptgericht.

» $ unter 60 R
» $$ 60–150 R
» $$$ über 150 R

Feiertage & Ferien

Südafrika

Unter www.info.gov.za/ aboutsa/holidays.htm gibt's Hintergrundinfos zu den folgenden gesetzlichen Feiertagen.

Neujahr 1. Januar

Tag der Menschenrechte 21. März

Karfreitag März/April

Tag der Familie April

Tag der Freiheit 27. April

Tag der Arbeit 1. Mai

Tag der Jugend 16. Juni

Nationaler Frauentag 9. August

Tag des Kulturerbes
24. September

Tag der Versöhnung
16. Dezember

Weihnachten 25. Dezember

Tag des Wohlwollens
26. Dezember

Lesotho

Neujahr 1. Januar

Todestag Moshoeshoes I. 11. März

Karfreitag März/April

Ostermontag März/April

Tag der Arbeit 1. Mai

Christi Himmelfahrt Mai

Africa/Heroes' Day
April/Mai

Geburtstag des Königs
17. Juli

Unabhängigkeitstag
4. Oktober

1. Weihnachtsfeiertag
25. Dezember

2. Weihnachtsfeiertag
26. Dezember

Swasiland

Neujahr 1. Januar

Karfreitag März/April

Ostermontag März/April

Geburtstag König Mswatis III. 19. April

Tag der Nationalflagge
25. April

Geburtstag König Sobhuzas II. 22. Juli

Tag der Schilftanz-Zeremonie (Umhlanga)
August/September

Tag der Unabhängigkeit (Somhlolo) 6. September

1. Weihnachtsfeiertag
25. Dezember

2. Weihnachtsfeiertag
26. Dezember

Tag der Incwala-Zeremonie Dezember/Januar

SCHULFERIEN

» Schulferien sind etwa von Ende März bis Mitte April (je nach Datum von Ostern), Ende Juni bis Mitte Juli, Ende September bis Anfang Oktober und von Anfang Dezember bis Mitte Januar.

» Die Provinzen im Landesinneren (Free State, Gauteng, Mpumalanga, North-West Province, Limpopo) und an der Küste (KwaZulu-Natal, Eastern, Northern und Western Cape) lassen ihre Schulferien abwechselnd beginnen.

» Über die genauen Zeiträume informieren die Kalender unter www.saschools.co.za.

» Die Hauptferienzeiten Lesothos und Swasilands entsprechen denen Südafrikas.

Fotos & Video

» In südafrikanischen Großstädten sind überall Dia- und Negativfilme, Kameras, Speicherkarten und weiteres Fotozubehör erhältlich.

» In den Großstädten Lesothos und Swasilands ist die Auswahl kleiner und bescheidener.

» Achtung: In allen drei Ländern bitte grundsätzlich niemals Soldaten, Polizisten, Militäranlagen und Regierungsgebäude fotografieren oder filmen!

» Insbesondere in Stammesdörfern ist es wichtig, vor Personenaufnahmen aller Art immer erst höflich um Erlaubnis zu bitten.

» Beim hilfreichen Lonely Planet Band *Travel Photography: A Guide to Taking Better Pictures* von Richard I'Anson ist der Titel Programm.

Frauen unterwegs

Hiesiges Frauenbild

Bis heute haben südafrikanische Männer aller Hautfarben oft ein altmodisches Frauenbild. Sexistisches Benehmen sollte aber keinesfalls toleriert werden!

Sexuelle Übergriffe und andere Gewalttätigkeiten gegen Frauen sind in Südafrika keine Seltenheit (hauptsächlich in Townships oder ländlichen Gegenden). Wegen der starken regionalen Verbreitung von HIV/Aids ist dieses Problem auch noch mit einem hohen Infektionsrisiko verbunden. Manche Vergewaltigungsopfer konnten Letzterem gerade noch entgehen, indem sie es schafften, den Täter zur Kondombenutzung zu überreden.

Auch Touristinnen wurden bereits vergewaltigt. Allerdings kommt dies selten vor und sorgt für extreme Empörung in den Gemeinden.

Zum Glück sehen sich die meisten weiblichen Südafrikabesucher nur mit Machotum bzw. patriarchalischem Benehmen (leicht schlüpfrigen Kommentaren etc.) konfrontiert.

Unbehelligt bleiben

» Weibliche Alleinreisende haben allgemein einen gewissen Seltenheitswert. Das macht frau auffällig, kann aber auch in großzügig angebotener Hilfe und Gastfreundschaft resultieren. Trotz des bestehenden Risikos für sexuelle Übergriffe erkunden viele weibliche Traveller das Land allein.

» Das Risiko hängt von Gegend und jeweiliger Aktivität ab. Wandern ohne Begleitung oder Trampen bzw. Mitnehmen von Trampern sind überall höchst gefährlich und daher grundsätzlich zu vermeiden.

» Das Risiko lässt sich reduzieren, indem Frauen mindestens zu zweit unterwegs sind. Idealerweise reisen sie zusammen mit einem männlichen Begleiter oder als Teil einer gemischtgeschlechtlichen Gruppe.

» Im Landesinneren und in traditionell geprägten Schwarzengemeinden gibt frau sich am besten konservativ. An der Küste ist zwanglosere Kleidung die Norm; anderso gilt: Wer möglichst wenig Aufmerksamkeit erregen will, zieht sich unauffällig an (lange, nicht zu enge Klamotten).

» Vor allem bei Dunkelheit heißt's immer angemessene

Vorsicht und den gesunden Menschenverstand walten lassen!

» Dazu gehört auch, abends nie alleine herumzulaufen, sondern immer ein Taxi zu nehmen – am besten zusammen mit anderen.

» Selbst tagsüber sollten einsame Gegenden, Strände und Straßenränder stets tabu sein.

» Falls frau selbst und ohne Begleitung fährt, gehört grundsätzlich ein Handy mit an Bord.

» An gefährlicheren Orten wie Johannesburg ist es zudem ratsam, Selbstverteidigungsmittel wie Pfefferspray oder Tränengas griffbereit in der Handtasche mitzuführen.

Freiwilligen- arbeit

Vor allem in den Bereichen Schulunterricht und Naturschutz ist Freiwilligenarbeit vor Ort möglich.

Für unbezahlte Freiwilligenjobs genügt das Touristenvisum. Wenn dessen Gültigkeitsdauer inklusive Verlängerung (Südafrika: insgesamt 180 Tage) für ein längerfristiges Engagement nicht ausreicht, hilft die jeweilige Freiwilligenorganisation in der Regel beim Erlangen eines entsprechenden Arbeitsvisums bzw. einer vorübergehenden Aufenthaltsgenehmigung.

Achtung: Diverse Abzockerunternehmen (vor allem im Tierschutzbereich) wollen vom zunehmenden Freiwilligentourismus profitieren! Somit bucht man sein Engagement besser direkt vor Ort und nicht vom Ausland aus. Zudem sollte man überprüfen, ob der Großteil des bezahlten Geldes dann wirklich den betreffenden Projekten und nicht den Vermittlern zugute kommt.

Eine kürzere Teilnahme von ein paar Stunden, Tagen oder Wochen lässt sich oft über Unterkünfte und touristische Einrichtungen arrangieren, die dauerhaft ein oder zwei lokale Programme unterstützen. Kurze ehrenamtliche Tätigkeiten sind zwar interessant für den Besucher, aber nur von geringem Nutzen für das jeweilige Projekt (abgesehen von der bezahlten Teilnahmegebühr).

African Conservation Experience (www.conservationafrica.net) Britische Organisation, die Freiwilligenjobs bei südafrikanischen Naturschutzprojekten vermittelt.

African Impact (www.africanimpact.com) Empfehlenswerte Organisation, die auf Freiwilligenarbeit, Praktika und verantwortungsbewussten Tourismus in Afrika (u. a. Südafrika, Lesotho, Swasiland) spezialisiert ist.

All Out Africa (www.alloutafrica.com) Bietet zweiwöchige bis einjährige Freiwilligenjobs z. B. in Südafrika oder Swasiland an; hinzu kommen Optionen, die Ehrenamtliches mit geführten Touren verbinden.

Backpacking South Africa (www.backpackingsouthafrica.co.za) Führt mögliche Engagements separat für alle südafrikanischen Provinzen auf.

Fair Trade in Tourism South Africa (www.fairtourismsa.za) Links zu südafrikanischen Organisationen.

i-to-i (www.i-to-i.com) Britische Organisation mit verschiedenen Freiwilligenoptionen (u. a. in Südafrika, Swasiland), die z. B. das Arbeiten mit Kindern in einer Township bei Kapstadt umfassen.

Kick 4 Life (www.kick4life.org) Zu den Möglichkeiten in Lesotho zählt z. B. die alljährliche Fußballtour, die Aufklärung in Sachen HIV/Aids mit Kickturnieren verbindet.

OneWorld365 (www.oneworld365.org) Britische Organisation mit Freiwilligenjobs, Lehrertätigkeiten und anderen Engagements.

Pride of Table Mountain (www.wildernessfoundation.org) Freiwillige begleiten sozial benachteiligte Kinder auf Tageswanderungen, die von den Kirstenbosch Botanical Gardens in Kapstadt zum Contour Path am Tafelberg führen.

Streetfootballworld (www.streetfootballworld.org) Tolle erste Anlaufstelle in puncto Freiwilligenarbeit im Fußballbereich.

Volunteer Abroad (www.volunteerabroad.com) Weitere gute Startplattform mit Verzeichnissen (u. a. für Südafrika, Lesotho und Swasiland).

Volunteer Africa 32° South (www.volunteerafrica.co.za) Betreibt z. B. ein Unterrichtsprojekt mit offiziellem Fair-Trade-Zertifikat, mit dem Bewohnern der Wild Coast grundlegende Computerkenntnisse beigebracht werden; hinzu kommen Vorschul- und Naturschutzprojekte plus Rehabilitationsmaßnahmen für Pferde (s. S. 216 & S. 220).

Voluntours (www.voluntours.co.za) Empfehlenswerte Organisation mit Sitz in Johannesburg, die praktische Teilnahme an wohltätigen Projekten zu vernünftigen Preisen ermöglicht.

World Wide Opportunities on Organic Farms (www.wwoofindependents.org) Vermittelt Freiwilligenjobs mit Unterkunft auf südafrikanischen Biobauernhöfen; besonders empfehlenswert ist das Fynbos Estate (Host bzw. Gastgeber-ID SAF080; auf „Preview the list of hosts" und „South Africa" klicken).

Geld

Unter www.southafrica.info/travel/advice/currency.htm gibt's weitere Infos zum Thema Geld in Südafrika.

Ausländische Währungen Am besten bringt man US-Dollar, Euro oder Britische Pfund mit (teils bar, teils in Reiseschecks). Zudem empfiehlt sich eine Kredit- oder Lastschriftkarte fürs Abheben am Automaten.

Größte Banken Absa, FNB (First National Bank), Nedbank und Standard Bank.

Südafrika (Landeswährung) Ein Südafrikanischer Rand (R) besteht aus 100 Cent. Münzen gibt's zu 1, 2, 5, 10, 20 und 50 Cent sowie zu 1, 2 und 5 R. Geldscheine haben einen Wert von 10, 20, 50, 100 oder 200 R. Da der Rand immer noch schwächer ist als westliche Währungen, reist es sich in Südafrika günstiger als in Europa oder Nordamerika.

Swasiland und Lesotho (Landeswährungen) Swasiland hat den Lilangeni (Plural Emalangeni, Abkürzung „E"; 1 E = 100 Cent), Lesotho den Loti (Plural Maloti, Abkürzung „M"; 1 M = 100 Lisente). Der Festwert beider Währungen entspricht dem des Rand. Auch dieser wird in Swasiland und Lesotho überall akzeptiert. Wechselgeld bekommt man jedoch grundsätzlich in Emalangeni bzw. Maloti.

Geld umtauschen

SÜDAFRIKA

» In Großstädten lässt sich Bargeld überall bei Banken und Wechselstuben umtauschen.

» Die meisten Banken lösen Reiseschecks in bedeutenden Fremdwährungen gegen unterschiedliche Bearbeitungsgebühren ein.

» Thomas Cook bietet Reiseschecks in Rand an. Trotzdem ist es eventuell besser, Varianten in stärkeren Währungen (z. B. Euro, US-Dollar) zu wählen.

» Reiseschecks in Rand kauft man am besten erst direkt vor Reise, um die Abwertung zu minimieren.

» Die Reisebürokette **Rennies Travel** (www.renniestravel.com) vertritt Thomas Cook in Südafrika und unterhält dort Filialen in allen Großstädten.

» Wechselstuben von American Express sind ebenfalls in Großstädten zu finden.

» Rennies Travel und American Express lösen Reiseschecks gebührenfrei ein. Allerdings haben Banken oft bessere Wechselkurse.

» Zumindest ein paar Umtauschquittungen sollten sorgfältig aufbewahrt werden, um übrige Rand bei Abreise wieder in die eigene Währung umwandeln zu können.

LESOTHO

» In Maseru besteht mit Sicherheit die Möglichkeit, ausländisches Geld und Reiseschecks in die heimische Währung umzutauschen.

» Die Gebühren betragen in der Regel 2,5 % bei Reiseschecks (mindestens 25 M) und 1,25 % bei Bargeld (mindestens 40 M). Auf Wunsch stehen meist auch Rand-Banknoten zur Verfügung.

SWASILAND

» FNB und die Nedbank tauschen Bargeld und Reiseschecks um. Ihre Kurse sind vergleichbar, doch die Gebühren unterscheiden sich.

» Viele Banken möchten die Quittung sehe, wenn man seine Reiseschecks einlöst.

» Die Standard Bank hat Filialen in Mbabane, Manzini, Nhlangano, Piggs Peak, Simunye, Tshaneni, Matsapha und Big Bend.

» Die FNB hat ebenfalls Filialen im ganzen Land.

» Die Nedbank ist mit Zweigstellen lediglich in Mbabane, Manzini und Matsapha vertreten.

Geldautomaten

» In- und außerhalb südafrikanischer Städte gibt's jede Menge Geldautomaten.

» Sicherheitstipps finden sich im Kasten auf S. 638.

» Für den Besuch entlegener Gebiete (z. B. Kruger National Park) empfiehlt sich ein entsprechender Bargeldvorrat.

» In Maseru befindet sich Lesothos einziger Geldautomat, der internationale Karten akzeptiert. Für alle anderen Geräte des Landes braucht man ein einheimisches Bankkonto.

» In Swasiland kann in Mbabane, im Ezulwini Valley und an ein paar wenigen anderen Orten Bares per internationaler Karte am Automaten abgehoben werden.

Kredit- & Lastschriftkarten

Da Südafrika für Kartenbetrug berüchtigt ist, blockieren viele ausländische Banken automatisch alle Transaktionen in bzw. aus diesem

---

TRINKGELDER

Wegen der niedrigen Löhne erwarten Einheimische stets ein Trinkgeld. Hauptausnahme sind ländliche Ecken in Lesotho und Swasiland: Dort ist es üblich, einfach die Rechnung aufzurunden.

DIENSTLEISTER	TRINKGELD
Cafépersonal	10 %
Hotelgepäckträger	10 R
Parkplatzwächter	2 R (5 R bei längeren Zeiträumen)
Restaurantpersonal	10–15 %
Tankwarte	5 R
Taxifahrer	Fahrpreis aufrunden

Land. Darum sollten vor allem Kreditkartenbenutzer ihre Bank bzw. das jeweilige ausstellende Unternehmen schon in der Heimat rechtzeitig von ihren Reiseplänen unterrichten.

» MasterCard und Visa werden in Südafrika weithin anerkannt, Diners Club und American Express vergleichsweise weniger häufig.

» An vielen Geldautomaten ist Abheben per Kredit- oder Lastschriftkarte möglich.

» In Lesotho und Swasiland werden Kreditkarten jeweils nur von großen touristischen Einrichtungen anerkannt.

» Bei allen gescheiterten Transaktionen und anderen Unregelmäßigkeiten während einer Zahlung mit Kredit- oder Lastschriftkarte muss man das Plastikgeld schnellstmöglich aus dem Terminal ziehen. Den Vorgang dann auf keinen Fall wiederholen!

Steuern & Rückerstattungen
SÜDAFRIKA

» Südafrika erhebt eine Mehrwertsteuer (Value-Added Tax; VAT) von 14 %. Wenn Traveller vor Ort gekaufte Artikel bei der Ausreise ausführen, können sie sich aber ca. 11 % der Steuer zurückerstatten lassen, wenn der Netto-Gesamtwert des Erworbenen über 250 R liegt.

» Dazu müssen die Artikel von Händlern mit offizieller Steuerregistrierung stammen; zudem ist immer eine Rechnung mit allen steuerrelevanten Daten vonnöten.

» Normalerweise reicht der Kaufbeleg für eine Mehrwertsteuer-Rückerstattung – vorausgesetzt, er enthält alle folgenden Angaben: die Bezeichnung *tax invoice* (Handelsrechnung bzw. für Steuerzwecke erstellte Rechnung), die zehnstellige Steuerregistrierungsnummer des Händlers plus dessen Name und Adresse, eine genaue Beschreibung

der/des gekauften Artikel(s), den gesamten Kaufbetrag in Rand, den separat ausgewiesenen Mehrwertsteuerbetrag oder den Hinweis, dass die VAT im Gesamtbetrag enthalten ist, eine Steuerrechnungsnummer und das jeweilige Rechnungsdatum. Bei Kaufbeträgen ab 3000 R müssen zudem Name und Adresse des Käufers sowie Menge und Volumen der/des Artikel(s) vermerkt sein.

» Achtung, keine Fotokopien: Alle Rechnungen bzw. Kaufbelege müssen Originale sein!

» Bei der Ausreise füllt man dann ein bis zwei Formulare aus und legt alle (!) Artikel einem Zollbeamten vor.

» Wichtig: An Flughäfen sollte dies unbedingt immer vor dem Einchecken erfolgen!

» Nach dem Passieren der Passkontrolle stellt man seinen Rückerstattungsantrag und lässt sich das Geld auszahlen. Dies erfolgt z. B. in Form eines Schecks, der an den internationalen Flughäfen von Johannesburg und Kapstadt direkt bei einer Bankfiliale eingelöst werden kann. Andernfalls bekommt man eine Electron- bzw. Guthabenkarte von Visa, die mit dem entsprechenden Betrag in Fremdwährung aufgeladen wird. Als weitere mögliche Alternative gibt's eine Einzugsermächtigung (in bedeutender Fremdwährung wie US-Dollar oder Pfund Sterling), die im Ausland eingelöst werden kann.

» Bei VAT-Rückerstattungen ab 3000 R erhält man das Geld nicht sofort, sondern muss bis zu sechs Wochen lang auf die Überweisung warten.

» Wer seinen Reisepass und alle Rechnungen bei den Bearbeitungsbüros in Kapstadt (Clock Tower, Waterfront) oder Johannesburg (Sandton City) vorlegt, kann den Papierkram schon vorher erledigen.

» Ansonsten lassen sich Rückerstattungsanträge direkt an den internationalen

Flughäfen von Johannesburg, Kapstadt und Durban stellen – ebenso an den kleineren Airports von Bloemfontein, Gateway, Lanseria, Mpumalanga Kruger (Nelspruit), Pilanesberg, Port Elizabeth und Upington.

» VAT zurück gibt's auch an südafrikanischen Haupthäfen und manchen Grenzübergängen zu Botswana, Mosambik, Namibia, Swasiland oder Simbabwe.

» Weitere Details stehen unter www.taxrefunds.co.za im Internet.

LESOTHO & SWASILAND

» Auch Lesotho und Swasiland erheben jeweils eine Mehrwertsteuer von 14 %, doch gibt es in diesen Ländern noch kein Erstattungssystem.

» Viele Hotels zeichnen ihre Preise ohne die Mehrwertsteuer aus, im Buch wird aber grundsätzlich der Preis inklusive Mehrwertsteuer angegeben.

Internetzugang

» In Südafrika kommt man überall gut ins Netz.

» Allerdings sind die Verbindungen hier oft langsamer als bei uns.

» Unterkünfte stellen Gästen normalerweise WLAN oder (weniger häufig) Computer mit Onlinezugang zur Verfügung.

» Das Symbol 📶 steht in diesem Buch für Adressen mit WLAN-Netz.

» Unterkünfte mit Internet-Gästecomputern sind in diesem Buch am Symbol @ zu erkennen.

» Viele Einkaufszentren, Cafés, Restaurants und Bars (u. a. die Kette Café Sofia) haben oft kostenlose WLAN-Zugänge. Andernfalls muss man sich eventuell gebührenpflichtig über Provider wie **Skyrove** (www.skyrove.com) oder **Red Button** (www.redbutton.co.za) einloggen. In diesem

Fall kann man Surf-Guthaben entweder online per Kreditkarte oder direkt beim Hotspotbetreiber kaufen.

» SIM-Karten von Mobilfunkanbietern wie **MTN** (www.mtn.co.za) ermöglichen es, per USB-Dongle über den eigenen Laptop online zu gehen.

» Internetcafés (ca. 30 R/Std.) gibt's in großen und manchen kleineren Städten.

» In Lesotho beschränkt sich der Internetzugang auf Maseru.

» Netznutzung in Swasiland geht z. B. in Mbabane, Manzini und im Malkerns Valley.

Karten & Stadtpläne

Karten und Stadtpläne gibt's überall bei Buchläden oder Touristeninformationen. In Kapstadt und Johannesburg verkauft **Map Studio** (www.mapstudio.co.za) Material vom Straßenatlas bis zur Minikarte im Taschenformat.

Öffnungszeiten

Die Regionenkapitel nennen nur Öffnungs- und Geschäftszeiten, die von folgenden Standardangaben abweichen:

Banken Mo–Fr 9–15.30, Sa 9–11 Uhr; viele Wechselstuben haben länger geöffnet.

Bars 16–2 Uhr.

Behörden Mo–Fr 8–16.30 Uhr (Lesotho 8–12.45 & 14–16.30 Uhr, Swasiland 8–16 Uhr).

Cafés Frühstück 7–12 Uhr, Mittagessen 12–17 Uhr.

Läden & Geschäfte Mo–Fr 8.30–17, Sa 8.30–13 Uhr; viele Supermärkte auch So 9–12 Uhr, Einkaufszentren tgl. bis 21 Uhr.

Postfilialen Mo–Fr 8.30–16.30, Sa 8.30–12 Uhr.

Restaurants Mittagessen 11.30–15 Uhr, Abendessen 19–22 Uhr (letzte Bestellung); oft auch durchgängig geöffnet.

Post

» In Südafrika und Swasiland ist der Postdienst im Land als auch ins Ausland zuverlässig, allerdings teilweise ziemlich langsam.

» In Lesotho ist die Zustellung generell langsam und unzuverlässig.

» Wer Wertvolles versendet, sollte lieber auf die Dienste eines privaten Postdienstes wie **PostNet** (www.postnet.co.za).zurückgreifen.

Rechtsfragen

» Hier spielen vor allem Verkehrsdelikte (zu hohes Tempo, Alkohol, Drogen am Steuer), Drogenkonsum und -besitz eine Rolle.

» Obwohl Südafrika eine relativ offene Drogenkultur hat, sind Konsum und Besitz streng verboten: Erwischte Sünder müssen mit strengen Strafen rechnen!

» Manche Südafrikaner beschweren sich über korrupte Polizisten und haben angeblich schon Beamte bestochen. Das Anbieten von Schmiergeld ist aber keinesfalls empfehlenswert und kann ganz leicht nach hinten losgehen!

» Wer in Südafrika verhaftet wird, darf die Aussage verweigern und kann Entlassung gegen Kaution bzw. unter Auflagen verlangen, wenn kein schwerwiegender Haftgrund vorliegt. Man hat das Recht auf einen Anwalt, ausreichend Essen und menschenwürdige Haftbedingungen.

Reisen mit Behinderung

» Innerhalb Afrikas zählt Südafrika zu den besten Zielen für Reisende mit Handicap. Dafür sorgt ein stetig wachsendes Netzwerk von Einrichtungen für Körper- und Sehbehinderte.

» Wo vorhanden, nennt dieses Buch lokale Unterkünfte und Attraktionen mit behindertengerechten Einrichtungen bzw. Zugangsmöglichkeiten.

» Sehenswürdigkeiten wie botanische Gärten stellen manchmal Rollstühle zur Verfügung (sicherheitshalber rechtzeitig anrufen!).

» Diverse Gärten und Naturschutzgebiete haben in Braille-Schrift beschilderte Pfade oder spezielle Führer für Sehbehinderte.

» Viele Parks und Attraktionen verfügen über rollstuhlgerechte Stege bzw. Wege. Mancherorts werden auch extra Aktivitäten für Besucher mit Behinderung angeboten.

» Große Autovermieter haben handgesteuerte Fahrzeuge im Programm.

» Weitere Infos stehen auf S. 422.

Infos im Internet

Access-Able Travel Source (www.access-able.com) Nennt Anbieter mit geführten Touren für Reisende mit Behinderung.

Disabled Travel (www.disabledtravel.co.za) Website eines ortsansässigen Therapeuten, der behindertengerechte Unterkünfte, Restaurants und Dienstleister in ganz Südafrika empfiehlt.

Eco-Access (www.eco-access.org) Südafrikanische Wohlfahrtsorganisation, die sich für die Rechte behinderter Menschen und mehr Barrierefreiheit beim Zugang zur Natur einsetzt.

Epic-Enabled (www.epic-enabled.com) Unterkünfte, Verkehrsmittel und geführte Touren (z. B. im Kruger National Park).

Flamingo Tours (www.flamingotours.co.za) Geführte Touren für Reisende mit Behinderung (z. B. im Bereich von Kapstadt oder entlang der Garden Route).

Linx Africa (www.linx.co.za/trails/lists/disalist.html) Verzeichnis mit behindertengerechten Wanderrouten.

National Council for Persons with Physical Disabilities in South Africa (www.ncppdsa.org.za) Nützliche erste Anlaufstelle.

QuadPara Association of South Africa (www.qasa.co.za) Strandtaugliche Rollstühle in Durban und an KwaZulu-Natals Südküste.

Rolling SA (www.rollingsa.co.za) Touren wie z. B. neuntägige Safaris durch den Kruger National Park.

SAN Parks (www.sanparks.org) Detaillierte, tolle Übersicht über Unterkünfte und Nutzungsmöglichkeiten für Seh-, Hör- oder Körperbehinderte in den verwalteten Parks.

South African Tourism (www.southafrica.net/sat/content/de/de/germany-home) Website-Bereich mit Infos und Vorschlägen (unter „Reiseplanung" und „Reisetipps").

The Sponge Project (http://thespongeproject.yolasite.com) SMS-Infoservice für Menschen mit Behinderung.

Schwule & Lesben

Südafrika zählt weltweit zu den wenigen Ländern, deren Verfassung jegliche Diskriminierung wegen sexueller Neigungen ausdrücklich verbietet. Kapstadt und Johannesburg haben aktive LGBT-Gemeinden bzw. -szenen, in Pretoria und Durban sind sie weniger stark ausgeprägt. Als Homosexuellenhochburg des Landes ist Kapstadt auch die diesbezüglich toleranteste Stadt Afrikas.

Toleranz Trotz der neuen Verfassung wird es wohl noch eine Weile dauern, bis sich die Liberalität auch in konservativeren Gesellschaftskreisen durchsetzt. Vor allem im ländlichen Raum ist Homosexualität in schwarzen wie weißen Gemeinden weiterhin verschrien oder sogar gänzlich tabu.

Lesotho Homosexualität ist nicht offiziell verboten. Dennoch sind schwule Beziehungen gesellschaftlich tabu und öffentliche Zuneigungsbekundungen (egal welcher Ausrichtung) stark geächtet.

Swasiland Konservativer als Südafrika; LGBT-Aktivitäten sind offiziell verboten. Schwule Beziehungen werden von der Gesellschaft nicht akzeptiert.

Feste & Events

Weitere Listen gibt es in den Kapiteln zu Kapstadt, Johannesburg und Durban.

Jo'burg Pride (joburgpride.org) Afrikas allererste Schwulen- und Lesbenparade; findet seit 1990 jeden September/Oktober statt.

Mother City Queer Project (www.mcqp.co.za) Kapstadts wildes Schwulen- und Lesbenfestival im Dezember; mit vielen Tanzflächen und Künstlerauftritten.

Out in Africa (www.oia.co.za) Schwul-lesbisches Filmfestival; steigt jeden Oktober in Johannesburg und Kapstadt.

Infos im Internet

Die Kapitel zu Kapstadt, Johannesburg und Durban enthalten weitere Verzeichnisse. Schwul-lesbische Zeitungen und Zeitschriften gibt's bei Szenetreffs oder Buchhandelsketten wie CNA.

Behind the Mask (www.mask.org.za) Organisation mit Sitz in Johannesburg, die sich um Afrikas LGBTI-Gemeinde (Lesben, Schwule, Bi-, Trans- und Intersexuelle) kümmert. Website mit News, Verzeichnissen und Links.

Exit (www.exit.co.za) LGBT-Monatszeitung.

Gay Johannesburg (gayjohannesburg.blogspot.com) News und Links.

Gay Pages (www.gaypagessa.co.za) Hochglanzmagazin, das alle zwei Monate landesweit erscheint.

OUTright Hochglanz-Monatsmagazin für Schwule.

South African Tourism (www.southafrica.net) Nennt Schwulen- und Lesben-events.

Triangle Project (www.triangle.org.za) In Kapstadt ansässige Organisation, die für LGBTI-Rechte eintritt und die Szene mit diversen Programmen unterstützt.

Sprachkurse

Vor Ort bieten viele Sprachschulen z. B. Kurse in Xhosa, Zulu, Sotho, Afrikaans und Englisch an. Beispiele:

Inlingua (www.inlingua.co.za; Green Point, Kapstadt) Afrikaans, Englisch.

Interlink (www.interlink.co.za; Sea Point, Kapstadt) Englisch.

Language Teaching Centre (www.languageteachingcentre.co.za; City Bowl, Kapstadt) Xhosa, Zulu, Afrikaans, Englisch.

Phaphama Initiatives (www.phaphama.org; Soweto, Gauteng) Organisiert Aufenthalte bei einheimischen Familien und geführte Touren, die den südafrikanischen Alltag thematisieren – beispielsweise in Kapstadt, Johannesburg, den Townships von Gauteng (u. a. Soweto) oder im ländlichen KwaZulu-Natal. So lernt man Sprachen außerhalb eines Klassenzimmers und zudem noch die Kultur kennen.

UBuntu Bridge (www.learnxhosa.co.za; Claremont & Newlands, Kapstadt) Xhosa.

University of the Witwatersrand (www.witslanguageschool.com/aae.aspx; Braamfontein, Johannesburg) Zulu, Sotho, Afrikaans.

Strom

s. Abb. S. 631

Telefon

Südafrika

» In puncto Telefonieren ist Südafrika gut versorgt.

220–230 V/50 Hz

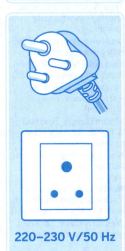

220–230 V/50 Hz

» Telefonkarten der **Telkom** (www.telkom.co.za) und Worldcall-Karten für Auslandsgespräche sind überall erhältlich.

» Ortsgespräche kosten 0,47 R pro Minute (Ferngespräche ca. 0,90 R/Min.).

» Günstiger ist es Mo–Fr 19–7 Uhr und am Wochenende.

» Anrufe auf südafrikanische Handys schlagen mit 1,89 R pro Minute zu Buche (Mo–Fr 20–7 Uhr & Wochenende 1,17 R/Min.).

» Öffentliche Münzfernsprecher sind blau, Kartentelefone grün.

» Private Telefonstuben ermöglichen (allerdings teure) Gespräche gegen Barzahlung. Wie die Telefone auf den Straßentischen empfehlen sie sich für spontane, kurze Ortsverbindungen.

» Von 20 bis 8 Uhr (Mo–Fr) und am Wochenende sind Anrufe auf ausländische Festnetzanschlüsse günstiger (z. B. nach Deutschland 2,03 R/Min.): Übersicht über alle Tarife unter www.telkom.co.za/common/AugFiling/international_list.html).

» Per „Home Direct"-Service kann man R-Gespräche führen und recht günstig in die Heimat telefonieren. Dabei stellt eine spezielle Vermittlung die Verbindung her. Die richtige HDS-Nummer fürs eigene Heimatland lässt sich rund um die Uhr über das internationale Callcenter der Telkom herausfinden.

» Weitere Infos zum Telefonieren in Südafrika gibt's unter www.southafrica.info/travel/advice/telecoms.htm.

VORWAHLEN

Inklusive Ortsvorwahl (stets mitzuwählen) haben südafrikanische Telefonnummern zehn Stellen.

Landesweit gelten diverse vierstellige Spezialvorwahlen, auf die jeweils sechsstellige Anschlussnummern folgen. Beispiele:

» ⌕0800 (auch 080; gebührenfreie Servicenummern)

» ⌕0860 (Verbindungen zum Ortstarif)

» ⌕0861 (Verbindungen zum Pauschaltarif)

HANDYS

» Digitale Mobilfunknetze (GSM und 3 G) decken den Großteil Südafrikas ab. Die meisten Leute haben Handys.

» GSM-Roaming von bzw. nach Europa sollte problemlos funktionieren. Günstiger ist es aber, eine südafrikanische SIM-Karte ins eigene Gerät einzusetzen. Es muss dann entsprechend entsperrt und roamingtauglich sein.

» Größte Mobilfunkanbieter mit Netzvorwahlen: **Cell C** (www.cellc.co.za; 084), **MTN** (www.mtn.co.za; 083), **Virgin Mobile** (www.virginmobile.co.za; 0741) und **Vodacom** (www.vodacom.co.za; 082).

» Da die Zahl der Handynutzer vor Ort weiter steigt, gibt's immer mehr Nummern mit ⌕07 am Anfang.

» Manche Autovermieter verleihen auch Handys.

» In allen großen und größeren Städten bekommt man SIM- bzw. Prepaid-Karten an fast jeder Ecke in Läden oder Einkaufszentren.

» SIM-Karten kosten in Flughafenshops meist mehr. Um sie zu kaufen und gemäß der RICA (Regulation of Interception of Communication Act) zu registrieren, muss man einen Lichtbildausweis vorlegen und eine südafrikanische Adresse nachweisen.

» Für Letzteres reicht eine Hotelquittung oder eine unterschriebene Erklärung des Gastgebers bzw. Unterkunftsbetreibers, die den Aufenthalt bestätigt.

» MTN-Handygespräche auf Festnetzanschlüsse oder in andere Mobilfunknetze kosten normalerweise 1,30 bis 2,19 R pro Minute.

» Der SMS-Versand über MTN kostet durchschnittlich 0,80 (Inland) bzw. 1,60 R (Ausland) pro Kurznachricht.

Lesotho

» Lesothos Telefonnetz ist ganz o.k., deckt aber das Hochland nur begrenzt ab.

» Vorwahlen existieren hier nicht; Auslandsverbindungen sind teuer (für internationale R-Gespräche ⌕109 wählen!).

» Im Hochland beschränkt sich der ohnehin stark limitierte Handyempfang auf ein paar Gebirgspässe.

» Von Maseru aus gesehen erstreckt sich das Netz des größten Mobilfunkanbieters **Vodacom Lesotho** (www.vodacom.co.ls) zwischen

WICHTIGE TELEFONNUMMERN

s. auch S. 19.

Südafrika

Gelbe Seiten
(Telefonauskunft/Handy-SMS-Service ☎10118/34310)

Kapstädter Hilfshotline für Opfer sexueller Gewalt
(☎021-447 9762)

Lifeline Johannesburg für Opfer sexueller Gewalt
(☎011-728 1347)

Notruf Kapstadt
(vom Festnetz/Handy ☎107/021-480 7700)

Polizei (☎10111)

Privatmedizinischer Dienst von Netcare (☎082 911)

Rettungsdienst (☎10177)

Telefonauskunft (☎1023)

Vermittlung für Auslandsgespräche (☎10903)

Vermittlung für R-Gespräche (☎0900)

Lesotho

Feuerwehr (☎115)

Polizei (☎2231 9900)

Rettungsdienst (☎2231 2501)

Swasiland

Feuerwehr (☎2404 3333, 933)

Polizei (☎999)

Muela (Nordosten), Quthing (Moyeni; Süden) und dem Mohale-Damm (Osten).

Swasiland

» Auch Swasiland hat ein recht anständiges Telefonnetz und keine Vorwahlen.

» Die Vermittlung für (R-)Gespräche ins Ausland (☎94) empfiehlt sich vor allem außerhalb der Städte.

» Ansonsten lassen sich internationale Verbindungen am leichtesten per MTN-Telefonkarte herstellen.

» Die Mobilfunknetze von MTN und Vodacom decken keine Bergregionen ab.

» Seit April 2010 beginnen alle Handynummern mit einer „7" (Beispiel früher/heute: ☎602/7602) und alle Festnetznummern mit einer „2" (Beispiel früher/heute: ☎416/2416).

Toiletten

» In Südafrika findet sich normalerweise leicht eine saubere Sitztoilette:

» Öffentliche Örtchen sind zwar rar, aber in den meisten Einkaufszentren vorhanden.

» Touristeninformationen und Restaurants haben normal nichts dagegen, wenn man ihre Toiletten benutzt.

Touristeninformation

Südafrika

Touristeninformationen gibt's in fast allen Städten und Ortschaften des Landes.

Dabei handelt es sich oft um private Einrichtungen, die nur registrierte Mitglieder bzw. Mitgliedsorganisationen

empfehlen und sich ihren Buchungsservice z. T. per Provision bezahlen lassen. Ein Besuch kann sich lohnen; allerdings muss man eventuell kräftig nachhaken, um alle Optionen zu ermitteln.

Das Personal staatlicher Touristeninformationen wirkt häufig lustlos und wenig sachkundig – Tipps von der eigenen Unterkunft können da hilfreicher sein. Die Website von **South African Tourism** (www.southafrica.net/sat/content/de/de/germany-home) liefert viele Anregungen und Infos.

TOURISTENINFORMATIONEN DER PROVINZEN

Eastern Cape Tourism Board (www.ectourism.co.za)
Free State Tourism Authority (www.freestatetourism.org)
Gauteng Tourism Authority (www.gauteng.net)
KwaZulu-Natal Tourism Authority (www.kzn.org.za)
Limpopo Tourism & Parks Board (www.golimpopo.com)
Mpumalanga Tourism & Parks Agency (www.mpumalanga.com)
Northern Cape Tourism Authority (www.northerncape.org.za)
North-West Province Parks & Tourism Board (www.tourismnorthwest.co.za)
Western Cape Tourism (www.thewesterncape.co.za)

TOURISTENINFORMATIONEN IM AUSLAND

South African Tourism informiert online über seine Büros und Callcenter im Ausland. Das Büro in Deutschland (☎0800-1189-118; Friedensstr. 6–10, 60311 Frankfurt a. M.) ist auch für Österreich und die Schweiz zuständig.

Lesotho & Swasiland

Lesotho Tourism Development Corporation (visitlesotho.travel) Tipps, Routenvorschläge und Details zu Kultur bzw. Geschichte des Landes.

See Lesotho (www.see lesotho.com) Private Website mit Anregungen und Links.

Swaziland Tourism Authority (www.welcome toswaziland.com) Hilfreiche praktische Informationen plus Online-Verzeichnisse zu Sehenswürdigkeiten und Aktivitäten.

Regierung des Königreichs Swasiland (www. gov.sz) Mit Bereich zu Touristenattraktionen.

Unterkunft

Südafrikas preiswerte Unterkünfte mit generell hohem Standard sind oft vergleichsweise günstiger als ihre Pendants in Europa oder Nordamerika.

Sofern nicht anderweitig vermerkt, gelten alle aufgeführten Preise für die Hauptsaison und für Doppelzimmer mit eigenem Bad. Die Unterkunftsverzeichnisse sind nach den persönlichen Präferenzen der jeweiligen Autoren sortiert.

» **$**   unter 400 R
» **$$**   400–1500 R
» **$$$** über 1500 R

In Kapstadt, Johannesburg und entlang der Garden Route sind die Tarife höher:

» **$**   unter 650 R
» **$$**   650–2500 R
» **$$$** über 2500 R

Sommerferien (Anfang Dez.–Mitte Jan.) und Osterferien (Ende März–Mitte April) lassen die Zimmerpreise stark steigen – oft um die Hälfte und in Verbindung mit Mindestaufenthalten. Dann unbedingt rechtzeitig reservieren! Die anderen Ferienperioden (Ende Juni–Mitte Juli und Ende Sept.–Anfang Okt.) gelten als Haupt- oder Zwischensaison. Die winterliche Nachsaison kann super Schnäppchen mit sich bringen und ist am besten für Naturbeobachtungen.

Ermäßigungen Immer nachfragen: Unter der

Woche gibt's oft Rabatt! Genau andersherum verhält es sich z. T. in Städten, die mehr geschäftliche als touristische Besucher verzeichnen (z. B. Bergbauzentren).

Budgetunterkünfte Darunter fallen vor allem Hostels, Selbstversorgerhütten, kommunale Optionen (z. B. Privatunterkünfte) und die zahlreichen Campingplätze des Landes. Außerhalb der Touristenzonen sind diese oft die einzige Möglichkeit für Budgetreisende.

Mittelklassehotels Dieser Bereich (u. a. Pensionen, B&Bs und viele Selbstversorgeroptionen in Nationalparks) bietet ein besonders gutes Preis-Leistungs-Verhältnis.

Spitzenklassehotels Neben hervorragenden Pensionen und Hotels hat Südafrika auch ein paar der besten Wildnis-Lodges des Kontinents. Die Spitzenklassepreise entsprechen dem Niveau in Europa und Nordamerika oder liegen leicht darunter. Achtung, immer genau hinschauen: Manche „Luxusadressen" sind teure Enttäuschungen!

Lesotho Die Tarife entsprechen denen in Südafrika und stehen normalerweise für ein super Preis-Leistungs-Verhältnis. Bis auf wenige Ausnahmen (z. B. die Lodges in Malealea, Semonkong und Roma) sind Spitzenklassehotels hier

sehr rar. Außerhalb größerer Ortschaften gibt's jede Menge Campingplätze.

Swasiland Auch hier bezahlt man etwa gleich viel wie in Südafrika. Die Handvoll Hostels wird durch Campingmöglichkeiten auf den Grundstücken vieler Unterkünfte ergänzt.

Townships In Townships wie Soweto oder Khayelitsha geben B&Bs, Hostels und Privatunterkünfte tolle Einblicke in den Alltag. Viele Inhaber veranstalten Township-Touren und punkten mit unerreichter afrikanischer Gastfreundschaft.

ONLINE-BUCHUNGEN

Im Folgenden werden ein paar der Online-Buchungszentralen für Südafrika genannt. Da solche Services meist gebührenpflichtig für Anbieter sind, verzichten die allergünstigsten Unterkünfte oft auf eine Registrierung. Vielerorts kann man auch über B&B-Verbände oder Touristeninformationen buchen.

Book a Bed South Africa (www.bookabedsouthafrica. co.za) B&Bs, Selbstversorgeroptionen und Lodges in allen Provinzen.

Farmstay (www.farmstay. co.za) Ferienfarmen und Aktivitäten auf dem Land.

Hostel Africa (www.hostel africa.com) Hostels, geführte Touren und andere Trips in ganz Afrika.

UNTERKUNFTS-ABC

Wenn Hotels z. B. Quartiere für 200 R anbieten, bezieht sich das oft auf Zweibett- oder Doppelzimmerpreise *pro Person*. Zudem gilt der Tarif für zwei Personen: Bei Einzelbelegung blättert man vergleichsweise mehr (300 R) oder sogar den ganzen Zweipersonenbetrag hin. Die in diesem Buch genannten Preise gelten pro Zimmer und nicht pro Person.

Halbpension (HP) bedeutet Frühstück plus eine weitere Mahlzeit (normalerweise Abendessen), Vollpension (VP) drei Mahlzeiten. Lodge-Verzeichnisse für Wildtierreservate nennen oft All-Inclusive-Pauschalangebote, die generell die ganze Verpflegung, Autosafaris und z. T. auch den Parkeintritt beinhalten.

Portfolio Collection (www.portfoliocollection.com) Gehobene B&Bs, Pensionen, Boutiquehotels, Lodges oder Selbstversorgeroptionen zwischen Kapstadt, Kruger National Park und Swasiland.

Safari Now (www.safarinow.com) Tausende Ferienanwesen im ganzen Land; von Zeltlagern bis hin zu Villen im kapholländischen Stil.

Seastay (www.seastay.co.za) Unterkünfte an der Küste.

Where to Stay (www.wheretostay.co.za) Nennt u.a. behindertengerechte und schwulenfreundliche Adressen in Südafrika und den Nachbarländern.

B&Bs & Pensionen

B&Bs und Pensionen zählen zu Südafrikas attraktivsten Unterkünften; von der Großstadt bis hin zum Dorf sind sie landesweit zu finden. Im ländlichen Raum kann man auch auf Farmen übernachten. Standard und Preis-Leistungs-Verhältnis der Zimmer sind allgemein recht gut.

Preise Doppelzimmer mit Frühstück und eigenem Bad gibt's ab ca. 400 R. Bis auf seltene Ausnahmen sind die Starttarife in Kapstadt, Johannesburg und entlang der Garden Route stets höher.

Standard In einigen Ländern sind viele B&B-Bleiben nur normale, motelartige Gästezimmer. Nicht so in Südafrika: Hier wohnt man meist in individuell gestalteten, oft luxuriösen Quartieren mit Antikmöbeln, eigenem Bad und Privatveranda. Große Gärten und Pools sind an der Tagesordnung. In malerischen Ecken wie den Cape Vineyards kommt noch eine herrliche Umgebung hinzu. Das Frühstück ist normalerweise üppig und lecker.

Camping

Viele südafrikanische Familien bevorzugen seit Langem Campingplätze und Wohnwagenparks. So sind Gelände in beliebten Regionen während der Schulferien oft ausgebucht. Achtung: Vom wilden Camping in Südafrika sollte man tunlichst absehen!

Kommunale Campingplätze Die meisten Gemeinden betreiben günstige Zelt- und Wohnmobilplätze (von angenehm bis hässlich), die in der Nähe größerer Städte oft nicht sonderlich sicher sind.

Platzordnung Um die Grasnarbe zu schützen, verbieten manche Wohnwagenparks die Verwendung luftundurchlässiger Bodenplanen (fester Bestandteil der meisten Kleinzelte). Wer nur ein- oder zweimal übernachtet, kann aber meist den Platzverwalter von der „Ungefährlichkeit" der eigenen Behausung überzeugen. Falls das Zelten ganz verboten sein sollte, gibt's in der Regel trotzdem einen Stellplatz, wenn man sich als Ausländer ohne Wohnwagen zu erkennen gibt.

Preise Gelten entweder pro Person (ca. 90 R) oder Stellplatz (ab 100 R/2 Pers.).

Private Campingplätze Campingplätze in Privatbesitz oder Nationalparks sind generell besser und stets reizvoller. Die ausnahmslos gute Ausstattung umfasst z.B. sanitäre Anlagen, Kochgelegenheiten, Strom- und Wasseranschlüsse. In Touristengebieten gibt's oft schicke Resorts mit Pool, Restaurant und Mini-Supermarkt.

Lesotho & Swasiland Offizielle Campingplätze konzentrieren sich hier zumeist auf Nationalparks und Naturschutzgebiete. Ansonsten darf normalerweise wild gecampt werden. Dann aber stets vorab die Ältesten des nächstgelegenen Dorfs um Erlaubnis bitten – einerseits aus Respekt vor den Einheimischen, andererseits zur Senkung des Sicherheitsrisikos! Eventuell werden auch Hütten angeboten (ca. 5 R/Nacht).

Hostels

Im backpackerfreundlichen Südafrika warten beliebte Ziele wie Kapstadt oder die Garden Route mit zahllosen Hostels auf. **Backpacking South Africa** (www.backpackingsouthafrica.co.za) liefert weitere Anregungen.

Hostelling International Ein internationaler Jugendherbergsausweis lohnt sich: Rund 25 südafrikanische Hostels gehören zu **HI** (www.hihostels.com).

Standard Der häufig hohe Hostelstandard umfasst z.B. Internetanschluss, Aushangbretter, Einrichtungen für Selbstversorger und mitunter auch Mahlzeiten. Das Personal liefert Regional- bzw. Verkehrsinfos und organisiert Shuttles, falls das Hostel nicht an der Baz-Bus-Route liegt.

Unterkunft Neben Schlafsaalbetten (ab ca. 120 R/Nacht) offerieren Hostels oft private Gästezimmer (EZ/DZ ab ca. 200/400 R) und erlauben z.T. das Zelten auf ihren Grundstücken.

Lesotho & Swasiland Backpacker-Bleiben gibt's z.B. in Malealea, Semonkong, Mokhotlong und am Sani Pass (Lesotho) oder in Mbabane und dem Ezulwini Valley (Swasiland). Preise und Standards entsprechen dem südafrikanischen Niveau. Die landwirtschaftlichen Ausbildungszentren vieler Ortschaften in Le-

---

UNTERKÜNFTE ONLINE BUCHEN

Unter hotels.lonelyplanet.com/south-africa gibt's weitere Unterkunftsbewertungen und unabhängig recherchierte Infos von Lonely Planet Autoren – inklusive Empfehlungen zu den besten Adressen. Außerdem kann online gebucht werden.

sotho nehmen Traveller auf (ca. 90 R/Pers.), wenn gerade Platz ist – meist in einfachen, aber annehmbaren Schlafsälen mit Gemeinschaftsbad und -küche.

Hotels

Hier reicht das Spektrum von spartanischen Adressen bis zu exklusiven Boutiquevarianten.

Budgetunterkünfte Die meisten Billighotels sind schäbig und nicht empfehlenswert. In ein paar wenigen altmodischen Landhotels kann man dennoch recht anständig im Doppelzimmer wohnen (ab 350 R), etwas essen und dem Kneipentratsch lauschen.

Mittelklassehotels Sind mit gutem Preis-Leistungs-Verhältnis und stimmungsvollem Ambiente generell verlässlicher als ihre Billigpendants.

HOTELKETTEN

Hotelketten sind vor allem in Großstädten und Touristenzonen vertreten. Größte Unternehmen:

City Lodge (☎0861 563 437, 011-557 2600; www. citylodge.co.za) Betreibt Road Lodges (etwas besser als Formule 1; DZ ca. 490 R), Town Lodges (DZ ca. 845 R), City Lodges (DZ ca. 900 R) und Courtyard Hotels (DZ ca. 1100 R) mit jeweils ordentlichem Preis-Leistungs-Verhältnis.

Formule 1 (☎0861 367 685; www.hotelformule1. com) Günstigste Option mit zweckmäßigen, beengten Zimmern (EZ/DZ/3BZ ab ca. 350/360/370 R).

InterContinental Hotels Group (☎0800 999 136; www.ichotelsgroup.com) Umfasst verschiedene Großstadthotels der Marken Holiday Inn, Holiday Inn Express, Crowne Plaza und InterContinental.

Protea (☎0861 119 000, 021-430 5300; www.proteahotels.com) Landesweites Netzwerk von Drei- bis

Fünf-Sterne-Hotels; Mitgliedschaft im Prokard Club bringt bis zu 20 % Rabatt.

Southern Sun (☎0861 447 744, 011-461 9744; www. southernsun.com) Diverse gehobenere Hotels in ganz Südafrika.

Sun International (☎011-780 7810; www. suninternational.com) Spitzenklasseresorts (meist mit Kasinos) in Lesotho, Swasiland und den früheren Homelands; allgemein hoher Standard plus Pauschalangebote.

Lodges

In und rund um Nationalparks erlauben Lodges komfortables Relaxen im Busch.

Reservierungen Wer eine Lodge oder Selbstversorgung in der Wildnis im Sinn hat, sollte unbedingt vorher anrufen: Ohne genaue Wegbeschreibung sind solche Optionen teils schwer zu finden. Zudem muss einen das Personal eventuell abholen, wenn die Bodenfreiheit des eigenen Fahrzeugs nicht ausreicht. Bei einer unangekündigten Ankunft besteht die Gefahr, dass keiner da ist!

Standard Gewohnt wird üblicherweise in luxuriösen Blockhäusern oder Safarizelten. Der Standard entspricht größtenteils dem eines Spitzenklassehotels (u. a. bequeme Betten, leckeres Essen, eigene Bäder mit fließend Kalt- und Warmwasser). Festnetztelefon und TV sind aber oft nicht vorhanden. Die meisten Luxuslodges haben All-Inclusive-Tarife, die alle Mahlzeiten und Autosafaris beinhalten.

Selbstversorgerhütten

Chalets, *cabins* oder *rondavels* (Rundhütten mit Kegeldächern) haben z. T. ein super Preis-Leistungs-Verhältnis (ab ca. 350 R/2 Pers.). Die Palette reicht von Farmhütten bis zu kommunal betriebenen Camps.

Lage Selbstversorgeroptionen lassen sich am besten über kleinstädtische Touristeninformationen und deren Websites buchen. Die Hütten gehören oft zu Campingbzw. Wohnmobilplätzen und sind in Touristengebieten (u. a. Küste, Nationalparks, Naturschutzgebiete) zahlreich vorhanden. Die häufig malerische, aber einsame Lage macht ein eigenes Fahrzeug sinnvoll.

Nationalparks & Naturschutzgebiete Die voll ausgestatteten Cottages, Bungalows und Luxuszelte von **South Africa National (SAN) Parks** (☎012-465 000; www.sanparks. org) haben ein gutes Preis-Leistungs-Verhältnis (ab ca. 400 R/Pers.); sie eignen sich prima für Familien bzw. Gruppen. Mancherorts gibt's auch einfachere Hütten mit Gemeinschaftsbädern (ab ca. 150 R/Pers.).

Reservierungen Rechtzeitige Reservierung ist unabdingbar und normalerweise mit 50 bis 100 % Vorauszahlung verbunden. Kleine Gemeinden organisieren eventuell Shuttles für autolose Gäste.

Standard Abgesehen von ein paar schäbigen Ausnahmen warten die meisten Selbstversorgerhütten mit Bettwäsche, Handtüchern und voll ausgerüsteter Küche auf. Dennoch ist es stets ratsam, den Standard vorab zu erfragen. In einigen Farmhütten gibt's weder Strom noch (elektrisches) Licht.

Versicherung

» Eine gute Reiseversicherung mit Deckung von Diebstahl, Verlust und medizinischen Behandlungskosten ist ein absolutes Muss.

» Vor dem Abschließen heißt es stets sorgsam recherchieren: Wenn eine Police eigentlich für kurze Pauschaltrips durch Europa gedacht ist, eignet sie sich eventuell nicht für Südafrikas Buschland.

» Bitte das Kleingedruckte immer ganz genau durchlesen: Manche Verträge schließen „gefährliche Aktivitäten" (u.a. Sporttauchen, Motorradfahren, Bungeespringen) ausdrücklich aus.

» Zwecks unverzüglicher Beurteilung des jeweiligen Problems verlangen manche Versicherer, dass sich Kunden per R-Gespräch bei einem Callcenter in der Heimat melden.

» Weitere Infos stehen auf S. 658; Details zur Kfz-Versicherung gibt's auf S. 651.

» Die weltweit gültige Reiseversicherung unter www.lonelyplanet.com/travel_services kann jederzeit online abgeschlossen, erweitert und in Anspruch genommen werden – selbst wenn man bereits unterwegs ist.

Visa

Wer kürzlich ein Gelbfiebergebiet bereist hat, braucht für die Einreise nach Südafrika, Lesotho und Swasiland einen entsprechenden Schutzimpfungsnachweis.

Südafrika

» EU-Bürger und Schweizer erhalten bei Ankunft ein kostenloses Touristenvisum mit 90 Tagen Gültigkeit und benötigen daher nur ihren Reisepass (er muss nach geplantem Ausreisedatum noch mindestens 30 Tage lang gültig sein).

» Obwohl die Einwanderungsbeamten nur selten danach fragen: Offiziell muss man ein Rückflug- bzw. Anschlussticket vorlegen können.

» Wer ein Anschlussticket besitzt, sollte eine Kopie der elektronischen Version ausdrucken. Alternativ kann man den Infoschalter der jeweiligen Fluglinie um einen Ausdruck des Reiseplans bitten.

» Über weitere Details informieren **South African Tourism** (http://www.southafrica.net/sat/content/de/de/germany-home) und die Website des **südafrikanischen Innenministeriums** (Department of Home Affairs; www.home-affairs.gov.za). Zudem kann es nichts schaden, auch beim eigenen Außenministerium vorbeizusurfen.

VISUM VERLÄNGERN

» Verlängerungsanträge für Touristenvisa bearbeitet das südafrikanische Innenministerium, das Büros in Kapstadt, Durban, Johannesburg und Pretoria unterhält.

» Die Aufenthaltsdauer kann einmalig um 90 Tage verlängert werden. Anträge sind jedoch spätestens einen Monat vor Ablauf des Touristenvisums beim südafrikanischen Innenministerium zu stellen (inkl. schriftlicher Kurzbegründung der Verlängerung). Bei Versäumnis ist ein Übergangsvisum (425 R) zu beantragen.

» Berichten zufolge lässt sich ein neues Touristenvisum angeblich auch per „Visumsausflug" erlangen – vor allem, wenn man Südafrika für ein paar Wochen verlässt oder die Wiedereinreise mit dem Flugzeug erfolgt.

Lesotho

» Auch bei der Einreise nach Lesotho erhalten Deutsche, Österreicher und Schweizer mit gültigem Reisepass an der Grenze oder am Flughafen ein Gratis-Touristenvisum (90 Tage Gültigkeit).

» Über weitere Details informiert das **Innenministerium Lesothos** (Ministry of Home Affairs; www.gov.ls; Maseru), das auch für Visumverlängerungen zuständig ist.

» Wer sich länger als 90 Tage im Land aufhalten möchte, kann alternativ auch einen Abstecher nach Südafrika unternehmen und kurz darauf wieder einreisen.

Swasiland

» Deutsche, Österreicher und Schweizer erhalten gegen Vorlage ihres Reisepasses (muss nach geplantem Abreisedatum noch mindestens sechs Monate lang gültig sein) auch in diesem Fall ein Touristenvisum mit 90 Tagen Gültigkeit. Die Einreise aus einem Gelbfiebergebiet bedingt einen entsprechenden Schutzimpfungsnachweis.

» Touristenvisa werden von der Einwanderungsabteilung des **Innenministeriums von Swasiland** (Immigration Department, Ministry of Home Affairs; www.gov.sz; Mbabane) verlängert.

Zeit

» Die SAST (South Africa Standard Time) liegt eine Stunde vor der MEZ bzw. entspricht exakt der Mitteleuropäischen Sommerzeit (MESZ).

» Sie gilt gleichermaßen für Südafrika, Lesotho und Swasiland. Es wird aber jeweils nicht auf Sommerzeit umgestellt.

» Die Region ist ganz schön groß für eine einzige Zeitzone: In Durban geht die Sonne z.T. eine Stunde früher auf (und unter) als in Kapstadt.

» Die meisten Fahrpläne, Geschäfte und Einrichtungen verwenden die 24-Stunden-Skala.

Zoll

» Nach Südafrika können 1 l Spirituosen, 2 l Wein, 200 Zigaretten und Waren im maximalen Gesamtwert von 3000 R zollfrei eingeführt werden.

» Im- und Export von Produkten aus geschützten Tierarten (z.B. Elfenbein) sind verboten.

» Weitere Informationen gibt's unter www.southafrica.info/travel/advice/redtape.htm.

Gefahren & Ärgernisse

Kriminalität

Südafrika

Die Kriminalität ist eines der wichtigsten Themen in Südafrika. Opfer eines Verbrechens zu werden ist durchaus realistisch – einzig einen Verkehrsunfall zu haben, ist noch wahrscheinlicher. Den Statistiken und Zeitungsschlagzeilen zum Trotz verlebt der Großteil der Besucher aber einen Urlaub ohne unangenehme Zwischenfälle.

Die potenziell gefährlichste Stadt ist Johannesburg, gefolgt von ein paar Townships und anderen Ballungszentren. In den einzelnen Kapiteln sind Sicherheitstipps für besonders heiße Pflaster aufgeführt. Infos zum Thema „Carjacking" (Autoraub) stehen auf S. 648.

Wenn man ein paar einfache Sicherheitsvorkehrungen trifft. verringert sich das Risiko, Opfer eines Verbrechens zu werden, erheblich:

» Wer auf dem O. R. Tambo International Airport (Johannesburg) landet oder umsteigt, sollte Wertvolles im Handgepäck transportieren und das restliche Gepäck gegebenenfalls in einem Plastiksack o. Ä. vakuumieren, denn manchmal werden Gegenstände aus den Taschen gefischt, bevor sie auf dem Gepäckkarussell landen.

» Reiseunterlagen und Wertgegenstände mit aufs Zimmer nehmen, wenn das abschließbar ist, oder im Safe einschließen lassen!

» Kameras, Uhren, Schmuck & Co. nicht offen zur Schau stellen!

» Am besten unauffällig kleiden (teuer aussehende Kleidungsstücke zu Hause lassen)!

» Keine Geldbörsen benutzen, die außen am Körper getragen werden!

» Bargeld in mehrere Bündel aufteilen und ein paar Scheine oder eine Brieftasche vorbereiten, die man im Falle eines Überfalls an die Räuber abgeben kann!

» Für kleinere Beträge ein paar Scheine separat vom restlichen Geld bei sich tragen, damit man nicht immer gleich ein dickes Bündel zücken muss!

» Kein Geld in die Gesäßtasche stecken!

» Jungen Männern, die in Gruppen auftreten, aus dem Weg gehen; Gruppen aus älteren Männern und Frauen sind für gewöhnlich unbedenklich.

» Die größte Gefahr bei einem Überfall oder Autoraub (vor allem in Johannesburg) besteht darin, dass die Angreifer einen für bewaffnet halten und davon ausgehen, dass man sie erschießen wird, wenn sich die Möglichkeit ergibt. Deshalb: Ruhe bewahren und unter keinen Umständen den Eindruck erwecken, sich zur Wehr setzen zu wollen!

» Sicherheitshinweise zu gefährlichen Gegenden vor Ort beherzigen!

» Einsame Ecken meiden, auch tagsüber! Dazu zählen auch ein paar Stadtstrände.

» Nachts und an den Wochenenden nicht in den Downtown- und CBD- (zentrales Geschäftsviertel) Bezirken größerer Städte herumspazieren!

» In Städten nach Einbruch der Dunkelheit mit dem Taxi fahren! Zu Fuß gehen kann man in Begleitung anderer, wenn der Weg kurz ist.

SICHERHEITSHINWEISE VON OFFIZIELLER SEITE

Aktuelle Informationen liefern folgende Webseiten:

Auswärtiges Amt (www.auswaertiges-amt.de)

Außenministerium Österreich (http://www.bmeia. gv.at/aussenministerium/buergerservice/reiseinformation/ a-z-laender/suedafrika-de.html)

Eidgenössisches Departement für auswärtige Angelegenheiten (http://www.eda.admin.ch/reisehin weise)

GAUNER AM GELDAUTOMATEN

Diebe bedienen sich Dutzender Tricks, um Touristen am Geldautomaten das Bargeld, die Karte und die PIN-Nummer abzuluchsen. Das kann einem in Stellenbosch genauso passieren wie in Downtown Johannesburg. Bei den Gaunern handelt es sich fast immer um gut gekleidete Männer mit guten Manieren.

Die beliebteste Tour läuft ab wie folgt: Der Dieb präpariert den Automaten, sodass die Karte im Gerät steckenbleibt. Der Karteninhaber merkt das erst, wenn er bereits die PIN-Nummer eingegeben hat. Der Dieb schaut in aller Ruhe zu. Sobald das ahnungslose Opfer in die Bank geht, um die geschluckte Karte zu melden, greift er zu, nimmt sich die Karte und hebt auch gleich noch ein paar Tausend Rand ab. Am besten hält man sich an folgende Regeln:

» Nie nachts oder an entlegenen Ecken Geldautomaten benutzen! Am sichersten sind meist Reihen von Automaten in Einkaufszentren.

» Die meisten Geldautomaten werden von Sicherheitspersonal überwacht. Wenn niemand da ist, muss der Bankkunde selbst hinter sich schauen oder jemand anderen beobachten lassen, was hinter seinem Rücken vorgeht.

» Sorgfältig beobachten, wer vorher den Geldautomaten benutzt hat! Wenn jemand verdächtig aussieht, ist es sinnvoll, zu einem anderen Automaten zu gehen.

» Geldautomaten während der Öffnungszeiten der Banken benutzen und wenn möglich nicht allein hingehen! So kann, falls die Karte eingezogen wird, einer beim Automaten bleiben und der andere in der Bank um Hilfe bitten.

» Nach dem Einführen der Karte sofort auf „Cancel" drücken! Wenn die Karte zurückgegeben wird, ist der Automat nicht manipuliert und sollte ohne Probleme verwendet werden können.

» Keinesfalls Hilfe bei der Benutzung eines Geldautomaten in Anspruch nehmen, auch wenn das Zurückweisen unhöflich erscheint!

» Wenn jemand Hilfe anbietet, die Aktion sofort beenden und zu einem anderen Automaten gehen!

» Die Telefonnummer zur Sperrung der Karte immer dabei haben und bei Kartenverlust sofort anrufen!

» Automaten meiden, die gleich zu Beginn darauf hinweisen, dass es hier keine Quittungen gibt!

» Falls einem irgendetwas komisch vorkommt oder der Abhebevorgang abgebrochen wird, sollte man keinen neuen Versuch starten.

» Townships nur im Rahmen einer Tour oder mit einem vertrauenswürdigen Guide besuchen!

» Man sollte versuchen, keinen unsicheren oder verängstigten Eindruck zu machen.

» Nachts nicht Auto fahren!

» Mit verriegelten Autotüren und geschlossenen Fenstern fahren!

» Dafür sorgen, dass man im Auto mobil erreichbar ist (z. B. lokale SIM-Karte kaufen), vor allem, wenn man allein unterwegs ist!

» Den Wagen nachts auf einem sicheren Parkplatz abstellen, tagsüber nicht auf abgelegenen Plätzen parken!

» Keine Wertsachen im Auto lassen oder den Eindruck vermitteln, dass man gerade auf einem Road Trip ist und den Kofferraum voller Taschen hat!

Lesotho & Swasiland

In diesen Ländern ist die Kriminalitätsrate nicht annähernd so hoch wie in Südafrika. Solange man sich an ein paar einfache Regeln hält, sollte man keinerlei Probleme haben.

» In Maseru, Lesotho, werden Auswanderer mittlerweile häufiger zum Ziel bewaffneter Raubüberfälle, Einbrüche und Carjackings, verglichen mit Südafrika sind die Zahlen allerdings harmlos.

» In Mbabane und Manzini, Swasiland, nimmt die (Klein-)Kriminalität auf offener Straße zu.

» Andernorts ist die Kriminalitätsrate gering, sowohl in Lesotho als auch in Swasiland.

Drogen

» Per Gesetz wird nicht zwischen weichen und harten Drogen unterschieden.

» *Dagga* oder *zol* (Marihuana) ist illegal, aber weit verbreitet.

» In vielen Hostels und Bars werden Joints in aller Öffentlichkeit geraucht. Das ist keine gute Idee: Sowohl auf den Besitz als auch auf den Genuss stehen hohe Strafen.

» Ecstasy ist, wie überall auf der Welt auch in Südafrika Teil der Clubkultur und Rave-Szene.

» Südafrika ist ein großer Markt für Mandrax. Dieses Barbiturat ist wegen seiner verheerenden Auswirkungen hier und in vielen anderen Ländern verboten.

» Man kommt immer leichter an Drogen wie Kokain und Heroin heran. Der Konsum dieser Drogen ist ursächlich auch für viele andere Verbrechen.

Alleinreisende

» Südafrika, Lesotho und Swasiland können problemlos allein bereist werden.

» In ländlichen Regionen wird man vielleicht für eine kleine Sensation sorgen, insbesondere als alleinreisende Frau, normalerweise werden

sich die Einheimischen aber nicht wundern.

» Wenn man nachts ausgeht oder wandern will, besser einer Gruppe anschließen!

» Besonders Frauen sollten nicht allein wandern gehen. Aus Sicherheitsgründen müssen Wandergruppen normalerweise aus mindestens drei Personen bestehen.

» Vor allem in Städten und nachts müssen alleinreisende Frauen auf der Hut sein. Besser ist es, den Schutz einer Gruppe suchen. Näheres auch auf S. 625.

GEFAHREN & ÄRGERNISSE ALLEINREISENDE

Verkehrsmittel & -wege

AN- & WEITER-REISE

Geführte Touren und Tickets sind online unter lonelypla net.com/bookings buchbar.

Einreise

Reisepass

Sofern alle Visums- und Einreisebestimmungen (S. 640) erfüllt sind, können

EU-Bürger und Schweizer nach Südafrika, Lesotho oder Swasiland einreisen.

Wer kurz vor der Reise ein Gelbfiebergebiet besucht hat, benötigt für die Einreise in alle drei Länder einen entsprechenden Schutzimpfungsnachweis.

Südafrika

» Mit gültigem Reisepass und dem üblichen Touris-

tenvisum (wird direkt bei Ankunft erteilt; s. S. 636) geht die Einreise schnell und problemlos vonstatten.

» Obwohl die Einwanderungsbeamten selten danach fragen: Offiziell müssen Traveller ein Anschluss- bzw. Rückreiseticket vorweisen können – idealerweise ein Flugticket (Überland-Versionen werden aber auch akzeptiert).

» Dasselbe gilt für den Nachweis ausreichender finanzieller Mittel für die Dauer des Aufenthalts. Es zahlt sich auch aus, den Beamten stets höflich, gepflegt und anständig gekleidet zu begegnen.

» Weitere Infos und Links gibt's unter www.southafri ca.info.

Lesotho

» An Lesothos Landesgrenzen und am Moshoeshoe I. International Airport (Maseru) sind Touristenvisa (s. S. 636) gegen Vorlage eines gültigen Reisepasses leicht zu bekommen.

Swasiland

» Auch über Swasilands Landesgrenzen und den Matsapha International Air-

---

REISEN & KLIMAWANDEL

Der Klimawandel stellt eine ernste Bedrohung für unsere Ökosysteme dar. Zu diesem Problem tragen Flugreisen immer stärker bei. Lonely Planet sieht im Reisen grundsätzlich einen Gewinn, ist sich aber der Tatsache bewusst, dass jeder seinen Teil dazu beitragen muss, die globale Erwärmung zu verringern.

Fast jede Art der motorisierten Fortbewegung erzeugt CO_2, doch Flugzeuge sind mit Abstand die schlimmsten Klimakiller – wegen der großen Entfernungen und der entsprechend großen CO_2-Mengen, aber auch, weil sie diese Treibhausgase direkt in hohen Schichten der Atmosphäre freisetzen. Die Zahlen sind erschreckend: Zwei Personen, die von Europa in die USA und wieder zurück fliegen, erhöhen den Treibhauseffekt in demselben Maße wie ein durchschnittlicher Haushalt in einem ganzen Jahr.

Die englische Website www.climatecare.org und die deutsche Internetseite www. atmosfair.de bieten CO_2-Rechner. Damit kann jeder ermitteln, wie viele Treibhausgase seine Reise produziert. Das Programm errechnet den zum Ausgleich erforderlichen Betrag, mit dem der Reisende nachhaltige Projekte zur Reduzierung der globalen Erwärmung unterstützen kann, z. B. Projekte in Indien, Honduras, Kasachstan und Uganda.

Lonely Planet unterstützt gemeinsam mit Rough Guides und anderen Partnern aus der Reisebranche das CO_2-Ausgleichs-Programm von climatecare.org. Alle Reisen von Mitarbeitern und Autoren von Lonely Planet werden ausgeglichen. Weitere Informationen gibt's auf www.lonelyplanet.com.

AUSREISESTEUER

Südafrika Im Flugticketpreis enthalten

Lesotho 50 M

Swasiland 50 E

port können EU-Bürger und Schweizer in der Regel problemlos einreisen. Dabei wird ebenfalls ein Touristenvisum (s. S. 636) gegen Vorlage eines gültigen Reisepasses erteilt.

Flugzeug

Flughäfen & Fluglinien

Als Südafrikas nationale Fluglinie hat **South African Airways** (IATA-Code SA; www. flysaa.com; Drehscheibe Johannesburg) ein super ausgebautes Streckennetz und eine erstklassige Sicherheitsstatistik. Zusätzlich zu ihren Langstreckenverbindungen bietet die Gesellschaft auch Regional- und Inlandsflüge an. Hierbei kooperiert sie mit **SA Airlink** (IATA-Code SAA; www.flyairlink.com) und **South African Express** (IATA-Code XZ; www.flyexpress. aero).

Der **O. R. Tambo International Airport** (IATA-Code JIA, JNB, ORTIA; www.airports. co.za) östlich von Johannesburg ist das größte Luftkreuz Südafrikas und der umliegenden Region.

Die anderen internationalen Hauptflughäfen sind:

Cape Town International Airport (IATA-Code CPT, CTIA; www.acsa.co.za, www. capetown-airport.com) Kapstadt.

King Shaka International Airport (IATA-Code DUR; www.acsa.co.za, http:// kingshakainternational.co.za) Durban.

Matsapha International Airport (IATA-Code MTS) Manzini, Swasiland.

Moshoeshoe I. International Airport (IATA-Code MSU) Maseru, Lesotho.

INTERNATIONALE FLUGLINIEN

Südafrika Flieger zahlreicher Fluglinien steuern das Land (vor allem Johannesburg) aus aller Welt an.

Lesotho SA Airlink verbindet die Flughäfen Moshoeshoe I. und O. R. Tambo miteinander (hin & zurück ca. 2000–3000 R).

Swasiland Die SA-Airlink-Tochter **Swaziland Airlink** (www.flyswaziland.com) hat Flüge zwischen den Flughäfen Matsapha und O. R. Tambo im Programm.

Tickets

Südafrika verzeichnet viele (Direkt-)Flüge ab bzw. nach Europa. Am höchsten sind die Ticketpreise in der Regel zwischen Dezember und Januar sowie zwischen Juli und September. Von April bis Mai (außer Ostern) und im November bezahlt man am wenigsten. Das übrige Jahr ist Zwischensaison.

London ist eine wichtige Drehscheibe für vergünstigte Flüge. Direktverbindungen nach Kapstadt sind normalerweise teurer als Varianten mit Zwischenlandung in Johannesburg.

INTERKONTINENTAL-TICKETS (RTW)

Viele Standard-Interkontinentaltickets (Round-the-World; RTW) decken auch Südafrika ab.

Dabei lassen sich Johannesburg und Kapstadt in den Reiseplan integrieren. Normalerweise landet man dann in einer der beiden Städte und fliegt von der anderen wieder ab; der Überlandtrip dazwischen wird selbst gestaltet.

Für RTW-Ticketinhaber ist es eventuell am einfachs-

ten und günstigsten, nur Johannesburg als Ziel- bzw. Startpunkt der Flüge zu wählen und den ganzen Südafrikatrip dort beginnen bzw. enden zu lassen.

Afrika

Zwischen Johannesburg und anderen afrikanischen Großstädten bestehen viele Flugverbindungen.

Einen guten ersten Überblick geben z. B. die Websites von South African Airways, SA Airlink, South African Express, **British Airways** (www.britishairways.com) oder afrikanischen Nationalgesellschaften.

Da für Flüge innerhalb Afrikas meist Festpreise gelten, ist der Rabattkrieg hier deutlich schwächer ausgeprägt als anderswo auf der Welt.

SÜDLICHES AFRIKA

Johannesburg ist auch an kleinere Flughäfen im südlichen Afrika angebunden. Beispielsweise geht's mit **Air Botswana** (www.airbotswana. co.bw) direkt nach Francistown, Kasane, Maun und Gaborone.

Zwei südafrikanische Billiggesellschaften bedienen weitere Länder in der Region: **1Time** (www.1time.aero) Von Johannesburg nach Livingstone (Sambia), Mombasa (Kenia) und Sansibar.

Kulula.com (www.kulula. com) Von Johannesburg nach Harare (Simbabwe), Livingstone (Sambia), Mauritius, Vilanculous (Mosambik) und Windhoek (Namibia).

Europa

» In den meisten europäischen Hauptstädten starten Maschinen nach Südafrika.

» Die Drehscheiben Paris, Amsterdam, Frankfurt a. M., München und Zürich liegen jeweils ca. neun Flugstunden von Johannesburg entfernt.

» Mit diversen Gesellschaften wie **KLM** (www.klm.com; ab Amsterdam) oder South African Airways (ab Frankfurt

a. M.) geht's nonstop nach Johannesburg und Kapstadt.

» South African Airways fliegt auch direkt ab München und Zürich nach Johannesburg.

» Bei sogenannten Gabelflügen (Open Jaw Flights; OJ) landet man in einer Stadt und startet wieder in einer anderen – eventuell sogar ohne Aufpreis.

» **Turkish Airlines** (www.thy.com) fliegt über Istanbul (Türkei) nach Johannesburg und Kapstadt.

Geführte Touren

Zahlreiche Tour- bzw. Safarianbieter organisieren Pauschaltrips durch Südafrika, Lesotho, Swasiland und deren Nachbarländer.

Wer Individualreisen bevorzugt, bucht die Flüge und die ersten Übernachtungen selbst im Voraus; die Tourbuchung erfolgt dann direkt vor Ort (s. S. 654).

Typische Tourprogramme beinhalten den Kruger National Park, Kapstadt und die Kap-Halbinsel.

Wer sich für spezielle Themen (z. B. Vögel, Botanik) interessiert, kann die Anzeigen in entsprechenden Fachmagazinen berücksichtigen.

Deutschland

erlebe südafrika (www.erlebe-suedafrika.de) Individuell gestaltbare Kurztrips durch Südafrika, Swasiland und Lesotho.

Outback Africa (www.outbackafrica.de) Organisiert verschiedene Touren, u. a. Überlandfahrten sowie Wander- und Trekkingtouren durch Südafrika, Lesotho und Swasiland.

Adventure Purists (www.afrika-pur.de) Ein kleiner Anbieter in Südafrika, der Safaris in Südafrika und Botswana organisiert.

Großbritannien

Dragoman (www.dragoman.co.uk) Überlandtouren.

Exodus Travels (www.exodustravels.co.uk) Verschiedene Trips durch Südafrika und dessen Nachbarländer (u. a. Überland-, Wander-, Rad- oder Tierbeobachtungstouren).

Face Africa (www.faceafrica.com) Maßgeschneiderte Ethno-Touren durch Südafrika und darüber hinaus; inklusive Interaktion mit Einheimischen.

In the Saddle (www.inthesaddle.com) Schickt echte Pferdefans auf Ausritte durch Südafrika und dessen nördliche Nachbarländer; besucht werden z. B. die Wild Coast oder der Waterberg.

Intrepid Travel (www.intrepidtravel.com) Bietet Touren an, die die Philosophie des Individualreisens vertreten und die ganze Region (inkl. Südafrika) mit vielen verschiedenen Routen abdecken.

Naturetrek (www.naturetrek.co.uk) Spezialist für Naturerlebnistrips, die durch Teile Südafrikas und dessen nördlicher Nachbarländer führen; unter den Zielen sind z. B. Namakwa oder die Drakensberge.

Temple World (www.templeworld.co.uk) Gehobene „Bildungsreisen" durch Südafrika, Swasiland und andere Länder der Region; der Schwerpunkt liegt u. a. auf Geschichte, Kultur oder Natur.

Österreich

Jedek Reisen (www.jedek-reisen.at) Verschiedene Rundreisen durch Südafrika (u. a. mit Tauchen oder Safaris).

Schweiz

A+M Africa Tours (www.africatours.ch) Rund-, Aktiv, Kurz- oder Mietwagenreisen plus Campingsafaris und Trips mit Luxuszügen.

Private Safaris – Pure Africa (www.privatesafaris.ch) Rundreisespezialist mit Schwerpunkt auf Safaris.

Auf dem Landweg

Auto & Motorrad

» Wer mit einem südafrikanischen Leihwagen in ein Nachbarland fahren möchte, braucht dazu ein offizielles und kostenpflichtiges Genehmigungsschreiben des jeweiligen Autovermieters (für Botswana/Lesotho/Mosambik/Namibia/Swasiland/Simbabwe ca. 1000/400/1500/1000/200/1000 R).

» Eine Mitnahme des Wagens in die meisten Nachbarländer (u. a. Lesotho, Swasiland) ist gestattet. Bei Mosambik stellen sich manche Verleiher jedoch quer.

» Achtung: Das Genehmigungsschreiben muss unbedingt korrekt ausgestellt sein (ist oft nicht der Fall) – immer sorgfältig überprüfen!

Ein eigenes Fahrzeug einführen

» Hierfür sind die Zulassung, ein Haftpflichtversicherungsnachweis und ein gültiger Führerschein erforderlich.

» Zudem braucht man ein *carnet de passage en douane* (internationales Zolldokument für die vorübergehende Kraftfahrzeugeinfuhr), das bei Automobilclubs in der Heimat erhältlich ist.

» Südafrika, Lesotho, Swasiland, Botswana und Namibia können ohne *carnet* besucht werden, wenn das Fahrzeug in einem dieser Länder zugelassen ist.

» Bei Zulassung außerhalb des südlichen Afrika ist eine Kaution (10–100 % des aktuellen Fahrzeugwerts) zu entrichten.

BOTSWANA

Weitere Infos stehen auf S. 644. Die folgenden Grenzübergänge sind ohne Allradantrieb passierbar:

» Grobler's Bridge/Martin's Drift

» Kopfontein Gate/Tlokweng Gate

» Ramatlabama
» Skilpadshek/Pioneer Gate

LESOTHO
Über die Nord- und West-grenze gelangen Auto- bzw. Motorradfahrer am leichtesten nach Lesotho hinein.

Die meisten Übergänge am Süd- und Ostrand des Landes sind nicht asphaltiert, je nach Wetter aber auch ohne Allradantrieb passierbar. Letzterer ist ein Muss für die Ein- oder Ausreise über den Sani Pass.

Von Qacha's Nek aus führt eine befestigte Straße gen Westen.

In Südafrika bekommt man Mietwagen günstiger als in Lesotho. Die erforderliche schriftliche Ausfuhrgenehmigung der Verleihfirma kostet ca. 400 R (s. S. 648).

Bei der Einreise wird eine geringe Straßensteuer (ca. 5 M) fällig.

MOSAMBIK
Hier sind stets zwei rote Warndreiecke für Pannen mitzuführen.

Kosi Bay/Ponta d'Ouro
Die Ein- bzw. Ausreise über diesen Grenzübergang erfordert ein eigenes Fahrzeug; auf mosambikanischem Boden braucht man Allradantrieb. Unterkünfte in Ponta d'Ouro (Mosambik) bieten Shuttles an.

Lebombo
Die Freeways N4 und EN4 verbinden Johannesburg/Pretoria über diesen Grenzübergang mit Maputo. Auf südafrikanischer Seite gibt's sechs Mautstationen (zwei an der N12 ab Johannesburg), drüben in Mosambik nur eine.

Namaacha/Lomahasha
Die Straßen zu diesem Grenzübergang mit Swasiland sind befestigt und ohne Allradantrieb befahrbar.

NAMIBIA
Ohne Allradantrieb
Freeways führen zu den Übergängen Vioolsdrif/Noordoewer und Nakop/Ariamsvlei.

Mit Allradantrieb Ein Geländewagen bietet mehr Optionen für den Grenz-übertritt (z. B. durch den Kgalagadi oder |Ai-|Ais/Richtersveld Transfrontier Park).

SIMBABWE
Bei Ein- oder Ausreise an der Grenze zu Südafrika wird eine Mautgebühr für das Benutzen der Limpopo-Brücke fällig.

SWASILAND
Swasilands Grenzen kann man mit normalen Fahrzeugen überqueren. Die Straßensteuer bei Einreise beträgt ca. 50 E.

Bus
» Zahlreiche Buslinien verkehren zwischen Südafrika und dessen Nachbarländern (s. z. B. S. 652).
» Abgesehen von einem eigenen Fahrzeug ist der Bus die beste Option für Überlandreisen.
» Hauptärgernis sind dabei normalerweise die teils langen Warteschlangen.
» Passagiere müssen zum Erledigen der Einreiseformalitäten aussteigen; danach geht's zurück an Bord.
» Achtung: Eventuell anfallende Visum- oder Einreisegebühren sind nicht im Ticketpreis enthalten!
» Manche Busfirmen gewähren gegen Vorlage eines gültigen Studentenausweises entsprechende Backpacker- oder Studentenrabatte.

Minibus-Taxi
» Nur manche lokalen Minibus-Taxis verkehren direkt zwischen Südafrika und dessen Nachbarländern.
» In der Regel müssen Passagiere die Grenze zu Fuß überqueren und drüben ein anderes Taxi nehmen.
» Langstreckentrips beginnen allgemein frühmorgens.

BOTSWANA
Über Johannesburg pendelt **Intercape** (www.intercape.

co.za) täglich zwischen Gaborone (Botswana) und Pretoria (260–380 R, 8 Std.).

Minibusse fahren über Mafikeng (Northwest Province) von Johannesburg nach Gaborone. Allerdings sind sie nicht so sicher und komfortabel wie normale Busse.

Nach Lobatse (1½ Std.) und Gaborone (2½ Std.) jenseits der Grenze geht's auch direkt per Minibus ab Mafikeng.

Eine weitere Route zwischen Johannesburg und Palapye (Botswana; 8 Std.) führt über den Grenzübergang Grobler's Bridge/Martin's Drift.

LESOTHO
Minibus-Taxis verbinden Johannesburg mit Maseru.

Schnellere und einfachere Alternative: einen Bus nach Bloemfontein nehmen, dann per Minibus-Taxi nach Maseru fahren (3 Std.). Unterwegs steigt man in Botshabelo (Mtabelo) oder Ladybrand um.

Ladybrand wird auch von normalen Bussen bedient.

Fernstrecken-Minibus-Taxis ab Maseru brechen an der gleichnamigen Brücke auf (Stand beim Grenzübergang). Weitere Routen, die jeweils in beiden Fahrtrichtungen bedient werden:
» Über den Sani Pass von Mokhotlong (Lesotho) nach Underberg (KwaZulu-Natal).
» Von Qacha's Nek (Lesotho) nach Matatiele (Provinz Eastern Cape).
» Vom Grenzübergang Maputsoe-Brücke (6 km südöstlich von Ficksburg; Provinz Free State) nach Butha-Buthe und ins nördliche Lesotho.
» Über Fouriesburg (Provinz Free State) und den Grenzübergang Caledonspoort von Johannesburg nach Butha-Buthe.

MOSAMBIK
„Luxusbusse" von Firmen wie **Greyhound** (www.greyhound.co.za), **Intercape**

(www.intercape.co.za) oder **Translux** (www.translux.co.za) pendeln täglich zwischen Johannesburg/Pretoria und Maputo in Mosambik (300 R, 9 Std.; über Nelspruit und Komatipoort).

Auf dieser Route sind auch Minibus-Taxis unterwegs.

Der **Cheetah Express** (http://tinyurl.com/6oh2x4l) und das **Calanga Beach Resort** (www.mozambique calanga.co.za) – beide in Mosambik – bieten Shuttles zwischen Nelspruit und Maputo an.

Taxis verbinden Maputo mit dem Übergang Namaacha/Lomahasha an der Grenze zu Swasiland (1¾ Std.); manche davon fahren nach Manzini weiter (3¼ Std.).

NAMIBIA

Intercape (www.intercape. co.za) schickt Busse von Windhoek (Namibia) nach Kapstadt (640–920 R, 21 Std.; Mo, Mi, Fr & So; zurück Di, Do, Fr & So).

SIMBABWE

Von Johannesburg aus schicken **Greyhound** (www.greyhound.co.za) und **Intercape** (www.intercape.co.za) täglich Busse nach Harare (420 R, 16½ Std.) oder Bulawayo (400 R, 14 Std.; über Pretoria und Limpopo).

Ab Beitbridge rollen Minibus-Taxis südwärts nach Musina und weiter zu entfernteren Zielen.

SWASILAND

Ein täglich verkehrender Shuttleservice verbindet Johannesburg mit Mbabane (s. S. 530).

Minibus-Taxi-Routen (in beiden Fahrtrichtungen):
» Johannesburg–Manzini (4 Std.; über Mbabane).
» Durban–Manzini (8 Std.).
» Manzini–Maputo (3¼ Std.).

Fahrrad

Die Fahrradeinfuhr nach Südafrika, Lesotho und Swasiland unterliegt keinerlei Beschränkungen. Infoquellen:

Cycling South Africa (www.cyclingsa.com)
International Bicycle Fund (www.ibike.org)

Grenzübergänge

Auf S. 636 stehen Einreisebzw. Visumsinfos zu Südafrika, Lesotho und Swasiland.

Achtung: Die aufgeführten Öffnungszeiten der folgenden Grenzübergänge können sich jederzeit ändern!

BOTSWANA

Die 18 offiziellen Grenzübergänge zwischen Südafrika und Botswana haben mindestens von 8 bis 16 Uhr geöffnet.

Wichtig: Ein paar der entlegeneren Übergänge sind ohne Allradantrieb nicht passierbar und bei Hochwasser eventuell geschlossen. Ansonsten gestaltet sich der Grenzübertritt eigentlich problemlos.

Grobler's Bridge/Martin's Drift (⏱8–22 Uhr) Nordwestlich von Polokwane (Pietersburg).

Kopfontein Gate/Tlokweng Gate (⏱6–22 Uhr) Hauptübergang; befindet sich direkt am Madikwe Game Reserve.

Pont Drif (⏱8–16 Uhr) Praktisch, wenn man Trips zum Mapungubwe National Park (Limpopo) oder nach Tuli Block (Botswana) geplant hat.

Ramatlabama (⏱6–20 Uhr) Hauptübergang nördlich von Mafikeng.

Skilpadshek/Pioneer Gate (⏱6–22 Uhr) Hauptübergang nordwestlich von Zeerust.

Swartkopfontein Gate/Ramotswa (⏱7–19 Uhr) Nordwestlich von Zeerust.

Twee Rivieren (⏱7.30–16 Uhr) Am südafrikanischen Eingang des Kgalagadi Transfrontier Park.

GRENZÜBERGÄNGE NACH LESOTHO

GRENZÜBERGANG	ÖFFNUNGSZEITEN	NÄCHSTGELEGENE STADT IN SÜDAFRIKA/LESOTHO
Caledonspoort	6–22 Uhr	Fouriesburg/Butha-Buthe
Makhaleng Bridge	8–16 Uhr	Zastron/Mohale's Hoek
Maputsoe Bridge	24 Std.	Ficksburg/Maputsoe
Maseru Bridge	24 Std.	Ladybrand/Maseru
Nkonkoana	8–16 Uhr	Bushman's Nek/Sehlabathebe
Ongeluksnek	8–16 Uhr	Matatiele/Mphaki
Peka Bridge	8–16 Uhr	Clocolan/Peka
Qacha's Nek	8–20 Uhr	Matatiele/Qacha's Nek
Ramatseliso's Gate	8–16 Uhr	Matatiele/Tsoelike
Sani Pass	8–16 Uhr (Sommer bis 18 Uhr)	Himeville/Mokhotlong
Sephapo's Gate	8–16 Uhr	Boesmanskop/Mafeteng
Tele Bridge	8–22 Uhr	Sterkspruit/Quthing
Van Rooyensnek Gate	6–22 Uhr	Wepener/Mafeteng

LESOTHO

Alle Grenzübergänge zwischen Südafrika und Lesotho sind stressfrei passierbar.

Am Hauptübergang (Maseru Bridge östlich von Bloemfontein) bilden sich oft sehr lange Ausreiseschlangen in Richtung Südafrika. An manchen Wochenenden muss dort bei der abendlichen Einreise nach Lesotho ebenfalls ewig gewartet werden. Somit empfehlen sich nach Möglichkeit andere Grenzübergänge (s. Kasten S. 644).

MOSAMBIK

Grenzübergänge zwischen Südafrika und Mosambik:

Giriyondo (⊙Okt.–März 8–16 Uhr, April–Sept. 8–15 Uhr) Zwischen Phalaborwa Gate (Kruger National Park) und Massingir (Mosambik).

Kosi Bay/Ponta d'Ouro (⊙8–16 Uhr) Ein gutes Stück nördlich von Durban an der Küste.

Lebombo/Ressano Garcia (⊙6–24 Uhr) Hauptübergang östlich von Nelspruit.

Pafuri (⊙8–16 Uhr) Am nordöstlichen Rand des Krüger-Nationalparks.

NAMIBIA

Grenzübergänge zwischen Südafrika und Namibia:

Alexander Bay/Oranjemund (⊙6–22 Uhr) An der Atlantikküste; mitunter für die Öffentlichkeit gesperrt.

Nakop/Ariamsvlei (⊙24 Std.) Westlich von Upington.

Rietfontein/Aroab (⊙8–16.30 Uhr) Gleich südlich des Kgalagadi Transfrontier Park.

Vioolsdrif/Noordoewer (⊙24 Std.) Nördlich von Springbok an der Route nach/ab Kapstadt.

SIMBABWE

Beitbridge (⊙24 Std.) Der einzige Grenzübergang zwischen Südafrika und Simbabwe liegt am Fluss Limpopo. Häufiger Schmuggel sorgt hier für sehr strenge Kontrollen und oft lange Warteschlangen. Nächstgelegene südafrikanische Stadt ist Musina (15 km weiter südlich), wo man Geld umtauschen kann. Achtung: Auf der Seite Simbabwes wollen einem viele Schlepper bei den Grenz- und Zollformalitäten „helfen". Dies kann man getrost ignorieren – alle Behördenformulare gibt's gratis!

SWASILAND

Swasiland unterhält elf Grenzübergänge zu Südafrika (alle leicht passierbar) und zwei zu Mosambik. Achtung: Die kleineren Posten schließen schon um 16 Uhr!

Goba/Mhlumeni (⊙24 Std.) Nebenübergang zu Mosambik.

Golela/Lavumisa (⊙7–22 Uhr) Zwischen Durban und dem Ezulwini-Tal (Swasiland).

Josefdal/Bulembu (⊙8–16 Uhr) Zwischen Piggs Peak und Barberton (Mpumalanga); bei Regen schwierig.

Lomahasha/Namaacha (⊙7–20 Uhr) Hauptübergang zu Mosambik im äußersten Nordosten Swasilands.

Mahamba (⊙7–22 Uhr) Bester Übergang bei Trips ab Piet Retief (Mpumalanga); nahe gelegene Kasinos sorgen vor allem am Wochenende für Betrieb.

Mananga (⊙7–18 Uhr) Südwestlich von Komatipoort.

Matsamo/Jeppe's Reef (⊙7–20 Uhr) Südwestlich von Malelane an einer Route zum Kruger National Park. Auch hier sorgen nahe gelegene Kasinos vor allem am Wochenende für Betrieb.

Onverwacht/Salitje (⊙7–18 Uhr) Nördlich von Pongola in KwaZulu-Natal.

Oshoek/Ngwenya (⊙7–22 Uhr) Geschäftigster Übergang; liegt ca. 360 km südöstlich von Pretoria.

Zug

Auf S. 656 stehen Details zu grenzübergreifenden Zugtrips nach/ab Südafrika.

The Man in Seat Sixty-One (www.seat61.com) schlägt Bahnreiserouten durchs ganze südliche Afrika vor – u.a. den folgenden Trip.

MOSAMBIK

Ab Johannesburg/Pretoria rollen Züge der südafrikanischen Gesellschaft **Shosholoza Meyl** (www.shosholozameyl.co.za) nach Komatipoort. Dort überquert man die Grenze zu Fuß und fährt dann mit einem Zug von Caminhos de Ferro do Moçambique (CFM) weiter nach Maputo.

Übers Meer

Auf internationalen Schifffahrtsrouten ist Südafrika eine wichtige Zwischenstation. Viele Kreuzfahrtschiffe machen in Kapstadt oder auch in Durban fest. Beide Städte eignen sich prima, um auf Privatjachten anzuheuern, die Afrikas Ostküste hinaufsegeln.

Diverse Kreuzfahrt- und Frachtergesellschaften verbinden Südafrika mit Mosambik, Madagaskar oder Mauritius. Viele Frachtschiffe besitzen komfortable Passagierkabinen.

Doch selbst per Frachter ist die spannende Fahrt zu Afrikas Spitze auf dem Seeweg alles andere als günstig. Die Schiffstarife ab Südafrika sind zumeist niedriger als in Gegenrichtung.

Infos im Internet

Cruise People (Großbritannien; www.cruisepeople.co.uk)

Cruiser Log (Südafrika; www.cruiser.co.za/crewfinder. asp)

LBH Group (Südafrika & Mosambik; www.tallships.co.za)

Maris Freighter Cruises (USA; www.freightercruises. com)

Perpetual Travel (Australien; http://perpetualtravel. com/rtw/rtwfreighters.html) Weiterführende Links plus themenspezifische Lektüretipps.

Royal Mail Ship St. Helena (Großbritannien; www.rms-st-helena.com)

Safmarine (USA; www.safmarine.com)

Starlight Lines (Südafrika; www.starlight.co.za)

Strand Voyages (Großbritannien; www.strandtravelltd.co.uk)

UNTERWEGS VOR ORT

Auto & Motorrad

Südafrika zählt weltweit zu den tollsten Ländern für einen Roadtrip.

Abseits bedeutender Bus- und Zugrouten kommen Selbstfahrer am besten voran.

Für Reisegruppen sind Mietwagen oft die günstigste Option. In Südafrika, Lesotho und Swasiland bekommt man überall Straßenkarten – eine sinnvolle Investition!

Für Infos zur Einfuhr eines eigenen Vehikels s. S. 642.

Automobilclubs

Der Pannenservice der **Automobile Association of South Africa** (AASA; ☎ 011-799 1000, Notruf 083 843 22; www.aasa.co.za) kann sich bei Fahrten im davon abgedeckten Gebiet als nützlich erweisen.

Die AASA-Hilfsfahrzeugflotte ist in Gauteng, Kapstadt, Durban, Port Elizabeth, East London, Bloemfontein, Nelspruit und Pietermaritzburg stationiert.

Die Mitgliedschaft kostet monatlich 35 R.

Wenn der eigene Automobilclub in der Heimat zur **Fédération Internationale de l'Automobile** (FIA; www.fia.com) gehört, kann man AASA-Dienstleistungen drei Monate lang gratis in Anspruch nehmen (z. B. Pannenhilfe in Johannesburg, Pretoria, Cape Town, Durban und Port Elizabeth).

In Lesotho und Swasiland muss man sich auf die hiesigen Großstadtwerkstätten verlassen.

Benzin & Ersatzteile

» In Südafrika, Lesotho und Swasiland kostet 1 l Bleifrei etwa 11 R.

» Die Tankwarte füllen den Spritvorrat auf, säubern die Scheiben und erwarten ein Trinkgeld (2 R). Dieses sollte höher ausfallen (5 R), wenn Reifendruck, Öl- oder Kühlwasserstand überprüft werden.

» Die vielen Tankstellen entlang von Südafrikas und Swasilands Hauptstraßen sind oft rund um die Uhr geöffnet.

» Auch in allen größeren südafrikanischen Siedlungen sind Tankstellen vorhanden.

» In Swasiland haben Mbabane und Manzini die besten Einrichtungen.

» Manzini ist zudem die beste Ersatzteilquelle des Landes.

» Im ländlichen Raum und in ganz Lesotho heißt's jede Möglichkeit zum Volltanken nutzen.

» Lesothos größte Tankstellen befinden sich in Maseru. Andere Großstädte sind vergleichsweise weniger gut versorgt.

» Da Benzin in entlegenen Ecken Lesothos oft nicht spontan zu bekommen ist, empfiehlt sich zumindest dort ein voller Reservekanister.

Führerschein

» Vor Ort kann der eigene nationale Führerschein verwendet werden, sofern er Angaben auf Englisch enthält oder eine beglaubigte Übersetzung vorliegt.

» In Südafrika müssen Führerscheine auch mit einem Lichtbild versehen sein.

» Falls diese Voraussetzungen nicht allesamt erfüllt sind, ist eine internationale Fahrerlaubnis (International Driving Permit; IDP) erforderlich. Diese lassen sich z. B. beim eigenen

Automobilclub in der Heimat beschaffen.

» Da örtliche Polizisten generell nach dem Reisepass ausländischer Fahrer fragen, gehört immer eine Fotokopie davon mit an Bord.

Gefahren im Straßenverkehr

» Südafrikas grausige Verkehrsunfallstatistik verzeichnet pro Jahr ca. 14 000 Todesopfer.

» Besonders gefährlich sind die N1 zwischen Kapstadt und Beaufort West, die N2 zwischen Kapstadt und Somerset West, die N2 zwischen East London und Kokstad, die N1 zwischen Mokopane (Potgietersrus) und Polokwane sowie die N2 zwischen Durban und Tongaat.

» Die größte Bedrohung geht von anderen Verkehrsteilnehmern aus: Einheimische aller sozialen Schichten fahren riskant und aggressiv. Besonders hüten sollte man sich vor Minibus-Chauffeuren, die oft übermüdet und unter Zeitdruck in Klapperkisten unterwegs sind.

» Knappes, blindes Überholen ist hier keine Seltenheit.

» Auf Freeways erwarten von hinten heranbrausende Fahrer, dass man ihnen durch Ausweichen auf den Seitenstreifen Platz macht – selbst wenn sich dort Hindernisse befinden oder eine Einmündung bzw. Kurve in Sicht kommt. Drängler hängen einem oft bis zum Spurwechsel gnadenlos am Kofferraum.

» Auf wenig befahrenen Landstraßen geben viele Einheimische kräftig Gas und rechnen offenbar nicht mit anderen Verkehrsteilnehmern.

» Auf Nebenstrecken ist außerdem damit zu rechnen, dass einem in unübersichtlichen Kurven jemand auf der eigenen Fahrbahnseite entgegenkommt.

» Trotz Straßensperren und Alkoholkontrollen (vor allem

PARKEN & PARKPLATZWÄCHTER

In ganz Südafrika, Lesotho und Swasiland warten Sehenswürdigkeiten, Restaurants und Unterkünfte mit genügend Parkmöglichkeiten auf. Vor allem in Orten mit hoher Kriminalitätsrate (z. B. Johannesburg) sind oft bewachte Parkplätze eingerichtet. In diesem Buch sind Unterkünfte und Attraktionen mit eigenen Parkplätzen durch das Symbol P gekennzeichnet.

Wer sein Auto in größeren südafrikanischen Städten oder Ortschaften an der Straße abstellt, wird oft sofort von „Parkwächtern" angesprochen (selbst in Parkhäusern keine Seltenheit). Diese behalten das Vehikel gegen einen Obolus im Auge (kurzzeitig 2 R, länger 5–10 R) und waschen es mitunter auch (zzgl. 20 R). Achtung: Parkwächter erst direkt bei Abfahrt bezahlen! Und falls die Dienste nicht gleich bei Ankunft angeboten worden sind, gibt's gar kein Geld. Letzteres sollte zudem immer an die richtige Person gehen: Offiziell zugelassene Parkwächter tragen oft Warnwesten (z. B. in Kapstadt).

in Stadtgebieten) ist Fahren unter Alkoholeinfluss in Südafrika wie Swasiland weit verbreitet.

» Vor allem in ländlichen Gebieten treiben sich Fußgänger, Nutzvieh und Wildtiere (hauptsächlich Paviane) auf der Straße herum. Wer in einer potenziell unsicheren Gegend mit einem Tier kollidiert, sollte zur nächsten Polizeiwache weiterfahren und den Vorfall dort melden.

» Während der Regenzeit kann dichter Nebel ein extrem langsames Tempo bedingen. Dies gilt vor allem für höher gelegene Gebiete in KwaZulu-Natal.

» Im Sommer besteht im Lowveld die Gefahr von Fahrzeugschäden durch Hagelstürme.

» Bergiges Terrain und schlechte Bedingungen sind die Hauptprobleme in Lesotho.

» In Swasiland muss man sich insbesondere auf Schotterpisten vor betrunkenen Fahrern, umherstreifendem Vieh und rasenden Minibussen hüten.

Kaufen

Südafrika ist das beste Land, um ein Vehikel für Touren durch den Süden des Kontinents oder längere Trips durch die Region südlich der Sahara zu erwerben. Ein Fahrzeugkauf lohnt sich, wenn der Aufenthalt vor Ort länger als ca. drei Monate dauern soll.

Ein eigenes Auto legt man sich idealerweise in Johannesburg zu, wo die Preise oft niedriger sind. Zudem setzt Blech in Küstenstädten wie Kapstadt recht schnell Rost an. Wegen des kleineren Angebots und höherer erzielbarer Preise eignet sich Kapstadt jedoch am besten für den Wiederverkauf.

Eine größere Auswahl von Gebrauchtwagenhändlern säumt die Great North Rd im Johannesburger Bezirk Benoni. In Kapstadt empfiehlt sich die Voortrekker Rd zwischen den U-Bahn-Stationen Maitland und Bellville.

Fahrzeuge sollte man eher nicht bei Privatpersonen, sondern bei Händlern erwerben: Diese helfen einem beim aufwendigen Zulassungsprozedere und haben in der Regel zumindest ein paar der erforderlichen Formulare auf Lager. Eventuell lassen sie sich auch auf einen Rückkauf ein. Bei Privatkäufen gibt's keine Händlergarantie, aber dafür niedrigere Preise.

2011 berappte ein Leser bei einem Benoni-Händler nach eigenen Angaben 124 000 R für einen vier Jahre alten Nissan-*bakkie* (Pickup) mit 2,4 l Hubraum, Allradantrieb, Ladeflächenzelt und 135 000 km Laufleistung. Separate Ladeflächenzelte kosten durchschnittlich 10 000 R pro Stück.

INFOS IM INTERNET & KONTAKTADRESSEN

Auto Trader (www.auto trader.co.za) Landesweite Kfz-Verkaufsanzeigen.

Cape Ads (www.capeads. com) Kfz-Verkaufsanzeigen im Großraum Kapstadt.

Capetown.gov.za (http:// tinyurl.com/72c42nw) Details zu Kfz-Zulassungsstellen im Bereich von Kapstadt.

Enatis.com (http://tinyurl. com/6nm5ugc) Infos zur Gebrauchtwagenzulassung.

Graham Duncan Smith (☎021-797 3048) Land-Rover-Spezialist; Beratung, Reparaturen und Verkauf.

Mahindra Benoni (http:// mahindrabenoni.co.za) Johannesburger Händler, der Autos und *bakkies* kauft und verkauft; hat Erfahrung mit Verkäufen an Ausländer und hilft bei der Zulassung.

Services.gov.za (http:// tinyurl.com/6o3674x) Infos zum Eigentümer- bzw. Fahrzeughalterwechsel.

South African Forum (http://southafricanforum. co.za) Forum mit diversen Posts zum Fahrzeugkauf.

Suedafrika-Forum (http:// suedafrika-forum.net) Weiteres, größtenteils deutschsprachiges Forum.

Westerncape.gov.za (http://tinyurl.com/aox358) Formulare für die Fahrzeugzulassung in der Provinz Westkap (inkl. Erläuterungen).

PAPIERKRAM

Man sollte unbedingt sicherstellen, dass alle Fahrzeugdetails den Angaben in der

Zulassung (Eigentumsnachweis) entsprechen – dabei auch Motor- und Fahrgestellnummer nicht vergessen! An der Windschutzscheibe muss sich eine gültige Zulassungsplakette befinden. Ebenfalls erforderlich ist ein gültiges *roadworthy certificate* der polizeilichen Zulassungsstelle (hiesiger TÜV-Nachweis bzw. Verkehrssicherheitsbescheinigung).

Potenzielle Fahrzeugkäufer sollten zudem die Identität des bisherigen Eigentümers checken (mit dessen Ausweis abgleichen) und das Auto *vor* dem Bezahlen in einer Werkstatt durchsehen lassen.

Günstige Fahrzeuge werden oft ohne gültiges *roadworthy certificate* verkauft. Ein solches braucht man aber, um das Auto auf den eigenen Namen ummelden und die Steuer bzw. Gebühr für die Zulassungsplakette entrichten zu können. Einige private Werkstätten dürfen *roadworthy certificates* für ein paar Hundert Rand ausstellen. Manche davon sehen über geringfügige Mängel hinweg.

ZULASSUNG

Die Fahrzeugzulassung ist ein bürokratischer Albtraum und dauert wahrscheinlich ein paar Wochen. Behördenmitarbeiter haben einigen Travellern schon fälschlicherweise mitgeteilt, dass eine Fahrzeugzulassung ohne südafrikanische Staatsbürgerschaft nicht möglich sei.

Folgende Formulare bekommt man bei Zulassungsstellen, Händlern oder über die Websites auf S. 647:

» RLV/NCO5 (Mitteilung des Eigentümerwechsels/Kfz-Verkaufs)

» ANR8 (Antrag und Mitteilung bzgl. der Zulassungsnummer)

Bei der Zulassungsstelle sind obendrein vorzulegen:

» Eigener Reisepass (inkl. einer Fotokopie)

» Fotokopie des Verkäufer-Personalausweises

» Bisherige Zulassungspapiere (ausgestellt auf den Namen des Verkäufers)

» Gültiges *roadworthy certificate*

» Kaufnachweis (Quittung, Vertrag)

» Adressnachweis (ein Bestätigungsschreiben der jeweiligen Unterkunft dürfte genügen)

» Gültiger nationaler Führerschein mit englischsprachigen Angaben

» Das Geld für alle anfallenden Gebühren

Es ist hilfreich, wenn einen der Verkäufer persönlich begleitet und seinen Ausweis mitbringt.

Am besten ruft man vorher an, um die Gesamthöhe der Gebühren zu ermitteln. Aktuell liegen letztere bei ca. 400 R für einen Kleinwagen und etwa 800 R für einen Geländewagen.

Achtung: Ist die vorherige Zulassung erloschen, wird zusätzlich ein Bußgeld fällig!

Maut

Auf manchen Freeways wird eine entfernungsabhängige *toll* (Maut) fällig.

Kurz vor mautpflichtigen Streckenabschnitten stehen immer zahlreiche Hinweis-schilder (schwarzes „T" in gelbem Kreis).

Die stets parallel vorhandenen *alternative routes* (Ausweichrouten) sind jeweils durch ein schwarzes „A" in einem gelben Kreis gekennzeichnet.

Mieten
SÜDAFRIKA

» Der Startpreis für Mietwagen liegt in Südafrika bei unter 200 R pro Tag und ist damit deutlich niedriger als in Europa.

» Die meisten Verleihfirmen bestehen auf einem Mindestalter des Fahrers von 21 Jahren (23 Jahre in Swasiland) und fragen nach einer Kreditkarte.

» Debit- bzw. Lastschriftkarten werden kaum akzeptiert. Da das Bezahlen fast immer über ein elektronisches Terminal erfolgt, sollte man die PIN-Nummer seiner Kreditkarte auswendig können.

» Zwecks Ersparnis ist es ratsam, schon Monate im Voraus übers Internet zu buchen.

» Die meisten Mietverträge umfassen ein Tageskilometerlimit. Wer dieses überschreitet, bezahlt extra – ein Nachteil, wenn lange Autotouren geplant sind. 400 Freikilometer pro Tag reichen allgemein aus.

CARJACKING

In Johannesburg ist Carjacking (Autodiebstahl durch einen Raubüberfall) ein Problem – in geringerem Maß auch in den anderen Großstädten und Regionen der nordöstlichen Provinzen. Fahrer schicker Schlitten sind eher gefährdet als die Chauffeure normaler Mietwagen. So sollte man kein allzu auffälliges Vehikel wählen, immer auf der Hut sein und bei Dunkelheit nicht durch Stadtgebiete fahren. Falls sich ein nächtlicher Citytrip nicht vermeiden lässt, heißt's die Fenster ganz hochkurbeln und die Türen verschließen. Wer an einer roten Ampel steht und etwas Verdächtiges bemerkt, sollte wie die Einheimischen kurz prüfen, ob die Straße frei ist – und dann bei Rot losfahren. Überfallene leisten am besten keinerlei Widerstand und händigen die Schlüssel sofort aus: Carjacker sind fast immer bewaffnet; einige Menschen wurden bereits wegen ihrer Autos ermordet.

ENTFERNUNGEN (KM)

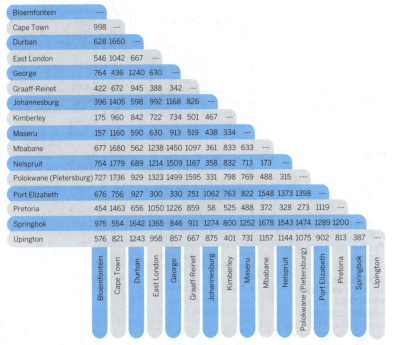

Falls man unterwegs ein- bis zweitägige Zwischenstopps einlegen möchte, können auch 200 km pro Tag genügen. Kunden internationaler Autovermieter bekommen unbegrenzte Kilometer eventuell ohne Aufpreis, wenn sie über eine Filiale im Ausland buchen. Dies gilt jedoch nicht zu Spitzenzeiten (z. B. Dez.–Jan.).

» Interessenten sollten auch sicherstellen, dass sämtliche Preisangaben bereits die südafrikanische Mehrwertsteuer (Value-Added Tax; VAT) von 14 % enthalten.

» Bei Fahrzeugrückgabe an einem anderen Ort berechnet sich der Preis nach der Entfernung des Ortes, von dem aus das Auto zurückgeführt werden muss.

» Je nach Passagierzahl und Gepäckmenge haben Kleinwagen bei Bergfahrten manchmal ganz schön zu kämpfen. In Gegenden wie der Wild Coast führen selbst große Highways mitunter steil bergauf.

» An steilen Anstiegen kann sich ein Automatikgetriebe als unangenehm erweisen.

» Vor Ort sind Autovermieter in Großstädten und an Flughäfen vertreten.

» An Verkehrsknotenpunkten wie Johannesburg oder Kapstadt kommt man allgemein am günstigsten weg.

LESOTHO & SWASILAND

» In Lesotho gibt's Verleihfirmen in Maseru und am Moshoeshoe I. International Airport.

» Normalerweise ist es günstiger, mit einem südafrikanischen Mietwagen über die Grenze nach Lesotho zu fahren. Dies erfordert jedoch ein offizielles Genehmigungsschreiben des jeweiligen Autovermieters (ca. 400 R; s. S. 649).

» In Swasiland bekommt man Mietwagen in Mbabane und am Matsapha International Airport; die Preise entsprechen etwa denen in Südafrika.

VERMIETER

Die auf S. 653 genannten Billigfluglinien bieten günstige Mietwagen an.

Auch viele Backpackerhostels und Reisebüros offerieren gute Deals.

Einheimische Verleiher verlangen in der Regel weniger Geld als internationale, haben aber oft ältere Vehikel; zudem sind Filialschließungen bzw. Firmenpleiten keine Seltenheit.

Abba (www.abbacarrental.co.za) In Südafrika.

Argus (www.arguscarhire.co.za) Online-Agentur; in Südafrika, Lesotho und Swasiland.

Around About Cars (www.aroundaboutcars.com) Empfehlenswerte Billigagentur in Südafrika und Lesotho; erzielt niedrige Preise bei anderen Anbietern (z. B. Budget, Tempest, First) und zählt zu den wenigen Firmen, die unbegrenzte Fahrtkilometer anbieten.

Avis (www.avis.co.za) In Südafrika, Lesotho und Swasiland.

Budget (www.budget.co.za) In Südafrika und Lesotho.

Europcar (www.europcar. co.za) In Südafrika, Lesotho und Swasiland.

First (www.firstcarrental. co.za) In Südafrika.

Hertz (www.hertz.co.za) In Südafrika.

Sixt (www.sixt.com) In Südafrika.

Tempest (www.tempestcar hire.co.za) In Südafrika.

Thrifty (www.thrifty.co.za) In Südafrika.

WOHNMOBIL, GELÄNDEWAGEN & MOTORRAD

» Wohnmobile oder Campervans sind z. T. am Ausleihort zurückzugeben. Manchmal ist Campingausrüstung im Mietpreis enthalten.

» „Bakkie-Camper" (Pickups mit zwei Schlafplätzen im Ladeflächenzelt) bekommt man vergleichsweise günstiger.

» In Touristenhochburgen wie Kapstadt können Mopeds und Motorroller ausgeliehen werden.

» Für Lesotho und Provinzen mit vielen Nationalparks (z. B. Northern Cape) empfiehlt sich ein Geländewagen.

» Neben den Firmen auf S. 648 sind auch **African Leisure Travel** (www.afri canleisure.co.za; Johannesburg; Geländewagen & Campervans), **Britz 4x4 Rentals** (www. britz.co.za; Kapstadt & Johannesburg; Geländewagen), **LDV Biking** (www.ldvbiking.co.za; Kapstadt; Motorräder), **Maui** (www.maui.co.za; Kapstadt & Johannesburg; Wohnmobile) und **Motozulu** (www.

motozu.lu.ms; Port Shepstone, KwaZulu-Natal; Motorräder) eine Recherche wert.

Straßenzustand
SÜDAFRIKA

» Ein gutes Freeway-Netz deckt das ganze Land ab.

» Die Hauptstrecken sind allgemein gut in Schuss.

» Außerhalb von Großstädten und größeren Ortschaften rollt man z. T. über unbefestigte Pisten (meist mit Schotter und halbwegs eben).

» Der Zustand von Nebenstraßen kann sich bei Regen verschlechtern – daher immer entsprechende Infos vor Ort einholen!

» In den früheren Homeland-Gebieten muss mit Gefahren wie tiefen Schlaglöchern, ausgewaschenen Straßen und unbeschilderten Haarnadelkurven gerechnet werden.

» Die N2 durch die Wild-Coast-Region ist in sehr schlechtem Zustand.

LESOTHO

» Anstiege, Haarnadelkurven und raues Wetter können Fahrten durch Lesotho zur Herausforderung machen.

» Im Zuge des Highlands Water Project entstehen gerade ein paar neue Straßen.

» Die befestigten Hochlandstrecken sind in gutem Zustand, aber z. T. sehr steil.

» Regen verringert das Tempo zwangsweise; im Winter besteht Gefahr durch Eis und Schnee.

» Mit Automatikgetriebe sind enge Kurven bei steilen Talfahrten oft nur durch ständiges Bremsen zu meistern.

» Abseits der Hauptstraßen müssen selbst Geländewagen vielerorts kämpfen.

» Am problematischsten sind schlechte Straßen und über die Ufer getretene Flüsse nach Unwettern.

» Eine weitere Gefahr besteht in Menschen und Tieren auf der Fahrbahn.

» Die Armee errichtet manchmal Straßensperren.

» Wer in einem südafrikanischen Mietwagen angehalten wird, muss per Genehmigungsschreiben (s. S. 639) nachweisen, dass die Verleihfirma eine Fahrzeugausfuhr nach Lesotho erlaubt hat.

SWASILAND

» Die meisten Hauptstrecken des guten Straßennetzes sind geteert.

» Als bedeutender Highway durchquert die MR3 das Land etwa von Westen nach Osten und erstreckt sich ostwärts bis Manzini.

» Gute Asphaltstraßen verbinden die anderen größeren Städte miteinander.

» Ansonsten gibt's fast nur unbefestigte Pisten in einigermaßen gutem Zustand (außer nach starken Regenfällen).

» Ein paar holperige Nebenstrecken verlaufen durch den Busch.

» Die Route am Malagwane Hill führt von Mbabane aus ins Ezulwini-Tal hinein und stand einst als gefährlichste Straße der Welt im *Guinness-Buch der Rekorde*.

» Wer bei starkem Verkehr und schlechtem Wetter ins Ezulwini-Tal hinunterfährt, geht ein gewisses Risiko ein.

» Abseits der Siedlungsgebiete und Grenzübergangszonen ist das Verkehrsaufkommen gering.

Verkehrsregeln

» In Südafrika, Lesotho und Swasiland herrscht Linksverkehr.

» Für Fahrer und Beifahrer besteht Gurtpflicht in allen drei Ländern.

» Am eigenartigsten ist die lokale Verkehrsregel für *four-way stops* (Kreuzungen), die sogar auf Hauptstraßen gilt: Alle Fahrzeuge müssen zunächst anhalten. Doch wer zuerst angekommen ist, startet auch zuerst – selbst wenn er sich auf einer kleineren Querstraße befindet.

» In Swasiland ist am Straßenrand anzuhalten, wenn sich eine behördliche oder königliche Autokolonne nähert.

TEMPOLIMITS

Südafrika 100 km/h außerhalb geschlossener Ortschaften, 120 km/h auf den meisten großen Highways, normalerweise 60 km/h innerhalb geschlossener Ortschaften; Tempolimits werden aber weithin ignoriert.

Lesotho 80 km/h auf Hauptstraßen, 50 km/h in Siedlungen.

Swasiland 80 km/h außerhalb geschlossener Ortschaften, 60 km/h in geschlossenen Ortschaften.

Verkehrsschilder

Die spärliche Beschilderung von Neben- bzw. Ausweichstrecken teilt einem meist nur die jeweilige Straßennummer oder den Weg zu Siedlungen in der Nähe mit. Infos, wie man die nächste größere oder große Stadt erreicht, sind dagegen Mangelware.

Auf die erwähnten Straßennummern (z. B. R44; in diesem Buch auch „Rte 44") beziehen sich viele Einheimische bei Wegbeschreibungen.

Die Nummerierung von Lesothos Hauptrouten beginnt mit A1 (Main North Rd). Bei abzweigenden Nebenstrecken steht stets ein „B" vor der Zahl.

Versicherung

Eine Kfz-Versicherung gegen fremde Sach- und Personenschäden (im Idealfall auch gegen Eigenschäden) ist zwar *nicht* gesetzlich vorgeschrieben – deshalb sind die meisten einheimischen Fahrer nicht versichert –, aber dennoch höchst sinnvoll.

Südafrikanische Kfz-Versicherungen lassen sich generell nur jahresweise abschließen.

Der Mietwagenpreis sollte zumindest eine Variante mit Selbstbeteiligung (am besten gegen Aufpreis reduzier- oder umgehbar) beinhalten.

Bitte nicht vergessen, den Miet- bzw. Versicherungsvertrag sorgfältig auf die Deckung von Hagelschäden zu überprüfen: Letztere können hohe Kosten verursachen und vor allem im Sommer häufig vorkommen!

Versicherer:

Automobile Association of South Africa (www.aasa.co.za)

Outsurance (www.outsurance.co.za)

Sansure (www.sansure.com)

MINIBUS-TAXI-ETIKETTE

» Passagiere mit viel Gepäck sollten in der ersten Reihe hinter dem Fahrer Platz nehmen.

» Der Fahrpreis wird am besten in Münzen und nicht in Scheinen bezahlt.

» Wenn alle Plätze besetzt sind, reicht man das eigene Geld zusammen mit dem der Sitznachbarn nach vorne – idealerweise nicht an den Chauffeur, sondern an jemanden auf dem Beifahrersitz. Wer selbst auf Letzterem thront, muss eventuell alles Bare einsammeln und das Wechselgeld korrekt aus der Geldbörse des Fahrers austeilen.

» Der Passagier auf dem Klappsitz an der Tür hat selbige bei jedem Aussteigestopp zu öffnen und zu schließen – und muss dazu stets selbst das Taxi verlassen.

» Aussteigewillige sagen statt „Stop!" besser „Thank you, driver!" („Danke, Fahrer!").

Bus

Südafrika

Ein gutes Netzwerk von unterschiedlich verlässlichen und komfortablen Buslinien verbindet die größten Städte miteinander.

Ermäßigungen Die größten Busunternehmen offerieren neben Sonderangeboten auch Ermäßigungen für Studenten, Backpacker und Senioren (Details s. Websites). Wer gleich mehrere Bustrips unternehmen möchte, sollte nach Rabattpässen fragen.

Gefahren & Ärgernisse Sofern nicht anderweitig vermerkt, sind alle hier aufgeführten Linien generell sicher. Dennoch ist zu bedenken, dass viele Fernbusse nachts verkehren. Bei solchen Trips sollten Traveller gut auf ihre Wertsachen aufpassen. Frauen könnten sich im Frontbereich des Fahrzeugs eventuell wohler fühlen.

Klassen Obwohl Bordklassen hier nicht existieren, bieten große Busfirmen meist einen „Luxusservice" mit Extras wie Klimaanlage, Bordtoilette und -videos an.

Preise Berechnen sich grob nach Entfernung; Kurztrips sind jedoch unverhältnismäßig teuer. Während der Schulferien steigen die Tarife.

Ticketkauf Tickets für die wichtigsten Verbindungen sollte man spätestens 24 Stunden vor Abfahrt und bei geplanten Reisen zu Spitzenzeiten so früh wie möglich kaufen. Fahrkarten gibt's bei Buslinien-Büros, **Computicket** (www.computicket.co.za) und den Supermärkten von Shoprite/Checkers.

BUSLINIEN

Greyhound und Translux gelten als Premium-Gesellschaften.

City to City (☑0861 589 282; www.citytocity.co.za) Bedient zusammen mit

BAZ BUS

Als praktische Alternative zu normalen Busunternehmen zielt **Baz Bus** (☎0861 229 287; www.bazbus.com) fast ausschließlich auf Backpacker und Traveller ab. Optional können Passagiere unterwegs beliebig aus- und zusteigen (*hop-on/hop-off*) oder sich direkt an ihrer Unterkunft absetzen bzw. einsammeln lassen. Geboten wird dieser Service zwischen Garden Route (Kapstadt–Johannesburg), Port Elizabeth, Durban und den nördlichen Drakensbergen.

Die Busse der Firma bringen Fahrgäste zu Hostels und holen sie dort auch ab. Außerdem bestehen Shuttle-Arrangements mit Unterkünften, die außerhalb des Netzes liegen (z. B. an der Wild Coast). Gebucht werden kann direkt bei Baz Bus oder den meisten Hostels.

Direktverbindungen sind teurer als bei den Großgesellschaften. Wer die Vorteile der Option mit beliebigem Aus- und Zusteigen nutzt, kann aber recht günstig wegkommen.

Per *hop-on/hop-off* nach Kapstadt geht's z. B. ab Johannesburg/Pretoria (2900 R), Durban (2430 R) oder Port Elizabeth (1250 R; jeweils einfache Strecke).

Wochenpässe (1/2/3 Wochen 1400/2100/2600 R) sind ebenfalls im Angebot.

Translux die Routen, auf denen die Menschen während der Apartheid zwischen den Homelands und den Großstädten pendelten. Der schlichte Service ist günstiger als die anderen Linien und deckt auch viele entlegene Orte ab (z. B. Townships, Bergbausiedlungen). Zu den Zielen zählen Mthatha, Nelspruit, Hazyview, Beitbridge (Grenzübergang zu Simbabwe), Piet Retief und diverse Kleinstädte in KwaZulu-Natal.

Greyhound (☎083 915 9000; www.greyhound.co.za, www.citiliner.co.za) Das weitläufige, komfortable Busnetz umfasst z. B. die Route Johannesburg–Durban (über Richards Bay). Die Firma betreibt obendrein andere Linien wie die billigeren Citiliner-Busse.

Intercape (☎0861 287 287; www.intercape.co.za) Ab Kapstadt erstreckt sich das ausgedehnte Liniennetz bis Limpopo und darüber hinaus. Bei längeren Fahrten mit Sleepliner-Nachtbussen (z. B. Mossel Bay–Johannesburg oder Kapstadt–Windhoek, Namibia) lohnt sich der Aufpreis für einen Liegesitz.

SA Roadlink (☎011-333 2223; www.saroadlink.co.za) Verbindet Johannesburg/Pretoria mit Bloemfontein, Port Elizabeth, East London, Mthatha, Durban, Kapstadt, Polokwane und dazwischen liegenden Zielen. Das Liniennetz ist kleiner als bei der Konkurrenz. Dafür sind die Preise meist nur wenig höher als die City-to-City-Tarife.

Translux (☎0861 589 282; www.translux.co.za) Südafrikas größte Fernbusgesellschaft bedient z. B. Kapstadt, Durban, Bloemfontein, Port Elizabeth, East London, Mthatha, Nelspruit und die Garden Route.

Lesotho

Abfahrtszeiten Los geht's meist morgens. Faustregel: Je länger der Trip, desto früher der Start.

Busse & Minibus-Taxis Ein gutes Netz von Verbindungen mit Bussen und Minibus-Taxis (hier nur „Taxis" genannt) deckt den Großteil des Landes ab. Minibus-Taxis fahren zu vielen kleineren und allen größeren Ortschaften. Letztere werden auch von etwas günstigeren und langsameren Bussen angesteuert. Bordklassen gibt's nicht; der Service ist ausgesprochen spartanisch.

Nördliches Lesotho Wer ab Maseru gen Nordosten reist, muss meist in Maputsoe umsteigen. Dies geschieht mitunter schon bei der Einfahrt in die Stadt, wenn der Bus unterwegs auf ein Anschlussfahrzeug trifft.

Tickets Obwohl dann Langstreckentarife fällig werden, empfiehlt sich bei Reisen mit größeren Bussen lediglich ein Ticket zur nächsten größeren Ortschaft. Dort steigen höchstwahrscheinlich die meisten Passagiere aus und es besteht regelmäßig Anschluss. Andernfalls sitzt man fest, da der Bus erst weiterfährt, wenn er wieder voll besetzt ist. Eine entsprechende Anzahl Einzeltickets kostet nur wenig mehr als die jeweilige Direktverbindung. Platzreservierung ist nicht nötig oder gar nicht möglich.

Swasiland

» Als öffentliche Hauptverkehrsmittel bedienen Minibus-Taxis fast das ganze Land und legen unterwegs oft Zwischenstopps ein.

» Sie fahren ab, wenn alle Plätze belegt sind – Reservierung ist nicht erforderlich.

» Start- und Zielpunkt der wenigen Inlandsbuslinien (etwas günstiger als Minibusse) ist zumeist Mbabanes Zentrum.

Fahrrad
Südafrika

Wenn die Kondition für das Bezwingen der Hügel reicht, bietet Südafrika einige tolle Möglichkeiten für Radfahrer.

Hierfür sorgen die malerische und abwechslungsreiche Landschaft, zahlreiche Campingplätze und viele ruhige Nebenstrecken.

Websites zum Thema Radfahren s. S. 643.

Ersatzteile Mountainbikes und MTB-Ersatzteile sind weithin erhältlich. Vor allem außerhalb Johannesburgs und Kapstadts lassen sich spezielle Teile für Tourenräder jedoch oft nur schwer auftreiben. Vor dem Start in Richtung Veld ist es ratsam, mit einem guten Fahrradladen in einer Großstadt zu vereinbaren, dass Benötigtes bei Bedarf per Kurier zugestellt wird.

Gefahren & Ärgernisse Größere Siedlungen liegen oft sehr weit auseinander. Doch außer in abgeschiedenen Regionen wie der Karoo ist es meist nicht weit bis zu einem Gehöft oder Dorf. Viele Straßen haben keine befestigten Seitenstreifen; falls doch, werden diese von vielen Kraftfahrern illegal als Verzögerungsspur genutzt. Auf den Highways ist Radeln verboten. Stark befahrene Straßen in Stadtnähe sind zu gefährlich. Vor dem Start heißt's immer aktuelle Routeninfos bei anderen Bikern und örtlichen Fahrradläden oder -clubs einholen. Um die überall bestehende Diebstahlgefahr zu senken, sollte man ein gutes Schloss dabeihaben, den Drahtesel mit in die Unterkunft (idealerweise mit aufs Zimmer) nehmen und dort sicher an einem stabilen bzw. massiven Gegenstand anketten.

Kaufen In größeren südafrikanischen Städten (vor allem in Kapstadt) steht eine gute MTB-Auswahl zum Verkauf. Nach Tourenrädern schaut man am besten in Johannesburg und Kapstadt. Für den Wiederverkauf des Bikes vor der Heimreise empfehlen sich Fahrradläden oder -clubs, Schwarze Bretter in Hostels und die Website www.gumtree.co.za.

Mieten Einige Hostels verleihen Mountainbikes kurzzeitig für Tagesausflüge. Miet-MTBs gibt's auch manchmal bei großstädtischen Fahrradläden – allerdings in der Regel nur gegen eine Kaution per Kreditkarte.

Öffentliche Verkehrsmittel Züge nehmen Fahrräder mit, während die meisten Busfirmen keine Drahtesel in ihren Gepäckräumen wollen. Minibusse transportieren kein Gepäck auf ihren Dächern.

Regionen Die Kap-Halbinsel und die Winelands sind hervorragend; die Wild Coast ist wunderschön und faszinierend. Das nördliche Lowveld wartet mit weiten Ebenen auf.

Wetter Der Großteil des Landes (außer der Westküste und der Provinz Western Cape) verzeichnet die stärksten Niederschläge im Sommer (Ende Nov.– März) – oft in Form von heftigen Gewitterstürmen. Vor allem im schwülen Lowveld können regenfreie Sommertage unangenehm heiß sein.

Lesotho & Swasiland

Beide Länder sind hervorragende Radlerreviere, erfordern aber jeweils ein Mountainbike. Genügend Ersatzteile sollte man aus Südafrika mitbringen. Im Sommer muss mit Gewitterstürmen und Hochwasser gerechnet werden. Fahrradtransport mit öffentlichen Verkehrsmitteln ist hier nicht an der Tagesordnung; allerdings lässt sich oft eine Vereinbarung mit dem Fahrer treffen.

Lesotho Lesothos Berglandschaft ist nur etwas für körperlich gut Trainierte. Die zahllosen Strecken eignen sich ausschließlich für erfahrene Radler. Der Sani-Pass gilt als klassische MTB-Route des Landes. Auf seiner südafrikanischen Seite kann man gelegentlich Drahtesel über Lodges mieten. Im Winter besteht Gefahr durch vereiste Straßen.

Swasiland Von den größten Siedlungen und vom äußerst verkehrsreichen Ezulwini-Tal halten sich Biker am besten fern. Zu den Optionen zählen die kürzeren MTB-Trails im Hlane Royal National Park mit dem Mlilwane Wildlife Sanctuary. Dort können jeweils Fahrräder ausgeliehen werden.

Flugzeug

Fluglinien in Südafrika, Lesotho & Swasiland

Inlandsflüge sind teuer. Die beliebte Route Johannesburg–Kapstadt wird von vielen Gesellschaften bedient und kostet im Durchschnitt ca. 750 R pro einfache Strecke.

Bares spart, wer online und bereits Monate vor Reisebeginn bucht.

Ebenfalls eine Ersparnis bzw. Vorteile ohne Aufpreis bringt die Möglichkeit, Inlandsflüge an ein internationales Ticket zu koppeln (z. B. mit South African Airways von London nach Johannesburg und dann weiter nach Kapstadt fliegen).

Die Regionenkapitel enthalten nähere Infos zu örtlichen Routen, Preisen und Reisebüros.

Comair (☎0860 435 922; www.comair.co.za) Vertritt British Airways im südlichen Afrika und offeriert Anschlussflüge nach Johannesburg, Kapstadt, Durban oder Port Elisabeth.

SA Airlink (☎0861 606 606; www.flyairlink.com) Partnergesellschaft von South African Airways mit gutem Streckennetz; bedient auch kleinere Flughäfen wie Upington, Mthatha und Moshoeshoe I. (Maseru).

South African Airways (☎0861 359 722; www.flysaa.

com) Südafrikas nationale Fluglinie mit ausgedehntem und effizientem Inlandsflugnetz.

South African Express (☎0861 729 227; www.flyexpress.aero) Weitere Partnergesellschaft von South African Airways mit gutem Streckennetz; bietet u. a. drei wöchentliche Direktflüge zwischen Kapstadt und Hoedspruit (Tor zum Kruger National Park) an.

Swaziland Airlink (☎518 6155; www.flyswaziland.com) Verbindet Johannesburg mit Manzini/Matsapha.

BILLIGFLUGLINIEN

Die folgenden Gesellschaften bieten auch Hotelbuchungen, Mietwagen und Pauschalreisen an.

1time (☎011-086 8000; www.1time.aero) Flüge zwischen Johannesburg, Kapstadt, Durban, East London, George und Port Elizabeth.

Kulula.com (☎0861 585 852; www.kulula.com) Verbindet Johannesburg, Kapstadt, Durban, George, Nelspruit und Port Elizabeth miteinander.

Mango (☎0861 001 234; www.flymango.com) Zwischen Johannesburg, Kapstadt, Durban und Bloemfontein unterwegs.

Geführte Touren

Das Angebot der vielen örtlichen Tourveranstalter reicht von Allrad-Abenteuern, exklusiven Luxussafaris und günstigen Überlandreisen per Truck bis hin zum halbtätigen Sightseeing.

Landesweit sind Backpackerhostels prima Infoquellen zu geführten Trips, die auf Budgetreisende abzielen. Viele Hostels gehören zu Billigtouranbietern und haben entsprechende Schwarze Bretter.

Tagesausflüge oder Touren mit Übernachtung sollten in größtmöglicher Nähe zum gewünschten Ziel gebucht werden. Wer z. B.

in Durban weilt und ein Naturschutzgebiet im Norden KwaZulu-Natals besuchen möchte, wählt am besten ein Hostel in Schutzgebietsnähe und unternimmt von dort aus eine geführte Tagesexkursion. Dies ist in der Regel günstiger als ein langer Direkttrip ab Durban und bringt meist auch mehr Erkundungszeit vor Ort.

Weitere Infos liefern die Abschnitte bzw. Kästen zu Aktivitäten (S. 620), Zugreisen (S. 656) und Freiwilligenferien (S. 626).

Bok Bus (www.bokbus.com) Geführte Budgettouren im Bereich der Garden Route.

Cape Gourmet Adventure Tours (http://gourmet.cape-town.info) Feinschmeckertouren durch Kapstadt und die Provinz Western Cape; vom Seafood-Selbstfang bis hin zur Gourmet-Schatzsuche.

Go 2 Africa (www.go2africa.com) Afrikanischer Safarispezialist mit Trips in Südafrika, Lesotho und Swasiland.

Malealea Lodge (www.malealea.co.ls) Lesotho-Touren von Ponytreks und Allrad-Abenteuern bis hin zu Freiwilligenoptionen.

Oasis Overland (www.oasisoverland.co.uk) Britischer Spezialist für Überlandreisen durch Südafrika und die übrige Region.

Signature Tours (www.signaturetours.co.za) Touren mit Themenschwerpunkten wie Umwelt, Vogelbeobachtung oder Botanik (u. a. viertägiges Frühlingsblumenbewundern an der Westküste).

Springbok-Atlas (www.springbokatlas.com) Reisebustrips durch ganz Südafrika und die übrige Region.

Swazi Trails (www.swazitrails.co.sz) Spezialist für Tages- und Halbtagstouren durch Swasiland (z. B. Rafting, Kulturexkursionen, Wanderungen).

Thaba Tours (www.thabatours.co.za) MTB-, Geländewagen-, Quad-, Pferde- oder

Wandertouren durch Lesotho und die Drakensberge.

Thompsons Africa (www.thompsonsafrica.com) Mittelteure und luxuriöse Pauschaltouren bzw. -safaris mit Mottospektrum von Elefanten bis hin zum Wein.

Ukholo (www.ukholotravelandtours.co.za/) Western-Cape-Optionen von der Erkundung Kapstadts bis hin zu vier Tagen entlang der Garden Route.

Wilderness Safaris (www.wilderness-safaris.com) Veranstaltet luxuriöse Safaris und Thementrips mit Schwerpunkt auf Naturschutz; betreibt zudem mehrere Nobel-Buschcamps.

Wilderness Travel (www.wildernesstravel.com) Diverse Pauschalreisen durch das südliche Afrika zwischen Kapstadt und den Drakensbergen; im Mittelpunkt stehen Naturwanderungen.

Wildlife Safaris (www.wildlifesaf.co.za) Mittelteure Individual- und Kleingruppensafaris ab Johannesburg, die z. B. die Nationalparks Krüger und Pilanesberg, das Madikwe Game Reserve oder den Blyde River Canyon besuchen.

Nahverkehr

Details zu Metro-Pendlerzüge s. S. 656.

Bus

» Einige Ballungsräume (u. a. Kapstadt, Durban, Pretoria, Johannesburg) haben große Stadtbusnetze mit günstigen Tarifen und gekennzeichneten Linien.

» Betriebsschluss ist in der Regel am frühen Abend; die Wochenendfahrpläne sind stark eingeschränkt.

» Sicher und nützlich sind nur Kapstadts MyCiTi-Busse oder der Durban People Mover.

Minibus-Taxi

Ob innerhalb von Großstädten, zu Vororten oder zu

Nachbarsiedlungen: Lokale Minibus-Taxis fahren fast überall hin. Sie starten, wenn alle Plätze besetzt sind – im Vergleich zu anderen Ländern Afrikas aber nicht ganz so überfüllt.

» Meist gibt's Platz für 14 bis 16 Personen; in etwas größere „Sprinter" passen ca. 20 Passagiere.

» Minibus-Taxis erlauben Einblicke in den örtlichen Alltag und sind abseits von Bus- oder Zugrouten teilweise die einzigen Nahverkehrsmittel.

» Am Wochenende verkehren sie oft nur eingeschränkt oder gar nicht.

GEFAHREN & ÄRGERNISSE
Bei Minibus-Taxis wiegen Sicherheitsbedenken weit schwerer als eine potenzielle Ersparnis. Allgemein verzichtet man besser auf Trips, wenn einem etwas spanisch vorkommt.

» Fahrweise und Fahrzeugzustand lassen oft stark zu wünschen übrig; Unfälle sind keine Seltenheit.

» Mitunter liefern sich konkurrierende Betreiberfirmen regelrechte Schießereien.

» Auch Minibus-Wartestände und deren direkte Umgebung sind oft unsicher.

» Überfälle, Taschendiebstähle und sexuelle Belästigungen kommen an Haltestellen häufig vor.

» Wer dennoch ein Minibus-Taxi nehmen möchte, sollte dies niemals bei Dunkelheit tun. Vorher heißt's immer aktuelle Medienberichte studieren und bei Einheimischen nachfragen, welche Linien bzw. Gegenden am gefährlichsten sind.

» An ein paar wenigen Orten sind Minibus-Taxis tagsüber relativ sicher. Dies gilt vor allem für Kapstadts Zentrum, wo Südafrikaner aller Hautfarben und sozialer Schichten solche Vehikel benutzen.

» Gepäck ist nicht zu empfehlen – auch, weil die meisten Minibus-Taxis keine Taschen auf dem Dach transportieren und sich Rucksäcke eventuell nur sehr schwer verstauen lassen.

LESOTHO & SWASILAND
Hier bedienen Minibus-Taxis ebenfalls viele Kurz- und Langstrecken. Dabei ist die Verkehrssicherheit auch nicht gerade vorbildlich. Anders als in Südafrika müssen Passagiere aber kaum mit Gewaltkriminalität rechnen.

Privattaxis

» In den größeren Städten Südafrikas, Lesothos und Swasilands gibt's jeweils private Taxiunternehmen, die Stände an belebten Orten unterhalten.

» Eine telefonische Bestellung ist oft sicherer: Man muss zwar eine gewisse Zeit warten, bekommt aber wahrscheinlich ein besseres Fahrzeug als an einem Taxistand.

» Die Tarife variieren lokal (in Kapstadt ca. 10 R/km, oft zzgl. 20 R Grundpreis).

» Lesothos Taxis sind ausschließlich in Maseru stationiert, können aber für Langstreckentrips durch andere Landesteile gemietet werden.

» In Kapstadt, Durban und anderswo existieren auch lokale Varianten von Privat- oder Sammeltaxis – darunter *rikkis*, Rikschas und *tuk-tuks* (motorisierte Dreiräder).

Sammeltaxis

» Mancherorts und auf einigen längeren Routen fungieren diese kleineren Versionen von Minibus-Taxis als einzige Nahverkehrsmittel.

» Sammeltaxis sind etwas teurer als ihre Minibus-Pendants und gleichermaßen (un-)sicher.

Schiff/Fähre
Vor Ort sind Schiffs- bzw. Bootsreisen nur sehr begrenzt möglich. Auf Törns zwischen Kapstadt, Port Elizabeth und Durban stehen die Chancen am besten.

Lokale Jachtclubs sind gute erste Anlaufstellen.

Weitere Details und Infoquellen s. S. 645.

Trampen
In Lesotho, Swasiland und vor allem in Südafrika sollte man aus Sicherheitsgründen niemals trampen oder Tramper mitnehmen.

Bei knappem Budget empfehlen sich Mitfahrmöglichkeiten (gratis oder gegen Spritbeteiligung). Die Schwarzen Bretter vieler Hostels liefern entsprechende Details. Auch **Junk Mail** (http://junkmail.co.za) ist einen Blick wert.

Zug
Die Eisenbahngesellschaft **Shosholoza Meyl** (☏0860 008 888, www.shosholozameyl. co.za, www.premierclasse.co.za) verbindet Südafrikas Großstädte miteinander.

Eine Übersicht plus hilfreiche Tipps liefert die Website **The Man in Seat Sixty-One** (www.seat61.com/SouthAfrica.htm).

Klassen
Tickets für die Tourist und die Economy Class sind erschwinglich. Verglichen mit Fernbussen kosten Kurzstreckenfahrten per Bahn nicht übermäßig viel.

Premier Class Luxuriöse, bezahlbare Alternative zum *Blue Train*. Der Preis beinhaltet Mahlzeiten im klimatisierten Nobelspeisewagen. Alleinreisende bekommen Zweibettkabinen, Paare jeweils ein Abteil mit vier Schlafplätzen. Ein Salonwagen und Möglichkeiten zum Autotransport sind auch vorhanden.

Tourist Class Empfehlenswert, da malerisch, authentisch, sicher und komfortabler als ein Bus (wenn auch etwas lang-

BAHNREISEN

Die in diesem Kapitel genannten Optionen von Shosholoza Meyl werden durch zahlreiche Sonderzüge ergänzt:

Blue Train

(www.bluetrain.co.za) Südafrikas berühmtester Luxuszug ist zwischen Pretoria und Kapstadt unterwegs (27 Std.); er hält unterwegs in Matjiesfontein oder Kimberley. Während der Hauptsaison (Sept.–Mitte Nov.) kostet die einfache Strecke 13 485 R (deluxe) bzw. 14 685 R (luxury) pro Reiseteilnehmer – jeweils inklusive aller Mahlzeiten und Getränke. In der Nachsaison sind die Preise ca. 3000 R niedriger. Gebucht werden kann über **New Fusion** (www.newfusion.co.za) und andere Reisebüros in Südafrika oder Übersee. Eine Nachfrage wert: Pauschalangebote inklusive Unterkunft und einfacher Flugstrecke von Pretoria/Johannesburg nach Kapstadt.

Rovos Rail

(www.rovos.co.za) Der Rovos wetteifert mit dem *Blue Train* um den Titel als Afrikas luxuriöseste und teuerste Bahnverbindung. Regelmäßig bedient werden die Routen Pretoria–Kapstadt (2 Nächte/3 Tage; Zwischenstopps in Kimberley and Matjiesfontein), Pretoria–Durban, Pretoria–Swakopmund (Namibia; 9 Tage; über den Etosha-Nationalpark und andere Highlights Namibias) und Pretoria–Victoria Falls (Simbabwe; 3 Tage).

Shongololo Express

(www.shongololo.com) Der Shongololo ist nicht ganz so mondän wie die anderen Sonderzüge. Unter seinen insgesamt vier Reiserouten sind z. B. die Strecken Johannesburg/Pretoria–Victoria Falls und Johannesburg/Pretoria–Kapstadt (12 Nächte/13 Tage; über Swasiland und Durban). Passagiere reisen bei Nacht und steigen tagsüber aus.

JB Train Tours

(www.jbtours.co.za) Diese Zugtouren führen zu Zielen wie Kapstadt, dem Kruger National Park oder in Südafrikas Nachbarländer; meist ab Johannesburg.

Umgeni Steam Railway

(www.umgenisteamrailway.co.za) Dampfzugfahrten kann man in KwaZulu-Natal und der Provinz Western Cape unternehmen.

Atlantic Rail

(www.atlanticrail.co.za) Dampfzugfahrten zwischen Kapstadt und Simon's Town.

---

samer). Die Nachtfahrt von Johannesburg nach Kapstadt vermittelt einen wunderbaren Eindruck von der Weite des Landes: In der Abenddämmerung erreicht man die Karoo, und man frühstückt, wenn der Zug durch die Winelands rollt (Bericht unter http://tinyurl.com/6v2rs93). Einen Speisewagen gibt's auch; der Preis beinhaltet das Übernachten in Zweibettkabinen oder Abteilen mit vier Schlafplätzen. Je nach Verfügbarkeit gehen Erstere an Paare, während Alleinreisende und Gruppen in Letzteren landen. Wer als Alleinreisender eine Zweibettkabine für sich allein möchte, kann zwei Tickets kaufen. Gestellte Bettwäsche kostet 40 R extra.

Economy Class Hat keine Schlafwagen und ist für Nachtfahrten weder komfortabel noch sicher genug.

Metrozüge

Cape Metro Rail (www.capemetrorail.co.za) Die Linien Kapstadt–Simon's Town und Kapstadt–Winelands sind tagsüber recht sicher.

Gautrain (www.gautrain.co.za) Verbindet Johannesburg mit Pretoria und dem O. R. Tambo International Airport. Andere Metrolinien in Johannesburg und Pretoria sind aus Sicherheitsgründen allerdings nicht zu empfehlen.

Routen

Johannesburg–Kapstadt Über Kimberly und Beaufort West (27 Std.; Premier Class 2-mal wöchentl., Tourist Class Mi, Fr & So, Economy Class tgl.).

Johannesburg–Durban Über Ladysmith und Pietermaritzburg (13 Std.; Premier Class 1-mal wöchentl., Tourist & Economy Class Mi, Fr & So).

Johannesburg–East London Über Bloemfontein (20 Std.; Economy Class 3-mal wöchentl.).

Johannesburg–Port Elizabeth Über Kroonstad, Bloemfontein und Cradock (21 Std.; Tourist & Economy Class Mi, Fr & So).

Johannesburg–Musina Über Pretoria und Louis Trichardt bzw. Makhado (17 Std.; Economy Class 2-mal wöchentl.).

Johannesburg–Komatipoort Über Pretoria und Nelspruit (13 Std.; Economy Class 3-mal wöchentl.).

Tickets & Preise

» Tickets lassen sich bis zu drei Monate im Voraus erwerben und sollten spätestens 24 Stunden vor Abfahrt gekauft werden.

» Beliebte Routen wie Johannesburg–Kapstadt (zum Recherchezeitpunkt in Economy/Tourist Class 260/430 R) sind oft ausgebucht – daher sollte man unbedingt rechtzeitig reservieren.

» Fahrkarten können an Bahnhöfen, telefonisch oder über die unzuverlässig funktionierende Website gekauft werden. Letzteres bedingt eine Kreditkarte.

» Bei Tickets der Tourist und Economy Class akzeptiert Shosholoza Meyl keine Kreditkartenzahlungen übers Telefon.

» Bei telefonischer Buchung muss das Billet innerhalb

von zwei Tagen (spätestens jedoch 24 Stunden vor Abfahrt) persönlich am Bahnhof bezahlt werden. Alternativ kann man das Geld auf das Bankkonto von Shosholoza Meyl überweisen und der Gesellschaft eine Fotokopie des Einzahlungsbelegs zusenden.

» An Bord des Zuges kann nur gehen, wer sein Ticket vorher am Schalter abgeholt hat.

» Fahrkarten für die Premier und die Tourist Class sind auch über **Africa Sun Travel** (http://africansuntra vel.com) oder **New Fusion** (www.new fusion.co.za) erhältlich.

Gesundheit

Wer den Impfschutz aufgefrischt hat und die grundlegenden Sicherheitsvorkehrungen beachtet, wird vermutlich von den Krankheiten, die hier aufgelistet sind, verschont bleiben.

Obwohl es in Südafrika, Lesotho und Swasiland zahlreiche Tropenkrankheiten gibt, bekommt man eher einmal Durchfall oder eine schlimme Erkältung.

Malaria, die sehr häufig in den tief gelegenen Regionen Swasilands und im Nordosten von Südafrika auftritt, ist und bleibt jedoch gefährlich.

VOR DER REISE

» Wer ständig Medikamente nehmen muss oder chronische Krankheiten, z.B. hohen Blutdruck oder Asthma, hat, sollte zu einer Vorsorgeuntersuchung zum Hausarzt gehen.

» Zusätzliche Kontaktlinsen bzw. Ersatzbrille und die Dioptrienwerte mitnehmen!

» Reiseapotheke und Erste-Hilfe-Set zusammenstellen!

» Impfungen organisieren – einige verleihen erst nach zwei Wochen Immunität, daher sollte schon acht Wochen vor der Reise ein Arzt besucht werden.

» Wer will, kann Mitglied der International Association for Medical Advice to Travellers werden, die eine Liste vertrauenswürdiger Ärzte hat, die Englisch sprechen.

» Wer viel Zeit in abgelegenen Gebieten, etwa Teilen Lesothos, verbringt, sollte einen Erste-Hilfe-Kurs in Betracht ziehen.

» Traveller, die Trekkingtouren planen, sollten sich von spezialisierten Tropenmedizinern beraten lassen.

» Medikamente in der Originalverpackung mit deutlich lesbarer Aufschrift mitnehmen!

» Ein unterzeichneter und datierter Brief des Arztes mit einer Beschreibung des Gesundheitszustandes und der Medikamente einschließlich ihrer generischen Namen kann nützlich sein.

» Wer Spritzen oder Nadeln mitnimmt, sollte einen Brief des Arztes haben, der deren Notwendigkeit bestätigt.

» Vor einer langen Reise zum Zahnarzt gehen!

Versicherung

» Traveller sollten unbedingt vor der Reise klären, ob ihre Versicherung direkt an die Leistungserbringer zahlt oder das Geld für medizinische Ausgaben auf Reisen erst im Nachhinein zurückerstattet werden.

» Wer zunächst selbst zahlen muss und seine Ansprüche erst später bei der Versicherung geltend machen kann, muss alle wichtigen Unterlagen aufbewahren.

» Unbedingt eine Versicherung wählen, die im Notfall den erforderlichen Transport in eine größere Stadt oder mit dem Flugzeug – und wenn nötig mit medizinischer Begleitung – ins Heimatland übernimmt!

» Wer nach Lesotho und Swasiland reisen will, sollte klären, ob der Notfalltransport auch für diese beiden Länder gilt.

» Weitere Informationen stehen auf S. 635.

Empfohlene Impfungen

Die ständige Impfkommission (STIKO) des Robert-Koch-Institus empfiehlt u.a. folgende Immunisierungen routinemäßig für Erwachsene. Die komplette Liste lässt sich unter www.rki.de/DE/Content/Kommissionen/STIKO/Empfehlungen/Impfempfehlungen_node.html herunterladen.

» Diphtherie
» Tetanus
» Masern
» Mumps
» Keuchhusten
» Röteln
» Polio

Für Südafrika, Lesotho und Swasiland empfehlen sich außerdem folgende Impfungen:

» Hepatitis A und B
» Tollwut
» Typhus

Reisende sollten sich vom Arzt einen internationalen

Impfausweis mit allen erhaltenen Impfungen ausstellen lassen.

Reiseapotheke

Empfehlenswert für die Reiseapotheke:

» Antibakterielle Salben für Schnitt- und Schürfwunden

» Antibiotika (bei Reisen abseits der ausgetretenen Pfade)

» Antihistaminika (bei Heuschnupfen und Allergien)

» Antimalariamittel (bei Aufenthalt in Gebieten, in denen Infektionsgefahr herrscht)

» DEET-haltiges Insektenschutzmittel

» Entzündungshemmende Mittel (z.B. Ibuprofen)

» Granulat gegen Dehydration

» Insektenspray für Bekleidung, Zelte und Moskitonetze

» Jodtabletten oder andere Wasserreinigungstabletten

» Medikamente gegen Durchfallerkrankungen

» Paracetamol oder Aspirin

» Schere, Sicherheitsnadeln, Pinzette, Taschenmesser

» Sterile Nadeln und Spritzen (bei Reisen in abgelegene Gegenden)

» Verbandsmaterial, Mull

Infos im Internet

Nützliche Websites zum Thema Reisen und Gesundheit:

Auswärtiges Amt www.auswaertiges-amt.de/DE/Laenderinformationen/01 -Laender/Gesundheitsdienst/Uebersicht_node.html

Fit for Travel www.fitfortravel.de

International Association for Medical Advice to Travellers (www.iamat.org; englisch)

Lonely Planet (www.lonelyplanet.com; englisch)

Österreichisches Außenministerium www.bmeia.gv.at/aussenministerium/buergerservice/reiseinforma

tion/laenderspezifische-reiseinformationen.html

Schweizerisches Departement für auswärtige Angelegenheiten www.eda.admin.ch/reisehinweise

World Health Organisation (WHO; www.who.int/ith; englisch)

Weitere Lektüre

Neben den aufgeführten Titeln veröffentlicht die WHO jährlich Handbücher.

» *Comprehensive Guide to Wilderness and Travel Medicine* von Eric A. Weiss

» *Healthy Travel: Africa* von Isabelle Young

» *International Travel Health Guide* von Stuart Rose

» *The Essential Guide to Travel Health* von Jane Wilson-Howarth

» *Travel in Health* von Graham Fry

» *Travel with Children* von Brigitte Barta et al.

» *Traveller's Good Health Guide* von Ted Lankester

» *Traveller's Health* von Dr. Richard Dawood

IN SÜDAFRIKA, LESOTHO & SWASILAND

Medizinische Versorgung & Kosten

» In allen großen Städten ist die medizinische Versorgung sehr gut.

» Private Krankenhäuser bieten hervorragende Behandlungsstandards.

» Öffentliche Krankenhäuser sind oft überfüllt und unterfinanziert.

» In entlegenen Gebieten wie den früheren Homelands, Lesotho und Swasiland sind zuverlässige medizinische Einrichtungen dünn gesät.

» Das Personal der Unterkunft sollte in der Lage sein,

die am nächsten gelegene medizinische Einrichtung zu empfehlen.

» Manchmal sind auf den Websites der Botschaften (s. S. 623) Ärzte und Kliniken aufgelistet; auch die Reiseversicherung kann vielleicht weiterhelfen.

» Im Notfall wendet man sich an die Botschaft oder das Konsulat des Heimatlandes.

» Die meisten Ärzte verlangen die Bezahlung unmittelbar nach dem Arztbesuch.

» Bei Bluttransfusionen besteht das Risiko der HIV-Übertragung durch infiziertes Blut.

» **The Blood Care Foundation** (www.bloodcare.org.uk) ist eine gute Quelle für sicheres, geprüftes Blut, das in jeden Teil der Welt transportiert werden kann; ehe man diesen Service in Anspruch nehmen kann, muss man Mitglied werden.

Infektionen

Bilharziose

Übertragung Würmer, die auf einer Süßwasserschneckenart sitzen und von dieser in langsam fließendes oder stehendes Wasser abgegeben werden, verursachen Bilharziose (Schistosomiasis). Die Parasiten dringen beim Schwimmen durch die menschliche Haut ein und bewegen sich in die Blase oder in den Darm. Über Kot oder Urin werden sie ausgeschieden und könnten erneut in Süßwasser gelangen, sodass der Zyklus von Neuem beginnt. Bilharziose kommt im Nordosten Südafrikas und Swasilands vor; das Ausbreitungsgebiet erstreckt sich im Süden bis zur Wild Coast und im Westen bis zum Abschnitt des Senqu River, der in Northern Cape liegt.

Symptome & Auswirkungen Anfangssymptome können Fieber, Appetitlosigkeit, Gewichtsverlust,

Bauchschmerzen, Schwäche, Kopfschmerzen, Gelenk- und Muskelschmerzen, Durchfall, Übelkeit und Husten sein; die meisten Infektionen sind jedoch zunächst symptomlos. Unbehandelt kann Bilharziose zu gesundheitlichen Problemen führen, darunter Nierenversagen und Darmschäden.

Vorbeugung & Behandlung In verdächtigen Süßwasserseen und langsam fließenden Flüssen sollte man nicht schwimmen. Generell sollte man nur in warmem Badewasser baden bzw. warm duschen und sich nach dem Schwimmen kräftig abrubbeln. Mit einem Bluttest kann der Parasit nachgewiesen werden; dann kann eine Behandlung erfolgen, in der Regel mit dem Medikament Praziquantel.

Cholera

Übertragung Cholera wird über verunreinigtes Trinkwasser übertragen. Das Risiko ist gering und beschränkt sich überwiegend auf ländliche Gebiete in Limpopo, Mpumalanga und KwaZulu-Natal.

Symptome & Auswirkungen Starker, wässriger Durchfall, der zur Entkräftung führen kann, wenn der Flüssigkeitsverlust nicht schnell ausgeglichen wird.

Vorbeugung & Behandlung In ländlichen Gebieten im Osten Südafrikas sollte man in Sachen Trinkwasser sehr aufmerksam sein (kein Leitungswasser trinken!) und potenziell verseuchtes Essen wie ungeschältes oder rohes Obst und Gemüse vermeiden. Die Behandlung besteht im Flüssigkeitsersatz durch Trinken oder durch Infusion; manchmal müssen Antibiotika eingesetzt werden. Eine Selbstbehandlung ist nicht ratsam.

Denguefieber

Übertragung Moskitostiche sind hier der Übertragungsweg; gefährdet ist man im Norden der Elephant Coast in KwaZulu-Natal und im Osten Swasilands sowie von dort bis hinauf zur nordöstlichen Grenze Südafrikas und bis zur Spitze des Kruger National Park.

Symptome & Auswirkungen Krankheitsgefühl mit hohem Fieber, Kopf- und Muskelschmerzen, die denen einer langen, schweren Grippe ähneln. Es kann auch zu einem Ausschlag kommen.

Vorbeugung & Behandlung Moskitostiche vermeiden! Selbstbehandlung mit Paracetamol (nicht mit Aspirin oder nichtsteroidalen entzündungshemmenden Medikamenten wie Ibuprofen) ist möglich; der Flüssigkeitsverlust muss ausgeglichen werden. Das hämorrhagische Denguefieber ist eine ernsthaftere Erkrankung, die meist Kinder befällt und ärztliche Behandlung erfordert.

Hepatitis A

Übertragung Über verunreinigte Lebensmittel (besonders Schalentiere) und Wasser.

Symptome & Auswirkungen Gelbsucht, dunkler Urin, gelbes Augenweiß, Fieber und Bauchschmerzen. Die Krankheit verläuft zwar selten tödlich, kann aber zu Lethargie führen. Die Heilung kann lange dauern.

Vorbeugung & Behandlung Impfung samt Auffrischung, die den Schutz verlängert. Es gibt sogar einen Kombinationsimpfstoff (Hepatyrix) gegen Hepatitis A und Typhus. Wer Hepatitis A hatte, sollte bis zu sechs Monate danach keinen Alkohol trinken.

Hepatitis B

Übertragung Durch infiziertes Blut, verunreinigte Nadeln und Sex.

Symptome & Auswirkungen Gelbsucht und Leberbeschwerden (gelegentlich Leberversagen).

Vorbeugung Wer für längere Zeit in Gebiete mit hohem Hepatitis-B-Risiko reist oder aus beruflichen oder sozialen Gründen gefährdet ist, sollte sich impfen lassen. Auch wer viel reist, sollte eine Hepatitis-B-Impfung in Erwägung ziehen.

HIV/Aids

Übertragung Man infiziert sich über infiziertes Blut und Blutprodukte, sexuellen Kontakt mit infizierten Personen, Blut-zu-Blut-Kontakte, etwa durch infizierte Instrumente und Nadeln beim Arzt, Zahnarzt, bei Akupunktur etc. sowie bei gemeinsamer Benutzung von Spritzennadeln. HIV und Aids sind in Südafrika, Lesotho und Swasiland weit verbreitet.

Symptome & Auswirkungen Fortschreitendes Versagen des Immunsystems, das zum Tod führt.

Vorbeugung & Behandlung Bei Beziehungen mit Einheimischen, ungeachtet ihrer Hautfarbe, empfiehlt sich Vorsicht und Zurückhaltung; auf einmalige sexuelle Kontakte sollte man verzichten. Traveller und Hilfsarbeiter wurden schon von Einheimischen infiziert. Wer denkt, er könnte infiziert sein, muss einen Bluttest machen. Dies ist erst drei Monate nach der Ansteckung sinnvoll, da erst dann Antikörper im Blut nachweisbar sind. Es gibt keine Heilung, die Krankheit kann jedoch mit Medikamenten kontrolliert werden.

Lymphatische Filariose (Elefantiasis)

Übertragung Beim Stich eines infizierten Moskitos werden Larven auf der Haut abgelegt, die in die Lymphgefäße wandern, wo sie sich zu Würmern entwickeln.

Symptome & Auswirkungen Örtliches Jucken und abnormale Vergrößerung von Körperteilen, häufig der Beine und/oder Genitalien, die zu Schmerzen und Behinderung führt. In schweren Fällen erleiden die Nieren, das lymphatische System und das Immunsystem Schäden.

Vorbeugung & Behandlung Moskitobisse vermeiden! Wer infiziert ist, sollte sich behandeln lassen, möglichst von einem Spezialisten für Infektionskrankheiten oder Tropenmedizin. Diethylcarbamazin (DEC) ist das Medikament der ersten Wahl zur Behandlung.

Malaria

Übertragung Malaria wird von einem Parasiten im Blut verursacht, der durch den Biss einer weiblichen Anophelesmücke verbreitet wird. Das Auftreten von Malaria ist hauptsächlich auf den Nordosten Südafrikas (nördliches KwaZulu-Natal, Mpumalanga, Limpopo und Kruger National Park) sowie Swasiland begrenzt.

Symptome & Auswirkungen Die in Südafrika vorherrschende Malariaform ist die Malaria tropica, der gefährlichste Malariatyp, der durch den Erreger Falciparum malaria ausgelöst wird. Zu den Anfangssymptomen, die denen eines grippalen Infekts ähneln, gehören Kopfschmerzen, Fieber, Schmerzen und Krankheitsgefühl. Auch Bauchweh, Durchfall und Husten können auftreten. Wenn jetzt keine Behandlung erfolgt, kann sich innerhalb von 24 Stunden (besonders wenn der Erreger Falciparum malaria ist) das zweite Stadium ausbilden: Gelbsucht, gefolgt von Bewusstseinstrübungen und Koma (auch als zerebrale Malaria bekannt), bis hin zum Tod. Malaria während der Schwangerschaft führt häufig zu Fehlgeburten oder Frühwehen; das Risiko für Mutter und Kind ist beträchtlich.

Vorbeugung Die Infektionsrate variiert je nach Jahreszeit und Klima, daher sollte man sich vor der Reise über die derzeitige Lage informieren. In den Sommermonaten ist eine Malariaprophylaxe unverzichtbar. Es gibt verschiedene Medikamente, und die aktuelle Beratung durch ein reisemedizinisches Zentrum oder einen für Reisemedizin qualifizierten Arzt ist unabdingbar, da einige Medikamente für bestimmte Personen mehr oder weniger geeignet sind (so sollten Menschen, die an Epilepsie leiden, Mefloquin meiden, und schwangere Frauen sowie Kinder unter 12 Jahren sollten kein Doxicyclin nehmen). Es gibt keine überzeugenden Beweise für die Wirksamkeit von homöopathischer Malariaprophylaxe, und auch viele Homöopathen empfehlen ihre Anwendung nicht. Die Annahme, dass Malaria eine unkomplizierte Krankheit ist und dass die Einnahme von Antimalariamitteln stärkere Auswirkungen hat als die eigentliche Malaria, ist ein gefährlicher Irrtum. Die Immununität, die durch das Überleben eines Malariaanfalls ausgebildet wird, lässt nach 18 Monaten bereits wieder nach; selbst wer Malaria hatte oder in einem Gebiet lebt, in dem Malaria vorkommt, ist dann möglicherweise nicht mehr immun. Wer sich gegen eine Antimalariaprophylaxe entscheidet, muss sich des Risikos bewusst sein und sein Möglichstes tun, um sich vor Moskitobissen zu schützen.

Behandlung Wer in einem Malariagebiet Fieber bekommt, sollte von einer

---

KLEINES ABC DER MALARIA-PROPHYLAXE

A Achtung: Es bleiben Risiken! Kein Medikament wirkt mit absoluter Sicherheit, aber ein Schutz von immerhin bis zu 95 % ist mit den meisten Medikamenten zu erreichen, falls die folgenden Vorsichtsmaßnahmen ergriffen werden.

B Bisse bzw. Stiche durch Mücken unbedingt vermeiden! In abgeschirmten Räumen zu schlafen, Moskitosprays oder -spulen zu verwenden und ein mit Permethrin imprägniertes Netz über das Bett zu spannen, senkt das Risiko. Zusätzlich können langärmlige Hemden und lange Hosen, die ebenfalls mit Permethrin behandelt wurden, vor Moskitostichen schützen. Wichtig ist auch, abends die freiliegende Haut mit Insektenschutzspray zu besprühen.

C Chemische Mittel (z. B. Malariamedikamente) sind in Malariagebieten unerlässlich. Dazu sollte aber medizinischer Rat eingeholt werden, da der Erreger in einem bestimmten Gebiet manchmal schon immun gegen bestimmte Wirkstoffe ist und neue Stoffe eingesetzt werden müssen. Außerdem sind nicht alle Arzneien für jeden geeignet. Die meisten Medikamente müssen mindestens eine Woche vor der Anreise und bis zu vier Wochen nach der Abreise aus einem Malariagebiet eingenommen werden.

D Diagnose: Sollten innerhalb eines Jahres nach der Reise in ein malariagefährdetes Gebiet Fieber oder grippeähnliche Symptome auftreten, ist eine Malariainfektion nicht auszuschließen. Einen Arzt aufsuchen und ihn auch über diese Möglichkeit informieren!

Malariainfektion ausgehen, bis ein Bluttest das Gegenteil bewiesen hat – auch bei der Einnahme von Prophylaxemedikamenten. Jedes Fieber und alle Symptome, die für eine Infektion typisch sind, müssen so schnell wie möglich einem Arzt vorgestellt werden. Die Behandlung im Krankenhaus ist unerlässlich; selbst bei den besten Einrichtungen für Intensivpflege ist ein tödlicher Ausgang schlimmstenfalls nicht ausgeschlossen.

Tollwut

Übertragung Durch Bisse eines infizierten Tieres bzw. dessen Speichel beim Kontakt mit offenen Wunden. In Südafrika sind Erkrankungen bei Menschen selten, das größte Risiko besteht in ländlichen Gebieten.

Symptome & Auswirkungen Die Anfangssymptome sind Schmerzen oder Kribbeln an der Bissstelle sowie Fieber, Appetitverlust und Kopfschmerzen. Sowohl die „rasende" Tollwut als auch die seltenere paralytische Tollwut verlaufen unbehandelt tödlich.

Vorbeugung & Behandlung Traveller, die in entlegene Gebiete reisen, wo ein Tollwutimpfstoff nach einer möglichen Infektion nicht innerhalb von 24 Stunden zur Verfügung steht, sollten sich impfen lassen. Jeder Biss, Kratzer oder Speichelkontakt mit offenen Wunden eines warmblütigen Tieres mit Fell sollte sofort gründlich gereinigt werden. Wer gebissen wird und nicht geimpft ist, benötigt so schnell wie möglich nach der Infektion mehrere Impfungen. Tollwutschutzimpfungen verschaffen keine Immunität, sondern sorgen nur für mehr Zeit, um medizinische Hilfe zu suchen.

Tuberkulose

Übertragung Durch die Luft bei engem Kontakt und gelegentlich durch infizierte

Milch oder Milchprodukte. In Südafrika, Lesotho und Swasiland ist Tuberkulose hoch ansteckend. Am stärksten gefährdet sind Menschen, die engen physischen Kontakt mit der einheimischen Bevölkerung haben, z.B. Lehrer oder Mitarbeiter im Gesundheitswesen, und Traveller, die sehr lange im Land bleiben.

Symptome & Auswirkungen Infektionen können asymptomatisch verlaufen, es können aber auch – selbst Monate oder Jahre nach der Ansteckung – Symptome wie Husten, Appetit- oder Gewichtsverlust, Müdigkeit, Fieber oder nächtliches Schwitzen auftreten. Tuberkulose kann am besten mittels einer Röntgenaufnahme diagnostiziert werden.

Vorbeugung & Behandlung Menschenansammlungen, in denen mit hoher Wahrscheinlichkeit Tuberkuloseträger sind – z.B. Krankenhäuser oder Obdachlosenunterkünfte – sollte man meiden. Gefährdete Traveller sollten vor der Reise einen Hauttest machen und diesen nach der Rückkehr wiederholen. Die Behandlung erfolgt über einen Zeitraum von sechs bis neun Monaten mit mehreren Medikamenten.

Typhus

Übertragung Durch Nahrung oder Wasser, das mit infizierten menschlichen Fäkalien verunreinigt wurde.

Symptome & Auswirkungen Zunächst Fieber, ein rötlicher Ausschlag auf dem Bauch, Appetitverlust und Abgeschlagenheit. Eine Sepsis (Blutvergiftung) kann ebenfalls auftreten.

Vorbeugung Die beste Vorbeugung ist eine Impfung mit den Präparaten Typhim Vi oder Typherix. In einigen Ländern gibt es auch das Medikament Vivotif zum Einnehmen. Behandelt wird Typhus in der Regel mit Antibiotika.

Gesundheitsrisiken

Hitzeschäden

Ursachen Starkes Schwitzen und übermäßiger Flüssigkeitsverlust ohne entsprechende Kompensation durch die Aufnahme von Flüssigkeit und Salz. Tritt in heißem Klima bei ungewohnter Anstrengung häufig auf, wenn noch keine vollständige Akklimatisierung stattgefunden hat.

Symptome & Auswirkungen Kopfschmerzen, Benommenheit und Müdigkeit.

Vorbeugung Unter Wassermangel leidet man schon, wenn man merkt, dass man Durst hat – daher sollte man viel trinken, sodass der Urin hell und wässrig ist. Die südafrikanische Sonne kann mörderisch brennen, darum gehört ein Sonnenhut ins Gepäck.

Behandlung Ersatz der fehlenden Flüssigkeit durch Wasser und/oder Saft und Kühlung durch kaltes Wasser und Ventilatoren. Den Salzverlust kann man durch salzhaltige Flüssigkeiten wie Suppe und Brühe oder durch etwas stärkeres Salzen des Essens ausgleichen.

Hitzschlag

Ursachen Extreme Hitze, hohe Luftfeuchtigkeit, körperliche Anstrengung oder der Konsum von Drogen oder Alkohol in der Sonne sowie Dehydration. Zum Hitzschlag kommt es, wenn die Wärmeregulation des Körpers zusammenbricht.

Symptome & Auswirkungen Starker Anstieg der Körpertemperatur bei nachlassender Schweißbildung, irrationales oder hyperaktives Verhalten und schließlich Bewusstlosigkeit und Tod.

Behandlung Rasche Abkühlung durch Bespritzen des Körpers mit Wasser und Luftzufächeln oder einen

Ventilator. Meistens ist auch eine sofortige Infusion erforderlich, um den Verlust von Flüssigkeit und Elektrolyten auszugleichen.

Insektenbisse & -stiche

Ursachen Moskitos, Skorpione (kommen in trockenen Gebieten vor), Zecken (bilden außerhalb städtischer Gebiete eine Gefahr), Bienen und Wespen.

Symptome & Auswirkungen Bisse und Stiche können Reizungen verursachen und sich infizieren. Der schmerzhafte Stich des Skorpions kann lebensbedrohlich sein. Wer gestochen wird, sollte ein Schmerzmittel nehmen und medizinische Hilfe suchen, wenn sich sein Zustand verschlechtert.

Vorbeugung & Behandlung Es sollten die gleichen Vorsichtsmaßnahmen wie zur Vermeidung von Malaria angewandt werden. Wer eine Zecke hat, drückt am besten mit einer Pinzette die Haut um den Zeckenkopf herunter, fasst den Kopf und zieht ihn vorsichtig nach oben. Man sollte auf keinen Fall am hinteren Teil der Zecke zu ziehen, denn dabei könnte der Darminhalt durch die Darmmündung in die eigenen Körper gedrückt werden oder der Kopf könnte steckenbleiben – beides erhöht die Infektions- und Krankheitsgefahr. Das Einreiben der Zecke mit chemischen Mitteln führt nicht dazu, dass diese loslässt und ist nicht empfehlenswert.

Schlangenbisse

Ursachen In Südafrika leben Giftschlangen, darunter mehrere Kobra- und Mamba-Arten. Schlangen wärmen sich gern auf Steinen und im Sand und ziehen sich während der tagsüber herrschenden Hitze zurück.

Vorbeugung Nicht barfuß gehen und die Hände nicht in Löcher oder Spalten stecken!

Behandlung Wer von einer Schlange gebissen wird, sollte auf keinen Fall in Panik verfallen. Zur Beruhigung: Nur die Hälfte der Menschen, die von Schlangen gebissen werden, kommen auch wirklich mit Gift in Berührung. Wichtig ist in so einem Fall, die gebissene Körperstelle mit einer Schiene (z.B. einem Stock) zu fixieren und eine sehr feste Bandage über die verletzte Stelle zu legen, ähnlich wie bei einer Verstauchung. Schlangenexperten raten mittlerweile davon ab, die Vene abzudrücken oder den Biss anzuschneiden oder auszusaugen.

Stattdessen muss sofort medizinische Hilfe geholt werden.

Wasser

Wasser von hoher Qualität ist in Südafrika überall erhältlich, und auch das Leitungswasser ist (außer in ländlichen Gegenden) unbedenklich. In Lesotho und Swasiland sollte aber auf Wasser in Flaschen zurückgegriffen werden. Falls das nicht möglich ist, Wasser gründlich abkochen oder mit Jodtabletten desinfizieren!

Traditionelle Medizin

Einige Einheimische empfehlen kranken Travellern vielleicht, einen *sangoma* (traditioneller Heiler, meistens eine Frau) oder *inyanga* (traditioneller Heiler und Kräuterkundiger, meistens ein Mann) aufzusuchen. Diese Ärzte werden in vielen Gemeinden sehr verehrt und sind oft interessante Menschen. Wenn man krank ist, ist es jedoch klüger, der geprüften und erprobten westlichen Medizin zu vertrauen. Auch bei traditionellen medizinischen Produkten, die auf lokalen Märkten zu finden ist, empfiehlt sich ein gewisses Misstrauen.

Sprache

MEHR INFOS?
Noch besser kommt man mit den Sprachführern *Africa Phrasebook* und *Reise-Sprachführer Englisch* von Lonely Planet durchs Land. Man bekommt sie unter **http://shop.lonelyplanet.com** bzw. im Buchhandel und unter **http://shop.lonelyplanet.de**.

In Südafrika gibt es elf offizielle Sprachen – Englisch, Afrikaans und neun indigene Sprachen (Ndebele, Nord-Sotho, Sesotho, Siswati, Tsonga, Tswana, Venda, Xhosa und Zulu). Formulare, Broschüren und Fahrpläne sind meistens zweisprachig in Englisch und Afrikaans, doch bei Straßenschildern wechselt die Sprache. Die meisten Sprecher von Afrikaans sprechen auch Englisch, Bewohner ländlicher Kleinstädte und ältere Personen allerdings nicht immer. In und um Kapstadt dominieren drei Sprachen: Afrikaans, Englisch und Xhoso.

Die Amtssprachen von Lesotho sind Sesotho und Englisch. In Swasiland sind Siswati und Englisch Amtssprachen.

AFRIKAANS

Afrikaans entwickelte sich aus dem Dialekt, der seit dem 17. Jh. von niederländischen Siedlern in Südafrika gesprochen wurde. Bis ins späte 19. Jh. wurde er als niederländischer Dialekt angesehen und war als „Cape Dutch" bekannt. 1925 wurde es eine der Amtssprachen Südafrikas, und heute sprechen etwa 6 Mio. Menschen Afrikaans.

Wer die farbigen Aussprachversionen liest, als wären sie Deutsch, der sollte verstanden werden. Die betonten Silben sind kursiv gesetzt. Hinweise zur Aussprache: Das ch wird kehlig wie in „Loch" gesprochen, das zh als weiches „sch", und das r wird gerollt.

Grundbegriffe

Hallo.	*Hallo.*	ha·*loo*
Auf Wiedersehen.	*Totsiens.*	tot·*siens*
Ja.	*Ja*	jaa
Nein.	*Nee*	nej
Bitte.	*Asseblief.*	a·se·*blief*
Danke.	*Dankie.*	*dan*·kie
Entschuldigung.	*Jammer.*	*ja*·men

Wie geht's?
Hoe gaan dit? hu chaan dit

Danke, gut, und Ihnen?
Goed dankie, en jy? chut *dan*·ki en jej

Wie heißen Sie?
Wat's jou naam? wats jo naam

Ich heiße …
My naam is … mej naam is …

Sprechen Sie Englisch?
Praat jy Engels? praat jej *eng*·els

Ich verstehe nicht.
Ek verstaan nie. ek ver·*staan* nie

Essen & Trinken

Können Sie ein/e … empfehlen?	*Kan jy 'n … aanbeveel?*	kan jej e … *aan*·be·fiel
Bar	*kroeg*	kruch
Gericht	*gereg*	che·*rech*
Restaurant	*eetplek*	*iet*·plek
Ich hätte gern…, bitte.	*Ek wil asseblief … hê.*	ek wil a·se·*blief* … he
einen Tisch für zwei	*tafel vir twee*	i *taa*·fel fer twie

dieses Gericht	*daardie gereg*	daar·die che·rech
die Rechnung	*die rekening*	die rej·ke·ning
die Speisekarte	*die spyskaart*	die spejs·kaart

Notfall

Hilfe!	*Help!*	help
Rufen Sie einen Arzt!	*Kry 'n dokter!*	krej e dok·ter
Rufen Sie die Polizei!	*Kry die polisie!*	krej die po·li·sie

Ich habe mich verirrt.
Ek is verdwaal.　　ek is fer·dwaal

Wo sind die Toiletten?
Waar is die toilette?　　waar is die toj·lä·te

Ich brauche einen Arzt.
Ek het 'n dokter nodig.　　ek het e dok·ter no·dich

Shoppen & Service

Ich suche ...
Ek soek na ...　　ek suk naa ...

Wie viel kostet das?
Hoeveel kos dit?　　hu·fiel kos dit

Was ist Ihr bester Preis?
Wat is jou laagste prys?　　wat is joo laach·ste prejs

Ich möchte eine Telefonkarte kaufen.
Ek wil asseblief 'n foonkaart koop.　　ek wil a·se·blief e foon·kaart koop

Ich möchte Geld wechseln.
Ek wil asseblief geld ruil.　　ek wil a·se·blief chelt röl

I möchte das Internet benutzen.
Ek wil asseblief die Internet gebruik.　　ek wil a·se·blief in·ter·net che·brök

Transport & Wegbeschreibungen

Ein ... Ticket, bitte.	*Een ... kaartjie, asseblief.*	ien ... kaar·kie a·se·blief
einfach	*eenrigting*	ien·rich·ting
mit Rückfahrt	*retoer*	re·tur

Wie viel kostet es nach ...?
Hoeveel kos dit na ...?　　hu·fiel kos dit naa ...

Bitte bringen Sie mich nach/zu (dieser Adresse).
Neem my asseblief na (hierdie adres).　　niem mej a·se·blief naa (hier·die a·dress)

SÜDAFRIKANISCHES ENGLISCH

Die englische Sprache (s. auch S. 669) hat während ihrer Verwendung in Südafrika einige Veränderungen erlebt. Etliche Wörter haben ihre Bedeutung verändert, neue Wörter gingen in den Sprachgebrauch ein, und dank dem Einfluss von Afrikaans hat sich ein ganz eigener Akzent entwickelt. Das Vokabular stammt eher aus dem britischen als aus dem US-amerikanischen Englisch, so heißt der Fahrstuhl „lift" und nicht „elevator", und das Benzin wird „petrol" und nicht „gas" genannt. Das trifft auch auf die Grammatik und die Rechtschreibung zu, außerdem beeinflussen andere indigene Sprachen wie Zulu und Xhosa das Englische. Es ist weit verbreitet, etwas zu wiederholen, um die Bedeutung zu verstärken: Etwas, das brennt, ist „hot hot", Felder sind nach dem Regen „green green", ein überfüllter Minibus ist „full full" usw. Hier ist nur eine kleine Auswahl der lokalen Sprache, die Traveller sicher hören werden.

babalaas (aus dem Zulu) – Riesenkater

bakkie – Pick-up-Truck/Utility-Fahrzeug

bonnet – Motorhaube

boot – Kofferraum

cool drink – Softdrink

Howzit? – Hallo, Begrüßung (How are you?)

Izzit? – Wirklich? (Is that so?)

just now – bald

lekker – hübsch, köstlich

naartjie – Mandarine

robot – Verkehrsampel

rubbish – Abfall

(Og) Shame! – Ach, wie süß! (als Reaktion z. B. auf ein Baby oder einen Welpen); Wirklich? Nein, so etwas! (in mitfühlendem Ton)

soda – Selterswasser, Sodawasser

sweeties – Süßigkeiten

tekkies – Läufer, Jogger

Wo ist die/der/das nächste ...?
Waar's die (naaste) ...?　　waars die (naas·te) ...

Können Sie mir (das auf der Karte) zeigen?
Kan jy my (op die kaart) wys?　　kan jej mej (op die kaart) wejs

Wie ist die Adresse?
Wat is die adres?　　Wat is die a·dress

Unterkunft

Wo ist ein(e) ...?	*Waar's 'n ...?*	*waars e ...*
Campingplatz	*kampeerplek*	*kam·pier·plek*
Pension	*gastehuis*	*chas·te·hös*
Hotel	*hotel*	*ho·tel*

Haben Sie ein Einzel-/Doppelzimmer?
Het jy 'n enkel/ *het jej e en·kel/*
dubbel kamer? *dü·bel kaa·mer*

Wie viel kostet es pro Nacht/Person?
Hoeveel kos dit per nag/ *hö·fiel kos dit per nach/*
persoon? *per·soon*

Zahlen

1	*een*	*ejn*
2	*twee*	*twej*
3	*drie*	*drie*
4	*vier*	*fihr*
5	*vyf*	*fejf*
6	*ses*	*sess*
7	*sewe*	*sie·we*
8	*agt*	*acht*
9	*nege*	*nej·che*
10	*tien*	*tin*

NDEBELE

Ndebele wird nur noch von einer kleinen Gruppe in den nördlichen Provinzen Südafrikas als erste Sprache verwendet.

Hallo.	*Lotsha.*
Auf Wiedersehen.	*Khamaba kuhle/* *Sala kuhle.*
Ja.	*I-ye.*
Nein.	*Awa.*
Bitte.	*Ngibawa.*
Danke.	*Ngiyathokaza.*
Wie heißen Sie?	*Ungubani ibizo lakho?*
Ich heiße ...	*Ibizo lami ngu ...*
Ich komme aus ...	*Ngibuya e...*

NORD-SOTHO

Die meisten Menschen mit Nord-Sotho (auch bekannt als Sepedi) als Muttersprache leben in Nordostsüdafrika, meist in Limpopo.

Hallo.	*Thobela.*
Auf Wiedersehen.	*Sala gabotse.*
Ja.	*Ee.*
Nein.	*Aowa.*
Bitte.	*Ke kgopela.*

Danke.	*Ke ya leboga.*
Wie heißen Sie?	*Ke mang lebitso la gago?*
Ich heiße ...	*Lebitso laka k c...*
Ich komme aus ...	*Ke bowa kwa ...*

SESOTHO

Sesotho ist neben Englisch die Amtssprache von Lesotho. Auch das Volk der Basotho im Free State, in der North-West Province und in Gauteng spricht Sesotho. Einige Sätze können beim Aufenthalt in Lesotho hilfreich sein.

Hallo.	*Dumela.*
Ich grüße dich, Vater.	*Lumela ntate.*
Friede mit dir, Vater.	*Khotso ntate.*
Ich grüße dich, Mutter.	*Lumela 'me.*
Friede mit dir, Mutter.	*Khotso 'me.*
Ich grüße dich, Bruder.	*Lumela abuti.*
Friede mit dir, Bruder.	*Khotso abuti.*
Ich grüße dich, Schwester.	*Lumela ausi.*
Friede mit dir, Schwester.	*Khotso ausi.*

Es gibt drei gebräuchliche Möglichkeiten, um „Wie geht's?" zu fragen, die jeweils eine typische Antwort haben.

Wie geht's?	*O kae?* (Sg.)
	Le kae? (Pl.)
Ich bin hier.	*Ke teng.*
Wir sind hier.	*Re teng.*

Wie leben Sie?	*O phela joang?* (Sg.)
	Le phela joang? (Pl.)
Ich lebe gut.	*Ke phela hantle.*
Wir leben gut.	*Re phela hantle.*

Wie sind Sie aufgestanden?	*O tsohele joang?* (Sg.)
	Le tsohele joang? (Pl.)
Ich bin gut aufgestanden.	*Ke tsohile hantle.*
Wir sind gut aufgestanden.	*Re tsohile hantle.*

Beim Trekken fragen die Leute immer *Lea kae?* (Wo gehen Sie hin?) und *O tsoa kae?* oder im Plural *Le tsoa kae?* (Wo kommen sie her?). Zum Abschied sagt man:

Bleib gesund.	*Sala hantle.* (Sg.)
	Salang hantle. (Pl.)
Mach' gut.	*Tsamaea hantle.* (Sg.)
	Tsamaeang hantle. (Pl.)

Der Ausdruck für „Danke" ist *kea leboha* (*ke·ja le·bo·a*). Hirtenjungen fragen vielleicht nach *chelete* (Geld) oder *lipompong* (Süßigkeiten): *die pomp pong*. Wer antworten möchte „Ich habe keine", sagt *ha dio* (ha die·o).

SISWATI

Siswati ist neben Englisch die zweite Amtssprache in Swasiland. Auch in der südafrikanischen Provinz Mpumalanga ist sie die Muttersprache vieler Einwohner. Sie ähnelt dem Zulu, und Sprecher der beiden Sprachen können sich gegenseitig verstehen.

Hallo. (zu einer Person)	*Sawubona.*
Hallo. (zu mehreren Personen)	*Sanibonani.*
Wie geht's?	*Kunjani?*
Mir geht's gut.	*Kulungile.*
Uns geht's sehr gut.	*Natsi sikhona.*
Auf Wiedersehen. (sagt der, der geht)	*Salakahle*
Auf Wiedersehen. (sagt der, der bleibt)	*Hambakahle.*
Ja. (auch als Gruß bei allen Gelegenheiten verbreitet)	*Yebo.*
Nein. (klingt wie ein Klicken)	*Cha.*
Bitte.	*Ngicela.*
Ich danke.	*Ngiyabonga.*
Wir danken.	*Siyabonga.*
Entschuldigung.	*Lucolo.*
Wie heißen Sie?	*Ngubani libito lakho?*
Ich heiße ...	*Libitolami ngingu ...*
Ich komme aus...	*Ngingewekubuya e ...*
Haben Sie ...?	*Une yini ...?*
Wie viel?	*Malini?*
Fährt ein Bus nach ...?	*Kukhona ibhasi yini leya ...?*
Wann fährt er ab?	*Isuka nini?*
Wo ist die Touristeninformation?	*Likuphi lihovisi leti vakashi?*
Morgen	*ekuseni*
Nachmittag	*entsambaba*
Abend	*kusihlwa*
Nacht	*ebusuku*
gestern	*itolo*
heute	*lamuhla*
morgen	*kusasa*

TSONGA

Tsonga wird im Norden Südafrikas als Muttersprache gesprochen, besonders in den Provinzen Limpopo und Gauteng, und in geringerem Maß in Mpumalanga und der North-West Province.

Hallo. (morgens)	*Avusheni.*
Hallo. (nachmittags)	*Inhelekani.*
Hallo. (abends)	*Riperile.*
Auf Wiedersehen.	*Salani kahle.*
Ja.	*Hi swona.*
Nein.	*A hi swona.*
Bitte.	*Nakombela.*
Danke.	*I nkomu.*
Wie heißen Sie?	*U mani vito ra wena?*
Ich heiße ...	*Vito ra mina i ...*
Ich komme aus ...	*Ndzihuma e ...*

TSWANA

Tswana wird vor allem in in Gauteng und der North-West Province gesprochen, aber auch im Osten von Northern Cape und im Westen des Free State verwendet.

Hallo.	*Dumela.*
Auf Wiedersehen.	*Sala sentle.*
Ja.	*Ee.*
Nein.	*Nnya.*
Bitte.	*Ke a kopa.*
Danke.	*Ke a leboga.*
Wie heißen Sie?	*Leina la gago ke mang?*
Ich heiße ...	*Leina la me ke ...*
Ich komme aus ...	*Ke tswa ...*

VENDA

Venda wird in der nordöstlichen Grenzregion der Provinz Limpopo gesprochen.

Hallo. (morgens)	*Ndi matseloni.*
Hallo. (nachmittags)	*Ndi masiari.*
Hallo. (abends)	*Ndi madekwana.*
Auf Wiedersehen.	*Kha vha sale zwavhudi.*
Ja.	*Ndi zwone.*
Nein.	*A si zwone.*
Bitte.	*Ndikho u humbela.*
Danke.	*Ndo livhuwa.*
Wie heißen Sie?	*Zina lavho ndi nnyi?*
Ich heiße ...	*Zina langa ndi ...*
Ich komme aus ...	*Ndi bva ...*

XHOSA

Xhosa gehört ebenso wie Zulu, Siswati und Ndebele zur Familie der Bantusprachen. Sie ist die am weitesten verbreitete indigene Sprache in Südafrika und wird auch in der Gegend von Kapstadt gesprochen.

In den Aussprachehinweisen sind die Symbole b', ch', k', p', t' und ts' Laute, die

Zahlen – Xhosa

Englische Zahlen werden häufig benutzt.

1	wani	waa·ni
2	thu	tu
3	thri	tri
4	fo	faw
5	fayifu	faa·ji·fu
6	siksi	sik'·si
7	seveni	se·ve·ni
8	eyithi	e·ji·ti
9	nayini	naa·ji·ni
10	teni	t'e·ni

„ausgespuckt" werden (nur beim b' wird Luft eingesaugt), die Aussprache ähnelt etwas der des mittleren Lauts beim „Oh-oh". Das Xhosa hat auch verschiedene „klickende" Laute, die in diesem Kapitel nicht ausgewiesen werden.

Hallo.	Molo.	mo·lo
Auf Wiedersehen.	Usale ngoxolo.	u·saa·le ngo·ko·lo
Ja.	Ewe.	e·we
Nein.	Hayi.	haa·ji
Bitte.	Cela.	ke·laa
Danke.	Enkosi.	e·nk'o·si
Entschuldigung.	Uxolo.	u·o·lo
Wie geht's?	Kunjani?	k'u·njaa·ni

Gut, und Ihnen?
Ndiyaphila, unjani wena? — ndi·jaa·pi·laa u·njaa·ni we·naa

Wie heißen Sie?
Ngubani igama lakho? — ngu·b'aa·ni i·gaa·maa laa·oko

Ich heiße ...
I gama lam ngu ... — i·gaa·maa laam ngu ...

Sprechen Sie Englisch?
Uyasithetha isingesi? — u·jaa·si·te·taa i·si·nge·si

Ich verstehe nicht.
Andiqondi. — aa·ndi·ko·ndi

ZULU

Zulu ist eine Sprache der Bantu-Sprachgruppe, die eng mit den anderen Bantu-Sprachen in Südafrika verwandt ist, besonders mit Xhosa. Etwa 10 Mio. Afrikaner sprechen Zulu als Muttersprache, die große Mehrheit von ihnen (über 95 %) lebt in Südafrika. Auch in Lesotho und Swasiland wird Zulu gesprochen.

In den Ausspracheanleitungen sind die Symbole b', ch', k', p', t' und ts' Laute, die behaucht werden (nur beim b' wird Luft eingesaugt), die Aussprache ähnelt ebenfalls ein wenig der des mittleren Lauts beim „Oh-oh".

Zulu hat auch verschiedene Klicklaute, die in diesem Kapitel nicht extra ausgewiesen werden.

Hallo.
Sawubona. (Sg.) — saa·wu·b'o·naa
Sanibonani. (Pl.) — saa·ni·b'o·naa·ni

Auf Wiedersehen. (der, der geht)
Sala kahle. (Sg.) — saa·laa gaa·hle
Salani kahle. (Pl.) — saa·laa·ni gaa·hle

Auf Wiedersehen. (der, der bleibt)
Hamba kahle. (Sg.) — haa·mbaa gaa·hle
Hambani kahle. (Pl.) — haa·mbaa·ni gaa·hle

Ja.
Yebo. — je·b'o

Nein.
Cha. — kaa

Danke.
Ngiyabonga. — ngi·jaa·b'o·ngaa

Entschuldigung.
Uxolo. — u·ko·lo

Wie geht's?
Unjani?/Ninjani? (Sg./Pl.) — u·njaa·ni/ni·njaa·ni

Gut, und Ihnen?
Sikhona. — si·ko·naa
Nawe?/Nani? (Sg./Pl.) — naa·we/naa·ni

Wie heißen Sie?
Ngubani igama lakho? — ngu·b'aa·ni i·gaa·maa laa·ko

Ich heiße ...
Igama lami ngu-... — i·gaa·maa laa·mi ngu-...

Sprechen Sie Englisch?
Uyasikhuluma isiNgisi? — u·jaa·si·ku·lu·maa i·si·ngi·si

Ich verstehe nicht.
Angizwa. — aa·ngi·zwaa

Zahlen – Zulu

Englische Zahlen werden häufig benutzt.

1	uwani	u·waa·ni
2	uthu	u·tu
3	uthri	u·thri
4	ufo	u·fo
5	ufayifi	u·faa·ji·fi
6	usiksi	u·sik·si
7	usevene	u·se·ve·ni
8	u-eyithi	u·e·jit i
9	unayini	u·naa·ji·ni
10	utheni	u·the·ni

ENGLISCH

Briten, Amerikaner und Neuseeländer, deutsche Geschäftsleute und norwegische Wissenschaftler, der indische Verwaltungsbeamte und die Hausfrau in Kapstadt – fast jeder scheint Englisch zu sprechen. Und wirklich: Englisch ist die am weitesten verbreitete Sprache der Welt (wenn's auch nur den zweiten Platz für die am meisten gesprochene Muttersprache gibt – Chinesisch ist die Nr. 1).

Und selbst die, die nie Englisch gelernt haben, kennen durch englische Musik oder Anglizismen in Technik und Werbung immer ein paar Wörter. Ein paar Brocken mehr zu lernen, um beim Smalltalk zu glänzen, ist nicht schwer. Hier sind die wichtigsten Wörter und Wendungen für die fast perfekte Konversation in fast allen Lebenslagen aufgelistet:

Konversation & Nützliches

Wer einen Fremden nach etwas fragt, sollte die Frage oder Bitte mit einer höflichen Entschuldigung einleiten („Excuse me, ...").

Hallo.	*Hello.*
Guten ...	*Good ...*
Tag	*day*
Tag (nachmittags)	*afternoon*
Morgen	*morning*
Abend	*evening*
Auf Wiedersehen.	*Goodbye.*
Bis später.	*See you later.*
Tschüss.	*Bye.*
Wie geht es Ihnen/dir?	*How are you?*
Danke, gut.	*Fine. And you?*
Und Ihnen/dir?	*... and you?*
Wie ist Ihr Name?/ Wie heißt du?	*What's your name?*
Mein Name ist ...	*My name is ...*
Wo kommen Sie her?/ Wo kommst du her?	*Where do you come from?*
Ich komme aus ...	*I'm from ...*
Wie lange bleiben Sie/ bleibst du hier?	*How long do you stay here?*
Ja.	*Yes.*
Nein.	*No.*
Bitte.	*Please.*
Danke/Vielen Dank.	*Thank you (very much).*
Bitte (sehr).	*You're welcome.*
Entschuldigen Sie, ...	*Excuse me, ...*
Entschuldigung.	*Sorry.*
Es tut mir leid.	*I'm sorry.*

Verstehen Sie (mich)?	*Do you understand (me)?*
Ich verstehe (nicht).	*I (don't) understand.*
Könnten Sie ...?	*Could you please ...?*
bitte langsamer sprechen	*speak more slowly*
das bitte wiederholen	*repeat that*
das bitte aufschreiben	*write it down*

Fragewörter

Wer?	*Who?*
Was?	*What?*
Wo?	*Where?*
Wann?	*When?*
Wie?	*How?*
Warum?	*Why?*
Welcher?	*Which?*
Wie viel/viele?	*How much/many?*

Gesundheit

Wo ist der/die/das nächste ...?
Where's the nearest ...?

Apotheke	*chemist*
Arzt	*doctor*
Krankenhaus	*hospital*
Zahnarzt	*dentist*

Ich brauche einen Arzt.
I need a doctor.

Gibt es in der Nähe eine (Nacht-)Apotheke?
Is there a (night) chemist nearby?

Ich bin krank.	*I'm sick.*
Es tut hier weh.	*It hurts here.*
Ich habe mich übergeben.	*I've been vomiting.*
Ich habe ...	*I have ...*
Durchfall	*diarrhoea*
Fieber	*fever*
Kopfschmerzen	*headache*
(Ich glaube,) Ich bin schwanger.	*(I think) I'm pregnant.*
Ich bin allergisch gegen	*I'm allergic to ...*
Antibiotika	*antibiotics*
Aspirin	*aspirin*
Penizillin	*penicillin*

SPRACHE KONVERSATION & NÜTZLICHES

Mit Kindern reisen

Ich brauche ...	I need a/an ...
Gibt es ...?	Is there a/an ...?
einen Babysitter	babysitter
eine Kinderkarte	children's menu
einen Kindersitz	booster seat
einen Kinderstuhl	highchair
einen Kinderwagen	stroller
einen Wickelraum	baby change room
ein Töpfchen	potty
(Einweg-)Windeln	(disposable) nappies

Stört es Sie, wenn ich mein Baby hier stille?
Do you mind if I breastfeed here?

Sind Kinder zugelassen?
Are children allowed?

Notfall

Hilfe!	Help!
Es ist ein Notfall!	It's an emergency!
Rufen Sie die Polizei!	Call the police!
Rufen Sie einen Arzt!	Call a doctor!
Rufen Sie einen Krankenwagen!	Call an ambulance!
Lassen Sie mich in Ruhe!	Leave me alone!
Gehen Sie weg!	Go away!

Papierkram

Name	name
Staatsangehörigkeit	nationality
Geburtsdatum	date of birth
Geburtsort	place of birth
Geschlecht	sex/gender
(Reise-)Pass	passport
Visum	visa

Schilder

Danger	Gefahr
No Entry	Einfahrt verboten
One-way	Einbahnstraße
Entrance	Einfahrt
Exit	Ausfahrt
Keep Clear	Ausfahrt freihalten
No Parking	Parkverbot
No Stopping	Halteverbot
Toll	Mautstelle
Cycle Path	Radweg
Detour	Umleitung
No Overtaking	Überholverbot
Police	Polizei
Entrance	Eingang
Exit	Ausgang
Open	Offen
Closed	Geschlossen
No Entry	Kein Zutritt
No Smoking	Rauchen verboten
Prohibited	Verboten
Toilets	Toiletten
Men	Herren
Women	Damen

Shoppen & Service

Ich suche ...
I'm looking for ...

Wo ist der/die/das (nächste) ...?
Where's the (nearest) ...?

Wo kann ich ... kaufen?
Where can I buy ...?

Ich möchte ... kaufen.
I'd like to buy ...

Wie viel (kostet das)?
How much (is this)?

Das ist zu viel/zu teuer.
That's too much/too expensive.

Können Sie mit dem Preis heruntergehen?
Can you lower the price?

Ich schaue mich nur um.
I'm just looking.

Haben Sie noch andere?
Do you have any others?

Können Sie ihn/sie/es mir zeigen?
Can I look at it?

mehr	more
weniger	less
kleiner	smaller
größer	bigger
Nehmen Sie ...?	Do you accept ...?
Kreditkarten	credit cards
Reiseschecks	traveller's cheques
Ich möchte ...	I'd like to ...
Geld umtauschen	change money
einen Scheck einlösen	cash a cheque

Reisechecks einlösen	change traveller's cheques
Ich suche ...	I'm looking for ...
einen Arzt	a doctor
eine Bank	a bank
die ... Botschaft	the ... embassy
einen Geldautomaten	an ATM
das Krankenhaus	the hospital
den Markt	the market
ein öffentliches Telefon	a public phone
eine öffentliche Toilette	a public toilet
die Polizei	the police
das Postamt	the post office
die Touristen-information	the tourist information
eine Wechsel-stube	an exchange office

Wann macht er/sie/es auf/zu?
What time does it open/close?

Ich möchte eine Telefonkarte kaufen.
I want to buy a phone card.

Wo ist hier ein Internetcafé?
Where's the local Internet cafe?

Ich möchte ...	I'd like to ...
ins Internet	get Internet access
meine E-Mails checken	check my email

Uhrzeit & Datum

Wie spät ist es?	What time is it?
Es ist (ein) Uhr.	It's (one) o'clock.
Zwanzig nach eins	Twenty past one
Halb zwei	Half past one
Viertel vor eins	Quarter to one
morgens/vormittags	am
nachmittags/abends	pm
jetzt	now
heute	today
heute Abend	tonight
morgen	tomorrow
gestern	yesterday
Morgen	morning
Nachmittag	afternoon
Abend	evening

Montag	Monday
Dienstag	Tuesday
Mittwoch	Wednesday
Donnerstag	Thursday
Freitag	Friday
Samstag	Saturday
Sonntag	Sunday
Januar	January
Februar	February
März	March
April	April
Mai	May
Juni	June
Juli	July
August	August
September	September
Oktober	October
November	November
Dezember	December

Unterkunft

Wo ist ...?	Where's a ...?
eine Pension	bed and breakfast guesthouse
ein Campingplatz	camping ground
ein Hotel/Gasthof	hotel
ein Privatzimmer	room in a private home
eine Jugend-herberge	youth hostel

Wie ist die Adresse?
What's the address?

Ich möchte bitte ein Zimmer reservieren.
I'd like to book a room, please.

Für (drei) Nächte/Wochen.
For (three) nights/weeks.

Haben Sie ein ...?	Do you have a ... room?
Einzelzimmer	single
Doppelzimmer	double
Zweibettzimmer	twin

Wieviel kostet es pro Nacht/Person?
How much is it per night/person?

Kann ich es sehen?
May I see it?

Kann ich ein anderes Zimmer bekommen?
Can I get another room?

Es ist gut, ich nehme es.
It's fine. I'll take it.

Ich reise jetzt ab.
I'm leaving now.

Verkehrsmittel & -Wege

Wann fährt ... ab?
What time does the ... leave?

das Boot/Schiff	boat/ship
die Fähre	ferry
der Bus	bus
der Zug	train

Wann fährt der ... Bus?
What time's the ... bus?

erste	first
letzte	last
nächste	next

Wo ist der nächste U-Bahnhof?
Where's the nearest metro station?

Welcher Bus fährt nach ...?
Which bus goes to ...?

Straßenbahn	tram
Straßenbahnhaltestelle	tram stop
S-Bahn	suburban (train) line
U-Bahn	metro
(U-)Bahnhof	(metro) station

Eine ... nach (Kapstadt).
A ... to (Kapstadt).

einfache Fahrkarte	one-way ticket
Rückfahrkarte	return ticket
Fahrkarte 1. Klasse	1st-class ticket
Fahrkarte 2. Klasse	2nd-class ticket

Der Zug wurde gestrichen.
The train is cancelled.

Der Zug hat Verspätung.
The train is delayed.

Ist dieser Platz frei?
Is this seat free?

Muss ich umsteigen?
Do I need to change trains?

Sind Sie frei?
Are you free?

Was kostet es bis ...?
How much is it to ...?

Bitte bringen Sie mich zu (dieser Adresse).
Please take me to (this address).

Wo kann ich ein ... mieten?
Where can I hire a/an ...?

Ich möchte ein ... mieten.
I'd like to hire a/an ...

Auto	car
Fahrrad	bicycle
Fahrzeug mit Automatik	automatic
Fahrzeug mit Schaltung	manual
Geländewagen	4WD
Motorrad	motorbike

Wieviel kostet es pro Tag/Woche?
How much is it per day/week?

Wo ist eine Tankstelle?
Where's a petrol station?

Benzin	petrol
Diesel	diesel
Bleifreies Benzin	unleaded

Führt diese Straße nach ...?
Does this road go to ...?

Wo muss ich bezahlen?
Where do I pay?

Ich brauche einen Mechaniker.
I need a mechanic.

Das Auto hat eine Panne.
The car has broken down.

Ich habe einen Platten.
I have a flat tyre.

Das Auto/Motorrad springt nicht an.
The car/motorbike won't start.

Ich habe kein Benzin mehr.
I've run out of petrol.

Wegweiser

Können Sie mir bitte helfen?
Could you help me, please?

Ich habe mich verirrt.
I'm lost.

Wo ist (eine Bank)?
Where's (a bank)?

In welcher Richtung ist (eine öffentliche Toilette)?
Which way's (a public toilet)?

Wie kann ich da hinkommen?
How can I get there?

Wie weit ist es?
How far is it?

Können Sie es mir (auf der Karte) zeigen?
Can you show me (on the map)?

links	left	6	six	
rechts	right	7	seven	
nahe	near	8	eight	
weit weg	far away	9	nine	
hier	here	10	ten	
dort	there	11	eleven	
an der Ecke	on the corner	12	twelve	
geradeaus	straight ahead	13	thirteen	
gegenüber ...	opposite ...	14	fourteen	
neben ...	next to ...	15	fifteen	
hinter ...	behind ...	16	sixteen	
vor ...	in front of ...	17	seventeen	
		18	eighteen	
Norden	north	19	nineteen	
Süden	south	20	twenty	
Osten	east	21	twentyone	
Westen	west	22	twentytwo	
		23	twentythree	
Biegen Sie ... ab.	Turn ...	24	twentyfour	
links/rechts	left/right	25	twentyfive	
an der nächsten Ecke	at the next corner	30	thirty	
bei der Ampel	at the traffic lights	40	fourty	
		50	fifty	
		60	sixty	

Zahlen

0	zero	70	seventy
1	one	80	eigthy
2	two	90	ninety
3	three	100	hundred
4	four	1000	thousand
5	five	2000	two thousand
		100 000	hundred thousand

GLOSSAR

Vokabeln zum Essen und Trinken s. Essglossar (S. 582).

Afrikaans – die von den Afrikaanern (europäischstämmige weiße Einwohner Südafrikas) gesprochene Sprache, die sich vom Cape Dutch ableitet

Afrikaner – weiße Person, die Afrikaans spricht; deutsch Afrikaaner

amahiya – traditionelles Gewand der Swasi

ANC – Afrikanischer Nationalkongress, nationaldemokratische Organisation, die 1912 gegründet wurde, um die Schwarzen zu repräsentieren

AWB – Afrikaner Weerstandsbeweging, Widerstandsbewegung der Afrikaner; eine rechtsextremistische Gruppe der Afrikaner

bakkie – Pick-up-Truck

balimo – Ahnen (Sotho)

Bantu – wörtlich „Menschen", wurde während der Apartheid abschätzig für Schwarze verwendet; heute wird der Begriff nur noch in linguistischem Kontext benutzt, z. B. Bantu-Sprache, Bantu-Sprecher

Bantustans – s. *Homelands*

BCP – Basotholand Congress Party

Big Five (die) – Löwe, Leopard, Elefant, Büffel und Spitzmaulnashorn

bilharzia – Bilharziose, eine Krankheit, die durch Egel verursacht und von Süßwasserschnecken übertragen wird

biltong – getrocknetes Fleisch

bittereinders – „bitter enders" auf Afrikaans; Widerstandskämpfer der Buren, die im Zweiten Burenkrieg (1899–1902) bis zum „bitteren Ende" kämpften

BNP – Basotholand National Party

bobotie – gewürztes Hackfleisch, das mit einer pikanten Eiercreme bedeckt wird

Boers – s. *Trekboers*

braai – kurz für *braaivleis*, eine Grillvariante, bei der Fleisch über einem offenen Feuer gegart wird

Broederbond – Geheimbund, der nur protestantische Afrikaaner aufnimmt; war während der Regierung der National Party sehr einflussreich

bubblegum – eine Form der Township-Musik, die von westlicher Popmusik beeinflusst ist

byala – traditionelles Bier

coloureds – „Farbige"; Begriff aus der Ära der Apartheid für Menschen mit gemischtrassiger Abstammung

dagga – Marihuana, auch als *zol* bekannt

Democratic Alliance – die offizielle Oppositionspartei des ANC

diamantveld – Diamantenfelder

difaqane – „erzwungene Migration" vieler südafrikanischer Nguni; auf Zulu *mfecane* genannt

dorp – kleines Dorf oder ländliche Siedlung

drostdy – Wohnsitz eines Landdrosten

free-camp – freies Campen an einem selbst gewählten Ort, abseits offizieller Campingplätze; vorher sollte aber eine Erlaubnis eingeholt und Geld angeboten werden

fynbos – wörtlich „feinblättriger Busch", in erster Linie Zuckerbüsche und Heidekräuter

gogo – Großmutter

highveld – hoch gelegene Graslandregion

homelands – während der Apartheid für Schwarze errichtete Gebiete, die von Südafrika (aber niemals von den Vereinten Nationen) als unabhängige Länder betrachtet wurden; sie wurden nach 1994 wieder in Südafrika eingegliedert

IFP – Inkatha Freedom Party; politische Bewegung der Schwarzen, die um 1975 gegründet wurde, ihr Führer war Chief Mangosouthu Buthelezi

igogogo – Musikinstrument, das aus einem Ölkanister hergestellt wird

igqirha – spiritueller Heiler der Xhosa

impi – Zulu-Krieger; auch jede Gruppe von Soldaten

indunas – Stammesführer

inyanga – traditioneller Medizinmann und Kräuterheiler, der auch aus dem Muster hingeworfener Knochen die Zukunft herausliest

isicathamiya – Stil der Vokalmusik aus KwaZulu-Natal mit einer Art Stepptanz

ixhwele – Kräuterheiler der Xhosa

jol – Party, fröhliche Geselligkeit

karamat – Grab eines muslimischen Heiligen

Khoekhoen – Vieh haltende San

Khoe-San – Sammelbegriff für die eng miteinander verwandten Stämme der San und Khoekhoen

kloof – Schlucht

kloofing – Canyoning

knobkerry – traditionelle afrikanische Waffe; ein Stock mit einem runden Knauf am Ende, wird als Keule oder Wurfgeschoss benutzt

kommando – Militäreinheit der Buren

kopje – kleiner Hügel

kraal – Hüttendorf, oft mit einem Gehege für Vieh; auch ein befestigtes Dorf der Zulu

kroeg – Bar

kwaito – Variante der Township-Musik; eine Mischung aus *mbaqanga*, Jive, Hip-Hop, House, Ragga und anderen Tanzstilen

kwela – Township-Interpretation des amerikanischen Swing

landdrost – Beamter, der als lokaler Verwalter, Steuereinzieher und Friedensrichter tätig ist

lapa – rundes Gebäude mit niedrigen Wänden und Strohdach; wird zum Kochen und für Feste etc. genutzt

LCD – Lesotho Congress for Democracy

lekgotla – Versammlungsplatz

lekker – sehr gut, erfreulich oder geschmackvoll (lecker)

lekolulo – flötenähnliches Instrument, das von Hirtenjungen gespielt wird

lesokoana – Holzstock oder Holzlöffel, mit dem traditionell *mealie pap* umgerührt wird

liqhaga – „Flaschen", die so dicht geflochten sind, dass sie zum Transport von Wasser genutzt werden

lowveld – niedrig gelegenes Gebiet mit Buschvegetation

maskanda – Zulu-Form des Gitarrenspielens

matjieshuis – Afrikaans, Bezeichnung für die traditionellen geflochtenen „Mattenhütten" der Nama

mbaqanga – Form der Township-Musik; auf Zulu wörtlich „Kloß", kombiniert Kirchenchöre, Doo-Wop-Gesang und Sax-Jive

mdube – Vokalstil, der europäischen und afrikanischen Kirchenchorgesang vermischt

mfeqane – s. *difaqane*

minwane – Fußabdrücke von Dinosauriern

Mkhulumnchanti – Swasi-Gottheit

mokorotlo – konischer Hut, der von den Basotho getragen wird

molianyeoe – s. *mokorotlo*

moraba-raba – beliebtes Brettspiel für zwei Spieler, das mit Holzperlen gespielt wird und anderswo in Afrika auch als *mancala* oder *bao* bekannt ist

moroka-pula – Regenmacher

mqashiyo – Gesangsstil, der dem *mbaqanga* ähnelt

muti – traditionelle Medizin

Ncwala – Swasi-Zeremonie der „ersten Früchte"

ndlovukazi – Elefantin, traditioneller Titel der Swasi-Königsmutter

ngaca – (auch *ngaka*) gelehrter Mann

ngwenyama – Löwe, traditioneller Titel des Swasi-Königs

PAC – Pan African Congress; politische Organisation der Schwarzen, die 1959 gegründet wurde, um für die Mehrheitsregierung und gleiche Rechte zu kämpfen

peri peri – scharfer Pfeffer

Pinotage –Weinart, eine Kreuzung zwischen Pinot Noir und Hermitage oder Shiraz

pont – Flussfähre

Poqo – bewaffneter Flügel der PAC

Rikki – kleiner, offener Transporter, der in Kapstadt als öffentliches Verkehrsmittel dient

robot – Verkehrsampel

rondavel – runde Hütte mit konischem Dach

San – nomadisch lebende Jäger und Sammler, die die ersten Bewohner Afrikas waren

sangoma – traditioneller Heiler

sandveld – trockener, sandiger Landstreifen

setolo-tolo – Saiteninstrument, das von Männern mit dem Mund gespielt wird

shebeen – Bar in schwarzen Townships; früher waren sie illegal, heute haben sie lediglich keine Schanklizenz

slaghuis – Fleischerei

slenter – gefälschter Diamant

snoek – Wanderfisch mit festem Fleisch, der im Juni und Juli vor dem Kap auftaucht; er wird geräuchert, gesalzen oder als Curry serviert

sourveld – bestimmter Graslandtyp

swart gevaar – „schwarze Bedrohung"; von Afrikaaner-Nationalisten während der 1920er-Jahre geprägter Begriff

Telkom – staatliches Telekommunikationsunternehmen

thkolosi – kleine, boshafte verspielte Wesen

thomo – Saiteninstrument, das von Frauen gespielt wird

thornveld – ein Vegetationsgürtel, der von Dornengewächsen, besonders Akazien und verwandten Arten geprägt wird

tokoloshe – bösartiger Geist oder kleines, menschenartiges Tier, ähnlich den *thkolosi* der Sotho

Township – speziell errichtete Wohngebiete für Schwarze und Farbige, Erbe der Apartheid

Trekboers – deutsch Trekburen; die ersten Niederländer, die ins Landesinnere des heutigen Western Cape zogen; später abgekürzt zu Boers (deutsch Buren)

trokkie – Fernfahrer-Rastplatz

tronk – Gefängnis

tuk-tuk – motorisiertes Dreirad

uitlanders – „Ausländer"; der ursprüngliche Name der Afrikaaner für die Immigranten, die nach der Entdeckung von Gold in den Transvaal strömten

Umkhonto we Sizwe – der bewaffnete Flügel des ANC während der Jahre des Kampfes, besteht heute nicht mehr

veld – hoch gelegenes offenes Grasland (ausgesprochen „felt")

velskoene – handgemachte Lederschuhe

VOC – Vereenigde Oost-Indische Compagnie (Niederländische Ostindien-Kompanie)

volk – Afrikaans-Sammelbegriff für Afrikaner

volkstaal – Volkssprache

volkstaat – unabhängiger, radikaler reiner Burenstaat

Voortrekkers – die ursprünglichen Afrikaaner-Siedler im Oranje-Freistaat und in Transvaal, die in den 1830er-Jahren auf der Suche nach Unabhängigkeit aus der Kapkolonie kamen

Hinter den Kulissen

WIR FREUEN UNS ÜBER EIN FEEDBACK

Post von Travellern zu bekommen, ist für uns ungemein hilfreich – Kritik und Anregungen halten uns auf dem Laufenden und helfen, unsere Bücher zu verbessern. Unser reiseerfahrenes Team liest alle Zuschriften ganz genau, um zu erfahren, was an unseren Reiseführern gut und was schlecht ist. Wir können solche Post zwar nicht individuell beantworten, aber jedes Feedback wird garantiert schnurstracks an die jeweiligen Autoren weitergeleitet, rechtzeitig vor der nächsten Nachauflage.

Wer uns schreiben will, erreicht uns über **www.lonelyplanet.de/kontakt**.

Hinweis: Da wir Beiträge möglicherweise in Lonely Planet Produkten (Reiseführer, Websites, digitale Medien) veröffentlichen, ggf. auch in gekürzter Form, bitten wir um Mitteilung, falls ein Kommentar nicht veröffentlicht oder ein Name nicht genannt werden soll. Wer Näheres über unsere Datenschutzpolitik wissen will, erfährt das unter www.lonelyplanet.com/privacy.

DANK VON LONELY PLANET

Vielen Dank an all die Reisenden, die mit der letzten Auflage unterwegs waren und uns hilfreiche Hinweise, nützliche Ratschläge und interessante Anekdoten haben zukommen lassen:

Yvette Aalders-Daniels, David Almassian, Jan-Jaap Altink, Cristina Amato, Marion Ancker, Lesley Baddeley, Peggy Baier, Andres Bautista, Patrick Beauquesne, Trevor Beckett, Bert Berger & Ellen Geeraerts, Pera Bergman, Matt Binks, Jens Bjerkvig, Jerry Blackman, Adam Blanar-oviatt, Crystal Bolton, Jorgen Borg, Philippe Bourdin, Marcel Broennimann, Werner Bruyninx, Kim Burgers, Andrea Burton, Jeffrey Cammack, Nicola Carpanoni, Yo-han Cha, Erik Cherlet, David Chidell, Lynda Chidell, Scott Cochrane, Elizabeth Coll, David Cook, Sarah Cooper, Heleen Cousijn, James Cowen, Gerald Czamanske, Kate Davenport, Agnes De Vries, Frieda De Meij, Kaj De Vries, Roelof De Boer, Marc Defila, Cherie Devesh, Frederike Diersen, Thomas Ditlhoiso, Rudolf Douqué, Suzanne Dowse, Craig Dreves, Roy Drew, Christine Duxbury, Jasmine Ehsanullah, Melina Ekholm, Ellen Elmore, Bob Erickson, Monika Faber, Amy Fallon, Doreen Ferguson, Aya Feurst, Dennis Foldager, Gabi Ford, Flavia Frangini, Nicolas Gandin, Vassos Georgiadis, Dang Gessner, Veronique Gindrey, Christopher Godden-miller, Cathalia Goodall, Esther Gorlee, Giada Gorno, Amir Gur, Bob Guy, Patrick Heck, Alex Herbst, Bas Heres, Anjuli Hesse, Wendy Hicks, Geoff Hill, Julie Hindley, Rob Hoekstra, Mark Hopson, Marijke Hornstra, Julie Hughes & Melanie Wilkinson, Greg Ingham, Daisy Jackson, Pascal Jalanjalan, Guinevere Jandrell, Kareen Jetz, Dr. Jim Pulfer, Dorothée Jobert, Martin Jones, Jennie Joslin, Schultz Jürgen, Markus Kaim, Ajay Kamalakaran, Thomas Keiz, David Kevey, Roel Klaassen, Saul Kornik, Jim Lambert, Paul Lambert, Rene Lambrechts, Mark Langford, Christopher Lautemann, Heather Lilley, Stefan Logosz, Anna Longland, Sylvie Lorente, Basani Maluleke, Meryl Marr, Julie May, Rhonda Mccarthy, Tommy Mcseveney, Steven Mobron, James & Philippa Moir, Francis Moore, Jacky Morgan, Steven Neufeld, Ema O'connor, Mikkel Ottosen, Nicholas Pace, Leigh Payton, Seymour Pearman, Felipe Perez, Monique Philipse, Rochelle Pincini, Frank Plata, M. Platt, Pavel Pokora, Charlie Radclyffe, Carla Raffinetti, Marion Ransome, Petra Roberts, Gonzalo Rubio Sologuren, Tommy Rudolph, Brenda Ryan, Hector Sanchez, David Sanger, Gabriele Savarino, Klaus Schmied, André Schoeman, Kate Scott, Wanda Serkowska, Ganesh Sethuraman, Scott Skinner, Victoria Smith, Vidar Steenmeijer, Mrs Stephanie Goenka,

Therese Svensson, Seda Toksoy, Valérie Tremblay, Peter Ulz, Jean Uncles, Anita Van Gastel, Anne-marie Van, Arie Van Oosterwijk, Danny Van Houtum, Doortje Van De Wouw, Michiel Van Agtmael, Pauline Van Wijk, Wim Vandenbussche, Bart Verbauwhede, Anna Veronika Bjarkadóttir, Laurence Verriest, Jørund Vier Skriubakken, Astrid Volmer, Brenda Walters, David Watson, Maria Weems, Bruyninx Werner, James Wesson, Roger Whetton, Holly Wickham, Marlies Willemen, Francien Wilms, Jackie Wong, Laura Woollard, Joshua Wrinkle, Donna Ziegler

DANK DER AUTOREN

James Bainbridge

Danke an alle, die mir unterwegs geholfen und mich unterstützt, unterhalten und erleuchtet haben, auch an Kgomotso in Madikwe für die Einblicke in die Kunst der Buschführung. Viele haben mir auf den langen, leeren Straßen im Northern Cape großzügig ihre Hilfe und Gastfreundschaft angeboten, darunter auch Steve Lunderstedt, Jurg Wagener und Richard und seine Familie in Witsand. Mein Dank gilt auch meinen Co-Autoren für ihre sorgfältige Recherche und nützlichen Beiträge und natürlich allen zu Hause in Kapstadt, vor allem meiner Frau Leigh-Robin.

Kate Armstrong

In Swasiland möchte ich vor allem Familie Raw und Katie McCarthy für ihre Liebenswürdigkeit danken und in KZN Rose, Camilla und Carlos. Danke auch an Peter Bendheim und Jenny Govender von Durban Tourism sowie an Alex Miles von Ezemvelo KZN Wildlife. Ein ganz besonderes *ngiyabonga* an Elmar Neethling und Edmund Salomons für ihr Wissen, ihre Späße und ihre Freundschaft und an „SB" für die Hilfe beim (Wieder-)Finden meines inneren Springbocks. Zu guter Letzt danke an die großzügigen Unbekannten, die mein Auto befreit haben, und an zahlreiche Traveller. Danke natürlich auch an David Carroll, James Bainbridge, Brigitte Ellemor, Adrian Persoglia und das Team von Lonely Planet!

Lucy Corne

Ein Dankeschön geht an die Angestellten der Touristeninformationen in ganz Western Cape, vor allem an die Büros in Knysna, Tulbagh, Swellendam, Lambert's Bay und Robertson. Danke an meine Autorenkollegen James und Simon für ihre Unterstützung, an Denis und Debbie für ihre Gastfreundschaft, an meinen Dad für seine Hilfe und an meinen Ehemann Shawn dafür, dass er den ersten Monat unserer Ehe alleine bewältigt hat!

Michael Grosberg

Vielen Dank an folgende Personen, dass sie sich die Zeit genommen haben, ihre Einblicke und Erfahrungen mit mir zu teilen: Sean Price, Lloyd Staples, Liza Weschta, Lisa Ker, Chantelle Marais, Richard und Joan Worsfold, Giles und Jennifer Gush, Loren Sampson, Daryn Sinclair, Helena und Brad Haines, Anita Lennox, Monica, Samantha und Justin Hewitson, Ang und Adie Badenhorst, Candy in Hogsback, Tanya und Jay Accone und an Carly Neidorf zu Hause in New York für ihre Unterstützung.

Alan Murphy

Ich möchte meiner Frau Alison Fogarty für ihre Unterstützung, Hilfe bei der Recherche und Gesellschaft danken (ganz zu schweigen von dem klaren Kopf, mit dem sie Wespenstiche verarztet). Danke an die vielen Leute, die ich unterwegs getroffen habe, und die so viel zur Recherchearbeit für diese Auflage beigetragen haben. Besonders erwähnen möchte ich die Guides rund um Pretoriuskop. Ein frühmorgendliches Gespräch mit ihnen mitten im Busch des Kruger National Park hat mir die Augen für die Notlage der lokalen Gemeinden in Südafrika geöffnet.

Helen Ranger

Mein besonderer Dank geht an David Carroll, Bronwyn Hicks und Naomi Jennings für ihre Unterstützung. James Bainbridge war wie immer ein hervorragender koordinierender Autor. Lucy Corne war meine Rettung, als sie einsprang und die Recherche für Western Cape übernahm, während ich in Casablanca im Krankenhaus lag. In Südafrika möchte ich allen Köchen und Winzern danken, die mir meine Arbeit so schmackhaft gemacht haben, der Familie Sher für ihre Gastfreundschaft, und Patrick, Kristy und Tamsin für ihre Einblicke in die Kultur, den Sport und die Musik des Landes.

Simon Richmond

Danke an folgende großartige Leute, durch die meine Zeit in Kapstadt so viel Spaß gemacht und mich so viel gelehrt hat: Lucy, James, Lee, Toni, Brent, Belinda, Sheryl, Nicole Biondi, Alison Foat, Sally Grierson, Iain Harris, Cameron und Justin, Madelen Johansen, Tamsin Turbull, Lauren, Misha und Jeremy, Tim James, Hannah Deall, Patrick Craig, Sam Walker, Oliver Hermanus, Rashiq Fataar, Lauren Beukes, Zayd Minty, Lameen Abdul-Malik, Tony Osborne und Neil Turner – ab jetzt wird die Mutterstadt für mich noch ein Stück besonderer sein.

Tom Spurling

Ein riesiges Dankeschön an Mike „the Czech" – einen großzügigen Fahrer und Freund – für die vielen Infos rund um Gauteng. In Jo'burg selbst danke ich Heidi für unser freundliches Gespräch. Amu und Bronson: Das nächste Mal dann! In Lesotho möchte ich den Teams in Malealea und Ramabanta dafür danken, dass sie einige meiner Wissenslücken geschlossen haben. In Maseru gebührt mein Dank dem Harvard-Trio und seinem Jazz. Danke an James für seine hervorragende Koordination und an David dafür, dass ich diese Chance bekommen habe. Meiner Familie – Lucy, Ollie und Poppy – gebührt all meine Liebe.

QUELLENNACHWEIS
Die Klimakarten stammen von Peel MC, Finlayson BL & McMahon TA (2007) *Updated World Map of the Köppen-Geiger Climate Classification*, erschienen in der Zeitschrift *Hydrology and Earth System Sciences*, Ausgabe 11, 163344, und wurden angepasst.
Zitat S. 562, Nelson Mandela, 20 April 1964, Rivonia Trial. Mit freundlicher Genehmigung des Nelson Mandela Centre of Memory.
Zitat S. 565, Nelson Mandela, 1994, Inauguration Speech. Mit freundlicher Genehmigung des Nelson Mandela Centre of Memory.

Titelfoto: Kalb eines Afrikanischen Elefanten, Science Photo Library, Getty Images.

ÜBER DIESES BUCH
Dies ist die 3. deutschsprachige Auflage von *Südafrika, Lesotho & Swasiland*, basierend auf der mittlerweile 9. englischsprachigen Auflage von *South Africa, Lesotho & Swaziland*, sorgfältig recherchiert und geschrieben von James Bainbridge, Kate Armstrong, Lucy Corne, Michael Grosberg, Alan Murphy, Helen Ranger, Simon Richmond und Tom Spurling.

Dieser Reiseführer wurde vom Lonely Planet Büro in Melbourne in Auftrag gegeben und von dem folgenden Team betreut:

Verantwortlicher Redakteur David Carroll
Leitender Redakteur Justin Flynn, Alison Ridgway
Leitender Kartograf Andy Rojas
Leitende Layoutdesignerin Wendy Wright
Redaktion Brigitte Ellemor, Anna Metcalfe
Kartografie Alison Lyall, Adrian Persoglia
Layoutdesign Jane Hart
Redaktionsassistenz Elizabeth Anglin, Kate Evans, Cathryn Game, Kate Kiely, Bella Li, Joanne Newell, Charlotte Orr

Kartografieassistenz Enes Basic, Valeska Canas, Joelene Kowalski
Layoutassistenz Clara Monitto
Umschlagrecherche Naomi Parker
Interne Bildrecherche Aude Vauconsant
Sprache Branislava Vladisavljevic

Dank an Barbara Delissen, Ryan Evans, Larissa Frost, Errol Hunt, Anna Lorincz, Annelies Mertens, Ryan Miller, Trent Paton, Martine Power, Sam Trafford, Gerard Walker

Register

A

Abseilen 63
Abzocke 638
Addo Elephant National Park 11, **11**, 201
Adler 605
Affen 596
   Plettenberg Bay (Plettenberg-baai) 159
   Tsitsikamma National Park 186
Affenbrotbäume 440, 442
African National Congress (ANC) 562, 566, 567
Afrikaans 664
Afrikanische Büffel
   Botlierskop Private Game Reserve 147
|Ai-|Ais/Richtersveld Transfrontier Park 494
AIDS 546, 547, 660
Aktivitäten 22, 620; *siehe auch einzelne Aktivitäten & einzelne Orte*
Aliwal North 232
Amathole 212
Angeln 247, 620
Ann van Dyk Cheetah Centre 388
Antilopen 599
   Augrabies Falls National Park 490
   Baviaanskloof Wilderness Area 190
   iSimangaliso Wetland Park 274
   Lionsrock 325
   Mlilwane Wildlife Sanctuary 533
   Mokala National Park 479
   Ndumo Game Reserver 282
   Pilanesberg National Park 461
   Songimvelo Game Reserve 410
   Spioenkop Nature Reserve 301
   uKhahlamba-Drakensberg Park 285
An- & Weiterreise 640

Verweise auf Karten **000**
Verweise auf Fotos **000**

Apartheid 560, 562, 563, 564, 565, 566
   Apartheid Museum 17
Archäologische Stätten 549
   Cradle of Humankind 372
   Liphofung Cave Cultural Historical Site 514
   Makapan's Caves 435
   Quthing 520
   Songimvelo Game Reserve 410
   Sterkfontein Caves 372
   West Coast Fossil Park 167
Architektur 590
Arniston 128
Augrabies Falls National Park 353, **353**, 490
Auto, Reisen mit dem 642, 646
   Mieten 649
   Versicherung 651

B

Ballito 263
Bantu 550
Barberton 408, **409**
Bärenpaviane 596
Barrydale 141
Bartgeier 605
Basotho (Volk) 322, 499, 512, 515
Bathurst 208
Battlefields 301, **302**
Baviaanskloof Wilderness Area 190
Beaufort West 164
Behinderung, Reisen mit 629
   Kruger National Park 422
Bela-Bela 437
Ben Lavin Nature Reserve 441
Bergsteigen *siehe* Klettern
Bethlehem 325
Betty's Bay 122
Bevölkerung 584
Bier 154, 339, 580
Big Five 136, 609
   Amakhala Game Reserve 204
   Kruger National Park 417
   Madikwe Game Reserve 463
   Manyeleti Game Reserve 425
   Pilanesberg National Park 461
   Rhino & Lion Nature Reserve 372
   Tembe Elephant Park 282
   Waterberg 438
Big Hole 473
Biko, Steve 562
Bildhauerei 592
Bilharziose 659
Bloemfontein 312, **314**
   An- & Weiterreise 317
   Ausgehen 316
   Essen 316

   Praktische Informationen 317
   Sehenswertes 312
   Unterhaltung 316
   Unterkunft 313
   Unterwegs vor Ort 317
Blyde River Canyon 12, **12**, 399
Bokong Nature Reserve 517
Bontebok National Park 132
Bootsausflüge *siehe* Kanu- & Kajak-fahren, Rafting
Botha, P. W. 564
Botschaften & Konsulate 623
Brandy 141
Brillenpinguine 607
Britstown 480
Bücher , 546
Buffalo Bay 153
Büffel 609
   Amakhala Game Reserve 204
   Baviaanskloof Wilderness Area 190
   Camdeboo National Park 181
   Dwesa Nature Reserve 221
   Hluhluwe-iMfolozi Park 272
   Ithala Game Reserver 271
   Kruger National Park 417
   Madikwe Game Reserve 463
   Makuleke Contract Park 427
   Mokala National Park 479
   Pilanesberg National Park 461
   Rhino & Lion Nature Reserve 372
   Shamwari Game Reserve 204
   Tembe Elephant Park 282
   Willem Pretorius Game Reserve 320
Buren 241
Burenkriege 556
Buschbabys 596
Bushman's Nek 296
Bushveld 435
Bus, Reisen mit dem 643, 651, 654
Butha-Buthe 512

C

Calitzdorp 142
Calvinia 495
Camdeboo National Park **78,** 181
Cape Agulhas 128
Cape St. Francis 189
Cape Town Stadium 57
Cape Winelands 104
Capricorn 432
Carjacking 648
Castle of Good Hope 46
Cederberge 13, **13**
Cederberg Wilderness Area 170
Ceres 134
Chintsa 216

Cholera 660
Citrusdal 171
Clanwilliam 172
Clarens 10, **10**, 324
Coffee Bay 223
Comedians 548
Constantia Valley 58
Cradle Nature Reserve 373
Cradle of Humankind 16, **16**, 348, **348**, 372
Cradock 183, 184
Cricket 361
Cullinan 388

D
Darling 166
Davalala, Eric 125
De Hoop Nature Reserve 129
de Klerk, F. W. 55, 564
Delfinbeobachtungen
 iSimangaliso Wetland Park 274
 Jeffrey's Bay 191
 Mkambati Nature Reserve 229
Denguefieber 660
Diademmeerkatzen 596
Diamantenminen 388, 556
Digitalfotos 625
Drakensberge 8, **8**, 282, **284**
Drakensberg Escarpment 391, **392**
Drogen, illegale 638
Dullstroom 391
Dundee 304
du Preez, Max 566
Durban 239, **240**, **250**
 Aktivitäten 247
 An- & Weiterreise 257
 Ausgehen 253
 Essen 251
 Feste & Events 248
 Geführte Touren 248
 Praktische Informationen 255
 Sehenswertes 242
 Shoppen 255
 Unterhaltung 254
 Unterkunft 248
 Unterwegs vor Ort 258
Dwarsrivier Farm 170
Dwesa Nature Reserve 221

E
Eastern Cape 36, 174, **176**
 Essen 174
 Highlights 176
 Klima 174
 Unterkunft 174
Eastern Lowveld 401, **392**
East London 212, **214**
Einreise 640

Elands Bay (Elandsbaai) 168
Elefanten 600, 609, 611
 Addo Elephant National Park 11, 201
 Amakhala Game Reserve 204
 Botlierskop Private Game Reserve 147
 Hazyview 401
 Hluhluwe-iMfolozi Park 272
 Ithala Game Reserve 271
 Kruger National Park 417
 Madikwe Game Reserve 463
 Makuleke Contract Park 427
 Pilanesberg National Park 461
 Plettenberg Bay (Plettenberg-baai) 159
 Shamwari Game Reserve 204
 Songimvelo Game Reserve 410
 Tembe Elephant Park 282
Elefantiasis 660
Elenantilopen
 Camdeboo National Park 181
 Golden Gate Highlands National Park 321
 Pilanesberg National Park 461
 Willem Pretorius Game Reserve 320
Elephant Coast **266**, 271
Elfenbein 611
Elim 129, 446
Erdmännchen 143, **351**, 602
Eshowe 267
Essen 22, 578, 624
Ezulwini Valley 530, **532**

F
Falbkatzen 594
Fallschirmspringen 63
Feiertage & Ferien 624
Felsenkunst 173, 549
 Battle Cave 291
 Cathedral Peak Nature Reserve 289
 Kimberley 473
 KwaZulu-Natal 288
 Nsangwini Rock Art Shelter 539
 Quthing 521
 Royal Natal National Park 286
Fernsehen 621
Feste & Events 23
 Musik 574, 577
Ficksburg 326
Film 547
Flamingos 607
Flugzeug, Reisen mit dem 641, 653
Flusspferde 600
 Kosi Bay 280
 Lake Sibaya 279

Ndumo Game Reserve 282
 Pilanesberg National Park 461
Fort Klapperkop Military Museum 387
Fossilien 549
Fotos & Video 625
Fouriesburg 325
Franschhoek 111, **112**
Frauen in Südafrika, Lesotho & Swasiland 587
Frauen unterwegs 625
Free State 37, 309, **310**
 An- & Weiterreise 312
 Essen 309
 Geschichte 312
 Highlights 310
 Klima 309
 Unterkunft 309
Freiwilligenarbeit 626
Führerschein 646
Fußball 248, 367, 371, 591
Fynbos 608

G
Gabelracken 607
Gamkaskloof (Die Hel) 164
Gandhi, Mahatma 559
Gansbaai 126
Garden Route 15, 145, **146**
Garden Route National Park 152
Gariep Dam Nature Reserve 327
Gaukler 605
Gauteng 37, 329, **330**
 Essen 329
 Geschichte 332
 Highlights 330
 Klima 329
 Unterkunft 329
Gefahren & Ärgernisse 19, 637
 Straßenverkehr 646
 Wandern & Trekken 66
Geführte Touren 642, 654
Geier 605
Geld 626
 Ermäßigungen 624
 Geldautomaten 627, 638
 Geldwechsel 627
Gemsböcke 599
Geografie 609
Geologie 609
George 150
Geparden 594
 Ann van Dyk Cheetah Centre 388
 Endomeni Rehabilitation Project 272
 Kgalagadi Transfrontier Park 485
 Lionsrock 325

Pilanesberg National Park 461
Plettenberg Bay (Plettenberg-baai) 159
Geschichte 17, 21, 549
  Britische Besiedlung 553
  Schlacht am Blood River 555
Gesundheit 658
Getränke 580
Giant's Castle 291
Giraffen 600
  Augrabies Falls National Park 490
  Ben Lavin Nature Reserve 441
  Botlierskop Private Game Reserve 147
  Hluhluwe-iMfolozi Park 272
  Ithala Game Reserve 271
  Kruger National Park 417
  Mokala National Park 479
  Pilanesberg National Park 461
  Polokwane Game Reserve 433
  Songimvelo Game Reserve 410
  Spioenkop Nature Reserve 301
Gleitschirmfliegen 63, 620
Glossar 674
Gnus 599
  Camdeboo National Park 181
  Hluhluwe-iMfolozi Park 272
  Hluleka Nature Reserve 225
  Kruger National Park 417
  Willem Pretorius Game Reserve 320
Golden Gate Highlands National Park 12, **12**, 321
Golf 247
Gospel-Musik 575
Graaff-Reinet 175, **178**
Grahamstown 204, **205**
Graskop 397, **398**
Great Limpopo Transfrontier Park 426
Grenzübergänge 644
Greyton 138
Große Fünf *siehe* Big Five
Großohr-Riesengalagos 596
Grüne Meerkatzen 596

H
Ha Baroana 508
Haenertsburg 447
Haie 126
  Kosi Bay 280
  Umhlanga 262

Verweise auf Karten **000**
Verweise auf Fotos **000**

Halfmens 494
Handys 631
Harrismith 320
Hazyview 401
Hepatitis A 660
Hepatitis B 660
Hermanus 123, **124**
Herold's Bay 151
Himeville 293
Hitzeschäden 662
Hitzschlag 662
HIV *siehe* AIDS
Hluhluwe 271
Hluhluwe-iMfolozi National Park 14
Hluhluwe-iMfolozi Park **347**, 272, **274**
Hluleka Nature Reserve 225
Hogsback **78**, 218
Höhlen & Grotten
  Arniston 128
  Kangogrotte 143
Honigdachse 602
Hornraben 607
Hyänen 602
Hyänenhunde 602

I
Impfungen 658
Immunisierung 658
Impalas 599
  Hluhluwe-iMfolozi Park 272
  Kruger National Park 417
Infos im Internet 19
  Gesundheit 659
Injisuthi 291
Internetzugang 628
Isandlwana 307, **347**
Isandlwana, Schlacht von 307
iSimangaliso Wetland Park 10, **10**, 274
Islam 47
Ithala Game Reserve 271

J
Jazz 574
Jeffrey's Bay **78**, 191, **192**
Johannesburg 332, **334**, **338**
  Aktivitäten 333
  An- & Weiterreise 363
  Ausgehen 358
  Essen 354
  Feste & Events 342
  Geführte Touren 341
  Geld 362
  Geschichte 332
  Internetzugang 363
  Medizinische Versorgung 363
  Post 363

Sehenswertes 333
Shoppen 361
Touristeninformation 363
Unterhaltung 359
Unterkunft 342
Unterwegs vor Ort 365

K
Kagga Kamma Game Reserve 135
Kajakfahren *siehe* Kanu- & Kajak-fahren
Kakamas 489
Kalahari 480
Kamieskroon 495
Kanu- & Kajakfahren 64, 621
Kapländisches Florenreich 612
Kapstadt 11, 35, 42, **44**, **48**, **52**, **56**, **60**, **62**, **74**, **75**, **84**
  Aktivitäten 63
  An- & Weiterreise 98
  Ausgehen 88
  Essen 42, 81
  Feste & Events 67
  Geführte Touren 66
  Geld 97
  Geschichte 43
  Highlights 44
  Internetzugang 97
  Kinder, Reisen mit 72
  Klima 42
  Medizinische Versorgung 97
  Notfall 97
  Post 98
  Praktische Informationen 97
  Sehenswertes 46
  Shoppen 94
  Telefon 98
  Touristeninformation 98
  Unterhaltung 91
  Unterkunft 42, 69
  Unterwegs vor Ort 99
Karakale 594
  Endomeni Rehabilitation Project 272
Karoo National Park 164
Karoo, Östliche 175
Karten & Stadtpläne 629
Kassiesbaai 129
Katse 517
Keimos 489
Kgalagadi Transfrontier Park 9, **9**, 353, **353**, 485, **486**
Khoikhoi 552
Kimberley 472, **474**
Kindern, Reisen mit 32
  Kapstadt 72
  Kruger National Park 421
Kleinmond 123

Klettern
  Kapstadt 65
  Monk's Cowl 289
Knysna **77**, 153, **154**, **157**
Kochkurse 578
Kogelberg Biosphere Reserve 122
Kokstad 295
Komatipoort 408
König Shaka 264, 269
Kosi Bay 280
Kreditkarten 628
Kriminalität 637
Krokodile
  Dwesa Nature Reserve 221
  Kosi Bay 280
  Lake Sibaya 279
  Mlilwane Wildlife Sanctuary 533
  Ndumo Game Reserve 282
  Thaba Kwena Crocodile Farm
    437
Kroonstad 319
Kruger National Park 6, **6**, 38, 411,
  412, **414**
  An- & Weiterreise 423
  Essen 416
  Geführte Touren 415
  Highlights 412
  Klima 411
  Praktische Informationen 421
  Unterkunft 416
  Unterwegs vor Ort 423
Kudus 181
Kultur 21, 546
Kunst 21, 589, 591
Kunsthandwerk 592
Kurse
  Kochen 578
  Sprachkurse 630
Kuruman 481
Küstenwald 279
KwaDukuza 264
KwaZulu-Natal 36, 235, **236**
  An- & Weiterreise 239
  Essen 235
  Geschichte 238
  Highlights 236
  Klima 235, 238
  Nationalparks & Naturschutzge-
    biete 238
  Unterkunft 235
  Unterwegs vor Ort 239
Kwela 573

L
Ladybrand 327
Lady Grey 233
Ladysmith 303
Lake Fundudzi 445

Lake Sibaya 279
Lamberts Bay 169
Langebaan 167
Leoparden 594, 609
  Amakhala Game Reserve 204
  Augrabies Falls National
    Park 490
  Baviaanskloof Wilderness
    Area 190
  Dwesa Nature Reserve 221
  Hluhluwe-iMfolozi Park 272
  Lionsrock 325
  Madikwe Game Reserve 463
  Makuleke Contract Park 427
  Pilanesberg National Park 461
  Shamwari Game Reserve 204
  Tembe Elephant Park 282
Leribe 511
Lesbische Reisende 93, 360, 630
Lesotho 12, **12**, 39, 498, **500**
  An- & Weiterreise 503
  Essen 498
  Geschichte 499
  Highlights 500
  Klima 498
  Unterkunft 498
Letaba Valley 447
Limpopo 38, 429, **431**
  Essen 429
  Highlights 430
  Klima 429
  Unterkunft 429
Linda, Solomon 573
Lion King (Lied) 573
Liphofung Cave Cultural Historical
  Site 514
Literatur 546
Louis Trichardt 440
Löwen 147, 594, 609
  Amakhala Game Reserve
    204
  Botlierskop Private Game
    Reserve 147
  Hluhluwe-iMfolozi Park 272
  Kruger National Park 417
  Lionsrock 325
  Madikwe Game Reserve 463
  Makuleke Contract Park 427
  Pilanesberg National Park 461
  Rhino & Lion Nature
    Reserve 372
  Shamwari Game Reserve 204
  Tembe Elephant Park 282
  Timbavati Private Game Reserve
    425
Luthuli, Nkosi Albert 55
Lydenburg 394
Lymphatische Filariose (Elefan-
  tiasis) 660

M   **683**

Madikwe Game Reserve 15, **15**, 463
Mafeteng 520
Mafikeng 466
Magaliesberge 467
Magoebaskloof 448
Makapan's Caves 435
Makuleke Contract Park 427
Malan, D. F. 560
Malaria 280, 661
Malealea **12**, 518
Malelane 407
Malema, Julius 546
Malerei 591
Malkerns Valley **532**, 535
Malolotja Nature Reserve 539
Mandela, Nelson 54, 55, 231, 367,
  562, 565, 567
Manyeleti Game Reserve 425
Manzini 536, 537
Mapungubwe 551
Mapungubwe National Park 11,
  11, 443
Maputsoe 511
Marabi 572
Marks, Sammy 387
Maseru 503, **504**
Mashinini, Tsietsi 562
Maskanda 575
Maße & Gewichte 621
Matjiesfontein 165
Mbabane 528, **529**
Mbaqanga 573
Mbeki, Thabo 567
Mbotyi 229
McGregor 137
Medien 588
Medizinische Versorgung 659
Mgungundlovu 270
Midlands 296
Minstrel Carnival 571
Mkambati Nature Reserve 229
Mkhaya Game Reserve 16
Mlilwane Wildlife Sanctuary 533
Modimolle (Nylstroom) 437
Modjadji 451
Modjadjiskloof 450
Moffat Mission 481
Mohale Dam 517
Mohale's Hoek 520
Mokala National Park 479
Mokhotlong 514
Mokopane (Potgietersrus) 435
Monk's Cowl 289, **346**
Montagu 140
Montagu Pass 151
Morgan's Bay 217
Morija 509

REGISTER K–M

Mossel Bay 146, **149**
Motorrad, Reisen mit dem 642, 646
Mountain Zebra National Park 184
Mpumalanga 37, 389, **390**
  Essen 389
  Highlights 390
  Klima 389
  Unterkunft 389
Mthatha 231
Mtunzini 265
Muizenberg Beach **76**
Muldersdrift 373
Museen & Galerien
  Anglo-Boer War Museum 313
  Apartheid Museum 17, 341, 348, **348**
  Castle of Good Hope 46
  Chavonnes Battery Museum 55
  CIRCA on Jellicoe 341
  District Six Museum 46
  Durban Art Gallery 242
  Fort Klapperkop Military Museum 387
  Heritage Museum 62
  Johannesburg Art Gallery 337
  Liliesleaf Farm 341
  Mandela House Museum 367
  Michaelis Collection at the Old Town House 46
  Museum Africa 337
  National Cultural History Museum 379
  National Museum (Swasiland) 534
  Natural Science Museum 242
  Nelson Mandela Metropolitan Art Museum 196
  Nelson Mandela Museum 231
  Oliewenhuis Art Museum 313
  Origins Centre 337
  Pretoria Art Museum 379
  Sammy Marks' Museum 387
  Simon's Town Museum 62
  Slave Lodge 47
  Smuts' House Museum 387
  South African Jewish Museum 52
  South African Museum 53
  South African National Gallery 51
  South African National Museum of Military History 341
  Standard Bank Art Gallery 337
  William Humphreys Art Gallery 472
  Workers' Museum 339

Verweise auf Karten **000**
Verweise auf Fotos **000**

Musik 547
Musikfestivals 574, 577
Musina 442

N

Namakwa 13, **13**, 352, **352**
Namaqua National Park 495
Namaquwa 491
Nashörner 600, 548
  Amakhala Game Reserve 204
  Botlierskop Private Game Reserve 147
  Dwesa Nature Reserve 221
  Hluhluwe-iMfolozi Park 272
  iSimangaliso Wetland Park 274
  Ithala Game Reserve 271
  Kruger National Park 417
  Madikwe Game Reserve 463
  Mapungubwe National Park 443
  Mokala National Park 479
  Ndumo Game Reserve 282
  Pilanesberg National Park 461
  Polokwane Game Reserve 433
  Rhino & Lion Nature Reserve 372
  Shamwari Game Reserve 204
  Spioenkop Nature Reserve 301
  Tembe Elephant Park 282
  Wilderei 420
National Botanical Garden 387
National Museum (Swasiland) 534
Nationalparks & Naturschutzgebiete 612, 615
  Addo Elephant National Park 11, 201
  Amakhala Game Reserve 204
  Augrabies Falls National Park 490
  Bokong Nature Reserve 517
  Bontebok National Park 132
  Camdeboo National Park 181
  Cathedral Peak Nature Reserve 289
  Cradle Nature Reserve 373
  De Hoop Nature Reserve 129
  Dwesa Nature Reserve 221
  Gamkaskloof Nature Reserve (Die Hel) 164
  Garden Route National Park 152
  Gariep Dam Nature Reserve 327
  Golden Gate Highlands National Park 12, **12**, 321
  Great Limpopo Transfrontier Park 426
  Hlane Royal National Park 541
  Hluhluwe-iMfolozi National Park 14, **14**, 272
  Hluleka Nature Reserve 225

iSimangaliso Wetland Park 10, **10**, 274
Ithala Game Reserve 271
Kagga Kamma Game Reserve 135
Kap der Guten Hoffnung 59
Karoo National Park 164
Kogelberg Biosphere Reserve 122
Kruger National Park 6, **7**, 38, 411, **412**, **414**
KwaZulu-Natal 238
Lake Eland Game Reserve 260
Madikwe Game Reserve 15, **15**, 463
Malolotja Nature Reserve 539
Manyeleti Game Reserve 425
Mapungubwe National Park 11, **11**, 443
Mkambati Nature Reserve 229
Mkhaya Game Reserve 16
Mokala National Park 479
Mountain Zebra National Park 184
Namaqua National Park 495
Ndumo Game Reserve 282
Pilanesberg National Park 16, **17**, 461
Robberg Nature & Marine Reserve 162
Royal Natal National Park 286
Sabi Sand Game Reserve 424
Schotia Game Reserve 204
Sehlabathebe National Park 522
Spioenkop Nature Reserve 301
Sterkfontein Dam Nature Reserve 321
Table Mountain National Park 65
Thornybush Private Game Reserve 426
Timbavati Private Game Reserve 425
Ts'ehlanyane National Park 513
Tsitsikamma National Park 186
uKhahlamba-Drakensberg Park 282
uMkhuze Game Reserve 281
West Coast National Park 166
Willem Pretorius Game Reserve 320
Witsand Nature Reserve 482
Natur 609
Naturbeobachtungen
  Lionsrock 325
  Willem Pretorius Game Reserve 320
Nature's Valley 185
Natur & Umwelt 609
Ndebele 446, 666
Ndumo Game Reserve 282
Nelspruit 403, **404**

Ngwenya 538
Niederländische Ostindien-Kompanie (VOC) 552
Nieu Bethesda 181
Nilpferde
    Makuleke Contract Park 427
    Mlilwane Wildlife Sanctuary 533
    Willem Pretorius Game Reserve 320
Nkwalini Valley 269
Nord-Soto 666
Northern Berg 286
Northern Cape 39, 469, **470**
    Essen 469
    Highlights 470
    Klima 469
    Unterkunft 469
North-West Province 38, 455, **456**
    Essen 455
    Highlights 456
    Klima 455
    Unterkunft 455

O

Obere Karoo 472
Öffnungs- & Geschäftszeiten 629
Ohrengeier 605
Olifants River Valley 169
Ondini 269
Östliches Hochland 320, **322**
Otter 186
Otter Trail 186
Oudtshoorn 142, **143**
Outeniquapass 151
Overberg 120, **121**
Oxbow 514

P

Paarl 115, **117**, **118**
Parks & Gärten
    Durban Botanic Gardens 243
    Freedom Park **348**, 378
    Green Point Urban Park 55
    Harold Porter National Botanical Gardens 123
    Karoo National Botanic Garden 135
    Kirstenbosch Botanical Gardens 58
    KwaZulu-Natal National Botanical Garden 297
    Lowveld National Botanical Garden 403
    National Botanical Garden 387
Parys 318
Paternoster 168
Paviane 596
    Golden Gate Highlands National Park 321

Kruger National Park 417
    Tsitsikamma National Park 186
Pflanzen 611, 612
Phalaborwa 451
Philippolis 328
Phuthaditjhaba 323
Pietermaritzburg 296, **298**
Piet Retief 410
Pilanesberg National Park 16, 461
Pilgrim's Rest 396
Pinguine 607
    Boulders Beach 61
    Cape St. Francis 189
Plettenberg Bay 159, **160**
Politik 546
Polokwane (Pietersburg) 432, **433**
Pondoland 229
Pony-Trekking (Lesotho) 519
Port Alfred 209, **210**
Port Elizabeth 195, **196**
    Aktivitäten 196
    An- & Weiterreise 201
    Ausgehen 200
    Essen 199
    Praktische Informationen 201
    Sehenswertes 195
    Shoppen 200
    Unterhaltung 200
    Unterkunft 197
    Unterwegs vor Ort 201
Port Nolloth 493
Port St. Johns 227, **228**
Post 629
Pretoria 373, **376**, **380**, **386**
    Aktivitäten 374
    An- & Weiterreise 385
    Ausgehen 383
    Essen 379
    Feste & Events 377
    Geführte Touren 376
    Geld 384
    Geschichte 374
    Internetzugang 385
    Medizinische Versorgung 385
    Notfälle 385
    Post 385
    Sehenswertes 374
    Shoppen 384
    Touristeninformation 385
    Unterhaltung 383
    Unterkunft 377
    Unterwegs vor Ort 386
Prince Albert 162

Q

Qacha's Nek 521
Queenstown 232
Quthing 520

R

685

Radfahren 620, 644, 652
    Ben Lavin Nature Reserve 441
    Durban 247
    Free State 318
    Kapstadt 64
    Knysna 158
    Kruger National Park 415
    Witsand Nature Reserve 482
Radio 588, 621
Rafting 621
Ramsgate 261
Rechtsfragen 629
Reggae-Musik 576
Reisepass 640
Reiseplanung
    Kosten 18
    Kinder 32
    Routen 25
Reiserouten 25
Reiten 621
    Addo Elephant National Park 202
    Dullstroom 392
    Jeffrey's Bay 191
    Kapstadt 64
    St. Lucia 275
    Vaalwater 438
Religion 589
Rhodes 234
Rhodes, Cecil 55, 477
Rhodes Memorial 55
Riemvasmaak 489
Rivonia-Prozess 562
Robben Island 54
Robberg Nature & Marine Reserve 162
Robertson 136
Roma 509
Rooibos-Tee 172
Route 62 **121**, 132
Royal Natal National Park 286
Rugby 361
Rustenburg 457
Rustler's Valley 326

S

Sabie 394, **395**
Sabie River **350**
Sabi Sand Game Reserve 424
Safaris 461, 613, 642, 654
San 167, 173, 288, 473, 539, 549
    Battle Cave 291
Sandboarden
    Jeffrey's Bay 191
    Kapstadt 64
    Witsand Nature Reserve 482

REGISTER N–S

Sani Top 15, 516
Sani Pass 15, **15**, 295
Saswati 667
Savanne 608
Schiff, Reisen mit dem 645, 655
Schildkröten 274, 276
Schimpansen 403
Schistosomiasis 659
Schwule Reisende 93, 360, 630
Sehlabathebe National Park 522
Seilrutschen *siehe* Zip-Lines
Sekretäre 605
Semonkong 518
Sesotho 666
Shaka Zulu 554
Shipwreck Coast 212
Shona 551
Sibasa 444
Sklaverei 552
Smuts, Jan 559
Smuts, J. C. 387
Sodwana Bay 278
Sotho 433
Soul-Musik 576
Southbroom 261
Soutpansberg 440
Soweto 366, **368**
  Aktivitäten 367
  An- & Weiterreise 371
  Ausgehen 370
  Essen 370
  Feste & Events 370
  Geführte Touren 368
  Geschichte 366
  Sehenswertes 367
  Shoppen 371
  Touristeninformation 371
  Unterhaltung 371
Soweto-Gospelchor 575
Spioenkop Nature Reserve 301
Spioenkop, Schlacht am 303
Sprachen 18, 547, 664, 669
  Ndebele 666
  Nord-Soto 666
  Süd-Sotho 666
  Tswana 667
  Western Cape 104
Sprachkurse 630
Springböcke 599
  Camdeboo National Park 181
Springbok 491

Verweise auf Karten **000**
Verweise auf Fotos **000**

Stellenbosch **76**, 104, **106**
Sterkfontein Caves 372
Sterkfontein Dam Nature Reserve 321
St. Lucia 275
Storms River 187
Strände 354
  Ballito 263
  Camps Bay 58
  Cape St. Francis 189
  Clifton 57
  Durban 246
  Elands Bay 168
  Herold's Bay 151
  iSimangaliso Wetland Park 274
  Kosi Bay 280
  Muizenberg Beach 61
  uMdloti Beach 262
  Umhlanga 262
  Victoria Bay 151
  Warner Beach 258
Strandloper Trail 217
Strauß 607
Strom 623
Sun City 458
Sundowner Trail 218
Surfen 621
  Brenton Beach 161
  Buffalo Bay 161
  Durban 248
  Eastern Cape 194
  Elands Bay 168
  Herold's Bay 151, 161
  Jeffrey's Bay 191
  Kapstadt 64
  Mossel Bay 161
  Nature's Valley 161
  Plettenberg Bay 161
  Port Alfred 209
  Victoria Bay 151, 161
Sutherland 478
Swartberg Pass **76**
Swasi 525
Swasiland 39, 523, **524**
  An- & Weiterreise 527
  Essen 523
  Feste & Events 525
  Geschichte 525
  Highlights 524
  Klima 523, 527
  Unterkunft 523
Swellendam 130, **131**

T

Table Mountain National Park 65
Tafelberg 6, **6**
Tanz 592

Tauchen 622
  Durban 247, 260
  Gansbaai 126
  Kapstadt 65
  Lake Sibaya 279
  Mossel Bay 147
  Sodwana Bay 278
Taxis 655
Telefon 630
Tembe Elephant Park 282
Teyateyaneng 511
Thaba-Bosiu 508
Thaba-Tseka 516
Theater 592
Thermalquellen
  Barrydale 141
  Bela-Bela 437
  Montagu 140
Thohoyandou 444
Thornybush Private Game Reserve 426
Tierbeobachtung 623
  Addo Elephant National Park 201
  Amakhala Game Reserve 204
  Augrabies Falls National Park 490
  Baviaanskloof Wilderness Area 190
  Barrydale 141
  Botlierskop Private Game Reserve 147
  Camdeboo National Park 181
  Cradle Nature Reserve 373
  De Hoop Nature Reserve 129
  Dwesa Nature Reserve 221
  Endomeni Rehabilitation Project 272
  Great Limpopo Transfrontier Park 426
  Hluhluwe-iMfolozi Park 272
  Hluleka Nature Reserve 225
  Ithala Game Reserve 271
  Kagga Kamma Game Reserve 135
  Karoo National Park 164
  Kogelberg Biosphere Reserve 122
  Kgalagadi Transfrontier Park 485
  Kruger National Park 417
  Lake Eland Game Reserve 260
  Lake Sibaya 279
  Madikwe Game Reserve 463
  Makuleke Contract Park 427
  Manyeleti Game Reserve 425
  Mapungubwe National Park 443
  Mkambati Nature Reserve 229
  Mlilwane Wildlife Sanctuary 533

Mokala National Park 479
Ndumo Game Reserve 282
Oribi Gorge Nature Reserve 259
Oudtshoorn 143
Pilanesberg National Park 461
Plettenberg Bay 159
Polokwane Game Reserve 433
Rhino & Lion Nature
    Reserve 372
Sabi Sand Game Reserve 424
Schotia Game Reserve 204
Shamwari Game Reserve 204
Songimvelo Game Reserve 410
Spioenkop Nature Reserve 301
Thornybush Private Game Reserve
    426
Timbavati Private Game Reserve
    425
uKhahlamba-Drakensberg
    Park 285
Umgeni River Bird Park 243
uMkhuze Game Reserve 281
Western Cape 136
Tiere 609
Timbavati Private Game
    Reserve 425
Toiletten 632
Tollwut 662
Touristeninformation 632
Trampen 655
Trinken 22
Trinkgelder 627
Ts'ehlanyane National Park 513
Tsitsikamma National Park 186
Tsonga 667
Tswana 667
Tuberkulose 662
Tubing 188
Tulbagh 133
Tutu, Desmond 55, 565, 566
TV 588
Typhus 662
Tzaneen 448, **449**

U

uKhahlamba-Drakensberg Park 8,
    8, 282
Ulundi 268
uMdloti Beach 262
Umhlanga 262
uMkhuze Game Reserve 281
Umtentweni 258
Umweltprobleme 615
Umzumbe 258
Underberg 293
Unesco-Welterbestätten 613
Unterkunft 633
Unterwegs vor Ort 653
Upington 482, **483**

V

Vaal Dam 374
Vaalwater 438
Valley of the Olifants 447
V&A Waterfront 11, **11**
Veganer 581
Vegetarier 581
Venda 444
Venda (Sprache) 667
Venda-Region 14, **14**, 444, **444**
Verkehrsregeln 650
Versicherung 635
    Kfz-Versicherung 651
Victoria Bay 151
Victoria West 480
Visa 636
Vogelbeobachtung 605, 607, 609,
    610, 622
    Amakhala Game Reserve 204
    Barrydale 141
    Ben Lavin Nature Reserve 441
    Camdeboo National Park 181
    De Hoop Nature Reserve 129
    Dullstroom Bird of Prey & Rehabi-
        litation Centre 391
    Dwesa Nature Reserve 221
    Elands Bay 168
    Golden Gate Highlands National
        Park 321
    Hluhluwe-iMfolozi Park 272
    Hluleka Nature Reserve 225
    Ithala Game Reserve 271
    Jeffrey's Bay 191
    Kapstadt 58
    Karoo National Park 164
    Kogelberg Biosphere Reserve 122
    Kosi Bay 280
    Kruger National Park 415
    Lake Eland Game Reserve 260
    Lake Sibaya 279
    Lamberts Bay 169
    Makuleke Contract Park 427
    Malolotja Nature Reserve 539
    Mapungubwe National Park 443
    Mkambati Nature Reserve 229
    Mlilwane Wildlife Sanctuary 533
    Ndumo Game Reserve 282
    Oribi Gorge Nature Reserve 259
    Pilanesberg National Park 461
    Plettenberg Bay 159
    Sehlabathebe National Park
        522
    Spioenkop Nature Reserve 301
    St. Lucia 276
    Tsitsikamma National Park 186
    uKhahlamba-Drakensberg Park
        285
    Umgeni River Bird Park 243

Umhlanga Lagoon Nature Reserve
    262
uMkhuze Game Reserve 281
Umtamvuna Nature Reserve 261
West Coast National Park 166
Vorwahlen 19, 631
Vredefort Dome 318
Vryheid 295

W

Walbeobachtung 622
    De Hoop Nature Reserve 129
    Hermanus 125
    iSimangaliso Wetland Park 274
    Jeffrey's Bay 191
    Lamberts Bay 169
    Mkambati Nature Reserve 229
    Plettenberg Bay 159
Wandern & Trekken 622
    |Ai-|Ais/Richtersveld Transfrontier
        Park 494
    Amathole Trail 213
    Augrabies Falls National Park
        490
    Barrydale 141
    Ben Lavin Nature Reserve 441
    Cederberge 13
    Drakensberge 283
    Dwarsrivier Farm 170
    Dwesa Nature Reserve 221
    Garden Route National Park 152,
        158
    Gefahren & Ärgernisse 66
    Giant's Cup Trail 293
    Golden Gate Highlands National
        Park 321
    Greyton 139
    Haenertsburg 447
    Hluhluwe-iMfolozi Park 272
    Kap der Guten Hoffnung 59
    Kaphalbinsel 65
    Kogelberg Biosphere Reserve 122
    Kruger National Park 415
    Malealea 519
    McGregor 138
    Mkambati Nature Reserve 229
    Monk's Cowl 289
    Montagu 140
    Mossel Bay 147
    Nelspruit 403
    Otter Trail 186
    Phuthaditjhaba 323
    Polokwane Game Reserve 433
    Robberg Nature & Marine Reserve
        162
    Royal Natal National Park 286
    Soutpansberg 441
    Strandloper Trail 217
    Sundowner Trail 218

REGISTER T–W

Swartberg Nature Reserve 163
Swellendam 130
Table Mountain National Park 65
Tsitsikamma National Park 186
Witsand Nature Reserve 482
Wasser 580
Waterberg 438
Waterval Boven 393
Wechselkurse 19
Wechselstuben 627
Wein 580
Weinanbaugebiete 8, **8**
Cape Winelands 104
Constantia Valley 58
Darling 166
McGregor 138
Olifants River Valley 169
Robertson-Tal 136
Senqu (Orange) River 487
Weingüter
Franschhoek yy 3
Tulbagh-Tal 133
Wellington 122
Welterbestätten *siehe* Unesco-Welterbestätten
West Coast National Park 166
Western Cape 101, *102*
An- & Weiterreise 104
Essen 101
Geschichte 104
Highlights 102
Klima 101, 104
Sprache 104

Unterkunft 101
Unterwegs vor Ort 104
White River 402
Wiege der Menschheit *siehe* Cradle of Humankind
Wildblumen 13, 492, 612
Cederberg Nature Reserve 170
Citrusdal 171
Malolotja Nature Reserve 539
Umtamvuna Nature Reserve 261
West Coast National Park 166
Wild Coast 9, **9**, 220, **222**
Wilderness (Wildernis) 151
Wilde Tiere 20
Wildlifewatching 593, 623
Wildschutzgebiete, private **424**
Willem Pretorius Game Reserve 320
Windsurfen 66
Wirtschaft 546
Witsand Nature Reserve 482
Worcester 135
Wuppertal 172
Wüste 608

X
Xhosa **3**, **79**, 226, 667

Z
Zebras 600
Augrabies Falls National Park 490

Baviaanskloof Wilderness Area 190
Ben Lavin Nature Reserve 441
Camdeboo National Park 181
Dwesa Nature Reserve 221
Golden Gate Highlands National Park 321
Hluhluwe-iMfolozi Park 272
Hluleka Nature Reserve 225
iSimangaliso Wetland Park 274
Kruger National Park 417
Mkambati Nature Reserve 229
Mlilwane Wildlife Sanctuary 533
Mokala National Park 479
Mountain Zebra National Park 184
Polokwane Game Reserve 433
Songimvelo Game Reserve 410
Spioenkop Nature Reserve 301
Willem Pretorius Game Reserve 320
Zeit 636
Zeitungen 588
Zeitungen & Zeitschriften 621
Zentrale Karoo 162
Zip-Lines 188
Zobel 599
Zoll 636
Zug, Reisen mit dem 655
Zulu 307, 308, 554, 668
Zululand 265, **266**, 556
Zulustämme 265
Zuma, Jacob 547

Verweise auf Karten **000**
Verweise auf Fotos **000**

Auf einen Blick

Empfehlungen von Lonely Planet:

 Das empfiehlt unser Autor

 Hier bezahlt man nichts

 Nachhaltig und umweltverträglich

Unsere Autoren haben diese Einrichtungen gewählt, weil man dort großen Wert auf Nachhaltigkeit legt: etwa durch die Förderung einheimischer Gemeinschaften oder Hersteller, durch eine umweltverträgliche Bewirtschaftung oder durch ein Engagement im Naturschutz.

Mit diesen Symbolen sind wichtige Kategorien leicht zu finden:

- Sehenswertes
- Strände
- Aktivitäten
- Kurse
- Touren
- Feste & Events
- Schlafen
- Essen
- Ausgehen
- Unterhaltung
- Shoppen
- Praktisches/Transport

Diese Symbole bieten wertvolle Zusatzinformationen:

- Telefonnummer
- Öffnungszeiten
- Parkplatz
- Rauchen verboten
- Klimaanlage
- Internetzugang
- WLAN
- Schwimmbecken
- vegetarische Speisen
- Speisekarte auf Englisch
- familienfreundlich
- tiertreundlich
- Bus
- Fähre
- Metro
- Subway
- Straßenbahn
- Zug

Diese Abkürzungen werden in den Kapiteln „Schlafen" verwendet:

B	Bett im Schlafraum	DZ	Doppelzimmer	4BZ	Vierbettzimmer
Zi.	Zimmer	2BZ	Zweibettzimmer	FZ	Familienzimmer
EZ	Einzelzimmer	3BZ	Dreibettzimmer	Apt.	Apartment

Die Reihenfolge spiegelt die Bewertung durch die Autoren wider.

Kartenlegende

Sehenswertes
- buddhistisch
- christlich
- Denkmal
- hinduistisch
- islamisch
- jüdisch
- Museum/Galerie
- Ruine
- Schloss
- Strand
- Weingut/Weinberg
- Zoo
- andere Sehenswürdigkeit

Aktivitäten, Kurse & Touren
- Kanu/Kajak fahren
- Schwimmbecken
- Ski fahren
- surfen
- tauchen/schnorcheln
- wandern
- windsurfen
- andere/r Aktivität/ Kurs/Tour

Schlafen
- Camping
- Unterkunft

Essen
- Lokal

Ausgehen
- Bar/Kneipe
- Café

Unterhaltung
- Unterhaltung

Shoppen
- Shoppen

Praktisches
- Bank
- Botschaft/Konsulat
- Internetzugang
- Krankenhaus/Arzt
- Polizei
- Post
- Telefon
- Toilette
- Touristeninformation
- andere Einrichtung

Verkehrsmittel
- Bus
- Einschienenbahn
- Fähre
- Fahrrad
- Flughafen
- Grenzübergang
- Metro
- Parkplatz
- Seilbahn/Gondelbahn
- Straßenbahn
- Taxi
- Tankstelle
- Zug
- anderes Verkehrsmittel

Verkehrswege
- Mautstraße
- Autobahn
- Hauptstraße
- Landstraße
- Verbindungsstraße
- sonstige Straße
- unbefestigte Straße
- Platz/Promenade
- Treppe
- Tunnel
- Fußgängerüberführung
- Stadtspaziergang
- Abstecher vom Stadtspaziergang
- Pfad

Geografisches
- Aussichtspunkt
- Berg/Vulkan
- Hütte/Unterstand
- Leuchtturm
- Oase
- Park
- Pass
- Picknickplatz
- Wasserfall

Städte
- Hauptstadt (Staat)
- Hauptstadt (Bundesland/Provinz)
- Großstadt
- Kleinstadt/Ort

Grenzen
- Internationale Grenze
- Bundesstaat/Provinz
- umstrittene Grenze
- Region/Vorort
- Meerespark
- Klippen
- Mauer

Gewässer
- Fluss/Bach
- periodischer Fluss
- Sumpf/Mangrove
- Riff
- Kanal
- Wasser
- Trocken-/Salz-/periodischer See
- Gletscher

Gebietsformen
- Friedhof
- Friedhof (christlich)
- Highlight (Gebäude)
- Park/Wald
- Sehenswürdigkeit (Gebäude)
- Sportgelände
- Strand/Wüste

DIE LONELY PLANET STORY

Ein ziemlich mitgenommenes, altes Auto, ein paar Dollar in der Tasche und eine Vorliebe für Abenteuer – 1972 war das alles, was Tony und Maureen Wheeler für die Reise ihres Lebens brauchten, die sie durch Europa und Asien bis nach Australien führte. Die Tour dauerte einige Monate, und am Ende saßen die beiden – pleite, aber voller Inspiration – an ihrem Küchentisch und schrieben ihren ersten Reiseführer *Across Asia on the Cheap*. Innerhalb einer Woche hatten sie 1500 Exemplare verkauft. Lonely Planet war geboren.

Heute hat der Verlag Büros in Melbourne, London und Oakland und mehr als 600 Mitarbeiter und Autoren. Und alle teilen Tonys Überzeugung: „Ein guter Reiseführer sollte drei Dinge tun: informieren, bilden und unterhalten." Und an diesem Grundsatz änderte sich auch nichts, als 2011 BBC Worldwide alleiniger Inhaber von Lonely Planet wurde.

DIE AUTOREN

James Bainbridge
Hauptautor, North-West Province, Northern Cape James lebt in Kapstadt und hat für Reiseführer und Artikel in Zeitschriften schon jede Ecke Südafrikas bereist. Das erste Mal besuchte er das Land im Jahr 2008. Mittlerweile hat er eine liebenswerte Kapstädterin kennengelernt, ist von London nach Kapstadt gezogen und hat auf einem Bio-Weingut geheiratet. Während seiner Recherchearbeit für diesen Band waren die Wildnis in Northern Cape und die Naturparks der North-West Province für ihn so etwas wie eine Offenbarung. Er liebte dieses Gefühl der Weite und der Freiheit der Karoo, der Kalahari und des Namakwa. Wenn er sich nicht gerade in den Winelands herumtreibt, schreibt James auch Beiträge für andere Lonely Planet Reiseführer, z. B. für *Türkei* und *Marokko*.

Mehr über James gibt's hier:
lonelyplanet.com/members/james_bains

Kate Armstrong
KwaZulu-Natal, Swasiland Kate wurde während eines Mosambik-Aufenthalts vom Afrikafieber gepackt und kehrt regelmäßig ins südliche Afrika zurück. Für diesen Band hat sie sich allein mit ihrem nicht geländetauglichen Fließheck-Wagen auf den Weg gemacht. Unvergessliche Momente waren z. B. eine „Auseinandersetzung" mit einem Elefantenbullen, ihr erster Schluck Marula-Bier und die Erkenntnis, dass auch ein absolut menschenleerer Pass sie nicht davon abhalten kann, ihre Schlüssel im Auto einzuschließen. Kate liebt die Kultur der Zulu (sowie Leoparden und Giraffen) und ist immer wieder überwältigt von der Gastfreundschaft der Einheimischen. Mehr Infos über Kate finden sich unter www.katearmstrong.com.au.

Mehr über Kate gibt's hier:
lonelyplanet.com/members/kate_armstrong

Lucy Corne
Western Cape Seit Lucy Südafrika 2002 zum ersten Mal besucht hat, zieht das Land sie in seinen Bann – sie ist seither schon sechsmal zurückgekehrt und hat über 200 Orte kennengelernt. Obwohl sie Western Cape zuvor gründlich erkundet hatte, gab es für sie während der Recherche für diesen Band doch ein paar Neuentdeckungen, darunter auch den schwindelerregenden Trip nach Die Hel, die Entdeckung der köstlichen Pinot Noirs von Elgin und die Erkundung des etwas anderen Western Cape in den Missionsdörfern Wupperthal, Elim und Genadendal. Derzeit lebt Lucy in Kapstadt, wo sie über Reisen und Bier schreibt. Mehr über Lucy erfährt man auf ihrer Website www.lucycorne.com.

Mehr über Lucy gibt's hier:
lonelyplanet.com/members/lucycorne

Michael Grosberg
Eastern Cape Michael kam durch die Arbeit nach Durban, wo er Recherchen über Politik, Gewalt, Misshandlungen in Gefängnissen und andere Themen anstellte und darüber schrieb; außerdem half er in der Provinz KwaZulu-Natal dabei, Beamte lokaler Behörden zu schulen. Dabei fand er auch die Zeit, das ganze Land zu bereisen. Neben seiner Arbeit für Lonely Planet ist er auch schon für Zeitschriftenartikel nach Südafrika zurückgekehrt. Michael ist ein „reformierter Akademiker", lebt in Brooklyn, New York, und hat mittlerweile an fast zwei Dutzend Lonely Planet Reiseführern mitgearbeitet.

Alan Murphy
Free State, Mpumalanga, Kruger National Park, Limpopo, Geschichte, Natur & Umwelt, Tiere & Lebensräume Alan erinnert sich noch ganz genau daran, wie er irgendwann Ende der 1990er-Jahre während seines ersten Besuchs in Südafrika bei der Fahrt vom Flughafen in Jo'burg auf dem Rücksitz eines *bakkie* (Pick-ups) durchgeschüttelt wurde. Seither ist er schon zahlreiche Male hierher zurückgekehrt, sowohl wegen seiner Arbeit für Lonely Planet als auch, um einer seiner Lieblingsaktivitäten nachzugehen: der Tierbeobachtung. Alan verbringt seine Zeit gerne in diesem widersprüchlichen und wunderschönen Land, vor allem rund um den Kruger National Park.

Helen Ranger
Essen & Trinken, Bevölkerung & Kultur, Musik Für eine Lonely Planet Autorin ist es verheerend, sich während der Recherchearbeit für einen neuen Band die Hüfte auszukugeln! Aber obwohl sie um mehrere Monate zurückgeworfen wurde, konnte sich Helen Südafrika dennoch nicht entziehen. Der Tafelberg winkte, und sie konnte nicht widerstehen, alles, was sich seit ihrem letzten Besuch verändert hatte, genau zu recherchieren. Helen hat schon an mehreren Afrika-Bänden von Lonely Planet mitgearbeitet, darunter auch an den vorangegangenen Ausgaben von *Südafrika, Lesotho & Swasiland* und *Cape Town*. Man kann Helen unter at@helenranger auf Twitter folgen.

Simon Richmond
Kapstadt Gleich bei seinem ersten Besuch in Kapstadt 2001 für die Recherche der Lonely Planet Bände *Südafrika, Lesotho & Swasiland* und *Cape Town* hat sich Simon in diese Stadt verliebt. Seither ist er für jede Neuauflage der beiden Bände hierher zurückgekehrt und hat somit praktisch jede Ecke des Kaps erkundet. Als preisgekrönter Schriftsteller und Fotograf hat Simon auch schon an zahllosen anderen Bänden von Lonely Planet und anderen Herausgebern mitgearbeitet und Features für viele Reisemagazine und Zeitungen auf der ganzen Welt geschrieben. Seine Reiseabenteuer kann man auf seiner Website www.simonrichmond.com verfolgen.

Tom Spurling
Gauteng, Lesotho Seine erste Südafrika-Erfahrung machte Tom, während er an der kurzlebigsten Zeitung Limpopos arbeitete. Bei seiner Rückkehr für diesen Reiseführer bezwang er die unbefestigten Straßen von Lesothos Berglandschaft in einem „sportlichen" Roadster und wurde dabei nicht selten von in Decken gehüllten Reitern überholt. In Gauteng kam er schneller voran und erkundete die lebensfrohe Provinz mit Vollgas. Jo'burg ist seine neue Lieblingsstadt, dicht gefolgt von Perth, seiner neuen Heimat, wo er mit seiner Frau und seinen beiden Kindern lebt. Dies ist der fünfte Kontinent, auf dem er im Auftrag von Lonely Planet unterwegs ist.

Beiträge von …
Dr. David Lukas Er hat das ursprüngliche Kapitel Tiere & Lebensräume verfasst. Er studiert mit großer Leidenschaft Naturgeschichte und ist im Zuge seiner Erforschung der subtropischen Ökosysteme schon weit gereist, so auch nach Borneo und ins Amazonasgebiet. Zudem hat er viele Jahre lang naturgeschichtliche Führungen in alle Teile Costa Ricas, Belizes und Guatemalas angeboten. Er verfasste außerdem die Natur-Kapitel für die bisher nur auf Englisch erschienenen Lonely Planet Reiseführer *Kenya*, *Tanzania* und *East Africa*.

Lonely Planet Publications,

Locked Bag 1, Footscray,
Melbourne, Victoria 3011,
Australia

Verlag der deutschen Ausgabe:
MAIRDUMONT, Marco-Polo-Str. 1, 73760 Ostfildern,
www.mairdumont.com,
lonelyplanet@mairdumont.com

Obwohl die Autoren und Lonely Planet alle Anstrengungen bei der Recherche und bei der Produktion dieses Reiseführers unternommen haben, können wir keine Garantie für die Richtigkeit und Vollständigkeit dieses Inhalts geben. Deswegen können wir auch keine Haftung für eventuell entstandenen Schaden übernehmen.

Chefredakteurin deutsche Ausgabe: Birgit Borowski
Übersetzung: Julie Bacher, Anne Cappel, Berna Ercan, Tobias Ewert, Derek Frey, Karen Gerwig, Laura Leibold, Britt Maaß, Marion Matthäus, Dr. Christian Rochow, Katja Weber
An früheren Auflagen haben mitgewirkt: Dr. Birgit Beile-Meister, Petra Dubilski, Matthias Eickhoff, Mayela Gerhardt, Marion Gieseke, Daniela Grapatin, Christiane Gsänger, Dr. Ulrike Jamin, Claudia Keilig, Eva Kemper, Christel Klink, Sigrid Krafft, Raphaela Moczynski, Gunter Mühl, Uli Nickel, Dr. Thomas Pago, Christiane Radünz, Jutta Ressel M.A., Kristiana Ruhl, Daniela Schetar, Jürgen Scheunemann, Christina Schmidt, Dr. Heinz Vestner, Renate Weinberger
Redaktion: Annegret Gellweiler, Adriana Popescu, Olaf Rappold, Katrin Schmelzle, Verena Stindl, Ellen Weitbrecht, Julia Wilhelm (red.sign, Stuttgart)
Redaktionsassistenz: Dr. Dirk Mende, Karin Rappold, Thomas Tilsner
Satz: Annette Zeininger (red.sign, Stuttgart)

Südafrika, Lesotho & Swasiland

3. deutsche Auflage März 2013, übersetzt von *South Africa, Lesotho & Swaziland, 9th edition*, November 2012, Lonely Planet Publications Pty

Deutsche Ausgabe © Lonely Planet Publications Pty, März 2013

Fotos © wie angegeben

Printed in China

Die meisten Fotos in diesem Reiseführer können bei Lonely Planet Images, www.lonelyplanetimages.com, auch lizenziert werden.

Alle Rechte vorbehalten. Das Werk einschließlich all seiner Teile ist urheberrechtlich geschützt und darf weder kopiert, vervielfältigt, nachgeahmt oder in anderen Medien gespeichert werden, noch darf es in irgendeiner Form oder mit irgendwelchen Mitteln – elektronisch, mechanisch oder in irgendeiner anderen Weise – weiterverarbeitet werden. Es ist nicht gestattet, auch nur Teile dieser Publikation zu verkaufen oder zu vermitteln, ohne schriftliche Genehmigung des Herausgebers.

Lonely Planet und das Lonely Planet Logo sind eingetragene Marken von Lonely Planet und sind im US-Patentamt sowie in Markenbüros in anderen Ländern registriert.

Lonely Planet gestattet den Gebrauch seines Namens oder seines Logos durch kommerzielle Unternehmen wie Einzelhändler, Restaurants oder Hotels nicht. Bitte informieren Sie uns im Fall von Missbrauch: www.lonelyplanet.com/Ip